鼎典法律应用百科

最高人民法院《关于民事诉讼证据的若干规定》适用与案解

（上册）

李明 著

法律出版社
LAW PRESS·CHINA
北京

图书在版编目（CIP）数据

最高人民法院《关于民事诉讼证据的若干规定》适用与案解 / 李明著. -- 北京：法律出版社，2021
（鼎典法律应用百科）
ISBN 978-7-5197-5726-7

Ⅰ.①最… Ⅱ.①李… Ⅲ.①民事诉讼—证据—法规—中国②民事诉讼—证据—法律解释—中国 Ⅳ.①D925.113

中国版本图书馆CIP数据核字（2021）第122654号

最高人民法院《关于民事诉讼证据的若干规定》适用与案解
ZUIGAO RENMIN FAYUAN《GUANYU MINSHI SUSONG ZHENGJU DE RUOGAN GUIDING》SHIYONG YU ANJIE

李　明　著

责任编辑　朱　峰　苗　婕
装帧设计　鲁　娟

出版发行 法律出版社
编辑统筹 辞书·融出版编辑部
责任校对 晁明慧
责任印制 张建伟
经　　销 新华书店

开本 710毫米×1000毫米　1/16
印张 86　**字数** 1237千
版本 2021年11月第1版
印次 2021年11月第1次印刷
印刷 天津嘉恒印务有限公司

地址：北京市丰台区莲花池西里7号（100073）
网址：www.lawpress.com.cn
投稿邮箱：info@lawpress.com.cn
举报盗版邮箱：jbwq@lawpress.com.cn

销售电话：010-83938349
客服电话：010-83938350
咨询电话：010-63939796

书号： ISBN 978-7-5197-5726-7
定价： 339.00元

凡购买本社图书，如有印装错误，我社负责退换。电话：010-83938349

从逼近真相到实现正义（代序）

证据的作用是证明事实，发现真相，至少是逼近真相，但逼近真相并不意味着实现正义，实现正义才是现代司法的主要功能（如果不是唯一功能的话）。如何既能逼近真相，又能实现正义，一个可能的路径是将证据规则与裁判规则合二为一，将证明事实与证明公正合二为一，在逼近真相的同时，实现社会正义。李明博士这本书的特点就在于此，正是上述两个“合二为一”的重要而积极的尝试，其价值和意义是显著的。

证据是民事诉讼的基石。证据是当事人借助国家司法审判实现自身合法权益的方法和桥梁，深入研究民事诉讼证据规则，是积极回应新时代人民群众的司法需求的重要措施。通过进一步阐明民事诉讼证据规则的司法规律和基本原理，能够更好地促进民事诉讼证据规则实质化和统一化，能够更好地促进民事证据采信的规范化，能够更好地保障当事人的诉讼权利和实体权利，能够更好地促进社会主义法治建设。

证据是司法逻辑的起点。作为人民法院查明相关案件事实的前提条件，稳步落实民事诉讼证据规则能够确保案件事实符合客观真相，能够有利于规范司法人员辨别证据真伪和发现案件事实的能力，能够规范人民法院的审判活动，能够有力促进民事裁判尺度的统一，能够确保办案过程符合程序公正的目标，能够有效促进司法公信力的提升。因此，构建科学、合理、务实、可行的民事诉讼证据规则体系意义深远。

证据是实现公平正义的利器。证据是“诉讼之王”，证据是在法庭上展现案件事实的重要手段，证据是规范司法证明活动的重要方式，证据是维护民事诉讼程序的重要保证。“以事实为根据，以法律为准绳”，只有坚守证据裁判的司法规律和理念，构建基础性、系统性、规范性的民事诉讼证据规则，通过举证、质证和认证的全流程的证据认定，才能有助于复原案件事实的真实面貌，为民事裁判的可接受性奠定坚实的基础。

证据是司法裁判的“生命线”。进入新时代，随着大数据、云计算、区块链等新技术的推进，社会生活、法律制度和民事诉讼实践都发生了巨大变化，这就需要我们与时俱进，需要民事诉讼证据规则对大数据时代作出积极回应。通过民事诉讼证据规则的规范化、一体化和统一化，推动在审判过程中发现客观真实、提高认定事实的精确度，统一司法裁判的证据认定标准，提高案件事实查明的客观性和公正性，积极回应新时代人民群众的司法需求和当事人的实体公正和程序公正，满足人民法院审判工作的实践需要。

如果正义得不到伸张，就让真相石沉大海的时代已经过去，但如何让真相大白且能实现正义依然是当代司法的重大命题。只有像李明博士这样坚持不懈追求、不断创新，假以时日，我们的法律人才能攻坚克难，回答这个重大的时代命题。

是为序。

曹士兵

2021年11月9日

序

根据2019年最高人民法院《关于修改〈关于民事诉讼证据的若干规定〉的决定》修正的《关于民事诉讼证据的若干规定》(以下简称2019年《民事证据规定》)自2020年5月1日起施行，这是对2001年《关于民事诉讼证据的若干规定》(以下简称2001年《民事证据规定》)的迭代发展。2019年《民事证据规定》对于规范民事诉讼程序和人民法院审判活动，实现司法审判工作“事实认定符合客观真相，办案结果符合实体公正，办案过程符合程序公正”的目标，发挥证据制度在民事诉讼中的“压舱石”作用，以及便于当事人诉讼和人民法院依法独立、公正和高效行使审判权，发挥民事诉讼证据的程序安定作用，预防和减少民事纠纷的发生，满足人民群众对权利受到切实保护和救济、对公平正义及时实现的更高期待，保证诉讼公正、诉讼权威和诉讼高效都具有非常重要的意义。

在任何诉讼中，法官的任务均是将客观的法(Objektives Recht)如何适用于具体的案件。[1]为了更好地理解2019年《民事证据规定》的设计思路、文本含义及实践方案，有必要通过应用案例释解的方式把抽象法律规范具象化、规则化、统一化，从而全方位、多角度、宽领域地领悟这部新民事诉讼证据规定的裁判思路和裁判方法，把握其立法本意中的实体正义和程序正义，将纸面上的法律变成司法实践中的法律，将抽象的法律条文变成可实现的裁判规则，将发挥法律规范功能的立法本意变成可操作的行动指南和处理方案。

“服务司法实践”是贯穿本书的指导思想和中心任务。编著本书的总体思路是通过系统整理、全面梳理和重点归纳“中国裁判文书网”上人民法院审理的各类民

〔1〕 参见[德]莱奥·罗森贝克:《证明责任论》(第5版)，庄敬华译，中国法制出版社2018年版，第1页。

商事案件，并根据2019年《民事证据规定》，结合《民事诉讼法》中的证据部分和根据2020年《最高人民法院关于修改〈最高人民法院关于人民法院民事调解工作若干问题的规定〉等十九件民事诉讼类司法解释的决定》修正的《最高人民法院关于适用〈中华人民共和国民事诉讼法〉若干问题的解释》（以下简称2020年《民诉法司法解释》）中的证据部分内容，归纳出一套比较全面、系统并符合司法实践需要的民事证据裁判规则。特别是针对司法实践中经常遇到的诸如当事人举证、电子证据、调查收集证据、证据保全、举证时限、鉴定、质证、免证事实、自认、书证提出命令、证明标准、证据证明力、证据的审核判断、民事再审新的证据等14大类中常见的证据疑难问题，挑选和提炼出上千条民事证据裁判规则，以期为"统一法律适用标准"〔1〕发挥人民法院案例的示范引领作用，提升法律职业共同体和人民群众适用民事证据规定的理解能力、判断能力和对司法政策的把握能力，达到预防诉讼、化解诉讼和终结诉讼的效果。

"取法乎上，仅得其中。"民商事案件涉及面广、争议点多、案件量大，民事诉讼证据理论博大精深、学说纷呈，民商事审判领域中的热点、难点、焦点问题不断涌现，新问题、新情况、新症结层出不穷，但"千淘万漉虽辛苦，吹尽狂沙始到金"。探究民事诉讼证据问题的过程就像一个挖矿的过程，越挖越感觉到矿石多，越挖越感觉挖不完；探究的过程，就像反复雕琢一件美玉，通过审视从神示证据制度、法定证据制度到自由心证制度的民事诉讼证据历史走向，反思诉讼证据裁判规则的适用条件和环境，反复打磨其中的制度运行机理，期望使民事证据裁判规则能够更加符合客观规律，更加符合司法裁判的统一标准，更加符合民事证据立法的追求目标和价值取向。

关于本书的总体框架，主要有这样几个方面的思考：

首先，本书的"法理辨析"部分。主要是回应司法实务中法官们反映的一些常见、多发、争议较大的民事诉讼证据适用的难点、焦点和热点问题，同时为事实裁判者在运用裁判规则统一适用方面提供一些理论思路和解决方案。因此，本书主要是针对《民事诉讼法》、2020年《民诉法司法解释》和2019年《民事证据规定》这

〔1〕 参见《最高人民法院关于完善统一法律适用标准工作机制的意见》（法发〔2020〕35号）第1条："充分认识统一法律适用标准的意义。在审判工作中统一法律适用标准，是建设和完善中国特色社会主义法治体系的内在要求，是人民法院依法独立公正行使审判权的基本职责，是维护国家法制统一尊严权威的重要保证，是提升司法质量、效率和公信力的必然要求，事关审判权依法正确行使，事关当事人合法权益保障，事关社会公平正义的实现。各级人民法院要把统一法律适用标准作为全面落实司法责任制、深化司法体制综合配套改革、加快推进执法司法制约监督体系改革和建设的重要内容，通过完善审判工作制度、管理体制和权力运行机制，规范司法行为，统一裁判标准，确保司法公正高效权威，努力让人民群众在每一个司法案件中感受到公平正义。"

三部立法和司法解释中的民事诉讼证据规定（共计154条）涉及的关于证明责任、电子证据、调查收集证据、证据保全、举证时限、证据交换、鉴定、质证、免证事实、自认、书证提出命令、证明标准、证据证明力、证据的审核判断、民事再审新的证据等理论和实务问题进行梳理和总结。基于本书主要以解决司法实务问题的定位，对于民事诉讼法学和民事证据法学中深层次的问题，如诉讼目的、诉讼价值、诉讼模式、诉权、诉讼标的、当事人、既判力等法理内容未过多泼墨，力求解决司法实践中的痛点、难点和焦点问题，简明扼要，点到为止。

其次，本书中整理的典型案例。鉴于2001年《民事证据规定》作为一坛“陈年老酒”，其散发的芬芳大多已为2019年《民事证据规定》所吸收，故本书在选用典型案例时，采用“去粗取精”的方法，根据《民事诉讼法》的证据部分、2020年《民诉法司法解释》的证据部分和2019年《民事证据规定》这“三驾马车”的主要内容，从各级人民法院审理的海量民商事案件中摘选出适用民事诉讼证据条文的裁判主旨，提纲挈领地总结每一类民事诉讼证据的裁判规则，以期发挥裁判规则统一适用的引导功能，为民事审判实践提供一定的参考。

最后，由于本书的证据内容包含了《民事诉讼法》的证据部分、2020年《民诉法司法解释》的证据部分和2019年《民事证据规定》三部分的内容，限于篇幅，本书对司法裁判文书判决主文中一些常见法律法规进行了“减化”处理，只保留了法条序号，将法条内容置于“法理辨析”和“法条导航”部分进行了说明。

由于“中国裁判文书网”上所刊载的民事裁判文书汗牛充栋，限于时间关系，尚不能做到面面俱到；加之2019年《民事证据规定》自2020年5月1日起施行不久，因审级和审限因素，各级人民法院适用新民事诉讼证据规定的案例数量十分有限。同时，民事诉讼证据制度涉及大量民事实体法，如《民法典》及相配套的部分司法解释[1]于2021年1月1日起施行，许多新修订条文还有待司法实践的检验。加之作

〔1〕 主要包括：（1）2020年12月30日，最高人民法院按照“统一规划、分批制定，急用先行、重点推进”原则，制定了与《民法典》配套的第一批共7件新的司法解释；（2）《最高人民法院关于修改〈最高人民法院关于在民事审判工作中适用《中华人民共和国工会法》若干问题的解释〉等二十七件民事类司法解释的决定》（法释〔2020〕17号）；（3）《最高人民法院关于修改〈最高人民法院关于破产企业国有划拨土地使用权应否列入破产财产等问题的批复〉等二十九件商事类司法解释的决定》（法释〔2020〕18号）；（4）《最高人民法院关于修改〈最高人民法院关于审理侵犯专利权纠纷案件应用法律若干问题的解释（二）〉等十八件知识产权类司法解释的决定》（法释〔2020〕19号）；（5）《最高人民法院关于修改〈最高人民法院关于人民法院民事调解工作若干问题的规定〉等十九件民事诉讼类司法解释的决定》（法释〔2020〕20号）；（6）《最高人民法院关于修改〈最高人民法院关于人民法院扣押铁路运输货物若干问题的规定〉等十八件执行类司法解释的决定》（法释〔2020〕21号）；等等。

者的研究领域和学识所限，一家之言难免顾此失彼、挂一漏万，衷心希望正在阅读此书的学界同人、实务同行和广大读者朋友们不吝赐教，多多提出宝贵意见和批评建议。如读者朋友们在阅读本书时发现文字表述遗漏、观点不妥和需要补充、完善之处，以及认为司法实践还存在哪些经常遇到、亟须解决的民事诉讼证据实务问题，肯请您发信至limingpeking@163.com或微信limingcourt，期待能够补齐短板，再版时及时修正、回应和增加，这对今后本书的完善大有裨益。

在撰稿过程中，得到了中国政法大学民商经济法学院杨秀清教授、西南政法大学法学院毋爱斌副教授、北方工业大学法学院尚华副教授、中国行为法学会副秘书长付少军博士、中国民生银行法务部王渊女士等专家、学者的指导与帮助；法律出版社的朱峰女士为本书的出版给予了大力支持、帮助和鼓励，反复打磨体例和精心编排文字，付出了辛勤的劳动，在此一并特致谢忱。

李　明

2021年10月9日

编写说明

1.法律、法规、规章和规范性文件名称中的“中华人民共和国”省略。

2.叙述法律、法规、规章和规范性文件，没有特别说明的，一般为最新版本。

3.引用法律条文时，条文的款、项之间不另分行、分段。

4.本书出现较多的法律法规、司法解释和司法文件，使用简称，见本书简称索引。

5.为了节省篇幅，本书对于具体法律条文将采取“引注”的方式。本书中的“引注”主要涉及：

（1）有关法律法规的条文；

（2）有关司法解释的条文；

（3）有关专家学者的理解和解读；

（4）最高人民法院的判决内容；

（5）域外国家的法典和立法例；等等。

前　　言

民事证据制度是民事法律体系中的重要组成部分，也是民事程序法中的一个核心组成部分，是人民法院准确认定案件事实，公正、及时审理民事案件，保障和便利当事人依法行使诉讼权利的利器。只有通过证据准确发现案件真实，才能发现案件真相，才能使“受到侵害的权利一定会得到保护和救济”〔1〕，才能使民事纠纷得到公正、高效和经济地解决，才能案结事了促进经济社会持续健康发展，才能维护法律的正义、尊严和权威，才能真正实现习近平总书记提出的“努力让人民群众在每一个司法案件中都能感受到公平正义”的奋斗目标。

无论是英美法系还是大陆法系国家，民事证据法的目标都集中在准确查明案件事实，正确发现真实的事实，“证据的价值在于保证当事人及法官可以通过既定的诉讼手段高效、准确地复现或者认识案件的事实”〔2〕，通过证据供给，可以有效给予纠纷可接受性的解决方案，赋予民事裁判正当性和权威性，是各国证据法的主要任务之一。〔3〕我国《民事诉讼法》第2条规定：“中华人民共和国民事诉讼法的任务，是保护当事人行使诉讼权利，保证人民法院查明事实，分清是非，正确适用法律，及时审理民事案件，确认民事权利义务关系，制裁民事违法行为，保护当事人的合法权益，教育公民自觉遵守法律，维护社会秩序、经济秩序，保障社会主义建设事业顺利进行。”任何民事诉讼制度都需要对民事证据进行全面、系统、合理的

〔1〕 习近平：《论坚持全面依法治国》，中央文献出版社2020年版，第22页。

〔2〕 最高人民法院民事审判第一庭编著：《最高人民法院新民事诉讼证据规定理解与适用（上）》，人民法院出版社2020年版，第308页。

〔3〕 例如，英美法系中的《美国联邦证据规则》第102条规定：本规则将用以保证公正施行，消除不合理的耗费和延误，促进证据法的发展壮大，以实现确定事实真相，公正处理诉讼。大陆法系中的《德国法院组织法》第13条规定：民事诉讼法的任务是对解决民事权利纠纷的、由国家规定的、在国家法院进行的民事诉讼进行规定 。

规范规制，原因在于“权利的胜利很大程度上依赖于其可证明性”[1]，证据是连接案件事实与诉讼标的权利义务正确判断的桥梁和纽带，完善的证据法体系能够促进查明案件事实和裁判结果客观公正，保障社会公平正义和人民权利，确保司法权威公正高效。因此，证据法的必要性和重要性不言自明。

一、2019年《民事证据规定》的特点

随着司法实践和法学理念的不断发展，在历经了《民事诉讼法》2007年、2012年、2017年的三次修改以及《民诉法司法解释》修正后，2019年12月15日，最高人民法院发布了2019年《民事证据规定》，自2020年5月1日起施行，完成了对2001年《民事证据规定》的迭代发展，也是对2001年《民事证据规定》的一次重要修改、吸收、补充和完善，可谓是“十八年磨一剑”。

（1）从空间布局来看，2019年《民事证据规定》继承了2001年《民事证据规定》的传统，与《民事诉讼法》中的证据部分和2020年《民诉法司法解释》中的证据部分，继续在空间上保持“三驾马车”的并存关系（见图0-1）。

图0-1　民事证据规定“三驾马车”的空间并存关系

（2）从篇章布局方面看，2019年《民事证据规定》基本沿袭了2001年《民事证据规定》的做法，共分为六个部分：当事人举证、证据的调查收集和保全、举证时限与证据交换、质证、证据的审核认定和其他。

（3）从条文数量来看，2019年《民事证据规定》的主要调整内容包括（详见本书附录一）：第一，完全保留2001年《民事证据规定》中的条文共计11条；第二，完

〔1〕［德］奥特马·尧厄尼希：《民事诉讼法》（第27版），周翠译，法律出版社2003年版，第258页。

全删除（不含修改）2001年《民事证据规定》中的条文共计32条；第三，修改2001年《民事证据规定》中的条文共计40条；第四，新增条文共计48条。

（4）从设计理念来看，2019年《民事证据规定》是在《民诉法司法解释》的基础上，根据审判实践需要，通过对2001年《民事证据规定》的修改、补充和完善，更好地落实《民事诉讼法》的立法精神，更好地促进民事审判证据调查、审核、采信乃至民事诉讼程序操作的规范化。[1]由此可见，《民事诉讼法》、2020年《民诉法司法解释》以及2019年《民事证据规定》是一个内在统一、内容协调、系统全面的民事证据法律适用体系，通过肯定前期在司法实践中成熟的审判经验，删减已不适宜时代发展的内容，共同完成民事证据理论与实务的动态对接，共同推进我国民事诉讼证据制度的迭代发展。

总体来看，2019年《民事证据规定》有以下显著的特点：

（一）"一个中心"：司法规律

自20世纪80年代以来，我国民事审判方式改革和我国民事诉讼制度发展的方向是强化当事人主义，弱化职权主义，表现在民事诉讼证据制度上，就是强化当事人的举证责任，弱化和规范人民法院调查取证的职能，本次2019年《民事证据规定》依然延续了这个改革方向和前进步伐。正在基于这样的诉讼模式和司法规律的要求，2019年《民事证据规定》对2001年《民事证据规定》进行了全面的调整和完善，凸显了最高审判机关对于我国民事诉讼制度和证据制度的充分制度自信，体现了最高审判机关对切实贯彻党中央在新时代提出的新的更高要求的积极回应，并坚持以问题主义为导向，从解决司法实践中的实际问题出发，在系统总结我国司法实践经验和充分借鉴域外先进经验的基础上，"推进以审判为中心的诉讼制度改革、全面贯彻证据裁判规则的重要举措；有利于进一步完善民事诉讼证据规则及相关的程序规则，更好地保障当事人的诉讼权利，促进司法公开，统一裁判尺度，提升司法公信力"[2]，在扎扎实实解决现实存在证据难题的基础上，预估未来民事证据面临的问题，具有很强的理论性和实用性。

一是贯彻实事求是原则。系统总结了2001年《民事证据规定》实施18年来的司法实践问题，为民事证据在司法实践中面临"急、难、险、重"的问题给予制度上

〔1〕 参见江必新：《关于理解和适用新民事证据规定的几个问题》，载《人民法院报》2020年1月9日，第5版。

〔2〕 江必新：《推动民事审判程序规范化　更好保障当事人诉讼权利》，载人民法院出版社法规编辑中心编：《民事诉讼证据规定新旧条文对照表》，人民法院出版社2019年版，第1页。

的积极回应，提供了有力的抓手。例如，目前电子数据，包括电子邮件、手机短信、博客、微博、网页、电子交易记录、数字证书、计算机程序等都属于电子数据的范围，这个范围虽在《民诉法司法解释》都有规定，但认定电子数据的难点在于其真实性不易判断，不像书证、物证那样好判断。为解决审判实践中的可操作性问题，电子数据在《民事诉讼法》(2012年)中被增加为一种新的证据形式。《民诉法司法解释》(2015年)对于电子数据的含义作了原则性、概括性规定。2019年《民事证据规定》第14条对电子数据范围作出了比较详细的规定；在第15条、第23条规定了当事人提供和人民法院调查收集、保全电子数据的要求；在第93条、第94条规定了电子数据审查判断规则，完善了电子数据证据规则体系，对于统一法律适用标准，保障当事人诉讼权利具有积极意义。又如，2019年《民事证据规定》第10条“免证事实”对既判力的范围进行了调整，将“已为人民法院发生法律效力的裁判所确认的事实”限缩为“基本事实”，根据我国的实际情况，在司法裁判文书的证据证明力与法官自由心证审查判断原则之间保持适度平衡。再如，解决一些“老问题”的同时，对于“新问题”的应对也未盲从，对目前司法实践争议较大的“律师调查令”制度，并没有在本次规定中出现，而是交由今后的司法实践来检验这一制度设立和发展的必要性和可行性。

二是适应民事诉讼结构。我国目前的民事诉讼模式采“当事人主义为主、职权主义为辅”的混合模式，总的发展方向是人民法院在诉讼活动中的职权不断弱化，当事人的诉讼主体地位日益增强。多年的诉讼实践表明，这一模式是符合当前国情实际需要的，并且从与日俱增的案件数量和再审数量之间能够保持动态平衡来看，这一模式能够起到维护当事人合法权利和程序保障的积极作用。为满足人民群众日益增长的公平正义要求提出的新期待，本次修改进一步调整了当事人与裁判主体之间的职能分工，实质上是“民事诉讼结构的调整”[1]，不但明确了当事人提供证据的责任，也强化了法官在调查收集证据方面的责任。再如，基于辩论主义的基本原理，对于当事人主张的法律关系性质或者民事行为效力与人民法院根据案件事实作出的认定不一致的，也进行了相应的调整，从人民法院“应当告知当事人可以变更诉讼请求”调整为“人民法院应当将法律关系性质或者民事行为效力作为焦点问题进行审理。但法律关系性质对裁判理由及结果没有影响，或者有

〔1〕 最高人民法院民事审判第一庭编著：《最高人民法院新民事诉讼证据规定理解与适用(上)》，人民法院出版社2020年版，第52页。

关问题已经当事人充分辩论的除外”。这样的一些调整有利于发挥审判职能作用，避免诉讼冗长，提高审判效率，促进当事人与审判主体协同促进诉讼。

三是体现与时俱进精神。2019年《民事证据规定》新增加的一系列制度规定，充分借鉴和吸收域外国家以及我国台湾地区“民事诉讼法”中的一些比较成熟的做法和经验，比如，书证提出命令、共同诉讼人自认、电子数据等。如关于书证提出命令增加的第47条规定，“下列情形，控制书证的当事人应当提交书证：（一）控制书证的当事人在诉讼中曾经引用过的书证；（二）为对方当事人的利益制作的书证；（三）对方当事人依照法律规定有权查阅、获取的书证；（四）账簿、记账原始凭证；（五）人民法院认为应当提交书证的其他情形。前款所列书证，涉及国家秘密、商业秘密、当事人或第三人的隐私，或者存在法律规定应当保密的情形的，提交后不得公开质证”。关于共同诉讼人自认增加的第6条规定，“普通共同诉讼中，共同诉讼人中一人或者数人作出的自认，对作出自认的当事人发生效力。必要共同诉讼中，共同诉讼人中一人或者数人作出自认而其他共同诉讼人予以否认的，不发生自认的效力。其他共同诉讼人既不承认也不否认，经审判人员说明并询问后仍然不明确表示意见的，视为全体共同诉讼人的自认”。关于电子数据的内容增加的第15条规定，“当事人以视听资料作为证据的，应当提供存储该视听资料的原始载体。当事人以电子数据作为证据的，应当提供原件。电子数据的制作者制作的与原件一致的副本，或者直接来源于电子数据的打印件或其他可以显示、识别的输出介质，视为电子数据的原件”。

四是满足解决纠纷需要。查明案件事实和及时解决纠纷是民事诉讼的两个基本目的，与自然科学不同的是，民事诉讼的目的不单单只是发现事实真相这一纯粹意义上的目标，“审理不可能是纯粹的智力演出”[1]，否则不但实现这一目的代价可能非常高昂、可能偏离当事人的诉讼请求不说，而且可能会远离及时解决纠纷这一目的。民事证据法多重的价值目标中就包含及时解决纠纷的实现。如为诉前证据保全促进诉讼的效率而增加的第29条规定，“人民法院采取诉前证据保全措施后，当事人向其他有管辖权的人民法院提起诉讼的，采取保全措施的人民法院应当根据当事人的申请，将保全的证据及时移交受理案件的人民法院”。如为提高司法鉴定的适用而增加的第30条规定，“人民法院在审理案件过程中认为待证事实需要通

---

〔1〕 沈达明编著：《英美证据法》，中信出版社1996年版，第2页。

过鉴定意见证明的，应当向当事人释明，并指定提出鉴定申请的期间”。

五是总结司法实践经验。根据《民事诉讼法》第8条规定，人民法院行使审判权应当遵循司法活动的基本规律和特点，坚持便于当事人诉讼，便于人民法院依法独立、公正和高效行使审判权的原则。2019年《民事证据规定》结合《民事诉讼法》证据部分和2020年《民诉法司法解释》中证据部分的内容，添砖加瓦，吐故纳新，在坚持“三驾马车”空间并行的同时，很好地照顾到不同的社会价值之间的利益平衡，进一步落实“两便原则”，保证了法律的统一适用，提高了司法裁判的正当性和可接受性。如针对诉讼代理人的自认，根据司法实践经常会遇到的当事人与委托代理人就自认及其法律后果的争议，将2001年《民事证据规定》第8条中的“当事人委托代理人参加诉讼的，代理人的承认视为当事人的承认。但未经特别授权的代理人对事实的承认直接导致承认对方诉讼请求的除外；当事人在场但对其代理人的承认不作否认表示的，视为当事人的承认”，调整为2019年《民事证据规定》第5条“当事人委托诉讼代理人参加诉讼的，除授权委托书明确排除的事项外，诉讼代理人的自认视为当事人的自认。当事人在场对诉讼代理人的自认明确否认的，不视为自认”，便于法官、当事人及其委托代理人实际操作。如有关委托鉴定的过程中，为防止鉴定程序在实施阶段出现的瑕疵和漏洞增加的第24条规定，“人民法院调查收集可能需要鉴定的证据，应当遵守相关技术规范，确保证据不被污染”。第30条第1款规定，“人民法院在审理案件过程中认为待证事实需要通过鉴定意见证明的，应当向当事人释明，并指定提出鉴定申请的期间”。如针对申请诉讼保全主体的多样性，第26条申请主体增加了“利害关系人”。

（二）“两个保障”：保障当事人主义和保障职权主义

即保障当事人主义下的诉权行使和保障职权主义下的审判职权行使，在当事人处分权行使与人民法院发现案件真实两者之间保持动态平衡。

保障当事人主义。“人民群众对立法的期盼，已经不是有没有，而是好不好、管用不管用、能不能解决实际问题。”[1]本次新民事诉讼证据规定，积极回应新时代人民群众的司法需求，回应了“人们所期盼的不再是一种形式上的权利，而是一种有效的权利，即所有的人皆可接近之权利”[2]，保障当事人的诉讼权利，促进司

〔1〕 习近平：《论坚持全面依法治国》，中央文献出版社2020年版，第20页。

〔2〕［意］莫诺·卡佩莱蒂等：《当事人基本程序保障权与未来的民事诉讼》，徐昕译，法律出版社2000年版，第50页。

法公开。例如，完善书证提出命令制度，扩展当事人收集证据的途径，对书证提出命令的申请条件、审查程序、书证提出义务范围以及不遵守书证提出命令的后果进行规定，并将视听资料和电子数据纳入书证提出命令的适用范围，扩展当事人收集证据的途径。再如，2019年《民事证据规定》对2001年《民事证据规定》第11条关于域外形成的证据的规定作了较大修改，区分证据的不同性质规定的不同要求，限缩了需要经所在国公证机关证明以及我国驻该国使领馆认证的范围，等等。

保障职权主义。“强化当事人的主体地位，并不等于人民法院无所作为”[1]，保障人民法院的审判职权行使，有利于发挥人民法院作为中立裁判者的角色，满足审判实践需要，统一裁判尺度，提升司法公信力。其一，虽然根据民事诉权原理，法院在提起诉讼、确定诉讼标的等当事人处分原则下，不能越俎代庖，以法院的意愿代为行使当事人的实体权利，但依职权主义，人民法院不能“当甩手掌柜”，放任不管。对于可能损害国家利益、社会公共利益的事实，有关身份关系的事实以及当事人恶意串通损害他人合法权益的事实，即使当事人对事实无争议，人民法院也不能受当事人自认的限制，而应当充分发挥依职权调查收集证据的功能与作用；如有关事实当事人之间无争议，但如果与这些事实相关的证据属于人民法院认为审理案件需要、人民法院应当主动依职权调查收集的证据，可以责令当事人提交。其二，审判活动以探求案件真实为目标，需要强化法官释明权的行使，加强对当事人举证的指导，促使当事人能够积极、全面、正确、诚实地行使举证的权利。其三，对书证提出命令设立了“其他情形”的兜底性条款，由人民法院在案件审理中根据具体情况审酌确定，为人民法院在审判实践中逐步探索前四项之外的书证提出义务范围预留空间。其四，加强了审判人员对鉴定程序的参与和管理。规定了人民法院对鉴定的释明和当事人申请期间的要求，促使当事人及时、适当地提出鉴定申请。通过关于委托书记载内容的规定，促进审判人员积极参与鉴定过程。其五，防止虚假诉讼的管理。规定了鉴定人承诺制度及故意作虚假鉴定的处罚，要求鉴定人在从事鉴定活动之前，应当签署承诺书；规定了鉴定人如期提交鉴定书的义务，未按期提交且无正当理由的，当事人可以重新申请鉴定，原鉴定人收取的鉴定费用应退还；对鉴定人在人民法院采信鉴定意见后擅自撤销的行为规定了处罚措施，对于鉴定人无正当理由撤销鉴定意见的，不仅应当退还鉴定费用，人民法院应当对这种妨

〔1〕 最高人民法院民事审判第一庭编著：《最高人民法院新民事诉讼证据规定理解与适用（上）》，人民法院出版社2020年版，第63页。

碍民事诉讼的行为予以处罚，并支持当事人关于鉴定人负担合理费用的主张等。

（三）“三个目标”：客观真相、实体公正、程序公正

即民事诉讼要达到“事实认定符合客观真相，办案结果符合实体公正，办案过程符合程序公正”三个基本目标。

一是追求客观真相。“断定真情应该是法院的中心任务”[1]，民事审判活动对案件事实的查明以尽量发现真实的事实为目标。例如，人民法院对于电子数据的真实性应当结合电子数据的生成、存储、传输所依赖的计算机系统的硬件、软件环境是否完整、可靠，是否处于正常运行状态，如处于非正常状态下是否具备有效防止出错的监测、核查手段，是否被完整地保存、传输、提取，相关搜集的方法是否可靠，相关搜集的主体是否适当等因素综合判断。在必要时，可以通过鉴定、勘验的方法，辅助法官形成心证。

二是追求实体公正。人民法院要查清案件事实，正确适用法律，维护社会公正，这是民事诉讼程序的基本职能，民事诉讼的这一价值体现在依法维护当事人合法实体权益上，民事证据是民事诉讼的实体内容，与当事人实体权利的保护和人民法院裁判结果的客观公正密切相关。由于2012年《民事诉讼法》实质上改变了以“证据失权”作为逾期提供证据后果的一般原则的立场，因此2001年《民事证据规定》中有关“新的证据”的规定，没有存在的价值和必要，2019年《民事证据规定》删除了2001年《民事证据规定》中有关“新的证据”的内容，故在民事审判实践中，除法律、司法解释有特别规定外，“新的证据”不再具有特别的含义，未在以前的诉讼过程中出现过的证据，原则上都属于“新的证据”。

三是追求程序公正。根据当事人的程序选择权和程序参与原则，尊重当事人诉权、辩论权、陈述权、知情权和质证权，使当事人能够真正参与裁判过程中来，真正感受公平正义。如增加了共同诉讼人自认的规定。对于部分共同诉讼人作出自认而其他共同诉讼人否认的，不能发生自认的效力。为防止部分必要共同诉讼人以消极态度妨碍诉讼进行，对于就己不利的事实消极应对的必要共同诉讼人，可以适用拟制自认规则。再如2019年《民事证据规定》取消了法官分配举证责任的规定，主要考虑到举证责任分配具有法定性，实体法律规范本身包含了法律对举证责任分配的内容，原则上举证责任由法律分配而非由法官分配，只有在极为特殊的情

---

〔1〕 沈达明编著：《英美证据法》，中信出版社1996年版，第6页。

况下，按照法律分配的举证责任会导致明显不公平的结果时，才允许法官根据诚实信用原则、公平原则等因素分配举证责任。故对于实践中如果出现按照实体法律规定确定举证责任分配可能导致明显不公平情形的，由于涉及2020年《民诉法司法解释》第91条适用问题，可以通过向最高人民法院请示、由最高人民法院批复的方式解决，而不能在个案中随意变更法律所确定的举证责任分配规则。[1]

（四）"四个平衡"：诉讼公正与诉讼效率的平衡、发现真实与处分权行使的平衡、证明责任与职权调查的平衡、国情实践与域外经验的平衡

一是诉讼公正与诉讼效率的平衡。如加强对电子数据规则适用的研究，积极探索提高案件事实查明精准度的方式、方法，以新的技术进步为契机，不断提高民事审判的效率和水平。如规定了释明义务引导当事人正确运用新的证据形式和证明方法完成举证，节约当事人的诉讼成本和人民法院的审判资源，提高案件事实查明的客观性和准确性。

二是发现真实与处分权行使的平衡。自认是当事人基于处分权行使而实施的一种诉讼行为，具有免除对方举证责任的效力。2019年《民事证据规定》对自认的补充和完善，保证了当事人处分权行使与发现真实的平衡。一方面，对于诉讼代理人的自认，不再考虑诉讼代理人是否经过特别授权，除授权委托书明确排除的事项外，诉讼代理人的自认视为当事人本人的自认；另一方面，适当放宽当事人撤销自认的条件，对于当事人因胁迫或者重大误解作出的自认，不再要求当事人证明自认的内容与事实不符。同时，2019年《民事证据规定》还对共同诉讼人的自认、附条件自认和限制自认作出规定。

三是证明责任与职权调查的平衡。在"当事人主义为主，职权主义为辅"的混合民事诉讼模式下，在强调当事人证明责任这一查明事实方式的同时，依然保留人民法院依职权调查收集证据制度，"人民法院不能大包大揽，也不能放任不管"[2]。对于依职权调查收集证据来说，除了2020年《民诉法司法解释》第96条第1款规定的理由外，"人民法院调查收集证据，应当依照当事人的申请进行"，对"涉及可能损害国家利益、社会公共利益的；涉及身份关系的"等，不适用有关自认的规定。2020年《民诉法司法解释》第110条规定了人民法院询问当事人的程序和当事人拒

---

〔1〕 参见郑学林等：《关于新〈民事证据规定〉理解和适用的若干问题》，载《人民法院报》2020年3月26日，第5版。

〔2〕 江必新：《关于理解和适用新民事证据规定的几个问题》，载《人民法院报》2020年1月9日，第5版。

绝接受询问的后果，但仅对“负有举证责任的当事人”规定了“对其主张不予认定”的法律后果，但未对“不负举证责任的当事人”规定相应的法律后果。为了弥补这一空白，2019年《民事证据规定》第66条将承受不利法律的主体调整为“当事人”，无论该当事人对未查明的事实是否负有举证责任。

四是国情实践与域外经验的平衡。2019年《民事证据规定》主要还是沿袭了2001年《民事证据规定》实施18年来的实践经验，也是在总结《民诉法司法解释》和《民事诉讼法》实践基础上的一次螺旋式认识升华。一方面，对于域外制度的借鉴并没有照单全收；另一方面，对于人民法院调查收集证据、证明妨碍制度、自认制度、电子数据、证据证明力的审查判断等，采取实事求是的务实态度，并不过度追求纸面上“理想国”和应然的“象牙塔正义”，更加突出证据制度的实质正义、看得见的正义，突出在服务民事诉讼、服务当事人权利保护、服务人民法院审判工作中的“定盘星”作用。

二、我国民事证据的相关法律规定

由于2019年《民事证据规定》延续了2001年《民事证据规定》的篇章体例和主体结构，因而并不是完整意义的“系统化”和“体系化”式的立法做法，或者说，并不是一部“独立”的民事证据法，需要与《民事诉讼法》的证据部分、2020年《民诉法司法解释》的证据部分同步理解和适用。

从我国的立法体系和部门法的视角来看，我国民事诉讼中的证据规定，可以大体分为“专门性规定”和“分散性规定”两大类型。

（一）专门性规定（详见附录二）

即在我国现有民事程序法中明确的、显性化的民事证据规定条文，主要有《民事诉讼法》的证据部分、2020年《民诉法司法解释》中的证据部分和2019年《民事证据规定》。其中，《民事诉讼法》第六章“证据”部分，自第63条至第81条，共19条；2020年《民诉法司法解释》“证据”部分，自第90条至第124条，共35条；2019年《民事证据规定》共100条，上述“三驾马车”的证据条文数量合计为154条，构成了我国民事诉讼证据制度的核心内容（见图0-2）。

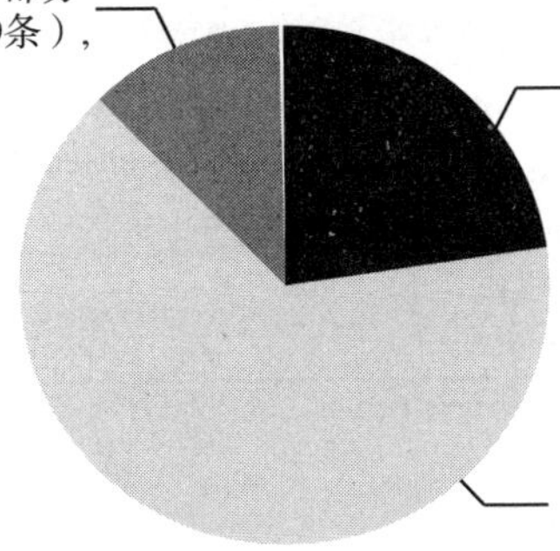

图0-2　我国民事证据法律适用的“三驾马车”的条文数量比例

“有所为，有所不为”，从我国民事证据立法的现有模式来看，没有采取“三法合一”的方案，而是采取三轨并行方案。优势是这些证据条文作为一种制度惯例，为法官和广大人民群众所接受，有利于落实“两便原则”，保障当事人合法利益的实现。劣势则是在司法适用时要考虑整个民事证据相关法条之间的关联性和系统性，在贯彻执行过程中，要注意2019年《民事证据规定》与已有司法解释的不同，注意分析变化的原因及内在逻辑，做到准确理解、正确适用。由于2019年《民事证据规定》对《民诉法司法解释》中已经作出规定的内容原则上不再规定，在适用时要注意结合《民事诉讼法》和《民诉法司法解释》的内容。[1]必须同时兼顾，也要考虑不同条文的含义与合理限度。

（二）分散性规定

民事裁判是民事实体法和民事程序法共同作用的“场域”，无论在民事实体法，还是民事程序法，抑或是相关司法解释当中，都必然会存在一些证据规定，即散落在民事实体法、民事程序法及有关司法解释中民事证据规定的相关内容。其中：(1)民事实体法中有民事证据的相关规定，诸如《民法典》《著作权法》等中包含的民事证据规定；(2)民事程序法中有关民事证据的相关规定，诸如《仲裁法》《公证法》等中包含的民事证据规定；(3)最高人民法院相关司法解释中有关证据内容的相关规定，包括但不限于《最高人民法院关于适用〈中华人民共和国民事诉讼法〉审判监督程序若干问题的解释》(以下简称《审判监督司法解释》)、《最高人民

〔1〕 参见江必新：《关于理解和适用新民事证据规定的几个问题》，载《人民法院报》2020年1月9日，第5版。

法院关于审理买卖合同纠纷案件适用法律问题的解释》(以下简称《买卖合同司法解释》)、《最高人民法院关于审理民间借贷案件适用法律若干问题的规定》(以下简称《民间借贷司法解释》),等等(见图0-3)。

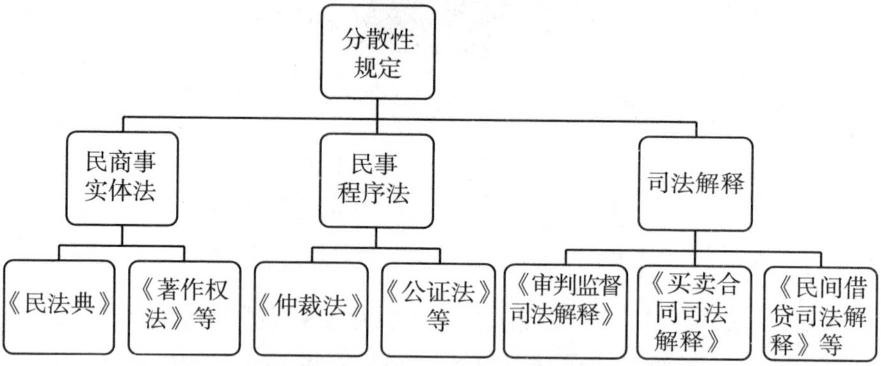

图0-3　涉及民事诉讼证据的分散性规定的组成部分

对于整个民事证据制度体系来说,如果按照民事证据的审查判断前后顺序,可以大体分为举证、质证和认证三大部分,而贯穿整个民事证据体系的一条主线就是证明责任。证明责任在整个民事证据体系中"牵一发而动全身"。因此,笔者有必要沿着证明责任这条中心红线出发,结合《民事诉讼法》的证据部分、2020年《民诉法司法解释》的证据部分和2019年《民事证据规定》,以及相关民事实体法、民事程序法和司法解释做梳理和概括总结(见图0-4)。

图0-4　证明责任作为中心主线与举证、质证、认证之间的关系

简称表

序号	文件全称	本书简称
1	《最高人民法院、最高人民检察院、公安部、国家安全部、司法部关于办理死刑案件审查判断证据若干问题的规定》	《死刑案件审查判断证据规定》
2	《最高人民法院、最高人民检察院、公安部关于办理刑事案件收集提取和审查判断电子数据若干问题的规定》	《刑事案件电子数据规定》
3	《最高人民法院关于适用〈关于民事诉讼证据的若干规定〉中有关举证时限规定的通知》	《举证时限通知》
4	《最高人民法院关于适用〈中华人民共和国仲裁法〉若干问题的解释》	《仲裁法司法解释》
5	《最高人民法院关于诉前停止侵犯注册商标专用权行为和保全证据适用法律问题的解释》(已失效)	《商标专用权证据司法解释》
6	《最高人民法院关于审理不正当竞争民事案件应用法律若干问题的解释》	《反不正当竞争司法解释》
7	《最高人民法院关于适用〈中华人民共和国企业破产法〉若干问题的规定(一)》	《企业破产法司法解释一》
8	《最高人民法院关于审理侵犯植物新品种权纠纷案件具体应用法律问题的若干规定》	《植物新品种权纠纷司法解释》
9	《最高人民法院关于审理环境侵权责任纠纷案件适用法律若干问题的解释》	《环境侵权纠纷司法解释》
10	《最高人民法院关于互联网法院审理案件若干问题的规定》	《互联网法院审理规定》
11	《诉讼费用交纳办法》	《诉讼费交纳办法》

续表

序号	文件全称	本书简称
12	《最高人民法院关于审理涉及夫妻债务纠纷案件适用法律有关问题的解释》(已失效)	《夫妻债务纠纷司法解释》
13	《最高人民法院关于进一步加强民事送达工作的若干意见》	《民事送达意见》
14	《最高人民法院关于民事审判监督程序严格依法适用指令再审和发回重审若干问题的规定》	《民事指令再审和发回重审规定》
15	《最高人民法院关于人民法院进一步深化多元化纠纷解决机制改革的意见》	《多元化纠纷解决改革意见》
16	《最高人民法院关于民事经济审判方式改革问题的若干规定》(已失效)	《民事经济审判方式改革规定》
17	《最高人民法院关于适用〈中华人民共和国婚姻法〉若干问题的解释(三)》(已失效)	《婚姻法司法解释三》
18	《最高人民法院关于适用〈中华人民共和国物权法〉若干问题的解释(一)》(已失效)	《物权法司法解释一》
19	《最高人民法院关于适用〈中华人民共和国民法典〉物权编的解释(一)》	2020年《民法典物权编司法解释一》
20	《最高人民法院关于适用〈中华人民共和国合同法〉若干问题的解释(一)》(已失效)	《合同法司法解释一》
21	《最高人民法院关于适用〈中华人民共和国合同法〉若干问题的解释(二)》(已失效)	《合同法司法解释二》
22	《最高人民法院关于审理人身损害赔偿案件适用法律若干问题的解释》	《人身损害赔偿司法解释》
23	《最高人民法院关于审理劳动争议案件适用法律若干问题的解释》(已失效)	《劳动争议司法解释一》
24	《最高人民法院关于审理劳动争议案件适用法律问题的解释(一)》	2020年《劳动争议司法解释一》
25	《最高人民法院关于审理劳动争议案件适用法律若干问题的解释(三)》(已失效)	《劳动争议司法解释三》
26	《最高人民法院关于审理期货纠纷案件若干问题的规定》	《期货纠纷司法解释》
27	《最高人民法院关于审理著作权民事纠纷案件适用法律若干问题的解释》	《著作权司法解释》
28	《最高人民法院关于人民法院民事执行中查封、扣押、冻结财产的规定》	《查扣冻规定》

续表

序号	文件全称	本书简称
29	《最高人民法院关于人民法院办理执行异议和复议案件若干问题的规定》	《执行异议和复议案件规定》
30	《最高人民法院关于审理建设工程施工合同纠纷案件适用法律问题的解释》(已失效)	2004年《建设工程司法解释一》
31	《最高人民法院关于审理建设工程施工合同纠纷案件适用法律问题的解释(二)》(已失效)	2019年《建设工程司法解释二》
32	《最高人民法院关于审理建设工程施工合同纠纷案件适用法律问题的解释(一)》	2020年《建设工程司法解释一》
33	《最高人民法院关于审理票据纠纷案件若干问题的规定》	《票据纠纷司法解释》
34	《最高人民法院关于审理因垄断行为引发的民事纠纷案件应用法律若干问题的规定》	《垄断行为民事案件司法解释》
35	《最高人民法院关于适用〈中华人民共和国公司法〉若干问题的规定(三)》	《公司法司法解释三》
36	《最高人民法院关于知识产权民事诉讼证据的若干规定》	2020年《知识产权证据规定》
37	《最高人民法院关于审理道路交通事故损害赔偿案件适用法律若干问题的解释》	《道路交通事故损害赔偿司法解释》
38	《最高人民法院关于适用〈中华人民共和国民事诉讼法〉的解释》	《民诉法司法解释》
39	《最高人民法院关于审理船舶碰撞纠纷案件若干问题的规定》	《船舶碰撞纠纷司法解释》
40	《最高人民法院关于人民法院民事诉讼中委托鉴定审查工作若干问题的规定》	《委托鉴定的规定》
41	《最高人民法院关于审理民事案件适用诉讼时效制度若干问题的规定》	《诉讼时效司法解释》
42	《最高人民法院关于行政诉讼证据若干问题的规定》	《行政诉讼证据规定》
43	《最高人民法院关于审理涉及农村土地承包经营纠纷调解仲裁案件适用法律若干问题的解释》	2020年《土地承包调解仲裁案件司法解释》
44	《最高人民法院关于审理存单纠纷案件的若干规定》	《存单纠纷司法解释》
45	《最高人民法院关于适用〈中华人民共和国民法典〉有关担保制度的解释》	2020年《民法典担保制度司法解释》
46	最高人民法院《民事诉讼程序繁简分流改革试点实施办法》	《繁简分流办法》

续表

序号	文件全称	本书简称
47	《最高人民法院关于审理医疗损害责任纠纷案件适用法律若干问题的解释》	《医疗损害责任纠纷司法解释》
48	《最高人民法院关于审理食品药品纠纷案件适用法律若干问题的规定》	《食品药品案件司法解释》
49	《最高人民法院关于审理铁路运输人身损害赔偿纠纷案件适用法律若干问题的解释》	《铁路运输人身损害赔偿纠纷司法解释》
50	《最高人民法院关于审理生态环境损害赔偿案件的若干规定(试行)》	《生态环境损害赔偿司法解释(试行)》
51	《最高人民法院关于适用〈中华人民共和国保险法〉若干问题的解释(二)》	《保险法司法解释二》
52	《最高人民法院关于适用〈中华人民共和国保险法〉若干问题的解释(三)》	《保险法司法解释三》
53	《最高人民法院关于适用〈中华人民共和国公司法〉若干问题的规定(二)》	《公司法司法解释二》
54	《最高人民法院关于审理独立保函纠纷案件若干问题的规定》	《独立保函司法解释》
55	《最高人民法院关于审理侵害信息网络传播权民事纠纷案件适用法律若干问题的规定》	《信息网络传播权司法解释》
56	《最高人民法院关于审理消费民事公益诉讼案件适用法律若干问题的解释》	《消费民事公益诉讼案件司法解释》
57	《最高人民法院关于适用〈中华人民共和国民事诉讼法〉的解释》	《民诉法司法解释》
58	最高人民法院《第八次全国法院民事商事审判工作会议(民事部分)纪要》	《八民会议纪要》
59	最高人民法院《全国法院民商事审判工作会议纪要》	《九民会议纪要》

总 目 录

上 册

下　册

目　录

上 册

【典型案解】

【法理辨析】

【典型案解】

【典型案解】

第一章　当事人举证

司法实践问题与法条适用导航

序号	司法实践问题	法条适用导航
1	“谁主张，谁举证”举证责任的基本原则	《民事诉讼法》第64条第1款[1]
2	当事人及其诉讼代理人因客观原因不能自行收集的证据，可以申请人民法院调查收集证据	《民事诉讼法》第64条第2款[2]；2019年《民事证据规定》第2条第2款[3]
3	就案件事实中的专门性问题，当事人可申请鉴定	《民事诉讼法》第76条第1款[4]
4	当事人的举证责任	2020年《民诉法司法解释》第90条第1款[5]
5	当事人的证明责任	2020年《民诉法司法解释》第90条第2款[6]
6	“主张法律关系存在”的举证责任分配规则	2020年《民诉法司法解释》第91条第1项[7]
7	“主张法律关系变更、消灭或权利受到妨害”的举证责任分配规则	2020年《民诉法司法解释》第91条第2项[8]
8	免证事实	2019年《民事证据规定》第10条[9]
9	当事人及其诉讼代理人因客观原因不能自行收集的证据的情形	2020年《民诉法司法解释》第94条[10]
10	当事人申请法院调查收集证据的条件	2020年《民诉法司法解释》第95条[11]
11	人民法院依职权调查收集证据的情形	2020年《民诉法司法解释》第96条[12]
12	当事人“非法取证”的类型及法律后果	2020年《民诉法司法解释》第106条[13]

续表

序号	司法实践问题	法条适用导航
13	民事证据的高度盖然性证明标准	2020年《民诉法司法解释》第108条[14]
14	民事证据的排除合理怀疑证明标准	2020年《民诉法司法解释》第109条[15]；2019年《民事证据规定》第86条[16]
15	人民法院可依申请或者依职权对物证或者现场进行勘验	2020年《民诉法司法解释》第124条[17]
16	人民法院对当事人举证的释明权	2019年《民事证据规定》第2条第1款[18]
17	私文书证的举证责任	2019年《民事证据规定》第92条第1款[19]
18	人民法院可以责令当事人提供证据的情形	2019年《民事证据规定》第18条[20]
19	证明妨碍及其法律后果	2019年《民事证据规定》第95条[21]
20	因污染环境、破坏生态发生纠纷，行为人承担的举证责任及分配	《民法典》第1230条[22]
21	民用核设施发生核事故造成他人损害的举证责任及分配	《民法典》第1237条[23]
22	民用航空器造成他人损害的举证责任及分配	《民法典》第1238条[24]
23	占有或者使用易燃、易爆、剧毒、高放射性、强腐蚀性、高致病性等高度危险物造成他人损害的举证责任及分配	《民法典》第1239条[25]
24	从事高空、高压、地下挖掘活动或者使用高速轨道运输工具造成他人损害的举证责任及分配	《民法典》第1240条[26]
25	遗失、抛弃高度危险物造成他人损害的举证责任及分配	《民法典》第1241条[27]
26	非法占有高度危险物造成他人损害的举证责任及分配	《民法典》第1242条[28]
27	饲养的动物造成他人损害的举证责任及分配	《民法典》第1245条[29]
28	动物园的动物造成他人损害的举证责任及分配	《民法典》第1248条[30]
29	建筑物、构筑物或者其他设施及其搁置物、悬挂物发生脱落、坠落造成他人损害的举证责任及分配	《民法典》第1252条[31]

续表

序号	司法实践问题	法条适用导航
30	从建筑物中抛掷物品或者从建筑物上坠落的物品造成他人损害的举证责任及分配	《民法典》第1254条[32]
31	因林木折断造成他人损害的举证责任及分配	《民法典》第1257条[33]
32	在公共场所或者道路上挖掘、修缮安装地下设施等造成他人伤害，不能证明已经设置明显标志和采取安全措施的举证责任及分配	《民法典》第1258条[34]
33	注册商标专用权人对使用商标和受到其他损失的举证责任；被控侵权人的举证责任	《商标法》第64条[35]
34	复制品的出版者、制作者和出租者对合法授权作品的举证责任	《著作权法》第53条[36]
35	经营者对产品质量的举证责任	《消费者权益保护法》第23条[37]
36	因水污染引起的损害赔偿诉讼就免责事由及因果关系的举证责任	《水污染防治法》第98条[38]
37	劳动争议案件中用人单位的举证责任	《劳动争议调解仲裁法》第6条[39]
38	承运人对责任期间货物发生的灭失或者损坏承担的举证责任	《海商法》第51条[40]
39	受让不动产或者动产时，真实权利人对受让人非善意承担的举证责任	2020年《民法典物权编司法解释一》第15条第2款[41]
40	建筑物区分所有权纠纷案件中，本栋建筑物之外的业主对待证事实承担的举证责任	2020年《建筑物区分所有权司法解释》第11条[42]
41	建筑物区分所有权纠纷案件中，行为人对待证事实承担的举证责任	2020年《建筑物区分所有权司法解释》第14条[43]
42	代位权诉讼中，次债务人对待证事实承担的举证责任	《合同法司法解释一》第13条[44]
43	提供格式条款一方对待证事实的举证责任	《合同法司法解释二》第6条[45]
44	对于交易习惯，由提出主张的一方承担的举证责任	《合同法司法解释二》第7条[46]
45	就已履行出资义务，被告股东承担举证责任	2020年《公司法司法解释三》第20条[47]
46	融资租赁合同纠纷中，承租人对所要主张的待证事实承担的举证责任	2020年《融资租赁司法解释》第19条[48]
47	环境侵权责任纠纷案件中被侵权人的举证责任	2020年《环境侵权纠纷司法解释》第6条[49]

续表

序号	司法实践问题	法条适用导航
48	网络服务提供者的举证责任	2020年《信息网络传播权司法解释》第6条[50]
49	道路管理者对道路管理维护缺陷承担的举证责任	2020年《道路交通事故损害赔偿司法解释》第7条第1款[51]
50	人身损害赔偿案件中，受害人对平均收入状况承担的举证责任	2020年《人身损害赔偿司法解释》第6条[52]
51	人身损害赔偿案件中，赔偿义务人承担的举证责任	2020年《人身损害赔偿司法解释》第7条第3款[53]
52	赔偿权利人对可支配收入标准的举证责任	2020年《人身损害赔偿司法解释》第18条第1款[54]
53	期货公司对主张的待证事实承担的举证责任	2020年《期货纠纷司法解释》第56条[55]
54	期货合同纠纷中，期货公司对发出通知承担的举证责任	2020年《期货纠纷司法解释》第57条[56]
55	是否属于知名商品，原告应对市场知名度承担举证责任	《反不正当竞争司法解释》第1条[57]
56	是否采取不正当手段，离职职工对客户是否自愿承担举证责任	《反不正当竞争司法解释》第13条[58]
57	是否侵犯商业秘密，主张人应当对待证事实承担举证责任	《反不正当竞争司法解释》第14条[59]
58	就不具有排除、限制竞争的效果，被告承担举证责任	2020年《垄断行为民事案件司法解释》第7条[60]
59	关于是否滥用市场支配地位，被告需对待证事实承担举证责任	2020年《垄断行为民事案件司法解释》第8条[61]
60	对是否能够偿付全部负债，债务人承担的举证责任	《企业破产法司法解释一》第3条[62]
61	保险人主张不承保的，应承担的举证责任	2020年《保险法司法解释二》第4条[63]
62	对询问范围及内容有争议的，保险人承担的举证责任	2020年《保险法司法解释二》第6条[64]
63	对是否履行了明确说明义务，保险人承担的举证责任	2020年《保险法司法解释二》第13条[65]
64	对以被保险人自杀为由拒付保险金的，保险人的举证责任	2020年《保险法司法解释三》第21条[66]

续表

序号	司法实践问题	法条适用导航
65	对被保险人的死亡、伤残结果及其故意犯罪或抗拒刑事强制措施存在因果关系，保险人承担的举证责任	2020年《保险法司法解释三》第23条[67]
66	当事人无须对调解过程中已确认的无争议事实举证	《多元化纠纷解决改革意见》第23条[68]
67	提起消费民事公益诉讼应当提交的证据材料要求	2020年《消费民事公益诉讼案件司法解释》第4条[69]
68	民事公益诉讼案件的被告承担的证明责任	2020年《消费民事公益诉讼案件司法解释》第16条[70]
69	专利方法制造的产品不属于新产品的，侵害专利权纠纷的原告应当承担的举证责任	2020年《知识产权证据规定》第3条[71]
70	知识产权案件，被告依法主张合法来源抗辩的，应当承担的举证责任	2020年《知识产权证据规定》第4条[72]
71	提起确认不侵害知识产权之诉的原告应当举证	2020年《知识产权证据规定》第5条[73]
72	劳动者主张加班费的，就加班事实的存在承担的举证责任	2020年《劳动争议司法解释一》第42条[74]
73	因用人单位作出的开除、除名、辞退、解除劳动合同、减少劳动报酬、计算劳动者工作年限等决定而发生的劳动争议，用人单位承担的举证责任	2020年《劳动争议司法解释一》第44条[75]
74	消费者对食用食品或者使用药品受到损害和损害与食用食品或者使用药品存在因果关系承担的举证责任	2020年《食品药品案件司法解释》第5条[76]
75	食品的生产者与销售者对于食品符合质量标准承担的举证责任	2020年《食品药品案件司法解释》第6条[77]
76	存单纠纷中，金融机构应当对持有人与金融机构间是否存在存款关系负举证责任	2020年《存单纠纷司法解释》第5条[78]
77	票据纠纷的举证责任原则与持票人对持票的合法性的举证责任	2020年《票据纠纷司法解释》第8条[79]
78	当事人无书面合同的举证责任	2020年《买卖合同司法解释》第1条第1款[80]
79	当事人提供对账确认函、债权确认书等函件、凭证没有记载债权人名称的举证责任	2020年《买卖合同司法解释》第1条第2款[81]

续表

序号	司法实践问题	法条适用导航
80	民间借贷纠纷中出借人的举证责任	2020年《民间借贷司法解释》第2条第1款[82]
81	民间借贷纠纷中抗辩人的举证责任	2020年《民间借贷司法解释》第15条第1款[83]
82	民间借贷纠纷中的举证责任转移	2020年《民间借贷司法解释》第16条[84]
83	民间借贷纠纷中债务人抗辩已还款或为其他法律关系的举证责任	2020年《民间借贷司法解释》第17条[85]
84	医疗损害赔偿案件中患者的举证责任	2020年《医疗损害责任纠纷司法解释》第4条第1款[86]
85	医疗损害赔偿案件中患者就因果关系等可申请鉴定	2020年《医疗损害责任纠纷司法解释》第4条第2款[87]
86	医疗损害赔偿案件中的医疗机构的举证责任	2020年《医疗损害责任纠纷司法解释》第4条第3款[88]
87	医疗损害赔偿案件中实施手术、特殊检查、特殊治疗的举证责任转移	2020年《医疗损害责任纠纷司法解释》第5条第2款[89]
88	患者主张医疗器械缺陷、输入血液不合格的举证责任	2020年《医疗损害责任纠纷司法解释》第7条第1款[90]
89	患者主张使用医疗产品或者输入血液与损害之间具有因果关系的证据，可以申请鉴定	2020年《医疗损害责任纠纷司法解释》第7条第2款[91]
90	医疗机构，医疗产品的生产者、销售者或者血液提供机构主张不承担责任的举证责任	2020年《医疗损害责任纠纷司法解释》第7条第3款[92]
91	医疗损害赔偿案件中的依申请鉴定和依职权鉴定	2020年《医疗损害责任纠纷司法解释》第8条[93]
92	一般保证的债权人在保证期间届满前对债务人提起诉讼或者申请仲裁，债权人对《民法典》第687条第2款但书规定情形的举证责任	2020年《民法典担保制度司法解释》第28条第2款[94]
93	抵押人转让抵押财产，受让人占有抵押财产后，抵押权人向受让人请求行使抵押权的，抵押权人对受让人知道或者应当知道已经订立抵押合同承担的举证责任	2020年《民法典担保制度司法解释》第54条[95]

续表

序号	司法实践问题	法条适用导航
94	以现有的应收账款出质，应收账款债务人未确认应收账款的真实性，质权人以应收账款债务人为被告，请求就应收账款优先受偿，对办理出质登记时应收账款真实存在承担的举证责任	2020年《民法典担保制度司法解释》第61条第2款[96]
95	在涉及农村宅基地或农村集体经营性建设用地的民事纠纷案件中，当事人主张利润分配等合同权利的举证责任	《八民会议纪要》第20条[97]
96	主张系当事人的工作人员身份的举证责任	《八民会议纪要》第36条[98]
97	有限责任公司的股东在法定清算事由出现后，怠于履行清算义务的举证责任及分配	《九民会议纪要》第14条[99]
98	有限责任公司的股东对“怠于履行义务”的消极不作为与“公司主要财产、账册、重要文件等灭失，无法进行清算”的结果之间没有因果关系承担的举证责任	《九民会议纪要》第15条[100]
99	债权人对在订立担保合同时对董事会决议或者股东（大）会决议进行了审查并构成善意的举证责任	《九民会议纪要》第18条[101]
100	公司举证证明债权人明知法定代表人超越权限或者机关决议系伪造或者变造	《九民会议纪要》第20条[102]
101	实际出资人对有限责任公司过半数的其他股东知道其实际出资的事实承担的举证责任	《九民会议纪要》第28条[103]
102	民间借贷纠纷中，借款人对签订借款合同时出借人尚欠银行贷款未还的举证责任	《九民会议纪要》第52条[104]
103	在流动质押中，债权人对监管人并未履行监管职责，质物实际上仍由出质人管领控制的举证责任	《九民会议纪要》第63条[105]
104	金融消费者对虚假信息的出具系卖方机构误导承担的举证责任	《九民会议纪要》第78条[106]
105	场外配资合同案件中，用资人对因配资方采取更改密码等方式控制账户使用资人无法及时平仓止损承担的举证责任	《九民会议纪要》第87条[107]
106	资产管理产品的委托人以受托人未履行勤勉尽责、公平对待客户等义务损害其合法权益为由，请求受托人承担损害赔偿责任的，受托人的举证责任	《九民会议纪要》第94条[108]

续表

序号	司法实践问题	法条适用导航
107	信托财产的诉讼保全中，存管银行或者信托公司主张解除保全措施承担的举证责任	《九民会议纪要》第95条[109]
108	出资银行仅以参与交易的单个或者部分银行为被告提起诉讼行使票据追索权，被告主张相关金融机构之间并无转贴现的真实意思表示承担的举证责任	《九民会议纪要》第103条[110]
109	破产重整程序中，管理人或者自行管理的债务人对担保物是否重整所承担的举证责任	《九民会议纪要》第112条[111]
110	第三人撤销之诉中，债权人主张裁判文书主文确定的债权内容部分或者全部虚假承担的举证责任	《九民会议纪要》第120条[112]

1 《民事诉讼法》第64条第1款规定："当事人对自己提出的主张，有责任提供证据。"

2 《民事诉讼法》第64条第2款规定："当事人及其诉讼代理人因客观原因不能自行收集的证据，或者人民法院认为审理案件需要的证据，人民法院应当调查收集。"

3 2019年《民事证据规定》第 2 条第2款规定："当事人因客观原因不能自行收集的证据，可申请人民法院调查收集。"

4 《民事诉讼法》第76条第1款规定："当事人可以就查明事实的专门性问题向人民法院申请鉴定。"

5 2020年《民诉法司法解释》第90条第1款规定："当事人对自己提出的诉讼请求所依据的事实或者反驳对方诉讼请求所依据的事实，应当提供证据加以证明，但法律另有规定的除外。"

6 2020年《民诉法司法解释》第90条第2款规定："在作出判决前，当事人未能提供证据或者证据不足以证明其事实主张的，由负有举证证明责任的当事人承担不利的后果。"

7 2020年《民诉法司法解释》第91条第1项规定："人民法院应当依照下列原则确定举证证明责任的承担，但法律另有规定的除外：(一)主张法律关系存在的当事人，应当对产生该法律关系的基本事实承担举证证明责任……"

8 2020年《民诉法司法解释》第91条第2项规定："人民法院应当依照下列原则确定举证证明责任的承担，但法律另有规定的除外：(二)主张法律关系变更、消灭或者权利受到妨害的当事人，应当对该法律关系变更、消灭或者权利受到妨害的基本事实承担举证证明责任。"

9 2019年《民事证据规定》第10条规定："下列事实，当事人无须举证证明：(一)自然规律以及定理、定律；(二)众所周知的事实；(三)根据法律规定推定的事实；(四)根据已知的事实和日常生活经验法则推定出的另一事实；(五)已为仲裁机构的生效裁决所确认的事实；(六)已为人民法院发生法律效力的裁判所确认的基本事实；(七)已为有效公证文书所证明的事实。前款第二项至第五项事实，当事人有相反证据足以反驳的除外；第六项、第七项事实，当事人有相反证据足以推翻的除外。"

10 2020年《民诉法司法解释》第94条规定："民事诉讼法第六十四条第二款规定的当事人及其诉讼代理人因客观原因不能自行收集的证据包括：(一)证据由国家有关部门保存，当事人及其诉讼代理人无权查阅调取的；(二)涉及国家秘密、商业秘密或者个人隐私的；(三)当事人及其诉讼代理人因客观原因不能自行收集的其他证据。当事人及其诉讼代理人因客观原因不能自行收集的证据，可以在举证期限届满前书面申请人民法院调查收集。"

11 2020年《民诉法司法解释》第95条规定："当事人申请调查收集的证据，与待证事实无关联、对证明待证事实无意义或者其他无调查收集必要的，人民法院不予准许。"

12 2020年《民诉法司法解释》第96条规定："民事诉讼法第六十四条第二款规定的人民法院认为审理案件需要的证据包括：(一)涉及可能损害国家利益、社会公共利益的；(二)涉及身份关系的；

(三)涉及民事诉讼法第五十五条规定诉讼的;(四)当事人有恶意串通损害他人合法权益可能的;(五)涉及依职权追加当事人、中止诉讼、终结诉讼、回避等程序性事项的。除前款规定外,人民法院调查收集证据,应当依照当事人的申请进行。"

13　2020年《民诉法司法解释》第106条规定:"对以严重侵害他人合法权益、违反法律禁止性规定或者严重违背公序良俗的方法形成或者获取的证据,不得作为认定案件事实的根据。"

14　2020年《民诉法司法解释》第108条规定:"对负有举证证明责任的当事人提供的证据,人民法院经审查并结合相关事实,确信待证事实的存在具有高度可能性的,应当认定该事实存在。对一方当事人为反驳负有举证证明责任的当事人所主张事实而提供的证据,人民法院经审查并结合相关事实,认为待证事实真伪不明的,应当认定该事实不存在。法律对于待证事实所应达到的证明标准另有规定的,从其规定。"

15　2020年《民诉法司法解释》第109条规定:"当事人对欺诈、胁迫、恶意串通事实的证明,以及对口头遗嘱或者赠与事实的证明,人民法院确信该待证事实存在的可能性能够排除合理怀疑的,应当认定该事实存在。"

16　2019年《民事证据规定》第86条规定:"当事人对于欺诈、胁迫、恶意串通事实的证明,以及对于口头遗嘱或赠与事实的证明,人民法院确信该待证事实存在的可能性能够排除合理怀疑的,应当认定该事实存在。"

17　2020年《民诉法司法解释》第124条规定:"人民法院认为有必要的,可以根据当事人的申请或者依职权对物证或者现场进行勘验。勘验时应当保护他人的隐私和尊严。人民法院可以要求鉴定人参与勘验。必要时,可以要求鉴定人在勘验中进行鉴定。"

18　2019年《民事证据规定》第2条第1款规定:"人民法院应当向当事人说明举证的要求及法律后果,促使当事人在合理期限内积极、全面、正确、诚实地完成举证。"

19　2019年《民事证据规定》第92条第1款规定:"私文书证的真实性,由主张以私文书证证明案件事实的当事人承担举证责任。"

20　2019年《民事证据规定》第18条规定:"双方当事人无争议的事实符合《最高人民法院关于适用〈中华人民共和国民事诉讼法〉的解释》第九十六条第一款规定情形的,人民法院可以责令当事人提供有关证据。"

21　2019年《民事证据规定》第95条规定:"一方当事人控制证据无正当理由拒不提交,对待证事实负有举证责任的当事人主张该证据的内容不利于控制人的,人民法院可以认定该主张成立。"

22　《民法典》第1230条规定:"因污染环境、破坏生态发生纠纷,行为人应当就法律规定的不承担责任或者减轻责任的情形及其行为与损害之间不存在因果关系承担举证责任。"

23　《民法典》第1237条规定:"民用核设施或者运入运出核设施的核材料发生核事故造成他人损害的,民用核设施的营运单位应当承担侵权责任;但是,能够证明损害是因战争、武装冲突、暴乱等情形或者受害人故意造成的,不承担责任。"

24　《民法典》第1238条规定:"民用航空器造成他人损害的,民用航空器的经营者应当承担侵权责任;但是,能够证明损害是因受害人故意造成的,不承担责任。"

25　《民法典》第1239条规定:"占有或者使用易燃、易爆、剧毒、高放射性、强腐蚀性、高致病性等高度危险物造成他人损害的,占有人或者使用人应当承担侵权责任;但是,能够证明损害是因受害人故意或者不可抗力造成的,不承担责任。被侵权人对损害的发生有重大过失的,可以减轻占有人或者使用人的责任。"

26　《民法典》第1240条规定:"从事高空、高压、地下挖掘活动或者使用高速轨道运输工具造成他人损害的,经营者应当承担侵权责任;但是,能够证明损害是因受害人故意或者不可抗力造成的,不承担责任。被侵权人对损害的发生有重大过失的,可以减轻经营者的责任。"

27　《民法典》第1241条规定:"遗失、抛弃高度危险物造成他人损害的,由所有人承担侵权责任。所有人将高度危险物交由他人管理的,由管理人承担侵权责任;所有人有过错的,与管理人承担连带责任。"

28　《民法典》第1242条规定:"非法占有高度危险物造成他人损害的,由非法占有人承担侵权责任。所有人、管理人不能证明对防止非法占有尽到高度注意义务的,与非法占有人承担连带责任。"

29　《民法典》第1245条规定:"饲养的动物造成他人损害的,动物饲养人或者管理人应当承担侵权责任;但是,能够证明损害是因被侵权人故意或者重大过失造成的,可以不承担或者减轻责任。"

30 《民法典》第1248条规定:“动物园的动物造成他人损害的,动物园应当承担侵权责任;但是,能够证明尽到管理职责的,不承担侵权责任。”

31 《民法典》第1252条规定:“建筑物、构筑物或者其他设施倒塌、塌陷造成他人损害的,由建设单位与施工单位承担连带责任,但是建设单位与施工单位能够证明不存在质量缺陷的除外。建设单位、施工单位赔偿后,有其他责任人的,有权向其他责任人追偿。因所有人、管理人、使用人或者第三人的原因,建筑物、构筑物或者其他设施倒塌、塌陷造成他人损害的,由所有人、管理人、使用人或者第三人承担侵权责任。”

32 《民法典》第1254条规定:“禁止从建筑物中抛掷物品。从建筑物中抛掷物品或者从建筑物上坠落的物品造成他人损害的,由侵权人依法承担侵权责任;经调查难以确定具体侵权人的,除能够证明自己不是侵权人的外,由可能加害的建筑物使用人给予补偿。可能加害的建筑物使用人补偿后,有权向侵权人追偿。物业服务企业等建筑物管理人应当采取必要的安全保障措施防止前款规定情形的发生;未采取必要的安全保障措施的,应当依法承担未履行安全保障义务的侵权责任。发生本条第一款规定的情形的,公安等机关应当依法及时调查,查清责任人。”

33 《民法典》第1257条规定:“因林木折断、倾倒或者果实坠落等造成他人损害,林木的所有人或者管理人不能证明自己没有过错的,应当承担侵权责任。”

34 《民法典》第1258条规定:“在公共场所或者道路上挖掘、修缮安装地下设施等造成他人损害,施工人不能证明已经设置明显标志和采取安全措施的,应当承担侵权责任。窨井等地下设施造成他人损害,管理人不能证明尽到管理职责的,应当承担侵权责任。”

35 《商标法》第64条规定:“注册商标专用权人请求赔偿,被控侵权人以注册商标专用权人未使用注册商标提出抗辩的,人民法院可以要求注册商标专用权人提供此前三年内实际使用该注册商标的证据。注册商标专用权人不能证明此前三年内实际使用过该注册商标,也不能证明因侵权行为受到其他损失的,被控侵权人不承担赔偿责任。销售不知道是侵犯注册商标专用权的商品,能证明该商品是自己合法取得并说明提供者的,不承担赔偿责任。”

36 《著作权法》第53条规定:“复制品的出版者、制作者不能证明其出版、制作有合法授权的,复制品的发行者或者电影作品或者以类似摄制电影的方法创作的作品、计算机软件、录音录像制品的复制品的出租者不能证明其发行、出租的复制品有合法来源的,应当承担法律责任。”

37 《消费者权益保护法》第23条规定:“经营者应当保证在正常使用商品或者接受服务的情况下其提供的商品或者服务应当具有的质量、性能、用途和有效期限;但消费者在购买该商品或者接受该服务前已经知道其存在瑕疵,且存在该瑕疵不违反法律强制性规定的除外。经营者以广告、产品说明、实物样品或者其他方式表明商品或者服务的质量状况的,应当保证其提供的商品或者服务的实际质量与表明的质量状况相符。经营者提供的机动车、计算机、电视机、电冰箱、空调器、洗衣机等耐用商品或者装饰装修等服务,消费者自接受商品或者服务之日起六个月内发现瑕疵,发生争议的,由经营者承担有关瑕疵的举证责任。”

38 《水污染防治法》第98条规定:“因水污染引起的损害赔偿诉讼,由排污方就法律规定的免责事由及其行为与损害结果之间不存在因果关系承担举证责任。”

39 《劳动争议调解仲裁法》第6条规定:“发生劳动争议,当事人对自己提出的主张,有责任提供证据。与争议事项有关的证据属于用人单位掌握管理的,用人单位应当提供;用人单位不提供的,应当承担不利后果。”

40 《海商法》第51条规定:“在责任期间货物发生的灭失或者损坏是由于下列原因之一造成的,承运人不负赔偿责任:(一)船长、船员、引航员或者承运人的其他受雇人在驾驶船舶或者管理船舶中的过失;(二)火灾,但是由于承运人本人的过失所造成的除外;(三)天灾,海上或者其他可航水域的危险或者意外事故;(四)战争或者武装冲突;(五)政府或者主管部门的行为、检疫限制或者司法扣押;(六)罢工、停工或者劳动受到限制;(七)在海上救助或者企图救助人命或者财产;(八)托运人、货物所有人或者他们的代理人的行为;(九)货物的自然特性或者固有缺陷;(十)货物包装不良或者标志欠缺、不清;(十一)经谨慎处理仍未发现的船舶潜在缺陷;(十二)非由于承运人或者承运人的受雇人、代理人的过失造成的其他原因。承运人依照前款规定免除赔偿责任的,除第(二)项规定的原因外,应当负举证责任。”

41 2020年《民法典物权编司法解释一》第15条第2款规定:“真实权利人有证据证明不动产受让人应当知道转让人无处分权的,应当认定受让人具有重大过失。”

42 2020年《建筑物区分所有权司法解释》第11条规定:“业主将住宅改变为经营性用房,本栋建筑物内的其他业主，应当认定为民法典第二百七十九条所称‘有利害关系的业主’。建筑区划内，本栋建筑物之外的业主，主张与自己有利害关系的，应证明其房屋价值、生活质量受到或者可能受到不利影响。”

43　2020年《建筑物区分所有权司法解释》第14条规定：“建设单位、物业服务企业或者其他管理人等擅自占用、处分业主共有部分、改变其使用功能或者进行经营性活动，权利人请求排除妨害、恢复原状、确认处分行为无效或者赔偿损失的，人民法院应予支持。属于前款所称擅自进行经营性活动的情形，权利人请求建设单位、物业服务企业或者其他管理人等将扣除合理成本之后的收益用于补充专项维修资金或者业主共同决定的其他用途的，人民法院应予支持。行为人对成本的支出及其合理性承担举证责任。”

44　《合同法司法解释一》第13条规定：“合同法第七十三条规定的‘债务人怠于行使其到期债权、对债权人造成损害的’，是指债务人不履行其对债权人的到期债务，又不以诉讼方式或者仲裁方式向其债务人主张其享有的具有金钱给付内容的到期债权情况的应当承担举证责任。次债务人（即债务人的债务人）不认为债务人有怠于行使其到期债权情况的，应当承担举证责任。”《合同法》第73条，现为《民法典》第535条。

45　《合同法司法解释二》第6条规定：“提供格式条款的一方对格式条款中免除或者限制其责任的内容，在合同订立时采用足以引起对方注意的文字、符号、字体等特别标识，并按照对方的要求对该格式条款予以说明的，人民法院应当认定符合合同法第三十九条所称‘采取合理的方式’。提供格式条款一方对已尽合理提示及说明义务承担举证责任。”

46　《合同法司法解释二》第7条：“下列情形，不违反法律、行政法规强制性规定的，人民法院可以认定为合同法所称‘交易习惯’：（一）在交易行为当地或者某一领域、某一行业通常采用并为交易对方订立合同时所知道或者应当知道的做法；（二）当事人双方经常使用的习惯做法。对于交易习惯，由提出主张的一方当事人承担举证责任。”

47　2020年《公司法司法解释三》第20条规定：“当事人之间对是否已履行出资义务发生争议，原告提供对股东履行出资义务产生合理怀疑证据的，被告股东应当就其已履行出资义务承担举证责任。”

48　2020年《融资租赁纠纷司法解释》第19条规定：“租赁物不符合融资租赁合同的约定且出租人实施了下列行为之一，承租人依照民法典第七百四十四条、第七百四十七条的规定，要求出租人承担相应责任的，人民法院应予支持：（一）出租人在承租人选择出卖人、租赁物时，对租赁物的选定起决定作用的；（二）出租人干预或者要求承租人按照出租人意愿选择出卖人或者租赁物的；（三）出租人擅自变更承租人已经选定的出卖人或者租赁物的。承租人主张其系依赖出租人的技能确定租赁物或者出租人干预选择租赁物的，对上述事实承担举证责任。”

49　2020年《环境侵权纠纷司法解释》第6条规定：“被侵权人根据民法典第七编第七章的规定请求赔偿的，应当提供证明以下事实的证据材料：（一）侵权人排放了污染物或者破坏了生态；（二）被侵权人的损害；（三）侵权人排放的污染物或者其次生污染物、破坏生态行为与损害之间具有关联性。”

50　2020年《信息网络传播权司法解释》第6条规定：“原告有初步证据证明网络服务提供者提供了相关作品、表演、录音录像制品，但网络服务提供者能够证明其仅提供网络服务，且无过错的，人民法院不应认定为构成侵权。”

51　2020年《道路交通事故损害赔偿司法解释》第7条第1款规定：“因道路管理维护缺陷导致机动车发生交通事故造成损害，当事人请求道路管理者承担相应赔偿责任的，人民法院应予支持。但道路管理者能够证明已经依照法律、法规、规章的规定，或者按照国家标准、行业标准、地方标准的要求尽到安全防护、警示等管理维护义务的除外。”

52　2020年《人身损害赔偿司法解释》第6条规定：“医疗费根据医疗机构出具的医药费、住院费等收款凭证，结合病历和诊断证明等相关证据确定。赔偿义务人对治疗的必要性和合理性有异议的，应当承担相应的举证责任。医疗费的赔偿数额，按照一审法庭辩论终结前实际发生的数额确定。器官功能恢复训练所必要的康复费、适当的整容费以及其他后续治疗费，赔偿权利人可以待实际发生后另行起诉。但根据医疗证明或者鉴定结论确定必然发生的费用，可以与已经发生的医疗费一并予以赔偿。”原《人身损害赔偿司法解释》第19条规定：“医疗费根据医疗机构出具的医药费、住院费等收款凭证，结合病历和诊断证明等相关证据确定。赔偿义务人对治疗的必要性和合理性有异议的，应当承担相应的举证责任。医疗费的赔偿数额，按照一审法庭辩论终结前实际发生的数额确定。器官功能恢复训练所必要的康复费、适当的整容费以及其他后续治疗费，赔偿权利人可以待实际发生后另行起诉。但根据医疗证明或者鉴定结论确定必然发生的费用，可以与已经发生的医疗费一并予以赔偿。”

53　2020年《人身损害赔偿司法解释》第7条第3款规定：“受害人有固定收入的，误工费按照实际减少的收入计算。受害人无固定收入的，按照其最近三年的平均收入计算；受害人不能举证证明其最近三年的平均收入状况的，可以参照受诉法院所在地相同或者相近行业上一年度职工的平均工资计算。”

54　2020年《人身损害赔偿司法解释》第18条第1款规定：“赔偿权利人举证证明其住所地或者经常居住地城镇居民人均可支配收入或者农村居民人均纯收入高于受诉法院所在地标准的，残疾赔偿金或者死亡赔偿金可以按照其住所地或者经常居住地的相关标准计算。”原《人身损害赔偿司法解释》第30条：“赔偿权利人举证证明其住所地或者经常居住地城镇居民人均可支配收入或者农村居民人均纯收入高于受诉法院所在地标准的，残疾赔偿金或者死亡赔偿金可以按照其住所地或者经常居住地的相关标准计算。被扶养人生活费的相关计算标准，依照前款原则确定。”

55　2020年《期货纠纷司法解释》第56条规定：“期货公司应当对客户的交易指令是否入市交易承担举证责任。确认期货公司是否将客户下达的交易指令入市交易，应当以期货交易所的交易记录、期货公司通知的交易结算结果与客户交易指令记录中的品种、买卖方向是否一致，价格、交易时间是否相符为标准，指令交易数量可以作为参考。但客户有相反证据证明其交易指令未入市交易的除外。”

56　2020年《期货纠纷司法解释》第57条规定：“期货交易所通知期货公司追加保证金，期货公司否认收到上述通知的，由期货交易所承担举证责任。期货公司向客户发出追加保证金的通知，客户否认收到上述通知的，由期货公司承担举证责任。”

57　《反不正当竞争司法解释》第1条规定：“在中国境内具有一定的市场知名度，为相关公众所知悉的商品，应当认定为反不正当竞争法第五条第（二）项规定的‘知名商品’。人民法院认定知名商品，应当考虑该商品的销售时间、销售区域、销售额和销售对象，进行任何宣传的持续时间、程度和地域范围，作为知名商品受保护的情况等因素，进行综合判断。原告应当对其商品的市场知名度负举证责任。在不同地域范围内使用相同或者近似的知名商品特有的名称、包装、装潢，在后使用者能够证明其善意使用的，不构成反不正当竞争法第五条第（二）项规定的不正当竞争行为。因后来的经营活动进入相同地域范围而使其商品来源足以产生混淆，在先使用者请求责令在后使用者附加足以区别商品来源的其他标识的，人民法院应当予以支持。”

58　《反不正当竞争司法解释》第13条规定：“商业秘密中的客户名单，一般是指客户的名称、地址、联系方式以及交易的习惯、意向、内容等构成的区别于相关公知信息的特殊客户信息，包括汇集众多客户的客户名册，以及保持长期稳定交易关系的特定客户。客户基于对职工个人的信赖而与职工所在单位进行市场交易，该职工离职后，能够证明客户自愿选择与自己或者其新单位进行市场交易的，应当认定没有采用不正当手段，但职工与原单位另有约定的除外。”

59　《反不正当竞争司法解释》第14条规定：“当事人指称他人侵犯其商业秘密的，应当对其拥有的商业秘密符合法定条件、对方当事人的信息与其商业秘密相同或者实质相同以及对方当事人采取不正当手段的事实负举证责任。其中，商业秘密符合法定条件的证据，包括商业秘密的载体、具体内容、商业价值和对该项商业秘密所采取的具体保密措施等。”

60　2020年《垄断行民事案件司法解释》第7条规定：“被诉垄断行为属于反垄断法第十三条第一款第（一）项至第（五）项规定的垄断协议的，被告应对该协议不具有排除、限制竞争的效果承担举证责任。”

61　2020年《垄断行为民事案件司法解释》第8条规定：“被诉垄断行为属于反垄断法第十七条第一款规定的滥用市场支配地位的，原告应当对被告在相关市场内具有支配地位和其滥用市场支配地位承担举证责任。被告以其行为具有正当性为由进行抗辩的，应当承担举证责任。”

62　《企业破产法司法解释一》第3条规定：“债务人的资产负债表，或者审计报告、资产评估报告等显示其全部资产不足以偿付全部负债的，人民法院应当认定债务人资产不足以清偿全部债务，但有相反证据足以证明债务人资产能够偿付全部负债的除外。”

63　2020年《保险法司法解释二》第4条规定：“保险人接受了投保人提交的投保单并收取了保险费，尚未作出是否承保的意思表示，发生保险事故，被保险人或者受益人请求保险人按照保险合同承担赔偿或者给付保险金责任，符合承保条件的，人民法院应予支持；不符合承保条件的，保险人不承担保险责任，但应当退还已经收取的保险费。保险人主张不符合承保条件的，应承担举证责任。”

64　2020年《保险法司法解释二》第6条规定：“投保人的告知义务限于保险人询问的范围和内容。当事人对询问范围及内容有争议的，保险人负举证责任。保险人以投保人违反了对投保单询问表中所列概括性条款的如实告知义务为由请求解除合同的，人民法院不予支持。但该概括性条款有具体内容的除外。”

65　2020年《保险法司法解释二》第13条规定：“保险人对其履行了明确说明义务负举证责任。投保人对保险人履行了符合本解释第十一条第二款要求的明确说明义务在相关文书上签字、盖章或者以其他形式予以确认的，应当认定保险人履行了该项义务。但另有证据证明保险人未履行明确说明义务的除外。”

66　2020年《保险法司法解释三》第21条规定：“保险人以被保险人自杀为由拒绝给付保险金的，由保险人承担举证责任。受益人或者被保险人的继承人以被保险人自杀时无民事行为能力为由抗辩的，由其承担举证责任。”

67　2020年《保险法司法解释三》第23条规定：“保险人主张根据保险法第四十五条的规定不承担给付保险金责任的，应当证明被保险人的死亡、伤残结果与其实施的故意犯罪或者抗拒依法采取的刑事强制措施的行为之间存在因果关系。被保险人在羁押、服刑期间因意外或者疾病造成伤残或者死亡，保险人主张根据保险法第四十五条的规定不承担给付保险金责任的，人民法院不予支持。”

68　《多元化纠纷解决改革意见》第23条规定：“探索无争议事实记载机制。调解程序终结时，当事人未达成调解协议的，调解员在征得各方当事人同意后，可以用书面形式记载调解过程中双方没有争议的事实，并由当事人签字确认。在诉讼程序中，除涉及国家利益、社会公共利益和他人合法权益的外，当事人无需对调解过程中已确认的无争议事实举证。”

69　2020年《消费民事公益诉讼案件司法解释》第4条规定：“提起消费民事公益诉讼应当提交下列材料：(一)符合民事诉讼法第一百二十一条规定的起诉状，并按照被告人数提交副本；(二)被告的行为侵害众多不特定消费者合法权益或者具有危及消费者人身、财产安全危险等损害社会公共利益的初步证据；(三)消费者组织就涉诉事项已按照消费者权益保护法第三十七条第四项或者第五项的规定履行公益性职责的证明材料。”

70　2020年《消费民事公益诉讼案件司法解释》第16条规定：“已为消费民事公益诉讼生效裁判认定的事实，因同一侵权行为受到损害的消费者根据民事诉讼法第一百一十九条规定提起的诉讼，原告、被告均无需举证证明，但当事人对该事实有异议并有相反证据足以推翻的除外。消费民事公益诉讼生效裁判认定经营者存在不法行为，因同一侵权行为受到损害的消费者根据民事诉讼法第一百一十九条规定提起的诉讼，原告主张适用的，人民法院可予支持，但被告有相反证据足以推翻的除外。被告主张直接适用对其有利认定的，人民法院不予支持，被告仍应承担相应举证证明责任。”

71　2020年《知识产权证据规定》第3条规定：“专利方法制造的产品不属于新产品的，侵害专利权纠纷的原告应当举证证明下列事实：(一)被告制造的产品与使用专利方法制造的产品属于相同产品；(二)被告制造的产品经由专利方法制造的可能性较大；(三)原告为证明被告使用了专利方法尽到合理努力。原告完成前款举证后，人民法院可以要求被告举证证明其产品制造方法不同于专利方法。”

72　2020年《知识产权证据规定》第4条规定：“被告依法主张合法来源抗辩的，应当举证证明合法取得被诉侵权产品、复制品的事实，包括合法的购货渠道、合理的价格和直接的供货方等。被告提供的被诉侵权产品、复制品来源证据与其合理注意义务程度相当的，可以认定其完成前款所称举证，并推定其不知道被诉侵权产品、复制品侵害知识产权。被告的经营规模、专业程度、市场交易习惯等，可以作为确定其合理注意义务的证据。”

73　2020年《知识产权证据规定》第5条规定：“提起确认不侵害知识产权之诉的原告应当举证证明下列事实：(一)被告向原告发出侵权警告或者对原告进行侵权投诉；(二)原告向被告发出诉权行使催告及催告时间、送达时间；(三)被告未在合理期限内提起诉讼。”

74　2020年《劳动争议司法解释一》第42条规定：“劳动者主张加班费的，应当就加班事实的存在承担举证责任。但劳动者有证据证明用人单位掌握加班事实存在的证据，用人单位不提供的，由用人单位承担不利后果。”

75　2020年《劳动争议司法解释一》第44条规定：“因用人单位作出的开除、除名、辞退、解除劳动合同、减少劳动报酬、计算劳动者工作年限等决定而发生的劳动争议，用人单位负举证责任。”

76　2020年《食品药品案件司法解释》第5条规定：“消费者举证证明所购买食品、药品的事实以及所购食品、药品不符合合同的约定，主张食品、药品的生产者、销售者承担违约责任的，人民法院应予支持。消费者举证证明因食用食品或者使用药品受到损害，初步证明损害与食用食品或者使用药品存在因果关系，并请求食品、药品的生产者、销售者承担侵权责任的，人民法院应予支持，但食品、药品的生产者、销售者能证明损害不是因产品不符合质量标准造成的除外。”

77　2020年《食品药品案件司法解释》第6条规定：“食品的生产者与销售者应当对于食品符合质量标准承担举证责任。认定食品是否安全，应当以国家标准为依据；对地方特色食品，没有国家标准的，应当以地方标准为依据。没有前述标准的，应当以食品安全法的相关规定为依据。”

78　2020年《存单纠纷司法解释》第5条规定：“对一般存单纠纷案件的认定和处理：(一)认定　当事人以存单或进账单、对账单、存款合同等凭证为主要证据向人民法院提起诉讼的存单纠纷案件和金融机构向人民法院提起的确认存单或进账单、对账单、存款合同等凭证无效的存单纠纷案件，为一般存单纠纷案件。(二)处理　人民法院在审理一般存单纠纷案件中，除应审查存单、进账单、对账单、存款合同等凭证的真实性外，还应审查持有人与金融机构间存款关系的真实性，并以存单、进账单、对账单、存款合同等凭证的真实性以及存款关系的真实性为依据，作出正确处理。1、持有人以上述真实凭证为证据提起诉讼的，金融机构应当对持有人与金融机构间是否存在存款关系负举证责任。如金融机构有充分证据证明持有人未向金融机构交付上述凭证所记载的款项的，人民法院应当认定持有人与金融机构间不存在存款关系，并判决驳回原告的诉讼请求。2、持有人以上述真实凭证为证据提起诉讼的，如金融机构不能提供证明存款关系不真实的证据，或仅以金融机构底单的记载内容与上述凭证记载内容不符为由进行抗辩的，人民法院应认定持有人与金融机构间存款关系成立，金融机构应当承担兑付款项的义务。3、持有人以在样式、印鉴、记载事项上有别于真实凭证，但无充分证据证明系伪造或变造的瑕疵凭证提起诉讼的，持有人应对瑕疵凭证的取得提供合理的陈述。如持有人对瑕疵凭证的取得提供了合理陈述，而金融机构否认存款关系存在的，金融机构应当对持有人与金融机构间是否存在存款关系负举证责任。如金融机构有充分证据证明持有人未向金融机构交付上述凭证所记载的款项的，人民法院应当认定持有人与金融机构间不存在存款关系，判决驳回原告的诉讼请求；如金融机构不能提供证明存款关系不真实的证据，或仅以金融机构底单的记载内容与上述凭证记载内容不符为由进行抗辩的，人民法院应认定持有人与金融机构间存款关系成立，金融机构应当承担兑付款项的义务。4、存单纠纷案件的审理中，如有充足证据证明存单、进账单、对账单、存款合同等凭证系伪造、变造，人民法院应在查明案件事实的基础上，依法确认上述凭证无效，并可驳回持上述凭证起诉的原告的诉讼请求或根据实际存款数额进行判决。如有本规定第三条中止审理情形的，人民法院应当中止审理。”

79　2020年《票据纠纷司法解释》第8条规定：“票据诉讼的举证责任由提出主张的一方当事人承担。依照票据法第四条第二款、第十条、第十二条、第二十一条的规定，向人民法院提起诉讼的持票人有责任提供诉争票据。该票据的出票、承兑、交付、背书转让涉嫌欺诈、偷盗、胁迫、恐吓、暴力等非法行为的，持票人对持票的合法性应当负责举证。”

80　2020年《买卖合同司法解释》第1条第1款规定：“当事人之间没有书面合同，一方以送货单、收货单、结算单、发票等主张存在买卖合同关系的，人民法院应当结合当事人之间的交易方式、交易习惯以及其他相关证据，对买卖合同是否成立作出认定。”

81　2020年《买卖合同司法解释》第1条第2款规定：“对账确认函、债权确认书等函件、凭证没有记载债权人名称，买卖合同当事人一方以此证明存在买卖合同关系的，人民法院应予支持，但有相反证据足以推翻的除外。”

82　2020年《民间借贷司法解释》第2条第1款规定：“出借人向人民法院提起民间借贷诉讼时，应当提供借据、收据、欠条等债权凭证以及其他能够证明借贷法律关系存在的证据。”

83　2020年《民间借贷司法解释》第15条第1款规定：“原告仅依据借据、收据、欠条等债权凭证提起民间借贷诉讼，被告抗辩已经偿还借款的，被告应当对其主张提供证据证明。被告提供相应证据证明其主张后，原告仍应就借贷关系的存续承担举证责任。”

84　2020年《民间借贷司法解释》第16条规定：“原告仅依据金融机构的转账凭证提起民间借贷诉讼，被告抗辩转账系偿还双方之前借款或者其他债务的，被告应当对其主张提供证据证明。被告提供相应证据证明其主张后，原告仍应就借贷关系的成立承担举证责任。”

85　2020年《民间借贷司法解释》第17条规定：“依据《最高人民法院关于适用〈中华人民共和国民事诉讼法〉的解释》第一百七十四条第二款之规定，负有举证责任的原告无正当理由拒不到庭，经审查现有证据无法确认借贷行为、借贷金额、支付方式等案件主要事实的，人民法院对原告主张的事实不予认定。”

86　2020年《医疗事故责任纠纷司法解释》第4条第1款规定：“患者依据民法典第一千二百一十八条规定主张医疗机构承担赔偿责任的，应当提交到该医疗机构就诊、受到损害的证据。”

87　2020年《医疗损害责任纠纷司法解释》第4条第2款规定："患者无法提交医疗机构或者其医务人员有过错、诊疗行为与损害之间具有因果关系的证据，依法提出医疗损害鉴定申请的，人民法院应予准许。"

88　2020年《医疗损害责任纠纷司法解释》第4条第3款规定："医疗机构主张不承担责任的，应当就民法典第一千二百二十四条第一款规定情形等抗辩事由承担举证证明责任。"

89　2020年《医疗损害责任纠纷司法解释》第5条第2款规定："实施手术、特殊检查、特殊治疗的，医疗机构应当承担说明义务并取得患者或者患者近亲属明确同意，但属于民法典第一千二百二十条规定情形的除外。医疗机构提交患者或者患者近亲属明确同意证据的，人民法院可以认定医疗机构尽到说明义务，但患者有相反证据足以反驳的除外。"

90　2020年《医疗损害责任纠纷司法解释》第7条第1款规定："患者依据民法典第一千二百二十三条规定请求赔偿的，应当提交使用医疗产品或者输入血液、受到损害的证据。"

91　2020年《医疗损害责任纠纷司法解释》第7条第2款规定："患者无法提交使用医疗产品或者输入血液与损害之间具有因果关系的证据，依法申请鉴定的，人民法院应予准许。"

92　2020年《医疗损害责任纠纷司法解释》第7条第3款规定："医疗机构，医疗产品的生产者、销售者、药品上市许可持有人或者血液提供机构主张不承担责任的，应当对医疗产品不存在缺陷或者血液合格等抗辩事由承担举证证明责任。"

93　2020年《医疗损害责任纠纷司法解释》第8条规定："当事人依法申请对医疗损害责任纠纷中的专门性问题进行鉴定的，人民法院应予准许。当事人未申请鉴定，人民法院对前款规定的专门性问题认为需要鉴定的，应当依职权委托鉴定。"

94　2020年《民法典担保制度司法解释》第28条第2款规定："一般保证的债权人在保证期间届满前对债务人提起诉讼或者申请仲裁，债权人举证证明存在民法典第六百八十七条第二款但书规定情形的，保证债务的诉讼时效自债权人知道或者应当知道该情形之日起开始计算。"

95　2020年《民法典担保制度司法解释》第54条规定："动产抵押合同订立后未办理抵押登记，动产抵押权的效力按照下列情形分别处理：（一）抵押人转让抵押财产，受让人占有抵押财产后，抵押权人向受让人请求行使抵押权的，人民法院不予支持，但是抵押权人能够举证证明受让人知道或者应当知道已经订立抵押合同的除外；（二）抵押人将抵押财产出租给他人并移转占有，抵押权人行使抵押权的，租赁关系不受影响，但是抵押权人能够举证证明承租人知道或者应当知道已经订立抵押合同的除外；（三）抵押人的其他债权人向人民法院申请保全或者执行抵押财产，人民法院已经作出财产保全裁定或者采取执行措施，抵押权人主张对抵押财产优先受偿的，人民法院不予支持；（四）抵押人破产，抵押权人主张对抵押财产优先受偿的，人民法院不予支持。"

96　2020年《民法典担保制度司法解释》第61条第2款规定："以现有的应收账款出质，应收账款债务人未确认应收账款的真实性，质权人以应收账款债务人为被告，请求就应收账款优先受偿，能够举证证明办理出质登记时应收账款真实存在的，人民法院应予支持；质权人不能举证证明办理出质登记时应收账款真实存在，仅以已经办理出质登记为由，请求就应收账款优先受偿的，人民法院不予支持。"

97　《八民会议纪要》第20条规定："在涉及农村宅基地或农村集体经营性建设用地的民事纠纷案件中，当事人主张利润分配等合同权利的，应提供政府部门关于土地利用规划、建设用地计划及优先满足集体建设用地等要求的审批文件或者证明。未提供上述手续或者虽提供了上述手续，但在一审法庭辩论终结前土地性质仍未变更为国有土地的，所涉及的相关合同应按无效处理。"

98　《八民会议纪要》第36条规定："以当事人的工作人员身份参加诉讼活动，应当按照《最高人民法院关于适用〈中华人民共和国民事诉讼法〉的解释》第八十六条的规定，至少应当提交以下证据之一加以证明：（1）缴纳社保记录凭证；（2）领取工资凭证；（3）其他能够证明其为当事人工作人员身份的证据。"

99　《九民会议纪要》第14条规定："【怠于履行清算义务的认定】公司法司法解释（二）第18条第2款规定的'怠于履行义务'，是指有限责任公司的股东在法定清算事由出现后，在能够履行清算义务的情况下，故意拖延、拒绝履行清算义务，或者因过失导致无法进行清算的消极行为。股东举证证明其已经为履行清算义务采取了积极措施，或者小股东举证证明其既不是公司董事会或者监事会成员，也没有选派人员担任该机关成员，且从未参与公司经营管理，以不构成'怠于履行义务'为由，主张其不应当对公司债务承担连带清偿责任的，人民法院依法予以支持。"

100　《九民会议纪要》第15条规定："【因果关系抗辩】有限责任公司的股东举证证明其'怠于履行

义务’的消极不作为与‘公司主要财产、账册、重要文件等灭失，无法进行清算’的结果之间没有因果关系，主张其不应对公司债务承担连带清偿责任的，人民法院依法予以支持。”

101 《九民会议纪要》第18条规定：“【善意的认定】前条所称的善意，是指债权人不知道或者不应当知道法定代表人超越权限订立担保合同。《公司法》第16条对关联担保和非关联担保的决议机关作出了区别规定，相应地，在善意的判断标准上也应当有所区别。一种情形是，为公司股东或者实际控制人提供关联担保，《公司法》第16条明确规定必须由股东（大）会决议，未经股东（大）会决议，构成越权代表。在此情况下，债权人主张担保合同有效，应当提供证据证明其在订立合同时对股东（大）会决议进行了审查，决议的表决程序符合《公司法》第16条的规定，即在排除被担保股东表决权的情况下，该项表决由出席会议的其他股东所持表决权的过半数通过，签字人员也符合公司章程的规定。另一种情形是，公司为公司股东或者实际控制人以外的人提供非关联担保，根据《公司法》第16条的规定，此时由公司章程规定是由董事会决议还是股东（大）会决议。无论章程是否对决议机关作出规定，也无论章程规定决议机关为董事会还是股东（大）会，根据《民法总则》第61条第3款关于‘法人章程或者法人权力机构对法定代表人代表权的限制，不得对抗善意相对人’的规定，只要债权人能够证明其在订立担保合同时对董事会决议或者股东（大）会决议进行了审查，同意决议的人数及签字人员符合公司章程的规定，就应当认定其构成善意，但公司能够证明债权人明知公司章程对决议机关有明确规定的除外。债权人对公司机关决议内容的审查一般限于形式审查，只要求尽到必要的注意义务即可，标准不宜太过严苛。公司以机关决议系法定代表人伪造或者变造、决议程序违法、签章（名）不实、担保金额超过法定限额等事由抗辩债权人非善意的，人民法院一般不予支持。但是，公司有证据证明债权人明知决议系伪造或者变造的除外。”

102 《九民会议纪要》第20条规定：“【越权担保的民事责任】依据前述3条规定，担保合同有效，债权人请求公司承担担保责任的，人民法院依法予以支持；担保合同无效，债权人请求公司承担担保责任的，人民法院不予支持，但可以按照担保法及有关司法解释关于担保无效的规定处理。公司举证证明债权人明知法定代表人超越权限或者机关决议系伪造或者变造，债权人请求公司承担合同无效后的民事责任的，人民法院不予支持。”

103 《九民会议纪要》第28条规定：“【实际出资人显名的条件】实际出资人能够提供证据证明有限责任公司过半数的其他股东知道其实际出资的事实，且对其实际行使股东权利未曾提出异议的，对实际出资人提出的登记为公司股东的请求，人民法院依法予以支持。公司以实际出资人的请求不符合公司法司法解释（三）第24条的规定为由抗辩的，人民法院不予支持。”

104 《九民会议纪要》第52条规定：“【高利转贷】民间借贷中，出借人的资金必须是自有资金。出借人套取金融机构信贷资金又高利转贷给借款人的民间借贷行为，既增加了融资成本，又扰乱了信贷秩序，根据民间借贷司法解释第14条第1项的规定，应当认定此类民间借贷行为无效。人民法院在适用该条规定时，应当注意把握以下几点：一是要审查出借人的资金来源。借款人能够举证证明在签订借款合同时出借人尚欠银行贷款未还的，一般可以推定为出借人套取信贷资金，但出借人能够举反证予以推翻的除外；二是从宽认定‘高利’转贷行为的标准，只要出借人通过转贷行为牟利的，就可以认定为是‘高利’转贷行为；三是对该条规定的‘借款人事先知道或者应当知道的’要件，不宜把握过苛。实践中，只要出借人在签订借款合同时存在尚欠银行贷款未还事实的，一般可以认为满足了该条规定的‘借款人事先知道或者应当知道’这一要件。”

105 《九民会议纪要》第63条规定：“【流动质押的设立与监管人的责任】在流动质押中，经常由债权人、出质人与监管人订立三方监管协议，此时应当查明监管人究竟是受债权人的委托还是受出质人的委托监管质物，确定质物是否已经交付债权人，从而判断质权是否有效设立。如果监管人系受债权人的委托监管质物，则其是债权人的直接占有人，应当认定完成了质物交付，质权有效设立。监管人违反监管协议约定，违规向出质人放货、因保管不善导致质物毁损灭失，债权人请求监管人承担违约责任的，人民法院依法予以支持。如果监管人系受出质人委托监管质物，表明质物并未交付债权人，应当认定质权未有效设立。尽管监管协议约定监管人系受债权人的委托监管质物，但有证据证明其并未履行监管职责，质物实际上仍由出质人管领控制的，也应当认定质物并未实际交付，质权未有效设立。此时，债权人可以基于质押合同的约定请求质押人承担违约责任，但其范围不得超过质权有效设立时质押人所应当承担的责任。监管人未履行监管职责的，债权人也可以请求监管人承担违约责任。”

106 《九民会议纪要》第78条规定：“【免责事由】因金融消费者故意提供虚假信息、拒绝听取卖方机构的建议等自身原因导致其购买产品或者接受服务不适当，卖方机构请求免除相应责任的，人民法院依法予以支持，但金融消费者能够证明该虚假信息的出具系卖方机构误导的除外。卖方机构能够举证证明根据金融消费者的既往投资经验、受教育程度等事实，适当性义务的违反并未影响金融消费者作出自主决定的，对其关于应当由金融消费者自负投资风险的抗辩理由，人民法院依法予以支持。”

107 《九民会议纪要》第87条规定：“【合同无效的责任承担】场外配资合同被确认无效后，配资方依场外配资合同的约定，请求用资人向其支付约定的利息和费用的，人民法院不予支持。配资方依场外配资合同的约定，请求分享用资人因使用配资所产生的收益的，人民法院不予支持。用资人以其因使用配资导致投资损失为由请求配资方予以赔偿的，人民法院不予支持。用资人能够证明因配资方采取更改密码等方式控制账户使得用资人无法及时平仓止损，并据此请求配资方赔偿其因此遭受的损失的，人民法院依法予以支持。用资人能够证明配资合同是因配资方招揽、劝诱而订立，请求配资方赔偿其全部或者部分损失的，人民法院应当综合考虑配资方招揽、劝诱行为的方式、对用资人的实际影响、用资人自身的投资经历、风险判断和承受能力等因素，判决配资方承担与其过错相适应的赔偿责任。”

108 《九民会议纪要》第94条规定：“【受托人的举证责任】资产管理产品的委托人以受托人未履行勤勉尽责、公平对待客户等义务损害其合法权益为由，请求受托人承担损害赔偿责任的，应当由受托人举证证明其已经履行了义务。受托人不能举证证明，委托人请求其承担相应赔偿责任的，人民法院依法予以支持。”

109 《九民会议纪要》第95条规定：“【信托财产的诉讼保全】信托财产在信托存续期间独立于委托人、受托人、受益人各自的固有财产。委托人将其财产委托给受托人进行管理，在信托依法设立后，该信托财产即独立于委托人未设立信托的其他固有财产。受托人因承诺信托而取得的信托财产，以及通过对信托财产的管理、运用、处分等方式取得的财产，均独立于受托人的固有财产。受益人对信托财产享有的权利表现为信托受益权，信托财产并非受益人的责任财产。因此，当事人因其与委托人、受托人或者受益人之间的纠纷申请对存管银行或者信托公司专门账户中的信托资金采取保全措施的，除符合《信托法》第17条规定的情形外，人民法院不应当准许。已经采取保全措施的，存管银行或者信托公司能够提供证据证明该账户为信托账户的，应当立即解除保全措施。对信托公司管理的其他信托财产的保全，也应当根据前述规则办理。当事人申请对受益人的受益权采取保全措施的，人民法院应当根据《信托法》第47条的规定进行审查，决定是否采取保全措施。决定采取保全措施的，应当将保全裁定送达受托人和受益人。”

110 《九民会议纪要》第103条规定：“【票据清单交易、封包交易案件中的票据权利】审判实践中，以票据贴现为手段的多链条融资模式引发的案件应当引起重视。这种交易俗称票据清单交易、封包交易，是指商业银行之间就案涉票据订立转贴现或者回购协议，附以票据清单，或者将票据封包作为质押，双方约定按照票据清单中列明的基本信息进行票据转贴现或者回购，但往往并不进行票据交付和背书。实务中，双方还往往再订立一份代保管协议，约定由原票据持有人代对方继续持有票据，从而实现合法、合规的形式要求。出资银行仅以参与交易的单个或者部分银行为被告提起诉讼行使票据追索权，被告能够举证证明票据交易存在诸如不符合正常转贴现交易顺序的倒打款、未进行背书转让、票据未实际交付等相关证据，并据此主张相关金融机构之间并无转贴现的真实意思表示，抗辩出资银行不享有票据权利的，人民法院依法予以支持。出资银行在取得商业承兑汇票后又将票据转贴现给其他商业银行，持票人向其前手主张票据权利的，人民法院依法予以支持。”

111 《九民会议纪要》第112条规定：“【重整中担保物权的恢复行使】重整程序中，要依法平衡保护担保物权人的合法权益和企业重整价值。重整申请受理后，管理人或者自行管理的债务人应当及时确定设定有担保物权的债务人财产是否为重整所必需。如果认为担保物不是重整所必需，管理人或者自行管理的债务人应当及时对担保物进行拍卖或者变卖，拍卖或者变卖担保物所得价款在支付拍卖、变卖费用后优先清偿担保物权人的债权。在担保物权暂停行使期间，担保物权人根据《企业破产法》第75条的规定向人民法院请求恢复行使担保物权的，人民法院应当自收到恢复行使担保物权申请之日起三十日内作出裁定。经审查，担保物权人的申请不符合第75条的规定，或者虽然符合该条规定但管理人或者自行管理的债务人有证据证明担保物是重整所必需，并且提供与减少价值相应担保或者补偿的，人民法院应当裁定不予批准恢复行使担保物权。担保物权人不服该裁定的，可以自收到裁定书之日起十日内，向作出裁定的人民法院申请复议。人民法院裁定批准行使担保物权的，管理人或者自行管理的债务人应当自收到裁定书之日起十五日内启动对担保物的拍卖或者变卖，拍卖或者变卖担保物所得价款在支付拍卖、变卖费用后优先清偿担保物权人的债权。”

112 《九民会议纪要》第120条规定：“【债权人能否提起第三人撤销之诉】第三人撤销之诉中的第

三人仅局限于《民事诉讼法》第56条规定的有独立请求权及无独立请求权的第三人，而且一般不包括债权人。但是，设立第三人撤销之诉的目的在于，救济第三人享有的因不能归责于本人的事由未参加诉讼但因生效裁判文书内容错误受到损害的民事权益，因此，债权人在下列情况下可以提起第三人撤销之诉：(1)该债权是法律明确给予特殊保护的债权，如《合同法》第286条规定的建设工程价款优先受偿权，《海商法》第22条规定的船舶优先权；(2)因债务人与他人的权利义务被生效裁判文书确定，导致债权人本来可以对《合同法》第74条和《企业破产法》第31条规定的债务人的行为享有撤销权而不能行使的；(3)债权人有证据证明，裁判文书主文确定的债权内容部分或者全部虚假的。债权人提起第三人撤销之诉还要符合法律和司法解释规定的其他条件。对于除此之外的其他债权，债权人原则上不得提起第三人撤销之诉。”

第一节　举证责任

【法理辨析】

一、举证责任的内涵

举证责任，又称为证明责任〔1〕，是指“当事人对自己提出的主张有提供证据进行证明的责任。具体包含行为意义上的举证责任和结果意义上的举证责任两层含义：其一，行为意义上的举证责任是指当事人对自己提出的主张有提供证据的责任。其二，结果意义的举证责任是指当待证事实真伪不明时由依法负有证明责任的人承担不利后果的责任”。〔2〕这种“双重责任说”〔3〕是从行为和结果两个方面来解释证明责任。在举证责任双重含义的理解上，“英美法系国家和大陆法系国家并无本质的不同”〔4〕。我国《民事诉讼法》中没有关于举证责任“双重责任说”的定义。《民事诉讼法》第64条“当事人对自己提出的主张，有责任提供证据”的规定是我国

〔1〕 在一般意义上，本书将举证责任与证明责任作同义语使用。在证据法意义上，为了避免“举证责任”和“证明责任”的混淆，基于证明责任的“双重责任说”(行为意义上的证明责任和后果意义上的证明责任)，本书第一节与第五节分别使用“举证责任”和“证明责任”的表述。使用“举证责任”主要是从行为意义上的证明责任角度强调当事人对自己提出的主张有提供证据的责任；使用“证明责任”主要是从后果意义上的证明责任角度强调当事人未能提供证据证明而要承担相应的不利法律后果的责任。

〔2〕 最高人民法院民事审判第一庭：《民事诉讼证据司法解释的理解与适用》，中国法制出版社2002年版，第15页。

〔3〕 李浩：《民事证明责任研究》，法律出版社2003年版，第15页。

〔4〕 沈德咏主编：《最高人民法院民事诉讼法司法解释理解与适用(上)》，人民法院出版社2015年版，第310页。

民事诉讼立法上关于举证责任的法律渊源。[1]2001年《民事证据规定》是我国首次以司法解释的形式正式肯定了民事举证责任的双重含义，其中第2条规定，“当事人对自己提出的诉讼请求所依据的事实或者反驳对方诉讼请求所依据的事实有责任提供证据加以证明。没有证据或者证据不足以证明当事人的事实主张的，由负有举证责任的当事人承担不利后果”。该条被2020年《民诉法司法解释》所继承和发展，该解释第90条规定，“当事人对自己提出的诉讼请求所依据的事实或者反驳对方诉讼请求所依据的事实，应当提供证据加以证明，但法律另有规定的除外。在作出判决前，当事人未能提供证据或者证据不足以证明其事实主张的，由负有举证证明责任的当事人承担不利的后果”，并在后面的条文中，根据法律要件分类说中的规范说进一步阐释清楚权利发生规范、限制规范、妨碍规范、消灭规范的举证责任分配。该解释第91条规定：“人民法院应当依照下列原则确定举证证明责任的承担，但法律另有规定的除外：（一）主张法律关系存在的当事人，应当对产生该法律关系的基本事实承担举证证明责任；（二）主张法律关系变更、消灭或者权利受到妨害的当事人，应当对该法律关系变更、消灭或者权利受到妨害的基本事实承担举证证明责任。”鉴于2020《民诉法司法解释》第90条已全面覆盖2001年《民事证据规定》第2条的内容，故2019年《民事证据规定》并未在证明责任方面做重复性的规定。

根据举证责任的“双重责任说”（见图1-1），一般认为，行为意义上的证明责任，也称“主观上的举证责任”[2]，或“主观的举证责任（subjective Beweislast），证据提出责任（Beweisführungslast），形式的举证责任（formelle Beweislast）”，[3]是指“当事人向法院提供证据的责任，是从当事人提供证据行为的角度解释证明责任，把证明责任解释为当事人为避免败诉，有向法院提供证据的必要。这相当于大陆法诉讼理论中的主观的证明责任”。[4]而结果意义上的证明责任，又称“客观上的证明责任”[5]，或“客观的举证责任（Objective Beweislast）、确定责任（Feststellungslast）、结果责任或实质的举证责任（Msterielle Beweislast），是指因法

〔1〕 参见沈德咏主编：《最高人民法院民事诉讼法司法解释理解与适用（上）》，人民法院出版社2015年版，第311页。

〔2〕 沈德咏主编：《最高人民法院民事诉讼法司法解释理解与适用（上）》，人民法院出版社2015年版，第310页。

〔3〕 骆永家：《民事举证责任论》，台北，商务印书馆2009年版，第45页。

〔4〕 李浩：《民事证明责任研究》，法律出版社2003年版，第20页。

〔5〕 沈德咏主编：《最高人民法院民事诉讼法司法解释理解与适用（上）》，人民法院出版社2015年版，第310页。

律规定之要件事实最后尚真伪不明，当事人所受之不利益（败诉）”。[1]

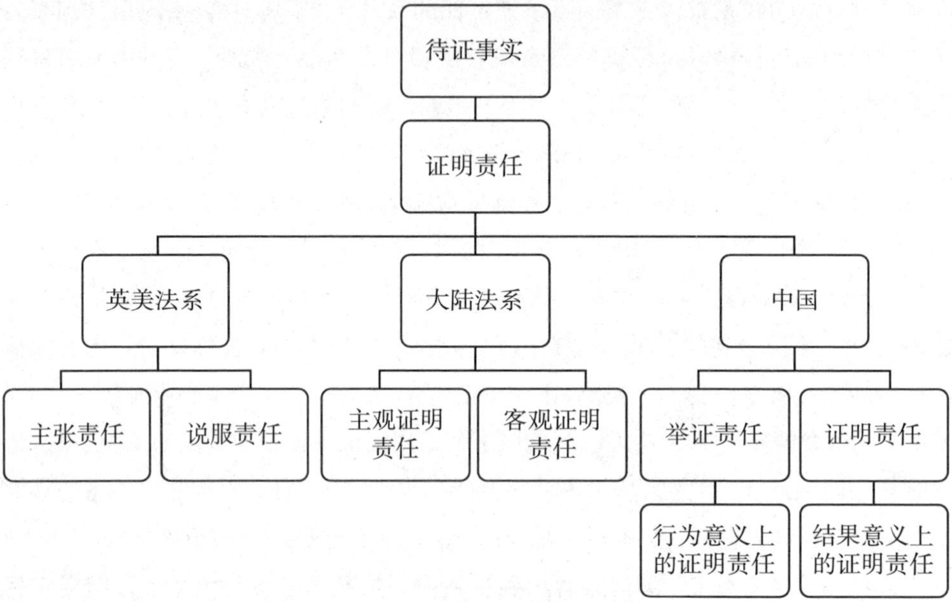

图1-1　举证责任的“双重责任说”

“举证责任”这一法律概念是对人们长期诉讼实践经验的总结，应当说，这也是人们在举证由谁承担这一问题上，对于待证事实证明问题的一条“经验法则”。虽不可能达到哲学意义上的绝对公平，或者说，并不是为了绝对公平所设计的，但可以保证在程序意义上达到法律上的公正。依据古罗马法，对于举证责任适用的规则是，原告一般要证明成立该诉（actio）的事实情况，被告应当证明其抗辩（exceptio）具有正当性。“谁主张，谁举证”，最初是纯粹经验规则，后来逐渐发展成比较成熟、广为人们接受的法律规则。

综合民事诉讼举证责任的基本内涵，可以看出：

（一）举证责任是贯穿整个民事诉讼全过程的一条核心主线

无论在英美法系国家，还是大陆法系国家，无论是采辩论主义国家，还是采职权探知主义的国家，在民事诉讼中都贯穿着通过证明责任来查明事实这条主线。无论在哪种诉讼模式下，基于时间的不可逆性和人们认识手段与方法的有限性，过去发生的事情必然存在待证事实处于真伪不明的状态，法官必须要对真伪不明状

〔1〕　骆永家：《民事举证责任论》，台北，商务印书馆2009年版，第45页。

态下的事实如何认定作出实质性的回答，就需要一种合理、正当、易操作，具有可接受性的司法解决方案，即“当某一事实处于真伪不明时，通过假定（拟制）该事实存在或者不存在来作出裁判，进而使一方当事人遭受的危险或不利益，就被称为证明责任”〔1〕。而在法官不得拒绝裁判的前提下，当案件的审理过程中出现真伪不明的状态时，“在争诉（Strritfall）中有疑问的事实情况未能得到确认，法官不得不作出不利于承担证明责任的那一方当事人的裁判”〔2〕。即在法官心证达不到法定的证明标准时，就必须要采取一种公平、公正、合理的方法来解决纠纷。

在民事诉讼的主张提起、举证、质证、认证的全流程中，举证责任贯穿整个过程（见图1-2）。当证明为真，法院支持主张者的诉讼请求；当证明为伪，法院则不支持当事人的诉讼请求。无论是真或伪，当法官认为作为小提前的真伪事实与大前提的法律规定相吻合且是真实的，他才能支持当事人的权利保护请求或驳回当事人的请求。当然，当案件证明为真或伪时，不会出现后果意义的证明责任的适用问题，因为案件事实是真是伪，法官已经获得了心证。“如果当事人的主张没有争议，或者如果法院对有争议的主张的真实与否获得了一个特定的心证（Ueberzeugung），不管该心证是证据调查的结果，还是在没有证据的情况下从辩论中得出的，都不会出现证明责任问题”，〔3〕即只有当案件事实处于真伪不明状态时，法院依据法定的举证责任的风险负担机制，及时判决案件，解决纠纷，恢复人们的正常经济交往秩序，稳定社会秩序。

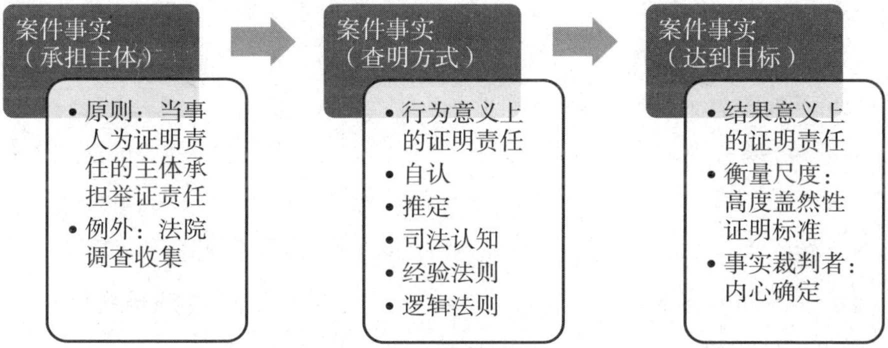

图1-2　举证责任贯穿举证、质证和认定阶段整个过程

〔1〕［日］高桥宏志：《民事诉讼法——制度与理论的深层分析》，林剑锋译，法律出版社2003年版，第420页。

〔2〕［德］莱奥·罗森贝克：《证明责任论》（第5版），庄敬华译，中国法制出版社2019年版，第4页。

〔3〕［德］莱奥·罗森贝克：《证明责任论》（第5版），庄敬华译，中国法制出版社2019年版，第10页。

（二）法官不得拒绝裁判原则下司法判断方式

人们必须承认，在诉讼过程中对事实的认识和判断确实是在有限的时空条件下进行的。“时间不能翻转。事实审理者没有重新见到过去发生的事的能力”〔1〕，过去发生的事件不可能全部留下痕迹、留下证据，“人类认识能力之不完全，以及认识之方法受到限制，故难免发生事实真伪不明之情形。在此种情况时，法院亦不能以事实真伪不明为藉口，而拒绝下判决”〔2〕，而且“我们认识手段的不足及我们的认识能力的局限性，在每一个诉讼中均有可能发生当事人对事件的事实过程的阐述不可能达到使法官获得心证的程度的情况”〔3〕。即当出现了真伪不明情况，作为事实裁判者不得拒绝裁判，诉讼要件一经存在，则须行使实体裁判，不得以不确信当事人主张之事实是否真实为理由而拒绝裁判。〔4〕这就要求“即使事实真伪不明，法官仍然不可避免地要对案件作出裁决。法官在作出裁决前，必须确定由哪一方当事人负担因事实真伪不明而产生的实体法上的不利后果”〔5〕，从而从根本上解决，即使出现了真伪不明状态时，社会纠纷依然能够顺利解决，而不是悬而不决、久拖不决。

（三）能够解决“真伪不明”证明难题

真伪不明，概念源于拉丁语“non liquet”，其含义是指，诉讼程序结束时，当所有能够证明事实真相的措施都已经采用过了，但是争议事实仍然不清楚（有时亦称无法证明、法官心证模糊）。〔6〕而法官面对案件，哪种情形下才构成“真伪不明”？一般认为，“一项争议事实‘真伪不明’前提条件是：1.原告方提出有说服力的主张；2.被告方提出实质性的反主张；3.对争议事实主张有证明必要，在举证规则领域，自认的、不争议的和众所周知的事实不再需要证明；4.用尽所有程序上许可的和可能的证明手段，法官仍不能获得心证（对于私法上的心证，如果不是依照法定程序而获得，或者不是依据法律许可的证明手段而获得，这样的心证是违法的）；5.口头辩论已经结束，上述第3项的证明需要和第4项的法官心证不足仍没有改变”〔7〕。事实上，只要我们承认现行的审判方式是由人（法官或审判组织）来进行审判且法官是普通的个人，只要我们承认法律不可能覆盖所有的民事法律行为，只要

〔1〕 沈达明编著：《英美证据法》，中信出版社1996年版，第2页。
〔2〕 骆永家：《民事举证责任论》，台北，商务印书馆2009年版，第42页。
〔3〕 ［德］莱奥·罗森贝克：《证明责任论》（第5版），庄敬华译，中国法制出版社2019年版，第1页。
〔4〕 参见［日］松冈义正：《民事证据论》（上册），张知本译，中国政法大学出版社2004年版，第34页。
〔5〕 李浩：《民事证明责任研究》，法律出版社2003年版，第6页。
〔6〕 参见陈刚：《证明责任法研究》，中国人民大学出版社2000年版，第78页。
〔7〕 ［德］汉斯·普维庭：《现代证明责任问题》，吴越译，法律出版社2006年版，第21-22页。

我们承认时间的一维性、单向性、不可逆性，只要我们承认证据材料的有限性，只要我们承认民事诉讼是解决民事私权问题而不是哲学意义上权利义务问题，司法审判实践中的事实真伪不明状态就必然存在。根据逻辑三段论，作为小前提的案件事实真相处于真伪不明状态时，法官就无法对案件事实形成心证，而"证明责任规范在本质上属于裁判规则的一种，其价值是在要件事实处于真伪不明的情形下，引导法官正确地作出本案判决"〔1〕，证据责任规范的本质和价值就在于，在重要事实主张的真实性不能被认定的情况下，它告诉法官应当作出判决的内容。也就是说，对不确定的事实主张承担证明责任的当事人将承受对其不利的判决，〔2〕而不是由法官或者法院承担不利的法律后果。

（四）法律明确规定的诉讼风险分配机制

"对事实问题的真伪不明并不意味着对法律问题也真伪不明。避免真伪不明恰恰是证明责任规范的任务"〔3〕，即立法机关在国家的法律条文中明确规定：负担举证责任的举证主体在没有能够提交证据证明的情况下，就要承担不利的法律后果。举证责任是一种法定的诉讼风险分配机制，这是由民事诉讼的私权性质所决定。"根据辩论主义和当事人处分权的行使，系以不干涉审理主义为前提要件。盖在采取不干涉审理主义之诉讼上，必须当事人提出诉讼材料于法院，法院无以职权汇集之职责。故认定有主张责任及举证责任之必要。"〔4〕这也是由民事实体法所决定的。

二、证明必要

民事裁判采用逻辑三段论来裁决案件，法律规定为大前提，要件事实为小前提，裁判结果为结论。法院通过裁判解决纠纷有两种情形：一种是在发现真实的情况下解决纠纷，另一种则是在无法发现真实的情况下借助举证责任的规则解决纠纷。虽然与发现真实的目的相对，通过举证责任解决纠纷是第二位的目的，是不得已而为之。〔5〕裁判案件事实应当依据证据，证据是认定事实的必要要件，"证明标的不是所有被主张的事实，而只是对裁判显著的以及有证明必要的事实"〔6〕，即并

〔1〕 陈刚：《证明责任法研究》，中国人民大学出版社2000年版，第116页。
〔2〕 参见［德］莱奥·罗森贝克：《证明责任论》（第4版），庄敬华译，中国法制出版社2002年版，第2页。
〔3〕 ［德］莱奥·罗森贝克：《证明责任论》（第5版），庄敬华译，中国法制出版社2019年版，第17页
〔4〕 ［日］松冈义正：《民事证据论》（上册），张知本译，中国政法大学出版社2004年版，第38页。
〔5〕 参见李浩：《民事证据立法前沿问题研究》，法律出版社2007年版，第43页。
〔6〕 ［德］奥特马·尧厄尼希：《民事诉讼法》（第27版），周翠译，法律出版社2003年版，第265页。

不是所有的诉讼主张都必须有证据支撑才能获得法官的心证。如果以诉讼主张有无证明必要为划分标准，可以把诉讼主张划分为有证明必要和无证明必要两种情形。作为有证明必要的事实，其获取案件事实的方法又可以大体分为举证责任、法院责令当事人提供证据和法院调查收集证据三种方法；而作为无证明必要的事实，主要是指免证事实等，如司法认知、自认、推定、经验法则、逻辑法则、生效裁判文书所确认的基本事实、生效仲裁判决所确认的事实、有效公证文书证明的事实等（见图1-3）。

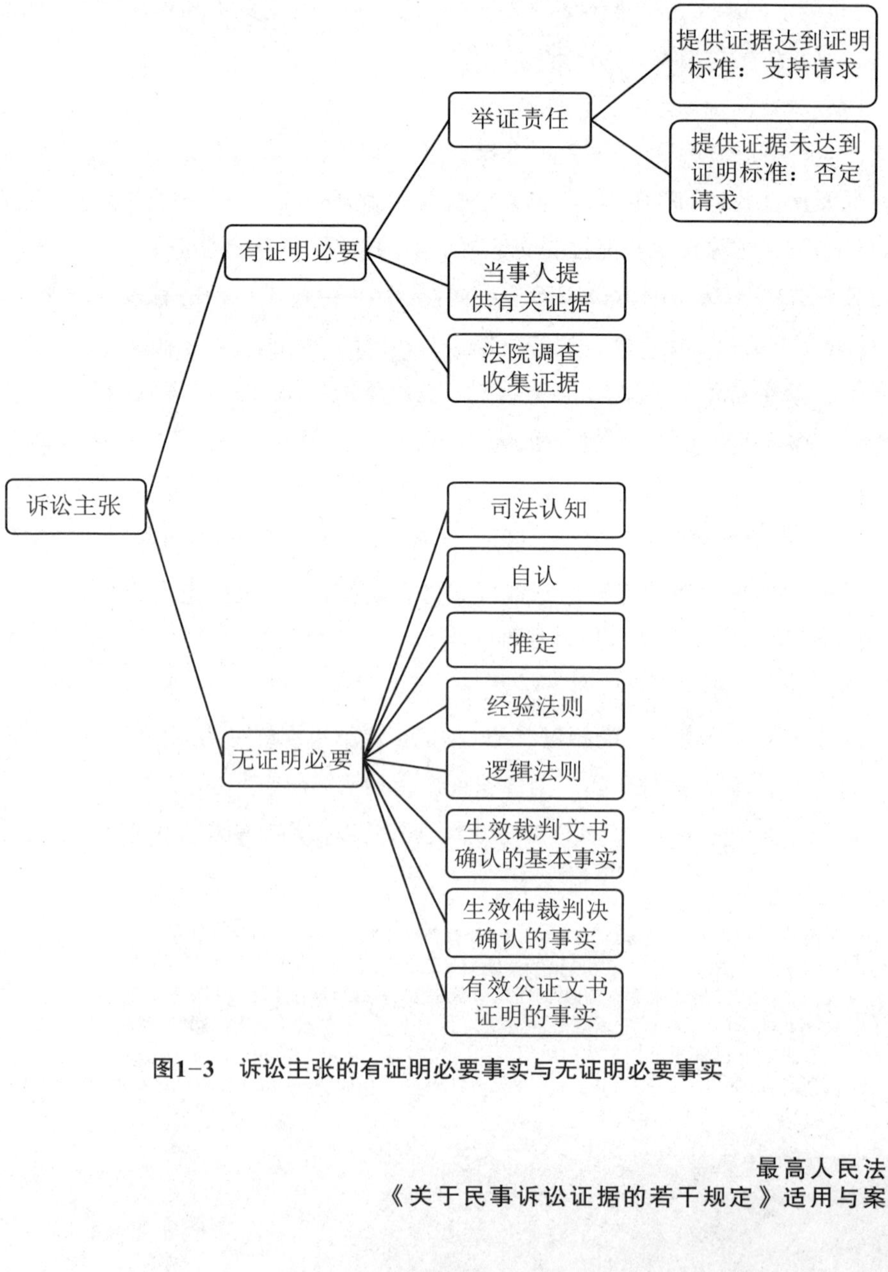

图1-3　诉讼主张的有证明必要事实与无证明必要事实

（一）存在争议的事实才有证明必要

根据辩论主义的基本原理：（1）当事人主张的事实必须是法律效果判断所必需的事实；（2）主要事实因其属裁判的基础，必须由当事人加以主张；（3）当事人未予主张的事实，不能作为裁判的基础；（4）法律效果判断所直接必需的事实，如果不出现在辩论之中，则根据当事人的主张，不得作为判决的基础加以采用。〔1〕我国《民事诉讼法》第13条规定，当事人有权在法律规定的范围内处分自己的民事权利和诉讼权利，只有当事人主张的事实，才属于审判的范围。《民事诉讼法》第64条第1款规定："当事人对自己提出的主张，有责任提供证据。"2019年《民事证据规定》第85条第1款规定："人民法院应当以证据能够证明的案件事实为根据依法作出裁判。"即当事人提出了诉讼主张，存在证明的必要，负举证责任的当事人就应当对争议的事实提供相应的证据；如果没有证据支持其观点，则其诉请将得不到支持。

（二）不是所有的事实都必须用证据来证明

如司法认知的事实、自认的事实、推定的事实、经验法则、逻辑法则等，均无须举证证明。"严格地说，只有当法官的心证持有超越证明度（法官在事实认定中达到确信心证之程度）之确信时，本方当事人才产生证明的必要，而且，这种情形下的证明之必要在法官的心证降低到证明度以下时就得以消灭。反之，在对方当事人为反证而本方当事人为本证的情形下，法官的心证在证明度以下就产生证明之必要，而且一直持续到法官的心证达到证明度以上为止。"〔2〕诉讼证明活动依赖证据，但不是所有的要件事实均必须采用证据的方式。在司法实践中，无论当事人是提出"主张""观点""要求"，还是"反驳""辩称"，若出现裁判者不分缘由地统统都必须要求当事人一律用证据来支持，否则就驳回或不予支持的现象，这种情形就属于不当适用了2020年《民诉法司法解释》第90条"未能提供证据或者证据不足以证明其事实主张"的规定，这种"无差别""一刀切"式地要求当事人对任何"主张"进行举证的情形，忽略了证明的必要性和许多属于非证明必要的事实如司法认知、自认、推定、经验法则、逻辑法则、生效裁判文书所确认的基本事实、生效仲裁裁决确认的事实、有效公证文书证明的事实等的查明方法，是把"谁主张，谁举证"奉为

〔1〕 参见［日］三月章：《日本民事诉讼法》，汪一凡译，台北，五南图书出版股份有限公司1997年版，第187页。

〔2〕 ［日］高桥宏志：《民事诉讼法——制度与理论的深层分析》，林剑锋译，法律出版社2003年版，第427页。

认识案件事实绝对的、唯一的和单一的标准。事实上，需要正确认识和理解举证责任的基本原理，掌握其法律性质、分配规则、后果承担等基本要素，才能准确适用这一风险机制，从而“以事实为依据，以法律为准绳”裁判好每一起案件。更何况，从立法技术的角度来说，要求民事诉讼案件中所有的要件事实均由证据来证明，一不必要，二不可能，三不经济。

（三）证明主体与诉讼主体身份无关

法官作为事实裁判者，有责任也有义务将法律规定适用于具体的案件。而举证责任的负担，往往是一方当事人承担，而不是双方当事人同时承担。“由于证明责任的负担者都是由实体法律关系预先地作出确定（固定不变），因而在诉讼的过程中证明责任的负担者也不会发生变动”〔1〕，证明主体与原告、被告身份无关。证明主体只与法律要件分类下的实体主张的负担者有关，而这种负担，可能是原告，也可能是被告，即使是抗辩，也是抗辩人行使其诉权的一种方式，抗辩人要对自己的实体性抗辩负举证责任。依古罗马法，提出抗辩的被告，与提起诉讼的原告一样，负有为自己的抗辩理由举证的义务，〔2〕原因是“客观证明责任总是抽象证明责任，绝不可能是具体的证明提供责任，因为它与具体的诉讼活动无关，仅当在要件事实真伪不明时，才应当借助于客观证明责任对实体争议作出裁判”〔3〕。因此，不能将“诉讼请求”与特定的诉讼主体相“捆绑”，把这种“诉讼请求”都认为只有原告提出，尽管在大多数的情况下，原告提供诉讼请求的概率更高，但不能将“主张”与原告画等号。

三、新民事证据规定中的举证责任

2019年《民事证据规定》已于2020年5月1日起实施，鉴于《民事诉讼法》和2020年《民诉法司法解释》中对于举证责任已经有明确的规定，故未在2019年《民事证据规定》中重复规定。2019年《民事证据规定》对于举证责任的规定主要包括但不限于以下内容：

---

〔1〕［日］高桥宏志：《民事诉讼法——制度与理论的深层分析》，林剑锋译，法律出版社2003年版，第425页。

〔2〕参见黄风：《罗马法》（第3版），中国人民大学出版社2019年版，第18页。

〔3〕［德］汉斯·普维庭：《现代证明责任问题》，吴越译，法律出版社2006年版，第14页。

（一）现行的举证责任分配规则

由于我国属于“法规出发型”国家，审判过程以法律作为逻辑三段论的大前提，以事实为小前提，进而得出裁判结论。因此，我国现行《民事诉讼法》采法律要件分类说中的规范说理论，并在法律规范的分类的基础上确定举证责任分配。即将我国的实体法分为基本规范和对立规范两类，根据两类规范的立法旨意来确定举证责任的分配法则：一类是基本规范，又称为主要规范、通常规范、请求权规范，是指能够产生某种权利的规范，主张某种权利存在一方当事人，因为要求适用产生该权利的规范，所以应当就权利产生的法律要件事实承担举证责任。另一类是对立规范，对立规范可以分为三种：权利妨碍规范、权利限制规范和权利消灭规范，分别指权利发生效果进行妨碍使权利不能发生的规范、对权利的效果加以排除遏制使权利不能实现的规范和命令已存在的规范归于消灭的规范。因此，主张适用对立规范的当事人，应当就权利妨碍的法律要件事实、权利限制的法律要件事实和权利消灭的法律要件事实进行举证，如果当事人不举证、未能举证、举证不力、举证不充分或举证未达法定的证据标准，将要根据实体法和程序法关于举证责任的规定，承担相应的不利后果。

（二）增加私文书证的真实性的证明

我国民事诉讼制度改革以来基本上确立了当事人主义的基本原则。[1]按照当事人主义的诉讼模式，我国证据立法采取了多轨并行的方针，因此在2019年《民事证据规定》中，并没有再对举证责任做过多的泼墨，有关举证责任的“重担”主要落在了《民事诉讼法》第64条和2020年《民诉法司法解释》第90条、第91条这三款规定上。2019年《民事证据规定》增加了一款私文书证真实性的举证责任规定，即第92条第1款：私文书证的真实性，由主张以私文书证证明案件事实的当事人承担举证责任。这一条的基本要求，就是由主张以私文书证证明案件事实的当事人，负责证明私文书证的真实性，法官原则上应当要求提交证据的一方，也就是主张权利的一方（提出请求的一方），证明证据是真实的。如举证责任在原告方，即提交证据的一方，由原告证明合同是真的、签名是真的。如果原告提供不了这方面的证据，可能会导致法官不支持请求，带来败诉的后果。如果签名的真伪需要由专业机

〔1〕 参见最高人民法院民事审判第一庭编著：《最高人民法院新民事诉讼证据规定理解与适用（上）》，人民法院出版社2020年版，第231页。

构进行鉴定，则原告有申请鉴定的义务。[1]因此，该条也可以看作是《民事诉讼法》第64条和2020年《民诉法司法解释》第90条在“私文书证”这一待证事实上的再强调、再贯彻和再落实，有助于澄清司法实践中的一些疑虑疑惑，也便于当事人和法官的操作和执行。

（三）放弃“举证证明责任”的提法

2020年《民诉法司法解释》中对于举证责任所使用的词汇表达是“举证证明责任”。当时这样表述的主要目的是：“（1）明确当事人在民事诉讼中负有提供证据的行为意义的责任，只要当事人在诉讼中提出于己有利的事实主张的，就应当提供证据；（2）当事人提供证据的行为意义的举证责任，应当围绕其诉讼请求所依据的事实或者反驳对方诉讼请求所依据的事实进行；（3）当事人在诉讼中提供证据，应当达到证明待证事实的程度，如果不能使事实得到证明，则当事人应当承担相应的不利后果。在具体内容上，举证证明责任与举证责任、证明责任内容一致。”[2]因此，事实上，使用举证证明责任的含义与诉讼法理论上的证明责任并无二致，只是为了人们能够更直观地理解“举证责任”的行为意义和“证明责任”的后果意义而已，并非一种“独立”或“独创”的法学概念。而2019年《民事证据规定》在第31条、第50条、第92条和第95条这四条规定中，使用了“举证责任”的概念，放弃使用“举证证明责任”这一词汇的表述方式。理由可能有这几个方面：

1.法理依据问题。在民事证据法的理论体系中，尽管英美法系和大陆法系对于证明责任体系还存在一定的争议，但对于概念的表述都是十分严谨的。例如，在大陆法系国家，行为意义上的证明责任，学界一般表达为“举证责任”，突出对于己有利的主张提供证据的义务；对于后果意义上的证明责任，一般表达为“证明责任”，突出表达负有证明责任的当事人在未能提供证据支撑自己的主张时，或支撑自己的主张不充分时，或反驳主张达到真伪不明时，所要承担的不利益的法律后果。但“举证证明责任”的表述，显然缺少这样的法理依据的支撑。更何况，“举证证明责任”的核心内容与“证明责任”并无本质上区别。

2.内涵外延问题。如前所述，即使是在《民诉法司法解释》中使用“举证证明责任”时，起草者也认为“举证证明责任”与“举证责任”“证明责任”的内容并无

---

〔1〕 参见江必新：《规范民事诉讼秩序　促进公正高效司法》，载《民事诉讼证据规定新旧条文对照表》，人民法院出版社2019年版，第9页。

〔2〕 沈德咏主编：《最高人民法院民事诉讼法司法解释理解与适用（上）》，人民法院出版社2015年版，第312页。

区别，“举证证明责任与举证责任、证明责任内容一致”[1]，即内涵外延均保持一致。既然属于内涵外延完全相同的概念，因此，仍旧保持“举证责任”或“证明责任”这样的概念表述更符合司法现实的需要。

3.表述习惯问题。无论是英美法系，还是大陆法系的民事诉讼法和民事证据法理论和实务，均未见“举证证明责任”这样的词汇表达方式。在不同的诉讼语境下，可见有“提出证据责任”“主张责任”“举证责任”“行为意义上的证明责任”“后果意义上的证明责任”“证明责任”“说服责任”等不同表达方式，但从未有过“举证证明责任”的表述方式。且从约定俗成的表达习惯上来说，无论是英美法系，还是大陆法系，对于“举证责任”和“证明责任”的提法，已广为人们所接受。

(四)放弃“法官分配举证责任”制度

2001年《民事证据规定》在第7条中规定了“法官分配举证责任”制度，即“在法律没有具体规定，依本规定及其他司法解释无法确定举证责任承担时，人民法院可以根据公平原则和诚实信用原则，综合当事人举证能力等因素确定举证责任的承担”。但在2019年《民事证据规定》中将该条删除，主要原因在于“举证责任分配具有法定性，实体法律规范本身包含了法律对举证责任分配的内容，原则上举证责任由法律分配而非由法官分配，只有在极为特殊的情况下，按照法律分配的举证责任会导致明显不公平的结果时，才允许法官根据诚实信用原则、公平原则等因素分配举证责任。这也是2001年《民事证据规定》第七条的本意。但在对2001年《民事证据规定》实施情况的调研中，我们发现审判实践中随意适用第七条的情况比较普遍，仅应在极为特殊情形下适用的法官分配举证责任的规定存在滥用的风险。为此，《修改决定》不再保留该条内容。实践中如果出现按照实体法律规定确定举证责任分配可能导致明显不公平情形的，由于涉及《民事诉讼法解释》第九十一条适用问题，可以通过向最高人民法院请示、由最高人民法院批复的方式解决，而不能在个案中随意变更法律所确定的举证责任分配规则”[2]。从本质上来说，举证责任是由实体法分配的。“举证责任的分配具有法定性，即举证责任是由法律分配而在原则上并不能由法官来分配。因此，法官只能根据本条的规定，在对民事实体法规范进行类别分析的基础上，识别权利发生规范、权利消灭规范、权利限制规范和

---

〔1〕 沈德咏主编:《最高人民法院民事诉讼法司法解释理解与适用(上)》，人民法院出版社2015年版，第312页。

〔2〕 江必新:《关于理解和适用新民事证据规定的几个问题》，载《人民法院报》2020年1月9日，第5版。

妨碍规范，并以此为基础确定举证责任的负担。因此，法官在举证责任分配问题上是适用法律的过程，是通过对实体法规范的分析发现法律确定的举证责任分配规则的过程，而非创造举证责任分配规则。”〔1〕根据法律要件分类说中的规范说，民事实体法中已然规定了举证责任及其分配的内容，在“规范出发型”的民事诉讼模式下，适用举证责任的大前提为实体法律规定。因此，举证责任分配需要按照实体法律规定来执行，而不是由法官任何个人感觉或个人经验来进行“人工分配”。即使是存在特殊情况，不得不依据公平原则来进行分配，此时法官进行“举证责任分配”的支撑仍然是民事实体法的立法精神，而不是完全由法官个人自我随意分配。从法律位阶来看，2020年《民诉法司法解释》第91条规定已经全面“覆盖”了2001年《民事证据规定》第7条的内容；根据后法优于前法的原则，2019年《民事证据规定》取代了2001年《民事证据规定》第7条的相关内容。

（五）删除了合同纠纷举证责任分配

2001年《民事证据规定》第5条规定：“在合同纠纷案件中，主张合同关系成立并生效的一方当事人对合同订立和生效的事实承担举证责任；主张合同关系变更、解除、终止、撤销的一方当事人对引起合同关系变动的事实承担举证责任。对合同是否履行发生争议的，由负有履行义务的当事人承担举证责任。对代理权发生争议的，由主张有代理权一方当事人承担举证责任。”2019年《民事证据规定》中将该条删除。主要原因就在于该条的主要内容和宗旨已为2020年《民诉法司法解释》第90条和第91条所覆盖，均可通过适用2020年《民诉法司法解释》第91条关于举证责任分配规则的规定解决。由于2020年《民诉法司法解释》第90条和第91条是规范所有民事诉讼中的举证责任和举证责任分配的，为一般性规则，在各类合同纠纷中均可适用，因而没有必要在某一类民事纠纷中重复规定。

司法实践中，有人提出疑问，既然2001年《民事证据规定》第5条规定了“对合同是否履行发生争议的，由负有履行义务的当事人承担举证责任”，那么，对于审判实践中案件量较大的建设工程施工合同纠纷中，由于实际施工人属于“弱势群体”，掌握的证据资料比较少，而大量的证据资料在发包人处，故而认为应当根据“负有履行义务的当事人承担举证责任”，即由发包人来承担举证责任，可能更加合理。事实上，这是对举证责任及其分配机制的理解失当。

---

〔1〕 沈德咏主编：《最高人民法院民事诉讼法司法解释理解与适用（上）》，人民法院出版社2015年版，第317页。

第一，从理论层面来看。此处的“负有履行义务”并不是人们日常生活中口语化的“履行义务”，而是指在法律要件分类说基础上的“负有履行义务”，即是指：“一方当事人主张合同尚未履行，要求对方当事人履行合同上的义务，而对方则抗辩说合同义务已经履行，或者认为合同已不具有履行效力”〔1〕。换句话说，否认权利存在的一方当事人应当就权利消灭的事实承担举证责任，合同义务因一方当事履行而消灭，因此负有履行义务的当事人应当对合同是否履行的事实或合同不能履行的事实承担举证责任。〔2〕按照罗森贝克的法律要件分类说中的规范说的理论，否认权利存在的当事人应当就权利妨碍法律要件、权利消灭法律要件或者权利限制法律要件存在的事实负举证责任，即2020年《民诉法司法解释》第91条第2项所规定的“主张法律关系变更、消灭或者权利受到妨害的当事人，应当对该法律关系变更、消灭或者权利受到妨害的基本事实承担举证证明责任”。因此，举证责任分配是在民事实体法律规范基础上形成立法预设，针对的是所有民事法律中的待证事实，建设工程施工合同领域亦不例外，也属于该法的涵摄范围，不能凭发包人的“证据多”、实际施工人的“证据少”，就想当然地人为改变立法和司法解释的法律规定，认为这类案件中的举证责任应当由“证据多”的一方当事人负担，这显然违反我国民事诉讼举证责任及其法定分配规则。

第二，从司法实践的层面来看。首先，在建设工程施工过程中，实际施工人作为多年从事建筑行业的人员，与作为合同相对方的承包人或者“前一手”转承包人在整个施工过程中不签订合同，直接进入工地，只埋头干活，没有任何合同、协议的情况非常少见，在一般情况下，都会有这样那样的“协议书”“施工签证单”“签证”等书面证据。其次，根据《民法典》第793条以及2020年《建设工程司法解释一》第43条的规定，对于实际施工人与发包人之间的无效合同，法律赋予了实际施工人可突破合同相对性向发包人主张权利，但前提条件是“发包人在欠付建设工程价款范围内对实际施工人承担责任”，也即只有在发包人欠付工程款的情况下，实际施工人的起诉才有实际意义。最后，根据《民事诉讼法》第63条，民事诉讼中的证据类型有八种，并非只有“书证”一类，当事人收集证据的方式也不仅仅限于提供书面合同，法院才予以支持，即使实际施工人无任何书面合同，那么，施工人在

---

〔1〕 李国光主编：《最高人民法院〈关于民事诉讼证据的若干规定〉的理解与适用》，中国法制出版社2002年版，第85页。

〔2〕 参见最高人民法院民事审判第一庭：《民事诉讼证据司法解释的理解与适用》，中国法制出版社2002年版，第57页。

施工过程中使用的钢筋水泥沙子等物证，证人证言，工程合格的鉴定意见等都属于法定的证据形式，更何况实际施工人将人力、物力、财力物化而成的“经验收合格的建设工程”本身也是一种证据。

四、司法实务中的举证责任

（一）关于负担举证责任一方的举证责任

1.关于积极事实的举证责任。例如，在建设工程领域，如果发包人主张已经向实际施工人支付了建设工程款，而实际施工人予以否认或者认为只支付了一部分时，关于是否支付了工程款及支付了多少工程款这一要件事实真伪不明，应当由发包人对已支付工程款的事实承担证明责任。理由是，已经支付工程款属于积极事实，主张已经支付工程款的发包人，应当对存在已经支付工程款这一基本事实承担证明责任。在发包人没有提供充分的证据来满足已付工程款这一要件事实时，因已付工程款而发生的法律效果不被认可，法院对“已付工程款”的待证事实未能形成内心确信状态，法院不能以事实不明为由拒绝作出裁判。那么，法院将对负有举证责任的当事人承担“已付工程款”真伪不明的不利益。

2.关于消极事实的举证责任。例如，（1）对原告提交的有被告签名的担保书，被告否认签名的真实性。对于签名真实性这一待证事实，需要主张者提供证据证明，必要时可以通过申请鉴定的方式予以佐证。在司法实践中，经常会出现这样的场景：被告申请鉴定，但随后又撤回鉴定申请，后经法院释明再次申请鉴定，但在法院准许后又拒不到庭选择鉴定机构，或者拒不提供相应的鉴定检材，或者拒不缴纳鉴定费用，导致鉴定被退回，无法查实签名真实性这一待证事实的真伪。且不说被告在诉讼中漠视自己的诉讼权利，推卸自己依法应承担的诉讼义务，拒不配合法院基于其申请进行的司法鉴定工作，明显有违诉讼诚信；单就从签名真实性这一待证事实无法获得法官心证的这个角度来说，被告将要承担未能提供证据证明签名真实性而由此带来的败诉风险。（2）对于主张双方不存在法律关系，如不存在债务关系、担保关系、质押关系、租赁关系、保理关系、保险关系，不应当由提出这种“无”法律关系的人来承担举证责任，因为“无”是无法证明的，而“有”是可以证明的，即应由主张法律关系存在的当事人对产生该法律关系的基本事实承担举证责任。从与证据的距离来说，主张存在法律关系的人与证据之间的距离也最近，也符合人们的日常生活经验和逻辑法则，主张“有”法律关系的一方，只需要拿出诸如欠条、担保证据、质押书、租赁合同、保险合同、保理合同，就可以轻松“击溃”对方的诉讼主张（主张不存在某种法律关系）。

3.关于书证真实性的举证责任。司法实务中，在借款合同纠纷中，出借人应举证证明借款协议成立并生效，否则，承担不利后果。如果出借人举示了借款协议并主张协议是借款人本人加盖个人印章并加盖公司公章，就完成初步举证责任，但在借款人对借款协议真实性持有异议不认可的情况下，其对“本人加盖个人印章并加盖公司公章”的待证事实的真实性仍负有进一步举证责任。证据应当具有真实性、客观性、关联性、合法性。一份书证要被采纳作为定案的证据，首先就要解决书证的真实性问题。如真实性不能得到证明，该书证对待证事实不发生任何证明力。经法院释明，出借人表示无证可举，又不申请鉴定的，则借款协议真实成立的主张，证据不足，法院不予支持。

根据2019年《民事证据规定》第92条“私文书证的真实性，由主张以私文书证证明案件事实的当事人承担举证责任……私文书证上有删除、涂改、增添或者其他形式瑕疵的，人民法院应当综合案件的具体情况判断其证明力”的规定，在司法实践中，提出私文书证的一方，对作为书证的协议中的“个人签名”“签约时间”“保证人”等字样有明显的更改痕迹的，应对该书证的真实性承担举证责任，否则，应当承担举证不能的不利后果。

4.关于违约金约定过高的举证责任。主张违约金过高的违约方应当对违约金是否过高承担举证责任。[1]在司法实践中，如果违约方主张违约金约定过高，应承担举证责任，守约方认为违约金约定合理的无须提供相应的证据证明。在违约方未提交证据证明违约金过高的情况下，认为违约金过高的举证责任主体为守约方的，显然属举证责任分配失当。

5.关于借款关系的举证责任。借款合同纠纷中，负举证责任的当事人仅提供转账凭证，抗辩人抗辩双方之间资金往来系其他法律关系，并非借款合同法律关

---

〔1〕 参见《九民会议纪要》第50条：“【违约金过高标准及举证责任】认定约定违约金是否过高，一般应当以《合同法》第113条规定的损失为基础进行判断，这里的损失包括合同履行后可以获得的利益。除借款合同外的双务合同，作为对价的价款或者报酬给付之债，并非借款合同项下的还款义务，不能以受法律保护的民间借贷利率上限作为判断违约金是否过高的标准，而应当兼顾合同履行情况、当事人过错程度以及预期利益等因素综合确定。主张违约金过高的违约方应当对违约金是否过高承担举证责任。”

系，抗辩人应当就这种与举证人之间不是借款关系，而存在其他法律关系（如赠与、胁迫、实与第三人的买卖关系等）的主张承担举证责任。如果未能证明属于其认为的存在其他关系，应当承担其他法律关系并不存在的法律后果。与此同时，尽管抗辩人的这种抗辩主张未能成立，但并不等于负举证责任当事人的主张就当然成立、必然成立、无须举证了，在负举证责任的当事人的举证未达到法定证明标准前，举证义务并没有消除，还需要进一步举证，以达到高度盖然性的证明标准，才能够获得法官的内心确信。而如果人民法院经过查实，在当事人之间除了借款法律关系外，确实存在其他的法律关系，抗辩人所提抗辩存在可能性，在这种情形下，出借人也仍应就借贷关系的成立承担举证责任。即除了承担提出证据的责任外，还需要将证据证明力达到法定证明标准的责任——除了转账凭证外，还提供其他的间接证据，以提高整个待证事实的证明力强度，使证据的客观状态作用于法官的心理达到内心确信。但除了转账凭证外，出借人没有提交借款合同或其他能够证明双方之间存在借款关系的证据，也没有提交证据证明双方对利息有过约定，同时如果在多年的时间内，既没有证据显示双方之间进行过确认该笔款项属于借款的书面往来及协商，也没有证据显示曾催要还款或者请求支付利息。这种情形下，法院对出借人主张的借贷关系，则不予支持。至于双方存在的其他法律关系，以及各方之间的债权债务关系如何确定，出借人及相关权利人可另行主张权利。

6.民间借贷中，出借人对大额现金交付事实应承担举证责任。[1]举证证明标准应达到2020年《民诉法司法解释》第108条规定的“高度可能性”标准。在出借人提供的收据与借款合同载明金额一致，但借款人对出借人主张的现金交付事实不予认可的情况下，人民法院应当综合交付凭证、支付能力、交易习惯、借贷金额、当事人关系以及当事人陈述的交付细节经过等因素审查当事人的举证，以认定是否存在借贷关系，而不能简单依据优势证据原则认定大额现金交付事实存在。

7.如借款人支付还款的账户为出借账户时，应由出借人承担举证责任。[2]民间借贷纠纷中，借款人要么将涉案款项归还出借人，要么归还于出借人指令的第三人，否则并不产生还款的效果。在司法实践中，借款人往往是依据出借人的口头

〔1〕 本段参见最高人民法院民事审判第一庭编：《民事审判指导与参考》（总第63辑），人民法院出版社2016年版，第157页。

〔2〕 本段参见最高人民法院民事审判第一庭编：《民事审判指导与参考》（总第63辑），人民法院出版社2016年版，第183页。

指令，将相应款项支付于出借人指定的第三人账户上，在发生纠纷后，出借人往往不承认发出过指令，此时，借款人举证难度较大。虽然第三人不能说明其与借款人存在其他债权债务纠纷，但是，借款人只能通过主张不当得利请求返还，因为其通常无法举证证明第三人与出借人之间存在连接点，也不能证明与本案所借款项存在关联关系。但如果借款人支付还款的账户为出借账户时，应由出借人承担举证责任。

8.关于扩大的诉请的举证责任。在民事纠纷中，生效判决对双方当事人之间产生争议的欠款项目及数额进行了固定。民事判决生效后，当事人一方又提起本案诉讼，试图扩大对其欠款的项目和数额，推翻原生效判决作出的认定，则必须就其所主张的欠款项目和数额的扩大部分进行举证。如果没有证据支持其所主张的扩大的欠款项目和数额，则承担败诉风险。

（二）关于抗辩方的举证责任

1.关于合同关系不成立的抗辩主张。在诉讼过程中，抗辩方否认合同书上的私章为其所有，也否认在合同书上盖过私章，实质是否认与举证人订立过涉案房屋买卖合同。在此情况下，举证人应该举证证明其与抗辩人之间成立了合同关系，即私章为抗辩人所有且盖章行为也为抗辩人所为。此时，如果将举证责任分配给抗辩人则是错误的。

2.关于是否结算的抗辩。例如，在建设工程施工合同纠纷中，发包人提出证据证明已实际支付工程款，并提出证据证明承包人实际施工工程量对应的工程款，发包人已经完成其主张下的举证责任。而承包人对发包人已付工程款不认可，主张发包人提供的结算单并非双方最后结算的依据，而是用于确认进度款拨付的数额。或者主张即使是双方结算的依据，也仅仅是一段期间施工的工程款。那么，根据2020年《民诉法司法解释》第90条的规定，承包人作为抗辩一方，应当提供相应证据证明其已完成的工程量及对应工程款予以反驳，进而将其应得工程价款从已付工程款项中扣除；而如果承包人并没有证据证明其实际施工部分的工程价款，又不申请司法鉴定的，对于承包人是否已经完成工程量及收到工程款数额的待证事实不清，承包人对于其抗辩主张要承担举证不能的不利后果。

（三）关于主张欺诈、胁迫、恶意串通的举证责任

根据2020年《民诉法司法解释》第109条规定，如果出借人提出还款计划和欠条及其相关证人证言等证据，证明借款人欠其借款，完成了初步的举证责任，而借

款人抗辩提出书证是受欺诈、胁迫、恶意串通所形成的，应当提供证据来证明这一主张，而且还要达到法定的证明标准。如果没有提供任何证据予以证明的，则不予以认定。

（四）关于占有物返还的举证责任

占有保护请求权是对占有事实的法律保护，旨在恢复或维护占有的事实状态。根据《民法典》第462条的规定，占有人对于占有受到的侵害，依法享有保护请求权，具体包括返还原物、排除妨害、消除危险和损害赔偿等。请求返还原物，应当具备三个方面的条件：（1）请求权主体是原占有人；（2）现占有人具有侵占的行为或事实；（3）侵占行为具有违法性。根据上述构成要件，首先，请求返还原物的当事人，应当就其在物被侵占前享有对物的事实上的管领等提供证据来支持自己的观点；其次，核心是对占有的事实的证明，是否合法、有权、善意占有在所不问，毕竟存在对物有合法权利却不享有对物占有的情形；最后，提供侵占行为违法性的事实。抗辩方可以提供原占有人的同意意思、法定事由或合法程序来进行抗辩。如未达到上述证据证明要求及违法占有的事实"存在具有高度可能性的"，将不能获得该事实存在的认定。

（五）关于执行异议中的举证责任

根据《民事诉讼法》第227条、2020年《执行异议和复议案件规定》第28条和第29条的规定，关于申请执行人执行异议之诉中的举证责任承担问题，根据证明责任的基本原理，应当由案外人承担举证责任。[1]主要是理由是：

首先，申请执行人提起执行异议之诉的前提，是执行法院因案外人提起执行异议申请，人民法院裁定中止执行后，申请执行人以判决准许执行该执行标的为诉请的诉讼。由案外人承担举证责任并不违背"谁主张，谁举证"原则，将《民事诉讼法》第227条执行异议与执行异议之诉结合，因案外人执行过程中对执行标的提出书面异议，由其主张而引起，案外人在申请执行人执行异议中承担举证责任视为其在执行异议中举证责任的延伸。

其次，不宜认定执行法院因案外人异议而裁定中止执行是举证责任的转移。毋庸讳言，目前执行异议审查与执行异议之诉功能并非吻合，执行异议审查，人民法院只有15天审查期限，执行机构不属于审判机构，执行异议亦不同于审判程序，

〔1〕 参见最高人民法院民事审判第一庭编：《民事审判指导与参考》（总第71辑），人民法院出版社2017年版，第213页。

一般只对标的物权利归属外观进行审查并作出裁定。而在执行异议之诉阶段，审理对象是案外人对执行标的是否享有足以排除人民法院强制执行的权利，其审查标准、举证责任要求并不相同。

最后，从与证据的接近程度来看，执行异议之诉的标的是案外人是否有权请求排除对执行标的采取强制执行措施，而这一诉讼标的的基础是案外人与被执行人谁对该执行标的享有实体权利，二者权利是否相互排斥，谁的权利具有优先性。由于申请执行人并不掌握案外人和被执行人之间对该执行标的权属的证据，相对于申请执行人而言，案外人距离权利相关证据更近。

【典型案解】

（一）主张者的举证责任

1.【裁判规则】当事人对自己提出的诉讼请求所依据的事实，应当提供证据加以证明

典型案例

肇庆市新黄河房地产发展有限公司与肇庆市新黄河置业有限公司等合同纠纷案［最高人民法院（2020）最高法民申2175号］

再审申请人（一审原告、二审被上诉人）：肇庆市新黄河房地产发展有限公司（以下简称新黄河发展公司）

被申请人（一审被告、二审上诉人）：肇庆市新黄河置业有限公司（以下简称新黄河置业公司）等

裁判观点

最高人民法院认为，根据《民诉法司法解释》第90条和第108条第1款规定，新黄河发展公司主张承诺函系新黄河置业公司出具，其提供的证据应达到高度盖然性的证明标准。而根据原审查明的事实，虽然广东省肇庆市公安司法鉴定中心作出的两份印文检验鉴定书载明，承诺函上新黄河置业公司的公章与新黄河置业公司曾使用过的公章相一致，但是结合全案证据与相关事实，并不足以认定承诺函系新黄河置业公司的真实意思表示。

2.【裁判规则】私文书证的真实性，由主张以私文书证证明案件事实的当事人承担举证责任

典型案例

程某甲与程某乙等遗嘱继承纠纷案［北京市高级人民法院（2020）京民申1359号］

裁判观点

人民法院认为，当事人对自己提出的诉讼请求所依据的事实或者反驳对方诉讼请求所依据的事实，应当提供证据加以证明，但法律另有规定的除外。在作出判决前，当事人未能提供证据或者证据不足以证明其事实主张的，由负有举证证明责任的当事人承担不利的后果。私文书证的真实性，由主张以私文书证证明案件事实的当事人承担举证责任。本案中，一、二审法院根据查明的事实及在案证据，认定涉案房屋为程某丙的遗产正确。同时综合程某丙的部分继承人不认可涉案遗嘱是程某丙本人书写，对遗嘱真实性有异议，以及案件审理过程中，经法院释明后，各方均不申请对遗嘱是否为程某丙本人亲笔书写进行文检鉴定等情况，判决驳回程某甲的诉讼请求，适用法律正确，判决结果并无不当。程某甲申请再审的理由不能成立。

3.【裁判规则】在合同纠纷案件中，主张合同关系成立并生效的一方当事人对合同订立和生效的事实承担举证责任

典型案例

江西富邦化工有限公司与丹东三镇矿业有限公司买卖合同纠纷案［最高人民法院（2019）最高法民申2797号］

再审申请人（一审原告、二审上诉人）：江西富邦化工有限公司（以下简称富邦公司）

被申请人（一审被告、二审被上诉人）：丹东三镇矿业有限公司（以下简称三镇公司）

裁判观点

最高人民法院认为，根据富邦公司的再审申请，本案审查的主要问题是：富邦公司与三镇公司之间是否存在案涉富邦液肥买卖合同关系，原审是否存在认定案件基本事实缺乏证据证明，适用法律错误的情形。根据《民诉法司法解释》第90条和2001年《民事证据规定》第5条的规定，富邦公司主张其与三镇公司之间存在案涉液肥买卖合同关系，应就合同订立和生效的事实承担举证责任。从本案双方举证情况看，富邦公司与三镇公司并未签订书面买卖合同，未对案涉货物的交易数量、价格等进行约定。根据《买卖合同司法解释》第1条规定，首先，根据富邦公司提交的证据，富邦公司之前曾与三镇公司签订过其他液肥买卖合同，而本案的交易标的额较大，富邦公司却不与三镇公司签订书面合同并不符合双方交易习惯。原审中，富邦公司提交了发货确认书4份、收货确认函5份、协议书等证据，而发货确认书和收货确认函为传真件复印件，该两份传真件上并未载明发件人传真号，不足以确定该传真件系由三镇公司发出，而且即使上述证据能够证明三镇公司收到了富邦公司的货，但尚不足以证明三镇公司收货是基于与富邦公司之间的买卖合同关系。其次，原审中三镇公司提交一份由朝鲜首阳山贸易会社出具的理由书，富邦公司申请再审也将此作为证据提交。该份理由书的内容主要为：2013年年初，黄海南道白川郡经营委员会通过朝鲜首阳山贸易会社要求三镇公司以费用后付方式投资富邦液肥；2013年4月，黄海南道白川郡经营委员会和朝鲜首阳山贸易会社与三镇公司总经理崔某镇、富邦公司赵某斌共同协商富邦液体肥料事宜；朝鲜首阳山贸易会社确认2013年3月至8月，富邦公司向其提供了62.5吨的液体肥料，因未达到富邦公司承诺的增产量，不能支付富邦公司相应的肥料货款。根据上述内容，并不能证明富邦公司与三镇公司形成了事实上的液肥买卖合同关系。最后，富邦公司申请再审提交两份中国农业银行吉林江津支行明细对账单，欲证明三镇公司员工李甲分四笔以及三镇公司法定代表人崔某某女婿李某乙向富邦公司支付了部分货款共计23万元。经审查，该两份明细单中李甲支付的还有其他几笔转账记录，鉴于富邦公司与三镇公司还有其他经济往来，仅凭富邦公司提交的银行转账明细单，尚不足以证明富邦公司主张的5笔共计23万元就是本案的货款。综上所述，富邦公司在本案中提交的证据无法形成证明双方之间存在买卖合同关系的完整证据链条，尚不足以证明待证事实的存在具有高度可能性。原审认为富邦公司主张其与三镇公司之间存在案涉液肥买卖合同关系缺乏充分证据证明，判决驳回其诉讼请求，适用法律并无不当。富邦公司可待证据充分后，另行主张。

4.【裁判规则】在合同纠纷案件中，主张合同关系变更、解除、终止、撤销的一方当事人对引起合同关系变动的事实承担举证责任

典型案例

石林赢鸿农产品开发有限公司与云南神农育种有限公司委托合同纠纷案［最高人民法院（2017）最高法民申348号］

再审申请人（一审原告、二审被上诉人）：石林赢鸿农产品开发有限公司（以下简称赢鸿公司）

被申请人（一审被告、二审上诉人）：云南神农育种有限公司（以下简称神农公司）

裁判观点

最高人民法院认为，根据2001年《民事证据规定》第5条规定，本案中，赢鸿公司主张肥猪合同存在变更，其应就引起合同关系变动的事实承担举证证明责任。赢鸿公司再审提出，石林旺畜生态养殖场、石林盛畜种猪场分别与神农公司签订委托饲养合同及补充协议，该合同在实际履行过程中均是由神农公司具体管理、控制，与本案肥猪合同履行情况一致。经审查，从内容上看，前述两份委托饲养合同及补充协议并未明确约定由神农公司具体饲养仔猪并负责记录养殖情况，仅是约定了由神农公司派人至养殖场负责管理、指挥员工，这与肥猪合同中约定神农公司派技术人员到养殖场全程管理、指导赢鸿公司饲养是一致的；从主体上看，石林旺畜生态养殖场、石林盛畜种猪场与赢鸿公司系不同法律主体，与本案无关联性，无法证实本案肥猪合同发生变更。对赢鸿公司此项再审主张，法院不予支持。赢鸿公司主张，神农公司一审中认可在实际履行过程中代赢鸿公司履行了部分合同义务，包括进出栏猪只数量的统计、工人工资发放等，说明神农公司已自认案涉合同发生了变更。法院认为，合同是当事人之间设立、变更、终止民事权利义务关系的协议。所谓合同关系变更是指合同约定的权利义务关系的变更，不能以神农公司代赢鸿公司履行部分合同义务的行为推定合同约定的权利义务关系发生了变更。赢鸿公司一审提交的告知函载明，“石林赢鸿农产品开发有限公司：为全面执行你公司与我公司于2008年4月1日签订的《委托饲养PIC商品仔猪、回收育肥猪合同》及你公司与云南神农农业产业集团有限公司签订的《借款协议》，根据本月的饲养情况，现需要你公司对猪场损坏设备进行维修及添置必要的设施（见附件），以上工作预计产生费用共计31,503元。请你公司务必于2010年3月10日前履行以上义务，否则，为避免产生损失以及防止损失扩大，我公司将采取代为购买、代为履行、请第三人代为履行的方式代你公司完成以上工作，所产生的费用由你公司承担。特此函告”。时间为2010年2月25日。从上述告知函的内容看，神农公司仍在要求赢鸿公司履行相应的合同义务，可见，双方并未就合同权利义务内容变更协商一致。至于赢鸿公司再审主张其出租场地、设备给神农公司，由神农公司以代养费的名义支付租金，与本案属不同法律关系，二审判决并未评判，本案再审亦不作审查。综上所述，二审判决认定案涉合同未变更，适用法律并无不当。

5.【裁判规则】对借款关系及事实，应提供证据加以证明

典型案例

广东万佳投资发展有限公司与东莞市三元盈晖投资发展有限公司等商品房预售合同纠纷案［最高人民法院（2017）最高法民申4734号］

再审申请人（一审原告、二审上诉人）：广东万佳投资发展有限公司（以下简称万佳公司）

被申请人（一审被告、二审被上诉人）：东莞市三元盈晖投资发展有限公司（以下简称三元盈晖公司）

裁判观点

最高人民法院认为，根据《民诉法司法解释》第90条第1款规定，就本案所涉借款关系及事实，万佳公司及张某某应提供证据加以证明。人民法院应结合借贷金额、款项交付、当事人的经济能力、当地或者当事人之间的交易方式、交易习惯、当事人财产变动情况以及证人证言等事实和因素，综合判断查证借贷事实是否发生。本案中，万佳公司申请再审虽主张，本案存在将借款转化为购房款的事实，但万佳公司未提交相关借款合同、转账凭证等直接证据证明借款事实成立，也无证据证明三元盈辉公司同意将借款转成购房款。同时，万佳公司与维尔物业公司签订委托经营管理协议书的行为，亦无法单独推导出万佳公司已实际支付购房款的结论。故原判决认定本案当前证据不足以证实万佳公司支付了案涉购房款，并据此驳回万佳公司关于判令三元盈晖公司返还购房款9288.12万元及其利息的诉讼请求，无明显不当。万佳公司的该项申请再审理由不能成立。

6.【裁判规则】对已付工程款金额，应承担举证责任

典型案例

攀枝花公路桥梁工程有限公司与曾某某建设工程施工合同纠纷案［最高人民法院（2018）最高法民申3248号］

再审申请人（一审被告、二审上诉人）：攀枝花公路桥梁工程有限公司（以下简称公路桥梁公司）

被申请人（一审原告、二审被上诉人）：曾某某

裁判观点

最高人民法院认为，根据《民诉法司法解释》第90条规定，公路桥梁公司作为付款义务主体，对已付工程款金额，应承担举证证明责任。公路桥梁公司再审主张，其财务账册上记明的10,318,927.17元应当作为已付款。该部分款项系以现金方式支付给曾某某。但其提交企业活期明细查询仅能证明公路桥梁公司提取了相应金额的资金，不能证明资金流向，不足以证明公路桥梁公司已实际向曾某某支付工程款。二审判决对公路桥梁公司该项主张不予支持，并无不当。

7.【裁判规则】不动产的真实权利人主张不动产的受让人不构成善意的，应当承担举证责任

典型案例

申某某与融安县百川房地产开发有限公司等合资、合作开发房地产合同纠纷案［最高人民法院（2018）最高法民申893号］

再审申请人（一审原告、二审上诉人）：申某某

被申请人（一审被告、二审上诉人）：融安县百川房地产开发有限公司（以下简称融安百川公司）等

裁判观点 ▶▶

最高人民法院认为，经查，门面房中3间属于融安县糖酒副食公司的回建房，该3间门面房在2013年之前已依约交付融安县糖酒副食公司由其所有，只是尚未办理产权登记手续。故原判决认定该门面房予以返回在法律和事实上已不可能，并无不当。其余31间门面房由融安百川公司转让给案外人梁某和沈某某，梁某和沈某某已经办理了房产证。申某某在一审中明确表示对于融安百川公司出售“融江花园”项目房产所得收益将另行起诉主张权利，本案中，申某某并无证据证明31间门面房已属其所有。且即便属申某某所有，根据《物权法》第106条〔1〕以及《物权法司法解释一》第15条〔2〕之规定，申某某提交的证据不足以证明梁某和沈某某在受让上述门面房时存在恶意。

8.【裁判规则】主张已经向对方送达函件的，应当提供证据加以证明

典型案例 ▶▶

张某与阜南县旭升新型建材有限公司等通海水域货物运输合同纠纷案［最高人民法院（2020）最高法民申548号］

再审申请人：（一审被告、二审上诉人）：张某

被申请人（一审原告、二审被上诉人）：阜南县旭升新型建材有限公司（以下简称旭升公司）等

裁判观点 ▶▶

最高人民法院认为，本案应审查张某行使留置权是否合法以及原判决认定货物到达地市场价格是否正确。张某并未提供有效证据证明其行使留置权合法。一

---

〔1〕 现为《民法典》第311条：“无处分权人将不动产或者动产转让给受让人的，所有权人有权追回；除法律另有规定外，符合下列情形的，受让人取得该不动产或者动产的所有权：（一）受让人受让该不动产或者动产时是善意；（二）以合理的价格转让；（三）转让的不动产或者动产依照法律规定应当登记的已经登记，不需要登记的已经交付给受让人。受让人依据前款规定取得不动产或者动产的所有权的，原所有权人有权向无处分权人请求损害赔偿。当事人善意取得其他物权的，参照适用前两款规定。”

〔2〕 现为2020年《民法典物权编司法解释一》第14条：“受让人受让不动产或者动产时，不知道转让人无处分权，且无重大过失的，应当认定受让人为善意。真实权利人主张受让人不构成善意的，应当承担举证证明责任。”

审期间，张某提交了其向旭升公司发出的支付装卸延期费用运费的催告函及其快递单，经一审法院审查，旭升公司否认收到该函件，且张某不能提供其他证据佐证旭升公司收到该函件，故未将该函件作为案件审理根据。原审判决认定张某并未依法行使留置权的情况下将货物运往他处自行处理，以致旭升公司未收到货物，可视为货物已经灭失，并依据《合同法》第311条[1]的规定，认定张某应赔偿旭升公司货损，并无不当。

9.【裁判规则】主张对方为职业放贷人，应当提供证据加以证明

典型案例

桂林瑞乐复合材料有限公司等与雷某某民间借贷纠纷案［最高人民法院(2020)最高法民申2613号］

再审申请人（一审被告、二审上诉人）：桂林瑞乐复合材料有限公司（以下简称瑞乐公司）等

被申请人（一审原告、二审被上诉人）：雷某某

裁判观点

最高人民法院认为，根据《民诉法司法解释》第90条规定，本案中，瑞乐公司等七再审申请人主张雷某某为职业放贷人，应当提供证据加以证明。现瑞乐公司等七再审申请人申请再审虽仍坚持雷某某为职业放贷人的诉讼主张，但并未提供足以推翻原判决的新证据。原判决根据民间借贷的性质、特点和认定非法放贷的相关司法解释及司法实践，认定瑞乐公司等七再审申请人提供的与雷某某相关的三份民事裁判文书等不足以认定雷某某属于职业放贷人，并无不当。

10.【裁判规则】主张共同承揽的，应当提供证据加以证明

典型案例

新加坡欧申海洋工程船舶有限公司与中国交通进出口有限公司等船舶建造合

---

〔1〕 现为《民法典》第832条："承运人对运输过程中货物的毁损、灭失承担赔偿责任。但是，承运人证明货物的毁损、灭失是因不可抗力、货物本身的自然性质或者合理损耗以及托运人、收货人的过错造成的，不承担赔偿责任。"

同纠纷案[最高人民法院(2019)最高法民申6211号]

再审申请人(一审原告、二审被上诉人):新加坡欧申海洋工程船舶有限公司(以下简称欧申公司)

被申请人(一审被告、二审上诉人):中国交通进出口有限公司(以下简称中交进公司)等

裁判观点

最高人民法院认为,共同承揽是指由两个或者两个以上的人共同完成承揽工作的合同。是否构成共同承揽,取决于是否形成共同承揽的一致意思表示。根据《民诉法司法解释》第91条第1项规定,欧申公司主张中交进公司与宏强公司构成共同承揽人,与欧申公司之间形成了共同承揽合同的法律关系,欧申公司应当就其与中交进公司之间达成共同承揽一致意思表示的基本事实承担举证证明责任。从武汉海事法院(2015)武海法商字第01467、01468号两案民事判决书查明的事实看,中交进公司与宏强公司于2013年9月2日签订了编号为13SCCK/45890号、13SCCK/45891号的两份联合承揽建造合同。该两份合同虽名为"联合承揽建造",但从其约定来看,系以中交进公司向宏强公司提供建造资金并为保证出借资金安全、获取固定收益之目的为主要内容,并未赋予欧申公司任何合同权利或者为欧申公司设定任何合同义务。亦即,联合承揽建造合同与船舶建造买卖合同是相互独立的合同,不能仅以"联合承揽建造"之名认定中交进公司与欧申公司之间达成了承揽合同的合意。且根据欧申公司在原审和申请再审中的陈述,其系2016年1月才知道中交进公司的存在以及中交进公司与宏强公司曾于2013年9月2日签订了联合承揽建造合同。故中交进公司与欧申公司之间不存在建立承揽合同法律关系的意思联络。特别是两份联合承揽建造合同第11条中约定"宏强公司应自行与境外船东就外合同未完事宜进行协商,与中交进公司无关",已充分表明中交进公司无意与欧申公司产生包括承揽合同在内的任何法律关系。在联合承揽建造合同履行过程中,也无证据证明中交进公司以共同承揽人身份加入船舶建造买卖合同。因此,欧申公司主张其与中交进公司之间形成了共同承揽合同法律关系,无事实依据。二审判决认定中交进公司不构成共同承揽人,符合民事诉讼证据认证规则。

11.【裁判规则】主张公司之间存在业务混同，应提供证据证明

典型案例

江苏华建能源集团有限公司与无锡焦化有限公司等买卖合同纠纷案［最高人民法院（2018）最高法民申2245号］

再审申请人（一审原告、二审被上诉人）：江苏华建能源集团有限公司（以下简称华建公司）

被申请人（一审被告、二审上诉人）：无锡焦化有限公司（以下简称无锡焦化公司）

裁判观点

最高人民法院认为，华建公司未提供证据证明靖江众达公司与无锡焦化公司存在业务混同。两公司工商登记的经营业务相似不代表两公司实际经营的业务存在混同。根据无锡焦化公司2012年向无锡工商行政管理部门出具的说明，该公司2010年年底将生产和经营业务全部转移至靖江，2011年即无营业收入；而且，本案中，华建公司交易的对象始终是靖江众达公司，华建公司亦未提供其他证据证明无锡焦化公司与靖江众达公司存在业务混同的情形，甚至未提供证据证明无锡焦化公司在靖江众达公司成立后经营案涉类似业务的事实。因此，华建公司主张两公司业务混同，证据不足，法院不予采纳。

12.【裁判规则】主张相关经济损失的，应当提供证据加以证明

典型案例

上海锦惠建设集团有限公司与浙江大铭房地产开发有限公司黄山分公司等建设工程施工合同纠纷案［最高人民法院（2020）最高法民申314号］

再审申请人（一审原告、反诉被告、二审上诉人）：上海锦惠建设集团有限公司（以下简称上海锦惠建设公司）

被申请人（一审被告、二审被上诉人）：浙江大铭房地产开发有限公司黄山分公司（以下简称大铭房产公司）等

裁判观点 ▶▶

最高人民法院认为，关于上海锦惠建设公司所主张的相关经济损失。根据《民诉法司法解释》第90条第1款规定，本案中，上海锦惠建设公司对其所主张的相关经济损失并未提供证据予以佐证，大铭房产公司也不认可，二审法院对其该部分请求不予以认可并不缺乏依据，对上海锦惠建设公司该部分再审理由，法院亦不予支持。

13.【裁判规则】主张恶意串通的，应当提供证据加以证明

典型案例 ▶▶

王某某等与程某某等借款合同纠纷案［最高人民法院（2019）最高法民申6845号］

再审申请人（一审被告、二审上诉人）：王某某等

被申请人（一审原告、二审被上诉人）：程某某等

裁判观点 ▶▶

最高人民法院认为，对于王某某等所称的程某某等存在恶意串通的问题。根据《民诉法司法解释》第90条第1款规定，本案中，王某某等并未提供充分证据证明本案存在恶意串通情形。同时对于王某某所称的股权质押问题：根据一、二审查明的事实，出借人程某某对王某某等所称的股权质押借款事实并不认可，且冯某受让涉案股权后虽将部分股权又转让给了贾某某，但在王某某未提供其他证据的情况下，不能据此认定贾某某认可涉案承兑汇票所涉2000万元属于借款系其与程某某恶意串通，对王某某等该部分再审申请理由，法院不予支持。

14.【裁判规则】主张提供的产品质量达到合同约定质量标准的，应当提供证据加以证明

典型案例 ▶▶

上海子创镀膜技术有限公司与江西宏宇能源发展有限公司等买卖合同纠纷案［最高人民法院（2020）最高法民申2431号］

再审申请人（一审第三人、二审上诉人）：上海子创镀膜技术有限公司（以下简

称子创公司）

被申请人（一审原告、二审上诉人）：江西宏宇能源发展有限公司（以下简称宏宇公司）等

裁判观点

最高人民法院认为，子创公司主张案涉镀膜生产线虽未经最终验收，但宏宇公司利用该生产线已商业生产多年，案涉生产线应视同验收通过，子创公司提供的通过国家玻璃质量监督检验中心取得的宏宇公司检验报告和安装部加班内容确认单、生产录像视频证据及宏宇公司在其官方网站和在第三方网站发布的销售信息等新证据能够证明子创公司提供的镀膜生产线符合宏宇公司和中国建材公司合同约定的质量标准，原审判决关于案涉生产线不符合合同约定质量标准的认定与客观事实不符。依照《民事诉讼法》第64条第1款和《民诉法司法解释》第90条，根据原审查明的事实，宏宇公司与中国建材公司的合同约定验收标准为案涉镀膜生产线能够生产出符合国家镀膜标准GB18915—2002的五个品种规格，验收方法为设备可以正常生产后，宏宇公司书面委托中国建材公司对子创公司设备、产品调试及产品质量进行专家论证并由四方签字认可，验收结束后双方签署验收报告，办理设备验收单和设备使用交接单，宏宇公司在该设备上投入商业运行达一个月或日生产的镀膜产品超过10,000平方米，视同该设备通过验收，验收后视同该设备合格及已交付。而案涉事实表明宏宇公司与子创公司就生产线运行过程中出现的问题进行过多次沟通，协商解决方案，并无证据证实案涉三方当事人按照合同约定共同组织对生产线进行验收，故子创公司认为其所提供的生产线已经达到合同约定的验收质量标准事实依据不足。子创公司在再审申请中作为新证据提交的检验报告，仅系对案涉生产线生产的阳光控制镀膜玻璃进行检测所作出的合格结论，不足以作为证实案涉生产线能够生产出合同约定的五种产品规格且检测均为合格的依据，且宏宇公司在原审中提交的检验报告对同一检测事项作出了相反的检测结果，子创公司虽提出检测结果的不同系因宏宇公司选择送检样品质量之故，无论该主张是否成立，亦可从另一方面反映出案涉设备生产的产品或存在质量不稳定的现象，仅以单一产品指标单次检测合格的结论不足以证实该生产线符合本案合同约定的质量验收标准。子创公司提供宏宇公司在其官方网站及第三方网站发布的销售信息、安装部加班内容确认单和生产录像等证据即使真实，亦仅能说明宏宇公司

利用案涉设备生产过相关产品及进行自我宣传，在无其他证据材料予以佐证的情况下，亦无法确证已经达到设备可视同验收的合同约定，尚不能达到子创公司主张的证明目的，其应承担相应的不利后果。

15.【裁判规则】当事人申请调查取证，应当提供证据证明有关证据可能存在

典型案例

江苏泓建集团有限公司与枣庄市盛苑房地产开发有限公司建设工程施工合同纠纷案［最高人民法院（2017）最高法民申2462号］

再审申请人（一审原告、二审上诉人）：江苏泓建集团有限公司（以下简称泓建公司）

被申请人（一审被告、二审被上诉人）：枣庄市盛苑房地产开发有限公司（以下简称盛苑公司）

裁判观点

最高人民法院认为，相关证据存在，是申请法院调查取证的前提。当事人申请调查取证，应当提供证据证明有关证据的可能存在。根据一、二审查明，盛苑公司与泓建公司签订的建设工程施工合同约定，双方进行工程结算，须泓建公司提交有关结算资料。双方还同意共同委托晨旭公司进行工程造价审计。但泓建公司并未有证据证明其提交了有关资料或晨旭公司依照双方约定对案涉工程进行了造价审计。相反，晨旭公司出具的工作联系单载明，泓建公司未提交结算资料其无法审计，盛苑公司也对双方曾依约委托晨旭公司进行造价审计予以否认。故此种情况下，二审法院认为没有证据显示晨旭公司作出审计报告并无不当。泓建公司的该项主张事实依据和法律依据不足，不予支持。

16.【裁判规则】主张因对方申请财产保全造成自己损失，应当提供证据加以证明

典型案例

南京市第十建筑工程有限公司与高某某等申请诉中财产保全损害责任纠纷案

［最高人民法院（2020）最高法民申2271号］

再审申请人（一审原告、二审上诉人）：南京市第十建筑工程有限公司（以下简称南京十建公司）

被申请人（一审被告、二审上诉人）：高某某等

裁判观点 ▶▶

最高人民法院认为，根据《民事诉讼法》第64条第1款和《民诉法司法解释》第90条规定，本案中，南京十建公司主张因高某某申请诉中财产保全，法院冻结其2000万元资金，导致其资金周转困难从而不得不借款，产生相应的利息损失，则其需举证证明两部分事实：一是2000万元存款被冻结造成其资金周转困难，即存在借款的必要性；二是借款并支付利息的相关事实。首先，公司某一银行账户部分资金的冻结与资金周转困难之间不具有必然的因果关系。南京十建公司未提交证据证明其公司全部资金状况，现有证据不足以证明南京十建公司存在需对外借款维持资金周转的必要性。其次，南京十建公司提交一份落款日期为2016年6月20日的借款合同用以证明借款的事实，但案外人孟某某2016年6月29日向南京十建公司转账2000万元的银行业务单记载的用途为“风险保证金”，南京十建公司2017年12月6日向孟某某转账2000万元的银行业务单备注为“退款”，不能得出该笔2000万元资金系借款的结论。因此，南京十建公司提交的证据不足以证明其因高某某申请诉中财产保全而产生资金周转困难，从而对外借款的相关事实，二审判决未予支持其要求高某某赔偿利息损失的请求，并无不当。

17.【裁判规则】金融机构应当对持有人与金融机构间是否存在存款关系负举证责任

典型案例 ▶▶

山西乡宁农村商业银行股份有限公司与杨某甲储蓄存款合同纠纷案［山西省高级人民法院（2019）晋民再12号］

再审申请人（一审被告、二审上诉人）：山西乡宁农村商业银行股份有限公司（以下简称乡宁农商行）

被申请人（一审原告、二审上诉人）：杨某甲

裁判观点

人民法院认为，本案争议的焦点问题是杨某甲与乡宁农商行之间是否存在真实的储蓄存款关系；乡宁农商行是否应返还杨某甲存款及利息。本案案由为储蓄存款合同纠纷，杨某甲请求乡宁农商行返还其存款及利息，属于给付之诉。给付之诉在法律关系存在争议之时，一般需要以确认该法律关系存在为前提，即须先行确定双方之间存在真实的储蓄存款合同关系。1992年12月11日国务院发布的《储蓄管理条例》第3条规定："本条例所称储蓄是指个人将属于其所有的人民币或者外币存入储蓄机构，储蓄机构开具存折或者存单作为凭证，个人凭存折或者存单可以支取存款本金和利息，储蓄机构依照规定支付存款本金和利息的活动。"本案杨某甲起诉时未持有记载于其名下的存折，而是依据乡宁农商行提供的客户交易明细对账单提起诉讼。此类诉讼在《存单纠纷司法解释》中被确定为一般存单纠纷。根据该司法解释第5条第2项的规定：人民法院在审理一般存单纠纷案件中，除应审查存单、进账单、对账单、存款合同等凭证的真实性外，还应审查持有人与金融机构间存款关系的真实性，并以存单、进账单、对账单、存款合同等凭证的真实性以及存款关系的真实性为依据，作出正确处理。以上规定明确了以存单的真实性和存款关系的真实性的双重真实性处理案件的"双重真实性原则"。本案中，杨某甲与乡宁农商行对于杨某甲名下存折和对账单的真实性均无异议。但对于账户内存款是否为杨某甲所有存在争议。根据前述司法解释第5条第1款第2项持有人以上述真实凭证为证据提起诉讼的，金融机构应当对持有人与金融机构间是否存在存款关系负举证责任。如金融机构有充分证据证明持有人未向金融机构交付上述凭证所记载的款项的，人民法院应当认定持有人与金融机构间不存在存款关系，并判决驳回原告的诉讼请求。据本案查明的事实，案涉账户系王某乙以杨某甲的身份证开立，该账户对应的存折、密码由王某乙持有，杨某甲从未持有过案涉存折，也未向该账户内存取过款项，在王某乙去世前的2012年10月28日该账户的余额仅剩4.83元，从2010年10月案涉账户开立到王某乙2015年11月去世，长达5年多时间内杨某甲从未向乡宁农商行就账户内资金支取交易提出过任何异议。乡宁农商行和杨某甲均认可案涉账户内资金系"山西乡宁水泉煤业有限公司的煤矿整合款"，杨某甲也未提供证据证明该款归其所有，故依法不能认定杨某甲与乡宁农商行之间形成储蓄存款合同关系。杨某甲请求判令乡宁农商行返还其存款及利息，没有事实和法律依据。原审判决不当，应予纠正。

18.【裁判规则】票据的出票、承兑、交付、背书转让涉嫌欺诈、偷盗、胁迫、恐吓、暴力等非法行为的，持票人对持票的合法性应当负责举证

典型案例

沂南中联水泥有限公司与日照银行股份有限公司票据纠纷案［最高人民法院(2020)最高法民申393号］

再审申请人(一审被告、二审上诉人)：沂南中联水泥有限公司(以下简称中联公司)

被申请人(一审原告、二审被上诉人)：日照银行股份有限公司(以下简称日照银行)

裁判观点

最高人民法院认为，本案为票据纠纷，日照银行所持涉案商业承兑汇票形式完备，绝对记载事项齐全，符合《票据法》第22条的规定，为有效商业承兑汇票。根据《票据纠纷司法解释》第9条[1]规定，日照银行根据与建功公司签订的权利质押合同取得票据，建功公司向日照银行交付票据时，进行了质押背书，符合《票据法》第35条的规定。日照银行在取得涉案商业承兑汇票前，向出票人中联公司进行了核实，中联公司向日照银行分别出具商业承兑汇票查询(查复)书、日照银行商业承兑汇票业务核保书、商业承兑汇票承诺函，确认其与建功公司交易背景真实合法、涉案票据的真实性并保证到期无条件付款。日照银行取得涉案票据尽到了合理审查义务并基于真实的票据质押法律关系取得票据，对证明其为合法持票人尽到了举证责任。

(二)抗辩者的举证责任

1.【裁判规则】反驳对方诉讼请求所依据的事实，应当提供证据加以证明

典型案例

北京长富投资基金(有限合伙)与纪某某等申请执行人执行异议之诉案［最高

〔1〕 现为2020年《票据纠纷司法解释》第8条："票据诉讼的举证责任由提出主张的一方当事人承担。依照票据法第四条第二款、第十条、第十二条、第二十一条的规定，向人民法院提起诉讼的持票人有责任提供诉争票据。该票据的出票、承兑、交付、背书转让涉嫌欺诈、偷盗、胁迫、恐吓、暴力等非法行为的，持票人对持票的合法性应当负责举证。"

人民法院（2020）最高法民终648号］

上诉人（原审原告）：北京长富投资基金（有限合伙）（以下简称长富基金）

被上诉人（原审被告）：纪某某等

裁判观点

最高人民法院认为，关于长富基金上诉提出的中然公司收据不能证明交付大额购房款、纪某某未证明资金来源及支付能力、中然公司出具的票据缺乏底联印证等主张，中然公司出具的上述单据基本上为书证原件，原则上可以单独作为认定案件的依据，可以合理证明有关付款事实。依据《民诉法司法解释》第90条的规定，长富基金在本案一、二审中对上述付款证据的证明力提出质疑，但未提供足以反驳的相反证据支持其上述各项质疑，即未能提供证据反驳纪某某对案涉房屋享有排除强制执行民事权益的有关事实，长富基金应自行承担举证不能的不利后果。一审法院将提供有关反驳证据的举证责任分配给长富基金并无不当。

2.【裁判规则】反驳理由不成立，不影响负举证责任的当事人对待证事实承担的举证责任

典型案例

王某某与卫生部[1]国际交流与合作中心等侵害商业秘密纠纷案［最高人民法院（2013）民申字第1238号］

再审申请人（一审原告、二审上诉人）：王某某

被申请人（一审被告、二审被上诉人）：卫生部国际交流与合作中心（以下简称国际合作中心）等

裁判观点

最高人民法院认为，《反不正当竞争司法解释》第14条规定："当事人指称他人侵犯其商业秘密的，应当对其拥有的商业秘密符合法定条件、对方当事人的信息与其商业秘密相同或者实质相同以及对方当事人采取不正当手段的事实负举证责任。其中，商业秘密符合法定条件的证据，包括商业秘密的载体、具体内容、商

〔1〕 现为中华人民共和国国家卫生健康委员会。

业价值和对该项商业秘密所采取的具体保密措施等。”据此，一、二审法院关于王某某应对构成商业秘密的诉争信息由王某某自己独立完成这一事实予以证明的判定，符合上述规定，适用法律正确。关于王某某主张一、二审法院未要求三被申请人对诉争信息由单位改革小组集体完成这一事实予以证明一节，法院认为，“本案诉争信息由王某某独立完成”这一事实，应由王某某承担举证责任，三被申请人固然可以对此一事实提出反驳理由，但即使反驳理由不成立，也不影响王某某承担“本案诉争信息由王某某独立完成”这一事实的举证责任。并且，在一审中，三被申请人为证明诉争信息由单位改革小组集体完成这一事实，向一审法院提交了国际合作交流中心办公会议记录、李某某于2000年6月13日在国际合作交流中心全体职工大会上的讲话等证据，一、二审法院亦作出了相应认定。综上所述，王某某该项申请再审理由不能成立，法院不予支持。

3.【裁判规则】提出反驳主张的对方当事人所举证据的证明标准只需使待证事实陷入真伪不明即可

典型案例

佳木斯市国安建筑工程有限公司与黑龙江名人房地产开发集团有限公司等建设工程施工合同纠纷案［最高人民法院（2017）最高法民申3143号］

再审申请人（一审原告、二审被上诉人）：佳木斯市国安建筑工程有限公司（以下简称国安公司）

被申请人（一审被告、二审上诉人）：黑龙江名人房地产开发集团有限公司（以下简称名人公司）等

裁判观点

最高人民法院认为，对于合同二，双方当事人均认可其真实性，故在无相反证据推翻的情况下应依据合同二认定工程价款。但是，因名人公司作为反驳证据提交的合同三的落款处加盖有国安公司公章、骑缝处加盖有腾龙公司公章，名人公司在认可合同二的同时又对合同三的形成经过进行了说明，国安公司欲否定合同三上该公司公章的真实性，则其应对公章伪造的主张进行举证。根据国安公司的举证情况，人民法院难以仅依据肉眼判断得出公章伪造的结论，且根据案

涉三份合同的文本形式来看，亦不能得出国安公司有加盖骑缝章的签约习惯，而经二审法院释明，国安公司对合同三上该公司公章的真实性不予申请鉴定，故依据现有证据不能否定合同三的真实性。《民诉法司法解释》第108条规定了当事人的举证证明标准，该条规定确定的举证义务方与提出反驳主张的当事人的举证证明标准是不同的，对待证事实负有举证证明责任的当事人所举证据的证明标准应达到高度盖然性标准，而提出反驳主张的对方当事人所举证据只需使待证事实陷入真伪不明即可。据此，在不能否定合同三的真实性的情况下，名人公司所举合同三已使合同二约定的工程款的结算方式陷入真伪不明的状况，即本案工程款的结算存在不扣除基础工程款与扣除基础工程款两种可能，于此情形人民法院只能依据举证责任分配原则和举证证明标准的规定，依法不予采信国安公司所举合同二。本案二审判决按照合同三的约定认定案涉工程款应扣除基础工程价款，理由虽不够充分，但结论并无不当，应予以维持，国安公司的此项申请再审理由不成立。

4.【裁判规则】主张者完成初步举证责任，抗辩者否认证据中自己签名的真实性，应当提供证据加以证明

典型案例

王某与中恒国际租赁有限公司等融资租赁合同纠纷案［最高人民法院(2019)最高法民申5849号］

再审申请人（一审被告、二审上诉人）：王某

被申请人（一审原告、二审被上诉人）：中恒国际租赁有限公司（以下简称中恒租赁公司）等

裁判观点

最高人民法院认为，根据《民诉法司法解释》第90条规定，就本案而言，中恒租赁公司作为债权人请求判令王某对案涉债务承担连带清偿责任，向法院提交了王某签名的担保书、王某的身份证复印件，完成了自己的初步举证责任；王某否认担保书上“王某”签名的真实性，依法需要提供相应的证据予以证明，必要时可以通过申请司法鉴定的方式予以佐证。

5.【裁判规则】抗辩主张对方举证为虚假的，应当对该抗辩承担举证责任

典型案例

江苏卧牛山保温防水技术有限公司等与江苏润恒农产品有限公司等建设工程施工合同纠纷案［最高人民法院（2018）最高法民终906号］

上诉人（原审原告）：江苏卧牛山保温防水技术有限公司（以下简称卧牛山公司）

上诉人（原审被告）：宁夏润恒农产品市场有限公司（以下简称宁夏润恒公司）等

裁判观点

最高人民法院认为，卧牛山公司作为原告，对其诉讼请求有责任提交证据予以证明。卧牛山公司提交了二份结算审核表和一付款计划，以证明案涉工程已经结算。宁夏润恒公司辩称二份结算审核表是虚假的，否认该表中公章及法定代表人卞某某、方某签字的真实性，一审法院要求宁夏润恒公司就其抗辩承担举证责任，举证责任分配正确，并无不当。

6.【裁判规则】抗辩主张鉴定意见中的内容是相对方事后添加的，抗辩方应承担举证责任

典型案例

宁夏三友环保设备制造有限公司与宁夏三友顺达化工有限公司承揽合同纠纷案［最高人民法院（2015）民申字第885号］

再审申请人（一审原告、二审上诉人）：宁夏三友环保设备制造有限公司（以下简称三友环保公司）

被申请人（一审被告、二审被上诉人）：宁夏三友顺达化工有限公司（以下简称顺达公司）

裁判观点

最高人民法院认为，本案款项实际支付情况与两份合同约定的付款时间及数额均不相符，故款项支付情况，不能单独作为认定双方实际履行合同事实的依据。

在顺达公司2008年1月17日向三友环保公司支付最后一笔工程款的付款单上，双方法定代表人及顺达公司财务人员均签字确认，双方关于本案案涉设备款项已全部结清。三友环保公司虽然对该付款单内容的真实性提出异议，但经一审法院委托鉴定，鉴定机构对付款单上时任三友环保公司法定代表人王某某的签字真实性，以及付款单上字迹是否一次书写形成等进行了笔迹鉴定，鉴定结论认为王某某的签字是其本人书写，款项已经结清事项书写内容与付款单上其余书写内容系一次书写形成。三友环保公司对上述内容为一次书写形成的鉴定结论不予认可，但未举出相反证据证明。鉴定机构在上述鉴定结论作出后出具的回复函的内容，并未改变鉴定结论，不能证明三友环保公司提出的款项已经结清事项系顺达公司事后单方添加的主张。根据一、二审过程中法院查明的款项实际支付情况，顺达公司就案涉设备的定制，共向三友环保公司支付1,280,670.25元，该数额与价款为128万元的合同约定基本一致。法院认为，《民诉法司法解释》第108条第1款、第2款规定，对负有举证证明责任的当事人提供的证据，人民法院经审查并结合相关事实，确信待证事实的存在具有高度可能性的，应当认定该事实存在。对一方当事人为反驳负有举证证明责任的当事人所主张事实而提供的证据，人民法院经审查并结合相关事实，认为待证事实真伪不明的，应当认定该事实不存在。三友环保公司主张顺达公司欠付合同工程款，应当就其主张的事实负举证责任，在顺达公司提供相反证据反驳三友环保公司主张的情况下，二审判决综合本案证据情况，对三友环保公司所主张的事实未予认定，符合司法解释对证明标准的规定，并无不妥。

7.【裁判规则】主张方完成了证明其所持票据合法的举证责任，抗辩方应对恶意持票的抗辩主张承担举证责任

典型案例

恒丰银行股份有限公司泉州分行等与被上诉人中国民生银行股份有限公司长春分行等票据追索权纠纷案［最高人民法院（2017）最高法民终223号］

上诉人（原审被告）：恒丰银行股份有限公司泉州分行（以下简称恒丰银行泉州分行）等

被上诉人（原审原告）：中国民生银行股份有限公司长春分行（以下简称民生银行长春分行）等

裁判观点

最高人民法院认为，民生银行长春分行是否存在票据法上足以丧失票据权利的情形。根据《票据纠纷司法解释》第9条[1]规定，票据诉讼遵循“谁主张，谁举证”的举证责任分配原则，本案民生银行长春分行应负责证明其享有合法票据权利。该行提供的案涉304、305号两张汇票，必要记载事项齐全、签章合法、背书连续，根据《票据法》第31条关于“以背书转让的汇票，背书应当连续。持票人以背书的连续，证明其票据权利”的规定，民生银行长春分行完成了证明其所持票据合法的举证责任。在此情况下，恒丰银行泉州分行、通榆合作社应对恶意持票的抗辩主张承担举证责任。《票据法》第12条规定：“以欺诈、偷盗或者胁迫等手段取得票据的，或者明知有前列情形，出于恶意取得票据的，不得享有票据权利。”据此，关于是否恶意取得票据应审查持票人取得票据是否存在欺诈、偷盗或者胁迫等行为。经审查恒丰银行泉州分行、通榆合作社所提恶意取得票据的理由和证据，法院认为：

其一，本案恒丰银行泉州分行、通榆合作社与民生银行长春分行的票据背书系基于汇票转贴现关系，各贴现主体均签订了贴现合同，依据相关贴现合同载明的有关背书主体对票据合法性及真实性已审查、承诺其为合法持票人的内容，以及案涉各金融机构自愿充当过桥通道、参与汇票金额倒打款的事实来看，恒丰银行泉州分行、通榆合作社对案涉票据采取倒打款的过桥模式办理贴现业务，在票据上签章的法律后果是明知的，作为专业金融机构其对此种业务的商业风险亦应有所预期，故其在票据上的签章并非受欺诈、胁迫所为。以倒打款的模式办理票据贴现业务虽不符合行业管理要求，但并无法律、行政法规对此作出效力性否定规定，在票据形式合法、签章真实、背书连续的情况下，不能以倒打款模式来否定票据债务人依据票据记载事项而承担的票据责任。

其二，案外人王某甲涉嫌骗取票据承兑罪一案，虽由公安机关立案侦查，但公安机关并未对民生银行长春分行或该行相关人员进行立案，经法院了解该案刑事侦查尚无实质进展，恒丰银行泉州分行、通榆合作社提交的二审新证据基于前述认证意见亦不能作为证据采信，故尚无充分证据证明民生银行长春分行与王某甲有恶意

---

〔1〕 现为2020年《票据纠纷司法解释》第8条：“票据诉讼的举证责任由提出主张的一方当事人承担。依照票据法第四条第二款、第十条、第十二条、第二十一条的规定，向人民法院提起诉讼的持票人有责任提供诉争票据。该票据的出票、承兑、交付、背书转让涉嫌欺诈、偷盗、胁迫、恐吓、暴力等非法行为的，持票人对持票的合法性应当负责举证。”

串通骗取票据承兑的行为或者该行以欺诈、偷盗、胁迫等非法手段取得案涉票据。

其三，恒丰银行泉州分行、通榆合作社关于案涉票据的出票人与收款人无真实交易关系和对价、案外人王某甲操纵北京和信融辉投资咨询有限公司、北京易和昌远商贸有限公司进行虚假背书的上诉理由，涉及票据权利发生原因的真实性审查问题。票据的流通功能决定了其无因性的本质属性，票据一经签发，票据法律关系即与其发生原因的基础法律关系相分离。《票据纠纷司法解释》第14条[1]规定："票据债务人以票据法第十条、第二十一条的规定为由，对业经背书转让票据的持票人进行抗辩的，人民法院不予支持。"据此，恒丰银行泉州分行、通榆合作社所提出票人与收款人无真实交易关系和对价的主张，依法不能成为否定民生银行长春分行享有并行使票据权利的抗辩理由。

综上所述，依据现有证据不足以认定民生银行长春分行存在《票据法》第12条规定的足以丧失票据权利的情形，恒丰银行泉州分行、通榆合作社的此项上诉主张不成立，法院不予支持。

8.【裁判规则】人身损害赔偿案件中，赔偿义务人对治疗的必要性和合理性有异议的，应当承担相应的举证责任

典型案例

金某与陈某海上人身损害责任纠纷案[江苏省高级人民法院（2020）苏民终548号]

上诉人（一审被告）：金某

被上诉人（一审原告）：陈某

裁判观点

人民法院认为，金某未能举证证明医疗费用发生的不必要及不合理性。根据《人身损害赔偿司法解释》第19条[2]规定，医疗费根据医疗机构出具的医药费、住

---

〔1〕 现为2020年《票据纠纷司法解释》第13条："票据债务人以票据法第十条、第二十一条的规定为由，对业经背书转让票据的持票人进行抗辩的，人民法院不予支持。"

〔2〕 现为2020年《人身损害赔偿司法解释》第6条第1款："医疗费根据医疗机构出具的医药费、住院费等收款凭证，结合病历和诊断证明等相关证据确定。赔偿义务人对治疗的必要性和合理性有异议的，应当承担相应的举证责任。"

院费等收款凭证，结合病历和诊断证明等相关证据确定。赔偿义务人对治疗的必要性和合理性有异议的，应当承担相应的举证责任。第一，本案中，陈某提供的启东市中医院、上海市静安区中心医院的收费票据均有相应的病历记载及出院小结、费用清单佐证。尽管陈某在两家医院的出入院时间记录有一定冲突，但并不足以否定陈某在两家医院因伤就医的事实。金某未举证证明上述冲突所致的具体费用结算问题，仅凭其有关陈某在启东市中医院治疗费用较低，以及出院小结载明好转情形的主张，不能否认陈某在启东市中医院诊断为压缩性骨折后，继续在上海市静安区中心医院进行手术治疗等行为的必要性和合理性。第二，陈某提供的2019年4月12日启东市人民医院门诊收费票据无对应诊疗内容病历记载，且与陈某2019年4月11日至上海市静安区中心医院治疗的记录有矛盾，一审法院已予以剔除，其认定的医疗费损失数额并无不当。

9.【裁判规则】存单纠纷中持有人对瑕疵凭证的取得提供了合理陈述，而金融机构否认存款关系存在的，金融机构应当对持有人与金融机构间是否存在存款关系负举证责任

典型案例

凌某某与中国农业银行股份有限公司黄山昱城支行存单纠纷案［安徽省黄山市中级人民法院（2018）皖10民终127号］

上诉人（原审原告）：凌某某

上诉人（原审被告）：中国农业银行股份有限公司黄山昱城支行（以下简称农行昱城支行）

裁判观点

人民法院认为，根据《存单纠纷司法解释》第5条的相关规定，本案中，凌某某持有的存款凭条，加盖有农行昱城支行的业务专用章，该存款凭条具有真实性，凌某某持有存款凭条虽有瑕疵，但其对凭证的取得提供了合理陈述；农行昱城支行未能提供充分的证据证明存款关系不真实。故应当认定凌某某与农行昱城支行之间形成了存款关系。本案中无证据证明案涉10万元系汪某某与凌某某个人之间的借贷关系，故一审判决将汪某某以高额利息支付给凌某某的款项在农行昱城支行返还本金时予以扣除，并无不当。凌某某在存款时，将10万元款项交给汪某某，而汪某某系大堂经理并非存款业务操作员，且未索取存单或存折，其对10万元被汪某某占有有一定过失；农行昱城支行未尽到严格内部管理义务，导致工作人员严重违规操作，向凌某某交付存款凭条。故凌某某、农行昱城支行对案涉存款损失均负有责任，一审判决结果并无明显不当。

（三）权利发生规范的举证责任

1.【裁判规则】主张法律关系存在的当事人，应当对产生该法律关系的基本事实承担举证责任

典型案例

徐某与林口县天成农副产品经销有限责任公司等合同纠纷案［最高人民法院(2019)最高法民申2203号］

再审申请人（一审原告、二审上诉人）：徐某

被申请人（一审被告、二审被上诉人）：林口县天成农副产品经销有限责任公司（以下简称天成公司）等

裁判观点

最高人民法院认为，根据《民事诉讼法》第64条第1款和《民诉法司法解释》第91条规定，徐某虽主张工行林口支行与天成公司就双方之间的争议进行调解及林口县人民法院出具调解书存在违法情形，但并未提供证据加以证明，故应承担举证不能的法律后果。对该申请再审理由，法院不予采信。

2.【裁判规则】主张存在合同法律关系，应当对该基本事实承担举证责任

典型案例

六加一(福建)儿童用品有限公司与人吴某某特许经营合同纠纷案［最高人民法院(2019)最高法民申5114号］

再审申请人（一审原告、二审被上诉人）：六加一（福建）儿童用品有限公司（以下简称六加一公司）

被申请人（一审被告、二审上诉人）：吴某甲等

裁判观点 ▶▶

最高人民法院认为，根据《民诉法司法解释》第91条第1款第1项的规定，主张法律关系存在的当事人，应当对产生该法律关系的基本事实承担举证证明责任。六加一公司主张吴某乙为涉案合同的被许可方，应由六加一公司承担举证责任。本案中，六加一公司用于证明其与吴某乙之间存在合同关系的证据为六加一公司保存的涉案合同，该合同的首部记载的乙方柳州区域经销商为吴某甲/吴某乙，但是该合同落款签字的仅为吴某甲一人，且合同封面写明的经销商也仅包括吴某甲。并且在吴某甲保存的涉案合同中，乙方柳州区域经销商仅记载有吴某甲，而不包括吴某乙。在此情况下，不能认定吴某乙与六加一公司签订了涉案合同，也不能认定吴某乙作出过成为合同相对方的意思表示。

3.【裁判规则】相对方对合同非其真实意思表示的证明已达到合理怀疑，负举证责任的当事人对合同的成立仍负有进一步的举证责任

典型案例 ▶▶

姚某某与新疆亚欧大陆桥金轮建筑工程有限责任公司建设工程施工合同纠纷案［最高人民法院（2019）最高法民申3763号］

再审申请人（一审原告、二审上诉人）：姚某某

被申请人（一审被告、二审被上诉人）：新疆亚欧大陆桥金轮建筑工程有限责任公司（以下简称金轮公司）

裁判观点 ▶▶

最高人民法院认为，姚某某提供的其与金轮公司就涉案工程签订的承包合同，该合同上有金轮公司的签章以及时任公司总经理孙某某的签名，对于承包合同的成立姚某某初步完成了举证责任。河南省人民检察院郑州铁路运输分院对姚某某、孙某某、宋某某的讯问笔录及对刘某某、金轮公司部分人员的询问笔录证明在承包合同签订时，姚某某虽担任金轮公司的技术员，但实际控制金轮公司。姚某某作为金轮公司的实际控制人与金轮公司签订承包合同，按照《民诉法司法解释》第108条及2001年《民事证据规定》第2条的规定，金轮公司对合同并非其公司真实意思表示的证明已达到合理怀疑，姚某某对承包合同的成立仍负有进一步的举证责

任，以排除合理怀疑。本案中姚某某并未进一步举证证明承包合同系金轮公司的真实意思表示，应当承担不利后果。原判决认定承包合同未成立并无不当。

4.【裁判规则】主张已履行合同义务的当事人，应当对该基本事实承担举证责任

典型案例

营口巨和房地产开发有限公司与沈阳北方建设股份有限公司等建设工程施工合同纠纷案［最高人民法院（2019）最高法民申6435号］

再审申请人（一审被告、二审被上诉人）：营口巨和房地产开发有限公司（以下简称巨和公司）

被申请人（一审原告、二审上诉人）：沈阳北方建设股份有限公司（以下简称北方公司）等

裁判观点

最高人民法院认为，根据《民事诉讼法》第64条第1款和《民诉法司法解释》第91条规定，巨和公司主张其已经履行协议书中约定的义务，应提供证据证明其主张。案涉协议书约定，北方公司已完工程造价为6000万元，减去巨和公司已经支付的工程款2750万元，剩余工程款用于抵顶案涉工程施工过程中以北方公司或北方公司项目部的名义签订的包括但不限于劳务、采购、施工以及加工等为工程施工所发生的一切合同或协议的全部债务。巨和公司虽主张其已经完成协议书约定的义务，先后向北方公司及官某龙支付工程款97,324,694元，但并未提供证据证明其主张，应承担举证不能的法律后果。

5.【裁判规则】当事人应当对附条件解除合同中的条件是否成就，承担举证责任

典型案例

杨某甲与桂林医药集团有限公司等合同纠纷案［最高人民法院（2016）最高法民申3370号］

再审申请人（一审被告、反诉原告、二审上诉人）：杨某甲等

被申请人（一审原告、反诉被告、二审被上诉人）：桂林医药集团有限公司（以下简称桂药集团）

裁判观点 ▶▶

最高人民法院认为，依据2013年3月21日收购合同的约定，桂药集团要确保在2013年4月30日前对外化解的债务总额达到目标公司负债的50%，如无法按期完成上述债务化解目标，杨某甲等有权解除合同。杨某甲等主张桂药集团未按期化解目标公司的债务总额达到50%，其享有解除合同的权利。故本案首先应查明目标公司的负债总额及截至2013年4月30日桂药集团实际化解债务的数额。依据《民诉法司法解释》第90条的规定，原审确定杨某甲等应对目标公司的负债总额负有举证证明责任。原审分配杨某甲等对该事项承担举证责任，并无不当。

6.【裁判规则】主张不存在过错，应当对该基本事实承担举证责任

典型案例 ▶▶

松原市粮食建筑有限责任公司与吉林省诚隆房地产开发有限公司建设工程施工合同纠纷案［最高人民法院（2019）最高法民申5934号］

再审申请人（一审原告、二审上诉人）：松原市粮食建筑有限责任公司（以下简称粮建公司）

被申请人（一审被告、二审被上诉人）：吉林省诚隆房地产开发有限公司（以下简称诚隆公司）

裁判观点 ▶▶

最高人民法院认为，根据《民事诉讼法》第64条第1款和《民诉法司法解释》第91条规定，粮建公司主张其对案涉工程未完工不存在过错，应提供证据证明其主张。一审法院查明，案涉工程尚有部分工程未完工，且粮建公司未提供证据证明其已向诚隆公司或工程监理提交竣工验收申请。一、二审法院据此认定双方对案涉工程未完工均存在过错，并无不当。粮建公司的此项再审申请理由，缺乏事实和法律依据，亦不能成立。

7.【裁判规则】主张存在股份转让合同关系及股份转让款的事实，应当对基本事实承担举证责任

典型案例 ▶▶

方正延中传媒有限公司与深圳市意汇通投资发展有限公司等股票权利确认纠纷案［最高人民法院（2020）最高法民申1428号］

再审申请人（一审被告、二审上诉人）：方正延中传媒有限公司（以下简称方正公司）

被申请人（一审原告、二审被上诉人）：深圳市意汇通投资发展有限公司（以下简称意汇通公司）等

裁判观点 ▶▶

最高人民法院认为，根据《民诉法司法解释》第91条第1项规定，针对意汇通公司与方正公司之间存在股份转让合同关系及意汇通公司已实际支付股份转让款的事实，意汇通公司在原审中提交了其与方正公司签订的股份转让意向书、备忘录、股份转让协议、补充协议和代持股协议等一系列协议，以及方正公司出具的两张收据、相关银行补发入账证明申请书、银行本票、中国人民银行支付系统专用凭证等证据，意汇通公司已完成举证责任。方正公司在一审答辩时，并未否定其与意汇通公司之间签订股份转让协议和代持股协议，以及意汇通公司已支付相应款项的事实，仅提出上述协议已经终止或变更，不应继续履行。一审对上述事实予以认定，方正公司上诉亦未对该事实提出异议，仅提出上述协议无效、未生效，以及意汇通公司起诉超过诉讼时效期间的上诉意见。二审法院对方正公司上诉主张的理由进行审理，对双方无争议的事实予以确认，并无不妥。

8.【裁判规则】主张对方销售侵权产品，应当提供证据加以证明

典型案例 ▶▶

乌鲁木齐市同信宇商贸有限公司与源德盛塑胶电子（深圳）有限公司侵害实用新型专利权纠纷案［最高人民法院（2020）最高法知民终360号］

上诉人（原审被告）：乌鲁木齐市同信宇商贸有限公司（以下简称同信宇公司）

被上诉人（原审原告）：源德盛塑胶电子（深圳）有限公司（以下简称源德盛公司）

裁判观点

最高人民法院认为，根据《民事诉讼法》第64条、第69条和《民诉法司法解释》第90条规定，首先，被诉侵权产品系源德盛公司公证购买，购买过程由公证处工作人员全程监督，公证书所附POS签购单显示的是同信宇公司的企业名称，同信宇公司对公证书所附店面门头照片系其店面亦无异议；其次，公证书记载购买结束后公证人员对上述购买商品及相关票据进行了拍照和封存，封存之后交由源德盛公司保管，在原审开庭时对封存证据系当庭拆封，同信宇公司原审当庭对证据的完整性亦表示没有异议；最后，尽管同信宇公司主张公证书不能证明其销售了被诉侵权产品，但是其并未能提供充分有效的相反证据推翻公证证明的事实。因此，原审法院认定被诉侵权产品系同信宇公司销售并无不当。

9.【裁判规则】因缺陷产品致人损害的主张者应当对产品质量不合格、造成损害的因果关系等侵权责任的构成要件承担举证责任

典型案例

齐齐哈尔市排水公司与大庆市星宇复合材料有限公司买卖合同纠纷案［最高人民法院（2020）最高法民申2105号］

再审申请人（一审原告、二审上诉人）：齐齐哈尔市排水公司（以下简称排水公司）

被申请人（一审被告、二审被上诉人）：大庆市星宇复合材料有限公司

裁判观点

最高人民法院认为，本案纠纷发生时施行的2001年《民事证据规定》第4条第1款第6项规定，因缺陷产品致人损害的侵权诉讼，由产品的生产者就法律规定的免责事由承担举证责任。该项规定仅将生产者具有免责事由的举证责任分配给生产者承担，不能理解为产品购买者不承担任何举证责任，购买者仍然应当对产品质量不合格、造成损害的因果关系等侵权责任的构成要件承担举证责任。排水公司提

交的证据不足以证明案涉管材质量不符合国家标准，也未能证明管线塌陷是因案涉管材质量不合格所导致，故原审法院驳回排水公司的诉讼请求并无不当。

10.【裁判规则】主张损害赔偿，应就损害原因、损害结果等侵权基本事实承担举证责任

典型案例

甘肃迅美节能科技股份有限公司与兰州富昌园林绿化工程有限公司等恢复原状纠纷案［最高人民法院（2020）最高法民申5607号］

再审申请人（一审原告、二审上诉人）：甘肃迅美节能科技股份有限公司（以下简称迅美节能公司）

被申请人（一审被告、二审被上诉人）：兰州富昌园林绿化工程有限公司等

裁判观点

最高人民法院认为，根据《民诉法司法解释》第91条之规定，迅美节能公司起诉主张损害赔偿，应就损害原因、损害结果等侵权基本事实承担举证证明责任。根据原审查明事实，省建科院是经当事人协商后确定的鉴定机构，具有房屋损伤原因的鉴定资质，且经人民法院依程序委托鉴定，在迅美节能公司未提供足以反驳的相反证据情况下，一、二审法院以省建科院对案涉房屋损害成因所出具的鉴定意见作为损害原因定案依据并无不当。

11.【裁判规则】执行异议之诉的案外人，应当举证证明其对执行标的享有足以排除强制执行的义务

典型案例

郑某某与赵某某等案外人执行异议之诉案［最高人民法院（2020）最高法民申1460号］

再审申请人（一审原告、二审被上诉人）：郑某某

被申请人（一审被告、二审上诉人）：赵某某等

裁判观点 ▶▶

最高人民法院认为，根据《民诉法司法解释》第465条以及第90条第1款的规定，郑某某作为提出执行异议之诉的案外人，负有举证证明其对执行标的享有足以排除强制执行的权益的义务。根据一、二审查明的事实，郑某某虽主张其自杨某某处购买了案涉房屋，但对于款项支付事实，郑某某仅提供了收据，对款项交付事实并未提交证据证明。同时，对于杨某某是否已向富阳泰公司支付了购房款。郑某某虽提交了杨某某向郭某甲、庞某某的转账查询单以及富阳泰公司委托郭某乙付款的委托付款证明书等证据，但郭某甲并非案涉2011年5月9日认购合同所约定的收款人，杨某某的转款是否系基于案涉购房合同而产生，依据现有证据尚不足以充分证明，二审法院据此认定本案并不符合《执行异议和复议案件规定》第28条规定情形并不缺乏依据。郑某某的再审申请理由不能成立，法院不予支持。

12.【裁判规则】主张其在查封前已合法占有涉案房屋，应当提供证据加以证明

典型案例 ▶▶

车某某与缑某某等执行异议之诉案［最高人民法院（2020）最高法民申2482号］

再审申请人（一审原告、二审上诉人）：车某某

被申请人（一审被告、二审上诉人）：缑某某

裁判观点 ▶▶

最高人民法院认为，根据《执行异议和复议案件规定》第28条的规定，车某某在尚未办理涉案房屋产权变更登记的情形下，必须满足查封前已签订合法有效的书面买卖合同并合法占有该不动产，且对未办理过户手续没有过错等条件，才能产生阻却执行措施的结果。而对于如何判断在查封前已经实际占有诉争房屋，应根据实际控制原则作出判断。具体到本案，车某某主张其在查封前已合法占有涉案房屋，对该主张，其负有提供证据加以证明的责任，其应提供房屋交接单，或者物业进户单，或者水电等支付凭证，房屋钥匙以及物业、保安、邻居书面证明等相关证据。而根据一、二审查明事实，车某某虽提交了弘基房地产公司开具的2014年5月30日入住手续书以及相关物业费收据，但上述入住手续书以及收据仅能从侧面

说明弘基房地产公司同意物业公司为车某某办理入住手续以及物业费交纳情况。对车某某在收到入住手续书之后是否办理了相关入住手续、领取了房屋钥匙并实际控制、占有了涉案房屋等事实并不足以证明。二审法院根据《民诉法司法解释》第90条第1款的规定，认定车某某并未在查封前合法占有涉案房屋并不缺乏依据。

（四）权利消灭、限制、妨碍规范的举证责任

1.【裁判规则】主张法律关系变更的当事人，应当对该法律关系变更的基本事实承担举证责任

典型案例

江西省汉威建设工程集团有限公司与海南永泰实业有限公司等建设工程施工合同纠纷案［最高人民法院（2020）最高法民申2601号］

再审申请人（一审原告、反诉被告、二审被上诉人）：江西省汉威建设工程集团有限公司（以下简称汉威公司）

被申请人（一审被告、反诉原告、二审上诉人）：海南永泰实业有限公司（以下简称永泰公司）

裁判观点

最高人民法院认为，根据《民诉法司法解释》第91条第2项规定，本案中建筑工程施工合同明确约定"本工程承包采用固定总价（含税）方式、按图纸标注的建筑面积计算，土建和水电、消防部分按1398元/㎡毛坯房综合单价包干，施工范围包括施工图（会审后）所有的土地、水电、消防范围内所有工程"，该约定具体明确。现汉威公司依照图纸会审确认书主张应对水电、消防工程另行计价，属于对建筑工程施工合同中工程施工范围及合同价款的重大变更，汉威公司应当对建筑工程施工合同中约定的施工范围及工程价款经双方协议发生了变更承担举证责任。

2.【裁判规则】主张法律关系消灭的当事人，应当对该法律关系消灭的基本事实承担举证责任

典型案例

宁夏元海房地产开发有限公司与景某等民间借贷纠纷案［最高人民法院

(2016)最高法民申1534号]

再审申请人(一审被告、二审上诉人):宁夏元海房地产开发有限公司(以下简称元海公司)

被申请人(一审原告、二审被上诉人)景某等

裁判观点

最高人民法院认为,关于涉案主债权是否因已获清偿而消灭的问题。涉案借款合同、借条及还款承诺书等证据能够证实景某与游某某之间的借贷法律关系仍然存在。游某某虽主张自2012年起陆续向景某或其指定的代理人转款金额达13,535万元,但未明确主张已将涉案2000万元借款清偿完毕。景某、游某某均认可双方之间存在多次借贷交易往来,游某某未提交证据证实其与景某之间对清偿的债务或者清偿抵充顺序有约定,而根据《合同法司法解释二》第20条[1]及《民诉法司法解释》第91条第2项之规定,对主债权是否因已获清偿而消灭,应由主张主债权已消灭的游某某、元海公司承担举证证明责任,但其并未提交证据证明2000万元的主债权根据前述合同法司法解释规定已获得清偿,故原审关于2000万元未全部偿还的认定并不缺乏事实和法律依据。

3.【裁判规则】主张食品不符合安全标准受到损害的,应当提供证据加以证明

典型案例

刘某与哈尔滨市新晚报传媒有限责任公司等买卖合同纠纷案[最高人民法院(2019)最高法民申4349号]

再审申请人(一审原告、二审上诉人):刘某

被申请人(一审被告、二审被上诉人):哈尔滨市新晚报传媒有限责任公司(以下简称新晚报公司)

---

〔1〕现为《民法典》第560条:"债务人对同一债权人负担的数项债务种类相同,债务人的给付不足以清偿全部债务的,除当事人另有约定外,由债务人在清偿时指定其履行的债务。债务人未作指定的,应当优先履行已经到期的债务;数项债务均到期的,优先履行对债权人缺乏担保或者担保最少的债务;均无担保或者担保相等的,优先履行债务人负担较重的债务;负担相同的,按照债务到期的先后顺序履行;到期时间相同的,按照债务比例履行。"

裁判观点 ▶▶

最高人民法院认为，根据《民事诉讼法》第64条第1款和《民诉法司法解释》第91条规定，本案中，就乐购超市销售的俄罗斯海参而言，新晚报公司、哈报集团在一审诉讼过程中已经举示了其进口案涉海参的经营许可证、报关单、进口关税缴款书、检验检疫证明及粘贴有中文标识的公证书等证据，拟证明案涉海参并不存在“有毒、有害，不符合应当有的营养要求，进而能对人体健康造成任何急性、亚急性或者慢性危害的情形”。就此而言，根据上述法律、司法解释确定的举证责任，刘某主张适用《食品安全法》第148条第2款规定的10倍惩罚性赔偿，应举证证明案涉海参为“有毒、有害，不符合应当有的营养要求，进而能对人体健康造成任何急性、亚急性或者慢性危害”的食品。但刘某仅提供证据证明其所购买的海参存在没有中文标签的瑕疵，未提供证据证明案涉海参存在“有毒、有害，不符合应当有的营养要求，及可能对人体健康造成任何急性、亚急性或者慢性危害”的情形，故一审法院据此认定案涉海参产品不属于《食品安全法》规定的“不符合食品安全标准的食品”，由刘某承担举证不能的不利法律后果，并无不当。

第二节　实体法中的举证责任

【法理辨析】

一、“法律另有规定的除外”

2020年《民诉法司法解释》第90条第1款规定：“当事人对自己提出的诉讼请求所依据的事实或者反驳对方诉讼请求所依据的事实，应当提供证据加以证明，但法律另有规定的除外。”如何来理解该条中的“法律另有规定的除外”，可以从证明责任的设计思路出发：

2001年《民事证据规定》第2条首次完整地表述了举证责任的双重含义，即规定了两种意义上的举证责任，第1款规定了行为意义上的举证责任，又称行为责任；第2款规定了结果意义上的证明责任，又称结果责任。事实上，结果责任由哪一方承担，一般取决于民事实体法的规定。因此，为了更好地从宏观的视角来认识2020年《民诉法司法解释》第90条的“法律另有规定的除外”，可以法律是否有明文规定举证责任分配为标志，大体分为无法律规定的举证责任分配和有法律明文规定的举证责任分配两类，前者如《民法典》第459条“占有人因使用占有的不动产或者动产，致使该不动产或者动产受到损害的，恶意占有人应当承担赔偿责任”中的当事人如果向恶意占有人主张权利时，需要证明“受到损害”的事实；第471条“当事人订立合同，可以采取要约、承诺方式或者其他方式”中的当事人如果主张与对方已经订立合同的，需要提供证据加以证明。后者如《水污染防治法》第98条“因水污染引起的损害赔偿诉讼，由排污方就法律规定的免责事由及其行为与损害结果之间不存在因果关系承担举证责任”；2020年《民间借贷司法解释》第15条第1款“原告仅依据借据、收据、欠条等债权凭证提起民间借贷诉讼，被告抗辩已经偿还借款的，被告应当对其主张提供证据证明。被告提供相应证据证明其主张后，原告仍应就借贷关系的存续承担举证责任”，等等。

1.对于无法律明文规定的举证责任分配，或者说，作为抽象的法律规范（没有明确的、具体说明哪一方来承担证明责任）预先设定的一种风险责任的分配形式和基本原则，在分配哪一方承担举证责任时，正是证明责任发挥功能的主阵地，可以说“证明责任应当只针对要件事实（也即与直接规定法律效果发生或消灭的法规构成要件相对应的事实）而设置”〔1〕。事实上，举证责任包含的“双重责任说”正是通过分析民事法律规定的一般逻辑进程而设计的，在无法律明文规定举证责任分配机制时，根据罗森贝克的设计思路，由于大陆法系国家的立法机关在制定民事法律时，对权利发生情形采用通常规范的形式加以规定，而对权利妨碍情形，则往往会以例外规范予以规定。所以证明责任的设立是通过这种对“原则+例外”的一般法律条文的正常表述来区别法律规范是属于权利发生规范，还是属于权利妨碍规范。因此，举证责任及其分配机制的适用过程，从民事证明的全流程的逻辑推进来说，可以称为是一种“三步走”的构想：第一步，寻找民事实体法规范。当法官遇到待证事实真伪不明时，在民事实体法规范没有明确说明举证责任应当由谁来承担、如何承担、如何分配的情况下，在法官不得拒绝裁判的原则下，基于诉讼空间和时间限制，法官迫切需要解决纠纷，稳定社会秩序。第二步，举证责任机制。在民事程序法中用正式法条的形式把举证责任机制固定下来，通过这种明确化、固定化、稳定化的“分配公式”，来解决法官在面临事实真伪不明时，将判决谁来承担不利裁

〔1〕［日］新堂幸司：《新民事诉讼法》，林剑锋译，法律出版社2008年版，第393页。

判后果的问题。第三步，裁判正当化。自从民事程序法设置了举证责任机制后，法官就可以“研究实体法的立法宗旨，实体法的结构，实体法条文之间的关系，寻找分配证明责任的答案”[1]，而不是通过法定证据时代下的“法定证据”来数学化简单计算出哪个证据大小强弱，以及避免“绝对自由心证”阶段裁量权滥用的问题，既可以作为公正的程序外观，发挥警示和预警的功能作用，又可以提升诉讼效率，使法官从真伪不明状态中摆脱出来。

2.对于有法律明文规定的举证责任分配来说，证明责任在本质上是一个实体法问题，在许多国家和地区的民事法律规定中，均有关于举证责任分配的明文规定[2]。我国对于有法律明文规定的举证责任分配机制，在2020年《民诉法司法解释》第90条中作出了“法律另有规定的除外”（特殊法）提示，这句话与前面的表述“当事人对自己提出的诉讼请求所依据的事实或者反驳对方诉讼请求所依据的事实，应当提供证据加以证明”及第91条“人民法院应当依照下列原则确定举证证明责任的承担，但法律另有规定的除外：（一）主张法律关系存在的当事人，应当对产生该法律关系的基本事实承担举证证明责任；（二）主张法律关系变更、消灭或者权利受到妨害的当事人，应当对该法律关系变更、消灭或者权利受到妨害的基本事实承担举证证明责任”（普通法），两者之间的关系是“关于举证责任分配一般规则的规定，其适用的条件即为无特殊规则适用的情况下，即‘除法律、司法解释对举证责任分配有明确规定的外’，依照本条规定确定举证责任的分配”[3]。即特殊法优于普通法，有特殊法时，适用特殊法，无特殊法时，适用普通法。

区别于前述无明文法律规定下的举证责任分配机制，既然民事实体法已经明确规定了在当事人之间如何分配证明责任，通过“由法律预先作出规定，不允许裁判者根据案件的具体情况、当事人的具体情况裁量性的分配证明责任”[4]，无须再适用民事程序中规定的“谁主张，谁举证”的常态化的举证责任分配机制。正如罗森贝克所说：如果有明确的证明责任规范或法律推定对证明责任分配已经予

〔1〕 李浩主编：《证据法学》，高等教育出版社2009年版，第216页。

〔2〕 例如，《民法典》第1230条规定：“因污染环境、破坏生态发生纠纷，行为人应当就法律规定的不承担责任或者减轻责任的情形及其行为与损害之间不存在因果关系承担举证责任。”《海商法》第54条规定：“货物的灭失、损坏或者迟延交付是由于承运人或者承运人的受雇人、代理人的不能免除赔偿责任的原因和其他原因共同造成的，承运人仅在其不能免除赔偿责任的范围内负赔偿责任；但是，承运人对其他原因造成的灭失、损坏或者迟延交付应当负举证责任。”

〔3〕 沈德咏主编：《最高人民法院民事诉讼法司法解释理解与适用（上）》，人民法院出版社2015年版，第316页。

〔4〕 田平案主编：《民事诉讼法原理》（第5版），厦门大学出版社2014年版，第234页。

以明确的，则另当别论。[1]即在民事纠纷发生之前，民事实体法已经明确了举证责任如何分配，“由民事实体法律规范以及司法解释所确定的证明责任分配，在案件开始时就已经确定地分配于某一当事人身上，不因为诉讼程序的进行、诉讼状态的变化而受影响，也不会发生证明责任转移的情况”[2]，法官只需要“照章办事”即可——按照大陆法系国家通用的逻辑三段论的裁判方法，以明文规定举证责任分配的民事实体法作为大前提，以具体的事实为小前提，进而得出司法结论的三段论过程。对于有明文规定举证责任分配的民事实体法，散见于我国各类民事实体法律及司法解释等规定中。关于这种“特殊法”与“普通法”的关系，需要说明的是：

首先，由于民事实体法中包含的特殊法条款的内容较多，即民事实体法中的规定有大量的（有关举证责任的）“法律另有规定的除外”条款，为了便于理解和说明，限于本书的篇幅，不可能将所有民事实体法中的规定一一列举，下面仅提供部分民事实体法中的一些规定：

（1）《商标法》第64条规定：“注册商标专用权人请求赔偿，被控侵权人以注册商标专用权人未使用注册商标提出抗辩的，人民法院可以要求注册商标专用权人提供此前三年内实际使用该注册商标的证据。注册商标专用权人不能证明此前三年内实际使用过该注册商标，也不能证明因侵权行为受到其他损失的，被控侵权人不承担赔偿责任。销售不知道是侵犯注册商标专用权的商品，能证明该商品是自己合法取得并说明提供者的，不承担赔偿责任。”

（2）《消费者权益保护法》第23条规定：“经营者应当保证在正常使用商品或者接受服务的情况下其提供的商品或者服务应当具有的质量、性能、用途和有效期限；但消费者在购买该商品或者接受该服务前已经知道其存在瑕疵，且存在该瑕疵不违反法律强制性规定的除外。经营者以广告、产品说明、实物样品或者其他方式表明商品或者服务的质量状况的，应当保证其提供的商品或者服务的实际质量与表明的质量状况相符。经营者提供的机动车、计算机、电视机、电冰箱、空调器、洗衣机等耐用商品或者装饰装修等服务，消费者自接受商品或者服务之日起六个月内发现瑕疵，发生争议的，由经营者承担有关瑕疵的举证责任。”

---

〔1〕 参见［德］莱奥·罗森贝克：《证明责任论》（第5版），庄敬华译，中国法制出版社2019年版，第14页。

〔2〕 田平安主编：《民事诉讼法原理》（第5版），厦门大学出版社2014年版，第234页。

其次，由于司法解释中包含这样的特殊法条款的内容较多，司法解释中“法律另有规定的除外”的条款，包括但不限于：

（1）2020年《买卖合同司法解释》第1条规定：“当事人之间没有书面合同，一方以送货单、收货单、结算单、发票等主张存在买卖合同关系的，人民法院应当结合当事人之间的交易方式、交易习惯以及其他相关证据，对买卖合同是否成立作出认定。对账确认函、债权确认书等函件、凭证没有记载债权人名称，买卖合同当事人一方以此证明存在买卖合同关系的，人民法院应予支持，但有相反证据足以推翻的除外。”

（2）2020年《融资租赁司法解释》第19条规定：“租赁物不符合融资租赁合同的约定且出租人实施了下列行为之一，承租人依照民法典第七百四十四条、第七百四十七条的规定，要求出租人承担相应责任的，人民法院应予支持：（一）出租人在承租人选择出卖人、租赁物时，对租赁物的选定起决定作用的；（二）出租人干预或者要求承租人按照出租人意愿选择出卖人或者租赁物的；（三）出租人擅自变更承租人已经选定的出卖人或者租赁物的。承租人主张其系依赖出租人的技能确定租赁物或者出租人干预选择租赁物的，对上述事实承担举证责任。”

（3）2020年《劳动争议司法解释一》第42条规定：“劳动者主张加班费的，应当就加班事实的存在承担举证责任。但劳动者有证据证明用人单位掌握加班事实存在的证据，用人单位不提供的，由用人单位承担不利后果。”第44条规定：“因用人单位作出的开除、除名、辞退、解除劳动合同、减少劳动报酬、计算劳动者工作年限等决定而发生的劳动争议，用人单位负举证责任。”

（4）2020年《食品药品案件司法解释》第6条规定：“食品的生产者与销售者应当对于食品符合质量标准承担举证责任。认定食品是否安全，应当以国家标准为依据；对地方特色食品，没有国家标准的，应当以地方标准为依据。没有前述标准的，应当以食品安全法的相关规定为依据。”

（5）2020年《环境侵权纠纷司法解释》第6条规定：“被侵权人根据民法典第七编第七章的规定请求赔偿的，应当提供证明以下事实的证据材料：（一）侵权人排放了污染物或者破坏了生态；（二）被侵权人的损害；（三）侵权人排放的污染物或者其次生污染物、破坏生态行为与损害之间具有关联性。”第7条规定：“侵权人举证证明下列情形之一的，人民法院应当认定其污染环境、破坏生态行为与损害之间不存在因果关系：（一）排放污染物、破坏生态的行为没有造成该损害可能的；（二）排放的可造成该损害的污染物未到达该损害发生地的；（三）该损害于排放污染物、破坏生态行为实施之前已发生的；（四）其他可以认定污染环境、破坏生态行为与损害之间不存在因果关系的情形。”

（6）2020年《执行异议和复议案件规定》第28条规定：“金钱债权执行中，买受人对登记在被执行人名下的不动产提出异议，符合下列情形且其权利能够排除执行的，人民法院应予支持：（一）在人民法院查封之前已签订合法有效的书面买卖合同；（二）在人民法院查封之前已合法占有该不动产；（三）已支付全部价款，或者已按照合同约定支付部分价款且将剩余价款按照人民法院的要求交付执行；（四）非因买受人自身原因未办理过户登记。”

（7）2020年《公司法司法解释三》第20条规定：“当事人之间对是否已履行出资义务发生争议，原告提供对股东履行出资义务产生合理怀疑证据的，被告股东应当就其已履行出资义务承担举证责任。”

（8）2020年《保险法司法解释二》第4条规定：“保险人接受了投保人提交的投保单并收取了保险费，尚未作出是否承保的意思表示，发生保险事故，被保险人或者受益人请求保险人按照保险合同承担赔偿或者给付保险金责任，符合承保条件的，人民法院应予支持；不符合承保条件的，保险人不承担保险责任，但应当退还已经收取的保险费。保险人主张不符合承保条件的，应承担举证责任。”

（9）2020年《票据纠纷司法解释》第9条规定：“票据债务人依照票据法第十三条的规定，对与其有直接债权债务关系的持票人提出抗辩，人民法院合并审理票据关系和基础关系的，持票人应当提供相应的证据证明已经履行了约定义务。”第10条规定：“付款人或者承兑人被人民法院依法宣告破产的，持票人因行使追索权而向人民法院提起诉讼时，应当向受理法院提供人民法院依法作出的宣告破产裁定书或者能够证明付款人或者承兑人破产的其他证据”。

（10）2020年《期货纠纷司法解释》第18条规定：“期货公司与客户签订的期货经纪合同对下达交易指令的方式未作约定或者约定不明确的，期货公司不能证明其所进行的交易是依据客户交易指令进行的，对该交易造成客户的损失，期货公司应当承担赔偿责任，客户予以追认的除外。”

同时，由于本书的篇幅限制，第一章在举证责任、举证责任分配、证明责任等小节中的【典型案解】部分的案例，主要是指前者，即无法律明文规定的证明责任分配的案例；有少量的案例来自后者，即有法律明文规定的证明责任分配的案例。

二、《民法典》合同编中的举证责任

2019年《民事证据规定》删除了2001年《民事证据规定》第5条“在合同纠纷案件中，主张合同关系成立并生效的一方当事人对合同订立和生效的事实承担举证责任；主张合同关系变更、解除、终止、撤销的一方当事人对引起合同关系变动的事实承担举证责任。对合同是否履行发生争议的，由负有履行义务的当事人承担举证责任。对代理权发生争议的，由主张有代理权一方当事人承担举证责任”的规定，删除的主要原因在于“第五条、第六条关于合同纠纷和劳动争议案件举证责任分配的规定，均能够通过适用《民事诉讼法解释》第九十一条关于举证责任分配规则的规定解决，没有重复规定的必要”〔1〕。因此，并非在合同法领域不再适用证明责任及其分配，恰恰相反的是，在司法实践中，由于合同类的纠纷案件较多，合同法领域正是适用举证责任最为广泛的区域。结合2020年《民诉法司法解释》第91条关于证明责任分配的规定，可以认为在合同法领域中的法律要件分类说，提出诉讼请求的当事人要对权利根据要件事实承担举证责任，反驳诉讼请求的人要就抗辩要件事实承担举证责任。在合同纠纷中，要件事实是由实体法——《民法典》规定的，对于主张合同关系存在、合同已经履行、合同款已经支付、对方违约等法律关系存在的当事人，应当对产生该法律关系的基本事实，如双方已签订了书面合同、已完成建设工程、有付款单据、对方未及时付款等承担举证责任；对于抗辩合同已发生变更、已解除、合同无效等法律关系变更、消灭或者权利受到妨害的当事人，应当对变更、解除、无效的基本事实承担举证责任。

三、司法实务中的实体法中的举证责任

1.关于当事人主张占有物返还，应当就其系物的合法占有人以及侵占人非法侵占等事实承担举证责任。〔2〕对于非法侵占占有物的事实认定，应当主要审查两方面的事实：一是占有被侵占物是否基于原占有人的意思；二是侵占行为是否具有违法性。原占有人是否同意新占有人取得占有，在理论上通常要求直接占有人在侵占发生同时表达将物交由新占有人占有，方可认定为基于其意思的占有。理论通

---

〔1〕 郑学林等：《关于新〈民事证据规定〉理解和适用的若干问题》，载《人民法院报》2020年3月26日，第5版。

〔2〕 本段参见最高人民法院民事审判第一庭编：《民事审判指导与参考》（总第64辑），人民法院出版社2016年版，第213-214页。

说认为，侵害占有存在违法阻却事由，正当防卫、容忍义务、法院裁判的执行等，均在此列。这是因为法律对占有人基于占有事实的权利保护，其主要价值在于对法律秩序的维护，而当这种占有状态的改变具有法定事由或经由合法程序时，对原占有状态之保护即告丧失意义。无论是从占有的法学理论还是物权法的规定上看，侵害占有的损害赔偿，是一种侵权损害赔偿，因而作为主张赔偿的一方当事人，应当举证证明侵害行为、因果关系、损害事实的存在，而且能够获得赔偿的原占有人范围小于可以主张占有物原物返还的范围，仅限于善意、有权占有人。这主要是因为，作为侵权损害赔偿，法律仅对具有合法权源的原占有人的占有利益损失予以保护，至于恶意占有人的占有利益，其本身没有合法性，因而不能通过损害赔偿的方式获得保护。作为主张侵权损害赔偿的一方当事人主张侵害占有的损害赔偿，须举证证明其系合法、善意原占有人，侵害人存在违法损害行为并给权利人造成相应损失等，而按照2020年《民诉法司法解释》第108条规定的证明标准，对未完成举证证明的，对其诉讼请求不应予以支持。

2.加班事实的举证责任应由劳动者承担。[1]按照我国《民事诉讼法》和2001年《民事证据规定》确定的法律要件分类说的举证责任分配规则，主张权利存在的当事人对作为该权利发生原因的事实（权利根据事实）承担举证责任，而主张权利不存在（对权利存在争议）的当事人对作为权利消灭原因的事实（权利消灭事实）承担举证责任。劳动者主张加班费的诉讼请求，其法律属性为主张劳动报酬请求权。因此，劳动者应当对劳动报酬请求权发生原因的事实即加班的事实承担举证责任。由于劳动者承担加班事实的举证责任（客观证明责任），该举证责任的分配也会影响劳动者的举证活动。例如，在劳动者提出加班费的诉讼请求后，如果劳动者未提供证明加班事实存在的证据或者提供的证据难以使法官产生确信，则主观证明责任于此发挥作用，即使用人单位未提出相反证据，劳动者也将承担诉讼请求得不到支持的不利后果。如果劳动者提供的证据使法官产生内心确信，而用人单位未提供相反证据或者提供的证据难以动摇法官的内心确信，则用人单位承担不利后果；反之，如用人单位提供的证据能够动摇法官的内心确信，则劳动者仍应承担诉讼请求难以得到支持的不利后果。换言之，加班事实要到存在，要么不存在，法官都应作出相应判决，这些都是主观证明责任发挥作用的场合。但是，如果在法官在进行

---

〔1〕 本段参见最高人民法院民事审判第一庭编：《民事审判指导与参考》（总第43集），法律出版社2011年版，第39页。

证明评价之后，仍然难以产生内心确信，则该事实处于真伪不明的状态；此时客观证明责任发挥作用，由承担证明责任的劳动者承担不利后果。

3.劳动者主张提成工资的案件中，举证责任如何分配[1]。《民事诉讼法》第64条第1款规定，当事人对自己提出的主张有责任提供证据。也就是说，原则上应当由主张权利存在的当事人，对该权利发生原因的事实提供证明，而主张权利不存在的当事人，对权利消灭原因的事实承担举证责任。在法律没有对劳动者的提成工资明确规定举证责任倒置的情况下，劳动者所主张的提成工资，显然属于主张劳动报酬请求权。因此，应当由劳动者对提成工资的发生的原因事实即双方约定的提成工资产生的事实承担举证责任。现实生活中，各行各业提成工资的计算方法纷繁复杂，可能涉及如合同额、工程成本、基本定额、人员成本等多种计算参数，这些计算参数的确定是确认劳动者提成工资数额的关键因素，因而也往往成为案件中当事人的争议焦点。在确定这些具体参数时，不应机械地将举证责任全部加于劳动者一方。《劳动争议调解仲裁法》第6条规定："发生劳动争议，当事人对自己提出的主张，有责任提供证据。与争议事项有关的证据属于用人单位掌握管理的，用人单位应当提供；用人单位不提供的，应当承担不利后果。"根据这一规定，在确定这些具体参数时，法院还应当考虑双方当事人的举证能力，即由距离争议内容较近的一方，也就是更容易取得证据的一方承担某一参数的具体举证责任。比如涉及用人单位经营管理状况或者法定的完税义务等方面的数字，用人单位更有能力也有义务向法院提供证据证明；而对于劳动者已经达到约定的提成工资的支付条件，以及具体完成的工作任务数量等，一般应当由劳动者一方举证证明。

4.一方婚前贷款购房，离婚诉讼中需要提供什么的证据，才能证明婚后共同还贷[2]。只要证明还贷的时间发生在婚姻关系存续期间即可，无须提供别的证明。否认为共同还贷的一方须承担举证责任。《婚姻法司法解释三》第10条规定："夫妻一方婚前签订不动产买卖合同，以个人财产支付首付款并在银行贷款，婚后用夫妻共同财产还贷，不动产登记于首付款支付方名下的，离婚时该不动产由双方协议处理。依前款规定不能达成协议的，人民法院可以判决该不动产归产权登记一

---

〔1〕 本段参见最高人民法院民事审判第一庭编：《民事审判指导与参考》(2011年卷)，人民法院出版社2018年版，第572页。

〔2〕 本段参见最高人民法院民事审判第一庭编：《民事审判指导与参考》(总第60辑)，人民法院出版社2015年版，第257-258页。

方，尚未归还的贷款为产权登记一方的个人债务。双方婚后共同还贷支付的款项及相对应财产增值部分，离婚时应根据婚姻法第三十九条第一款规定的原则，由产权登记一方对另一方进行补偿。”因此，如何证明婚后共同还贷，是一个比较重要的问题。对于婚后共同还贷的问题，一般需要提供银行还贷的记录单以证明还贷的时间，还要提供结婚证，以证明婚姻关系存续的期间。需要从两个方面掌握：一是从偿还银行贷款的时间看，还贷的时间只要处于婚姻关系存续期间，一般即可认定是双方用夫妻共同财产还贷，而不必刻意区分还贷的资金来源于夫妻中哪一方的收入。根据《民法典》的规定，夫妻关系存续期间的财产为夫妻共同财产。因此，如果没有反证推翻，一方须提供特别的证据来证明是用夫妻共同财产偿还的贷款。实践中有些错误认识，即认为夫妻一方还贷时应当保留银行的转账记录，其实这并无实质意义，无论是以哪一方的名字偿还的贷款，只要还贷时间是在夫妻关系存续期间，均属于共同还贷。因为夫妻双方的分工协作不同，即使女方为全职主妇，但在子女教育、老人赡养、家务的操持中付出了更多的时间与精力，如果恪守以谁的名义偿还的贷款，以银行转账记录为证明依据的话，无疑对于女方是不公平的。二是看夫妻之间是否约定实行分别财产制或者对涉案房屋的还贷问题有无特别的约定。如果双方当事人认可或者一方当事人能够举证证明夫妻已经约定实行分别财产制或者对涉案房屋的还贷有特别约定，则侵害上述不动产时否定《婚姻法司法解释三》第10条的适用。换句话说，只要是夫妻关系存续期间偿还的贷款即视为夫妻共同还款，无须提供特别的证据加以证明，否认是夫妻双方共同还贷的一方须承担举证责任。比如认为贷款是一方父母偿还的应当提供父母的还款记录。

【典型案解】

（一）《民法典》合同编

1.【裁判规则】一般合同纠纷，应适用“谁主张，谁举证”的举证责任原则

典型案例

刘某某等与牟某某委托合同纠纷案［最高人民法院（2017）最高法民再431号］

原审上诉人（一审被告）：刘某某

原审被上诉人（一审原告）：牟某某等

裁判观点

最高人民法院认为，本案无论是委托合同纠纷，还是拆迁补偿合同纠纷，抑或无名合同纠纷，均为一般合同纠纷，应适用“谁主张，谁举证”的举证责任原则。当事人对自己提出的主张，有责任提供证据证明。根据《民诉法司法解释》第90条和第108条〔1〕第1款规定，牟某某作为一审原告，应当对其主张刘某某等九人返还1200万元补偿款提供证据加以证明。但牟某某所提交的证据中，仅有颜某的证言与1200万元对应的鑫龙公司合同义务是否包括36户职工宿舍楼拆迁存在直接关联，其他证据均与该待证事实没有直接关联，而且如前所述，颜某的证言不应采信而得出鑫龙公司负有拆迁案涉宿舍楼的事实认定。在这种情况下，牟某某提供的证据不足以证明该1200万元对应的鑫龙公司负有的合同义务中包含对案涉宿舍楼完成拆迁，无法达到人民法院确信该待证事实存在高度可能性的程度，故其应当承担相应的不利后果。

2.【裁判规则】合同关系是否成立，应由主张合同关系成立的一方当事人承担举证责任

典型案例

唐某与程某某房屋买卖合同纠纷案［最高人民法院（2012）民抗字第55号］

抗诉机关：中华人民共和国最高人民检察院

申诉人（一审原告、二审上诉人）：唐某

被申诉人（一审被告、二审被上诉人）：程某某

裁判观点

最高人民法院认为，依法成立的合同，对当事人具有法律约束力，并受法律保

〔1〕 现为2020年《民诉法司法解释》第108条：“对负有举证证明责任的当事人提供的证据，人民法院经审查并结合相关事实，确信待证事实的存在具有高度可能性的，应当认定该事实存在。对一方当事人为反驳负有举证证明责任的当事人所主张事实而提供的证据，人民法院经审查并结合相关事实，认为待证事实真伪不明的，应当认定该事实不存在。法律对于待证事实所应达到的证明标准另有规定的，从其规定。”

护。当事人达成合意是合同成立的必备要件。《合同法》第32条[1]规定“当事人采用合同书形式订立合同的，自双方当事人签字或者盖章时合同成立”。该条明确了当事人在合同书上签字或盖章的时间为合同成立的时间，不仅确认了当事人达成合意的外在表现形式为签字或者盖章，而且赋予了盖章与签字在合同成立上同等的法律效力。因此，经当事人签字或者盖章的合同应该是当事人达成合意的体现，对双方当事人具有法律拘束力。依法成立的法人或其他组织均有登记备案的公章，经登记备案的公章对外具有公示效力，所以，通常情况下，法人或者其他组织在对外签订合同时，采用盖章的形式。而自然人的私章没有登记备案的要求，对外不具有公示效力，在私章所代表的一方否认该私章为其所有、盖章行为是其所为时，该方当事人实质是否认与对方当事人达成合意成立了合同关系，此时就涉及合同关系是否成立的举证责任的分配问题。根据2001年《民事证据规定》第5条的规定，在合同纠纷案件中，主张合同关系成立的一方当事人对合同订立的事实承担举证责任。即在双方当事人就合同关系是否成立存在争议的情况下，应由主张合同关系成立的一方当事人承担举证责任。因此，在私章所代表的一方否认该私章为其所有，盖章行为是其所为，即否认与对方成立合同关系时，应由主张合同关系成立的一方当事人承担举证责任，该方当事人应当举证证明该枚私章为对方所有以及盖章的行为为对方所为或对方委托他人所为。

3.【裁判规则】主张已签订合法有效的合同的，应当提供证据加以证明

典型案例

李某某与中国建设银行股份有限公司常德人民西路支行等案外人执行异议之诉案［最高人民法院（2020）最高法民申1222号］

再审申请人（一审原告、二审被上诉人）：李某某

被申请人（一审被告、二审上诉人）：中国建设银行股份有限公司常德人民西路支行（以下简称建行人民西路支行）等

〔1〕现为《民法典》第490条：“当事人采用合同书形式订立合同的，自当事人均签名、盖章或者按指印时合同成立。在签名、盖章或者按指印之前，当事人一方已经履行主要义务，对方接受时，该合同成立。法律、行政法规规定或者当事人约定合同应当采用书面形式订立，当事人未采用书面形式但是一方已经履行主要义务，对方接受时，该合同成立。”

裁判观点

最高人民法院认为，根据《民诉法司法解释》第90条规定，本案中，李某某提交的“盛唐·四月天”VIP会员入会协议第2条约定，“乙方（李某某）现缴纳贰拾万元会费，申请成为‘盛唐·四月天’俱乐部VIP会员，取得‘盛唐·四月天’车库2-01-111车位购买权”“选定车库、车位的，会员凭此VIP协议、收款收据与开发商签订认购协议，并于开盘七日内与开发商签订买卖合同，付清全款”。盛唐·四月天车库/车位预定审批单约定，李某某“缴纳订金贰拾万元”。前述两份证据虽约定李某某对车库享有优先购买权，但未就车库交易的具体价格、履行期限、产权办理等主要内容进行明确约定。因李某某提交的证据以及再审申请理由均不能证明其已与四月天公司签订合法有效的车库书面买卖合同，原判决认定李某某未提交合法有效的车库书面买卖合同，并无不当。李某某关于原判决认定基本事实缺乏证据证明的申请再审主张，不能成立。

4.【裁判规则】提供格式条款的一方对已尽合理提示及说明义务承担举证责任

典型案例

北京域空间科技发展有限公司与北京杏花村汾酒销售有限责任公司居间合同纠纷案［北京市高级人民法院（2020）京民申1734号］

再审申请人（一审原告、二审上诉人）：北京域空间科技发展有限公司（以下简称域空间公司）

被申请人（一审被告、二审被上诉人）：北京杏花村汾酒销售有限责任公司（以下简称杏花村公司）

裁判观点

人民法院认为，域空间公司提交的证据，并非《民事诉讼法》第200条规定的“新的证据”，不能推翻二审判决，法院不予采信。采用格式条款订立合同的，提供格式条款的一方应当遵循公平原则确定当事人之间的权利义务，并采取合理的方式提醒对方注意免除或者限制其责任的条款，按照对方的要求，对该条款予以说明。提供格式条款一方对已尽合理提示及说明义务承担举证责任。本案中，域空间公司与杏花村公司之间存在居间合同关系，但双方签订的由域空间公司提供的看房确认书存在未填甲方名称、甲方签字处空白、甲方工作人员在乙方处签名等形式瑕疵。二审法院根据看房确认书内容，结合查明的事实和现有证据，认定域空间公司未对看房确认书中排除杏花村公司选择其他中介交易这一主要权利的条款作出审慎而充分的说明，进而不认可该条款的法律效力，对域空间公司依此条款主张的违约金未予支持，认定事实清楚，适用法律正确，处理结果并无不当。综上所述，域空间公司申请再审的理由不能成立。

5.【裁判规则】主张对方存在未履行合同义务的消极性事实，抗辩已履行合同义务的一方应提供证据加以证明

典型案例

戢某某与金塔县万通矿业有限责任公司合作纠纷案[最高人民法院(2015)民提字第156号]

再审申请人（一审原告、二审被上诉人）：戢某某

被申请人（一审被告、二审上诉人）：金塔县万通矿业有限责任公司（以下简称万通公司）

裁判观点

最高人民法院认为，根据《民事诉讼法》第64条第1款和《民诉法司法解释》第90条第1款之规定，结合戢某某主张万通公司未提供矿石属消极性事实，以及万通公司在戢某某已经安装调试设备、试车并进行少量生产后未如约签订合同等事实，本案中，应由万通公司对其依约提供了矿石、戢某某安装设备质量不合格负有举证责任。就其已依约提供了矿石的问题，万通公司提交王某某出具的证人证言、收条，万通公司过磅单、过磅清单，戢某某一审中提交的设备照片背景，以及戢某某向其主张59万元借款等证据予以佐证，但上述证据材料系在二审庭审时始提交。就未能及时提交证据的原因，二审庭审中万通公司称系因未及时找到，再审庭审中则称系已经提供给代理人但代理人未向法庭提交，前后陈述不一，均不构成正当理由。其中过磅单、过磅清单系万通公司单方出具，王某某证人证言即使成立，仍无法证明矿石品相符合生产要求。且上述证据材料与一审法院向双方合作期间聘任的负责生产线安装并主管生产的副厂长陈某某的调查笔录记载内容相矛盾，不足

以证明万通公司所称其已依约提供了矿石的主张。就戢某某安装设备质量不合格的问题，万通公司提供自行网络下载的选矿工艺流程材料，将华某所述收购铁精粉均系颗粒、质量不达标的笔录，以及酒泉鑫晟矿产服务部实验室于2010年4月至6月出具的检测报告等证据材料予以佐证，但上述证据材料亦均系二审庭审期间提供，万通公司未就逾期提交证据材料说明正当理由。万通公司据此主张戢某某安装设备质量不合格，与其2010年6月16日出具的融资申请中对选矿设备的质量描述，一审法院对陈某某的调查笔录中的记载，以及戢某某将选矿流水线安装调试完毕后进行试车，所选出的铁精粉符合双方约定矿石品位的事实相矛盾。上述证据材料不足以证明万通公司认为戢某某安装设备不合格导致合作无法继续的事实主张。根据《民诉法司法解释》第90条第2款之规定，万通公司提供的证据不足以证明其主张，应承担举证不能的不利后果。

（二）借款合同

1.【裁判规则】金融消费者应当对购买产品、遭受的损失等事实承担举证责任，卖方机构对其是否履行了适当性义务承担举证责任

典型案例

王某某与中国工商银行股份有限公司北京龙潭支行财产损害赔偿纠纷案［北京市第二中级人民法院（2019）京02民终15312号］

上诉人（原审原告）：王某某

被上诉人（原审被告）：中国工商银行股份有限公司北京龙潭支行（以下简称工商银行龙潭支行）

裁判观点

人民法院认为，金融消费者应当对购买产品（或者接受服务）、遭受的损失等事实承担举证责任。卖方机构对其是否履行了适当性义务一环，因本案中王某某购买金融产品的过程发生于提供金融产品代售服务的工商银行龙潭支行，且对于金融产品的专业性和金融消费者购买的适当性该银行均可依相关规定及其专业知识与能力以及其信息的充分性而提供评估并作出合理性建议，故对本案的举证责任之分配不应仅以金融消费者一方的单向举证为主，而应综合双方主要证据对关键事实作出认定。因告知说明义务的履行是金融消费者能够真正了解各类高风险等级金融产品或者高风险等级投资活动的投资风险和收益的关键，人民法院应当根据产品、投资活动的风险和金融消费者的实际情况，综合理性人能够理解的客观标准和金融消费者能够理解的主观标准来确定卖方机构是否已经履行了告知说明义务。卖方机构简单地以金融消费者手写了诸如"本人明确知悉可能存在本金损失风险"等内容主张其已经履行了告知说明义务，不能提供其他相关证据的，人民法院对其抗辩理由不予支持。

2.【裁判规则】抗辩转账系偿还双方之前借款或其他债务的，应当承担举证责任

典型案例

四川省第三建筑工程公司与峨边县母举沟水电开发有限公司等借款合同纠纷案［最高人民法院（2017）最高法民申557号］

再审申请人（一审被告、二审上诉人）：四川省第三建筑工程公司（以下简称第三建筑公司）

被申请人（一审原告、二审被上诉人）：峨边县母举沟水电开发有限公司（以下简称母举沟公司）

裁判观点

最高人民法院认为，母举沟公司于2013年4月8日通过银行电汇向第三建筑公司转账1500万元，附加信息及用途栏载明为"借款"，对该事实各方当事人并无异议。第三建筑公司辩称该笔款项为纪邦公司向母举沟公司的借款，纪邦公司也予以确认，但母举沟公司对此不予认可。纪邦公司出具给第三建筑公司的委托书、承诺书以及第三建筑公司向纪邦公司出具的履约保证金收据，均为第三建筑公司与纪邦公司之间的意思表示，现母举沟公司对上述文件所陈述的事实予以否认。按照《民间借贷司法解释》第17条规定，第三建筑公司应首先对其抗辩转账系偿还双方之前借款或其他债务承担证明责任。第三建筑公司仅以其与纪邦公司之间的文件以及纪邦公司的自认，在母举沟公司明确否认的情况下，尚不足以证明本案的转款系基于其他债务关系，第三建筑公司应当对转款系基于纪邦公司和母举沟公司之间的借款关系承担进一步的举证责任。当事人双方达成借款合意并非只能以签订借款合同的形式，第三建筑公司对收款的事实不予否认，也未能证明该笔款项系基于其他债务关系，故原审判令第三建筑公司向母举沟公司返还借款本息并无不当。第三建筑公司对于其主张应承担举证不能的法律后果，其关于原审判决认定的基本事实缺乏证据证明的再审申请理由不能成立。

（三）民间借贷

1.【裁判规则】原告仅依据借据、收据、欠条等债权凭证提起民间借贷诉讼，被告抗辩已经偿还借款的，被告应当对其主张提供证据证明

典型案例

罗某甲与萧某乙民间借贷纠纷案［重庆市第一中级人民法院（2020）渝01民终7572号］

上诉人（原审被告）：罗某甲

被上诉人（原审原告）：萧某乙

裁判观点

人民法院认为，根据2020年《民间借贷司法解释》第16条规定，本案中，萧某乙以案涉借条为依据提起民间借贷诉讼，罗某甲抗辩该借条系对双方此前20万元借款按照月息八分的标准口头约定的利息故案涉借贷行为并未实际发生，对此法院认为：一方面，根据审理查明的事实，双方当事人均认可在20万元借条中并未约定利息，罗某甲亦未能举示相应的证据证明双方此后又就该借款约定了利息，故罗某甲关于案涉借条系对此前20万元借款利息结算的意见，缺乏事实依据，不能成立，不予采纳；另一方面，审理中，萧某乙陈述案涉借款系通过多次小额支付，并对案涉款项的交付过程以及为何通过现金交付等均作出了合理说明。综合本案借贷金额、款项交付、萧某乙的经济能力等因素，可知萧某乙向罗某甲支付18.9万元款项的事实具有高度可能性，一审法院据此认定案涉借贷事实已经实际发生，并无不当。

2.【裁判规则】原告仅依据金融机构的转账凭证提起民间借贷诉讼，被告抗辩转账系偿还双方之前借款或者其他债务的，被告应当对其主张提供证据证明

典型案例

徐某某与蒋某某民间借贷纠纷案［浙江省高级人民法院（2017）浙民申

1212号］

再审申请人（一审被告、二审上诉人）：徐某某

被申请人（一审原告、二审被上诉人）：蒋某某

裁判观点

人民法院认为，根据双方当事人在原审中的诉辩意见及徐某某的再审申请理由，本案再审申请审查期间的争议是原判认定蒋某某汇给徐某某的80万元款项系借款的依据是否充分。根据《民诉法解释》第91条和《民间借贷司法解释》第17条规定，蒋某某为证明其与徐某某之间存在借贷关系已提供付款凭证，徐某某对收到80万元款项无异议。蒋某某作为原告已经完成了初步的举证责任。徐某某抗辩主张双方不存在借贷关系，系双方合作经营永丰置业公司，蒋某某承诺给徐某某的公司亏损补偿款。徐某某主张双方存在其他债权债务关系。根据前述司法解释的规定，徐某某对存在其他债权债务关系的基本事实应当承担举证责任。经审查原审证据，即使徐某某与蒋某某等人确实存在共同经营永丰置业公司及股权转让等事实，但徐某某在一审陈述，股份转让没有价格，也没有公司亏损的证据，具体亏损金额也未经结算。其曾要求蒋某某补偿100万元亏损，但没有经过具体商谈。同时，根据徐某某提供的公司损益表反映，永丰置业公司在2006年的亏损为305,394.32元，与徐某某所主张亏损补偿金额相差甚远。因此，徐某某主张双方存在其他债权债务关系无证据支持，难以成立。一、二审根据双方当事人的诉辩意见及提供的证据，依照民事诉讼证据高度盖然性证明标准，认定蒋某某主张的事实成立并判决支持其诉请，并无不当。

3.【裁判规则】仅依据金融机构的转账凭证提起的民间借贷诉讼中，被告提供相应证据证明其主张后，原告仍应就借贷关系的存续承担举证责任

典型案例

冯某某与温某某等民间借贷纠纷案［重庆市高级人民法院（2017）渝民申2582号］

再审申请人（一审原告、二审上诉人）：冯某某

被申请人（一审被告、二审被上诉人）：温某某

裁判观点

人民法院认为，本案的争议焦点是：冯某某向温某某转账的150万元是否系借款。依照《民间借贷司法解释》第17条[1]规定，2013年10月5日，冯某某向温某某的中国农业银行银行卡转账支付150万元，冯某某据此主张向温某某借款150万元。温某某辩称，该150万元转账系代收款并非借款，并举示了李某某、董某某的证言以及银行明细、合作协议、清款说明等证明了其主张。此时，冯某某应当继续就该150万元系借款承担举证责任，但冯某某未能举示充分的证据证明借款关系成立，应当承担举证不能的法律后果。故结合冯某某自称系一个长期从事民间借贷的人，向温某某出借如此大额资金未要求温某某出具借条等情况，一、二审法院驳回冯某某要求温某某归还借款150万元的诉讼请求，并无不当。

4.【裁判规则】主张法律关系性质已转化为民间借贷法律关系的，应对双方存在借贷关系的基本事实承担举证责任

典型案例

王某某与鄂尔多斯市永顺煤炭有限责任公司等合同纠纷案［内蒙古自治区高级人民法院（2020）内民终54号］

上诉人（一审原告）：王某乙

被上诉人（一审被告）：鄂尔多斯市永顺煤炭有限责任公司（以下简称永顺公司）等

裁判观点

人民法院认为，案涉灭火工程开采承包合同系建设工程施工合同，故案涉法律关系性质应为建设工程施工合同法律关系。王某乙主张案涉法律关系性质已转化为民间借贷法律关系并主张借款本金及利息，依照《民诉法司法解释》第91条第1款之规定，王某乙应对法律关系转化及双方存在借贷关系的基本事实承担举证证明责任。王某乙提交的鄂尔多斯市永顺煤炭有限责任公司会计报表中王某某投资

〔1〕 现为2020年《民间借贷司法解释》第16条："原告仅依据金融机构的转账凭证提起民间借贷诉讼，被告抗辩转账系偿还双方之前借款或者其他债务的，被告应当对其主张提供证据证明。被告提供相应证据证明其主张后，原告仍应就借贷关系的成立承担举证责任。"

款记载于“其他应付款”项下；鄂尔多斯市永顺煤炭有限责任公司融资报表的“贷款明细”中，王某乙一栏并未标记有利率；会议纪要和确认书形成于永顺公司股权转让后，原股东无权再对公司事务进行表决，故其效力并不及于永顺公司；刑事申诉复查决定书系人民检察院就王某甲是否符合批准逮捕条件所作出的决定，主要审查王某甲是否涉嫌犯罪相关事实，并不属于2019年《民事证据规定》第10条规定的当事人无须举证证明的事实范围。故因王某乙未能提供其与永顺公司就案涉承包款项转化为民间借贷本金进行明确约定的相关证据，其关于本案系民间借贷法律关系的主张因缺乏证据支持而不能成立，案涉法律关系性质应为建设工程施工合同法律关系，一审法院关于本案系承揽合同纠纷的认定不当，法院予以纠正。

5.【裁判规则】抗辩主张借款金额中包含有其他非借款事项，应当提供证据加以证明

典型案例

彭某某与吴某某等民间借贷纠纷案［最高人民法院（2020）最高法民申1193号］

再审申请人（一审被告、二审上诉人）：彭某甲

被申请人（一审原告、二审被上诉人）：吴某某等

裁判观点

最高人民法院认为，因案涉抵押借款合同约定借款金额为3400万元，借款期限为2015年3月24日至2016年3月23日，彭某甲指定收款账户为彭某乙账户，同时又约定借款人借款金额以抵押权人实际汇款金额为准，由此可见各方并未明确限定借款金额必然为3400万元，实际借款金额可能高于或低于3400万元。根据《民事诉讼法》第64条第1款和《民诉法司法解释》第90条规定，本案吴某某主张案涉借款本金为3810万元，分四次汇入彭某甲指定账户，汇款时间均在借款期限之内，并向法院提供了抵押借款合同和汇款凭证等证据，其对自己所主张的事实已初步完成举证义务。彭某甲主张本案实际借款本金为2900万元，吴某某向彭某乙账户另行汇入的910万元系彭某乙与吴某某之间的经济往来，不应纳入案涉合同项下的借款，对此彭某甲负有举证证明责任。彭某甲向原审法院提供录音作为证明该事实的证

据，但该录音谈话主体均为案外人，录音谈话内容也难以认定各方对本案实际借款本金为2900万元作出确认的意思表示，故在彭某甲提供的证据尚不足以证明讼争款项中的910万元款项为彭某乙与吴某某之间的经济往来，而根据合同约定作为彭某甲指定收款账户的彭某乙账户确实收到吴某某汇款3810万元的情形下，原审法院根据“借款人借款金额以抵押权人实际汇款金额为准”的合同约定及吴某某在借款期限内实际汇入彭某乙账户总额3810万元的事实认定本案借款本金应为3810万元并无不妥，彭某甲未能提供充足证据证明其所主张的事实，应依法承担举证不能的不利后果。

6.【裁判规则】抗辩人提供的证据对借贷关系的主张形成有效抗辩，出借人仍需进一步就其与抗辩人之间的借贷关系成立承担举证责任

典型案例

刘某甲与高某等民间借贷纠纷案［最高人民法院（2017）最高法民申5134号］

再审申请人（一审原告、二审上诉人）：刘某甲

被申请人（一审被告、二审被上诉人）：高某

裁判观点

最高人民法院认为，刘某甲向高某、刘某乙主张返还借款的依据是长安银行神木市支行的两张转账凭证。根据《民间借贷司法解释》第17条[1]规定，本案中，二审时高某承认收到刘某甲1200万元，但抗辩称涉案款项是投资款，并提供了其向刘某甲开具的股权收据等证据予以证明。二审法院结合双方提供的证据和所作陈述，认定高某提供的证据对刘某甲主张双方是借贷关系形成了有效抗辩，并无不妥。刘某甲仍需进一步就其与高某之间的借贷关系成立承担举证责任，但刘某甲未提供证据证明，其应承担举证不能的法律后果，故二审判决驳回刘某甲的诉讼请求并无不当。

---

〔1〕 现为2020年《民间借贷司法解释》第16条：“原告仅依据金融机构的转账凭证提起民间借贷诉讼，被告抗辩转账系偿还双方之前借款或者其他债务的，被告应当对其主张提供证据证明。被告提供相应证据证明其主张后，原告仍应就借贷关系的成立承担举证责任。”

(四)违约责任

1.【裁判规则】主张对方存在违约行为，应当由主张者承担举证责任

典型案例

泸州市丰盛酒类营销有限公司与香港寿胤制药养生保健酒业公司等合同纠纷案[最高人民法院(2020)最高法民申705号]

再审申请人(一审原告、二审上诉人):泸州市丰盛酒类营销有限公司(以下简称丰盛公司)

被申请人(一审被告、二审被上诉人):香港寿胤制药养生保健酒业公司(以下简称寿胤公司)

裁判观点

最高人民法院认为，丰盛公司主张寿胤公司提供了无效药材导致中药配制酒不具有合同约定的药效构成违约，即主张寿胤公司存在违约行为，并非对合同是否履行发生争议，丰盛公司关于应适用2001年《民事证据规定》第5条的规定，由寿胤公司承担举证责任的主张不能成立。原审判决依据《民事诉讼法》第64条第1款以及《民诉法司法解释》第90条、第91条的规定认定丰盛公司承担举证责任并无不当，丰盛公司关于原审判决适用法律错误的再审理由不能成立。

2.【裁判规则】违约方对违约金过高的主张承担举证责任

典型案例

海口电信城市建设投资有限公司与海口市人民政府合同纠纷案[最高人民法院(2016)最高法民终469号]

上诉人(原审原告):海口电信城市建设投资有限公司(以下简称海口电信城投公司)

被上诉人(原审被告):海口市人民政府(以下简称海口市政府)等

裁判观点

最高人民法院认为，海口市住建局主张该约定的违约金过分高于造成的损失，依据《合同法》第114条[1]之规定，请求调减违约金。法院认为，案涉框架协议的一方主体为主管工程建设的政府机构，另一方为专业的工程投资公司，双方具有相当的缔约能力。该协议约定的违约金计算标准，系双方在平等协商的基础上确定的，其主要目的是督促海口市住建局如期履行资金投入的义务。依照《民诉法司法解释》第90条的规定，当事人对自己提出的诉讼请求所依据的事实或者反驳对方诉讼请求所依据的事实，应当提供证据加以证明。海口市住建局主张约定的违约金过高，但其未提供证据证明约定的违约金过分高于海口电信城投公司遭受的实际损失。

（五）建设工程施工合同

1.【裁判规则】主张应减轻或者免除工程质量缺陷责任的，应承担举证责任

典型案例

白山市舜发硅藻土科技有限公司与吉林省新金山建筑工程有限公司等建设工程施工合同纠纷案［最高人民法院（2019）最高法民申835号］

再审申请人（一审原告、二审上诉人）：白山市舜发硅藻土科技有限公司（以下简称舜发公司）

被申请人（一审被告、二审被上诉人）：吉林省新金山建筑工程有限公司（以下简称新金山公司）等

裁判观点

最高人民法院认为，根据《建筑法》第58条、第60条第1款和《建设工程质量管理条例》第26条第1款、第28条以及《建设工程司法解释一》第13条[2]规定，上述法律、法规、司法解释以及国家颁布实施的其他相关规范性文件均规定，施工人对工程质量负总责，“建筑物在合理使用寿命内，必须确保地基基础工程和主体结构的

［1］ 现为《民法典》第585条：“当事人可以约定一方违约时应当根据违约情况向对方支付一定数额的违约金，也可以约定因违约产生的损失赔偿额的计算方法。约定的违约金低于造成的损失的，人民法院或者仲裁机构可以根据当事人的请求予以增加；约定的违约金过分高于造成的损失的，人民法院或者仲裁机构可以根据当事人的请求予以适当减少。当事人就迟延履行约定违约金的，违约方支付违约金后，还应当履行债务。”

［2］ 现为2020年《建设工程司法解释一》第14条：“建设工程未经竣工验收，发包人擅自使用后，又以使用部分质量不符合约定为由主张权利的，人民法院不予支持；但是承包人应当在建设工程的合理使用寿命内对地基基础工程和主体结构质量承担民事责任。”

质量”，施工人为工程质量第一责任人。本案工程建设项目在竣工交付使用近4年后发生部分厂房坍塌的重大工程质量缺陷事故，承建讼争建设项目的建筑施工企业新金山公司如认为其应减轻或者免除工程质量缺陷责任的，应对此承担举证责任。原审委托鉴定的吉林省建筑工程质量检测中心作出的SFJD字2017第1009号《司法鉴定意见书》确认，案涉工程存在八处不符合设计要求和验收规范，初步证实存在施工不规范行为。刘某某、姚某某主张，1号、2号厂房坍塌系因雪大且未及时清理至屋顶荷载过重所致，但未提供相关证据予以证实。原判决认定，“舜发公司未能提供充分的证据证明1号、2号厂房坍塌与工程质量存在直接因果关系”，系对证据分析判断不当。

2.【裁判规则】主张建设工程的地基基础工程和主体结构存在施工质量缺陷，应当提供证据证明

典型案例

黑龙江辰能投资集团有限责任公司与黑龙江省卫健建筑工程有限公司建设工程施工合同纠纷案［最高人民法院（2018）最高法民申6009号］

再审申请人（一审原告、反诉被告、二审上诉人）：黑龙江辰能投资集团有限责任公司（以下简称辰能公司）

被申请人（一审被告、反诉原告、二审被上诉人）：黑龙江省卫健建筑工程有限公司（以下简称卫健公司）

裁判观点

最高人民法院认为，《民事诉讼法》第64条第1款规定，当事人对自己的主张，有责任提供证据。案涉A栋住宅楼工程于2004年10月竣工验收合格，取得竣工工程备案证。可见，竣工验收时，承发包双方、设计人、监理人均认可案涉工程质量合格，且已履行竣工备案手续，相关权利人取得案涉房屋产权证。近十年后，辰能公司向卫健公司提起讼争工程建设项目施工质量缺陷诉讼，主张赔偿维修加固工程质量缺陷而支出的费用，应举证证明房屋买卖合同中标的物质量缺陷责任，即案涉A栋住宅楼外墙加固维修发生的费用，与卫健公司当年的施工质量间存在因果关系。

根据《建筑法》第60条第1款和《建设工程质量管理条例》第40条规定，案涉施工合同约定，“乙方（卫健公司）负责如下项目的保修。（1）土建工程：国家文件规定的保修期限；（2）采暖工程：两个采暖周期；（3）电气及给排水：两年；（4）屋面防水：五年；（5）工程质量保证金：按省、市有关文件规定预留及返回”。根据上述法律、行政法规规定及合同约定，本案中案涉工程已交付使用近十年，除地基基础工程和主体结构工程之外的其他工程已过保修期，卫健公司应仅在地基基础工程和主体结构工程范围内向辰能公司承担保修责任。故辰能公司应提供证据证明，案涉工程的地基基础工程和主体结构存在施工质量缺陷。

3.【裁判规则】主张向对方支付的款项中包含着其他项目内容，应当提供证据证明

典型案例

贵州超一房地产开发有限公司与重庆市渝万建设集团有限公司建设工程施工合同纠纷案［最高人民法院（2016）最高法民终229号］

上诉人（一审被告）：贵州超一房地产开发有限公司（以下简称超一公司）

被上诉人（一审原告）：重庆市渝万建设集团有限公司（以下简称渝万公司）

裁判观点

最高人民法院认为，二审审理中，超一公司对垫资利息、综合费用的给付并不否认，仅主张3000万元居间费用应从5500万元中扣除，主要理由为渝万公司向银行贷款成功后没有按照约定将款项给其使用，超一公司不应当收取3000万元的居间费用。该主张不能获得支持。首先，根据法律的相关规定，当事人对自己提出的主张，有责任提供证据，当事人未能提供证据或者证据不足以证明其事实主张的，由负有举证证明责任的当事人承担不利的后果。本案中，超一公司并未提供相应的证据证明案涉5500万元包括3000万元居间费用的事实，应承担举证不能的不利后果。其次，从协议的约定内容看，案涉5500万元的构成为垫资利息、综合费用和居间费用。而超一公司与渝万公司对居间费用的具体内容并未明确。超一公司上诉主张居间费用为渝万公司向银行贷款的费用，但并未提供证据加以证明，不能成立。退一步讲，即使超一公司主张居间费用为渝万公司向银行贷款的费用的主张成立，超一公司也未能提供该费用为3000万元的有效证据。最后，超一公司与渝万公司约定的有关超一公司应支付渝万公司5500万元的垫资利息、综合费用和居间费用的内容，当事人并未对上述费用的承担附加一定的条件。超一公司有关渝万公司向银行贷款成功后没有按照约定将款项给其使用，3000万元的居间费用应予以扣除的主张，缺乏事实和法律依据，法院不予支持。

4.【裁判规则】主张土地属于农用地非建设用地，主张人应承担举证责任

典型案例

广州市恒昊贸易有限公司与广州市海珠区南洲街东风经济联合社等租赁合同纠纷案［最高人民法院（2018）最高法民再465号］

再审申请人（一审被告、二审上诉人）：广州市恒昊贸易有限公司（以下简称恒昊公司）

被申请人（一审原告、二审被上诉人）：广州市海珠区南洲街东风经济联合社（以下简称东风联社）等

裁判观点

最高人民法院认为，根据原审法院查明，涉案土地证载明有三种性质的土地，包括农用地、未利用地和建设用地。东风一社、东风联社主张涉案土地属于农用地，涉案合同因违反《土地管理法》第63条而无效，对此应承担举证证明责任。根据原审法院查明的事实，东风一社、东风联社自1995年以来一直将涉案土地出租经营收益，至本案起诉前从未主张合同因违反《土地管理法》第63条强制性规定而无效。恒昊公司依据涉案土地所有权证的记载抗辩提出涉案土地是建设用地，而涉案土地证上确实记载有建设用地2.5661公顷足以覆盖涉案土地，作为原告方和土地证权利人的东风一社、东风联社应承担进一步证明涉案土地是农用地而不是建设用地的举证责任。原审法院未要求东风一社、东风联社对此予以举证，而笼统认为涉案土地为农民集体所有土地，未合理排除涉案土地属于建设用地的可能，就进而认定涉案合同无效，举证责任分配确有不当，法院予以纠正。

（六）劳动合同

1.【裁判规则】劳动者主张加班费的，应当就加班事实的存在承担举证责任

典型案例

苏某某与海南省印刷工业公司与破产有关的纠纷案［最高人民法院（2013）民申字第1583号］

申请再审人（一审原告、二审上诉人）：苏某某

被申请人（一审被告、二审被上诉人）：海南省印刷工业公司（以下简称印刷公司）

裁判观点

最高人民法院认为，根据《劳动争议司法解释三》第9条规定，苏某某为证明其加班的事实，提供了证人证言及一张停车费的收据。然而，该收据只载明上交印刷公司的停车费，并未涉及加班的问题。苏某某提供了其在印刷公司两位同事的证人证言以证明加班的事实，但并未提供其他证据来予以佐证。根据2001年《民事证据规定》第69条有关与一方当事人或者其代理人有利害关系的证人出具的证言不能单独作为认定案件事实依据的规定，其两位同事的证言属于间接证据，不能单独作为认定案件事实的依据。因此，苏某某提出的要求印刷公司支付其加班费的申请，无事实依据，原审法院未予支持并无不当。

2.【裁判规则】因用人单位作出的开除、除名、辞退、解除劳动关系、减少劳动报酬、计算劳动者工作年限等决定而发生的劳动争议，用人单位负举证责任

典型案例

沧州市针织二厂与尹某某劳动争议纠纷案［最高人民法院（2019）最高法民申2654号］

再审申请人（一审被告、二审上诉人）：沧州市针织二厂（以下简称针织二厂）

被申请人（一审原告、二审被上诉人）：尹某某

裁判观点

最高人民法院认为,《劳动争议司法解释一》第13条[1]规定,针织二厂作为用人单位主张其与尹某某已解除劳动关系,应承担相应的举证证明责任。针织二厂主张,依据其向尹某某出具的交纳停薪留职费用的收据显示,尹某某停薪留职期间为1989年5月至1992年2月,但上述交费收据不属于证明尹某某停薪留职期限的直接证据。《劳动人事部、国家经委关于企业职工要求"停薪留职"问题的通知》第5条规定,职工要求"停薪留职",由本人提出书面申请,经单位行政领导批准后签订"停留职"协议书,并报企业主管部门和当地劳动人事部门备案。在针织二厂不能举示尹某某的人事档案、停薪留职协议等直接证据的情况下,一、二审判决认定仅依据上述交费收据不足以证明尹某某在1992年2月停薪留职已经到期,并无不当。此外,针织二厂主张尹某某停薪留职期满后未按要求回原单位工作或办理相关手续,符合可按自动离职处理的条件,但尹某某在本案一审期间申请刘某、吴某某出庭作证,证实该二人在1990年后没有到单位上班,但在破产程序中仍已获得相关待遇。一、二审判决依据当事人的举证情况,认定针织二厂与尹某某存在劳动关系,并无不当。

(七)公司法

1.【裁判规则】原告应当对被告在相关市场内具有支配地位和其滥用市场支配地位承担举证责任

典型案例

谢某某与夏某某滥用市场支配地位纠纷案[最高人民法院(2018)最高法民申29号]

再审申请人(一审原告、二审上诉人):谢某某

被申请人(一审被告、二审被上诉人):夏某某

裁判观点

最高人民法院认为,根据《垄断行为民事案件司法解释》第8条第1款规定,谢某某在本案中应就夏某某在相关市场内具有支配地位及其构成滥用市场支配地位

[1] 现为2020年《劳动争议司法解释一》第44条:"因用人单位作出的开除、除名、辞退、解除劳动合同、减少劳动报酬、计算劳动者工作年限等决定而发生的劳动争议,用人单位负举证责任。"

承担举证责任。本案中，谢某某并未提供充分证据。根据本案现有证据，无法对相关市场作出准确认定。即使借助假定垄断者测试的思路及方法，同时结合双方当事人的主张和日常生活经验，假定涉案可能的相关市场范围至少包括沈阳市范围内米饼、雪饼市场，谢某某亦未提交有关夏某某在该相关市场的市场份额，该相关市场的竞争状况，控制销售市场或者原材料采购市场的能力，其他经营者对夏某某在交易上的依赖程度，其他经营者进入该相关市场的难易程度等方面的相关证据，不能证明夏某某在该相关市场上具有支配地位。

2.【裁判规则】期货交易平台作为交易记录的持有者，应当对多笔交易指令操作承担举证责任

典型案例

李某某与德盛期货有限公司期货经纪合同纠纷案［最高人民法院（2019）最高法民再228号］

再审申请人（一审原告、二审上诉人）：李某某

被申请人（一审被告、二审被上诉人）：德盛期货有限公司（以下简称德盛公司）

裁判观点

最高人民法院认为，根据原审查明的事实，案涉争议10,000多笔交易指令发出的IP地址均为德盛公司。2010年8月12日至2014年5月28日，李某某在德盛公司交易系统共有20,963笔委托，其中10,088笔记录的是德盛公司互联网出口的IP地址，4笔记录的是德盛公司防火墙内网地址，10,863笔记录的是客户端IP地址，另有8笔柜台委托为公司风控强平。因德盛公司原因，致使案涉争议的10,000多笔交易无法查清具体操作地址和操作人。由于德盛公司信息系统设计原因，IP地址记录方面只有通过恒生网上交易3.0、澎博闪电手方式下单的交易记录能够记录客户端的IP地址，而通过其网上委托产生的交易数据记录的IP地址为公司互联网出口或防火墙内网IP地址，未记录客户端的IP地址。根据2001年《民事证据规定》第2条规定，李某某主张案涉争议10,000多笔交易由德盛公司员工操作，在德盛公司有员工曾操作李某某账户，且案涉争议10,000多笔交易发出指令的IP地址

均为德盛公司的情况下，德盛公司作为交易记录的持有者，其更有能力证明案涉争议的10,000多笔交易的具体操作地址和操作人，应当对该10,000多笔交易指令不是其员工操作承担举证证明责任，但德盛公司未能就此提供证据予以证明，应承担举证不能的不利后果。从原审查明的事实看，证券湖南监管局亦认定德盛公司员工有违规登录李某某的账户并代理李某某从事期货交易的事实，因德盛公司员工彭某违规登录李某某的账户并代理李某某从事期货交易，证券湖南监管局曾对彭某采取出具警示函的监管措施，以及对德盛公司在期货公司分类评价中作扣分处理。综上所述，李某某关于案涉争议的10,000多笔交易系由德盛公司员工操作的主张，法院予以确认。原审举证责任分配不当、认定事实错误，法院予以纠正。

（八）准合同

1.【裁判规则】得利人对无合法根据这一消极事实的抗辩证据，为认定消极事实主张是否成立的直接证据

典型案例

郑某与洪某某等不当得利纠纷案［最高人民法院（2016）最高法民再39号］

再审申请人（一审原告、二审被上诉人）：郑某

被申请人（一审被告、二审上诉人）：洪某某等

裁判观点

最高人民法院认为，本案系经一审法院释明由民间借贷之诉变更而来不当得利之诉。根据法律规定，不当得利的构成要件为：一方获利，他方受损，一方受利与他方受损具有因果关系，获利无合法根据。在举证责任分配问题上，《民事诉讼法》第64条第1款规定：当事人对自己提出的主张，有责任提供证据。依照上述法律规定，郑某某就洪某某取得其诉争8,685,503元款项构成不当得利的诉请请求提供证据。结合本案案情，认定洪某某是否不当得利，关键是认定其取得诉争款项是否具有合法依据。从举证责任角度分析，对得利没有合法依据的举证，系对消极事实的证明；权利主张人对于消极事实通常无法直接予以证明，而需要从相关事实中予以推导判断。这其中，得利被主张人对消极事实的抗辩，则会成为认定消极事实主张是否成立的直接证据。根据《民诉法司法解释》第90条规定，对于洪某某取得

诉争款项是否具有合法依据，不仅郑某须就其主张提供证据，洪某某亦须就其抗辩主张提供证据，人民法院在审核认定双方提交证据的证明力基础上作出认定。具体到本案，在郑某提交了案涉8,685,503元真实的银行转账凭证并主张洪某某不当得利后，洪某某应当就不欠款项或双方存在合作关系等抗辩事由承担初步的举证责任。二审法院简单以不当得利主张人应当对给付欠缺原因的具体情形负举证责任为由，将举证责任完全分配给郑某，并以郑某没有提供其个人向洪某某支付款项缺失给付原因，双方公司之间存在着合作经营煤炭关系，个人资金往来与公司之间资金往来存在联系和混同为由，驳回了郑某的诉讼请求，属举证责任分配不当，适用法律错误，应予纠正。

2.【裁判规则】得利人提供证据证明其行为有法律依据，完成对不当得利抗辩的举证责任

典型案例

黄某某与蒋某某不当得利纠纷案［江苏省高级人民法院（2019）苏民申2807号］

再审申请人（一审原告、二审被上诉人）：黄某某

被申请人（一审被告、二审上诉人）：蒋某某等

裁判观点

人民法院认为，根据《民诉法司法解释》第90条规定，本案中，黄某某起诉蒋某某民间借贷案件撤回起诉后，又主张蒋某某构成不当得利，提起本案诉讼。本案中，蒋某某提供了岳某某的借条、情况说明、银行取款记录、王某某的证人证言等证据证明其接受涉案款项具有法律上的事由，对此结合黄某某在与王某某诉讼案件中自己亦陈述涉案款项系受王某某指示汇款，由此可以认定蒋某某收取涉案款项具有法律根据，并不属于获取不当利益。在此情形下，蒋某某已经完成了抗辩黄某某主张其构成不当得利的举证责任，黄某某主张蒋某某构成不当得利并未完成举证责任，二审法院改判驳回其诉讼请求并无不当。

3.【裁判规则】主张无因管理的，应当对产生该法律关系的基本事实承担举证责任

典型案例

蒲某与重庆市金雅迪彩色印刷有限公司借贷纠纷案[重庆市高级人民法院(2013)渝高法民抗字第00135号]

抗诉机关：重庆市人民检察院

申诉人（一审原告、二审上诉人）：蒲某

被申诉人（一审被告、二审被上诉人）：重庆市金雅迪彩色印刷有限公司（以下简称金雅迪公司）

裁判观点

人民法院认为，根据2001年《民事证据规定》第2条规定，蒲某作为原告，其要求金雅迪公司支付涉案勘测费13,014元的理由是其垫付了此款，而对方金雅迪公司不认可蒲某垫付了此款，因此，蒲某应对垫付此款的事实负举证责任。诉讼中，蒲某所提供的证据仅限于收据1张，但是该收据载明的交款单位是“重庆市金雅迪彩色印刷有限公司”，并不是蒲某，故从收据上记载的内容不能认定蒲某垫付了涉案款项的事实。故原审认定蒲某未提供相应证据证明其主张的意见是正确的。

关于举证责任是否转换的问题。根据前述分析，蒲某提交的证据不但不能证明涉案款项系其交纳，更不能证明双方之间存在借款协议或者金雅迪公司向其作出过借款的意思表示。相反，仅凭收据记载的内容，能够认定的交款人应当是金雅迪公司而不是蒲某。故本案的举证责任不符合转换条件，尚未发生转换，不能转换。蒲某认为其完成了初步举证责任的理由不成立。原审对此节的处理意见正确，法院予以维持。

另外，无因管理纠纷与借贷纠纷虽然性质不同，但是在举证责任的分配规则上是相同的，均适用一般举证分配规则而不是举证责任倒置规则。本案而言，无论从无因管理的角度分析还是从借贷纠纷的角度分析，蒲某作为一审原告，均首先应当对其主张的垫付涉案款项的事实举证，此举证责任不因案由的不同而不同，如果为改变举证责任而对本案案由提出争议，则是对证据规则的误解，没有裁判意义。

综上所述，蒲某的申诉理由以及抗诉机关的抗诉理由均不能成立，其相关请求法院不予支持。原审判决认定事实清楚，适用法律正确，审判程序合法，判决得当，依法应予维持。

（九）环境污染纠纷

1.【裁判规则】因污染环境发生纠纷，污染者应当就法律规定的不承担责任或者减轻责任的情形及其行为与损害之间不存在因果关系承担举证责任

典型案例

陕西中能煤田有限公司与陈某某财产损害赔偿纠纷案［最高人民法院(2015)民申字第3423号］

再审申请人（一审被告、二审被上诉人）：陕西中能煤田有限公司（以下简称中能公司）

被申请人（一审原告、二审上诉人）：陈某某

裁判观点

最高人民法院认为，根据《侵权责任法》第66条[1]规定和《环境侵权纠纷司法解释》第6条规定，因污染环境、破坏生态行为造成损害适用无过错责任原则。被侵权人应就生态破坏行为与损害结果之间是否存在因果关系承担举证责任，在被侵权人尽到该举证责任后，则应由侵权者对生态破坏行为与损害结果之间不存在因果关系承担举证责任。陈某某在一、二审中提供以下证据证明中能公司开采煤矿行为导致地下水位下降从而造成苗木死亡：一是榆林市地下水管理监测站对榆林市昌汗界村的地下水位监测数据表明，地下水位从××年起出现严重下降，榆林市水务局在2012年《地下水通报》中认为昌汗界地下水位数据下降主要由于中能公司开采导致，大量地下水被排泄入沙漠，几乎造成全部农灌井枯竭；二是中能公司与村民签订的补偿协议也可以证实，由于开采煤矿导致地下水位下降、地面塌陷给该村村民造成的损失中能公司也是因此而作出的补偿；三是陈某某在一、二审中提供了多名村民、米脂县高西沟村委会等证言，相关证人出庭作证，证明陈某某的苗圃苗木灌溉情况受中能公司开采煤矿导致地下水位下降的影响；四是河北农业司法鉴定中心作出的鉴定意见表明，造成陈某某苗圃苗木死亡或长势不良的主要

〔1〕现为《民法典》第1230条："因污染环境、破坏生态发生纠纷，行为人应当就法律规定的不承担责任或者减轻责任的情形及其行为与损害之间不存在因果关系承担举证责任。"

原因是干旱，而地下水水位下降是造成苗圃地干旱的影响因素之一。综合上述证据，本案陈某某作为被侵权人已经尽到了中能公司的开采煤矿行为与其苗圃苗木损害之间存在关联性的举证责任。此后，关于开采煤矿行为与苗木死亡之间不存在因果关系的举证责任应当转由中能公司承担。中能公司主张其已经为昌汗界村修建了灌溉水渠，开采煤矿后的废水在经其处理后排入水渠，供村民用于农业灌溉，陈某某也可用该水渠中的水灌溉其苗圃苗木。陈某某的苗木死亡是由于其未及时灌溉所致，并非该公司开采煤矿行为导致。根据二审查明的事实，中能公司修建的灌溉水渠只流经3、4、5号苗圃，1、2号苗圃附近没有修建灌溉水渠。即使可以灌溉，也已经改变以往的多井灌溉便利模式，加大了其灌溉成本。且中能公司提交的证据至多只能证明陈某某未尽到妥善灌溉义务是造成损失的原因之一，并不能完全排除地下水位下降是导致苗木干旱死亡的原因。综上所述，二审判决认定中能公司开采煤矿与陈某某苗木死亡之间存在因果关系并酌定中能公司承担180万元的补偿款并无不当，法院予以维持。

2.【裁判规则】被侵权人应当就污染者排放污染物，被侵权人的损害和污染者排放的污染物或者其次生污染物之间具有关联性提供证明

典型案例

李某某与康菲石油中国有限公司等海上污染损害责任纠纷案［最高人民法院(2019)最高法民申1965号］

再审申请人（一审原告、二审上诉人）：李某某

被申请人（一审被告、二审被上诉人）：康菲石油中国有限公司（以下简称康菲公司）

裁判观点

最高人民法院认为，根据《民事诉讼法》第64条第1款、《民诉法司法解释》第90条、《环境侵权纠纷司法解释》第6条之规定，李某某主张因蓬莱19-3溢油事故遭受渔业捕捞损失人民币15万元，应就此承担举证责任。但其并未提交溢油事件发生前后，实际从事捕捞作业且收入减少的直接证据。蔡家堡村委会书面证明李某某渔业收入减少人民币15万元，但未说明计算损失数额的依据，出具证明的

工作人员也未出庭接受质询。寨上街道办事处书面证明该街道在渤海的捕捞量发生减少，汉沽水产局统计表及其工作人员的证言，内容也只是当地捕捞量的变化情况，不能直接证明李某某个人实际从事捕捞作业且捕捞收入减少情况；且其数据与《中国渔业年鉴》《中国渔业统计年鉴》公布的数据不一致，出庭作证的工作人员未能作出合理解释并说明书面证明或统计表中的数据来源。李某某主张二审法院将汉沽水产局统计表错误认定为证人证言而非书证，亦无事实依据。综上所述，二审判决认定李某某未能举证证明其存在渔业捕捞损失，认定事实并无不当。

（十）其他实体法

1.【裁判规则】主张借款属于夫妻共同债务的，债权人应当能够证明该债务用于夫妻共同生活、共同生产经营或者基于夫妻双方共同意思表示

典型案例

李某某与王某等民间借贷纠纷案［最高人民法院（2020）最高法民申1635号］

再审申请人（一审原告、二审上诉人）：李某某

被申请人（一审被告、二审被上诉人）：王某等

裁判观点

最高人民法院认为，《夫妻债务纠纷司法解释》第3条规定："夫妻一方在婚姻关系存续期间以个人名义超出家庭日常生活需要所负的债务，债权人以属于夫妻共同债务为由主张权利的，人民法院不予支持，但债权人能够证明该债务用于夫妻共同生活、共同生产经营或者基于夫妻双方共同意思表示的除外。"根据《民诉法司法解释》第90条规定，据原审查明，在王某与陈某婚姻关系存续期间，王某以个人名义向李某某多次借款，借款金额已明显超出家庭日常生活所需，且借款均打入王某个人银行账户，王某亦以个人名义偿还了部分款项。根据上述司法解释规定，李某某负有证明案涉借款属于王某、陈某夫妻共同债务的举证责任，否则应承担举证不能的不利后果。因李某某提交的证据不足以证明案涉借款用于王某、陈某夫妻共同生活、共同生产经营或者基于夫妻双方共同意思表示，原审认定案涉借款为王某个人债务，陈某不承担共同还款责任并无不当。此外，李某某申请调取的陈某名下所有银行流水的证据与本案事实认定不具有关联性，原审

法院不予准许符合法律规定。综上所述，李某某申请再审的理由不能成立，不予支持。

2.【裁判规则】主张提货人系对方员工的，应当提供证据加以证明

典型案例

青海中航资源有限公司与青海凯帝商贸有限公司买卖合同纠纷案［最高人民法院（2020）最高法民申5084号］

再审申请人（一审原告、二审上诉人）：青海中航资源有限公司（以下简称青海中航公司）

被申请人（一审被告、二审被上诉人）：青海凯帝商贸有限公司（以下简称青海凯帝公司）

裁判观点

最高人民法院认为，本案审查的主要问题是青海中航公司认为提货人刘某康、徐某玉系青海凯帝公司的员工，举证责任在青海凯帝公司的再审申请理由是否成立。经审查，青海中航公司诉请青海凯帝公司支付货款为10,236,370元。其中，通过铁路运输的5428吨氯化钾，价值9,092,200元，青海中航公司提供了铁路货单，青海凯帝公司提供的货物运输增值税专用发票及青海凯帝公司回函，证明青海凯帝公司收到货物，并支付603,6万元货款的事实。对另外5241吨氯化钾，价值7,180,170元，供货方式为自提，提货人为刘某康、徐某玉。青海中航公司对提货人系青海凯帝公司职员身份或提货行为是受青海凯帝公司所委托，均未提供证据予以证明。依据“谁主张，谁举证”的举证原则，青海中航公司对其诉讼请求负有举证责任。依据《民诉法司法解释》第90条的规定，原判决以青海中航公司举证不能，驳回其诉讼主张，并无不当。

3.【裁判规则】抗辩款项均系赠与，抗辩方应当能提供证据证实

典型案例

尹某与尹某生民间借贷纠纷案［最高人民法院（2017）最高法民申4942号］

再审申请人（一审被告、二审被上诉人）：尹某

被申请人（一审原告、二审上诉人）：尹某甲

裁判观点 ▶▶

最高人民法院认为，尹某甲主张案涉款项系其出借给尹某的款项，有银行汇款凭证、尹某发给尹某甲的关于尹某确认尹某甲为其名下2500万元资产的唯一债权人的短信、常州星河协达房地产开发有限公司销售部出具的证明及清单等证据予以证实。尹某虽主张上述款项均系其父尹某甲对其的赠与，但未能提供证据证实。二审法院综合本案证据情况，认定案涉款项系尹某向尹某甲的借款，并无不当。

4.【裁判规则】次债务人不认为债务人有怠于行使其到期债权情况的，应当承担举证责任

典型案例 ▶▶

武汉天下置业集团有限公司与余某某等债权人代位权纠纷案［最高人民法院(2016)最高法民申429号］

再审申请人（一审被告、二审被上诉人）：武汉天下置业集团有限公司（以下简称天下公司）

被申请人（一审原告、二审上诉人）：余某某

裁判观点 ▶▶

最高人民法院认为，《合同法司法解释一》第13条规定："合同法第七十三条规定的'债务人怠于行使其到期债权，对债权人造成损害的'，是指债务人不履行其对债权人的到期债务，又不以诉讼方式或者仲裁方式向其债务人主张其享有的具有金钱给付内容的到期债权，致使债权人的到期债权未能实现。次债务人（即债务人的债务人）不认为债务人有怠于行使其到期债权情况的，应当承担举证责任。"天下公司不能举证证明合润公司曾以诉讼或仲裁方式向天下公司主张过到期债权，因此合润公司需承担举证不能的不利后果。湖北高院以此认定合润公司未怠于行使到期债权，事实和法律依据充分，认定并无不当。

5.【裁判规则】主张完成计算机软件开发合同义务的，应当提供证据加以证明

典型案例

武汉市宇狐网络科技有限公司与刘某计算机软件开发合同纠纷案［最高人民法院（2019）最高法知民终963号］

上诉人（原审被告）：武汉市宇狐网络科技有限公司（以下简称宇狐公司）

被上诉人（原审原告）：刘某

裁判观点

最高人民法院认为，根据《民事诉讼法》第64条第1款和《民诉法司法解释》第90条规定，计算机软件开发合同纠纷中，软件开发方向委托方交付符合合同约定的、能正常运行的软件是其主要的合同义务。软件开发方对其完成了该义务的事实负有举证证明责任。软件开发方无法证明软件已经交付或交付的软件符合合同约定的，应承担不利后果。本案中，根据双方合同约定，交付游戏平台、后台管理系统并确保上述游戏平台的正常运行系宇狐公司的主要合同义务。宇狐公司应举证证明其完成了该义务。但根据现有证据，宇狐公司自始至终无法提供任何证据，证明其于2018年11月18日前已经向刘某交付符合合同约定的网络游戏平台及后台管理系统。即使宇狐公司向原审法院提交其于2018年11月19日向刘洪845×××@qq.com的邮箱发送通知的截图证据，经原审法院组织勘验，该内容为通知，现场点击已无法打开，不足以证明涉案游戏平台及后台管理系统已经交付。宇狐公司无法证明其已履行合同义务，应承担不利的法律后果。一审关于宇狐公司违约、合同解除及解除后责任承担的认定无误，宇狐公司上诉理由不予采纳。

6.【裁判规则】非涉及新产品制造方法的发明专利侵权纠纷，应由主张侵权事实存在的当事人就其主张承担相应举证责任

典型案例

欧某某与中国电信股份有限公司上海分公司等侵害发明专利权纠纷案［最高人民法院（2020）最高法民申1007号］

再审申请人（一审原告、二审上诉人）：欧某某

被申请人（一审被告、二审被上诉人）：中国电信股份有限公司上海分公司（以下简称中国电信上海分公司）

裁判观点 ▶▶

最高人民法院认为，根据《民诉法司法解释》第90条、《专利法》第61条之规定，在涉及新产品制造方法的发明专利侵权纠纷中，系由被诉侵权人承担相应举证责任，而对其他专利侵权纠纷的举证责任，法律及司法解释并未作特别规定，故而仍应按照“谁主张，谁举证”的原则分配举证责任。亦即，仍应由主张侵权事实存在的当事人就其主张承担相应举证责任。本案中，涉案专利并非新产品制造方法的发明专利，故本案不属于《专利法》第61条规定的情形，亦不应适用该条规定的举证责任分配方式，仍应由欧某某对其诉讼主张承担相应举证责任。

7.【裁判规则】主张存在并购、重组、合作在内的战略合作关系，应当对产生该法律关系的基本事实承担举证责任

典型案例 ▶▶

津中天盛通科技有限公司等与中国诚通控股集团有限公司等合同纠纷案［最高人民法院（2019）最高法民终404号］

上诉人（原审原告）：天津中天盛通科技有限公司（以下简称中天盛通公司）等

被上诉人（原审被告）：中国诚通控股集团有限公司（以下简称诚通集团公司）等

裁判观点 ▶▶

最高人民法院认为，中天盛通公司、中天宏大公司、马某某主张其与诚通集团公司、纸业公司、冠豪公司之间订立合同，形成包括并购、重组、合作在内的战略合作关系。依据《民事诉讼法》第64条及《民诉法司法解释》第91条之规定，中天盛通公司、中天宏大公司、马某某应承担证明其主张的合同成立、生效的举证责任。双方当事人意思表示一致合同才能成立，中天盛通公司、中天宏大公司、马某某主张与冠豪公司等的高级管理人员通过口头方式达成业务整合及并购重组合

同，并通过电子邮件、录音对话等予以印证，但上述内容即使认定真实存在，均不符合《合同法》第14条[1]关于订立合同的意思表示应当内容具体确定且表明经受要约人承诺，要约人即受该意思表示约束的规定，无法证明存在订立合同的意思表示以及受要约人同意要约的意思表示，故不能构成要约、承诺。中天盛通公司、中天宏大公司、马某某本案提交的电子邮件、录音摘录稿、照片、函、保密协议等，仅能表明双方在磋商、洽谈过程中，不足以证明双方意思表示达成一致，订立了其主张的战略合作的合同。中天盛通公司、中天宏大公司、马某某不能提供充分证据证明其主张，应当承担举证不能的法律后果。一审判决认定中天盛通公司、中天宏大公司、马某某与诚通集团公司、纸业公司、冠豪公司之间并未成立以并购重组为目的的合作关系并不不当。由于中天盛通公司、中天宏大公司、马某某与诚通集团公司、纸业公司、冠豪公司之间并未订立合同，成立合作关系，故对于中天盛通公司、中天宏大公司、马某某以其与诚通集团公司、纸业公司、冠豪公司存在合同关系为基础要求诚通集团公司、纸业公司、冠豪公司承担违约责任赔偿损失的主张，一审判决不予支持亦无不当。中天盛通公司、中天宏大公司、马某某上诉请求没有事实及法律依据，法院不予支持。

8.【裁判规则】主张受让人取得该不动产或者动产的所有权时非善意的，应当承担举证责任

典型案例

中国康富国际租赁股份有限公司与中国建设银行股份有限公司喀什地区分行等案外人执行异议之诉案［最高人民法院（2019）最高法民申647号］

再审申请人（一审原告、二审上诉人）：中国康富国际租赁股份有限公司（以下简称康富公司）

被申请人（一审被告、二审被上诉人）：中国建设银行股份有限公司喀什地区分行（以下简称建行喀什分行）

〔1〕 现为《民法典》第472条："要约是希望与他人订立合同的意思表示，该意思表示应当符合下列条件：（一）内容具体确定；（二）表明经受要约人承诺，要约人即受该意思表示约束。"

裁判观点

最高人民法院认为，本案越秀公司截至一审法院查封案涉车辆时一直占有并使用案涉车辆，且该车辆也是登记在越秀公司名下，而康富公司与越秀公司之间的融资租赁合同仅系其双方之间的约定，建行喀什分行并不知悉，建行喀什分行基于信赖案涉车辆的权利外观和权属登记均显示为越秀公司所有，故向越秀公司出借了贷款、对其名下车辆设立抵押并进行了抵押登记。基于上述事实，一、二审判决依据《物权法》第106条[1]之规定认定建行喀什分行善意取得抵押权，故康富公司对案涉车辆享有的所有权不能排除建行喀什分行因行使抵押权而对案涉车辆的强制执行。在此情况下，康富公司主张建行喀什分行非善意，以此否定建行喀什分行的抵押权效力，应当就其主张承担举证责任，证明建行喀什分行明知或应知越秀公司系无权处分人。但康富公司的主张缺乏事实和法律依据，不能成立，具体分述如下：1.康富公司主张案涉车辆抵押依法应在车辆管理部门登记，建行喀什分行故意向无权办理的工商行政管理部门申请。但康富公司并无证据证明建行喀什分行存在恶意规避登记或其他恶意情形，仅凭案涉车辆未在车辆管理部门办理抵押登记，不足以证明建行喀什分行明知或应知该车辆的实际所有权情况。2.康富公司还主张建行喀什分行办理抵押登记时未依《商业银行法》第36条的规定严格审核。首先，金融机构的审核无法代替当事人的如实告知，如前所述，案涉车辆的权利外观和权属登记均显示为越秀公司所有，此种情况下，如越秀公司不披露融资租赁事实，建行喀什分行无从知晓。其次，机动车登记证书虽然记载案涉车辆此前已设立抵押，但法律不禁止对同一财产设立多个抵押，且该证书记载的车辆所有权人也是越秀公司，是否审查该证书并不影响本案抵押权设立。故无法证明建行喀什分行未尽审核义务，也无法否定其系善意。

9.【裁判规则】代理权争议纠纷中，由主张委托事项成立的一方负相应举证责任

典型案例

孙某与国泰租赁有限公司等融资租赁合同纠纷案[最高人民法院（2016）最高

---

〔1〕 现为《民法典》第311条："无处分权人将不动产或者动产转让给受让人的，所有权人有权追回；除法律另有规定外，符合下列情形的，受让人取得该不动产或者动产的所有权：(一)受让人受让该不动产或者动产时是善意；(二)以合理的价格转让；(三)转让的不动产或者动产依照法律规定应当登记的已经登记，不需要登记的已经交付给受让人。受让人依据前款规定取得不动产或者动产的所有权的，原所有权人有权向无处分权人请求损害赔偿。当事人善意取得其他物权的，参照适用前两款规定。"

法民终789号]

上诉人(一审被告):孙某

被上诉人(一审原告):国泰租赁有限公司(以下简称国泰公司)等

裁判观点

最高人民法院认为,孙某主张存在未委托先公证情形,委托合同中其签名并非本人所签。对此,法院认为,首先,根据北京市国立公证处于2014年5月13日就公证书落款时间对山东省高级人民法院的答复,结合其于2016年1月22日作出的关于对孙某递交的复查申请书的答复内容,北京市国立公证处已明确其公证时间系2010年3月31日,孙某关于未委托先公证的主张,依据不足。其次,就委托合同涉及孙某签名的举证责任分配问题。根据证据规则,在代理权争议纠纷中,应由主张委托事项成立的一方负相应举证责任,国泰公司提举了委托合同及公证书为证;孙某抗辩称委托合同上其签名系伪造,应就此承担相应的举证责任。在本案一审阶段,孙某提供出入境记录查询结果、护照以及关于对孙某递交的复查申请书的答复等证据证明其主张,但上述证据仅能证明在委托合同落款时间及办理公证当日孙某不在国内,不能直接得出委托合同系伪造、孙某签名不真实的结论,二者不存在直接因果关系,孙某亦不同意对上述合同中孙某的签名进行鉴定;在一审判决作出后,孙某提交的鉴定结论,因系孙某自行委托、检材未经质证,也不具有相应效力。故孙某就委托合同中签名系伪造的主张所提供的证据,未达到确实、充分的程度,法院对孙某请求认定委托合同系伪造的上诉主张不予支持。另外,在不能证明签名不真实,委托合同系伪造的情况下,孙某主张委托合同无效,依据不足,法院亦不予支持。

第三节 举证责任的分配与转移

【法理辨析】

一、举证责任分配的机理

举证责任分配,是指"按照一定的标准,将不同法律要件事实的证明责任,在双方当事人之间预先进行分配，使原告对其中一部分事实负证明责任，被告对另一部分事实负证明责任”〔1〕。举证责任分配是证明责任的核心。《民事诉讼法》第64条规定，当事人对自己提出的主张，有责任提供证据，确定了行为意义上的举证责任由谁承担的问题，但没有明确后果意义上的证明责任应当由谁负担，即根据“谁主张，谁举证”无法确定举证责任分配。2020年《民诉法司法解释》对举证责任分配进行了明确，从第91条所采用的罗森贝克法律要件分类说中的规范说的观点来看：第一，举证责任分配是法定的，不是法官自由裁量的；而且，如果法律和司法解释对举证责任分配另有明文规定，要优先适用这些实体法中明文规定的举证责任分配。第二，根据事实与实体法的关系，罗森贝克将实体法律规范分为对立关系的两大类，一是权利发生规范，又称基本规范、请求权规范、主要规范、通常规范，它是指能够发生一定权利的法律规范；二是对立规范，包括三类：权利妨碍规范、权利消灭规范和权利限制规范。〔2〕而针对这种对立的实体法规范，主张权利的人，应就该权利赖以存在的实体法上规定的要件事实，承担证明责任；主张权利不存在的当事人，应就存在权利妨碍要件、权利消灭要件和受制的要件事实，承担证明责任。〔3〕

在民事诉讼中，之所以采用举证责任分配，实属“不得已而为之”。其一，人的认识的非至上性。尽管认识事物的渠道有很多，但由于人类认识事物的能力受到时空的限制，为了人类经济秩序、社会秩序、生活秩序安定的需要，只能通过证据来溯源，尽可能地去发现案件真实，而这种在诉讼过程中认识案件真实的手段就是证据，“证据标的是事实（事实主张）”〔4〕。由于任何诉讼的解决都只能建立在以证据为基础的法律事实上，尽管在有些案件中能够达到法律事实与客观事实的有机统一，但在许多情况下，法律事实与客观事实的“脱节”是一种客观常态。其二，诉讼案件中“真伪不明”的存在。如前所述，任何制度法都不可能在每一条法律规定中都明确举证责任分配规则，而基于法律规范的抽象性和非全面性，法官面对案件事实会出现三种情形：真、伪和真伪不明，法院必须通过拟制该要件事实的“真”或“伪”的方式进行裁判。〔5〕其三，源于实体法规范。法官不得拒绝裁判，基于诉讼时空限制和证据碎片化，任何法院都不能保证完全发现真实，在事实无法查清时，法

〔1〕 江伟主编：《民事诉讼法学原理》，中国人民大学出版社1999年版，第500页。
〔2〕 参见张永泉：《民事诉讼证据原理研究》，厦门大学出版社2005年版，第185页。
〔3〕 参见陈光中主编：《证据法学》（修订版），法律出版社2013年版，第333页。
〔4〕 ［德］奥特马·尧厄尼希：《民事诉讼法》（第27版），周翠译，法律出版社2003年版，第263页。
〔5〕 参见陈刚：《证明责任法研究》，中国人民大学出版社2000年版，第257页。

官又必须裁判局面，“为了使法官在事实无法查清时仍然能够作出判决，并且依照一定的规则而不是根据个人的偏好作出判决，实体法和证据法事先必须设置一定的规则处理事实真伪不明的情形。这就是普遍存在于各国民事诉讼中的举证责任规则，即事先确定某类诉讼的举证责任由互相对立的双方当事人中的某一方承担，负有举证责任的一方当事人若最终不能以充分的证据说服法官，不能使法官相信其主张的事实为真实，就必须承担败诉的后果。举证责任规则的存在使法官在遇到事实真伪不明的情况时有规律地作出判决成为可能”〔1〕。

诉讼法和实体法是一个有机整体，无法完全分开，分开也无法适用，“将诉讼法和实体法理解为整体上构成法律基础有意义的整体而不是被划分为不同等级的零散的部分”〔2〕，“证明责任规范的核心内容在于真伪不明时对不利后果的分配。这表明，证明责任规范是不完整的法律规范。证明责任规范不能单独适用，这样做也没有意义。只有将实体法规范（这里指一个完整的请求权规范）要件中的一个真伪不明的生活事实与证明责任规范结合起来，才能从完整的法律规范中得出司法上的法律后果”〔3〕。罗森贝克认为，主张责任和证明责任的分配是以法规范的这种多样性为基础的。原告必须证明，其诉讼请求赖以存在的法规范的前提条件在事实上已经实现，也就是说，原告必须对权利形成规范的前提条件加以证明（附带对补充规范的前提条件加以证明），而被告则必须对其试图用于反驳原告的诉讼请求的法规范的前提条件加以证明，这里主要是指权利妨碍规范的前提条件、权利消灭规范的前提条件或权利排除规范的前提条件。因为，只有当法官认为法规范的构成要件已经具备，他才可能考虑适用这一规范。如果原告据以要求对被告作出判决的规范的前提条件被予以确认，那么，法官必须满足原告的诉讼请求。〔4〕

正基于此，2019年《民事证据规定》将2001年《民事证据规定》的第7条“在法律没有具体规定，依本规定及其他司法解释无法确定举证责任承担时，人民法院可以根据公平原则和诚实信用原则，综合当事人举证能力等因素确定举证责任的承担”予以删除，主要原因就在于“举证责任分配具有法定性，实体法律规范本身包

〔1〕 李浩：《民事证据立法前沿问题研究》，法律出版社2007年版，第43页。

〔2〕 [德]米夏埃尔·施蒂尔纳编：《德国民事诉讼法学文萃》，赵秀举译，中国政法大学出版社2005年版，第110页。

〔3〕 [德]汉斯·普维庭：《现代证明责任问题》，吴越译，法律出版社2006年版，第236-237页。

〔4〕 参见[德]莱奥·罗森贝克：《证明责任论》（第4版），庄敬华译，中国法制出版社2002年版，第111页。

含了法律对举证责任分配的内容，原则上举证责任由法律分配而非由法官分配，只有在极为特殊的情况下，按照法律分配的举证责任会导致明显不公平的结果时，才允许法官根据诚实信用原则、公平原则等因素分配举证责任”〔1〕。

二、我国举证责任分配规则

我国民事诉讼中证明责任制度是借鉴了法律要件分类说中的规范说的基本观点。我国1991年《民事诉讼法》第64条中规定“当事人对自己提出的主张，有责任提供证据”，“这是我国民事诉讼立法上关于举证责任的法律渊源”〔2〕，但只规定了行为意义上的举证责任，没有规定后果意义上的证明责任。由于这一条规定过于简单和原则，当事人不明白，法官不好操作，无法判断举证责任的分配，容易造成裁判不规范。20世纪80年代的民事审判方式改革，通过明确举证责任的含义，强化当事人的举证责任，1998年7月11日施行的《最高人民法院关于民事经济审判方式改革问题的若干规定》第3条第2款规定“上述证据经人民法院调查，未能收集到的，仍由负有举证责任的当事人承担举证不能的后果”，首次明确了后果意义上的证明责任，也是第一次在概念上完整地体现了民事举证责任的行为意义和后果意义。

2001年《民事证据规定》第2条规定：“当事人对自己提出的诉讼请求所依据的事实或者反驳对方诉讼请求所依据的事实有责任提供证据加以证明。没有证据或者证据不足以证明当事人的事实主张的，由负有举证责任的当事人承担不利后果。”2020年《民诉法司法解释》第90条基本上沿用了2001年《民事证据规定》内容，表述上略作了修改。这一规定包含：(1)第1款中明确了“行为意义上的举证责任”原则，重点强调了“应当”提供证据加以证明；(2)考虑到举证责任倒置、推定、自认等法律规定的其他证据查明方法，增加了“但法律另有规定的除外”，使逻辑上更为周延；(3)为了提高诉讼效率，防止诉讼突袭，考虑到举证时限因素，增加了“在作出判决前”；(4)考虑到司法实践中部分当事人对证据既不承认，也不否认等情形，将“没有证据”，调整为“未能提供证据”，扩大了概念的外延。

---

〔1〕 郑学林等：《关于新〈民事证据规定〉理解和适用的若干问题》，载《人民法院报》2020年3月26日，第5版。

〔2〕 沈德咏主编：《最高人民法院民事诉讼法司法解释理解与适用（上）》，人民法院出版社2015年版，第311页。

由于我国民事证据立法采取的“三驾马车”的多轨并行方针，因此2019年《民事证据规定》仅补充了一款私文书证真实性的举证责任，有关举证责任及其分配的重担主要落在了《民事诉讼法》第64条和2020年《民诉法司法解释》第90条和第91条这三款规定上。

三、举证责任转移

关于证明责任分配的原理，即哪些要件事实应由哪一方来承担举证责任。罗森贝克认为，每一方当事人均必须主张和证明自己有利的规范（法律效果对自己有利的规范）的条件〔1〕，“每个当事人为对他有利的法律规范的事实要件承担证明责任”〔2〕。

在民事诉讼过程中，举证责任分配随着当事人举证活动的进行不断发生转移，即负有举证责任的当事人提供作为本证的证据后，对方当事人反驳本证需要提供作为反证的证据；当对方当事人提供的反证达到一定程度后，负有举证责任的当事人则应当进一步强化本证。主张者，需对存在法律规范适用的前提条件承担举证责任。无论是诉讼主张者，还是主张存在权利妨碍、权利消灭或权利排除的抗辩者，对于法官是否需要适用法律规范来说，其必须要提供证据证明存在法律规范适用的前提条件，如果不能证明这一前提条件，则其主张会因为法官不适用该规范而遭遇不利的法律后果。

根据法律要件分类说中的规范说，凡主张权利存在的当事人应当对权利发生的法律要件存的事实提供证明，如果主张未能达到法定的证明标准，则要承担不利的法律后果。而当主张者达到了法定的初步的证明标准，抗辩者如果提出否认观点，发生举证责任转移，由抗辩者对其抗辩主张进行举证。凡否认权利存在的当事人应当就权利妨碍法律要件、权利消灭法律要件或者权利限制法律要件存在的事实负举证责任，如果不能举证证明自己的主张，则产生不利的法律后果，而如果能够提供证据证明自己的观点，则发生举证责任转移的效果（见图1-4）。

---

〔1〕 参见［德］莱奥·罗森贝克：《证明责任论》（第5版），庄敬华译，中国法制出版社2019年版，第121页。

〔2〕 ［德］奥特马·尧厄尼希：《民事诉讼法》（第27版），周翠译，法律出版社2003年版，第269页。

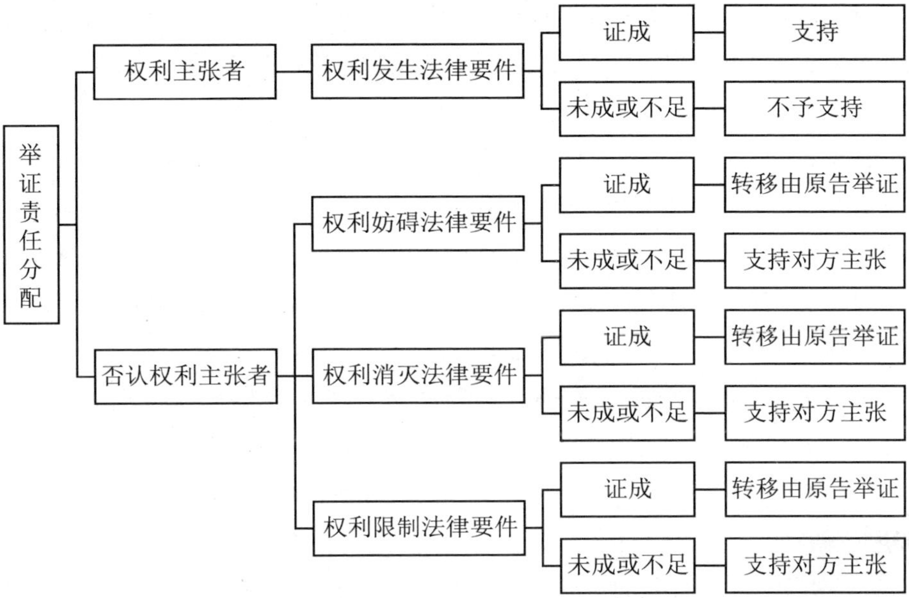

图1-4　举证责任分配规则与转移

其中，(1)权利发生规范，也即基本规范，是指能够引起权利发生的法律规范。如合同成立的法律规范。(2)权利妨碍规范，指权利发生之初，对权利发生效果进行妨碍，使权利不能发生的规范，如合同签订人无民事行为能力。(3)权利消灭规范，指权利发生之后，能使已存在权利归于消灭的规范，如债务的履行完毕。(4)权利限制规范，指权利发生之后准备行使之际，能对抗权利进行遏制、排除的规范，如起诉超过诉讼时效规定。

对于如何区别反驳与抗辩，一般认为，反驳的主张主要包括两类，一是抗辩，即承担举证责任的反驳；二是否认，不承担举证责任的反驳。否认和抗辩都属于主张，二者都属针对相对方主张的权利的要件事实而采取的防御方法。区别在于：抗辩是从法律规范之间的相对性关系出发，针对这些要件事实所要证明的权利的形成、消灭和行使。否认则针对相对方所要证明的要件事实的真实性，认为相对方主张的要件事实不真实。

四、司法实务中的举证责任转移

(一)举证责任不发生转移

1.主张方证据不充分，不发生举证责任转移。例如，在侵权案件中，从举证责任的分配来看，主张方要求相对方承担赔偿责任，即负有证实相对人系侵害人的证明责任，应当提供损害系相对人造成的这一积极证据。如主张方未能提供充足证据证明待证事实，举证责任不发生转移，相对方没有责任提供，且从证明原理和证明距离来看，相对方也很难提供不属于自己所有的消极证据，不应以相对人未提出反驳证据而认为相对人应承担赔偿责任。

2.抗辩人不否认文件真实存在，举证责任不发生转移。如果抗辩人辩称未出具过该证据，但不否认文件真实存在，对于证据的真实，应当提供证据证明，未能证明证据真实性的，承担不利的法律后果。

3.劳动者主张加班费的应当就加班事实的存在承担举证责任，举证责任并不发生转移。根据2020年《劳动争议司法解释一》第42条规定："劳动者主张加班费的，应当就加班事实的存在承担举证责任。但劳动者有证据证明用人单位掌握加班事实存在的证据，用人单位不提供的，由用人单位承担不利后果。"在司法实践中，如果从用人单位提供的考勤记录来看员工加班并非常态，根据经验法则，员工主张加班工资应承担相应的举证责任，并不发生举证责任转移，如果员工未能举证予以证明，对该主张不予支持。如果劳动者为证明其存在加班事实已经向法院提交了参加单位会议等证据，已经完成了初步的举证责任；用人单位未提交由其掌握的工作系统考勤记录予以核对，其应当承担举证不利的法律后果。

4.承包人提供的非结算书，不能导致举证责任转移。在建设工程施工合同纠纷案件中，在建设工程款结算时，承包人应当按照合同约定提供工程款结算依据。如果提供的结算资料未载明制表时间、未附有数据计算的依据，也未进行说明是否采用合同约定预算定额及信息价调差方式计算工程价款、单项工程价款的依据是工程预算书，显然这种结算材料不是结算书，不能用作认定欠付工程款数额的依据，亦不能导致举证责任转移。如果承包人主张工程款，应当进一步举证发包人欠付工程款数额。如有必要，可根据"谁主张，谁举证"的原则申请鉴定，以确定欠付工程款数额。

5.以未申请鉴定为由对证据的证明力在证据审核认定基础上作出的证明评价，并非对证明责任的重新分配。司法实践中，人民法院对涉案的全部证据作出评价后认定该证据能够证明待证事实的，如当事人一方仅仅是予以口头否认，而并未提出相反证据印证自己的否认主张的，不予支持。与此同时，人民法院对抗辩方以未申请鉴定为由对全部证据的证明力作出认定，并非对证明责任的重新分配，而是在证据审核认定基础上作出的证明评价，即对证据能够证明待证事实予以认定，对当事人一方主张法院错误分配证明责任的，不予支持。

（二）举证责任发生转移

1.出借人已完成初步的举证责任，举证责任应转移至借款人。根据2020年《民诉法司法解释》第90条、第91条和2020年《民间借贷司法解释》第15条、第16条的规定，在民间借贷纠纷中，通常的举证责任分配，对于存在借贷关系及借贷内容等事实，出借人应承担举证责任。例如，对于已经归还贷款的事实，由借款人承担举证责任。在案件审理过程中，如果出借人提供的向借款人转款的部分凭证上虽然记载为“保证金”“贷款保证金”“投标保证金”“转账”“往来款”，但上述款项均已进入借款人的账户，出借人与借款人之间已形成实际的资金联系。现出借人认为双方存在民间借贷法律关系，要求借款人承担还款责任，并依据转款凭证提起诉讼，根据上述司法解释规定，出借人已完成初步的举证责任，此时，举证责任应转移至借款人；借款人应就其合理占有上述款项提供证据证明，如果借款人无法证明其占有上述款项系出借人偿还双方之前借款或其他债务，则应承担举证不能的法律后果。此外，根据2020年《民间借贷司法解释》第16条的规定分配举证责任，该条的前提是出借人持有直接转账至借款人账户的金融机构转账凭证，出借人仍须就借款人实际上获取了该笔款项承担举证责任，除非借款人对收到该笔款项的事实没有异议。但在司法实践中，出借人虽然提供了银行的转账凭证，但收款人不是借款人，无法证明出借人与借款人之间成立民间借贷合同关系，则对举证人的主张不予支持。

2.在侵权纠纷中，受害人已经就侵权行为的持续时间等证据完成了初步举证责任的情况下，举证责任发生转移，侵权人否定受害人的主张，应当提供相反证据予以反驳。但是，根据已查明的事实，侵权人明确拒绝法院提出的提供相关财务账册的要求，在这种情况下，法院本着充分保护权利人利益、加大对恶意侵权行为的惩处力度，根据受害人的申请适用举证妨碍制度。

3.患者对违法行为、损害后果、因果关系及法定可推定医疗行为存在过错进行举证，主观过错的举证责任才发生转移〔1〕。最高人民法院民事审判第一庭认为，一般情况下，患者主张医疗机构承担医疗损害赔偿责任，就必须承担对医疗损害责任

〔1〕 本段参见最高人民法院民事审判第一庭编著：《民事审判前沿》（第1辑），人民法院出版社2014年版，第183页。

四个构成要件进行举证的责任。只有在法律规定的特殊情形下，患者需对另外三个构成要件即违法行为、损害后果及存在法定可以推定医疗行为存在过错的特殊情形进行举证，主观过错要件的举证责任才发生转移。此时医方必须对自己的医疗行为无过错进行举证，否则就要承担败诉的结果。医方的举证责任主要集中在两个方面：第一，证明医疗程序是否符合规范。医方就其诊疗行为是否违反法律、行政法规、规章以及其他诊疗规范的规定承担举证责任。第二，证明病历的正当性。

【典型案解】

（一）举证责任发生转移

1.【裁判规则】主张者所举证据达到高度可能性确定待证事实存在的标准时，如对方当事人反驳，则举证责任转移

典型案例

孙某某与温州市派克箱包有限公司等侵害实用新型专利权纠纷案［最高人民法院（2020）最高法知民终132号］

上诉人（原审被告）：孙某某

被上诉人（原审原告）：温州市派克箱包有限公司（以下简称派克公司）等

裁判观点

最高人民法院认为，根据《民事诉讼法》第64条第1款和《民诉法司法解释》第108条规定，一般情况下，在证明待证事实的过程中，举证责任会在双方当事人之间转移，即提出主张的一方当事人对其主张存在的事实负有举证责任，当其所举证据达到高度可能性地确定待证事实存在的标准时，如对方当事人反驳，则举证责任转移至对方当事人，由对方当事人举证以使该待证事实处于真伪不明状态，如对方当事人举证无法达到该标准，或者其仅仅否定而不提供证据，则应当认定待证事实存在。

本案中，派克公司主张被诉侵权产品由孙某某制造，并为此提供了被诉侵权产品吊牌上显示的商标信息以及坤达保罗特约经销证书、坤达保罗拉杆箱厂个体工商户营业执照、组织机构代码证、税务登记证复印件。虽然被诉侵权产品的吊牌上显示的商标与孙某某注册商标不完全一致，但两者高度近似，而且在用手机扫描吊牌上的二维码显示“欢迎您选购坤达保罗产品”信息，此足以说明被诉侵权产品上标注的是孙某某的商标，而商标的作用即表示商品的来源，即该被诉侵权产品来自孙某某。派克公司提供的坤达保罗特约经销证书、坤达保罗拉杆箱厂个体工商户营业执照、组织机构代码证、税务登记证复印件，均是孙某某作为经营者的个体工商户的资料，说明孙某某具有制造箱包的能力。派克公司提供的上述证据达到了证明被诉侵权产品是由孙某某制造的高度可能性标准，如果孙某某对此不予认可，则应当提供相反证据予以反驳，但本案中孙某某对此仅予以否认，而未提供有效的反驳证据，故应当认定派克公司对其主张的事实尽到了举证责任，可以确认被诉侵权产品由孙某某制造。

2.【裁判规则】举证责任转移的前提条件是负有证明责任一方当事人提供的现有证据已经初步达到相应的证明标准

典型案例

华为技术有限公司与中兴通讯股份有限公司侵害发明专利权纠纷案［最高人民法院（2014）民申字第148号］

再审申请人（一审原告、二审上诉人）：华为技术有限公司（以下简称华为公司）

被申请人（一审被告、二审上诉人）：中兴通讯股份有限公司（以下简称中兴公司）

裁判观点

最高人民法院认为，华为公司主张，其提供的证据至少已证明基站设备a和b构成了局部链型组网，如果需要进一步查明被诉侵权技术方案的具体组网方式，则应由中兴公司提供相反证据，一、二审法院要求华为公司继续举证并承担举证不能的后果是错误的；通常设备销售商需要承接设备安装维护，中兴公司更容易举证证明被诉侵权技术方案未采用链型组网。中兴公司则主张设备销售后的安装和运营属于网络运营商的行为，具体采用何种组网方式由网络运营商决定。华为公司的上述主张实际上提出了具体案件中举证责任在双方当事人之间的转移问题。对此，法院分析如下：

第一，具体案件中举证责任转移的条件。在具体案件的审理中，举证责任在当事人之间的转移取决于人民法院对负有证明责任的一方当事人所提供证据的证明力的综合评价结果。如果在对一方当事人所提供证据进行审查判断后，认为其证明力具有明显优势并初步达到了相应的证明标准，此时可以不再要求该方当事人继续提供证据，而转由另一方当事人提供相反证据。因此，具体案件中举证责任转移的前提条件是负有证明责任一方当事人提供的现有证据已经初步达到相应的证明标准。

第二，华为公司提供的现有证据并不具有明显的证据优势亦未初步达到相应的证明标准。对于被诉侵权技术方案是否具备“链型组网”这一特征，华为公司提供的现有证据仅能证明被诉侵权技术方案中两台基站设备串接且其中一台基站设备位于链路末端。如前所述，这种连接方式既存在级联的可能，也存在并柜的可能；既存在于链型组网中，又存在于树型组网方式中。据此，现有证据尚不具有足够的证明力，不足以初步确定被诉侵权技术方案的具体组网类型为本案专利权利要求1所限定的“链型组网”。

第三，中兴公司对于被诉侵权技术方案的组网特征并不具有明显的证明便利。前已述及，本案专利权利要求1所保护的是由基站控制器、基站、信号旁路装置组成，各组件之间具有特定连接关系，信号经由特定路径传输的系统。中兴公司是基站控制器、基站设备等的设备制造和销售商。通常情况下，在基站设备及基站控制器等产品售出后，其所有权和运营权均属网络运营商。本案既无证据证明中兴公司在售出相应产品后还实际提供了组网设计和安装服务，又没有充分证据证明通信行业内存在设备经销商帮助设计组网方式并提供安装服务的通行惯例。因此，设备销售商并不当然对销售后设备的组网方式存在举证的便利。

综上所述，对于被诉侵权技术方案是否具备“链型组网”这一事实，华为公司提供的本案现有证据并不具有明显的证据优势亦未初步达到相应的证明标准，一、二审法院未将对此提供反证的责任转移给中兴公司并无不当。

3.【裁判规则】抗辩人提供的初步证据成立，举证责任发生转移，由主张方负担举证责任

典型案例

钦州开宇房地产开发有限责任公司与朱某某等委托合同纠纷案［广西壮族自治区高级人民法院（2013）桂民一终字第6号］

上诉人（一审原告）：钦州开宇房地产开发有限责任公司（以下简称开宇公司）

被上诉人（一审被告）：朱某某等

裁判观点

人民法院认为，根据“谁主张，谁举证”的民事诉讼举证责任分配原则，当事人对自己提出的诉讼请求所依据的事实或者反驳对方诉讼请求所依据的事实有责任提供证据加以证明，没有证据或者证据不足以证明当事人的事实主张的，由负有举证责任的当事人承担不利后果。在民事诉讼过程中，举证责任分配随着当事人举证活动的进行不断发生转移，即负有举证责任的当事人提供作为本证的证据后，对方当事人反驳本证需要提供作为反证的证据；当对方当事人提供的反证达到一定程度后，负有举证责任的当事人则应当进一步强化本证。开宇公司主张与朱某某、梁某某之间是代理销售关系，朱某某、梁某某应将代开宇公司销售宅基地所得的购地款返还给公司。朱某某、梁某某则抗辩认为双方是合作经营关系，在双方未就合作项目清算前，朱某某、梁某某不负有向开宇公司给付款项的义务。朱某某、梁某某为此举出了讼争项目大部分宗地都是朱某某作为“出卖方代表”以开宇公司名义对外销售，经由朱某某销售的购地款均汇入朱某某个人账户的证据，还提供了朱某某在开宇公司购地前付款400万元给开宇公司用于购地的付款凭证、在销售项目过程中朱某某以开宇公司名义办理相关证件的手续及缴纳有关税费的凭证以及开宇公司以借款方式向朱某某、梁某某借支购地款的借条等证据。综合朱某某、梁某某提供的证据可见，朱某某、梁某某与开宇公司之间发生的民事行为已经超出了一般意义的代理行为特征，朱某某、梁某某的举证形成了反驳开宇公司主张的初步证据，此时举证责任发生转移，开宇公司应负有进一步证明双方是代理销售关系的义务。由于本案中开宇公司不能进一步提供充分有效证据证明双方是代理销售关系，开宇公司据此应承担举证不能的法律后果。因此，开宇公司基于委托代理关系向朱某某、梁某某主张返还或转交土地销售余款的上诉请求不能成立，法院不予支持。

4.【裁判规则】真实权利人提供初步证据证明受让人取得不动产时非善意，举证责任发生转移

典型案例

滕某某与王某某所有权确认纠纷案［黑龙江省高级人民法院（2019）黑民再116号］

抗诉机关：黑龙江省人民检察院

申诉人（一审被告、二审上诉人）：滕某某

被申诉人（一审原告、二审被上诉人）：王某某等

裁判观点

人民法院认为，哈尔滨市中级人民法院（2013）哈刑一初字第38号刑事判决书认定，韩某某以帮助王某某变卖房屋为名，将本案诉争房屋购买合同及购房收据等凭证骗出后，过户到滕某某名下抵偿韩某某拖欠滕某某债务的事实，因此韩某某为无权处分人。《物权法》第106条[1]规定，故本案争议的焦点即为滕某某取得诉争房屋时是否是善意的。受让人受让不动产或者动产时，不知道转让人无处分权，且无重大过失的，应当认定受让人为善意。本案滕某某在受让诉争房屋时，与韩某某共同到恒都房地产公司办理更名手续，法院庭审时询问滕某某对购房收据等登记在张某名下是否提出异议，滕某某称“提出异议了”，说明滕某某在办理更名过户时，从其认知程度上已意识到应当取得王某某、张某的认可，即其应知道韩某某为无权处分人。而滕某某在未取得王某某、张某的同意或举示韩某某享有委托授权的情况下，与恒都房地产公司办理了更名手续，构成重大过失。滕某某称在办理更名手续时王某某、张某及王某某的工作人员均在场，而此说法与恒都房地产公司的答辩意见相矛盾，与滕某某在公安机关询问笔录中的自述亦相矛盾，因此现滕某某无充分的证据证实其在受让诉争房屋时系善意的，故二审法院认定滕某某非善意取得并无不当。

依照《民诉法司法解释》第90条的规定，本案王某某作为真实权利人，其负有证明滕某某非善意取得的举证责任。王某某在案件审理中，提交了确认韩某某犯诈骗罪的刑事判决，能够证实诉争房屋原始登记情况，结合滕某某的自述及恒都房地产公司的答辩意见，可以认定王某某已完成初步举证的责任，使他人对滕某某是否属于善意取得产生合理怀疑，因此举证责任发生转移，应由滕某某举示其属于善意取得的相应证据，故原审法院对举证责任的分配亦不存在不当之处。综上所述，滕某某的再审理由无事实及法律依据，法院不予支持。

---

〔1〕 现为《民法典》第311条：“无处分权人将不动产或者动产转让给受让人的，所有权人有权追回；除法律另有规定外，符合下列情形的，受让人取得该不动产或者动产的所有权：（一）受让人受让该不动产或者动产时是善意；（二）以合理的价格转让；（三）转让的不动产或者动产依照法律规定应当登记的已经登记，不需要登记的已经交付给受让人。受让人依据前款规定取得不动产或者动产的所有权的，原所有权人有权向无处分权人请求损害赔偿。当事人善意取得其他物权的，参照适用前两款规定。”

5.【裁判规则】当事人一方对已付款的事实提供初步证据，此时行为意义上的举证责任转移

典型案例 ▶▶

内蒙古金汇房地产开发有限责任公司与王某商品房销售合同纠纷案［最高人民法院（2017）最高法民申1997号］

再审申请人（一审被告、二审上诉人）：内蒙古金汇房地产开发有限责任公司（以下简称金汇公司）

被申请人（一审原告、二审上诉人）：王某

裁判观点 ▶▶

最高人民法院认为，根据原判查明事实，王某提交了金汇公司出具的购房款收据，其上加盖金汇公司印章真实。金汇公司对此不持异议，只是主张其未收到款项。公安机关对金汇公司出纳人员马某所作的询问笔录证实，马某按照当时公司负责人要求给王某出具金额分别为240万元、156万元两份购房款收据，公司负责人加盖公司财务专用章。该笔录能够证明金汇公司确实向王某某出具了购房款收据。马某虽称出具收据时，并不清楚王某是否向金汇公司交付购房款，但同时称金汇公司原负责人出具白条载明已将相关款项收取。王某主张已付156万元购房款，与马某的询问笔录并不矛盾。王某对于支付购房款已经出示初步证据，此时行为意义上的举证责任转移到金汇公司。金汇公司并未举出比购房款收据证明力更强的证据，应承担举证不能的不利后果。金汇公司主张王某未提交向金汇公司直接付款的证据即证明王某某未付购房款，理据不足。原判对王某是否支付购房款的事实进行了审理，金汇公司主张原判未查明基本事实，法院不予采纳。

6.【裁判规则】债务人提供的证据达到了初步证明债权人主张的借款实为赌债的高度盖然性标准，举证责任发生转移

典型案例 ▶▶

欧某某与李某某借款纠纷案［广东省高级人民法院（2012）粤高法民一申字第1281号］

申请再审人（一审原告、二审上诉人）：欧某某

被申请人（一审被告、二审被上诉人）：李某某

裁判观点

人民法院认为，欧某某以李某某出具的欠其现金80万元的欠条为证据起诉至法院，请求返还借款及利息。李某某抗辩称该借款系赌债，无合法真实的经济行为作基础，并申请法院向公安机关调取了犯罪嫌疑人蔡某某的讯问笔录，还提供了同日出具给江某某的另一欠条以及李某某的丈夫张某某与欧某某的谈话录音等作为证据。其中，蔡某某的讯问笔录提到欧某某与其表兄弟江某某共同参与组织网上赌博，谈话录音则反映李某某在网上赌输后，欧某某帮其垫付赌资给庄家的情况。李某某提供的上述证据相互印证，形成前后一致的证据链条，达到了初步证明涉案借款为赌债的高度盖然性标准。在此情况下，举证责任发生转移，应由欧某某就该债务的合法性进行举证。

7.【裁判规则】抗辩人否认举证人关于源代码不合格证据的主张，举证责任发生转移

典型案例

武汉群翔软件有限公司与嘉兴威亚顺信息科技有限公司技术合同纠纷案［最高人民法院（2017）最高法民申1669号］

再审申请人（一审被告、二审上诉人）：武汉群翔软件有限公司（以下简称群翔公司）

被申请人（一审原告、二审被上诉人）：嘉兴威亚顺信息科技有限公司（以下简称威亚顺公司）

裁判观点

最高人民法院认为，根据《民诉法司法解释》第90条规定，本案中，威亚顺公司为证明群翔公司交付的源代码内容不全，提供了证据6（源代码目录打印件），即威亚顺公司已经就自己提出的相关诉讼主张提供证据予以证明。此时，群翔公司如否认威亚顺公司的上述主张，则举证责任发生转移，即应由群翔公司就已经交付了符合合同约定的源代码提供证据加以证明。对此，群翔公司在一审诉讼过程中认可证据6的真实性、合法性及关联性，又在二审诉讼过程中认为证据6的来源不

明。二审法院对此曾询问群翔公司在不认可证据6来源的情况下，是否有证据证明实际交付的源代码内容，群翔公司明确表示不能提交。至本案再审审查阶段，群翔公司虽继续否认证据6的来源，但亦未提交任何证据证明其实际交付的源代码内容。据此，群翔公司虽对威亚顺公司的诉讼主张提出相反意见，但并未完成其应有的举证责任，故应由其自行承担不利的法律后果。

8.【裁判规则】主张方已对其主张存在的侵权事实履行了举证义务的情况下，此时举证责任发生转移

典型案例 ▶▶

湖北藤仓建材科技有限公司与北京定荣家科技有限公司侵害著作权纠纷案［湖北省高级人民法院（2019）鄂知民终185号］

上诉人（原审被告）：湖北藤仓建材科技有限公司（以下简称藤仓公司）

被上诉人（原审原告）：北京定荣家科技有限公司（以下简称定荣家公司）

裁判观点 ▶▶

人民法院认为，定荣家公司提交的“百年家轻钢别墅”宣传册经过一审当庭质证，从该宣传册的内容来看，均为上诉人的企业简介、企业照片、产品、荣誉资质、网址、电话等信息，宣传册上的微信二维码也链接到藤仓公司，且二审时藤仓公司认可“百年家”系其公司品牌，却又否认该宣传册的真实性，在定荣家公司已对其主张存在的侵权事实履行了举证义务的情况下，此时举证责任发生转移，即应由藤仓公司承担相应举证证明责任，但藤仓公司至今未举证，理应承担举证不能的不利法律后果。故一审法院认定该宣传册的真实性并予以采信，并无不当，对藤仓公司的此项上诉理由，法院也不予支持。

9.【裁判规则】当事人对股东履行出资义务产生合理怀疑证明的，举证责任转移至股东

典型案例 ▶▶

美达多有限公司与深圳市新大地数字网络技术有限公司等借款合同纠纷及股

东出资纠纷案［最高人民法院（2016）最高法民再2号］

再审申请人（一审原告、二审上诉人）：美达多有限公司（以下简称美达多公司）

被申请人（一审被告、二审被上诉人）：深圳市新大地数字网络技术有限公司（以下简称新大地公司）等

裁判观点

最高人民法院认为，根据《公司法司法解释三》第20条规定，就股东是否抽逃出资的举证责任分配，由于美达多公司无法查询新大地公司及其股东周某、张某某的银行账户或财务账簿，在美达多公司提供了对周某、张某某抽逃出资合理怀疑的证明后，只能通过法院调查或者由新大地公司及周某、张某某提供反驳证据，才能查清事实。因此，此时应将举证责任转移至周某、张某某，由其提供相应的证据反驳美达多公司关于周某、张某某抽逃出资的主张。然而，周某、张某某未予举证。在这种情况下，应当作出对周某、张某某不利的判断，即支持美达多公司的主张，认定周某、张某某构成抽逃出资。一、二审判决没有支持美达多公司关于周某、张某某构成抽逃出资的主张错误，应予纠正。

10.【裁判规则】施工人抗辩工期迟延系因工程量增加、变更以及专业分包项目验收迟延所致，举证责任发生转移

典型案例

浙江中国小商品城集团股份有限公司与义乌市城东建筑工程有限公司建设工程施工合同纠纷案［浙江省高级人民法院（2018）浙民申3423号］

再审申请人（一审被告、反诉原告、二审上诉人）：浙江中国小商品城集团股份有限公司（以下简称小商品城集团公司）

被申请人（一审原告、反诉被告、二审上诉人）：义乌市城东建筑工程有限公司（以下简称城东建筑公司）

裁判观点

人民法院认为，在双方当事人均未就工程量变更、增加及专业分包工程施工

情况提交有效证据之情形下，审理的关键在于举证责任如何分配，即举证不能的不利后果应当由哪一方当事人承担。根据民事诉讼证据规则，主张法律关系存在的当事人，应当对产生该法律关系的基本事实承担举证证明责任，反对的一方应当就法律关系变更、消灭或者权利受到妨害的基本事实承担举证证明责任。本案中，案涉工程施工总工期超过合同工期之事实清楚，小商品城集团公司对工期迟延之主张已尽到初步举证义务。但城东建筑公司抗辩称，工期迟延系因工程量增加、变更以及专业分包项目验收迟延所致。而根据前述司法鉴定报告载明的内容，城东建筑公司主张的工程量增加、变更以及存在专业分包项目等导致法律关系变更的事实可以认定。在此情形下，举证责任发生转移，小商品城集团公司应当就工程量增加、变更以及专业分包等行为不影响施工工期之事实承担举证责任。其作为发包人，对于主体工程以及专业分包工程的组织施工、变更、进展、完工情况应有全面了解，也能掌握主体工程的施工组织设计资料以及专业分包工程开工、竣工、施工组织设计方案等资料，而其未能提交，导致鉴定机构无法对上述可顺延天数作出鉴定，原审判令其承担举证不能之不利后果，驳回其该部分诉讼请求，并无不当。

11.【裁判规则】在根据专利权人提交的证据表明被诉侵权人的生产方法落入专利方法保护范围的可能性很大的情况下，才可将举证责任转移

典型案例

宜宾长毅浆粕有限责任公司与巴州泰昌浆粕有限公司等侵犯发明专利权纠纷案［最高人民法院（2019）最高法民申2652号］

再审申请人（一审原告、二审被上诉人）：宜宾长毅浆粕有限责任公司（以下简称宜宾浆粕公司）

被申请人（一审被告、二审上诉人）：巴州泰昌浆粕有限公司（以下简称巴州泰昌公司）等

裁判观点

最高人民法院认为，在方法专利中，如果专利权人能够证明被诉侵权人制造了同样产品，经合理努力仍无法证明被诉侵权人确实使用了该专利方法，根据案件具体情况，结合已知事实及日常生活经验，能够认定该同样产品经由专利方法制造的

可能性很大的，可以依据2001年《民事证据规定》第7条规定，将举证责任分配给被诉侵权人。但是，不同于《专利法》第61条第1款规定的新产品制造方法专利的举证责任，已知产品生产方法专利的举证责任首先在专利权人，只有在根据专利权人提交的证据表明被诉侵权人的生产方法落入专利方法保护范围的可能性很大的情况下，才可将举证责任转移，由被诉侵权人承担其使用的方法不同于专利方法的举证责任。本案中，根据宜宾浆粕公司提供的证据，可以对被诉侵权生产方法与专利权利要求进行比对，且可以认定被诉侵权的生产方法没有落入涉案专利权利要求的保护范围。因此，被诉侵权人无须再进一步举证证明其生产工艺与涉案专利存在不同。

12.【裁判规则】权利人提供了著作权被侵犯的初步证据，在初步举证责任完成后，举证责任发生转移

典型案例

华盖创意（北京）图像技术有限公司与北京鸿坤伟业房地产开发有限公司侵犯著作权纠纷案［北京市高级人民法院（2011）高民终字第211号］

上诉人（原审原告）：华盖创意（北京）图像技术有限公司（以下简称华盖公司）

被上诉人（原审被告）：北京鸿坤伟业房地产开发有限公司（以下简称鸿坤公司）

裁判观点

人民法院认为，华盖公司提交的刊物和宣传册上不仅包含涉案10幅图片，还印有鸿坤伟业公司的企业详细信息及内部刊物编辑人员的姓名。虽然企业详细信息是能够从公开途径获得的，但鸿坤伟业公司要否认刊物和宣传册是其印制的，应提交相应证据予以证明。现鸿坤伟业公司未就涉案刊物、宣传册是他人假冒其名义印制提交任何证据，且认可曾经委托的广告公司设计过涉案的刊物和宣传册，只是否认使用了涉案刊物、宣传册，但亦未就此提交相关证据。根据民事诉讼证据的盖然性原则和证据优势原则，华盖公司已经提交了印有鸿坤伟业公司企业信息、内部刊物编辑人员的刊物、宣传册，结合该刊物、宣传册的内容及外部形态，可以认定其证明鸿坤伟业公司使用涉案图片的初步举证责任已经完成。在初步举证责任完成后，举证责任发生转移，即证明该刊物、宣传册并非鸿坤伟业公司印制的举证责任应转移至鸿坤伟业公司一方。鸿坤伟业公司没有提交任何证据，没有完成其举证责任。因此，应当认定华盖公司已经完成了证明鸿坤伟业公司使用涉案图片的举证责任。原审法院有关举证责任的分配及认定错误，应予纠正。

（二）举证责任不发生转移

1.【裁判规则】原告提交的证据未能达到证明标准的情况下，举证责任不发生转移

典型案例

任某某与陕西省美术博物馆著作权权属及侵权纠纷案［最高人民法院(2018)最高法民申2920号］

再审申请人（一审原告、二审上诉人）：任某某

被上诉人（一审被告、二审被上诉人）：陕西省美术博物馆（以下简称美术馆）

裁判观点

最高人民法院认为，根据《民诉法司法解释》第90条、第91条和第108条第1款规定，任某某应当首先举证证明其享有涉案16幅摄影作品的著作权，在此基础上进一步举证证明美术馆实施了未经权利人许可的使用行为。二审法院认为，任某某并未提供有其署名的涉案作品的证据，不能证明其为涉案16幅照片的拍摄者。任某某申请再审主张，其在原审中提供的日记有关于涉案照片的拍摄记录等证据已足以直接证明涉案16幅照片由其拍摄。对此法院认为，《著作权司法解释》第7条第1款规定："当事人提供的涉及著作权的底稿、原件、合法出版物、著作权登记证书、认证机构出具的证明、取得权利的合同等，可以作为证据。"本案中，任某某并不能就其主张权利的16幅照片提供带有其署名的公开出版物，也不能根据《著作权法司法解释》的规定，提供照片的底片等涉及著作权的底稿、原件等证据。虽然其在原审程序中提交了日记、信件等相关证据用于佐证其权利主张，但日记和信件的内容仅能证明任某某曾陪同王某某先生考察的事实，日记中关于任某某拍摄、冲洗照片的记录也不能与涉案16幅照片形成直接指向关系，故任某某所称上述证据能够直接证明其为涉案16幅照片拍摄者的主张不能成立，一、二审法院的相关认定正确，法院予以支持。在任某某作为原告提交的证据未能达到证明标准的情况下，举证

责任不发生转移，故任某某所称美术馆应就该问题承担举证责任的主张缺乏法律依据，法院不予支持。据此，在任某某未能举证证明其为涉案16幅摄影作品拍摄者和著作权人的情况下，一、二审法院对其相应的侵权主张不予支持的做法具备事实与法律依据，法院不持异议。

2.【裁判规则】对方当事人对民间借贷的事实否认的，不适用举证责任转移

典型案例

卢某某与韩某某等民间借贷纠纷案［最高人民法院（2017）最高法民申1780号］

再审申请人（一审原告、二审上诉人）：卢某某

被申请人（一审被告、二审被上诉人）：韩某某

裁判观点

最高人民法院认为，真实意思表示是民事法律行为的核心要素，民间借贷法律关系的有效成立，必须同时具备借贷双方当事人真实、合法的意思表示一致以及借款的实际交付两个要件。本案中卢某某仅证明涉案款项进入韩某某的银行卡以及和韩某某认识，并未提交如借款合同、借据等其他证据来证明与韩某某已经形成借贷的合意，双方的借贷关系已经有效成立这一事实。韩某某对其向卢某某借款事实予以否认，并非对卢某某的转账系偿还双方之前借款或其他债务的抗辩，不符合《民间借贷司法解释》第17条〔1〕规定的情形，不适用举证责任的转移。对比原审中韩某某提交的相关证据，能够证明张某某利用韩某某尾号为2119的银行卡与卢某某实施过民间借贷行为。卢某某主张韩某某提交的借款协议和借据是虚假的并相互矛盾，但并未提交相关证据予以证明。且张某某自认是案涉800万元的借款人，提交的资金流向等证据也与其自认的事实相吻合。原审法院综合双方提交的证据的证明力，认定卢某某与韩某某之间不存在民间借贷关系并无不当。卢某某请求韩某某承担还款责任没有事实依据，经一审法院释明后仍不变更诉讼请求，原审法院依法驳回其诉讼请求也无不当。

---

〔1〕 现为2020年《民间借贷司法解释》第16条："原告仅依据金融机构的转账凭证提起民间借贷诉讼，被告抗辩转账系偿还双方之前借款或者其他债务的，被告应当对其主张提供证据证明。被告提供相应证据证明其主张后，原告仍应就借贷关系的成立承担举证责任。"

3.【裁判规则】还款行为与借款合同之间关联性未完成证明的，举证责任不发生转移

典型案例

郑某某与许某某等民间借贷纠纷案［最高人民法院（2016）最高法民终615号］

上诉人（一审被告）：郑某某

被上诉人（一审原告）：许某某等

裁判观点

最高人民法院认为，华瀚公司于2009年6月8日、6月23日向宏德辉公司划款3600万元、34万元，于10月10日向达源公司划款1000万元，该三笔划款共4634万元。两名第三人并非合同约定或许某某指定的收款单位。华瀚公司、郑某某同样未能提交许某某的书面指令、委托收款或事后追认文件。本案中，虽然宏德辉公司、达源公司是许某某指定的出款单位，且债权转让及还款确认协议书签订时许某某与案外人陈某某通过共同全资持股伟康德公司的方式实际控股宏德辉公司，宏德辉公司和达源公司与本案合同履行及许某某之间确有特殊的密切关联，但是在法律上宏德辉公司、达源公司与许某某系互为独立的民事主体，仅依据上述特殊关联尚不足以推定4643万元的划款、收款行为的法律效果及于许某某。因此，从华瀚公司、郑某某提交的证据来看，上述4643万元款项与本案借款合同之间可能存在关联，但是还不足以排除没有关联的另一可能性。这些证据的证明力尚未达到足以证明二者存在关联的最低证明标准，其证明结果具有或然性，故华瀚公司、郑某某作为负有举证证明义务的一方当事人，对关联性这一争议问题尚未完成证明责任，本案举证责任尚未发生转移。

4.【裁判规则】主张他人非法占有财产的，应当对该事实负有举证责任，抗辩人否认该事实，并不导致举证责任发生转移

典型案例

王某某与严某某等租赁合同纠纷案［四川省高级人民法院（2019）川民申3126号］

再审申请人（一审原告、二审上诉人）：王某某

被申请人（一审被告、二审被上诉人）：严某某

裁判观点

人民法院认为，根据《民事诉讼法》第64条规定，当事人对自己的主张，有责任提供证据加以证明。本案中，王某某主张严某某非法占有案涉加油站，依法应当对该事实负有举证责任，严某某否认该事实并不导致举证责任发生转移，故王某某要求严某某举证证明未非法占有案涉加油站于法无据。因此，王某某再审主张应向其退还案涉加油站的理由不能成立。

（三）举证责任分配

1.【裁判规则】不需要再次鉴定的，可按照举证责任分配作出事实认定，不应以无法鉴定为由认定承担举证不能的法律责任并判决驳回其诉讼请求

典型案例

深圳市中建南方建设集团有限公司宁夏分公司与宁夏亘元房地产开发有限公司建设工程施工合同纠纷案［最高人民法院（2019）最高法民再167号］

再审申请人（一审原告、二审上诉人）：深圳市中建南方建设集团有限公司宁夏分公司（以下简称中建宁夏分公司）

被申请人（一审被告、二审被上诉人）：宁夏亘元房地产开发有限公司（以下简称亘元房地产公司）

裁判观点

最高人民法院认为，一般来说，建设工程施工合同纠纷涉及的事实问题专业性较强，需要由鉴定机构就相关问题提出意见。经当事人申请鉴定后，在选定的鉴定机构无法鉴定的情况下，若当事人对鉴定机构无法鉴定持有异议，为充分保障当事人权利，人民法院可另行委托具备资质的鉴定机构，或者依据举证责任的分配原则和双方当事人的过错程度对全案证据进行分析，进而对案件事实作出认定。

具体到本案，第一，虽然亘元房地产公司主张案涉工程由国宇嘉宁夏分公司完成施工，但国宇嘉宁夏分公司在本案一审时提交证明并当庭陈述：其进场施工时，案涉工程已完成施工，该公司仅是在无施工图纸的情况下对相关设施进行了修整

养护。若结合本案其他证据能够证实国宇嘉宁夏分公司所述属实且亘元房地产公司无其他证据予以反驳，依照《民诉法司法解释》第108条和2001年《民事证据规定》第2条、第5条第2款有关举证责任的规定，可以对案涉工程是否已由中建宁夏分公司施工完毕进行认定。第二，一审法院依据中建宁夏分公司申请委托宁夏农林科学院园艺研究所对中建宁夏分公司实际完成的工程量和工程造价进行鉴定，后宁夏农林科学院园艺研究所于2016年12月23日以“鉴定标的物中工程施工方较多，鉴定范围无法明确；提供检材中缺乏有力依据支持实际发生工程量和工程造价的评估的进行”为由，依据《司法鉴定程序通则》[1]第27条第1款第3项、第4项的规定终止鉴定。在宁夏农林科学院园艺研究所明确表示完成鉴定所需的技术要求超出其技术条件和鉴定能力的情况下，一审法院可再行委托具有相应技术条件和鉴定能力的鉴定机构对本案相关专业性问题进行鉴定。或者在认为不需要再次鉴定的情况下，按照举证责任分配，结合案涉证据，作出事实认定。据此，原判决以无法鉴定为由认定中建宁夏分公司承担举证不能的法律责任并判决驳回其诉讼请求，属认定基本事实不清。

2.【裁判规则】因证据的证明力无法判断导致争议事实难以认定的，人民法院应当依据举证责任分配的规则作出裁判

典型案例

北京中亿创一科技发展有限公司与信达投资有限公司等房屋买卖合同纠纷案［最高人民法院（2014）民一终字第58号］

上诉人（一审被告）：北京中亿创一科技发展有限公司（以下简称中亿创一公司）

被上诉人（一审原告）：信达投资有限公司（以下简称信达投资公司）

裁判观点

最高人民法院认为，在本案一审第一次证据交换阶段，中亿创一公司、北大青鸟公司向一审法院提交落款时间为2009年11月信达投资公司发出的特快专递详情单和解除合同通知复印件，信达投资公司对详情单真实性没有异议，但对于解除

〔1〕《司法鉴定程序通则》已于2016年5月1日废止。

合同通知因没有原件对证明事项有异议。而中亿创一公司、北大青鸟公司称原件被信达投资公司以“调整个别字眼”为由收回。在一审质证阶段，对于中亿创一公司、北大青鸟公司提交的2009年11月信达投资公司发出的特快专递详情单和解除合同通知复印件，信达投资公司以没有原件为由而不予认可，且认为不是其发出的解除通知书内容，但对于其认可的特快专递详情单并未提供别的反证。法院认为，根据2001年《民事证据规定》第7条和第73条规定，本案中，信达投资公司认可特快专递详情单的真实性，虽然否认落款时间为2009年11月4日的解除合同通知并以无原件为由不予认可，但在中亿创一公司、北大青鸟公司作出合理说明后并未进一步提供反证，一审法院根据举证责任及证据认定分析，认定落款时间为2009年11月4日解除合同通知函件真实存在正确，法院予以确认。

第四节　举证责任倒置

【法理辨析】

一、举证责任倒置的内涵

举证责任倒置，是指“按照法律要件分类说在双方当事人之间分配证明责任后，对依此分配结果原本应当由一方当事人对某法律要件事实存在负证明责任，转由另一方当事人就不存在该事实负证明责任”〔1〕。之所以会出现所谓“倒置”的说法，是源于罗森贝克的规范说提出的证明责任为“正置”。“依举证责任分配法则所确定之应负举证责任人，其对待证事实所应提出之证据，乃系本证，此一本证应使法院对待证事实达到‘确信’始可谓举证成功。若负举证责任之人就本证已成功举证，则相对人应对该待证事实之‘相反事实’提出证据反驳，此一反证之提出，并非举证责任转换，而此时相对人所提反证乃须‘动摇’法院原已对待证事实所形成之确信而已，并不须令法院对该相反事实形成确信。”〔2〕负担证明责任的当事人有提出证据的义务，否定者，无提供证据的义务。关于举证责任倒置中的“倒置”的提法，学界存在不同的观点，有学者主张“采用法律要件分类说分配举证责

〔1〕 李浩：《民事证据立法前沿问题研究》，法律出版社2007年版，第227页。

〔2〕 姜世明：《举证责任与真实义务》，厦门大学出版社2017年版，第2-3页。

任，才产生举证责任倒置问题。若是采用依实质性标准分配举证责任的学说（如盖然性说、利益衡量说），尽管分配的最终结果与倒置相同，但从理论上说，仍然是举证责任的直接分配而非倒置”[1]。事实上，举证责任倒置是相对于法律要件说中的证明责任分配而言的。举证责任倒置并不是说举证者完全不负担举证责任，只要在举证责任的范围内，原本由本证对所有的要件事实承担举证责任，相对于“主张法律关系存在的当事人，应当对产生该法律关系的基本事实承担举证证明责任”这种证明责任分配的“正置”而言，法律将部分的举证事项分配给了对方当事人而已。相对于规范说的正常情况下的分配而言，属于对规范说的一种补充、完善或发展，抑或是在出现了规范说之外的情形，或者一切要件事实都适用规范说会产生权利义务的不平衡时一种制度上的再调整。从法律规定的角度来看，举证责任倒置实际上是在坚持规范说作为基本原则的基础上，用法律制度对于一些特殊情形而作出的关于举证责任（对部分要件事实）的“重新分配”。因此，举证责任倒置不是对举证责任制度的颠覆，其并不否定规范说下的举证责任分配的一般原则，不能把举证责任倒置中的“倒置”理解为“完全由对方承担”“完全由被告进行举证”“不负举证责任的当事人承担全部举证责任”“负举证责任的当事人只提出主张不负责举证”，而是按照规范说的要求，该由一般意义上的负举证责任的当事人承担的举证责任，仍然要承担，否则，将遭受不利的法律后果。而在遇到“法定”的举证责任倒置适用前提条件时，由于实体法已经对举证责任的分配（部分要件事实规定由相应的当事人承担），则要按照“特殊法优于普通法”的原则，来依法承担和分配举证责任。

我国《民事诉讼法》没有明确规定举证责任倒置规则。2001年《民事证据规定》第4条规定了举证责任倒置规则，2020年《民诉法司法解释》第91条规定了举证责任分配原则，但没有明确举证责任倒置规则，2019年《民事证据规定》亦未作出明确的规定。之所以未在这次规定中予以明确，原因在于这些具体的举证责任倒置规则能够通过适用2020年《民诉法司法解释》第91条关于举证责任分配规则的规定解决，没有重复规定的必要，[2]也是因为面对纷繁复杂的社会生活和各类司法实践问题，立法无法做到对每一个社会问题都面面俱到，条条回应，“立法者无法就

〔1〕 李浩：《民事证据立法前沿问题研究》，法律出版社2007年版，第229页“引注”部分。

〔2〕 参见郑学林等：《关于新〈民事证据规定〉理解和适用的若干问题》，载《人民法院报》2020年3月26日，第5版。

每一条文的证明责任分配都作出规定，否则，不仅会使法律条文的数量成倍增加，而且也会使法律规范变得烦琐、复杂”〔1〕。

尽管2019年《民事证据规定》删除了2001年《民事证据规定》中有关举证责任倒置的相关条款，但在实体法和其他司法解释中均有对举证责任倒置的明文规定。如《民法典》第1254条“禁止从建筑物中抛掷物品。从建筑物中抛掷物品或者从建筑物上坠落的物品造成他人损害的，由侵权人依法承担侵权责任；经调查难以确定具体侵权人的，除能够证明自己不是侵权人的外，由可能加害的建筑物使用人给予补偿。可能加害的建筑物使用人补偿后，有权向侵权人追偿”规定，等等。

二、司法实务中的举证责任倒置

（一）关于不适用举证责任倒置

根据2020年《民诉法司法解释》第93条第1款规定：“下列事实，当事人无须举证证明：（一）自然规律以及定理、定律；（二）众所周知的事实；（三）根据法律规定推定的事实；（四）根据已知的事实和日常生活经验法则推定出的另一事实；（五）已为人民法院发生法律效力的裁判所确认的事实；（六）已为仲裁机构生效裁决所确认的事实；（七）已为有效公证文书所证明的事实。”司法实践中，对于因房屋漏水导致的侵权案件中，根据经验法则，一般家庭生活需要具备被褥等生活用品、清理房屋漏水现场需要付出劳动等事实，都属于一般生活常识；但因房屋内的暖气管爆裂，导致房屋被淹，物品被浸泡，物品是否遭受损失以及损失具体数额的认定，则并不属于上述司法解释中规定的“众所周知”的范畴，亦不属于举证责任倒置的法定情形，也不适用2020年《民诉法司法解释》第90条“法律另有规定”的除外规定。

（二）关于举证责任倒置的举证责任

1.从建筑物上坠落的物品造成他人损害的，由可能加害的建筑物使用人提供证据来证明自己不是侵权人。根据《民法典》第1254条的规定，由可能加害的建筑物使用人提供证据来证明自己不是侵权人，通过举证责任倒置的方式来实现当事人的权利保护。不明抛掷物、坠落物损害责任纠纷，能够证明自己不是侵权人的，可不承担侵权责任。在高层建筑物下的物品受损，但无法确定具体侵权人，根据我国《民法典》相关规定，除能够证明自己不是侵权人的外，由可能加害的建筑物使

〔1〕 李浩：《民事证据立法前沿问题研究》，法律出版社2007年版，第233页。

用人给予补偿。如果当事人有证据证明事发期间均不在事发地，其可不承担侵权责任。如果导致当事人受伤的抛掷物、坠落物是否是其所称的物品，受害人并未提供证据证实，根据2020年《民诉法司法解释》第90条规定，当事人对自己提出的诉讼请求所依据的事实有责任提供证据证实，当事人不能提供证据证实或证据不足以证明其事实主张的，由负有举证证明责任的当事人承担不利的后果。该事实无法认定，且无法证实其受伤的地点及抛掷物、坠落物是否存在，则应当对当事人受抛掷物，坠落物受伤的主张不予认定。

2.医疗产品责任纠纷案件，患者应当提交使用医疗产品受到损害以及医疗产品与损害之间具有因果关系的证据。根据《民法典》第1222条“患者在诊疗活动中受到损害，有下列情形之一的，推定医疗机构有过错：（一）违反法律、行政法规、规章以及其他有关诊疗规范的规定；（二）隐匿或者拒绝提供与纠纷有关的病历资料；（三）遗失、伪造、篡改或者违法销毁病历资料”规定，医疗产品责任纠纷案件，患者应当提交使用医疗产品受到损害以及医疗产品与损害之间具有因果关系的证据，即产品是否存在缺陷以及产品缺陷与损害事实之间存在因果关系。如患者无法提交该证据，可以申请鉴定。在患者就此举证的情况下，医疗机构，医疗产品的生产者、销售者主张不承担责任的，应当对医疗产品不存在缺陷等抗辩事由承担举证责任。

3.因缺陷产品致人损害的侵权诉讼，由产品的生产者就法律规定的免责事由承担举证责任。根据2020年《民诉法司法解释》第90条、第108条规定，产品缺陷引起的损害赔偿纠纷，当事人应当各自承担相应的举证责任。受害人应当就产品具有缺陷、产品缺陷造成了损害、产品缺陷与遭受的损害之间存在因果关系承担举证责任。而生产方应就《产品质量法》第41条第2款所规定的免责事由承担举证责任。（1）产品是否存在缺陷。对于产品的生产者而言，适用无过错责任原则，即受害人无须证明生产者主观过错因素，只需要证明产品存在缺陷，生产者就应当承担侵权责任。（2）关于损失与产品缺陷之间是否存在因果关系的问题。产品质量损害赔偿纠纷案件中，损害后果是由于产品的缺陷所致，产品质量损害责任中的因果关系表现为产品缺陷与损害后果之间的相互联系，因而只要能够证明其所受损害是产品缺陷在事实上的结果，法律上的因果关系即告成立，而不必证明该缺陷是其损害发生的唯一原因或直接原因。提供的证据已证明产品缺陷与损害后果之间的相互联系，故可以认定损失与产品缺陷之间存在因果关系。而生产方未能就《产品质量法》第41条第2款所规定的免责事由承担举证责任，其应当承担举证不能的不利后果。

4.道路、桥梁、隧道等人工建造的构筑物因维护、管理瑕疵致人损害，所有人或者管理人能够证明自己没有过错的，不承担赔偿责任。根据《民法典》第1253条“建筑物、构筑物或者其他设施及其搁置物、悬挂物发生脱落、坠落造成他人损害，所有人、管理人或者使用人不能证明自己没有过错的，应当承担侵权责任。所有人、管理人或者使用人赔偿后，有其他责任人的，有权向其他责任人追偿”之规定，该法律规定的法理基础是过错推定原则下的举证责任倒置情形，道路、桥梁、隧道等人工建造的构筑物的所有权人或管理人负有管理、维护的法定义务，应当举证证明其尽到相应义务。如果事故发生时，虽然有禁止醒目标识并建有围墙或护栏，但围墙、护栏的高度不足以禁止翻越攀爬，该措施未能防范危险的发生，导致受害人发生意外死亡的，所有人或管理人承担相应的部分赔偿责任。但所有人、管理人与设计、施工者承担赔偿责任的前提，是构筑物因维护、管理瑕疵及设计、施工缺陷致人损害，而该举证责任应当由受损害方承担，在其完成该举证责任后，所有人、管理人与设计、施工者才需承担证明自己没有过错的举证责任。如果举证人并未提供证据证明事发路段路侧护栏存在维护、管理瑕疵及设计、施工缺陷，依据2020年《民诉法司法解释》第90条规定，应承担举证不能的不利后果。

5.从事高空、高压、地下挖掘活动或者使用高速轨道运输工具造成他人损害的，经营者应当承担侵权责任，但能够证明损害是因受害人故意或者不可抗力造成的，不承担责任。《民法典》第1240条规定：“从事高空、高压、地下挖掘活动或者使用高速轨道运输工具造成他人损害的，经营者应当承担侵权责任；但是，能够证明损害是因受害人故意或者不可抗力造成的，不承担责任。被侵权人对损害的发生有重大过失的，可以减轻经营者的责任。”经营者是指对从事高压活动享有运行支配和运行利益的人，包括高压电的供、需双方。基于此，对《民法典》第1240条规定的“经营者”应作比较宽泛的理解，它既包括高压电能的经营者，也包括利用架设的高压电力设施从事生产经营活动的经营者。只要经营者的经营行为与受害人遭受损害之间存在因果关系，经营者就应承担侵权责任。根据《民法典》第1240条之规定，作为经营者未能举证证明存在受害人故意或者不可抗力等法定免责事由，因此均应对受害承担无过失侵权责任。对高压电等高度危险作业实行无过错责任可以在全社会实现分配正义。高度危险作业无过错责任的基点是利益平衡，即危险行为的责任承担者不是对其不法行为承担责任，而是对不幸造成的损害进行合理分配。之所以能够进行这种均衡分配，在于经营者因其经营给社会造成潜在危险，由此承担的责任应基于其经营风险。相应地，这种均衡分配体现的是实质公平而非形式公平。通过这种制度设计可以使危险作业者采取措施减少危险、防范事故发生，从而使整个社会达致安全状态，有利于实现法律的秩序价值。而在市场经济条件下，只有危险源的所有者、持有者才能够控制危险源，因此让由此获得利益者承担损害赔偿责任，不仅是公平正义的要求，而且危险源的所有者、持有者能够通过价格机制、责任保险乃至社会安全机制将损失分散到社会，从而实现分配正义。

【典型案解】

1.【裁判规则】民事诉讼举证责任分配的一般原则为“谁主张，谁举证”，只有在法律明确规定的特殊情形下才适用举证责任倒置

典型案例

代某某等与沈阳长白钢窗厂等侵害企业出资人权益纠纷案［最高人民法院(2016)最高法民申3061号］

再审申请人（一审原告、二审上诉人）：代某某等

被申请人（一审被告、二审被上诉人）：沈阳长白钢窗厂（以下简称长白钢窗厂）

裁判观点

最高人民法院认为，根据《民诉法司法解释》第90条规定，由此可知，民事诉讼举证责任分配的一般原则为“谁主张，谁举证”，只有在法律明确规定的特殊情形下才适用举证责任倒置。本案代某某、王某某主张长白钢窗厂及其法定代表人史某某对涉案拆迁补偿款的处分侵害了其出资人权益，应当按照法律规定的“谁主张，谁举证”原则承担举证责任，不属于举证责任倒置的情形。原审判决以代某某、王某某举证不能为由驳回其诉讼请求并无不当。

2.【裁判规则】人民法院可以责令当事人提供有关证据，并非举证责任分配的规定，不能由此推导出举证责任倒置

典型案例 ▶▶

广东肇庆市永安燃料公司与陕西延长石油工贸有限公司等破产债权确认纠纷案［最高人民法院（2015）民申字第2888号］

再审申请人（一审原告、二审上诉人）：广东肇庆市永安燃料公司（以下简称永安公司）

被申请人（一审被告、二审被上诉人）：陕西延长石油工贸有限公司（以下简称陕西延长公司）

裁判观点 ▶▶

最高人民法院认为，依据《民事诉讼法》第64条规定，永安公司主张陕西延长公司与珠海延兴公司之间的案涉债权债务虚假，应当就此承担举证责任。永安公司依据2001年《民事证据规定》第13条、第75条的规定，主张案涉债权债务是否真实的举证责任应由两被申请人承担。2001年《民事证据规定》第13条系有关人民法院进一步查清案情可采取措施的规定，并非举证责任分配的规定，不能由该条文推导出案涉债权债务虚假的举证责任应由两被申请人承担。陕西延长公司与珠海延兴公司提交了账本、凭证及银行凭证，对审计工作予以配合，并未出现有证据证明一方当事人持有证据无正当理由拒不提供的情况，不符合2001年《民事证据规定》第75条规定的情形。此外，永安公司依据《公司法》有关规定，要求陕西延长公司就公司人格混同问题承担举证责任。由于永安公司未能提供证据证明陕西延长公司系珠海延兴公司的唯一股东，故永安公司主张对此节案件事实实行举证责任倒置的理由于法无据，法院不予采纳。

3.【裁判规则】主张该印章并非其所有且为其所盖，应提交相应证据予以证明，并非适用举证责任倒置规则

典型案例 ▶▶

李某某与张某等民间借贷纠纷案［最高人民法院（2017）最高法民申1350号］

再审申请人(一审被告、二审被上诉人):李某某

被申请人(一审原告、二审上诉人):张某等

裁判观点

最高人民法院认为,根据原审查明的事实,案涉担保承诺书上盖有“李某某”的印章,但并无“李某某”的签名。张某在二审中为证明“李某某”印章的真实性提交了静安公司2011年度公司年检报告书和商品房买卖合同两份证据,该两份证据上均盖有“李某某”印章,上述印章从表面上看与担保承诺书上的“李某某”印章为同一枚印章,因李某某并未对是否为同一枚印章申请鉴定,该两份证据可以推定李某某有“李某某”私人印章,并在民事活动中使用该印章。因此,李某某关于其没有印章,该印章系张某私刻或者伪造的理由与事实不符。张某为证明该印章的真实性及担保承诺书系李某某的真实意思表示,还提交了与该承诺函中约定的房产对应的房产证原件。因此,张某对其主张已经完成了初步的举证责任。李某某如认为该印章并非其所有且为其所盖,应提交相应证据予以证明。二审法院以此分配举证责任并无不当,李某某关于二审法院违法适用举证责任倒置规则,属适用法律错误的理由不成立。

4.【裁判规则】“谁主张,谁举证”是侵犯专利权纠纷案件中举证责任分配的一般规则

典型案例

刘某某与安徽省东泰纺织有限公司侵犯专利权纠纷案[最高人民法院(2007)民三监字第46-1号]

申请再审人(一审原告、二审上诉人):刘某某

被申请人(一审被告、二审被上诉人):安徽省东泰纺织有限公司(以下简称东泰公司)

裁判观点

最高人民法院认为,“谁主张,谁举证”是侵犯专利权纠纷案件中举证责任分配的一般规则。涉案专利是一种“自动换梭织机适用有梭织机用木梭换梭调整方

法”，不涉及产品制造，不属于《专利法》第57条第2款规定的新产品制造方法专利适用举证责任倒置的例外情形，因此专利权人刘某某应就东泰公司使用的换梭调整方法落入涉案专利的保护范围承担举证责任，没有证据或者证据不足以证明专利权人的事实主张的，专利权人应当承担不利后果。

5.【裁判规则】举证责任倒置属于民事侵权中“谁主张，谁举证”一般原则的例外，对于权利人产品是否属于新产品仍然应当由权利人举证证明

典型案例

义乌市贝格塑料制品有限公司等与上海艾尔贝包装科技发展有限公司等侵害发明专利权纠纷案［最高人民法院（2018）最高法民申4149号］

再审申请人（一审被告、二审上诉人）：义乌市贝格塑料制品有限公司（以下简称贝格公司）等

被申请人（一审原告、二审被上诉人）：上海艾尔贝包装科技发展有限公司（以下简称艾尔贝公司）

裁判观点

最高人民法院认为，新产品或者新产品的制造方法在专利申请日前不为国内外公众所知悉，制造同样产品的单位或者个人使用专利方法的可能性较大，而与制造相关的证据主要由被诉侵权人掌握，如果按照民事侵权“谁主张，谁举证”的原则分配举证责任，则显失公平。因此，《专利法》才规定由被诉侵权人承担举证责任。但是，举证责任倒置属于民事侵权中“谁主张，谁举证”一般原则的例外，对于权利人产品是否属于新产品仍然应当由权利人举证证明。权利人提交初步证据证明该产品属于专利法规定的新产品的，应当认定其已经尽到举证义务。上述初步证据应当能够证明涉案产品与专利申请日之前已有的同类产品相比，在产品的组分、结构或者其质量、性能、功能方面有明显区别。如前所述，一、二审法院在未查明权利要求3-5是否属于制造新产品方法的情形下，即通过适用举证责任倒置的方式推定被诉侵权产品的制造方法落入权利要求3-5的保护范围，属于认定事实不清，适用法律错误，法院予以纠正。

6.【裁判规则】在专利方法是新产品制造方法和被诉侵权产品与使用专利方法制造的产品相同这两个条件都不具备时，不应当适用举证责任倒置规则

典型案例

欧某某与大连富来肯塑料制品有限公司侵犯发明专利权纠纷案［最高人民法院（2011）民申字第36号］

申请再审人（一审原告、二审上诉人）：欧某某

被申请人（一审被告、二审被上诉人）：大连富来肯塑料制品有限公司

裁判观点

最高人民法院认为，在民事诉讼中，"谁主张，谁举证"的证据规则为一般原则，举证责任倒置应当是例外情形。依据2001年《民事证据规定》第4条第1项的规定，因新产品制造方法发明专利引起的专利侵权诉讼，适用举证责任倒置的原则。而要适用这个规则，须具备两个条件：一是专利方法是新产品制造方法；二是被诉侵权产品与使用专利方法制造的产品相同。而在本案中这两个条件都不具备，不应当适用该条规定。原审法院认定专利权人欧某某应当承担举证责任并无不当。

7.【裁判规则】污染者负举证责任仅限于环境侵权行为与损害之间不存在因果关系，以及法律规定的不承担责任或者减轻责任情形，不宜将举证责任倒置于污染者的情形扩张至污染行为是否足以造成全部损害

典型案例

广西金河矿业股份有限公司与被申请人河池市人民政府等水污染责任纠纷案［最高人民法院（2019）最高法民申6459号］

再审申请人（一审被告、二审上诉人）：广西金河矿业股份有限公司（以下简称金河公司）

被申请人（一审原告、二审被上诉人）：河池市人民政府（以下简称河池市政府）

裁判观点

最高人民法院认为，河池市政府应就金河公司、立德粉厂污染行为是否都足以造成全部损害负担举证责任。首先，《民事诉讼法》第64条规定："当事人对自己提出的主张，有责任提供证据。"本案系河池市政府提起诉讼，请求金河公司、立德粉厂等连带赔偿污染行为导致其遭受的24,501,408.8元损失，应就金河公司、立德粉厂的污染行为都足以造成全部损害这一待证事实负举证责任。其次，举证责任分配，在无法律明确规定的情形下，应遵循"谁主张，谁举证"的基本原则。基于环境侵权行为的特殊性，《侵权责任法》第66条[1]规定了由污染者负举证责任的情形，但仅限于环境侵权行为与损害之间不存在因果关系，以及法律规定的不承担责任或者减轻责任情形，不宜将举证责任倒置于污染者的情形扩张至污染行为是否足以造成全部损害之上。

8.【裁判规则】作为高度危险作业的实施者，在行为过错、因果关系等方面，采取举证责任倒置

典型案例

新疆振华水产品开发有限公司与中国石化集团河南石油勘探局等侵权责任纠纷案［最高人民法院（2017）最高法民申618号］

再审申请人（一审原告、二审上诉人）：新疆振华水产品开发有限公司（以下简称振华公司）

被申请人（一审被告、二审被上诉人）：中国石化集团河南石油勘探局（原河南石油勘探局塔里木河河南勘探公司）（以下简称中石化河南勘探局）

裁判观点

最高人民法院认为，本案中，中石化河南勘探局、中石化河南分公司实施的作业系高度危险作业，该作业造成了部分蟹死亡之事实，各方当事人均无异议。按照

〔1〕 现为《民法典》第1230条："因污染环境、破坏生态发生纠纷，行为人应当就法律规定的不承担责任或者减轻责任的情形及其行为与损害之间不存在因果关系承担举证责任。"

《侵权责任法》第69条[1]、第72条[2]之规定，中石化河南勘探局、中石化河南分公司作为高度危险作业的实施者，除非能证明振华公司有重大过失可以减轻责任的情形外，应对其行为所造成的损害承担侵权责任。同时，在行为过错、因果关系等方面，采取的是举证责任倒置，对此，二审判决认为因果关系并不实行举证责任倒置，依法无据，法院予以纠正。

9.【裁判规则】一人有限公司的股东应对公司的债务承担连带责任采举证责任倒置原则

典型案例

佛山市南海能顺油品燃料有限公司等与中国石化销售有限公司江西石油分公司等买卖合同纠纷案［最高人民法院（2019）最高法民终30号］

上诉人（原审被告）：佛山市南海能顺油品燃料有限公司（以下简称能顺公司）

被上诉人（原审原告）：中国石化销售有限公司江西石油分公司（以下简称中石化江西分公司）等

裁判观点

最高人民法院认为，《公司法》第63条规定："一人有限责任公司的股东不能证明公司财产独立于股东自己的财产的，应当对公司债务承担连带责任。"据此，我国《公司法》对一人有限公司的股东应否对公司的债务承担连带责任采举证责任倒置原则，即一人有限公司的股东应当举证证明其个人财产与公司财产独立，否则其就应当对公司债务承担连带责任。原审中，经中石化江西分公司申请，原审法院要求能盛公司、能顺公司、隆泰公司、杜某洪、何某某等提交上述公司与有关行政主管机关备案会计报表相一致的原始财务资料进行司法审计，虽然之后何某某与能盛公司、能顺公司提交了部分材料，但由于材料不全，鉴定机构并没有作出确定的有关认定何某某与能盛公司的财产相互独立的鉴定报告。对此，何某某应当承

---

〔1〕 现为《民法典》第1236条："从事高度危险作业造成他人损害的，应当承担侵权责任。"

〔2〕 现为《民法典》第1239条："占有或者使用易燃、易爆、剧毒、高放射性、强腐蚀性、高致病性等高度危险物造成他人损害的，占有人或者使用人应当承担侵权责任；但是，能够证明损害是因受害人故意或者不可抗力造成的，不承担责任。被侵权人对损害的发生有重大过失的，可以减轻占有人或者使用人的责任。"

担举证不能的法律后果。原审判决认定何某某应对本案债务承担连带责任，亦无不当。

10.【裁判规则】债权人已举出盖然性的证据证明股东存在滥用公司法人独立地位和股东有限责任的行为以及由此产生了损害的结果时，举证责任分配给被诉股东，但不是举证责任倒置

典型案例

三亚嘉宸房地产开发有限公司与海马汽车集团股份有限公司股东损害公司债权人利益责任纠纷案［最高人民法院（2015）民二终字第85号］

上诉人（原审原告）：三亚嘉宸房地产开发有限公司（以下简称嘉宸公司）

被上诉人（原审被告）：海马汽车集团股份有限公司（以下简称海马公司）

裁判观点

最高人民法院认为，本案的争议焦点为：海马公司是否滥用通海公司法人独立地位和股东有限责任，是否应适用举证责任倒置原则分配举证责任，海马公司是否应当对通海公司债务承担连带责任。根据2001年《民事证据规定》第7条规定，在审理法人人格否认案件时，考虑到债权人处于信息劣势而举证困难等因素，人民法院通常会根据上述规定合理分配举证责任，在债权人用以证明股东滥用公司法人独立地位和股东有限责任的证据令人产生合理怀疑的情形下，将没有滥用的举证责任分配给被诉股东。但上述举证责任调整的前提，应是作为原告方的债权人已举出盖然性的证据证明股东存在滥用公司法人独立地位和股东有限责任的行为以及由此产生了损害的结果，而不是当然的举证责任倒置。

综上所述，嘉宸公司提出的四项证明内容均不能证明海马公司滥用通海公司法人独立人格和股东有限责任，未达到对法人人格混同可能性的合理怀疑程度，本案不具备对嘉宸公司法人人格否认主张适用举证责任倒置原则的前提。嘉宸公司关于海马公司滥用通海公司法人独立地位和股东有限责任，海马公司应当对通海公司债务承担连带责任的主张，法院不予支持。

11.【裁判规则】商业秘密案件中原告对被告是否使用了其商业秘密负有举证责任，而不能实行举证责任倒置

典型案例

成都佳灵电气制造有限公司与成都希望电子研究所等侵犯商业秘密纠纷案［最高人民法院（2001）民三终字第11号］

上诉人（原审原告）：成都佳灵电气制造有限公司（以下简称佳灵公司）

被上诉人（原审被告）：成都希望电子研究所等

裁判观点

最高人民法院认为，法院注意到佳灵公司在庭审结束后又向法院提交了佳灵公司JP6C变频器软件源程序以及佳灵公司关于19个技术秘密点中软、硬件结合部和软件中的载体分布说明等证据材料。其中，关于佳灵公司JP6C变频器软件源程序，由于该源程序只是佳灵公司单方的源程序，佳灵公司未能举证证明希望森兰公司BT系列变频器是否使用了该源程序。在审理商业秘密案件中，原告对被告是否使用了其商业秘密负有举证责任，而不能实行举证责任倒置，否则，就有可能使被告合法控制的商业秘密被泄露，而且也缺乏法律依据。因此，在原审鉴定意见已经对双方产品使用的软件程序作出“不相同”的结论的情况下，佳灵公司仍认为希望森兰公司使用其软件程序，佳灵公司对此负有举证责任，在佳灵公司不能提供希望森兰公司变频器使用的软件程序与自己产品使用的软件程序相同的情况下，应承担举证不能的责任。佳灵公司关于19个技术秘密点中软、硬件结合部和软件中的载体分布的说明材料，仅是对其原主张的19个技术秘密点中的有关软、硬件结合及载体分布情况所作的进一步的解释，没有主张新的技术秘密点。同样的理由，由于这个解释是佳灵公司对自己技术的单方解释，没有说明希望森兰公司变频器使用的软硬件结合及载体分布情况，也没有说明二者是否相同，故佳灵公司对此同样要承担举证不能的责任。

12.【裁判规则】因缺陷产品致人损害的侵权诉讼，由产品的生产者就法律规定的免责事由承担举证责任

典型案例

赵某某与左某某财产损害赔偿纠纷案［吉林省高级人民法院（2017）吉民申

2035号]

再审申请人(一审原告、二审上诉人):赵某某

被申请人(一审被告、二审被上诉人):左某某等

裁判观点

吉林省高级人民法院认为,根据《侵权责任法》第42条、第43条规定[1],根据2001年《民事证据规定》第4条规定,在因缺陷产品致人损害的侵权诉讼中,确实存在举证责任倒置的侵权构成要件,但仅限于法律规定的免责事由部分,即产品生产者或销售者需要对具有法律规定的免责事由承担举证责任,其他侵权构成要件,如损害与行为之间的因果关系要件的举证责任,因为没有法律明确规定应当倒置,依然按照"谁主张,谁举证"的原则由主张受到侵害的一方承担。本案中,赵某某主张受到过期农药的损害却未能举证证明人参的死亡是由过期氯嘧磺隆导致,按照《民诉法司法解释》第90条的规定,应当承担举证不能的不利后果。赵某某主张原判适用法律错误,加大了其举证责任没有法律依据。

春雨商店将过期氯嘧磺隆出售给赵某某的行为违反了相关法律规定,具有主观过错,但仅凭主观过错不能判定是否应由春雨农资商店承担侵权责任。虽然在枯死的人参叶片中检出氯嘧磺隆成分,但成分检测与枯死原因鉴定不能等同,不能据此认定氯嘧磺隆是人参枯死的原因。而且人参叶上检出氯嘧磺隆的原因不清,无法确定是喷洒导致还是漂移导致,尽管氯嘧磺隆主要用于大豆田,且春雨商店出售的氯嘧磺隆已经过期,但没有证据证实过期的氯嘧磺隆在未直接喷洒到人参叶上的情况下也能直接导致人参枯死,因此赵某某提供的证据不足以证明将过期氯嘧磺隆用于参地马道除草与人参枯死间具有高度盖然性,即赵某某没有完成氯嘧磺隆的过期与人参枯死间具有因果关系的举证责任,原判以赵某某证明侵权行为与损害后果之间存在因果关系为由驳回其诉讼请求并无不当。

---

〔1〕 现为《民法典》第1203条:"因产品存在缺陷造成他人损害的,被侵权人可以向产品的生产者请求赔偿,也可以向产品的销售者请求赔偿。产品缺陷由生产者造成的,销售者赔偿后,有权向生产者追偿。因销售者的过错使产品存在缺陷的,生产者赔偿后,有权向销售者追偿。"

第五节　证明责任

【法理辨析】

一、证明责任的内涵

证明责任，即结果意义上的举证责任、客观上的举证责任，是指待证事实（当事人主张的事实）存在与否不能确定、真伪不明时，由哪一方当事人对不利后果进行负担的责任与风险。大陆法系的裁判规则是演绎推理，须以（抽象）法律规范为（司法认知）大前提，以具体的案件事实（以证据为基础）为小前提，进而得出结论（法律评价）的三段论过程。当出现法律要件事实存在或不存在，符合法律规定的大前提时，诉讼请求予以支持或驳回；反之，法律要件事实出现真伪不明、无法判断时，由负担证明责任的一方当事人承担不利的法律后果。

1.关于适用范围。不是每一个案件都需要结果意义上的举证责任：待证事实真伪不明，是一种潜在、附条件适用的举证责任。“客观的证明责任回答在对裁判显著的事实未被证明时由哪一方当事人承担责任，即哪一方当事人承担无证据（Beweislosigkeit）的风险。”〔1〕行为责任是为防止对方证明成功，结果责任才是本质责任，证明责任即指结果责任。关于“证明责任”这一字面意思中的“责任”表述，到底应当是一种责任，还是一种风险，有学者认为，“将‘结果证明责任’称为‘责任’是不合理的，因为结果证明责任作为一种潜在的‘败诉风险’或‘不能说服的风险’（risk of nonpersuation），先于诉讼而由‘法律预先规定’由某方当事人承担，自诉讼开始一直由固定的当事人一方在观念上承担着，至审理终结时出现了真伪不明（non liquet）才真正实现。这种‘风险’犹如一把‘利剑’悬在某方当事人头上，待到审理终结时出现了真伪不明（non liquet），这把‘利剑’才落到该方当事人头上”〔2〕。

2.关于适用前提。适用客观证明责任的前提条件是出现了真伪不明的状态。为何会出现真伪不明的状态？原因在于我们的认识手段的不足以及认识能力的局限性，在每个诉讼中均可能发生当事人对事实真实过程的阐述不能达到使法

---

〔1〕［德］奥特马·尧厄尼希：《民事诉讼法》（第27版），周翠译，法律出版社2003年版，第268页。
〔2〕江伟主编：《民事证据法学》，中国人民大学出版社2011年版，第170页。

官获得心证的程度的情况。这种情况在法院几乎每天都会发生，不仅民事法庭、刑事法庭如此，行政法庭也同样如此。因为不管判决所依据的材料是当事人提供，还是法院委托调查的，当事人或者法院均必须对诉讼中采用的事实情况的真实性进行确认，并对此负责。所以，无论确认程序最终是受制于所谓的形式真实还是所谓的实体真实，都常常会出现这种情况：作为诉讼基础的事件不可能在每个细节上均能得到澄清，对于法官的裁判具有重要意义的事实，既不能查明已经发生，也不能查明没有发生。〔1〕在出现真伪不明的情形时，"法官必须对案件进行裁判"〔2〕。

3.关于适用依据。证明责任，即结果责任，首先是由实体法预先做出分配，"客观证明责任的本质就是通过法律拟制将实体法扩大适用于真伪不明领域，在这里，实体法和特别证明责任规范指引着法律规范被扩大适用的方向（亦即谁承担不利后果）。因此，证明责任规范就是一个法律要件的补充规则，它们是辅助规范而不能理解为下面意义上的'判决规范'；即把'判决规范'理解为独立的法律原则，使得法官可以消灭真伪不明，从而使裁判成为可能"〔3〕。需要由对方当事人承担反驳的行为责任时，对方当事人才承担行为责任，"事实审理者必须推测当事人们已提供了完整资料，诉讼当事人必须满足于凭盖然性居优势的证据作出的裁决。如果事实审理者认为盖然性处于平衡状态，他必须作出对承担说服负担的一方当事人不利的判决"〔4〕，而对方当事人此时只需使事实陷于真伪不明状态即可。若一方主张的要件事实已经得到法庭的初步确认，则当事人的攻击或防御诉讼地位互换，以期动摇这个初步确认，否则该初步确认在庭审结束后就转为最终的确认。

4.关于"举证责任"与"证明责任"概念的使用。根据通说，主观证明责任与客观证明责任是证明责任的重要组成部分，但不能将两者混同，"双重含义说并不是认为，举证责任（证明责任）可以有两种理解，一种是行为意义上的；另一种是结果意义上的。而是指举证责任（证明责任）包含着两种含义，即举证责任（证明责任）自身包含着两个方面。按照双重含义说的观点，'行为责任或结果责任都是举证责任的组成部分。虽然这两种责任之间存在着诸多差别，在一定的情况下行为

〔1〕 参见［德］莱奥·罗森贝克：《证明责任论》（第5版），庄敬华译，中国法制出版社2019年版，第1-2页。

〔2〕［德］奥特马·尧厄尼希：《民事诉讼法》（第27版），周翠译，法律出版社2003年版，第269页。

〔3〕［德］汉斯·普维庭：《现代证明责任问题》，吴越译，法律出版社2006年版，第237页。

〔4〕 沈达明编著：《英美证据法》，中信出版社1996年版，第1页。

责任甚至可以脱离结果责任而独立存在，但它们都是举证责任的组成部分，是从不同层次上反映举证责任。因此，无论是将两者完全等同，还是将他们相互割裂，都是不正确的'"[1]。鉴于"双重责任说"是指行为意义上的举证责任和结果意义上的举证责任，且"行为意义的举证责任也称为主观上的举证责任"和"结果意义的举证责任又称客观上的证明责任"[2]，从举证责任的发展历程和比较法的视野来看，在日本"最初，举证责任、证明责任和立证责任三个用语是可以互换的，以后为了防止使用中产生混乱，似乎有些约定俗成地将实质上的举证，称为证明责任，也就是说举证责任或立证责任有实质和形式之分，而证明责任只能等于实质上的举证责任，而没有实质上和形式上之分，只要一提证明责任必是指实质上的举证责任"[3]。因此，在一般意义上来说，当人们强调当事人有提供证据的"行为责任"，强调行为意义上的证明责任时，往往使用或称为"举证责任"；而当人们强调当事人因未能提供证明而要承担相应不利后果时，由哪一方当事人应负担责任和风险，强调后果意义上的证明责任时，往往使用或称为"证明责任"，本书章节及内容亦做此处理。

（一）英美法系证明责任

英美法系中，"证据责任'双重含义'的首倡者为美国学者塞耶（Thayer）"，根据塞耶的观点，"英美学者通常是从三种含义上来理解和使用'证明责任'一词的：第一，是指当事人如果不证明自己的命题就会对该命题承担败诉危险的责任；第二，是指当事人在整个审判过程中承担的提出证据的责任；第三，是指在不区别第一种和第二种含义的基础上来理解和使用'证明责任'，即采取包含或混同的方法来理解和使用'证明责任'一词。"[4]现在，在英美法系中的证明责任，一般包括：

1.提出证据责任。英美国家的证明责任包括两种：一种是提出证据责任（burden of production），另一种是证明责任（burden of persuasion）。关于提出证据责任，是指"诉讼双方都有责任提出一定证据来支持自己的诉讼请求。"[5]《布莱克法律词典》（第9版）对"burden of production"的解释是：举证责任，是指一方当事人有

---

〔1〕 张卫平：《诉讼构架与程式——民事诉讼的法理分析》，清华大学出版社2000年版，第261页。

〔2〕 沈德咏主编：《最高人民法院民事诉讼法司法解释理解与适用（上）》，人民法院出版社2015年版，第310页。

〔3〕 张永泉：《民事诉讼证据原理研究》，厦门大学出版社2005年版，第161页。

〔4〕 陈刚：《证明责任法研究》，中国人民大学出版社2000年版，第20页。

〔5〕 马跃：《美国证据法》，中国政法大学出版社2012年版，第19页。

义务就某一争点问题向事实裁判者提出充分的证据，而不是在简易判决或直接判决等强制性裁决中直接对该当事人作出不利的裁决，又称为提出证据的责任，提出证据的负担，证明负担，举证责任。[1]关于证明责任，《布莱克法律词典》(第9版)对“burden of persuasion”的解释是：说服责任，也称为说服负担，不说服的风险，陪审团怀疑的风险，也可宽泛地称为证明责任，是指一方有义务说服事实调查者以有利于该方的方式查看案件事实。在民事案件中，原告的责任通常是由原告承担的，标准为“证据优势”。而在刑事案件中，控方的说服负担为“排除合理怀疑”。[2]《布莱克法律词典》(第9版)对“burden of proof”解释是：证明责任是指，(1)当事人负有证明有争议的主张或指控的责任。证明责任既包括说服责任，也包括提出证据责任——举证责任。(2)大概来说，是指说服的负担。因此，举证责任在一定意义属于推进证据的责任，而证明责任是指以优势标准来解决依实体法所要解决的争议问题，即查明事实真实性的义务。[3]

2.说服责任。由负担举证责任的当事人承担，“说服责任有三级标准：较为可靠、确凿可信、毋庸置疑。从理论上讲，较为可靠指证据的真实性超过50%，其他

---

〔1〕 A party’s duty to introduce enough evidence on an issue to have the issue decided by the fact-finder, rather than decided against the party in a peremptory ruling such as a summary judgment or a directed verdict. Also termed burden of going forward with evidence; burden of producing evidence;production burden; degree of proof.参见[美]布赖恩加纳编：《布莱克法律词典》(第9版)，WEST 2009年版，第223页。

〔2〕 A party’s duty to convince the fact-finder to view the facts in a way that favors that party . In civil cases, the plaintiff's burden is usu. “by a preponderance of the evidence,” while in criminal cases the prosecution's burden is “beyond a reasonable doubt.” Also termed persuasion burden; risk of nonpersuasion; risk of jury doubt.(Also loosely termed burden of proof).参见[美]布赖恩加纳编：《布莱克法律词典》(第9版)，WEST 2009年版，第223页。

〔3〕 A party's duty to prove a disputed assertion or charge.The burden of proof includes both the burden of persuasion and the burden of production.-Also termed onus probandi.See SHIFTING THE BURDEN OF PROOF.2.Loosely, BURDEN OF PERSUASION."In the past the term'burden of proof'has been used in two different senses.(1)The burden of going forward with the eVidence.The party having this burden must introduce some evidence if he wishes to get a certain issue into the case.If he introduces enough evidence to require consideration of this issue, this burden has been met.(2)Burden of proof in the sense of carrying the risk of non persuasion.The one who has this burden stands to lose if his evidence fails to convince the jury or the judge in a nonjury trial.The present trend is to use the term'burden of proof'only with this second meaning."Rollin M.Perkins&Ronald N.Boyce, Criminal Law78(3d ed.1982).'The expression'burden of proof'is tricky because it has been used by courts and writers to mean various things.Strictly speaking, burden of proof denotes the duty of establishing by a fair preponderance of the eVidence the truth of the operative facts upon which the issue at hand is made to turn by substantive law.Burden of proof is sometimes used in a secondary sense to mean the burden of going forward with the evidence.In this sense it is sometimes said that a party has the burden of countering with eVidence a prima facie case made against that party."William D.Hawkland, Uniform CommerCial Code Series §2A-516:08(1984)。参见[美]布赖恩加纳编：《布莱克法律词典》(第9版)，WEST2009年版，第223页。

标准的要求更高。然而，有一些证据表明，法官和陪审团事实上把较为可靠改为指证据有75%以上的真实性，把毋庸置疑改为指证据有85%以上的真实性”。〔1〕说服责任是整个证明责任系统中的心脏和核心，说服责任主要与英美法系的事实审与法律审分层分工的机制密不可分，原因在于在英美法系民事诉讼中，法官是法律问题的裁判者，陪审团是事实问题的裁判者（Tyier of fact）。在这种诉讼构造下，英美法系的证明责任，是指当事人对交付陪审团进行事实审的案件，在审判程序的最后阶段，因争点事实真伪不明而承担的诉讼上的不利益。证明责任包括的这两个不同的“证明责任”，一个是对某一特殊争议事实提出证据令法官满意的责任，另一个是说服事实审理者相信主张事实是真实的责任。对有关争点提供证据的责任是指，如果对有关争点不提出证据，就要承担不利裁决的责任。通常这种责任由主张该事实存在的当事人承担。当主张者履行了初步责任时，这种责任就转移到对方当事人。说服责任只有在当事人履行了提供证据责任且提供了所有证据时，才成为一个关键性因素。在案件的审理过程中，说服责任不从一方当事人转移到另一方当事人，因为说服责任直到裁决时，才进行分配。当裁决时，如果有陪审团，且陪审团仍有怀疑时，那么，就必须指示陪审团怎样决定争点。必须告诉陪审团，如果负有说服责任的当事人没能履行这一责任，要作出不利于该方当事人的裁决。如果没有陪审团，而法官怀疑时，法官就必须作出不利于负有说服责任的当事人的裁决。〔2〕因此，有学者认为，在英美证据法的体系中，举证责任和说服责任实际上都包含着“举证”和“说服”的内涵：一方面，举证责任也要求举证方用充分的证据去说服法官，否则其主张和证据根本就不会通过法官审查这一关而进入陪审团审查的视野；另一方面，虽然说服责任主要表现为律师在庭审调查之后说服陪审团的责任，但这也是以法庭调查过程中的举证为基础的。因此，举证责任相当于初步的证明责任，而说服责任则相当于最终的证明责任，这不是证明责任的两层含义，而是证明责任的两个阶段。〔3〕

因此，在英美法系民事诉讼中，只有当法官将案件的真实认定交给陪审团后，在陪审团不能对争点事实的真相形成确信，或者说当事人不能向陪审团说服

---

〔1〕［美］迈克尔·D.贝勒斯：《法律的原则——一个规范的分析》，张文显等译，中国大百科全书出版社1996年版，第67页。

〔2〕参见［美］约翰·W.斯特龙主编：《麦考密克论证据》（第5版），汤维建等译，中国政法大学出版社2004年版，第649页。

〔3〕参见何家弘：《司法证明方法与推定规则》，法律出版社2018年版，第278页。

(nonpersuasion)争点事实的真相的情况下，在此意义上产生的证明责任(the burden of persuasion)。[1]在普通的民事诉讼案件中，原告的责任是证明其主张命题正确无误。原告就其主要的诉讼请求(main claim)承担提出证据的责任，而被告对积极抗辩(affirmative defenses)的情形承担提出证据的责任，比如同意(consent)、诉讼时效法(statute of limitations)、怠于行使权利或履行义务(laches)、和解与清偿(accord and satisfaction)、无资格/无行为能力(incapacity)、优先购买权(preemption)以及既判力(re judicata)等。[2]

(二)大陆法系的证明责任

一般是指当事人对其主张的事实提供证据并予以证明，若在诉讼终结时根据全案证据，仍不能证明当事人主张的事实真伪，则由该当事人承担不利的诉讼后果。"证明责任一词所表明的意思是：一方当事人为了避免败诉，通过自己的行为对有争议的事实加以证明的责任(举证责任，Beweisfuehrungslast)。"[3]这一责任主要分为两个部分：第一，行为意义上的证明责任；第二，结果意义上的证明责任。虽然与英美法系的叫法不同，但基本原理是相通的。

1.行为意义上的证明责任。亦称举证责任，是指当事人在具体的民事诉讼中，为避免败诉的风险(争取有利的诉讼后果)，向法院提出证据证明其主张(成立)的一种行为责任。"凡在诉讼当事者，欲证明主张者，必先申出证据"[4]，凡诉讼主张，无论是原告，还是被告，无论是负证明责任的当事人，还是不负证明责任的当事人，由于都会提出事实主张，因此都会存在提供证据的责任问题。"主张责任回答每一方当事人必须提出哪些主张的问题，如果他想避免诉讼上的不利、万不得已时的败诉。"[5]对于大陆法系国家来说，关于举证责任的法律性质，应当属于"真伪不明的法律风险分配说"，即"举证责任和主张责任一样，都是当事人为避免败诉风险而生的对于自己的责任，是负有结果责任的一方不能提供证据证明自己主张而致使案件事实真伪不明时所承担的败诉风险"。[6]

---

〔1〕 参见陈刚：《证明责任法研究》，中国人民大学出版社2000年版，第21-22页。

〔2〕 参见［美］理查德·A.波斯纳：《证据法的经济分析》，徐昕、徐昀译，中国法制出版社2004年版，第77-78页。

〔3〕 ［德］莱奥·罗森贝克：《证明责任论》(第5版)，庄敬华译，中国法制出版社2019年版，第20页。

〔4〕 ［日］高木丰三：《日本民事诉讼法论纲》，陈与年译，中国政法大学出版社2006年版，第268页。

〔5〕 ［德］奥特马·尧厄尼希：《民事诉讼法》(第27版)，周翠译，法律出版社2003年版，第267页。

〔6〕 李国光主编：《最高人民法院〈关于民事诉讼证据的若干规定〉的理解与适用》，中国法制出版社2002年版，第41页。

行为意义上的证明责任，基于法官心证程度的变化，随当事人双方的诉讼主张的动态变化进行转移。因此，行为意义上的证明责任与当事人的地位无关，即使是不负担证明责任的当事人一方，也存在提出证据的义务，“证据之申出者，证明事实之主张，或因辩驳指定所欲用之证据方法，而申出之也”“若被告主张其事实不实，而有所争时，则被告有举反证之责任也”〔1〕。即不能说只有原告承担行为意义上的证明责任，也不能说只有被告承担行为意义上的证明责任。行为意义的证明责任也并非为积极主张或消极主张而设，行为意义上的证明责任的核心在于是否提出了事实上的主张，而为了解决认识事实的需要，对基于事实上的主张，由提出者承担举证责任。当然，从证明标准的角度来看，由于攻方和守方的地位不同，承担的证明标准亦存在不同，主张欲获得有利于自己的诉讼结果，必须到高度盖然性的证明标准，才能获得法官内心确信的结论；而守方，其目的并不在于主张的结论是否成立，只需要提供反驳证据，使事实处于真伪不明的状态，法官无法获得对主张方的内心确信，就达到了守方的证明标准。而如果当事人对事实没有争议，或者争议事实已得到证明，法官能够获得一个特定的、完整的心证，无须结果意义上的证明责任。

2.结果意义上的证明责任。亦称证明责任。而证明责任规范本身的价值就在体现在：在重要事实主张的真实性不能被确认的情况下，指引法官作出何种内容的判决。〔2〕正如普维庭教授所主张的，事实上，客观证明责任是一种法定的风险分配形式，因此客观证明责任规范是对真伪不明的风险分配，即对事实状况的不可解释性的风险所进行的分配。这种抽象的风险分配在每一个诉讼开始前就已存在，就像实体法的请求权规范一样。〔3〕因此，我们也可以说后果意义上的证明责任是一种“风险负担说”。

二、我国民事诉讼中的证明责任

目前，我国民事诉讼模式正处在转型时期，基本属于“混合主义”的诉讼模式，即强化当事人主义和弱化职权主义的状态和趋势。

---

〔1〕［日］高木丰三：《日本民事诉讼法论纲》，陈与年译，中国政法大学出版社2006年版，第268页。

〔2〕参见［德］莱奥·罗森贝克：《证明责任论》（第5版），庄敬华译，中国法制出版社2019年版，第3页。

〔3〕参见［德］汉斯·普维庭：《现代证明责任问题》，吴越译，法律出版社2006年版，第26页。

（一）现行法律规定

我国民事诉讼中的举证责任部分，主要集中在《民事诉讼法》、2020年《民诉法司法解释》和2019年《民事证据规定》中。

其一，《民事诉讼法》涉及的条文主要有第64条第1款规定，"当事人对自己提出的主张，有责任提供证据"。

其二，2020年《民诉法司法解释》涉及的条文主要有第90条规定，"当事人对自己提出的诉讼请求所依据的事实或者反驳对方诉讼请求所依据的事实，应当提供证据加以证明，但法律另有规定的除外。在作出判决前，当事人未能提供证据或者证据不足以证明其事实主张的，由负有举证证明责任的当事人承担不利的后果"。第91条规定："人民法院应当依照下列原则确定举证证明责任的承担，但法律另有规定的除外：（一）主张法律关系存在的当事人，应当对产生该法律关系的基本事实承担举证证明责任；（二）主张法律关系变更、消灭或者权利受到妨害的当事人，应当对该法律关系变更、消灭或者权利受到妨害的基本事实承担举证证明责任。"

其三，2019年《民事证据规定》涉及的条文主要有第2条第1款规定，"人民法院应当向当事人说明举证的要求及法律后果，促使当事人在合理期限内积极、全面、正确、诚实地完成举证"。第92条第1款规定："私文书证的真实性，由主张以私文书证证明案件事实的当事人承担举证责任。"

（二）采用法律要件分类说中规范说的原因

我国《民事诉讼法》一直是坚持按照法律要件分类说中的规范说的理论，司法实践也广为接受。关于我国民事证据采用了罗森贝克的规范说的原因主要有：首先，我国民事实体法与大陆法系的实体法基本相同，即各类法律规范下的法律要件相对明确。可以分为权利发生、限制、妨碍、消灭几类不同规范，规则上相对清晰、简单、便于操作和掌握。其次，我国同德国一样，属于大陆法系国家，属于"法典主义"国家，法官裁判的基本思路都是逻辑三段论，即大前提+小前提=裁判结论的逻辑思维和判决结构。最后，规范说符合人们的日常经验和思维方式，法官在司法实践中大多能够根据常理作出合理的判断，且法官依据这种规范说裁判规则所得出的结论，与社会普通人的看法、观点、意见基本上能够相一致。

没有"放之四海而皆准"的规则，证明责任亦如此。后果意义上的证明责任作为一种风险负担，既有严格的规则主义与适度的公平主义的优势，也有一定的不足之处：如对于缺乏法律规范时，不易判断和掌握，需要其他证明方法来进行弥补；

如法律规范过于刚性，不利于个案的公平和平等，只能通过实体法或司法解释的特别规定来予以矫正；如待证事实真伪不明时，无疑会加重法院调查取证的负担，不利于法院的中立原则，不利于对当事人的平等保护等。

三、司法实务中的证明责任

1.关于借款合同抗辩人的证明责任。根据2020年《民诉法司法解释》第90条规定，负举证责任的当事人提供借款合同及借条记载的金额相印证，证据充分，已经充分举证证明其足额支付了借款合同载明的全部借款，抗辩人认为上述借款没有实际支付，但又不提供证据证明，或者未能举示相反证据予以反驳，则应当承担不利的法律后果。而如果抗辩人举证证明其已经归还部分利息及本金，并不承认借款总数的，则可从侧面证明其对向出借人借款这一事实的认可。

2.关于私文书证的证明责任。根据2020年《民诉法司法解释》第108条第1款的规定："对负有举证证明责任的当事人提供的证据，人民法院经审查并结合相关事实，确信待证事实的存在具有高度可能性的，应当认定该事实存在。"在借款合同纠纷中，出借人提供借款、借据以及收据等书证形式完整，内容明确，对于证明其向借款人出借的事实的存在具有高度盖然性，根据2020年《民诉法司法解释》第90条的规定，当事人反驳对方诉讼请求所依据的事实，应当提供证据加以证明，否则应承担不利的法律后果。在借款人未否定上述书证的真实性，也没有提供足以反驳的相反证据的情况下，应承担不利的法律后果。

【典型案解】

（一）未能提供证据

1.【裁判规则】在作出判决前，当事人未能提供证据或者证据不足以证明其事实主张的，由负有举证证明责任的当事人承担不利的后果

典型案例

王某与榆林市常乐堡矿业有限公司等民间借贷纠纷案［最高人民法院(2020)最高法民申1643号］

再审申请人（一审原告、二审上诉人）：王某

被申请人（一审被告、二审被上诉人）：榆林市常乐堡矿业有限公司（以下简称常乐堡公司）等

裁判观点

最高人民法院认为，根据《民诉法司法解释》第90条规定，本案中，王某主张其与常乐堡公司成立借贷关系，即应对产生该法律关系的基本事实承担举证证明责任。王某为证明其所主张的常乐堡公司向其借款的事实，提交了借据和收条作为证据，但从案涉资金流向来看，王某并未向常乐堡公司汇款，案涉款项均由王某转账至个人账户，亦无证据表明常乐堡公司实际使用该笔款项。谢某某出具的收条并未载明案涉款项与常乐堡公司的关联，收条上也无常乐堡公司的盖章，仅能反映谢某某收到王某2900万元的汇款，因收条中还有“其中陆佰万为谢甲所有”的记载，故该款项的性质及部分款项的权利人尚无法完全明确，不能以此表明常乐堡公司作出确认收到王某该笔出借款项的意思表示。因此，王某关于向常乐堡公司出借2900万元的主张尚未达到高度可能性的证明标准。

案涉其他证据表明，王某与谢某某之间不排除存在其他法律关系的可能性。首先，王某于2008年5月27日在榆林市公安局榆阳分局的讯问笔录中陈述，案涉2900万元的用途系其与谢某某在内蒙古投资项目，并未涉及常乐堡公司；其次，王某提交的向谢某某、高某某邮寄并经（2010）宁溧证民内字第266号公证书公证的信函中也载明，因谢某某、高某某的需要，王某筹借资金2900万元用于二位周转，该函亦未反映出案涉款项与常乐堡公司有关；最后，在高某某与王某妻子赵某的QQ聊天（电子邮件）的谈话内容中亦未涉及案涉款项与常乐堡公司存在明显的关系。结合以上相关事实，原审法院认为王某所主张的其与常乐堡公司之间存在借贷关系的事实真伪不明，现有证据尚不足以证实借款事实成立，作为对待证事实负有举证证明责任的当事人，王某应自行承担举证不能的不利后果，故对其要求常乐堡公司偿还借款的诉请未予支持并无不当。

2.【裁判规则】主张借款非夫妻共同债务，但未能提供证据证明的，不予支持

典型案例

代某与贵阳黔龙房地产开发有限公司等民间借贷纠纷案［最高人民法院

(2017) 最高法民申3872号］

再审申请人(一审被告、二审上诉人)：代某

被申请人(一审原告、二审被上诉人)：贵阳黔龙房地产开发有限公司(以下简称黔龙公司)

裁判观点

最高人民法院认为，一审法院依据借款合同、借条等证据并经一审庭审质证，认定黔龙公司对曾某享有债权。代某主张黔龙公司对曾某享有的债权并非真实存在，但未提供相应证据就该主张所依据的事实加以证明，法院不予认可。曾某经一审法院合法传唤，无正当理由拒不到庭参加诉讼，一审法院依法缺席审理并无不当。根据一审法院查明，代某与曾某于2008年登记结婚，于2012年登记离婚，曾某以个人名义向黔龙公司借款发生于代某与曾某婚姻关系存续期间。根据《民事诉讼法》第64条的规定，当事人对自己反驳对方诉讼请求所依据的事实应当提供证据加以证明，代某主张案涉借款非夫妻共同债务，但其所提供的证明及曾某的情况说明均不足以证明该债务属于曾某个人债务的情形，也不能证明黔龙公司知晓其离婚协议中关于二者婚姻关系存续期间债务全部由曾某负担的约定。

3.【裁判规则】主张已经结清货款，但无任何证据证明，不予采信

典型案例

唐山曹妃甸混凝土有限公司与中太建设集团股份有限公司买卖合同纠纷案［最高人民法院 (2016) 最高法民再197号］

再审申请人(一审原告、二审上诉人)：唐山曹妃甸混凝土有限公司(以下简称曹妃甸公司)

被申请人(一审被告、二审被上诉人)：中太建设集团股份有限公司(以下简称中太公司)

裁判观点

最高人民法院认为，根据2001年《民事证据规定》第2条规定，一、二审及再审中，法院多次向中太公司释明应提供双方合同及银行结算凭证等交易证据以证明

自己关于案涉交易已经结算完毕的主张，但中太公司作为大型股份有限公司，仅仅以项目部失火结算资料全部烧毁灭失为由进行抗辩，显然不符合公司财务管理的通常要求，亦与情理不合；且中太公司在本案诉讼过程中先是否认与曹妃甸公司有合同关系，否认景某某是其工作人员，否认收到过发票，否认支付过货款，后又承认景某某是其工作人员，承认收到部分发票，承认支付过货款，显然亦有违诚实信用原则。

本案中，曹妃甸公司主张中太公司尚欠混凝土款的证据明显占优，中太公司主张双方已经结清货款没有提供任何证据证明。根据《民诉法司法解释》第108条第1款的规定，曹妃甸公司基于现有证据主张中太公司尚欠曹妃甸公司混凝土款7,544,466.15元具有高度可能性，法院予以支持。

4.【裁判规则】未能举证证明其实际施工工程量，要求支付工程款及利息的诉讼请求，不予支持

典型案例

鲲鹏建设集团有限公司与湖北省鄂州市鄂城区人民政府建设工程施工合同纠纷案［最高人民法院（2018）最高法民申6034号］

再审申请人（一审原告、反诉被告、二审上诉人）：鲲鹏建设集团有限公司（以下简称鲲鹏公司）

被申请人（一审被告、反诉原告、二审被上诉人）：湖北省鄂州市鄂城区人民政府（以下简称鄂城区政府）

裁判观点

最高人民法院认为，根据《民诉法司法解释》第90条规定，本案中，鲲鹏公司应提供证据证明其诉讼请求所依据的事实，即鲲鹏公司需证明其实际完成的工程量。经审查，已有证据仅能证明：截至2009年4月2日施工石方近30万立方米，截至2009年4月29日施工石方约48.6万立方米，鲲鹏公司在2009年9月5日曾主张已完成70%总产值。故鲲鹏公司提交的证据不能证明其主张的已施工工程量为石方区域72万立方米、土方区域130万立方米的事实成立。对于二审法院认定的“即便鲲鹏公司主张的已施工工程量为石方区域72万立方米、土方区域130万立方米的事实成立，按照鲲鹏公司在二审中主张的招标的时候确定了土方价款是3.24元每立方米，石方是9.36元每立方米的标准，鲲鹏公司施工的工程款为130万立方米×3.24元每立方米+72万立方米×9.36元每立方米=10,951,200元。而鲲鹏公司认可鄂城区政府已支付1360万元，本案亦不存在鄂城区政府应再向鲲鹏公司支付工程款的问题”的认定结论，鲲鹏公司也不能提供充分证据予以推翻。因鲲鹏公司未能举证证明其实际施工的工程量，无法就其实际施工工程量计算工程价款，故原审法院判决驳回鲲鹏公司关于要求支付工程款及利息的诉讼请求并无不当。

5.【裁判规则】一审未提出但在二审期间提出诉讼时效抗辩，但未提供相关证据证实的，抗辩不予支持

典型案例

哈尔滨通合金属材料有限公司与哈尔滨秋林集团股份有限公司借款合同纠纷案［最高人民法院（2017）最高法民申3497号］

再审申请人（一审被告、二审上诉人）：哈尔滨通合金属材料有限公司（以下简称通合公司）

再审申请人（一审原告、二审被上诉人）：哈尔滨秋林集团股份有限公司（以下简称秋林集团公司）

裁判观点

最高人民法院认为，《诉讼时效司法解释》第4条规定：“当事人在一审期间未提出诉讼时效抗辩，在二审期间提出的，人民法院不予支持，但其基于新的证据能够证明对方当事人的请求权已过诉讼时效期间的情形除外。”[1]本案中，一审法院已依法通过公告送达的方式向通合公司送达了开庭传票，通合公司并未到庭参加诉讼，亦未提出诉讼时效抗辩。通合公司虽在二审中提出诉讼时效抗辩，但未提供相关证据予以证实。至于秋林集团公司针对通合公司的上诉主张进行答辩并提供相关证据后，通合公司在二审中申请对秋林集团公司所举示的案涉2014年企业询

〔1〕 现为2020年《诉讼时效司法解释》第3条：“当事人在一审期间未提出诉讼时效抗辩，在二审期间提出的，人民法院不予支持，但其基于新的证据能够证明对方当事人的请求权已过诉讼时效期间的情形除外。当事人未按照前款规定提出诉讼时效抗辩，以诉讼时效期间届满为由申请再审或者提出再审抗辩的，人民法院不予支持。”

证函及还款计划上公章真伪进行鉴定，该鉴定申请不符合2001年《民事证据规定》中所规定的“新的证据”的情形，二审法院对其该项申请不予准许，并无不当。综上所述，二审法院对通合公司关于本案已过诉讼时效的抗辩主张不予支持并无不当，法院予以维持。

6.【裁判规则】主张其在合同上签字时该合同为空白合同，但未提供证据证实，对其主张不予支持

典型案例

张某某等与恒丰银行股份有限公司温州分行等金融借款合同纠纷案［最高人民法院（2017）最高法民终900号］

上诉人（原审被告）：张某某等

被上诉人（原审原告）：恒丰银行股份有限公司温州分行（以下简称恒丰银行温州分行）

裁判观点

最高人民法院认为，根据《民诉法司法解释》第90条规定，本案中，虽张某某等主张其在最高额保证合同上签字时该合同为空白合同，但其并未提供证据证实，且恒丰银行温州分行对该主张亦不予认可。即使张某某等的该项主张属实，一方面张某某等应对其在空白合同上签字的行为所可能承担的责任有所预计；另一方面张某某等作为淮安禧徕乐公司的股东，孙某某作为淮安禧徕乐公司股东和上海禧徕乐公司的股东，在上述最高额保证合同上签字，为淮安禧徕乐公司提供担保，也是符合其自身利益的行为。因此，张某某等以此为由提出其不应承担担保责任的主张，亦不应支持。

7.【裁判规则】主张全部以现金支付工程款，但未提交资金来源的证据，应承担举证不利后果

典型案例

库车县绿洲房地产开发有限责任公司与新疆建工集团第六建筑工程有限责任

公司建设工程施工合同纠纷案［最高人民法院（2017）最高法民申726号］

再审申请人（一审被告、反诉原告、二审上诉人）：库车县绿洲房地产开发有限责任公司（以下简称绿洲公司）

被申请人（一审原告、反诉被告、二审上诉人）：新疆建工集团第六建筑工程有限责任公司（以下简称新疆六建）

裁判观点

最高人民法院认为，关于本案中230万元发票的证明力问题，原判决从新疆六建开具发票的时间判断双方当事人履行的是非即时即付合同，亦未约定交付发票同时付清价款；而且，经核实，双方对已付工程款9,851,780元和开具发票816.5万元均无争议，发票金额少于已付工程款金额，故原判决对绿洲公司要求按发票计入已付款不予采信，认定本案发票不能反映双方结算情况是正确的。绿洲公司未对其已履行给付2006年5月10日90万元工程款义务提供证据佐证，故应承担举证不能的法律后果。至于2005年11月2日、2005年12月5日、2006年4月30日的两张借条60万元和两张收据30万元共计90万元，绿洲公司虽主张已支付工程款，因新疆六建予以否认并要求绿洲公司出具付款凭证，原判决认为绿洲公司应作出充分合理说明，有责任对证据形成、来源和内容作出合乎逻辑与常理的解释，以佐证证据的真实性、合法性和关联性，并不违反相关法律规定。但绿洲公司作为正规企业，其陈述财务资料齐全，对付款情节陈述是全部以现金支付，对巨额资金来源无法作出合理说明，亦未提交资金来源的证据，在双方均为合法企业，相关财务制度对资金往来有相应规定的情况下，全部支付现金有悖常理。故原判决认定仅凭其提交的借条和收据不足以证明90万元已支付的事实，在双方合同约定工程款的拨付必须以公对公的形式将工程款拨付到承包人账户方为有效的情况下，判令由绿洲公司承担举证不利后果，对其已支付90万元工程款的主张不予采信，不违反相关法律规定。

8.【裁判规则】主张认定事实的主要证据系伪造，应当提供证据证明，否则应当承担举证不能的法律后果

典型案例

杨某某与黄某等股权转让纠纷案［最高人民法院（2017）最高法民申1663号］

审申请人（一审原告、二审上诉人）：杨某某

被申请人（一审被告、二审被上诉人）：黄某等

裁判观点

最高人民法院认为，杨某某申请再审提出，原审法院认定事实的主要证据，包括2012年8月26日补充协议，2012年9月28日及12月18日胡某甲向黄某出具的借条，2012年9月20日、9月25日及11月2日银信担保公司、黄某、游某乙与胡某甲签订的担保合同，2012年11月8日黄某、游某乙与胡某甲签订的补充协议，2012年12月20日西虹电子电器有限公司和桓驰建材有限公司给银信担保公司的代偿申请书以及2012年12月24日、2012年12月28日胡某甲向黄某、游某乙发出的通知，2013年3月20日清算协议等系伪造。

首先，上述协议、合同、借条的签订主体以及通知的发出主体黄某、游某乙与胡某甲，对自己签字的真实性均未提出异议。其次，杨某某未举示充分证据证明上述证据系伪造。再次，杨某某在原审期间曾对上述证据签字落款形成时间申请鉴定，后又以无法在规定时间内备齐所需样本材料为由申请中止鉴定，且杨某某也未对上述证据的真实性申请鉴定。根据《民诉法司法解释》第90条之规定，在杨某某不能提供证据证明上述证据系伪造的情况下，其应当承担举证不能的法律后果。

9.【裁判规则】经释明负举证责任的一方当事人不申请鉴定，应当承担未完成举证责任的不利后果

典型案例

江苏泓建集团有限公司与枣庄市盛苑房地产开发有限公司建设工程施工合同纠纷案［最高人民法院（2017）最高法民申2462号］

再审申请人（一审原告、二审上诉人）：江苏泓建集团有限公司（以下简称泓建公司）

被申请人（一审被告、二审被上诉人）：枣庄市盛苑房地产开发有限公司（以下简称盛苑公司）

裁判观点

最高人民法院认为，2001年《民事证据规定》第28条是对另一方可以申请重新鉴定的肯定，并未免除承担举证责任当事人申请鉴定的责任。提出司法鉴定申请的责任，应归属于对需要鉴定事项承担举证责任的当事人。就案涉工程价款，泓建公司作为承包人提起诉讼，对工程造价的基本事实承担有举证责任。盛苑公司作为发包人一审已提交有自行制作的造价汇总表。在泓建公司不能依合同约定提交结算资料，又不能与盛苑公司就工程造价达成一致的情况下，其应依法申请鉴定。然而，为证明自己的主张，泓建公司选择一审判决后单方自行委托鉴定，并于二审期间提交了有关工程造价咨询报告书。该鉴定意见缺少盛苑公司的参与，与盛苑公司制作的造价差异明显，盛苑公司二审明确表示不予认可。此种情况下，二审法院庭审询问泓建公司是否申请鉴定，已达到释明的要求，泓建公司仍不申请鉴定，应当承担其单方自行委托的鉴定不被采信时未完成举证责任的不利后果。故二审法院综合本案情况，对该单方鉴定不予采信，并认为泓建公司不申请鉴定应承担工程造价无法认定的不利后果，并无不当。泓建公司的相关主张缺乏事实和法律依据，不予支持。

10.【裁判规则】主张安全文明施工费但未提交证据，应承担举证不能的不利后果

典型案例

陕西有色建设有限公司与固原华星置业有限公司建设工程施工合同纠纷案［最高人民法院（2018）最高法民终141号］

上诉人（原审原告）：陕西有色建设有限公司（以下简称陕西有色公司）

上诉人（原审被告）：固原华星置业有限公司（以下简称固原华星公司）

裁判观点

最高人民法院认为，根据《民诉法司法解释》第90条规定，根据双方合同第23.4约定，工程取费时，如陕西有色公司取得文明工地，按50%费率计取安全文明施工定额补贴费；否则不计取安全文明工地费用。陕西有色公司未提交施工过程中取得安全文明施工的证据，故其主张计取该项费用的依据不足，应承担举证不能的不利后果。

11.【裁判规则】抗辩系其另行发包他人施工但未提供任何证据证明，应当承担举证不能的法律后果

典型案例 ▶▶

兰州亚太伊士顿电梯有限公司与甘肃红旗建筑工程集团有限公司建设工程施工合同纠纷案［最高人民法院（2019）最高法民申3975号］

再审申请人（一审被告、二审上诉人）：兰州亚太伊士顿电梯有限公司（以下简称伊士顿公司）

被申请人（一审原告、二审上诉人）：甘肃红旗建筑工程集团有限公司（以下简称红旗公司）

裁判观点 ▶▶

最高人民法院认为，根据《民诉法司法解释》第90条规定，案涉工程砌筑的8堵墙，红旗公司提供了水电施工图、购买红砖的凭证、现场施工管理人的证言等证据证明了砌筑的事实，不存在举证责任倒置的问题。针对屋面防水问题，红旗公司主张系其施工，在屋面防水确已存在的情况下，伊士顿公司反驳该事实，主张该工程系其另行发包他人完成。在伊士顿公司未提供任何证据证明屋面防水工程由他人施工完成的情况下，原判决认定伊士顿公司承担举证不能的后果，并无不当。

12.【裁判规则】由于未能充分举证证明，导致司法鉴定无法进行，应当认定承担举证不能的法律后果

典型案例 ▶▶

唐山渤海冶金设备有限责任公司与洛阳中冶重工集团有限公司加工承揽合同纠纷案［最高人民法院（2019）最高法民申2672号］

再审申请人（一审原告、二审上诉人）：唐山渤海冶金设备有限责任公司（以下简称渤海冶金公司）

被申请人(一审被告、二审被上诉人):洛阳中冶重工集团有限公司(以下简称中冶公司)

裁判观点

最高人民法院认为,本案为加工承揽合同纠纷,渤海冶金公司作为定作人主张损失赔偿,应对提供加工劳务的承揽人中冶公司未按约定加工承揽以及给定作人造成的损失承担举证证明责任。秦皇岛佰工钢铁有限公司在使用渤海冶金公司提供的由中冶公司加工的2套转炉设备过程中,1#转炉耳轴块产生裂缝、托圈与耳轴产生转动、耳轴脱出,2#转炉托圈出现裂缝。对转炉产生故障的原因,各方认识不同。渤海冶金公司委托唐山科技事务司法鉴定中心对"1#40吨转炉托圈(耳轴块)与耳轴产生转动的原因"出具鉴定意见,鉴定结果为故障原因"是由于传动侧耳轴的正火处理不合格造成的",因该鉴定意见系渤海冶金公司单方委托作出,对该鉴定意见中冶公司提出质疑,原审法院未予采信并无不当。一审审理过程中,一审法院委托进行司法鉴定,在确定鉴定机构之前,中冶公司提出现场勘验申请,一审法院遂组织双方进行现场勘验。经现场勘验,渤海冶金公司虽主张勘验现场存放之物为中冶公司生产,但中冶公司提出质疑,渤海冶金公司未能提供充足证据证明勘验现场存放之物是从秦皇岛佰工钢铁有限公司拆卸而来。二审审理过程中,二审法院再次组织进行现场勘验,形成勘验笔录,并对勘验数据进行质证,但仍然无法形成勘验现场存放之物即为本案标的物的内心确信。根据《民诉法司法解释》第90条的规定,渤海冶金公司对提供的检材为中冶公司所生产负有举证证明责任,但其未能充分举证证明,导致司法鉴定无法进行,原审法院认定渤海冶金公司应承担举证不能的法律责任并判决驳回其诉讼请求,并无不当。

13.【裁判规则】提供的证据不能证明财产损失是由他人造成的,应当承担举证不利的法律后果

典型案例

辽源市玉荞食品有限公司与吉林省辽源市工农乡苇塘村村民委员会等财产损害赔偿纠纷案[最高人民法院(2015)民申字第2772号]

再审申请人（一审原告、二审上诉人）：辽源市玉荞食品有限公司（以下简称玉荞公司）

被申请人（一审被告、二审被上诉人）：吉林省辽源市工农乡苇塘村村民委员会（以下简称苇塘村委会）

裁判观点

最高人民法院认为，玉荞公司主张苇塘村委会及王某某等人实施了侵权行为，造成其生产线、设备等财产损失，应当承担赔偿责任，玉荞公司对其主张负有举证责任。玉荞公司提供的照片、光碟等证据，没有其他证据佐证，不能证明其设备、财产丢失的事实，亦不能证明其所主张的财产损失系由苇塘村委会及王某某等人造成，即玉荞公司提供的证据不能证明其所述主张成立，应当承担举证不利的法律后果。原判决据此驳回玉荞公司的诉讼请求，符合法律及司法解释规定，并无不当。

14.【裁判规则】未提交证据证明工期延误均系相对方原因所致，应承担相应的不利后果

典型案例

江苏新龙兴建设集团有限公司与腾冲市金鹰房地产开发有限公司建设工程施工合同纠纷案［最高人民法院（2018）最高法民终24号］

上诉人（原审原告、反诉被告）：江苏新龙兴建设集团有限公司（以下简称新龙兴公司）

上诉人（原审被告、反诉原告）：腾冲市金鹰房地产开发有限公司（以下简称金鹰公司）

裁判观点

最高人民法院认为，对案涉工程工期存在延误，当事人并无异议，争议的焦点是工期延误的原因。根据《民诉法司法解释》第90条规定，本案中，针对金鹰公司的反诉请求，新龙兴公司抗辩称案涉工程工期延误系因金鹰公司原因所致，对于该反驳对方诉讼请求所依据的事实，新龙兴公司应当提供证据加以证明。新龙兴公司一审虽提交了包括工程签证单和工程联系单在内的多份证据，证明因金鹰公司原因导致工期延误，但新龙兴公司并不否认其提交的证据不能完全一一覆盖实际的工期延误天数，二审中新龙兴公司亦未提交补充证据证明所有的工期延误均系金鹰公司原因所致，新龙兴公司应承担相应的不利后果。一审判决以存在金鹰公司原因造成工期延误的客观事实为由，将工期延误全部认定为金鹰公司的责任，存有不当，法院予以纠正。关于工期延误违约金数额，从已经查明的事实看，导致案涉工程工期延误的原因是多方面，且无法精确计算不同原因导致的具体延误天数，根据公平原则和诚实信用原则，兼顾合同履行情况及当事人过错，法院酌定新龙兴公司支付金鹰公司工期延误违约金750,000元。

15.【裁判规则】出借人不能就现金借贷关系发生的主要事实提供充分证据予以举证证明，应承担不利的法律后果

典型案例

曾某某与襄阳市前方房地产开发有限公司民间借贷纠纷案［最高人民法院(2013)民提字第151号］

申请再审人（一审原告、反诉被告、二审被上诉人、原被申请人）：曾某某

被申请人（一审被告、反诉原告、二审上诉人、原申请再审人）：襄阳市前方房地产开发有限公司（以下简称前方公司）

裁判观点

最高人民法院认为，综合对全案证据证明力的判断，本案借款协议及借条关于高额无息借款本金的约定，与正常民间借贷交易惯例不符。在借款人不予认可且已提供相应证据证明其主张的情形下，出借人应就借贷关系的成立承担举证责任。现经法院再审审理查明，曾某某作为出借人，不能就借贷资金来源、支付时间及顺序、具体支付方式等涉及现金借贷关系是否实际发生的案件主要事实提供充分证据予以举证证明，且就其诉请主张存在诸多前后不一、相互矛盾的庭审陈述及证据出示，对此，曾某某应承担举证不能的法律后果。曾某某关于其与前方公司之间存在1300万元民间借贷关系的主张，事实依据不足，不能成立。

16.【裁判规则】持有会计账簿、财务报表及合同等鉴定检材的一方当事人，未按规定提交该鉴定检材的，应当承担不利的法律后果

典型案例

海阳嘉恒置业有限公司与杨某某等合作开发房地产合同纠纷案［最高人民法院（2016）最高法民申2235号］

再审申请人（一审被告、反诉原告、上诉人）：海阳嘉恒置业有限公司（以下简称嘉恒公司）

被申请人（一审原告、反诉被告、被上诉人）：杨某某等

裁判观点

最高人民法院认为，根据合伙合同约定，合同解除后，应当按照合同约定对案涉合作开发项目的投资、成本、收益进行清算。同时，对本金回收与利润分配约定，该项目自回收之日，每收款累计1亿元进行分配，三方共同分配1000万元，余款9000万元留用周转资金。最后等综合验收合格后，共同委托评估机构进行审计，再进行利润分配，对先期的分配，多退少补。根据一、二审查明事实，嘉恒公司主要负责项目经营，案涉账簿、凭证及合同由其持有和管理。诉讼中，杨某某申请证据保全，同时申请司法鉴定，要求对嘉恒公司持有的案涉项目账簿、凭证及合同进行保全。但在一审法院作出生效证据保全裁定后，嘉恒公司数次拖延提交，直到一审法院最后一次限期后，均没有按规定要求提交财务凭证、其他会计账簿、财务报表及相关合同等资料。最终导致本案无法真实全面地了解案涉项目的经营等状况，也无法就案涉项目进行审计及鉴定。对此，嘉恒公司应当承担不利的法律后果。

17.【裁判规则】当事人有证据证明不动产登记簿的记载与真实权利状态不符，其为该不动产物权的真实权利人，请求确认其享有物权的，应予支持

典型案例

中国银行股份有限公司大连西岗支行与鄂尔多斯市东胜城市建设开发投资集团有限责任公司等执行异议之诉案［最高人民法院（2019）最高法民申3846号］

再审申请人（一审被告、二审被上诉人）：中国银行股份有限公司大连西岗支

行(以下简称中国银行大连西岗支行)

被申请人(一审原告、二审上诉人):鄂尔多斯市东胜城市建设开发投资集团有限责任公司(以下简称东胜城投)等

裁判观点

最高人民法院认为,经东胜区人民政府同意,东胜城投购买案涉房屋作为东胜区行政事业单位办公场所。东胜城投与万融公司签订商品房买卖合同,并已实际支付大部分购房款,占有、使用案涉房屋。东胜城投、联创公司、万融公司均对东胜城投购买案涉房屋无异议。联创公司既无购买案涉房屋的真实意图,也未支付任何房屋转让对价,未占有、使用案涉房屋。虽然东胜城投为借用联创公司名义办理按揭贷款,将案涉房屋登记至联创公司名下,但联创公司实际对案涉房屋不享有权利。根据《物权法司法解释一》第2条[1]规定,东胜城投提交的证据足以证明其为案涉房屋的真实权利人,二审法院判决确认案涉房屋归东胜城投所有,亦无不当。

18.【裁判规则】当事人之间对是否已履行出资义务发生争议,原告提供对股东履行出资义务产生合理怀疑证据的,被告股东应当就其已履行出资义务承担举证责任

典型案例

崔某某与山东世纪利华能源有限公司等追偿权纠纷案[最高人民法院(2015)民申字第1755号]

再审申请人(一审被告、二审上诉人):崔某某

被申请人(一审原告、二审被上诉人):山东世纪利华能源有限公司(以下简称利华公司)等

裁判观点

最高人民法院认为,利华公司提供了华青公司注册资金情况明细表作为证据,该证据表明崔某某、李某分别向华青公司出资1100万元、900万元,公司成立后短时

〔1〕 现为2020年《民法典物权编司法解释一》第2条:"当事人有证据证明不动产登记簿的记载与真实权利状态不符、其为该不动产物权的真实权利人,请求确认其享有物权的,应予支持。"

间内（华青公司成立时间为2011年3月1日，款项转出时间为2011年3月3日），华青公司即将与出资数额一致的款项分三次转入日照国能电力燃料有限公司和日照开发区汇贤经贸有限公司账户。利华公司作为华青公司的债权人，已就对华青公司股东存在抽逃出资行为产生合理怀疑提供了证据。一、二审法院根据证据距离理论和2011年《公司法司法解释三》第20条之规定，判令由崔某某对其不存在抽逃出资行为负举证责任，并无不当。崔某某虽主张上述款项汇出系用于支付日照国能电力燃料有限公司、日照开发区汇贤经贸有限公司煤炭粉业务款，但其提供的2011年3月3日华青公司与上述两公司签订的买卖合同仅系复印件，华青公司纳税明细亦未载明销方单位名称，不能证明其主张。崔某某作为华青公司的法定代表人、出资1100万元占比55%的股东，虽主张其对华青公司不具有掌控力，但并未提供充分证据予以证明，亦与公司法中有关法定代表人、股东的相关规定不符。根据《民事诉讼法》第64条第1款和《民诉法司法解释》第90条之规定，二审判决综合判断全案证据，认定崔某某存在抽逃出资行为，合法有据，法院予以维持

（二）真伪不明

1.【裁判规则】待证事实真伪不明的，应当认定该事实不存在

典型案例

威海顺道和汽车销售有限公司与威海市金猴进出口贸易有限公司等买卖合同纠纷案[最高人民法院（2017）最高法民申1630号]

再审申请人（一审原告、二审上诉人）：威海顺道和汽车销售有限公司（以下简称顺道和公司）

被申请人（一审被告、二审被上诉人）：威海市金猴进出口贸易有限公司（以下简称金猴进出口公司）等

裁判观点

最高人民法院认为，原审法院根据各方当事人的举证情况认定案涉汽车配件采购合同是虚假合同正确。理由为：（一）段某某陈述其与王某某相识，因与王某某之间合伙进行汽车配件生意而与金猴进出口公司签订汽车配件采购合同，但其不能确切陈述其与王某某认识的时间和场合，与常理不符。关于汽车配件采购合同的签订时间，段某某在原审中也不能明确说明。（二）汽车配件采购款的给付数额

和条件与汽车配件采购合同的约定不符。汽车配件采购合同约定，金猴进出口公司需提供货款的20%作为质量保证金，且应在标的物检验合格后30个工作日内再付款，而实际上，在金猴进出口公司未交付标的物，也未对标的物进行检验的情况下，顺道和公司就全额支付了合同价款。金猴进出口公司至今未依约支付保证金，顺道和公司却长时间不主张权利。（三）案涉利息支付与借款合同约定不符。合同约定利息由段某某支付，而实际上却是由王某某偿付，王某某将利息转账给段某某，银行方从段某某的银行卡中扣划。（四）顺道和公司提供的中信银行威海分行出具的段某某贷款时的相关证据，只能证明中信银行威海分行按照内部放贷流程和借款合同约定发放贷款的事实，不能证明顺道和公司和金猴进出口公司签订的涉案汽车配件采购合同系双方真实意思表示。（五）顺道和公司主张其与金猴进出口公司之间存在真实的买卖法律关系，但其在本案中所举证据未达到高度盖然性证明标准。金猴进出口公司和王某某提出的反证达到使案件事实真伪不明的证明标准。根据《民诉法司法解释》第108条规定，结合本案顺道和公司的举证和金猴进出口公司、金猴小贷公司、王某某等提出的反证进行综合分析，应认定王某某与金猴小贷公司的借款合同、900万元银行借款的流转过程、王某某的还款行为、金猴进出口公司和金猴小贷公司的陈述等证据能够相互印证，形成了全面的证据链，证明涉案汽车配件采购合同不是双方当事人的真实意思表示，真实目的只是便于王某某向银行贷款，并归还其对金猴小贷公司的欠款。顺道和公司所举证据尚未达到使法院认为待证事实具有高度盖然性的证明标准。

2.【裁判规则】主张存在双重清偿的，应承担举证责任，否则应当承担举证不利的法律后果

典型案例

天津开发区万泰房地产开发有限公司与天津市东丽湖旅游开发总公司等合资、合作开发房地产合同纠纷案［最高人民法院（2017）最高法民申1495号］

再审申请人（一审被告、反诉原告、二审被上诉人）：天津开发区万泰房地产开发有限公司（以下简称万泰公司）

被申请人（一审原告、反诉被告、二审上诉人）：天津市东丽湖旅游开发总公司（以下简称东丽湖旅游公司）等

裁判观点

最高人民法院认为，万泰公司以东丽湖房地产公司接受了双重清偿为由，要求东丽湖旅游公司、东丽湖矿泉水公司返还不当得利，应当就东丽湖房地产公司案涉项目接受双重清偿之事实承担举证责任。一审中，东丽湖旅游公司、东丽湖矿泉水公司向法院提交了东丽湖房地产公司与泰顺公司关于联合开发其他项目的联合开发协议及泰顺公司向东丽湖房地产公司借款的收据等证据，证明东丽湖房产公司与泰顺公司之间存在其他合作项目和资金往来。根据二审判决查明的事实，2001年3月27日至2002年6月24日，万泰公司与东丽湖房地产公司之间存在支付拆迁补偿费等资金往来关系；东丽湖房地产公司向泰顺公司支付的162万元，泰顺公司开具的收据记载为"往来款""津东房地产公司借款"，泰顺公司向东丽湖房产公司支付的170万元，东丽湖公司开具的收据记载为"往来款""付东丽湖拆迁补偿费""垫付养鱼池路拆迁补偿款"，仅有80万元记载为"收到泰顺公司还款"，但亦不能确定该还款是否系本案所涉项目投资款的归还。根据上述证据及查明事实，二审判决认定东丽湖房地产公司与泰顺公司之间存在其他合作项目和资金往来，具有相应事实依据。此外，万泰公司主张泰顺公司向东丽湖房地产公司支付的170万元系归还案涉项目中东丽湖房地产公司投资款162万元，但就其款项差额8万元的性质及计算方法，万泰公司未提供证据证明或提出合理说明。故二审判决认定不能确认东丽湖房产公司就案涉项目投入合作款项162万元以及泰顺公司已经向东丽湖房产公司归还了该款项，并无不当。在此情况下，无法认定东丽湖房地产公司接受万泰公司支付的162万元款项系受双重清偿并构成不当得利，万泰公司就此事实主张，应当承担举证不能的不利后果。万泰公司所持泰顺公司与东丽湖房地产公司之间是否具有其他合作项目，不应影响对东丽湖房地产公司收取万泰公司162万元构成不当得利认定的申请再审理由，缺乏事实和法律依据，不能成立。

3.【裁判规则】主张相对方已经签收案涉银行承兑汇票的事实处于真伪不明的状态，应当认定已签银行承兑汇票的事实不存在

典型案例

广发银行股份有限公司天津分行与辽宁忠旺集团有限公司等金融借款合同纠

纷案[最高人民法院(2019)最高法民申112号]

再审申请人(一审原告、二审被上诉人):广发银行股份有限公司天津分行(以下简称广发银行天津分行)

被申请人(一审被告、二审上诉人):辽宁忠旺集团有限公司(以下简称忠旺集团公司)等

裁判观点

最高人民法院认为,广发银行天津分行在一审中提交了忠旺集团公司的授权承办人张某签收并盖有忠旺集团公司印章的收到商业汇票/款项确认函等证据,以证明忠旺集团公司收到案涉票据事实的高度盖然性。二审中,忠旺集团公司提交公安机关调取的广发银行天津分行重要单据交接登记簿和银行承兑汇票登记簿两份新证据证明广发银行天津分行将案涉票据直接交付给了中物旺达公司,而非忠旺集团公司;中物旺达公司法定代表人乔某某亦明确表示,其在广发银行天津分行工作人员的安排下进行倒贷,忠旺集团公司并未得到案涉票据;同时,收到商业汇票/款项确认函虽有授权承办人张某的签字,但结合其证人证言,其代表忠旺集团公司的真实意思表示存疑;另经司法鉴定,案涉票据上的忠旺集团公司财务章、法人章与收到商业汇票/款项确认函上的公司章等印文与样本均不是同一印章盖印,目前已有刑事判决认定上述印章皆系乔某某等人伪造。至此,广发银行天津分行主张忠旺集团公司已经签收案涉银行承兑汇票的事实处于真伪不明的状态。根据《民诉法司法解释》第108条第1款、第2款规定,二审判决认定广发银行天津分行未能提供充分证据证明案涉票据已经依约送达忠旺集团公司,具有事实和法律依据,并无不当。广发银行天津分行关于二审判决认定上述基本事实完全没有依据的申请再审理由不能成立。

4.【裁判规则】未提交充分证据证明其实际承担委托人的义务,应当认定该事实不存在

典型案例

南京港龙潭天辰码头有限公司与湖南黑金时代煤炭销售有限公司港口作业纠纷案[最高人民法院(2018)最高法民再65号]

再审申请人（一审被告、二审上诉人）：南京港龙潭天辰码头有限公司（以下简称天辰公司）

被申请人（一审原告、二审被上诉人）：湖南黑金时代煤炭销售有限公司（以下简称黑金时代公司）

裁判观点

最高人民法院认为，天辰公司为反驳黑金时代公司所主张的事实提供了相关证据，这些证据证明了天辰公司要求中煤太谷公司履行委托人的主要义务，在涉案货物港口作业过程中，中煤太谷公司先后履行了提供船舶预报、提交相关文件、协助办理相关手续等委托人义务。而黑金时代公司并未提交充分证据证明其实际承担了港口货物作业委托人的义务。法院经审查并结合相关事实，认为黑金时代公司主张的天辰公司实际履行的系与其签订的港口货物作业合同这一待证事实真伪不明，依据《民诉法司法解释》第108条之规定，应当认定该事实不存在。故黑金时代公司的该项主张不能成立，二审法院认定天辰公司实际履行的是其与黑金时代公司签订的港口货物作业合同缺乏事实与法律依据。

5.【裁判规则】对方否认签订过该协议，协议中无对方公章和法定代表人签字，无证据证明签字人是对方公司的员工，不能证明合同为对方公司所签

典型案例

中泰信托有限责任公司与财富证券有限责任公司债券回购合同纠纷案［最高人民法院（2019）最高法民终961号］

上诉人（一审被告）：中泰信托有限责任公司（以下简称中泰信托公司）

被上诉人（一审原告）：财富证券有限责任公司（以下简称财富证券公司）

裁判观点

最高人民法院认为，财富证券公司提交的证据2017年1月16日债券远期买卖协议乙方是“中泰债券投资（H H1期）单一资金信托计划”，盖有“中泰债券投资（H H1期）单一资金信托专用章”。该协议乙方并非中泰信托公司，没有中泰信托公司法定代表人签字，未加盖中泰信托公司公章。协议中乙方联系人是吴某某，没有证据证明吴某某是中泰信托公司的员工。乙方传真号码010-683××××5是康思资本公司的号码，并非中泰信托公司的号码。中泰信托公司否认签订过该协议，否认刻制或使用过“中泰债券投资（HH1期）单一资金信托专用章”。财富证券公司提交的2017年1月16日债券远期买卖协议当事人不是中泰信托公司，也不能证明是中泰信托公司所签，一审认定中泰信托公司与财富证券公司2017年1月16日签订了债券远期买卖协议，系认定事实错误，法院予以纠正。

6.【裁判规则】受让人应当提供不良债权转让合同以及证明其权利合法性证据而拒不提供的，应当承担举证不能的法律后果

典型案例

北京夏安资产管理有限公司与德州金星汽车出租有限责任公司确认合同无效纠纷案［山东省德州市中级人民法院（2016）鲁14民终2503号］

上诉人（原审被告）：北京夏安资产管理有限公司

被上诉人（原审原告）：德州金星汽车出租有限责任公司

裁判观点

人民法院认为，根据最高人民法院《关于审理涉及金融不良债权转让案件工作座谈会纪要》第8条之规定“人民法院在审查不良债权转让合同效力时，要加强对不良债权转让合同、转让标的、转让程序以及相关证据的审查……人民法院应当要求受让人向法庭披露不良债权转让合同以及证明其权利合法性和权利范围。受让人不予提供的，人民法院应当责令其提供；受让人拒不提供的，应当承担举证不能的法律后果”。山东省高级人民法院《关于审理涉及不良金融债券处置纠纷若干问题的意见》第7条之规定“资产管理公司在转让不良金融债券中，有下列情形之一的，应认定转让合同无效……（三）根据有关规定应经合法、独立的评估机构，但未经评估的；（四）根据有关规定应采取公开招标、拍卖等方式处置，但未经公开招标、拍卖的；（五）公开招标中的投标人少于三家（不含三家）的；（六）以拍卖方式转让不良金融债券时，未公开选择有资质的拍卖中介机构，或者未依照拍卖法的有关规定拍卖的”。经法院审判委员会研究认为，庭审中，被告未提供转让程序合法性的相关证据，被告与中国东方资产管理公司青岛办事处签订的资产转让协议无效，据此，依照《合同法》第52条第5款[1]之规定，拟判决：被告北京夏安资产管理有限公司与中国东方资产管理公司青岛办事处签订的资产转让协议无效。案件受理费100元，由被告北京夏安资产管理有限公司承担。

7.【裁判规则】抗辩不能只凭房产登记机关名下无房的登记信息来证明有无其他供居住的房产，但又未能提供足以反驳证据的，应当承担不利的法律后果

典型案例

浙江中成建工集团有限公司与王某等申请执行人执行异议之诉案［最高人民法院（2018）最高法民申5276号］

再审申请人（一审原告、二审上诉人）：浙江中成建工集团有限公司（以下简称中成公司）

被申请人（一审被告、二审被上诉人）：王某等

裁判观点

最高人民法院认为，本案中，案涉商品房位于内蒙古自治区呼和浩特市。根据呼和浩特市房屋产权产籍档案馆出具的房屋权属登记信息查询结果，王某、渠某某名下无其他房产。中成公司认为仅凭该证据不能证明王某、渠某某名下无其他供居住的房屋，但又未能提供足以反驳的相反证据。根据《民诉法司法解释》第90条规定，二审法院依据该查询结果认定案涉房屋系王某、渠某某名下唯一住房，符合法律规定，并无不当。

8.【裁判规则】异议人已经提供证据证明对案涉房屋享有排除强制执行的民事权益，申请执行人应当提供异议人对案涉房屋不享有排除强制执行的民事权益反证，否则应当承担不利的后果

典型案例

北京长富投资基金（有限合伙）与初某等申请执行人执行异议之诉案［最高人

〔1〕现为《民法典》第153条："违反法律、行政法规的强制性规定的民事法律行为无效。但是，该强制性规定不导致该民事法律行为无效的除外。违背公序良俗的民事法律行为无效。"

民法院（2020）最高法民终658号］

上诉人（原审原告）：北京长富投资基金（有限合伙）（以下简称长富基金）

被上诉人（原审被告）：初某

裁判观点

最高人民法院认为，依照《民诉法司法解释》第90条的规定，在初某已经提供证据证明对案涉房屋享有排除强制执行的民事权益的情况下，长富基金应当提供初某对案涉房屋不享有排除强制执行的民事权益反证，一审法院分配举证责任并无不当。因长富基金在本案一审及二审中均未提供证据，应当承担不利的后果。至于长富基金上诉主张的初某提供电费缴款收据与一审法院调取的电费缴纳记录时间和金额不一致，用水记录显示空户，没有任何用水信息的问题。长富基金并未否认初某提供的电费缴纳收据的真实性，并且用水记录显示空户的证明事项是初某是否实际使用过诉争房屋的水而不能证明初某未对诉争房屋实施占有。初某亦对长富基金的上述异议作出了合理性的陈述。《执行异议和复议规定》第28条第2项之规定，仅要求购房人在人民法院查封前已合法占有该不动产，并未要求实际使用，即购房人仅需证明其对案涉房屋已取得实际控制的状态即可。结合本案中双方当事人举证情况，可以认定初某已经占有案涉房屋。长富基金否认初某实际占有案涉房屋的依据不足，法院不予支持。

第二章 电子数据

司法实践问题与法条适用导航

序号	司法实践问题	法条适用导航
1	证据种类——电子数据	《民事诉讼法》第63条第1款[1]
2	视听资料的种类	2020年《民诉法司法解释》第116条第1款[2]
3	电子数据的定位	2020年《民诉法司法解释》第116条第2、3款[3]
4	电子数据的种类	2019年《民事证据规定》第14条[4]
5	电子数据的最佳证据规则	2019年《民事证据规定》第15条[5]
6	人民法院调查收集电子数据时的证据要求	2019年《民事证据规定》第23条第1款[6]
7	视听资料、电子证据的证据证明力审查判断要求	2019年《民事证据规定》第90条[7]
8	电子数据真实性的审查判断内容	2019年《民事证据规定》第93条[8]
9	电子数据的证据证明力判断标准	2019年《民事证据规定》第94条[9]
10	数据电文证据的真实性审查认定因素	《电子签名法》第8条[10]
11	数据电文的视为送达认定	《电子签名法》第9条[11]
12	数据电文的发送时间认定	《电子签名法》第11条[12]
13	采用短信、微信等方式送达的程序要求	《民事送达意见》第12条[13]
14	数据电文的原始形式	《电子签名法》第5条[14]
15	数据电文的证据属性	《电子签名法》第7条[15]
16	采用传真、电子邮件方式送达的程序要求	《民事送达意见》第11条[16]

1 《民事诉讼法》第63条第1款规定："证据包括：（一）当事人的陈述；（二）书证；（三）物证；（四）视听资料；（五）电子数据；（六）证人证言；（七）鉴定意见；（八）勘验笔录。"

2 2020年《民诉法司法解释》第116条第1款规定："视听资料包括录音资料和影像资料。"

3 2020年《民诉法司法解释》第116条第2、3款规定："电子数据是指通过电子邮件、电子数据交换、网上聊天记录、博客、微博客、手机短信、电子签名、域名等形成或者存储在电子介质中的信息。存储在电子介质中的录音资料和影像资料，适用电子数据的规定。"

4 2019年《民事证据规定》第14条规定："电子数据包括下列信息、电子文件：（一）网页、博客、微博客等网络平台发布的信息；（二）手机短信、电子邮件、即时通信、通讯群组等网络应用服务的通信信息；（三）用户注册信息、身份认证信息、电子交易记录、通信记录、登录日志等信息；（四）文档、图片、音频、视频、数字证书、计算机程序等电子文件；（五）其他以数字化形式存储、处理、传输的能够证明案件事实的信息。"

5 2019年《民事证据规定》第15条规定："当事人以视听资料作为证据的，应当提供存储该视听资料的原始载体。当事人以电子数据作为证据的，应当提供原件。电子数据的制作者制作的与原件一致的副本，或者直接来源于电子数据的打印件或其他可以显示、识别的输出介质，视为电子数据的原件。"

6 2019年《民事证据规定》第23条第1款规定："人民法院调查收集视听资料、电子数据，应当要求被调查人提供原始载体。"

7 2019年《民事证据规定》第90条规定："下列证据不能单独作为认定案件事实的根据：（一）当事人的陈述；（二）无民事行为能力人或者限制民事行为能力人所作的与其年龄、智力状况或者精神健康状况不相当的证言；（三）与一方当事人或者其代理人有利害关系的证人陈述的证言；（四）存有疑点的视听资料、电子数据；（五）无法与原件、原物核对的复制件、复制品。"

8 2019年《民事证据规定》第93条规定："人民法院对于电子数据的真实性，应当结合下列因素综合判断：（一）电子数据的生成、存储、传输所依赖的计算机系统的硬件、软件环境是否完整、可靠；（二）电子数据的生成、存储、传输所依赖的计算机系统的硬件、软件环境是否处于正常运行状态，或者不处于正常运行状态时对电子数据的生成、存储、传输是否有影响；（三）电子数据的生成、存储、传输所依赖的计算机系统的硬件、软件环境是否具备有效的防止出错的监测、核查手段；（四）电子数据是否被完整地保存、传输、提取，保存、传输、提取的方法是否可靠；（五）电子数据是否在正常的往来活动中形成和存储；（六）保存、传输、提取电子数据的主体是否适当；（七）影响电子数据完整性和可靠性的其他因素。人民法院认为有必要的，可以通过鉴定或者勘验等方法，审查判断电子数据的真实性。"

9 2019年《民事证据规定》第94条规定："电子数据存在下列情形的，人民法院可以确认其真实性，但有足以反驳的相反证据的除外：（一）由当事人提交或者保管的于己不利的电子数据；（二）由记录和保存电子数据的中立第三方平台提供或者确认的；（三）在正常业务活动中形成的；（四）以档案管理方式保管的；（五）以当事人约定的方式保存、传输、提取的。电子数据的内容经公证机关公证的，人民法院应当确认其真实性，但有相反证据足以推翻的除外。"

10 《电子签名法》第8条规定："审查数据电文作为证据的真实性，应当考虑以下因素：（一）生成、储存或者传递数据电文方法的可靠性；（二）保持内容完整性方法的可靠性；（三）用以鉴别发件人方法的可靠性；（四）其他相关因素。"

11 《电子签名法》第9条规定："数据电文有下列情形之一的，视为发件人发送：（一）经发件人授权发送的；（二）发件人的信息系统自动发送的；（三）收件人按照发件人认可的方法对数据电文进行验证后结果相符的。当事人对前款规定的事项另有约定的，从其约定。"

12 《电子签名法》第11条规定："数据电文进入发件人控制之外的某个信息系统的时间，视为该数据电文的发送时间。收件人指定特定系统接收数据电文的，数据电文进入该特定系统的时间，视为该数据电文的接收时间；未指定特定系统的，数据电文进入收件人的任何系统的首次时间，视为该数据电文的接收时间。当事人对数据电文的发送时间、接收时间另有约定的，从其约定。"

13 《民事送达意见》第12条规定："采用短信、微信等方式送达的，送达人员应记录收发手机号码、发送时间、送达诉讼文书名称，并将短信、微信等送达内容拍摄照片，存卷备查。"

14 《电子签名法》第5条规定："符合下列条件的数据电文，视为满足法律、法规规定的原件形式要求：（一）能够有效地表现所载内容并可供随时调取查用；（二）能够可靠地保证自最终形成时起，内容保持完整、未被更改。但是，在数据电文上增加背书以及数据交换、储存和显示过程中发生的形式变化不影响数据电文的完整性。"

15 《电子签名法》第7条规定："数据电文不得仅因为其是以电子、光学、磁或者类似手段生成、发送、接收或者储存的而被拒绝作为证据使用。"

16 《民事送达意见》第11条规定："采用传真、电子邮件方式送达的，送达人员应记录传真发送和接收号码、电子邮件发送和接收邮箱、发送时间、送达诉讼文书名称，并打印传真发送确认单、电子邮件发送成功网页，存卷备查。"

第一节　电子数据的证据属性

【法理辨析】

一、电子数据的定义

电子数据，即"电子证据"〔1〕，是指"与案件事实有关的电子邮件、网上聊天记录、电子签名、网络访问记录等电子形式的证据"〔2〕，或者"是指由电子信息技术应用而出现的各种能够证明案件真实情况的材料及其派生物"〔3〕。《联合国国际贸易法委员会电子商务示范法》第2条规定："电子数据"系指经由电子手段、光学手段或类似手段生成、储存或传递的信息。多数国家没有将电子数据规定为独立的证据形式，但都允许电子介质存储的信息作为证据在诉讼中使用。根据最佳证据规则，为了保证案件的真实性，在诉讼中应当提供原始证据，无法保证真实性的非原始证据将予以排除，显然这不利对案件事实的发现，为了尽可能将电子数据纳入法官视野，具备可采性，发挥证据证明力作用，域外国家均有相关的规定。英美法系的《美国联邦证据规则》第1001条第1项规定："文字和录音　'文字'和'录音'包括文字、字母、单词、数字或其替代物，通过书写、打字、印刷、影印、照相、磁脉冲、机械或电子录音或其他形式的数据汇编记载下来。"第3项规定："原件　文字或录音的'原件'即该文字或录音材料本身，或者由制作人或签发人使其具有与原件同样效力的副本、复本。照相的'原件'包括底片或任何由底片冲印的胶片。如果数据储存在电脑或类似设备中，任何从电脑中打印或输出的能准确反映有关数据的

〔1〕 最高人民法院民事诉讼法修改研究小组编著：《〈中华人民共和国民事诉讼法〉修改条文理解与适用》，人民法院出版社2012年版，第131页。

〔2〕 全国人大常委会法制工作委员会民法室编著：《〈中华人民共和国民事诉讼法〉释解与适用》，人民法院出版社2012年版，第93页。

〔3〕 《人民检察院电子证据鉴定程序规则（试行）》第2条规定。

可读物，均为‘原件’。”[1]大陆法系的《法国民法典》第1335条规定：“原本不复存在时，抄本有下列情形之一者为原本的证明：一、经公证的最初大字抄本或最初抄本与原本有同一的证据力；依审判员的命令，有当事人在场或曾依法传唤当事人而制作的抄本，或在当事人面前而且得双方同意而制作的抄本，亦有同一的证据力。二、接受原本的公证人，或继任其职务之人中的一人，或有保管原本职务的公务员，于交付经公证的最初大字抄本或最初抄本后，未得审判员的命令亦未经当事人的同意而根据原本所作的抄本，已经陈旧者，则原本遗失时亦有与原本同一的证据力。抄本历时已有三十年以上者，应以陈旧视之。抄本历时不足三十年者，只得作为书证的端绪。”[2]关于电子数据的定位，存在不同的学术观点，分别是“视听资料说”、“书证说”、“物证说”、“鉴定资料说”、“混合证据说”和“独立证据说”[3]，电子数据是我国《民事诉讼法》中第63条所规定的法定的证据形式之一。

从电子数据的立法发展历程来看，2004年我国《电子签名法》对“数据电文”进行了解释，该法第2条第2款规定：“本法所称数据电文，是指以电子、光学、磁或者类似手段生成、发送、接收或者储存的信息。”2012年《民事诉讼法》首次将“电子数据”纳入法定的证据种类，明确了电子数据作为独立证据类型的法律地位。2020年《民诉法司法解释》第116条第2款规定：“电子数据是指通过电子邮件、电子数据交换、网上聊天记录、博客、微博客、手机短信、电子签名、域名等形成或者存储在电子介质中的信息。”在民事实体法规定中对电子数据亦有规定，如《民法典》第469条规定：“当事人订立合同，可以采用书面形式、口头形式或者其他形式。书面形式是合同书、信件、电报、电传、传真等可以有形地表现所载内容的形式。以电子数据交换、电子邮件等方式能够有形地表现所载内容，并可以随时调取查用的数据电文，视为书面形式。”

有关电子数据的范围，根据2019《民事证据规定》第14条规定，“电子数据包括下列信息、电子文件：(一)网页、博客、微博客等网络平台发布的信息；(二)手机短信、电子邮件、即时通信、通讯群组等网络应用服务的通信信息；(三)用户注册信息、身份认证信息、电子交易记录、通信记录、登录日志等信息；(四)文档、图片、音频、视频、数字证书、计算机程序等电子文件；(五)其他以数字化形式存储、处理、

[1] 《美国联邦民事诉讼规则证据规则》，白绿铉、卞建林译，中国法制出版社2005年版，第239页。
[2] 引用“法邦网”，https://code.fabao365.com/law_29876_12.html，最后访问日期2021年5月30日
[3] 参见李浩主编：《证据法学》，高等教育出版社2009年版，第155页。

传输的能够证明案件事实的信息”。由此可见，人们日常生活中的微信聊天记录、朋友圈发布内容、手机APP平台上的交易记录、办公平台上的交易信息等数据信息都属于电子证据的范畴。2019年《民事证据规定》还进一步明确了电子证据的种类，同时也规定了录音、影像资料视为电子证据审查的条件。但总体来说，我国民事诉讼中对电子数据的认证规则、标准、步骤、程序和方法规定，相对还比较薄弱，有待于今后的司法实践来进一步丰富和发展。

关于电子数据内容真实性的审查判断和认定，可以参考《死刑案件审查判断证据规定》第29条规定：“对于电子邮件、电子数据交换、网上聊天记录、网络博客、手机短信、电子签名、域名等电子证据，应当主要审查以下内容：（一）该电子证据存储磁盘、存储光盘等可移动存储介质是否与打印件一并提交；（二）是否载明该电子证据形成的时间、地点、对象、制作人、制作过程及设备情况等；（三）制作、储存、传递、获得、收集、出示等程序和环节是否合法，取证人、制作人、持有人、见证人等是否签名或者盖章；（四）内容是否真实，有无剪裁、拼凑、篡改、添加等伪造、变造情形；（五）该电子证据与案件事实有无关联性。对电子证据有疑问的，应当进行鉴定。对电子证据，应当结合案件其他证据，审查其真实性和关联性。”对于民事诉讼中的单一电子数据而言，需要审查和判断电子数据的生成、存储、传输、固定、收集的各个环节是否存在修改、覆盖、删除等情形，电子数据是否保持了完整性和全面性，以及电子数据的载体，如计算机系统是否运行正常、系统本身是否完整等。

关于电子数据的证据证明力的审查判断和认定，根据2019年《民事证据规定》第94条规定：“电子数据存在下列情形的，人民法院可以确认其真实性，但有足以反驳的相反证据的除外：（一）由当事人提交或者保管的于己不利的电子数据；（二）由记录和保存电子数据的中立第三方平台提供或者确认的；（三）在正常业务活动中形成的；（四）以档案管理方式保管的；（五）以当事人约定的方式保存、传输、提取的。电子数据的内容经公证机关公证的，人民法院应当确认其真实性，但有相反证据足以推翻的除外。”相较于传统数据，在司法实践中，对于电子数据的审查判断经常遇到的一个问题是如何识别电子数据原件，即如何看待电子数据的最佳证据规则应用问题。事实上，由于不同于传统证据中的书证、物证，电子数据是存储在一定的电子介质上，如果说非要取得电子数据的原件，则硬盘、软盘等这些电子数据的载体才能算是“原件”，而事实上，“电子数据的原始载体本身对于案件事实的证明并无意义，发挥事实证明作用的是其转换形成的可识别形式”[1]，一味僵化地强求“原件”，舍弃或抛弃这些存储介质中转换而来的“复制件”，等于是人为地将电子数据阻挡在审判视线之外，无法发挥证据证明力的效用，使案件远离事实真相。更何况，如何从立法技术的角度来解读“原件”显然尤其重要，存储介质打印出来的或随时可展示出来的“复制本”是否属于原件，电子数据中的“原件”，是否可以根据此类证据的特殊性做扩大解释，将其电子“复制件”“复本”“打印件”归下“原件”的涵摄。如《美国联邦证据规则》第1001条第3项中就规定：“如果数据储存在电脑或类似设备中，任何从电脑中打印或输出的能准确反映有关数据的可读物，均为‘原件’。”[2]我国有学者认为，电子证据原件是指最初生成的电子数据及其首先固定所在的各种存储介质，也包括如下电子复本：（1）准确反映原始数据内容的输出物或显示物；（2）具有最终完整性和可供随时调取查用的电子复本；（3）双方当事人均未提出原始性异议的电子复本；（4）经过公证机关有效公证、不利方当事人提供不出反证推翻的电子复本；（5）附加了可靠电子签名或其他安全程序保障的电子复本；（6）满足法律另行规定或当事人专门约定的其他标准的电子复本。[3]

需要注意的是，对于2019年《民事证据规定》第94条第1款中的五种情形来说，对于相反证据的要求是“足以反驳”，而对于第2款所规定经过公证机关公证的，对于相反的证据的要求是“足以推翻”，虽然司法解释并没有明确规定什么属于“足以反驳”，什么属于“足以推翻”，但从证据法学的理论来说，对于后者的相反证据的证明力强度要求显然要高于前者，一般认为，从证明责任和证明标准的要求来看，相反证据能够使案件事实处于真伪不明、法官内心无法确信状态时，一般可以认定为“足以反驳”，而“足以推翻”则一般要求达到超过本证高度盖然性证明标准。

二、电子数据的特征

电子数据是由某种信号量方式存储着的、寓于虚拟空间的信息。关于电子证

[1] 最高人民法院民事诉讼法修改研究小组编著：《〈中华人民共和国民事诉讼法〉修改条文理解与适用》，人民法院出版社2012年版，第132页。

[2] 《美国联邦民事诉讼规则证据规则》，白绿铉、卞建林译，中国法制出版社2005年版，第239页。

[3] 参见刘品新：《论电子证据的原件理论》，载《法律科学（西北政法大学学报）》2009年第5期。

据的特征，从证据学的角度来看，一般认为：

其一，电子数据需要借助一定的电子介质。这些储存在电子介质上的证据内容高信息化、高集成化、高容量化。因此电子数据包含的信息内容远远超过传统的民事证据种类中所具有的证据内容，可以在更大程度上提供法官审查判断的信息资源，为查明案件事实提供了更加丰富的证明资料。

其二，证据内容的不稳定性。由于电子数据本身所具有的特质，"它通常的形式是存储在各种电子介质上，其本身难以为人们所直接认识，且容易篡改，其调查取证存在困难"〔1〕，"电子证据的数据和住处只能以'0'和'1'组成的二进制代码进行数值运算和逻辑运算，所有的输入，不论其存贮内容（数据、文字、声音、图形、程序等）和存贮介质（如ROM、RAP、EPROM、磁盘、磁带、光盘等）如何，都必须被转化为机器可以直接读写而人却不能直接读写的由'0'和'1'组成的机器语言在设备中进行运算，然后再将运算结果输出到相应设备上供人们读取。正是电子证据的这种独特的数字化特征，使其与其他传统证据相比更具不稳定性"〔2〕。正是由于电子证据容易被伪造、编造、转移等不稳定性，因此，如何甄别电子数据的"真""伪"就成为一个重要证据问题。

其三，电子数据的完整性。除了电子数据存储介质所依赖的计算机系统的完整性外，电子数据本身的完整性是审查判断电子数据的一个重要因素，其主要包括电子数据形式上的完整性和内容上的完整性，形式上完整性包括自电子数据形成后是否保存原状，有无物理性、化学性破坏等；内容上的完整性包括有无通过删除、剪辑、拼接等方式方法，使电子数据中原本的信息偏离事实真相。

其四，固定证据清洁性和证据之间的一致性。为了保障电子数据本身的真实性和准确性，电子数据要保证取证环境的清洁性、取证时间的客观性、取证过程的规范性，从而能够保证副本与初始取证结果的一致性，证明结果的真实性、完整性，与在案其他证据相互印证。

三、司法实务中的电子数据

1.微信记录的证据种类。根据《民事诉讼法》第63条和2020年《民诉法司法解

〔1〕 全国人大常委会法制工作委员会民法室编著：《〈中华人民共和国民事诉讼法〉释解与适用》，人民法院出版社2012年版，第96页。

〔2〕 常怡：《民事诉讼法学研究》，法律出版社2010年版，第327页。

释》第116条的规定，微信聊天记录属于电子数据。根据微信聊天记录形成的方式，又分为文字记录、图片记录、语音记录、视频记录。上述四种形式的微信聊天记录均属电子数据。根据《民事诉讼法》第63条第2款规定，证据必须查证属实，才能作为认定事实的根据。因此，微信聊天记录经查证属实，能够作为认定案件事实的根据，能作为定案证据。

司法实践中，经常会遇到双方当事人对于履行合同无书面证据，双方履行合同的过程主要体现在微信聊天记录的电子数据证据中的情况，如微信聊天电子数据证据系在双方当事人履行涉案合同的正常业务活动中形成，时间前后连贯，内容基本完整，且与合同约定相互对应，能形成合乎逻辑的证据锁链，人民法院应当采信以微信聊天形式固定的电子数据证据作为本案定案证据。

在当今现实生活中，当事人通过手机通信软件微信群的方式，利用目前市面上的即时通信系统进行会议通知，以实名制的方式在通信平台上予以交流、报告、通知，已经是一种社会常态，为既成事实。如果微信群聊天记录的发信人均以实名显示，微信通知方式符合当事人之间的信息交流习惯，如果有关事项已经在微信群中讨论已久，相关当事人也未就聊天记录的真实性提出异议，经过对比当事人提供的微信群聊天记录，可以认定相关案件事实；依据《民事诉讼法》第63条、2020年《民诉法司法解释》第116条之规定，当事人双方工作人员QQ聊天的对账记录，可以作为证据；微信聊天截图显示双方达成合意的，可作为证据使用；相对方主张该聊天截图系伪造，如未提交证据加以证明的，采信该聊天记录具有事实和法律依据。

2.短信通知是法定的书面形式。在庭审中，相对人一方确认已收到负举证责任的当事人发送的验收短信通知，但主张举证人未书面通知验收，且未提供检验证书，故不符合验收条件。根据《民法典》第469条规定，短信属于法律规定的一种书面形式。因此，认定举证人依约履行了通知验收义务，具有事实和法律依据。

3.视听资料的真实性。根据2019年《民事证据规定》第15条规定，“当事人以视听资料作为证据的，应当提供存储该视听资料的原始载体。当事人以电子数据作为证据的，应当提供原件。电子数据的制作者制作的与原件一致的副本，或者直接来源于电子数据的打印件或其他可以显示、识别的输出介质，视为电子数据的原件”。录音录像证据必须保证内容的完整、连贯，没有剪辑、拼接，不能利用技术手段进行处理，使其不具有完整性的证据，或者录制一半、再拼接另一半的证据，或者选择性剪辑的录音录像证据，由于无法保证该证据的真实性，而大大贬低了证据证明力的价值。录音录像中的当事人，应当为案件中的当事人，如果录音中并非本案的当事人而是其他人，那么，该录音的证据中的其他人的转述内容，因为与待证事实的距离较远，或者所述内容与本案待证事实无关，从而失去证据证明力。

司法实践中，经常会遇到债权人向债务人催要货款未果，在有证人在场的情况下，往往会采取电话通话录音方式向债务人追要拖欠的货款。录音证据中，债务人表示，如果其在案外的债权索要回来，肯定会给债权人。如果在通话录音中明确表示“自己（债务人）不承认债权人的账，债权人无凭据证明其所欠的货款”之类的话语，庭审时出现债务人质疑录音不是完整的录音，根据2020年《民诉法司法解释》第90条的规定，债权人已经提供录音证据证实债务人尚欠其货款，债务人不予认可该录音，其称此录音不是完整的录音，债务人应当提供证据证实其主张，但未提供证据，且又不申请对录音证据进行鉴定，应当对债权人提供的录音证据予以认定。

另外，录音录像证据首先要具备证据能力，即必须是取得方式合法，不能是“严重侵害他人合法权益、违反法律禁止性规定或者严重违背公序良俗的方法形成或者获取的证据”，如私自在他人车辆上安装秘密监听设备，在他人家庭卧室安装秘密录音录像装置等，严重侵害他人合法权益的录音录像证据不得作为认定案件事实的根据。而如果录音录像是在公共场合，或者说在当事人之间，没有危及其他人的合法权益，录音录像内容能够反映当事人对整个待证事实的前后经过、处理意见、解决方式等，则可以作为证据使用。即录音录像应当是在双方当事人自由平等的环境下取得，而不是通过欺诈、胁迫、恶意串通等方式形成，不是通过非法限制人身自由，不是通过威胁当事人的家人的生命安全、财产安全等方式下提供，不是以对当事人其他重大合法权益的可能丧失为“绑架条件”所形成的证据，否则，取得的证据材料，或者不具备证据能力，或者会被认定为无效。

4.电子数据的证据保全。司法实践中，当事人申请法院对对方的电子数据进行证据保全，对对方单位的服务器保存的系单方存储、用于对账的数据且已向法院提供了双方盖章的纸质财务证据，但如果明确表示服务器内的电子数据一般从生成之日起有固定的保存期限（如只保存3个月、6个月等），在已超出了保存期或者实际上已经不具备保全条件的情况下，人民法院对该电子数据不予证据保全，并不属于程序违法。

司法实践中，电子数据的证据保全方式还有电子数据取证证书和可信时间戳认证证书。关于当事人提供的电子数据取证证书，从证据归类来说属于电子数据，当事人将相关电子数据上传至网络存储平台进行认证后，形成可验证的结果，当数字指纹一致时，证明电子数据在申请时存在且未被篡改或伪造；当数字指纹不一致时，证明电子数据被篡改、伪造。从技术上来说，如电子数据上传的时间极短，那么，从证据的真实性的角度看，制作者篡改或伪造概率也极小。另外，当事人也可将电子数据同步存储于人民法院，通过证据的对比核对，可以检验提取证书附件是否一致，从而进一步准确认定案件发生的状况，增强电子证据的采信和认定。

关于可信时间戳。可信时间戳服务是国家授时中心时间戳服务中心通过我国法定时间源和现代密码技术相结合而提供的第三方服务，能够保证相关电子数据的准确性。在无相反证据的情况下，通过可信时间戳方式取得的证据能够作为案件事实的认定依据。司法实践中，负举证责任的当事人往往会提交侵权事实对应的可信时间戳认证证书来证明，通过时间戳证书（*.tsa）验证的证据文件是由"权利卫士"客户端产生，"权利卫士"使用自带的拍照、录像、录音功能对客观事实进行取证并实时进行可信时间戳电子证据固化保全。每个电子数据文件在申请时间戳认证时自动产生时间戳认证证书（*.tsa），该证书为加密格式的电子证书，用于和对应的证据文件匹配并在时间戳中心验证平台进行验证。如果文件自申请时间戳时起，内容保持完整、未被篡改，则可以通过时间戳验证；反之则无法通过时间戳验证。在审判过程中，负举证责任的当事人如果通过了时间戳验证，并显示"该凭证自申请时间戳时起，内容保持完整，未被更改"，那么，在现有的技术条件下，应当认为所固定的证据的真实性可以确认。如对方当事人提出反驳或抗辩，可以根据2020年《民诉法司法解释》第90条和第91条的规定提供相应的证据；而如果抗辩人没有提供相反证据，可信时间戳认证证据结合当事人在固定证据时的其他间接证据能够证实取证过程的真实性，则可以认定可信时间戳所证明的事实达到高度盖然性的证明标准。

5.电子送达的性质。送达是指人民法院依照法定方式和程序，将诉讼文书送交当事人和其他诉讼参与人的行为。送达一经完成即产生法律效力，电子送达属于法律规定的合法送达方式之一，2020年《民诉法司法解释》第135条第1款规定："电子送达可以采用传真、电子邮件、移动通信等即时收悉的特定系统作为送达媒介。”《民事送达意见》第12条规定:“采用短信、微信等方式送达的,送达人员应记录收发手机号码、发送时间、送达诉讼文书名称,并将短信、微信等送达内容拍摄照片,存卷备查。”法院向当事人发送短信,向其告知合议庭组成人员及开庭时间、地点,送达的目的是通知当事人按照法律规定履行一定的诉讼权利和义务,送达方式符合法律规定,且当事人确已收到短信,送达目的已经实现。所以,法院向当事人发送手机短信通知开庭日期,送达程序合法。

【典型案解】

(一)证据种类

1.【裁判规则】手机短信、电子邮件、即时通信、通信群组等网络应用服务的通信信息,属于电子数据

典型案例

李某甲与广西雄狮投资管理有限公司计算机软件开发合同纠纷案[最高人民法院(2020)最高法知民终767号]

上诉人(原审被告):李某甲

被上诉人(原审被告):广西雄狮投资管理有限公司(以下简称雄狮公司)

裁判观点

最高人民法院认为,根据《民事诉讼法》第63条、《民诉法司法解释》第116条、2019年《民事证据规定》第14条、第94条规定,经审查,双方当事人均未提交关于本案项目交付、测试等合同履行的书面证据,开发过程主要体现在微信聊天记录的电子数据证据中。在案微信聊天电子数据证据系在双方当事人履行涉案合同的正常业务活动中形成,时间前后连贯,内容基本完整,且与合同约定相互对应,能形成合乎逻辑的证据锁链,原审法院采信以微信聊天形式固定的电子数据证据作为本案定案证据并无不妥。根据双方当事人微信聊天的记载,自2014年11月18日起,双方当事人已就涉案项目进行前期沟通,直至合同签订。2014年12月8日至2015年7月31日,双方当事人主要就涉案项目的具体技术问题进行沟通。其间,2015年5月6日,李某乙:“某哥(李某甲),什么时候可以提交过来测试?”“11号”“如何?”李某甲："嗯可以"。2015年7月31日，李某乙："某哥（李某甲），不好意思。今天忙不过来，就不过去找你啦，下周等你交货了，我们再详聊。"由此可见，直至2015年7月31日，涉案项目软件一直未交付并上线测试。至2015年8月6日，李某甲在微信聊天中明确"今天又交不了货……"之后，自2015年9月18日起至2017年6月30日，双方当事人微信聊天内容基本上都是协商退款以及借款等。综上所述，法院认为，李某甲主张的雄狮公司已支付二期款的事实不能推翻上述微信聊天对涉案项目软件一直没有交付并上线测试事实的记录，况且从常理而言上述事实并非互相矛盾，该上诉理由没有事实和法律依据，法院依法予以驳回。

2.【裁判规则】具有关联性的微信聊天和文件传输，属于电子数据

典型案例 ▶▶

湖南家园环境事业发展有限公司等与周某某合同纠纷案［湖南省高级人民法院（2017）湘民申4204号］

再审申请人（一审被告、二审被上诉人）：湖南家园环境事业发展有限公司（以下简称家园公司）

被申请人（一审原告、二审上诉人）：周某某等

裁判观点 ▶▶

人民法院认为，原一审认定，李某某陈述，在合作协议签订后，周某某没有协助李某某处理投标事宜，周某某陈述通过短信等方式协助李某某处理投标事宜，但没有提供任何相关证据予以证明。二审认定，周某某提交的五组证据可以证明其为李某某、家园公司提供了相应的服务。经审查，被申请人在二审中提交的均是手机短信、微信聊天和文件传输，符合《民诉法司法解释》第116条规定的证据中的"电子数据"。该批电子数据证明的事实跨度从2014年3月至2015年11月，均与"处理投标事宜"相关。证据的关联性可以确认。申请人在原审及再审申请中均对其真实性提出异议，但没有提出真实性异议的具体理由，也未提交任何证据证实上述证据的真实性存在问题。原审予以采信并无不当。据此，认定周某某所提供的证据可以证明周某某自2015年4月起一直为家园公司就新化环卫项目的投标中标进行协助服务亦无不当。

3.【裁判规则】微信聊天记录及微信电子对账表格，可以作为电子数据使用

典型案例 ▶▶

河南省云朵通信科技有限公司与郑州豫康电子有限公司买卖合同纠纷案［河南省高级人民法院（2020）豫民申3340号］

再审申请人（一审被告、二审上诉人）：河南省云朵通信科技有限公司（以下简称云朵公司）

被申请人（一审原告、二审被上诉人）：郑州豫康电子有限公司（以下简称豫康公司）

裁判观点 ▶▶

人民法院认为，在豫康公司与云朵公司发生业务往来期间，豫康公司工作人员程某龙一直负责与云朵公司的日常业务对接工作，双方曾多次发生发货、对账、支付等经营行为，故程某龙在豫康公司任职期间的经营活动行为应为代表豫康公司的职务行为，其行为后果应由豫康公司承担。本案中，云朵公司提交了其公司法定代表人吕某南与豫康公司工作人员程某龙微信聊天记录及微信电子对账表格，该记录生成、保存、传输环境完整、可靠，能够反映双方间的经营、结算等往来情况，该聊天记录、数据可以作为电子数据使用。在吕某南与程某龙的微信聊天及微信对账表格中，豫康公司主张的57张单据货物包含在双方的对账表格中，故该57张单据缺乏单独作为债权凭证的证明力。原审未查明双方业务往来期间的最终结算数额，而是单独抽离该57张单据作为债权凭证，致使原审认定的事实缺乏证据证明。

4.【裁判规则】电子平台订单记录、客服聊天记录、网店页面截图，属于电子数据

典型案例 ▶▶

厦门市旷盛文化传播有限公司与石家庄喜悦商贸有限公司侵害其他著作财产权纠纷案［福建省高级人民法院（2017）闽民终213号］

上诉人（原审原告）：厦门市旷盛文化传播有限公司（以下简称旷盛公司）

被上诉人（原审被告）：石家庄喜悦商贸有限公司（以下简称喜悦公司）

裁判观点

人民法院认为，证据二、三、四（天猫订单记录、客服聊天记录、网店页面截图）等均系形成或存储在电子介质中的信息，属于《民诉法司法解释》第116条第2款规定的电子数据，可以作为证据。根据《民事诉讼法》第64条第3款规定，人民法院应当核实证据真实性，喜悦公司有关必须在公证机关的组织下核实证据的质证意见，不予采信。证据四依琦莲旗舰店工商信息，可以通过登录互联网的方式予以核实，喜悦公司没有正当理由拒不同意核实证据，结合喜悦公司对网页中营业执照没有异议的质证意见，法院对该份证据予以采信。

5.【裁判规则】交易快照属于法定的电子数据

典型案例

昆明群之英科技有限公司与上海埃盎商贸有限公司侵害发明专利权纠纷案［最高人民法院（2019）最高法知民终614号］

上诉人（原审原告）：昆明群之英科技有限公司（以下简称群之英公司）

被上诉人（原审被告）：上海埃盎商贸有限公司（以下简称埃盎公司）

裁判观点

最高人民法院认为，交易快照属于法定的电子数据证据。电子数据证据由于具有内容虚拟性、修改隐蔽性等有别于其他类型证据的特点，在数据生成、存储、传输等环节容易受到技术、人为等因素的影响而导致内容变化。因此，人民法院在审查电子数据证据时，应当结合当事人的质证意见，通过审查电子数据的生成主体、生成时间、存储介质、内容完整性、验证方式等要素，判断电子数据生成、收集、存储、传输过程的真实性。

6.【裁判规则】语音聊天记录属于电子数据

典型案例

梁某某与韦某某民间借贷纠纷案［广西壮族自治区高级人民法院（2019）桂民申4492号］

再审申请人（一审原告、二审上诉人）：梁某某

被申请人（一审被告、二审被上诉人）：韦某某

裁判观点

人民法院认为，为支持其已经还清借款25,000元的抗辩主张，韦某某在一审诉讼中向一审法院提交了境内汇款电子回单、微信转账账单详情和微信聊天记录截图等证据，虽然韦某某没有到庭参加一审开庭审理，但一审法院在庭审中已经组织梁某某对韦某某提交的所有证据包括微信聊天记录截图发表质证意见，二审中，梁某某与韦某某双方到法庭接受询问，对韦某某提交的微信聊天内容也各自发表了意见，二审法院也进行了相关的调查，故梁某某以《民事诉讼法》第200条第4项的规定申请再审，理由不成立。对于微信聊天记录的内容，二审法院以其中的韦某某向梁某某发送了一个"清"字之证据确定对本案案件事实的证明力，并未将长达31分钟的聊天内容作为认定本案基本事实的依据。梁某某于2016年7月17日向韦某某出借25,000元后，韦某某自2017年2月17日起至2018年7月3日共向梁某某还款25,000元，且在2018年7月3日最后一笔还款7000元后发送一个"清"字，后双方进行了31分钟的微信语音聊天。梁某某没有证据证明其在上述31分钟的语音通话中继续向韦某某主张还款，没有证据证明其在韦某某发送"清"字后提出异议，也没有证据证明除涉案的25,000元借款关系外，双方尚有其他债权债务关系而韦某某的还款非本案借款还款，因此二审判决认定韦某某发送的"清"字表示借款已还清，且梁某某没有提出异议，并无不当。

7.【裁判规则】可信时间戳认证证书属于电子数据

典型案例

赛尔互联（北京）教育科技有限公司与深圳市美丽视界文化传播有限公司侵害作品信息网络传播权纷案［北京知识产权法院（2019）京73民终1488号］

上诉人（一审被告）：赛尔互联（北京）教育科技有限公司（以下简称赛尔互联公司）

被上诉人（一审原告）：深圳市美丽视界文化传播有限公司（以下简称美丽视界公司）

裁判观点 ▶▶

人民法院认为，能够反映案件真实情况、与待证事实相关联、来源和形式符合法律规定的证据，应当作为认定案件事实的根据。根据《民事诉讼法》第63条和《民诉法司法解释》第116条规定，本案中，美丽视界公司提交的关于涉案侵权行为的可信时间戳认证证书属于电子数据类证据。根据法院在先作出的（2016）京73民终147号民事判决对可信时间戳认证证书颁发主体、取证过程的查明情况，美丽视界公司提交的上述电子数据类证据在形成和储存方法、保持形成内容完整性及保持形成时间准确性方面均较为可靠，且赛尔互联公司在一审当庭勘验上述证据的过程中亦未提出任何异议，故在赛尔互联公司并未提交任何证据证明上述取证和验证的操作方式及操作过程存在任何影响该证据真实性的瑕疵的情况下，美丽视界公司提交的通过可信时间戳认证的网页页面的真实性可以确认，应予采信。赛尔互联公司的相关上诉理由不能成立，法院不予支持。

8.【裁判规则】电子数据取证证书是第三方通过电子数据保全平台获取的电子数据文件，属于电子数据

典型案例 ▶▶

北京百米生活科技有限公司与北京全景视觉网络科技股份有限公司侵害作品信息网络传播权纠纷案［北京知识产权法院（2019）京73民终2469号］

上诉人（一审被告）：北京百米生活科技有限公司（以下简称百米公司）

被上诉人（一审原告）：北京全景视觉网络科技股份有限公司（以下简称全景视觉公司）

裁判观点 ▶▶

人民法院认为，全景视觉公司通过电子数据取证证书欲证明涉案图片作为文章配图使用在“北京潮事儿”公众号中。依据我国《公证法》第2条之规定，电子数据取证证书的出具单位为重庆易保全网络科技有限公司并非公证机构，因此该证据并非公证证据。但能够反映案件真实情况、与待证事实相关联、来源和形式符合法律规定的证据，均应当作为认定案件事实的根据。根据《民诉法司法解释》第116条第2款的规定，电子数据取证证书是通过电子数据保全平台获取电子数据文件对互联网数据进行保全和固化并存储，属于电子数据。根据我国《电子签名法》第8条规定，本案中电子数据取证证书由第三方数据保全机构重庆易保全网络科技有限公司出具，内容完整且具有客观性；且生成的唯一数据指纹和全局监督摘要同步储存于电子数据保全平台所对接的公证机构及司法机构中，具有一定可靠性；另外，北京知识产权法院2019京73民终566号民事判决书等已生效判决已经对重庆易保全网络科技有限公司出具的电子数据取证证书的真实性予以认可。在百米公司二审期间仍未提交任何相反证据的前提下，法院对上述侵权证据的真实性予以认可。作为被控侵权公众号“北京潮事儿”的运营主体，百米公司未经全景视觉公司许可使用图片的行为使得公众能够在个人选定的时间和地点获得涉案作品，侵犯了全景视觉公司对涉案作品享有的信息网络传播权，应承担损害赔偿的责任。一审法院虽在查明事实时将全景视觉公司提交的电子数据取证证书误认为公证证据，但对认定侵权事实的结论并无影响，法院予以维持。

9.【裁判规则】环球同业银行金融电讯协会SWIFT系统电文，属于电子数据

典型案例

深圳中科智融资担保有限公司、上海中科智融资担保有限公司与中国华融资产管理股份有限公司湖北分公司等海事担保合同纠纷案［湖北省高级人民法院(2016)鄂民终255号］

上诉人（一审被告）：深圳中科智融资担保有限公司（以下简称深圳中科智）等

上诉人（一审被告）：上海中科智融资担保有限公司（以下简称上海中科智）等

被上诉人：中国华融资产管理股份有限公司湖北分公司等

裁判观点

人民法院认为，根据《民诉法司法解释》第116条规定，SWIFT系统电文属于电子数据，虽然武汉农直行提交的是电文打印件，但结合SWIFT系统的特点以及SWIFT北京办事处的说明，可以认定武汉农直行提交的SWIFT电文的打印件真实、

有效，且深圳中科智、上海中科智并未举证证明上述证据在收集程序、方式上存在瑕疵，或电文本身存在修改、删除、变造等情形，故深圳中科智、上海中科智关于武汉农直行提交的SWIFT电文的打印件的真实性存疑的上诉理由，不能成立。另外，深圳中科智、上海中科智提出涉案SWIFT电文作为域外形成的证据未办理公证、认证手续，但该SWIFT电文及翻译件经过了庭审质证，且在本案中，深圳中科智、上海中科智对武汉农直行向德国不来梅银行退款的事实不持异议，而涉案SWIFT电文打印件仅间接证明德国不来梅银行收到退款。如前所述，法院认可涉案SWIFT电文打印件的真实性。因此，涉案SWIFT电文打印件未经过公证、认证，并不影响本案的实体处理。深圳中科智、上海中科智关于此节的上诉理由，不能成立。

10.【裁判规则】公证电子邮件为公证机关在互联网上下载的文件，可作为电子数据

典型案例

江林重工（常州）机械有限公司与大连港华船舶工程有限公司承揽合同纠纷案［辽宁省高级人民法院（2015）辽民三终字第26号］

上诉人（原审被告）：江林重工（常州）机械有限公司（以下简称江林重工）。

被上诉人（原审原告）：大连港华船舶工程有限公司（以下简称大连港华）

裁判观点

人民法院认为，《民事诉讼法》第63条第5项规定电子数据为民事证据。根据《民诉法司法解释》第116条第2款规定，电子邮件属于民事证据，具有证明案件事实的证据效力。本案中，大连港华提供的发票是其向江林重工开具的，相应发票上记载了大连港华施工的船舶号，江林重工亦承认上述发票的真实性，故上述发票能够证明大连港华与江林重工于2010年起即存在船舶冷库内装工程分包关系。大连港华提供的公证电子邮件为公证机关在互联网上下载的文件，作为电子数据证据，具有客观、真实反映案件事实的作用，故能够证明大连港华的工程完成情况和江林重工的工程款项欠付情况，所以原判认定大连港华与江林重工之间具有合同关系，江林重工欠付大连港华合同款项合计231,420元，证据充分，并无不当。因此，江林重工的该节上诉理由不能成立，法院不予支持。

11.【裁判规则】通过联合信任时间戳服务中心可信时间戳互联网电子数据取证系统固定的网页，属于电子数据

典型案例

咪咕数字传媒有限公司与济南乐智知识产权服务有限公司侵害作品信息网络传播权纠纷案［山东省高级人民法院（2020）鲁民终513号］

上诉人（原审被告）：咪咕数字传媒有限公司（以下简称咪咕公司）

被上诉人（原审原告）：济南乐智知识产权服务有限公司（以下简称乐智公司）

裁判观点

人民法院认为，关于乐智公司使用时间戳电子数据取证系统固定的电子数据是否可以作为认定案件事实依据的问题。法院认为，根据查明的事实，乐智公司本次证据保全采用的是联合信任时间戳服务中心可信时间戳互联网电子数据取证系统，通过该方式固定的被诉网页属于电子数据类证据，其生成、储存方法和保持完整性的方法，均较为可靠。理由如下：第一，根据可信时间戳互联网电子数据取证及固化保全操作指引（V1.0）记载，联合信任时间戳服务中心是由国家授时与守时保障的时间戳服务机构，可信时间戳的网页电子数据固化是以该中心为第三方，以可信时间戳作为保障电子数据原始性的技术手段，按照规范操作流程对取证计算机及网络环境进行安全性和清洁性检查后，对整个取证过程全程录像记录并对录像文件申请可信时间戳认证。采用该取证方法可在事后追溯取证过程、方法及内容，形成完整证据链。因此，严格按照该操作指引对相关电子证据进行保全固定的，如无相反证据，其所固定的电子证据的真实性可以确认。第二，本案中，涉案网页电子证据保全固定的整个过程虽由乐智公司自行操作，但整个操作过程系按照可信时间戳互联网电子数据取证及固化保全操作指引（V1.0）进行。保全固化证据过程中，不仅有计算机中安装的屏幕录像软件录像记录，取证前还对所用计算机的操作环境和相关的网络环境进行了一系列合理的清洁性检查，最大限度地排除了因操作者不当介入、操作计算机不清洁、网络环境不真实等因素可能对取证结果造成的影响，保证了电子数据生成、储存方法的可靠性。第三，根据时间戳固化电子数据原理，每个电子数据文件在申请时间戳认证时自动产生时间戳认证证书（*tsa），该证书为加密格式的电子证书，用于和对应的证据文件匹配并在时间戳中心验证平台进行验证。如果文件自申请时间戳时起，内容保持完整、未被改变，则可以通过时间戳验证，反之则无法通过时间戳验证，此种方式有效保障了电子证据的完整性。此外，由中国科学院国家授时中心负责系统的国家标准时间溯源及系统时间同步与分配，保证了电子数据形成时间的准确性。综上所述，在没有相反证据的情况下，乐智公司以时间戳服务系统固定的涉案网络页面的真实性法院予以确认。

（二）证据属性

1.【裁判规则】QQ聊天记录合法取得，可作为证据使用

典型案例

珠海市横琴新区贝格特实业有限公司与珠海市金顺电子科技有限公司买卖合同纠纷案［广东省珠海市中级人民法院（2018）粤04民终2139号］

上诉人（一审原告、反诉被告）：珠海市横琴新区贝格特实业有限公司（以下简称贝格特公司）

上诉人（一审被告、反诉原告）：珠海市金顺电子科技有限公司（以下简称金顺公司）

裁判观点

人民法院认为，金顺公司主张涉案154张板存在质量问题，主要提供了电子邮件予以证明。《民事诉讼法》第63条明确规定，证据包括电子数据。因此，电子数据为法定独立的证据形式。同时，根据《民诉法司法解释》第116条之规定，法院从电子数据的合法性、真实性、关联性，以及能否与其他证据形成证据链等方面进行分析。根据2001年《民事证据规定》第68条规定，在当今日常生活过程中，电子数据已经被广泛用于民商事活动中。无论是金顺公司与贝格特公司之间的电子邮件还是金顺公司工作人员与贝格特公司工作人员之间的QQ聊天记录，以常人的认知应当知晓该段内容会被自动保存和记录，并不是以侵犯他人合法权益或违反法律禁止性规定的方法取得。因此，电子数据在本案中作为证据使用具有合法性。

2.【裁判规则】能够有形地表现所载内容并可以随时调取查用的数据电文，视为合法的书面形式

典型案例 ▶▶

刘某某等与定州市双丰鞋业有限公司买卖合同纠纷案［河北省保定市中级人民法院（2018）冀06民终2994号］

上诉人（原审被告）：刘某某等

被上诉人（原审原告）：定州市双丰鞋业有限公司（以下简称双丰鞋业公司）

裁判观点 ▶▶

人民法院认为，根据《民诉法司法解释》第116条和《电子签名法》第5条规定，在一审庭审中，证人王某证实微信头像和聊天声音为刘某某，证人肖某证实微信头像为刘某某。双丰鞋业公司提交的与刘某某的微信聊天符合《电子签名法》第5条关于原件形式的要求。《电子签名法》第4条规定，能够有形地表现所载内容，并可以随时调取查用的数据电文，视为符合法律、法规要求的书面形式。根据2001年《民事证据规定》第70条规定，刘某某虽对微信聊天的真实性不认可，对书面的数据电文提出异议，但并未提出足以反驳的证据，也未向法院提出对微信数据的真实性进行鉴定。因此，应对微信数据的证明力予以确认。

3.【裁判规则】微信聊天记录应当认定为法定的书面形式

典型案例 ▶▶

乐视网信息技术（北京）股份有限公司与上海东方娱乐传媒集团有限公司合作创作合同纠纷案［上海知识产权法院（2019）沪73民终102号］

上诉人（原审被告）：乐视网信息技术（北京）股份有限公司（以下简称乐视北京公司）

被上诉人（原审原告）：上海东方娱乐传媒集团有限公司（以下简称东方娱乐公司）

裁判观点 ▶▶

人民法院认为，争议焦点主要在于：微信聊天记录是否属于合同约定的书面催告方式。首先，涉案合作合同未对书面催告的形式进行限定。其次，根据《合同法》第11条、[1]《民事诉讼法》第63条、《民诉法司法解释》第116条第2款规定，本案中，双方的微信聊天记录属于电子数据范畴，系存储在电子介质中的文字信息，应当认定为属于《合同法》第11条规定的书面形式。

4.【裁判规则】证明借贷关系存在的电子数据，可以被视为“其他能够证明借款法律关系存在的证据”

典型案例

方某与徐某等民间借贷纠纷案［安徽省池州市中级人民法院（2019）皖17民终901号］

上诉人（原审原告）：方某

被上诉人（原审被告）：徐某

裁判观点

人民法院认为，微信和短信聊天记录在证据种类上属于“电子数据”，电子数据根据其特性，一经形成便始终保持最初、最原始的状态，能够客观真实的反映事物的本来面貌，可以长期无损保存，随时反复重现。相对于物证易因周围环境的改变而改变属性，书证易毁损和出现笔误，证人证言易被误传、误导或带有主观性，电子数据则更具有客观性和稳定性。但必须注意的是电子数据具有易破坏性，有可能被盗取、篡改甚至销毁，因此根据电子数据容易被篡改的特性，人民法院在审查电子数据的时候应该把电子数据的真实性以及是否被篡改作为审核重点。因本案涉及的是信用卡的借用纠纷，其款项的交付不同于一般的民间借贷案件，当事人提供的证明主要借贷关系存在的证据不仅包括书面借据，还包括微信记录及短信记录，根据《民间借贷司法解释》第2条第1款的规定，其提供的证明借贷关系存在的电子数据，可以被视为本条司法解释规定的“其他能够证明借款法律关系存在的证据”。

〔1〕 现为《民法典》第469条：“当事人订立合同，可以采用书面形式、口头形式或者其他形式。书面形式是合同书、信件、电报、电传、传真等可以有形地表现所载内容的形式。以电子数据交换、电子邮件等方式能够有形地表现所载内容，并可以随时调取查用的数据电文，视为书面形式。”

5.【裁判规则】数据电文不得无故被拒绝作为证据使用

典型案例

龙岩市永定区农资公司与廖某某买卖合同纠纷案［福建省龙岩市中级人民法院（2017）闽08民终1793号］

上诉人（原审原告）：龙岩市永定区农资公司

被上诉人（原审被告）：廖某某

裁判观点

人民法院认为，依据《民诉法司法解释》第116条和《电子签名法》第4条、第5条、第6条、第7条、第8条的规定，电子数据具有能够有效地表现所载内容并可供随时调取查用；能够可靠地保证自最终形成时起，内容保持完整、未被更改等特征。该数据电文不得仅因为其是以电子、光学、磁或者类似手段生成、发送、接收或者储存的而被拒绝作为证据使用。故上述短信具有客观真实性，可采信为本案的证据。对被上诉人尚欠上诉人货款116,085元的事实法院予以认定。被上诉人主张与上诉人的法定代表人之间存在其他合伙投资关系，但均未能提供充足证据，法院不予认定。

6.【裁判规则】公证处在线公证平台所形成的录音、录像、照片均为实时，可确保电子数据的真实性

典型案例

周某某与吴某某侵害作品复制权、发行权纠纷案［浙江省金华市中级人民法院（2018）浙07民终6456号］

上诉人（原审被告）：周某某

被上诉人（原审原告）：吴某某

裁判观点

人民法院认为，根据《民事诉讼法》第69条规定，经过法定程序公证证明的法律事实和文书，人民法院应当作为认定事实的根据，但有相反证据足以推翻公证证明的除外。从吴某某提供的公证书来看，公证程序合法，符合法律规定，法院对公证书的证明效力予以确认，在无相反证据的情况下，涉案公证书应当作为认定案件事实的根据。

7.【裁判规则】涉及计算机业务系统或各类自助银行渠道交易的，贷款人业务系统或相关设备中形成的交易记录、电子数据等具有相同证据效力

典型案例

荆州市中科农业有限公司与中国农业银行股份有限公司石首市支行保证合同纠纷案［湖北省高级人民法院（2020）鄂民申2304号］

再审申请人（一审被告、二审上诉人）：荆州市中科农业有限公司（以下简称中科农业公司）

被申请人（一审原告、二审被上诉人）：中国农业银行股份有限公司石首市支行（以下简称农行石首支行）

裁判观点

人民法院认为，涉案借款合同合法有效，原判决已予评判，并无不当，不再赘述。该合同明确约定了为期三年的可循环贷款方式，事实上前两次贷款已经实际发放，一审第三人已经清偿完毕，双方对此均无异议。对第三次贷款方式采取自助银行渠道交易的方式是否符合合同约定的问题，中科农业公司持有异议。经查，借款合同第1条第2项载明“自助借款方式指借款人以约定的银行卡作为借款提取与偿还的结算工具，通过原告的营业柜台、自助银行（含自动取款机、存取款一体机、自助服务终端、转账电话等自助银行设备）、网上银行、电话银行、手机银行等自助借款渠道，经密码验证，依据提示实施操作，完成借款和还款”，第1条中黑体字载明“借款的房款、还款、金额、其向、利率、利息计算等具体事项，以相关业务档案、凭证记载为准。涉及计算机业务系统或各类自助银行渠道交易的，贷款人业务系统或相关设备中形成的交易记录、电子数据等具有相同证据效力。各方确认贷款人业务系统或相关设备所产生电子数据的有效性”。即一审第三人通过农行石首支行的营业柜台或者自助银行均是合同明确约定的贷款方式，不能以第一次、第二次是通过银行柜台办理认定形成交易习惯，第三次借款是在借款合同约定的三年期限内通过自助银行贷款形成，符合合同约定，第三次借款行为应为有效。借款合同还约定："放款方式为发放至借款人的银行卡……采用自助可循环方式借款的，借贷双方约定如下：……(4)借款人同意贷款人将每笔借款的100%划入借款人的银行卡主账户，—%划入银行卡专用子账户。双方约定，银行卡专用子账户内的资金只能在特定商户使用，不能提取现金。……"原审中，农行石首支行提供的证据可以证明其已将贷款资金转入了合同约定的一审第三人的账户，其已经完成了发放贷款义务，并无违约情形，农行石首支行根据其与中科农业公司签订的最高额保证合同，要求中科农业公司承担保证责任，并无不当。

8.【裁判规则】属开放性网络平台的域外社交网络服务网站，该网站内容经公证可以作为证据使用

典型案例

安徽哈科数控机床制造有限公司与马鞍山市佳士达锻压机床厂等侵害外观设计专利权纠纷案［安徽省高级人民法院(2020)皖民终428号］

上诉人（一审原告）：安徽哈科数控机床制造有限公司（以下简称哈科公司）

被上诉人（一审被告）：马鞍山市佳士达锻压机床厂（以下简称佳士达厂）

裁判观点

人民法院认为，佳士达厂在一审中提出了现有设计抗辩并提交了《(2019)宁石证经内字第7319号公证书》，该公证书第9页图片显示为案外人董甲于2018年4月9日在Facebook网站发布的剪板机照片。哈科公司上诉认为Facebook网站上显示的内容发布时间均可进行选择或修改，且内容发布后可以替换照片并使发布时间不变，故无法确定相关内容真实的上传日期。哈科公司为证明其上述观点于二审中提交了《(2020)苏宁石城证字4635号公证书》，该组证据显示，Facebook网站上发布的内容上传时间可以早于内容本身形成的时间。但具体到本案中，首先，《(2019)宁石证经内字第7319号公证书》显示相关图片为案外人董甲上传，相关账号中有董甲的个人照片、教育经历、所使用的公司邮箱等资料。二审中，哈科公司认可董甲是其员工，却否认该Facebook网站账号系董甲所有、上述内容系董甲发布，但并未提供相关证据证明，法院不予认可。其次，虽然哈科公司提交的公证书显示Facebook网站上内容发布时间可以选择或修改，但其提交的证据并不能证明董甲于2018年4月9日发布的相关图片被修改过，或他人冒用董甲账号发布相关图片。故可以认定Facebook网站上发布的相关图片的日期为2018年4月9日。最后，Facebook网站是域外社交网络服务网站，属开放性网络平台，当事人在中国内地使用中国香港电话卡访问该网站，并不违反相关法律规定，该网站内容经公证可以作为证据使用。根据2019年《民事证据规定》第94条第2款规定，电子数据的内容经公证机关公证的，人民法院应当确认其真实性，但有相反证据足以推翻的除外。由上所述，在涉案专利申请日前，相关外观设计已被公开，属于现有设计，佳士达厂提出的现有设计抗辩成立，不构成专利侵权。因此，一审判决认定佳士达厂、良智公司不应就被诉侵权行为承担民事责任，并无不当。

第二节　电子数据最佳证据规则

【法理辨析】

一、电子数据的最佳证据规则

证据应当提交原件，电子数据作为法定的证据形式，也应当提供原件，要求提供证据原件的主要目的是保证案件真实，从而促进纠纷的解决。原件，是指“文书制作人作出的最初定稿、签字的原本或者加盖与原本有同一效力的正本”〔1〕。关于证据应当提交证据原件，我国《民事诉讼法》已作了明确的规定，第70条第1款：“书证应当提交原件。物证应当提交原物。提交原件或者原物确有困难的，可以提交复制品、照片、副本、节录本。”关于电子数据提交原件，我国相关司法解释也作了明确规定，如《行政诉讼证据规定》第64条：“以有形载体固定或者显示的电子数据交换、电子邮件以及其他数据资料，其制作情况和真实性经对方当事人确认，或者以公证等其他有效方式予以证明的，与原件具有同等的证明效力。”2019年《民事证据规定》第15条：“当事人以视听资料作为证据的，应当提供存储该视听资料的原始载体。当事人以电子数据作为证据的，应当提供原件。电子数据的制作者制

〔1〕 全国人大常委会法制工作委员会民法室编著：《〈中华人民共和国民事诉讼法〉释解与适用》，人民法院出版社2012年版，第108页。

作的与原件一致的副本，或者直接来源于电子数据的打印件或其他可以显示、识别的输出介质，视为电子数据的原件。”一般而言，电子数据原件至少可以包括这样几种属性：一是数据生成时的电子数据的完整性和可靠性；二是电子数据与待证事实的关联性；三是电子数据的可再现性和可复制性，它可以被无数次准确复制代替“原件”接受调查，当电子数据具有可靠性的保证或对方当事人确认时，在这个意义上其与原件具有同等证明效力。

根据最佳证据规则，证据应当提供原件，那么，对于电子数据而言，如何识别电子数据的原件？由于不同于传统意义上的证据类型，如果简单援引传统理论，电子数据以固定形式存在于存储介质上时，其原件为首先固定的原始载体。电子数据不同于物证和书证等具象化证据，并不具有固定的外在形式。电子数据也不具有物证、书证等传统证据的唯一性、不可替代性。因此，审查电子数据的原件，重点考虑以下的内容：电子数据存储介质是否真实。电子数据原则上应当提供原件的主要的目的在于案件真实的需要，这里主要有两个方面的“真实”问题：

一是电子数据载体本身是否真实。2019年《民事证据规定》第93条规定，“人民法院对于电子数据的真实性，应当结合下列因素综合判断：（一）电子数据的生成、存储、传输所依赖的计算机系统的硬件、软件环境是否完整、可靠；（二）电子数据的生成、存储、传输所依赖的计算机系统的硬件、软件环境是否处于正常运行状态，或者不处于正常运行状态时对电子数据的生成、存储、传输是否有影响；（三）电子数据的生成、存储、传输所依赖的计算机系统的硬件、软件环境是否具备有效的防止出错的监测、核查手段；（四）电子数据是否被完整地保存、传输、提取，保存、传输、提取的方法是否可靠；（五）电子数据是否在正常的往来活动中形成和存储；（六）保存、传输、提取电子数据的主体是否适当；（七）影响电子数据完整性和可靠性的其他因素。人民法院认为有必要的，可以通过鉴定或者勘验等方法，审查判断电子数据的真实性”。司法实践中，经常会遇到抗辩一方对主张者提出的电子证据载体提出质疑，如对留存证据信息的光盘、软盘、硬盘等电子存储介质表示存在删除、改变、编造等行为，此时就需要主张者对电子数据的完整生成、保存、提取等提供证据支持，不能成为“存有疑点的电子数据”。

二是电子数据载体所能反映出来的信息是否为真。为了保障电子数据反映的案件的真实性，相关司法解释[1]中对最佳证据规则也作了相关的规定。

二、“复印件主义”

所谓“复印件主义”，一般是指源于证据原件的各类“复印件”“复制件”“复本”及其他源于原件的衍生件，在证据原件缺失或提取困难等情况下，具备真实性和相关性，能够作为定案的根据。要求在所有的诉讼案件中的电子数据都必须提供原件既做不到，也不必要，毕竟电子数据发挥作用的并不是载体，而是体现信息的部分，即电子数据的最佳证据规则不是绝对的，也不可能是绝对的，尚没有哪个国家把最佳证据规则绝对化，各国都会与时俱进地划定最佳证据规则的判断标准，同时赋予法官判断是否需要适用以及在何种情况下适用最佳证据规则，还是适用“复印件主义”，基于司法现实情况的需要，在尽可能促进电子证据提供原件的基础上，允许保留一定的“复印件主义”。[2]我国亦是如此，采取应原件尽原件的原则，并在法定情况下，“确有困难”时，同时允许复印件作为定案的根据。2019年《民事证据规定》第11条规定：“当事人向人民法院提供证据，应当提供原件或者原物。如需自己保存证据原件、原物或者提供原件、原物确有困难的，可以提供经人民法院核对无异的复制件或者复制品。”

在民事诉讼中，由于当事人固定证据的有限性，对于电子数据的“原件”不应

---

〔1〕 2019年《民事证据规定》第87条规定：“审判人员对单一证据可以从下列方面进行审核认定：(一)证据是否为原件、原物，复制件、复制品与原件、原物是否相符；(二)证据与本案事实是否相关；(三)证据的形式、来源是否符合法律规定；(四)证据的内容是否真实；(五)证人或者提供证据的人与当事人有无利害关系。”第90条规定：“下列证据不能单独作为认定案件事实的根据：……(四)存有疑点的视听资料、电子数据……”第11条规定：“当事人向人民法院提供证据，应当提供原件或者原物。如需自己保存证据原件、原物或者提供原件、原物确有困难的，可以提供经人民法院核对无异的复制件或者复制品。”

〔2〕 关于电子数据的复印件，《美国联邦证据规则》第10章“文字、录音和照相的内容”中的第1001条第4项规定：“‘复制品’，是指通过与原件同样印刷，或者以同一字模或通过照相手段制作的副本，包括放大或缩小制品，或者通过机械或电子的再录，或通过化学的重制，或通过其他相应手段准确复制原件的副本。”复制品具有可采性，《美国联邦证据规则》第1003条规定：“复制品可与原件在同等程度上采纳，但下列情况除外：(1)对复制品是否忠实于原件产生疑问；(2)以复制品替代原件采纳将导致不公平。”《美国联邦证据规则》第1004条规定：“在下列情况下，不要求原件，关于文字、录音或照相内容的其他证据可以采纳：(1)原件遗失或毁坏　所有原件均已遗失或毁坏，但提供者出于不良动机遗失或毁坏的除外；或(2)原件无法获得　不能通过适当的司法程序或行为获得原件；或(3)原件在对方掌握中　原件处于该材料的出示对其不利的一方当事人的控制中，已通过送达原告起诉状或其他方式告知该当事人在听证时该材料的内容属于证明对象，但该当事人在听证时不提供有关原件；或(4)附属事项　有关文字、录音或照相与主要争议无紧密联系。”参见《美国联邦民事诉讼规则证据规则》，白绿铉、卞建林译，中国法制出版社2005年版，第240页。

做绝对化理解和操作。[1]在肯定最佳证据规则的同时，又同步肯定了电子数据的“复印件主义”，两者看似矛盾，实际上是一个有机的统一整体。

其一，应原件尽原件原则。为了保障案件的事实真相，在能够提供原件的时候，尽可能地提供原始证据。基于电子数据易复制、易篡改的特性，电子数据证据的审查应当包括取证环境的清洁性，取证时间的客观性，取证过程的规范性，取证结果的真实性与完整性，副本与初始取证结果的一致性，能否与在案其他证据相互印证等内容。司法实践中，经常会遇到当事人提供微博微信截图作为证据使用的情形，在一般情况下，单单一张微博网页截图和微信截图，有时候很难反映其形成时间、形成方式、形成环境等具体信息，也无从证明待证事实的真实性准确性；有的个别当事人单方提供电子数据取证证书，其仅能证明电子副本与留存于服务器上的电子数据一致，尚不足以证明其留存于服务器上的电子数据形成过程中操作环境是否清洁，取证方式是否规范，取证结果是否真实、完整，取证结果上传服务器之前是否经过篡改，在缺乏技术说明和印证证据的情况下，微博微信截屏不足以呈现待证事实发生的真实时间、地点、人物、环境等。

其二，允许“复印件主义”并存。经过多年司法实践总结，在确实无法获得原件或者原件已灭失不存在的情况下，应当允许复印件来证实案件事实。从证据的绝对“源头”来讲，需要从“根服务器”下手，由于追踪溯源查找“根服务器”在技术上无法实现或者说实现的过程过于昂贵。因此，除了对电子数据的存储基于技术和社会原因不可能完全做到全面“原始证据”外，在审查电子数据的原始证据规则时，主要需要考虑到电子数据的证明目的，电子数据的证据证明力主要是反映在存储的“信息”上，如果能在保证固定电子数据的真实性的情况下，电子证据的“信息”能够发挥证据证明的作用，“电子证据的原始载体本身对于案件事实的证明并无意义，发挥事实证明作用的是其转换形成的可识别形式，如果固守传统的原始证据或原件的概念，这种转换形式将被作为复制件对待，从而将相当数量的电子证据排除在案件事实证明之外”[2]。因此，在审判实践中，应当对当事人提供的微信

---

〔1〕 参见《美国联邦证据规则》第10章第1001条第3项规定：“原件　文字或录音的‘原件’即该文字或录音材料本身，或者由制作人或签发人使其具有与原件同样效力的副本、复本。照相的‘原件’包括底片或任何由底片冲印的胶片。如果数据储存在电脑或类似设备中，任何从电脑中打印或输出的能准确反映有关数据的可读物，均为‘原件’。”《美国联邦民事诉讼规则证据规则》，白绿铉、卞建林译，中国法制出版社2005年版，第239-240页。

〔2〕 最高人民法院民事诉讼法修改研究小组编著：《〈中华人民共和国民事诉讼法〉修改条文理解与适用》，人民法院出版社2012年版，第132-133页。

聊天记录、截图、复制件等电子数据的“原件”作宽泛理解，在能够保证内容始终完整、全面、真实的情况下，可以视为原件。

其三，事实裁判者的自由裁量权。在同意采用“复印件主义”的时候，要充分考虑到当事人可能会“恶意”或“过失”利用这一“复印件”的失真性进而影响和左右法官对于案件事实的正确认定，而赋予了法官自由裁量权，由法官对于什么是“产生疑问”“导致不公平”的情况，根据案件的实际情况，得出自己的自由心证，而不是拘泥于刚性的最佳证据规则。

三、司法实务中的电子数据的最佳证据规则

1.关于诉前发送的电子邮件。诉讼前，保存在电子邮箱中的加盖有相对方财务专用章的询证函，经当庭打开电子邮件进行了验证，电子邮件产生时双方并未发生诉讼，其内容较为客观，且电子邮件一经发出后进行篡改的可能性较低，可对电子证据的证明力予以确认。

2.关于电子邮件的印证。现行法律或司法解释对于电子数据的举证方式并无明确规定，司法实践中多有当事人通过对电子数据内容进行公证的方式来确保所举示证据的真实性。但民事诉讼的举证也应当有适度意识和成本意识，公证虽具有较高的证明力，但同时意味着较大的诉讼成本。因此，对于一些标的较小的案件，也可以通过当庭演示或录像演示的方式来完成举证，人民法院也可以通过要求相对方提供电子邮件内容进行比对的方式完成对案件事实的查明。

【典型案解】

（一）原件

1.【裁判规则】能够有效地表现所载内容并可供随时调取查用的数码照片，符合电子数据原件形式要求

典型案例

卢某某与薛某某等侵犯著作权纠纷案［广西壮族自治区高级人民法院(2006)桂民三终字第29号］

上诉人（原审被告）：卢某某

被上诉人（原审原告）：薛某某等

裁判观点 ▶▶

人民法院认为，本案争议作品为数码照片，即数字形式储存的可视化图像，它不同于使用化学胶片或者照相纸拍摄的传统照片，因此，只要能保证其所记载的信息自其首次以最终形式生成，能作为数码照片存在之时起就保持了完整性、未被更改，且该数字形式储存的可视化图像能够有效地表现所载内容并可供随时调取查用，则视为满足法律、法规规定的原件形式的要求。薛某某为证明自己享有涉案数码照片的著作权，提供了保存有涉案图片的硬盘，通过电脑显示屏或者打印的方式都能显示出硬盘中涉案图片清晰、完整的被拍摄对象、内容以及该摄影作品特有的原始参数，如相机型号、分辨率、分辨率单位、日期时间、图像描述、曝光时间、F-数值、曝光程序、ISO速度等级、组件配置、快门速度值、光圈值、像素尺寸等。另外，薛某某还阐述了其创作涉案数码照片的目的、用途，创作时间、环境、背景以及保存过程，与电脑显示或打印出来图片和图片库所显示的画面、特点、参数、类型相吻合，因此，可以认定薛某某创作了涉案数码照片，是其硬盘中涉案图片的作者，依法享有著作权。至于是否在作品上署名是作者的权利，未在作品上署名并不影响创作者的作者身份，也不影响作者依法享有的各项权利。卢某某称薛某某提供的数码相片没有署名因此不能认定薛某某就是作者的上诉理由不能成立。

2.【裁判规则】能够可靠地保证内容保持完整、未被更改的电子数据，符合法律规定的原件要求

典型案例 ▶▶

东方置业房地产有限公司与安徽省外经建设（集团）有限公司等保函欺诈纠纷案［安徽省高级人民法院（2014）皖民二终字第00389号］

再审申请人（一审被告、二审上诉人）：东方置业房地产有限公司（以下简称东方置业公司）

被申请人（一审原告、二审被上诉人）：安徽省外经建设（集团）有限公司（以下简称外经集团公司）等

裁判观点

人民法院认为，外经集团公司提交的上述数据电文属于SWIFT电文，源于环球同业银行金融电讯协会系统，SWIFT电文的密押比电传的密押安全性、保密性、可靠性更高，具有真实性、可监控性和权威性特征。同时，根据《电子签名法》第5条规定，上述数据电文储存于SWIFT系统，可以随时查看、调取，并能以网页页面、纸质等形式进行展现，内容完整，未被人为修改，符合《电子签名法》关于数据电文可以视为证据原件的要求，且外经集团公司对涉案的SWIFT数据电文资料进行了公证，该数据电文与待证案件事实联系紧密，具有真实性、合法性、关联性，法院予以采信。

3.【裁判规则】只要电子证据确实起到了在功能上等同或基本等同于书面原件的效果，视为符合原件的要求

典型案例

浙江坤盈泵业有限公司与江西格来利泵业有限公司买卖合同纠纷案［江西省宜春市中级人民法院(2017)赣09民终1033号］

上诉人（原审被告）：浙江坤盈泵业有限公司（以下简称坤盈公司）

被上诉人（原审原告）：江西格来利泵业有限公司（以下简称格来利公司）

裁判观点

人民法院认为，根据《民事诉讼法》第63条和《民诉法司法解释》第116条第2款规定，本案中，格来利公司提供的若干份产品购销合同和QQ聊天记录等均为电子数据，即电子证据，而非书证。与传统的证据形式原件一般能够直接证明案件事实不同，电子证据由于是存储于电子介质中的电子数据信息，其在证明案件事实时需要将数据编码转化为可以识别的形式，故在举证、质证和认证环节，电子证据的原始载体本身对于案件事实的证据并无意义，发挥事实证明作用的是其转化形成的可识别形式，不能用传统原始证据或原件的概念来认定电子证据是否是原件，否则，相当数量的电子证据将排除在案件事实证明之外，这势必削弱电子证据的应有功能。只要电子证据确实起到了在功能上等同或基本等同于书面原件的效果，便可以视为符合证据法对原件的要求。

4.【裁判规则】提交的电子数据系从当事人行车记录仪中拷贝形成，该电子数据属于证据原件

典型案例

欧某某与中银保险有限公司云南分公司保险合同纠纷案［云南省昆明市中级人民法院（2017）云01民终4885号］

上诉人（原审原告）：欧某某

被上诉人（原审被告）：中银保险有限公司云南分公司（以下简称中银保险）

裁判观点

人民法院认为，中银保险提交的电子数据系从欧某某行车记录仪中拷贝形成，该电子数据不存在欧某某主张的复制件和原件的问题，欧某某以此主张该电子数据不能采信无法律依据，法院不予支持。同时，欧某某未提交证据证实中银保险获取该电子数据的行为、手段、结果存在违法性，中银保险工作人员拷贝行车记录仪的影像资料是保险公司现场勘验的工作内容，法律并未规范保险公司的该项现场勘验行为需要获得交警部门或投保人同意，故欧某某以此主张该电子数据为非法证据无事实及法律依据，对其主张，法院不予支持。庭审中，欧某某否认该电子数据的真实性，但其放弃对该证据的真实性申请鉴定的权利，其依法应当承担举证不能的法律后果，法院依法确认该电子数据应当作为定案之依据。

5.【裁判规则】提供的电子数据，应当证明符合原件形式要求

典型案例

中国太平洋财产保险股份有限公司北京分公司与段某等意外伤害保险合同纠纷案［湖北省荆门市中级人民法院（2018）鄂08民终232号］

上诉人（原审被告）：中国太平洋财产保险股份有限公司北京分公司（以下简称太平洋财保北京分公司）

被上诉人（原审原告）：段某等

裁判观点

人民法院认为，与传统合同订立的情形不同，共享单车用户通过注册和使用来同意平台官方提供和更新的协议。用户使用共享单车时，只要通过官方平台扫码开锁，均应有数据传输，因此也应有数据存储。根据《电子签名法》第3条第2款，当事人约定使用电子签名、数据电文的文书，不得仅因为其采用电子签名、数据电文的形式而否定其法律效力。由此可见，此种以电子签名及数据电文方式订立合同的形式为法律所许可。且据该法第7条，数据电文不得仅因为其是以电子、光学、磁或者类似手段生成、发送、接收或者储存的而被拒绝作为证据使用。据该法第4条，能够有形地表现所载内容，并可以随时调取查用的数据电文，视为符合法律、法规要求的书面形式。据该法第5条，符合下列条件的数据电文，视为满足法律、法规规定的原件形式要求：(1)能够有效地表现所载内容并可供随时调取查用；(2)能够可靠地保证自最终形成时起，内容保持完整、未被更改。但是，在数据电文上增加背书以及数据交换、储存和显示过程中发生的形式变化不影响数据电文的完整性。据该法第6条，符合下列条件的数据电文，视为满足法律、法规规定的文件保存要求：(1)能够有效地表现所载内容并可供随时调取查用；(2)数据电文的格式与其生成、发送或者接收时的格式相同，或者格式不相同但是能够准确表现原来生成、发送或者接收的内容；(3)能够识别数据电文的发件人、收件人以及发送、接收的时间。据东峡大通公司陈述，ofo注册用户通过官方平台使用其共享单车的全部信息，由其收集、保存和管理，用户只能通过自己的手机接收并查看信息，但不能控制或修改信息。用户手机端仅连线平台数据库显示信息，但不能自动存储信息。据此，用户通过ofo官方平台注册及使用服务的信息和证据，几乎全部以电子数据的形式存在，由东峡大通公司持有和管理，用户手机客户端仅能获得部分信息推送和显示。此种情形下，用户方承担的举证责任显然超出了其能力。参照《民诉法司法解释》第112条第1款的规定，可以基于用户的申请，责令经营商提供数据。本案中，东峡大通公司也提供了相关数据，但就该数据的完整、可信性，段某、尤某某提出质疑。依照《电子签名法》第5条、第6条审核，东峡大通公司对其提供的数据，应当证明符合原件形式要求。因此，如果需要就此向第三方调查数据，也应当由东峡大通公司提出申请。

用户使用信息的获取、保存以及在出现纠纷情况下的证明，显然涉及复杂的技术问题，且用户规范用车与非正常用车的证明相互交织。作为用户注册、使用信息的持有和管理方，经营商应按要求提供数据，并证明数据的准确、完整及可信。对于保险人而言，经营商在此作为其诉讼辅助人存在，如果经营商完成举证，可视作保险人的证明责任也完成。

6.【裁判规则】当事人以视听资料作为证据的，应当提供存储该视听资料的原始载体

典型案例

朱某甲与张某乙等返还原物纠纷案［吉林省高级人民法院（2020）吉民申1177号］

再审申请人（一审原告、二审被上诉人）：朱某甲

被申请人（一审被告、二审上诉人）：张某乙等

裁判观点

人民法院认为，根据《民事诉讼法》第71条规定，本案中，张某乙在二审庭审中已经向法庭提交该录音的原始载体，符合2019年《民事证据规定》第15条第1款的规定。虽朱某甲对该录音的真实性和完整性提出异议，但其承认录音中的声音是自己的，且未提供证据对录音的真实性、完整性予以反驳，在原审庭审中亦明确表示对该录音完整性不申请鉴定。因此，二审判决结合于某的证言，对该录音予以采信并无不当。录音中朱某甲对于某说"咱可能把房子这么便宜卖给你吗？""你妈要不出6万的话，现在出10万，备不住我也不可能卖给她"等内容，能够证明朱某甲与张某乙之间存在房屋买卖合同关系，因此二审判决认定事实并无错误。

7.【裁判规则】与原件一致的副本或者直接来源于电子数据的打印件或其他可以显示识别的输出介质，视为电子数据的原件

典型案例

蒋某与马某某买卖合同纠纷案［四川省成都市中级人民法院（2019）川01民终20796号］

上诉人（原审被告）：蒋某

被上诉人（原审原告）：马某某

裁判观点

人民法院认为，徕络服饰店依其一审中提交的自行制作的对账单及汇总表主张蒋某欠付货款证据不足，因此认定蒋某是否欠付货款以及欠付货款金额的主要证据在于能否认定592×××@qq.com向307×××@qq.com发送的邮件内容的真实性。2019年《民事证据规定》第15条规定，当事人以电子数据作为证据的，应当提供原件。电子数据的制作者制作的与原件一致的副本，或者直接源于电子数据的打印件或其他可以显示、识别的输出介质，视为电子数据的原件。本案中，马某某补充提交的（2020）川成证经字第13941号公证书中所附的系列应收账款明细账直接源于电子数据的打印件，视为原件。根据2019年《民事证据规定》第94条规定，蒋某与徕络服饰店之间存在真实买卖关系，上述电子证据形成于正常业务活动中，时间与蒋某的付款时间具有对应性，因此该证据载明的内容具有真实性，有高度盖然性。

（二）审查判断

1.【裁判规则】微信聊天记录的光盘属于电子数据复制件，当事人应对该光盘所载电子数据的客观性、真实性、完整性提供证明

典型案例

高甲与李某乙等民间借贷纠纷案［山西省高级人民法院（2020）晋民申22号］

再审申请人（一审原告、二审上诉人）：高甲

被申请人（一审被告、二审被上诉人）：李某乙等

裁判观点

人民法院认为，再审申请人高甲认为其在申请再审中提供的载有微信聊天记录的光盘及证人证言为《民事诉讼法》第200条第1项规定的“新的证据”，可以证明其与被申请人李某乙、一审被告穆丙存在借款合意，且可据此确定借款及利息数额，足以推翻原判决。微信聊天记录属于民事诉讼中电子数据类型，而记录聊天记录的光盘属于电子数据复制件，高某应对该光盘所载电子数据的客观性、真实性、完整性提供证明。但光盘所记录的聊天记录缺乏与原始载体的对照，光盘文件夹内波形声音文件、JPEG图像文件、GIF图像文件、MP4视频文件的修改日期均为2019年8月27日16：04。根据上述情形，光盘中聊天记录的双方是否就是高甲与李

某乙本人，以及该光盘所记录内容的完整性缺乏进一步证明，法院不予采信。再审申请人提供的李某丙的证人证言只能证明取款情况且欠缺款项实际出借给李某乙的证明，该证人证言亦不足以证明高甲全部款项的履行情况。根据2020年《民诉法司法解释》第387条第1款之规定，因高甲再审期间所提交的证据，尚不足以推翻原判决认定的事实，故其再审申请不符合《民事诉讼法》第200条第1项规定的情形。

2.【裁判规则】能够有形地表现所载内容，并可以随时调取查用的数据电文，视为符合法律法规要求的书面形式

典型案例

刘某某与鑫壕天畅（天津）矿产资源经营有限公司等合同纠纷案［最高人民法院（2018）最高法民申5586号］

再审申请人（一审原告、二审上诉人）：刘某某

被申请人（一审被告、二审被上诉人）：鑫壕天畅（天津）矿产资源经营有限公司（以下简称鑫壕天畅公司）

裁判观点

最高人民法院认为，关于案涉仲裁条款是否符合书面形式要求问题。根据《电子签名法》第4条“能够有形地表现所载内容，并可以随时调取查用的数据电文，视为符合法律、法规要求的书面形式”的规定，本案仲裁条款符合仲裁法要求的书面形式。刘某某该项申请再审理由不能成立。

3.【裁判规则】复制件、扫描件数据化后，需要审查电子数据证据的真实性

典型案例

杰雅帝（清远）有限公司与清远市佳利房地产开发有限公司建设用地使用权转让合同纠纷案［最高人民法院（2020）最高法民申1212号］

再审申请人（一审原告、二审上诉人）：杰雅帝（清远）有限公司（以下简称杰雅帝公司）

被申请人（一审被告、二审被上诉人）：清远市佳利房地产开发有限公司（以下简称佳利公司）

裁判观点

最高人民法院认为，根据《民诉法司法解释》第116条第2款的规定，电子数据虽是法律修正过程中新增加的一种证据形式，但这并不说明复制件、扫描件数据化后可不与原件进行核对；人民法院更不能不经审查电子数据证据的真实性就直接视同原件。本案中，杰雅帝公司提供的合同扫描件系由其单方提供，该电子数据的产生与保管过程，既未取得佳利公司的认可，也与案涉合同的约定不符。因此，杰雅帝公司关于转让合同扫描件存储于U盘属电子数据，U盘为原始介质，故具有类同于证据原件证明效力的主张，于法无据，不予支持。

4.【裁判规则】人民法院对于电子数据的真实性，可通过电子数据是否在正常的往来活动中形成和存储等因素来综合判断

典型案例

李某甲与涂某乙等民间借贷纠纷案［湖北省汉江中级人民法院（2020）鄂96民终340号］

上诉人（原审被告）：李某甲

被上诉人（原审原告）：涂某乙等

裁判观点

人民法院认为，关于本案的诉讼时效。涂某乙、涂某丙证明未过诉讼时效的证据主要为2016年12月19日的短信打印件。根据2019年《民事证据规定》第93条第1款第5项规定，涂某乙、涂某丙陈述2015年9月19日双方发生争执后，李某甲不接电话，也找不到人，因此只能发短信。虽然涂某乙、涂某丙不能提供短信原图和载体手机，但涂某乙、涂某丙于2015年9月19日找李某甲催讨过债务，且李某甲并未否认不接电话的事实，涂某乙、涂某丙向李某甲发送短信催讨符合情理。综合判断，本案从2016年12月19日起时效中断，2019年1月18日涂某乙、涂某丙起诉，未超过诉讼时效。

5.【裁判规则】人民法院对于电子数据的真实性，可通过电子数据是否被完整地保存、传输、提取，保存、传输、提取的方法是否可靠等因素来综合判断

典型案例

深圳赫美小额贷款股份有限公司与李某甲合同纠纷案［广东省深圳市中级人民法院（2020）粤03民终23159号］

上诉人（原审被告）：深圳赫美小额贷款股份有限公司（以下简称赫美公司）

被上诉人（原审原告）：李某甲

裁判观点

人民法院认为，本案二审的争议焦点为：赫美公司收取李某甲款项23,560元是否有依据。根据2019年《民事证据规定》第93条规定，赫美公司并未对电子签名的形成以及在涉案服务协议书盖章的详细过程进行充分合理说明，且赫美公司申请调取深圳法大大网络科技有限公司开具的电子签章颁发真实性证明后，深圳法大大网络科技有限公司亦明确表示无法提供，在无法对赫美公司主张的电子签名的保存、传输以及提取进行核实的情况下，赫美公司应当承担举证不能的不利后果，一审据此未对服务协议书的真实性予以采信，并无不当。赫美公司应当对其收取李某甲款项23,560元的依据负有举证责任，一审根据在未予确认服务协议书真实性的情况下，判令赫美公司返还上述款项，并无不当，法院予以维持。

6.【裁判规则】在正常业务活动中形成的电子数据，人民法院可以确认其真实性

典型案例

中国工商银行股份有限公司晋中分行与姜某信用卡纠纷案［山西省高级人民法院（2020）晋民申1778号］

再审申请人（一审原告、二审被上诉人）：中国工商银行股份有限公司晋中分行（以下简称工行晋中分行）

被申请人（一审被告、二审上诉人）：姜某

裁判观点

人民法院认为，2019年《民事证据规定》第94条第1款规定，电子数据存在下列情形的，人民法院可以确认其真实性，但有足以反驳的相反证据的除外，其中第三项为在正常业务活动中形成的。工行晋中分行在原审中提交的信用卡申请书、交易流水、银行终端交易平台信息查询单属于银行在日常业务中形成的电子交易记录，能够证明被申请人姜某办理了信用卡、该信用卡产生欠付款项及利息。原审判决以工行晋中分行所举证据及陈述不足以支持其诉讼请求，判决驳回工行晋中分行的诉讼请求适用法律不当。本案指令晋中市中级人民法院再审。

7.【裁判规则】由记录和保存电子数据的中立第三方平台提供或者确认的电子数据，人民法院可以确认其真实性

典型案例

新昌国宸商务信息咨询有限公司与北京华视聚合文化传媒有限公司侵害作品信息网络传播权纠纷案［浙江省高级人民法院（2020）浙民终955号］

上诉人（原审被告）：新昌国宸商务信息咨询有限公司（以下简称国宸公司）

被上诉人（原审原告）：北京华视聚合文化传媒有限公司（以下简称华视公司）

裁判观点

人民法院认为，根据2019年《民事证据规定》第94条第1款规定，华视公司一审提交的可信时间戳证据系向联合信任时间戳服务中心申请保全所得，视频过程完整记录了从设备清洁性检查到搜索涉案公众号，点击链接到涉案网站，搜索涉案影片并观看的全过程，一审法院对保全证据在联合信任时间戳服务中心的官网上亦进行了验证。国宸公司在一审答辩中明确认可涉案网站系案外人舒某某于2019年7月通过QQ群联系国宸公司，将其挂链至国宸公司经营的涉案公众号提供观看服务；华视公司提交的涉案可信时间戳证据中所涉侵权网页网站的备案信息显示主办单位为舒某某，以上事实可以进一步印证华视公司提交的可信时间戳证据的真实性。国宸公司二审提交的可信时间戳证据及其证书仅能证明可信时间戳证据存在被修改的可能性，尚不足以推翻华视公司提交的涉案可信时间戳证据，故根据高度盖然性原则，结合本案其他证据，一审法院对华视公司提交的可信时间戳证据予以采信并无不当。

8.【裁判规则】数据电文不得仅因为其是以电子、光学、磁或者类似手段生成、发送、接收或者储存的而被拒绝作为证据使用

典型案例 ▶▶

厦门栾屹电子科技有限公司与日照森博林业开发有限责任公司梅州分公司买卖合同纠纷案［广东省梅州市中级人民法院（2012）梅中法民二终字第42号］

上诉人（原审被告）：厦门栾屹电子科技有限公司（下称厦门栾屹公司）

被上诉人（原审原告）：日照森博林业开发有限责任公司梅州分公司（下称森博梅州公司）

裁判观点 ▶▶

人民法院认为，根据《民事诉讼法》第68条、2001年《民事证据规定》第70条第1项、《电子签名法》第3条和第7条的规定，证据传真件或复印件可以作为证据使用并不为法律或司法解释所禁止，传真件或复印件可以作为证据采信，具有证明效力。本案从双方合同关于“装货通知（包括但不限于电话、电邮、短信等各种形式的通知，乙方联系人、电话、手机、邮箱以乙方书面通知为准），乙方接到通知后48小时内派车装运”的约定分析，以传真件或复印件的方式通知符合双方合同约定和上述法律规定，且被上诉人提供的传真件或复印件的委托书中的委托人栏上均盖有上诉人法人公章。本案中，委托书虽是传真件或复印件，上诉人在庭审中对委托书属传真件或复印件的不予质证，但上诉人在上述委托书中的委托人栏上均盖法人公章，且被上诉人提供的“（带皮）原木过磅出库单”、“木材出货单”和“木材交货单”，上述每一单据记载的运输车号、司机、提货地点与传真件或复印件的委托书记载的运输车号、司机、提货地点相对应。与案外人梅州光大公司出具的证明、光大公司木材出库情况表（厦门栾屹）等证据以及原审法院的调查笔录相印证，并经庭审出示、质证，对所需待证的案件事实，上述证据之间形成了证据链，可以证明自2010年4月28日至9月29日，上诉人从被上诉人处运走木材的事实。根据本案的实际情况，可认定传真件或复印件的委托书具有证据的属性，可以作为认定本案事实的根据。

9.【裁判规则】电子邮件的打印纸质件，不能简单地以是否为原件判断其证明力

典型案例

江门市新会仁科电力集团有限公司等与天津中天东信能源进出口有限公司等民间借贷纠纷案［天津市高级人民法院（2017）津民终81号］

上诉人（原审被告）：江门市新会仁科电力集团有限公司（以下简称新会仁科公司）

被上诉人（原审原告）：天津中天东信能源进出口有限公司（以下简称中天东信公司）等

裁判观点

人民法院认为，中天东信公司主张涉诉借款协议书是区某某签字、捺印后以电子邮件附件的形式发送给中天东信公司，由中天东信公司签字、盖章后订立的，并提供和演示了相关电子邮件。根据《民事诉讼法》第63条、《民事诉讼法解释》第116条的规定，电子邮件属于法律规定的民事诉讼证据类型中电子数据的一种，打印出的纸质件仅是电子邮件可以被读取和识别的表现形式，不能简单地以是否为"原件"判断其证据效力。而且，中天东信公司在天津，区某某在广东，双方通过电子邮件方式沟通和签订合同亦不违反常理。新会仁科公司虽然对以电子邮件形式签订的借款协议书的真实性不予认可，但并未提供足以反驳的相反证据，故其抗辩理由不能成立。

第三节　电子数据的补强证据规则

【法理辨析】

一、电子数据的补强证据规则

补强证据规则，是指"法律明确规定某种证据的证明力不足，不能单独作为认定案件事实的根据，必须由其他证据予以佐证，又称佐证原则"[1]。所谓"补强"，一般是指要求存在某一类或几类不同的证据形式作为独立的证据来对主证据或待证事实加以补充支持或间接印证。补强证据的作用，主要是"在于通过证据的相互印证作用而增强或担保主证据的证明力"[2]。2019年《民事证据规定》中规定了补强证据规则，第90条规定："下列证据不能单独作为认定案件事实的根据：（一）当事人的陈述；（二）无民事行为能力人或者限制民事行为能力人所作的与其年龄、智力状况或者精神健康状况不相当的证言；（三）与一方当事人或者其代理人有利害关系的证人陈述的证言；（四）存有疑点的视听资料、电子数据；（五）无法与原件、原物核对的复制件、复制品。"有关补强证据的法律规定还包括《民事诉讼法》第71条规定："人民法院对视听资料，应当辨别真伪，并结合本案的其他证据，审查确定能否作为认定事实的根据。"第75条规定："人民法院对当事人的陈述，应当结合本案的其他证据，审查确定能否作为认定事实的根据。当事人拒绝陈述的，不影响人民法院根据证据认定案件事实。"2020年《民诉法司法解释》第116条："视听资料包括录音资料和影像资料。电子数据是指通过电子邮件、电子数据交换、网上聊天记录、博客、微博客、手机短信、电子签名、域名等形成或者存储在电子介质中的信息。存储在电子介质中的录音资料和影像资料，适用电子数据的规定。"

补强证据的目的主要是强调保障案件的真实，追求最大限度实现实体正义的价值目标。对于电子数据所要反映的案件事实，需要综合各种间接证据进行证据补强。电子数据可以作为一种证明力较强的证据类型对主证据或待证事实进行补强，如对欠条进行补强，2019年《民事证据规定》第92条规定："私文书证的真实性，由主张以私文书证证明案件事实的当事人承担举证责任。私文书证由制作者或者其代理人签名、盖章或捺印的，推定为真实。私文书证上有删除、涂改、增添或者其他形式瑕疵的，人民法院应当综合案件的具体情况判断其证明力。"对欠条上有债务人签字的，可以推定欠条为真实。除了欠条本身具备的私文书证的形式真实外，还可以通过电子数据作为补强证据来进一步证明私文书证具有实质证明力，如债权人可以提供电子银行业务回单、支付宝转账电子回单等电子证据，由于这些电子证据都是由中立的第三方平台提供的，人民法院可以确认其真

---

〔1〕 田平安主编：《民事诉讼法原理》（第5版），厦门大学出版社2012年版，第252页。
〔2〕 陈光中主编：《证据法学》（修订版），法律出版社2013年版，第275页。

实性。

作为补强证据的电子数据本身的真实性问题。即想要对主证据或待证事实进行补强，那么，首先必须要求电子证据本身是真实可靠的，就需要从多个维度来进行来考虑，从而保证其真实性，2019年《民事证据规定》第93条规定："人民法院对于电子数据的真实性，应当结合下列因素综合判断：(一)电子数据的生成、存储、传输所依赖的计算机系统的硬件、软件环境是否完整、可靠；(二)电子数据的生成、存储、传输所依赖的计算机系统的硬件、软件环境是否处于正常运行状态，或者不处于正常运行状态时对电子数据的生成、存储、传输是否有影响；(三)电子数据的生成、存储、传输所依赖的计算机系统的硬件、软件环境是否具备有效的防止出错的监测、核查手段；(四)电子数据是否被完整地保存、传输、提取，保存、传输、提取的方法是否可靠；(五)电子数据是否在正常的往来活动中形成和存储；(六)保存、传输、提取电子数据的主体是否适当；(七)影响电子数据完整性和可靠性的其他因素。人民法院认为有必要的，可以通过鉴定或者勘验等方法，审查判断电子数据的真实性"。例如，当事人为某一诉请得到支持而将微信聊天记录作为证据提供时，由于电子数据记录有图片、语音、文字等形式，而这些数据容易被伪造或曲解。这些大多为间接证据的微信聊天记录如果没有其他证据佐证或形成证据链条，难以达到证明标准。即使在作为唯一的直接证据的场合，权利人也宜提供其他证据以免诉请不被支持。尤其是对方当事人提出有效的反对意见时，这种情况则更为需要。

二、司法实务中的电子数据的补强证据规则

1.关于录音证据与间接证据佐证。根据《民事诉讼法》第71条"人民法院对视听资料，应当辨别真伪，并结合本案的其他证据，审查确定能否作为认定事实的根据"的规定，如果举证人提供的录音及笔录、微信聊天记录、银行交易明细打印件以及通信客户详单等证据，在相关当事人均未到庭质证的情况下，不能确定相关涉案证据的真实性、取得过程的合法性及与本案的关联性，特别是录音中通话对象、微信聊天对象是否为相关当事人均不能确定，且上述录音、微信记录及银行交易明细并不能完整准确地反映举证人与相关当事人的待证事实。根据《民事诉讼法》第64条第1款"当事人对自己提出的主张，有责任提供证据"的规定，举证人应当承担举证不能的法律后果。

2.关于否认电子数据的真实性与鉴定。举证人以手机载体的形式举示向对方当事人主张权利的手机短信记录，该手机短信记录显示了短信发送时间、催还借款的内容以及接收短信的手机号码，对方当事人认可短信记录中所显示的接收号码为其方使用以及主张一方持有发送短信手机的事实，能够达到高度盖然性的证明标准。现对方当事人否认电子数据的真实性和短信发送、接收的事实，但既未申请鉴定，也没有提供其他相关证据佐证，不予支持。

3.关于人与其手机微信的"人机同一性"。在司法实践中，对于证据交换或庭审过程中，相对人抗辩微信号非本人手机的"人机不统一"的问题。其一，举证人需要提供证据证明手机使用人为相对人，手机号码与微信号相统一；其二，可以参照《电子签名法》等的有关规定〔1〕，对文件是否已经收到进行审查；其三，可以通过证据保全或现场验证的方式核实"人机统一性"；其四，相对人在没有其他证据予以反证的情况下，抗辩微信号码为伪造、微信号码非本人使用、手机与微信号码不一致的主张，不能予以支持。

否认手机与微信记录同一性的，应当提供反证证明。微信作为电子数据是法律规定的证据形式之一，任何证据都可能被篡改，不能因为其可能被篡改则不采信其证据效力。抗辩人否认自己手机与微信记录的同一性，且不申请法院调取微信记录及该手机号码的使用信息以澄清事实，又无提交反证予以证实，对该抗辩不予认定。举证一方提供了对方的微信号及关联手机，并提供了该聊天记录的原始载体，抗辩方主张其不知道该手机号有无关联其微信号，但未提供证据证明手机的微信号，结合微信聊天内容与当事人双方的经济来往情况，可以认定该微信号与该手机关联，聊天记录应予认定。

---

〔1〕《电子签名法》第9条："数据电文有下列情形之一的，视为发件人发送：(一)经发件人授权发送的；(二)发件人的信息系统自动发送的；(三)收件人按照发件人认可的方法对数据电文进行验证后结果相符的。当事人对前款规定的事项另有约定的，从其约定。"第10条："法律、行政法规规定或者当事人约定数据电文需要确认收讫的，应当确认收讫。发件人收到收件人的收讫确认时，数据电文视为已经收到。"第11条："数据电文进入发件人控制之外的某个信息系统的时间，视为该数据电文的发送时间。收件人指定特定系统接收数据电文的，数据电文进入该特定系统的时间，视为该数据电文的接收时间；未指定特定系统的，数据电文进入收件人的任何系统的首次时间，视为该数据电文的接收时间。当事人对数据电文的发送时间、接收时间另有约定的，从其约定。"《刑事案件电子数据规定》第25条第1款："认定犯罪嫌疑人、被告人的网络身份与现实身份的同一性，可以通过核查相关IP地址、网络活动记录、上网终端归属、相关证人证言以及犯罪嫌疑人、被告人供述和辩解等进行综合判断。"

【典型案解】

1.【裁判规则】电子数据须与证据相互印证，方可作为认定案件事实的依据

典型案例

淄川财富陶瓷城欧舒丹陶瓷经营部与鲍某某劳动合同纠纷案［山东省高级人民法院（2019）鲁民申3647号］

再审申请人（一审被告、二审上诉人）：淄川财富陶瓷城欧舒丹陶瓷经营部（以下简称欧舒丹经营部）

被申请人（一审原告、二审被上诉人）：鲍某某

裁判观点

人民法院认为，申请人主张其与被申请人已签订了书面聘用协议，但根据原审在案的现有证据和原审法院业已查明的事实，法院审查认为，申请人主张其与被申请人签订了书面聘用协议，但被申请人对此予以否认，而且申请人原审中没有举证证明被申请人在协议书上签名的真实性，且经原审查明申请人原审中提供的书面聘用协议无论在纸张、内容规范程度，还是在书写流畅程度、签名状态等方面均存在着不合常理之处，书面聘用协议存在诸多瑕疵和疑点，依据《民事诉讼法》证据规则的规定，该证据无法单独作为定案依据，而申请人原审中也未提供与之相互印证和补强的其他证据佐证其对本案待证事实的证明力，故原判决对此未予采信符合《民事诉讼法》关于证据审核判断标准的规定。申请人主张其在原审中提交了被申请人与其部门经理的微信聊天记录，该记录与申请人原审中提供的考勤记录能够相吻合，原审不予采信不当。法院对此审查认为，微信聊天记录作为一种电子数据具有证据能力和资格，但电子证据的特点在于可破坏性和可修改性比较强，因而电子信息作为民事诉讼证据必须与其他客观证据相互印证，方可作为认定案件事实的依据。原审中申请人虽然提交了纸质考勤表，但没有提供原始的电子考勤记录，且被申请人原审中提交的证据证实，因其工作性质和职责范围无法与申请人提供的考勤情况完全对应，故原审以申请人提供的证据不足为由未予支持其主张并无不当。

2.【裁判规则】录音证据真实、合法，与其他证据能够相互印证的，可予采信

典型案例

杨某某与李某某合伙协议纠纷案［最高人民法院（2017）最高法民申3293号］

再审申请人（一审被告、二审上诉人）：杨某某

被申请人（一审原告、二审上诉人）：李某某

裁判观点

最高人民法院认为，杨某某虽然认为李某某提交的录音证据为非法证据，但在原审中其并不否定该证据的真实性。根据《民事诉讼法》第71条规定，经查，李某某的录音虽未经杨某某同意，但该证据的取得并未侵害其合法权益，并不违反《民诉法司法解释》第106条之规定。同时，该证据还与郝某某签字的股权转让协议相互印证。人民法院据此采信该证据，依法有据。

3.【裁判规则】录音资料的来源是否合法、是否为本人真实意思表达，须有其他证据佐证

典型案例

国泰汉帛服饰泰州有限公司与扬州市国宝纺织进出口有限公司等承揽合同纠纷案［江苏省高级人民法院（2019）苏民申1987号］

再审申请人（一审原告、二审上诉人）：国泰汉帛服饰泰州有限公司（以下简称汉帛公司）

被申请人（一审被告、二审被上诉人）：扬州市国宝纺织进出口有限公司（以下简称国宝公司）等

裁判观点

人民法院认为，根据《民事诉讼法》第71条规定，汉帛公司根据自行制作的录音资料主张屠某某应承担债务加入的相关责任，但是该录音资料的来源是否合法、是否为屠某某本人真实意思表达均不能得到证实，亦无其他证据予以佐证；二审合议庭人员与屠某某电话联系过程中并未涉及录音资料问题。《公司法》第216条规

定，“实际控制人，是指虽不是公司的股东，但通过投资关系、协议或者其他安排，能够实际支配公司行为的人”。本案中除录音资料外汉帛公司对于屠某某是否为国宝公司的实际控制人并未举证证明，其有关实际控制人自愿加入债务的申请再审理由不能成立。原审判决对此认定并无不当，应予维持。

4.【裁判规则】录音等视听资料不能单独作为认定案件事实的依据

典型案例

饶某某与吴某某民间借贷纠纷案［江西省上饶市中级人民法院（2019）赣11民申65号］

再审申请人（一审被告、二审上诉人）：饶某某

被申请人（一审原告、二审被上诉人）：吴某某

裁判观点

人民法院认为，第一，饶某某与案外人谌某某的通话记录中，虽然案外人谌某某提到“吴某某”和“还钱”，但未清楚指明是否和本案的借款有关，更无法说明谌某某在本案借款中为实际借款人；再审申请人饶某某与被申请人吴某某的通话记录中，虽然吴某某未明确否认饶某某所说的“我没有用到钱，你的钱是在谌某某那里”，但该句话也无法明确谌某某和吴某某之间是否为借贷关系，即便是借贷关系，在饶某某已经向吴某某出具借据的情况下也无法排除吴某某和饶某某之间不存在借贷关系；关于饶某某与吴某某丈夫的通话记录，首先，吴某某丈夫不是本案借贷关系的主体，其次，吴某某丈夫提到的“都是谌某某骗我们，我们都是受害者”等，也无法排除吴某某和饶某某之间不存在借贷关系。第二，饶某某与吴某某、吴某某丈夫的通话记录中都提到的案外人谌某某和其有关情况，并未得到谌某某本人的明确认可，该谈话内容真实性本身存在疑问。第三，根据《民事诉讼法》第71条规定，录音等视听资料不能单独作为认定案件事实的依据，只有在有其他证据佐证而补强的情况下，才能作为案件的定案证据，而本案中饶某某提交的证据中该录音本身难以达到其证明目的，其他证据也无法佐证其拟证明的对象。综上所述，饶某某提交的三份录音证据不属于新证据，不能达到其证明目的，也无法推翻原判决，法院依法不予采信。

5.【裁判规则】录音证据只是不能单独作为认定案件事实的依据，并非不能作为认定案件事实的依据

典型案例

福建省青山纸业股份有限公司与南昌环湖贸易有限公司等买卖合同纠纷案［最高人民法院（2019）最高法民申2633号］

申请再审人（一审原告、二审被上诉人）：福建省青山纸业股份有限公司（以下简称青山公司）

被申请人（一审被告、二审上诉人）：南昌环湖贸易有限公司（以下简称环湖公司）等

裁判观点

最高人民法院认为，青山公司在二审期间并未对环湖公司提交的录音证据申请司法鉴定，从其提供的两份情况说明的内容来看，亦没有完全否定陈某某、林某某曾与环湖公司实际控制人何某某有过电话联系，故仅凭该两份情况说明无法完全否定原审录音证据的真实性。根据2001年《民事证据规定》第69条规定，原审录音证据只是不能单独作为认定案件事实的依据，并非不能作为认定案件事实的依据，而原审法院亦没有仅凭录音证据便直接作出环湖公司并非真实履行主体的认定。据此，青山公司申请再审期间所提交的证据不足以推翻原判决。

6.【裁判规则】电话录音及录音内容的整理文字资料，在未提交其他证据予以佐证的情况下，其证明力弱于书证的借条

典型案例

余某某等与马某某等民间借贷纠纷案［四川省高级人民法院（2018）川民申467号］

再审申请人（一审原告、二审上诉人）：余某某等

被申请人（一审被告、二审被上诉人）：马某某等

裁判观点

人民法院认为，申请人余某某等主张该三人书写借条的总金额为51万元，实际借款金额为42.84万元，预先扣除了利息，并提交了四段电话录音及录音内容的

整理文字资料予以证明。法院认为，依照《民事诉讼法》第71条以及2001年《民事证据规定》第70条的规定，申请人提交的电话录音属于证据中的视听资料，在申请人未提交其他证据予以佐证的情况下，电话录音反映的内容即便是真实的，其证明力相较于属于书证的借条而言也较弱；且多份借条上记载的借款利息有月息2.8%、月息3.6%、月息3.2%等不同标准，与申请人主张预先扣除的利息为月息16%亦不相符。因此，申请人提交的证据不足以证明实际借款金额为42.84万元、已预先扣除了月息16%的利息，一、二审法院未采信电话录音作为案件事实认定的依据并无不当，申请人的该项主张不能成立。

7.【裁判规则】存有疑点的视听资料证据，无法单独作为认定案件事实的依据

典型案例

董某某与赵某某等民间借贷纠纷案［最高人民法院（2014）民申字第781号］

再审申请人（一审被告、二审上诉人）：董某某

被申请人（一审原告、二审被上诉人）：赵某某等

裁判观点

最高人民法院认为，对于董某某申请再审提供的标注时间为2014年1月19日董某某与袁某某的电话录音和标注时间为2014年4月20日的董某某与赵某某电话录音证据。根据《审判监督司法解释》第10条规定，法院认为，董某某提供的两份证据并不符合司法解释规定，不是法律意义上再审程序的"新证据"，且赵某某对其真实性并不认可，董某某亦未提供进一步证据证明其真实性，就通话内容而言，亦存在前后矛盾之处，对此存有疑点的视听资料证据，根据2001年《民事证据规定》，无法单独作为认定案件事实的依据。

8.【裁判规则】单方制作电子数据文件，无法保证真实性的，不予认定

典型案例

乐清市欧亚装饰有限公司与王某甲劳动争议案［浙江省高级人民法院（2020）浙民申3655号］

再审申请人（一审原告、二审上诉人）：乐清市欧亚装饰有限公司（以下简称欧亚公司）

被申请人（一审被告、二审被上诉人）：王某甲

裁判观点

人民法院认为，再审审查过程中，欧亚公司向法院提交了两组新的证据：（1）王某甲与朱某雷微信及QQ记录，拟证明王某甲负责欧亚公司人力资源工作，包括签订合同；（2）（2020）浙0382执3702号浙江省乐清市人民法院执行裁定书一份，拟证明本案之前认定的事实与申请人现提供的证据印证内容不符。经审查，王某甲与朱某雷微信记录仅反映了王某甲2017年8月、9月期间的工作内容，而王某甲在一审庭审中陈述其曾应欧亚公司要求面试过几个员工，对此作出过合理解释，常务副总经理工作职责的文件系由欧亚公司单方制作的电子数据文件，其真实性无法认定，该组证据无法达到欧亚公司的证明目的；浙江省乐清市人民法院执行裁定书系根据本案生效法律文书所作，其内容亦无法达到欧亚公司的证明目的。故上述证据不属于民事申请再审新证据，法院不予采纳。综合本案审查情况，法院认为，原生效判决认定事实清楚，适用法律正确，审理程序及实体处理均无不当，再审申请人提出的再审申请事由不能成立。

9.【裁判规则】存有疑点的视听资料、电子数据不能单独作为认定案件事实的根据

典型案例

王某与刘某民间借贷纠纷案［山西省高级人民法院（2020）晋民申3230号］

再审申请人（一审被告、二审上诉人）：王某

被申请人（一审原告、二审被上诉人）：刘某

裁判观点

人民法院认为，关于原判决认定的基本事实是否缺乏证据证明的问题。根据2020年《民诉法司法解释》第90条规定，刘某为证明王某欠其15万元借款，提交了王某向其出具的借条，该借条明确载明“今借到刘某现金拾伍万元整”。可证明，

刘某通过现金方式向王某提供了15万元借款的事实。王某对其向刘某出具借条的事实及借条的真实性无异议，但主张该借条系刘某委托其出售柴油未回款前打的欠条，刘某并未实际支付过借款，王某售油后将款项已经付给刘某，但未抽回借条。王某提供了录音光盘一份作为证据。经查，二审当庭播放了光盘中的录音，刘某主张听不清是谁说的话，且录音是2015年的事情，与本案无关。2019年《民事证据规定》第90条第4项规定存有疑点的视听资料、电子数据不能单独作为认定案件事实的根据，因王某除录音光盘外未提供其他证据，而录音中又不能确定谈话时间、谈话人物，故原判决未支持王某的主张。二审庭审中王某自述"当时钱剩了15万尾款没有回来，他说好朋友明算账，打个欠条"，刘某要求王某打借条，王某为刘某打了借条，但王某要求抽回借条，刘某找不到时，王某却未要求刘某出具收条。作为完全民事行为能力人，王某应当预见到借条未抽回可能带来的法律后果。王某以原判决认定的基本事实缺乏证据证明申请再审的理由不成立。

10.【裁判规则】无法核实被录音人的身份，录音证据不予采信

典型案例

邹某某与三亚中铁置业有限公司等商品房销售合同纠纷一案［最高人民法院(2017)最高法民再294号］

再审申请人(一审原告、二审被上诉人)：邹某某

被申请人(一审被告、二审上诉人)：三亚中铁置业有限公司(以下简称中铁公司)

裁判观点

最高人民法院认为，该证据为录音证据及整理资料，涉及的被录音的三人未出庭作证，无法核实被录音人身份，根据《民事诉讼法》第71条"人民法院对视听资料，应当辨别真伪，并结合本案的其他证据，审查确定能否作为认定事实的根据"的规定，在无其他证据佐证的情况下，法院不予采信。

11.【裁判规则】微信聊天记录可发挥间接证据佐证作用

典型案例

梅州市国能节能技术服务有限公司与浙江金龙电机股份有限公司买卖合同纠

纷案［浙江省台州市中级人民法院（2019）浙10民终2776号］

上诉人（原审被告）：梅州市国能节能技术服务有限公司（以下简称国能公司）

被上诉人（原审原告）：浙江金龙电机股份有限公司（以下简称金龙公司）

裁判观点

人民法院认为，微信聊天记录属于电子数据的一种，经查证属实，可以作为证据使用。被上诉人提供的参与聊天的微信号，经查证分别属于上诉人方的工作人员与被上诉人方的工作人员，其微信聊天记录，可以作为认定事实的依据。这些微信聊天记录，也佐证了被上诉人已经履行了交付货物的合同义务。故上诉人主张该四份购销合同并未实际履行的上诉理由不能成立。

12.【裁判规则】在微信中体现的名称、身份证号与已实际收到汇款的人机统一，该证据具有证明力

典型案例

于某某与余某买卖合同纠纷案［吉林省通化市中级人民法院（2017）吉05民终1697号］

上诉人（原审被告）：于某某

被上诉人（原审原告）：余某

裁判观点

人民法院认为，根据《合同法》第10条第1款[1]、第11条[2]、第130条[3]规定，本案中，余某通过手机微信方式向于某某购买美图手机，双方形成买卖合同关系。根据于某某在微信中承诺保证金不做的时候可以退还，余某要求于某某退还保证金

---

〔1〕 现为《民法典》第469条："当事人订立合同，可以采用书面形式、口头形式或者其他形式。书面形式是合同书、信件、电报、电传、传真等可以有形地表现所载内容的形式。以电子数据交换、电子邮件等方式能够有形地表现所载内容，并可以随时调取查用的数据电文，视为书面形式。"

〔2〕 现为《民法典》第469条："当事人订立合同，可以采用书面形式、口头形式或者其他形式。书面形式是合同书、信件、电报、电传、传真等可以有形地表现所载内容的形式。以电子数据交换、电子邮件等方式能够有形地表现所载内容，并可以随时调取查用的数据电文，视为书面形式。"

〔3〕 现为《民法典》第595条："买卖合同是出卖人转移标的物的所有权于买受人，买受人支付价款的合同。"

的请求，于法有据，应予支持。关于于某某上诉主张合同相对人是一个男性，余某不是本案当事人的问题。因本案当事人是通过手机微信的方式取得联系，双方当事人均未见面，在微信中体现的名称、身份证号均是余某，且于某某已实际收到余某银行汇款。故于某某的该项请求，证据不足，理由不充分，法院不予支持。

13.【裁判规则】录音证据佐证了当事人主张的事实，应当认定当事人对产生该法律关系的基本事实承担了举证责任

典型案例

张某某与钱某某租赁合同纠纷案［辽宁省朝阳市中级人民法院（2019）辽13民终1392号］

上诉人（原审原告）：张某某

被上诉人（原审被告）：钱某某

裁判观点

人民法院认为，张某某提供的通话录音能够反映装载机的租赁方式、租赁用时，且钱某某在录音中认可该租赁方式、租赁用时。根据《民事诉讼法》第63条第1款、《民诉法司法解释》第116条第1款规定，该份录音证据证明的事实，法院予以确认。根据《民诉法司法解释》第91条规定，因录音证据佐证了张某某主张的事实，应认定其对产生该法律关系的基本事实承担了举证证明责任。故张某某要求钱某某给付租赁费27,366元的诉讼请求，有事实和法律依据。

14.【裁判规则】未提供存储该份电子数据的原始载体，且无其他证据的佐证的，电子数据不予采信

典型案例

王某与石某等买卖合同纠纷案［安徽省蚌埠市中级人民法院（2018）皖03民终2378号］

上诉人（原审被告）：王某

被上诉人（原审原告）：石某等

裁判观点 ▶▶

人民法院认为，王某提供的该份电子数据，并非对2015年4月5日欠条形成过程的影音记录，而是王某、王某梅、杨某某在石某向王某、王某梅催偿债务之后，三人找到徐某与其进行谈话，并偷录了王某、王某梅、杨某某问话，徐某答话的两段视频，徐某在亲切友好的对话情境中，有顺着王某、王某梅、杨某某问话的意思发表评论意见的言辞，但其并未明确证明王某不是欠款担保人而是欠款证明人，且徐某在其后的出庭证言中，亦明确陈述，王某、王某梅在欠条上签名时，欠条上有"欠款人""担保"字样，其当时之所以不想让王某、王某梅在欠条上签名，是基于其与杨某某之间的老亲关系及其对弱者的同情，故该份电子数据并未得到本案其他证据的佐证，王某亦未提供存储该份电子数据的原始载体，依法不能作为认定事实的根据。

15.【裁判规则】确认视听资料作为证据的证明力，必须有其他证据佐证并以合法手段取得

典型案例 ▶▶

浙江六合盛房地产开发有限公司与浙江省科技咨询中心技术咨询合同纠纷案
［浙江省高级人民法院（2005）浙民三终字第49号］

上诉人（原审被告）：浙江六合盛房地产开发有限公司（以下简称六合盛公司）

被上诉人（原审原告）：浙江省科技咨询中心（以下简称咨询中心）

裁判观点 ▶▶

人民法院认为，原审法院仅凭录音资料的内容，就认定咨询中心实际已按照合同约定的方式和期限交付了审核报告给六合盛公司，证据是不足的。理由是：1.咨询中心并没有任何书面证据证明六合盛公司收到了审核报告，更没有证据证明六合盛公司按照合同约定的验收方式出具了验收证明。2.咨询中心提供的陈某某与六合盛公司竺姓经理的电话录音不能作为本案的证据。因为，直到二审咨询中心都无法确定竺经理的姓名和身份，而六合盛公司对该视听资料又予以否认。由于该录音资料中通话主体身份无法确定，而原审法院在对此没有也无法进行鉴定的情形下，仍将该录音作为主要定案证据，明显不当。3.从该录音资料的内容上看，六合盛公司的法定代表人也没有明确其收到了咨询中心的审核报告，更多的谈话内容是涉及双方对报酬的不统一，而由于咨询合同对于六合盛公司支付报酬的时间未作约定。因此，以双方谈论报酬之事，尚不足以推定出六合盛公司已经收到了审核报告。根据2001年《民事证据规定》第69条第3项规定和第70条规定，由此可见，确认视听资料作为证据的证明力必须有其他证据佐证并以合法手段取得、无疑点，现咨询中心提供的视听资料均不具备上述条件。因此，仅凭此份录音资料要证明六合盛公司实际已收到审核报告，证据的证明力显然是不够的。

16.【裁判规则】当事人可以数据电文作为书证证明自己的主张，但应当提供原件，不能提供原件的，应结合其他事实对打印件作出认定

典型案例

香港中通资源国际有限公司与中国日照外轮代理有限公司等海上、通海水域货运代理合同纠纷案［山东省高级人民法院（2019）鲁民终2920号］

上诉人（原审原告）：香港中通资源国际有限公司（以下简称香港中通）

被上诉人（原审被告）：中国日照外轮代理有限公司（以下简称日照外代）

裁判观点

人民法院认为，《民事诉讼法》第64条规定："当事人对自己提出的主张，有责任提供证据。"香港中通主张，根据涉案两份控货协议的约定，在青岛博浩支付完全部货款之前，日照外代凭香港中通的指示处理货物。现日照外代未接到指示私下放货，给香港中通造成了货款损失，应承担赔偿责任。香港中通应举证证明控货协议存在并成立生效。经查，香港中通在本案审理中提交了两份控货协议，香港中通自称该两份控货协议系香港中通与日照外代业务经办人员在微信群聊天群中形成的电子数据下载打印而成。因存储介质手机损坏，微信群原始聊天记录丢失，无法提交控货协议电子数据的原始载体。根据《合同法》第10条、第11条〔1〕和2019年《民事证据规定》第22条规定，当事人可以数据电文作为书证证明自己的主张，

---

〔1〕 现为《民法典》第469条："当事人订立合同，可以采用书面形式、口头形式或者其他形式。书面形式是合同书、信件、电报、电传、传真等可以有形地表现所载内容的形式。以电子数据交换、电子邮件等方式能够有形地表现所载内容，并可以随时调取查用的数据电文，视为书面形式。"

但应当提供原件，不能提供原件的，应结合其他事实对打印件作出认定。香港中通提供的打印件除其自称内容外，还提供了香港中通与日照外代工作人员的聊天记录作为旁证，用以证明控货协议的真实性。但根据本案查明的事实，2017年4月1日，青岛博浩与日照外代签订货运代理协议（铁矿）约定，就青岛博浩委托日照外代代理青岛博浩在日照口岸进口铁矿砂有关事宜。控货协议打印件显示，该协议于2017年4月12日签订，约定香港中通和青岛博浩作为委托人，日照外代作为受托人代理涉案货物事宜；在青岛博浩支付全部货款前，日照外代凭香港中通的指示放货。从上述协议的约定看，控货协议系由货运代理协议（铁矿）变更而来，即将货运代理协议（铁矿）的委托人由青岛博浩变更为香港中通。委托人的变更，需有青岛博浩明确的意思表示，在没有控货协议原件的情况下，无论帅某与张某聊天记录是否真实、明确，均不产生变更委托人的结果，控货协议系三方协议，特别是控货协议消灭的是青岛博浩的货物控制权，在既无控货协议原件，青岛博浩又无参与控货协议的履行以及认可聊天记录的情况下，香港中通关于涉案货物的委托人由青岛博浩变更为香港中通的主张，法院不予支持。综上所述，从控货协议的形式要件以及各方的实际履行情况来看，一审法院认定控货协议不存在是正确的。香港中通主张的控货协议不成立，不生效。

第四节　电子数据审核认定

【法理辨析】

在民事审判实践中，经常会遇到当事人提交的各类电子数据材料，有的是日常生活中基于各种需要采取录音、录像、电邮等方式记录事件发生的过程；有的是案件发生后，为了固定、补强证据证明力的需要，采取录音、录像等手段来获取的证据。在司法实践中，电子数据能够作为有效证据被法院认定，或者说电子数据的审查判断，主要包括以下几个方面。

一、证据的真实性

证据的真实性，是指“证据材料所反映的案件事实是否与客观事实相一致”。

基于电子数据易复制、易篡改的特性，电子数据证据的审查应当包括取证过程的规范性，取证时间的客观性，取证环境的清洁性，取证结果的真实性与完整性，副本与初始取证结果的一致性，能否与在案其他证据相互印证等内容。根据电子数据容易被篡改的特性，人民法院在审查电子数据时应该把电子数据的真实性，尤其是其是否被篡改作为审核重点。〔1〕对于电子数据真实性的审查，无论是我国的《电子签名法》，还是司法解释都有相关规定。《互联网法院审理规定》中也规定了电子数据真实性的审查判断相关内容，如第11条规定："当事人对电子数据真实性提出异议的，互联网法院应当结合质证情况，审查判断电子数据生成、收集、存储、传输过程的真实性，并着重审查以下内容：(一)电子数据生成、收集、存储、传输所依赖的计算机系统等硬件、软件环境是否安全、可靠；(二)电子数据的生成主体和时间是否明确，表现内容是否清晰、客观、准确；(三)电子数据的存储、保管介质是否明确，保管方式和手段是否妥当；(四)电子数据提取和固定的主体、工具和方式是否可靠，提取过程是否可以重现；(五)电子数据的内容是否存在增加、删除、修改及不完整等情形；(六)电子数据是否可以通过特定形式得到验证。当事人提交的电子数据，通过电子签名、可信时间戳、哈希值校验、区块链等证据收集、固定和防篡改的技术手段或者通过电子取证存证平台认证，能够证明其真实性的，互联网法院应当确认。当事人可以申请具有专门知识的人就电子数据技术问题提出意见。互联网法院可以根据当事人申请或者依职权，委托鉴定电子数据的真实性或者调取其他相关证据进行核对。"对于电子数据的真实性来说，从诉讼证明的角度可以作如下的考察。

(一)电子数据是否完整

根据2019年《民事证据规定》第93条的规定，关于电子数据的完整性方面，需要考查的因素主要包括：其一，审查电子数据原始保存载体的相关内容是否清晰、明确、完整，避免出现举证方以偏概全、断章取义的情形。其二，原件及复印件是否完善。如果当事人的提供的截图为复印件，且无法提供原始载体，亦无其他证据予以佐证，相对人对所要证明的待证事实持有异议的，则无法认定举证人所要证明的待证事实。例如，如果举证人提供的电子数据取证证书系微信截图，根据最佳证据规则的基本原理，该微信截图因其本身无法反映其形成时间、形成方式、形成环

〔1〕 参见最高人民法院民事审判第一庭：《民事诉讼证据司法解释的理解与适用》，中国法制出版社2002年版，第334页。

境等具体信息，验证方式仅能证明电子副本与留存于服务器上的电子数据一致，而不足以证明其留存于服务器上的电子数据形成过程中操作环境是否清洁，取证方式是否规范，取证结果是否真实、完整，取证结果上传服务器之前是否经过篡改，无法排除因操作者不当介入、操作计算机不清洁、网络环境不真实等因素对该电子数据造成不良影响的可能。因此，在缺乏技术说明和印证证据的情况下，如果不能证实截图中记载内容的发生时间的真实性和客观性，那么，根据2020年《民诉法司法解释》第90条的规定，举证人仅提供了涉案电子数据取证证书的微信截图，在缺乏技术说明及截图所记载内容的发生时间的情况下，不足以证明截图中记载内容的客观发生时间，应承担举证不利的后果。其三，内容是否完善。应当确定电子数据能够反映待证事实的基本内容，如果呈现的载体反馈出来的内容含糊不清，且不具有相对完整性，并不能够反映当事人提供电子数据要证明的待证事实，则无法予以认定。

（二）内容是否存有疑点，无法排除

根据2019年《民事证据规定》第90条第4项“下列证据不能单独作为认定案件事实的根据：……（四）存有疑点的视听资料、电子数据”的规定，为了保证电子数据的真实性，电子数据所要反映的内容需要具备真实性、连贯性。“必须注意的是电子数据具有易破坏性。电子数据使用电磁介质，储存的数据修改简单且不易留下痕迹，一旦黑客入侵系统、盗用密码，操作人员出现差错，供电系统和网络出现故障、病毒等，电子数据均有可能被轻易地盗取、篡改甚至销毁，难以事后追踪和复原。”〔1〕因此，要求电子数据不可进行剪辑，需要呈现原始状态，谈话内容音质需要清晰，且对于待证实案件的部分有准确、完整地描述。可对当事人提交的电子证据赖以形成和存储的原始载体、运行状态以及该证据与相关原始载体上电子信息的一致性进行审查；在证据交换或庭审阶段，对于相对人抗辩“人机不统一”时，可以通过微信号码与手机号码进行现场验证的方式，确定该号码的实际使用人。

（三）是否为“原始证据”

2019年《民事证据规定》第15条规定：“当事人以视听资料作为证据的，应当提供存储该视听资料的原始载体。当事人以电子数据作为证据的，应当提供原件。

〔1〕 最高人民法院民事审判第一庭编著：《最高人民法院民间借贷司法解释理解与适用》，人民法院出版社2015年版，第65页。

电子数据的制作者制作的与原件一致的副本，或者直接来源于电子数据的打印件或其他可以显示、识别的输出介质，视为电子数据的原件。”司法实践中，往往是抗辩方对主张方的电子证据存疑，而主张方又无法提供原始的电子数据，则常常会陷入证明窘境，主要原因就在于电子数据本身的虚拟特性，可以不留痕迹地被改变或删除，以致法官很难判断一方提供的电子数据是否是真实的。事实上，对于电子数据的原始证据的审查，既要坚持电子数据的最佳证据规则，又不能将其绝对化、片面化。由于电子数据可以截屏、打印、照相等简洁方便的方式在法庭上出示，但通常难以在技术上提供“根服务器”上的原始数据，为此，我国《电子签名法》对如何认定电子数据真实性也作了初步的形式上规定，该法第5条规定，“符合下列条件的数据电文，视为满足法律、法规规定的原件形式要求：（一）能够有效地表现所载内容并可供随时调取查用；（二）能够可靠地保证自最终形成时起，内容保持完整、未被更改。但是，在数据电文上增加背书以及数据交换、储存和显示过程中发生的形式变化不影响数据电文的完整性”。例如司法审判中，当事人经常提交的电子邮件，电子邮件属于法律规定的民事诉讼证据类型中电子数据的一种，打印出的纸质件仅是电子邮件可以被读取和识别的表现形式，不能简单地以是否为“原件”判断其证据效力。而且，在司法实践中，企业之间、企业与个人之间、个人与个人之间通过电子邮件方式沟通和签订合同是一种社会常态，符合经验法则。因此，对于经常往来电子邮件的社会主体来说，如果对以电子邮件形式签订的合同或协议的真实性不予认可，应当提供足以反驳的相反证据，否则，以电子邮件缺乏“原始证据”为由抗辩，很难获得法院的支持。

（四）对电子数据真实性的举证责任

由于电子数据存在易变性的特点，故在对电子数据的客观真实性有争议的情况下，应当由提供证据的一方进一步提供证据对电子数据的真实性予以证明；在对方对主张方提供的电子数据的客观真实性不予认可，且因该电子数据为主张方单方持有，其未能提供证据进一步证实电子数据客观真实时，则法院对该电子数据的真实性不予认定。司法实践中，经常会遇到抗辩一方不承认微信号属于自己所有，或抗辩该微信号并不为自己所用，作为负举证责任的一方当事人可提供证据证实该微信号对应的电话号码为抗辩方使用的电话号码，如微信记录的内容与其他间接证据相互印证微信的对方是抗辩方，至于抗辩方的微信的头像是否变更，并不影响其身份的确定；如果抗辩一方否认主张方提供微信记录的真实性，可以提出司法鉴定作为抗辩手段，如抗辩方既不提供本人微信记录相对照，也不参与微信语音核对，据此，可以认定负举证责任的当事人提供的微信记录的真实性及其证明力正确。另外，对于审判实践中出现的手机短信中的语言表述用疑问句式提出，不能确定举证人主张中的明确意思表示的，应当认定证据不足，不能成立。

（五）关于推定真实

根据2019年《民事证据规定》第94条规定，基于电子数据本身的特性，在具备某些特定情形下，借助真实性概率相对较高，用推定的形式直接赋予电子数据一定的证据证明力——直接推出另一事实的存在，从而免除当事人在行为意义上的举证责任。如抗辩方质疑的，可以通过反证的形式来证明其抗辩的正确性，从而避免不利的诉讼后果，这样可以大大节省当事人的诉讼时间和司法资料。例如，我们日常生活中经常和银行、公路铁路民航、政府机关等单位有各类申请、审批、交易等电子数据来往。如我们在银行申请信用卡片，双方存在有关交易的信息短信；如公民个人与银行之间的信用贷款合同，在借贷业务过程中，通过计算机程序形成了电子版的贷款出账凭证、账户汇总信息清单、贷款业务客户还款清单等电子数据证据；如网络服务平台与众多合同缔结主体“散户”之间的合作协议、交易信息等；如双方当事人因借贷在第三方平台上进行注册和保存的用户个人信息、人脸识别认证、加盖可信时间戳的电子数据；如一方当事人通过公证云用于证明存在的被诉侵权行为，公证云所在单位出具证明自存证后无删减、修改、破坏，确保文件的完整性、原始性，可以推定公证云证明的事实存在；等等。此类电子数据由于经办单位的性质和数据的稳定性，立法赋予这种在正常业务活动中形成的电子数据的真实性，从而有利于当事人诉讼，减少诉讼拖延，提高审判效率。

二、证据的关联性

电子数据证明力的审查判断需要看电子数据所要反映的信息与待证事实的关联程度。例如，微信聊天记录在民间借贷纠纷中反映了出借行为等主要事实，而完整的微信聊天记录具有较高的证明力需要更高的可靠性。审判实践中，法官在审查判断电子证据的可采性与证明力时，可以依据2020年《民诉法司法解释》第104条“人民法院应当组织当事人围绕证据的真实性、合法性以及与待证事实的关联性进行质证，并针对证据有无证明力和证明力大小进行说明和辩论。能够反映案件真实情况、与待证事实相关联、来源和形式符合法律规定的证据，应当作为认定案件事实的根据”和2019年《民事证据规定》第88条“审判人员对案件的全部证据，应当从各证据与案件事实的关联程度、各证据之间的联系等方面进行综合审查判断”的规定，对电子数据的证明力进行审查。

电子数据的关联性的大小决定着证据证明力的强弱，也就影响和决定着案件事实的认定。“由于电子数据一经形成便始终保持最初、最原始的状态，能够客观真实地反映事物的本来面貌，可以长期无损保存，随时反复重现。”〔1〕例如，微信聊天记录来源必须符合法律规定，能够确定微信聊天的双方为本案当事人，微信聊天时间确实在涉案事实的时间段内，微信聊天的内容清楚、能够反映当事人想要证明的事实，微信聊天记录能够作为真实有效的证据予以认定。

三、证据的合法性

电子数据的合法性问题，即电子数据的证据能力的问题，可以考虑从以下几个方面入手：

（1）是否严重侵害合法利益。录音取得过程必须在合理场所进行，切不可采取窃听的方式，窥探他人的隐私，侵犯他人隐私权，由此取得的录音资料会因为手段违法而被排除。与此同时，也可以参考《刑事案件电子数据规定》第24条的规定〔2〕进行审查。

（2）是否违反法律禁止性规定的取证方法。例如，对方的言语必须是当时真实意思的表达，没有受到任何的胁迫与威胁，等等。

（3）是否采取严重违背公序良俗的方法。例如，在离婚案件或合同案件中，一方当事人为了取得录音录像证据，在卧室、宾馆、交通工具等涉及个人隐私的敏感位置安装非法购买的秘密监听监视设备而取得的“非法证据”，由于侵犯了他人的合法权益和社会伦理道德规范，为保护更大的社会价值，对于这类采取严重违背公

---

〔1〕 最高人民法院民事审判第一庭编著：《最高人民法院民间借贷司法解释理解与适用》，人民法院出版社2015年版，第65页。

〔2〕《刑事案件电子数据规定》第24条：“对收集、提取电子数据是否合法，应当着重审查以下内容：(一)收集、提取电子数据是否由二名以上侦查人员进行，取证方法是否符合相关技术标准；(二)收集、提取电子数据，是否附有笔录、清单，并经侦查人员、电子数据持有人（提供人）、见证人签名或者盖章；没有持有人（提供人）签名或者盖章的，是否注明原因；对电子数据的类别、文件格式等是否注明清楚；(三)是否依照有关规定由符合条件的人员担任见证人，是否对相关活动进行录像；(四)电子数据检查是否将电子数据存储介质通过写保护设备接入到检查设备；有条件的，是否制作电子数据备份，并对备份进行检查；无法制作备份且无法使用写保护设备的，是否附有录像。”

序良俗的方法取得的证据，人民法院应当不予采信。

四、司法实务中的电子数据的认定

1.微信可以作为定案的根据。根据《民法典》第469条规定："当事人订立合同，可以采用书面形式、口头形式或者其他形式。书面形式是合同书、信件、电报、电传、传真等可以有形地表现所载内容的形式。以电子数据交换、电子邮件等方式能够有形地表现所载内容，并可以随时调取查用的数据电文，视为书面形式。"微信属于电子数据的法定证据形式，属于法律明文规定的合同表现形式，如果抗辩主张根据合同约定质量异议应通过书面传真方式传递，微信沟通不能作为认定产品质量异议的有效证据，不符合《民法典》《民事诉讼法》和2019年《民事证据规定》的要求，不能成立。微信的意思表示方式属于法律规定的书面形式之一，使用微信方式传达意思表示的，可视为真实意思表示。如果侵权人以手机短信形式对其侵权事实向被侵权人表示歉意等事实，可以证实该侵权的事实具有高度可能性。

与此同时，关于微信内容与手机所有人是否"人机统一"的问题，即某条微信的意思表示是否为手机所有人的真实意思表示，是否为手机所有人作出的表示的问题。如果负举证责任的当事人提供的微信账号、电话号、微信聊天截图、通话录音等证据不能确认聊天对象为相对人本人的，且原始载体的内容与微信聊天截屏打印件内容不能互相印证的，依据2019年《民事证据规定》第90条规定，"下列证据不能单独作为认定案件事实的根据：……（四）存有疑点的视听资料、电子数据"，举证人提供的证据存有疑点，未形成完整证据链条，证据不足。依照《民事诉讼法》第71条"人民法院对视听资料，应当辨别真伪，并结合本案的其他证据，审查确定能否作为认定事实的根据"的规定，所提交的证据不能作为认定案件事实的依据，符合证据采信规则。

2.录音证据的证明力。录音证据，在证据交换或庭审过程中，通过当庭播放方式进行质证，对方当事人对录音中为其本人声音没有异议。录音证据的取得并未侵害相对方或其他人的合法权益，也未有违反法律禁止性规定或违背公序良俗的情形，可以作为认定案件事实的依据。从证据证明力的角度来看，证人证言的证明力一般不能对抗其未提出异议的录音证据的证明力。

当事人对录音的真实性未予否认，也未申请鉴定的，录音证据的真实性予以确认。如果负举证责任的当事人提交了一份其与对方之间的通话录音，该录音内容清晰、连贯，没有明显的变造或技术处理痕迹，对方虽然主张该录音证据内容有疑点、不能作为判断两人实际通话内容的根据，但一审质证时其认可该录音是其本人的声音，原审期间其对存在通话的事实及录音的真实性未予否认，亦未申请司法鉴定，故对该录音真实性予以确认。

与此同时，若通话录音材料未明确具体通话对象及通话时间，对方当事人不予认可，在没有其他证据材料相印证的情况下，不足以证明案件事实（如是否有借款的约定，是否有利息的约定等）。例如在民间借贷纠纷中，根据2020年《民间借贷司法解释》第15条第1款规定，“原告仅依据借据、收据、欠条等债权凭证提起民间借贷诉讼，被告抗辩已经偿还借款的，被告应当对其主张提供证据证明。被告提供相应证据证明其主张后，原告仍应就借贷关系的存续承担举证责任”，录音证据体现不出借款的性质、形成过程、形成时间，在未对录音证据的真实性进行审查的情形下，相对人对录音持有异议，或者说该录音证据中又无其他与本案争议事实相关的内容，法院对于这样的录音证据不予采纳。

3.关于超过举证时限的录音证据是否采纳。《民事诉讼法》第65条第2款规定：“人民法院根据当事人的主张和案件审理情况，确定当事人应当提供的证据及其期限。当事人在该期限内提供证据确有困难的，可以向人民法院申请延长期限，人民法院根据当事人的申请适当延长。当事人逾期提供证据的，人民法院应当责令其说明理由；拒不说明理由或者理由不成立的，人民法院根据不同情形可以不予采纳该证据，或者采纳该证据但予以训诫、罚款。”如果举证人在一审诉讼中举示的录音证据，超过了举证期限，但该逾期提交的证据对本案处理有重大影响，法院采纳该证据符合上述规定。相对人对该录音证据的真实性不予认可，但未申请鉴定，亦未举示相反的证据予以推翻，结合其他证据，可将录音证据作为定案根据。

4.录音证据的证据能力。2020年《民诉法司法解释》对录音证据是否采纳的标准采取利益平衡的原则，如第106条规定：“对以严重侵害他人合法权益、违反法律禁止性规定或者严重违背公序良俗的方法形成或者获取的证据，不得作为认定案件事实的根据。”以“严重侵害”作为一条重要区分标准，如当事人提交的与对方当事人的录音资料，没有证据证明该录音资料的取得侵害了他人合法权益或违反法律禁止性规定，对该录音证据一般予以采信。司法实践中，如果当事人采取固定被诉侵权产品的目的并无不正当性，其将取得的被诉侵权产品作为证据提交给法院，主观上也无非法占有的目的，其行为并未损害社会公共利益和他人合法权益，这种证据的取证方式不违反前述法律规定。

【典型案解】

（一）证据证明力

1.【裁判规则】当事人提供的电子数据需与案件事实具有关联性

典型案例

张某甲与李某乙民间借贷纠纷案［内蒙古自治区高级人民法院（2020）内民申1751号］

再审申请人（一审被告、二审被上诉人）：张某甲

被申请人（一审原告、二审上诉人）：李某乙

裁判观点

人民法院认为，本案争议焦点为该借款是否存在利息及已还款项为本金还是利息的问题。双方当事人对2012年4月27日张某甲向李某乙借款5万元无争议。张某甲申请再审称，有新证据足以推翻原审判决。但其提交的电子数据无法确定与被申请人有关联性，故该证据不能推翻原判决。经查阅电子卷宗，一、二审法院均围绕当事人的争议焦点进行了审理，二审中，李某乙提供了其与张某甲母亲的微信录音，并在二审开庭时当庭播放。该微信录音书面整理材料内容显示，双方之间存在亲属关系，张某甲母亲对李某乙与张某甲之间的借款知情，亦能证明案涉借款系有息借款。同时，二审法院对李某乙与张某甲之间的还款情况逐笔进行了计算并作出判决。故二审法院对本案的证据采信、事实认定及法律适用并无不当。综上所述，张某甲的再审申请不符合《民事诉讼法》第200条规定的情形。

2.【裁判规则】电子数据系法定证据类型，在无相反证据的情况下，可以作为认定事实的证据

典型案例

德高（广州）建材有限公司与九江经济技术开发区新洲建材店等等侵害商标权纠纷案［江西省高级人民法院（2020）赣民终193号］

上诉人（原审原告）：德高（广州）建材有限公司（以下简称德高公司）

被上诉人（原审被告）：深圳金装公司

裁判观点

人民法院认为，关于深圳金装公司是否为被控侵权产品生产者的问题。能够反映案件真实情况、与待证事实相关联、来源和形式符合法律规定的证据，均可作为认定案件事实的根据。电子数据系法定证据类型。德高公司提交的电子数据在生成、储存方法以及保持内容完整性方法等方面均较为可靠，在无相反证据的情况下，可以作为认定事实的证据。德高公司提交的证据证明深圳金装公司在慧聪网商铺展示产品的外包装，与被控侵权产品外包装完全一致；深圳金装公司在慧聪网显示的地址为深圳市宝安区，与深圳金装公司2017年变更前的地址一致；且被控侵权产品外包装的批号也为2017年。本案中被控侵权产品外包装上生产厂家信息显示为“深圳市金装德高建材有限公司”。根据《最高人民法院关于产品侵权案件的受害人能否以产品的商标所有人为被告提起民事诉讼的批复》中“任何将自己的姓名、名称、商标或者可资识别的其他标识体现在产品上，表示其为产品制造者的企业或个人，均属于《中华人民共和国民法通则》第一百二十二条规定‘产品制造者’和《中华人民共和国产品质量法》规定的‘生产者’”的规定，在深圳金装公司没有提交相反证据的情况下，可以认定深圳金装公司系被控侵权产品的生产者。

3.【裁判规则】作为数据电文之一的传真件具有证据资格，拥有证明效力

典型案例

倪某与江西九峰纳米钙有限公司等买卖合同纠纷案［江西省吉安市中级人民法院（2015）吉中民二终字第393号］

上诉人（原审被告）：倪某

被上诉人（原审原告）：江西九峰纳米钙有限公司（以下简称九峰公司）

裁判观点

人民法院认为，原审法院认为根据原告、被告双方协议约定，由原告向被告倪某提供纳米碳酸钙，被告倪某组织经销团队在浙江省黄岩地区销售原告提供的产品，并向原告支付货款，双方成立买卖合同关系，法院依法予以确认。原告提供了双方传真对账单，被告认为是传真件，不是原件，不具有真实性，依照《合同法》第11条[1]规定，明确了数据电文作为合同的载体形式之一。根据《电子签名法》第7条规定，作为数据电文之一的传真件具有证据资格，拥有证明效力，法院确认传真件的证明效力，被告对传真件的辩称意见不符合法律规定，法院不予支持，原告举证提出多期与被告通过传真对账及发货单，均可以相互印证被告经销原告产品，双方对账的一种交易习惯。根据2001年《民事证据规定》第8条第2款规定，法院认为，原告提交署有"倪某甲"名字的传真件等证据，已完成其举证责任，被告认为传真件上"倪某甲"的签名不能确认是他本人所签，被告该辩称意见即未明确表示肯定或者否定，且被告未向法院提交其他证据支持其主张，亦未向法院提交笔迹鉴定申请，被告该辩称意见，不符合法律规定，法院依法不予采纳，被告对传真件不明确表示肯定或否定的辩称可以视为对传真件反映事实的承认，法院确认该传真件上的签名为被告倪某甲本人所签。

4.【裁判规则】由当事人提交或者保管的于己不利的电子数据，人民法院可以确认其真实性

典型案例

贵州省仁怀市弘奥电梯销售有限公司与敬某某买卖合同纠纷案［遵义市汇川区人民法院（2020）黔0303民初2512号］

原告：贵州省仁怀市弘奥电梯销售有限公司

被告：敬某某

裁判观点

人民法院认为，原告、被告签订的深圳喜爱宝贝国际月子会所电梯项目设备采购及安装合同系双方当事人真实意思表示，未违反法律法规强制性规定，合法有效，

〔1〕 现为《民法典》第469条："当事人订立合同，可以采用书面形式、口头形式或者其他形式。书面形式是合同书、信件、电报、电传、传真等可以有形地表现所载内容的形式。以电子数据交换、电子邮件等方式能够有形地表现所载内容，并可以随时调取查用的数据电文，视为书面形式。"

根据《合同法》第60条第1款[1]之规定，双方均应恪守。合同约定总价款138,000元，明确土建费用未包含在内，且在合同中明确土建费用以补充条款议订，后双方在微信聊天记录中对该费用进行协商，被告提交的微信记录中亦明确陈述该费用包含人工共计20,000元，且亦支付了该费用。根据2019年《民事证据规定》第94条之规定，应当认定原、被告在微信聊天记录中对钢结构费用达成了一致合意并已履行，故被告已支付的138,000元中扣除钢结构费用20,000元，原合同的费用仅支付118,000元，尚欠20,000元未支付，应当由被告承担付款责任。原告主张人工费17,000元，无证据予以佐证，且被告在微信中亦明确20,000元包含人工费用，根据《民诉法司法解释》第90条之规定，应由原告承担举证不能的责任，对其该项诉请，法院不予支持。

5.【裁判规则】由记录和保存电子数据的中立第三方平台提供或者确认的电子数据，人民法院可以确认其真实性

典型案例

戚某与深圳南雅医疗美容门诊部网络侵权责任纠纷案［北京互联网法院(2020)京0491民初8614号］

原告：戚某

被告：深圳南雅医疗美容门诊部（以下简称深圳南雅美容门诊部）

裁判观点

人民法院认为，公民的肖像权受法律保护，任何组织或者个人不得侵犯。本案中，戚某提交"真相保全"截屏及录屏系第三方平台提供的电子数据证据保存，依照2019年《民事证据规定》第94条之规定，深圳南雅美容门诊部虽不认可该电子数据证据的存证，但并未向法院提交足以推翻该存证的反证，故法院对其针对该项电子数据存证的抗辩意见，不予采纳；同时，对于戚某提交的电子数据证据予以采信。据此，法院认定，深圳南雅美容门诊部在其微信公众号中使用了戚某的肖像，结合

[1] 现为《民法典》第509条："当事人应当按照约定全面履行自己的义务。当事人应当遵循诚信原则，根据合同的性质、目的和交易习惯履行通知、协助、保密等义务。当事人在履行合同过程中，应当避免浪费资源、污染环境和破坏生态。"

深圳南雅美容门诊部的经营范围，法院认定深圳南雅美容门诊部使用戚某肖像的行为属于商业使用行为，现深圳南雅美容门诊部未经戚某同意使用其肖像照片，构成对戚某肖像权的侵犯。

6.【裁判规则】电子数据的内容经公证机关公证的，人民法院应当确认其真实性，但有相反证据足以推翻的除外

典型案例

河南领耀网络科技有限公司与河南微云易计算机科技服务有限公司技术合同纠纷案［河南省高级人民法院（2020）豫知民终358号］

上诉人（一审原告）：河南领耀网络科技有限公司（以下简称领耀公司）

被上诉人（一审被告）：河南微云易计算机科技服务有限公司（以下简称微云易公司）

裁判观点

人民法院认为，根据《民诉法司法解释》第93条和2019年《民事证据规定》第94条第2款规定，本案中，微云易公司提交了一份河南省平顶山市恒信公证处所作（2019）豫平恒证内民字第2594号公证书，能够证明2019年4月15日，微云易小程序平台中代理名称为“lingyaokeji”的“余额”为185,370元，“消费明细”共列325个模块，325个模块的“原价”作3折折扣后的“消费金额”合计为185,370元。领耀公司对“余额为185,370元”的内容表示认可，对325个模块等其他电子数据内容表示不认可。因领耀公司未提供足以推翻公证书所证明事实的相反证据，亦未向法院申请鉴定电子数据的真实性，故一审法院对公证书所证明的事实予以确认并无不当，领耀公司关于公证书不能作为认定事实的依据的上诉理由不能成立。

7.【裁判规则】当事人质证时对通话的事实及录音的真实性未予否认，亦未申请司法鉴定，对该录音真实性予以确认

典型案例

李某某与白某某等企业出资人权益确认纠纷案［最高人民法院（2013）民提字

第23号]

申诉人(一审被告、二审上诉人、原再审申请人):李某某

被申诉人(一审原告、二审被上诉人、原再审被申请人):白某某

裁判观点

最高人民法院认为,本案诉讼期间,李某某提交了一份其与白某某之间的通话录音,该录音内容清晰、连贯,没有明显的变造或技术处理痕迹,白某某虽然主张该录音证据内容有疑点、不能作为判断两人实际通话内容的根据,但一审质证时其认可该录音是其本人的声音,原审期间其对存在通话的事实及录音的真实性未予否认,亦未申请司法鉴定,故法院对该录音真实性予以确认。原审法院适用2001年《民事证据规定》第69条不予采信该份录音证据不当,法院予以纠正。从通话录音内容可知,李某某将股金份额转让给王某某时告知了白某某,且白某某当时是同意的,并且通过其委托的会计郑某某收取了部分转让款,只是认为王某某未及时、足额支付剩余转让款,因此事后要求撤销或解除转让协议。白某某在李某某转让股金份额时表示同意的行为表明其已授权李某某对其享有的份额进行处分,现以李某某转让股金份额未经其同意为由主张转让无效,法院不予采信。

8.【裁判规则】通过固定和防篡改的技术手段或通过电子取证存证平台认证,能够证明其真实性的,应当予以确认

典型案例

北京中广音视文化有限公司与上海映脉文化传播有限公司侵害作品信息网络传播权纠纷案[北京知识产权法院(2019)京73民终3145号]

上诉人(一审被告):北京中广音视文化有限公司(以下简称中广公司)

被上诉人(一审原告):上海映脉文化传播有限公司(以下简称映脉公司)

裁判观点

人民法院认为,根据《互联网法院审理规定》第11条第2款规定,法院对本案基于可信时间戳认证的证据予以采纳,中广公司主张其侵权证据未经公证,不应予以采纳的主张不成立。中广公司认为,取证过程中存在“服务器网络连接受限”及

"网络请求超时"等情况，同时取证的网页报道与图片内容不符，认为取证内容不真实。法院认为，经核查，虽取证过程中映脉公司通过dos命令连接网络时出现过请求超时等情况，但之后直接通过网页连接网络可以取得取证内容，该取证过程并无不当，中广公司亦未提交相应证据证明实际不存在取证事实。因此，法院对一审法院查明的侵权事实予以确认，可以认定中广公司实施了侵权行为。

9.【裁判规则】对电子数据的真实性有异议，但是未能提供相反证据予以证明，对其真实性予以确认

典型案例

金诃藏药股份有限公司与陈某某劳动合同纠纷案［上海市第一中级人民法院(2018)沪01民终412号］

上诉人（原审被告）：金诃藏药股份有限公司（以下简称金诃藏药公司）

被上诉人（原审原告）：陈某某

裁判观点

人民法院认为，在劳动争议纠纷案件中，因用人单位作出开除、除名、辞退、解除劳动合同、减少劳动报酬、计算劳动者工作年限等决定而发生劳动争议的，由用人单位负举证责任。金诃藏药公司主张，其没有收到陈某某于2016年8月20日、9月5日发出的电子邮件，根据二审查明的事实，该电子邮件系通过金诃藏药公司的电子邮箱系统发送。一审中，金诃藏药公司亦明确不对该组电子数据申请鉴定。有鉴于此，法院认为，陈某某已经提供了初步证据证明其通过金诃藏药公司的电子邮箱系统发送了请假邮件，金诃藏药公司作为该电子邮件系统的所有者，虽对该组电子数据的真实性有异议，但是未能提供相反证据予以证明，故而法院确认该组电子邮件的真实性，并对金诃藏药公司没有收到该组电子邮件的主张，不予采信。

（二）证明责任

1.【裁判规则】主张网页容易被篡改而否认证据效力的，应当提供证据证明

典型案例

广州市嘟嘟糖动漫科技有限公司与广东咏声动漫股份有限公司等著作权侵权

纠纷案［广州知识产权法院（2018）粤73民终2349号］

上诉人（一审被告）：广州市嘟嘟糖动漫科技有限公司（以下简称嘟嘟糖公司）

被上诉人（一审原告）：广东咏声动漫股份有限公司（以下简称咏声公司）等

裁判观点

人民法院认为，咏声公司为证明嘟嘟糖公司在其网站上展示载有涉案美术作品的被诉侵权产品，提交的经时间戳服务系统固定的网页截图属于电子数据。上述电子数据的生成、储存及完整性有咏声公司所提交的时间戳系统授信证实，能初步证明前述涉案网页内容的存在。嘟嘟糖公司主张涉案网页容易被篡改而否认其证据效力，但未能提交相反证据否定该网页内容的真实性，其应对此承担举证不能的责任。以此，一审法院对涉案网页的证据效力予以认定并无不当。

2.【裁判规则】否认微信记录的，应当提供证据证明

典型案例

李某某等与杨某某民间借贷纠纷案［安徽省黄山市中级人民法院（2017）皖10民申19号］

再审申请人（一审被告、二审上诉人）：李某某等

被申请人（一审原告、二审被上诉人）：杨某某

裁判观点

人民法院认为，借款过程中，双方使用微信对话，李某某使用“李某某”微信头像以及聊天记录，该记录反映了双方关于在无抵押情况下借款按照民间利息的约定，同时与杨某某从李某某处转借23,700元以及利息和续借2个月按照4分计息的记录，并支付28,050的利息，剩余利息11,915由李某某转账支付的事实印证。根据《民诉法司法解释》第116条第2款规定，电子数据一经形成便始终保持最初、最原始的状态，能够客观真实地反映事物的本来面貌。现李某某否认该微信记录，缺乏事实和证据。

3.【裁判规则】抗辩认为短信内容被修改，应承担相应的举证责任

典型案例

滁州华发石材有限公司与麻城市菊源石材工艺有限公司买卖合同纠纷案［湖北省黄冈市中级人民法院（2017）鄂11民终129号］

上诉人（原审被告）：滁州华发石材有限公司（以下简称滁州华发公司）

被上诉人（原审原告）：麻城市菊源石材工艺有限公司（以下简称麻城菊源公司）

裁判观点

人民法院认为，滁州华发公司与麻城菊源公司均认可双方存在买卖合同关系，法院予以确认。对于滁州华发公司下欠麻城菊源公司货款数额，滁州华发公司认为是20余万元，但无证据证实，法院不予采信。麻城菊源公司认为是105万元（后偿还4万元），法院予以采信，理由如下：麻城菊源公司证实欠款数额的主要依据是滁州华发公司股东洪某某发送给麻城菊源公司法定代表人林某某的“账目不对，是105万”手机短信，滁州华发公司对此短信内容予以否认，并提交公证书证实手机短信可以修改。根据2001年《民事证据规定》第77条第1款第4项规定，麻城菊源公司提交的手机短信公证直接证实了双方的债权债务数额，而滁州华发公司提交的公证书仅证明手机短信可以修改，并没有证实本案涉案手机短信被修改，系间接证据，其证明力小于麻城菊源公司提交的手机短信公证。

滁州华发公司认为短信内容被修改，应承担相应的举证责任，而司法鉴定科学技术研究所司法鉴定中心鉴定未发现“账目不对，是105万！”的短信经伪造、篡改，故法院对滁州华发公司关于短信内容被修改的主张，不予支持。结合麻城菊源公司能提供林某某手机并出示短信内容，而滁州华发公司未能提供洪某某手机的客观情况，根据2001年《民事证据规定》第72条第1款规定，原审判决采信林某某手机短信内容并无不当，滁州华发公司的该项上诉理由不能成立，法院不予支持。

4.【裁判规则】反驳录音证据事实，未提供证据支持并拒绝鉴定的，应承担不利的法律后果

典型案例

林某某等与陈某某合伙协议纠纷案［最高人民法院（2015）民申字第3541号］

再审申请人（一审被告、反诉原告、二审上诉人）：林某某等

被申请人（一审原告、反诉被告、二审被上诉人）：陈某某

裁判观点

最高人民法院认为，由于双方当事人对合伙的权利、义务未签订书面合同进行具体约定，认定争议事实的关键在于对陈某某提供的录音资料及书面文字材料是否采纳。从陈某某提供录音资料的内容看，双方互称“亲家”，并多次提及“七标、十标、十五标”工程，与本案合伙项目名称吻合，具体内容系双方商谈如何对合伙项目进行结算，应当认定该录音资料系陈某某与林某某间的谈话。陈某某已经对其主张的基本事实进行了举证，林某某反驳该事实，应当提供证据加以证明，但其并未提供证据进行反驳，还拒绝对该录音证据进行鉴定，其应承担对其不利的后果。二审判决采纳该证据并无不当。故林某某主张对该证据不予采信的再审理由不能成立。

5.【裁判规则】不能证明其所主张的电子邮箱为对方所有，提交证据不能形成有效的证据链

典型案例

深圳市航世通国际货运代理有限公司与深圳市宇中国际货运代理有限公司运输合同纠纷案［广东省深圳市中级人民法院（2016）粤03民终12438号］

上诉人（原审原告）：深圳市航世通国际货运代理有限公司（以下简称航世通公司）

被上诉人（原审被告）：深圳市宇中国际货运代理有限公司（以下简称宇中公司）

裁判观点 ▶▶

人民法院认为，当事人对其主张负举证责任。航世通公司主张宇中公司欠付其空运费及其他费用，但其所提交的证据均系复印件，证据的真实性无法确认。根据2001年《民事证据规定》第69条规定，每份证据对于待证事实而言都是单独的，在无其他证据可以佐证的情况下，复印件不能作为认定事实的依据。而足以佐证亦应当以该证据的真实性可以确定为前提，复印件相互之间不能互为佐证，复印件的数量不能改变其本身的性质，复印件再多亦不能作为认定事实的依据。航世通公司主张其向原审提交的订航委托书、出单资料及翻译件系从电子数据中复印而来，但航世通公司不能证明电子数据的真实性，亦不能证明其所主张的电子邮箱为宇中公司所有，故航世通公司所提交证据不能形成有效的证据链，不足以证明宇中公司拖欠其空运费及其他费用。

6.【裁判规则】经法院释明，持有人拒绝打开自行研发和管理的财务结算审核系统，可以推定负举证责任的当事人的主张成立

典型案例 ▶▶

苏州佳世达电通有限公司与江苏远东物流有限公司海上、通海水域货运代理合同纠纷案［湖北省高级人民法院（2015）鄂民四终字第00068号］

上诉人（一审被告）：苏州佳世达电通有限公司（以下简称佳世达公司）

被上诉人（一审原告）：江苏远东物流有限公司（以下简称远东公司）

裁判观点 ▶▶

人民法院认为，尽管远东公司并未提交原始业务单据和相关资料，但其提供了国际货运代理协议、欠款清单、双方对账邮件、催款往来邮件、审计报告书、催款函等证据，这些证据证明了远东公司为佳世达公司提供过诉争的国际货运代理服务之事实，彼此之间能够相互印证，形成了证据链，据此可以认定远东公司为佳世达公司提供过诉争的国际货运代理服务。根据2001年《民事证据规定》第72条和第76条规定，佳世达公司在没有提供任何证据的前提下，要求远东公司进一步提交原始业务单据的主张，既不符合双方交易习惯，也不符合法律规定，其主张不应得到支持。事实上，佳世达公司上诉称“E-FreightPaymentSystem”系统在交易结束后会自动关闭、定期删除数据，因此无法查核。由于该系统是由佳世达公司研发和管理的财务结算审核系统，佳世达公司有义务提供证据证明上述主张，而非在远东公司申请、法院要求之后，拒绝打开该系统。一审法院依据2001年《民事证据规定》第75条，推定远东公司的主张成立符合法律规定，并无不当。

7.【裁判规则】反驳可信时间戳认证证书具有高度可能性的事实的，应当提供证据予以证明

典型案例

通力时代（北京）文化有限公司与贵阳市南明区麦欧麦个体歌舞厅侵害作品放映权纠纷案［贵州省高级人民法院（2020）黔民终1180号］

上诉人（原审被告）：贵阳市南明区麦欧麦个体歌舞厅（以下简称麦欧麦歌舞厅）

被上诉人（原审原告）：通力时代（北京）文化有限公司（以下简称通力公司）

裁判观点

人民法院认为，根据《民诉法司法解释》第108条规定，通力公司提交的可信时间戳认证证书及视听资料，足以证明麦欧麦歌舞厅内具有播放案涉音乐作品的事实；同时，可信时间戳认证可以证明点播及录制过程并未中断，可以认定点播音乐作品具有高度可能性源于麦欧麦歌舞厅播放系统。根据前述司法解释规定，麦欧麦歌舞厅反驳上述具有高度可能性的事实，应当提供证据予以证明，但麦欧麦歌舞厅除自身陈述外，未提交其他足以否定可信时间戳认证证书及视听资料客观证据。根据《民诉法司法解释》第91条的规定，承担举证不能的不利后果。因此，法院认定麦欧麦歌舞厅存在侵权行为，其应依法承担相应责任。根据《著作权法》第48条第1项规定，通力公司要求麦欧麦歌舞厅删除涉案作品并赔偿损失的诉讼请求，于法有据。

8.【裁判规则】反驳个人开户视频资料和交易结算记录不是原件或对电子数据真实性存疑的，应当提出相应证据予以反驳

典型案例

韩某甲与西南期货公司等期货经纪合同纠纷案［最高人民法院（2020）最高法民申6847号］

再审申请人（一审原告、二审上诉人）：韩某甲

被申请人（一审被告、二审被上诉人）：西南期货公司

裁判观点 ▶▶

最高人民法院认为，韩某甲的再审申请不能成立。2019年《民事证据规定》对电子证据的认定作出了新规定，根据第93条和第94条第2款规定，由于电子数据的特殊性，法院在认定电子数据的真实性时，其审查判断标准有别于传统证据。本案中，韩某甲称西南期货公司提交给原审法院的开户视频资料和交易结算记录不是原件，因电子证据保存于网站之中，只能从中导取相关数据作为证据，原审判决结合本案事实，依照民事诉讼优势证据规则和高度盖然性的证明标准对开户视频资料和交易结算记录的真实性予以确认并无不当。如果韩某甲对上述证据真实性存疑，应当提出相应证据予以反驳。同时根据原审卷宗庭审笔录的记载，原审庭审依法组织三方进行了举证和质证，韩某甲申请再审称原审没有让其质证，有违事实。因韩某甲在西南期货公司的开户视频资料是从网站导取，"属性"所显示修改时间非韩某甲的实际开户时间，与韩某甲实际在2015年开户并不矛盾。至于开户资料中的签名问题，西南期货公司认可韩某甲先上传本人现场签名字样图片至开户系统，开户过程中只要勾选"我已阅读并同意以上所有协议和业务规则内容"并点击"下一步"按钮，系统默认韩某甲提供签名字样是对所有阅读、确认的法律文件的签署并自动粘贴。在开户视频具有真实性的前提下，韩某甲已在视频中表示阅读并完全理解客户须知、互联网开户风险提示、西南期货公司关于防范期货配资业务的风险提示、期货经纪合同等的相关内容，故西南期货公司的上述解释具有合理性。即使韩某甲未在期货经纪合同上直接签名，也应当认为上述操作程序能够体现韩某甲的真实意思表示。韩某甲关于签名系技术处理粘贴而成、其未在期货经纪合同签名的再审申请理由不能成立。

（三）应予认定

1.【裁判规则】电子数据的生成、存储、传输所依赖的计算机系统的硬件、软件环境完整、可靠，能够与其他证据相互印证的，电子数据应予认定

典型案例 ▶▶

喀什月星上海城房地产开发有限公司与锦江国际酒店管理有限公司服务合同

纠纷案［上海市第一中级人民法院（2020）沪01民终5845号］

上诉人（原审被告、反诉原告）：喀什月星上海城房地产开发有限公司（以下简称喀什月星）

被上诉人（原审原告、反诉被告）：锦江国际酒店管理有限公司（以下简称锦江国际）

裁判观点 ▶▶

人民法院认为，关于对双方举证责任的分配，作为主张己方履行给付义务，由此要求对方为对待给付义务的一方，锦江国际负有提供其已履行相应合同义务的举证责任。锦江国际对此提供了双方往来电子邮件。法院注意到，与本案争议技术服务费相关的2018年2月13日、26日电子邮件内容均涉及喀什月星确认前期技术管理费尚未支付的事实。而就电子数据真实性的判断，法院认为，鉴于相关鉴定机构表示无法对服务器中电子邮件的真实性和非篡改性进行司法鉴定，则法院可依照2019年《民事证据规定》第93条、第94条的规定对电子证据的可采性予以判断。锦江国际提供的上述电子邮件形式上有完整的邮件生成、接收时间和内容，且系双方正常业务活动中形成，邮件内容亦能相互印证，喀什月星虽对该些邮件不予认可，但并未提供足以反驳的相反证据，故在综合认定相关因素的基础上，法院对锦江国际提供的电子邮件真实性予以确认，并认为锦江国际相应举证达到民事诉讼盖然性证明标准。

2.【裁判规则】录音系视听资料查证属实，可作为认定案件事实的根据

典型案例 ▶▶

吴某等与郑某某等民间借贷纠纷案［福建省高级人民法院（2018）闽民申256号］

再审申请人（一审被告、二审上诉人）：吴某等

被申请人（一审原告、二审被上诉人）：郑某某等

裁判观点 ▶▶

人民法院认为，虽然该谈话系郑某某与吴某、何某某之间的对话，但谈话内

容直接涉及讼争款项，且吴某在谈话中讲到“盖房子的还你啊，该还你的一定会还啊”“我打算你们没闹这样，我就放最后还”“当时你们要算利息的话，当时我也不会跟你们借”“30万会还你们的，又不是不会还”，何某某讲到“那时候你如果要算利息的话你们要先说，算利息就会先还你们，那时候想都是一家人，怎么算利息，我6月也有跟你妈说过，外面的20万还完就还你们的30万……”这些谈话内容表明吴某、何某某确认了其曾向郑某某借款30万元尚未归还的事实。本案讼争30万元借款虽无借条，但上述谈话录音系视听资料，亦属于法定证据，吴某、何某某未提交证据证明该谈话录音系以严重侵犯其合法权益、违反法律禁止性规定或者严重违背公序良俗的方法形成或获取，原审对该谈话录音予以采信并无不当。

3.【裁判规则】不认可该录音证据的真实性，但未申请鉴定，录音证据可以作为定案依据

典型案例 ▶▶

长安保证担保有限公司与日电信息系统（中国）有限公司等买卖合同纠纷案［北京市高级人民法院（2016）京民终559号］

上诉人（原审被告）：长安保证担保有限公司（以下简称长安担保公司）

被上诉人（原审原告）：日电信息系统（中国）有限公司（以下简称日电公司）等

裁判观点 ▶▶

人民法院认为，日电公司在一审审理期间提交的证据25至29之通话录音的证据，虽然长安担保公司、长安担保天津分公司称崔某某本人不认可该录音证据的真实性并提交了崔某某写的书面材料，但长安担保公司、长安担保天津分公司及崔某某本人并未对此提出相关鉴定请求，且案件审理中崔某某明确表示不出庭。根据《民诉法司法解释》第112条、第113条以及2001年《民事证据规定》第75条的规定，崔某某作为长安担保天津分公司的负责人，其不配合法院对在案证据及相关案件事实进行核查的相应后果应由其所在公司承担。

4.【裁判规则】对方当事人确认微信号中的微信语音为其本人的，应予确认

典型案例

蔡某与许某民间借贷纠纷案［江苏省苏州市中级人民法院（2019）苏05民终934号］

上诉人（原审原告）：蔡某

被上诉人（原审被告）：许某

裁判观点

人民法院认为，蔡某主张微信号×××的使用者是许某，许某虽不予认可，但蔡某在二审中当场播放微信号×××的微信语音后，许某确认部分声音是其声音，故一审根据日常生活经验认定微信号×××使用者为许某正确，法院亦予以确认。

5.【裁判规则】私录录音未侵害他人合法权益，未违反社会公共利益和社会公德，取证方式不违反法律禁止性规定，能够证明案件事实的，可予采信

典型案例

张某某与赵某某等民间借贷纠纷案［最高人民法院（2014）民申字第551号］

再审申请人（一审原告、二审被上诉人）：张某某

被申请人（一审被告、二审上诉人）：赵某某

裁判观点

最高人民法院认为，赵某某在一、二审中均提供了录音证据，没有提供录音原始载体，提供的是复制的光盘。一审中张某某认为是在不知情的情况下录制的，不能作为证据使用，并没有否认录音事实的存在。二审判决对录音证据内容进行质证、认定后认为，从录音效果上看，可听清基本内容，并无明显的疑点，虽然是私录形成，录音过程并未侵害他人合法权益，亦未违反社会公共利益和社会公德，其取证方式不违反法律禁止性规定。张某某认为二审判决程序违法的申请再审理由，不能成立。

6.【裁判规则】在无相反证据的情况下，通过可信时间戳方式取得的证据能够作为案件事实的认定依据

典型案例

上海东方网股份有限公司与仇某甲著作权权属、侵权纠纷案［广东省高级人民法院（2020）粤民申3349号］

再审申请人（一审被告、二审上诉人）：上海东方网股份有限公司（以下简称东方网公司）

被申请人（一审原告、二审被上诉人）：仇某甲

裁判观点

人民法院认为，关于东方网公司是否实施了被诉侵权行为的问题。根据《民诉法司法解释》第108条第1款规定，仇某甲通过可信时间戳取证，以证明东方网公司在其网站使用了被诉图片。东方网公司申请再审称，仇某甲在可信时间戳取证时自检环节存在瑕疵，相关证据存在造假可能。对此法院认为，首先，可信时间戳服务是国家授时中心时间戳服务中心通过我国法定时间源和现代密码技术相结合而提供的一种第三方服务，能够保证相关电子数据的准确性。在无相反证据的情况下，通过可信时间戳方式取得的证据能够作为案件事实的认定依据。其次，从仇某甲提交的可信时间戳取证过程的视频来看，仇某甲在实际取证前已使用“360安全卫士软件”对所用计算机进行电脑体检，针对操作系统和网络环境进行了包括“浏览器防护”“系统防护”“IE相关设置”“Cookies信息”“痕迹信息”等项目在内的一系列检查，并进行一键修复和清理，清洁性检查已经达到能够排除操作者不当介入、取证计算机不清洁、网络环境不真实等因素给取证结果带来的不利影响的程度，不存在东方网公司申请再审所称自检环节瑕疵，由此生成的电子数据具有真实性。最后，东方网公司提交的可信时间戳互联网电子数据取证及固化保全操作指引（V1.0）是用户在使用可信时间戳进行取证时的操作指南，并非强制性规范。用户在取证前是否已采用合理、恰当的自检手段，应根据清洁性检查的实际情况予以认定，而不能仅因自检步骤并非严格按照前述操作指引，就简单否定所取证据的真实性。此外，如前所述，仇某甲在取证前已对计算机进行合理的清洁性检查，（2018）京0491民初1212号民事判决书关于可信时间戳取证录像前置性检查步骤的论述一节，对本

案不具有参照价值。故仇某甲提交的可信时间戳证据已经达到高度盖然性标准，能够证明东方网公司在其网站使用了被诉侵权图片。东方网公司关于可信时间戳证据不能证明其实施了被诉侵权行为的再审申请理由不能成立，法院不予支持。

（四）不予采信

1.【裁判规则】电子数据未能被完整地保存、传输、提取，不能证明待证事实的，对于电子数据的真实性不予采信

典型案例 ▶▶

侯某某与朱某某民间借贷纠纷案［广东省韶关市中级人民法院（2020）粤02民终675号］

上诉人（原审被告）：侯某某

被上诉人（原审原告）：尧某某等

裁判观点 ▶▶

人民法院认为，侯某某为了证明其已向朱某某偿还了涉案借款，于二审期间提供了其与朱某某于2019年8月的电话通话录音光盘，该录音中男方通话虽然有“我也说还了，他们说还了”的内容，但从录音中男方之后通话中“欠我的数，当时很多实际情况，反过来你这个样子，我们现在说我们两个人”的内容显示，双方通话并没有结束，应该还有继续通话，但该录音却没有继续录入或是删除了后面的内容。根据2019年《民事证据规定》第90条第4项及第93条第1款第4项、第7项的规定，结合录音中未明确还款的数额、偿还哪笔借款及双方通话明显未结束就没有进行录入或被删除的情况，该录音不完整且存有疑点，法院确认该录音不足以证明侯某某已向朱某某偿还了涉案借款，故一审判决侯某某向朱某某偿还借款本金10,000元及支付以10,000元为基数从2019年8月5日起按年利率6%计算至还清款项之日止资金占用期间的利息正确，法院予以支持。

2.【裁判规则】电子数据的真实性难以认定且关联性无法查明的，应当承担举证不能的法律后果

典型案例 ▶▶

创金天地投资有限公司与安顺万盛通汽车贸易有限公司等借款合同纠纷案

［贵州省安顺市中级人民法院（2019）黔04民终356号］

上诉人（原审原告）：创金天地投资有限公司（以下简称创金天地公司）

被上诉人（原审被告）：安顺万盛通汽车贸易有限公司（以下简称万盛通汽贸）等

裁判观点

人民法院认为，虽然万盛通汽贸与轻易科技有限公司签订借款服务合同，但是创金天地公司与万盛通汽贸之间的借款行为是否实际产生，创金天地公司仍然负有举证责任。诉讼中，创金天地公司未提交对应银行账户的交易凭证，其提交的借款人轻易贷账户收到借款的记录截图等证据均属电子数据，依据《民诉法司法解释》第115条之规定，电子数据作为证据的一种也应具备合法性、客观性、关联性的证据三性。同时，电子证据相较于传统证据来说也存在易被改变的特征。本案中，创金天地公司提供的电子数据其真实性难以认定且关联性无法查明。根据《民事诉讼法》第64条之规定，应当承担举证不能的法律后果。

3.【裁判规则】视听资料的证据证明力未达到高度盖然性证明标准的，不能证明其主张成立

典型案例

赵某与梁某某侵害实用新型专利权纠纷案［最高人民法院（2016）最高法民申173号］

再审申请人（一审原告、二审上诉人）：赵某

被申请人（一审被告、二审被上诉人）：梁某某

裁判观点

最高人民法院认为，首先，在视听资料中，梁某某并未明确承认其实施了被诉侵权行为。其次，涉案专利是实用新型专利，判断被诉侵权产品是否落入涉案专利权保护范围，需要将被诉侵权产品的技术特征与涉案专利进行比对。而视听资料中虽然出现了与赵某实用新型专利产品外观相似的产品，但是由于赵某并未在摄录该视听资料的同时购买上述产品并向法庭提供，仅从视听资料所显示的产品外观上无法判断上述产品的技术特征，更无法认定是否落入涉案专利权保护范围。

最后，赵某认可曾经向梁某某销售过20套涉案专利产品，所以该视听资料中出现的产品也可能系赵某售出的专利产品。因此，上述视听资料的证明力尚未达到高度可能性的标准，不能证明视听资料中出现的产品落入涉案专利权保护范围，亦不能证明梁某某实施了被诉侵权行为。

4.【裁判规则】当事人提供的证据仅是对系统数据抓取后的统计数据，未包含用户注册信息、身份认证信息、电子交易记录、通信记录、登录日志等信息，不能真实反映案件事实的，不予认定

典型案例 ▶▶

沃尔玛（中国）投资有限公司与上海红富士家纺有限公司买卖合同纠纷案［最高人民法院（2020）最高法民申3300号］

再审申请人（一审被告、二审上诉人）：沃尔玛（中国）投资有限公司（以下简称沃尔玛公司）

被申请人（一审原告、二审上诉人）：上海红富士家纺有限公司（以下简称红富士公司）

裁判观点 ▶▶

最高人民法院认为，一审法院已提前通知沃尔玛公司准备相关电子数据且已明确释明逾期提交应承担相应的法律后果，但沃尔玛公司有时间准备却未予准备，也未向法院申请延长举证期限。一审判决作出时间为2019年6月26日，沃尔玛公司于2019年9月1日才委托鉴定机构进行鉴定，亦从侧面印证沃尔玛公司在一审期间未计划向法院提交电子数据，其提出举证时间不充分、一审法院未向其释明举证责任的主张，理据不足，法院不予支持。二审期间，二审法院对沃尔玛公司提交的司法鉴定意见书及相应新证据已组织双方进行质证，充分保障当事人的举证、质证权利，不存在二审法院以沃尔玛公司提交的证据不是新证据为由，不予采纳相关证据的情形。沃尔玛公司提交的司法鉴定意见书的内容仅是对系统数据抓取后的统计数据，体现出来的表现形式为Excel表格形式，未包含用户注册信息、身份认证信息、电子交易记录、通信记录、登录日志等信息，不能真实反映每笔交易的信息及状态，且系统中的数据仅能反映收、退货的应然状态而非实然状态，即真实的收、退货数据应当以线下收、退货数据为准。审计机构出庭接受质询时亦表示审计的依据为有效的单据，电子数据仅能起到核对作用。沃尔玛公司未能提交有效单据佐证司法鉴定意见书，而红富士公司对该司法鉴定意见书又不予认可，因此二审法院对司法鉴定意见书不予采信，并无不当。

5.【裁判规则】每个电子数据文件在申请时间戳时，抗辩人因密码输入错误导致邮箱关闭，应采取通过多种方式寻找或者重新设置，否则不予支持其主张

典型案例

青岛喜子哥针织有限公司与青岛誉丰针织有限公司买卖合同纠纷案［山东省青岛市中级人民法院（2017）鲁02民终4113号］

上诉人（原审被告）：青岛喜子哥针织有限公司（以下简称喜子哥公司）

被上诉人（原审原告）：青岛誉丰针织有限公司（以下简称誉丰公司）

裁判观点

人民法院认为，本案双方均确认上诉人电子邮箱为138×××@163.com，被上诉人电子邮箱为150×××@163.com。根据邮箱记录，自被上诉人邮箱下载的对账单系上诉人发送。上诉人辩称该对账单与被上诉人一审第一次提交的对账单不一致，并据此主张被上诉人变造邮箱邮件，否认对账单真实性。法院要求上诉人打开其邮箱以确认邮件真实性，并说明被上诉人如何变造邮件。但上诉人称因密码输入多次错误导致其邮箱无法打开，也无法说明被上诉人如何进行变造。法院认为，上诉人对于邮箱无法打开原因的陈述不成立，实践中，因密码输入错误导致邮箱关闭，用户还可以通过多种方式寻找或者重新设置。如通过上述方式仍不能打开邮箱、无法进一步证明被上诉人邮件系虚假，上诉人应承担举证不能的法律后果。故法院对该对账单真实性予以确认。

6.【裁判规则】一方仅以口头主张电商平台网站账户交易信息有可能被修改进而反驳交易真实性，该主张不能成立

典型案例

深圳市南洋达电子有限公司与钟某某侵害外观设计专利权纠纷案［广东省高

级人民法院（2016）粤民终925号］

上诉人（一审被告）：深圳市南洋达电子有限公司（以下简称南洋达公司）

被上诉人（一审原告）：钟某某

裁判观点

人民法院认为，在一审庭审中，钟某某代理人当庭通过手机登录其在阿里巴巴网站账户，一审法院组织双方当事人对该账户信息进行当庭勘验，勘验内容记录于庭审笔录。南洋达公司已在一审庭审中对勘验内容发表质证意见。依据《民诉法司法解释》第103条的规定，该勘验内容可以作为本案定案依据。阿里巴巴网站用户账户中的交易信息，并不具有可供用户随意修改的功能，一般情况下，用户不能对账户中的交易信息进行修改。在未有相反证据的情况下，南洋达公司仅以口头主张账户交易信息有可能被修改进而反驳交易真实性，该主张不能成立。

7.【裁判规则】电话录音的来源合法性、真实性无法予以确认，对该电话录音内容，不予采信

典型案例

宁夏三友环保设备制造有限公司与宁夏三友顺达化工有限公司承揽合同纠纷案［最高人民法院（2015）民申字第885号］

再审申请人（一审原告、二审上诉人）：宁夏三友环保设备制造有限公司（以下简称三友环保公司）

被申请人（一审被告、二审被上诉人）：宁夏三友顺达化工有限公司（以下简称顺达公司）

裁判观点

最高人民法院认为，戴某某作为本案证人，在一审庭审中出庭作证，三友环保公司于本案再审审查阶段提交戴某某的电话录音，其内容与其出庭作证的证言内容相反。对该份电话录音的来源合法性、真实性，法院无法予以确认。且根据《民诉法司法解释》第387条第1款的规定，仅凭该电话录音内容，亦不能证明二审判决认定的基本事实及裁判结果错误。故该证据不属于《民事诉讼法》第200条第1项规定的新证据，三友环保公司据此提出的申请再审理由亦不能成立。

8.【裁判规则】录音无法证实该录音中的通话方为当事人本人，无法确认该录音内容的真实性的，不予采信

典型案例 ▶▶

钟某甲与杨某乙民间借贷纠纷案［广东省惠州市中级人民法院（2020）粤13民终131号］

上诉人（原审原告）：钟某甲

被上诉人（原审被告）：杨某乙

裁判观点 ▶▶

人民法院认为，关于钟某甲与杨某乙之间涉案借贷事实的认定问题，首先，钟某甲提交的银行卡照片及其部分账单明细情况，没有显示收款方为被上诉人或与被上诉人相关联的信息，不足以证明该款项是出借给被上诉人。其次，依照2019年《民事证据规定》第94条的规定，钟某甲提交的U盘中的录音无法证实该录音中的通话方为杨某乙本人，录音内容也非中立第三方平台提供或者确认，法院无法确认该录音内容的真实性。最后，钟某甲单方提交的微信聊天记录，依照2019年《民事证据规定》第93条的规定，该微信聊天记录截图存在影响电子数据完整性和可靠性因素，且在缺乏钟某甲将涉案金额借给杨某乙的证据的情况下，仅凭该微信聊天记录中有杨某乙发送给上诉人的欠条，不足以证明涉案借款事实的发生。综上所述，依照2020年《民诉法司法解释》第90条的规定，上诉人提供的证据不足以证明其主张，应承担举证不能的不利后果。故钟某甲的主张缺乏事实和法律依据，法院不予支持，原审不予认定被上诉人向上诉人借款的事实，并无不当，法院予以维持。

9.【裁判规则】不能证实电子邮箱发送的邮件与邮件发出人具有同一性的，不予支持

典型案例 ▶▶

重庆市江北区瑞成副食经营部与重庆五华行舟贸易有限公司买卖合同纠纷案

[重庆市高级人民法院(2020)渝民申2699号]

再审申请人(一审原告、二审上诉人):重庆市江北区瑞成副食经营部(以下简称瑞成经营部)

被申请人(一审被告、二审被上诉人):重庆五华行舟贸易有限公司(以下简称五华公司)

裁判观点

人民法院认为,关于二审判决认定事实和适用法律是否错误的问题。经查,《民事诉讼法》第64条第1款规定,当事人对自己提出的主张,有责任提供证据。瑞成经营部要求五华公司返还预付货款,对此主张应当承担举证责任。本案中,瑞成经营部举示的电子数据证据来源于一封由QQ电子邮箱发送的邮件,虽其自述发件人为五华公司会计陈甲,但未能举示相关证据证明该邮箱用户的身份信息以及与五华公司之间的关系。瑞成经营部举示的五华公司的出库单也仅有其单方认可,且部分不具有瑞成经营部的签字盖章。根据现有证据,无法核实双方之间的结算情况,不足以证明五华公司应当返还瑞成经营部预付货款以及具体金额。瑞成经营部未能举示有效证据证实其主张,应当承担举证不能的法律后果。二审判决认定事实和适用法律并无不当,瑞成经营部的申请再审理由不成立,法院不予支持。

第三章　证据的调查收集

司法实践问题与法条适用导航

序号	司法实践问题	法条适用导航
1	当事人申请调查收集证据	2019年《民事证据规定》第2条第2款[1]
2	人民法院可以依职权调查收集证据	《民事诉讼法》第64条第2款[2]
3	当事人申请调查收集证据，应在举证期限内提交书面申请	2019年《民事证据规定》第20条第1款[3]
4	当事人可以申请调查收集证据的情形	2020年《民诉法司法解释》第94条[4]
5	当事人申请调查收集证据，不予准许的情形	2020年《民诉法司法解释》第95条[5]
6	人民法院可依职权调查收集证据的情形	2020年《民诉法司法解释》第96条[6]
7	应当调查收集证据而未进行的，构成民事再审的法定理由	《民事诉讼法》第200条第1款第5项[7]
8	调查收集证据中的最佳证据规则	2019年《民事证据规定》第21条、第22条、第23条第1款[8]
9	为确保证据的真实性，调查收集证据中鉴定的证据，防止被污染	2019年《民事证据规定》第24条[9]
10	人民法院可以勘验物证或者现场	2019年《民事证据规定》第43条[10]
11	人民法院可以就案件事实询问当事人	2019年《民事证据规定》第64条[11]

1　2019年《民事证据规定》第2条第2款规定："当事人因客观原因不能自行收集的证据，可申请人民法院调查收集。"

2　《民事诉讼法》第64条第2款规定："当事人及其诉讼代理人因客观原因不能自行收集的证据，或者人民法院认为审理案件需要的证据，人民法院应当调查收集。"

3　2019年《民事证据规定》第20条第1款规定："当事人及其诉讼代理人申请人民法院调查收集证据，应当在举证期限届满前提交书面申请。"

4　2020年《民诉法司法解释》第94条规定："民事诉讼法第六十四条第二款规定的当事人及其诉讼代理人因客观原因不能自行收集的证据包括：(一)证据由国家有关部门保存，当事人及其诉讼代理人无权查阅调取的；（二）涉及国家秘密、商业秘密或者个人隐私的；（三）当事人及其诉讼代理人因客观原因不能自行收集的其他证据。当事人及其诉讼代理人因客观原因不能自行收集的证据，可以在举证期限届满前书面申请人民法院调查收集。”

5　2020年《民诉法司法解释》第95条规定：“当事人申请调查收集的证据，与待证事实无关联、对证明待证事实无意义或者其他无调查收集必要的，人民法院不予准许。”

6　2020年《民诉法司法解释》第96条规定：“民事诉讼法第六十四条第二款规定的人民法院认为审理案件需要的证据包括：（一）涉及可能损害国家利益、社会公共利益的；（二）涉及身份关系的；（三）涉及民事诉讼法第五十五条规定诉讼的；（四）当事人有恶意串通损害他人合法权益可能的；（五）涉及依职权追加当事人、中止诉讼、终结诉讼、回避等程序性事项的。除前款规定外，人民法院调查收集证据，应当依照当事人的申请进行。”

7　《民事诉讼法》第200条第1款第5项规定：“当事人的申请符合下列情形之一的，人民法院应当再审：（五）对审理案件需要的主要证据，当事人因客观原因不能自行收集，书面申请人民法院调查收集，人民法院未调查收集的。”

8　2019年《民事证据规定》第21条规定：“人民法院调查收集的书证，可以是原件，也可以是经核对无误的副本或者复制件。是副本或者复制件的，应当在调查笔录中说明来源和取证情况。”　第22条规定：“人民法院调查收集的物证应当是原物。被调查人提供原物确有困难的，可以提供复制品或者影像资料。提供复制品或者影像资料的，应当在调查笔录中说明取证情况。”第23条第1款规定：“人民法院调查收集视听资料、电子数据，应当要求被调查人提供原始载体。”

9　2019年《民事证据规定》第24条规定：“人民法院调查收集可能需要鉴定的证据，应当遵守相关技术规范，确保证据不被污染。”

10　2019年《民事证据规定》第43条规定：“人民法院应当在勘验前将勘验的时间和地点通知当事人。当事人不参加的，不影响勘验进行。当事人可以就勘验事项向人民法院进行解释和说明，可以请求人民法院注意勘验中的重要事项。人民法院勘验物证或者现场，应当制作笔录，记录勘验的时间、地点、勘验人、在场人、勘验的经过、结果，由勘验人、在场人签名或者盖章。对于绘制的现场图应当注明绘制的时间、方位、测绘人姓名、身份等内容。”

11　2019年《民事证据规定》第64条规定：“人民法院认为有必要的，可以要求当事人本人到场，就案件的有关事实接受询问。人民法院要求当事人到场接受询问的，应当通知当事人询问的时间、地点、拒不到场的后果等内容。”

第一节　依当事人申请调查取证

【法理辨析】

一、调查取证的内涵

民事诉讼中的收集证据，也称调查取证，简称取证，是指各相关主体为查明或证明特定的事实，运用适当的方法，去查找、发现、获取各种证据材料的活动。[1]从最宽泛的意义上讲，是指与证据的收集、审查、判断和运用有关的各种调查活动的总

〔1〕　参见李浩主编：《证据法学》，高等教育出版社2009年版，第283页。

称。[1]从证据法的意义上来说，人民法院调查收集证据与当事人的证明责任共同构成了民事诉讼法的举证责任原则，即“民事诉讼法一方面规定当事人应当提供证据，另一方面规定人民法院应当全面地、客观地审查核实证据并可以主动调查收集证据，以上两方面结合起来即为民事诉讼法规定的举证责任原则”[2]。在我国现行的诉讼模式下，根据案件审理的需要，采取了以当事人承担举证责任为主和人民法院调查收集证据为辅的方式，这种模式既能够强化落实当事人承担证明责任的立法意图，又能够保证人民法院查明案件事实、分清是非责任和保护当事人诉权实现的任务。

关于当事人举证与人民法院调查取证的关系，存在“结合说”“职责说”“补充说”三种不同观点，我国采“补充说”，即当事人是证明责任的承担主体，人民法院不负担证明责任，根据“不告不理”原则和证明责任原理，证据原则上由当事人向法院提供，人民法院只在法定情形下进行补充性的调查取证。原因在于民事证据的总体设计思路中，由于市场经济对民事诉讼要求贯彻当事人处分原则和法院保持居中裁判的中立地位，“在证据提出问题上，依法进一步强化当事人的举证责任，进一步弱化人民法院调查收集证据的职权，对举证责任分配规定了较为详细的规则，对人民法院调查收集证据的范围和条件作出较为严格的限制”[3]。因此，总的要求就是当事人对自己的主张承担证明责任，人民法院只在当事人确因客观原因不能收集证据时，依当事人的申请而不是依职权调查取证。

（一）调查取证主要特征

1.调查客体。调查取证的客体是事实。“以事实为证据之客体者，应具备下列各项要件：(一)须系关于具体法律关系发生、变更、消灭之特定事实；(二)须为有证明必要之事实”[4]，而且调查的事实必须是重要的和必须的，“如果应当成为证明对象的事实重要，并且需要证明，则每个提出的证据都应当收集”[5]。

2.调查主体。调查主体是人民法院。我国《民事诉讼法》第64条第1、2款规定：“当事人对自己提出的主张，有责任提供证据。当事人及其诉讼代理人因客观原因不能自行收集的证据，或者人民法院认为审理案件需要的证据，人民法院应当

〔1〕 参见韩象乾主编：《民事证据理论新探》，中国人民公安大学出版社2006年版，第284页。

〔2〕 全国人大常委会法制工作委员会民法室编著：《〈中华人民共和国民事诉讼法〉释解与适用》，人民法院出版社2012年版，第101页。

〔3〕 最高人民法院民事审判第一庭：《民事诉讼证据司法解释的理解与适用》，中国法制出版社2002年版，第2页。

〔4〕 王甲乙、杨建华、郑健才：《民事诉讼法新论》，台北，三民书局股份有限公司2005年版，第393页。

〔5〕 [德]罗森贝克、施瓦布、戈特瓦尔德：《德国民事诉讼法（上）》，李大雪译，中国法制出版社2007年版，第547页。

调查收集。”在现在当事人主义为主，职权探知主义为补充的诉讼模式下，现行《民事诉讼法》从“全面客观地调查和收集证据”进一步弱化了人民法院的职权干预，但仍然保留了人民法院调查收集证据的职能。根据证明责任的基本原理，当事人对于主张的事实承担证明责任的法律后果，人民法院不承担证明责任的法律后果。

司法实践中，经常会遇到当事人对法院依职权调查取证的程序提出质疑，认为法院依职权调查取证的法官与本案参加审理的法官不一致，或者是完全不同，因此主张法院程序违法的问题。事实上，我国法律并没有规定，法院依职权调查取证的法官必须是参与审理的合议庭法官，否则就会构成程序性违法。这就涉及合议庭成员，是否必须是本案庭审程序的主持人或参加人的问题。由于庭前准备程序与庭审程序的分离，庭前准备程序与庭审程序的功能不同，因此，实际主持这两个不同程序的法官，既可以完全不同，也可以是部分主体相同，例如，由主审人参与庭审的准备程序。从域外经验来看，两种主体也是不同的，在德国，“证据调查通常应当由诉讼法院进行，这就是所谓证据调查的直接性原则。诉讼法院不仅包括原初型独任法官和二审的裁判型独任法官，例外地包括一审商事法庭的审判长和控诉审的准备型独任法官。除此之外，在法律规定的情形中，证据调查可以交给受命法官或者受托法官进行”〔1〕。

3.形式要件。申请法院调查取证原则上必须采取书面申请的方式，这是一项法定的要式要件，没有书面申请，则法官无法启动收集程序，而口头的申请不符合立法的意旨要求，一般也不会触发调查取证的程序。但是，书面申请原则并不是绝对的，“对于当事人书面申请有困难，或者简单程序中无书面申请必要的，人民法院应当将当事人口头申请的内容予以明确记录，由当事人签字或捺印，以此替代书面申请”〔2〕。从申请书的形式要件来看，2019年《民事证据规定》第20条第2款规定：“申请书应当载明被调查人的姓名或者单位名称、住所地等基本情况、所要调查收集的证据名称或者内容、需要由人民法院调查收集证据的原因及其要证明的事实以及明确的线索。”相较于2001年《民事证据规定》第18条的规定，增加了一项内容“明确的线索”，这种“明确的线索”在司法实践中存在不同的情况，需要甄别不同的情况进行处理，不能“一刀切”。

---

〔1〕［德］罗森贝克、施瓦布、戈特瓦尔德：《德国民事诉讼法（下）》，李大雪译，中国法制出版社2007年版，第863页。

〔2〕最高人民法院民事审判第一庭编著：《最高人民法院新民事诉讼证据规定理解与适用（上）》，人民法院出版社2020年版，第235页。

第一种情况是，当事人提出一个笼统的调查范围，例如2018年至2020年对方单位的所有的财务报表、账簿等，而待证事实是双方的一笔买卖合同中的货款，对于待证事实而言，这种调查取证的要求属于缺乏“明确的线索”；

第二种情况是，负举证责任的当事人对相对方那里是否存在某类证据，如某机器设备、货物等物品，并不知情，也不知道这些物品在哪里，只是想通过人民法院的调查取证去查实是否存在某类物品的，属于缺乏“明确的线索”；

第三种情况是，当事人并不清楚证据的具体内容，但知道证据名称的情况，属于具有“明确的线索”，符合当事人调查收集证据的条件。应当讲，“明确的线索”需要根据《民事诉讼法》第64条第2款、2020年《民诉法司法解释》第94条和第95条的立法本意来把握，不能仅仅从词义上机械地理解当事人申请书上的“明确的线索”，对于申请书上虽然列明了“明确的线索”，但实际上属于2020年《民诉法司法解释》第95条范畴的，人民法院不予准许。

司法实践中，往往会遇到当事人在二审或再审阶段，主张自己曾经在一审阶段向法院申请过，可是一审法院未予理解或未予答复，经过二审或再审法院在案件卷宗中核实，并没有当事人向人民法院申请调查取证的书面申请，故对未向人民法院正式提出书面申请调查取证的，等于是当事人自行放弃了这一权利，除人民法院认为“有必要”依职权调查取证外，人民法院没有义务和责任“主动”启动当事人申请调查取证。

4.实质要求。即2019年《民事证据规定》第20条中所规定的“需要由人民法院调查收集证据的原因及其要证明的事实以及明确的线索”。

（1）“调查收集的原因”。即是否存在“需要由人法院调查收集”的情况，也就是说是否具备2020年《民诉法司法解释》第94条所规定的“（一）证据由国家有关部门保存，当事人及其诉讼代理人无权查阅调取的；（二）涉及国家秘密、商业秘密或者个人隐私的；（三）当事人及其诉讼代理人因客观原因不能自行收集的其他证据”这三种情形。

（2）“要证明的事实”。如果说“调查收集的原因”是一把车钥匙的话，那么，“要证明的事实”就是一台发动机。“所要调查收集的证据的名称或者内容”与“要证明的事实”是紧密相关的，“要证明的事实”是目的，是实质，“所要调查收集的证据的名称或者内容”是手段、是形式，手段需要为目的服务，形式需要为实质服务，在“所要调查收集的证据的名称或者内容”与“要证明的事实”的审查核实中，如果存在“当事人申请调查收集的证据，与待证事实无关联、对证明待证事实无意义或者其他无调查收集必要的”，则人民法院无调查取证的必要。例如：

其一，不属于“要证明的事实”：申请调取双方之前发生的银行转账不属于“要证明的事实”。民间借贷纠纷，可以证明双方借贷关系成立和生效的证据为本案的主要证据。申请法院调查取证双方当事人之前发生的银行转账借贷事实，不能证明本案的现金交付和借款实际发生与否，与本案的基本事实没有关联性，该调查取证申请，不予准许。

其二，“要证明的事实”已经查清：债权债务已查清，申请调取银行流水证据已无意义。当事人双方之间的债务关系已经查清，至于当事人已经支付的款项进入对方账户之后的资金流向如何，或者申请调查的银行账户流水账的原始凭证及操作人员授权依据，与本案的待证事实没有任何关联性，对待证事实的证明亦无任何意义，故对此类调查取证的申请，不予准许。

其三，“要证明的事实”不是本案的待证事实。申请调查与案外人的合同原件与本案的待证事实不具有关联性，不是本案的待证事实。负举证责任的当事人申请调查的证据，系其与案外第三人设备采购合同的原件，而本案的待证事实仅为举证人与相对人之间的债权债务关系。因此，举证人与案外人之间的合同是否原件，与本案的待证事实不具有关联性，不予准许。

（3）“明确的线索”。属于2019年《民事证据规定》第20条新增加的内容。1998年《民事经济审判方式改革规定》第3条中规定“下列证据由人民法院调查收集：1、当事人及其诉讼代理人因客观原因不能自行收集并已提出调取证据的申请和该证据线索的……”由“证据线索”调整为“明确的线索”，虽然当事人因客观原因不能自行收集证据，但由于当事人向法院申请调查收集证据是当事人承担证明责任的自然延伸，“或者说是法院为弥补当事人收集证据能力的不足所作的变通性规定”〔1〕，法院调查收集证据只是一种补充和救济，人民法院并不承担证明责任，因此，当事人申请调查取证是人民法院调查收集证据的前提条件、必要条件，而非充分条件。当事人不提出申请，人民法院不能主动调查取证；只有当事人提出申请，人民法院才去审核决定是否调查取证，但并不是说，只要当事人一提出申请，人民法院就必须马上调查取证，必须要受到法定的形式要件、实质要件及申请期限的限制，“避免当事人滥用该项权利，将本属于自己的举证责任转嫁给人民法院”〔2〕，也是体现强

---

〔1〕 李国光主编：《最高人民法院〈关于民事诉讼证据的若干规定〉的理解与适用》，中国法制出版社2002年版，第191页。

〔2〕 最高人民法院民事审判第一庭编著：《最高人民法院新民事诉讼证据理解与适用（上）》，人民法院出版社2020年版，第233页。

化当事人举证责任、弱化人民法院调查取证的一个重要表现。

5.需要质证。为查清案件相关事实，人民法院有权依职权收集相关证据，经过质证，可以作为证据使用。无论是当事人申请，还是人民法院依职权调查收集的证据，由于在性质上，“视为申请的一方当事人提供的证据”〔1〕，故应当按照质证规则进行质证。根据《民事诉讼法》第69条、2020年《民诉法司法解释》第103条和2019年《民事证据规定》第62条的规定，对于人民法院调查收集的证据，如果没有经过当事人的质证，都不能作为认定事实的根据。

（二）依当事人申请调查取证

当事人申请人民法院调查取证，既是当事人的一项诉讼权利，也是当事人行使举证责任的一个重要方式。当事人申请调查取证是证明责任制度的重要组成部分，是在出现法定情形时，当事人举证困难时的一项救济性措施，依申请调查取证也是许多国家的通例。〔2〕一般认为，当事人感受到的公平正义与法院调查取证的多少并没有直接的和必然的因果关系，同时，人民法院拥有过多、广泛地调查收集证据的职能，既扭曲了作为中立裁判者的角色，也容易发生权力“寻租”，影响司法的公正性和权威性。因此，2019年《民事证据规定》对人民法院调查收集证据进行了合理限定，体现和反映了民事诉讼的价值定位和发展趋势。

由于《民事诉讼法》第64条没有明确“当事人因客观原因不能自行收集的证据”和“人民法院认为审理案件需要的证据”的范围，导致各地法院、法官存在理解上的差异和适用标准的不统一。2020年《民诉法司法解释》第94条和第96条分别对什么是“当事人因客观原因不能自行收集的证据”和“人民法院认为审理案件需要的证据”进行了明确。

相较于2001年《民事证据规定》，2019年《民事证据规定》删除了三条（分别是第15条、第16条和第17条）、修改了五条（分别是第18条、第19条、第20条、第21条、第22条）和增加了一条（2019年《民事证据规定》第24条）。从总体来看，与《民事诉讼法》第64条第2款、2020年《民诉法司法解释》第94条、第95条、第96条、第97条中关于调查取证的基本思路保持一致（见图3-1）。

---

〔1〕 最高人民法院民事审判第一庭编著：《最高人民法院新民事诉讼证据规定理解与适用（上）》，人民法院出版社2020年版，第253页。

〔2〕 例如，《德国民事诉讼法》第432条规定：“举证人主张证书在官厅中或在公务员手中时，在申请证据时即应申请嘱托官厅或公务员将证书交出。”《日本民事诉讼法》第185条规定：“裁判所认为适当时，可于裁判所外进行证据调查。该种情形中，可以命令合议庭的构成人员，或者可以委托地方裁判所或简易裁判所进行证据调查。”

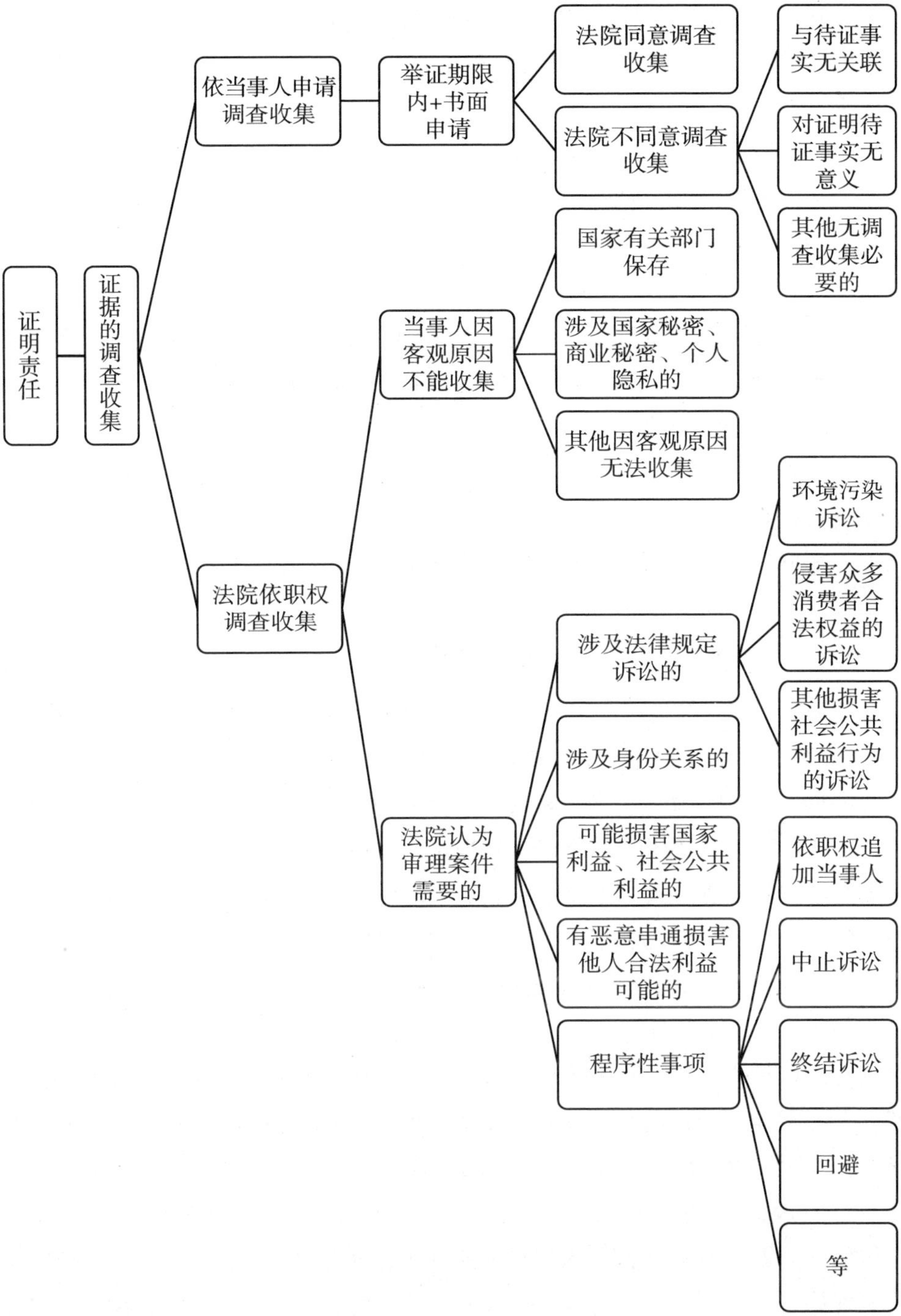
证明责任
证据的调查收集
依当事人申请调查收集
举证期限内+书面申请
法院同意调查收集
法院不同意调查收集
与待证事实无关联
对证明待证事实无意义
其他无调查收集必要的
法院依职权调查收集
当事人因客观原因不能收集
国家有关部门保存
涉及国家秘密、商业秘密、个人隐私的
其他因客观原因无法收集
法院认为审理案件需要的
涉及法律规定诉讼的
环境污染诉讼
侵害众多消费者合法权益的诉讼
其他损害社会公共利益行为的诉讼
涉及身份关系的
可能损害国家利益、社会公共利益的
有恶意串通损害他人合法利益可能的
程序性事项
依职权追加当事人
中止诉讼
终结诉讼
回避
等

图3-1　证据取证的流程

2019年《民事证据规定》中调查取证的微调之处体现在：

（1）明确了申请期限。明确了当事人及其诉讼代理人申请人民法院调查取证的时限，即必须在举证期限届满前提交书面申请。

（2）必须有明确的线索。对当事人申请人民法院调查取证的，申请书除了列明调取的证据名称、内容，调查取证的原因和要证明的事实外，增加了必须要有明确的线索，意即对于无调查取证线索的或者说笼统地要求人民法院调查取证的，不予支持。

（3）增加了对视听资料和电子数据的证据保全内容。规定人民法院对视听资料、电子数据采取证据保全措施的，应当要求被调查人提供原始载体；提供原始载体确有困难的，可以提供复制件。

（4）增加了调查取证的程序要求。人民法院调查取证可能需要鉴定的，应当遵守鉴定的相关技术规范，确保证据不被污染，从而保证鉴定过程建立在真实、原始、干净的鉴定检材的基础之上，从而最大可能确保鉴定意见的准确性。

二、当事人申请调查取证的程序要求

相对于当事人的举证行为，对于当事人申请调查取证应有一定的程序性要求。

（一）申请调查取证必须遵守举证期限的规定，须在举证期限届满前提出

根据《民事诉讼法》有关举证时限的要求，原则上当事人申请调查收集证据应在举证期限届满前，但也存在例外。2019年《民事证据规定》第50条第2款规定“举证通知书应当载明举证责任的分配原则和要求、可以向人民法院申请调查收集证据的情形、人民法院根据案件情况指定的举证期限以及逾期提供证据的法律后果等内容”，第51条第2款规定“人民法院指定举证期限的，适用第一审普通程序审理的案件不得少于十五日，当事人提供新的证据的第二审案件不得少于十日。适用简易程序审理的案件不得超过十五日，小额诉讼案件的举证期限一般不得超过七日”，这些规定同样适用于当事人申请调查取证的时限期限。2019年《民事证据规定》第20条将2001年《民事证据规定》第19条所规定的“不得迟于举证期限届满前七日”，修改为“当事人及其诉讼代理人申请人民法院调查收集证据，应当在举证期限届满前提交书面申请”，保持与举证时限规定上的同一性。当然，有原则，必有例外：

例外情形之一：对证据瑕疵补正的，允许当事人申请调查收集证据。对于举

证期限届满后，无论是主张方提出的攻方证据，还是抗辩方提出的防御证据，需要对证据的瑕疵补正的，可以另行确定举证期限，而不能绝对地的以存在举证期限为由，“一刀切”式拒绝当事人申请调查收集证据。2019年《民事证据规定》第51条第3款规定，“举证期限届满后，当事人提供反驳证据或者对已经提供的证据的来源、形式等方面的瑕疵进行补正的，人民法院可以酌情再次确定举证期限，该期限不受前款规定的期间限制”，即在这种逾期申请的情况下，当事人申请调查收集证据依然允许。

例外情形之二：因客观原因逾期的，允许当事人申请调查收集证据。根据2020年《民诉法司法解释》第101条规定：“当事人逾期提供证据的，人民法院应当责令其说明理由，必要时可以要求其提供相应的证据。当事人因客观原因逾期提供证据，或者对方当事人对逾期提供证据未提出异议的，视为未逾期。”当事人因为“客观原因”导致逾期申请调查收集证据的，应当视为未逾期，即因为客观原因导致当事人未能在举证期限内提出申请的，逾期后，仍然可以向人民法院申请调查收集证据。

例外情形之三：当事人故意或重大过失未申请调查收集，但证据涉及基本事实时，允许当事人申请调查收集证据。此时，当事人申请调查收集该证据，人民法院应当准许进行调查收集。根据2020年《民诉法司法解释》第102条第1款规定：“当事人因故意或者重大过失逾期提供的证据，人民法院不予采纳。但该证据与案件基本事实有关的，人民法院应当采纳，并依照民事诉讼法第六十五条、第一百一十五条第一款的规定予以训诫、罚款。”

（二）必须以书面方式提出

根据调查取证依申请的原则，当事人申请调查取证的，必须提供书面的申请书，否则，仅仅是口头表达过且并非向人民法院正式提出的，因法院未调取证据导致案件事实真伪不明的，后果责任由该主张方承担。当然，当事人因书写困难要求法院记录在案的，应视同当事人提出申请，根据2020年《民诉法司法解释》第97条规定，对于书写有困难的，应当将口头申请记录在案，当事人签字或捺印。

（三）法院要对当事人的申请进行审查

法院对当事人申请审查，看其是否具备法定条件。具备法定条件，允许调查取证；不具备法定条件或调查取证无意义的，不予支持。当然也不允许出现当事人只要申请，法院就进行调查取证，这样有违法院的中立性原则和司法公正，也与我国现行的民事诉讼模式的调整方向背道而驰。与此同时，人民法院调查收集证据未依当事人申请，属于违反法定程序，依《民事诉讼法》第170条第1款规定，“第二审人民法院对上诉案件，经过审理，按照下列情形，分别处理：……（四）原判决遗漏当事人或者违法缺席判决等严重违反法定程序的，裁定撤销原判决，发回原审人民法院重审”。如果未发生影响正确判决的，一般认为不足以撤销原判，发回重审。

（四）对于案件审理需要的主要证据，如果人民法院未能根据当事人申请去调查收集，构成民事再审的法定理由

（1）根据《民事诉讼法》第200条第1款第1项的规定，“当事人的申请符合下列情形之一的，人民法院应当再审：（一）有新的证据，足以推翻原判决、裁定的……”

（2）根据《民事诉讼法》第200条第1款第5项的规定，“当事人的申请符合下列情形之一的，人民法院应当再审：……（五）对审理案件需要的主要证据，当事人因客观原因不能自行收集，书面申请人民法院调查收集，人民法院未调查收集的……”

三、当事人申请调查取证的条件

根据我国立法和司法解释的规定，我国民事诉讼实行“谁主张，谁举证”的原则，人民法院调查收集证据应符合相应的条件和范围。根据《民事诉讼法》第64条第2款和2020年《民诉法司法解释》第94条、第95条、第96条的规定，依证明责任的原理，当事人是举证责任的主体，当事人申请人民法院调查取证系当事人对其主张自行提供证据的有益补充，法律属性上属于当事人举证的范畴，人民法院只是进行补充性收集证据，即使是“当事人因客观原因无法自行收集证据，但是并不能因此否认其承担的举证责任”[1]。因此，调查取证的行为是当事人承担证明责任的自然延伸，即当事人申请法院调取证据必须满足相应的条件，对于符合法定条件的，人民法院应当予以调取；对于不符合法定条件的，不予支持。

（一）当事人及其诉讼代理人因客观原因不能自行收集的证据

1.当事人因客观原因不能自行收集的证据，可以申请人民法院调取。什么是2020年《民诉法司法解释》第94条第1款“（三）当事人及其诉讼代理人因客观原因

〔1〕 最高人民法院民事审判第一庭编著：《最高人民法院新民事诉讼证据规定理解与适用（上）》，人民法院出版社2020年版，第233页。

不能自行收集的其他证据”中的“客观原因”这一兜底性条款，对这一“兜底”条款中的“客观原因”到底作何理解，存在不同的认识：第一种观点认为，第3项中的“客观原因”应当是与第1项、第2项的性质基本相同的原因，不能扩大“客观原因”的范围。第二种观点认为，对“客观原因”应当不作限制，即只要出现了“不能自行收集”的情形，都符合“客观原因”的旨意。第三种观点认为，这种“客观原因”应当交由裁判者根据案件的具体情况作出判断，不应当作具体的限制。由法院、法官根据个案的实际情况，本着证据关联性与证明价值两项基本原则，自由裁量。

司法实践中，一些法院对于调查收集证据的条件掌握过于“量化宽松”，即使当事人申请调查收集的证据对于待证事实的证明缺乏必要性，出于司法实践中一些诉讼制度以外的非正当因素考虑，法院也依然进行调查收集，既浪费了审判资源，又由于调查收集的证据无法发挥作用而产生新的矛盾，例如，易产生法官存在偏向或法官为一方当事人说话的嫌疑，从而影响了民事诉讼的公正性和裁判可接受性。因此，对不属于“当事人及其诉讼代理人因客观原因不能自行收集的其他证据”，不予调查取证。例如，如果举证人申请调查取证的主要理由是“个人不可能进行逐户调查”“个人无权让基层政府组织调查”等类似理由，这些理由并不属于法律规定的当事人或其代理人不能自行收集证据的情形，应当不予支持，可以根据《民事诉讼法》第64条第2款、2020年《民诉法司法解释》第94条和第96条的规定，由于举证人没有完成其举证义务，依《民事诉讼法》第64条第1款判决其承担相应的法律责任。

2.从证据的证明力来看，申请调查收集的证据必须能够证明待证事实。根据2019年《民事证据规定》第85条第2款，如果当事人申请调查取证的证据对于待证事实的证明是没有意义的，法院不应准许调查收集。如果对于待证事实，事实存在或者不存在，法官已形成内心确信，无论当事人申请与否，均没有调查取证的必要。

对于间接证据是否可以调查取证，立法和司法解释没有明确规定，从立法的本意来看，核心还是在于对证据的关联性与证明价值的判断上，而不在于所谓的概念、名称上的区别。对间接证据是否可以调查取证不能因为其是间接证据，就采取“一刀切”方式，一律不予支持。如果间接证据对于待证事实的证明非常紧密，能够佐证整个间接证据链条，十分有必要的，应当可以进行调查取证；但对待证事实的证明关联度不高、调取证据的证据证明力十分微弱、不能有助于提高或达到证明标准的，则无调查取证的必要。

（二）再审程序中的“人民法院未调查收集的”

一、二审程序中的人民法院认为审理案件需要的证据，主要是指2020年《民诉法司法解释》第96条规定的条件，构成人民法院认为审理案件需要的证据。关于再审程序中的“人民法院未调查收集的”，申请法院调取的必须是主要证据，而不是“证据”。[1]主要证据是指“对认定案件基本事实必不可少、具有足够证明力的证据，没有该主要证据，案件基本事实就不能认定，或者有和该证据证明内容相反的证据，案件事实就会相反，裁判结果也会不同”。[2]从证明对象的角度来看，申请法院调取证据必须是案件基本事实所必须的证据，不符合这一前置性条件的，人民法院不予调取。根据2020年《审判监督司法解释》第9条规定：“民事诉讼法第二百条第（五）项规定的‘对审理案件需要的主要证据’，是指人民法院认定案件基本事实所必须的证据。”例如，当事人申请调取对方单位的财务账册，以证明其合同履行情况，而待证事实是双方未按照合同约定开工等违约事实，财务账册对于是否按照合同约定开工与违约情况的证明来说，不属于主要证据，因此不会得到法院的支持。再如，当事人认为法院未对其申请调查的证据调查取证及对公章未予鉴定的问题，而事实上，如果人民法院根据双方当事人提交的证据，已经完全能够认定本案的事实，调查取证或对公章进行鉴定已无必要性，故不予支持。

对于案件审理需要的“主要证据”，在符合条件的情况下，人民法院未予调查收集的，可能会启动再审。从一、二审的“证据”到再审“主要证据”，反映的是不同程序的功能定位，由于再审程序的纠错功能，主要证据在一定程度是反映或体现着法律事实真相，如果主要证据没有调取，也就意味着远离事实真相，但为了在“法律秩序安定性、诉讼公正、司法权威等诸多价值中取得平衡状态”[3]，并没有将未予调取的范围设定为“证据”，从而维护生效裁判确定的法律秩序的稳定性。

在司法实践中，会遇到法院依职权调查收集的证据并不属于应当调查收集的证据，或者说与待证事实无关联，或者对证明待证事实无意义或者其他无调查收集

〔1〕 1991年《民事诉讼法》第179条规定：“当事人的申请符合下列情形之一的，人民法院应当再审：……（五）对审理案件需要的证据，当事人因客观原因不能自行收集，书面申请人民法院调查收集，人民法院未调查收集的……”

〔2〕 最高人民法院民事诉讼法修改研究小组编著：《〈中华人民共和国民事诉讼法〉修改条文理解与适用》，人民法院出版社2014年版，第444页。

〔3〕 最高人民法院民事诉讼法修改研究小组编著：《〈中华人民共和国民事诉讼法〉修改条文理解与适用》，人民法院出版社2014年版，第438页。

必要的，但如果法院在对证据认证时，并没有采信这些证据，未影响实体审理的，根据《民事诉讼法》第200条第1款第5项规定和2020年《审判监督司法解释》第9条规定，只有涉及主要证据未调查收集的，才有可能启动再审，而如果仅是调查了不应当调查的证据，虽说有做“无用功”的嫌疑，但因未影响实体审理，因此并不属于再审审理的范围。

四、司法实务中的依当事人申请调查取证

1.属于国家有关部门保存的档案材料，应予调取证据。根据2020年《民诉法司法解释》第94条规定，涉及环境污染案件，当事人提出申请，请求法院调取地方环境监测站对相对方公司排污的抽查记录，在一审举证期限届满前，申请一审法院调取未获准许，根据2020年《民诉法司法解释》第94条的规定，应当予以准许。

2.待证事实已查清，当事人申请调查取证不予支持。有证据证明已交付购房款，相对人申请调查是否真实交付，不予准许。负举证责任的当事人提供了第三人出具的收款收据，证明其已交付购房款的前提下，如对方当事人主张举证人并未真实交付购房款，应当提供证据予以证明。即使相对人认为其因客观原因不能自行收集相关证据，也应向法院提供初步证据，证明举证人交付款项之事实确实存有疑点。未有初步证据，仅仅是怀疑举证人未实际交付，对此调查取证的申请，不予支持。

3.对证明待证事实无意义的，不予调取。情况一，对方持有欠条原件，当事人申请调查银行往来明细不予支持。相对方持有第三方借条原件，一方当事人申请法院调取相对方与第三方之间在一段时间内的所有银行账户款项往来明细，在没有证据否定借条真实性的情况下，一方当事人申请调查取证对查清案件的基本事实没有决定性的作用，对调查所有银行往来明细的申请，不予准许。情况二，自认私刻公章，已无调查取证的必要性。一方当事人已自认其私刻单位公章及项目部印章的事实，并对在涉案合同签订和工程款结算中使用私刻印章的情况作了相应陈述，该印章是否私刻并不影响本案中对该方当事人相关行为法律性质的认定。因此，相对方申请调取证据，不予支持。

4.无关联性的证据，不予调取。情况一，申请调取相对人开具的增值税发票与待证事实无直接关联，不予调查收集。在票据纠纷中，汇票付款人或代理付款人没有查证票据基础交易关系是否真实的法定义务，无论对方当事人是否开具了增值税发票，只要汇票在形式上符合《票据法》的规定，银行依法就应履行付款义务，负

举证责任的当事人申请法院调取相对人开具的增值税发票与待证事实并无直接的关联性，不予调查取证。情况二，录音证据中无待证事实内容，申请声纹鉴定不予支持。案件中的待证事实是借款是否已经发生，如果当事人提供录音及录音书面整理资料，但该录音中的谈话内容虽涉及欠款事宜，但未涉及款项的具体收付及借款具体内容等明确内容。因此，当事人如果主张对该谈话中的声纹鉴定进行申请，两者之间缺乏关联性，不予支持。

5.申请调取的证据不属于基本事实的，不予支持。情况一，申请调取缴税凭证不属于认定劳务派遣的基本事实。2020年《审判监督司法解释》第9条规定，对审理案件需要的证据是指“人民法院认定案件基本事实所必须的证据”。当事人主张与对方系劳务派遣关系，但法律未规定认定劳务派遣必须以缴税凭证为依据，故当事人申请调取对方缴税凭证，不属于认定本案基本事实所必须的证据，不予调取。情况二，申请调取村民代表及村委会意见的证据，不属于土地转换协议效力的基本事实。根据2020年《审判监督司法解释》第9条的规定，双方当事人签订的土地转换协议违反了法律的强制性规定而无效，不因该转换协议经村民代表、村两委的同意而改变其效力。因此，负担举证责任的当事人书面申请法院调查收集村民代表、村两委是否同意，并非认定本案基本事实所必须的证据，不予调取。

6.不属于因客观原因不能自行收集的证据，不予调取。情况一，申请调查自己委托评估的评估报告，不予准许。负举证责任的当事人向法院申请调查收集的证据是有关评估报告，而该评估报告系负举证责任的当事人委托相应评估机构作出，当事人可自行向作出上述报告的评估机构收集相关证据。因此，负举证责任的当事人向法院申请调查收集的证据不属于当事人因客观原因不能自行收集的证据，不予调查取证。情况二，当事人自己所有的或者持有的证据，不属于申请调查收集证据的范围。如当事人申请法院调取在银行开立账号有关资料。该账号是当事人本人申请开立的，属于其自己所有，与开立该账号有关的资料不属于《民事诉讼法》及司法解释规定的当事人因客观原因不能自行收集的证据，不予调取。情况三，属于当事人证明责任的范畴，不予调取。如侵权纠纷中，举证人请求相对人赔偿损失，根据2020年《民诉法司法解释》第90条的规定，举证人应提供对物品是否存在、去向以及实际支出的凭证等证据，上述证据不属于2020年《民诉法司法解释》第94条规定的当事人及诉讼代理人因客观原因不能自行收集的证据，不予调取。情况四，控股股东申请调取本公司资料，不予准许。负举证责任的当事人作为某公司持股的控股股东，申请调查收集该公司相关资料，不属于当事人因客观原因不能自行收集的证据，不予准许。情况五，根据《民事诉讼法》第64条第2款的规定，另案刑事判决在本案一审作出判决之前即已作出，并不属于当事人因客观原因不能自行收集的证据，不予调取。

7.未举证证明存在合同原件，申请调查取证不予准许。相对人在诉讼中明确表示合同原件已经撕毁，举证人未举证证明相对人持有该合同原件，故对举证人调查收集证据的申请，不予准许。

8.鉴定意见已符合庭审要求，申请调取相关鉴定人情况不予准许。鉴定机构对法院的回复函，是针对法院的咨询而出具的说明鉴定报告内容的证据材料，鉴定机构以单位名义加盖单位印章，已满足证据真实性的要求，并无必要要求制作人出庭作证，也不能以没有制作人签字为由否定其证明力。申请调查相关鉴定人情况，不予准许。

【典型案解】

（一）法律性质

1.【裁判规则】当事人是举证责任的承担者，人民法院依申请调查收集证据承担有限的补充作用

典型案例

周某某与赵某某等产品责任纠纷案［最高人民法院（2015）民申字第1387号］

再审申请人（一审被告、二审上诉人）：周某某

被申请人（一审原告、二审上诉人）：赵某某等

裁判观点

最高人民法院认为，根据《民事诉讼法》第64条第1款、第2款和《民诉法司法解释》第94条第1款规定，民事诉讼遵循“谁主张，谁举证”的原则，当事人是举证责任的承担者，人民法院仅在特定条件下，依照一定的程序承担有限的补充作用。本案并不存在相关证据由国家有关机关保存，当事人及其诉讼代理人无权查阅调取或者涉及国家秘密、商业秘密或者个人隐私的情形，周某某对自己主张的事实应自行承担举证责任，其申请人民法院依职权调查收集证据缺少充分的理由，一、二

审法院对其申请不予准许并无不当，本案并不存在因人民法院未调查取证导致认定事实不清的情形。

2.【裁判规则】是否应当依当事人申请调取相关证据，属于人民法院程序性自由裁量权

典型案例

深圳市乾丙实业有限公司与凉山州绿色家园管理委员会等农村土地承包合同纠纷案［最高人民法院（2019）最高法民申6526号］

再审申请人（一审原告、二审上诉人）：深圳市乾丙实业有限公司（以下简称乾丙实业）

被申请人（一审被告、二审被上诉人）：凉山州绿色家园管理委员会（以下简称绿色家园管委会）

裁判观点

最高人民法院认为，根据《民诉法司法解释》第94条规定，人民法院是否应当依当事人申请调取相关证据，属于程序性自由裁量权，需根据该证据对案件裁判的必要性予以斟酌，并结合上述规定，特别是第三种情形的把握，作出适度裁量。本案乾丙实业、禾朵公司申请调查收集的四项证据，即2015年上半年召开的绿色家园产业大会会议记录等相关资料、变更协议书写形成过程、双页单面内容的变更协议、张某与第三人共同商议确定的“申请意见”的具体内容，该四项证据与认定变更协议真实性均无直接关联，并非审理本案需要的主要证据，在原审足以依据已有证据认定本案基本事实的情况下，可以认定其不属于上述司法解释所规定的人民法院应当调取的证据，故原审对该四项证据未予调查收集并不违反法定程序。

3.【裁判规则】申请调查的证据应与案件争议具有法律上的关联性，具备初步的证据能力，且相关事项确为查明案件基本事实所需的证据

典型案例

王某某等与广东英广投资有限公司等股权转让纠纷案［最高人民法院

(2020) 最高法民申990号]

再审申请人(一审原告、二审上诉人):王某某等

被申请人(一审被告、二审被上诉人):广东英广投资有限公司(以下简称英广公司)

裁判观点

最高人民法院认为,根据《民事诉讼法》第64条、《民诉法司法解释》第90条和第95条的规定,人民法院准许并调查收集的证据,应系经初步判断与案件争议具有法律上的关联性,具备初步的证据能力,且相关事项确为查明案件基本事实所需的证据。根据原审法院查明的事实及王某某再审申请书的内容,本案中,王某某认为原审法院未予准许其调查收集证据申请不当,主要涉及两个事项:一是东毅公司欠付广州浩德装饰工程有限公司工程款在执行中已抵销;二是刘某某与英广公司之间交易存在恶意串通。而广东省广州市中级人民法院于2015年作出(2015)穗中法审监民再字第23号民事判决,判令:驳回王某某要求浩德公司归还借款本金300万元及利息的诉讼请求。至此,王某某已无法在执行中实现债权债务的互抵。而刘某某不是案涉合同当事人,与王某某无直接法律关系。因此,原审法院认为王某某申请人民法院调查的事实与待证事实无关联,无调查收集必要,不予准许王某某调查收集证据的申请,理据充分,法院予以认可。

4.【裁判规则】申请调查取证和申请鉴定是当事人在民事诉讼中的两项不同的权利,将申请鉴定未获人民法院准许视为人民法院未依职权调查收集证据,不符合法律规定

典型案例

黑龙江省皓月食品工业股份有限公司与牡丹江市联发建筑安装工程有限公司建设工程施工合同纠纷案[最高人民法院(2016)最高法民申3085号]

再审申请人(一审被告、反诉原告、二审上诉人):黑龙江省皓月食品工业股份有限公司(以下简称皓月公司)

被申请人(一审原告、反诉被告、二审上诉人):牡丹江市联发建筑安装工程有限公司(以下简称联发公司)

裁判观点

最高人民法院认为，皓月公司申请再审主张的“对审理案件需要的主要证据，当事人因客观原因不能自行收集，书面申请人民法院调查收集，人民法院未调查收集的”情形，是指该公司在原审中以书面形式向原审法院提交了工程造价鉴定申请，而原审法院未予准许。法院认为，关于申请鉴定，2001年《民事证据规定》第25条作了明确规定，同时该司法解释第17条对于当事人申请人民法院调查收集证据的范围也作出了明确规定，即是指“（一）申请调查收集的证据属于国家有关部门保存并须人民法院依职权调取的档案材料；（二）涉及国家秘密、商业秘密、个人隐私的材料；（三）当事人及其诉讼代理人确因客观原因不能自行收集的其他材料”。申请鉴定和申请调查取证是当事人在民事诉讼中的两项不同的权利，皓月公司将申请鉴定未获人民法院准许视为人民法院未依职权调查收集证据，是对《民事诉讼法》及相关司法解释规定的理解错误。皓月公司在原审中申请工程造价鉴定，应当按照《民事诉讼法》及相关司法解释的规定提出，但该申请显然不属于《民事诉讼法》第200条第5项规定的人民法院调查收集证据的范围。故皓月公司该项申请再审事由不成立。

（二）适用程序

1.【裁判规则】未在举证期限届满前书面申请调查收集证据的，人民法院不予调取

典型案例

向某某与国网四川越西供电有限责任公司追索劳动报酬纠纷案［四川省高级人民法院（2020）川民申3644号］

再审申请人（一审原告、二审上诉人）：向某某

被申请人（一审被告、二审被上诉人）：国网四川越西供电有限责任公司

裁判观点

人民法院认为，关于向某某根据《民事诉讼法》第200条第5项的规定向法院申请再审的问题，法院经审查认为，2019年《民事证据规定》第20条规定“当事人及其诉讼代理人申请人民法院调查收集证据，应当在举证期限届满前提交

书面申请”。因向某某没有提供证据证明其在举证期限届满前提交书面申请，申请人民法院调查收集证据，向某某的该项申请理由没有事实依据，依法不能成立。

2.【裁判规则】未向人民法院提出调查收集证据的书面申请的，不予调取

典型案例

范某某与长春建工集团汇鑫建筑有限公司等建设工程施工合同纠纷案[最高人民法院（2016）最高法民申2581号]

再审申请人（一审原告、二审上诉人）：范某某

被申请人（一审被告、二审被上诉人）：长春建工集团汇鑫建筑有限公司

裁判观点

最高人民法院认为，再审申请人范某某主张其在原审中申请人民法院到劳动监察、建筑管理或者房产部门等调取涉案工程备案的证据，用以证明案涉工程结算和东方置业公司支付工程款的情况，但原审法院未依职权前去调查收集证据，也未予答复。《民事诉讼法》第200条第5项规定，“对审理案件需要的主要证据，当事人因客观原因不能自行收集，书面申请人民法院调查收集，人民法院未调查收集的”，应当再审。法院认为，无论上述证据是否系审理本案需要的主要证据，在本案审理过程中范某某并未向原审法院提出调查收集证据的书面申请，而且范某某申请调查收集的证据亦不属于人民法院依职权调取证据的范围，故范某某依据该项再审事由申请再审的理由不成立，法院不予支持。

3.【裁判规则】当事人申请调查取证，应当提供证据证明有关证据可能存在

典型案例

江苏泓建集团有限公司与枣庄市盛苑房地产开发有限公司建设工程施工合同纠纷案[最高人民法院（2017）最高法民申2462号]

再审申请人（一审原告、二审上诉人）：江苏泓建集团有限公司（以下简称泓建公司）

被申请人（一审被告、二审被上诉人）：枣庄市盛苑房地产开发有限公司（以下简称盛苑公司）

裁判观点

最高人民法院认为，相关证据存在，是申请法院调查取证的前提。当事人申请调查取证，应当提供证据证明有关证据的可能存在。根据一、二审查明，盛苑公司与泓建公司签订的建设工程施工合同约定，双方进行工程结算，须泓建公司提交有关结算资料。双方还同意共同委托晨旭公司进行工程造价审计。但泓建公司并未有证据证明其提交了有关资料或晨旭公司依照双方约定对案涉工程进行了造价审计。相反，晨旭公司出具的工作联系单载明，泓建公司未提交结算资料其无法审计，盛苑公司也对双方曾依约委托晨旭公司进行造价审计予以否认。故此种情况下，二审法院认为没有证据显示晨旭公司作出审计报告并无不当。

4.【裁判规则】审理案件需要的主要证据未予调取核查，属程序不当

典型案例

徐某某与杭州丘山进出口有限公司进出口代理合同纠纷案［最高人民法院(2017)最高法民申1790号］

再审申请人（一审原告、反诉被告、二审上诉人）：徐某某

被申请人（一审被告、反诉原告、二审被上诉人）：杭州丘山进出口有限公司（以下简称丘山公司）

裁判观点

最高人民法院认为，根据本案查明的事实，丘山公司与哈姆宁公司签订的联合出口合同书并不涉及徐某某相关权利义务，因此该33份提单项下货物的真实买受人对本案事实认定有关键影响。原审中，徐某某申请调取诉争33份提单项下货物的相应票据、出口订货合同及真实买受方等相关证据，该部分证据属于审理案件需要的主要证据，对本案关键事实的认定有着重要影响，但原审法院未予调取核查，属程序不当。根据《民事诉讼法》第200条第5项规定，对审理案件需要的主要证据，当事人因客观原因不能自行收集，书面申请人民法院调查收集，人民法院未调

查收集的，应当再审。另《民事指令再审和发回重审规定》第2条规定，因未调查收集证据而导致再审的，可以指令原审人民法院再审。再审审理过程中，应尽力调取与本案诉争33份提单相关的主要证据，并严格依据举证责任分配原则公正处理本案，力求妥善化解矛盾，实现案结事了。

5.【裁判规则】当事人及其诉讼代理人申请人民法院调查收集证据，应当在举证期限届满前提交书面申请

典型案例

李某甲与青海省发展和改革委员会工伤保险待遇纠纷案［青海省高级人民法院（2020）青民申481号］

再审申请人（一审原告、二审上诉人）：李某甲

被申请人（一审被告、二审被上诉人）：青海省发展和改革委员会（以下简称青海省发改委）

裁判观点

人民法院认为，关于一、二审人民法院对当事人书面申请调查收集的主要证据是否未予调查收集的问题。根据2019年《民事证据规定》第20条规定，李某甲在再审申请书中提到申请人民法院调取青海省民政厅关于李某甲有关工伤待遇落实情况的报告［青民专报（2009）16号］，但在一、二审审理过程中，其均未向人民法院书面申请调查收集上述证据，再审申请人的此项再审申请理由不能成立。

6.【裁判规则】未在举证期限届满前申请调取证据，主张程序违法，依据不足，不予支持

典型案例

曾某甲等与汤某乙民间借贷纠纷案［河南省高级人民法院（2020）豫民申4392号］

再审申请人（一审被告、二审上诉人）：曾某甲等

被申请人（一审原告、二审被上诉人）：汤某乙

裁判观点

人民法院认为，关于原审程序问题。申请人主张原审法院未准许其申请调取汤某乙出借资金来源的申请，属于程序违法，对此，法院认为，当事人对自己提出的主张，有责任提供证据。当事人及其诉讼代理人因客观原因不能自行收集的证据，人民法院应当调查收集。当事人及其诉讼代理人申请人民法院调查收集证据，应当在举证期限届满前提交书面申请。因申请人并未在举证期限届满前书面申请调取证据，故其主张原审程序违法，依据不足，不予支持。

7.【裁判规则】申请书应当载明被调查人的姓名或者单位名称、住所地等基本情况、所要调查收集的证据名称或者内容、需要由人民法院调查收集证据的原因及其要证明的事实以及明确的线索

典型案例

大连远通船舶系固服务有限公司与上海通顺货运有限公司等水域财产损害责任纠纷案［最高人民法院（2016）最高法民申3726号］

再审申请人（一审被告、二审上诉人）：大连远通船舶系固服务有限公司（以下简称远通公司）

被申请人（一审原告、二审被上诉人）：上海通顺货运有限公司

裁判观点

最高人民法院认为，本案是侵权责任纠纷，远通公司与东靖公司基于不同合同关系，分别承担了与涉案货物运输有关的绑扎作业与运输作业，因涉案运输为沿海货物运输，一审法院援引《国内水路货物运输规则》（已废止）关于由托运人负责货物的特殊加固、捆扎和烧焊的规定，分析涉案绑扎、焊接作业义务人，二审判决予以认可并无不当。在有证据证明不当焊接发生在远通公司绑扎作业期间的情况下，应由远通公司提供反证。远通公司关于二审法院分配举证责任错误的申请理由不能成立，法院不予支持。

此外，根据2001年《民事证据规定》第18条规定，远通公司在其补充上诉状中请求二审法院依职权调查取证，不符合上述规定，其主张调查收集的证据也不符合《民诉法司法解释》第96条关于人民法院可以依职权调查收集证据范围的规定。

远通公司关于本案存在《民事诉讼法》第200条第5项规定情形的申请理由，不能成立，法院不予支持。

8.【裁判规则】对调取到的证据应当组织双方当事人进行质证

典型案例 ▶▶

秦某甲与山东嘉华保健品股份有限公司侵害发明专利权纠纷案［最高人民法院（2018）最高法民申4840号］

再审申请人（一审原告、二审上诉人）：秦某甲

被申请人（一审被告、二审被上诉人）：山东嘉华保健品股份有限公司（以下简称嘉华公司）

裁判观点 ▶▶

最高人民法院认为，根据《民事诉讼法》第64条第1款、第2款和《民诉法司法解释》第95条的规定，在一审法院受理前，一审法院已根据秦某甲的申请到嘉华公司进行诉前保全证据；在案件审理过程中，一审法院又先后到山东省科学技术厅、山东省财政厅，调查嘉华公司（或嘉华集团）的大豆蛋白废水提取乳清蛋白省级创新资金扶持项目的有关情况，均未发现所调查项目的信息。在二审审理中，二审法院亦根据秦某甲的申请先后赴山东省财政厅、莘县科学技术局并委托聊城市中级人民法院赴聊城市科学技术局就嘉华公司等申请大豆蛋白废水提取乳清蛋白省级创新资金扶持项目的相关情况进行了调查，并且对调取到的证据，组织了双方当事人进行了质证。因此，一、二审法院已经依法采取了诉前证据保全、调查取证等措施，不存在程序违法的情形。秦某甲关于一、二审法院程序违法的再审申请理由不成立，法院不予支持。

（三）应予调取

1.【裁判规则】申请调查收集的证据，必须与待证事实有关联，对证明待证事实有意义

典型案例 ▶▶

郑某甲与青海闽商融资担保有限公司借款合同纠纷案［最高人民法院

(2018) 最高法民申546号]

再审申请人（一审原告、二审上诉人）：郑某甲

被申请人（一审被告、二审被上诉人）：青海闽商融资担保有限公司（以下简称闽商担保公司）

裁判观点

最高人民法院认为，关于二审法院没有依郑某甲的申请调查收集有关证据的问题。二审中，郑某甲提出申请，请求调取宋某乙的银行账号信息。二审法院认为，当事人对于客观原因不能自行收集的证据，可以申请人民法院调查取证。但申请调查收集的证据，必须与待证事实有关联，对证明待证事实有意义。郑某甲申请调取宋某乙的银行账号信息，与待证的事实之间无必然联系，对其申请不予准许。法院认为，二审法院的理由成立，因为2015年1月16日的转账只有转账记录，没有书面合同，因此，即使调取到宋某乙的账户与闽商担保公司有联系，也不能得出借款人就是闽商担保公司的结论。根据《民诉法司法解释》第95条的规定，郑某甲的该项申请再审理由不能成立。

2.【裁判规则】申请人提供初步证据证明存在人格混同情形，人民法院有权依申请调取是否存在财务混同法定情形

典型案例

国发节能环保发展集团有限公司等与国电光伏有限公司等股东损害公司债权人利益责任纠纷案[最高人民法院 (2020) 最高法民申5116号]

再审申请人（一审被告、二审上诉人）：国发节能环保发展集团有限公司（以下简称国发节能公司）等

被申请人（一审原告、二审被上诉人）：国电光伏有限公司（以下简称国电光伏公司）等

裁判观点

最高人民法院认为，国发节能公司、国发后勤公司、郭某甲的再审申请不符合《民事诉讼法》第200条第2项规定情形。第一，原判决认定三家公司之间存在财务

混同并无不当。首先，原审法院依国电光伏公司申请调取国发华企公司的银行流水不违反法律规定。依照2001年《民事证据规定》第2条规定，当事人因客观原因不能自行收集的证据，可申请人民法院调查收集。国电光伏公司一审中提供了初步证据证明三家公司住所地、联系方式、高管人员、业务范围等存在混同情形。在此情况下，一审法院调取银行流水以查明三家公司是否存在财务混同，于法有据。其次，原判决举证责任分配适当。一审法院调取的国发华企公司五个银行账户往来明细反映三家公司之间存在多笔大额资金往来，但三家公司和郭某甲均称不清楚国发华企公司与三股东之间有无业务往来以及资金往来的原因。一审法院向国发节能公司、国发后勤公司、郭某甲释明启动司法审计的必要性，告知国发华企公司及其三股东作为持有人有义务配合提供财务账册，对举证责任的分配并无不当。在法院释明法律后果的情况下，国发华企公司及其股东仍不同意财务审计且不配合提供财务账册，故根据2019年《民事证据规定》第48条规定，原审法院认定案涉财务账册记载了财务混同内容，并无不当。第二，三家公司之间存在人格混同。除上述财务混同原因外，还表现在人员混同、经营场所混同及业务混同等方面，原判决已详细阐述，法院予以认可。国发节能公司、国发后勤公司虽主张实际办公地点与登记的住所地不同、公司使用的联系电话为分机号码、电子邮箱不同等，但均不足以否定原审法院的事实认定。根据《民诉法司法解释》第108条第1款规定，国电光伏公司的举证已经达到证明标准，原判决认定国发节能公司、国发后勤公司与国发华企公司之间存在人格混同，于法有据。

3.【裁判规则】当事人及其诉讼代理人因客观原因不能自行收集的证据，人民法院应当调查收集

典型案例

戚某等与叶某某等民间借贷纠纷案［最高人民法院（2015）民申字第828号］

再审申请人（一审被告、二审上诉人）：戚某等

被申请人（一审原告、二审被上诉人）：叶某某等

裁判观点

最高人民法院认为，证明标准是负担证明责任的人提供证据证明其所主张法

律事实所要达到的证明程度。根据《民诉法司法解释》第108条第1款规定，本案中，各方当事人以及相关案外人之间存在多笔资金往来，交易情况非常复杂，各方当事人均无任何书面协议、收据或者收条等能够证明当事人之间存在民间借贷法律关系的直接证据，而仅有银行转款凭证、案外1800万元交易的情况、有关当事人的陈述等证据，并不足以使人民法院确信当事人之间民间借贷法律关系的存在具有高度可能性。在此情况下，叶某某与汇丰公司之间是否存在直接的资金往来的事实对于确定真实的借款人以及查明涉案的1000万元是否已经偿还至关重要。昶荣公司在因客观原因不能自行收集上述有关证据的情况下，向二审法院申请调查汇丰公司于2012年11月16日要求光大银行将944万元划到江阴锦坤钢铁经营部之后的去向以及叶某某的账户在2012年资金往来的情况，符合《民事诉讼法》第64条第2款、《民诉法司法解释》第96条第1款第4项的规定，人民法院应当调查收集相关证据，但二审法院未予准许，构成了《民事诉讼法》第200条第5项规定的情形。此外，在戚某是否应当作为共同借款人的认定上，由于戚某与昶荣公司之间就过桥资金业务形成的关系有别于昶荣公司与第三人之间的民间借贷法律关系，现有证据也不能证明戚某与昶荣公司之间的合作模式系双方作为共同借款人对外融资之事实具有高度可能性。综上所述，戚某、昶荣公司的再审申请符合《民事诉讼法》第200条第2项、第5项、第6项规定的情形。法院依照《民事诉讼法》第204条、第206条，《民事指令再审和发回重审若干规定》第2条第1款之规定，裁定指令再审。

（四）与待证事实无关联

1.【裁判规则】与待证事实不具有关联性，无调查收集的必要的，人民法院不予准许

典型案例 ▶▶

宁夏恒顺工程技术有限公司与宁夏石嘴山富海煤业有限公司合同纠纷案［最高人民法院（2019）最高法民申3688号］

再审申请人（一审原告、二审上诉人）：宁夏恒顺工程技术有限公司（以下简称恒顺公司）

被申请人（一审被告、二审被上诉人）：宁夏石嘴山富海煤业有限公司（以下简称富海公司）

裁判观点

最高人民法院认为，依据《民诉法司法解释》第95条规定，本案中，恒顺公司申请一审法院责令富海公司提交以下书证：2008年3月至2011年富海公司煤炭销售增值税专用发票或其他能够有效证明该期间内煤炭销售价格的书证材料；2009年春节前后政府所发矿山停工、停产和复工、复产的通知；2010年上半年政府所发复工复产的通知。上述证据均产生于2011年之前，与本案待证事实不具有关联性，无调查收集的必要，原审法院未调查收集，并无不当。

2.【裁判规则】申请调取交通出行情况与待证事实无关联性，不予调取

典型案例

黑龙江建成房地产开发有限公司与吴某某民间借贷纠纷案［最高人民法院(2019)最高法民申1769号］

再审申请人（一审被告、二审上诉人）：黑龙江建成房地产开发有限公司（以下简称建成公司）

被申请人（一审原告、二审被上诉人）：吴某某

裁判观点

最高人民法院认为，民事诉讼证据须同待证事实间存在关联性，以便查明案情。《民诉法司法解释》第95条规定，当事人申请调查收集的证据，与待证事实无关联、对证明待证事实无意义或者其他无调查收集必要的，人民法院不予准许。本案中，建成公司申请二审法院调查收集的证据，系国某某2012年11月29日从佳木斯飞往北京、2012年12月5日从北京飞往哈尔滨、2012年12月9日从哈尔滨飞往上海浦东、2012年12月14日从上海虹桥飞往北京的航班乘坐记录。即便国某某上述乘机行程经查证属实，能够证实国某某在上述签约履约区间内频繁出行，存在其本人不在现场的可能性，尚不能证明国某某2012年12月1日至2日是否在集贤县签约履约现场。二审法院未向相关航空公司调查收集国某某的上述航班乘坐记录，并无明显不当。

3.【裁判规则】当事人申请调取的相应征信报告、借贷记录等证据，与待证事实不具有直接关联性，申请开具调查令以及调查取证的，不予支持

典型案例 ▶▶

镇江嘉辉房地产开发有限公司与浙江三花绿能实业集团有限公司等借款合同纠纷案[最高人民法院（2020）最高法民申5251号]

再审申请人（一审被告、二审上诉人）：镇江嘉辉房地产开发有限公司（以下简称镇江嘉辉公司）

被申请人（一审原告、二审被上诉人）：浙江三花绿能实业集团有限公司（以下简称三花公司）等

裁判观点 ▶▶

最高人民法院认为，首先，根据《民诉法司法解释》第95条规定，在三花公司已提交银行回单等证据证明案涉委托贷款合同所涉资金来源于其从银行赎回的理财产品，属于自有资金的情况下，应由镇江嘉辉公司就其主张三花公司通过委托贷款合同向其出借的资金并非自有资金、涉嫌职业放贷进行举证。镇江嘉辉公司提交的三花公司2017年、2018年年度公示信息表以及企业信用报告等材料，不足以证明三花公司存在高利转贷行为和职业放贷行为。镇江嘉辉公司申请调取的三花公司相应征信报告、借贷记录等证据，与案涉资金是否属于三花公司自有资金不具有直接关联性，原审法院未予准许镇江嘉辉公司申请开具调查令以及未依职权调查取证，不违反法律规定。其次，镇江嘉辉公司未能提供证据证明三花公司系职业放贷人，原审判决认定案涉委托贷款合同不违反法律和行政法规的禁止性规定应属有效正确。再次，虽然展期协议约定对案涉借款进行展期，展期至2019年3月21日，展期期间利率为12%，但是根据补充协议约定，双方当事人对于截至2019年3月21日的利息已经进行了确认。因补充协议签订在后，原审判决以此认定应以补充协议约定为准，并无不当。最后，案涉还款计划及还款协议仅系双方当事人关于镇江嘉辉公司如何还款的约定，就借款利息，仍应当按照案涉补充协议约定执行。三花公司主张按照年利率24%的标准计算利息，未超过补充协议约定的利率标准，原审判决予以支持，并无不当。

4.【裁判规则】当事人申请调取的抵押贷款事实与本案借款合同纠纷没有关联性，无调查收集的必要

典型案例

吴某甲与泉州吉航海运有限公司与船舶营运有关的借款合同纠纷案［最高人民法院（2018）最高法民申4489号］

再审申请人（一审被告、二审上诉人）：吴某甲

被申请人（一审原告、二审被上诉人）：泉州吉航海运有限公司（以下简称吉航公司）

裁判观点

最高人民法院认为，吴某甲主张吉航公司通过抵押"吉航67"轮获得银行贷款1800万元，一审期间曾申请厦门海事法院向有关银行调取相关证据。即便该情况属实，该1800万元也是银行向吉航公司支付的贷款，而非吴某甲归还的借款，贷款期满后吉航公司即负有向银行归还贷款及利息的法律义务，不能由此认定吉航公司在借款合同书中出借的款项已经得到清偿，亦不能据此认定吴某甲已经偿还其欠付吉航公司的借款。吴某甲如认为吉航公司在使用、处分"吉航67"轮过程中获得的收益超出约定份额，擅自抵押船舶侵害其权益，可以另案提起诉讼解决。根据《民诉法司法解释》第95条规定，因抵押贷款事实与本案借款合同纠纷没有关联，吴某甲关于调取抵押贷款证据的申请不符合前述法律规定，一审法院未予准许，并无不当。

5.【裁判规则】申请调取的资产负债表与待证事实不具有必然关联性，且并不能否认待证事实的，不予准许

典型案例

厦门九天集团有限公司等与厦门矽光工贸有限公司民间借贷纠纷案［最高人民法院（2020）最高法民申4462号］

再审申请人（一审被告、二审上诉人）：厦门九天集团有限公司（以下简称九天集团公司）

被申请人（一审原告、二审被上诉人）：厦门矽光工贸有限公司（以下简称矽光公司）

裁判观点 ▶▶

最高人民法院认为，关于本案是否应当调取矽光公司的资产负债表及进行司法评估鉴定的问题。根据《民诉法司法解释》第95条规定，会计账簿、资产负债表是企业对发生的经济业务事项及资产的登记、核算情况，反映企业在某一特定时期的企业经营和财务状况。会计账簿、资产负债表均是由企业根据经营和财务状况所制定，并不必然客观全面反映企业的全部债权债务情况，对于具体的债权债务仍需要结合其他证据予以佐证。本案中，九天集团公司、九天房地产公司、王某进主张矽光公司的会计账簿、资产负债表中未记载案涉借款即表示该借款已还清，但并未提交相应证据证明该借款已还清的事实，仅凭会计账簿、资产负债表中的记载并不能否认案涉借款存在的事实。因此，原审法院认定对矽光公司资产负债表的调取及会计账簿的鉴定与本案待证事实不具有必然关联性，故不准许九天集团公司、九天房地产公司、王某进的调查取证及司法鉴定申请，符合法律规定。

6.【裁判规则】申请调查的证据并不属于认定案件事实的主要证据且无关联性的，不予准许

典型案例 ▶▶

朱甲与云南序古房地产开发有限公司居间合同纠纷案［最高人民法院（2019）最高法民申306号］

再审申请人（一审原告、二审上诉人）：朱甲

被申请人（一审被告、二审被上诉人）：云南序古房地产开发有限公司（以下简称序古公司）

裁判观点 ▶▶

最高人民法院认为，在序古公司提交证据证明案涉款项已经清结的情况下，朱甲提出以实际购房量计算报酬，没有事实依据。因此，集资购房人员名单上涉及的房屋面积和车位数量以及牵头单位的变更，无关本案事实的认定，亦不影响本案双

方当事人的权利义务。根据《民诉法司法解释》第95条规定，朱甲申请一、二审法院调查的证据并不属于认定案件事实的主要证据，且与序古公司应该支付朱甲报酬的方式和数额并无关联性，一、二审法院未同意朱甲调查取证的申请，于法有据，不存在程序违法的情形。

（五）对证明待证事实无意义

1.【裁判规则】调查收集的证据对待证事实无意义，无调查收集必要

典型案例

顾某甲与青海华兴投资集团有限公司等与公司有关纠纷案［最高人民法院（2019）最高法民申503号］

再审申请人（一审被告、二审上诉人）：顾某甲

被申请人（一审原告、二审被上诉人）：青海华兴投资集团有限公司（以下简称华兴公司）等

裁判观点

最高人民法院认为，顾某甲依据《民事诉讼法》第200条第5项申请再审。根据《民诉法司法解释》第95条规定，顾某甲申请调取的中国建设银行电汇凭证等证据不足以否定中照公司剩余财产系900.68万元的真实性，也即调查收集的证据对待证事实无意义，无调查收集必要。二审法院据此对顾某甲调查收集证据申请未予准许，程序合法。

2.【裁判规则】对于不属查明案件争议事实必须的证据，人民法院没有必要调查收集

典型案例

官某某与中国建设银行股份有限公司海林支行等借款合同纠纷案［最高人民法院（2013）民申字第1692号］

再审申请人（一审被告、二审上诉人）：宫某某

被申请人（一审原告、二审被上诉人）：中国建设银行股份有限公司海林支行等

裁判观点 ▶▶

最高人民法院认为，依据《民事诉讼法》第64条的规定，人民法院有权根据案件需要调查取证。无论依职权调查取证还是依据当事人申请调查取证，目的都是查明案件事实。对于不属查明案件争议事实必需的证据，人民法院没有必要调查收集。本案中，即使一审法院存在未依据宫某某申请调查全部资料的情形，二审法院补充调取相关资料，也保障了当事人的诉讼权利。

3.【裁判规则】申请调查收集的证据对证明待证事实无意义的，人民法院不予准许

典型案例 ▶▶

甘肃第四建设集团有限责任公司与孙某某等建设工程施工合同纠纷案［最高人民法院（2018）最高法民申5350号］

再审申请人（一审被告、二审上诉人）：甘肃第四建设集团有限责任公司（以下简称甘肃四建公司）

被申请人（一审原告、二审被上诉人）：孙某某等

裁判观点 ▶▶

最高人民法院认为，甘肃四建公司申请原审法院调取承兑汇票的连续背书、承兑、解付及孙某某的银行卡账号交易记录，以证明孙某某实际收到焦煤公司所支付的承兑汇票款项。经查，焦煤公司支付的承兑汇票所记载的权利人并非孙某某，甘肃四建公司未证明孙某某指示其将承兑汇票背书给他人或者其将已签章的、被背书人为空白的承兑汇票交付给孙某某，甘肃四建公司申请调查收集的上述证据对证明其已向孙某某支付工程款3003万元这一待证事实无意义，原审法院未予调查收集，符合上述规定，不构成剥夺当事人申请调取证据的权利，甘肃四建公司该项申请再审理由不成立。

4.【裁判规则】被调查人对法院的调查发函已明确回函答复的，无调查取证的必要

典型案例 ▶▶

高某某与陈某某建设工程施工合同纠纷案［最高人民法院（2018）最高法民申

1357号]

再审申请人(一审原告、二审上诉人):高某某

被申请人(一审被告、二审被上诉人):陈某某等

裁判观点

最高人民法院认为,本案在二审审理期间,高某某确向陕西省高级人民法院提交调取证据的申请,但鉴于本案在一审审理过程中,一审法院已于2016年9月26日向泾河新城管委会发函调查工程的验收情况,泾河新城管委会明确回函称:(1)高泾中路景观绿化工程尚未竣工验收,无竣工验收报告、竣工验收申请及竣工结算书;(2)该工程尚未竣工验收,未正式投入使用;(3)工程款的结算和支付,严格按照施工合同执行。二审法院认为对高某某申请的向泾河新城管委会调取南京十建公司、杭州萧山公司向其报送的竣工验收申请、竣工结算资料或工程计量表(含变更)、竣工图、施工会议纪要、签证等资料;泾河新城管委会已付南京十建公司或杭州萧山公司景观绿化工程款情况;向仁某某、魏某、张某某调查景观绿化工程的养护等情况,因一审法院已经发函泾河新城管委会进行调查,泾河新城管委会明确回函答复,没有必要对此再进行调查。

5.【裁判规则】申请调取的证据拟证明的事实,已有在案的公安机关交通管理部门道路交通事故认定书及当事人庭审中的陈述等予以证实的,申请调取证据,不予准许

典型案例

阳光财产保险股份有限公司安阳中心支公司与高某甲等机动车交通事故责任纠纷案[河南省高级人民法院(2020)豫民申4527号]

再审申请人(一审被告、二审上诉人):阳光财产保险股份有限公司安阳中心支公司(以下简称阳光财险安阳公司)

被申请人(一审原告、二审上诉人):高某甲等

裁判观点

人民法院认为,关于阳光财险安阳公司称其申请调取相关证据,法院未予以

调取的问题。根据2019年《民事证据规定》第20条和《民诉法司法解释》第95条规定，阳光财险安阳公司在一、二审中均未提交调取证据的书面申请，二审庭审中阳光财险安阳公司口头申请法院调取证据，但其申请调取的证据拟证明的事实已有在案的公安机关交通管理部门道路交通事故认定书及当事人庭审中的陈述等予以证实，故对于阳光财险安阳公司的调取证据申请，法院未予准许并无不当。

6.【裁判规则】被调查单位内部相关财务凭证，即使没有相关记载，也不足以否定被调查单位已出具的收据等对外明确表示的，无调查收集必要

典型案例 ▶▶

尚某甲与许昌市商业物资总公司破产清算组等管理人责任纠纷案［最高人民法院（2020）最高法民申2440号］

再审申请人（一审原告、二审上诉人）：尚某甲

被申请人（一审被告、二审被上诉人）：许昌市商业物资总公司破产清算组（以下简称清算组）等

裁判观点 ▶▶

最高人民法院认为，原审未准许尚某甲的调查取证申请，并无不当。关于尚某甲所称的调查裕华公司银行进账凭证、财会部门出具的收据等申请，其意图否定12.9收据的证明力。该收据系裕华公司向清算组出具，明确载明“85万元业已收到”，且为原件。即使裕华公司内部相关财务凭证没有相关记载，也不足以否定裕华公司对外明确表示，故无必要调查收集。根据《民诉法司法解释》第95条规定，故原审未予准许，并无不当。

7.【裁判规则】申请调取结算资料，对证明是否符合约定交付标准交付房屋无意义，不予准许

典型案例 ▶▶

宝鸡新旗丰世纪荟萃酒店有限公司与宝鸡市联汇房地产开发有限公司等债权转让纠纷案［最高人民法院（2020）最高法民申6082号］

再审申请人（一审原告、二审上诉人）：宝鸡新旗丰世纪荟萃酒店有限公司（以下简称新旗丰公司）

被申请人（一审被告、二审被上诉人）：宝鸡市联汇房地产开发有限公司（以下简称联汇公司）等

裁判观点

最高人民法院认为，原审法院是否应当但未调查收集证据。新旗丰公司申请原审法院调取联汇公司与陕西宝陵建设（集团）有限责任公司的结算资料，原审法院未予调取。新旗丰公司认为原审法院未调取该证据导致相关事实未能查明。法院认为，根据《民诉法司法解释》第95条的规定，本案待证事实是案涉酒店楼是否符合约定交付标准。原审法院认为新旗丰公司申请调取的证据对证明待证事实无意义，不准许该公司的调查取证申请，具有法律依据，处理并无不当。

8.【裁判规则】已经确认支票存根上签字的真实性，申请对银行账单进行调查取证，已无必要

典型案例

董某甲等与王某乙等建设工程施工合同纠纷案［最高人民法院（2018）最高法民申1280号］

再审申请人（一审原告、二审上诉人）：董某甲等

被申请人（一审原告、二审被上诉人）：王某乙等

裁判观点

最高人民法院认为，关于一、二审判决认定董某（董某甲之子）所收工程款数额是否有误的问题。本案中，建安公司通过将工程款打入董某指定账户或直接支付董某现金的方式共支付10,044,655.52元，并提供董某签字的支票存根、收据、工资明细表、欠条及收款单位或个人出具的收款证明等证据予以佐证，相关款项除被董某领取之外，大部分用于支付人工费、劳务费、电气分包款、沙子款、塔吊租赁款等建设工程所需成本费用。法院认为，建安公司已经提供足够的证据证明其支付工程款的主张，而董某甲等主张其子董某仅收到321万元，其余款项均未收到，则需由董某甲等提供相应的证据予以证明。且建安公司支付的工程款不仅包括董某施工后

获取的利润，更包括建设工程所需的成本费用。案涉款项的领取支出均有董某签字确认，即使未由董某领取，亦用于案涉工程的建设。因此，一、二审法院认定董某所收工程款数额并无不当。根据《民诉法司法解释》第95条的规定，建安公司提供的证据与建设工程施工合同行业惯例相契合，能够形成完整的证据链。且董某甲等均认可董某在支票存根上签字的真实性，再就银行对账单进行调查取证已无必要。因此，一、二审法院对董某甲等调查收集证据的申请未予准许，并无不当。

9.【裁判规则】实际施工人与发包人已达成结算协议，申请对工程价款进行调查取证，已无必要

典型案例

湖南省永安建筑股份有限公司与萍乡市兴盛房地产开发有限公司等建设工程施工合同纠纷案［最高人民法院（2019）最高法民申1307号］

再审申请人（一审原告、反诉被告、二审上诉人）：湖南省永安建筑股份有限公司（以下简称永安公司）

被申请人（一审被告、反诉原告、二审上诉人）：萍乡市兴盛房地产开发有限公司（以下简称兴盛公司）等

裁判观点

最高人民法院认为，关于原审法院是否存在程序违法情形的问题。根据《民诉法司法解释》第95条规定，彭某芳系案涉工程实际施工人，其有权与兴盛公司就案涉工程价款进行结算，现双方已就案涉工程进行了结算，对案涉工程面积、工程价款及欠付款项等进行了确认，永安公司在原审法院要求对案涉工程进行鉴定，明显无调查收集之必要。因此，原审法院不予准许永安公司的调查取证申请，符合法律规定，并不违反法定程序。

10.【裁判规则】申请调取的涉嫌骗取贷款罪的刑事卷宗，不影响本案按民事案件审理的，申请调取证据已无必要

典型案例

辽宁一号名车广场有限公司与中国东方资产管理股份有限公司辽宁省分公司

等金融借款合同纠纷案［最高人民法院（2018）最高法民终967号］

上诉人（一审被告）：辽宁一号名车广场有限公司（以下简称名车广场）

被上诉人（一审原告）：中国东方资产管理股份有限公司辽宁省分公司等

裁判观点

最高人民法院认为，原审未准许名车广场调取证据申请的问题。根据《民诉法司法解释》第95条规定，对于名车广场申请调取的大连银行沈阳分行与军丰物资公司所签订的借款合同、大连银行沈阳分行在房产局办理的案涉抵押财产登记的全部档案材料以及陶某某涉嫌骗取贷款罪的刑事卷宗，一审法院认为，大连银行沈阳分行与军丰物资公司是否签订过借款合同，以及2012年6月6日签订借款合同和抵押合同，6月7日办理他项权利证书，均不影响名车广场担保责任的承担，即使陶某某构成涉嫌骗取贷款犯罪，也不影响本案按民事案件审理，名车广场申请调取上述证据已无必要，对其该项申请未予准许，适用法律亦无不当。

11.【裁判规则】待证事实已经查清的，已无调取证据的必要

典型案例

杨某甲与云南临沧鑫圆锗业股份有限公司采矿权转让合同纠纷案［最高人民法院（2018）最高法民申3786号］

再审申请人（一审原告、二审上诉人）：杨某甲

被申请人（一审被告、二审被上诉人）：云南临沧鑫圆锗业股份有限公司（以下简称临沧鑫圆公司）

裁判观点

最高人民法院认为，关于二审法院是否应依申请调查取证的问题。杨某甲曾书面申请二审法院向云南省国土资源厅调查《（2015）026号矿业权价款缴纳通知书》中采矿权价款418.22万元是交易前遗留的应该补交的费用还是交易后临沧鑫圆公司应该缴纳的扩大矿区的费用。对于418.22万元采矿权价款的性质，作为昌军煤矿实际控制人的天浩公司以及清算小组都认可该费用产生于转让之前，并已经由临沧鑫圆公司代扣代缴，能够得到佐证，杨某甲申请二审法院调查取证对于该事

实的认定没有实际意义。根据《民诉法司法解释》第95条的规定，二审法院不予调查取证并无不当。故杨某甲关于二审法院应依当事人申请调查取证的申请再审事由不能成立。

12.【裁判规则】可以认定单方签发的签证单不具证据证明力的，当事人申请对工程签证单上真伪进行鉴定，已无必要

典型案例

六安市同兵房地产开发有限责任公司与吴某甲等建设工程施工合同纠纷案［最高人民法院（2019）最高法民申2500号］

再审申请人（一审被告、二审上诉人）：六安市同兵房地产开发有限责任公司（以下简称同兵公司）

被申请人（一审原告、二审上诉人）：吴某甲

裁判观点

最高人民法院认为，关于鉴定材料所涉16份工程签证单应否采信。案涉16份工程签证单有同兵公司法定代表人邓某同签字，同兵公司对上述签字的真实性并未提出异议。同兵公司主张上述签证单系其在吴某甲的胁迫下签署，但其未能提供有效证据证明。本案二审期间，同兵公司申请吴某甲的现场技术员周某彬出庭作证，周某彬当庭陈述，“案涉16份签证单系其所写，多数签证是由双方当面签字，并注明以实际工程量为准；签证单中记载的工程量与实际工程量基本相符，且修改涉及的工程量并不多”。周某彬的证人证言亦印证工程签证单为双方真实意思表示。此外，根据“谁主张，谁举证”的原则，同兵公司主张工程签证单未能反映真实的工程量，但未能提供相关工程量在改动前后的具体差额，同兵公司应承担不利后果。据此，二审判决对同兵公司关于案涉16份工程签证单为虚假的主张不予采信，并无不当。本案中，同兵公司申请对案涉工程签证单上修改的笔迹真伪进行鉴定，依据《民诉法司法解释》第95条的规定，二审法院结合其他已查明的事实和双方当事人的举证情况，对同兵公司鉴定申请不予支持，亦无不当。

13.【裁判规则】已鉴定签名为当事人本人所签，申请调取当事人的出入境记录已无意义

典型案例

颜某甲与林某乙等确认合同无效纠纷案［最高人民法院（2018）最高法民申3686号］

再审申请人（一审原告、二审上诉人）：颜某甲

被申请人（一审被告、二审被上诉人）：林某乙等

裁判观点

最高人民法院认为，关于颜某甲的调查取证申请应否准许问题。根据《民诉法司法解释》第95条规定，颜某甲向一审法院申请调取林某乙的出入境记录，以证明林某乙没有签订案涉股权转让协议，但因林某乙并未对案涉股权转让协议提出异议，且案涉股权转让协议上颜某甲的签名经鉴定系其本人所签，故一审法院对颜某甲的调查取证申请未予准许，并无不妥。

14.【裁判规则】申请人无法证实相关证据的签字人系员工本人，申请调取被调查人的财务账册对证明待证事实并无意义

典型案例

福建省惠三建设发展有限公司与漳州市广厦混凝土有限公司等买卖合同纠纷案［最高人民法院（2019）最高法民申4730号］

再审申请人（一审被告、反诉原告、二审上诉人）：福建省惠三建设发展有限公司（以下简称惠三公司）

被申请人（一审原告、反诉被告、二审被上诉人）：漳州市广厦混凝土有限公司（以下简称广厦公司）

裁判观点

最高人民法院认为，关于一、二审法院未准许惠三公司的调查取证及鉴定申请是否有误问题。惠三公司反诉主张广厦公司提供的与合同约定标号不符的混凝土

给其造成损失，该损失应由广厦公司赔偿。惠三公司提起反诉所依据的直接证据是载有黄某春、刘某军签名的万嘉世贸广场项目1号楼混凝土浇筑事故情况说明（以下简称情况说明），但惠三公司不能确定该两人的身份，也无法证实签字人是黄某春、刘某军本人。惠三公司申请调取广厦公司财务账册以查明黄某春、刘某军的身份，但即便确认黄某春、刘某军是广厦公司员工，因惠三公司无法证实情况说明的签字人是黄某春、刘某军本人，仍无法达到惠三公司的证明目的。可见，惠三公司的调查取证申请对证明待证事实并无意义。惠三公司还申请对其主张的本案浇筑事故造成的损失费用进行鉴定，一、二审法院认定本案浇筑事故的责任并不在于广厦公司，因此该鉴定申请与本案无关联。依照《民诉法司法解释》第95条及第121条的规定，一、二审法院对惠三公司的调查取证及鉴定申请未予准许，并无不当。

15.【裁判规则】因银行承兑汇票项下基础交易关系未真实发生，不能因此认定合同无效的，申请调取借款的实际用途无意义

典型案例

晋江市舒乐美轻工有限公司与上海浦东发展银行股份有限公司泉州分行等金融借款合同纠纷案［最高人民法院（2018）最高法民申4668号］

再审申请人（一审被告、二审上诉人）：晋江市舒乐美轻工有限公司（以下简称舒乐美公司）

被申请人（一审原告、二审被上诉人）：上海浦东发展银行股份有限公司泉州分行（以下简称浦发银行泉州分行）

裁判观点

最高人民法院认为，关于舒乐美公司的调查取证申请应否准许问题。顺欣公司向浦发银行泉州分行借款和申请开立银行承兑汇票，提交了其与福建钜森进出口贸易有限公司签订的购销合同等材料，浦发银行泉州分行已尽到了形式审查义务。即便顺欣公司并未将借款及票据款用于支付货款，案涉借款及票据款所涉基础交易关系未真实发生，也不能因此认定顺欣公司与浦发银行泉州分行签订的借款合同和承兑协议书无效。舒乐美公司向原审法院申请调取关于石狮市纺织服装商会向顺欣公司转账1000万元的实际用途、顺欣公司与石狮市隆强商贸有限公司及福建钜森进出口贸易有限公司是否存在货物买卖关系的证据材料，以证明案涉借款及票据款所涉的基础交易关系未真实发生，借款合同、承兑协议书和保证合同无效，但其申请调取的证据材料并不能达到其证明目的。根据《民诉法司法解释》第95条规定，原审法院对舒乐美公司的调查取证申请未予准许，并无不妥。

16.【裁判规则】实际施工人与发包人达成以房抵工程款协议为有效，申请调取以房抵工程款协议所涉房产的权属登记等相关证据的申请，对案件处理并无意义

典型案例

江西临川建筑安装工程总公司与鹰潭市圣丰置业有限公司等建设工程施工合同纠纷案［最高人民法院（2018）最高法民申192号］

再审申请人（一审原告、二审上诉人）：江西临川建筑安装工程总公司（以下简称临川公司）

被申请人（一审被告、二审上诉人）：鹰潭市圣丰置业有限公司（以下简称圣丰公司）

裁判观点

最高人民法院认为，关于临川公司的调查取证申请应否准许问题。周某华作为案涉工程的实际施工人，在圣丰公司对此知情并予以配合的情况下，其就案涉工程款权益与圣丰公司达成协议进行处分，不违反法律、法规的强制性规定，应认定有效。周某华在抵付工程款协议签订后，出具了收条确认收到圣丰公司抵付工程款810万元。在本案二审庭审中，其亦对该事实予以确认。故临川公司向二审法院提出调取以房抵工程款协议所涉房产的权属登记等相关证据的申请，对本案的处理并无意义。根据《民诉法司法解释》第95条规定，故二审法院对临川公司的该项调查取证申请未予准许，并在二审判决中对此予以回应，并无不妥。

17.【裁判规则】相关证据综合分析已经达到认定本案基本事实的程度，调查取证已无必要

典型案例

湖北盛林房地产开发有限公司与云梦县城关镇陈赵社区居民委员会合同纠纷

案［最高人民法院（2019）最高法民申1874号］

再审申请人（一审被告、反诉原告、二审上诉人）：湖北盛林房地产开发有限公司（以下简称盛林公司）

被申请人（一审原告、反诉被告、二审被上诉人）：云梦县城关镇陈赵社区居民委员会（以下简称陈赵社区）

裁判观点

最高人民法院认为，盛林公司再审称“对审理案件需要的主要证据，当事人因客观原因不能自行收集，书面申请人民法院调查收集，人民法院未调查收集，属程序错误”。但盛林公司对该证据为何证据未作任何说明，仅在其再审申请书有“或依当事人申请调查核实真伪，就直接采信并作为审判的依据属于严重程序违法”的表述。该表述所指向的证据为陈赵社区地块出让方案，故可确定其该再审理由为曾申请人民法院调查该证据，而人民法院未调查收集。依据《民诉法司法解释》第95条规定，原审法院已确认该证据的真实性，且该证据并非认定本案基本事实的唯一证据，结合相关证据综合分析已经达到认定本案基本事实的程度，无论盛林公司是否有过书面申请行为，再行调查收集相关证据已无必要。因此，盛林公司再审称“对审理案件需要的主要证据，当事人因客观原因不能自行收集，书面申请人民法院调查收集，人民法院未调查收集，属程序错误”的请求没有事实和法律依据，法院不予支持。

（六）其他无调查收集必要的

1.【裁判规则】当事人申请调查收集的证据，与待证事实无关联、对证明待证事实无意义或者其他无调查收集必要的，人民法院不予准许

典型案例

胡甲与胡某乙合伙协议纠纷案［最高人民法院（2018）最高法民申2250号］

再审申请人（一审原告、二审上诉人）：胡甲

被申请人（一审被告、二审被上诉人）：胡某乙

裁判观点

最高人民法院认为，根据《民事诉讼法》第64条第2款规定，胡甲主张一、二审

法院应依其申请去房屋登记部门调查收集胡某乙名下相关房产的商品房买卖合同等证据，但在原审时，胡甲本人已提交过胡某乙商品房买卖合同等证据，证明胡某乙的4份商品房买卖合同签订在2003年4月姐妹分家协议之后，且其亦认为买房资金来自胡某乙2003年4月分家之后的经营所得，故其主张相关房产属合伙期间财产并无相关依据。法院也没有必要调取相关房产的资料。且双方就胡甲主张的胡某乙以合伙收益购房的问题，进行了充分质证，一、二审法院结合在案证据及双方质证情况，对该事实进行认定是有充分依据的。而且，胡甲的诉讼请求是分割胡某乙可能隐匿的财产，故本案的待证事实是存在胡某乙隐匿共有财产，即胡某乙购置的房屋是以共有财产购买的。而胡某乙购置房屋的时间在姐妹分家协议之前还是之后均不足以证明胡某乙是用共有财产购买。也就是说，无论胡某乙购买相关房产时间如何，不能仅以此证明其是在姐妹分家协议前用应分配给胡甲的合伙收益购买的这些房产，更不能证明是故意隐匿财产。在案有关证据足以证明对合伙财产进行了完全清算的情况下，一、二审法院不准许胡甲的相关调查收集证据的申请，符合《民诉法司法解释》第95条之规定。

2.【裁判规则】申请调查收集证据不符合法定条件，不予准许

典型案例

张某某与王某某等建设工程施工合同纠纷案［最高人民法院（2018）最高法民申3114号］

再审申请人（一审被告、二审上诉人）：张某某

被申请人（一审原告、二审被上诉人）：王某某等

裁判观点

最高人民法院认为，根据《民事诉讼法》第64条第2款、《民诉法司法解释》第96条第2款之规定，当事人及其诉讼代理人因客观原因不能自行收集的证据，人民法院依照当事人的申请，应当调查收集。同时，《民诉法司法解释》第94条第1款规定了当事人及其诉讼代理人因客观原因不能自行收集的证据的情形。张某某在原审诉讼中所提的申请显然不符合该法律规定的情形，因此该项申请理由不能成立。

3.【裁判规则】当事人申请调查取证无证据名称和明确的线索的，不予支持

典型案例 ▶▶

郑某与张某某等合同纠纷案［福建省南平市中级人民法院（2020）闽07民终108号］

上诉人（原审原告）：郑某

被上诉人（原审被告）：张某某等

裁判观点 ▶▶

人民法院认为，2019年《民事证据规定》第20条规定，当事人及其诉讼代理人申请人民法院调查收集证据，应当在举证期限届满前提交书面申请。申请书应当载明被调查人的姓名或者单位名称、住所地等基本情况、所要调查收集的证据名称或者内容、需要由人民法院调查收集证据的原因及其要证明的事实以及明确的线索。据此，当事人申请法院调查取证除了必须具备形式要件、时间要件外，还要提供证据名称和明确的线索，以便于法院进行调查取证。本案一、二审中，郑某均未在举证期限内提出书面的调查取证申请，亦未提供明确的证据名称和线索，其申请调查的事项更多带有其个人主观猜测，且并非客观上不能完成的，故对于郑某的该申请，法院不予准许。

4.【裁判规则】当事人提出宽泛的证据调查收集申请，目的在于从中发现线索，人民法院不予准许

典型案例 ▶▶

成都西瑞置业开发有限责任公司与李某某等借款合同纠纷案［最高人民法院（2019）最高法民申6905号］

再审申请人（一审被告、二审上诉人）：成都西瑞置业开发有限责任公司（以下简称西瑞公司）

被申请人（一审原告、二审被上诉人）：李某某等

裁判观点 ▶▶

最高人民法院认为，本案尚无证据证明李某某与袁某某构成恶意串通、虚假诉讼。西瑞公司认为李某某没有资金出借能力，涉案借款有1253.6万元系美登高公司的资金，而美登高公司作为被执行人尚欠成都银行内江分行贷款1961万元至今未能归还，因而怀疑李某某、袁某某通过美登高公司骗取内江分行信贷资金高利转贷他人，并以其交易往来的资金虚构本案借款担保关系。故申请调取美登高公司、万润公司与袁某某之间多个银行账户往来凭证及公司会计账簿，并对相关借款及担保协议、收条等书证的形成时间均申请进行鉴定。但西瑞公司申请如此宽泛的证据调查收集，目的在于从中发现线索，对于调查收集上述证据的必要性缺乏有力的基础事实依据；且西瑞公司并未因李某某向袁某某主张还款而受到损失，故原审法院不予准许其调查证据及鉴定申请并无不当。

5.【裁判规则】根据双方当事人提交的证据足以认定本案的事实，未调取当事人申请调查的证据符合法律规定

典型案例 ▶▶

中铁十五局集团有限公司成都分公司与福建省华峰建设发展有限公司建设工程施工合同纠纷案［最高人民法院（2014）民申字第362号］

再审申请人（一审被告、二审上诉人）：中铁十五局集团有限公司成都分公司（以下简称中铁十五局成都分公司）

被申请人（一审原告、二审被上诉人）：福建省华峰建设发展有限公司

裁判观点 ▶▶

最高人民法院认为，《审判监督司法解释》第12条[1]规定，中铁十五局成都分公司虽然向二审法院提出了调取证据的申请，但二审法院根据双方当事人提交的证据，足以认定本案的事实，故二审法院未调取中铁十五局成都分公司申请调查的证据，并无不当。

---

〔1〕 现为2020年《审判监督司法解释》第9条："民事诉讼法第二百条第（五）项规定的'对审理案件需要的主要证据'，是指人民法院认定案件基本事实所必须的证据。"

6.【裁判规则】属于当事人举证责任的证据材料，不予调取

典型案例 ▶▶

白某某等与刘某某等合伙协议纠纷案［最高人民法院（2017）最高法民申2243号］

再审申请人（一审原告、二审上诉人）：白某某等

被申请人（一审被告、二审上诉人）：刘某某等

裁判观点 ▶▶

最高人民法院认为，《民诉法司法解释》第94条规定，白某某等申请调取“没有退出二、三期工程”的证据，其申请并不符合前述情形，且白某某等曾在退出二、三期工程上签字，白某某等主张“没有退出二、三期工程”，其应当承担相应的举证责任，白某某等未能就此充分举证，反而申请人民法院调取证据，法律依据不足。二审法院不予准许该申请并无不当。

7.【裁判规则】未能提供初步证据证明股东滥用独立法人地位和股东有限责任损害公司债权人利益，申请调取对方全部会计资料进行审计的申请，人民法院不予准许

典型案例 ▶▶

上海宏泉集团有限公司与张某某等合作开发房地产合同纠纷案［最高人民法院（2017）最高法民申2889号］

再审申请人（一审原告、反诉被告、二审上诉人）：上海宏泉集团有限公司（以下简称宏泉公司）

被申请人（一审被告、反诉原告、二审被上诉人）：张某某等

裁判观点 ▶▶

最高人民法院认为，宏泉公司认为天丰置业公司、张某某、胥河公司等主体存在混同，财务不分彼此，有责任提供相关的证据加以证明。原判决认为，宏泉公司未能提供初步证据证明股东滥用独立法人地位和股东有限责任损害公司债权人利益，未予支持宏泉公司要求对天丰置业公司2009年8月4日至2014年12月31日的全

部会计资料进行审计的申请，并不违反相关法律法规的规定。

8.【裁判规则】申请调取的刑事卷宗材料不是本案审理需要的证据，人民法院不予准许

典型案例

首钢水城钢铁（集团）有限责任公司与重庆银行股份有限公司重大支行票据纠纷案［最高人民法院（2017）最高法民申2600号］

再审申请人（一审被告、二审上诉人）：首钢水城钢铁（集团）有限责任公司（以下简称水钢公司）

被申请人（一审原告、二审被上诉人）：重庆银行股份有限公司重大支行（以下简称重庆银行重大支行）

裁判观点

最高人民法院认为，水钢重庆公司出具收款确认函，确认收到了本案所涉650万元银行承兑汇票，水钢公司应当按照合作协议书中的约定履行合同义务。虽然张某某伪造了“水钢重庆公司财务专用章”“水钢重庆公司”“邱某某”三枚印章，但仅使用于650万元承兑汇票背书转让中，收款确认函中水钢重庆公司的印章是真实的。因此，张某某伪造签章行为只涉及汇票背书转让后的责任承担，属于另一法律关系，与本案中基于合作协议书中约定的权利义务产生的法律关系并不相同。根据《民诉法司法解释》第95条之规定，水钢公司申请调取张某某的刑事卷宗材料不是本案审理需要的证据，一审法院不予准许水钢公司调取该证据的申请并无不当。本案不存在对审理案件需要的主要证据，当事人因客观原因不能自行收集，书面申请人民法院调查收集，人民法院未调查收集的情形。

9.【裁判规则】以新证据为由申请再审法院依职权调取新证据，人民法院不予准许

典型案例

沙河市安全实业有限公司与长城国兴金融租赁有限公司等融资租赁合同纠纷

案[最高人民法院(2019)最高法民申1172号]

再审申请人(一审被告、反诉原告、二审上诉人):沙河市安全实业有限公司(以下简称安全公司)

被申请人(一审原告、反诉被告、二审被上诉人):长城国兴金融租赁有限公司

裁判观点

最高人民法院认为,再审审查程序中,当事人以新证据事由申请再审的,应当自行收集新证据。人民法院仅依据其提交的新证据进行审查,并作出是否再审的结论。安全公司申请法院依职权调取新证据,法院不予准许。因在原一、二审审理期间,安全公司并未书面向法院申请调取证据,现安全公司以《民事诉讼法》第200条第5项规定申请再审,法院不予支持。

10.【裁判规则】自身应该能够提供的基础性证据资料,不属于人民法院规定的调查取证的范围

典型案例

北京中新沃克建筑装饰工程有限公司与郑某某等股权转让纠纷案[最高人民法院(2018)最高法民申359号]

再审申请人(一审被告、二审上诉人):北京中新沃克建筑装饰工程有限公司(以下简称中新沃克公司)

被申请人(一审原告、二审被上诉人):郑某某等

裁判观点

最高人民法院认为,本案中,中新沃克公司申请一审法院向北京上元道和会计师事务所有限公司调取专项调查报告的原件、向君合百年公司调取专项调查报告所依据的各类基础性资料、向北京国锐同达置业有限公司调取相关协议原件等。上述证据并非当事人因客观原因不能自行收集,需法院依职权调取的证据。首先,由于专项调查报告所依据的资料原件不全且郑某某不予认可,没有调取的必要;其次,专项调查报告系中新沃克公司委托会计师事务所作出,中新沃克公司应该能够提供各类基础性资料;再次,中新沃克公司曾持有君合百年公司70%的股权,应曾

经掌握君合百年公司各类基础性资料；最后，中新沃克公司为了证明君合百年公司尚欠“小街之春嘉园”项目款项，而申请一审法院向北京国锐同达置业有限公司调取相关协议原件也不属于当事人因客观原因不能调取证据的范围。

11.【裁判规则】补强证据不属于人民法院调查取证的范围

典型案例

中原信托有限公司与成都市第四建筑工程公司建设工程施工合同纠纷案［最高人民法院（2018）最高法民申2626号］

再审申请人（一审第三人、二审上诉人）：中原信托有限公司（以下简称中原信托公司）

被申请人（一审原告、二审被上诉人）：成都市第四建筑工程公司

裁判观点

最高人民法院认为，《民事诉讼法》第200条第5项规定的再审事由是“对审理案件需要的主要证据，当事人因客观原因不能自行收集，书面申请人民法院调查收集，人民法院未调查收集的”。该项事由成立的首要条件是当事人申请调查收集的证据是认定案件基本事实必须的主要证据。本案中，中原信托公司申请原审法院向森宇公司调查承诺函的出具过程，该证据并非本案的主要证据，而是对承诺函的补强证据，原审法院未调查收集不构成《民事诉讼法》第200条第5项规定的再审事由。

12.【裁判规则】经人民法院裁定批准的重整计划决定可直接作为证据适用，申请调查有关放弃优先权相关证据已无必要，人民法院不予准许

典型案例

首信金达投资有限公司等与九江银行股份有限公司合肥望江西路支行等保证合同纠纷案［最高人民法院（2019）最高法民申880号］

再审申请人（一审被告、二审上诉人）：首信金达投资有限公司

被申请人（一审原告、二审被上诉人）：九江银行股份有限公司合肥望江西路

支行等

裁判观点

最高人民法院认为，根据《民事诉讼法》第200条第5项规定，该规定中的证据为“对审理案件需要的主要证据”，即对认定案件事实起决定性作用的证据未调查收集的才能作为应当再审的情形。九江银行合肥望江西路支行享有优先受偿权的案涉债权的50%调整为普通债权，系受理大唐万安公司的破产重整申请后人民法院依法决定，该决定可直接作为证据适用。故原审法院对申请人关于申请调查收集九江银行合肥望江西路支行在大唐万安公司破产程序中放弃优先受偿权相关证据的申请未予准许，并无不当。

13.【裁判规则】因当事人申请调取的事项不属于本案审查的范围，不予准许

典型案例

阿克苏龙祥汽车销售服务有限公司与阿克苏金土地房地产开发有限公司等房屋买卖合同纠纷案［最高人民法院（2020）最高法民申2113号］

再审申请人（一审原告、二审上诉人）：阿克苏龙祥汽车销售服务有限公司（以下简称龙祥公司）

被申请人（一审被告、二审上诉人）：阿克苏金土地房地产开发有限公司（以下简称金土地公司）等

裁判观点

最高人民法院认为，关于原审法院既未依职权调取证据，也未颁发律师调查令是否有误的问题。根据《民诉法司法解释》第95条规定，龙祥公司向新疆维吾尔自治区高级人民法院申请调取证据，系用于证明金土地公司与中原公司进行虚假仲裁的事实。因仲裁裁决书是否有误不属于本案审查的范围，故龙祥公司提出调取证据的申请与本案待证事实无关，原审法院未予准许并无不当。龙祥公司关于原审法院既未依职权调取证据，也未颁发律师调查令有误的再审请求，不符合《民事诉讼法》第200条第5项规定的再审情形，法院不予支持。

14.【裁判规则】如调取当事人申请的证人证言，仍不足以达到当事人的证明目的，不予调取证据

典型案例 ▶▶

六盘水邦红矿山设备有限公司与贵州华瑞鼎兴能源有限公司等买卖合同纠纷案［最高人民法院（2020）最高法民申4090号］

再审申请人（一审原告、二审上诉人）：六盘水邦红矿山设备有限公司（以下简称邦红公司）

被申请人（一审被告、二审被上诉人）：贵州华瑞鼎兴能源有限公司（以下简称华瑞公司）等

裁判观点 ▶▶

最高人民法院认为，关于邦红公司提出二审法院未依法调取六家煤矿矿长及相关人员任职情况、证人证言的书面资料的问题。根据《民诉法司法解释》第95条规定，邦红公司申请调取的前述证据是为了证明其所主张的销售货物事实的真实性，因销货清单的真实性本身真伪不明，即使结合证人证言仍然不足以达到邦红公司的证明目的，在这种情况下，人民法院未予同意依职权调取证据，不违反法律和司法解释的规定。

15.【裁判规则】未能举示初步证据证明存在人格混同，当事人申请调取有关证据不予支持

典型案例 ▶▶

吉安市新庐陵投资发展有限公司与吉安市宏泰投资有限公司等借款合同纠纷案［最高人民法院（2019）最高法民申5140号］

再审申请人（一审原告、二审上诉人）：吉安市新庐陵投资发展有限公司（以下简称新庐陵公司）

被申请人（一审被告、二审被上诉人）：吉安市宏泰投资有限公司（以下简称宏泰公司）等

裁判观点 ▶▶

最高人民法院认为，关于宏泰公司、万源泰公司、立成公司与井冈园林公司之间是否存在公司人格混同，是否应当承担保证责任问题。新庐陵公司申请再审中提交股份代持协议复印件上载明“由于甲（郑某根）、乙（盛乙）、丙（刘某华）合伙投资的井冈园林公司等六家企业中的立成公司被上市公司收购涉及企业关联的问题，为了解决此问题经甲、乙、丙三方协商，乙、丙方的股权由甲方代持，达成如下协议：一、乙方盛乙在井冈园林公司享有的10%股份挂靠在甲方名下，该股份的权利和义务仍有乙方享有和承担。二、丙方刘某华在井冈园林公司享有的19%（代持汪某红14%股份）股份挂靠在甲方名下，该股份的权利和义务仍有丙方（汪某红）享有和承担。三、本协议一式四份，甲、乙、丙、汪东红各持一份，甲、乙、丙三方签字后生效”。新庐陵公司主张该材料能够证明宏泰公司、万源泰公司、立成公司人格混同，宏泰公司、万源泰公司、立成公司应当与井冈园林公司共同承担还款责任。根据《公司法》第20条规定，该股份代持协议内容仅能体现郑某根、盛乙、刘某华之间可能存在股份代持，不能证明井冈园林公司与宏泰公司、万源泰公司、立成公司之间财务、管理、业务等高度关联，故该协议不属于“足以推翻原审判决”的新证据。新庐陵公司主张宏泰公司、万源泰公司、立成公司与井冈园林公司之间存在公司人格混同，应承担相应举证责任。其未能举示初步证据证明上述公司存在人格混同，二审法院对其调取井冈园林公司、立成公司财务账簿申请未予采纳，不存在举证责任分配错误。新庐陵公司未能提供充分证据证明在财务、经营场所、主要办公和生产设备、业务范围、人员机构存在混同，导致各自财产无法区分的情况，原审法院判决驳回其要求宏泰公司、万源泰公司、立成公司因人格混同而承担连带清偿责任的诉讼请求，并无不当。

16.【裁判规则】申请调查收集的证据，不足以证明当事人主张的存在恶意串通及欺诈的事实，申请调查收集证据已无必要

典型案例 ▶▶

王某甲与准格尔旗农村信用合作联社等金融借款合同纠纷案［最高人民法院（2020）最高法民申1834号］

再审申请人（一审被告、二审上诉人）：王某甲

被申请人（一审原告、二审被上诉人）：准格尔旗农村信用合作联社（以下简称信用社）等

裁判观点

最高人民法院认为，二审法院未准许王某甲的调查取证申请并无不当。王某甲申请二审法院调取的证据材料为信用社与恒誉公司的资金流转等证据。由于本案既有事实足以认定王某甲的责任承担问题，王某甲申请调查收集的证据亦不足以证明其主张的信用社存在恶意串通及欺诈的事实，故王某甲申请调查收集证据已无必要，根据《民诉法司法解释》第95条规定，二审法院未予准许，并无不当。

17.【裁判规则】申请调取是否贷款的事实，并不影响本案合同效力及责任承担的认定的，不予准许

典型案例

安徽老百姓大药房连锁有限公司与中信银行股份有限公司芜湖分行等借款合同纠纷案［最高人民法院（2018）最高法民申759号］

再审申请人（一审被告、二审上诉人）：安徽老百姓大药房连锁有限公司（以下简称老百姓大药房）

被申请人（一审原告、二审被上诉人）：中信银行股份有限公司芜湖分行（以下简称中信芜湖分行）等

裁判观点

最高人民法院认为，原审判决的程序合法与否的问题。老百姓大药房称原审法院拒绝调查取证系程序违法，其所称要求调查的事实是中信芜湖分行是否对爱丽医药公司存在隐瞒过桥后安抚性贷款，中信芜湖分行经办人被立案查处的事实。经查，该事实只能证明中信芜湖分行向爱丽医药公司发放贷款的原因，不影响本案合同效力及责任承担的认定，并不能达到老百姓大药房的证明目的。依据《民诉法司法解释》第95条规定，原审法院未准许老百姓大药房的申请不存在程序违法。

18.【裁判规则】申请调查的银行转账流水明细，并不能证明当事人之间存在的借贷法律关系，不予准许

典型案例

眉山市东坡区富牛精米厂与罗甲等民间借贷纠纷案［最高人民法院（2018）最高法民申4169号］

再审申请人（一审被告、反诉原告、二审上诉人）：眉山市东坡区富牛精米厂（以下简称富牛精米厂）

被申请人（一审原告、反诉被告、二审被上诉人）：罗甲等

裁判观点

最高人民法院认为，关于原审法院是否应当依申请调查取证的问题。经查，富牛精米厂曾书面申请原审法院调查收集罗甲和周乙之间的银行转账流水明细，拟证明罗甲与南润公司之间存在1000万元的借贷法律关系。富牛精米厂申请调查的银行转账流水明细并不能证明罗甲与南润公司之间存在1000万元的借贷法律关系，且原审法院已查明案件事实，调查收集该证据并无必要，根据《民诉法司法解释》第95条规定，原审法院不予准许并无不当。故富牛精米厂关于原审法院未依申请调查取证的申请再审理由不成立。

19.【裁判规则】申请调取的合同原件及相应付款单据，不能达到无实物交易的真实买卖法律关系的证明目的，不予准许

典型案例

安徽淮化国盛物流有限公司与中铁物资集团兰州有限公司等买卖合同纠纷案［最高人民法院（2018）最高法民申2307号］

再审申请人（一审被告、二审上诉人）：安徽淮化国盛物流有限公司（以下简称国盛物流公司）

被申请人（一审原告、二审上诉人）：中铁物资集团兰州有限公司（以下简称中铁物资公司）

裁判观点

最高人民法院认为，根据《民诉法司法解释》第95条规定，国盛物流公司在原审中申请法院调取的煤炭购销合同原件及相应付款单据，仅能证明在中铁物资公司、国盛物流公司、宁波远泽燃料有限公司、中电涿鹿能源有限公司之间分别存在煤炭购销关系，且各方之间有相关的款项支付活动，虽然合同标的物的规格、数量相同，但并不能直接证明双方之间仅为“走款、走票、不走货”而无煤炭实物交易的真实买卖法律关系，不能证明国盛物流公司欲证事实，因此原审法院未予调取证据并无不当。

20.【裁判规则】当事人申请取证的证据已为生效仲裁裁决所确认的，不予准许

典型案例

扬州远扬国际码头有限公司等与中国服装集团有限公司等海事侵权纠纷案［最高人民法院（2019）最高法民申4811号］

再审申请人（一审原告、二审上诉人）：扬州远扬国际码头有限公司（以下简称远扬公司）等

被申请人（一审被告、二审被上诉人）：中国服装集团有限公司（以下简称中服公司）等

裁判观点

最高人民法院认为，远扬公司、远扬江都公司认为中服公司是否实际遭受货物损失是认定中服公司、天奥公司是否存在侵权行为的主要证据，因此申请调取中服公司与上游供应商签订的煤炭销售合同、中服公司与天奥公司煤炭代理采购交易结算材料、相关增值税发票、反映六船煤炭及补进煤炭卡值（品质）的文件等证据。经查，对于中服公司是否实际遭受损失，（2014）扬仲裁字第344号仲裁裁决已经作出认定。原审法院依据《民诉法司法解释》第95条规定，对远扬公司、远扬江都公司的申请未予准许，并无不当。原审法院依法作出不准许调查收集证据申请通知书后作出本案二审判决，并不属于剥夺当事人辩论权利的情形。原审判决不存在《民事诉讼法》第200条第5项、第9项规定的情形，远扬公司、远扬江都公司此项再

审申请理由不能成立。

21.【裁判规则】原先的税务发票明细无法通过现行税务机关的电子记账系统查询的，申请调取不予支持

典型案例

俞某甲与哈尔滨三联药业股份有限公司技术合同纠纷案［最高人民法院（2019）最高法民申2394号］

再审申请人（一审原告、二审上诉人）：俞某甲

被申请人（一审被告、二审被上诉人）：哈尔滨三联药业股份有限公司（以下简称三联公司）

裁判观点

最高人民法院认为，首先，根据《民诉法司法解释》第95条规定，经查，黑龙江省药品集中采购网投标企业订单查询信息显示，三联公司2010年1月1日至2017年8月24日“硫酸长春地辛”的下单记录共0条。海南省药品集中采购平台查询信息显示，三联公司采购“注射用硫酸长春地辛”品种数为0。俞某甲称其了解到2015年之后三联公司还存在销售“注射用硫酸长春地辛”的事实，故申请法院对山东、海南、山西等省份的药品集中采购服务中心进行调查。法院认为，上述药品采购平台涉及招投标的是“注射用硫酸长春地辛”成品药，并非原料药。成品药的交易情况与三联公司在特定时限内（2006年至2011年）生产原料药的行为关联性较弱，且三联公司陈述并通过账目显示其确实从广州环叶制药有限公司购买了原料药用于生产成品药，俞某甲又查看了三联公司的财务账目及凭证，在此情况下，法院并无调查收集的必要。其次，二审法院应俞某甲的要求到税务机关查询三联公司税务发票的具体明细，呼兰区地税局回复：2016年2月以后使用电子记账系统，之前的税务发票不能通过电子记账系统查询。该情况亦告知了俞某甲。最后，俞某甲提供了一份2017年6月29日案外人徐某军与他人的微信聊天记录，以此作为新证据。法院认为，该微信聊天记录并无销售合同、发票等佐证，且涉及的只是“注射用硫酸长春地辛”成品药，与本案待证事实无关，不符合《民事诉讼法》第200条第1项规定的新证据的条件。

第二节　因客观原因不能自行收集的证据

【法理辨析】

《民事诉讼法》第64条第2款规定："当事人及其诉讼代理人因客观原因不能自行收集的证据，或者人民法院认为审理案件需要的证据，人民法院应当调查收集。"2020年《民诉法司法解释》第94条规定："民事诉讼法第六十四条第二款规定的当事人及其诉讼代理人因客观原因不能自行收集的证据包括：(一)证据由国家有关部门保存，当事人及其诉讼代理人无权查阅调取的；(二)涉及国家秘密、商业秘密或者个人隐私的；(三)当事人及其诉讼代理人因客观原因不能自行收集的其他证据。当事人及其诉讼代理人因客观原因不能自行收集的证据，可以在举证期限届满前书面申请人民法院调查收集。"上述规定为"因客观原因不能自行收集"的法源，但什么是属于"客观原因"的范围，立法和司法解释没有明确说明。从条文的设置来看：

一、适用范围

适用范围是指除了前面两款"证据由国家有关部门保存，当事人及其诉讼代理人无权查阅调取"和"涉及国家秘密、商业秘密或者个人隐私"以外的。关于当事人无法调取的"其他"证据材料的标准，是否必须与前面两款的规格要求保持一致，还是不限于前面两款规格要求的情况，即是"等内等"，还是"等外等"，从法条字面意思来看，没有作出限制，但是必须满足当事人"不能自行收集"这一前提条件。

二、适用空间

作为一种常见的兜底条款，在出现了前两款情形以外的因素时，在举证期限届满前当事人可以向人民法院申请调查收集。但这种以外的因素肯定不可以是漫无边际的泛泛因素。首先，基于我国现行以当事人为主、职权主义为辅的诉讼模式，"当事人是举证责任主体，人民法院不负举证责任，而只进行补充性收集"[1]，即基

〔1〕 沈德咏主编：《最高人民法院民事诉讼法司法解释理解与适用(上)》，人民法院出版社2015年版，第322页。

于民事诉讼私权的性质，要求以当事人承担证明责任为主体，而不是由人民法院调查收集证据为主体；其次，从该条的设置来看，本条是对法官的职权作出的必要限制，避免借口调查收集证据，人为破坏以证明责任为主体的证明体系，人民法院依当事人的申请调取证据的行为，只不过是当事人承担证明责任的自然延伸，同时限制性规定也有利于更加公平地保护当事人的诉讼权利；最后，前面两款采取了“列举式”的方式来说明什么是“当事人及其诉讼代理人因客观原因不能自行收集的证据”，从立法的本意来看，“主要是指国家有关部门保存的档案材料或者涉及国家秘密、商业秘密、个人隐私的材料”〔1〕。

三、适用主体

什么情况下构成“客观原因”，由人民法院根据不同的个案情况具体掌握。由于民商事案件的种类繁多、情况复杂，没有设置具体的限制性标准，但事实上由于民事诉讼采取的是当事人为主、职权主义为辅的诉讼模式，出于贯彻当事人处分权的原则，确立当事人在民事诉讼中的主导地位，也要求弱化法院的职权干预，使法院保持居中裁判的中立地位。因此，对于不属于“客观原因”，当事人未能收集证据、提供证据、提供证据不充分的，仍须按照证明责任的基本原理，由负举证责任的当事人承担举证不能的法律后果。

关于调查取证申请的时限要件。2019年《民事证据规定》第20条第1款规定：“当事人及其诉讼代理人申请人民法院调查收集证据，应当在举证期限届满前提交书面申请。”即超出时限，原则上不予接受调查收集证据的申请。但基于我国的诉讼时限制度采取是的“以证据不失权为原则，以证据失权为例外”的原则，因此，为保证证据证明的案件事实与真实的案件事实相一致，使“法律真实”最大限度地接近和符合“客观真实”，是司法证明活动所努力追求的目标。在举证期限届满后，如果并非属于故意或重大过失，如当事人申请调取与待证事实相关的银行资料等证据资料，虽然当事人申请调取证据的时间已超过举证期限，但法院根据申请实施的调查取证活动，仍然是发现案件“客观真实”的有效手段，如果确实属于查明案件事实所必需，且系当事人自身无法取得的，法院根据申请向有关单位进一步调取证据，应予准许。与此同时，相对方经法院释明后，对调取的证据材料仍然拒绝

〔1〕 最高人民法院民事审判第一庭：《民事诉讼证据司法解释的理解与适用》，中国法制出版社2002年版，第412页。

质证，只能视为是对自身权利的放弃，这并不妨碍原审法院对证据依法进行审核认定，并据而认定案件事实。

关于调查取证申请的程序要件。2019年《民事证据规定》第20条第2款规定："申请书应当载明被调查人的姓名或者单位名称、住所地等基本情况、所要调查收集的证据名称或者内容、需要由人民法院调查收集证据的原因及其要证明的事实以及明确的线索。"申请的程序要件，主要包括：（1）必须采取书面形式，仅仅以口头主张的形式不符合程序要求；对于当事人书面申请调查收集证据的确有困难的，人民法院可以将当事人的口头申请予以明确记录，由当事人签字或捺印，以此替代书面申请。（2）要写明需要人民法院依职权调查证据的原因，包括是否存在客观原因的情形。（3）要写明需要人民法院调查收集证据所要证明的问题。即申请法院所要调取的证据，根据《民事诉讼法》第64条"当事人对自己提出的主张，有责任提供证据"和2020年《民诉法司法解释》第90条"当事人对自己提出的诉讼请求所依据的事实或者反驳对方诉讼请求所依据的事实，应当提供证据加以证明，但法律另有规定的除外"的规定，在当事人承担举证责任的条件下，调取的证据需要与待证事实具有关联性、对证明待证事实有意义，才能基本满足人民法院依职权调取证据的前提要求，因为根据2020年《民诉法司法解释》第95条的规定，"当事人申请调查收集的证据，与待证事实无关联、对证明待证事实无意义或者其他无调查收集必要的，人民法院不予准许"。（4）当事人需要提供明确的线索。这是2019年《民事证据规定》新增加的内容。根据证明责任基本原理，人民法院依当事人申请调查收集证据，只不过是当事人举证责任的延续，对于需要证明哪些待证事实的证据，当事人更清楚、更明白，也更有责任和义务，否则，不能泛泛地要求人民法院调查收集对方当事人的所有财务报表和记录来证明对方是否归还欠款，一是违反证明责任分配的基本原则；二是有可能会侵犯他人合法权益，三是调查收集证据是有限制的，对于当事人没有提供明确证据线索的，人民法院不予准许。原因在于，对人民法院来说，"法院不可能对于无任何证据线索的当事人调查收集证据，这不仅是出于时间上的考虑，还出于诉讼资源分配以求公正的要求"〔1〕。

---

〔1〕 李国光主编：《最高人民法院〈关于民事诉讼证据的若干规定〉的理解与适用》，中国法制出版社2002年版，第191页。

【典型案解】

1.【裁判规则】当事人因客观原因不能自行收集的其他材料，人民法院有权调查核实

典型案例 ▶▶

深圳歌力思服饰股份有限公司等与杭州银泰世纪百货有限公司侵害商标权纠纷案［最高人民法院（2014）民提字第24号］

再审申请人（一审被告、二审上诉人）：深圳歌力思服饰股份有限公司（以下简称歌力思公司）

一审被告：杭州银泰世纪百货有限公司等

裁判观点 ▶▶

最高人民法院认为，根据2001年《民事证据规定》第17条的规定，经查明，歌力思公司在一、二审诉讼过程中申请法院收集的证据主要涉及关于第4157840号商标的注册情况。由于第4157840号商标是否获准注册的事实关系到本案中的部分权利基础是否存在，在歌力思公司已经对此提出异议且提交了初步证据的情况下，一、二审法院未根据歌力思公司的申请进一步调查核实的做法确有不当，法院予以纠正。

2.【裁判规则】未向人民法院书面申请调查收集证据，不符合当事人因客观原因不能自行收集

典型案例 ▶▶

抚顺市正大建筑安装有限公司与抚顺市正达建设开发有限公司等房屋拆迁安置补偿合同纠纷案［最高人民法院（2015）民申字第2111号］

再审申请人（一审原告、二审上诉人）：抚顺市正大建筑安装有限公司（以下简称正大建筑公司）

被申请人（一审被告、二审被上诉人）：抚顺市正达建设开发有限公司（以下简称正达开发公司）

裁判观点 ▶▶

最高人民法院认为，正大建筑公司申请再审称，本案起诉后，正达开发公司向一审法院提出书面申请，请求向橡胶一厂的法定代表人池某某调查取证，但一审法院未予调取。对此，法院认为，依据《民事诉讼法》第64条第2款和《民诉法司法解释》第94条的规定，按照正大建筑公司所称，申请调取证据的当事人为正达开发公司，而并非其自身，并且正达开发公司并未向法院申请再审，故，在正大建筑公司未向一、二审法院书面申请调查收集证据的前提下，其依据《民事诉讼法》第200条第5项之规定申请再审缺乏依据，法院不予支持。

3.【裁判规则】未在举证期限届满前书面申请调查收集证据，不符合因客观原因不能自行收集的证据

典型案例 ▶▶

中食信投融资担保有限公司与陈某某等民间借贷纠纷案［最高人民法院(2016)最高法民申3185号］

再审申请人（一审被告、二审上诉人）：中食信投融资担保有限公司（以下简称中食信投公司）

被申请人（一审原告、二审被上诉人）：陈某某等

裁判观点 ▶▶

最高人民法院认为，中食信投公司未向一、二审法院申请调查搜集张某某还款的证据。依据《民诉法司法解释》第94条规定，中食信投公司并未在举证期限届满前向本案一、二审法院书面申请调查收集张某某向陈某某还款情况的证据，故中食信投公司的该项主张不符合《民事诉讼法》第200条第5项规定的情形。

4.【裁判规则】可以自行控制并自行收取的证据，不符合当事人及其诉讼代理人因客观原因不能自行收集的证据

典型案例 ▶▶

广东五华一建工程有限公司与江西多伦多教育产业发展有限公司等建设工程

合同纠纷案[最高人民法院(2015)民申字第186号]

再审申请人(一审原告、反诉被告、二审上诉人):广东五华一建工程有限公司(以下简称五华一建公司)

被申请人(一审被告、反诉原告、二审上诉人):江西多伦多教育产业发展有限公司(以下简称多伦多公司)

裁判观点

最高人民法院认为,依据《民事诉讼法》第64条第2款和《民诉法司法解释》第94条规定,从本案五华一建公司申请调取的工程签证、变更、结算书材料来看,不符合上述司法解释第1、2项规定的情形。而依据五华一建公司自认的事实,其申请一、二审法院调取的签证、变更、结算书等材料最初系由其自行掌控,后交至多伦多公司处并由多伦多公司用于与工程学院结算。基于五华一建公司自认的上述事实,其申请人民法院调查收集的材料系五华一建公司可以自行控制并自行收取的证据,而非需要由法院依据职权调取的"当事人及其诉讼代理人因客观原因不能自行收集的"证据,故五华一建公司关于一、二审法院未支持其申请调取证据的再审申请理由,不符合《民事诉讼法》第200条第5项规定的条件,法院不予采信。

5.【裁判规则】符合因客观原因不能自行收集的证据,应当调查收集而未调取的,违反法定程序

典型案例

林某某与洪某某等民间借贷纠纷案[最高人民法院(2018)最高法民再28号]

再审申请人(一审被告、二审上诉人):林某某

被申请人(一审原告、二审被上诉人):洪某某

裁判观点

最高人民法院认为,在本案二审期间,林某某申请法院调取元华投资公司的账户往来明细,二审法院以元华投资公司是本案当事人,其有义务亦有能力向二审法院提供其财务凭证为由未予准许。在一般情况下,因林某某系元华投资公司的

法定代表人，应当有能力获得公司的银行账户明细，因此原审法院未予准许该申请符合一般情形下的处理原则。但二审法院未能注意到本案中民间借贷关系的特殊之处，洪某某出借的款项并非如通常情形下交由债务人泛华公司和林某某支配和使用，而是交付至元华投资公司并由债权人洪某某实际掌管，林某某虽为元华投资公司登记的法定代表人，但公司实际由洪某某所控制的事实决定了林某某客观上难以自行收集该证据原件。而且，在林某某已经将该证据线索提交法院，书面说明不能自行收集证据原件的原因且申请法院调取的情况下，该证据是否真实已然成为人民法院认定本案基本事实需要调查、收集的证据。因此，二审法院不予准许该调查取证申请的做法，不仅在实质上违反了法定程序，也导致案件基本事实认定错误。因此，原审法院未调取元华投资公司的银行流水以查证本案借贷关系发生、消灭等法律事实，审理程序存在明显不当之处。

6.【裁判规则】作为合同当事人一方申请调取对方合同，不属于因客观原因不能自行收集的证据

典型案例

曾某某与石屏汇富房地产开发有限公司等合同纠纷案［最高人民法院(2019)最高法民申311号］

再审申请人（一审被告、反诉原告、二审上诉人）：曾某某

被申请人（一审原告、反诉被告、二审上诉人）：石屏汇富房地产开发有限公司（以下简称汇富公司）等

裁判观点

最高人民法院认为，根据《民事诉讼法》第64条第2款、《民诉法司法解释》第94条和第95条规定，本案中，曾某某申请法院调取2016年1月13日与汇富公司签订的25份商品房购销合同，以证明其是向谭某某等购买房屋的事实。但一方面，曾某某系其申请调取的上述合同的当事人一方，故上述证据并不属于因客观原因不能自行收集的证据；另一方面，上述合同的双方当事人为曾某某和汇富公司，故与其待证目的无关联性，并不能达到其是向谭某某等购买房屋的证明目的。因此，一、二审法院未准许曾某某调查取证的申请，并无不当。

7.【裁判规则】对方当事人持有的证据，不属于当事人及其诉讼代理人因客观原因不能自行收集的证据

典型案例 ▶▶

河南威尔克姆信息科技股份有限公司与中原银行股份有限公司郑州农业路支行等金融借款担保合同纠纷案［最高人民法院（2019）最高法民申2885号］

再审申请人（一审被告、二审上诉人）：河南威尔克姆信息科技股份有限公司（以下简称威尔克姆公司）

被申请人（一审原告、二审被上诉人）：中原银行股份有限公司郑州农业路支行（以下简称中原银行农业路支行）等

裁判观点 ▶▶

最高人民法院认为，根据《民诉法司法解释》第94条规定，本案中，威尔克姆公司向原审法院提出申请要求调取案涉贷款的内部审批手续和风控报告等借款合同附件，但上述证据为中原银行农业路支行持有，并不属于司法解释规定的当事人及其诉讼代理人因客观原因不能自行收集的证据，故原审法院未予以调取上述证据并无不当。

8.【裁判规则】当事人有举证责任提供还款凭证、转账凭证等证据，这些证据不属于因客观原因不能自行收集的证据

典型案例 ▶▶

广西汇轮汽车贸易有限公司等与桂林银行股份有限公司等金融借款合同纠纷案［最高人民法院（2017）最高法民申4450号］

再审申请人（一审被告、二审上诉人）：广西汇轮汽车贸易有限公司（以下简称汇轮公司）

被申请人（一审原告、二审被上诉人）：桂林银行股份有限公司（以下简称桂林银行）等

裁判观点 ▶▶

最高人民法院认为，本案中，汇轮公司、赵某某作为主张债务已经清偿的一

方，有责任提供还款凭证、转账凭证等证据予以证实，这些证据不属于“因客观原因不能自行收集的证据”，不应由人民法院代其调查收集；汇轮公司、赵某某称其“因客观原因不能自行收集”而申请由法院调查收集的其他证据，主要涉及银行账户、流水凭证以及相关土地撤押文件等，这些证据在原审过程中，有的已由桂林银行一方提供，有的则与待证事实没有直接关联，原审法院经过必要性审查，认为其不属于审理案件需要的主要证据，作出不予准许的决定，并无不当。因此，汇轮公司、赵某某认为一、二审法院怠于行使法院依职权调查的职责，对审理案件需要的主要证据，当事人因客观原因不能自行收集，书面申请人民法院调查收集，人民法院未调查收集，属于《民事诉讼法》第200条第5项规定的申请再审情形，法院不予支持。

9.【裁判规则】网页资料不属于当事人因客观原因不能自行收集的证据

典型案例

北京炅湘钰技术开发有限公司与上海宏博投资管理（集团）有限公司等探矿权转让合同纠纷案［最高人民法院（2015）民提字第205号］

再审申请人（一审原告、二审上诉人）：北京炅湘钰技术开发有限公司（以下简称炅湘钰公司）

被申请人（一审被告、二审上诉人）：上海宏博投资管理（集团）有限公司（以下简称上海宏博公司）

裁判观点

最高人民法院认为，案涉油井的电子生产数据由法院依法从锡盟宏博公司的生产系统中调取，三家鉴定机构在鉴定过程中已经对检材数据进行了核实，数据前后一致且能够与纸质材料相互印证，未发现篡改、伪造的痕迹。炅湘钰公司关于上海宏博公司、锡盟宏博公司伪造鉴定检材的主张，无证据支持，依法不能成立。炅湘钰公司要求法院向政府有关部门调查相关网页资料数据的真实性，因网页资料不属于当事人因客观原因不能自行收集的证据，且相关数据针对的是整个油矿，不能反映符合双方合同约定的两口出油井的具体产量和收益情况，不属于《民事诉讼法》第64条第2款规定的人民法院应当调查收集证据的情形，且法院已经通过司法鉴定的方式对案涉出油井的收益情况进行查明，故网页资料与案涉出油井原始生产数据及财务资料不符的，应以原始数据为准。

10.【裁判规则】属于当事人负担举证责任提供证据的，不属于当事人因客观原因不能自行收集的范围

典型案例

刘某某与邢台市桥西区六合泰小额贷款有限公司等借款合同纠纷案［最高人民法院（2016）最高法民申1302号］

再审申请人（一审被告、二审上诉人）：刘某某

被申请人（一审原告、二审被上诉人）：邢台市桥西区六合泰小额贷款有限公司（以下简称六合泰小贷公司）等

裁判观点

最高人民法院认为，根据《民事诉讼法》第64条的规定，刘某某主张涉案借款事实并未实际发生，有责任提供证据证明。原审查明，听德公司已经同意六合泰小贷公司采用承兑汇票和现金转账的方式支付借款，并确认其已经收到6000万元借款。如前所述，出借人所借款项的来源、支付出借款项的方式和借款人如何使用借贷款项并不必然影响借贷事实发生的认定，故上述款项的流向并不必然影响借贷事实发生的认定，且刘某某并未证明有关款项流向的证据系其因客观原因不能自行收集的证据。即使二审法院对款项流向问题不予调查，亦不违反相关法律规定。刘某某以此认为二审法院存在程序问题，缺乏充分的依据。

11.【裁判规则】申请调取工商登记机关存档的其他资料，不属于当事人及其诉讼代理人因客观原因不能自行收集的证据

典型案例

广西亚王电力开发有限公司与广西右江水利开发有限责任公司损害公司利益责任纠纷案［最高人民法院（2018）最高法民申2805号］

再审申请人（一审原告、二审上诉人）：广西亚王电力开发有限公司（以下简称

亚王电力公司）

被申请人（一审被告、二审上诉人）：广西右江水利开发有限责任公司（以下简称右江水利公司）

裁判观点

最高人民法院认为，关于二审法院没有调取资料的问题。工商登记机关出具的文件、证书具有较高的证明力。亚王电力公司申请调取工商登记机关存档的其他资料，不属于《民事诉讼法》第64条第2款规定的证据范围。原审法院未准许亚王电力公司调查收集证据的申请，认为若亚王电力公司对工商登记机关存档的资料存疑，应当向工商行政机关主张，并无不当，符合《民诉法司法解释》第95条之规定。

12.【裁判规则】当事人之间存在贸易往来，应当而且也完全有能力提交来自对方当事人的产品，不存在当事人因客观原因不能自行调取的情形

典型案例

中山市叁柒电器有限公司与谭某甲等侵害外观设计专利权纠纷案［最高人民法院（2019）最高法民申2434号］

再审申请人（一审被告、二审上诉人）：中山市叁柒电器有限公司（以下简称叁柒公司）

被申请人（一审原告、二审被上诉人）：谭某甲等

裁判观点

最高人民法院认为，关于合法来源证据的问题。叁柒公司主张被诉侵权产品来源于谭某甲开办的中山市云谷电器厂（以下简称云谷电器厂），但因客观原因无法自行收集相关证据，故申请法院调查取证。根据《民事诉讼法》第64条第1、2款和《民诉法司法解释》第95条规定，叁柒公司主张其与谭某甲开办的云谷电器厂之间存在贸易往来，被诉侵权产品来自云谷电器厂，其作为交易一方，应当而且也完全有能力提交相关证据，本案并不存在当事人因客观原因不能自行调取的情形。叁柒公司申请法院调查取证的主张缺乏依据，法院不予准许。此外，叁柒公司在一

审阶段提交的证据亦不足以证明被诉侵权产品具有合法来源，一、二审法院的相关认定并无不当。

第三节　调查取证中的最佳证据规则

【法理辨析】

一、调查收集证据的最佳证据规则

关于调查收集证据中的最佳证据规则，主要包括2019年《民事证据规定》中的三个法条，分别是：第21条“人民法院调查收集的书证，可以是原件，也可以是经核对无误的副本或者复制件。是副本或者复制件的，应当在调查笔录中说明来源和取证情况”的规定；第22条“人民法院调查收集的物证应当是原物。被调查人提供原物确有困难的，可以提供复制品或者影像资料。提供复制品或者影像资料的，应当在调查笔录中说明取证情况”和第23条“人民法院调查收集视听资料、电子数据，应当要求被调查人提供原始载体。提供原始载体确有困难的，可以提供复制件。提供复制件的，人民法院应当在调查笔录中说明其来源和制作经过。人民法院对视听资料、电子数据采取证据保全措施的，适用前款规定”的规定。

二、司法实务中的调查取证的最佳证据规则

1.对法院调取合同的首页无疑义，质疑第二页无盖章存在人为改动可能的，应提供证据证明。司法实践中，在合同纠纷中，人民法院依法调取合同原件，抗辩方对于合同第一页并未否认真实性，如果经审查第二页至尾页的内容与合同第一页的记载相呼应，既未违反法律规定，亦未违反公平合理原则。抗辩方主张人民法院调取的合同中第二页无任何盖章痕迹、存在合同内容被人为改动的可能性，如果未能提供证据证实，即其所主张的人民法院调取的合同原件的内容与其所认为的合同内容不一致，其应承担举证不能的不利后果。

2.调取证据中有“此复印件与原件相符，由本人提供”字样并签名及指印的，应予采信。司法实践中，经常会遇到当事人申请人民法院调取公安机关等行政机关有关证据的情形，例如，公安机关等行政机关对当事人所作的询问笔录的材料

等，对于询问笔录等笔录中均有当事人在每页中签有“此复印件与原件相符，由本人提供”的字样，并有个人签名及指印的，一般认为公安机关等行政机关有着严格的审查程序，若是询问的不是本人而是第三方，则应当是第三方签字，并有第三方的姓名并摁指印，而不会由本人签署自己的姓名并在签名处摁指印。在人民法院向公安机关等行政机关调取上述相关询问笔录等证据并说明来源及取证情况后，将调取的证据作为案件的证据使用，符合法律规定，应当予以支持。

【典型案解】

1.【裁判规则】人民法院调查收集视听资料、电子数据，应当要求被调查人提供原始载体

典型案例

黑龙江瑞丽整形美容医院股份有限公司与历甲劳动争议案［黑龙江省哈尔滨市中级人民法院（2018）黑01民终2412号］

上诉人（原审原告）：黑龙江瑞丽整形美容医院股份有限公司（以下简称瑞丽美容医院）

被上诉人（原审被告）：历甲

裁判观点

人民法院认为，本案为劳动争议案件纠纷中竞业限制违约问题，当事人首先要证明存在竞业限制违约事实。依照《民事诉讼法》第65条第1款及《民诉法司法解释》第90条的规定，本案中，瑞丽美容医院为证明历甲辞职后到黑龙江艺星美容医院上班违反竞业限制协议书这一事实，瑞丽美容医院举示历甲在2017年6月18日在黑龙江艺星美容医院上班竞业限制违约事实录像资料和证人证言，虽证人出庭证实上述情况，但因二证人庭审中对同一事实说法矛盾，且证人身份有疑，其行为不符合生活中消费者正常消费行为，且瑞丽美容医院举示的视频资料为复制件，没有原始载体，不能提交原始载体。根据2001年《民事证据规定》第22条规定，在历甲质疑证据真实性、合法性和证据形式又否认上述事实情况下，瑞丽美容医院不能提交历甲与黑龙江艺星美容医院签订劳动合同及工资发放等相关证据进行加强证据和佐证，无法证实历甲与黑龙江艺星美容医院形成劳动关系的事实，真伪不明，应承担举证不能的法律后果，故瑞丽美容医院关于"历甲辞职后即到黑龙江艺星美容医院上班"主张，事实依据不足，法院不予支持。

2.【裁判规则】人民法院调查收集的书证，可以是原件，也可以是经核对无误的副本或者复制件

典型案例

松阳县公众房产中介服务部与陈某某等居间合同纠纷案［松阳县人民法院(2020)浙1124民初1399号］

原告：松阳县公众房产中介服务部

被告：陈某某等

裁判观点

人民法院认为，根据《民事诉讼法》第64条和2019年《民事证据规定》第21条规定，本案原告对被告证据二、三质证时，怀疑买卖双方与其他中介存在串通，申请法院调取存放在新华中介的证据原件，在法院依法调取原件照片及制作调查笔录后，又提出合法性异议，但经当庭核对，法院提取的原件照片与被告提交的证据二、三内容相一致。通过调查，上述两份书证与法院通过原、被告均认可的139××××7958号码向出卖人调取的录音可相互佐证，该中介说明的情况与被告提交的证据四、七、八的真实性可相互印证。而原告对其关于三方串通的事实主张，未能提交证据予以证实，对被告提交的上述证据也未能提交证据予以推翻，应承担不利的后果，故法院对原告的该事实主张不予认可，对被告提交的证据二、三、四、七、八，法院予以采信。

3.【裁判规则】人民法院调查收集证据制作的调查笔录，具有证据能力和证明力

典型案例

浙江天海纸业有限公司与浙江中外运有限公司海上货物运输合同纠纷案［浙

江省省高级人民法院(2013)浙海终字第32号]

上诉人(原审原告):浙江天海纸业有限公司(以下简称天海公司)

被上诉人(原审被告):浙江中外运有限公司

裁判观点

人民法院认为,关于原审法院到交通部调查所取得的奥柏公司变更前后的两份提单、奥柏公司变更提单的申请书、奥柏公司无船承运业务资格证、交通部无船承运业务经营者名单等相关证据,天海公司上诉认为上述证据无法证明来源于交通部。法院认为,2019年《民事证据规定》第20条规定:"调查人员调查收集的书证,可以是原件,也可以是经核对无误的副本或者复制件。是副本或者复制件的,应当在调查笔录中说明来源和取证情况。"本案中,原审法院到交通部调取相应证据,并制作了调查笔录,虽然交通部工作人员对于该笔录未签字,相关书证也未加盖公章,但不影响原审法院所调取的书证的合法性,原审法院据以定案并无不当。

4.【裁判规则】人民法院调查收集证据的,应当在调查笔录中说明取证情况

典型案例

山西建设投资集团有限公司与太原市华川科贸有限公司等买卖合同纠纷案[山西省忻州市中级人民法院(2020)晋09民终649号]

上诉人(原审被告):山西建设投资集团有限公司(以下简称山西建投公司)

被上诉人(原审原告):太原市华川科贸有限公司等

裁判观点

人民法院认为,上诉人山西建投公司对于一审法院调取的山西省建设厅给薛某颁发的资格证书提出异议,认为一审法院没有制作调查笔录对该份证据的内容进行详细的说明和摘抄,按照法律规定,该证据不能作为定案依据。法院经审查认为,2019年《民事证据规定》第21条规定:"人民法院调查收集的书证,可以是原件,也可以是经核对无误的副本或者复制件。是副本或者复制件的,应当在调查笔录中说明来源和取证情况。"该资格证书系一审法院从63710部队9525工程竣

工资料中复制，一审法院在调取的包括该证据在内的三页证据的第一页右上角明确标注“复制于63710部队9525工程竣工资料（共三页）”，故一审法院虽未制作调查笔录，但已经明确地标明了该证据的来源以及取证情况，上诉人该项理由不能成立。

5.【裁判规则】人民法院调查收集视听资料、电子数据，应当要求被调查人提供原始载体，提供原始载体确有困难的，可以提供复制件

典型案例

武汉汉口北信和农贸市场有限公司与湖北鄂东桩基工程有限公司建设工程施工合同纠纷案［湖北省武汉市中级人民法院（2016）鄂01民终5641号］

上诉人（原审被告）：武汉汉口北信和农贸市场有限公司（以下简称信和农贸）

被上诉人（原审原告）：湖北鄂东桩基工程有限公司（以下简称鄂东桩基）

裁判观点

人民法院认为，关于本案的诉讼时效，虽然鄂东桩基在两年内并未主张工程款，但根据《诉讼时效司法解释》第22条“诉讼时效期间届满，当事人一方向对方当事人作出同意履行义务的意思表示或者自愿履行义务后，又以诉讼时效期间届满为由进行抗辩的，人民法院不予支持”的规定，鄂东桩基提供于2014年11月21日向信和农贸龚会计催款、2016年4月14日向信和农贸经营部李某某经理催款两次录音录像视频，该证据应当提供原始载体，因鄂东桩基提供原始载体确有困难的，可以提供复制品，且该复制品在一审庭审中出示，当事人进行了质证，信和农贸未提出对录音录像视频真实性的鉴定申请，鄂东桩基采取的两次录音录像视频，并未侵害他人的合法权益亦未违反法律禁止性规定。通过录音内容，信和农贸表达了对鄂东桩基的工程款以门面抵债的意思表示，从而导致了鄂东桩基诉讼时效重新起算，鄂东桩基在本案中向法院提起诉讼，未超过两年的诉讼时效，故一审法院依法采信鄂东桩基提供的视频资料，证明信和农贸作出过同意履行工程款的意思表示，依法判决并无不当，法院予以维持。

第四节　法院依职权调查取证

【法理辨析】

一、依职权调查收集证据的内涵

人民法院调查收集证据与我国的民事诉讼模式的转型密切相关，或者说，这一制度的内容变化也体现和反映了我国民事诉讼模式的转型升级。“民事诉讼中，强化当事人举证责任、弱化人民法院调查收集证据的职权，是理论界和实务界的共识。”〔1〕自20世纪80年代民事审判方式改革以来，我国民事诉讼强化当事人的举证责任，弱化、减少和规范人民法院调查收集证据的职能，“把发现真实、查明案件事实的任务，由过去主要依赖于法院职权来完成的状况转变为主要依赖于当事人及其诉讼代理人的举证活动来实现”〔2〕，这也是民事诉讼制度改革与发展的方向。

（一）基本含义

人民法院调查收集证据，是指人民法院作为诉讼主体依照法定程序所进行的证据调查收集行为。由于我国现行的民事诉讼采取了以当事人举证为主，法院调查取证为补充的证据收集模式，因此人民法院调查收集证据仅仅是当事人举证责任的一种救济，即“当事人举证责任承担举证者的责任主体地位，人民法院仅在特定条件下、依照一定的程序承担有限的补充作用”〔3〕。无论是依当事人申请的，还是人民法院依职权的调查取证，都必须限于法律规定的范围内进行。关于人民法院调查取证获得的证据的性质是当事人的证据，还是法院查明的事实的问题，一般认为，“法院依职权收集证据，则是为了履行其查明案件事实的审判职责，并不是在帮助某一方当事人收集证据”〔4〕。

（二）职权探知主义的必要性

在民事诉讼中，既然有了证明责任及其分配制度，是否还需要法院的职权探知

---

〔1〕 江必新：《关于理解和适用新民事证据规定的几个问题》，载《人民法院报》2020年1月9日，第5版。

〔2〕 张永泉：《民事诉讼证据原理研究》，厦门大学出版社2005年版，第329页。

〔3〕 沈德咏主编：《最高人民法院民事诉讼法司法解释理解与适用（上）》，人民法院出版社2015年版，第322–323页。

〔4〕 李浩：《回归民事诉讼法——法院依职权调查取证的再改革》，载《法学家》2011年第3期。

主义？即当事人承担证明责任，法院法官是不是可以当“甩手掌柜”？《民事诉讼法》第64条规定“当事人对自己提出的主张，有责任提供证据”，即“谁主张，谁举证”；但同时还规定“当事人及其诉讼代理人因客观原因不能自行收集的证据，或者人民法院认为审理案件需要的证据，人民法院应当调查收集”。有观点认为，以法院依职权调查为表现的职权探知主义破坏了当事人主义下的辩论主义和处分权原则，建议削弱甚至是完全取消法院依职权调查收集证据制度。而事实上，由于我国目前的民事诉讼模式并不同于英美法系当事人主义诉讼模式，尽管是采当事人承担证明责任与法院调查收集证据相结合的诉讼模式，但这两者不是等量齐观、完全并列的关系，当事人是证明责任的主体，而法院调查收集证据只是一种补充和救济手段（见图3-2），并严格限于2020年《民诉法司法解释》第96条规定的法定情形。

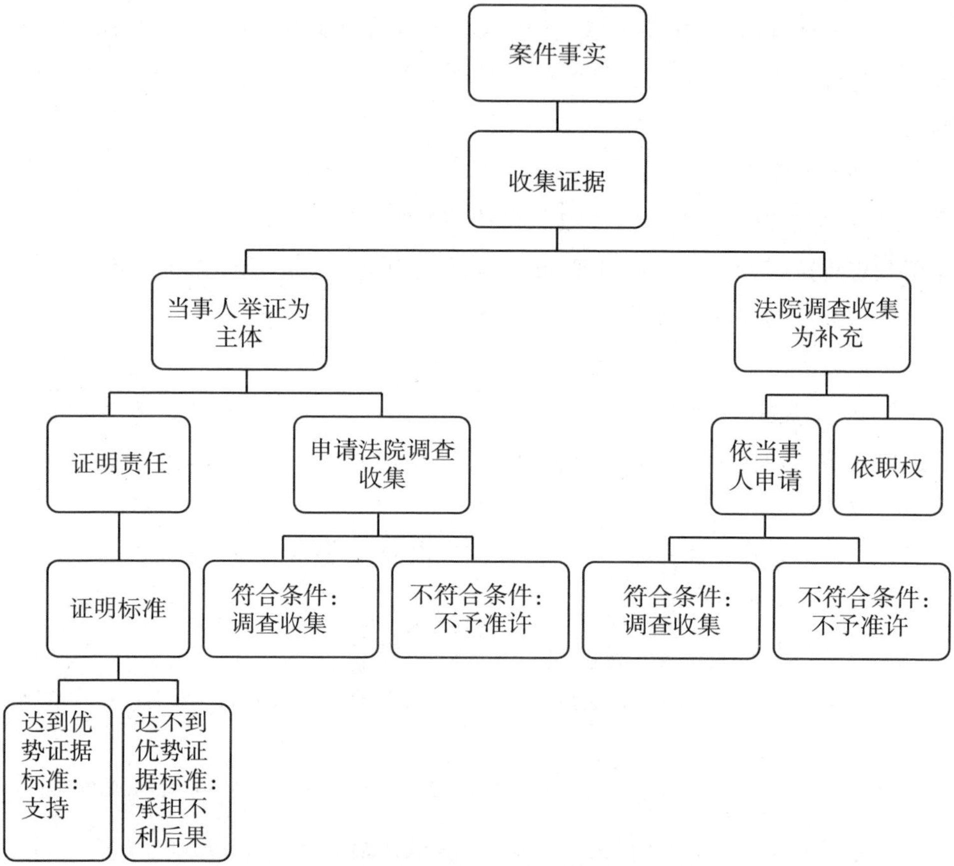

图3-2　当事人承担的证明责任与人民法院调查取证的关系

也有观点认为，关于当事人及其诉讼代理人因客观原因不能自行收集证据中的“客观原因”太过于模糊，不利于理解和操作，应当有所限制，即哪些证据确实是对案件的审理有需要，比如对双方当事人所举证明案件主要事实的证据有争议、甚至有矛盾，某个证据的来源有重大疑问等。还有观点认为，法院在任何情况下，主动调查收集证据对一方当事人都是不公平的，完全否定法院调查收集证据的必要性和真实性，甚至主张完全应当向英美法系的纯粹当事人主义靠拢，以追求程序正义和实体公正。事实上，应当看到，在现实生活中，确实存在因客观原因当事人不能自行收集，甚至无法取得证据的情况，但不因此而得出整个证据收集制度均由当事人负责或者均由人民法院负责的结论，原因是即使是弱职权主义的调查取证制度，也不单单只是诉讼两造与法院之间的法律关系，还要取决于一个国家的诉讼模式、历史渊源、文化传统等系统配套机制。而且，即使完全取消法院的调查取证，完全放手由证明责任制度来解决，由于证明责任制度背后的民事实体法无法也不可能对民事法律关系规定得事无巨细、面面俱到，因此也不可能完全解决诉讼当事人之间因举证能力等存在差异而产生的实质不公平问题。所以，从我国民事诉讼制度调查取证的发展来看，应当循序渐进，与我国的民事诉讼模式相匹配、相配套、相得益彰。任何一个国家的证据制度和诉讼制度都是与这个国家在同一时代背景下的经济、政治、文化、社会等这个大系统分不开的。正如汽车离开发动机毫无意义，不能把调查取证制度从整个民事诉讼系统中单独拎出来，而放开纷繁复杂的司法实践活动孤立地、片面地、静止地进行“就事论事”，这样会“只见树木、不见森林”，结果就会变成从“超职权主义”的极端迈向“超当事人主义”的另一个极端，既远离了理论联系实际原则，也不利于我国《民事诉讼法》所规定的“查明事实，分清是非”任务的完成。

二、依职权调查收集证据的范围

人民法院依职权调查取证的范围，除了2020年《民诉法司法解释》第96条规定的五种事由外，不允许法院依职权主动调查取证，体现了“司法解释追求强化当事人举证责任，弱化并规范人民法院调查取证的指导思想”[1]。具体而言，人民法院依职权调查取证的范围包括（见图3-3）：

〔1〕 最高人民法院民事审判第一庭：《民事诉讼证据司法解释的理解与适用》，中国法制出版社2002年版，第113页。

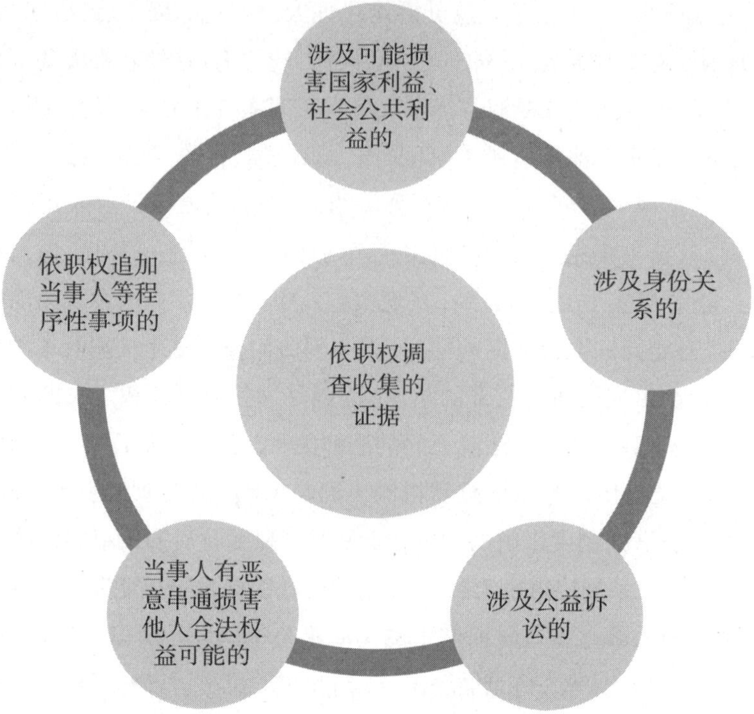

图3-3 依职权调查取证的范围

第一，涉及可能损害国家利益、社会公共利益的。即2020年《民诉法司法解释》第96条第1款第1项规定的“涉及可能损害国家利益、社会公共利益的”。

第二，涉及身份关系的事实。身份关系涉及社会基本伦理价值，本身就具有社会公共利益的属性。从国际民事诉讼的普遍性规定来看，人事诉讼或家事诉讼中，普遍规定法院对此有广泛的调查收集证据的职权。

第三，公益诉讼的情形。《民事诉讼法》第55条规定：“对污染环境、侵害众多消费者合法权益等损害社会公共利益的行为，法律规定的机关和有关组织可以向人民法院提起诉讼。”人民检察院在履行职责中发现破坏生态环境和资源保护，食品药品安全领域侵害众多消费者合法权益等损害社会公共利益的行为，在没有前款规定的机关和组织或者前款规定的机关和组织不提起诉讼的情况下，可以向人民法院提起诉讼。前款规定的机关或者组织提起诉讼的，人民检察院可以支持起诉。而这条的内容实际上属于“社会公共利益”的内容，单列出来以便与民事诉讼中的其他制度相呼应。

第四，当事人有恶意串通损害他人合法权益可能的。源于2001年《民事证据规定》第15条第1项的内容，即“涉及可能有损国家利益、社会公共利益或者他人合法权益的事实”中的损害“他人合法权益”的情形，在2020年《民诉法司法解释》修改后，并入了第96条“民事诉讼法第六十四条第二款规定的人民法院认为审理案件需要的证据包括：……（四）当事人有恶意串通损害他人合法权益可能的”。

第五，程序性事项。源于2001年《民事证据规定》第15条第2项的内容，即“涉及依职权追加当事人、中止诉讼、终结诉讼、回避等与实体争议无关的程序事项”。2020年《民诉法司法解释》第96条第5项规定：“民事诉讼法第六十四条第二款规定的人民法院认为审理案件需要的证据包括：……（五）涉及依职权追加当事人、中止诉讼、终结诉讼、回避等程序性事项的。”根据2020年《民诉法司法解释》第96条的规定，在符合相关条件的情况下，人民法院可依职权行使调查收集证据，不需要以当事人申请为前提条件。与此同时，在上述五条法定事由之外，并没有规定“兜底条款”。立法用意很明显，即除此之外，不得依职权进行调查取证。但司法实践中，确实存在当事人诉讼能力不足或举证困难的情况，法院应当坚持司法中立原则，及时行使释明权，对于符合要求的，引导其书面提出调查申请；对于不符合法律规定的，又没有当事人申请的，不得依职权启动调查取证。否则，违反法定程序。

三、司法实务中的法院依职权调查取证

1.是否进行调查核实应当根据人民法院对证据的审核认定需要确定。根据2020年《民诉法司法解释》第115条第1款明确“人民法院就单位出具的证明材料，可以向单位及制作证明材料的人员进行调查核实。必要时，可以要求制作证明材料的人员出庭作证”，但应否进行调查核实，应当根据人民法院在审判过程中对证据的审核认定需要确定，既可以调查核实，亦可不调查核实，但是，不能简单、绝对、片面地认为人民法院未进行调查核实，就违反了上述司法解释的规定。

2.为尽可能查清案件事实，人民法院调查核实当事人提供的证据材料的真实性，符合《民事诉讼法》第2条规定，符合法律保护当事人合法权益的立法本意，不属于超出法院职权范围。

3.仲裁裁决书是否有误与本案无关的，人民法院不予准许。根据2020年《民诉法司法解释》第95条的规定，当事人申请调查取证与案件审理无关的，人民法院可不予准许。司法实践中，当事人向人民法院申请调取证据，调取证据所要证明对方

当事人与案外第三人进行了虚假仲裁。如果当事人与案外第三人的仲裁不涉及本案，或与本案并无任何关联，或仲裁裁决书是否有误不属于本案审查的范围时，对于调取证据的申请，法院不予支持。

4.可依职权调取的当事人事业单位法人设立登记（备案）申请书、工商登记材料有效。为查明适格当事人，人民法院有权依职权调取事业单位法人设立登记（备案）申请书、工商登记材料，符合《民事诉讼法》第64条关于人民法院认为审理案件需要的证据，人民法院应当调查收集的规定。

5.属于该公司自己制作和保存的资料，不属于人民法院依职权调取的证据范围。负举证责任的当事人主张相对人与其不具有劳动关系，故其负有举证责任，提供员工名册和职工工资表属于负举证责任的当事人举证责任的范畴，且不属于人民法院释明的事项。同时，负举证责任的当事人所拥有的员工名册和职工工资表属于该公司自己制作和保存的资料，不属于人民法院依职权调取的证据范围。

6.加班事实的举证责任在于劳动者，当事人要求法院调查收集加班事实证据的请求，人民法院不予准许。根据《劳动争议司法解释三》第9条〔1〕规定，加班事实的举证责任在于劳动者。劳动者举示的证据不能证明其有加班事实的存在，也不能证明所在单位掌握其加班事实存在的证据拒不提供，对劳动者要求法院调查收集加班事实证据的请求不予准许。

【典型案解】

（一）法律性质

1.【裁判规则】人民法院有权根据案件需要调查取证

典型案例

官某甲与中国建设银行股份有限公司海林支行等借款合同纠纷案［最高人民法院（2013）民申字第1692号］

再审申请人（一审被告、二审上诉人）：宫某甲

〔1〕 现为2020年《劳动争议司法解释一》第42条："劳动者主张加班费的，应当就加班事实的存在承担举证责任。但劳动者有证据证明用人单位掌握加班事实存在的证据，用人单位不提供的，由用人单位承担不利后果。"

被申请人（一审原告、二审被上诉人）：中国建设银行股份有限公司海林支行（以下简称海林建行）

裁判观点

最高人民法院认为，关于一、二审法院是否程序违法的问题。宫某甲主张二审法院未调取海林建行贷款“全部案卷”违法，二审法院没有权力调查取证。法院认为，依据《民事诉讼法》第64条的规定，人民法院有权根据案件需要调查取证。无论依职权调查取证还是依据当事人申请调查取证，目的都是查明案件事实。对于不属查明案件争议事实必需的证据，人民法院没有必要调查收集。本案中，即使一审法院存在未依据宫某甲申请调查全部资料的情形，二审法院补充调取相关资料，也保障了当事人的诉讼权利。因此，宫某甲关于一、二审程序违法的主张缺乏事实和法律依据。

2.【裁判规则】人民法院为了审查核实当事人提供证据的真实性而收集必要的证据，属于行使《民事诉讼法》规定的职权

典型案例

安斯泰来制药株式会社与成都力思特制药股份有限公司等侵犯发明专利权纠纷案［最高人民法院（2013）民申字第261号］

再审申请人（一审原告、二审被上诉人）：安斯泰来制药株式会社（日本）

被申请人（一审被告、二审上诉人）：成都力思特制药股份有限公司（以下简称力思特公司）

裁判观点

最高人民法院认为，根据《民事诉讼法》第64条和第116条规定，人民法院有审查核实证据的职权。本案中，力思特公司在二审期间自行提交7张发票以证明其使用的雷莫司琼原料系外购的主张，该7张发票并非二审法院主动调查收集的证据。二审法院要求力思特公司进一步提交相关付款凭证等证据，并到相关税务机关和公司进行调查，是为了核实力思特公司提交的发票的真实性，确认力思特公司以该发票主张的购销事实是否真实发生。人民法院为了审查核实当事人提供证据的真实性而收集必要的证据，属于行使民事诉讼法规定的职权，不违反“谁主张，谁举证”等程序要求。

3.【裁判规则】人民法院认为审理案件需要的证据，属于为查明案件事实正当履行职责，具有法律依据

典型案例

焦某某与辽宁省机械（集团）股份有限公司证券虚假陈述责任纠纷案［最高人民法院（2020）最高法民申4905号］

再审申请人（一审原告、二审上诉人）：焦某某

被申请人（一审被告、二审被上诉人）：辽宁省机械（集团）股份有限公司

裁判观点

最高人民法院认为，关于焦某某提出的二审法院主动查询公司企业决策及信息发布违背司法中立性的理由，焦某某并未明确举示哪份证据系二审法院非法调查收集。同时，依据《民事诉讼法》第64条第2款的规定，二审法院查询企业决策及信息发布，属于为查明案件事实正当履行职责，具有法律依据，并无不当，焦某某的该项再审申请理由亦不能成立。

（二）认为审理案件需要的证据

1.【裁判规则】人民法院认为审理案件需要的证据，应当调查收集

典型案例

闫某某与徐州市泉山区街道金山社区居民委员会等土地租赁合同纠纷案［最高人民法院（2016）最高法民申3773号］

再审申请人（一审原告、二审上诉人）：闫某某

被申请人（一审被告、二审被上诉人）：徐州市泉山区金山街道金山社区居民委员会等

裁判观点

最高人民法院认为，根据《民事诉讼法》第64条第2款和第67条规定，一审法院

依职权向了解案件事实的相关人员进行调查取证，并无不当。虽然李某某未出庭接受质证，但其证言已经庭审质证，闫某某已发表质证意见，此种情况原审予以采信不属于《民事诉讼法》第200条第4项规定的"原判决、裁定认定事实的主要证据未经质证的"情形。至于王某某是否为犯罪嫌疑人身份，签订协议书时是否失去人身自由，与王某某是否能够表达真实意思没有直接关联，不影响协议书的效力。综上所述，闫某某申请再审所提原判程序违法的主张理据不足，不能成立。

2.【裁判规则】不存在法定情形的人民法院依职权调取证据的，不予准许

典型案例

大连晟瀛国际贸易有限公司与厦门全洋超杰物流有限公司大连分公司货运代理合同纠纷案［最高人民法院（2019）最高法民申2679号］

再审申请人（一审原告、二审上诉人）：大连晟瀛国际贸易有限公司（以下简称晟瀛公司）

被申请人（一审被告、二审被上诉人）：厦门全洋超杰物流有限公司大连分公司（以下简称全洋超杰公司）

裁判观点

最高人民法院认为，根据《民事诉讼法》第64条第1款规定，二审判决认定晟瀛公司应举证证明全洋超杰公司负有为其申请办理BV检测的法定义务或者约定义务以及装载出口货物的集装箱重量超过卸货港限重标准，举证责任分配并无不当。根据《民诉法司法解释》第96条规定，本案并不存在人民法院应当调查收集证据以及当事人因客观原因不能自行收集，书面申请人民法院调查收集，人民法院未调查收集的情形。

3.【裁判规则】涉及可能损害国家利益、社会公共利益的，属于人民法院认为审理案件需要的证据

典型案例

射洪九鼎投资有限公司与绵阳市高野科技有限公司等借款合同纠纷案［最高

人民法院（2019）最高法民申4670号］

再审申请人（一审原告、二审上诉人）：射洪九鼎投资有限公司（以下简称九鼎公司）

被申请人（一审被告、二审被上诉人）：绵阳市高野科技有限公司（以下简称高野公司）

裁判观点

最高人民法院认为，根据《民诉法司法解释》第333条的规定，第二审人民法院对驳回起诉裁定的上诉案件，依照《民事诉讼法》第169条规定可以不开庭审理。一审法院作出驳回起诉裁定后九鼎公司提起上诉，二审法院依法可以不开庭审理。九鼎公司关于二审法院未对其进行调查、询问就作出判决，剥夺了其陈述和辩论权，违反法律规定的再审申请理由不能成立。根据《民事诉讼法》第64条第2款规定和《民诉法司法解释》第96条的规定，涉及可能损害国家利益、社会公共利益的证据属于人民法院认为审理案件需要的证据范围。高野公司、勇胜公司及其法定代表人姚某某因涉嫌非法吸收公众存款，被四川省盐亭县公安局立案侦查，一审法院依职权向四川省盐亭县公安局调查相关情况符合前述法律规定，并无不当。

4.【裁判规则】涉及社会公众利益的，属于人民法院认为审理案件需要的证据

典型案例

卢某某与熊某某案外人执行异议之诉案［黑龙江省高级人民法院（2019）黑民终574号］

上诉人（一审被告）：卢某某

被上诉人（一审原告）：熊某某等

裁判观点

人民法院认为，依照《民事诉讼法》第64条及《民诉法司法解释》第96条之规定，卢某某查封案涉小区多套房屋，涉及社会公众利益，一审法院依据职权调取相关证据并无不当。

5.【裁判规则】当事人有恶意串通损害他人合法权益可能的，属于人民法院认为审理案件需要的证据

典型案例 ▶▶

桑某等与赛某某等房屋买卖合同纠纷案［青海省高级人民法院（2019）青民申509号］

再审申请人（一审原告、二审上诉人）：桑某等

被申请人（一审被告、二审被上诉人）：赛某某等

裁判观点 ▶▶

人民法院认为，根据《民事诉讼法》第64条第2款规定和《民诉法司法解释》第96条第1款规定，案涉房屋在出售过程中，双方当事人亲属均知情或有不同程度地参与。原审法院为查明案件事实，防止当事人恶意串通损害他人合法权益，依照《民事诉讼法》第64条第2款及《民诉法司法解释》第96条第4项之规定，依职权向证人江某某（桑某弟弟）、旦某某（桑某亲属）、昂某某（案涉房屋看管人）、白某、尕某某核实案涉房屋出售情况，原审法院依职权调取证据于法有据，程序合法。

6.【裁判规则】法院依职权调查收集的证人证言，可作为补强证据

典型案例 ▶▶

西藏华西药业集团有限公司与大竹县农村信用合作联社保证合同纠纷案［最高人民法院（2011）民申字第429号］

申请再审人（一审被告、二审上诉人）：西藏华西药业集团有限公司（以下简称华西药业）

被申请人（一审原告、二审被上诉人）：大竹县农村信用合作联社（以下简称大竹信用联社）

裁判观点 ▶▶

最高人民法院认为，华西药业有异议的四项由法院依职权调取的证据分别为：二审法院对阜康公司法定代表人沈某某所做调查笔录、二审法院到达州银监局调查的咨询笔录、中国农业银行达州市分行达市农行（2000）306号文件、大竹信用联

社同时期向其他公司发放贷款的2套凭证。二审庭审笔录载明上述证据已经过质证，华西药业并提交了书面异议书。关于在沈某某未到庭的情形下形成的调查笔录，根据2001年《民事证据规定》第69条[1]的规定，未出庭作证的证人证言不能单独作为认定案件事实的依据，本案中二审法院并未将沈某某的证言单独作为认定事实的依据，而是作为补强证据与阜康公司的工商登记、中国农业银行达州市分行文件、华西药业在诉讼中的陈述、涉案资金流转的相关凭证等证据相互印证确认本案事实并无不当。

7.【裁判规则】涉及身份关系的，属于人民法院认为审理案件需要的证据，人民法院应当调查收集

典型案例

叶某甲与上官某乙等民间借贷合同纠纷案［最高人民法院（2017）最高法民申832号］

再审申请人（一审被告、二审上诉人）：叶某甲

被申请人（一审原告、二审被上诉人）：上官某乙等

裁判观点

最高人民法院认为，关于原审审理程序是否正确的问题。根据《民事诉讼法》第144条规定，因徐某胜经合法传唤未到庭参加诉讼，原审对其缺席判决并无不当。奇志典当公司等案外人并非本案借款主体，上官某乙未诉请奇志典当公司承担相应民事责任，原审未追加奇志典当公司等作为第三人参加诉讼并无不妥。原审法院根据《民事诉讼法》第64条及《民诉法司法解释》第96条第1款第2项规定，依职权向相关证人进行调查取证，实质上是为了查证吴某某等人的身份关系，符合法律规定。浩正公司系本案债务人，叶某甲为保证人，公安机关对徐某胜涉嫌非法集资犯罪进行立案侦查，不影响本案民间借贷关系中浩正公司还款责任和叶某甲担保责任的认定。叶某甲请求撤销原审判决，将本案移送公安机关处理的主张亦不能成立。

---

〔1〕 现为2019年《民事证据规定》第90条："下列证据不能单独作为认定案件事实的根据：（一）当事人的陈述；（二）无民事行为能力人或者限制民事行为能力人所作的与其年龄、智力状况或者精神健康状况不相当的证言；（三）与一方当事人或者其代理人有利害关系的证人陈述的证言；（四）存有疑点的视听资料、电子数据；（五）无法与原件、原物核对的复制件、复制品。"

8.【裁判规则】涉及依职权追加当事人、中止诉讼、终结诉讼、回避等程序性事项的，属于人民法院认为审理案件需要的证据，人民法院应当调查收集

典型案例

唐山港集团股份有限公司与厦门建发股份有限公司港口货物保管合同纠纷案［最高人民法院（2017）最高法民申856号］

再审申请人（一审被告、二审上诉人）：唐山港集团股份有限公司（以下简称唐山港集团）

被申请人（一审原告、二审被上诉人）：厦门建发股份有限公司（以下简称厦门建发公司）

裁判观点

最高人民法院认为，二审法院向案外人建发天津公司和福州建发公司调查涉案货物仓储保管的事实，涉及涉案货物仓储保管合同当事人的认定以及法院是否依职权追加当事人，符合《民事诉讼法》第64条第2款和《民诉法司法解释》第96条第1款第5项的规定。厦门建发公司与唐山港集团签订和履行涉案仓储保管合同本身并不涉嫌犯罪，一、二审法院认定本案赔偿纠纷的基本事实清楚，本案处理无须以相关刑事案件的侦查与处理结果为依据，唐山港集团主张本案应当先进行刑事侦查或者将全部案卷材料移送刑事办案机关处理，缺乏事实和法律依据。二审法院于2016年7月6日开庭审理时，双方当事人均表示对对方在一审中提供的证据已质证，没有补充意见。唐山港集团主张二审判决认定的主要证据未经质证，与事实不符。唐山港集团认为一、二审判决存在违反法定程序的情形，没有事实和法律依据。

9.【裁判规则】是否受胁迫签订字据，并不属于法院应当依职权调查取证的范围

典型案例

王某甲等与胡某乙民间借贷纠纷案［最高人民法院（2017）最高法民申395号］

再审申请人（一审被告、二审上诉人）：王某甲等

被申请人（一审原告、二审被上诉人）：胡某乙

裁判观点 ▶▶

最高人民法院认为，王某甲认为原审法院未予鉴定错误，并主张法院未依职权查明暴力事件中因受胁迫签订字据的事实，属于诉讼程序瑕疵。法院认为，其主张的保证书不应被采纳的事由是因受到胡某乙暴力威胁而签订，并非对保证书上签名的真实性存有异议。在签名真实性不存异议的情况下，原审法院不予鉴定并无不当。根据《民事诉讼法》第64条第2款和《民诉法司法解释》第96条之规定，是否受胁迫签订字据并不属于法院应当依职权调查取证的范围。公安机关的出警记录和询问笔录，仅能证明当时双方发生了纠纷，不足以证明王某甲的保证书是因受胁迫而签订。况且，受胁迫仅是合同可撤销或者变更的事由，在合同未撤销或者变更的情形下，当事人无权拒绝履约。故王某甲、万某芹的相关再审理由不能成立，法院不予认可。

（三）调查程序

1.【裁判规则】依职权调取证据可制作询问笔录，作为定案依据

典型案例 ▶▶

孟某某与张某某民间借贷纠纷案［最高人民法院（2018）最高法民终677号］

上诉人（原审被告）：孟某某

被上诉人（原审原告）：张某某

裁判观点 ▶▶

最高人民法院认为，根据《民事诉讼法》第64条和2001年《民事证据规定》第15条的规定，原审法院根据审理需要对可能有损万通公司合法权益的事实调取证据，形成询问笔录并组织双方当事人进行质证，并不违反上述规定，故孟某某的该上诉理由不能成立，法院不予支持。

2.【裁判规则】人民法院调查收集证据，应当由两人以上共同进行

典型案例 ▶▶

王某甲与王某乙等船舶权属纠纷案［最高人民法院（2017）最高法民申3692号］

再审申请人（一审被告、二审上诉人）：王某甲

被申请人（一审原告、二审被上诉人）：王某乙

裁判观点

最高人民法院认为，一审法院对孙某某进行调查询问，有书记员在场记录，即由两人以上共同调查收集证据，故不存在违反法定程序的情形。根据《民诉法司法解释》第96条第1款第4项的规定，当事人有恶意串通损害他人合法权益可能的，人民法院有权依职权调查收集证据。一审法院调查询问孙某某亦是为了确定王某乙与徐某某之间以船舶抵债的协议书是否存在恶意串通倒签时间的问题，故符合依职权调查取证的情形。

3.【裁判规则】调查材料要由调查人、被调查人、记录人签名、捺印或者盖章，被调查人未签名不影响其对该证据的审查判断

典型案例

四川省化学工业研究设计院与四川瑞达峰投资有限公司等股权转让纠纷案［最高人民法院（2017）最高法民申4362号］

再审申请人（一审被告、二审被上诉人）：四川省化学工业研究设计院（以下简称四川化工研究院）

被申请人（一审原告、二审上诉人）：四川瑞达峰投资有限公司（以下简称瑞达峰公司）

裁判观点

最高人民法院认为，首先，根据《民诉法司法解释》第97条规定，该条是对人民法院调查收集证据的操作性规定，要求被调查人签名是为了证明调查记录的真实性和准确性，旨在便利审理案件的法官更好地判断证据的真实性，以此为基础认定案件事实。本案所涉对大邑县国土局邓某江副局长调查形成的走访笔录，是根据瑞达峰公司调查取证申请，由审理本案的法官亲自调查，故被调查人未签名不影响其对该证据的审查判断，不影响案件的正确判决。关于四川攀峰路桥建设集团有限公司烟霞湖项目有关情况的说明系大邑县国土局出具，虽然没有大邑县国

土局盖章，但是大邑县国土局邓某江副局长在法院调查时明确认可该说明上载明的内容情况属实。该说明行文对象是否为瑞达峰公司不影响其内容的真实性。走访笔录与关于四川攀峰路桥建设集团有限公司烟霞湖项目有关情况的说明相互印证，与本案待证事实具有关联性。四川化工研究院关于走访笔录不能作为证据使用，关于四川攀峰路桥建设集团有限公司烟霞湖项目有关情况的说明的真实性无法确定等申请再审事由依据不足，法院不予支持。

4.【裁判规则】应当调查收集未调查，案件事实不清的，可以指令原审人民法院再审

典型案例

江苏银环精密钢管有限公司与台朔重工（宁波）有限公司买卖合同纠纷案［最高人民法院（2019）最高法民申258号］

再审申请人（一审被告、二审上诉人）：江苏银环精密钢管有限公司

被申请人（一审原告、二审被上诉人）：台朔重工（宁波）有限公司（以下简称台朔公司）

裁判观点

最高人民法院认为，根据《民事指令再审和发回重审规定》第2条规定，对审理案件需要的主要证据，当事人因客观原因不能自行收集，书面申请人民法院调查收集，人民法院未调查收集的，可以指令原审人民法院再审。本案原审法院未能调查收集案件主要证据，对于案涉钢管是否存在质量问题认定事实不清，且认定案涉钢管泄漏原因的证据并不充分，对台朔公司是否存在过错扩大损失的责任亦未查明，故本案指令原审法院再审，以进一步查明上述基本事实。

5.【裁判规则】人民法院依职权调取的证据，应当进行质证

典型案例

杨某某与贵州众世铭辉商砼有限公司票据追索权纠纷案［最高人民法院（2019）最高法民再19号］

再审申请人（一审原告、二审被上诉人）：杨某某

被申请人（一审被告、二审上诉人）：贵州众世铭辉商砼有限公司

裁判观点

最高人民法院认为，根据《民事诉讼法》第64条和第68条规定，《中国建设银行对公综合服务章程》虽然是法院依职权调取的证据，也应当在法庭上出示，并由当事人互相质证。二审法院对该证据未予质证，审理程序确有错误。但是杨某某对二审法院查明的该章程的内容并无异议，二审的该程序瑕疵对本案审理结论并无实际影响。

6.【裁判规则】依职权调取行为没有严重损害被调查人及所涉其他人的合法权益，所调取证据并不属法定应予排除采纳的范围

典型案例

秦皇岛经济技术开发区港务有限公司等与绥中县止锚湾安得水产品养殖场等海上污染损害责任纠纷案［最高人民法院（2017）最高法民申5080号］

再审申请人（一审被告、二审上诉人）：秦皇岛经济技术开发区港务有限公司（以下简称港务公司）

被申请人（一审原告、二审被上诉人）：绥中县止锚湾安得水产品养殖场（以下简称安得水产养殖场）

裁判观点

最高人民法院认为，绥中县海洋与渔业局是涉案养殖海域使用的行政主管机关，一审法院于2016年7月19日至21日向该局调查询问有关海域使用权属、海域使用费缴纳、海域使用合法性等事项，并调取有关档案材料等证据。这些证据属于当事人及其诉讼代理人因客观原因不能自行收集的证据，根据《民诉法司法解释》第94条和第96条的规定，应当由当事人申请人民法院调取。一审法院主动依职权调取虽不符合法律及司法解释的规定，但该调查取证行为本身并没有（严重）损害被调查人及所涉其他人的合法权益（尽管该调查取证结果在诉讼上对中交上海公司等部分当事人不利，但对其并不构成损害，更不构成严重损害），所调取的证据并不

属于《民诉法司法解释》第106条规定的人民法院应予排除采纳的证据。一审法院根据上述所调取的证据既已查明的相关事实并不能因上述程序瑕疵而予以否定。

7.【裁判规则】人民法院调查收集证据，被调查人未签名不影响其对该证据的审查判断

典型案例

四川省化学工业研究设计院与四川瑞达峰投资有限公司等股权转让纠纷案［最高人民法院（2017）最高法民申4362号］

再审申请人（一审被告、二审被上诉人）：四川省化学工业研究设计院（以下简称四川化工研究院）

被申请人（一审原告、二审上诉人）：四川瑞达峰投资有限公司（以下简称瑞达峰公司）

裁判观点

最高人民法院认为，关于原判决认定的基本事实是否缺乏证据证明的问题。首先，根据《民诉法司法解释》第97条规定，该条是对人民法院调查收集证据的操作性规定，要求被调查人签名是为了证明调查记录的真实性和准确性，旨在便利审理案件的法官更好地判断证据的真实性，以此为基础认定案件事实。本案所涉对大邑县国土局邓某江副局长调查形成的走访笔录，是根据瑞达峰公司调查取证申请，由审理本案的法官亲自调查，故被调查人未签名不影响其对该证据的审查判断，不影响案件的正确判决。关于四川攀峰路桥建设集团有限公司烟霞湖项目有关情况的说明系大邑县国土局出具，虽然没有大邑县国土局盖章，但是大邑县国土局邓某江副局长在法院调查时明确认可该说明载明的内容情况属实。该说明行文对象是否为瑞达峰公司不影响其内容的真实性。走访笔录与关于四川攀峰路桥建设集团有限公司烟霞湖项目有关情况的说明相互印证，与本案待证事实具有关联性。四川化工研究院关于走访笔录不能作为证据使用，关于四川攀峰路桥建设集团有限公司烟霞湖项目有关情况的说明的真实性无法确定等申请再审事由依据不足，法院不予支持。

第四章　证据保全

司法实践问题与法条适用导航

序号	司法实践问题	法条适用导航
1	当事人可以申请证据保全，及法院依职权证据保全	《民事诉讼法》第81条第1款[1]
2	证据保全的前提条件与管辖	《民事诉讼法》第81条第2款[2]
3	证据保全的适用程序	《民事诉讼法》第81条第3款[3]
4	证据保全的申请书内容	2019年《民事证据规定》第25条第1款[4]
5	证据保全申请的提出时限	2019年《民事证据规定》第25条第2款[5]
6	申请证据保全提供担保的适用程序	2019年《民事证据规定》第25条第3款[6]
7	申请证据保全应当提供担保	2019年《民事证据规定》第26条第1款[7]
8	申请证据保全的担保方式或数额	2019年《民事证据规定》第26条第2款[8]
9	证据保全可以要求当事人或诉讼代理人到场	2019年《民事证据规定》第27条第1款[9]
10	证据保全的具体适用措施	2019年《民事证据规定》第27条第2款[10]
11	证据保全的适用强度限制	2019年《民事证据规定》第27条第3款[11]
12	证据保全的处理程序	2019年《民事证据规定》第28条[12]
13	诉前证据保全的管辖	2019年《民事证据规定》第29条[13]
14	提出诉前停止侵犯注册商标专用权行为的申请时，应当提交证据	《商标专用权证据司法解释》第4条[14]
15	提出诉前停止侵犯注册商标专用权行为的申请时，应当提供担保	《商标专用权证据司法解释》第6条[15]
16	提出诉前停止侵犯注册商标专用权行为的申请时的程序处理	《商标专用权证据司法解释》第9条[16]

续表

序号	司法实践问题	法条适用导航
17	商标注册人或者利害关系人可以依法在起诉前向人民法院申请保全证据	《商标法》第66条[17]
18	著作权人或者与著作权有关的权利人可以在起诉前向人民法院申请保全证据	《著作权法》第51条[18]
19	公证保全证据	《公证法》第11条[19]
20	海事证据保全的申请条件	《海事诉讼特别程序法》第67条[20]
21	海事证据保全的保全措施	《海事诉讼特别程序法》第70条[21]
22	对于突发性或者持续时间较短的环境污染行为，可以申请证据保全	2020年《环境侵权纠纷司法解释》第11条[22]
23	有权提起消费民事公益诉讼的机关或者社会组织，可以申请证据保全	2020年《消费民事公益诉讼案件司法解释》第8条[23]
24	品种权人或者利害关系人向人民法院提起侵犯植物新品种权诉讼时，可以申请证据保全	2020年《植物新品种权纠纷司法解释》第5条[24]
25	股东提起解散公司诉讼时，可向人民法院申请财产保全或者证据保全	2020年《公司法司法解释二》第3条[25]
26	农村土地承包仲裁委员会依法向人民法院提交当事人证据保全申请的材料	2020年《土地承包调解仲裁案件司法解释》第8条[26]
27	证据保全的证据应当出示	2020年《船舶碰撞案件司法解释》第10条[27]

1 《民事诉讼法》第81条第1款规定："在证据可能灭失或者以后难以取得的情况下，当事人可以在诉讼过程中向人民法院申请保全证据，人民法院也可以主动采取保全措施。"

2 《民事诉讼法》第81条第2款规定："因情况紧急，在证据可能灭失或者以后难以取得的情况下，利害关系人可以在提起诉讼或者申请仲裁前向证据所在地、被申请人住所地或者对案件有管辖权的人民法院申请保全证据。"

3 《民事诉讼法》第81条第3款规定："证据保全的其他程序，参照适用本法第九章保全的有关规定。"

4 2019年《民事证据规定》第25条第1款规定："当事人或者利害关系人根据民事诉讼法第八十一条的规定申请证据保全的，申请书应当载明需要保全的证据的基本情况、申请保全的理由以及采取何种保全措施等内容。"

5 2019年《民事证据规定》第25条第2款规定："当事人根据民事诉讼法第八十一条第一款的规定申请证据保全的，应当在举证期限届满前向人民法院提出。"

6 2019年《民事证据规定》第25条第3款规定："法律、司法解释对诉前证据保全有规定的，依照其规定办理。"

7 2019年《民事证据规定》第26条第1款规定："当事人或者利害关系人申请采取查封、扣押等限制保全标的物使用、流通等保全措施，或者保全可能对证据持有人造成损失的，人民法院应当责令申请人提供相应的担保。"

8 2019年《民事证据规定》第26条第2款规定："担保方式或者数额由人民法院根据保全措施对证据持有人的影响、保全标的物的价值、当事人或者利害关系人争议的诉讼标的金额等因素综合确定。"

9　2019年《民事证据规定》第27条第1款规定："人民法院进行证据保全，可以要求当事人或者诉讼代理人到场。"

10　2019年《民事证据规定》第27条第2款规定："根据当事人的申请和具体情况，人民法院可以采取查封、扣押、录音、录像、复制、鉴定、勘验等方法进行证据保全，并制作笔录。"

11　2019年《民事证据规定》第27条第3款规定："在符合证据保全目的的情况下，人民法院应当选择对证据持有人利益影响最小的保全措施。"

12　2019年《民事证据规定》第28条规定："申请证据保全错误造成财产损失，当事人请求申请人承担赔偿责任的，人民法院应予支持。"

13　2019年《民事证据规定》第29条规定："人民法院采取诉前证据保全措施后，当事人向其他有管辖权的人民法院提起诉讼的，采取保全措施的人民法院应当根据当事人的申请，将保全的证据及时移交受理案件的人民法院。"

14　《商标专用权证据司法解释》第4条规定："申请人提出诉前停止侵犯注册商标专用权行为的申请时，应当提交下列证据：(一)商标注册人应当提交商标注册证，利害关系人应当提交商标使用许可合同、在商标局备案的材料及商标注册证复印件；排他使用许可合同的被许可人单独提出申请的，应当提交商标注册人放弃申请的证据材料；注册商标财产权利的继承人应当提交已经继承或者正在继承的证据材料。(二)证明被申请人正在实施或者即将实施侵犯注册商标专用权的行为的证据，包括被控侵权商品。"

15　《商标专用权证据司法解释》第6条规定："申请人提出诉前停止侵犯注册商标专用权行为的申请时应当提供担保。申请人申请诉前保全证据可能涉及被申请人财产损失的，人民法院可以责令申请人提供相应的担保。申请人提供保证、抵押等形式的担保合理、有效的，人民法院应当准许。申请人不提供担保的，驳回申请。人民法院确定担保的范围时，应当考虑责令停止有关行为所涉及的商品销售收益，以及合理的仓储、保管等费用，停止有关行为可能造成的合理损失等。"

16　《商标专用权证据司法解释》第9条规定："人民法院接受商标注册人或者利害关系人提出责令停止侵犯注册商标专用权行为的申请后，经审查符合本规定第四条的，应当在四十八小时内作出书面裁定；裁定责令被申请人停止侵犯注册商标专用权行为的，应当立即开始执行。人民法院作出诉前责令停止有关行为的裁定，应当及时通知被申请人，至迟不得超过五日。"

17　《商标法》第66条规定："为制止侵权行为，在证据可能灭失或者以后难以取得的情况下，商标注册人或者利害关系人可以依法在起诉前向人民法院申请保全证据。"

18　《著作权法》第51条规定："为制止侵权行为，在证据可能灭失或者以后难以取得的情况下，著作权人或者与著作权有关的权利人可以在起诉前向人民法院申请保全证据。人民法院接受申请后，必须在四十八小时内作出裁定；裁定采取保全措施的，应当立即开始执行。人民法院可以责令申请人提供担保，申请人不提供担保的，驳回申请。申请人在人民法院采取保全措施后十五日内不起诉的，人民法院应当解除保全措施。"

19　《公证法》第11条规定："根据自然人、法人或者其他组织的申请，公证机构办理下列公证事项：(一)合同；(二)继承；(三)委托、声明、赠与、遗嘱；(四)财产分割；(五)招标投标、拍卖；(六)婚姻状况、亲属关系、收养关系；(七)出生、生存、死亡、身份、经历、学历、学位、职务、职称、有无违法犯罪记录；(八)公司章程；(九)保全证据；(十)文书上的签名、印鉴、日期，文书的副本、影印本与原本相符；(十一)自然人、法人或者其他组织自愿申请办理的其他公证事项。法律、行政法规规定应当公证的事项，有关自然人、法人或者其他组织应当向公证机构申请办理公证。"

20　《海事诉讼特别程序法》第67条规定："采取海事证据保全，应当具备下列条件：(一)请求人是海事请求的当事人；(二)请求保全的证据对该海事请求具有证明作用；(三)被请求人是与请求保全的证据有关的人；(四)情况紧急，不立即采取证据保全就会使该海事请求的证据灭失或者难以取得。"

21　《海事诉讼特别程序法》第70条规定："海事法院进行海事证据保全，根据具体情况，可以对证据予以封存，也可以提取复制件、副本，或者进行拍照、录相，制作节录本、调查笔录等。确有必要的，也可以提取证据原件。"

22　2020年《环境侵权纠纷司法解释》第11条规定："对于突发性或者持续时间较短的环境污染、生态破坏行为，在证据可能灭失或者以后难以取得的情况下，当事人或者利害关系人根据民事诉讼法第八十一条规定申请证据保全的，人民法院应当准许。"

23　2020年《消费民事公益诉讼案件司法解释》第8条规定："有权提起消费民事公益诉讼的机关或

者社会组织，可以依据民事诉讼法第八十一条规定申请保全证据。”

24　2020年《植物新品种权纠纷司法解释》第5条规定：“品种权人或者利害关系人向人民法院提起侵害植物新品种权诉讼前，可以提出行为保全或者证据保全请求，人民法院经审查作出裁定。人民法院采取证据保全措施时，可以根据案件具体情况，邀请有关专业技术人员按照相应的技术规程协助取证。”

25　2020年《公司法司法解释二》第3条规定：“股东提起解散公司诉讼时，向人民法院申请财产保全或者证据保全的，在股东提供担保且不影响公司正常经营的情形下，人民法院可予以保全。”

26　2020年《土地承包调解仲裁案件司法解释》第8条规定：“农村土地承包仲裁委员会依法向人民法院提交当事人证据保全申请的，应当提供下列材料：(一)证据保全申请书；(二)农村土地承包仲裁委员会发出的受理案件通知书；(三)申请人的身份证明；(四)申请保全证据的具体情况。对证据保全的具体程序事项，适用本解释第五、六、七条关于财产保全的规定。”

27　2020年《船舶碰撞案件司法解释》第10条规定：“审理船舶碰撞纠纷案件时，人民法院根据当事人的申请进行证据保全取得的或者向有关部门调查收集的证据，应当在当事人完成举证并出具完成举证说明书后出示。”

第一节　诉讼中证据保全的适用

【法理辨析】

一、证据保全的内涵

证据保全，是指“在证据可能灭失或者今后难以取得的情况下，人民法院依申请或者依职权予以调查和固定保护的行为”[1]。证据保全，以诉讼阶段为界限可以分为诉讼前的证据保全和诉讼证据保全。诉讼证据保全，即在诉讼系属诉讼后的证据保全。诉讼证据保全的实施条件是：(1)应当在诉讼进行过程中才能采取诉讼证据保全措施；(2)被保全的证据必须是与案件待证事实有联系；(3)须证据可能灭失或者以后难以取得。[2]

设立证据保全制度的目的主要有这样几个方面：(1)防止证据灭失。固定和保存证据，避免证据丧失其证明案件事实的价值，发挥发现真相的作用。其一，证据可能由于自身的原因发生自然变化，如不及时采取一定的措施，证据可能灭失；其二，证据持有人可能毁损、转移、藏匿、篡改证据，从而使证据灭失或者无法取

---

〔1〕 全国人大常委会法制工作委员会民法室编著：《〈中华人民共和国民事诉讼法〉释解与适用》，人民法院出版社2012年版，第123页。

〔2〕 参见全国人大常委会法制工作委员会民法室编著，《〈中华人民共和国民事诉讼法〉释解与适用》，人民法院出版社2012年版，第124页。

得。[1](2)查清案件的真实。“就是固定和保存证据，使其发挥证明案件事实，发现真相的作用”[2]。(3)保证裁判的准确性。“倘发生证据灭失或因情势变迁有碍使用之情形，将影响裁判之准确性。”[3](4)实现预防诉讼。为保障证明责任制度的贯彻落实，以及预防纠纷的发生。“为了实现预防诉讼，促进诉讼集中化和多元化解决纠纷之目标，两大法系各国纷纷对证据保全制度作出规定，延伸了证据保全制度确定事实、诉讼外解决纠纷的功能和作用。”[4]

关于证据保全程序的性质，有不同的观点。有的观点认为，证据保全属于非讼事件，但“纵观当今大陆法系主要国家和地区的立法例，完全意义上的非讼性质的证据保全已经不复存在”[5]；有的观点认为，证据保全属于普通的民事诉讼程序，原因是“证据保全者，即诉讼尚未系属于法院以前，或诉讼已系属于法院而未达到证据调查之程度以前，暂不调查应证事实之重要与否，而为将来系属之诉讼或已系属之诉讼上所行之证据调查也”[6]。因而，证据保全从表象上看，乃证据的固定和保存之过程，从本质上讲，其乃法院预先通过证据调查以期获得待证事实之心证的过程。[7]关于证据保全的启动，既可以由当事人申请，也可以由法院依职权启动。关于证据保全措施涉及的证据是否有所限制，还是及于所有证据方法，一般认为，“一切证据方法，均得保全之”[8]。

从历史的发展来看，1991年《民事诉讼法》首先规定了证据保全制度，第74条规定：“在证据可能灭失或者以后难以取得的情况下，诉讼参加人可以向人民法院申请保全证据，人民法院也可以主动采取保全措施。”[9]2001年《民事证据规定》对

---

〔1〕 参见最高人民法院民事诉讼法修改研究小组编著：《〈中华人民共和国民事诉讼法〉修改条文理解与适用》，人民法院出版社2012年版，第203页。

〔2〕 最高人民法院民事诉讼法修改研究小组编著：《〈中华人民共和国民事诉讼法〉修改条文理解与适用》，人民法院出版社2012年版，第203页。

〔3〕 杨建华：《民事诉讼法要论》，郑杰夫增订，北京大学出版社2013年版，第288页。

〔4〕 最高人民法院民事诉讼法修改研究小组编著：《〈中华人民共和国民事诉讼法〉修改条文理解与适用》，人民法院出版社2013年版，第203页。

〔5〕 占善刚：《民事证据法研究》，武汉大学出版社2009年版，第272页。

〔6〕 [日]松冈义正：《民事证据论》(上、下册)，张知本译，中国政法大学出版社2004年版，第330页。

〔7〕 参见占善刚：《民事证据法研究》，武汉大学出版社2009年版，第273页。

〔8〕 周荣编著：《证据法要论》，中国政法大学出版社2012年版，第176页。

〔9〕 2007年《民事诉讼法》对证据保全制度增加了“诉前证据保全”，第81条规定：“在证据可能灭失或者以后难以取得的情况下，当事人可以在诉讼过程中向人民法院申请保全证据，人民法院也可以主动采取保全措施。因情况紧急，在证据可能灭失或者以后难以取得的情况下，利害关系人可以在提起诉讼或者申请仲裁前向证据所在地、被申请人住所地或者对案件有管辖权的人民法院申请保全证据。证据保全的其他程序，参照适用本法第九章保全的有关规定。”

这一制度的内容进行了丰富和发展[1]，2020年《民诉法司法解释》第98条对证据保全的申请时间和保全担保问题进行了明确。2019年《民事证据规定》又对证据保全制度作了细化规定，主要有：

（1）规定了证据保全应当提交书面申请及其内容要求，以及证据保全需在举证期限内完成。第25条规定："当事人或者利害关系人根据民事诉讼法第八十一条的规定申请证据保全的，申请书应当载明需要保全的证据的基本情况、申请保全的理由以及采取何种保全措施等内容。当事人根据民事诉讼法第八十一条第一款的规定申请证据保全的，应当在举证期限届满前向人民法院提出。法律、司法解释对诉前证据保全有规定的，依照其规定办理。"需要注意的是，申请证据保全为形式审查。根据当事人的申请，法院可采取证据保全措施。例如，对计算机进行了证据保全，通过相关计算机上安装及使用了涉案侵权软件，可初步证明具有侵害涉案计算机软件著作权行为等。至于在证据保全中查封的证据是否能够证明其当事人的主张，属于人民法院案件实体审理部分，所以，当事人提出的证据保全中查封的证据不能证明其侵害权利（如著作权），不能成为否定人民法院采取证据保全措施的正当性理由。

（2）证据保全的保全担保以及担保方式与数额的确定问题。第26条规定："当事人或者利害关系人申请采取查封、扣押等限制保全标的物使用、流通等保全措施，或者保全可能对证据持有人造成损失的，人民法院应当责令申请人提供相应的担保。担保方式或者数额由人民法院根据保全措施对证据持有人的影响、保全标的物的价值、当事人或者利害关系人争议的诉讼标的金额等因素综合确定。"

（3）采取证据保全的具体程序性事项。第27条规定："人民法院进行证据保全，可以要求当事人或者诉讼代理人到场。根据当事人的申请和具体情况，人民法院可以采取查封、扣押、录音、录像、复制、鉴定、勘验等方法进行证据保全，并制作笔录。在符合证据保全目的的情况下，人民法院应当选择对证据持有人利益影响最小的保全措施。"

---

〔1〕 2001年《民事证据规定》第23条规定："当事人依据《民事诉讼法》第七十四条的规定向人民法院申请保全证据，不得迟于举证期限届满前七日。当事人申请保全证据的，人民法院可以要求其提供相应的担保。法律、司法解释规定诉前保全证据的，依照其规定办理。"第24条规定："人民法院进行证据保全，可以根据具体情况，采取查封、扣押、拍照、录音、录像、复制、鉴定、勘验、制作笔录等方法。人民法院进行证据保全，可以要求当事人或者诉讼代理人到场。"

（4）证据保全错误的归责原则。第28条规定："申请证据保全错误造成财产损失，当事人请求申请人承担赔偿责任的，人民法院应予支持。"

（5）保全证据的移交程序。第29条规定："人民法院采取诉前证据保全措施后，当事人向其他有管辖权的人民法院提起诉讼的，采取保全措施的人民法院应当根据当事人的申请，将保全的证据及时移交受理案件的人民法院。"

二、证据可能灭失或者以后难以取得

根据《民事诉讼法》第81条"在证据可能灭失或者以后难以取得的情况下，当事人可以在诉讼过程中向人民法院申请保全证据，人民法院也可以主动采取保全措施"，适用证据保全的前提条件是必须具备证据可能灭失或者以后难以取得。证据灭失，是指"若不及时收集、保全证据，那么该民事证据在人民法院调查收集前极有可能失去，对查明案件事实造成障碍"；证据难以取得，是指"人民法院进入证据的调查收集阶段之后，再去收集、调查证据，将要花费比之前收集更多的人力、物力和时间，可能会给证据调查造成很大的困难，提高诉讼成本"。[1]在此情形下，是否采取证据保全措施属于法官自由裁量范围，如当事人未能举证证明证据可能灭失或者以后难以取得，法院未采取证据保全措施并无不当。

司法实践中，一方当事人为了达到某些"不正当"目的，试图利用证据保全制度，人民法院需要甄别是否具备"证据可能灭失"或"以后难以取得"的适用前提条件。一种情况是属于单位持有的证据，例如医疗单位的病历，国土部门、金融机构保管的各种证据的，根据经验法则，并不存在"灭失""难以取得"的情况，更何况这类证据还可以通过书证提出命令予以解决，故对不具备"证据可能灭失"或"以后难以取得"的适用前提条件的，不适宜采取证据保全措施。需要注意的是，人民法院调查取证和采取保全证据是两个不同的法律概念，调查取证强调的是当事人由于客观原因自身无法取得某项证据；而保全证据强调的是证据可能灭失或以后难以取得。如果申请人申请保全的证据是医疗机构的病历、国土部门的资料、银行交易凭据等，而这类证据一般会长期保存，基本上不存在可能灭失或以后难以取得的情况，因此不应将调取证据和保全证据混同，此类申请不符合证据保全的条件。另一种相反的情况是，当事人向人民法院申请进行证据保全，经过初步调查核

〔1〕参见罗玉珍、高委主编：《民事证明制度与理论》，法律出版社2003年版，第414页。

实，如果诉讼所涉的标的物（如侵权产品已被转卖等情形）已不存在或已灭失，且具体去向不明的情况下，人民法院已无采取证据保全的必要。

【典型案解】

（一）适用程序

1.【裁判规则】证据保全申请应当提交书面形式

典型案例 ▶▶

陈某某与青海茶卡盐湖文化旅游发展股份有限公司租赁合同纠纷案［青海省高级人民法院（2019）青民申573号］

再审申请人（一审原告、二审上诉人）：陈某某

被申请人（一审被告、二审被上诉人）：青海茶卡盐湖文化旅游发展股份有限公司

裁判观点 ▶▶

人民法院认为，首先，申请人提交的中国邮政特快专递寄件人存单复印件不足以证明原审法院收到了该份申请书。其次，根据《民事诉讼法》第81条的规定，证据保全应当具备以下条件：1.申请人应当是本案当事人，利害关系人，或者法院依职权采取；2.申请人应提供存在紧急情况，证据可能灭失或者以后难以取得的证据。申请人在二审期间提交的证据保全申请书，要求保全的是当时存于申请人库房和店铺中的超过保质期的食品，申请人并未提供证据证明存在紧急情况，该证据可能灭失或者以后难以取得，申请人的申请不符合法定条件。最后，申请人在一审开庭时也未对证据保全事宜提出任何异议。现申请人以一份中国邮政特快专递寄件人存单复印件作为新证据申请再审，不符合《民事诉讼法》第200条第1项规定的新证据的情形。

2.【裁判规则】申请证据保全的，应当在举证期限届满前向人民法院提出

典型案例 ▶▶

赵某某与花垣县中源房地产开发有限责任公司股东知情权纠纷案［花垣县人

民法院（2020）湘3124民初144号之一］

申请人：赵某某

被申请人：花垣县中源房地产开发有限责任公司

裁判观点

人民法院认为，当事人根据《民事诉讼法》第81条第1款的规定申请证据保全的，应当在举证期限届满前向人民法院提出。现申请人赵某某在举证期限届满后申请证据保全，法院不予支持。据此，依照《民事诉讼法》第154条第1款第11项和2019年《民事证据规定》第25条第2款之规定，裁定驳回申请人赵某某的申请。

3.【裁判规则】是否采取证据保全措施属于法官自由裁量范围

典型案例

赵某与梁某某侵害实用新型专利权纠纷案［最高人民法院（2016）最高法民申173号］

再审申请人（一审原告、二审上诉人）：赵某

被申请人（一审被告、二审被上诉人）：梁某某

裁判观点

最高人民法院认为，根据《民事诉讼法》第81条第1款规定，采取证据保全措施需要在证据可能灭失或者以后难以取得的情况下，而且是否采取证据保全措施属于法官自由裁量范围。本案中，在赵某未举证证明证据可能灭失或者以后难以取得的情况下，一、二审法院未采取证据保全措施并无不当。

4.【裁判规则】申请采取查封、扣押等限制保全标的物使用、流通等证据保全措施的，申请人应向法院提供担保

典型案例

董某著作权侵权纠纷案［山东省日照市中级人民法院（2005）日民二知初字第16号］

申请人：董某

被申请人：日照轻舟世纪建筑装饰工程有限公司（以下简称日照轻舟公司）等

裁判观点

人民法院认为，申请人董某因著作权侵权纠纷，于2005年3月9日向法院提出诉前证据保全申请，要求对被申请人日照轻舟公司、被申请人日照日报社带有《金童献福、猴年吉祥》摄影作品的报纸、相应的账册进行诉前证据保全。申请人已向法院提供担保。法院经审查认为，申请人的申请符合法律规定，应予以保全。故裁定对被申请人日照轻舟公司、被申请人日照日报社带有《金童献福、猴年吉祥》摄影作品的报纸、相应的账册予以保全。

5.【裁判规则】在证据可能灭失或者以后难以取得的情况下，当事人可以申请证据保全。当事人申请证据保全的，仲裁委员会应当将当事人的申请提交证据所在地的基层人民法院

典型案例

南京银行股份有限公司上海分行为与中国出口信用保险公司上海分公司SHF20140093号赔款转让协议纠纷仲裁案［上海海事法院（2014）沪海法海保字第104号］

请求人：南京银行股份有限公司上海分行

被请求人：中国出口信用保险公司上海分公司

请求人南京银行股份有限公司上海分行为与被请求人中国出口信用保险公司上海分公司SHF20140093号赔款转让协议纠纷仲裁一案［案号为（2014）中国贸仲京（沪）字第004587号］，于2014年10月24日向中国国际经济贸易仲裁委员会提出证据保全申请。中国国际经济贸易仲裁委员会于2014年10月28日向上海海事法院转递了请求人的证据保全申请。2014年10月30日，请求人向法院出具书面保证函，保证承担因申请错误造成被请求人或其他利害关系人经济损失的赔偿责任。法院于2014年11月11日予以立案受理。请求人申请保全的证据为仲裁纠纷案中涉及的WG223F20008号提单及该提单项下所涉的订舱单/托书/订舱信息、电放保函、放货记录/提货单信息、箱号为FCIU3670048和WHLU2629971的集装箱流转记录等相关文件和单证。

裁判观点

人民法院认为，上述证据系由案外人持有，不采取保全可能会使证据灭失或者难以取得，且请求人已提供因申请错误需要承担赔偿责任的书面保证函，故请求人申请海事证据保全的理由正当，可予准许。依照《仲裁法》第46条和《海事诉讼特别程序法》第66条、第67条、第68条、第69条的规定，裁定准许请求人南京银行股份有限公司上海分行的海事证据保全申请；对WG223F20008号提单项下的相关文件和单证进行保全（包括WG223F20008号提单及该提单项下的订舱单/托书/订舱信息、电放保函、放货记录/提货单信息、箱号为FCIU3670048和WHLU2629971的集装箱流转记录）。

6.【裁判规则】当事人申请证据保全，属于当事人举证的一种特殊形式

典型案例

佛山市特福德自动化科技有限公司与佛山市禅城区陆和机械设备厂等侵害实用新型专利权纠纷案［广东省高级人民法院（2018）粤民终956号］

上诉人（原审原告）：佛山市特福德自动化科技有限公司（以下简称特福德公司）

被上诉人（原审被告）：佛山市禅城区陆和机械设备厂（以下简称陆和设备厂）

裁判观点

人民法院认为，特福德公司上诉称，一审法院以超出举证期限为由不予准许特福德公司再次提出的证据保全申请有误。根据《民诉法司法解释》第98条第1款规定，在证据存在灭失风险或取证困难的情况下，当事人可申请证据保全，这属于当事人举证的一种特殊形式。故一般而言，证据保全申请应在举证期限内提出，且当事人还应提交能够证明申请保全的标的物确实存在、可能灭失等内容的相关证据。本案中，特福德公司的第一次证据保全申请被予准许且已执行，其于一审开庭结束后的2017年6月19日再次提出证据保全申请，早已超出举证期限；且特福德公司没有提交任何能够证明陆和设备厂可能存在完整的被诉侵权产品的证据，即未能举

证证明存在证据保全的必要，一审法院对该申请不予准许并无不当。特福德公司该项上诉理由不能成立，法院不予支持。

7.【裁判规则】当事人申请证据保全的，不是必须提供担保

典型案例 ▶▶

嘉兴维特拉电气科技有限公司与敏华家具制造（惠州）有限公司侵害外观设计专利权纠纷案［广东省高级人民法院（2015）粤高法民三终字第77号］

上诉人（原审被告）：嘉兴维特拉电气科技有限公司（以下简称维特拉公司）

被上诉人（原审原告）：敏华家具制造（惠州）有限公司（以下简称敏华公司）

裁判观点 ▶▶

人民法院认为，原审法院根据敏华公司的申请，裁定以拍照、摄影的方式保全维特拉公司处涉嫌侵害本案外观设计专利权的产品，因此该证据保全措施不会对维特拉公司造成损失。而且《民事诉讼法》没有规定当事人申请证据保全的必须提供担保，故原审法院没有责令敏华公司提供担保，并没有违反法定程序。根据原审法院制作的证据保全笔录的记载，原审法院已经将包括本案在内的诉讼材料送达给维特拉公司总经理助理傅某某签收，而且傅某某也见证了原审法院进行证据保全的全过程并在笔录上签字确认。因此，维特拉公司认为原审法院没有将有关诉讼保全的结果告知维特拉公司，也没有责令敏华公司提供担保，属于程序违法，维特拉公司该主张不成立，法院不予支持。

（二）适用前提

1.【裁判规则】只有在证据可能灭失或者以后难以取得的情况下，诉讼参加人才可以向人民法院申请保全证据

典型案例 ▶▶

蔡某甲与佛山石湾鹰牌陶瓷有限公司等侵害发明专利权纠纷案［最高人民法院（2012）民申字第629号］

再审申请人（一审原告、二审上诉人）：蔡某甲

被申请人（一审被告、二审被上诉人）：佛山石湾鹰牌陶瓷有限公司（以下简称

鹰牌公司）等

裁判观点

最高人民法院认为，原审法院对蔡某甲提出的证据保全申请和调查收集证据申请未予准许是否妥当。蔡某甲向本案一审法院提出了证据保全申请和调查收集证据申请，向本案二审法院提出了调查鹰牌公司、新力公司财务账册的申请。原一、二审法院均未予准许。蔡某甲主张，其证据保全和调查收集证据的申请符合法定条件，人民法院应予保全和调查收集而未予采取相应措施，符合再审条件。对此，法院认为，首先，按照《民事诉讼法》的相关规定，只有在证据可能灭失或者以后难以取得的情况下，诉讼参加人才可以向人民法院申请保全证据。蔡某甲未能证明鹰牌公司和新力公司制造、销售的水箱配件和陶瓷便器的账目资料、鹰牌公司采购水箱配件和盖板的账目材料等存在可能灭失或者以后难以取得的情况，一审法院未予支持，并无不当。其次，根据《民事诉讼法》及2001年《民事证据规定》相关规定，如果申请调查收集的证据属于国家有关部门保存并须人民法院依职权调取的档案材料、涉及国家秘密、商业秘密、个人隐私的材料或者当事人及其诉讼代理人确因客观原因不能自行收集的其他材料，当事人及其诉讼代理人可以申请人民法院调查收集证据。蔡某甲未能证明鹰牌公司、新力公司在浙江省杭州市中级人民法院以及浙江省高级人民法院以往案件中的庭审笔录、物证、朱某良销售的被诉侵权产品以及上海市建筑五金门窗行业协会出具的推荐名单等证据属于上述情形，一审法院未予支持其调查收集证据的申请，并无不当。最后，根据《民事诉讼法》的相关规定，作为专利权人的原告应对侵权事实及遭受损失的金额承担举证责任。因根据本案证据不能认定鹰牌公司和新力公司应承担相应的侵权责任，二审法院对蔡某甲相应的调查取证申请未予准许，并无不当。蔡某甲的相应申请再审理由不能成立，不予支持。

2.【裁判规则】存放于电脑中的相关文件证据的确存在可能灭失或以后难以取得的情况，一方当事人申请证据保全，符合法律规定

典型案例

厦门精图信息技术有限公司与张某等著作权侵权纠纷案［福建省厦门市中级

人民法院（2005）厦民初字第428号］

原告：厦门精图信息技术有限公司（以下简称精图公司）

被告：张某等

裁判观点

人民法院认为，原告精图公司于2005年11月1日向法院提出证据保全申请，要求对存放于被告网站http//www.everywhere.com.cn/网站服务器和被告易为公司中公司职员卢某某、被告张某、周某某工作电脑中的有关文件进行证据保全，具体内容为：（1）Sdrawobj.dll；ZlmgLoad.dll；Start.bat；Stop.bat；Interop.SQLDMO.DLL；Kingman.exe；Kingsrv.exe；Kingsrdd；exe；以及这些文件所在目录的根目录下的目录和文件；（2）*.sb1文件以及这些文件所在目录的根目录下的目录和文件；（3）king*.ttf；agriculture.ttf；amusement.ttf；communication.ttf；hospital.ttf；_MAP_SOMBOL.ttf；_SYMBOL.ttf；_UPIS.ttf；（4）以下列字符为后缀文件名的开发代码文件：*.aspx；*.js；*.cs；（5）以下列字符为后缀文件名的数据文件：*.TAB；*.MAP；*.ID；*.DAT；*.WOR；*.MID；*MIF；（6）在access数据库、SQLServer或者Oracle数据库中，表名称包含kingmap字符的数据库文件；（7）*.ccp；*.H文件。

法院认为被告存放于电脑中的相关文件证据的确存在可能灭失或以后难以取得的情况，原告申请对此予以证据保全，符合法律规定，应予准许。据此，依照《民事诉讼法》第74条、第140条第1款第11项和2001年《民事证据规定》第23条、第24条之规定，裁定对存放于被告易为公司网站服务器和被告易为公司中公司职员卢某某、被告张某、周某某工作电脑中的有关文件进行证据保全。

3.【裁判规则】证据不属于可能灭失或以后难以取得的情形的，证据保全请求不予准许

典型案例

无锡金沃机床有限公司与沈阳毅昌科技股份有限公司等买卖合同纠纷案［最高人民法院（2017）最高法民申3072号］

再审申请人（一审被告、反诉原告、二审上诉人）：无锡金沃机床有限公司（以

下简称金沃公司）

被申请人（一审原告、反诉被告、二审被上诉人）：沈阳毅昌科技有限公司（以下简称沈阳毅昌公司）等

裁判观点

最高人民法院认为，根据《民事诉讼法》第81条规定，涉案设备是否已经投入生产并持续使用，实际上是一个容易证实的事实。利用设备进行持续生产的相关证据，亦非难以获取或容易灭失。金沃公司既不能证明存在不能自行收集证据的客观原因，也不能证明相关证据存在可能灭失或以后难以取得的情形，其请求原审法院进行证据保全的申请并不符合法律规定。在现有证据已经能够证明涉案设备尚未投入生产并持续使用的情况下，原审法院认为金沃公司关于沈阳毅昌公司收货后一直使用的主张不能成立，并进而对其相应的证据保全申请未予准许，不属于违反法定程序的情形。

4.【裁判规则】经过证据保全，保全与本案有关证据的目的已经达到，再次申请证据保全属于滥用保全权利

典型案例

李某某等与黄某某申请撤销仲裁裁决案［广东省广州市中级人民法院(2017)粤01民特1146号］

申请人：李某某

被申请人：黄某某

裁判观点

人民法院认为，《广州仲裁委员会仲裁规则》第39条规定：“（一）仲裁庭认为必要时，可以自行或委托办案秘书调查事实、收集证据……”是否接纳李某某调查取证的申请，属于广州仲裁委根据案件实际情况行使仲裁职权的范畴。广州仲裁委未接纳李某某调查取证的申请在其行使职权范围内，并未违反仲裁规则的规定。经李某某两次申请证据保全，仲裁庭均向广州市花都区人民法院提交了证据保全申请提请函，该法院两次进行证据保全。李某某于2017年3月30日再次申请证据保

全，同日又申请证人江某、金某出庭作证。仲裁规则设置证据保全的目的在于保全证据，防止证据灭失。经过两次证据保全，李某某关于保全黄某某与本案有关证据的目的已经达到。李某某再次申请证据保全属于滥用保全权利，广州仲裁委不予接受该次证据保全的申请但准许证人江某、金某出庭作证，已充分保障了李某某的权利，并未违反仲裁规则的规定。

5.【裁判规则】已超过服务器内的电子数据的保存期限的，不具备保全条件

典型案例

北京紫气仙都投资管理有限公司等与山东华夏良子健康管理有限公司特许经营合同纠纷案［最高人民法院（2019）最高法民申3195号］

再审申请人（一审被告、反诉原告、二审上诉人）：北京紫气仙都投资管理有限公司（以下简称仙都公司）

被申请人（一审原告、反诉被告、二审被上诉人）：山东华夏良子健康管理有限公司（以下简称华夏良子公司）

裁判观点

最高人民法院认为，仙都公司、史某某主张其一审期间申请法院对华夏良子公司服务器保存的电子数据进行保全，目的是查明华夏良子公司与双井店之间真实的财务往来状况，但一审法院只对双井店的相关电子数据保存了3类。经查，华夏良子公司（甲方）与仙都公司（乙方）签订的特许经营合同书第6.2条约定：连锁店须使用甲方统一的财务管理软件并将所有经营项目的总营业收入及财务报表报甲方予以备案，月报表应于次月5日前报甲方，日报表应于次日16时前报甲方，甲方可派员对连锁店财务进行监督与审核。上述条款表明，华夏良子公司与连锁店进行财务结算有连锁店上报的财务报表为凭，华夏良子公司服务器保存的系单方存储的用于对账的数据。华夏良子公司一审期间提供了双方盖章的纸质财务证据，且明确表示服务器内的电子数据一般从生成之日起保存3个月，故在本案一审时已不具备保全条件。在此情况下，一审法院未支持仙都公司、史某某有关证据保全的申请，不属于程序错误。

6.【裁判规则】双方当事人均已确认工程款数额的情形下，证据保全已无必要

典型案例

遵义市乾豪房地产开发有限公司与被上诉人重庆市合川区教育建筑工程有限公司建设工程施工合同纠纷案［最高人民法院（2016）最高法民终546号］

上诉人（原审被告、反诉原告）：遵义市乾豪房地产开发有限公司（以下简称乾豪公司）

被上诉人（原审原告、反诉被告）：重庆市合川区教育建筑工程有限公司

裁判观点

最高人民法院认为，一审法院以存在结算清单为由，未对案涉工程进行工程造价鉴定和证据保全并无不当。虽然乾豪公司上诉主张按结算清单确定的工程款数额计算，则案涉工程单价过高。但在结算清单未被依法撤销、解除或无效的情形下，乾豪公司签订结算清单确认案涉工程款数额的行为应被认定为其真实意思表示。即便存在单价过高情形，也应被视为乾豪公司基于自身利益衡量，对其权利的处分。故在双方当事人均已确认工程款数额的情形下，对案涉工程造价进行鉴定和证据保全已无必要。

7.【裁判规则】申请保全的证据存放在国家相关部门的，不属于"灭失并难以取得"

典型案例

昆明赛诺制药有限公司与大理大学等侵害技术秘密纠纷案［云南省高级人民法院（2017）云民终494号］

上诉人（原审原告）：昆明赛诺制药有限公司（以下简称赛诺公司）

被上诉人（原审被告）：大理大学

裁判观点

人民法院认为，赛诺公司的证据保全申请是否应当准许。赛诺公司向一审法院申请证据保全的理由是，被上诉人"在诉讼中极有可能会向国家科技部撤回

资料导致该部分证据灭失并难以取得”，故向法院申请证据保全。法院经审查认为，赛诺公司申请保全证据的目的是将这些证据与赛诺公司的技术秘密进行比对，但目前本案并没有将二者进行比对的必要性，而且，赛诺公司要求保全的这些证据存于国家科技部，所谓“灭失并难以取得”的风险显然出于赛诺公司自己的主观臆想，并没有现实的紧迫性和必然性，因此一审驳回赛诺公司的保全申请并无不当。

第二节 诉讼前证据保全的适用

【法理辨析】

诉讼前的证据保全

诉前证据保全，即诉讼系属前的证据保全，是指“在提起诉讼或者申请仲裁前，因情况紧急，在证据可能灭失或者以后难以取得的情况下，法院依利害关系人申请对证据予以调查收集和固定保护的行为”〔1〕。其目的是“主张权利的人在提起诉讼前就收集证据，证明纷争事实，固定争议焦点，将有助于双方当事人预测裁判结果，从而促进诉讼和解达成，达到提高诉讼效率的目的”。〔2〕根据《民事诉讼法》第81条第2款的规定，诉前证据保全的实施条件是：(1)在提起诉讼或者申请仲裁前才能采取诉前证据保全措施；(2)须利害关系人提出申请；(3)须情况紧急，证据可能灭失或者以后难以取得；(4)须向证据所在地、被申请人住所地或者对案件有管辖权的人民法院申请(见图4-1)。〔3〕

〔1〕 王胜明主编：《中华人民共和国民事诉讼法释义》，法律出版社2013年版，第183页。

〔2〕 最高人民法院民事诉讼法修改研究小组编著：《〈中华人民共和国民事诉讼法〉修改条文理解与适用》，人民法院出版社2012年版，第204页。

〔3〕 参见全国人大常委会法制工作委员会民法室编著：《〈中华人民共和国民事诉讼法〉释解与适用》，人民法院出版社2012年版，第125-126页。

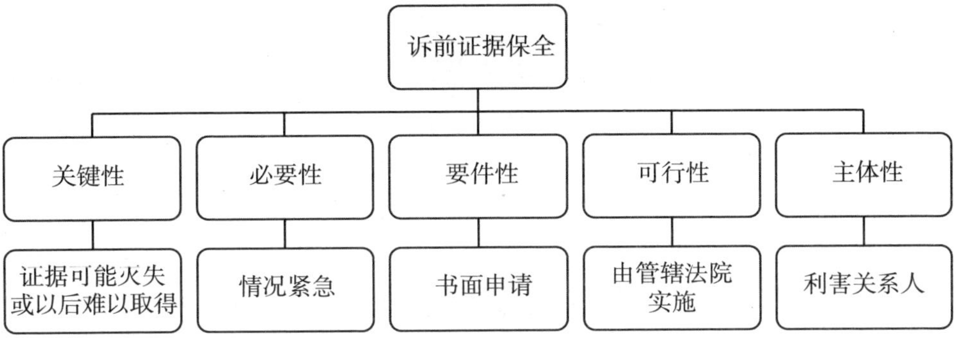

图4-1　诉前证据保全的实施条件

关于当事人或利害关系人申请保全与待证事实之间是否必须具备关联性的问题。有的观点认为，应当具备关联性，有可能对本案的实体处理结果产生影响；如果对本案处理影响不大，缺乏因果关系，法院应予驳回。而事实上，根据现行的法律规定，诉前证据保全并没有明确要求必须有证据证明所保全的证据与本案必须具有相关性，原因在于"若起诉之前，或未达调查程度时，对于该项证据，是否有调查之需要，亦未确定，法官本不必加以调查。如若不调查，该项证据有灭失或变更，日后有不能应用之虞"[1]。因此，"至于实质上是否有关联、证明价值大小，属于证据实质审查的问题，并不在人民法院审查证据保全申请的考虑之内"[2]，而是突出强调了"情况紧急"以至于证据可能会灭失或者以后难以取得，至于何种情形，才属于"情况紧急"，法律没有明确列明，而是将这一适用权力交由人民法院根据实践中具体情况进行分析判断。

司法实践中，有的当事人认为法院在接收证据保全申请之后，未在48小时内作出裁定，也未同意其证据保全的申请，违反了《民事诉讼法》第81条或者诸如《专利法》第67条的规定。根据《民事诉讼法》第81条"在证据可能灭失或者以后难以取得的情况下，当事人可以在诉讼过程中向人民法院申请保全证据，人民法院也可以主动采取保全措施"的规定，事实上，人民法院对当事人在诉讼中提出的证据保全申请，可以根据案件的具体情况决定是否准许，可以准许，也可以不准许，不是所有的证据保全申请提出后，人民法院必须予以准许。因此，法院基于案件的具体情况，未准许当事人的证据保全申请，并未违反《民事诉讼法》第81条的

---

〔1〕 周荣编著：《证据法要论》，中国政法大学出版社2012年版，第174页。

〔2〕 最高人民法院民事审判第一庭编著：《最高人民法院新民事诉讼证据规定理解与适用（上）》，人民法院出版社2020年版，第273页。

规定。更何况《专利法》第67条规定，为了制止专利侵权行为，在证据可能灭失或者以后难以取得的情况下，专利权人或者利害关系人可以在起诉前向人民法院申请保全证据。人民法院应当自接受申请之时起48小时内作出裁定。该规定是针对情况紧急的诉前证据保全，对于不属于诉前证据保全，不适用《专利法》的该条规定。

【典型案解】

1.【裁判规则】因情况紧急，在证据可能灭失或者以后难以取得的情况下，利害关系人可以在提起诉讼或者申请仲裁前向证据所在地、被申请人住所地或者对案件有管辖权的人民法院申请保全证据

典型案例 ▶▶

中微半导体设备（上海）有限公司与维易科精密仪器国际贸易（上海）有限公司等保全纠纷案［福建省高级人民法院（2017）闽证保1号］

申请人：中微半导体设备（上海）有限公司（以下简称中微公司）

被申请人：维易科精密仪器国际贸易（上海）有限公司

申请人中微公司于2017年6月12日向法院申请诉前保全证据，请求：对厦门三安光电有限公司使用的TurboDisc®EPIK700TM金属有机化学气相沉积（MOCVD）设备，尤其是该设备反应室内的旋转轴和基片托盘进行拍照和录像；对TurboDisc®EPIK700TM金属有机化学气相沉积（MOCVD）设备的销售合同以及所有相关技术资料进行复印或拍照；指定厦门三安光电有限公司妥善保管TurboDisc®EPIK700TM金属有机化学气相沉积（MOCVD）设备，并允许其继续使用。

裁判观点 ▶▶

人民法院认为，因情况紧急，在证据可能灭失或者以后难以取得的情况下，利害关系人可以在提起诉讼前向证据所在地、被申请人住所地或者对案件有管辖权的人民法院申请保全证据。申请人中微公司的申请符合法律规定。依照《民事诉讼法》第81条第2款、第3款，第101条第1款和第154条第1款第4项规定，裁定如下：一、对厦门三安光电有限公司使用的TurboDisc®EPIK700TM金属有机化学气相沉积（MOCVD）设备反应室内的旋转轴和基片托盘进行拍照和录像；二、对厦门三安光电有限公司使用的TurboDisc®EPIK700TM金属有机化学气相沉积（MOCVD）设备的销售合同以及所有相关技术资料进行复印或拍照；三、厦门三安光电有限公司可继续使用TurboDisc®EPIK700TM金属有机化学气相沉积（MOCVD）设备，但须对所述设备予以妥善保管。如不服本裁定，可以自收到裁定书之日起5日内向法院申请复议一次。复议期间不停止裁定的执行。申请人在人民法院采取保全措施后30日内不依法提起诉讼的，法院将依法解除保全。

2.【裁判规则】人民法院应当自接受申请之时起48小时内作出裁定，是针对情况紧急的诉前证据保全

典型案例

深圳全棉时代科技有限公司与宜昌市欣龙卫生材料有限公司等侵害专利权纠纷案［湖北省高级人民法院（2017）鄂民终2796号］

上诉人（原审原告）：深圳全棉时代科技有限公司

被上诉人（原审被告）：宜昌市欣龙卫生材料有限公司等

裁判观点

人民法院认为，根据《民事诉讼法》第81条的规定，人民法院对当事人在诉讼中提出的证据保全申请，可以根据案件的具体情况决定是否准许。一审法院基于本案当时的具体情况，未准许上诉人的证据保全申请，并未违反《民事诉讼法》第81条的规定。《专利法》第67条规定，为了制止专利侵权行为，在证据可能灭失或者以后难以取得的情况下，专利权人或者利害关系人可以在起诉前向人民法院申请保全证据。人民法院应当自接受申请之时起48小时内作出裁定。该规定是针对情况紧急的诉前证据保全，本案上诉人未申请诉前证据保全，不适用《专利法》的该条规定。

3.【裁判规则】海事请求权利人，有权在本案一审诉前提出证据保全申请

典型案例

泰州市易航运输有限公司与大连金辉船舶燃料销售有限公司船舶物料和备品供应合同纠纷案［辽宁省高级人民法院（2018）辽民终610号］

上诉人（原审被告）：泰州市易航运输有限公司（以下简称易航公司）

被上诉人（原审原告）：大连金辉船舶燃料销售有限公司（以下简称金辉公司）

裁判观点

人民法院认为，因《海事诉讼特别程序法》第13条规定，当事人可以在诉前申请海事请求保全，故金辉公司作为涉案船舶的海事请求权利人，其有权在本案一审诉前提出扣船申请，原审法院根据金辉公司的申请扣押案涉船舶亦不违反法律规定。所以易航公司的该节上诉理由不能成立，法院不予支持。

4.【裁判规则】在证据可能灭失或者以后难以取得的情况下，专利权人或者利害关系人可以在起诉前向人民法院申请保全证据

典型案例

宁波卡维自动化科技有限公司与台州森科缝纫机有限公司专利权权属纠纷案［浙江省宁波市中级人民法院（2020）浙02证保7号］

申请人：宁波卡维自动化科技有限公司

被申请人：台州森科缝纫机有限公司

裁判观点

人民法院认为，申请人请求对被申请人涉嫌侵害申请人享有专利权的被诉侵权产品等采取诉前证据保全措施的申请符合法律规定，应予准许。依照《民事诉讼法》第81条、第101条第3款、第154条第1款第4项，《专利法》第67条以及2001年《民事证据规定》第24条第1款之规定，裁定如下：查封或扣押被申请人台州森科缝纫机有限公司涉嫌侵害申请人宁波卡维自动化科技有限公司享有的专利号为ZL 20172077××××.7、名称为“缝纫机拖布轮装置”实用新型专利的被诉侵权产品若干，并对其库存的被诉侵权产品进行清点、拍照或拍摄。申请人应当在裁定书送达之日起30日内向法院起诉，逾期不起诉的，法院将解除保全措施。本裁定送达后立即执行。

5.【裁判规则】诉前证据保全后当事人仅就一部分权利提出诉讼主张，与诉前证据保全措施并不矛盾

典型案例 ▶▶

陈某某等与福建省德化县宝源陶瓷研究所侵害著作权纠纷案［福建省高级人民法院（2014）闽民终字第406号］

上诉人（原审被告）：陈某某

被上诉人（原审原告）：福建省德化县宝源陶瓷研究所（以下简称宝源研究所）

裁判观点 ▶▶

人民法院认为，原审法院依照宝源研究所、郑某某的申请，在审查其提交的初步证据后对陈某某、陈某华、孙某某处的证据进行诉前保全，目的是为避免证据灭失或以后难以取得所采取的预防性措施，至于宝源研究所、郑某某向原审法院起诉后仅就一部分著作权提出诉讼主张系其自行处分自己的诉讼权利，与原审法院所采取的诉前证据保全措施并不矛盾，原审法院作出诉前证据保全不违反《民事诉讼法》第81条的有关规定。

6.【裁判规则】因诉前证据保全申请错误行为引致的纠纷，属侵权纠纷

典型案例 ▶▶

唐山先锋印刷机械有限公司诉天津长荣科技集团股份有限公司因申请诉前证据保全损害责任纠纷案［广州知识产权法院（2018）粤73民初749号］

原告：唐山先锋印刷机械有限公司（以下简称先锋公司）

被告：天津长荣科技集团股份有限公司（以下简称长荣公司）

裁判观点 ▶▶

人民法院认为，专利被宣告无效并非证据保全中归责的充分要件。证据保全制度的目的在于避免证据可能灭失或者以后难以取得，既不同于具有生效裁判提前强制执行功能的行为保全，也不同于具有保障生效判决履行功能的财产保全，证据保全的功能在于固定证据。因诉前证据保全申请错误行为引致的纠纷，仍属侵权纠纷，其归责原则应依据《侵权责任法》第6条关于"行为人因过错侵害他人民事权益，应当承担侵权责任"的规定[1]进行认定。判断专利侵权纠纷中证据保全行为的主体是否应当承担侵权责任，需考虑其是否符合侵权行为的构成要件，而不应仅以专利被宣告无效作为证据保全中存在主观恶意的判断依据，还应结合考虑专利类型、专利的稳定性及专利被宣告无效的原因等因素。

7.【裁判规则】根据诉前证据保全申请，委托鉴定机构所作出的鉴定意见，可以作为认定案件事件的根据

典型案例 ▶▶

永嘉集团有限公司等与蔡某等通海水域污染损害赔偿纠纷案［最高人民法院(2016)最高法民申296号］

再审申请人（一审被告、二审上诉人）：永嘉集团有限公司（以下简称永嘉集团）

被申请人（一审原告、二审被上诉人）：蔡某等

裁判观点 ▶▶

最高人民法院认为，根据原审查明，数量估算报告是原一审法院根据蔡某的诉前证据保全申请，委托司法鉴定所所作，虽然该报告不是在本案诉讼审理过程中所作，且永兴公司和永嘉集团没有参与委托人的选择，但是该司法鉴定所及鉴定人员均是辽宁省司法厅核准注册的机构和人员，其相应的鉴定资质也均有司法行政部门的认可，原审法院采信该数量估算报告、回函和补充说明并无不当。永嘉集团和永兴公司主张该报告、回函和补充说明存在鉴定过程违反法定程序、鉴定依据不科

---

〔1〕 现为《民法典》第1165条第1款："行为人因过错侵害他人民事权益造成损害的，应当承担侵权责任。依照法律规定推定行为人有过错，其不能证明自己没有过错的，应当承担侵权责任。"

学等问题，但是并没有提交证据推翻该报告结论，因此永嘉集团和永兴公司关于原审法院不应采信该数量估算报告、回函和补充说明的主张，不能予以支持。

第三节　证据保全的适用措施

【法理辨析】

一、证据保全的措施

采取何种方法来对证据进行保全和固定，则需要根据保全的证据的性质而有所不同。2001年《民事证据规定》第24条规定，“人民法院进行证据保全，可以根据具体情况，采取查封、扣押、拍照、录音、录像、复制、鉴定、勘验、制作笔录等方法”，由于有“等”作为兜底的保全方法，可以说司法解释中对于保全措施方法未作限制。因此，从立法本意上来说，只要是能够起到保全和固定证据的作用，能够在今后的诉讼中发挥证明案件事实作用的方法，应当予以允许。

一般来说，对于能够移动且不损害其价值的，可以采取查封、扣押的方法；对于房屋、固定物、无法移动，或者移动即会损害其他价值的物品，可以采取拍照、录像的方法；对于书证，如事故现场的文书资料，随时有被损毁的可能，可以采取复制的方法；对于人证，如证人病危、移民、不易找寻的，可以采取录音录像的方法；对于需要实地检查、实地甄别的，可以采取鉴定、勘验、制作笔录等方法。当然保全方法的选择，除了适用于证据本身的性质以外，还要坚持“损害最小化”的原则，起到固定证据的作用即可，不须同步适用所有的取证方法。

二、适用诉讼证据保全的条件

1.时间条件。应当在诉讼进行中才能采取诉讼证据保全，并且以当事人申请为前提条件，当事人未申请诉讼证据保全的，人民法院不得依职权启动诉讼证据保全。

2.举证期限。根据2019年《民事证据规定》第25条第2款规定，“当事人根据民事诉讼法第八十一条第一款的规定申请证据保全的，应当在举证期限届满前向人民法院提出”，证据保全申请同调查取证申请的期限一样。第20条规定，“当事人及其诉讼代理人申请人民法院调查收集证据，应当在举证期限届满前提交书面申请”。当然，此处的举证期限届满仍然要受到司法解释相关规定的限制，例如：

其一，双方当事人协商一致延长举证期限，并经法院准许的限制。如2019年《民事证据规定》第51条第1款“举证期限可以由当事人协商，并经人民法院准许”；

其二，当事人变更诉讼请求而导致的重新指定举证期限的限制。如2019年《民事证据规定》第53条规定：“诉讼过程中，当事人主张的法律关系性质或者民事行为效力与人民法院根据案件事实作出的认定不一致的，人民法院应当将法律关系性质或者民事行为效力作为焦点问题进行审理。但法律关系性质对裁判理由及结果没有影响，或者有关问题已经当事人充分辩论的除外。存在前款情形，当事人根据法庭审理情况变更诉讼请求的，人民法院应当准许并可以根据案件的具体情况重新指定举证期限。”

其三，法院酌定再次确定举证期限的限制。如2019年《民事证据规定》第51条第3款规定：“举证期限届满后，当事人提供反驳证据或者对已经提供的证据的来源、形式等方面的瑕疵进行补正的，人民法院可以酌情再次确定举证期限，该期限不受前款规定的期间限制。”

其四，当事人申请延长举证期限的限制。如2019年《民事证据规定》第54条规定：“当事人申请延长举证期限的，应当在举证期限届满前向人民法院提出书面申请。申请理由成立的，人民法院应当准许，适当延长举证期限，并通知其他当事人。延长的举证期限适用于其他当事人。申请理由不成立的，人民法院不予准许，并通知申请人。”

3.相关性条件。对于采取证据保全的证据与案件事实是否必须存在相关性，存在不同的认识。第一种观点认为，《民事诉讼法》第81条并未明确要求被保全的证据与待证事实必须存在关联性，只符合“证据可能灭失或者以后难以取得的情况”，就可以采取证据保全措施。因此，被保全的证据未必与待证事实存在关联性。第二种观点认为，只要具有关联性即可，不需要考虑关联性的程度以及保全证据与待证事实之间具有的证明力强弱。第三种观点认为，被保全的证据必须是与案件待证事实有联系，且联系紧密，能够达到证明某一待证事实的成立或不成立，即对案件的实体处理结果能够产生影响；如果当事人申请保全的证据与待证事实的关联性微弱、证明力较小、无法达到佐证其他间接证据并提高整体证据链的作用时，就失去了采取诉讼证据保全措施的必要性。如果不考虑相关性的程度，只对当事人的证据保全作“形式审查”，一律采取证据保全措施，一是偏离了证据保全的初心和使命：正是因为存在“证据可能灭失或者以后难以取得的情况下”才会有证据保全的设计，而保全这些证据的目的是证明案件的待证事实，而不只是考虑形式正义，而不考虑实质正义。二是容易造成证据保全措施的滥用，在保全证据并没有什么证明价值的情况下，采取证据保全措施会造成诉讼程序的冗长和拖延，可能会成为极少数当事人恶意利用证据保全的工具，造成双方诉讼地位的不平等，也不利于人民法院发挥中立的事实裁判者的作用。

4.担保条件。从总体来说，证据保全不是必须要提供担保。对于部分情况下或可能出现一些法律后果的情况下，证据保全应当要提供担保，不提供担保的，裁定驳回申请。如2019年《民事证据规定》第26条规定：“当事人或者利害关系人申请采取查封、扣押等限制保全标的物使用、流通等保全措施，或者保全可能对证据持有人造成损失的，人民法院应当责令申请人提供相应的担保。担保方式或者数额由人民法院根据保全措施对证据持有人的影响、保全标的物的价值、当事人或者利害关系人争议的诉讼标的金额等因素综合确定。”因此，除“当事人或者利害关系人申请采取查封、扣押等限制保全标的物使用、流通等保全措施，或者保全可能对证据持有人造成损失的”这两种情况下，必须由申请人提供担保外，对于其他证据保全申请，未有提供担保的强制性要求。

三、司法实务中的证据保全措施

1.当事人质疑证据保全的真实性，应当进行审查。其一，可以出示法院诉前证据保全取得的照片，并征询当事人对证据保全时所拍摄的照片进行核对，有无异议。其二，可以核实诉前证据保全卷宗，在证据保全现场，是否向当事人送达了诉前证据保全民事裁定书。其三，核实对证据保全过程制作的现场笔录，有无当事人在现场，是否同意签字，有无按照规定履行相关的程序手续。其四，证据保全程序是否符合法律规定。其五，当事人的质疑是否系单方陈述，有无有效证据支持，能否推翻根据诉前保全证据认定的事实。

2.申请诉前证据保全错误，应当依法赔偿被申请人也即对方当事人因保全遭受的损失。当事人申请了诉前证据保全，并提供了担保，后以保全的证据为依据提起的诉讼案件，经认定，当事人属于申请诉前证据保全错误，应当依法赔偿对方当事人因保全遭受的损失。

【典型案解】

（一）可予适用

1.【裁判规则】当事人对于自行取证或固定证据存在困难的情形，可在诉前或诉讼中依法及时申请人民法院进行证据保全

典型案例

河南龙腾新型钻具制造有限公司与河南省新郑煤电有限责任公司等侵害实用新型专利权纠纷案［最高人民法院（2019）最高法民申4988号］

再审申请人（一审原告、二审上诉人）：河南龙腾新型钻具制造有限公司（以下简称龙腾公司）

被申请人（一审被告、二审被上诉人）：河南省新郑煤电有限责任公司（以下简称新郑煤电公司）

裁判观点

最高人民法院认为，当事人对于自行取证或固定证据存在困难的情形，可在诉前或诉讼中依法及时申请人民法院进行调查取证或证据保全。龙腾公司未依法通过有效方式获取足够证据或取得被控侵权产品实物，以致技术特征勘验对比无法实际进行，应当自行承担不利后果。龙腾公司未依法提供充分证据证明被诉侵权产品落入专利权保护范围，却以新郑煤电公司处理被诉侵权产品属于隐匿证据并据以主张原审判决错误，缺乏事实和法律依据。

2.【裁判规则】申请对记录涉案事发经过的录像予以调取和保全，符合法律规定

典型案例

厉某与任某某名誉权纠纷案［广东省广州市中级人民法院（2018）粤01民终7098号］

上诉人（原审被告）：厉某

被上诉人（原审原告）：任某某

裁判观点

人民法院认为，根据《民事诉讼法》第81条第1款、第2款“在证据可能灭失或者以后难以取得的情况下，当事人可以在诉讼过程中向人民法院申请保全证据，人民法院也可以主动采取保全措施。因情况紧急，在证据可能灭失或者以后难以取得的情况下，利害关系人可以在提起诉讼或者申请仲裁前向证据所在地、被申请人住所地或者对案件有管辖权的人民法院申请保全证据”之规定，原审法院依据任某某的申请对记录涉案事发经过的录像这一关键证据予以调取、保全，并未违反法律规定，故法院对于厉某的该主张不予采纳。

3.【裁判规则】在证据可能灭失或者以后难以取得的情况下，人民法院也可以主动采取保全措施

典型案例 ▶▶

张某某与纪某某等执行异议之诉纠纷案［沙河市人民法院（2018）冀0582民初3051号］

原告：张某某

被告：纪某某

裁判观点 ▶▶

人民法院认为，原告张某某诉被告纪某某及第三人李某某案外人执行异议之诉纠纷案，法院于2018年11月1日立案受理。审理过程中，法院发现该案涉及的邢台经济开发区金橙快捷宾馆拆迁卷宗档案对案件查明事实有重要的作用。在证据可能灭失或者以后难以取得的情况下，人民法院可以主动采取保全措施，对民事诉讼证据加以收集和固定。现依照《民事诉讼法》第81条第1款、第3款，第100条第1款，第154条第1款第4项规定，裁定查封、扣押、提取邢台经济开发区金橙快捷宾馆拆迁卷宗档案等相关材料。

4.【裁判规则】保全查封的效力不会因当事人未在法定期限内起诉而自动消灭

典型案例 ▶▶

陈某某与广西柳工机械股份有限公司等案外人执行异议之诉案［最高人民法院（2019）最高法民申4334号］

再审申请人（一审原告、二审上诉人）：陈某某

被申请人（一审被告、二审被上诉人）：广西柳工机械股份有限公司（以下简称柳工公司）

裁判观点

最高人民法院认为，在柳工公司与德瑞祥公司买卖合同纠纷案中，柳工公司对德瑞祥公司的案涉机器设备申请诉前财产保全。乌鲁木齐市中级人民法院2015年5月18日执行日志记载，该院工作人员于当日11时根据申请人柳工公司提供的财产线索，赴现场查看并逐一核实了德瑞祥公司的机器设备型号及数量；当日16时再次赴现场对上述德瑞祥公司的70台机器设备一一贴封条并拍照留存，并告知场地门卫及场地负责人上述设备已被查封，未经法院许可不得转移变卖。之后，德瑞祥公司参加了该案诉讼并被判决承担保全费，应认定其已知晓财产被查封的事实。故陈某某等所称未通知场地看管人和被保全人因而查封无效，缺乏事实和法律依据，不能成立。陈某某等还主张查封时没有核实机器设备权属、没有记录发动机编号，查封物没有特定化。如前所述，人民法院在查封时已逐一核实了德瑞祥公司的机器设备，虽未在扣押清单上记录发动机编号，但已对每台设备贴了封条，足以达到对案涉财产的查封和公示效力，并且目前没有证据显示因权属问题错误查封了他人财产，被保全人德瑞祥公司也未提出异议。故陈某某等该项关于查封无效的理由不能成立。陈某某等又主张案涉查封裁定已失效。经查，（2015）乌中民二初字第188号民事判决书记载，2015年7月1日系法院受理案件之日，并非柳工公司起诉之日，陈某某等没有证据证明柳工公司诉前保全到起诉超过期限，并且根据《民诉法司法解释》第165条规定，人民法院裁定采取保全措施后，有权解除保全裁定的主体只能是作出保全裁定的人民法院或者其上级人民法院，也就是说，保全查封的效力不会因当事人未在法定期限内起诉而自动消灭。关于查封期限，案涉机器设备于2015年5月18日被查封，陈某某等通过以物抵债方式对该机器设备进行处置的时间为2015年7月6日，此时查封仍然有效，之后是否办理延期均不能改变陈某某等在查封期内对查封财产进行处置的事实。并且该处置行为显然不属于《查扣冻规定》第30条所适用的情形。故陈某某等关于查封无效的再审理由不能成立。

5.【裁判规则】人民法院进行证据保全后，并未免除当事人的举证责任

典型案例 ▶▶

广州市西埃斯智能系统科技有限公司与苏州朗为控制技术有限公司侵害发明专利权纠纷案［江苏省高级人民法院（2012）苏知民终字第0210号］

上诉人（原审原告）：广州市西埃斯智能系统科技有限公司（以下简称西埃斯公司）

被上诉人（原审被告）：苏州朗为控制技术有限公司（以下简称朗为公司）

裁判观点 ▶▶

人民法院认为，《民事诉讼法》第64条规定，当事人对自己提出的主张，有责任提供证据。西埃斯公司指控朗为公司的产品侵犯了其专利权，其负有提供被控侵权产品的举证责任。一审诉前证据保全过程中，西埃斯公司对保全事项进行变更，只要求保全发卡机的发卡机构部件，系其对自己权利的处置。一审法院据此保全了发卡机构，并无不当。同时，证据保全是在证据有可能灭失或以后难以取得的情况下，人民法院采取的固定和保护证据的措施。人民法院进行证据保全后，并未免除在保全事项外当事人的举证责任。被保全的被控侵权产品不是一个完整的发卡机装置，缺失了实现发卡功能的其他部件，导致无法对全部的技术特征进行比对，故西埃斯公司应承担举证不能的责任。

6.【裁判规则】被侵权人对侵权行为的存在申请证据保全，人民法院采取证据保全后，被侵权人已经完成了其初步举证责任

典型案例 ▶▶

杭州大华仪器制造有限公司与上海复旦天欣科教仪器有限公司等侵害发明专利权纠纷案［最高人民法院（2018）最高法民申3932号］

再审申请人（一审被告、二审上诉人）：杭州大华仪器制造有限公司（以下简称大华公司）

被申请人（一审原告、二审被上诉人）：上海复旦天欣科教仪器有限公司（以下简称天欣公司）

裁判观点

最高人民法院认为，根据《民事诉讼法》第64条和《民诉法司法解释》第90条规定，本案中，天欣公司一审期间提出了其诉讼主张。为证明其享有涉案专利权，天欣公司提交了发明专利证书；为证明被诉侵权行为的存在，天欣公司向一审法院申请了证据保全。一审法院依据《民事诉讼法》的相关规定对被诉侵权产品及其产品使用说明书进行了查封。由此可见，天欣公司已经完成了其初步举证责任。大华公司和南方公司否认被诉侵权产品落入天欣公司涉案专利权利要求的保护范围，应当提交反驳天欣公司诉讼请求的证据。大华公司和南方公司在已经选定鉴定机构的情况下，由南方公司以"致歉信"的形式向天欣公司明确表示放弃鉴定，又未提交其他足以证明其抗辩主张的证据，二审法院认定大华公司和南方公司应当承担举证不能的法律后果，并无不当。大华公司关于二审法院举证责任分配失当、本案应由天欣公司申请鉴定并交纳鉴定费的再审主张缺乏法律依据，法院不予支持。

（二）不予适用

1.【裁判规则】证据不存在可能灭失或者以后难以取得的情况，人民法院未采取保全措施，符合法律规定

典型案例

湖南省第四工程有限公司与刘某某等建筑设备租赁合同纠纷案［山东省济南市中级人民法院（2017）鲁01民终8724号］

上诉人（原审被告）：湖南省第四工程有限公司（以下简称湖南四建）

被上诉人（原审原告）：刘某某等

裁判观点

人民法院认为，根据《民事诉讼法》第81条规定，本案中，湖南四建租赁使用的钢管、扣件、油托等建筑器材不存在可能灭失或者以后难以取得的情况，一审法院没有采取保全措施并无不当，法院予以维持。

2.【裁判规则】不存在证据可能灭失或者以后难以取得情况下的证据保全问题，仲裁机构未将申请提交法院，符合法律规定

典型案例

苏州市东工建筑装饰工程有限公司与苏州永春塑胶五金有限公司申请撤销仲裁裁决纠纷案［江苏省苏州市中级人民法院（2018）苏05民特87号］

申请人：苏州市东工建筑装饰工程有限公司（以下简称东工公司）

被申请人：苏州永春塑胶五金有限公司

裁判观点

人民法院认为，在申请法院撤销仲裁裁决案件中，法院依法仅针对《仲裁法》第58条所规定的特定情形进行审查，并不对仲裁裁决中认定事实、适用法律等实体问题进行审查。就本案而言，东工公司向苏州仲裁委员会提出对涉案房屋装修造价进行鉴定的申请，并不存在《仲裁法》第46条规定的在证据可能灭失或者以后难以取得情况下的证据保全问题，其主张苏州仲裁委员会未根据上述规定将鉴定申请提交法院处理，构成仲裁程序违法，不能成立。本案仲裁裁决不具有《仲裁法》第58条规定的可予撤销的法定情形，申请人东工公司申请撤销仲裁裁决的依据不足，法院依法不予支持。

3.【裁判规则】未准许证据保全申请，既没有违反证据保全的法律规定，亦不属于严重违反法定程序的事项

典型案例

佛山市奇乐儿休闲玩具有限公司与广州番禺雅居乐房地产开发有限公司房屋租赁合同纠纷案［广东省广州市中级人民法院（2018）粤01民终19079号］

上诉人（原审被告、反诉原告）：佛山市奇乐儿休闲玩具有限公司（以下简称奇乐儿公司）

被上诉人（原审原告、反诉被告）：广州番禺雅居乐房地产开发有限公司

裁判观点 ▶▶

人民法院认为，根据《民诉法司法解释》第325条规定，奇乐儿公司上诉提出要求一审法院证据保全以及调查取证的内容均不属于《民事诉讼法》第81条所规定的范围，奇乐儿公司作为主张权利一方理应自行承担举证责任。一审法院未予采纳奇乐儿公司的申请既没有违反证据保全的法律规定，亦不属于严重违反法定程序的事项。

4.【裁判规则】在举证期限届满前未书面提出证据保全申请的，人民法院可不予采取

典型案例 ▶▶

孔某与张某等民间借贷纠纷案［甘肃省临夏回族自治州中级人民法院(2020)甘29民终458号］

上诉人（原审被告）：孔某

被上诉人（原审原告）：张某等

裁判观点 ▶▶

人民法院认为，关于上诉人提出一审法院对上诉人在一审中递交的调取证人证言的申请和采取证据保全的申请未予处置的上诉理由。根据《民事诉讼法》第64条、《民诉法司法解释》第94条、第98条的规定，首先，当事人及其诉讼代理人向人民法院提出证据收集和保全的申请，是在人民法院规定的举证期限届满前以书面形式提出。在案证据显示，一审法院向上诉人孔某送达的举证通知书规定的举证期限届满日期为2019年4月23日，上诉人提出的相关证据收集和保全的日期分别是2019年5月30日和9月2日，申请日期均超出了一审法院确定的举证期限，违反了上述司法解释关于申请人民法院进行证据收集和保全的时限要求。其次，本案作为一般民间借贷纠纷案件，上诉人对自己反驳对方主张和抗辩的事实理由，负有主动收集调取相关证据的法定义务。人民法院作为民事纠纷的居中裁判者，对涉及案件的相关证据的收集、调取和采取保全措施，应严格限定在法律规定的范围和权限内行使。上诉人向一审法院提出的对相关人员调取证言的申请，并非属于法律规定的“当事人及其诉讼代理人因客观原因不能自行收集的证据”的范畴，一审法院对该申请未予准许，符合法律规定。上诉人的该上诉理由不能成立，不予支持。

5.【裁判规则】被保全人拒绝履行民事裁定书确定的保全事项，应承担举证妨碍所致的不利后果

典型案例

微软公司与华创证券有限责任公司侵害计算机软件著作权纠纷案［贵州省高级人民法院（2016）黔民终109号］

上诉人（原审原告）：微软公司

上诉人（原审被告）：华创证券有限责任公司（以下简称华创公司）

裁判观点

人民法院认为，华创公司以其为金融机构和涉密单位为由拒绝履行民事裁定书确定的保全事项，一审法院认为其抗辩不符合法律规定、不具有事实基础，并已在判决中详细阐明理由，对此法院予以认可并不再赘述。法院同时认为，任何单位和个人均没有凌驾于法律的特权，华创公司拒绝履行人民法院生效裁定体现了其对法律的漠视，其不仅应在本案中承担举证妨碍所致的不利后果，还将按照法律规定接受相应的司法制裁。一审判决在保全过程中已反复向华创公司释明法律规定及不利后果，根据2001年《民事证据规定》第75条的规定推定华创公司未经许可使用涉案软件并无不当，法院予以认可；对上诉人华创公司的相应上诉理由法院不予采纳。

（三）适用程序

1.【裁判规则】诉讼中保全措施的作出时间尚无明确规定，法院在收到担保材料后作出证据保全裁定以及现场查封、扣押相关产品所花费的时间均属合理范围

典型案例

佛山市特福德自动化科技有限公司与佛山市禅城区陆和机械设备厂等侵害实用新型专利权纠纷案［广东省高级人民法院（2018）粤民终956号］

上诉人（原审原告）：佛山市特福德自动化科技有限公司（以下简称特福德公司）

被上诉人（原审被告）：佛山市禅城区陆和机械设备厂（以下简称陆和设备厂）

裁判观点

人民法院认为，我国《民事诉讼法》并未对诉中保全措施的作出时间作出明确规定，且特福德公司没有举证证明陆和设备厂存在转移有关设备等紧急情况，而一审法院对证据保全担保进行审查，决定是否查封、扣押以及印制裁定书均需要一定的合理期间。从前述过程可知，一审法院在收到特福德公司提交的担保材料后作出证据保全裁定以及此后至陆和设备厂现场查封、扣押相关产品所花费的时间均属合理范围内，并不存在拖延采取证据保全措施的情形。特福德公司关于一审法院不及时采取保全措施导致未能保全到完整被诉侵权产品的上诉理由不能成立，法院不予支持。

2.【裁判规则】人民法院采取保全措施，可以责令申请人提供担保，申请人不提供担保的，裁定驳回申请

典型案例

合肥鹏峰建材有限公司与合肥东唐架业有限公司侵害实用新型专利权纠纷案［最高人民法院（2019）最高法知民终557号］

上诉人（原审原告）：合肥鹏峰建材有限公司（以下简称鹏峰公司）

被上诉人（原审被告）：合肥东唐架业有限公司

裁判观点

最高人民法院认为，《民事诉讼法》第81条第1款规定，在证据可能灭失或者以后难以取得的情况下，当事人可以在诉讼过程中向人民法院申请保全证据，人民法院也可以主动采取保全措施；该法第100条第2款规定，人民法院采取保全措施，可以责令申请人提供担保，申请人不提供担保的，裁定驳回申请。本案中，鹏峰公司主张其向原审法院申请了证据保全，原审法院因其未提供相应担保拒绝采取证据保全措施，属于程序违法。法院认为，根据上述法律规定，原审法院结合本案案情要求鹏峰公司按照诉讼标的额标准提供担保符合相关法律规定，在鹏峰公司拒绝提供担保的情况下不予采取证据保全措施也无不妥，鹏峰公司仅以申请保全的证据价值小为由认为其无须提供担保，没有事实和法律依据，其该项上诉主张，法院不予支持。

3.【裁判规则】当事人或者利害关系人申请采取查封、扣押等限制保全标的物使用、流通等保全措施，或者保全可能对证据持有人造成损失的，人民法院应当责令申请人提供相应的担保

典型案例

江苏宏鑫旋转补偿器科技有限公司与江苏贝特管件有限公司等侵害发明专利权纠纷案[江苏省高级人民法院(2018)苏民终1264号]

上诉人(原审原告)：江苏宏鑫旋转补偿器科技有限公司(以下简称宏鑫公司)

被上诉人(原审被告)：江苏贝特管件有限公司(以下简称贝特公司)等

裁判观点

人民法院认为，人民法院审查知识产权证据保全申请，应当综合考量证据保全申请的合法性、必要性、可行性等因素，既要及时采取保全措施，充分有效保护申请人的合法权益，也要依法维护被申请人正常的生产经营秩序，防止申请人滥用权利或者损害公共利益。证据保全可能对他人造成损失的，申请人应当提供相应的担保。担保方式或者数额由人民法院根据保全措施对证据持有人的影响、保全标的物的价值、当事人或者利害关系人争议的诉讼标的金额等因素综合确定。

本案系侵害发明专利权纠纷，被控侵权产品旋转补偿器是否落入涉案专利权保护范围需要进行较为复杂的技术比对才能作出判定，而宏鑫公司申请保全的被控侵权产品“旋转补偿器”已安装在蒸汽管道中。该蒸汽管道工程计划竣工日期是2017年12月30日，在一审庭审时已超期半年之久。在此情形下，若采取直接拆卸比对，必然会造成管道工程工期的再次延误，也可能对被申请人造成一定的损失。因此，在确定担保数额时需要考虑保全措施对涉案蒸汽管道工程所造成的影响，不能仅限于单个旋转补偿器本身的产品价值。对此，经一审法院多次询问，宏鑫公司仅愿意对旋转补偿器及拆卸安装检测过程中产生的直接费用提供担保费20万元，明显低于被申请人因执行证据保全措施所可能遭受的损失。故一审法院以担保不足为由对宏鑫公司关于直接拆卸比对的意见不予采纳，并无不当。

二审中，宏鑫公司申请对涉案蒸汽管道采取停气拆卸方式进行勘验。对此法院认为，根据《民事诉讼法》第81条规定，保全的证据需存在“可能灭失”或“以后难以取得”的情形。宏鑫公司向法院申请保全时，证据的状态已经发生变化。涉案蒸汽管道工程通过正式验收，并进入正常运营状态，难以通过拆卸的方式固定和保存证据。若停运拆卸，可能对被申请人、相关用户的生产经营造成难以弥补的损害。综合考虑申请人提供的初步证据、保全证据的特点和现状、本案争议的诉讼标的金额等因素，对宏鑫公司关于停气拆卸进行勘验的申请，法院不予准许。

4.【裁判规则】申请证据保全错误造成财产损失，当事人请求申请人承担赔偿责任的，人民法院应予支持

典型案例

欧某某与佛山市南海区雍兴门业有限公司申请诉前证据保全损害责任纠纷案［上海市高级人民法院（2017）沪民终141号］

上诉人（原审被告）：欧某某

被上诉人（原审原告）：佛山市南海区雍兴门业有限公司

裁判观点

人民法院认为，诉前证据保全是法律赋予当事人提升自身诉讼能力的一项临时措施。由于诉前证据保全具有紧急性，法院无法通过辩论程序听取双方当事人意见，故难以有效保障被申请人的合法权益。为平衡双方当事人的利益，法律要求申请人提供担保，以警示申请人采取审慎态度申请临时措施。在（2015）沪知民保字第5号案件中，上诉人认为涉案移门一旦撤展，证据即无法取得。但事实上，涉案移门在展会上用于展览销售，上诉人完全可以通过购买方式固定涉案移门；且双方当事人住所地均在广东，上诉人亦可以在广东当地提起诉讼，通过实地证据保全的方式固定涉案移门。现上诉人在诉讼前未经认真调查，径直采取诉前证据保全措施，既不具有现实的紧急性，又徒增双方当事人维权的诉讼成本，有违审慎的注意义务。故法院认为，上诉人申请诉前证据保全主观上存在过错，属于申请错误，应当赔偿被上诉人因保全所遭受的损失。原审法院裁判观点不当，但责任确定无误，法院予以维持。

5.【裁判规则】采取证据保全措施时，未邀请专业技术人员协助取证不必然构成程序违法

典型案例 ▶▶

徐某等与山东登海先锋种业有限公司侵害植物新品种权纠纷案［甘肃省高级人民法院(2014)甘民三终字第39号］

上诉人(原审被告)：徐某等

被上诉人(原审原告)：山东登海先锋种业有限公司

裁判观点 ▶▶

人民法院认为，上诉人上诉称"一审法院取证没有邀请专业技术人员协助指导，没有通知三上诉人到现场确认土地权属和范围，属程序违法"的问题。根据《植物新品种权司法解释》第5条第2款的规定"人民法院采取证据保全措施时，可以根据案件具体情况，邀请有关专业技术人员按照相应的技术规程协助取证"。上述条款为指导法院或当事人取证的示范性条款，并不具有强制性，未邀请专业技术人员协助取证不必然构成程序违法。原审法院认定三上诉人承包土地的证据是三上诉人的陈述和郑某宣、杨某寿的证言，没有通知上诉人到现场确认土地权属和范围，也不必然导致程序违法。原审法院的证据保全程序不存在违法之处，上诉人的上诉理由，法院不予支持。

6.【裁判规则】不能以未邀请有关专业技术人员协助取样为由，简单地否定证据保全的效力

典型案例 ▶▶

敦煌种业先锋良种有限公司等与新疆生产建设兵团农一师四团侵害植物新品种权纠纷案［最高人民法院(2014)民提字第26号］

再审申请人(一审原告、被上诉人、二审上诉人)：敦煌种业先锋良种有限公司等

被申请人(一审被告、二审被上诉人)：新疆生产建设兵团农一师四团(以下简称四团)等

裁判观点 ▶▶

最高人民法院认为,《植物新品种权纠纷司法解释》第5条第2款规定,人民法院采取证据保全措施时,可以根据案件具体情况,邀请有关专业技术人员按照相应的技术规程协助取证。该款系指导性条款,而非强制性条款。邀请相关专业技术人员参与田间取样并非法院证据保全的必经程序,不能以未邀请有关专业技术人员协助取样为由简单地否定证据保全的效力。本案中,一审法院虽未邀请有关专业技术人员参加取样,但新特丽公司在一审中对于取样的过程和样品均没有异议。在二审及提审中,新特丽公司亦未提交证据证明证据保全违反法定程序。因此,法院认定一审法院的证据保全程序合法、有效。新特丽公司和四团关于取样程序违法的主张不能成立。

7.【裁判规则】法院适用证据保全依法委托鉴定机构进行鉴定,鉴定时间的延长非申请人原因造成的,不能认定申请人存在过错

典型案例 ▶▶

重庆市涪陵翔正实业有限责任公司与胡某等证据保全损害赔偿纠纷案[重庆市第三中级人民法院(2018)渝03民终229号]

上诉人(原审原告):重庆市涪陵翔正实业有限责任公司(以下简称翔正公司)

被上诉人(原审被告):胡某

裁判观点 ▶▶

人民法院认为,根据《民事诉讼法》第105条规定,胡某向翔正公司主张赔偿商铺装修损失而申请保全涉案商铺的装修物,该证据保全具有正当性与合法性。重庆市涪陵区人民法院依法委托鉴定机构对涉案商铺的装修总价、装修现值及残值进行鉴定,期间出现退回委托、重新委托的情况,导致鉴定时间有所延长,但不是胡某的原因造成的,不能认定胡某在保全过程中存在过错。翔正公司上诉主张胡某的证据保全申请超过必要程度,法院不予采纳。虽然生效民事判决书根据双方解除商铺租赁合同的过错判决翔正公司对胡某的装修损失承担50%的责任,但该责任是合同责任,不是侵权责任,翔正公司以胡某申请保全错误为由主张胡某应当根据上述判决承担50%的租金损失,于法无据,不予支持。

8.【裁判规则】证据保全不包括证人出庭所作证言

典型案例 ▶▶

唐某某与王某某等名誉权纠纷案[重庆市第五中级人民法院(2018)渝05民终1921号]

上诉人(原审被告):唐某某

被上诉人(原审原告):王某某等

裁判观点 ▶▶

人民法院认为,根据《民事诉讼法》第81条规定,申请证据保全仅限于证据可能灭失或今后难以取得的情况,证人出庭所作证言显然不在此列;即使有正当理由不能出庭作证,经法院许可依法也应当通过书面证言、视听传输技术或视听资料等方式作证。根据《民事诉讼法》第64条第2款以及《民诉法司法解释》第96条的规定,本案在一审原告已申请证人出庭作证的情况下,相关证人证言并非原告方当事人因客观原因不能自行收集的证据,故一审原告向一审法院申请对证人证言调查取证缺乏法律依据。一审法院依一审原告申请所进行的对证人进行问卷调查并向公证机关所申请的证据保全,缺乏诉讼法律依据,其所设计的问卷内容并不严谨,直接限制、影响了证人对事实的自主陈述,与证人应当出庭作证并接受质询的法律规定相悖,严重影响当事人的程序权益。

9.【裁判规则】当事人证据保全申请不符合法律规定,仲裁机关未将当事人证据保全申请提交证据所在地的基层人民法院,不构成违反法定程序

典型案例 ▶▶

林某某与庄某某申请撤销仲裁裁决案[广东省深圳市中级人民法院(2017)粤03民特465号]

申请人(仲裁被申请人):林某某

被申请人(仲裁申请人):庄某某

裁判观点 ▶▶

人民法院认为，证据保全的对象应与案件审理有关，且证据可能灭失或者以后难以取得。仲裁委员会（仲裁庭）负责案件审理，最为了解证据与案件的关联性、证据保全的必要性，因此对当事人的证据保全申请可进行初步审查，符合证据保全条件，证据保全与否将会影响案件正确裁决的，应当将当事人的证据保全申请提交证据所在地的基层人民法院。如果当事人证据保全申请不符合法律规定、是否证据保全不影响案件正确裁决，那么仲裁委员会（仲裁庭）未将当事人证据保全申请提交证据所在地的基层人民法院，不构成违反法定程序。本案中，林某某申请证据保全的对象为案外人黄某斌在工商银行深圳市喜年支行、招商银行深圳分行泰然支行的账户自20××年11月至2014年11月的账户明细信息，用以证明黄某斌代其偿还了部分借款。但黄某斌非仲裁案件当事人或证人，无证据证明黄某斌与仲裁案件的关系，仅有黄某斌的账户明细也无法证明黄某斌转账付款系代林某某偿还涉案借款，林某某未能证明其申请证据保全的对象与案件审理有关，故仲裁委员会未支持林某某证据保全申请、未将该申请提交给证据所在地基层人民法院，不影响案件正确裁决，不违反法定程序。

（四）适用措施

1.【裁判规则】人民法院采取对现场物品提取保管，对现场保全制作笔录，对文书进行复制的行为符合法律规定

典型案例 ▶▶

邱某与刘某某等侵犯专利权纠纷案［四川省高级人民法院（2008）川民终字第106号］

上诉人（原审被告）：邱某

被上诉人（原审原告）：刘某某等

裁判观点 ▶▶

人民法院认为，原审中，被上诉人刘某某依法向原审法院申请诉前证据保全，原审法院在进行保全时现场制作了执行调查笔录，复制了邱某与明兴砖厂签订的窑室翻修协议，现场提取了用于砌块的黏结剂和结晶物。根据2001年《民事证据规定》第24条的规定，原审法院采取对现场物品提取保管，对现场保全制作笔录，对文书进行复制的行为符合法律规定，由此获取的证据真实有效，可以作为认定本案事实的依据。

2.【裁判规则】通过公证方式保存的电子数据证据，仅为证据保全的一种形式

典型案例

中国燃料有限公司等与日照瑞斯特国际贸易有限公司等买卖合同纠纷案［最高人民法院（2018）最高法民再7号］

再审申请人（一审被告、二审上诉人）：中国燃料有限公司上海分公司（以下简称中燃上海公司）等

被申请人（一审原告、二审被上诉人）：日照瑞斯特国际贸易有限公司（以下简称瑞斯特公司）

裁判观点

最高人民法院认为，瑞斯特公司提交了其通过电子邮箱接收的与中燃上海公司签订的煤炭供需合同和声明，其中加盖有中燃上海公司的公章，用以证明其与中燃上海公司之间存在煤炭买卖合同关系。《电子签名法》第2条规定："本法所称电子签名，是指数据电文中以电子形式所含、所附用于识别签名人身份并表明签名人认可其中内容的数据。"法院认为，电子签章是电子签名的一种表现形式，利用图像处理技术将电子签名操作转化为与纸质文件盖章操作相同的可视效果，同时利用电子签名技术保障电子信息的真实性和完整性以及签名人的不可否认性。本案中，崔某某通过roger@szeland.com邮箱向lty1022@126.com邮箱发送的煤炭供需合同和指示交货声明，均为纸质文件加盖中燃上海公司公章后扫描形成的电子文档，中燃上海公司的签章不属于上述所称电子签章。瑞斯特公司通过公证方式保存的电子数据证据，仅为证据保全的一种形式，不足以反映证据内容的真实性。根据2001年《民事证据规定》第69条的规定，无法与原件、原物核对的复印件、复制品不能单独作为认定案件事实的依据。本案审理过程中，瑞斯特公司未能提供煤炭供需合同和声明的纸质原件，用以对中燃上海公司所加盖的公章的真实性进行判断比较或鉴定，现有证据不足以证明涉案合同中燃上海公司印章的真实性，中燃上海公司对上述文件中的签章亦不予认可，故涉案煤炭供需合同和声明不足以体现中燃上海公司的真实意思表示。

3.【裁判规则】人民法院可以采取扣押、复制等方法进行证据保全

典型案例

厦门瑞尔特卫浴工业有限公司与被告黄某某等侵犯商业秘密纠纷案［福建省厦门市中级人民法院（2005）厦民初字第147号］

原告：厦门瑞尔特卫浴工业有限公司

被告：黄某某等

裁判观点

人民法院认为，原告厦门瑞尔特卫浴工业有限公司的申请符合法律规定，应予以准许。故裁定，复制、扣押被告中山市贝斯特卫浴工业有限公司涉嫌侵权的产品图纸、样品、产品检验标准、模具开发合同及被告黄某某的职务、工资档案材料以及两被告存储于电脑的上述相关技术资料等。

4.【裁判规则】当事人有权委托公证机关对侵权行为进行证据保全公证

典型案例

衡阳市蒸湘区久顺汽车用品批发中心与厦门彰泰隔热膜有限公司侵害商标权纠纷案［最高人民法院（2020）最高法民申6155号］

再审申请人（一审被告、二审上诉人）：衡阳市蒸湘区久顺汽车用品批发中心（以下简称蒸湘久顺批发中心）

被申请人（一审原告、二审上诉人）：厦门彰泰隔热膜有限公司（以下简称彰泰公司）

裁判观点

最高人民法院认为，一、二审判决认定蒸湘久顺批发中心销售被诉侵权产品是否缺乏依据。根据《民事诉讼法》第69条和《公证程序规则》第9条规定，彰泰公司为证明蒸湘久顺批发中心销售被诉侵权产品，提交了《（2019）湘长华证内字第73号公证书》。根据该公证书的记载及随附照片，被诉侵权产品系从蒸湘久顺批发中心购入。湖南豪宇律师事务所接受彰泰公司的委托，申请湖南省长沙市华湘公证处对侵犯彰泰公司商标专用权的行为进行证据保全公证，不违反法律的有关规定。蒸湘久顺批发中心并未提供相反证据推翻上述公证书记载的事实。故一、二审法院据此认定蒸湘久顺批发中心销售了被诉侵权产品，并无不当。蒸湘久顺批发中心的相应申请再审理由缺乏事实依据，法院不予支持。

5.【裁判规则】人民法院可以采取提取实物、财物账簿、交易合同、进出仓记录等方法进行证据保全

典型案例

厦门厦华新技术有限公司与厦门市博智浩汽车电子有限公司侵害发明专利权纠纷案［福建省厦门市中级人民法院（2007）厦民保字第3号］

申请人：厦门厦华新技术有限公司

被申请人：厦门市博智浩汽车电子有限公司

裁判观点

人民法院认为，为避免被申请人厦门市博智浩汽车电子有限公司生产的涉嫌侵权商品实物及与涉嫌侵权商品有关的财物账簿、交易合同、进出仓记录等的证据灭失或者今后难以取得，申请人厦门厦华新技术有限公司提出的诉前证据保全申请符合法律规定，应予以准许。故裁定：提取被申请人厦门市博智浩汽车电子有限公司生产的涉嫌侵犯“一种轴制动装置”发明专利的用于车载翻转液晶电视的轴制动装置实物；提取与涉嫌侵权商品有关的财物账簿、交易合同、进出仓记录等。申请人应当在裁定书送达之日起15日内向法院提起诉讼，逾期不起诉的，将解除保全措施。

6.【裁判规则】人民法院可以采取现场勘验、鉴定、拍照、制作笔录等方法进行证据保全

典型案例

曼夫瑞德·A.A.鲁波克与上海金纬机械制造有限公司等专利侵权纠纷案［上海市第二中级人民法院（2005）沪二中民五（知）初字第101号］

原告：曼夫瑞德·A.A.鲁波克（Manfred A.A .Lupke）

被告：上海金纬机械制造有限公司（以下简称金纬公司）等

裁判观点

人民法院认为，根据法律规定，人民法院进行证据保全可以要求当事人或诉讼代理人到场。因此，法院在进行证据保全时，根据本案的具体情况通知原告到场的做法符合法律规定。证据保全后，法院根据录像磁带、数码相机磁卡的记录，将保全到的证据材料向各方当事人进行了送达。因此，法院采取的做法符合诉讼程序要求，金纬公司对保全录像资料真实性的异议缺乏事实和法律依据，亦不能成立。

7.【裁判规则】人民法院可以采取查封设备等方法进行证据保全

典型案例

建业庆松集团有限公司与江西江锂科技有限公司等建设工程施工合同纠纷案［最高人民法院（2015）民申字第1489号］

再审申请人（一审被告、二审被上诉人）：建业庆松集团有限公司（以下简称建业公司）

被申请人（一审原告、二审上诉人）：江西江锂科技有限公司（以下简称江锂公司）等

裁判观点

最高人民法院认为，应建业公司的证据保全申请，江苏省扬州市维扬区人民法院裁定查封了有关设备。江锂公司擅自拆除被查封的设备，该行为妨害了民事诉讼，有关法院可以依据民事诉讼法的相关规定，对其采取强制措施。该行为可能对建业公司能否完成举证责任产生影响，但其本身并非违约行为，也与事故的发生没有因果关系，不能作为免除或减轻建业公司违约责任的直接依据。

8.【裁判规则】人民法院可以采取现场数据采集等方式进行证据保全

典型案例

新疆神华矿业有限责任公司与北京凤鼎投资管理有限公司探矿权、采矿权纠

纷案［最高人民法院（2018）最高法民终425号］

上诉人（原审原告、反诉被告）：新疆神华矿业有限责任公司（以下简称神华公司）

上诉人（原审被告、反诉原告）：北京凤鼎投资管理有限公司（以下简称凤鼎公司）

裁判观点

最高人民法院认为，神华公司于2008年12月31日对案涉矿区采坑容积进行现场数据采集并对采集的数据进行了证据保全，965,036.1立方米系神华公司测绘结论，公证书系对测绘过程和证据保全行为所作公证，而对该证据的采信和土石方量认定则由一审法院决断。一审根据公证书认定该证据真实、合法，此时该证据记载的965,036.1立方米能够作为认定土石方量的依据，除非有其他相反证据能够推翻该数据。而凤鼎公司并未提供证据证明其主张的200万立方米施工量，也没有证据推翻神华公司的证据，一审法院据此认定施工量并无不当，鉴定机构以该施工量评估相应损失数额亦无不当。

9.【裁判规则】人民法院可以采取现场拍照等方法进行证据保全

典型案例

韶山毛家饭店发展有限公司与毛某某侵犯商标专用权纠纷案［浙江省衢州市中级人民法院（2008）衢中民二初字第30号］

申请人：韶山毛家饭店发展有限公司

被申请人：毛某某

裁判观点

人民法院认为，原告韶山毛家饭店发展有限公司的申请符合法律规定，可予准许。故裁定：对被告毛某某在其经营地址浙江省衢州市柯城区荷花中路韶山毛家饭店内的菜谱、酒水单、菜单、筷套、餐巾纸套、餐具、订座名片、餐饮发票以及衢州市柯城韶山毛家饭店的店牌、字号、广告牌、横幅、宣传字画、牌匾等证据进行保全。

10.【裁判规则】人民法院可以采取现场勘察等方法进行证据保全

典型案例

高某某与陕西毓兴物业发展有限公司等房屋租赁合同纠纷案［陕西省高级人民法院（2019）陕民终730号］

上诉人（原审被告）：高某某

被上诉人（原审原告）：陕西毓兴物业发展有限公司（以下简称毓兴公司）等

裁判观点

人民法院认为，依据当事人的申请，法院对案涉房屋进行了现场勘察。经查，在案涉房屋负一层有三部直梯，钢结构已完成。负一层消防管道及附属设施已安装完毕。负一层部分房间有炊具、床铺等生活用品。负一层至一层有两部扶梯。一层西单元设有卫生间，有床铺、施工工具、材料等物品，材料包括直梯配件。一层中部设有办公区，存放有相关办公设施及属于水晶宫项目部的办公用品。负一层到一层之间有室外雨棚。房屋现由毓兴公司实际控制。对以上现场勘察情况，各方当事人均予以确认。西安市中级人民法院（2017）陕01民终1464994号民事判决书中涉及的李某某消防工程承包合同，各方当事人均认可已履行完毕，与现场勘察情况一致。

11.【裁判规则】人民法院可对当事人申请的说明书、样品目录、财务发票、财务账册、销售合同等资料予以证据保全

典型案例

苏州工业园区世珍集装箱部件有限公司与上海海航集装箱配件有限公司专利权侵权纠纷案［上海市第二中级人民法院（2005）沪二中民五（知）初字第286号］

申请人：苏州工业园区世珍集装箱部件有限公司

被申请人：上海海航集装箱配件有限公司

裁判观点

人民法院认为，申请人苏州工业园区世珍集装箱部件有限公司的申请符合法律规定，应予准许。故裁定：对被申请人生产的集装箱防盗把手、集装箱防盗把手座以及上述产品的产品介绍、说明书、样品目录、财务发票、财务账册、销售合同等资料根据具体情况，采取查封、扣押、录音、录像、复制、鉴定、勘验、制作笔录等方法予以保全。

12.【裁判规则】人民法院证据保全可以采取调取并复制被申请人在证券营业部开设的证券账户的交易明细及相关资料的记录

典型案例

江西省科特投资有限公司与朱某某等借款合同纠纷案［江西省高级人民法院(2019)赣民初64号之一］

申请人：江西省科特投资有限公司（以下简称科特投资公司）

被申请人：朱某某等

裁判观点

人民法院认为，申请人科特投资公司的申请符合法律规定。故裁定：一、调取并复制袁某某在光大证券股份有限公司南昌广场南路证券营业部开设的证券账户，2018年5月1日至7月31日的交易明细及袁某某在该证券账户开通融资融券业务的相关资料。二、调取并复制袁某某在申万宏源西部证券有限公司天津滨海新区黄海路证券营业部开设的证券账户2018年5月1日至7月31日的交易明细、袁某某在该证券账户开通融资融券业务的相关资料以及该证券账户跌至预警线、平仓线后证券公司通知袁某某补充担保物的相关记录。三、调取并复制涂某某在联储证券有限责任公司江西分公司营业部开设的证券账户2018年5月1日至7月31日的交易明细、涂某某在该证券账户开通融资融券业务的相关资料以及该证券账户跌至预警线、平仓线后证券公司通知涂某某补充担保物的记录。四、调取并复制万某某在华福证券有限责任公司深圳后海大道证券营业部开设的证券账户2018年5月1日至7月31日的交易明细、万某某在该证券账户开通融资融券业务的相关资料以及该证券账户跌至预警线、平仓线后证券公司通知万某某补充担保物的记录。

13.【裁判规则】证据保全请求复印、拍照双方合作期间相关文件材料，符合法律规定

典型案例

海南亨廷顿医院管理咨询有限公司与慈铭博鳌国际医院有限公司其他民事合同纠纷案［海南省第一中级人民法院（2019）琼96证保1号］

申请人：海南亨廷顿医院管理咨询有限公司（以下简称亨廷顿公司）

被申请人：慈铭博鳌国际医院有限公司（以下简称慈铭公司）

裁判观点

人民法院认为，在证据可能灭失或者以后难以取得的情况下，当事人可以在诉讼过程中向人民法院申请保全证据。合作协作就合作建设生殖健康与不孕不育科室（简称IVF中心）的具体内容、方式、期限以及IVF中心运营、管理作了详细的约定，其中载明：亨廷顿公司全面负责运营及管理IVF中心，负责IVF中心的人事管理；购买IVF中心所需的大型医疗设备由亨廷顿公司独家自主决定，费用由亨廷顿公司承担，由慈铭医院代表亨廷顿公司进口，即使上述设备计入慈铭医院账目下，该等设备应实际归属于亨廷顿公司；协议终止时，设备的所有权将从慈铭医院的账目中自动转至亨廷顿公司；慈铭医院确认IVF中心的知识产权应归属于亨廷顿公司。根据《仲裁法》第46条"在证据可能灭失或者以后难以取得的情况下，当事人可以申请证据保全。当事人申请证据保全的，仲裁委员会应当将当事人的申请提交证据所在地的基层人民法院"，亨廷顿公司请求复印、拍照双方合作期间IVF中心相关文件材料，符合法律规定，应以准许。

14.【裁判规则】法院对种植的农作物的面积和生长情况证据保全，可以采取现场勘验方式

典型案例

李某某与平原县宏丰农资经营部产品责任纠纷案［山东省德州市中级人民法院（2019）鲁14民终1055号］

上诉人（原审原告）：李某某

被上诉人（原审被告）：平原县宏丰农资经营部（以下简称宏丰经营部）

裁判观点

人民法院认为，经李某某申请，一审法院对涉案菜花种植面积和生长情况进行了现场勘验。虽然勘验时管辖权异议问题仍在审理当中，但当时进行证据保全确有必要，否则现场可能发生变化，也可能延误农时给李某某造成新的损失。此次勘验已通知各方当事人参加，并进行了全程录像。鲁发公司认可一审法院已于勘验前对其进行了通知，故其以案件处于管辖权异议审理期间为由未实际到场并不影响勘验结果的证明力。经现场勘验和测量，李某某种植菜花的土地面积为84.45亩，且已全部绝收。以上勘验启动程序和过程合法，勘验结果客观，勘验笔录应当作为认定本案事实的证据。

15.【裁判规则】人民法院进行证据保全，可以要求当事人或者诉讼代理人到场

典型案例

北京联创种业有限公司与陈某甲侵犯植物新品种权纠纷上诉案［甘肃省高级人民法院（2011）甘民三终字第00008号］

上诉人（原审被告）：陈某甲

被上诉人（原审原告）：北京联创种业有限公司

裁判观点

人民法院认为，关于上诉人提出的原审法院证据保全程序违法的问题。经审查，联创公司于2010年9月13日向张掖市中级人民法院提起诉讼，同时递交证据保全申请书，原审法院于2010年9月17日裁定对涉嫌侵权地张掖市甘州区靖安乡建安村陈某乙（陈某甲小名）农场2010年种植季节种植的玉米果穗，进行多点随机采样并封存。同日，原审法院工作人员韩某某、宋某对涉案地块的玉米果穗进行了采样，全程同步摄像，并制作了证据保全现场记录。韩某某、宋某和记录人张某某均在记录上签了字。整个过程确未通知原审被告到场。审查认为，根据1991年《民事诉讼法》第74条规定“在证据可能灭失或者以后难以取得的情况下，诉讼参加人可以向人民法院申请保全证据，人民法院也可以主动采取保全措施”和2001年《民事证据规定》第24条第2款"人民法院进行证据保全，可以要求当事人或者诉讼代理人到场"的规定，审判实践中，为使现场取证工作顺利进行，人民法院一般不通知被告一方到场。这种做法不违反法律和司法解释的规定。上诉人称取证过程未通知上诉人到场，程序严重违法的上诉理由没有法律依据，法院不予采纳。

16.【裁判规则】人民法院在证据保全时未通知全部当事人到场并不影响法院证据保全的效力

典型案例

江苏艾斯曼机械有限公司与杭州泰能塑料机械厂等侵害发明专利权纠纷案［最高人民法院（2019）最高法知民终255号］

上诉人（原审被告）：江苏艾斯曼机械有限公司（以下简称艾斯曼公司）

被上诉人（原审原告）：杭州泰能塑料机械厂

裁判观点

最高人民法院认为，根据2001年《民事证据规定》第24条"人民法院进行证据保全，可以要求当事人或者诉讼代理人到场"之规定，人民法院在证据保全时未通知全部当事人到场并不影响法院证据保全的效力。并且，在原审证据交换阶段，艾斯曼公司向原审法院复制了证据保全过程中所拍摄的照片和录制的视频。证据保全的视频和照片完整地记录了证据保全的全过程，详细地展示了被诉侵权产品的外观和内部构造，艾斯曼公司通过查看视频和照片能够对证据保全的全过程和证据保全的被诉侵权产品有较为充分的了解。

17.【裁判规则】在符合证据保全目的的情况下，人民法院应当选择对证据持有人利益影响最小的保全措施

典型案例

李某甲与李某乙申请诉前证据保全民事裁定书［北京市昌平区人民法院（2020）京0114证保1号］

申请人：李某甲

被申请人：李某乙

裁判观点

人民法院认为，因情况紧急，在证据可能灭失或者以后难以取得的情况下，利害关系人可以在提起诉讼前向证据所在地、被申请人住所地或者对案件有管辖权的人民法院申请证据保全。本案中，申请人李某甲系死者李某丙的父亲，应属利害关系人，其提出的证据保全申请为保全监控记录，若不予以及时保全，则监控录像数据覆盖之后将难以取得，该保全申请符合法律规定，法院作为证据所在地法院对其申请应当予以准许。同时，人民法院进行证据保全，可以要求当事人或者诉讼代理人到场。根据当事人的申请和具体情况，人民法院可以采取查封、扣押、录音、录像、复制、鉴定、勘验等方法进行证据保全，并制作笔录。在符合证据保全目的的情况下，人民法院应当选择对证据持有人利益影响最小的保全措施。本案中，申请人申请保全的证据种类为视听资料，法院考虑不影响公安机关治安监控系统正常运行之需要，决定以录像备份的方式对证据予以保全，并通知申请人李某甲到场，以解决异议，避免诉讼程序空转。

综上所述，依照《民事诉讼法》第81条第2款、第154条第1款第4项和2019年《民事证据规定》第25条、第27条之规定，裁定对北京市公安局昌平分局松园派出所持有的被申请人李某乙从2020年8月8日17时20分左右到当日19时左右，从昌平区中医院到海淀区清河“999”急救中心过程中的行踪监控录像予以备份保存。如不服本裁定，可以向法院申请复议一次。复议期间不停止裁定的执行。

18.【裁判规则】未对证据保全过程进行全程拍照或摄像，未当场封存公证购买的物品，并未违反相关法律规定

典型案例

李甲与中粮集团有限公司不正当竞争纠纷案［最高人民法院（2020）最高法民申1484号］

再审申请人（一审被告、二审上诉人）：李甲

被申请人（一审原告、二审被上诉人）：中粮集团有限公司（以下简称中粮公司）

裁判观点 ▶▶

最高人民法院认为，根据《公证法》第32条和第36条规定，中粮公司的委托代理人在梅霞百货经营部经营的“梅霞烟酒便利”门店中购买标有“亳州中粮长城葡萄酒业有限公司”的“中国红”葡萄酒两瓶，并进行了公证。原审判决鉴于《公证法》并未明确规定对证据保全过程进行全程拍照或摄像，也未明确规定必须当场封存公证购买的物品，据此认定本案公证书并未违反相关法律规定并采信，并无不妥。李甲再审申请所提相关理由并未有充分证据予以证实，尚不足以推翻本案公证的内容，其所提涉案葡萄酒并非梅霞百货经营部所售的理由亦不充分，法院不予支持。

19.【裁判规则】公证人员在进行证据保全公证活动时，未公开身份，未在购买现场拍照、封存保全物证，并不违反相关法律规定

典型案例 ▶▶

淄博波达经贸发展有限公司与宁波市诺曼电子科技有限公司侵害发明专利权纠纷案［最高人民法院（2019）最高法知民终874号］

上诉人（原审被告）：淄博波达经贸发展有限公司（以下简称波达经贸公司）

被上诉人（原审原告）：宁波市诺曼电子科技有限公司（以下简称诺曼公司）

裁判观点 ▶▶

最高人民法院认为，被诉侵权产品系从波达经贸公司处购买。根据《民事诉讼法》第69条规定，针对波达经贸公司关于被诉侵权产品并非从其处购买的主张，法院认为，首先，公证人员和购买人员在进行证据保全公证活动时，未公开身份，未在购买现场拍照、封存保全物证并不违反相关法律规定。其次，被诉侵权产品的购买、拍照和封存的全过程系在公证人员监督下完成，在没有证据能够推翻上述公证过程真实性的情况下，该公证书应当作为认定事实的依据。最后，打火机系常见低价日用品，现实中此类商品的交易过程往往非常简易，在公证书已附有付款凭证的情况下，仅凭公证书未附被诉侵权产品的购物凭证不足以推翻公证过程的真实性。综上所述，涉案公证书所记载的内容应当作为本案认定事实的依据，根据该公证书，被诉侵权产品系从波达经贸公司处购买。

20.【裁判规则】技术特征比对属于认证，不属于证据保全中现场勘验的内容

典型案例

成都西物信安智能系统有限公司与中国民用航空总局第二研究所侵害实用新型专利权纠纷案［四川省高级人民法院（2014）川民申字第1917号］

再审申请人（一审原告）：成都西物信安智能系统有限公司（以下简称西物信安公司）

被申请人（一审被告）：中国民用航空总局第二研究所（以下简称民航二所）

裁判观点

人民法院认为，一、关于一审法院审理程序是否合法的问题。再审申请人认为一审法院两次进行证据保全、现场勘验均没有进行技术比对，没有制作相关法律文书，属于程序错误。对此，法院经审查认为，一审法院进行证据保全、现场勘验时，因被控侵权物所处位置及当时客观条件限制，未制作现场笔录，并不违反法律规定，也不影响现场勘验的实际意义及效果。一审法院进行现场勘验时，各方当事人均在场，一审法院以拍摄、拍照的方式进行现场勘验，记录被控侵权产品的现状，并以此视听资料作为认定案件事实的依据，本案双方均未提出质疑。2001年《民事证据规定》第24条第1款规定："人民法院进行证据保全，可以根据具体情况，采取查封、扣押、拍照、录音、录像、复制、鉴定、勘验、制作笔录等方法。"据此，一审法院采取拍照、录音、录像进行证据保全、现场勘验并无不妥，亦不违反相关法律规定。法院同时认为，技术特征比对并不是现场勘验的内容，现场勘验是对物证客观情况的询问和记录，而技术特征比对是法院审理程序中认定事实的环节，不属于取证环节的内容，故再审申请人认为一审法院现场勘验中未对技术特征进行比对属程序违法于法无据。

21.【裁判规则】申请中证据保全损失责任纠纷，依法应由侵权行为地或被告住所地人民法院管辖

典型案例

温州飞越金融设备有限公司与余某甲管辖案［陕西省西安市中级人民法院

(2014) 西中立民终字第00328号]

上诉人(原审被告):余某甲

被上诉人(原审原告):温州飞越金融设备有限公司

裁判观点

人民法院认为,温州飞越金融设备有限公司原审时以余某甲因专利权纠纷向西安市中级人民法院申请证据保全错误给被上诉人造成损失为由,提出起诉。因此,本案应为因申请中证据保全损失责任纠纷。依法应由侵权行为地或被告住所地人民法院管辖。经查,被上诉人所诉称之侵权行为地位于西安市未央区辖区,且选择向未央区人民法院起诉。因此,原审法院确认对本案享有管辖权,符合《民事诉讼法》第28条、第35条之规定,其裁定是正确的,应予维持。

22.【裁判规则】证据保全措施违法不属于国家赔偿确认案件受理范围

典型案例

天津市东丽区东堼集装箱储运仓库以天津市东丽区人民法院违法保全赔偿为由申请赔偿义务机关天津市东丽区人民法院国家赔偿案[天津市第二中级人民法院 (2015) 二中法委赔字第4号]

裁判观点

人民法院认为,法院赔偿委员会认为,《国家赔偿法》第38条规定:"人民法院在民事诉讼、行政诉讼过程中,违法采取对妨碍诉讼的强制措施、保全措施或者对判决、裁定及其他生效法律文书执行错误,造成损害的,赔偿请求人要求赔偿的程序,适用本法刑事赔偿程序的规定。"根据《最高人民法院对于证据保全措施违法是否属于国家赔偿违法确认案件受理范围的答复》([2006]确他字第3号)规定,国家赔偿范围系由《国家赔偿法》确定,现行《国家赔偿法》及其相关司法解释均未将违法采取证据保全措施纳入国家赔偿范围。故关于证据保全措施违法不应当属于国家赔偿确认案件受理范围。因此,赔偿请求人以赔偿义务机关证据保全违法为由要求国家赔偿,不属于《国家赔偿法》规定的国家赔偿范围。

（五）定案根据

1.【裁判规则】在没有相反证据推翻的情况下，可依据证据保全公证书记载的内容认定案件事实

典型案例

谯城区义丰五金机电经营部与金某某侵害发明专利权纠纷案［最高人民法院（2019）最高法知民终214号］

上诉人（原审被告）：谯城区义丰五金机电经营部（以下简称义丰五金经营部）

被上诉人（原审原告）：金某某

裁判观点

人民法院认为，根据已查明的事实可知，首先，本案中丁某某系义丰五金经营部的经营者，丁某某的名片上载有"腾飞机电经营部"，其对外以"腾飞机电经营部"名义经营，涉案被诉侵权产品系丁某某所售出。义丰五金经营部仅以收据上加盖的公章为"谯城区雷尤电动工具店"为由，主张丁某某系其妻子潘某某名义所注册"谯城区雷尤电动工具店"的员工，明显与事实不符，法院不予支持。其次，义丰五金经营部的经营场所"安徽省亳州市谯城区魏武大道1209-1号"即为"亳州市魏武大道与人民路交口往北约150米门头标有腾飞机电经营部的门店"，与证据保全公证书载明的被诉侵权产品的购买地址一致，且义丰五金经营部经营者丁某某陈述的关于其经营门店的信息、使用印章和收款收据等情况亦与证据保全公证书记载的内容一致。根据《民事诉讼法》第69条的规定，在没有相反证据推翻公证证明效力的情况下，法院应依据证据保全公证书记载的内容认定本案的相关事实，据此，可以认定义丰五金经营部销售了被诉侵权产品的事实。由以上论述可知，义丰五金经营部主体适格。故对义丰五金经营部提出"义丰五金经营部主体不适格"的主张，法院不予支持。

2.【裁判规则】证据保全固定的证据资料，可与其他证据进行相互印证

典型案例

许昌瑞示电子科技有限公司与清华大学等侵害发明专利权纠纷案［最高人民法院（2019）最高法知民终379号］

上诉人（原审被告）：许昌瑞示电子科技有限公司（以下简称瑞示公司）

被上诉人（原审原告）：清华大学等

裁判观点

最高人民法院认为，瑞示公司上诉主张第00003至00008段视频文件来源不明，不能作为证据使用。视听资料是指以某种物质载体所记录的声音和图像来证明案件事实的证据。关于视听资料的采信规则，应着重审查视听资料的来源，确定证据来源的真实可靠性，根据视听资料的形成时间、地点、制作人等情况，明确视听资料有无伪造和篡改的可能。本案中，第00003至00008段视频文件形成于2017年1月23日原审法院对瑞示公司生产场所采取证据保全措施期间，系由在场的清华大学、同方威视公司的工作人员在法院工作人员的许可和监督下进行拍摄形成，证据来源真实可靠，视频时间和序号连续未中断，客观真实反映了被诉侵权产品被查封保全时的状况，真实性、合法性可予确认，原审法院对第00003至00008段视频文件证据予以采信，并无不妥。瑞示公司主张所述视频并非保全时拍摄以及视频的形成时间可能被修改，但未提供充分证据予以证实，对其该项上诉理由，法院不予采纳。原审法院审理期间，将前述视频与2017年2月6日现场勘验所拍摄的照片进行对比，能够确认在证据保全之后、现场勘验之前被诉侵权产品上的一组黄色光幕遭人为拆除。瑞示公司在二审中对该事实亦予以认可。瑞示公司在原审法院采取证据保全措施之后，理应知道其存在构成专利侵权的可能，而法院查封保全的被诉侵权产品在现场勘验之前一直存放于瑞示公司的生产场所，处在瑞示公司的控制之下，其负有妥善保管被保全物的法律义务。被诉侵权产品在证据保全期间遭人为拆除零部件，瑞示公司应当承担相应的不利后果，原审法院据此认定拆除部件行为系瑞示公司所为，并无明显不当。瑞示公司主张其没有私自拆除被查封的被诉侵权产品的零部件，但在本案审理过程中未能举证证明拆除零部件的行为系由第三方实施或其他原因造成，故其相关上诉主张，法院不予采信。

3.【裁判规则】在采取诉前证据保全措施时，当事人自认的事实，在无相反的证据情况下，应予认定

典型案例

厦门大拇哥动漫股份有限公司与微软公司侵害计算机软件著作权纠纷案［福

建省高级人民法院（2013）闽民终字第369号］

上诉人（原审被告）：厦门大拇哥动漫股份有限公司（以下简称大拇哥公司）

被上诉人（原审原告）：微软公司

裁判观点

人民法院认为，原审法院进行诉前证据保全时，在大拇哥公司制作部现场清点的电脑为118台，而大拇哥公司工作人员在回答法院提问时，自认大拇哥公司大楼内共有实际使用的电脑500多台。大拇哥公司二审时辩称其公司实际使用的电脑总台数就是118台，其工作人员所陈述的大楼内共有500多台电脑是包括其他公司的电脑，且该工作人员并非公司计算机部门的主管，对公司使用软件的情况并不清楚，其回答与实际不符。法院认为，原审法院进行证据保全时，大拇哥公司工作人员回答法院提问时，自认大拇哥公司办公大楼内共有实际使用的电脑500多台，该陈述已经记入保全笔录，且对笔录内容的真实性，大拇哥公司在原审庭审时并不持异议。虽然大拇哥公司确有将部分办公场所出租给其他公司，但正常情况下大拇哥公司对其他公司的电脑数量是不可能知晓的，大拇哥公司主张其工作人员所述的大楼内共有500多台电脑包括其他公司的电脑显然与常理不符。因此，在大拇哥公司没有提供相反证据的情况下，应当认定大拇哥公司自己使用的电脑为500多台。

4.【裁判规则】证据保全没有现场记录记载相关内容，补正公证不能真实反映公证保全时的实际操作程序和事实状态，保全公证的内容不予采信

典型案例

北京中文在线数字出版股份有限公司与中国联合网络通信有限公司巴彦淖尔市分公司侵害信息网络传播权纠纷案［最高人民法院（2013）民申字第469号］

再审申请人（一审原告、二审上诉人）：北京中文在线数字出版股份有限公司（以下简称中文在线公司）

被申请人（一审被告、二审被上诉人）：中国联合网络通信有限公司巴彦淖尔市分公司

裁判观点 ▶▶

最高人民法院认为，二审期间，中文在线公司提交了北京市中信公证处于2012年8月8日作出的（2011）京中信内经证字21949号补正公证书，以证明2011年8月30日公证保全时使用了该公证处的办公电脑和网络，且该公证处的公证人员于相关操作前对公证使用的电脑进行了浏览器的缓存清理，网络连接正常，所使用的光盘为一次性不可擦写光盘。从内容上看，补正公证记载的是2011年8月30日公证保全时的电脑网络及光盘状况。从时间上来看，中文在线公司在一审判决作出后到北京市中信公证处申请办理上述补正公证，该补正公证为2011年8月30日公证保全后近一年作出。证据保全是对可能灭失或今后难以取得的证据予以调查收集和固定保存的行为，对于某一时间点网络状态及光盘情况证据的固定具有即时性，在2011年8月30日的证据保全没有现场记录记载相关内容的情况下，此后的补正公证不能真实反映公证保全时的实际操作程序和事实状态，二审法院对补正公证的内容不予采信亦无不当。

5.【裁判规则】公证证据事项的申请人并不限于直接利害关系人，以证据公证保全申请人非直接利害关系人而否定其作为适格原告，不予支持

典型案例 ▶▶

广州市越秀区赵某服装道具店与东莞市艺尚艺模特儿衣架有限公司侵害外观设计专利权纠纷案［广东省高级人民法院（2014）粤高法民三终字第898号］

上诉人（原审被告）：广州市越秀区赵某服装道具店（以下简称赵盈道具店）

被上诉人（原审原告）：东莞市艺尚艺模特儿衣架有限公司（以下简称艺尚艺公司）

裁判观点 ▶▶

人民法院认为，关于艺尚艺公司是否为案件适格原告问题。根据艺尚艺公司提交的专利实施许可合同备案证明显示，合同的有效期是2013年1月12日至2020年5月18日，故艺尚艺公司取得涉案专利独占实施权的时间为2013年1月12日。李某甲的委托代理人李某乙向赵某道具店购买涉案侵权产品的时间为2013年1月22日，即在赵某道具店销售涉案侵权产品时，艺尚艺公司已取得涉案专利独占实施权。

据此，赵某道具店以艺尚艺公司侵犯涉案外观设计专利权为由，上诉要求艺尚艺公司停止侵权行为并赔偿经济损失，符合《民事诉讼法》第119条的规定，艺尚艺公司依法属于案件的适格原告。至于保全证据这一公证事项的申请人并非艺尚艺公司问题，根据《公证法》第2条规定，公证是公证机构根据自然人、法人或者其他组织的申请，依照法定程序对民事法律行为、有法律意义的事实和文书的真实性、合法性予以证明的活动。公证事项的申请人与民事诉讼的原告有本质区别，并不限于直接利害关系人。因此，艺尚艺公司有权使用由专利权人李某甲申请证据保全的公证文书，作为证明自己主张的证据。赵某道具店以证据公证保全申请人不是艺尚艺公司而否定其作为适格原告，是对《民事诉讼法》与《公证法》的错误理解，法院不予支持。

（六）违法后果

1.【裁判规则】被保全人擅自撕毁了封条，并转移、拆卸了保全查封的设备，应承担相应的法律后果

典型案例

邹城兖煤明兴达机电设备有限公司与兖州区量子科技有限责任公司等侵犯商业秘密纠纷案［最高人民法院（2017）最高法民申1650号］

再审申请人（一审被告、二审上诉人）：邹城兖煤明兴达机电设备有限公司（以下简称明兴达公司）

被申请人（一审原告、二审被上诉人）：兖州区量子科技有限责任公司（以下简称量子公司）

裁判观点

最高人民法院认为，关于明兴达公司破坏保全措施的行为与本案侵权认定的关系。首先，明兴达公司实施了破坏法院保全措施的行为。根据一、二审判决确定的内容，2011年12月2日，一审法院依量子公司申请对明兴达公司进行了诉前证据保全，在明兴达公司厂房内对3台涉案给料机进行了查封，对可能涉及密点的部件贴上了封条，并当场告知明兴达公司要妥善保管查封设备等义务及相应法律后果，制作了证据保全笔录，并对保全过程进行了拍照、录像。2012年8月17日，一审法院依量子公司申请对诉前证据保全的涉案给料机进行现场勘验，发现明兴达公司擅自撕毁了封条，并转移、拆卸了保全查封的给料机。对此，一审法院于2012年8月21日作出（2011）济民三初字第165号罚款决定书，对明兴达公司作出罚款20万元的决定。明兴达公司提出异议申请，二审法院于2013年2月4日作出（2013）鲁民三复议字第1号复议决定书，予以维持。明兴达公司于2012年10月22日将20万元罚款履行完毕。根据上述事实可以确定，明兴达公司对被查封设备进行了转移、拆卸。其次，被查封的被诉侵权设备可以反映部分工装工艺。根据鉴定报告中的六项密点，从查封设备的组装结构、装配精度等方面进行分析，被诉侵权设备至少能够部分确定或者辅助确定明兴达公司实际采用的工装工艺。由于明兴达公司对被查封设备进行转移、拆卸后，其已经对能够进行同一性比对的设备进行了实质性破坏，因此无法根据被破坏后的查封设备进行特定部分工装工艺的比对。在此情况下，至少对于被诉侵权设备所反映的部分工装工艺技术秘点，明兴达公司应当承担证明其未侵害量子公司相应技术秘密的举证责任。在明兴达公司本案证据不足以证明其并未侵害特定技术密点的情况下，原审法院根据证明妨碍原则认定明兴达公司实施了侵犯涉案技术秘密的行为，并无明显不当。

2.【裁判规则】申请人是否存在恶意，不影响其因错误申请而给他人造成损失的赔偿义务

典型案例

陈某某因恶意提起知识产权诉讼损害责任纠纷及因申请知识产权临时措施损害责任纠纷案［浙江省高级人民法院（2015）浙知终字第23号］

上诉人（原审被告）：陈某某

被上诉人（原审原告）：东莞市龙行胜机械有限公司（以下简称龙兴胜公司）

裁判观点

人民法院认为，根据《民事诉讼法》的规定，在证据可能灭失或者以后难以取得的情形下，诉讼参加人可以申请证据保全。审判实践中在紧急情况时，允许申请人在起诉前提出证据保全申请。但在因保全的证据并非有可能灭失或有保全的必要时等造成证据保全错误的情况下，可能会给被保全人造成损害，此时申请人应当承担损害赔偿责任。本案中，陈某某在（2011）沪一中民五（知）初字第205号案起诉前申请了诉前证据保全，并提供了5万元担保。由于法律并未将申请诉前证据保全规定为申请人在此类案件中维护自身权利的必要措施，是否申请诉前证据保全由申请人自行决定。同时，人民法院要求申请人在申请诉前证据保全的同时提供相应的担保就是为了在申请人申请错误的情形下，更好地承担相应的赔偿义务。本案中，陈某某因涉案发明专利被宣告无效，遂就（2011）沪一中民五（知）初字第205号案，向受理法院申请撤诉。依照我国《专利法》的相关规定，宣告专利无效的决定对在专利被宣告无效前人民法院作出并已执行的专利侵权的判决和裁定不具有追溯力，但因专利权人的恶意给他人造成的损害应予赔偿。但是，涉案（2011）沪一中民保字第24号民事裁定目的在于防止证据灭失或将来难以取得，并不涉及侵权评价，有别于前述《专利法》规定的宣告专利无效的决定不具有追溯力的判决和裁定。同时，申请人是否存在恶意，也不影响其因错误申请而给他人造成损失的赔偿义务。由于陈某某申请诉前证据保全所指向的涉案“纸板起槽机”系龙行胜公司在第四届中国国际全印展上唯一一台用于展示的产品，龙行胜公司已为参展支付展位费3.06万元。因此，龙行胜公司的展位费损失显然是存在的。原审法院综合本案实际情况，酌情判令陈某某赔偿龙行胜公司部分会展费损失计2.5万元并无明显不当。陈某某就此提出的上诉理由不能成立。

第五章 举证时限与证据交换

司法实践问题与法条适用导航

序号	司法实践问题	法条适用导航
1	当事人及其诉讼代理人因客观原因不能自行收集的证据，可以申请法院调查收集	《民事诉讼法》第64条第2款[1]
2	举证期限延长、逾期提供证据及其不同的处理后果	《民事诉讼法》第65条第2款[2]
3	民事诉讼中，法院指定举证期限的具体期间问题	2019年《民事证据规定》第51条第2款[3]
4	举证期限届满后，瑕疵证据的补强及延长举证期限	2019年《民事证据规定》第51条第3款[4]
5	如何认定当事人在举证期限内提供证据“确有困难”及判断标准	2019年《民事证据规定》第52条[5]
6	申请延长举证期限的程序要求	2020年《民诉法司法解释》第100条第1款[6]； 2019年《民事证据规定》第54条第1款[7]
7	申请延长举证期限，法院准许的程序要求	2020年《民诉法司法解释》第100条第2款[8]
8	申请延长举证期限，未能获得法院准许的程序要求	2020年《民诉法司法解释》第100条第3款[9]
9	逾期提供证据应当说明理由	2020年《民诉法司法解释》第101条第1款[10]
10	视为未逾期的情形	2020年《民诉法司法解释》第101条第2款[11]

续表

序号	司法实践问题	法条适用导航
11	当事人逾期提供证据的情形及后果	2020年《民诉法司法解释》第102条第1款[12]
12	当事人非因故意或者逾期提供证据的，应当予以采纳	2020年《民诉法司法解释》第102条第2款[13]
13	逾期提供证据的，应当赔偿对方必要费用的	2020年《民诉法司法解释》第102条第3款[14]
14	举证期限的具体适用情形	2019年《民事证据规定》第55条[15]
15	证据交换之日，举证期限届满	2019年《民事证据规定》第56条第1款[16]
16	延期举证的，证据交换日顺延	2019年《民事证据规定》第56条第2款[17]
17	证据交换由谁主持	2019年《民事证据规定》第57条第1款[18]
18	证据交换中无异议的事实和有异议的事实的程序处理	2019年《民事证据规定》第57条第2款[19]
19	再次证据交换	2019年《民事证据规定》第58条[20]
20	对逾期举证当事人进行罚款的规定	2019年《民事证据规定》第59条[21]
21	当事人申请调查收集证据需要举证期限届满前提出书面申请	2019年《民事证据规定》第20条[22]
22	当事人申请证人出庭作证的举证期限	2020年《民诉法司法解释》第117条第1款[23]
23	票据纠纷中，举证期限的延长	2020年《票据纠纷司法解释》第11条[24]

1 《民事诉讼法》第64条第2款规定："当事人及其诉讼代理人因客观原因不能自行收集的证据，或者人民法院认为审理案件需要的证据，人民法院应当调查收集。"

2 《民事诉讼法》第65条第2款规定："人民法院根据当事人的主张和案件审理情况，确定当事人应当提供的证据及其期限。当事人在该期限内提供证据确有困难的，可以向人民法院申请延长期限，人民法院根据当事人的申请适当延长。当事人逾期提供证据的，人民法院应当责令其说明理由；拒不说明理由或者理由不成立的，人民法院根据不同情形可以不予采纳该证据，或者采纳该证据但予以训诫、罚款。"

3 2019年《民事证据规定》第51条第2款规定："人民法院指定举证期限的，适用第一审普通程序审理的案件不得少于十五日，当事人提供新的证据的第二审案件不得少于十日。适用简易程序审理的案件不得超过十五日，小额诉讼案件的举证期限一般不得超过七日。"

4 2019年《民事证据规定》第51条第3款规定："举证期限届满后，当事人提供反驳证据或者对已经提供的证据的来源、形式等方面的瑕疵进行补正的，人民法院可以酌情再次确定举证期限，该期限不受前款规定的期间限制。"

5 2019年《民事证据规定》第52条规定："当事人在举证期限内提供证据存在客观障碍，属于民事诉讼法第六十五条第二款规定的'当事人在该期限内提供证据确有困难'的情形。前款情形，人民法院应当根据当事人的举证能力、不能在举证期限内提供证据的原因等因素综合判断。必要时，可以听取对方当事人的意见。"

6 2020年《民诉法司法解释》第100条第1款规定:“当事人申请延长举证期限的,应当在举证期限届满前向人民法院提出书面申请。”

7 2019年《民事证据规定》第54条第1款规定:“当事人申请延长举证期限的,应当在举证期限届满前向人民法院提出书面申请。”

8 2020年《民诉法司法解释》第100条第2款规定:“申请理由成立的,人民法院应当准许,适当延长举证期限,并通知其他当事人。延长的举证期限适用于其他当事人。”

9 2020年《民诉法司法解释》第100条第3款规定:“申请理由不成立的,人民法院不予准许,并通知申请人。”

10 2020年《民诉法司法解释》第101条第1款规定:“当事人逾期提供证据的,人民法院应当责令其说明理由,必要时可以要求其提供相应的证据。”

11 2020年《民诉法司法解释》第101条第2款规定:“当事人因客观原因逾期提供证据,或者对方当事人对逾期提供证据未提出异议的,视为未逾期。”

12 2020年《民诉法司法解释》第102条第1款规定:“当事人因故意或者重大过失逾期提供的证据,人民法院不予采纳。但该证据与案件基本事实有关的,人民法院应当采纳,并依照民事诉讼法第六十五条、第一百一十五条第一款的规定予以训诫、罚款。”

13 2020年《民诉法司法解释》第102条第2款规定:“当事人非因故意或者重大过失逾期提供的证据,人民法院应当采纳,并对当事人予以训诫。”

14 2020年《民诉法司法解释》第102条第3款规定:“当事人一方要求另一方赔偿因逾期提供证据致使其增加的交通、住宿、就餐、误工、证人出庭作证等必要费用的,人民法院可予支持。”

15 2019年《民事证据规定》第55条规定:“存在下列情形的,举证期限按照如下方式确定:(一)当事人依照民事诉讼法第一百二十七条规定提出管辖权异议的,举证期限中止,自驳回管辖权异议的裁定生效之日起恢复计算;(二)追加当事人、有独立请求权的第三人参加诉讼或者无独立请求权的第三人经人民法院通知参加诉讼的,人民法院应当依照本规定第五十一条的规定为新参加诉讼的当事人确定举证期限,该举证期限适用于其他当事人;(三)发回重审的案件,第一审人民法院可以结合案件具体情况和发回重审的原因,酌情确定举证期限;(四)当事人增加、变更诉讼请求或者提出反诉的,人民法院应当根据案件具体情况重新确定举证期限;(五)公告送达的,举证期限自公告期届满之次日起计算。”

16 2019年《民事证据规定》第56条第1款规定:“人民法院依照民事诉讼法第一百三十三条第四项的规定,通过组织证据交换进行审理前准备的,证据交换之日举证期限届满。”

17 2019年《民事证据规定》第56条第2款规定:“证据交换的时间可以由当事人协商一致并经人民法院认可,也可以由人民法院指定。当事人申请延期举证经人民法院准许的,证据交换日相应顺延。”

18 2019年《民事证据规定》第57条第1款规定:“证据交换应当在审判人员的主持下进行。”

19 2019年《民事证据规定》第57条第2款规定:“在证据交换的过程中,审判人员对当事人无异议的事实、证据应当记录在卷;对有异议的证据,按照需要证明的事实分类记录在卷,并记载异议的理由。通过证据交换,确定双方当事人争议的主要问题。”

20 2019年《民事证据规定》第58条规定:“当事人收到对方的证据后有反驳证据需要提交的,人民法院应当再次组织证据交换。”

21 2019年《民事证据规定》第59条规定:“人民法院对逾期提供证据的当事人处以罚款的,可以结合当事人逾期提供证据的主观过错程度、导致诉讼迟延的情况、诉讼标的金额等因素,确定罚款数额。”

22 2019年《民事证据规定》第20条规定:“当事人及其诉讼代理人申请人民法院调查收集证据,应当在举证期限届满前提交书面申请。”

23 2020年《民诉法司法解释》第117条第1款规定:“当事人申请证人出庭作证的,应当在举证期限届满前提出。”

24 2020年《票据纠纷司法解释》第11条规定:“在票据诉讼中,负有举证责任的票据当事人应当在一审人民法院法庭辩论结束以前提供证据。因客观原因不能在上述举证期限以内提供的,应当在举证期限届满以前向人民法院申请延期。延长的期限由人民法院根据案件的具体情况决定。票据当事人在一审人民法院审理期间隐匿票据、故意有证不举,应当承担相应的诉讼后果。”

第一节　举证时限制度

【法理辨析】

一、举证时限

（一）举证时限制度的内涵

举证时限制度，也称证据失效制度、证据失权制度，是指“负有举证责任的当事人应当在法律规定和法院指定的期限内提出证明其主张的相应证据，逾期不举证则承担证据失权的法律后果的一项民事诉讼制度”〔1〕。从其性质来说，它是“举证责任制度的有机组成部分，属于举证责任范畴内的概念。法律设定举证期限的主要目的在于提高当事人的证据意识，规范当事人在期限内提出诉辩及举证，避免因当事人滥用诉讼权利或怠于行使诉讼权利而影响诉讼程序的顺利进行，从而切实保障当事人诉讼权利的充分行使，保障人民法院公正高效行使审判权。举证期限制度包括两个部分：举证期限和逾期举证的法律后果。（1）举证期限。即法律规定或法院指定的期间，负有举证责任的当事人应当在此期间内尽其所能地提供证据支持其主张的证据；（2）逾期举证的法律后果。“如果当事人在此期间不提供或不能提供相关的证据，则会产生诉讼程序上的法律后果——失权。”〔2〕

（二）法理基础

民事诉讼法作为一种基本的程序规范，集中体现了程序正义，并保障程序正义的最大限度地实现。〔3〕司法审判活动在适用法律时，必须严格遵守法律的规定，在认定案件事实时，力求最大程度上追求案件事实上的真实。但民事诉讼中认识的真实完全不同于哲学意义上的认识真实，即不能把哲学意义上的真实作为民事诉讼中认识的真实，或者说作为民事诉讼中认识的真实之圭臬，主要原因就在于：第一，审判上所待解决的争执多是过去的事实，以当下人类的技术水平尚无法将过去发生的事逆转并恢复到案件审理现场，过去无法重现；第二，民事审判的主体是靠人的认识活动，人认识世界和改革世界的能力尚存在一定的限制；第三，民

〔1〕 最高人民法院民事审判第一庭：《民事诉讼证据司法解释的理解与适用》，中国法制出版社2002年版，第193页。

〔2〕 罗玉珍、高委主编：《民事证明制度与理论》，法律出版社2003年版，第435页。

〔3〕 参见最高人民法院民事审判第一庭：《民事诉讼证据司法解释的理解与适用》，中国法制出版社2002年版，第234页。

事诉讼采取不告不理原则，诉讼进行和证据的提出受到当事人处分权原则和辩论主义的限制；第四，民事诉讼存在审级、审限限制，不可能无条件、无时限地进行下去；第五，民事实体法与民事程序法密不可分，民事程序法受到民事实体法的作用和限制，民事实体法是民事证据法的一个重要依托和权源，并在一定程度上决定了民事证据法的发展方向。因此，无论是英美法系，还是大陆法系，为了防止认识案件事实出现认知风险，就需要建立程序规则来保障和维护这种诉讼认知的真实性和准确性，如建立证据调查收集程序和适用鉴定手段等。在保障人们及时认识案件事实的同时，程序规则也必然带来严格的束缚，甚至是“阻碍”案件事实的认知程度，如举证时限制度。举证时限制度的法理价值可以从以下几个视角来看：

1.正当程序的价值。举证时限制度体现和反映了实体正义与程序正义的动态平衡关系，无论是实体正义还是程序正义，都不是绝对的，真理向前走一步就会变成谬误，不能将任何一种正义强调过头，走向极端。其一，必须坚持实质正义的标准。从“证据随时提出主义”到“证据适时提出主义”，尽管曾经饱受证据突袭、诉讼冗长、效率低下的苦恼，但也不能走向另一个极端，将举证时限及其证据失权走向绝对化，唯一化，或者说不能将举证期限的程序正义强调过头，没有实现实质正义的程序正义是毫无意义的。其二，程序正义的价值应当得到维护。“任何一种实体权益都必须通过正当的法律程序才能得到满足和维护，而如果一种诉讼程序没有时限效力加以维系，那么，对实体权益的争议将会无休止地进行下去而无法得到最终满足，对程序法的违背如果也并不能产生实体上的失权效力，那么，当事人实体权益的实现也将没有公平、正义的标准可言。”〔1〕维护程序正义的一个落脚点就在于能够维护程序的安定性，保证实质正义的实现。

2.证明责任制度的落实。根据证明责任的基本原理，在出现事实真伪不明时，应当由负举证责任的当事人承担不利的法律后果。如果立法上只规定了举证责任分配及其后果，但没有规定一个实施这个制度的“时间表”和“路线图”，在任何的诉讼阶段、任何的诉讼节点，只要想起来证据就提交，或者说有目的、有步骤、有阶段性地逐步提交证据来拖延诉讼，一审、二审、再审、抗诉再审中都可能会遭受“新证据”的突袭，那么，无疑会架空证明责任制度的落实。

〔1〕 罗玉珍、高委主编：《民事证明制度与理论》，法律出版社2003年版，第442页。

3.审级制度的贯彻。一起案件经过两个审级就终结诉讼的目的和设计是明确的，即迅速解决纠纷，及时恢复经济秩序和社会秩序，避免过多的社会成本陷入无穷尽的诉讼泥潭里，而对于无论是故意、过失或是无意随时随地提出证据，一个民事案件在不同的审级之间不断“翻烧饼”，结论不一，判决没有既判力，民事诉讼就变成了一件没完没了的事情，这无疑会冲击四级两审终审制度和司法的权威性，使通过审级设置来化解矛盾纠纷失去应然意义。

4.当事人平等原则的使然。民事诉讼为双方当事人进行诉讼提供了平等的机会和攻防手段，从而实现诉讼过程上的公平。而如果任由任何一方当事人对对方的诉讼请求和证据准备，随时可以发起突然袭击，不利于贯彻当事人平等原则，也不利提高诉讼效率和效益。

二、我国的举证时限制度

（一）法律规定

1991年《民事诉讼法》没有规定举证时限制度。1992年《最高人民法院关于适用〈中华人民共和国民事诉讼法〉若干问题的意见》（已失效）第76条规定：“人民法院对当事人一时不能提交证据的，应根据具体情况，指定其在合理期限内提交。当事人在指定期限内提交确有困难的，应在指定期限届满之前，向人民法院申请延期。延长的期限由人民法院决定。”2001年《民事证据规定》以司法解释的形式规定了举证时限制度，涉及举证时限的条文主要表现在第33条、第34条、第35条、第36条、第38条第2款、第41条、第42条第2款、第43条、第45条、第46条。2012年《民事诉讼法》总结了2001年《民事证据规定》中的举证时限制度的司法实践经验，首次以法律形式规定了举证时限制度。该法第65条第2款规定：“人民法院根据当事人的主张和案件审理情况，确定当事人应当提供的证据及其期限。当事人在该期限内提供证据确有困难的，可以向人民法院申请延长期限，人民法院根据当事人的申请适当延长。当事人逾期提供证据的，人民法院应当责令其说明理由；拒不说明理由或者理由不成立的，人民法院根据不同情形可以不予采纳该证据，或者采纳该证据但予以训诫、罚款。”2020年《民诉法司法解释》又在第98条、第99条、第100条、第101条、第102条，对举证时限制度进行了丰富和发展。2019年《民事证据规定》在第50条、第51条和第52条中对举证时限制度再次进行了细化规定。

（二）“证据随时提出主义”

“证据随时提出主义”存在的主要原因，是由于当时在审判理念上“审判习惯都一直存在追求案件裁判真实绝对化的问题”[1]，由于将哲学意义上的客观真实在民事诉讼领域中的误读，把哲学意义上的客观真实拿来作为有审理期限的民事诉讼的证明标准，法官也担心如果对庭审后新的证据采取“关门政策”，会不会影响客观事实的认定。因此，在民事审判过程中，“证据随时提出主义”的设计思路导致诉讼期限的“人为”延长和程序冗长，严重影响诉讼程序的正常进行，不利于当事人民事权利救济的及时实现，浪费了宝贵的审判资源。

1991年《民事诉讼法》第108条规定：“起诉必须符合下列条件：（一）原告是与本案有直接利害关系的公民、法人和其他组织；（二）有明确的被告；（三）有具体的诉讼请求和事实、理由；（四）属于人民法院受理民事诉讼的范围和受诉人民法院管辖。”根据该条的规定，当事人起诉需要有“具体的诉讼请求和事实、理由”，其中“事实”的要求，后面的条文中进行了细化和明确。根据第110条“起诉状应当记明下列事项：（一）当事人的姓名、性别、年龄、民族、职业、工作单位和住所，法人或者其他组织的名称、住所和法定代表人或者主要负责人的姓名、职务；（二）诉讼请求和所根据的事实与理由；（三）证据和证据来源，证人姓名和住所”的规定，即起诉时，当事人必须提出证据，但此时只明确了提出证据的时间“起点”，并没有明确规定提出证据的“终点”——提供证据到何时为止就算是画上句号。加之，该法第125条规定“当事人在法庭上可以提出新的证据”。从字面来看，这里的“新的证据”是指，“本案审理中以前没有发现的证据”[2]。其一，除了当事人在起诉时提出证据之外，允许当事人在法庭上提出证据。其二，“法庭上”是作狭义还是作为广义上的概念来理解，但根据该条排序在第124条“法庭调查”[3]的后面，可以理解为是指狭义上的“法庭上”，即在法庭审判的过程中。但对于开庭结束后，是否可以提交证据没有明确，由于民事案件的复杂性和多样性，庭审不可能“毕其功于一役”，往往需要多次的庭审。这就存在：第一次庭审以后——提出新的证据——第

〔1〕李国光主编：《最高人民法院〈关于民事诉讼证据的若干规定〉的理解与适用》，中国法制出版社2002年版，第301页。

〔2〕李国光主编：《最高人民法院〈关于民事诉讼证据的若干规定〉的理解与适用》，中国法制出版社2002年版，第300页。

〔3〕1991年《民事诉讼法》第124条规定：“法庭调查按照下列顺序进行：（一）当事人陈述；（二）告知证人的权利义务，证人作证，宣读未到庭的证人证言；（三）出示书证、物证和视听资料；（四）宣读鉴定结论；（五）宣读勘验笔录。”

二次庭审——再次提出新的证据——第三次庭审——又提出新的证据……的循环往复的现象。其三,"新的证据"的本体解释的问题,即哪类证据属于"新的证据",是从实体的角度——证明内容为轴的角度,还是从程序的角度——以时间为轴来界定"新的证据"的范围问题,并没有得到明确。

(三)"证据适时提出主义"

为了应对"证据随时提出主义"的弊端,2001年《民事证据规定》中首次提出举证时限制度,在第33条、第34条、第35条、第36条分别对举证时限程序要求及延长等进行了明确。在举证时限制度条件下,当事人逾期提出的证据,就变成程序上的"失权证据",不再发挥证明作用。"证据适时提出主义"的核心就是证据失权制度的规定和落实,"证据提出权丧失的法律后果十分严重,因为对当事人逾期提交的证据材料不具有法律上的效力,人民法院审理时不组织质证,也不得在裁判时将无效证据作为裁判依据"〔1〕。

从一定程度上讲,举证时限是有碍于查清案件事实的,由于民事诉讼案件的多样性和复杂性,当事人的主观意志和客观情况参差不齐,实行过于苛刻的证据失权,可能会不利案件真实。一般认为,"真实之发现与诉讼之促进系民事诉讼所追求之两大目标,由于两者处于二律背反之紧张关系"〔2〕,因此,在既定的诉讼期限内及时发现案件真实,就需要防止诉讼突袭,防止"未使当事人在言词辩论终结前,充分认识、预测法院有关发现真实之心证形成活动,致使当事人就发现真实(确定某事实之存否),未尽充分攻击防御或陈述必要意见之能事"〔3〕。为了缓解案件真实与举证时限之间的"阀门",也考虑到司法实践的现实情况,因此允许当事人在举证时限之外,提供"新的证据"作为补充,即"举证期间届满再举证实际也是举证时效的例外规则"〔4〕。

(四)以证据不失权为基本原则

2001年《民事证据规定》第34条规定:"当事人应当在举证期限内向人民法院提交证据材料,当事人在举证期限内不提交的,视为放弃举证权利。"第43条规定:"当事人举证期限届满后提供的证据不是新的证据的,人民法院不予采纳。"2001年

---

〔1〕 李国光主编:《最高人民法院〈关于民事诉讼证据的若干规定〉的理解与适用》,中国法制出版社2002年版,第275页。

〔2〕 邱联恭:《程序制度机能论》,台北,三民书局2002年版,第5页。

〔3〕 邱联恭:《程序制度机能论》,台北,三民书局2002年版,第5页。

〔4〕 李国光主编:《最高人民法院〈关于民事诉讼证据的若干规定〉的理解与适用》,中国法制出版社2002年版,第304页。

《民事证据规定》采“证据失权”为基本原则，即超过举证期限将产生证据失权的严重后果，而对于不发生证据失权后果视为未逾期的证据，则属于例外情况。由于证据失权的法律后果较为严厉，加之相应的配套制度有待于进一步的完善，后来的民事诉讼立法进行了相应的调整。根据《民事诉讼法》第65条第2款规定：“人民法院根据当事人的主张和案件审理情况，确定当事人应当提供的证据及其期限。当事人在该期限内提供证据确有困难的，可以向人民法院申请延长期限，人民法院根据当事人的申请适当延长。当事人逾期提供证据的，人民法院应当责令其说明理由；拒不说明理由或者理由不成立的，人民法院根据不同情形可以不予采纳该证据，或者采纳该证据但予以训诫、罚款。”可以看出，《民事诉讼法》对于2001年《民事证据规定》中过于刚性的“证据失权”原则进行了大幅度调整，通过分层设置举证时限，调整为“以证据不失权为原则，以证据失权为例外”的举证时限制度（见图5-1）。

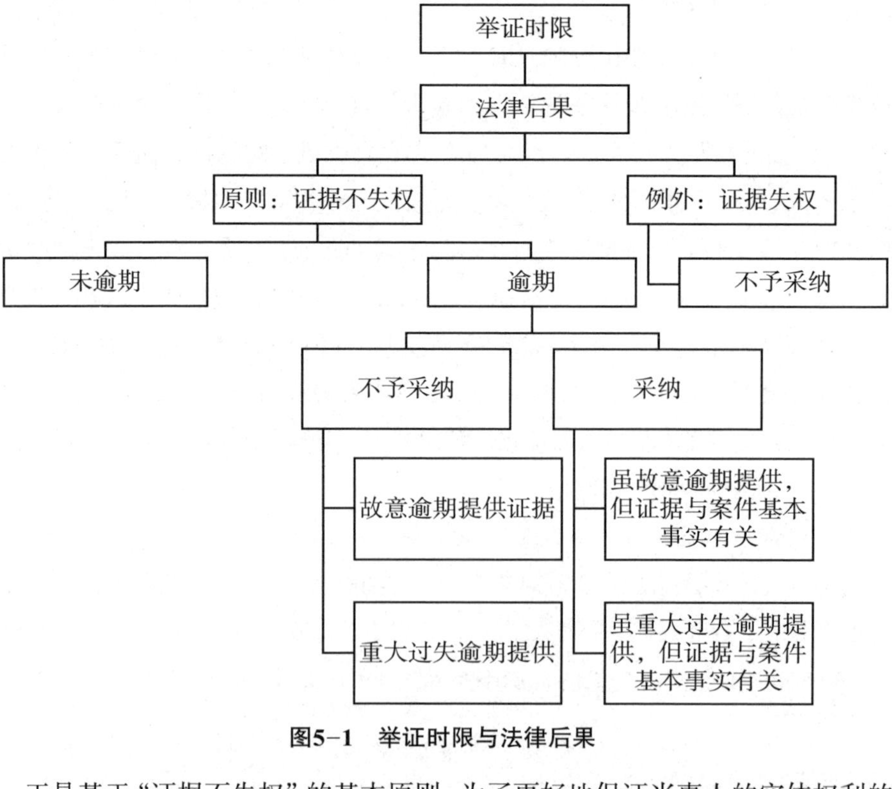

图5-1　举证时限与法律后果

正是基于“证据不失权”的基本原则，为了更好地保证当事人的实体权利的实现和实质正义，对于逾期举证行为和法律后果，不再基于诉讼效率的要求追求“绝对化”的程序性标准，从“逾期举证”这一程序性的认定标准，调整为“与案件基本事实有关”为实质性判断标准。2020年《民诉法司法解释》第102条规定:“当事人因故意或者重大过失逾期提供的证据,人民法院不予采纳。但该证据与案件基本事实有关的,人民法院应当采纳,并依照民事诉讼法第六十五条、第一百一十五条第一款的规定予以训诫、罚款。当事人非因故意或者重大过失逾期提供的证据,人民法院应当采纳,并对当事人予以训诫。当事人一方要求另一方赔偿因逾期提供证据致使其增加的交通、住宿、就餐、误工、证人出庭作证等必要费用的,人民法院可予支持。”即不再追求或考虑当事人未提交证据的主观心态如何,对于是否逾期的判断,是实质正义的“与案件的基本事实有关”为标准。法律对待新证据的态度发生变化,从过去的“证据关门主义”向“证据随时提出主义”倾斜,意在更加充分地保护当事人的诉权乃至实体权利。但法律就其平衡当事人利益关系所具有的“双刃剑”功能,已然得到充分发挥,说明法律在充分保护当事人合法诉权的同时,对滥用诉权者也予以相应制裁,最大限度地体现了《民事诉讼法》关于鼓励诚信诉讼的价值导向。

2019年《民事证据规定》沿袭了“以证据不失权为原则,以证据失权为例外”的举证时限制度的基本精神,并根据不同情况进行了规范。

(1)对于逾期举证“确有困难”的认定。第52条第1款规定:“当事人在举证期限内提供证据存在客观障碍,属于民事诉讼法第六十五条第二款规定的‘当事人在该期限内提供证据确有困难’的情形。”

(2)当事人主张的法律关系或者民事行为效力与人民法院认定不一致时的举证期限。第53条规定:“诉讼过程中,当事人主张的法律关系性质或者民事行为效力与人民法院根据案件事实作出的认定不一致的,人民法院应当将法律关系性质或者民事行为效力作为焦点问题进行审理。但法律关系性质对裁判理由及结果没有影响,或者有关问题已经当事人充分辩论的除外。存在前款情形,当事人根据法庭审理情况变更诉讼请求的,人民法院应当准许并可以根据案件的具体情况重新指定举证期限。”

(3)对于不同的程序性问题的举证时限的明确。第55条规定:“存在下列情形的,举证期限按照如下方式确定:(一)当事人依照民事诉讼法第一百二十七条规定提出管辖权异议的,举证期限中止,自驳回管辖权异议的裁定生效之日起恢复计算;(二)追加当事人、有独立请求权的第三人参加诉讼或者无独立请求权的第三人经人民法院通知参加诉讼的,人民法院应当依照本规定第五十一条的规定为新参加诉讼的当事人确定举证期限,该举证期限适用于其他当事人;(三)发回重审的案件，第一审人民法院可以结合案件具体情况和发回重审的原因，酌情确定举证期限；（四）当事人增加、变更诉讼请求或者提出反诉的，人民法院应当根据案件具体情况重新确定举证期限；（五）公告送达的，举证期限自公告期届满之次日起计算。”

（4）当事人提交反驳证据的再次组织证据交换。第56条规定：“人民法院依照民事诉讼法第一百三十三条第四项的规定，通过组织证据交换进行审理前准备的，证据交换之日举证期限届满。证据交换的时间可以由当事人协商一致并经人民法院认可，也可以由人民法院指定。当事人申请延期举证经人民法院准许的，证据交换日相应顺延。”第58条规定：“当事人收到对方的证据后有反驳证据需要提交的，人民法院应当再次组织证据交换。”

三、举证时限的具体适用

（一）举证时限的确定

1.确定方式。（1）约定期间：当事人协商并经人民法院准许。（2）指定期间：人民法院指定。当事人确定举证时限的形式，既可以是书面形式，也可以是口头形式（见图5-2）。

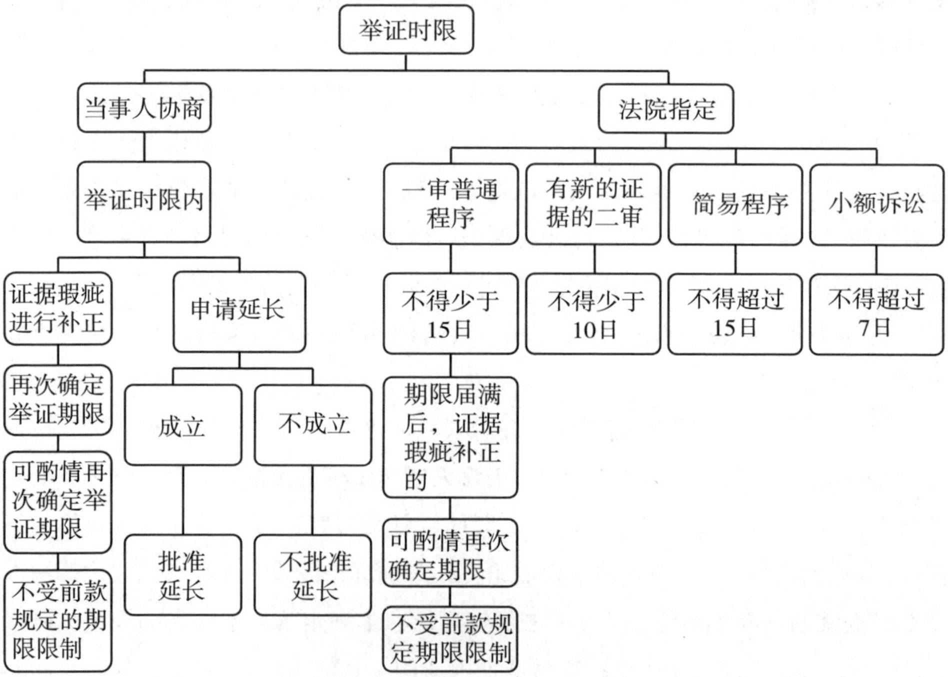

图5-2 举证期限的确定方式

2.适用程序。2019年《民事证据规定》第50条规定，“人民法院应当在审理前的准备阶段向当事人送达举证通知书。举证通知书应当载明举证责任的分配原则和要求、可以向人民法院申请调查收集证据的情形、人民法院根据案件情况指定的举证期限以及逾期提供证据的法律后果等内容”，这里所规定的举证期限的适用程序为一审的普通程序案件。

（二）举证时限的次数

从举证时限的次数来说，并不仅限于一次。主要包括：（1）当事人根据法庭审理情况变更诉讼请求的，“可以根据案件的具体情况重新指定举证期限”；（2）发回重审的案件，可以“酌情确定举证期限”；（3）当事人增加、变更诉讼请求或者提出反诉的，“应当根据案件具体情况重新确定举证期限”；（4）对证据瑕疵补正的举证期限的确定，根据2020年《民诉法司法解释》第99条第3款规定，“举证期限届满后，当事人对已经提供的证据，申请提供反驳证据或者对证据来源、形式等方面的瑕疵进行补正的，人民法院可以酌情再次确定举证期限，该期限不受前款规定的限制”。

（三）从法律后果上来说，“以证据不失权为原则，以证据失权为例外”

对逾期提供的证据并非一概不予采纳，而是视与案件基本事实的关联性、当事人是否具有故意或重大过失、是否系反驳或补正证据等情形决定是否采纳。之所以做这样的调整，主要还是我国国情和司法实际情况所决定的，我国“民事案件类型众多、情况复杂，具体个案中可能存在大量证据，有的证据事关诉讼成败，有的证据涉及案件标的的范围，有的证据仅起辅助作用；当事人逾期提供证据的主观过失也有很大不同。有的是恶意拖延诉讼，有的是因重大过失未能及时提供，有的法律知识、诉讼能力的欠缺导致逾期提供。对复杂程度不一的案件、重要性不同的证据、主观过失不同的当事人，应当承担的法律后果应当区别，在民事诉讼法中统一作出规定是不合适的”〔1〕。即根据司法实践中的不同情况，设置不同层次的举证时限的法律后果。

（四）当事人可以申请延长的，必须采取书面形式

口头申请延长举证期限，不符合法律规定。在司法实践，特别是在再审程序中，当事人往往提出曾经向法院申请过举证期限延长，审理法院未予理睬或未予

〔1〕 全国人大常委会法制工作委员会民法室编著：《〈中华人民共和国民事诉讼法〉释解与适用》，人民法院出版社2012年版，第105页。

回应，从而主张审理法院的"程序违法"。事实上，2020年《民诉法司法解释》已经明确申请举证期限延长，需要书面形式，并不接受口头形式。当然，当事人提出的书面申请延长举证期限，并非形式审查，而是实质审查，理由成立的，法院准许延长；理由不成立的，法院不准许延长。哪些理由属于可以成立的，法律和司法解释没有明确，将这一权限的判断交由审理法院和法官根据案件的实际情况自由裁量。

2019年《民事证据规定》删除了2001年《民事证据规定》第41条、第42条、第43条的规定，是因为《民事诉讼法》第65条第2款规定改变了2001年《民事证据规定》中"证据失权为原则"的方案，转而坚持"以证据不失权为原则，以证据失权为例外"的精神。因此，2019年《民事证据规定》根据《民事诉讼法》的这一基本原则，对2001年《民事证据规定》中不适宜这一原则的条款进行了相应的调整。所以，"除法律、司法解释有特别规定外，新的证据不再具有特别的含义，未在以前的诉讼过程中出现过的证据，原则上都属于新的证据"[1]，而这时的"法律、司法解释有特别规定"主要是指《民事诉讼法》第65条和2020年《民诉法司法解释》第388条。这里所指的"新的证据不再具有特别的含义"，仅指一审和二审程序中的新的证据问题，不包含再审程序中的新的证据问题，原因是再审程序中的新的证据在《民事诉讼法》第200条第1款第1项和2020年《民诉法司法解释》第388条中已有明确的规定。

四、变更诉讼请求的举证时限

当事人主张的法律关系的性质或者民事行为的效力与人民法院根据案件事实作出的认定不一致的举证时限确定问题，2019年《民事证据规定》对2001年《民事证据规定》第35条"诉讼过程中，当事人主张的法律关系的性质或者民事行为的效力与人民法院根据案件事实作出的认定不一致的，不受本规定第三十四条规定的限制，人民法院应当告知当事人可以变更诉讼请求。当事人变更诉讼请求的，人民法院应当重新指定举证期限"的规定进行了相应的调整。一方面，根据2019年《民事证据规定》第55条第4项规定"存在下列情形的，举证期限按照如下方式确定：……（四）当事人增加、变更诉讼请求或者提出反诉的，人民法院应当根据案件

〔1〕 郑学林等：《关于新〈民事证据规定〉理解和适用的若干问题》，载《人民法院报》2020年3月26日，第5版。

具体情况重新确定举证期限……”即当事人主张的法律关系性质或者民事行为效力与人民法院根据案件事实作出的认定不一致的，人民法院应当根据案件具体情况，重新指定举证期限。另一方面，当事人根据法庭审理情况变更诉讼请求后，不再要求人民法院必须重新指定举证期限的，允许人民法院根据案件的实际情况来自由裁量是否需要重新指定举证期限。

2019年《民事证据规定》之所以对2001年《民事证据规定》第35条进行调整（见图5-3），可能有这样几个方面的因素：（1）不告不理和辩论主义原则。依不告不理原则，“民事诉讼具有仅从当事人声请开始，并且以同该声请相呼应的裁判结束这种基本结构”〔1〕，根据辩论主义原理的基本法理，“当事人未予主张的事实，即未对其提出辩论的事实，如系具有产生法律效果重要意义的事实，则即使是经由证据调查并得心证，也不能将其作为裁判的基础”〔2〕。在民事审判实践中，对于发生的当事人主张的法律关系的性质或者民事行为的效力与人民法院认定不一致的情况时，除了法院采取驳回当事人的诉讼请求外，往往会根据自己的认识进行审理、作出实体裁判。这样就会直接导致人民法院的审理与裁判超出当事人的诉讼请求，违反辩论主义原则。（2）当事人的实体权益和程序利益。2001年《民事证据规定》第35条中规定“人民法院应当告知当事人可以变更诉讼请求”，这种释明的规定对于保障当事人的诉讼权利，防止裁判突袭，节约诉讼成本具有积极意义。但在适用过程中，关于法律关系的性质或者民事行为的效力的释明方式、释明程度如何把握，存在较大分歧，特别是上下级法院对法律关系性质或者民事行为效力问题存在不同认识时。例如，在合同纠纷案件中，当事人主张合同有效，但一审法院认为合同无效，经过法官释明，当事人将诉讼主张变更为合同无效的主张上诉后，二审法院反而认为合同应当有效；或二审认为有效将案件发回重审后，一审法院仍然认为合同无效。此时，在法律后果方面，除了会出现一、二审法院对于合同是否有效的认定不一外，还容易侵害当事人的实体权益和程序利益。

---

〔1〕［日］三月章：《日本民事诉讼法》，汪一凡译，台北，五南图书出版股份有限公司1997年版，第79页。

〔2〕［日］三月章：《日本民事诉讼法》，汪一凡译，台北，五南图书出版股份有限公司1997年版，第188页。

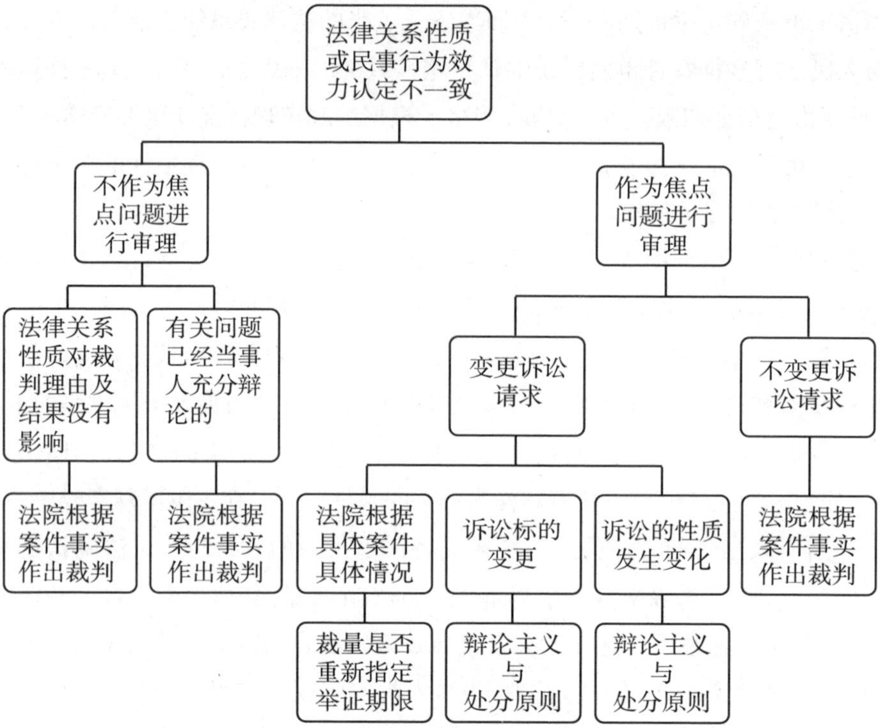

图5-3　变更诉讼请求的举证期限

五、司法实务中的举证时限

1.关于提交证据的举证期限。2019年《民事证据规定》第50条规定："人民法院应当在审理前的准备阶段向当事人送达举证通知书。举证通知书应当载明举证责任的分配原则和要求、可以向人民法院申请调查收集证据的情形、人民法院根据案件情况指定的举证期限以及逾期提供证据的法律后果等内容。"如果一方当事人在法院指定的举证期限内提交了证据，符合法定程序的要求；但如果一方当事人没在法院指定的举证期限内提交证据，且不存在"提供证据存在客观障碍"，并不"与案件基本事实有关的"的情况，就会因为提出证据的行为违反了关于举证时限的法律规定，即《民事诉讼法》第65条"当事人对自己提出的主张应当及时提供证据。人民法院根据当事人的主张和案件审理情况，确定当事人应当提供的证据及其期限。当事人在该期限内提供证据确有困难的，可以向人民法院申请延长期限，人民法院根据当事人的申请适当延长。当事人逾期提供证据的，人民法院应当责令其说明理由；拒不说明理由或者理由不成立的，人民法院根据不同情形可以不予采纳该证据，或者采纳该证据但予以训诫、罚款”的规定，人民法院可以对逾期提供的证据不予采纳。与此同时，根据2019年《民事证据规定》第51条规定，在举证期限届满前，开庭审理（或缺席审理并判决），属于违反法定程序。

2.关于申请调查收集证据的举证期限。2019年《民事证据规定》第20条规定：“当事人及其诉讼代理人申请人民法院调查收集证据，应当在举证期限届满前提交书面申请。申请书应当载明被调查人的姓名或者单位名称、住所地等基本情况、所要调查收集的证据名称或者内容、需要由人民法院调查收集证据的原因及其要证明的事实以及明确的线索。”司法实践中，经常会出现，当事人主张曾经在一审审理期间，向人民法院申请调查收集证据，而一审法院未予处理或未给予回应的情况。根据“应当在举证期限届满前提交书面申请”的程序性要求，当事人没有提交书面申请的，视为当事人放弃该权利，事后在二审程序中表明曾经提出过调查收集证据的要求，也会因为没有满足“依申请调查收集证据”的程序性要求，或者因申请超过法定期限，不能得到法院的支持。

3.关于补强证据的举证期限。根据2019年《民事证据规定》第51条第3款“举证期限届满后，当事人提供反驳证据或者对已经提供的证据的来源、形式等方面的瑕疵进行补正的，人民法院可以酌情再次确定举证期限，该期限不受前款规定的期间限制”，以及第20条“当事人及其诉讼代理人申请人民法院调查收集证据，应当在举证期限届满前提交书面申请”的规定，当事人虽然在一审举证期限届满后申请鉴定，但如果当事人申请鉴定属于提供补强证据或提供反驳证据的，鉴定申请并不因超出法院第一次确定的举证期限而产生失权的法律后果，人民法院同意进行鉴定并不属于违反法定程序。

4.关于反诉的举证期限。2019年《民事证据规定》第56条规定：“人民法院依照民事诉讼法第一百三十三条第四项的规定，通过组织证据交换进行审理前准备的，证据交换之日举证期限届满。证据交换的时间可以由当事人协商一致并经人民法院认可，也可以由人民法院指定。当事人申请延期举证经人民法院准许的，证据交换日相应顺延。”即证据交换之日，举证期限届满，如果被告在证据交换之日前已向一审法院提起了反诉，则应当认定，未超过举证期限。

5.关于要求改期的举证期限。如果当事人在举证期限内未提交证据，也未申请延长举证期限，也不存在“举证期限内提供证据存在客观障碍”的情况，在庭审时主张人民法院应当另行改期进行举证或另行改期进行庭审的要求，如果并不具备2020年《民诉法司法解释》第102条规定的情形，法院不予支持。2020年《民诉法司法解释》第102条第1款、第2款规定："当事人因故意或者重大过失逾期提供的证据，人民法院不予采纳。但该证据与案件基本事实有关的，人民法院应当采纳，并依照民事诉讼法第六十五条、第一百一十五条第一款的规定予以训诫、罚款。当事人非因故意或者重大过失逾期提供的证据，人民法院应当采纳，并对当事人予以训诫。"即当事人在举证期限内不提交证据的，视为放弃举证权利。当然，如果当事人逾期提供的证据是涉及案件基本事实的，则可以予以采纳。

6.关于预备合并之诉的举证期限。预备合并之诉，一般是指原告在提起一个主位诉讼请求的同时提出备位诉讼请求的合并之诉。如果主位诉讼法院予以支持，则备位请求自动失效；如果主位诉讼请求法院未予支持时，则以备位诉讼请求作为替换请求。我国《民事诉讼法》没有规定预备合并之诉制度，虽然《民事诉讼法》第140条规定："原告增加诉讼请求，被告提出反诉，第三人提出与本案有关的诉讼请求，可以合并审理。"2020年《民诉法司法解释》第232条规定："在案件受理后，法庭辩论结束前，原告增加诉讼请求，被告提出反诉，第三人提出与本案有关的诉讼请求，可以合并审理的，人民法院应当合并审理。"但上述规定并不属于预备合并之诉的理论依据。

在司法实务中，法院对预备合并之诉制度采取支持的态度，认为当事人"提出的第二项诉讼请求是在第一项诉讼请求不能获得法院支持情况下的预备性诉讼请求，在诉讼法学理论上称为预备合并之诉，并不违反我国民事诉讼法的相关规定。原审法院在审理认为原告第一项诉讼请求不能成立的情况下对第二项诉讼请求予以审理并作出裁判，符合诉讼便利和经济的原则，也有利于法院对当事人争议裁判的协调统一，并无不当"。〔1〕因此，我国现行的《民事诉讼法》并未禁止当事人在要求对主位诉讼请求的同时提出备位诉讼请求，如果法院对当事人提出的两项诉讼请求均给予了合理的答辩期间和举证期限，经过一审的质证、辩论环节，当事人进一步明确了诉讼请求，无须重新指定举证期限，并不违反法律规定。

当然，如果当事人预备合并之诉，构成2019年《民事证据规定》第53条的适用情形的，则按照该条的规定处理。即（1）法律关系性质对裁判理由及结果没有影

〔1〕 参见"宜春市利达房地产开发有限公司与袁某甲合伙协议纠纷案"，最高人民法院（2019）最高法民申1016号。

响，或者有关问题已经当事人充分辩论的，不再重新指定举证期限；（2）如果当事人主张的法律关系性质或者民事行为效力与人民法院根据案件事实作出的认定不一致的，人民法院应当将法律关系性质或者民事行为效力作为焦点问题进行审理。当事人根据法庭审理情况变更诉讼请求的，人民法院应当准许并可以根据案件的具体情况重新指定举证期限。

7.关于重新指定举证期限。根据2019年《民事证据规定》第53条规定，如果一审诉讼过程中或者在庭审时，原告已明确主张其与被告之间的法律关系（如买卖合同关系等），其诉讼请求亦非常明确（如要求对方当事人支付所欠货款等），且一直从未变更；或者虽然变更过，但经法院释明后，当事人仍然保持原先确定的法律关系的，不属于2019年《民事证据规定》第53条规定的“重新指定举证期限”的情形。所以，如果当事人在二审、再审阶段，以此为理由来主张一审法院违反法律规定，剥夺其辩论权利的，理由不能成立。

8.关于变更诉讼请求的举证期限。司法实践中，人民法院可以根据受理的民事法律关系的性质认定来认定民商事案件的案由，对于当事人未变更其诉讼请求的，可不予重新指定举证期限。2019年《民事证据规定》第53条是有关举证期限的法律规定，不是关于当事人实体权利是否予以支持或不支持的法律规定。对于当事的诉讼请求能否得到支持，属于实体审理的范畴。如果人民法院经实体审理，当事人的诉讼请求依法能够得到支持的，依法应当作出实体判决；依法不能得到支持的，应当判决驳回诉讼请求。如果是法院驳回诉讼请求，当事人有权利决定是否改变诉讼请求再行行使诉讼权利。

9.关于鉴定的举证期限。根据2020年《民诉法司法解释》第102条规定，如果当事人在庭审时提出异议，虽该提出异议的时间超出了原审法院指定的期限，但该异议直接涉及对案件基本事实（如工程结算、借款数额等）的认定，应对其该异议是否成立进行审查，以对案件基本事实作出准确认定。

10.关于再审的举证期限的。《民事诉讼法》第65条规定，当事人对自己提出的主张应当及时提供证据。当事人逾期提供证据的，人民法院应当责令其说明理由；拒不说明理由或者理由不成立的，人民法院根据不同情形可以不予采纳该证据，或者采纳该证据但予以训诫、罚款。在诉讼中积极举证应是当事人的自觉责任。再审期间提交的证据均已超过法律规定的举证期限，当事人举证问题上存在重大过失和恶意拖延，怠于行使自己的相关权利，其逾期提供证据的行为既无客观原因，也不是新发现的证据，不属于民事诉讼“新的证据”，应当承担逾期不举证的法律后果。

11.关于变更法律关系的释明。2019年《民事证据规定》第53条规定是为了避免出现在当事人主张的法律关系的性质或者民事行为的效力与人民法院的认定不一致时，当事人依据其主张的法律关系的性质或者民事行为的效力提出的主张或者请求得不到法院的支持，需要另行起诉。如果诉讼中并不存在当事人主张的法律关系的性质或者民事行为的效力与人民法院根据案件事实作出的认定不一致的情况，则不适用该条的规定。如法院在审理中认为当事人主张的法律关系的性质与其根据案件事实作出的认定不一致的，则应当在审理中予以释明，告知相关当事人可以变更诉讼请求，并组织各方当事人就法律关系性质或者民事行为效力作为焦点问题进行举证和辩论。如果在未向当事人释明、未将法律关系性质或者民事行为效力作为焦点问题进行举证和辩论的情况下，径行认定和裁判，则属于剥夺了当事人举证和辩论的诉讼权利，构成程序违法。如果诉讼当事人与本案没有直接的利害关系的，法院未对该诉讼主体主张的法律关系性质和效力进行释明，则不属于违反法定程序。

【典型案解】

（一）举证期限的确定

1.【裁判规则】法律关系性质对裁判理由及结果没有影响，无须重新指定举证期限

典型案例

成都市青羊区建筑工程总公司与银川望远工业园区管理委员会建设工程施工合同纠纷案［最高人民法院（2019）最高法民终44号］

上诉人（原审原告）：成都市青羊区建筑工程总公司（以下简称青羊公司）

被上诉人（原审被告）：银川望远工业园区管理委员会

裁判观点

最高人民法院认为，本案一审法院对合同效力的认定与当事人主张不一致，应当告知青羊公司可以变更诉讼请求，但一审法院未进行释明并不必然导致本案发回重审。首先，《民事诉讼法》对于发回重审的适用条件有严格的规定，即存在认定基本事实不清、严重违反法定程序的情形，而对于严重违反法定程序，《民事诉讼法》及司法解释亦有严格的界定，其中并不包括人民法院未尽释明义务，不能任意扩大发回重审的适用条件。其次，本案青羊公司系自行垫资施工，不存在施工过程中因发包人欠付进度款而导致的停工、窝工损失，无论合同是否有效，其实际损失均为施工完毕后被欠款而产生的利息损失，故一审法院未释明实际上并未影响其主张利息损失。最后，案涉施工合同系因违法被认定无效，青羊公司作为专业建筑公司，对合同无效亦存在过错，应自行承担相应责任，如前所述，其实际损失应系利息损失，在法院已改判支持其关于利息的全部诉讼请求金额的情况下，青羊公司的权益已得到了充分保障，并不存在显失公平之处。青羊公司该项上诉主张不能成立。

2.【裁判规则】有关问题已经当事人充分辩论的，无须重新确定举证期限

典型案例

谢某某等与陈某等合同纠纷案［最高人民法院（2017）最高法民终477号］

上诉人（原审原告）：谢某某

被上诉人（原审被告）：陈某等

裁判观点

最高人民法院认为，谢某某一方于本案诉请确认案涉债权转让及合作建房协议无效，并要求陈某一方返还其已经支付的款项并赔偿损失；陈某一方在一审答辩及质证中对协议的背景及性质均作出介绍，并认为谢某某一方"曲解合同内容为'债权转让'"。一审法院在听取双方当事人围绕该争议所发表意见的基础上，对案涉合同性质予以审查、认定并无不当。2001年《民事证据规定》第35条第1款规定，诉讼过程中，当事人主张的法律关系的性质或者民事行为的效力与人民法院根据案件事实作出的认定不一致的，人民法院应当告知当事人可以变更诉讼请求。据此，当事人对"法律关系的性质或者民事行为的效力"主张不当，法官应当就其"可以变更诉讼请求"事项予以告知。然本案谢某某一方的基础诉讼请求是确认案涉协议无效，在协议有效且陈某一方已经履行了合同义务的情况下，案涉协议的性

质如何并不会对其诉讼请求是否需要变更带来影响，更不会妨碍其诉讼权利的行使。此种情形显属适用上述规定的例外。也就是说，在“当事人主张的法律关系的性质或者民事行为的效力与人民法院根据案件事实作出的认定不一致”但并不因此导致其诉讼请求存在不当的情况下，只要法官赋予了当事人就相关事实及法律适用表明意见的机会，即为依法妥当履行了保障当事人诉讼权利的职责。谢某某一方在一审中始终坚持案涉协议无效的主张，且在一审法院对案涉协议性质作出认定后仍然坚持既有的诉讼请求并向法院提起上诉，无论在一审还是二审，均围绕其诉讼请求充分发表了自己的意见，相关诉讼权利已经得到了充分保障，其关于一审法院未依法告知可以变更诉讼请求、程序违法的上诉理由不能成立。

3.【裁判规则】被追加的当事人明确表示放弃举证期限，未重新指定举证期限并未违反相关法律规定

典型案例

上海绿洲花园置业有限公司与霍尔果斯锐鸿股权投资有限公司等股权转让纠纷案［最高人民法院（2017）最高法民终919号］

上诉人（原审原告）：上海绿洲花园置业有限公司（以下简称绿洲公司）

被上诉人（原审被告）：霍尔果斯锐鸿股权投资有限公司等

裁判观点

最高人民法院认为，绿洲公司认为一审法院在追加绿创公司为本案被告并在其增加诉讼请求后，未重新指定举证期限，违反法定程序。《举证时限通知》第5条规定，人民法院在追加当事人或者有独立请求权的第三人参加诉讼的情况下，应当依照2001年《民事证据规定》第33条第3款的规定，为新参加诉讼的当事人指定举证期限。该法第7条规定，当事人在一审举证期限内增加、变更诉讼请求或者提出反诉，或者人民法院依照2001年《民事证据规定》第35条的规定，在追加被告或者原告增加诉讼请求的情形下，法院重新指定举证期限主要是为了保护被告的诉讼利益，给予被告充分的举证和答辩时间。本案中，被追加的被告绿创公司明确表示放弃举证期限，因此一审法院未重新指定举证期限并未违反相关法律规定，绿洲公司该项异议不能成立。

4.【裁判规则】鉴定申请应当在举证期限内提出

典型案例

中铁六局集团有限公司与山东鲁江实业有限公司铁路修建合同纠纷案［陕西省高级人民法院（2017）陕民再81号］

抗诉机关：最高人民检察院

申诉人（一审被告、反诉原告、二审上诉人）：中铁六局集团有限公司（以下简称中铁六局）

被申诉人（一审原告、反诉被告、二审被上诉人）：山东鲁江实业有限公司（以下简称鲁江公司）

裁判观点

人民法院认为，根据本案查明的事实，中铁六局与鲁江公司虽未签订书面合同，但根据双方往来函件及施工的实际情况可以认定双方存在事实上的施工合同关系，中铁六局应当支付鲁江公司工程款。关于鉴定结论能否作为本案计算工程款的依据问题。从程序上看，鲁江公司在法院限定的期限内提出申请，一审法院司法技术室通过摇号确定鉴定机构，华春公司在作出鉴定报告后接受了双方当事人的质询，针对双方当事人提出的问题进行答复，并作出修正，鉴定程序合法。

5.【裁判规则】举证期限针对主要证据发挥作用，而不适用于有关补强证据

典型案例

辽宁宝立房产开发有限责任公司与王某某民间借贷纠纷案［最高人民法院（2015）民一终字第353号］

上诉人（一审被告）：辽宁宝立房产开发有限责任公司（以下简称宝立公司）

被上诉人（一审原告）：王某某

裁判观点

最高人民法院认为，一审庭审中，王某某对自己的主张提供了相关借款协议书以及转账支票等主要证据，庭审后，王某某就其自己原提供的证据增加了补强的证据，并对宝立公司提供的证据提出了反驳证据。法院认为，举证时限针对主要证据发挥作用，而不适用于有关补强证据，因此根据《民诉法司法解释》第99条第3款的规定，一审法院可以再次组织双方进行质证，此举不属于违反法定程序的情形。

6.【裁判规则】在票据诉讼中，负有举证责任的票据当事人应当在一审人民法院法庭辩论结束以前提供证据

典型案例

山西海鑫国际线材有限公司与黎城县长福煤气焦化有限公司票据侵权责任纠纷案［江苏省高级人民法院（2013）苏商终字第0108号］

上诉人（原审被告）：山西海鑫国际线材有限公司（以下简称海鑫公司）

被上诉人（原审原告）：黎城县长福煤气焦化有限公司（以下简称长福公司）

典型案例

人民法院认为，长福公司是案涉票据的合法持有人。1.《票据法》第31条规定：以背书转让的汇票，背书应当连续。背书连续，是指在票据转让中，转让汇票的背书人与受让汇票的被背书人在汇票上的签章依次前后衔接。该条中"背书连续"指的是票据上签章形式上的连续，而并非指真实业务能够在票面中连续不断的体现。长福公司、物流公司、焦炭公司签订的三方协议以及山西省长治市经济和信息化委员会下发的文件，能够证明焦炭公司系出省焦炭的管控方，其在案涉汇票上签章系基于上述文件规定及三方协议的一种监管行为，并非其与长福公司之间存在真实的业务关系。2.《票据法》第10条规定：票据的签发、取得和转让，应当遵循诚实信用的原则，具有真实的交易关系和债权债务关系。票据的取得，必须给付对价，即应当给付票据双方当事人认可的相对应的代价。本案中，长福公司提供的其与焦炭公司的前手物流公司于2011年2月3日签订的买卖合同及2011年9月21日的收款收据、增值税发票和过磅单10张，能够证明其与物流公司之间存在真实的交易关系，物流公司将案涉票据交付给长福公司系用于支付货款，长福公司取得该票据给付了相应对价，是案涉票据的合法持有人。海鑫公司上诉称长福公司提供的上述证据与其在举证期限内提供的买卖合同不同，内容矛盾。对此法院认为，根据《票据纠纷司法解释》第12条第1款[1]中规定，“在票据诉讼中，负有举证责任的票据当事人应当在一审人民法院法庭辩论结束以前提供证据”，长福公司在原审法庭辩论结束前提供证据证明其主张，不违反上述规定，海鑫公司在未能提供相反证据否定长福公司所举证据的情况下，原审法院以上述证据作为认定本案事实的依据并无不当，海鑫公司的该点理由不能成立。

（二）举证期限的延长

1.【裁判规则】当事人可以申请延长举证期限

典型案例

陈某某与丁某某等股权转让纠纷案［湖北省高级人民法院（2012）鄂民四终字第139号］

上诉人（原审原告、反诉被告）：陈某某

被上诉人（原审被告、反诉原告）：丁某某

裁判观点

人民法院认为，2011年2月21日，被上诉人丁某某、特康公司、宏智公司分别签收了原审法院依法送达的包括起诉状副本、应诉通知书、举证通知书、预备庭通知书等在内的整套开庭诉讼文书；2月23日，上诉人陈某某签收了整套开庭文书。原审法院在预备庭通知书中说明，决定组织当事人于2011年6月21日交换证据，举证期限于该日届满。2011年3月22日，被上诉人丁某某申请延长举证期限4个月；原审法院接受该申请后准予延长举证期限2个月，并先后于当月24日、25日及同年4月1日分别通知了上诉人陈某某、被上诉人宏智公司、特康公司及丁某某。2011年6月15日，被上诉人宏智公司正式提交反诉申请；原审法院决定反诉同本诉合并审理，重新指定30天的举证期限，并于当月21日通知了各方当事人。2011年7月15日，原审法院组织各方当事人进行了庭前证据交换；当天，上诉人陈某某提交了调查取证申请；原审法院同意了该申请，并于当月27日庭审时通知了各方当事人；2011年8月16日，原审法院就调查取得的房地产评估合同组织各方当事人进行了质证。

---

〔1〕 现为2020年《票据纠纷司法解释》第11条第1款：“在票据诉讼中，负有举证责任的票据当事人应当在一审人民法院法庭辩论结束以前提供证据。因客观原因不能在上述举证期限以内提供的，应当在举证期限届满以前向人民法院申请延期。延长的期限由人民法院根据案件的具体情况决定。”

2.【裁判规则】当事人申请延长举证期限申请理由成立的，人民法院应当准许

典型案例

上海星巴克咖啡馆有限公司等与星源公司等商标侵权及不正当竞争纠纷案［上海市高级人民法院（2006）沪高民三（知）终字第32号］

上诉人（原审被告）：上海星巴克咖啡馆有限公司（以下简称上海星巴克）

被上诉人（原审原告）：星源公司（StarbucksCorporation）等

裁判观点

人民法院认为，两上诉人认为原审判决审理程序不公：第一，原审法院一再延长两原告的举证期限，至两原告起诉一年后的2005年3月25日，原审法院仍在接受两原告提供的证据。在两原告提供大量证据的情况下，原审法院没有给予两被告相应的阅看对方证据及提供反驳证据的时间；第二，原审法院接受了两原告提供的证据，但对两被告提供的纸杯、回忆随身杯、餐巾纸等实物证据却不予授受。对此，法院认为，根据2001年《民事证据规定》第36条的明确规定，由于本案涉及的证据材料繁多，原审法院根据两原告的申请，依法准许延长举证期限并无不当。原审法院在准许延长举证期限的同时，也给予了两被告充分的阅看对方证据及提供反驳证据的时间。此外，两被告在一审程序中，并未在举证期限内将上述纸杯、回忆随身杯、餐巾纸等作为证据向原审法院提供。因此，两上诉人的上述上诉理由没有事实依据，该上诉理由不能成立。

3.【裁判规则】当事人没有申请延期举证的，视为对该权利的放弃

典型案例

何某某等与黄某某等道路交通事故人身损害赔偿纠纷案［广东省佛山市中级人民法院（2005）佛中法民一终字第622号］

上诉人（原审原告）：何某某

被上诉人（原审被告）：黄某某

裁判观点

人民法院认为，关于举证期限，原审法院指定15天的举证期限，上诉人如路途

遥远不能如期举证，可以向原审法院申请延期举证，但上诉人并没有申请，应视为上诉人对该权利的放弃。关于被上诉人陈某某、黄某某的举证时效，原审法院将15天举证期限的举证通知于2005年3月18日送达被上诉人陈某某、黄某某，其举证期限的起算日期应为2005年3月19日，被上诉人陈某某、黄某某应于2005年4月2日前提交证据，但4月2日、3日是星期六、星期日属于法定的休息日，按法律规定被上诉人陈某某、黄某某的举证期限延至2005年4月4日。根据被上诉人向原审法院提交的证据材料清单，被上诉人陈某某、黄某某向原审法院提交的黄某某已支付何某某2000元的凭证（借条）的时间是2005年4月4日，刚好在法院指定的举证期限的最后一天，而不是上诉人所说的是当庭提交的。故法院认为上诉人称当事人双方同时向法院当庭举证一方被法院采纳而另一方不被采纳的情况不真实。

4.【裁判规则】当事人申请延期举证理由不成立的，人民法院不予准许

典型案例

佛山市南海联威电器模具有限公司与陈某某等专利侵权纠纷案［广东省高级人民法院（2004）粤高法民三终字第310号］

上诉人（原审被告）：佛山市南海联威电器模具有限公司（以下简称联威公司）

被上诉人（原审原告）：陈某某等

裁判观点

人民法院认为，根据2001年《民事证据规定》第36条的规定，当事人在举证期限内提交证据材料确有困难的，可以在举证期限内向人民法院提出延期举证申请，举证期限是否延长，应由人民法院根据案件审理的需要来审查决定。上诉人虽然在一审举证期限内向法院提交了延期举证的申请，但该申请的理由不充分，一审法院未同意联威公司延期举证并无不当。

5.【裁判规则】举证期限届满后，当事人对已经提供的证据，申请提供反驳证据或者对证据来源、形式等方面的瑕疵进行补正的，可申请延长举证期限

典型案例

中国水利水电第四工程局有限公司与中工国际工程股份有限公司独立保函欺

诈纠纷案［最高人民法院（2019）最高法民终349号］

上诉人（原审原告）：中国水利水电第四工程局有限公司（以下简称中水四局）

被上诉人（原审被告）：中工国际工程股份有限公司（以下简称中工国际）

裁判观点

最高人民法院认为，一审法院在第一次开庭后，中水四局和中工国际均提交了补充证据，中水四局针对中工国际提交的补充证据申请提供反驳证据，并申请延长举证期限。根据《民诉法司法解释》第99条第1款、第2款规定，中水四局于2018年8月20日收到中工国际提交的补充证据，于2018年9月27日向一审法院申请延长举证期限，一审法院准许其举证期限延长至2018年10月底，符合《民诉法司法解释》的规定。中水四局关于一审程序违反当事人诉讼权利平等原则，剥夺其提交反驳证据的权利的主张不能成立，法院不予支持。

6.【裁判规则】当事人对已提供证据的来源进行补充的，法院可以酌情再次确定举证期限而非必须再次确定举证期限

典型案例

李某与杨某民间借贷纠纷案［江西省九江市中级人民法院（2020）赣04民终1211号］

上诉人（原审被告）：李某

被上诉人（原审原告）：杨某

裁判观点

人民法院认为，2019年《民事证据规定》第51条第3款规定，当事人对已提供证据的来源进行补充的，法院系可以酌情再次确定举证期限而非必须再次确定举证期限，况且根据一审开庭笔录记载，在原告杨某当庭陈述及列举2014年6月1日李某出具的20万元借条及相应转账凭证后，审判人员请被告李某一方举证，李某一方仅回应无书面证据提交，未要求法院另行给予举证期限，故李某应自行承担未及时举证的责任。李某关于一审存在超越审理范围、未给予当事人必要举证期限的上诉意见，没有事实和法律依据，不予支持。

7.【裁判规则】当事人申请鉴定，应当在举证期限内提出

典型案例

洛阳盛世牡丹瓷文化艺术有限公司等与福建省德化县宝源陶瓷研究所等侵害著作权纠纷案［最高人民法院（2014）民申字第2056号］

再审申请人（一审被告、二审上诉人）：洛阳盛世牡丹瓷文化艺术有限公司等

被申请人（一审原告、二审被上诉人）：福建省德化县宝源陶瓷研究所（以下简称宝源研究所）

裁判观点

最高人民法院认为，关于一审法院确认宝源研究所、郑某婷在第二次开庭时提交的实物证据超过举证期限是否属于程序违法的问题。根据《民事诉讼法》第65条第2款的规定，当事人在举证期限内提供证据确有困难的，可以申请延长举证期限，当事人逾期提供的证据，人民法院并非一律不予采纳，可以区别情形予以处理。本案中，在李某武于一审第二次开庭时明确表示没有看到实物的情况下，宝源研究所、郑某婷提交了相关实物证据，并根据李某武的要求，一审法院在庭审中对双方当事人的实物证据进行了比对。因此，宝源研究所与郑某婷逾期提交证据具有正当理由，一审法院予以采纳不属于程序违法。

（三）举证期限届满

1.【裁判规则】鉴定申请的时间在举证期限届满后，不予准许

典型案例

深圳全棉时代科技有限公司与宜昌市欣龙卫生材料有限公司等侵害专利权纠纷案［湖北省高级人民法院（2017）鄂民终2796号］

上诉人（原审原告）：深圳全棉时代科技有限公司（以下简称全棉时代公司）

被上诉人（原审被告）：宜昌市欣龙卫生材料有限公司（以下简称宜昌欣龙公司）等

裁判观点

人民法院认为，全棉时代公司上诉提出一审法院未同意其对勘验结果进行司

法鉴定的申请，也未同意其申请的专家证人出庭，违反了《民事诉讼法》的相关规定。法院认为，根据《民诉法司法解释》第121条规定，首先，上诉人提交司法鉴定申请的时间系在举证期限届满后；其次，上诉人向一审法院申请对现场勘验的宜昌欣龙公司的生产工艺能否达到年产量3000吨进行司法鉴定，这与本案宜昌欣龙公司的生产工艺是否落入涉案专利权的保护范围无关，一审法院对该鉴定申请未予准许，并无不当；最后，上诉人申请专家证人出庭的时间也是在举证期限届满之后，一审法院对上诉人的申请不予准许，未违反法律规定。二审中，法院已准许上诉人申请的专家证人出庭对专业问题进行阐述，上诉人的诉讼权利并未受到损害。

2.【裁判规则】在举证期限届满前未申请证人出庭作证，应当承担于己不利的法律后果

典型案例

王某某与厉某某民间借贷纠纷案［最高人民法院（2016）最高法民申326号］

再审申请人（一审被告、二审上诉人）：王某某

被申请人（一审原告、二审被上诉人）：厉某某

裁判观点

最高人民法院认为，王某某提供的证人证言不属于新证据，且不足以推翻原判决。首先，三位证人在原审庭审结束前已经存在，且不存在无法发现、无法取得和无法在规定时间内申请证人出庭作证的情形，故该证人证言不属于新的证据。其次，根据《民诉法司法解释》第117条第1款规定，王某某在原审举证期限届满前未申请证人出庭作证，属于其未尽善履行举证责任，应当承担于己不利的法律后果。因此，王某某提出的有新的证据足以推翻原判决认定的主张，不能成立。

3.【裁判规则】虽未重新确定举证期限确实存在程序瑕疵，但不属于法律规定的严重违反法定程序的，不符合再审条件

典型案例

海南乐普生百货有限公司等与薛某等侵权责任纠纷案［最高人民法院

(2017)最高法民申3540号]

再审申请人（一审被告、二审上诉人）：海南乐普生百货有限公司（以下简称乐普生百货）

被申请人（一审原告、二审上诉人）：薛某

裁判观点

最高人民法院认为，本案一审期间，一审法院经薛某申请于2014年8月7日决定追加力美会所为本案被告。虽然乐普生百货在一审庭审时当庭提出因法院追加力美会所为被告需要举证期限，而一审法院未予准许，但自乐普生百货提出该项申请到一审程序终结期间，一审法院曾多次组织听证会，本案各方当事人亦对鉴定材料、补充提交的证据充分发表了意见，乐普生百货、乐普生公司、佳心百货等当事人的诉讼权利已得到保障。虽然一审法院未重新确定举证期限确实存在程序瑕疵，但并不属于法律规定的严重违反法定程序的情形，二审法院对此已予指正，不构成法定再审条件。

（四）变更诉讼请求

1.【裁判规则】释明权对当事人诉讼请求的扩张解释，应以不违背当事人的本意为限，不能限制或损害当事人在实体法及诉讼法上的权利

典型案例

北京城建集团有限责任公司与重庆尚信置业有限公司等建设工程施工合同纠纷案[最高人民法院(2019)最高法民终876号]

上诉人（原审原告）：北京城建集团有限责任公司（以下简称城建公司）

被上诉人（原审被告）：重庆尚信置业有限公司（以下简称尚信公司）

裁判观点

最高人民法院认为，根据2001年《民事证据规定》第35条之规定，本案中，城建公司明确表示其诉讼请求系以2012年9月23日签订的工程施工合同有效为前提提出。在一审法院向城建公司作出释明的情况下，法院在二审庭审中再次向城建公司释明，征求其是否以该工程施工合同无效为基础提出备用诉讼请求的意见。城建公司当庭表示仍坚持其在起诉状中以工程施工合同有效为基础所提出的诉讼请求，不以该合同无效为基础提出备用诉讼请求。故一审法院据此判决驳回城建公司的诉讼请求并无不当，城建公司的上诉请求于法无据，法院不予支持。

还需说明的是，本案中城建公司以工程施工合同有效为前提提出诉讼请求，经一审法院及法院先后释明后，城建公司仍然坚持原主张。法院之所以对城建公司的诉讼请求予以驳回，并非仅仅基于2001年《民事证据规定》第35条规定的理解与适用。上述司法解释条文规定的释明权，其立法宗旨在于一次性解决当事人之间纠纷，强调人民法院应当注重对诉讼活动的指挥和指导当事人正确行使权利，体现的是人民法院与诉讼当事人之间协同主义的诉讼价值。具体到某一案件的审理中，即使出现了当事人主张的法律关系的性质或者民事行为的效力与人民法院根据案件事实作出的认定不一致，人民法院在行使释明权后当事人仍然坚持原来诉讼请求的，也不宜简单地予以驳回。人民法院应当从请求权规范基础的裁判思维出发，在依法认定案件基本事实的基础上，对当事人提出的诉讼请求作出必要的扩张解释以确定是否存在能够适用的实体法规范基础。但对当事人诉讼请求的扩张解释，应以不违背当事人的本意为限，不能限制或损害当事人在实体法及诉讼法上的权利。本案中，城建公司坚持以2012年9月23日签订的工程施工合同有效为前提主张权利，具体包括要求尚信公司支付欠付的工程款及利息、停工损失费、垫付费用损失及利息，以及对案涉工程享有建设工程价款优先受偿权等。法院二审庭审中，城建公司主张其之所以坚持以该合同有效为前提，还涉及工程施工合同能否继续履行以及解除后的违约责任承担等问题。分析城建公司的上述请求，均是建立在合同有效的基础上。审理建设工程施工合同纠纷，判断合同是否有效，对当事人的实体权利将带来不同的裁判结果。如果人民法院不顾城建公司的主张径行以合同无效为基础作出裁判，势必影响到城建公司的权利行使，不利于纠纷的合理解决。如上所述，法院基于城建公司坚持以案涉工程施工合同有效为前提主张权利的情形，对其诉讼请求予以驳回。城建公司可依据工程施工合同无效为基础另行提起诉讼。虽然一审法院对工程施工合作协议中的合同当事人认定错误，但其裁判结果与法院审理的客观结果一致，对城建公司权利并未构成实质性影响，故此问题不足以影响法院对本案的实体审理。

2.【裁判规则】当事人增加、变更诉讼请求或者提出反诉，人民法院可以根据案件具体情况重新指定举证期限

典型案例

西藏中瑞矿业发展有限责任公司与刘某某借款合同纠纷案［最高人民法院(2020)最高法民终340号］

上诉人(原审被告)：西藏中瑞矿业发展有限责任公司(以下简称中瑞公司)

被上诉人(原审原告)：刘某某

裁判观点

最高人民法院认为，当事人增加、变更诉讼请求或者提出反诉，人民法院可以根据案件具体情况重新指定举证期限。从本案情况看，刘某某一审庭审中增加、变更的诉讼请求并未增加中瑞公司答辩和举证的负担。况且，在本案的审理过程中，中瑞公司对于刘某某增加、变更的诉讼请求也并未提交证据予以反驳。故一审法院未就刘某某增加、变更诉讼请求重新指定举证期限，不违反法律和司法解释的规定，不损害中瑞公司的诉讼权利。此外，未重新指定举证期限亦不属于《民事诉讼法》第170条第1款第4项以及《民诉法司法解释》第325条规定的严重违反法定程序的情形。故中瑞公司关于一审法院未重新指定举证期限构成严重违反法定程序的主张不能成立。

3.【裁判规则】名为变更诉讼请求，实为对其诉讼请求的明确，人民法院无须重新指定答辩、举证期限

典型案例

党某某与王某某等民间借贷纠纷案［最高人民法院(2019)最高法民终329号］

上诉人(一审被告)：党某某

被上诉人(一审原告)：王某某

裁判观点

最高人民法院认为，根据《民事诉讼法》第125条和2001年《民事证据规定》第

35条第2款规定,《民事诉讼法》有关送达起诉状副本与提交答辩状的规定,意在保护被告的诉讼权利,在原告起诉后,给予其一定时限,就原告的诉讼请求有针对性地提出反驳意见、准备相关证据,被告不答辩的,不影响人民法院审理。本案中,党某某等为高某某所欠王某某的债务提供担保,王某某一审起诉请求高某某、党某某等四被告共同承担还款责任,但未明确债务人与保证人责任的具体如何承担。一审庭审中,王某某提交变更诉讼请求申请书,请求高某某就本案借款本息承担还款责任,党某某等对本案借款本息承担连带清偿责任。法院认为,债务人与保证人承担责任的法律依据与诉讼请求基础不同,在债务人与保证人同为被告的情形下,债权人应当明确其要求债务人和保证人承担责任的法律依据和诉讼请求基础。起诉时,债权人未予明确的,人民法院将根据案件的实际情况要求债权人进行明确。从本案变更诉讼请求申请书的内容来看,名为变更诉讼请求,实为对其诉讼请求的明确,也未增加党某某答辩与举证的负担,人民法院无须再次送达以及重新指定答辩、举证期限。

4.【裁判规则】未变更诉讼请求,无须重新指定举证期限

典型案例

华润国康(北京)医药有限公司与广东南方医药对外贸易有限公司等买卖合同纠纷案[最高人民法院(2019)最高法民申1247号]

再审申请人(一审原告、二审上诉人):华润国康(北京)医药有限公司(以下简称华润国康公司)

被申请人(一审被告、二审被上诉人):广东南方医药对外贸易有限公司(以下简称南方医药公司)等

裁判观点

最高人民法院认为,根据2001年《民事证据规定》第35条的规定,根据本案卷宗记载,一审法院已经依法向双方当事人释明,本案应属资金借贷纠纷,但华润国康公司仍坚持以买卖合同纠纷进行诉讼,未变更诉讼请求,原审因此未重新指定举证期限,按照依法认定的法律关系进行举证、质证和辩论,并无不当。另外,一审程序中,华润国康公司已对南方医药公司与华强公司、正元公司签订的销售合同进

行了质证，其关于该证据未经质证的主张，无事实依据。

5.【裁判规则】当事人主张的法律关系性质或者民事行为效力与人民法院根据案件事实作出的认定不一致的，人民法院应当将法律关系性质或者民事行为效力作为焦点问题进行审理

典型案例

梅河口市城南龙洙粮食加工有限公司与吉林梅河大米有限公司等民间借贷纠纷案［吉林省高级人民法院（2020）吉民终262号］

上诉人（一审被告）：梅河口市城南龙洙粮食加工有限公司（以下简称龙洙公司）

被上诉人（一审原告）：吉林梅河大米有限公司（以下简称大米公司）

裁判观点

最高人民法院认为，根据2019年《民事证据规定》第53条规定，前述法律规定是对原证据规定的第35条内容进行部分修改，将“当事人主张不当”经人民法院释明，当事人拒不变更的裁定驳回起诉的裁判规则作出调整，即在满足相应诉讼程序要求的情况下，人民法院不再必须行使释明权要求当事人申请变更诉讼请求，只是将法律关系性质作为争议焦点进行审理并裁判。本案龙洙公司认为大米公司的起诉状以及一审法庭审理时始终主张双方之间是买卖合同法律关系，一审在大米公司未申请变更诉讼请求的情况下，按照民间借贷审理违反法定程序，要求发回重审。但是，龙洙公司的主张，不能成立，理由为：第一，大米公司的起诉状和一审庭审确实主张双方形成买卖合同法律关系，但龙洙公司却抗辩双方之间为民间借贷法律关系。龙洙公司对双方之间形成民间借贷关系是认可和明知的。第二，一审已将当事人争议的法律关系性质作为争议焦点，双方围绕法律关系性质的争议焦点进行举证、质证以及发表辩论意见。一审法院采纳龙洙公司的观点，从程序上并未损害其诉讼权利。第三，虽然大米公司主张法律关系性质不当，但在一审将法律关系性质作为争议焦点后，可以根据查明的案件事实认定的法律关系性质进行审理。况且，大米公司在一审诉讼中主张买卖合同法律关系，但其诉讼请求是价款与利息，这一请求与民间借贷法律关系本金与利息相比，二者均为金钱债务且数额一致。据此，双方之间的法律关系性质对本案的裁判理由及结果没有影响，一审法院根据新证据规定作出裁判，并不违反法定程序。

6.【裁判规则】当事人变更诉讼请求的，经释明当事人明确表示无须重新指定举证期限的，系对自己的民事诉讼权利依法进行了处分，不再给予举证期限

典型案例

克拉玛依市银祥棉麻有限责任公司与新疆西部银力棉业（集团）有限责任公司买卖合同纠纷案［最高人民法院（2013）民二终字第122号］

上诉人（原审被告）：克拉玛依市银祥棉麻有限责任公司（以下简称银祥公司）

被上诉人（原审原告）：新疆西部银力棉业（集团）有限责任公司（以下简称银力公司）

裁判观点

最高人民法院认为，关于程序问题，银祥公司上诉称，在银力公司变更诉讼请求后，原审法院未给予其新的答辩期、举证期，程序违法，侵害其实体权利。关于该问题，法院认为，在法院二审庭审过程中，银祥公司认可；在一审审理过程中，在银力公司变更诉讼请求后，经原审法官询问，其当庭表明不要新的举证期、答辩期。根据2001年《民事证据规定》第35条和《民事诉讼法》第13条规定，在原审法院询问银祥公司是否需要新的举证期时，银祥公司已当庭明确表示不要新的举证期的行为表明，其对自己的民事诉讼权利依法进行了处分，原审法院据此不给予其新的举证期并无不当。

7.【裁判规则】减少诉讼请求而非增加或变更，无须另行指定举证期限

典型案例

西乌珠穆沁旗意隆煤业有限责任公司与温州市华建设备安装工程有限公司承包合同纠纷案［最高人民法院（2013）民一终字第16号］

上诉人（原审被告）：西乌珠穆沁旗意隆煤业有限责任公司（以下简称意隆煤

业公司）

被上诉人（原审原告）：温州市华建设备安装工程有限公司（以下简称温州华建公司）

裁判观点

最高人民法院认为，温州华建公司第一次变更诉讼请求是在案件刚刚受理时，举证期限尚未届满，不违反2001年《民事证据规定》第34条第3款的规定。温州华建公司第二次调整诉讼请求是撤销原诉讼请求中的一项，即为减少诉讼请求而非增加或变更，不会增加意隆煤业公司的举证负担，无须另行指定举证期限。并且根据一审庭审笔录记载，意隆煤业公司对温州华建公司此次减少诉讼请求明确表示无异议，故其关于一审法院没有为其重新指定举证期限属于程序违法的上诉理由不能成立。

8.【裁判规则】诉讼过程中，当事人主张的法律关系的性质或者民事行为的效力与人民法院根据案件事实作出的认定一致的，人民法院无须重新指定举证期限

典型案例

海尧（上海）影视传媒有限公司与浙某华策影视股份有限公司等合同纠纷案［最高人民法院（2018）最高法民申2202号］

再审申请人（一审原告、二审上诉人）：海尧（上海）影视传媒有限公司（以下简称海尧公司）

被申请人（一审被告、二审被上诉人）：浙某华策影视股份有限公司（以下简称华策公司）

裁判观点

最高人民法院认为，关于原审法院适用法律有无不当的问题。海尧公司主张，原审法院对双方之结算请求均不予支持，且并未依照法律规定告知海尧公司可以变更诉讼请求，属于适用法律错误。根据2001年《民事证据规定》第35条之规定，海尧公司主张华策公司、天映公司返还其9000万元投资款，系基于其根据联投协议向《谁是大歌神》节目作出投资而产生的诉请，该出资行为的民事效力与原审法院根据所查明的事实作出的认定并无不同。且即便如海尧公司所主张，其曾明确提出诉请对案涉联合投资运营的节目进行项目盈亏的清算与分配，该诉请所涉及的法律关系之性质亦非与原审法院认定相悖。综上所述，原审法院认定双方法律关系的性质及海尧公司投资行为的效力与海尧公司之诉请并无不同，该法条并不适用，故原审法院未作释明，并无不当。

第二节　逾期举证

【法理辨析】

一、逾期举证及其法律后果适用条件

（一）逾期举证的事由

当事人及时提供证据的义务，是证明责任制度的当然内容，也是具体落实和执行证明责任制度的一个重要表现。《民事诉讼法》第65条第2款规定，“当事人在该期限内提供证据确有困难的，可以向人民法院申请延长期限，人民法院根据当事人的申请适当延长”。那么，“当事人在该期限内提供证据确有困难的”，其中“确有困难”，在2019年《民事证据规定》第52条规定“当事人在举证期限内提供证据存在客观障碍，属于民事诉讼法第六十五条第二款规定的‘当事人在该期限内提供证据确有困难’的情形。前款情形，人民法院应当根据当事人的举证能力、不能在举证期限内提供证据的原因等因素综合判断。必要时，可以听取对方当事人的意见”中，即“存在客观障碍”为“确有困难”所涵摄。至于哪些情况属于“确有困难”“存在客观障碍”，法律没有明文规定，主要原因在于民事案件的复杂性和多样性，证据的类型也千差万别，当事人对于程序利益的认知有限，且目前民事诉讼中的法定程序保障手段还有进一步完善的空间，试图通过列举式或者归纳式，将所有的“障碍”和“困难”都包容进来，既不可能，也不现实。2019年《民事证据规定》提供了如何判断构成“障碍”的几个路径：（1）“根据当事人的举证能力”；（2）“不能在举证期限内提供证据的原因”；（3）兜底的“等”因素。根据每一起案件的不同情况，由法官发挥自由裁量权来判断是否构成“客观

障碍”和“确有困难”更符合司法规律，更能适用满足不同民事案件类型的审理需要。

（二）“以证据不失权为原则，以证据失权为例外”

《民事诉讼法》第65条对于举证时限进行了重新“布局”，“分层设置了举证时限的后果，以证据不失权为原则、失权为例外”〔1〕。对于逾期提供的证据，分为几个层次：

（1）人民法院应当责令逾期提供证据的当事人说明理由；必要时，可以要求其提供相应的证据来证明其逾期提供证据的原因。如果逾期提供证据的理由，显然是不成立的，或者说，逾期提供的证据对于证明待证事实毫无意义、关联性过于轻微，甚至可以忽略不计，应当认为属于逾期提供证据，产生相应的证据失权效果。

（2）对于当事人逾期提供的证据，可以认为属于未逾期的（见图5-4），包括：其一，确实属于因为客观原因而导致当事人逾期提供证据的，应当视为未逾期。至于什么情况属于客观原因，司法解释中并没有明确说明，但按照通常的文义理解和经验法则来说，既可以“包括自然灾害等不可抗力，也包括社会事件以及其他非逾期提供证据的当事人自身所能够控制的因素”〔2〕。从《民事诉讼法》对于举证时限制度调整的思路“以证据不失权为原则，以证据失权为例外”来看，此处的“客观原因”宜作宽松化理解，即非属于负担提供证据的当事人自身因素，非故意或者重大过失不提供的，应当都可以理解为“客观原因”。即客观原因，“仅限于客观障碍，当事人主观上的原因不属于确有困难的情形，一般过失或轻微过失也不属于确有困难的情形”〔3〕。其二，对方当事人对逾期提供的证据无异议的。这属于对对方当事人行使处分权的尊重，当事人对于程序利益享受放弃的权利。尽管在司法实践中，这种情况比较少见，但应当尊重当事人的程序选择权。

〔1〕 最高人民法院民事审判第一庭编著：《最高人民法院新民事诉讼证据规定理解与适用（下）》，人民法院出版社2020年版，第478页。

〔2〕 沈德咏主编：《最高人民法院民事诉讼法司法解释理解与适用（上）》，人民法院出版社2015年版，第342页。

〔3〕 最高人民法院民事审判第一庭编著：《最高人民法院新民事诉讼证据规定理解与适用（下）》，人民法院出版社2020年版，第506页。

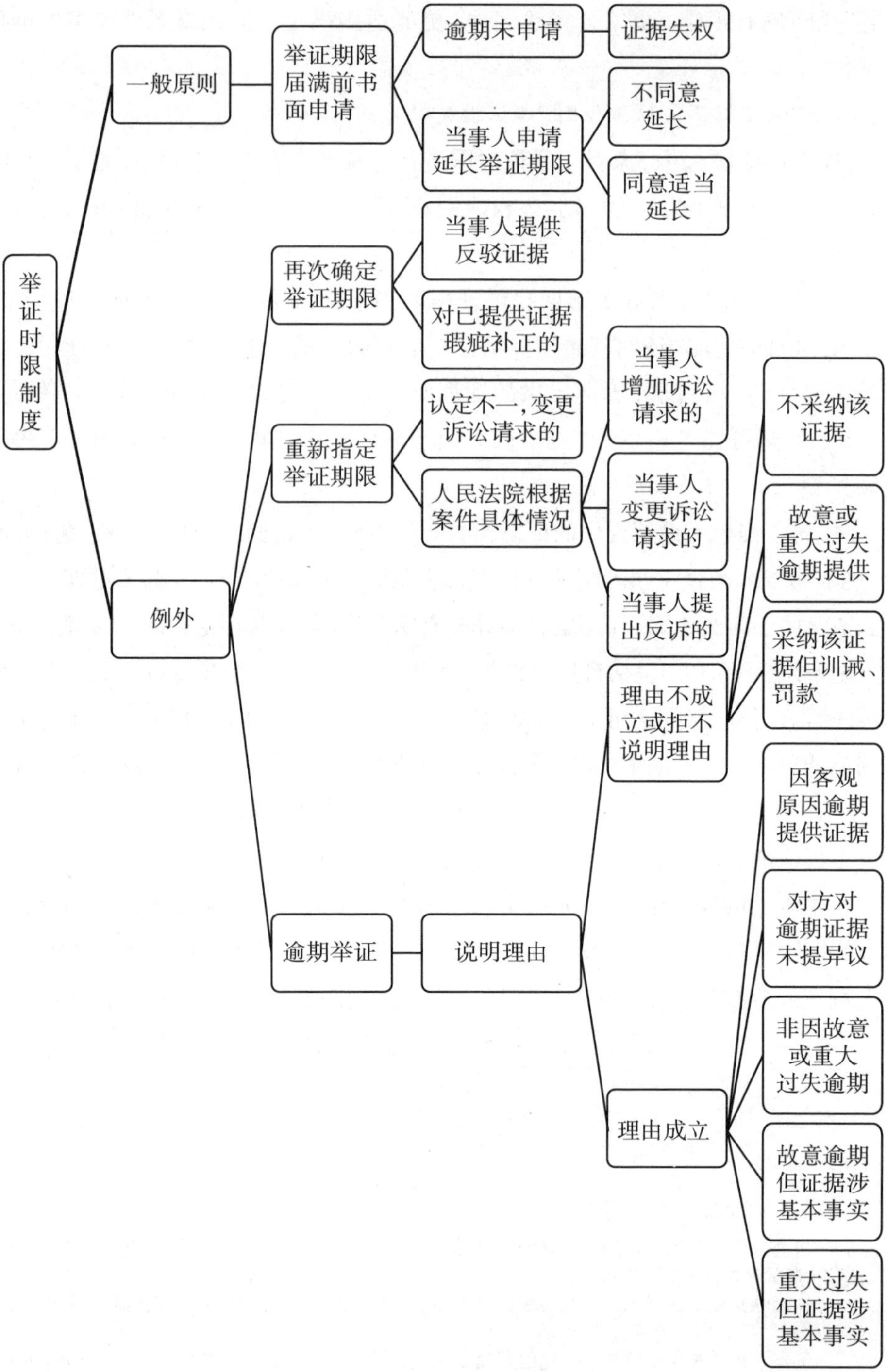

图5-4　举证时限制度的一般原则与例外

（3）再次酌情确定举证期限的情形。根据2019年《民事证据规定》第51条第3款规定："举证期限届满后，当事人提供反驳证据或者对已经提供的证据的来源、形式等方面的瑕疵进行补正的，人民法院可以酌情再次确定举证期限，该期限不受前款规定的期间限制。"也就是说，在出现当事人需要提供反驳证据，或当事人需要提供补强证据的情形时，人民法院可以酌情再确定举证期限，而不受原先确定的举证期限的限制。

（4）故意或重大过失的逾期。故意或者重大过失逾期提供证据的，不予采纳。根据2020年《民诉法司法解释》第102条规定："当事人因故意或者重大过失逾期提供的证据，人民法院不予采纳。但该证据与案件基本事实有关的，人民法院应当采纳，并依照民事诉讼法第六十五条、第一百一十五条第一款的规定予以训诫、罚款。当事人非因故意或者重大过失逾期提供的证据，人民法院应当采纳，并对当事人予以训诫。"即使是当事人故意逾期提供的证据，或者重大过失后提供证据，只要该证据与基本事实相关，都不算是逾期，而是要将其纳入诉讼中来。这里存在举证时限与案件真实的矛盾问题，绝对执行举证时限还是要考虑到案件真实，我国《民事诉讼法》第7条规定，人民法院审理民事案件，必须以事实为根据，以法律为准绳，"以事实为根据是公正审理民事案件的基础"〔1〕。应当说，案件基本事实决定着案件的实质正义和实际走向，因为"只有证明要件事实的证据，才是核心和关键的证据，才能最终在待证事实真伪不明时发挥结果意义举证责任的作用"〔2〕。因此，在出现当事人故意逾期或者重大过失逾期提供证据时，不能作"绝对失权"，而只是作"原则失权"。

另外，民事再审也坚持同样的"以事实为根据"的基本法理，涉及基本事实的，或者主要证据未收集的，都会构成民事再审的法定理由。《民事诉讼法》第200条的规定，当事人的申请符合下列情形之一的，人民法院应当再审：（1）有新的证据，足以推翻原判决、裁定的；（2）原判决、裁定认定的基本事实缺乏证据证明的；（3）原判决、裁定认定事实的主要证据是伪造的；（4）原判决、裁定认定事实的主要证据未经质证的；（5）对审理案件需要的主要证据，当事人因客观原因不能自行收集，书面申请人民法院调查收集，人民法院未调查收集的……

---

〔1〕 全国人大常委会法制工作委员会民法室编著：《〈中华人民共和国民事诉讼法〉释解与适用》，人民法院出版社2012年版，第8页。

〔2〕 沈德咏主编：《最高人民法院民事诉讼法司法解释理解与适用（上）》，人民法院出版社2015年版，第345页。

二、司法实务中的逾期举证

1.关于逾期举证的主观条件。对逾期举证的当事人只有在主观上存在故意或者重大过失的，才产生证据失权的法律后果，不被认定为新证据，当事人只有一般过失的，即使在举证期限内未能提交的证据，也可列入新证据的范围。

2.关于逾期举证的证据的证明力。根据《民事诉讼法》第65条第2款“……当事人逾期提供证据的，人民法院应当责令其说明理由；拒不说明理由或者理由不成立的，人民法院根据不同情形可以不予采纳该证据，或者采纳该证据但予以训诫、罚款”，第68条“证据应当在法庭上出示，并由当事人互相质证。对涉及国家秘密、商业秘密和个人隐私的证据应当保密，需要在法庭出示的，不得在公开开庭时出示”，第133条第4项“……（四）需要开庭审理的，通过要求当事人交换证据等方式，明确争议焦点”的规定，以及2020年《民诉法司法解释》第103条“证据应当在法庭上出示，由当事人互相质证。未经当事人质证的证据，不得作为认定案件事实的根据”，第224条“依照民事诉讼法第一百三十三条第四项规定，人民法院可以在答辩期届满后，通过组织证据交换、召集庭前会议等方式，作好审理前的准备”的规定，逾期举证并不能当然否认证据的证明力，如果该证据与案件关键事实存在关联，法院仍应采信。

3.关于逾期举证的法律后果。根据2020年《民诉法司法解释》第102条第1款规定：“当事人因故意或者重大过失逾期提供的证据，人民法院不予采纳。但该证据与案件基本事实有关的，人民法院应当采纳，并依照民事诉讼法第六十五条、第一百一十五条第一款的规定予以训诫、罚款。”按照该规定，存在两种处理结果：其一，逾期提供证据，不予采纳；其二，逾期提供证据，予以采纳，但要视情况给予当事人训诫和罚款。在司法实务中，选择第二种做法的居多，对于逾期提供的证据与案件的基本事实具有关联关系，具有证明利益的，可以根据实际情况给予当事人训诫和罚款。

4.当事人一方以对方逾期提交证据而不予质证，人民法院能否采信该份证据。[1]根据2020年《民诉法司法解释》第102条规定，对于当事人故意或者重大过失逾期提供的证据，人民法院可以根据其同案件基本事实是否有关联，决定是否采

〔1〕 本段参见最高人民法院民事审判第一庭编：《民事审判指导与参考》（总第64辑），2016年版，第240页。

纳；对于当事人非因故意或者重大过失逾期举证提供的证据，人民法院应当采纳。而对于案件当事人而言，因当事人逾期提供的案件证据，也应根据同案件的基本事实是否有关加以质证，而不应仅以该举证逾期放弃质证，否则其应承担不利的法律后果。如果人民法院已经对一方当事人逾期提交的证据，要求对方当事人质证，这说明人民法院已经组织当事人对该证据进行质证。至于对方当事人以该证据超过举证期限为由不予质证，亦系其对该证据的质证意见，而不能否定法院已经组织当事人对该逾期提交的证据予以质证的事实。

【典型案解】

1.【裁判规则】当事人逾期提供证据系因故意或者重大过失，但该证据与案件基本事实有关的，人民法院应当采纳

典型案例

段某某与重庆凯安建筑劳务有限公司等租赁合同纠纷案［最高人民法院(2017)最高法民申641号］

再审申请人（一审原告、二审上诉人）：段某某

被申请人（一审被告、二审被上诉人）：重庆市渝万建设集团有限公司（以下简称渝万建设公司）等

裁判观点

最高人民法院认为，段某某诉讼请求之一是返还钢管和扣件，二审判决在一审判决查明的事实基础上，又查明廖某某、刘某某于2013年11月8日、11月16日、11月28日、12月2日、12月21日共计归还段某某钢管47,092.5米、扣件47,362套。二审判决在一审判决的基础上，依据查明的事实扣减诉讼期间已经归还的钢管和扣件数量，从而确定应当归还的钢管和扣件数量，并未超出诉讼请求。根据《民诉法司法解释》第102条之规定，段某某诉讼请求之一是返还钢管和扣件，廖某某、刘某某于诉讼期间又归还了部分钢管和扣件的证据与本案基本事实有关，二审法院采纳了相关证据并不违反《民事诉讼法》相关程序性规定。

2.【裁判规则】当事人逾期提供的证据，与案件基本事实有关的，人民法院应当采纳

典型案例 ▶▶

杭州铁城信息科技有限公司与力帆实业（集团）股份有限公司等买卖合同纠纷案［最高人民法院（2020）最高法民申4272号］

再审申请人（一审原告、二审被上诉人）：杭州铁城信息科技有限公司（以下简称铁城信科公司）

被申请人（一审被告、二审上诉人）：力帆实业（集团）股份有限公司（以下简称力帆集团公司）

裁判观点 ▶▶

最高人民法院认为，《公司法》第63条规定："一人有限责任公司的股东不能证明公司财产独立于股东自己的财产的，应当对公司债务承担连带责任。"本案中，力帆乘用车公司的股东力帆集团公司已经提交力帆乘用车公司审计报告（2019）、力帆集团公司审计报告（2019）、力帆乘用车公司出资（股东）情况、房地产权利证书、房地产权利登记信息等证据，能够证明力帆集团公司与力帆乘用车公司之间的财务账目规范清晰，财产相互独立。铁城信科公司不予认可，但并未提供证据予以反驳。故二审法院据此认定力帆集团公司对力帆乘用车公司在本案中的债务不应承担连带清偿责任并无不当。铁城信科公司主张上述证据系力帆集团公司在二审中提交，不属于新证据，二审法院不应采信。法院认为，依照《民诉法司法解释》第102条的规定，当事人因故意或者重大过失逾期提供的证据，人民法院不予采纳。但该证据与案件基本事实有关的，人民法院应当采纳，并依照《民事诉讼法》第65条、第115条第1款的规定予以训诫、罚款。上述证据虽系力帆集团公司在二审期间提交，但该证据系与本案基本事实有关的证据，二审法院予以采纳，符合司法解释规定。

3.【裁判规则】因客观原因而逾期提供证据证明案件事实真实性的，不属于逾期举证

典型案例 ▶▶

深圳中科智融资担保有限公司海事担保合同纠纷案［湖北省高级人民法院

(2016) 鄂民终255号]

上诉人(一审被告):深圳中科智融资担保有限公司(以下简称深圳中科智公司)

被上诉人:中国华融资产管理股份有限公司湖北省分公司(以下简称华融湖北分公司)等

裁判观点

人民法院认为,武汉农直行在一审庭审时提交涉案SWIFT电文打印件,深圳中科智公司经过质证后,不认可该证据的真实性。武汉农直行随后提交申请书,请求一审法院前往中国农业银行股份有限公司和SWIFT驻中国办事调取证据,证明涉案SWIFT电文打印件的真实性。根据《民诉法司法解释》第101条规定,武汉农直行在本案中因客观原因而逾期提供证据证明涉案SWIFT电文打印件的真实性,不属于逾期举证。同时,武汉农直行向一审法院申请证据保全,符合《民事诉讼法》第81条第2款规定。故上海中科智公司、深圳中科智公司关于武汉农直行逾期提交证据的上述理由,缺乏法律依据。

4.【裁判规则】当事人非因故意或者重大过失逾期提供证据的,人民法院应当采纳

典型案例

汪某某等与胡某某民间借贷纠纷案[最高人民法院 (2017) 最高法民申640号]

再审申请人(一审被告、二审被上诉人):汪某某

被申请人(一审原告、二审上诉人):胡某某等

裁判观点

最高人民法院认为,关于二审新的证据,汪某某、友帮公司认为胡某某在二审中提交的友帮公司2010年度公司年检报告书、汪某某与邓某某签订的和解协议、胡某某手机中的视频照片,不符合二审新的证据的规定,二审法院予以采信违反证据规则的有关规定。根据《民诉法司法解释》第102条规定,上述证据作为本案关键证据投资收益相关事项协商函复印件的补强证据,对案件基本事实的认定具有重

要作用，二审法院予以采信并无不当。综上所述，投资收益相关事项协商函与和解协议虽然缺少原件，但有邓某某的证言、存放在胡某某手机中的视频照片予以补强，且争议证据与无争议的证据，即借款协议在内容上能够相互印证，已经达到了《民诉法司法解释》第108条第1款规定的高度盖然性的证明标准。

5.【裁判规则】当事人逾期提交证据存在一定过失，人民法院也不宜轻易否定与案件基本事实有关的证据

典型案例

王某与昆明泰中房地产开发经营有限公司等民间借贷纠纷案［最高人民法院（2018）最高法民再116号］

再审申请人（一审原告、二审上诉人）：王某

被申请人（一审被告、二审被上诉人）：昆明泰中房地产开发经营有限公司（以下简称泰中公司）

裁判观点

最高人民法院认为，王某提交两份保证合同作为二审新证据，虽然王某解释一审未提交是因未找到，且合同上存在列明的“保证人”和“借款人”不完全一致等情形，但在没有相反证据否定其真实性的情形之下，二审法院不予采信依据不足。本案中，保证期间的认定直接关系保证人是否承担保证责任，对于债权人的实体权益至关重要，属于证明本案基本事实的证据。根据《民诉法司法解释》第101条、第102条的规定，即使王某逾期提交证据存在一定过失，人民法院也不宜轻易否定与案件基本事实有关的证据。

6.【裁判规则】无证据证明存在故意或者重大过失逾期提供证据的情形，应当允许二审庭审期间提出现有技术抗辩并提交相关证据

典型案例

北京星奥科技股份有限公司与太原市采薇庄园特色农业开发有限公司等侵害实用新型专利权纠纷案［最高人民法院（2019）最高法民申3185号］

再审申请人（一审原告、二审上诉人）：北京星奥科技股份有限公司（以下简称星奥公司）

被申请人（一审被告、二审被上诉人）：太原市采薇庄园特色农业开发有限公司等

裁判观点

最高人民法院认为，鉴于据以主张现有技术抗辩的“现有技术”范围较为广泛，包括在先专利文献、在先公开使用的技术等。对于与被诉侵权人无关的现有技术而言，其在获取的途径、方式等方面存在一定的难度，故不宜对被诉侵权人以过高要求，轻易认定其故意或者存在重大过失逾期提供证据。现星奥公司并无证据证明小牛公司存在故意或者重大过失逾期提供证据的情形，故小牛公司在二审庭审期间提出现有技术抗辩并提交相关证据并无不当。

7.【裁判规则】鉴定意见与案件基本事实有关，准许当事人逾期提出鉴定申请

典型案例

贵溪市建筑工程总公司等与海林市兴海建筑安装工程处等建设工程分包合同纠纷案［最高人民法院（2016）最高法民申3553号］

再审申请人（一审被告、二审上诉人）：贵溪市建筑工程总公司（以下简称贵溪建筑公司）

被申请人（一审原告、二审被上诉人）：海林市兴海建筑安装工程处（以下简称兴海工程处）等

裁判观点

最高人民法院认为，贵溪建筑公司与兴海工程处签订的工程款结算协议明确约定为概算，以指挥部结算为准，而涉案工程林某项目指挥部也出具说明证实指挥部实际拨付给C21标段的路基工程总价款确实比十五冶金集团原中标价格要高。本案争议为贵溪建筑公司、张某某是否欠付兴海工程处工程款，而鉴定意见直接决定着兴海工程处工程价款的具体金额，与案件基本事实密切相关。在这种情况下，一审法院准许某某工程处的鉴定申请符合法律规定。贵溪建筑公司、张某某关于力得尔公司鉴定程序违法的申请再审理由，于法无据，不予支持。

8.【裁判规则】录音证据虽然超过举证期限提交，但该证据对本案处理有重大影响，应予采纳

典型案例 ▶▶

内蒙古际誉仓储物流有限责任公司与中铁现代物流科技股份有限公司等仓储合同纠纷案［最高人民法院（2017）最高法民申437号］

再审申请人（一审被告、二审上诉人）：内蒙古际誉仓储物流有限责任公司（以下简称际誉仓储公司）

被申请人（一审原告、二审被上诉人）：中铁现代物流科技股份有限公司（以下简称中铁物流公司）等

裁判观点 ▶▶

最高人民法院认为，根据《民事诉讼法》第65条第2款规定，中铁物流公司在一审中举示的录音证据，虽然超过举证期限提交，但该证据对本案处理有重大影响，原审法院采纳该证据符合上述规定。际誉仓储公司对该录音证据的真实性不予认可，但未申请鉴定，亦未举示相反的证据予以推翻，原审法院结合行程单等证据认定中铁物流公司已主张提取货物的事实及时间并无不当。

9.【裁判规则】对鉴定提出异议的时间超出了举证期限，但该异议直接涉及基本事实的，应对该异议是否成立进行审查

典型案例 ▶▶

甘肃第一建设集团有限责任公司等与甘肃渝庆建筑劳务承包有限公司建设工程施工合同纠纷案［最高人民法院（2019）最高法民终963号］

上诉人（原审原告、反诉被告）：甘肃第一建设集团有限责任公司（以下简称甘肃一建公司）

被上诉人（原审第三人、反诉被告）：甘肃渝庆建筑劳务承包有限公司（以下简称甘肃渝庆公司）

裁判观点 ▶▶

最高人民法院认为，根据《民诉法司法解释》第102条规定，兰州海鸿房地产有

限公司在原审法院2018年3月9日庭审时针对案涉鉴定报告提出异议，虽然其提出异议的时间超出原审法院指定的期限，但该异议直接涉及对案涉工程造价这一案件基本事实的认定，故应对其该异议是否成立进行审查，以对案件基本事实作出准确认定。原审法院对其异议是否成立不予审查认定有所不当。

10.【裁判规则】人民法院对逾期提供证据的当事人可以处以罚款

典型案例

湖南潭衡高速公路开发有限公司其他决定书[最高人民法院（2018）最高法司惩复10号]

裁判观点

最高人民法院认为，根据《民事诉讼法》第65条和《民诉法司法解释》第102条第1款规定，本案中，潭衡公司、中关村公司在原审举证期限届满后均多次逾期举证，严重影响鉴定机构的鉴定进度和本案的审理。湖南省高级人民法院于2018年4月16日召集潭衡公司、中关村公司对逾期举证行为进行了训诫，双方均书面承诺不再逾期举证。但其后，潭衡公司又分别于2018年6月25日和7月12日再次提交两份笔迹鉴定报告以及湖南省湘潭至衡阳西线高速公路第三合同段两阶段设计图第五册和杨嘉桥监控中心龙骨照片。湖南省高级人民法院依据上述法律规定，认为潭衡公司对中关村公司提交的与鉴定相关的基础证据早已质证，又对基础证据提出反驳证据，且该类证据属其早已控制早应提供，其再次逾期举证的理由不正当，对潭衡公司的逾期举证行为予以处罚，并无明显不当。但湖南省高级人民法院作出的一审判决并未采纳该两份笔迹鉴定报告和杨嘉桥监控中心龙骨照片，故原决定罚款金额过高，法院依法予以调整，潭衡公司的复议理由部分成立。依照《民事诉讼法》第116条规定，决定对湖南潭衡高速公路开发有限公司罚款50万元。

11.【裁判规则】对于当事人超过举证期限提交的证据，人民法院经审查后有权决定是否采纳

典型案例

李某甲与白某乙等申请执行人执行异议之诉案[最高人民法院（2019）最高法

民申2450号]

再审申请人(一审原告、二审上诉人):李某甲

被申请人(一审被告、二审被上诉人):白某乙

裁判观点

最高人民法院认为,关于一审是否程序违法的问题。根据《民事诉讼法》第65条第2款规定,对于当事人超过举证期限提交的证据,人民法院经审查后有权决定是否采纳。本案中,一审判决载明,白某乙在一审庭审结束后提交周某的证明一份。李某甲对该证据不予认可,认为已经过了举证期限。一审法院针对该证据已经组织双方当事人进行质证,且在质证的基础上对证据作出认定,程序并不违法。李某甲申请再审主张一审判决认定事实的主要证据未经质证,与事实不符。

第三节 证据失权

【法理辨析】

一、证据失权的内涵

证据失权,是指"当事人丧失提出证据的权利,实质是丧失了证明权"[1]。证据失权是举证时限制度的法律后果,也是举证时限制度的核心内容,证据失权的实质是剥夺了当事人提出证据证明其主张的权利,也是对故意拖延诉讼的一种惩戒。从证据自身的角度来看,证据丧失了证明其系争事实的能力。[2]设立证据失权制度的主要目的在于促进和保障民事诉讼的顺利进行,制约和限制当事人消极诉讼、举证突袭等不当程序行为,保障当事人的诉讼地位平等和维护程序公正,督促当事人及时行使诉讼权利,提高诉讼效率,实现诉讼效益。

证据失权实际上是一种"程序主义优先论",即坚持程序价值大于实体价值的一种制度表现,在当事人持有的证据(无论是主观故意、重大过失,还是因为客观原因

[1] 最高人民法院民事审判第一庭编著:《最高人民法院新民事诉讼证据规定理解与适用(下)》,人民法院出版社2020年版,第524页。

[2] 参见肖建国:《证据能力比较研究》,载江伟主编:《比较民事诉讼法国际研讨会论文集》,中国政法大学出版社2004年版,第105页。

导致未能及时提交）能够证明案件事实的实体价值与逾期提供导致的不利益（如诉讼突袭、诉讼拖延、程序不安定等）程序价值之间一种"单项选择"。从2001年《民事证据规定》规定严格的证据失权，坚持"以证据失权为原则"，到《民事诉讼法》对证据失权的放宽，坚持"以证据不失权为原则，以证据失权为例外"，可以看出，这两种不同的价值观的"动态平衡"。"皮之不存，毛将焉附"，如将实体正义于不顾，置"与案件基本事实有关"的证据于不顾，在尚缺乏律师强制代理、调查令等配套举证措施的前提下，单一地、片面地、孤立地将举证时限的程序正义绝对化，超越了我国现有的国情、社情和历史阶段的需要。因此，需要在实体正义与程序正义之间寻求一个价值平衡点，能够保障当事人实体权利实现的同时，遏制滥用诉讼权利和不当诉讼手段，从而保证案件事实的查清和维护民事诉讼的正当程序。

二、我国的证据失权制度

《民事诉讼法》第65条和2020年《民诉法司法解释》第101条、第102条中规定了证据失权制度的相关内容。可以从几个层次来理解：(1)当事人对自己提出的主张应当及时提供证据，并在法院指定的举证期限内完成提供证据的义务；(2)当事人逾期提供证据的，人民法院应当责令其说明理由，必要时可以要求其提供相应的证据；(3)当事人拒不说明逾期的理由，或者逾期的理由不成立的，或者逾期提供的证据与本案的待证事实无关的、毫无意义的，人民法院可以不予采纳；(4)当事人因故意或者重大过失逾期提供的证据，人民法院不予采纳；(5)当事人确因客观原因逾期提供证据，或者对方当事人对逾期提供证据未提出异议的，视为未逾期；(6)当事人非因故意或者重大过失逾期提供的证据，人民法院应当采纳；(7)当事人因故意或者重大过失逾期提供的证据，但该证据与案件基本事实有关的，人民法院应当采纳。

证据失权之所以不能"一刀切"，主要是因为"民事案件类型众多、情况复杂，具体个案中可能存在大量证据，有的证据事关诉讼成败，有的证据涉及案件标的范围，有的证据仅起辅助证明作用；当事人逾期提供证据的主观过失也有很大的不同，有的是恶意拖延诉讼，有的因重大过失未能及时提供，有的因法律知识、诉讼能力的欠缺导致逾期提供。对复杂程序不一的案件、重要性不同的证据、主观过失不同的当事人，应当承担的法律后果应当区别，在民事诉讼法中统一作出规定是不合适的"[1]。

〔1〕 全国人大常委会法制工作委员会民法室编著：《〈中华人民共和国民事诉讼法〉释解与适用》，人民法院出版社2012年版，第105页。

三、司法实务中的证据失权

1.逾期举证与证据失权效果。根据2020年《民诉法司法解释》第102条规定，如当事人提交的证据拟证明的待证事实与案件基本事实有关，则逾期提交并不产生证据失权的效果，二审对被申请人提交的证据组织质证适用法律正确。司法实践中，往往遇到一方当事人认为相对方在二审提交的证据均形成于一审之前，不属于新证据，不能作为定案依据。而如果相对方在二审期间提交的证据均与本案基本事实有关，根据2020年《民诉法司法解释》第102条的规定，法院可以对相对方提供的证据予以采信。

2.逾期的鉴定申请与证据失权。涉及证据瑕疵进行补正的，鉴定申请并不因超出法院第一次确定的举证期限而产生证据失权。当事人申请对物品的真实性进行鉴定，该申请的提出时间虽超出一审法院第一次确定的举证期限，但根据2020年《民诉法司法解释》第99条第3款以及第121条之规定，鉴定申请并不因超出法院第一次确定的举证期限而产生失权的法律后果。申请鉴定的事项与物品是否符合合同约定具有关联性，对本案的处理存在直接影响的情况下，鉴定申请，法院予以准许。

3.二审逾期举证与证据失权。关于二审程序中当事人能否提交证据的问题。根据2020年《民诉法司法解释》第101条第1款的规定，二审中当事人提供的证据不必然发生证据失权的后果，只要证据符合客观性、真实性、合法性，应予认定为有效证据。由于该证据的内容对裁判结果具有直接影响，二审法院应当根据《民事诉讼法》第65条的规定，对该新证据的真实性、合法性和关联性进行认真审查评判后，再结合本案的具体情况，决定是否采纳该证据。而二审法院仅以当事人提供新证据超过了举证期限为由作出证据失权的结论不予采纳，不符合法律规定。

【典型案解】

1.【裁判规则】我国民事诉讼的举证时限制度并未采取绝对的逾期证据失权原则

典型案例

甘肃源祥房地产开发有限公司与甘肃古典建设集团有限公司建设工程施工合同纠纷案［最高人民法院（2019）最高法民申3879号］

再审申请人（一审被告、二审上诉人）：甘肃源祥房地产开发有限公司（以下简称甘肃源祥公司）

被申请人（一审原告、二审被上诉人）：甘肃古典建设集团有限公司（以下简称甘肃古典公司）

裁判观点

最高人民法院认为，我国民事诉讼的举证时限制度并未采取绝对的逾期证据失权原则，对于逾期提交的证据，人民法院可以视情形决定是否采纳。本案中，二审法院根据查明事实之需，接受甘肃古典公司逾期提交的与本案争议的基本事实相关的证据，并依法传唤甘肃源祥公司进行质证，并未违反法律规定。甘肃源祥公司无正当理由拒不到庭质证，应自行承担放弃质证权利的法律后果。故甘肃源祥公司主张二审法院认定事实的主要证据未经质证的理由不能成立。

2.【裁判规则】在举证期限内不提交证据材料，视为放弃举证权利，应承担证据失权的法律后果

典型案例

北方公司与奥瑞金公司侵犯植物新品种权纠纷案［甘肃省高级人民法院(2006)甘民三终字第20号］

上诉人（原审被告）：山西北方种业股份有限公司（以下简称北方公司）

被上诉人（原审原告）：北京奥瑞金种业股份有限公司等

裁判观点

人民法院认为，举证时限，是指负有举证责任的当事人应当在法律规定和法院指定的期限内提出证明其主张的相应证据，逾期不举证则承担证据失权的法律后果的一项民事诉讼制度。所谓证据失权，是指当事人丧失提出证据的权利，实质是丧失证明权。证明权是从属当事人所享有的最基本的诉讼权利即主张权和陈述权。当事人对提出的权利主张和事实主张都有权利加以证明，以维护自己的利益。如果当事人没有证明权，则当事人主张和陈述权就没有实际意义，离开了证明的主张和陈述，当事人的主张权和陈述权就成了无本之木，无源之水。而当事人的证明权又体现为有权向法院提出证据。北方公司在举证期限内未提交任何证据，亦未在举证期限内向法院申请延期举证，无故未参加证据交换。被上诉人当庭对北方公司的逾期举证拒绝质证。北方公司在举证期限内不提交证据材料，视为放弃举证权利，应承担证据失权的法律后果。综上所述，北方公司在举证期限内不提交证据材料，无证据证明其上诉主张，上诉理由均不成立，法院不予支持。

3.【裁判规则】当事人逾期提交证据，经法院审查不属于“与案件基本事实有关”的证据，不予采纳

典型案例

翼城县财政局与马某某等案外人执行异议之诉案［最高人民法院（2019）最高法民申4877号］

再审申请人（一审原告、二审上诉人）：翼城县财政局

被申请人（一审被告、二审被上诉人）：马某某等

裁判观点

最高人民法院认为，二审期间翼城县财政局提交的《翼城县煤炭企业政府非税收入管理办法》等13份证据系逾期提交，经二审法院审查不属于“与案件基本事实有关”的证据，故二审法院未予采纳并无不当。因上述证据亦不符合《民诉法司法解释》第387条、第388条关于再审新证据的要求，故翼城县财政局的该项再审理由亦不能成立。

4.【裁判规则】逾期提交的证据并不必然产生失权的后果，人民法院仍可予以采纳

典型案例

江苏银河建设集团有限公司与连云港盛宇置业有限公司建设工程施工合同纠纷案［最高人民法院（2018）最高法民再431号］

再审申请人（一审原告、二审被上诉人）：江苏银河建设集团有限公司（以下简称银河公司）

被申请人（一审被告、二审上诉人）：连云港盛宇置业有限公司

裁判观点

最高人民法院认为，二审法院认定谢某某在2014年4月4日之后收取工程款的行为对银河公司有拘束力，并未认定该日期后案涉项目仍由银河公司继续施工。对于二审中提交的新证据的问题，依据《民事诉讼法》第65条规定，逾期提交的证据并不必然产生失权的后果，人民法院仍可予以采纳。故银河公司关于二审法院审理程序违法的申请再审理由不能成立。

5.【裁判规则】证据失权制度并非一概否定逾期提交的证据

典型案例

北京中银天成企业集团与华堂房地产开发有限公司股权转让纠纷案［最高人民法院（2016）最高法民申1475号］

再审申请人（一审被告、二审上诉人）：北京中银天成企业集团（以下简称中银天成集团）

被申请人（一审原告、二审被上诉人）：华堂房地产开发有限公司

裁判观点

最高人民法院认为，《民事诉讼法》第65条所确立的证据失权制度并非一概否定逾期提交的证据，而是根据逾期提交理由的正当性确定是否构成新证据，包括新发现的证据、新取得的证据和新形成的证据。法院考察中银天成集团申请再审阶段提交的证据，证据五、证据六是原审庭审结束后新形成的证据，证据一至证据四以及证据七则属于原审庭审结束前已经发现但新取得的证据。中银天成集团未于原审程序中提供，固然有档案保管不善、怠于查找等主观原因，但也有未能得到华泰公司协助的客观原因，因此可以认定逾期提供证据的理由成立，其提交的证据构成新证据。

6.【裁判规则】当事人逾期提供证据的，人民法院应当责令其说明理由，拒不说明理由或者理由不成立的，人民法院可以不予采纳该证据

典型案例

齐齐哈尔中汇城华御房地产开发有限公司等与中国华冶科工集团有限公司建

设工程施工合同纠纷案［最高人民法院（2015）民一终字第379号］

上诉人（原审被告、反诉原告）：齐齐哈尔中汇城华御房地产开发有限公司（以下简称华御公司）

被上诉人（原审原告、反诉被告）：中国华冶科工集团有限公司（以下简称华冶公司）

裁判观点

最高人民法院认为，关于金建公司、华御公司二审提交的工作函及还款协议书的证据效力问题，首先，根据《民事诉讼法》第65条规定，金建公司、华御公司在一审中没有提供该工作函及还款协议书，其述称逾期举证系因一审时其内部工作人员没有交接的理由不能成立，法院不予采纳。其次，工作函的落款单位与盖章单位不一致，还款协议书既没有金建公司及华御公司盖章，又没有华冶公司盖章，不能证明双方对五金建材城工程结算款额进行了变更。

7.【裁判规则】超出举证期限提供的证据，并非一概不得采纳

典型案例

上海森泽房地产有限公司与四川信托有限公司信托纠纷案［最高人民法院（2015）民二终字第406号］

上诉人（原审原告）：上海森泽房地产有限公司（以下简称森泽地产公司）

被上诉人（原审被告）：四川信托有限公司

裁判观点

最高人民法院认为，关于森泽地产公司所称超出举证期限提供证据的问题。根据《民事诉讼法》第65条规定，当事人对自己提出的主张应当及时提供证据。人民法院根据当事人的主张和案件审理情况，确定当事人应当提供的证据及其期限。当事人在该期限内提供证据确有困难的，可以向人民法院申请延长期限，人民法院根据当事人的申请适当延长。当事人逾期提供证据的，人民法院应当责令其说明理由；拒不说明理由或者理由不成立的，人民法院根据不同情形可以不予采纳该证据，或者采纳该证据但予以训诫、罚款。可见，对于超出举证期限提供的证据，并

非一概不得采纳。一审法院在当事人说明理由后采纳超出举证期限的证据，不属于程序违法。

第四节　证据交换

【法理辨析】

一、证据交换的适用

证据交换，是指“在人民法院的组织下，当事人之间将各自持有的证据与对方进行交换，是审判程序的中心”〔1〕。证据交换的主要目的，主要是“所采取的整理争议焦点和固定证据的通常方法，对于实现审理集中化，促进诉讼的公平和秩序积极作用十分明显”〔2〕。从证据交换制度的功能〔3〕来讲，“已经不仅仅停留在单纯地总结归纳准备活动结果和制定开庭审理的计划上。为了加快当事人的准

---

〔1〕 最高人民法院民事审判第一庭编著:《最高人民法院新民事诉讼证据规定理解与适用(下)》，人民法院出版社2020年版，第521页。

〔2〕 沈德咏主编:《最高人民法院民事诉讼法司法解释理解与适用(上)》，人民法院出版社2015年版，第584页。

〔3〕 根据《美国联邦民事诉讼规则》第16条第3款规定:“在审理前会议上审议的事项。在审理前会议中，应依据本条确定如下审议事项，且法院可以采取相应的行动:(1)争点的明确和简化，包括对无意义的请求或答辩的排除;(2)修改诉答文书的必要性和妥当性;(3)为避免不必要的证明而对事实或文件获得自认的可能性;可能获得有关文件真实性的协议，以及法院对证据可采性的预先裁定;(4)避免不必要的证明和重复证据，根据联邦证据规则第702条规定，限制或限定证言的使用;(5)根据本规则第56条作出简易判决的适当性和时间安排;(6)根据本规则第26条和第29条至第37条之规定，对发现程序的控制和日程安排，包括影响出示证据和发现程序的命令;(7)确定法庭调查的证人和文书;提交和交换审理前辩论要点摘要的必要性和日程安排;进一步进行会议的日期和开庭审理的日期;(8)向补助法官或主事官委托处理事项的适当性;(9)在制定法或地方法院规则授权时，为帮助解决争端而和解使用特别程序;(10)审理前命令的形式和内容;(11)处理待决申请;(12)为解决包括争点复杂、当事人众多、疑难的法律问题、特殊的证据问题在内的潜在的困难和诉讼程序的拖延而采取特别的程序的必要性;(13)根据本规则第42条第2款规定，对请求、反请求、交叉请求、第三当事人请求以及对案件的任何特别争点进行分开审理的命令;(14)根据本规则第50条第1款规定可能作为法律问题的判决基础的争点，或者根据本规则第52条第3款规定可能作为部分事实作出判决基础的争点，法院对一方当事人在开庭审理中将处理这些争点及早提交证据的命令;(15)规定准许提出证据的合理期限的命令;(16)有利于公正、迅速、经济地处理诉讼的其他事项。参加审理前会议的各方当事人至少一名律师对参加者可以合理预料到将被讨论的所有事项应该具有达成协议或作出自认的权限。如果认为适当，法院可以要求当事人或其代理人出席审理前会议或通过电话达成协议以便使争议尽可能以和解方式解决。”参见《美国联邦民事诉讼规则证据规则》，白绿铉、卞建林译，中国法制出版社2005年版，第37-38页。

备进程，防止诉讼的拖延，法官可以通过召集审理前会议来主动对发现程序进行管理。同时，尽量促使当事人和解或通过利用各种诉讼内纠纷替代解决方法来实现开庭前的纠纷解决也成为审理前会议的目标之一。”〔1〕根据我国《民事诉讼法》、2020年《民诉法司法解释》和2019年《民事证据规定》，证据交换的主要功能在于：

1.确定当事人争议的主要问题。《民事诉讼法》第133条第4项规定：“人民法院对受理的案件，分别情形，予以处理：……（四）需要开庭审理的，通过要求当事人交换证据等方式，明确争议焦点。”2020年《民诉法司法解释》第226条规定：“人民法院应当根据当事人的诉讼请求、答辩意见以及证据交换的情况，归纳争议焦点，并就归纳的争议焦点征求当事人的意见。”2019年《民事证据规定》第57条规定：“证据交换应当在审判人员的主持下进行。在证据交换的过程中，审判人员对当事人无异议的事实、证据应当记录在卷；对有异议的证据，按照需要证明的事实分类记录在卷，并记载异议的理由。通过证据交换，确定双方当事人争议的主要问题。”

2.无异议的事实作为裁判依据。根据2019年《民事证据规定》第57条第2款“在证据交换的过程中，审判人员对当事人无异议的事实、证据应当记录在卷”的规定，一般认为，“对于当事人没有异议的证据，除非有相反证据证明，当事人不得随意变更或撤销其对证据和事实的承认”。〔2〕“在庭审中，审判人员对这类证据说明后，不必再组织质证，即可以作为认定案件事实的依据。”〔3〕

3.为庭审做好准备。2020年《民诉法司法解释》第224条规定：“依照民事诉讼法第一百三十三条第四项规定，人民法院可以在答辩期届满后，通过组织证据交换、召集庭前会议等方式，作好审理前的准备。”第225条规定：“根据案件具体情况，庭前会议可以包括下列内容：（一）明确原告的诉讼请求和被告的答辩意见；（二）审查处理当事人增加、变更诉讼请求的申请和提出的反诉，以及第三人提出的与本案有关的诉讼请求；（三）根据当事人的申请决定调查收集证据，委托鉴定，要求当事人提供证据，进行勘验，进行证据保全；（四）组织交换证据；（五）归纳争议

---

〔1〕 王亚新：《社会变革中的民事诉讼》，中国法制出版社2001年版，第82页。

〔2〕 最高人民法院民事审判第一庭编：《最高人民法院新民事诉讼证据规定理解与适用（下）》，人民法院出版社2020年版，第535页。

〔3〕 沈德咏主编：《最高人民法院民事诉讼法司法解释理解与适用（上）》，人民法院出版社2015年版，第586页。

焦点；（六）进行调解。”

4.再次组织证据交换。为了贯彻平等保护当事人合法权益的精神，若抗辩方要求提交相关证据的，应当再次组织证据交换。2019年《民事证据规定》第58条规定：“当事人收到对方的证据后有反驳证据需要提交的，人民法院应当再次组织证据交换。”

5.证据交换之日，举证期限届满。2019年《民事证据规定》第56条规定：“人民法院依照民事诉讼法第一百三十三条第四项的规定，通过组织证据交换进行审理前准备的，证据交换之日举证期限届满。证据交换的时间可以由当事人协商一致并经人民法院认可，也可以由人民法院指定。当事人申请延期举证经人民法院准许的，证据交换日相应顺延。”

二、证据交换的期限

根据2019年《民事证据规定》第51条第1款、第2款规定：“举证期限可以由当事人协商，并经人民法院准许。人民法院指定举证期限的，适用第一审普通程序审理的案件不得少于十五日，当事人提供新的证据的第二审案件不得少于十日。适用简易程序审理的案件不得超过十五日，小额诉讼案件的举证期限一般不得超过七日。”证据交换之日，举证期限届满。因此，人民法院指定证据交换日期的，在时间点方面，应当符合举证时限的期限规定。

证据交换可以延长。根据《民事诉讼法》第65条第2款规定：“人民法院根据当事人的主张和案件审理情况，确定当事人应当提供的证据及其期限。当事人在该期限内提供证据确有困难的，可以向人民法院申请延长期限，人民法院根据当事人的申请适当延长。当事人逾期提供证据的，人民法院应当责令其说明理由；拒不说明理由或者理由不成立的，人民法院根据不同情形可以不予采纳该证据，或者采纳该证据但予以训诫、罚款。”当事人在举证期限内提供证据确有困难，申请举证期限延长的，证据交换日相应予以延长（见图5-5）。

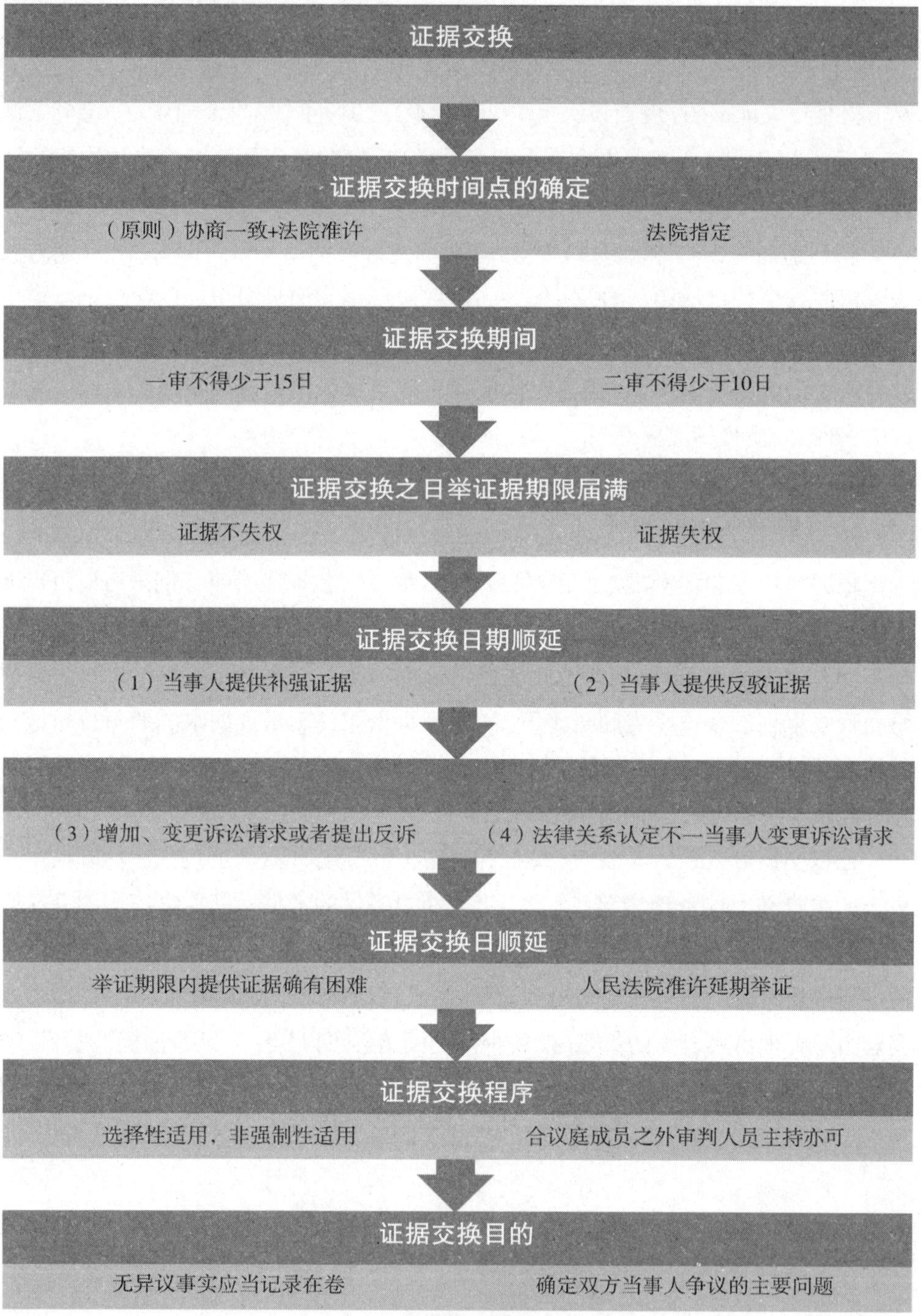

图5-5　证据交换的期限与延长

三、司法实务中的证据交换

1.关于庭前会议与证据交换。根据《民事诉讼法》第133条第4项和2020年《民诉法司法解释》第224条的规定，法院可以根据案件具体情况进行证据交换等庭前准备工作。庭前会议的内容是在主审法官主持下开展的证据交换和技术比对，属于围绕争议焦点展开的庭前准备活动，且双方当事人均确认庭前会议中各自发表的意见，故遵循了民事诉讼效率的基本原则，当事人认为庭审准备阶段的证据交换属于程序违法，于法无据，法院不予采纳。

2.关于证据交换的主持人。根据2019年《民事证据规定》第57条第1款规定："证据交换应当在审判人员的主持下进行。"但法律和司法解释并没有明确表明是否由合议庭的组成人或主审法官主持，还是由其他的法官或法官助理主持，"主持证据交换的人员，可以是合议庭组成人员，也可以是书记员或合议庭之外的审判人员"。〔1〕事实上，由于证据交换的功能并不在于事实审判，只是对于庭审的一个准备程序，从功能上来看，仅仅起到一个"对当事人无异议的事实、证据应当记录在卷；对有异议的证据，按照需要证明的事实分类记录在卷，并记载异议的理由。通过证据交换，确定双方当事人争议的主要问题"的作用。因此，主要工作是由法官组织当事人交换证据材料和清单，明确案件争执点，对没有争执的事实庭审时不再质证，以及确定法庭开庭调查的重点事项。庭前证据交换作为庭前准备工作并不要求全体合议庭成员出席并进行同步录音录像，无论是主审法官，还是非主审法官主持证据交换，都是符合司法解释规定和要求的，并不构成程序违法事项，由书记员将质证意见及争执点等记录在案即可。在质证的过程中，主审法官作为主持者，有权根据案件诉争主要问题限制当事人重复或不必要的发言。

3.关于证据交换的强制性。根据2020年《民诉法司法解释》第224条规定，庭前证据交换并不是民事诉讼的必经程序，也不是法律硬性规定，是否组织庭前证据交换，需要根据案件复杂程度及证据数量多少决定是否进行，法院可以根据案情酌情安排。司法实践中，人民法院往往会根据原告的诉讼请求以及被告的答辩意见，综合地考虑认定争议焦点，在争议焦点认定之后，提问双方当事人有无异议及补充，双方围绕争议焦点向法庭提交证据，进行质证。但证据交换并非法定必经程

〔1〕 沈德咏主编：《最高人民法院民事诉讼法司法解释理解与适用（上）》，人民法院出版社2015年版，第586页。

序，人民法院有权决定进行证据交换或者不进行证据交换，对于不同意进行证据交换的，或者对于未组织证据交换并不构成程序违法。

4.关于证据交换的争议焦点。根据2020年《民诉法司法解释》第226条、第228条的规定，人民法院应当根据当事人的诉讼请求、答辩意见以及证据交换的情况，归纳争议焦点，并就归纳的争议焦点征求当事人的意见。法庭审理应当围绕当事人争议的事实、证据和法律适用等焦点问题进行。一般来说，经过审前程序的证据交换，往往会总结出双方争议的焦点，一审法院也会按照法庭归纳的争议焦点对本案进行法庭调查和审理。法庭上归纳的争议焦点是对诉辩双方发表诉辩意见的初步归纳，而随着案件审理的深入，初步归纳的争议焦点会不断明晰、深化，而法官只有对深化明晰的争议问题解决后才能裁判。因此，其一，审前程序中的争议焦点及何种法律关系的认定会随着审判程序的进行发生变化，而这种变化也会直接影响到法官对本案的判断和本案的裁判结果。其二，一审法院在判决书中表述的争议焦点与证据交换、庭审时归纳的争议焦点可能会有所不同，但只要判决书在对争议焦点的论述中，已对证据交换及法庭上所归纳的争议焦点进行了回答，即使出现在判决书中列出的争议焦点与审前程序列出的争议焦点有所不同的情形，只要没有影响双方当事人诉讼权利的行使，就不构成程序违法。

5.关于证据交换的方式。一审期间，法院组织双方当事人进行庭前证据交换，组织当事人与鉴定机构就鉴定报告交换意见，符合2019年《民事证据规定》第57条第2款“在证据交换的过程中，审判人员对当事人无异议的事实、证据应当记录在卷；对有异议的证据，按照需要证明的事实分类记录在卷，并记载异议的理由。通过证据交换，确定双方当事人争议的主要问题”的规定。

6.关于仲裁法规则与证据交换。2020年《民诉法司法解释》第224条“依照民事诉讼法第一百三十三条第四项规定，人民法院可以在答辩期届满后，通过组织证据交换、召集庭前会议等方式，作好审理前的准备”规定的庭前证据交换或庭前会议，这与正式开庭属于两个不同的诉讼阶段。根据《仲裁法》第26条第1款“当事人达成仲裁协议，一方向人民法院起诉未声明有仲裁协议，人民法院受理后，另一方在首次开庭前提交仲裁协议的，人民法院应当驳回起诉，但仲裁协议无效的除外”以及《仲裁法司法解释》第14条“仲裁法第二十六条规定的‘首次开庭’是指答辩期满后人民法院组织的第一次开庭审理，不包括审前程序中的各项活动”的规定，即在开庭审理前提出有关管辖的异议，符合相关法律规定。

7.关于证据交换的次数。2019年《民事证据规定》第58条规定："当事人收到对方的证据后有反驳证据需要提交的，人民法院应当再次组织证据交换。"根据证据规则的原理，行为意义上的举证责任也就是当事人对其主张的事实所负担的提供证据加以证明的责任，具有动态转移的特征，这种证据之间的攻防对抗不是一蹴而就的。通过本证、反证、对反证的反证，使当事人对其主张的举证责任达到最佳；同时，上述这种证据攻防必须是在证据所针对的争议焦点明确并且不发生转移的情形下。因此，当事人收到对方交换的证据后可以提出反驳并提出新的证据，这就意味着在第一次证据交换后，为保障当事人双方有平等举证的机会，法律规定法院有义务为对方当事人再次组织证据交换。二审期间，抗辩人提供的请证人到庭作证，该作证行为应属抗辩人提供的新证据，故应当允许举证人提出反驳并提供证据。

8.关于证据交换与反诉。法庭调查是人民法院依据法定程序，在法庭上对案件事实进行调查，对各种证据予以核实的诉讼活动，其中，对于鉴定意见的质证是法庭调查的重要内容。法庭辩论是在法庭调查基础上，当事人运用法庭调查已经查实的证据和有关法律规定，对认定案件事实、确定诉讼请求等方面仍有争议的问题进行辩论。根据法律规定，在案件受理后，法庭辩论结束前，原告增加诉讼请求，被告提出反诉，第三人提出与本案有关的诉讼请求，可以合并审理的，人民法院应当合并审理，认定一审法院受理反诉符合法律规定并无不当。如果一方当事人再审主张依据最高人民法院2001年《民事证据规定》，证据交换之日，举证期限届满，当事人不应提起反诉的事实依据和法律依据不足，不予支持。

【典型案解】

(一)确定争点

1.【裁判规则】对需要开庭审理的，通过要求当事人交换证据等方式，明确争议焦点

典型案例

彭某某与云南同兴建筑实业（集团）有限公司等建设工程施工合同纠纷案［最高人民法院（2019）最高法民再89号］

再审申请人（一审原告、二审上诉人）：彭某某

被申请人（一审被告、二审上诉人）：云南同兴建筑实业（集团）有限公司（以下

简称同兴建筑公司）等

裁判观点 ▶▶

最高人民法院认为，依据《民事诉讼法》第133条规定，法院进行了开庭审理前的准备，当事人均未提交新的证据。根据再审申请和答辩理由，彭某某与同兴建筑公司、同兴创达公司就本案争议的问题进行了充分协商并达成争点协议。本案争执的问题：（1）人民调解协议书确认的1000万元能否计入同兴创达公司与同兴建筑公司已付工程款；（2）同兴创达公司是否尚欠工程款8,481,465.32元；（3）彭某某是否对工程价款享有优先受偿权。除上述争执问题之外，当事人对原审判决认定的事实和适用的法律均不再持有异议，法院予以确认。

2.【裁判规则】开庭审理前交换证据确定双方当事人争议的主要问题

典型案例 ▶▶

石嘴山青年曼莲花汽车有限公司等与宁夏石嘴山市矿业（集团）有限责任公司等股东出资纠纷案［最高人民法院（2018）最高法民终913号］

上诉人（原审被告）：石嘴山青年曼莲花汽车有限公司

被上诉人（原审原告）：宁夏石嘴山市矿业（集团）有限责任公司等

裁判观点 ▶▶

最高人民法院认为，法院受理当事人的上诉后，依据《民事诉讼法》第133条第4项以及《民诉法司法解释》第224条、第225条、第226条、第324条规定，于2018年10月31日组织各方当事人，召开庭前会议，交换了证据，整理了争点，试行了庭前和解。证据交换中，石嘴山乘用车公司、莲花控股公司、浙江乘用车集团、金华汽车制造公司、青年汽车集团、庞青年提交新的证据。

3.【裁判规则】在证据交换的过程中，审判人员对当事人无异议的事实、证据应当记录在卷

典型案例 ▶▶

洪业化工集团股份有限公司与长城国兴金融租赁有限公司等融资租赁合同纠

纷案［最高人民法院（2018）最高法民终118号］

上诉人（原审被告）：洪业化工集团股份有限公司（以下简称洪业公司）

被上诉人（原审原告）：长城国兴金融租赁有限公司（以下简称长城国兴公司）等

裁判观点

最高人民法院认为，根据《民事诉讼法》第133条第4项以及《民诉法司法解释》第224条、第225条、第226条、第324条规定，法院组织各方当事人召开庭前会议，交换了证据，整理了争点，进行了审理前的准备。洪业公司与长城国兴公司经过充分协商，达成本案应审理的争点问题协议，并一致同意在下列争点之外对原审判决认定的事实和适用的法律不持异议，法院予以确认：（1）原审判决是否遗漏案件当事人余某某；（2）本案案涉租赁物是否真实存在。针对上述争点问题，法院逐一进行了审理。

4.【裁判规则】人民法院应当根据当事人的诉讼请求、答辩意见以及证据交换的情况，归纳争议焦点，并就归纳的争议焦点征求当事人的意见

典型案例

中交三航局工程物资有限公司与河北津西钢铁集团股份有限公司等买卖合同纠纷案［最高人民法院（2018）最高法民终578号］

上诉人（一审原告）：中交三航局工程物资有限公司（以下简称中交公司）

被上诉人（一审被告）：河北津西钢铁集团股份有限公司（以下简称津西公司）

裁判观点

最高人民法院认为，关于一审是否存在程序违法的问题。根据《民诉法司法解释》第226条规定，本案中交公司的主要诉求为解除合同、返还预付货款及资金占用损失，而津西公司答辩并不认可，双方就此存在争议。解决双方争议需要在查明合同履行情况、津西公司发货情况等事实的基础上，才能认定双方合同是否应予解除以及津西公司是否应赔偿资金占用损失，一审庭审据此归纳的争议焦点并无不当。一审判决将诉讼主张是否具有事实和法律依据列为争议焦点，相比庭审焦点更加概括，并无遗漏问题。鉴于双方对收货确认函这一重要证据存在争议，且在原一审中中交公司未提出鉴定申请，而是在案件发回重审后的一审期间又提出鉴定申请，一审判决在对收货确认函审查的基础上，将收货确认函的鉴定问题列为争议焦点，重点论证争议的问题，不违反法律规定。根据一审庭审笔录记载，双方充分行使了举证、质证、发表意见等诉讼权利，围绕争议的焦点问题充分发表了意见，中交公司未对庭审焦点提出异议。一审判决中所列争议焦点与庭审中归纳的焦点在文字表述上不一致，并不违反法律规定。中交公司据此所提上诉理由不成立，法院不予采纳。

5.【裁判规则】通过证据交换，确定双方当事人争议的主要问题，与案件处理结果无关的争议问题不在争议焦点之列

典型案例

朱某甲与资阳市雁江区老君镇人民政府合同纠纷案［四川省高级人民法院(2020)川民申5081号］

再审申请人（一审原告、二审上诉人）：朱某甲

被申请人（一审被告、二审被上诉人）：资阳市雁江区老君镇人民政府（以下简称老君镇政府）

裁判观点

人民法院认为，法院经审查认为，根据《民事诉讼法》第44条、第46条规定，本案再审申请人朱某甲以“主审法官刘某与朱某甲之间曾经有过矛盾和不愉快，担心办案不公”为由申请审判人员回避，不属于法定回避的情形。二审法院院长据此决定本案审判人员不回避，符合法律规定，程序并无不当。根据《民事诉讼法》第147条规定，法院经调阅本案原审电子卷宗，2020年5月12日，在二审法院征询本案双方当事人是否同意采用庭询方式审理时，朱某甲以“合议庭成员不在场，程序不合法，我没有收到传票，事前得到的通知是庭审前的质证，而且电脑显示屏不显示，无法看书记员的笔录”为由不同意以庭询方式审理。鉴于此，审判人员随即口头通知本案于2020年5月15日下午3时在二审法院第九审判庭公开开庭审理本案。此后，二审法院如期开庭审理，朱某甲与老君镇政府的委托诉讼代理人周某林到庭参加诉讼，参与了全部的庭审活动，书记员亦将法庭审理的全部活动记入笔录，本案

二审审判人员、书记员及老君镇政府的委托诉讼代理人周某林均在庭审笔录上签名，但朱某甲拒绝签字，故不存在朱某甲所称二审开庭时未见书记员记录的问题。并且，如朱某甲认为庭审笔录记载的内容与其表达和主张的意思不一样，其可在阅读庭审笔录时进行修正和补充，但朱某甲拒绝签字的行为，表明其放弃了对自己陈述记录有遗漏或者差错申请补正的权利。因此，朱某甲所称书记员的记录与其表达和主张的意思不一样，甚至是歪曲事实的主张没有事实根据，不能成立。根据2001年《民事证据规定》第57条和《民诉法司法解释》第226条规定，争议焦点是民事诉讼中当事人之间意见相反、影响案件处理结果的事实问题和法律适用问题，主要体现在引起争议的事实、证据、法律规定、责任等方面，与案件处理结果无关的争议问题不在争议焦点之列。据此，经法院审查，本案二审法院对本案争议焦点的归纳符合当事人的诉讼请求、答辩意见以及证据交换的情况，并无不当。不存在朱某甲主张的庭审记录和判决书故意避重就轻、转移焦点的问题。

6.【裁判规则】在证据交换的过程中，对有异议的证据，按照需要证明的事实分类记录在卷，并记载异议的理由

典型案例

胡某甲与任某乙机动车交通事故责任纠纷案［江苏省无锡市中级人民法院(2014)锡民终字第1550号］

上诉人（原审被告）：胡某甲

被上诉人（原审原告）：任某乙

裁判观点

人民法院认为，关于胡某甲提出任某乙的医疗费发票、用药清单和个体工商户营业执照复印件问题。证据交换应当在审判人员的主持下进行。在证据交换的过程中，审判人员对当事人无异议的事实、证据应当记录在卷；对有异议的证据，按照需要证明的事实分类记录在卷，并记载异议的理由。胡某甲在原审证据交换和质证过程中，对上述证据的原始件与复印件问题均未有异议。且经审查核对，任某乙的住院用药清单虽为复印件，但与医疗费原始发票的金额相互吻合，具有证据效力。故上诉人的上诉理由不能成立。

（二）关于证据交换的程序

1.【裁判规则】人民法院可以在答辩期届满后，通过组织证据交换、召集庭前会议等方式，做好审理前的准备

典型案例

曹某甲与国信期货有限责任公司大连营业部期货强行平仓纠纷案［最高人民法院（2018）最高法民申561号］

再审申请人（一审原告、二审上诉人）：曹某甲

被申请人（一审被告、二审被上诉人）：国信期货有限责任公司大连营业部（以下简称国信期货公司）

裁判观点

最高人民法院认为，关于一、二审程序是否适当的问题。本案中，一审法院在庭前组织证据交换，通知曹某甲领取国信期货公司提交的证据，符合《民诉法司法解释》第224条的规定，且上述证据在一审当庭予以出示，程序并无不当，曹某甲申请再审主张一审法院交换证据过程中刻意庇护国信期货公司无事实依据，法院不予支持。另外，一审法院根据曹某甲的申请，向大连商品交易所调取曹某甲在国信期货公司处2014年10月15日至2016年8月5日的结算单，大连商品交易所已经向一审法院出具了“按照《大连商品交易所询证办法》（试行）的规定和流程进行了查询，经查，无相应记录”的回函。因曹某甲、国信期货公司已经在一审中提交了期货交易日结算单等系列证据，并被一、二审法院采信，作为认定案件事实的依据，故二审法院对曹某甲在二审期间再次申请向大连商品交易所调取其在国信期货公司全部交易数据的申请未予准许并无不当，曹某甲亦未提供证据证明一、二审法院相关人员与大连商品交易所存在恶意串通、隐瞒证据的情形。

2.【裁判规则】在庭前会议上可以处理当事人增加、变更诉讼请求的申请和提出的反诉

典型案例

张某某与林某某民间借贷纠纷案［广东省深圳市中级人民法院（2016）粤03民

终10142号]

上诉人(原审被告):张某某

被上诉人(原审原告):林某某

裁判观点

人民法院认为,《民诉法司法解释》第224条、第225条规定,人民法院可以在答辩期届满后通过组织证据交换、召集庭前会议等方式,做好庭前准备工作。在庭前会议上可以处理当事人增加、变更诉讼请求的申请和提出的反诉。第232条规定,在案件受理后,法庭辩论结束前,原告增加诉讼请求,被告提出反诉,可以合并审理的,人民法院应当合并审理。根据上述规定,当事人可以在庭审前或法庭辩论终结前增加、变更诉讼请求或提出反诉。该司法解释于2015年2月4日起实施,根据新法优于旧法的原则,本案应适用上述司法解释的规定而非2001年《民事证据规定》。原审在庭审调查时允许林某某变更诉讼请求,符合法律规定。

3.【裁判规则】二审开庭前由一名法官主持证据交换,符合法律规定

典型案例

温某某与江西省天腾信息产业有限公司民间借贷纠纷案[最高人民法院(2019)最高法民申1459号]

再审申请人(一审被告、二审上诉人):温某某

被申请人(一审原告、二审被上诉人):江西省天腾信息产业有限公司

裁判观点

最高人民法院认为,依照2001年《民事证据规定》第37条第2款规定,"人民法院对于证据较多或复杂疑难的案件,应当组织当事人在答辩期届满后、开庭审理前交换证据"。依照该规定第39条第1款"证据交换应当在审判人员的主持下进行"之规定,本案二审开庭前由一名法官主持证据交换并无不当。温某某主张开庭审理过程中存在辩论解释未被充分听取的情形,也未举证证明,不予采信。

4.【裁判规则】当事人收到对方的证据后有反驳证据需要提交的，人民法院应当再次组织证据交换

典型案例 ▶▶

广州猫山大叔食品有限公司与杨某某产品销售责任纠纷一案［江苏省南京市中级人民法院（2020）苏01民终8057号］

上诉人（原审被告）：广州猫山大叔食品有限公司（以下简称猫山大叔食品公司）

被上诉人（原审原告）：杨某某

裁判观点 ▶▶

人民法院认为，根据杨某某提交的交易快照、支付宝交易电子回单、订单详情记录，以上证据能够完整地证明杨某某在猫山大叔食品公司开设在天猫平台的"猫山大叔旗舰店"购买了涉案榴莲，并通过支付宝向猫山大叔食品公司支付了货款，猫山大叔食品公司已然发货。猫山大叔食品公司虽然抗辩其后台查询不到该订单，但是这并不能够推翻杨某某提交的证据所证明的事实，故法院认定双方之间买卖关系成立。关于猫山大叔食品公司质证称杨某某补交证据超过举证期限的意见，杨某某是因猫山大叔食品公司庭审中的反驳意见才补交的证据，根据"当事人收到对方的证据后有反驳证据需要提交的，人民法院应当再次组织证据交换"的法律规定，杨某某补交证据并不违反相关法律规定。

5.【裁判规则】一审法院由主审法官主持庭前证据交换并不违反法律的规定

典型案例 ▶▶

黄甲等与黄某乙等合同纠纷案［广西壮族自治区高级人民法院（2020）桂民终808号］

上诉人（一审被告）：黄甲等

被上诉人（一审原告）：黄某乙等

裁判观点 ▶▶

人民法院认为，关于一审程序是否合法的问题。根据法院查明事实，一审庭审之后，三被上诉人向一审法院提交了书面调查取证申请，要求一审法院调取黄某乙、黄甲相关银行账户流水以及向鹿寨金利水泥公司破产管理人调取柳州创华贸易公司申报债权的相关材料。根据《民事诉讼法》第64条第2款的规定，因相关银行账户流水明细及上诉人柳州创华贸易公司向鹿寨金利水泥公司破产管理人申请债权的相关材料属于三被上诉人自身客观上无法取得的证据，一审法院根据三被上诉人的申请调取相关证据符合法律的规定，上诉人认为三被上诉人在一审中没有向法院提出调查取证申请，一审法院程序违法的上诉主张不成立。根据《民事诉讼法》第133条规定，一审法院在开庭审理本案之前，于2019年8月23日组织双方当事人进行证据交换符合法律规定，因法律并未规定庭前证据交换需全体合议庭成员参加，故一审法院由主审法官主持庭前证据交换并不违反法律的规定。在之后的开庭审理过程中，合议庭全体成员参加庭审，并充分听取双方当事人对证据、事实及法律适用等问题的意见，本案并不存在判而不审之情形。上诉人以此为由认为一审法院程序违法的上诉主张不成立，法院不予支持。

6.【裁判规则】庭前会议中，法官有权基于证据的关联性和诉争主要问题，限制当事人重复或不必要的发言

典型案例

西藏海亮房地产发展有限公司与西藏凯捷实业有限公司建设工程施工合同纠纷案［西藏自治区高级人民法院（2019）藏民终8号］

上诉人（一审原告）：西藏海亮房地产发展有限公司（以下简称海亮公司）

被上诉人（一审被告）：西藏凯捷实业有限公司（以下简称凯捷公司）

裁判观点

人民法院认为，根据《民诉法司法解释》第224条之规定，庭前会议由主审法官主持，由双方当事人及其律师、证人参加。主要工作是由法官组织当事人交换证据材料和清单，明确案件争执点，对没有争执的事实庭审时不再质证，以及确定法庭开庭调查的重点事项。因此，庭前证据交换作为庭前准备工作并不要求全体合议庭成员出席并进行同步录音录像，由书记员将质证意见及争执点等记录在案即可。在质证的过程中，主审法官作为主持者，有权根据案件诉争主要问题限制当事人重复或不必要的发言。鉴于本案中海亮公司的诉请为要求凯捷公司承担逾期竣工违约责任，主审法官对其就案涉工程质量不合格的论述及举证，基于与本案没有关联性进行限制并无不当。

7.【裁判规则】对于案情不太复杂、证据不多，可不采取证据交换的方式

典型案例 ▶▶

新余市富邦升辉房地产开发有限公司等与南昌农村商业银行股份有限公司赣江支行等金融借款合同纠纷案［江西省高级人民法院（2019）赣民终17号］

上诉人（原审被告）：新余市富邦升辉房地产开发有限公司（以下简称富邦升辉公司）

被上诉人（原审原告）：南昌农村商业银行股份有限公司赣江支行（以下简称农商行赣江支行）

裁判观点 ▶▶

人民法院认为，根据2001年《民事证据规定》第37条的规定，经当事人申请，人民法院可以组织当事人在开庭审理前交换证据。证据交换是对证据较多或复杂疑难案件适用举证时限制度的特殊要求。但对于案情不太复杂、证据不多，通过指定举证期限能够固定争议焦点和证据的案件，一般不必采取证据交换的方式。本案系二审案件，上诉人富邦升辉公司、吴某某提交的新证据数量不多，且庭前已经送达给被上诉人，被上诉人农商行赣江支行在二审中未提交新证据。因此，本案不必进行庭前证据交换，可以在庭审调查阶段对二审提交的新证据进行举证质证。因此，法院对上诉人富邦升辉公司、吴某某庭前证据交换的申请不予准许。

8.【裁判规则】适用简易程序审理案件，法院未在开庭前进行证据交换，符合法律规定

典型案例 ▶▶

浙江宝华控股集团有限公司与寿县久泰建筑材料有限公司买卖合同纠纷案［安徽省六安市中级人民法院（2017）皖15民终1724号］

上诉人（原审被告）：浙江宝华控股集团有限公司（以下简称浙江宝华公司）

被上诉人（原审原告）：寿县久泰建筑材料有限公司（以下简称寿县久泰公司）

裁判观点

人民法院认为，《民事诉讼法》第133条第4项是针对人民法院按第一审普通程序审理案件，在审理前准备阶段作出的规定。但一审法院对本案适用简易程序审理，《民诉法司法解释》第267条规定，适用简易程序审理案件，可以简便方式进行审理前的准备，故一审法院未在开庭前将寿县久泰公司的证据送达浙江宝华公司，程序并无不当。对寿县久泰公司一审提交的部分证据，浙江宝华公司在庭后提交了书面质证意见，一审法院在判决中对该书面质证意见亦予以记载，故一审法院并未剥夺浙江宝华公司的质证权利，浙江宝华公司上诉所持一审程序违法的理由不能成立，不予支持。

9.【裁判规则】人民法院依照《民事诉讼法》第133条第4项的规定，通过组织证据交换进行审理前准备的，证据交换之日，举证期限届满

典型案例

中国平安财产保险股份有限公司垫江支公司与黎某某等机动车交通事故责任纠纷案［重庆市第三中级人民法院（2020）渝03民终864号］

上诉人（原审被告）：中国平安财产保险股份有限公司垫江支公司（以下简称平安财险垫江支公司）

被上诉人（原审原告）：黎某某等

裁判观点

人民法院认为，因平安财险垫江支公司在2020年3月26日已经签收了重庆市云阳司法鉴定所出具的云阳司鉴所（2020）医鉴字第018号《司法鉴定意见书》，一审法院2020年4月17日组织庭审对该证据进行质证审查时，平安财险垫江支公司对该鉴定意见并未向一审法院提交书面的鉴定人出庭申请书和书面的重新鉴定申请，而是在庭审后的2020年4月20日才向一审法院提交的鉴定人出庭申请书和重新鉴定申请。根据2019年《民事证据规定》第56条的规定，平安财险垫江支公司在2020

年4月20日向一审法院提出的上述鉴定人出庭申请书和重新鉴定申请超过了法定的举证期限，一审法院未予采纳正确。从本案现有的证据来看，平安财险垫江支公司并未提供足够、充分的证据证明一审法院委托重庆市云阳司法鉴定所对该案进行司法鉴定不符合相关的法律、法规规定和程序违法的事实存在，一审法院以重庆市云阳司法鉴定所对该案出具的上述司法鉴定意见书作为本案定案依据之一合法，亦无不妥。故平安财险垫江支公司上诉提出“一审法院审理该案程序违法”的理由，与本案查明的事实不符，依法不予支持。

10.【裁判规则】证据交换制度并不要求必须将原告证据提前送达被告，主张未在送达起诉状副本时同时送达原告证据而违反法定程序的上诉理由，不予支持

典型案例

山东聚丰网络有限公司与韩国MGAME公司等网络游戏代理及许可合同纠纷管辖权异议案［最高人民法院（2009）民三终字第4号］

上诉人（原审被告）：韩国MGAME公司

被上诉人（原审原告）：山东聚丰网络有限公司

裁判观点

最高人民法院认为，关于一审法院在送达起诉状副本时未同时送达原告提交的证据材料是否违反法定程序。根据《民事诉讼法》第113条第1款、2001年《民事证据规定》第33条、第34条第1款、第37条的规定，首先，人民法院应当在立案之日起5日内至少应将起诉状副本、应诉通知书、举证通知书发送被告，并无必须同时将原告证据一并发送被告的强制性规定。其次，前述司法解释明确了在人民法院立案受理后的举证期限制度，即除非当事人协商一致并经人民法院认可，该举证期限自当事人收到案件受理通知书和应诉通知书的次日起计算不得少于30日。对于国内案件而言，这一举证期限显然要长于被告15日的答辩期；即使对于涉外案件中在中华人民共和国领域内没有住所的被告而言，其答辩期为30日，举证期限也仅仅是有可能与该答辩期相同，但不会短于该答辩期，而且实际上一般也会长于该答辩期。尽管实践中人民法院决定立案受理案件时一般会要求原告提供初步证据，但这并不意味着要求原告必须在起诉时或者被告的答辩期届满前提交全部证据。最后，前述司法解释还明确了证据交换制度，这意味着当事人可以在人民法院组织交换证据时各自向对方提供证据，而并不要求必须将原告证据提前送达被告。另外，如何保证被告尽早获得原告证据以便其及时进行有针对性的抗辩，是需要在将来进一步完善有关法律规则和实践操作的问题。总而言之，上诉人有关原审法院未在送达起诉状副本时同时送达原告证据而违反法定程序的上诉理由，不能成立。

（三）司法认定

1.【裁判规则】在证据交换过程中，当事人明确承认于己不利的事实的，另一方当事人无须举证证明

典型案例

苏某某与李某某买卖合同纠纷案［最高人民法院（2017）最高法民申91号］

再审申请人（一审被告、二审上诉人）：苏某某

被申请人（一审原告、二审被上诉人）：李某某

裁判观点

最高人民法院认为，关于苏某某申请再审主张协议约定的价格不符合常理的问题。一方面，苏某某的委托诉讼代理人在2014年3月11日本案原一审的证据交换中承认，以评估价格的4倍多收购李某某的固定资产是基于煤矿正常生产后能够增值的考虑。由此可见，苏某某之所以高价收购煤矿，是基于对可得利益的期待，符合自愿的市场交易规则。苏某某主张该自认内容是委托诉讼代理人的主观臆断，无证据证明，不予支持。另一方面，苏某某作为煤矿经营者，对签署买卖煤矿合同、购买煤矿的风险和利润应有充分地理解和认知，理应承担购买煤矿后所产生的风险。在其自愿签订协议书的情况下，约定的价款较高并不能证明双方当事人的意思表示不真实。因此，原审判决认定协议书真实有效并无不当。

2.【裁判规则】交换证据之日，举证期限届满，逾期提交且未经过质证的证据材料，依法应不予采纳

典型案例

深圳市国土资源和房产管理局与深圳市烽焰投资有限公司等建设用地使用权

出让合同纠纷案［广东省高级人民法院（2009）粤高法民一终字第75号］

上诉人（原审原告）：深圳市国土资源和房产管理局（以下简称深圳市国土局）

被上诉人（原审被告）：深圳市烽焰投资有限公司（以下简称烽焰公司）

裁判观点

人民法院认为，深圳市国土局2004年9月2日制作的催交地价款通知单和刊登在2006年1月5日《深圳特区报》上的关于催交地价款的公告，系深圳市国土局的委托代理人于2007年12月11日向原审法院提交，而本案原审证据交换日为2007年12月3日，开庭日期为2007年12月6日。根据2001年《民事证据规定》第34条第1款、第2款，第38条第2款和第43条第1款规定，由于该两份证据材料不属于《民事诉讼法》第125条第1款规定的“新的证据”，故系逾期提交且未经过质证的证据材料，依法应不予采纳。

3.【裁判规则】当事人要求延长举证期限后，未另行指定时间再次组织证据交换的，不属于严重违反法定程序的情形

典型案例

佛山市南海房地产发展有限公司等与瑞通水电设备安装有限公司确认合同无效纠纷案［湖南省衡阳市中级人民法院（2013）衡中法民一终字第187号］

上诉人（原审被告）：佛山市南海房地产发展有限公司（以下简称南海公司）等

被上诉人（原审原告）：瑞通水电设备安装有限公司（以下简称瑞通公司）

裁判观点

人民法院认为，人民法院组织庭前证据交换的内容之一就是当事人签收对方提交的证据，原审法院在证据交换日将一方当事人提交的证据送达对当事人并无不当。在南实公司、瀛淀公司、嘉士达公司、南星公司要求延长举证期限后，原审法院虽未另行指定时间再次组织证据交换，但上诉人南实公司、瀛淀公司、嘉士达公司、南星公司在法院二审指定的举证期限和延长的举证期限内亦未提交新的证据。原审法院未另行指定时间再次组织证据交换，不属于《民事诉讼法》第170条第1款第4项规定的严重违反法定程序的情形。因此，上诉人南实公司、瀛淀公司、嘉士达公司、南星公司关于原审法院严重违反法定程序的上诉理由不能成立，法院不予采纳。综上所述，各上诉人提出的上诉理由均不能成立，对其上诉请求法院不予支持。

4.【裁判规则】当事人收到对方的证据后有反驳证据需要提交的，人民法院应当再次组织证据交换

典型案例

三普药业股份有限公司与上海佳盛传播发展有限公司承揽合同广告费纠纷案
［上海市第二中级人民法院（2005）沪二中民四（商）终字第429号］

上诉人（原审被告）：三普药业股份有限公司（原青海三普药业股份有限公司）

被上诉人（原审原告）：上海佳盛传播发展有限公司

裁判观点

人民法院认为，根据证据规则的原理，行为意义上的举证责任也就是当事人对其主张的事实所负担的提供证据加以证明的责任，具有动态转移的特征，这种证据之间的攻防对抗不是一蹴而就的，通过本证、反证、对反证的反证，使当事人对其主张的举证责任达到最佳；同时，上述这种证据攻防必须是在证据所针对的争议焦点明确并且不发生转移的情形下。因此，根据2001年《民事证据规定》第40条第1款之规定，当事人收到对方交换的证据后可以提出反驳并提出新的证据，这就意味着在第一次证据交换后，为保障当事人双方有平等举证的机会，法律规定法院有义务为对方当事人再次组织证据交换，也就是说“交换证据之日，举证期限届满”的规定中，交换证据之日为最后一次证据交换日。本案中，被上诉人原审起诉时主张其为上诉人已经播出了多少档广告、上诉人还欠多少费用，对此主张被上诉人应负举证责任，事实上被上诉人在起诉时也已向法院提供了其播出了多少档广告的依据。此后，上诉人在原审中反驳称被上诉人存在错播、漏播、重复播放、重复计算的情况，也就是说上诉人认为被上诉人履行行为不符合合同约定，上诉人为证明其主张也提供了相应的证据，对上诉人该项反驳被上诉人主张而提交的证据，被上诉人有权再提供证据予以反驳，当然，上诉人也有权继续对被上诉人反驳再次反驳并提供证据。综上所述，上诉人认为原审法院违法组织双方进行证据交换的主张，系对司法解释的错误理解，法院不予采纳。

5.【裁判规则】当事人在证据交换阶段认可的证据，经审判人员在庭审中说明后，视为质证过的证据

典型案例

勐海恒泰矿业冶炼有限公司与勐海振思铁合金矿业有限公司租赁合同纠纷案［最高人民法院（2017）最高法民申453号］

再审申请人（一审原告、反诉被告、二审上诉人）：勐海恒泰矿业冶炼有限公司（以下简称恒泰公司）

被申请人（一审被告、反诉原告、二审被上诉人）：勐海振思铁合金矿业有限公司

裁判观点

最高人民法院认为，关于一、二审程序是否存在违法的问题。针对一审程序，恒泰公司提出一审法院未依法组织“庭前证据交换”程序，其称2015年10月22日一审庭审笔录明确载明“因为已经进行庭前证据交换，本庭不再组织举证质证”。对于这个问题，根据《民诉法司法解释》第103条第2款的规定，本案一审法院法庭审理笔录的第7页的第6行“因为已经进行庭前证据交换，本庭不再组织举证质证，双方是否还有证据提交？”的记载表明当事人在庭前已经进行过证据交换并记录在卷，且审判人员在庭审中也已作出说明。因此，对于恒泰公司提出的一审法院未依法组织“庭前证据交换”程序的主张，法院不予支持。

第六章　鉴　　定

司法实践问题与法条适用导航

序号	司法实践问题	法条适用导航
1	可以申请鉴定的范围	《民事诉讼法》第76条[1]
2	人民法院不予委托鉴定的范围	《委托鉴定的规定》第1条[2]
3	申请鉴定的期间	2020年《民诉法司法解释》第121条[3]
4	预先缴纳鉴定费用的规定	2019年《民事证据规定》第31条[4]
5	提供鉴定检材是否可以申请延长期限	《民事诉讼法》第65条第2款[5]
6	鉴定意见质证的规定	《民事诉讼法》第68条[6]； 2020年《民诉法司法解释》第103条第1款[7]； 《委托鉴定的规定》第2.4条[8]
7	选择鉴定机构的方式	《委托鉴定的规定》第3.7条[9]
8	鉴定人拒绝签署承诺书的程序处理	《委托鉴定的规定》第3.8条[10]
9	鉴定人可以了解案件的相关资料	《民事诉讼法》第77条[11]
10	鉴定人出庭作证的规定	《民事诉讼法》第78条[12]
11	鉴定意见是否可以作为定案依据	《民事诉讼法》第63条[13]
12	相对方拒不提供鉴定检材的法律后果	2019年《民事证据规定》第95条[14]
13	鉴定人是否必须当庭答复对鉴定意见的异议和询问	2019年《民事证据规定》第80条[15]
14	鉴定人出庭的规定	2019年《民事证据规定》第79条[16]
15	鉴定人拒绝出庭的规定	2019年《民事证据规定》第81条[17]
16	人民法院调查需要鉴定的证据的规定	2019年《民事证据规定》第24条[18]

续表

序号	司法实践问题	法条适用导航
17	待证事实需要鉴定，法院的说明义务	2019年《民事证据规定》第30条规定[19]
18	人民法院依职权进行鉴定的条件	
19	对委托的鉴定事项，鉴定机构无法作出鉴定意见或鉴定不出结论的法律后果	2020年《民诉法司法解释》第90条第2款[20]
20	确定鉴定人的人选	2019年《民事证据规定》第32条[21]
21	勘验物证和现场的规定	2019年《民事证据规定》第34条[22]
22	在规定的时间内，鉴定机构完成不了鉴定任务的处理	2019年《民事证据规定》第35条[23]
23	人民法院委托鉴定的，鉴定期限及延长的规定	《委托鉴定的规定》第6.13条[24]
24	建设工程施工合同双方已约定固定价的鉴定规定	2020年《建设工程司法解释一》第28条[25]
25	建设工程施工合同案件申请鉴定的范围	2020年《建设工程司法解释一》第31条[26]
26	建设工程施工合同案件，在诉讼前已经对建设工程价款结算达成协议，申请鉴定的规定	2020年《建设工程司法解释一》第29条[27]
27	建设工程施工合同案件，双方在诉讼前共同委托有关机构出具咨询意见，诉讼后是否可以申请鉴定	2020年《建设工程司法解释一》第30条[28]
28	建设工程施工合同纠纷案件，二审程序中申请鉴定的规定	2020年《建设工程司法解释一》第32条[29]
29	鉴定检材质证的规定	2020年《建设工程司法解释一》第33条[30]
30	未经质证的鉴定检材的法律后果	2020年《建设工程司法解释一》第34条[31]
31	对当事人有争议的材料，应当由人民法院予以认定	《委托鉴定的规定》第2.5条[32]
32	当事人请求鉴定机构补充鉴定或重新鉴定的情形	《委托鉴定的规定》第5.11条[33]
33	环境侵权案件中，具有专门知识的人出庭，可就鉴定意见等专业问题提出意见	2020年《环境侵权纠纷司法解释》第9条[34]

1 《民事诉讼法》第76条规定："当事人可以就查明事实的专门性问题向人民法院申请鉴定。当事人申请鉴定的，由双方当事人协商确定具备资格的鉴定人；协商不成的，由人民法院指定。当事人未申请鉴定，人民法院对专门性问题认为需要鉴定的，应当委托具备资格的鉴定人进行鉴定。"

2 《委托鉴定的规定》第1条规定："1.严格审查拟鉴定事项是否属于查明案件事实的专门性问题，有下列情形之一的，人民法院不予委托鉴定：(1)通过生活常识、经验法则可以推定的事实；(2)与待证事实无关联的问题；(3)对证明待证事实无意义的问题；(4)应当由当事人举证的非专门性问题；(5)通过法庭调查、勘验等方法可以查明的事实；(6)对当事人责任划分的认定；(7)法律适用问题；(8)测谎；(9)其他不适宜委托鉴定的情形。2.拟鉴定事项所涉鉴定技术和方法争议较大的，应当先对其鉴定技术和方法的科学可靠性进行审查。所涉鉴定技术和方法没有科学可靠性的，不予委托鉴定。"

3 2020年《民诉法司法解释》第121条规定："当事人申请鉴定，可以在举证期限届满前提出。申请鉴定的事项与待证事实无关联，或者对证明待证事实无意义的，人民法院不予准许。人民法院准许当事人鉴定申请的，应当组织双方当事人协商确定具备相应资格的鉴定人。当事人协商不成的，由人民法院指定。符合依职权调查收集证据条件的，人民法院应当依职权委托鉴定，在询问当事人的意见后，指定具备相应资格的鉴定人。"

4 2019年《民事证据规定》第31条规定："当事人申请鉴定，应当在人民法院指定期间内提出，并预交鉴定费用。逾期不提出申请或者不预交鉴定费用的，视为放弃申请。对需要鉴定的待证事实负有举证责任的当事人，在人民法院指定期间内无正当理由不提出鉴定申请或者不预交鉴定费用，或者拒不提供相关材料，致使待证事实无法查明的，应当承担举证不能的法律后果。"

5 《民事诉讼法》第65条第2款规定："人民法院根据当事人的主张和案件审理情况，确定当事人应当提供的证据及其期限。当事人在该期限内提供证据确有困难的，可以向人民法院申请延长期限，人民法院根据当事人的申请适当延长。当事人逾期提供证据的，人民法院应当责令其说明理由；拒不说明理由或者理由不成立的，人民法院根据不同情形可以不予采纳该证据，或者采纳该证据但予以训诫、罚款。"

6 《民事诉讼法》第68条规定："证据应当在法庭上出示，并由当事人互相质证。对涉及国家秘密、商业秘密和个人隐私的证据应当保密，需要在法庭出示的，不得在公开开庭时出示。"

7 2020年《民诉法司法解释》第103条第1款规定："证据应当在法庭上出示，由当事人互相质证。未经当事人质证的证据，不得作为认定案件事实的根据。"

8 《委托鉴定的规定》第2.4条规定："未经法庭质证的材料（包括补充材料），不得作为鉴定材料。当事人无法联系、公告送达或当事人放弃质证的，鉴定材料应当经合议庭确认。"

9 《委托鉴定的规定》第3.7条规定："当事人协商一致选择鉴定机构的，人民法院应当审查协商选择的鉴定机构是否具备鉴定资质及符合法律、司法解释等规定。发现双方当事人的选择有可能损害国家利益、集体利益或第三方利益的，应当终止协商选择程序，采用随机方式选择。"

10 《委托鉴定的规定》第3.8条规定："人民法院应当要求鉴定机构在接受委托后5个工作日内，提交鉴定方案、收费标准、鉴定人情况和鉴定人承诺书。重大、疑难、复杂鉴定事项可适当延长提交期限。鉴定人拒绝签署承诺书的，人民法院应当要求更换鉴定人或另行委托鉴定机构。"

11 《民事诉讼法》第77条规定："鉴定人有权了解进行鉴定所需要的案件材料，必要时可以询问当事人、证人。鉴定人应当提出书面鉴定意见，在鉴定书上签名或者盖章。"

12 《民事诉讼法》第78条规定："当事人对鉴定意见有异议或者人民法院认为鉴定人有必要出庭的，鉴定人应当出庭作证。经人民法院通知，鉴定人拒不出庭作证的，鉴定意见不得作为认定事实的根据；支付鉴定费用的当事人可以要求返还鉴定费用。"

13 《民事诉讼法》第63条规定："证据包括：(一)当事人的陈述；(二)书证；(三)物证；(四)视听资料；(五)电子数据；(六)证人证言；(七)鉴定意见；(八)勘验笔录。证据必须查证属实，才能作为认定事实的根据。"

14 2019年《民事证据规定》第95条规定："一方当事人控制证据无正当理由拒不提交，对待证事实负有举证责任的当事人主张该证据的内容不利于控制人的，人民法院可以认定该主张成立。"

15 2019年《民事证据规定》第80条规定："鉴定人应当就鉴定事项如实答复当事人的异议和审判人员的询问。当庭答复确有困难的，经人民法院准许，可以在庭审结束后书面答复。人民法院应当及时将书面答复送交当事人，并听取当事人的意见。必要时，可以再次组织质证。"

16 2019年《民事证据规定》第79条规定："鉴定人依照民事诉讼法第七十八条的规定出庭作证的，人民法院应当在开庭审理三日前将出庭的时间、地点及要求通知鉴定人。委托机构鉴定的，应当由从事鉴定的人员代表机构出庭。”

17 2019年《民事证据规定》第81条规定：“鉴定人拒不出庭作证的，鉴定意见不得作为认定案件事实的根据。人民法院应当建议有关主管部门或者组织对拒不出庭作证的鉴定人予以处罚。当事人要求退还鉴定费用的，人民法院应当在三日内作出裁定，责令鉴定人退还；拒不退还的，由人民法院依法执行。当事人因鉴定人拒不出庭作证申请重新鉴定的，人民法院应当准许。”

18 2019年《民事证据规定》第24条规定：“人民法院调查收集可能需要鉴定的证据，应当遵守相关技术规范，确保证据不被污染。”

19 2019年《民事证据规定》第30条规定：“人民法院在审理案件过程中认为待证事实需要通过鉴定意见证明的，应当向当事人释明，并指定提出鉴定申请的期间。符合《最高人民法院关于适用〈中华人民共和国民事诉讼法〉的解释》第九十六条第一款规定情形的，人民法院应当依职权委托鉴定。”

20 2020年《民诉法司法解释》第90条第2款规定：“在作出判决前，当事人未能提供证据或者证据不足以证明其事实主张的，由负有举证证明责任的当事人承担不利的后果。”

21 2019年《民事证据规定》第32条规定：“人民法院准许鉴定申请的，应当组织双方当事人协商确定具备相应资格的鉴定人。当事人协商不成的，由人民法院指定。人民法院依职权委托鉴定的，可以在询问当事人的意见后，指定具备相应资格的鉴定人。人民法院在确定鉴定人后应当出具委托书，委托书中应当载明鉴定事项、鉴定范围、鉴定目的和鉴定期限。”

22 2019年《民事证据规定》第34条规定：“人民法院应当组织当事人对鉴定材料进行质证。未经质证的材料，不得作为鉴定的根据。经人民法院准许，鉴定人可以调取证据、勘验物证和现场、询问当事人或者证人。”

23 2019年《民事证据规定》第35条规定：“鉴定人应当在人民法院确定的期限内完成鉴定，并提交鉴定书。鉴定人无正当理由未按期提交鉴定书的，当事人可以申请人民法院另行委托鉴定人进行鉴定。人民法院准许的，原鉴定人已经收取的鉴定费用应当退还；拒不退还的，依照本规定第八十一条第二款的规定处理。”

24 《委托鉴定的规定》第6.13条规定：“人民法院委托鉴定应当根据鉴定事项的难易程度、鉴定材料准备情况，确定合理的鉴定期限，一般案件鉴定时限不超过30个工作日，重大、疑难、复杂案件鉴定时限不超过60个工作日。鉴定机构、鉴定人因特殊情况需要延长鉴定期限的，应当提出书面申请，人民法院可以根据具体情况决定是否延长鉴定期限。鉴定人未按期提交鉴定书的，人民法院应当审查鉴定人是否存在正当理由。如无正当理由且人民法院准许当事人申请另行委托鉴定的，应当责令原鉴定机构、鉴定人退回已经收取的鉴定费用。”

25 2020年《建设工程司法解释一》第28条规定：“当事人约定按照固定价结算工程价款，一方当事人请求对建设工程造价进行鉴定的，人民法院不予支持。”（2004年《建设工程司法解释一》第22条）

26 2020年《建设工程司法解释一》第31条规定：“当事人对部分案件事实有争议的，仅对有争议的事实进行鉴定，但争议事实范围不能确定，或者双方当事人请求对全部事实鉴定的除外。”（2004年《建设工程司法解释一》第23条）

27 2020年《建设工程司法解释一》第29条规定：“当事人在诉讼前已经对建设工程价款结算达成协议，诉讼中一方当事人申请对工程造价进行鉴定的，人民法院不予准许。”（2019年《建设工程司法解释二》第12条）

28 2020年《建设工程司法解释一》第30条规定：“当事人在诉讼前共同委托有关机构、人员对建设工程造价出具咨询意见，诉讼中一方当事人不认可该咨询意见申请鉴定的，人民法院应予准许，但双方当事人明确表示受该咨询意见约束的除外。”（2019年《建设工程司法解释二》第13条）

29 2020年《建设工程司法解释一》第32条规定：“当事人对工程造价、质量、修复费用等专门性问题有争议，人民法院认为需要鉴定的，应当向负有举证责任的当事人释明。当事人经释明未申请鉴定，虽申请鉴定但未支付鉴定费用或者拒不提供相关材料的，应当承担举证不能的法律后果。一审诉讼中负有举证责任的当事人未申请鉴定，虽申请鉴定但未支付鉴定费用或者拒不提供相关材料，二审诉讼中申请鉴定，人民法院认为确有必要的，应当依照民事诉讼法第一百七十条第一款第三项的规定处理。”（2019年《建设工程司法解释二》第14条）

30 2020年《建设工程司法解释一》第33条规定：“人民法院准许当事人的鉴定申请后，应当根据当事人申请及查明案件事实的需要，确定委托鉴定的事项、范围、鉴定期限等，并组织当事人对争议的鉴定材料进行质证。”（2019年《建设工程司法解释二》第15条）

31　2020年《建设工程司法解释一》第34条规定："人民法院应当组织当事人对鉴定意见进行质证。鉴定人将当事人有争议且未经质证的材料作为鉴定依据的，人民法院应当组织当事人就该部分材料进行质证。经质证认为不能作为鉴定依据的，根据该材料作出的鉴定意见不得作为认定案件事实的依据。"（2019年《建设工程司法解释二》第16条）

32　《委托鉴定的规定》第2.5条规定："对当事人有争议的材料，应当由人民法院予以认定，不得直接交由鉴定机构、鉴定人选用。"

33　《委托鉴定的规定》第5.11条规定："鉴定意见书有下列情形之一的，视为未完成委托鉴定事项，人民法院应当要求鉴定人补充鉴定或重新鉴定：（1）鉴定意见和鉴定意见书的其他部分相互矛盾的；（2）同一认定意见使用不确定性表述的；（3）鉴定意见书有其他明显瑕疵的。补充鉴定或重新鉴定仍不能完成委托鉴定事项的，人民法院应当责令鉴定人退回已经收取的鉴定费用。"

34　2020年《环境侵权纠纷司法解释》第9条规定："当事人申请通知一至两名具有专门知识的人出庭，就鉴定意见或者污染物认定、损害结果、因果关系、修复措施等专业问题提出意见的，人民法院可以准许。当事人未申请，人民法院认为有必要的，可以进行释明。具有专门知识的人在法庭上提出的意见，经当事人质证，可以作为认定案件事实的根据。"

第一节　鉴定的启动

【法理辨析】

一、鉴定的启动

启动鉴定的方式共有两种，即当事人申请鉴定和人民法院依职权鉴定。关于当事人申请鉴定，《民事诉讼法》第76条规定："当事人可以就查明事实的专门性问题向人民法院申请鉴定。当事人申请鉴定的，由双方当事人协商确定具备资格的鉴定人；协商不成的，由人民法院指定。当事人未申请鉴定，人民法院对专门性问题认为需要鉴定的，应当委托具备资格的鉴定人进行鉴定。"关于人民法院依职权进行鉴定，2019年《民事证据规定》第30条规定："人民法院在审理案件过程中认为待证事实需要通过鉴定意见证明的，应当向当事人释明，并指定提出鉴定申请的期间。符合《最高人民法院关于适用〈中华人民共和国民事诉讼法〉的解释》第九十六条第一款规定情形的，人民法院应当依职权委托鉴定。"

（一）当事人申请鉴定

（1）从性质上来说，鉴定是证明责任的延续。当事人对待证事实涉及的专门性问题申请鉴定，是当事人承担举证责任的延续，或者说是当然组成部分，即负举证责任的当事人基于待证事实提出了主张，而待证事实无法查清（不申请鉴定或鉴定不能），对待证事实的证明未达到法定的证明标准，当事人要对此承担举证不力的法律后果。

关于二审诉讼中的鉴定问题。在符合相关法律规定的条件下，允许二审程序启动鉴定。原因在于：1.查清案件事实的需要。根据《民事诉讼法》第76条的规定，当事人可以就查明事实的专门性问题向人民法院申请鉴定，《民事诉讼法》第170条规定，“第二审人民法院对上诉案件，经过审理，按照下列情形，分别处理：……（三）原判决认定基本事实不清的，裁定撤销原判决，发回原审人民法院重审，或者查清事实后改判……”2.有关司法解释的规定。如2020年《建设工程司法解释一》第32条第2款“一审诉讼中负有举证责任的当事人未申请鉴定，虽申请鉴定但未支付鉴定费用或者拒不提供相关材料，二审诉讼中申请鉴定，人民法院认为确有必要的，应当依照民事诉讼法第一百七十条第一款第三项的规定处理”的规定。在司法实践中，二审法院为进一步查清案件事实，或为了解决专业性问题，如确定工程质量问题，或为了确定工程价款，或当事人虽然一审时放弃工程造价鉴定申请，但二审时又向法院请求对案涉工程结算价、合同价款外增加部分进行造价结算鉴定，为了能够一次性解决当事人纠纷，二审阶段当事人申请鉴定的，二审法院如果认为有必要的应发回重审，进行司法鉴定。3.在二审中启动鉴定不是绝对的。在不具备进行鉴定的情况下，亦可不准许当事人的鉴定申请。如申请鉴定的事项不属于待证事实或即使鉴定出结果，对于纠纷的解决并无意义的；属于当事人能够举证而未举证范围的；没有提供鉴定检材无法鉴定的。

（2）从鉴定对象上来说，并非所有争议都需要鉴定。当事人申请进行鉴定，如经法院审查，案件所涉技术问题无须借助专业鉴定，待证事实不需要通过鉴定意见就能够证明，法官就能作出审查判断的，人民法院不予准许。2019年《民事证据规定》第30条规定，“人民法院在审理案件过程中认为待证事实需要通过鉴定意见证明的”，即除非不鉴定不能查明案件事实，否则，不能启动鉴定程序。不鉴定就可以查明案件事实的，不启动鉴定程序；只是部分事实涉及专门性、技术性问题的，只对该部分事实进行鉴定，不对全部事实进行鉴定，但当事人请求对全部事实鉴定的除外；对于当事人“申请鉴定的事项与待证事实无关联，或者对证明待证事实无意义的，人民法院不予准许”。

（3）从程序启动上来说，当事人申请鉴定必须提出申请。我国《民事诉讼法》规定了当事人主义为主，法院职权主义为辅的鉴定程序启动模式。是否进行鉴定，应当由人民法院决定，法官应掌握鉴定的启动权，应当注意哪些属于“专门性问题”的审查与哪些属于待证事实的审查的区别，对于待证事实涉及的“专门性问题”，法官不一定有专业的技术知识来识别、分析和得出结论，而对于判断哪类待证事实需要靠专门性知识来解答是法官的职权所在。其一，当事人对待证事实要鉴定的，需要提出书面鉴定申请，“逾期不提出申请或者不预交鉴定费用的，视为放弃申请”；其二，当事人提出鉴定申请，并不等于说法院就必须予以鉴定，那样的话，当事人就成了“事实裁判者”了；其三，对于当事人的鉴定申请，必须达到法官“认为待证事实需要通过鉴定意见证明的”，才有可能启动鉴定程序。

（4）从申请期限上来说，鉴定申请必须在法院“指定期间内”提出。根据2019年《民事证据规定》第31条的规定，当事人未在法院指定的期间内提出书面申请，或者不预交鉴定费用以及鉴定费用预交不足，或者拒不提供自己所掌握的鉴定检材（对方当事人拒不提供鉴定检材的，可以适用证明妨碍规则），或者是一审法院开庭后提出申请鉴定的，导致涉及专门的问题的待证事实无法查清，达不相应的证明标准，法官无法形成内心确信的，就要承担举证不能的法律后果。

需要说明的是，法院指定的期间内提出，不能等同于“举证期限届满前提出”。2019年《民事证据规定》增加了“应当向当事人释明”的程序要求，因此在法官未释明的情况下，对于逾期主张的鉴定申请，不能一概不予准许，不宜用“举证不能”“举证不力”的理由判决驳回，将其绝对地杜绝在事实查明之外。首先，对案件事实的认识是随着案件审理的进展逐步展开的，对于待证事实的认识亦是有发展和变化过程的，当事人的诉讼请求也会存在变化。因此，按照事物发展的规律来说，哪些待证事实会涉及专门性问题有一个逐步认知的过程，何况根据2019年《民事证据规定》第53条规定，“诉讼过程中，当事人主张的法律关系性质或者民事行为效力与人民法院根据案件事实作出的认定不一致的，人民法院应当将法律关系性质或者民事行为效力作为焦点问题进行审理。但法律关系性质对裁判理由及结果没有影响，或者有关问题已经当事人充分辩论的除外。存在前款情形，当事人根据法庭审理情况变更诉讼请求的，人民法院应当准许并可以根据案件的具体情况重新指定举证期限”。其次，查明案件事实是基础，对于待证事实“需要通过鉴定意见证明的”，不能将案件事实置于庭审之外，更何况客观上还可能存在“新的证据”的情形。2020年《民诉法司法解释》第388条规定：“再审申请人证明其提交的新的证据符合下列情形之一的，可以认定逾期提供证据的理由成立：（一）在原审庭审结束前已经存在，因客观原因于庭审结束后才发现的；（二）在原审庭审结束前已经发现，但因客观原因无法取得或者在规定的期限内不能提供的；（三）在原审庭审结束后形成，无法据此另行提起诉讼的。再审申请人提交的证据在原审中已经提供，原审人民法院未组织质证且未作为裁判根据的，视为逾期提供证据的理由成立，但原审人民法院依照民事诉讼法第六十五条规定不予采纳的除外。”最后，由于诉讼当事人的法律水平参差不齐，在法官未正确释明法律后果前，即在当事人未知晓举证时限和鉴定申请的法律后果之前，绝对地采取“证据关门主义”进行裁判突袭，将会有损害当事人的实体利益和裁判请求权。

（5）从鉴定费用来说，广义的鉴定费用不仅包括当事人应当向鉴定人预先支付的鉴定费用，还包括申请鉴定人出庭发生的相关差旅费、误工费等费用；狭义的鉴定费仅指鉴定申请人或者委托人向鉴定人预付的费用。〔1〕作如下理解：第一，鉴于2019年《民事证据规定》第38条已对鉴定人出庭费用作出了规定，第31条中“预交鉴定费用”应当是指狭义上的鉴定费用。应当注意区别2019年《民事证据规定》第31条中提到的“预交鉴定费用”与司法判决书中诉讼费的最终负担。第二，一般情况下，根据证明责任的基本原理和2019年《民事证据规定》第31条的要求，由鉴定申请人预交，不预交或预交不足，视为放弃鉴定申请，要承担相应的不利后果。当然，由于司法实践中的案件情况比较复杂，在一些特殊情况下，例如，建设工程施工合同纠纷中，实际施工人向发包人或承包人主张欠付工程款的诉讼中，由于实际施工人本身就处于被他人欠账的状态，如果不站在案结事了解决纠纷的基点上，绝对地要求实际施工人在“无钱可付”的情况下，再行缴纳相对高额的鉴定费，可能在社会效果上就不尽如人意。此时“人民法院可以有尊重当事人意思自治原则基础上，努力促进当事人以协商方式解决鉴定费的预交问题，尽量避免因经济方面的原因而输了官司。当然，这是一种最佳状态，如果在当事人彼此之间矛盾尖锐而无法协商一致时，人民法院还应当根据举证责任分配规则，审慎处理”。〔2〕第三，关于鉴定人的出庭费用问题。根据2019年《民事证据规定》第38条的规定，有异议的当事人不预交鉴定人出庭费用的，视为放弃异议；而对于双方对鉴定意见均有异议的，由双方分摊鉴定人出庭费用。第四，关于诉讼费的最终负担问题，根据《诉讼

〔1〕 参见最高人民法院民事审判第一庭编著：《最高人民法院新民事诉讼证据规定理解与适用（上）》，人民法院出版社2020年版，第372页。

〔2〕 最高人民法院民事审判第一庭编著：《最高人民法院新民事诉讼证据规定理解与适用（上）》，人民法院出版社2020年版，第324页。

费交纳办法》第29条规定，“诉讼费用由败诉方负担，胜诉方自愿承担的除外。部分胜诉、部分败诉的，人民法院根据案件的具体情况决定当事人各自负担的诉讼费用数额。共同诉讼当事人败诉的，人民法院根据其对诉讼标的的利害关系，决定当事人各自负担的诉讼费用数额”。

（二）法院依职权启动鉴定

法院依职权启动鉴定的事项，主要包括：（1）涉及可能损害国家利益、社会公共利益的；（2）涉及身份关系的；（3）涉及《民事诉讼法》第55条规定诉讼的；（4）当事人有恶意串通损害他人合法权益可能的；（5）涉及依职权追加当事人、中止诉讼、终结诉讼、回避等程序性事项的。

关于不符合依职权调查收集证据条件的，无依职权委托鉴定的必要。符合依职权调查收集证据条件是人民法院应当依职权委托鉴定的必要条件。根据《民事诉讼法》第64条的规定：“当事人及其诉讼代理人因客观原因不能自行收集的证据，或者人民法院认为审理案件需要的证据，人民法院应当调查收集。”即在不具备“因客观原因不能自行收集的证据”条件的，不具备依职权委托鉴定条件。同时，根据2020年《民诉法司法解释》第121条第3款关于“符合依职权调查收集证据条件的，人民法院应当依职权委托鉴定”的规定，人民法院依职权鉴定，前提是该证据属于法院依职权调查收集的范畴，如果该前提条件并不存在，则不属于人民法院依职权委托鉴定的范畴。

二、与待证事实具有关联性

证据关联性，最早由英国证据法学家斯蒂芬提出，是指“任何两项事实是如此互相关联着，以至于按照事物的通常发展进程，其中一项事实本身或与其他事实相联系，能够大体证明另一事实在过去、现在或将来的存在或不存在”。[1]按照我国学者的观点，证据的关联性，是指“证据必须与案件事实有实质性联系，从而对案件事实有证明作用”[2]。所谓证据的关联性，“有二层含义，一是指证据必须与案件事实有证明关系，二是指证据之间必须的印证的关系”。[3]

〔1〕 Digest of the law of evidence, 12th ed, 1948 (revised), London: Macmillan, art1.转引自韩象乾主编：《民事证据理论新探》，中国人民公安大学出版社2006年版，第37页。
〔2〕 陈光中、徐静村主编：《刑事诉讼法学》，中国政法大学出版社2010年版，第163页。
〔3〕 常怡：《民事诉讼法学研究》，法律出版社2010年版，第217页。

证据具有关联性，应当具备两个构成要素：实质性和证明价值。实质性涉及的是证据与案件事实之间的关系。它注重的是被提供的证据欲证明的主张和案件中的争议事实的关系。如果该被提供的证据欲证明的主张不是争议中的事项，那么，该证据就没有实质性。关联性的第二方面的要素即为证明价值，即证据支持其欲证明的主张成立的倾向。〔1〕因此，检验关联性应当判断三个关键性问题：（1）所提的证据是用来证明什么的（问题是什么）？（2）这是本案中的实质性的问题吗？（3）所提的证据对该问题有证明性（它能帮助确认该问题）吗？〔2〕

法官需要对当事人申请鉴定的事项是否具有关联性进行判断。如果具有关联性，则可以准许进行鉴定；如果不具有关联性，或者关联性极其微小，甚至可以忽略不计时，可不准许进行鉴定。2020年《民诉法司法解释》第121条中规定“申请鉴定的事项与待证事实无关联，或者对证明待证事实无意义的，人民法院不予准许”。第104条规定：“人民法院应当组织当事人围绕证据的真实性、合法性以及与待证事实的关联性进行质证，并针对证据有无证明力和证明力大小进行说明和辩论。能够反映案件真实情况、与待证事实相关联、来源和形式符合法律规定的证据，应当作为认定案件事实的根据。”

关于与待证事实的关联性问题，是鉴定启动的前提性条件，也是鉴定意见的实质性问题。例如，当事人主张未与对方签订过合同，不认可合同的有效性，并主张个人在书面合同的签字不是自己的签字，申请进行笔迹鉴定。可是，在这份由对方当事人提供的书面合同中，既有单位的公章，又有个人的签字，且双方之间在合同履行过程中，多份合同协议中均有单位的公章。因此个人的签字的真假问题是否需要鉴定与合同的有效性没有实质性的关系，故法院不予准许进行鉴定。再如，有的当事人主张自己所签署的合同或协议，是被人“胁迫的”，要求鉴定机关鉴定合同或协议上的签字时间问题，即“倒签”问题。从经验法则的角度来看，司法实践中确实存在“倒签”问题，“倒签”行为并不违反有关法律规定，也是社会生活中人们会经常遇到，甚至是一种合同签署的“变通”行为。从逻辑法则的角度来看，即使鉴定出了合同上的签字确实是“倒签”，但是，“倒签”并不是胁迫的充分条件，即存在“倒签”行为并不能得到合同属于胁迫的结论。所以即使法院委托有关鉴

〔1〕 参见［美］约翰·W.斯特龙主编：《麦考密克论证据》（第5版），汤维建等译，中国政法大学出版社2004年版，第359-360页。

〔2〕 参见［美］乔恩·R.华尔兹：《刑事证据大全》（第2版），何家弘等译，中国人民公安大学出版社2004年版，第83页。

定机构按照当事人的意愿，鉴定出了合同的签字确定属于“倒签”，也无法证明或者说推导出合同就是“受胁迫”的结论，这样的鉴定应当来说就是无意义的，因此往往不会得到法院的准许（见图6-1）。

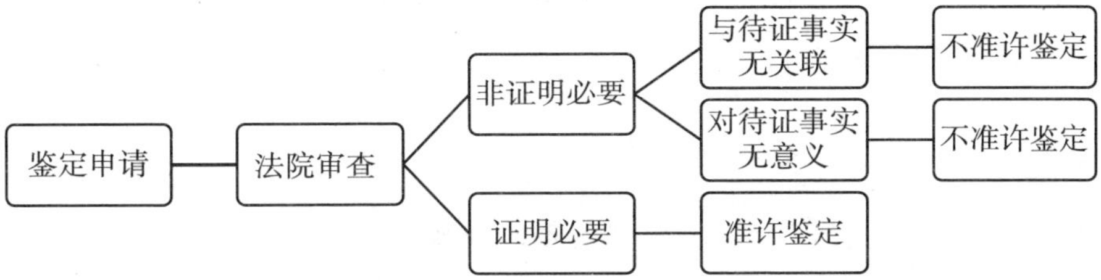

图6-1　鉴定申请的审查

三、司法实务中的鉴定的启动问题

1.关于对个人签名形成时间的鉴定是否有必要的问题。当事人申请对对方当事人提供的证据材料中的个人签名进行鉴定，例如，司法实践中，当事人经常主张要求对对方工程签证单、股东会决议、欠条等书证上所盖公章、个人签名及手写字迹形成时间进行鉴定。如果基于案件中现有证据能够对这些书证的证据证明力作出判断，能够印证或佐证案件的基本事实，那么，当事人主张对该签名的形成时间进行鉴定并非查明事实的必要证据。根据2020年《民诉法司法解释》第121条规定，可对当事人提出的鉴定申请不予采纳。

2.关于对一方当事人就专门性问题自行委托有关机构或者人员出具的意见。根据2019年《民事证据规定》第41条和《民事诉讼法》第63条第1款的规定，当事人自行委托有关机构出具的“意见”，应属于证据的形式之一，但有别于《民事诉讼法》规定的司法鉴定中的“鉴定意见”，两者在是否经法定程序启动、鉴定人是否选任、鉴定基础材料是否经质证而保证材料的真实、完整上均存在差异。当事人自行委托有关机构出具的“意见”既不属于《民事诉讼法》规定的“鉴定意见”，也不属于当事人的陈述，由于有关机构出具的意见属于主观上的判断结论，不是对客观事实的记载，因此该“意见”亦不属于书证，系《民事诉讼法》第63条规定的八种证据之外而被2019年《民事证据规定》所认可的证据形式，该证据可以作为确定事实的参照依据。

【典型案解】

(一)法律性质

1.【裁判规则】司法鉴定的对象只能是查明事实的专门性问题，不得对事实问题的法律性质作出认定

典型案例

天津京铁实业有限公司与中铁物资集团西南有限公司等执行异议之诉案［最高人民法院（2019）最高法民申3348号］

再审申请人（一审原告、二审上诉人、被执行人）：天津京铁实业有限公司（以下简称京铁公司）

被申请人（一审被告、二审被上诉人、申请执行人）：中铁物资集团西南有限公司等

裁判观点

最高人民法院认为，依据《民事诉讼法》第76条规定，司法鉴定的对象只能是查明事实的专门性问题，不得对事实问题的法律性质作出认定。案涉款项的往来事实究竟是否构成抽逃注册资金，属于人民法院审判职责。京铁公司主张的专项司法审计鉴定意见不符合法律规定，且与其提交的证据矛盾，不能作为证据使用。原审判决认定京铁公司存在抽逃出资700万元非无理据。

2.【裁判规则】人民法院依职权启动鉴定，性质上属于人民法院依职权调查收集证据的行为

典型案例

四川陶然农业科技发展有限公司与四川丰橙现代农业科技有限公司等侵害植物新品种权纠纷案［最高人民法院（2020）最高法民申648号］

再审申请人（一审原告、二审上诉人）：四川陶然农业科技发展有限公司（以下简称陶然公司）

被申请人（一审被告、二审被上诉人）：四川丰橙现代农业科技有限公司等

裁判观点

最高人民法院认为，经查二审开庭笔录，陶然公司称，在无法判断同一性的情况下才进行鉴定，本案已经可以确认同一性；如果本案不具备鉴定条件，对方是否就不侵权；一审法院没有释明，法院认为不需要做鉴定。法院认为，根据《民事诉讼法》第64条、第76条、《民诉法司法解释》第96条和第121条第3款规定，人民法院依职权启动鉴定，性质上属于人民法院依职权调查收集证据的行为，应当符合上述规定。陶然公司主张，人民法院应当依职权对被控侵权物与其请求保护的“中柑所5号”是否系同一品种进行鉴定，该主张并不符合《民事诉讼法》第64条、《民诉法司法解释》第96条关于人民法院依职权调查取证情形的规定。陶然公司的相应申请再审理由不能成立。

（二）鉴定原因

1.【裁判规则】当事人对专门性问题已经提出鉴定申请的，人民法院应当依法启动鉴定程序

典型案例

新疆五鑫铜业有限责任公司与阜康市瑞鑫工贸有限公司承揽合同纠纷案［最高人民法院（2020）最高法民终460号］

上诉人（一审被告、反诉原告）：新疆五鑫铜业有限责任公司（以下简称五鑫铜业公司）

被上诉人（一审原告、反诉被告）：阜康市瑞鑫工贸有限公司（以下简称瑞鑫工贸公司）等

裁判观点

最高人民法院认为，对案涉固定资产损失的认定，应当属于《民事诉讼法》第76条所规定的“专门性问题”。诉讼中当事人已经提出鉴定申请的，法院应当依法启动鉴定程序，故本案有启动鉴定程序的必要性。根据2017年4月8日五鑫铜业公司与瑞清物贸公司签订的资产评估业务约定书第1条评估目的约定：对瑞鑫工贸公司的单项资产进行评估，为五鑫铜业公司拟收购资产行为提供价值参考依据。由此可见，案涉关于五鑫铜业公司拟收购单项资产评估项目的说明（以下简称评估说明）仅为拟收购资产行为提供价值参考，并非可作为直接认定瑞鑫工贸公司实际损

失的依据。由于瑞清物贸公司未按约定支付案涉评估说明的评估费用，且产权持有单位未对委估资产申报明细表、资产清查核实表及相关产权证明资料签字确认及盖章，且双方当事人就该评估说明的真实性、合法性、关联性均未达成一致，故该评估说明并非经双方认可的正式评估报告，一审法院以该评估说明认定瑞鑫工贸公司固定资产损失为4286.46万元没有事实和法律依据。

2.【裁判规则】未在法院指定的期限内申请鉴定，但待证事实为本案的主要事实的，当事人申请委托鉴定，应当准许

典型案例

固原润农电子商务有限公司与陕西纬睿信息科技有限公司等建设工程施工合同纠纷案［最高人民法院（2021）最高法民申127号］

再审申请人（一审被告、二审上诉人）：固原润农电子商务有限公司（以下简称固原润农公司）

被申请人（一审原告、二审被上诉人）：陕西纬睿信息科技有限公司（以下简称陕西纬睿公司）

裁判观点

最高人民法院认为，原判决对合同已履行部分价款认定是否缺乏证据证明。关于固原润农公司再审申请所称的陕西纬睿公司超过法院指定期限申请鉴定的问题。《民事诉讼法》第65条第2款规定，虽陕西纬睿公司未在法院指定的期限内申请鉴定，但工程价款作为本案的主要事实，原审法院根据陕西纬睿公司的申请委托鉴定，并不违反法律规定。

（三）申请期间

1.【裁判规则】当事人申请鉴定，应当在人民法院指定期间内提出

典型案例

惠某某与崔某某装饰装修合同纠纷案［新疆维吾尔自治区高级人民法院（2020）新民申1348号］

再审申请人（一审被告、反诉原告、二审上诉人）：惠某某

被申请人（一审原告、反诉被告、二审被上诉人）：崔某某

裁判观点

人民法院认为，根据《民事诉讼法》第76条和2019年《民事证据规定》第31条规定，新的证据规定对原规定当事人申请鉴定要求在举证期限内提出的，修改为在人民法院指定期间内提出。所以惠某某提出崔某某未在举证期间内申请鉴定，原审程序违法的理由，于法相悖，法院不予支持。

2.【裁判规则】质证后双方就工程造价这一专门性问题未达成一致，申请司法鉴定的，不违反申请鉴定期限的相关规定

典型案例

枣阳市搏康体育健身有限公司与湖北成方圆建筑装饰工程有限公司建设工程施工合同纠纷案［最高人民法院（2017）最高法民申971号］

再审申请人（一审被告、二审上诉人）：枣阳市搏康体育健身有限公司（以下简称搏康公司）

被申请人（一审原告、二审被上诉人）：湖北成方圆建筑装饰工程有限公司（以下简称成方圆公司）

裁判观点

最高人民法院认为，原判决认定的基本事实有证据证明。（1）搏康公司对案涉工程系成方圆公司施工无异议，但双方对工程结算意见不一，而工程结算涉及工程造价专门性问题。根据《民事诉讼法》第76条规定，关于当事人申请鉴定的时间，根据《民诉法司法解释》第121条和第99条规定，二审判决书载明，成方圆公司是在一审法院开庭对双方当事人提交的证据进行质证后当庭申请对其施工完成的工程造价进行鉴定。在一审法院开庭对双方当事人提交的证据进行质证后，因双方就工程造价这一专门性问题未达成一致，成方圆公司向法院申请司法鉴定，不违反《民事诉讼法》关于申请鉴定期限的相关规定。根据二审判决书载明的内容，搏康公司在二审中仅递交鉴定异议书，并未申请重新鉴定，鉴定机构针对搏康公司的异议出具了鉴定异议回复，二审法院未启动重新鉴定程序并无不当。（2）一审法院出具的鉴

定委托书委托的鉴定机构虽是中瑞诚襄阳分公司，但分公司不具有独立法人资格，因此鉴定结论报告及鉴定异议答复均由中瑞诚公司出具是合法的。《全国人民代表大会常务委员会关于司法鉴定管理问题的决定》第8条中规定“各鉴定机构之间没有隶属关系；鉴定机构接受委托从事司法鉴定业务，不受地域范围的限制”。因此，中瑞诚公司跨省开展鉴定业务未违反上述规定。法院再审审查查明，案涉鉴定报告的鉴定人并非杨某军，故杨某军有无鉴定人资格，不影响案涉鉴定报告的效力。

（四）法院职权

1.【裁判规则】人民法院有权决定是否接受当事人的鉴定申请

典型案例

江苏海洋航务打捞有限公司与永安财产保险股份有限公司镇江中心支公司港口作业合同纠纷案［最高人民法院（2014）民申字第947号］

再审申请人（一审被告、二审上诉人）：江苏海洋航务打捞有限公司（以下简称打捞公司）

被申请人（一审原告、二审上诉人）：永安财产保险股份有限公司镇江中心支公司（以下简称保险公司）

裁判观点

最高人民法院认为，打捞公司主张一、二审法院未调查取证并根据其申请对相应受损设备进行技术鉴定，侵犯其诉讼权利。依据2001年《民事证据规定》第26条规定，人民法院有权决定是否接受当事人的鉴定申请。本案中保险公司提交的公估报告已就受损设备的损失进行评估，其证明效力为（2012）武海法商字第68号民事判决所确认，在本案中该证据亦经过质证、认证，打捞公司并未提供充分证据否定公估报告的效力。在此情形下，一、二审法院未批准打捞公司的鉴定申请直接依据公估报告确定损失数额并无不当。

2.【裁判规则】人民法院有权决定是否依职权启动鉴定

典型案例

安庆帝伯格茨缸套有限公司与中原内配集团安徽有限责任公司侵害发明专利

权纠纷案［最高人民法院（2019）最高法知民终283号］

上诉人（原审原告）：安庆帝伯格茨缸套有限公司（以下简称帝伯格茨公司）

被上诉人（原审被告）：中原内配集团安徽有限责任公司

裁判观点 ▶▶

最高人民法院认为，帝伯格茨公司上诉称，原审法院应当依照《民事诉讼法》有关规定依职权委托具备资格的鉴定机构进行鉴定。对此，法院认为，《民诉法司法解释》第121条第3款规定，符合依职权调查收集证据条件的，人民法院应当依职权委托鉴定。《民事诉讼法》第64条第2款规定，当事人及其诉讼代理人因客观原因不能自行收集的证据，或者人民法院认为审理案件需要的证据，人民法院应当调查收集。因本案情形不符合上述规定，故原审法院未依职权委托鉴定，并无不当。帝伯格茨公司该项上诉理由不能成立，法院不予支持。

3.【裁判规则】人民法院在审理案件过程中认为待证事实需要通过鉴定意见证明的，应当向当事人释明

典型案例 ▶▶

长沙市城市建筑工程有限公司与双牌天龙旅游实业投资有限公司建设工程施工合同纠纷案［湖南省高级人民法院（2020）湘民终1056号］

上诉人（本诉原告、反诉被告）：长沙市城市建筑工程有限公司（以下简称长沙城建公司）

上诉人（本诉被告、反诉原告）：双牌天龙旅游实业投资有限公司（以下简称天龙公司）

裁判观点 ▶▶

人民法院认为，根据2019年《民事证据规定》第30条的规定，法院向当事人释明本案工程造价需要重新鉴定，诉请支付工程款的长沙城建公司应当在10日内提出申请，但长沙城建公司未在指定期间申请重新鉴定。根据2019年《民事证据规定》

第31条和2019年《建设工程司法解释二》第14条[1]的规定，长沙城建公司应当承担举证不能的法律后果，其要求天龙公司支付工程款的诉讼请求，法院不予支持。

4.【裁判规则】是否对被诉侵权产品进行鉴定要根据案情需要决定，属于法官自由裁量的范围

典型案例

赵某与梁某某侵害实用新型专利权纠纷案［最高人民法院（2016）最高法民申173号］

再审申请人（一审原告、二审上诉人）：赵某

被申请人（一审被告、二审被上诉人）：梁某某

裁判观点

最高人民法院认为，根据《民事诉讼法》第76条规定，对证据进行鉴定需要当事人申请或者人民法院认为需要时，人民法院是否对被诉侵权产品进行鉴定要根据案情需要决定，属于法官自由裁量的范围。本案一、二审期间，赵某并未申请鉴定，一、二审法院未依职权对被诉侵权产品进行鉴定并不违反法律规定。

5.【裁判规则】当事人未申请鉴定，主张应由法院依职权组织鉴定缺乏法律依据

典型案例

中国海监营口市支队与大连东远造船有限公司船舶建造合同纠纷案［最高人民法院（2018）最高法民申4444号］

再审申请人（一审原告、二审上诉人）：中国海监营口市支队（以下简称海监营口支队）

---

〔1〕 现为2020年《建设工程司法解释一》第32条："当事人对工程造价、质量、修复费用等专门性问题有争议，人民法院认为需要鉴定的，应当向负有举证责任的当事人释明。当事人经释明未申请鉴定，虽申请鉴定但未支付鉴定费用或者拒不提供相关材料的，应当承担举证不能的法律后果。一审诉讼中负有举证责任的当事人未申请鉴定，虽申请鉴定但未支付鉴定费用或者拒不提供相关材料，二审诉讼中申请鉴定，人民法院认为确有必要的，应当依照民事诉讼法第一百七十条第一款第三项的规定处理。"

被申请人（一审被告、二审被上诉人）：大连东远造船有限公司（以下简称东远造船公司）

裁判观点

最高人民法院认为，根据《民事诉讼法》第76条第1款和《民诉法司法解释》第121条第1款规定，本案一审期间，海监营口支队和东远造船公司均未就船速问题申请鉴定，海监营口支队主张原审法院应当组织试航或委托有资质的机构对诉争船舶进行检验缺乏法律依据。二审法院未主持各方进行试航或委托第三方对该船速度进行鉴定，亦不构成遗漏或者超出诉讼请求的情形。

6.【裁判规则】依现有证据可以查明案件事实，未依职权另行委托鉴定，符合法律规定

典型案例

敖某某与准格尔旗神山煤炭有限责任公司合同纠纷案［最高人民法院（2019）最高法民申1090号］

再审申请人（一审原告、二审上诉人）：敖某某

被申请人（一审被告、二审被上诉人）：准格尔旗神山煤炭有限责任公司（以下简称神山煤炭公司）

裁判观点

最高人民法院认为，双方当事人并未申请鉴定，一、二审依据现有证据可以查明案件事实，未依职权另行委托鉴定，程序并不违法。根据上述证据，能够证实敖某某已采挖了4号煤层，双方合同已于2015年履行完毕。敖某某请求神山煤炭公司返还4200万元提成款及利息没有事实及法律依据，法院不予支持。

7.【裁判规则】是否需要鉴定应当由人民法院决定，不属于需要鉴定的，无须进行释明

典型案例

珠海市晶艺玻璃工程有限公司与长沙橘韵投资有限公司建设工程施工合同纠

纷案［最高人民法院（2020）最高法民申6400号］

再审申请人（一审原告、反诉被告、二审上诉人）：珠海市晶艺玻璃工程有限公司（以下简称晶艺公司）

被申请人（一审被告、反诉原告、二审上诉人）：长沙橘韵投资有限公司

裁判观点

最高人民法院认为，晶艺公司主张，原审法院未向其释明对工程增量部分价款申请鉴定，程序违法。根据2004年《建设工程司法解释一》第22条规定："当事人约定按照固定价结算工程价款，一方当事人请求对建设工程造价进行鉴定的，不予支持。"本案应当按照合同约定的固定总价结算工程款，即使工程量发生变化，工程价款亦须按照合同约定的结算方法和结算标准计算。根据2019年《建设工程司法解释二》第14条第1款规定，当事人对工程造价、质量、修复费用等专门性问题有争议，人民法院认为需要鉴定的，应当向负有举证责任的当事人释明。即是否需要鉴定应当由人民法院决定，因原审已认定晶艺公司提交的证据不能作为案涉工程量增加及结算依据，本案并不属于需要鉴定的情况，无须进行释明。晶艺公司关于原审法院未向其释明对工程增量部分价款申请鉴定、程序违法的主张不能成立。

8.【裁判规则】当事人已经就待证事实申请鉴定而进行鉴定，人民法院无须再依职权启动

典型案例

十堰碧清源房地产开发有限责任公司与十堰市自然资源与规划局建设用地使用权纠纷案［湖北省高级人民法院（2020）鄂民申2763号］

再审申请人（一审被告、二审上诉人）：十堰碧清源房地产开发有限责任公司（以下简称碧清源公司）

被申请人（一审原告、二审被上诉人）：十堰市自然资源与规划局（原十堰市国土资源局以下简称十堰市资源局）

裁判观点

人民法院认为，法院经审查认为，十堰市资源局以碧清源公司未依约补缴土地

出让金为由提起本案诉讼，本案为建设用土使用权纠纷。对碧清源公司申请再审的理由评判如下：关于湖北天阳房地产评估有限公司（2017）地估字第××土地估价报告能否作为认定碧清源公司应补缴土地出让金数额的依据的问题，2019年《民事证据规定》第30条规定："人民法院在审理案件过程中认为待证事实需要通过鉴定意见证明的，应当向当事人释明，并指定提出鉴定申请的期间。符合《最高人民法院关于适用〈中华人民共和国民事诉讼法〉的解释》第九十六条第一款规定情形的，人民法院应当依职权委托鉴定。"上述规定确定了司法鉴定启动程序的问题，而本案中，十堰市资源局申请对案涉建设用地因变更容积率而应补缴的出让金进行鉴定，则本案司法鉴定程序已因十堰市资源局单方申请而启动，人民法院无须再依职权启动。因湖北天阳房地产评估有限公司具备上述评估事项的鉴定资质，无证据证明在评估程序、估价方法上存在错误，且因补缴土地出让金系因碧清源公司擅自增加了容积率造成，而建设工程规划许可证确认的许可建设的规模系确定应补缴面积的依据，则案涉评估报告将2009年7月30日取得建设工程规划许可证的时间节点作为评估基准日并无不当。故原判决依据该评估报告的结论认定碧清源公司应补缴的土地出让金数额，程序合法，证据充分。

（五）启动

1.【裁判规则】建设工程造价鉴定不以工程验收合格为前提

典型案例 ▶▶

四川威屹房地产开发有限责任公司与四川省阿尔文建设有限公司建设工程施工合同纠纷案［最高人民法院（2019）最高法民申3267号］

再审申请人（一审被告、二审上诉人）：四川威屹房地产开发有限责任公司（以下简称威屹公司）

被申请人（一审原告、二审被上诉人）：四川省阿尔文建设有限公司（以下简称阿尔文公司）

裁判观点 ▶▶

最高人民法院认为，华建公司出具的司法鉴定报告书及补充意见书证据真实，鉴定程序合法，应作为认定本案事实的依据。关于威屹公司主张工程造价鉴定要以工程验收合格为前提的问题。根据《民事诉讼法》第76条规定，当事人可以就查明事实的专门性问题向人民法院申请鉴定。案涉工程造价问题属于建筑行业的专门性问题，就该问题进行鉴定，并不以工程验收合格为前提。据此，一审法院为查清事实，准许阿尔文公司的申请，就案涉工程造价委托华建公司进行鉴定，符合法律规定。

2.【裁判规则】固定价合同未能全部履行的，对于建设工程造价可依当事人申请进行造价鉴定

典型案例

辽宁圣大房地产开发有限公司与浙江快达建设安装工程集团有限公司等建设工程施工合同纠纷案［最高人民法院（2019）最高法民申1279号］

再审申请人（一审被告、二审被上诉人）：辽宁圣大房地产开发有限公司（以下简称圣大公司）

被申请人（一审原告、二审上诉人）：浙江快达建设安装工程集团有限公司（以下简称快达公司）等

裁判观点

最高人民法院认为，原审法院通知经当事人委托的鉴定机构对案涉工程专门性问题进行鉴定，符合法律规定。案涉工程价款优惠系数来源于固定价合同，且该系数计算方法是依据湖北定额计算出的投标价与固定价1076万元相比得出。固定价合同因圣大公司原因未全部履行，故二审判决在核算案涉工程价款时未按优惠系数下浮16.94%，并对一审判决优化后的工程造价进行修正，经计算后认定圣大公司应向快达公司支付工程欠款及相应利息，认定事实及适用法律并无不当。

3.【裁判规则】虽对各项工程单价有约定，但对施工总量和欠付工程款数额存在争议，可以对工程量进行鉴定

典型案例

杨某与海南省第五建筑工程公司等建设工程施工合同纠纷案［最高人民法院

(2013)民申字第2135号]

再审申请人(一审原告、二审上诉人):杨某

被申请人(一审被告、二审上诉人):海南省第五建筑工程公司(以下简称五建公司)等

裁判观点

最高人民法院认为,固定价应指工程结算的总造价,双方对工程单价的约定并不等同于对工程总价的固定约定。一审法院根据杨某的申请对案涉工程量和工程造价进行鉴定后,杨某现申请再审又认为该鉴定违反2004年《建设工程司法解释一》第22条[1]的规定,没有事实和法律依据。鉴定过程中,鉴定人员与五建公司工作人员及杨某本人前往涉案工程现场确认了各类型工程的具体工程数量,双方均在现场记录上签字。二审中,各方当事人对上述签字确认工程量的事实均无异议,鉴定人员亦出庭表示鉴定意见中记载的各部分工程量的具体数额是按照上述各方当事人现场签字确认的原始记录汇总计算得出的。杨某认为该鉴定意见不具备合法性及客观性,要求对工程量重新鉴定,但不能提供足以反驳的证据,依法不予支持。

4.【裁判规则】建设工程并非全部由一方当事人完成,可对工程量进行鉴定

典型案例

河南润发路桥置业发展有限公司与曹某平等建设工程施工合同纠纷案[最高人民法院(2017)最高法民申3287号]

再审申请人(一审被告、二审上诉人):河南润发路桥置业发展有限公司(以下简称润发公司)

被申请人(一审原告、二审被上诉人):曹某某

裁判观点

最高人民法院认为,案涉工程并非全部由曹某某、赵某完成,润发公司亦未

[1] 现为2020年《建设工程司法解释一》第28条:"当事人约定按照固定价结算工程价款,一方当事人请求对建设工程造价进行鉴定的,人民法院不予支持。"

及时拨付工程款造成工期迟延，同时还存在原材料价格与合同约定发生明显变化的事实，因此，工程量与工程价款已失去直接按照合同约定认定的条件。原审中，润发公司也并非反对司法鉴定，只是主张鉴定范围应限于曹某某、赵某完成工程量占总工程量的比例，应付工程价款则按照已完成比例乘以合同约定的总造价12,420,096元计算得出。但建设工程所涉项目众多，材料价格各不相同，在不计算价格的情况下，无法确认某部分工程占总工程量的比例。原审基于上述情况要求润发公司提供仅鉴定工程量比例而不鉴定工程造价的类似鉴定报告，但润发公司未能提交。此种情况下，原审根据曹某某、赵某的申请，委托鉴定机构对案涉工程量以及工程价款进行鉴定，并无不当。

5.【裁判规则】建设工程未完工，双方对工程价款又不能达成一致意见，可依申请对已完成的工程进行工程造价鉴定

典型案例

六安市金诚汽车销售服务有限公司与舒某某等建设工程施工合同纠纷案［最高人民法院（2018）最高法民申1289号］

再审申请人（一审被告、二审上诉人）：六安市金诚汽车销售服务有限公司（以下简称金诚公司）

被申请人（一审原告、二审上诉人）：舒某某等

裁判观点

最高人民法院认为，金诚公司与众友公司签订的建设工程施工合同中约定，工程价款为固定价3135万元。依据2004年《建设工程司法解释一》第22条[1]的规定，若工程正常竣工全部完成，当以双方约定的固定价款方式作出结算。但在案涉工程没有完工的情况下，双方对工程价款又不能达成一致意见，原审依据舒某某申请对其已完成的工程进行工程造价鉴定，据实结算，符合本案实际，鉴定机构采取2006年二类取费标准计费亦无明显不当。

---

〔1〕 现为2020年《建设工程司法解释一》第28条："当事人约定按照固定价结算工程价款，一方当事人请求对建设工程造价进行鉴定的，人民法院不予支持。"

（六）不启动

1.【裁判规则】证据材料形成时间和形成顺序不能证明待证事实的，不予鉴定

典型案例 ▶▶

上海明凯市政工程有限责任公司与云南福林碧海景观园林绿化工程有限公司建设工程施工合同纠纷案［最高人民法院（2018）最高法民申3029号］

再审申请人（一审被告、反诉原告、二审上诉人）：上海明凯市政工程有限责任公司（以下简称上海明凯公司）

被申请人（一审原告、反诉被告、二审被上诉人）：云南福林碧海景观园林绿化工程有限公司（以下简称福林碧海公司）

裁判观点 ▶▶

最高人民法院认为，上海明凯公司除申请对签字、印章真实性作出鉴定外，同时申请对案涉九份证据的形成时间、顺序进行鉴定。由于对证据材料形成时间、形成顺序鉴定得出的结论不能证明证据材料是否伪造、其内容是否真实，故原审法院未予鉴定并无不当。福林碧海公司对上海明凯公司单方委托作出的鉴定不予认可，原审法院不予采纳并无不当。

2.【裁判规则】证据足以认定本案的事实，对公章鉴定申请，不予准许

典型案例 ▶▶

广州市建筑集团有限公司与广州东顺房地产开发有限公司建设工程施工合同纠纷案［最高人民法院（2013）民申字第862号］

再审申请人（一审被告、二审上诉人）：广州市建筑集团有限公司（以下简称建筑集团）

被申请人（一审原告、二审上诉人）：广州东顺房地产开发有限公司

裁判观点 ▶▶

最高人民法院认为，根据《审判监督司法解释》第12条规定，建筑集团虽然向二审法院提出了调取证据及对公章鉴定的申请，但二审法院根据双方当事人提交

的证据，足以认定本案的事实，故二审法院未调取建筑集团申请调查的证据，未对公章进行鉴定，并无不当。

3.【裁判规则】自认公司存在多枚印章，申请对协议书上印章的真实性和形成时间进行鉴定的申请，不予准许

典型案例

江苏中昶信建设集团有限公司与广东腾越建筑工程有限公司巢湖分公司等建设工程施工合同纠纷案［最高人民法院（2019）最高法民申2040号］

再审申请人（一审被告、二审上诉人）：江苏中昶信建设集团有限公司（以下简称中昶信公司）

被申请人（一审原告、二审被上诉人）：广东腾越建筑工程有限公司巢湖分公司等

裁判观点

最高人民法院认为，中昶信公司自认公司存在多枚印章。一、二审法院以中昶信公司实际使用多枚印章为由，未准许中昶信公司关于对案涉建筑项目承包管理框架合作协议书上中昶信公司印章的真实性和形成时间进行鉴定的申请，并无不当。

4.【裁判规则】要求鉴定合同是否为同时一次性打印及骑缝章与合同章是否同时加盖与合同部分条款是否伪造之间不具有唯一对应关系，驳回鉴定申请

典型案例

北京紫气仙都投资管理有限公司等与山东华夏良子健康管理有限公司特许经营合同纠纷案［最高人民法院（2019）最高法民申3195号］

再审申请人（一审被告、反诉原告、二审上诉人）：北京紫气仙都投资管理有限公司（以下简称仙都公司）

被申请人（一审原告、反诉被告、二审被上诉人）：山东华夏良子健康管理有限公司（以下简称华夏良子公司）

裁判观点

最高人民法院认为，关于鉴定的问题，仙都公司无法提供涉案合同原件，其对华夏良子公司提供的合同原件持有异议之处在于认为其中一些条款存在伪造，要求鉴定合同是否为同时一次性打印及骑缝章与合同章是否同时加盖。法院认为其申请鉴定的事项与合同部分条款是否伪造之间不具有唯一对应关系，而仙都公司不能提供合同原件是其异议事项无法通过鉴定而核查的根本原因，原审驳回其鉴定申请并无不妥。

5.【裁判规则】在当事人不能提交充分证据证明具体损害后果，以及损害行为与损害结果之间存在因果关系，不予鉴定

典型案例

郝某某与府谷县瑞丰煤矿有限公司等财产损害赔偿纠纷案［最高人民法院(2018) 最高法民申1882号］

再审申请人（一审原告、二审上诉人）：郝某某

被申请人（一审被告、二审被上诉人）：府谷县瑞丰煤矿有限公司（以下简称瑞丰煤矿）等

裁判观点

最高人民法院认为，根据《民诉法司法解释》第121条第1款规定，本案中，郝某某申请对房屋损害情况、采空区域范围等进行鉴定，在郝某某不能提交充分证据证明煤矿采空区对其造成的具体损害后果及采空区与损害结果之间存在因果关系的情况下，郝某某申请对房屋损害情况进行鉴定，申请鉴定的事项与待证事实无关联，瑞丰煤矿与林家伙盘自然村采空区恢复治理补偿事宜已经达成了补偿协议，并进行了处理，郝某某亦未提交证据证明补偿协议不符合事实及违反法律规定的情形，申请对采空区域范围进行鉴定就不存在意义，故一审法院对郝某某的鉴定申请不予准许是符合法律规定的，不存在认定事实不清的情形。

6.【裁判规则】属于明确约定按照固定价结算工程价款，无须鉴定

典型案例

广西联发建设投资有限责任公司与中国建筑第五工程局有限公司广西分公司建设工程施工合同纠纷案［最高人民法院（2019）最高法民申2014号］

再审申请人（一审原告、二审上诉人）：广西联发建设投资有限责任公司

被申请人（一审被告、二审被上诉人）：中国建筑第五工程局有限公司广西分公司

裁判观点

最高人民法院认为，2004年《建设工程司法解释一》第22条[1]规定："当事人约定按照固定价结算工程价款，一方当事人请求对建设工程造价进行鉴定的，不予支持。"本案中，双方当事人已在专业分包合同书第4条第1款第2项中明确约定"按照完成工程业主城投公司确认的结算总价下浮20%进行总价包干"，即已明确约定按照固定价结算工程价款，故无须对涉案建设工程造价进行鉴定，原判决并无不当。

7.【裁判规则】当事人在诉讼前已经对建设工程价款结算达成协议，诉讼中一方当事人申请对工程造价进行鉴定的，人民法院不予准许

典型案例

八冶建设集团有限公司新材料工程分公司与甘肃宇丰新能源科技发展有限公司建设工程施工合同纠纷案［最高人民法院（2020）最高法民申5657号］

再审申请人（一审原告、二审上诉人）：八冶建设集团有限公司新材料工程分公司（以下简称八冶新材料公司）

被申请人（一审被告、二审被上诉人）：甘肃宇丰新能源科技发展有限公司

裁判观点

最高人民法院认为，关于案涉工程应否进行造价鉴定问题。根据2019年《建设

---

〔1〕现为2020年《建设工程司法解释一》第28条："当事人约定按照固定价结算工程价款，一方当事人请求对建设工程造价进行鉴定的，人民法院不予支持。"

工程司法解释二》第12条[1]规定，当事人在诉讼前已经对建设工程价款结算达成协议，诉讼中一方当事人申请对工程造价进行鉴定的，人民法院不予准许。本案中，案涉工程已结算完毕，故一、二审法院未准许八冶新材料公司的鉴定申请并无不当。

8.【裁判规则】无论是固定总价还是固定单价，工程款可以通过当事人双方举证、质证、认证等过程计算出来的，无须鉴定

典型案例

陕西省发展交通能源建设控股集团股份有限公司与西部矿业股份有限公司锡铁山分公司等建设工程施工合同纠纷案［最高人民法院（2019）最高法民申2248号］

再审申请人（一审原告、反诉被告、二审上诉人）：陕西省发展交通能源建设控股集团股份有限公司（以下简称陕西发展公司）

被申请人（一审被告、反诉原告、二审上诉人）：西部矿业股份有限公司锡铁山分公司

裁判观点

最高人民法院认为，涉案工程施工合同第15.2款约定，合同价款采用固定单价合同方式确定。原判决据此认定涉案合同系固定单价合同，各方当事人对此并无异议。承包人与发包人在合同中约定采用固定价结算的形式一般有两种，一种是价格固定，另一种是面积固定单价包干。这意味着在约定的风险范围和风险费用内合同价款不再调整，除非发生合同修改或者变更等情况导致工程量发生变化。无论是固定总价还是固定单价，工程款都是可以通过当事人双方举证、质证、认证等过程计算出来，不需要专门委托中介机构鉴定来确定应结算的工程款。基于此，2004年《建设工程司法解释一》第22条[2]规定"当事人约定按照固定价结算工程价款，一方当事人请求对工程造价进行鉴定的，不予支持"。具体到本案，上述司法解释规定中的"固定价"既包括"固定总价"，也包括本案情形的"固定单价"。对于涉案工程量，各方当事人均认为没有变化。因此，原判决据此不准许陕西发展

〔1〕 现为2020年《建设工程司法解释一》第29条："当事人在诉讼前已经对建设工程价款结算达成协议，诉讼中一方当事人申请对工程造价进行鉴定的，人民法院不予准许。"

〔2〕 现为2020年《建设工程司法解释一》第28条："当事人约定按照固定价结算工程价款，一方当事人请求对建设工程造价进行鉴定的，人民法院不予支持。"

公司的鉴定申请适用法律并无不当。

9.【裁判规则】逾期不提出申请或者不预交鉴定费用的，视为放弃申请

典型案例

赵某甲等与尹某乙装饰装修合同纠纷案［吉林省高级人民法院（2021）吉民申1027号］

再审申请人（一审被告、二审上诉人）：赵某甲等

被申请人（一审原告、二审被上诉人）：尹某乙

裁判观点

人民法院认为，根据《民诉法司法解释》第90条规定，尹某乙与赵某甲签订《装修承包合同》后，尹某乙依约履行装修义务，其要求赵某甲、谭某波给付剩余工程款，符合合同约定。赵某甲、谭某波主张案涉装饰工程存在质量问题，应当由其提供证据加以证明。赵某甲、谭某波提交的现场照片、录音等证据不足以证明案涉装修工程存在质量问题的程度及返工维修所需花费具体金额，需要通过鉴定来确定上述问题。原审法院举证责任分配并无不当。根据2019年《民事证据规定》第30条第1款和第31条规定，二审法院已向谭某波释明申请鉴定注意事项、鉴定费用如何负担及申请方预交鉴定费等鉴定相关问题，经过二审法院多次释明与询问，谭某波最后表示不鉴定了。2020年9月14日询问笔录记载：谭某波询问鉴定费用如何负担？二审法官释明“鉴定费用由败诉方承担。如果装修质量存在问题，质量问题的大小比例亦是鉴定费用负担的比例。举例来说，如果质量问题对方存在20%的责任，则鉴定费用对方承担20%”，谭某波表示听明白了，并于2020年9月21日答复“不鉴定了”。赵某甲、谭某波申请再审主张二审法官称“鉴定费一定是由赵某甲、谭某波承担”，没有事实依据。综上所述，赵某甲、谭某波的再审申请事由，因无事实和法律依据，法院不予支持。

10.【裁判规则】因鉴定申请人不能提供符合要求的比对样本，导致人民法院未委托鉴定机构对专门性问题进行鉴定的，符合法律规定

典型案例

湖北洪利高速公路有限公司与北京市政路桥股份有限公司建设工程施工合同

纠纷案［最高人民法院（2019）最高法民终1585号］

上诉人（原审被告）：湖北洪利高速公路有限公司（以下简称洪利高速公司）

被上诉人（原审原告）：北京市政路桥股份有限公司（以下简称北京路桥公司）

裁判观点

最高人民法院认为，关于一审法院是否违反法定程序的问题。一审中，洪利高速公司向一审法院申请对案涉索赔通知书等材料的形成时间等进行司法鉴定。一审法院合议庭依法准许洪利高速公司提出的司法鉴定申请，并在通知北京路桥公司提交相关检材后，移送一审法院司法鉴定处。但洪利高速公司不能提供符合要求的比对样本，送检材料被退回。故一审法院未委托鉴定机构对案涉索赔通知书等材料的真实性及其形成时间等专门性问题进行鉴定，系由洪利高速公司不能提供符合要求的比对样本所致，一审法院并未违反法定程序。洪利高速公司未在一审法院延长后的举证期限内提交欣广拓公司出具的案涉工程索赔专项审核报告，且洪利高速公司亦未证明该审核报告足以推翻由案涉工程监理方和洪利高速公司一方签字核定的索赔单据及附属资料，故一审法院未予采信，并无不当。洪利高速公司作为发包人，应当妥善保管案涉工程的项目资料，其未对因何种客观原因不能提交湖北省荆州市交通运输局调走的项目资料，以及该项目资料是否足以推翻由案涉工程监理方和洪利高速公司一方签字核定的项目资料作出合理说明，故对其此项上诉理由，法院亦不予支持。此外，洪利高速公司未提交充分有效的证据证明一审遗漏了必须参加诉讼的当事人。综上所述，对洪利高速公司关于一审法院违反法定程序的上诉理由，法院不予支持。

11.【裁判规则】在没有足够证据证明印章系伪造的情况下，申请鉴定协议中的签名系伪造对待证事实的认定并无实质影响，不予准许

典型案例

温州建设集团有限公司与江西中柏房地产开发有限公司建设工程施工合同纠纷案［最高人民法院（2019）最高法民申2996号］

再审申请人（一审原告、反诉被告、二审上诉人）：温州建设集团有限公司（以下简称温州建设公司）

被申请人（一审被告、反诉原告、二审被上诉人）：江西中柏房地产开发有限公司（以下简称江西中柏公司）

裁判观点

最高人民法院认为，关于一、二审法院是否剥夺温州建设公司申请鉴定权的问题。温州建设公司在再审申请中主张三份付款补充协议中的签名系伪造，并在一审过程中申请对签名进行笔迹鉴定，一审法院未予准许，剥夺其申请鉴定权。法院认为，《民诉法司法解释》第121条规定，申请鉴定的事项与待证事实无关联，或者对证明待证事实无意义的，人民法院不予准许。本案中，因该协议已加盖温州建设公司“星子庐湖春天”工程技术专用章及江西中柏公司合同专用章，在没有足够证据证明以上印章系伪造的情况下，可以认定为温州建设公司知情且同意协议中就以房抵款所作出的约定，温州建设公司申请鉴定事项对待证事实的认定并无实质影响，一审法院据此不予准许，并无明显不当，且温州建设公司二审中亦未对此提出上诉，二审判决结合案涉证据对于一审判决认定的该事实予以确认，亦无不当。

第二节　鉴定与举证责任

【法理辨析】

一、当事人申请鉴定是证明责任的延续

申请鉴定是当事人履行自己举证责任的内容。“当事人需要鉴定意见来证明自己提出的主张时，理所应当申请鉴定；当事人未申请鉴定的，应当承担就该主张举证不能的法律后果。”[1] 对于需要查明的待证事实，特别是涉及专门性问题的待证事实，负有举证责任的当事人应当提供鉴定意见来支持自持的主张。如果提出了涉及专门性问题的待证事实，而当事人没有申请鉴定的或者是申请鉴定但未缴纳、未充足缴纳鉴定费用，导致无法进行鉴定的，由于未能作出相关的鉴定意见，因此负举证责任的当事人应当对自己未能提出相关鉴定意见来证明自己的主张承

[1] 王胜明主编：《中华人民共和国民事诉讼法释义》，法律出版社2013年版，第170页。

担相应的不利法律后果。如2020年《建设工程司法解释一》第32条规定:“当事人对工程造价、质量、修复费用等专门性问题有争议,人民法院认为需要鉴定的,应当向负有举证责任的当事人释明。当事人经释明未申请鉴定,虽申请鉴定但未支付鉴定费用或者拒不提供相关材料的,应当承担举证不能的法律后果。一审诉讼中负有举证责任的当事人未申请鉴定,虽申请鉴定但未支付鉴定费用或者拒不提供相关材料,二审诉讼中申请鉴定,人民法院认为确有必要的,应当依照民事诉讼法第一百七十条第一款第三项的规定处理。”2019年《民事证据规定》第31条规定:“当事人申请鉴定,应当在人民法院指定期间内提出,并预交鉴定费用。逾期不提出申请或者不预交鉴定费用的,视为放弃申请。对需要鉴定的待证事实负有举证责任的当事人,在人民法院指定期间内无正当理由不提出鉴定申请或者不预交鉴定费用,或者拒不提供相关材料,致使待证事实无法查明的,应当承担举证不能的法律后果。”

关于二审申请鉴定与举证责任的关系。在无直接证据的情况下,并不意味着绝对地得出该争议事实真伪不明应由承担举证责任一方承担不利后果的结论,原因在于:首先,真伪不明是指在诉讼结束时,当所有能够释明事实真相的措施都已经采用过了,但是争议事实仍然不清楚(有时亦称无法证明、法官心证模糊)的最终状态。[1]所以,用尽所有程序上许可的和可能的证明手段是判断争议事实处于真伪不明状态的前提条件。因此,在仍然有可以运用的证明手段时,不宜直接根据证明责任作出判决。其次,在我国的民事诉讼制度下,由于二审程序的内容之一仍然是事实的查明。当事人在二审阶段提出相关鉴定申请,且该鉴定在诉讼中并未进行过,人民法院应予以准许。

二、应当在举证期限内提出鉴定申请

当事人申请鉴定的,应当在举证期限内或法院指定的期限内提出申请。未按时申请的视为放弃鉴定。对需要鉴定的待证事实负有举证责任的当事人,在人民法院指定期间内无正当理由不提出鉴定申请,致使待证事实无法查明的,应当承担举证不能的法律后果。2001年《民事证据规定》第25条规定:“当事人申请鉴定,应当在举证期限内提出。”2019年《民事证据规定》第30条规定:“人民法院在审理案

〔1〕 参见[德]汉斯·普维庭:《现代证明责任问题》,吴越译,法律出版社2006年版,第21页。

件过程中认为待证事实需要通过鉴定意见证明的，应当向当事人释明，并指定提出鉴定申请的期间。”

在指定的鉴定申请期间内提出鉴定申请是基本原则，但也存在例外情形，如一审审理期间，举证人申请对合同的形成时间进行鉴定，该申请虽在第二次开庭时提出，超出一审法院第一次确定的举证期限，但根据2020年《民诉法司法解释》第99条第3款“举证期限届满后，当事人对已经提供的证据，申请提供反驳证据或者对证据来源、形式等方面的瑕疵进行补正的，人民法院可以酌情再次确定举证期限，该期限不受前款规定的限制”以及第121条第1款“当事人申请鉴定，可以在举证期限届满前提出”的规定，举证人的鉴定申请并不因超出法院第一次确定的举证期限而产生失权的法律后果。

三、司法实务中的鉴定与举证责任

1.不预交鉴定费用的，应视为放弃鉴定。根据2019年《民事证据规定》第31条规定，当事人提出鉴定申请，但未按规定预交鉴定费用，致使对争议的事实无法通过鉴定结论予以认定，应视为当事人对自己所主张的事实放弃了举证责任，应当承担举证不能的法律后果。拒绝交纳鉴定费，也包括只缴纳部分鉴定费用，对另一部分鉴定费用拒绝缴纳，致使鉴定程序终结，负担举证责任的当事人，应承担举证不能的不利法律后果。

2.鉴定检材需要进行质证。司法实践中，对于当事人提交的检材，要进行质证。不质证不能作为鉴定依据，否则就是对当事人的处分权原则和程序参与原则的否定。例如，在建设工程施工合同案件中，一方当事人提交的鉴定检材，特别是新增工程量的凭据系其单方制作，未经发包方或监理单位认可，不能作为证明案件工程量多少的计算依据，即不能作为鉴定检材使用；对于新增加的工程量，应当按照举证责任分配规则处理。再如，一方提出对承包合同上加盖的项目部印章真实性和形成时间进行司法鉴定，但未按照一审法院要求提供有效证据作为鉴定样本资料的，或者提供的相应的检材可能存在事后补制可能的，应当继续提供合格检材予以鉴定；无法提供的，对其申请不予采纳。

3.双方已经约定按照固定价结算的，不予鉴定。建设工程施工合同纠纷中，承包人与发包人在合同中约定采用固定价结算的形式一般有两种：一是价格固定，二是面积固定单价包干。这意味着在约定的风险范围和风险费用内合同价款不再调整，除非发生合同修改或者变更等情况导致工程量发生变化。无论是固定总价还是固定单价，工程款都是可以通过当事人双方举证、质证、认证等过程计算出来，不需要专门委托中介机构鉴定来确定应结算的工程款。根据2020年《建设工程司法解释一》第28条之规定，当事人约定按照固定价结算工程价款，一方当事人请求对建设工程造价进行鉴定的，不予支持。双方在签订的建设工程施工合同明确约定了某项工程的总价造价数额，该工程属于固定结算工程，一方当事人对案涉工程造价进行重新鉴定的申请缺乏依据，法院不予支持并无不当。无论其事前或事后自行委托相关工程咨询有限机构出具何种类型的工程造价评审报告，都会因为这种评估报告系单方委托作出，且与合同约定的内容不符，不能作为工程价款结算依据。

4.不能提交可予鉴定的相关材料，其应当自行承担举证不能的法律后果。依据2020年《建设工程司法解释一》第31条“当事人对部分案件事实有争议的，仅对有争议的事实进行鉴定，但争议事实范围不能确定，或者双方当事人请求对全部事实鉴定的除外”之规定，提出主张的一方未能提供任何证据证明，亦不能提供可予鉴定的相关材料，其应当自行承担举证不能的法律后果。

5.对于鉴定达不成一致的，由负举证责任的当事人承担相应法律后果。双方诉前共同委托鉴定，一方不同意继续鉴定且双方未能就继续鉴定达到一致意见，导致鉴定未果。诉讼中双方也未能就鉴定达成一致意见，对需要鉴定的事项负有举证责任的当事人，无法查明待证事实的，应当承担举证不能的法律后果。

6.患者应当申请进行医疗损害鉴定但拒绝申请鉴定的，承担相应的法律后果。当事人对自己提出的诉讼主张有责任提供证据证实，否则承担败诉的后果。根据《民事诉讼法》第64条第1款“当事人对自己提出的主张，有责任提供证据”、2020年《民诉法司法解释》第90条第1款“当事人对自己提出的诉讼请求所依据的事实或者反驳对方诉讼请求所依据的事实，应当提供证据加以证明，但法律另有规定的除外”以及第91条第1项“主张法律关系存在的当事人，应当对产生该法律关系的基本事实承担举证证明责任”的规定，依据“谁主张，谁举证”原则，如果患者仅举证证明其与医院存在医患关系，并未提供因医疗行为存在过错致其身体受到损害、损害程度、因果关系等方面证据，对此应承担举证不能的不利后果。此外，根据2020年《医疗损害责任纠纷司法解释》第4条第1款、第2款“患者依据民法典第一千二百一十八条规定主张医疗机构承担赔偿责任的，应当提交到该医疗机构就诊、受到损害的证据。患者无法提交医疗机构或者其医务人员有过错、诊疗行为与损害之间具有因果关系的证据，依法提出医疗损害鉴定申请的，人民法院应予准许”、《民法典》第1222条“患者在诊疗活动中受到损害，有下列情形之一的，推定医疗机构有过错：(一)违反法律、行政法规、规章以及其他有关诊疗规范的规定；(二)隐匿或者拒绝提供与纠纷有关的病历资料；(三)遗失、伪造、篡改或者违法销毁病历资料”以及《八民会议纪要》第12条“对当事人所举证据材料，应根据法律、法规及司法解释的相关规定进行综合审查。因当事人采取伪造、篡改、涂改等方式改变病历资料内容，或者遗失、销毁、抢夺病历，致使医疗行为与损害后果之间的因果关系或医疗机构及其医务人员的过错无法认定的，改变或者遗失、销毁、抢夺病历资料一方当事人应承担相应的不利后果；制作方对病历资料内容存在的明显矛盾或者错误不能作出合理解释的，应承担相应的不利后果；病历仅存在错别字、未按病历规范格式书写等形式瑕疵的，不影响对病历资料真实性的认定”之规定，明确了诊疗损害责任案件具有特殊性、高度专业化、显著的实验性和探索性的特点，对诊疗行为是否有过错、过错与患者损害之间是否有因果关系，一般难以通过普通的生活经验知识去判断，必须借助专业的医疗损害鉴定来解决。患者起诉时，除了证明医疗机构就诊及损害事实外，还应当举证证明诊疗行为具有过错和因果关系要件。如果医疗机构认为没有过错或不具有因果关系的，患者应当申请进行医疗损害鉴定，最终通过鉴定认定过错和因果关系要件是否成立。因此，诊疗损害责任必须通过鉴定予以认定。

【典型案解】

1.【裁判规则】对需要鉴定的事项负有举证责任的当事人，在人民法院指定期间内无正当理由不提出鉴定申请，致使对案件争议的事实无法通过鉴定结论予以认定的，应当对该事实承担举证不能的法律后果

典型案例

马某与吴忠市红寺堡区农业农村局等返还原物纠纷案［宁夏回族自治区高级人民法院（2020）宁民申688号］

再审申请人（一审原告、二审上诉人）：马某

被申请人（一审被告、二审被上诉人）：吴忠市红寺堡区农业农村局

裁判观点

人民法院认为，再审申请人马某主张证明落款处的签名并非其所签署，但本案一审庭审中，一审法院向其释明可对证明中马某的签名笔迹申请鉴定，马某明确表示不申请，根据2019年《民事证据规定》第31条第2款的规定，一、二审法院认定证明落款处签名系马某本人所签，进而认定马某与第三人金某某之间存在房屋产权置换的事实并无不当。

2.【裁判规则】对需要鉴定的事项负有举证责任的当事人，拒不提供相关材料，致使对案件争议的事实无法通过鉴定结论予以认定的，应当对该事实承担举证不能的法律后果

典型案例

田某与北京宣鑫服装贸易有限公司劳动争议案［北京市高级人民法院(2020)京民申2950号］

再审申请人（一审原告、二审上诉人）：田某

被申请人（一审被告、二审被上诉人）：北京宣鑫服装贸易有限公司（以下简称宣鑫公司）

裁判观点

人民法院认为，对需要鉴定的事项负有举证责任的当事人，在人民法院指定的期限内无正当理由不提出鉴定申请或者不预交鉴定费用或者拒不提供相关材料，致使对案件争议的事实无法通过鉴定结论予以认定的，应当对该事实承担举证不能的法律后果。本案中，宣鑫公司主张已与田某签订劳动合同，并提交全日制劳动合同为证，田某不认可合同为其本人签署，一审期间田某提出笔迹鉴定申请，在鉴定中心要求提供鉴定样本后，一审法院两次组织双方当事人提供检材并告知双方鉴定不能的法律后果。后因样本不充分导致鉴定不能，一、二审法院综合考虑田某为签字人等案件具体情况及未签订劳动合同二倍工资差额的惩罚性赔偿性质，依

法判决驳回田某关于二倍工资差额的诉讼请求，并无不当。

3.【裁判规则】虽申请鉴定但未支付鉴定费用或者拒不提供相关材料的，应当承担举证不能的法律后果

典型案例 ▶▶

甘肃省静宁县城关建筑工程公司与甘肃省地基基础有限责任公司等建设工程施工合同纠纷案［最高人民法院（2020）最高法民申722号］

再审申请人（一审原告、二审上诉人）：甘肃省静宁县城关建筑工程公司（以下简称静宁城关建筑公司）

被申请人（一审被告、二审上诉人）：甘肃省地基基础有限责任公司（以下简称地基公司）

裁判观点 ▶▶

最高人民法院认为，原审判决认定工程款数额由两部分组成，一是甘肃永信造价事务所出具的审核报告所审定工程造价款，二是未在审核报告内由静宁城关建筑公司编制金额且经地基公司核对认可的八项工程款。静宁城关建筑公司虽对审核报告持有异议，但经原审法院释明后仍未申请鉴定，依据2019年《建设工程司法解释二》第14条第1款〔1〕的规定，静宁城关建筑公司未能按照上述规定履行相关义务，应承担举证不能的法律后果。

4.【裁判规则】接到法院进行鉴定的通知后未派人参加鉴定机构现场勘验，属于放弃自身权利的行为，应承担不利后果

典型案例 ▶▶

丰拓（河南）轻合金有限公司与河南省第二建筑工程发展有限公司建设工程施

---

〔1〕 现为2020年《建设工程司法解释一》第32条："当事人对工程造价、质量、修复费用等专门性问题有争议，人民法院认为需要鉴定的，应当向负有举证责任的当事人释明。当事人经释明未申请鉴定，虽申请鉴定但未支付鉴定费用或者拒不提供相关材料的，应当承担举证不能的法律后果。一审诉讼中负有举证责任的当事人未申请鉴定，虽申请鉴定但未支付鉴定费用或者拒不提供相关材料，二审诉讼中申请鉴定，人民法院认为确有必要的，应当依照民事诉讼法第一百七十条第一款第三项的规定处理。"

工合同纠纷案[最高人民法院(2018)最高法民申5673号]

再审申请人(一审被告、反诉原告、二审上诉人):丰拓(河南)轻合金有限公司(以下简称丰拓公司)

被申请人(一审原告、反诉被告、二审被上诉人):河南省第二建筑工程发展有限公司

裁判观点

最高人民法院认为,丰拓公司称,鉴定机构出示现场时丰拓公司并未派人参加,办公楼、附属房的门都锁着,不知其如何进行的现场勘验。丰拓公司在一审中陈述:"接到法院传唤出示现场的通知,无法与丰拓公司有关人员取得联系。"说明其已接到法院传唤出示现场的通知,其未派员参加鉴定机构现场勘验,属于放弃自身权利的行为。其不派人参加现场勘验,不履行配合现场勘验的义务,应承担不利后果。

5.【裁判规则】在法院释明可以申请司法鉴定的情况下,仍未申请鉴定,应当承担举证不能的不利后果

典型案例

乌兰察布市集宁华瑞炭素有限责任公司与内蒙古广龙建筑工程有限责任公司建设工程施工合同纠纷案[最高人民法院(2013)民申字第636号]

再审申请人(一审被告、二审上诉人):乌兰察布市集宁华瑞炭素有限责任公司(以下简称华瑞公司)

被申请人(一审原告、二审被上诉人):内蒙古广龙建筑工程有限责任公司(以下简称广龙公司)

裁判观点

最高人民法院认为,广龙公司为证明其已履行建设工程施工合同项下的义务,提交了经双方确认的华瑞碳素施工工程量明细表及据此编制的预、决算书,已完成2001年《民事证据规定》第5条第2款规定的举证责任,华瑞公司对广龙公司完成的工程量及案涉工程的总造价持有异议,应提交相应的反驳证据,但华瑞公司未能提

交有效的反驳证据，且在一审法院释明华瑞公司可以申请司法鉴定的情况下，仍未申请鉴定，应当承担举证不能的不利后果。

6.【裁判规则】申请鉴定拒交鉴定费的，承担相应的法律后果

典型案例

绵阳肆洋房地产开发有限责任公司与四川强华房地产开发有限公司合资、合作开发房地产合同纠纷案［最高人民法院（2018）最高法民申3070号］

再审申请人（一审原告、反诉被告、二审上诉人）：绵阳肆洋房地产开发有限责任公司（以下简称肆洋公司）

被申请人（一审被告、反诉原告、二审上诉人）：四川强华房地产开发有限公司（以下简称强华公司）

裁判观点

最高人民法院认为，对于强华公司于2009年5月31日之后销售部分房屋获得的利润和对未售房屋进行出租取得的收益，肆洋公司向原审法院申请对时代大厦项目“截止2009年5月31日未售房屋18,113.86平方米的市场价值、未销售房屋对外出租至2014年12月31日的租赁收益进行司法鉴定”，原审法院予以准许，通知肆洋公司交纳鉴定费，并制作询问笔录，要求肆洋公司在10日内交纳鉴定费用，否则视为放弃鉴定申请。肆洋公司法定代表人卢某孝在笔录上签字，但肆洋公司至今没有交纳鉴定费用。因肆洋公司不认可强华公司所举证据，又拒绝交纳鉴定费，对未销售房屋的价值和未销售房屋收益无法确定，故原判决对2009年5月31日之后强华公司销售的部分房屋和对未售房屋进行出租取得的收益未予处理并无不当。

7.【裁判规则】负举证责任当事人主张由被申请人缴纳鉴定费，应当承担不利的法律后果

典型案例

王某与中恒国际租赁有限公司等融资租赁合同纠纷案［最高人民法院（2019）最

高法民申5849号]

再审申请人(一审被告、二审上诉人):王某

被申请人(一审原告、二审被上诉人):中恒国际租赁有限公司(以下简称中恒租赁公司)

裁判观点

最高人民法院认为,中恒租赁公司作为债权人请求判令王某对案涉债务承担连带清偿责任,向法院提交了王某签名的担保书、王某的身份证复印件,完成了自己的初步证明责任;王某否认担保书上"王某"签名的真实性,依法需要提供相应的证据予以证明,必要时可以通过申请司法鉴定的方式予以佐证。基于本案已经查明的事实,在一审过程中,王某曾就此申请鉴定,但随后又撤回鉴定申请;后经一审法院释明,王某再次申请鉴定,但在法院准许后又拒不到庭选择鉴定机构,后鉴定被退回。二审中王某仍未提供证据证明案涉担保书上的签名非其本人所签。一、二审判决基于前述事实与民事诉讼证据规则,认定王某依法应承担相应的法律后果,并无不当。王某在民事再审申请书中强调"因无钱缴纳鉴定费用,不得已撤回鉴定申请",认为一、二审法院"完全可以而且很有必要进行变通,由具有深厚经济实力的被申请人(中恒租赁公司)缴纳鉴定费用,推进司法鉴定程序,如鉴定结果对申请人(王某)不利,再判令申请人承担相应的不利后果",于法无据。王某在一、二审诉讼中漠视自己的诉讼权利,推卸自己依法应承担的诉讼义务,拒不配合法院基于其申请进行的司法鉴定工作,明显有违诉讼诚信。

8.【裁判规则】未能提供充分证据致使案涉工程不具备鉴定条件被退回或认为不宜进行鉴定,负有举证责任的当事人应承担举证不能的法律后果

典型案例

李某某与平顶山市夏威夷假日大酒店有限公司等装饰装修合同纠纷案[最高人民法院(2019)最高法民申3015号]

再审申请人(一审原告、二审上诉人):李某某

被申请人(一审被告、二审被上诉人):平顶山市夏威夷假日大酒店有限公司(以下简称夏威夷大酒店)等

裁判观点

最高人民法院认为，一审法院根据李某某的申请委托平顶山市睿诚建设工程咨询有限公司进行鉴定，该公司于2014年12月8日出具关于平顶山市夏威夷大酒店新视听四楼、地下浴区装修工程造价鉴定退回说明，将该鉴定退回一审法院，理由为：(1)施工范围不明确，缺少双方认可的施工图纸。(2)材料价格没有约定，无法鉴定。后一审法院根据李某某的申请委托北京思泰工程造价咨询有限公司进行鉴定，该公司先后于2015年1月8日、4月15日分别出具平顶山市司法鉴定退档函、司法鉴定委托退回说明，将该鉴定两次退回一审法院，理由分别为：(1)因案涉工程计算工程量及造价所需的基础资料欠缺，对委托事项无法作出合理的鉴定结论。(2)因李某某提供的竣工图纸虽经质证但夏威夷大酒店、丁某洪、芦某不认可，暂无法鉴定。一审法院另聘请李某斌、廖某芳、程某政就案涉工程是否符合鉴定条件召开专家讨论会，该三位专家均认为现有证据不具备鉴定条件，无法进行鉴定。一审法院还根据李某某在庭审中的申请，委托驰远工程管理有限公司进行工程造价鉴定，该公司先后于2017年12月11日、21日分别出具关于夏威夷大酒店四楼、地下洗浴区装修装饰项目鉴定资料存在的有关问题和司法鉴定委托退回说明，将该鉴定退回一审法院，理由为：(1)建议双方对施工合同、施工范围、工程结算资料(竣工图、变更签证等)等达成一致意见。(2)双方对鉴定材料相关内容争议较大，无法进行鉴定。二审法院为确定工程量和工程范围至夏威夷大酒店查看工程现场，后又咨询鉴定和评估机构专家，亦认为本案不能通过鉴定和评估来认定工程价款。一、二审法院多次委托鉴定机构或咨询专家意见，均因李某某未能提供充分证据致使案涉装修工程不具备鉴定条件被退回或认为不宜进行鉴定，二审法院据此根据《民事诉讼法》第64条“当事人对自己提出的主张，有责任提供证据”的规定，认定李某某应承担举证不能的法律后果，并无不当。

9.【裁判规则】不同意以审计报告作为结算依据，又不同意进行工程造价鉴定，应承担举证不能的不利后果

典型案例

肇东市水务局与黑龙江省建筑安装集团有限公司建设工程施工合同纠纷案

［最高人民法院（2018）最高法民申2232号］

再审申请人（一审被告、二审上诉人）：肇东市水务局（以下简称水务局）

被申请人（一审原告、二审上诉人）：黑龙江省建筑安装集团有限公司（以下简称建安公司）

裁判观点

最高人民法院认为，在案涉工程停工期间，建安公司多次申请决算，并于2014年7月29日向水务局递交了审计决算单，经肇东市有关领导作出“请审计局派员审计”的批示，肇东市审计局对水务局报送的该项工程项目决算材料进行审计，形成案涉审计报告。负责案涉工程审计工作的肇东市审计局审计师杨某某证实，该项目审计是由水务局委托申请的，全部材料由水务局报送。审计中还就相关事项向建安公司、水务局及监理公司三方人员进行了情况核实。故原审认定案涉审计报告系为工程结算进行的审计，有事实依据。建安公司以该审计报告为依据主张权利，水务局抗辩主张审计报告不应作为案涉工程价款的结算依据，但在建安公司申请对工程造价进行司法鉴定后，水务局拒绝提供案涉工程进行工程造价司法鉴定所需的鉴定资料，明确表示不参加法院组织的鉴定资料确认、不同意委托鉴定机构鉴定，使得一审法院组织的司法鉴定程序无法进行。据此，鉴于案涉审计报告系为结算需要由水务局委托并提供资料进行的审计，审计报告出具后水务局并没有提出异议并陆续向建安公司拨付工程价款300万元。在诉讼期间水务局虽然不同意以审计报告作为结算依据，不同意进行工程造价鉴定，也没有提供证据证明案涉审计报告存在不足以采信的情形，原审根据2001年《民事证据规定》第25条第2款、第75条的规定认定水务局应承担举证不能的不利后果，并以案涉审计报告作为双方工程价款的结算依据，认定事实及适用法律正确。

10.【裁判规则】未在法院指定的时间内提供证据原件，导致鉴定无法进行，应当承担举证不能的法律后果

典型案例

赵某某与孝感市澴西建筑劳务有限责任公司等案外人执行异议之诉案［最高人民法院（2019）最高法民申2697号］

再审申请人（一审原告、二审上诉人）：赵某某

被申请人（一审被告、二审被上诉人）：孝感市澴西建筑劳务有限责任公司（以下简称澴西公司）等

裁判观点

最高人民法院认为，根据《民诉法司法解释》第311条的规定，案外人赵某某应当就其对执行标的享有足以排除强制执行的民事权益承担举证证明责任。根据原审判决查明的事实，赵某某提供了其与吉林市二建公司于2010年8月10日签订的协议书和其与吉林市二建公司、大洋公司、吉林市平阜商贸有限公司于2015年1月30日签订的协议书。澴西公司原审期间对协议真实性提出异议并申请对协议的形成时间进行鉴定，赵某某未在法院指定的时间内提供上述证据的原件，导致鉴定无法进行。原审法院根据2001年《民事证据规定》第75条的规定，认定赵某某提供的两份协议书的真实性难以确认，且无法认定赵某某在人民法院查封案涉房屋之前签订合法有效的书面买卖合同，并无不当。

11.【裁判规则】被侵权人无正当理由仍拒不接受鉴定，应当承担因果关系无法确认的不利后果

典型案例

卓某某与临海市妇幼保健院医疗事故损害赔偿纠纷案［最高人民法院(2018)最高法民申1029号］

再审申请人（一审原告、二审上诉人）：卓某某

被申请人（一审被告、二审被上诉人）：临海市妇幼保健院（以下简称妇幼保健院）

裁判观点

最高人民法院认为，为完成举证责任，妇幼保健院在一审举证期间内即提出鉴定申请，一审法院亦委托第三方机构进行鉴定，但是，卓某某及其法定代理人卓某以妇幼保健院提交鉴定的病历与其从医院复制的病历不一致，存在“篡改”为由拒绝鉴定。在原审法院审理本案期间，因卓某某与妇幼保健院提交的病历材料

不一致，一审法院准许以卓某某自行从医院复制的病历材料为依据进行鉴定，但卓某某及其法定代理人卓某无正当理由仍拒不接受鉴定，从而导致本案鉴定无法继续进行。根据鉴定机构作出的关于无法进行医疗事故技术鉴定的说明中的记载，"……无法进行本案医疗事故技术鉴定及未作出结论系卓某某的法定代理人卓某拒绝接受鉴定所致，非因妇幼保健院涂改、伪造、隐匿、销毁病历及没有提供相关医疗事故技术鉴定材料所致"，故卓某某提出未经其同意鉴定机构亦可作出鉴定结论的意见，与事实不符，法院不予支持。因本案无法继续鉴定进而导致案涉医疗行为是否与卓某某患有脑性瘫痪存在因果关系无法确认的原因在于卓某某无正当理由拒不同意鉴定，故案涉因果关系不能确定的不利后果应当由卓某某承担。

12.【裁判规则】证明一人有限责任公司的股东财产是否与公司财产相互独立的责任在于公司股东，不属于司法鉴定范围

典型案例

陕西神禾农业开发有限公司与陕西建工安装集团有限公司等案外人执行异议之诉案［最高人民法院（2019）最高法民申4435号］

再审申请人（一审原告、二审上诉人）：陕西神禾农业开发有限公司（以下简称神禾公司）

被申请人（一审被告、二审被上诉人）：陕西建工安装集团有限公司等

裁判观点

最高人民法院认为，根据《最高人民法院关于民事执行中变更、追加当事人若干问题的规定》第20条规定，神禾公司对其财产是否独立于特力亚公司的财产负有举证证明的责任。虽然神禾公司提交了审计报告、会计账簿、银行流水等证据，但二审法院结合神禾公司作为特力亚公司一人股东期间未依法编制年度财务会计报告并进行年度审计，其提交的审计报告系在诉讼阶段单方委托作出，报告中未将案涉土地使用权列入资产范围，二审庭审时特力亚公司认可其未实际经营，但审计报告显示特力亚公司缴纳税金却无相应收入，会计账簿未附会计凭证，神禾公司与特力亚公司部分管理人员存在交叉任职等情形的事实，综合分析认定，神禾公司提供

的证据不能证明其财产独立于特力亚公司的财产，对神禾公司的诉讼请求不予支持，并无不当。二审法院认为证明一人有限责任公司的股东财产是否与公司财产相互独立的责任在于公司股东，不属于司法鉴定或审计的范围，对神禾公司的司法审计申请不予支持，亦无不当。《最高人民法院关于民事执行中变更、追加当事人若干问题的规定》第20条明确规定在符合一定条件的情况下，法院可依申请执行人的申请在民事执行程序中追加一人有限责任公司的股东为被执行人，对公司债务承担连带责任。原审法院依据相关法律、司法解释的规定，判决驳回神禾公司的诉讼请求，适用法律正确。

13.【裁判规则】以未依职权直接进行委托鉴定为由，主张程序违法，于法无据

典型案例

中国平安财产保险股份有限公司大连分公司与被申请人锦州恒兴船货代理有限公司等海上货物运输合同纠纷案［最高人民法院（2019）最高法民申6368号］

再审申请人（一审原告、二审上诉人）：中国平安财产保险股份有限公司大连分公司（以下简称平安保险大连分公司）

被申请人（一审被告、二审被上诉人）：锦州恒兴船货代理有限公司（以下简称恒兴代理公司）

裁判观点

最高人民法院认为，本案系平安保险大连分公司不服原判决，依据《民事诉讼法》第200条第5项的规定，主张一、二审法院诉讼程序违法，向法院申请再审，法院依其再审申请事由对本案进行审查。平安保险大连分公司关于王某某签字鉴定方面的异议。本案中，王某某在出庭作证时，明确否认平安保险大连分公司提供的港航非集装箱货物交接清单上的签字为其本人所签，在此情况下，就该待证事实负有举证责任的平安保险大连分公司未提出鉴定申请，应当承担相应不利后果。现平安保险大连分公司以人民法院未征询其是否申请鉴定，未进一步向其释明不申请鉴定的法律后果，也未依职权直接进行委托鉴定为由，主张程序违法，于法无据，法院不予支持。

14.【裁判规则】鉴定机构明确表示完成鉴定所需的技术要求超出其技术条件和鉴定能力的，可再行委托具有相应技术条件和鉴定能力的鉴定机构对相关专业性问题进行鉴定，或在认为不需要再次鉴定的情况下，按照举证责任分配，作出事实认定，不能以无法鉴定为由认定判决驳回其诉讼请求

典型案例 ▶▶

深圳市中建南方建设集团有限公司宁夏分公司与宁夏亘元房地产开发有限公司建设工程施工合同纠纷案［最高人民法院（2019）最高法民再167号］

再审申请人（一审原告、二审上诉人）：深圳市中建南方建设集团有限公司宁夏分公司（以下简称中建宁夏分公司）

被申请人（一审被告、二审被上诉人）：宁夏亘元房地产开发有限公司（以下简称亘元房地产公司）

裁判观点 ▶▶

最高人民法院认为，法院再审认为，根据中建宁夏分公司的再审请求及双方的辩论意见，本案争议焦点为中建宁夏分公司对案涉工程是否完成施工以及亘元房地产公司是否欠付工程价款的问题。中建宁夏分公司与亘元房地产公司于2011年1月7日订立的园林绿化建设工程施工合同系双方当事人真实意思表示，不违反法律、行政法规的强制性规定，为有效合同。合同签订后中建宁夏分公司投入人力和设备进行施工，亘元房地产公司亦支付部分工程价款，双方当事人对此事实均无异议，仅对案涉工程是否完工以及是否欠付工程价款问题有争议。

一般来讲，建设工程施工合同纠纷涉及的事实问题专业性较强，需要由鉴定机构就相关问题提出意见。经当事人申请鉴定后，在选定的鉴定机构无法鉴定的情况下，若当事人对鉴定机构无法鉴定持有异议，为充分保障当事人权利，人民法院可另行委托具备资质的鉴定机构，或者依据举证责任的分配原则和双方当事人的过错程度对全案证据进行分析，进而对案件事实作出认定。具体到本案，第一，虽然亘元房地产公司主张案涉工程由国宇嘉宁夏分公司完成施工，但国宇嘉宁夏分公司在本案一审时提交证明并当庭陈述：其进场施工时，案涉工程已完成施工，该公司仅是在无施工图纸的情况下对相关设施进行了修整养护。若结合本案其他证据能够证实国宇嘉宁夏分公司所述属实且亘元房地产公司无其他证据予以反驳，依照《民诉法司法解释》第108条和2001年《民事证据规定》第2条、第5条第2款有关举证责任的规定，可以对案涉工程是否已经中建宁夏分公司施工完毕进行认定。第二，一审法院依据中建宁夏分公司申请委托宁夏农林科学院园艺研究所对中建宁夏分公司实际完成的工程量和工程造价进行鉴定，后宁夏农林科学院园艺研究所于2016年12月23日以“鉴定标的物中工程施工方较多，鉴定范围无法明确；提供检材中缺乏有力依据支持实际发生工程量和工程造价的评估的进行”为由，依据《司法鉴定程序通则》(2007年)第27条第1款第3项、第4项的规定终止鉴定。在宁夏农林科学院园艺研究所明确表示完成鉴定所需的技术要求超出其技术条件和鉴定能力的情况下，一审法院可再行委托具有相应技术条件和鉴定能力的鉴定机构对本案相关专业性问题进行鉴定，或者在认为不需要再次鉴定的情况下，按照举证责任分配，结合案涉证据，作出事实认定。据此，原判决以无法鉴定为由认定中建宁夏分公司承担举证不能的法律责任并判决驳回其诉讼请求，属认定基本事实不清。

第三节　鉴定意见

【法理辨析】

一、鉴定意见的内涵

鉴定意见，是指“具备资格的鉴定人对民事案件中出现的专门性问题，通过鉴别和判断后作出的书面意见”。〔1〕从鉴定人角度来看，他们根据法院的委托，“利用专门知识对比案件中的某些专门性问题进行鉴别、认定、分析和判断，最后提供的结论性意见即为鉴定意见”。〔2〕鉴定意见作为民事诉讼证据的一种形式，在民事诉讼事实证明过程中发挥着重要的作用，在有些特殊类型的案件中，则是查清案件事实的主要方式方法。

---

〔1〕 全国人大常委会法制工作委员会民法室编著:《〈中华人民共和国民事诉讼法〉释解与适用》，人民法院出版社2012年版，第99页。

〔2〕 全国人大常委会法制工作委员会民法室编著:《〈中华人民共和国民事诉讼法〉释解与适用》，人民法院出版社2012年版，第115页。

（1）鉴定意见是一种法定的证据类型。《民事诉讼法》第63条规定："证据包括：……（七）鉴定意见……"因此，鉴定意见也必须和其他证据类型如当事人的陈述、书证、物证、视听资料、电子数据、证人证言、勘验笔录等证据一样，在法庭上进行质证，经过查证属实后，才能作为定案的根据。

（2）申请鉴定是当事人履行举证责任的内容。《民事诉讼法》第64条第1款规定："当事人对自己提出的主张，有责任提供证据。"申请鉴定是当事人履行其举证责任的当然内容。"当事人需要鉴定意见来证明自己提出的主张时，理所当然应当申请鉴定；当事人未申请鉴定的，应当承担就该主张举证不能的法律后果。"〔1〕

（3）鉴定意见是就专门性问题提供鉴定意见的活动。根据《全国人民代表大会常务委员会关于司法鉴定管理问题的决定》第1条的规定，司法鉴定是指在诉讼活动中鉴定人运用科学技术或者专门知识对诉讼涉及的专门性问题进行鉴别和判断并提供鉴定意见的活动。即必须是属于"专门性问题"，超出了法官认知范围的、不得不依赖于技术手段来辅助认知案件事实的，才能启动鉴定程序；属于可以通过举证责任分配、司法认知、推定、自认、经验法则、逻辑法则等手段认知案件事实的，不得启动鉴定程序。不能违背诉讼规则，将鉴定程序泛化，把鉴定手段当成化解一切事实真伪不明的唯一工具。

（4）鉴定意见是一种鉴定人的判断性意见，不是绝对真理。"鉴定人接受人民法院的委托，运用自己的专门知识或技能，借助一定的方法和仪器，对与案件有关的专门性问题进行研究、检验、分析后给出的判断性意见。"〔2〕因此，鉴定意见不具备法定证据下的"高人一等"的证明力，其证明力和其他证据一样，需要法官凭借生活经验和逻辑法则，与案件中的其他证据进行全面、客观、综合分析之后，确定其证明力的大小，不能"以鉴代审""法院并不受鉴定意见之拘束"。〔3〕完全地、片面地、想当然地认为鉴定意见的证明力就是法定的、必然的、绝对的，就会陷入"绝对主义"，把客观事物和人的认识的绝对性与相对性完全割裂开来。"由于种种原因，鉴定意见也有不准确、不可靠的时候，有的时候，不同鉴定人就同一问题得出

〔1〕 全国人大常委会法制工作委员会民法室编著：《〈中华人民共和国民事诉讼法〉释解与适用》，人民法院出版社2012年版，第116页。

〔2〕 最高人民法院民事诉讼法修改研究小组编著：《〈中华人民共和国民事诉讼法〉修改条文理解与适用》人民法院出版社2012年版，第134页。

〔3〕 ［日］松冈义正：《民事证据论》（上、下册），张知本译，中国政法大学出版社2004年版，第233页。

的鉴定意见甚至完全相反，因此，审判人员认定案件事实不能唯鉴定意见是从，应当结合案件的全部证据，加以综合审查判断，从而正确认定案件事实，作出正确的判决。"〔1〕

（5）鉴定的对象是事实问题，即待证的事实，非法律问题。2020年《建设工程司法解释一》第33条规定："人民法院准许当事人的鉴定申请后，应当根据当事人申请及查明案件事实的需要，确定委托鉴定的事项、范围、鉴定期限等，并组织双方当事人对争议的鉴定材料进行质证。"2019年《民事证据规定》第30条规定："人民法院在审理案件过程中认为待证事实需要通过鉴定意见证明的，应当向当事人释明，并指定提出鉴定申请的期间。"

适用法律是法官的专属职责，根据司法认知规则，法官有熟知法律的义务。有学者认为，鉴定人具有双重属性，既有证据方法的属性，又有辅助法官认知的属性。"一方面为证据方法，同时又对于审判官判断上的权限而辅助之"。〔2〕鉴定人是"依法院之命令，本诸自己之特别知识，而就法则、习惯、实验规则、过去事实等陈述意见之第三者"。〔3〕鉴定意见是证据资料，用鉴定意见来证明待证事实。由于鉴定对象和鉴定方法的不同，鉴定有时是依据科学实验方法来帮助法官判断诉讼法上的待证事实，而有时则是凭借自己的知识技能来完成证据调查，来帮助法官加强对待证事实的认知，而鉴定意见的判断则归属于法官自由心证，并非以鉴定人的鉴定意见取代法官的判断。

二、鉴定意见的证据证明力

鉴定意见的证据证明力，即鉴定意见对于证明待证事实的强度高低与大小，也就是能够证明待证事实的存在更可能，或者更不可能的能力。如果鉴定意见的产生能够对待证事实"证成"或者"证伪"，则鉴定意见具有证明价值。例如，一审庭审中陈述公司印章只有一枚，但在一审时提交的鉴定申请书中的印模却和合同中的并非同一印章的，对当事人主张的印章进行真伪鉴定，并无实际意义。因此，对

---

〔1〕 全国人大常委会法制工作委员会民法室编著：《〈中华人民共和国民事诉讼法〉释解与适用》，人民法院出版社2012年版，第115页。

〔2〕［日］松冈义正：《民事证据论》（上、下册），张知本译，中国政法大学出版社2004年版，第207-208页。

〔3〕［日］松冈义正：《民事证据论》（上、下册），张知本译，中国政法大学出版社2004年版，第207-208页。

于公章鉴定申请不予准许并无不当。

鉴定意见是民事证据中的一种，与其他类型一样，必须在系属诉讼后，经过法庭的质证认证，需要与其他证据相结合，来对案件进行综合考察。就像一根柴火与其他柴火共同点燃法官的内心确信一样，鉴定意见不具有优于、大于、强于其他证据的证明力，法官对于全案证据的内心确定才能最终定案，而不能是由鉴定意见来“侵夺”法官的自由裁量权。特别是鉴定意见如果与自认法则、司法认知、经验法则相违背时，法官有权依自由裁量否定其证据证明力。2001年《民事证据规定》第71条规定：“人民法院委托鉴定部门作出的鉴定结论，当事人没有足以反驳的相反证据和理由的，可以认定其证明力。”第77条规定：“人民法院就数个证据对同一事实的证明力，可以依照下列原则认定：……（二）物证、档案、鉴定结论、勘验笔录或者经过公证、登记的书证，其证明力一般大于其他书证、视听资料和证人证言。”而在《民事诉讼法》、2020年《民诉法司法解释》和2019年《民事证据规定》中均没有明确确定鉴定意见的证明力大小的问题。原因是似乎这种明确鉴定意见的证明力“大于”“一般大于”的规定总有些是中世纪“法定证据”的影子，容易有在证据证明力问题上存在“以鉴代审”的嫌疑。

三、鉴定意见证明力的质证

（1）质证是程序保障。由于鉴定意见是鉴定人凭借专门知识和技能对专门性问题的专业性判断，对于案件的定性和处理具有直接作用，在一般情况下，鉴定意见的证据证明力较高。基于民事诉讼的程序保障理论，当事人享有对鉴定意见进行质证的权利。《民事诉讼法》第78条中规定“经人民法院通知，鉴定人拒不出庭作证的，鉴定意见不得作为认定事实的根据”，2019年《民事证据规定》第34条第1款规定：“人民法院应当组织当事人对鉴定材料进行质证。未经质证的材料，不得作为鉴定的根据”。而如果未能对鉴定人当庭进行质证，不但不利于案件事实的真实性、关联性和合法性，而且不利于当事人的正当程序。

当然，基于当事人的处分权和辩论主义，当事人对于鉴定意见没有异议的，根据2020年《民诉法司法解释》第103条第2款“当事人在审理前的准备阶段认可的证据，经审判人员在庭审中说明后，视为质证过的证据”的规定“可以在开庭时不再对鉴定意见进行质证，直接认可鉴定意见的证明力。”[1]

（2）鉴定人应当出庭作证。根据《民事诉讼法》第78条“当事人对鉴定意见有异议或者人民法院认为鉴定人有必要出庭的，鉴定人应当出庭作证。经人民法院通知，鉴定人拒不出庭作证的，鉴定意见不得作为认定事实的根据；支付鉴定费用的当事人可以要求返还鉴定费用”和2020年《民诉法司法解释》第103条“证据应当在法庭上出示，由当事人互相质证。未经当事人质证的证据，不得作为认定案件事实的根据。当事人在审理前的准备阶段认可的证据，经审判人员在庭审中说明后，视为质证过的证据”的规定，鉴定人作证有两个条件：第一，当事人对鉴定意见有异议；第二，人民法院认为鉴定人有必要出庭作证的。无论哪种情况出现，就必须启动鉴定人出庭作证程序（见图6-2）。

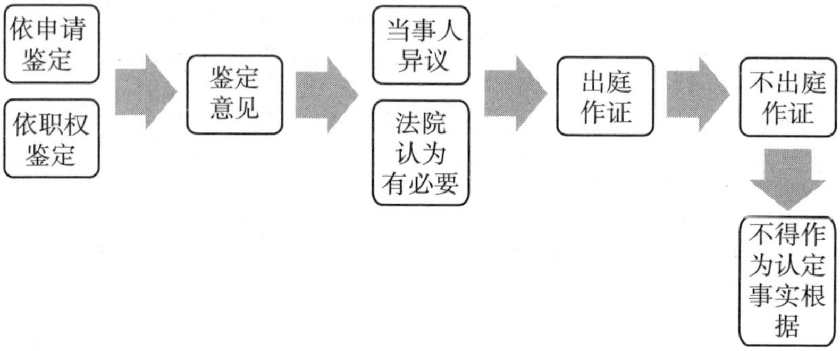

图6-2　鉴定人出庭作证的程序要求

（3）非公开质证。2020年《民诉法司法解释》第103条第3款规定：“涉及国家秘密、商业秘密、个人隐私或者法律规定应当保密的证据，不得公开质证。”

四、司法实务中的鉴定意见

1.鉴定意见可以作为认定案件事实的根据。2019年《民事证据规定》第40条规定，司法实践中，人民法院根据当事人的鉴定申请，按照法定程序依法委托。双方当事人明确表示对鉴定机构的选择、鉴定主体资格、鉴定依据、鉴定原则等均无异议。鉴定机构以案涉合同、鉴定检材等材料为基础，出具鉴定意见稿，并出庭接受质询，根据双方当事人提出的异议出具鉴定意见的最终意见。当事人未提供证据证明案涉鉴定意见存在上述第40条规定情形的，人民法院采信该鉴定意见作为认

〔1〕 王胜明主编：《中华人民共和国民事诉讼法释义》，法律出版社2013年版，第174页。

定案件事实的依据，符合证据认定规则。

2.交通事故责任认定的鉴定的证明力不是绝对的。根据《最高人民法院、公安部关于处理道路交通事故案件有关问题的通知》第4条的规定："当事人仅就公安机关作出的道路交通事故责任认定和伤残评定不服，向人民法院提起行政诉讼或民事诉讼的，人民法院不予受理。当事人对作出的行政处罚不服提起行政诉讼或就损害赔偿问题提起民事诉讼的，以及人民法院审理交通肇事刑事案件时，人民法院经审查认为公安机关所作出的责任认定、伤残评定确属不妥，则不予采信，以人民法院审理认定的案件事实作为定案的依据。"

其他国家行政机关作出的事实认定文书，包括公安交警机关所作出的责任认定和伤残评定，都属于本单位对事实的认定看法，并不一定具有证明效力。对于其他部门作出的事实认定，法院就此证据必须经过其他当事人质证和人民法院审查。对于确实有相反事实足以证明该证据确有错误或者失实的，不予采信，应当以人民法院通过审理、收集证据认定的案件事实作为定案的根据，以保证国家审判机关司法独立、不受行政干预。在证据的审核中，要从证据的真实性、关联性、合法性等方面进行全面审核，即证据的真伪、证据与案件待证事实的关系、证据取得的方式等，客观地分析判断证据。

交通事故认定书等"应当"作为人民法院认定案件事实的依据，但是当事人有证据足以推翻认定结论的除外。其一，淡化行政机关的认定书作为确认案件事实直接依据的色彩。其二，交通事故认定书等载明的事实，能否确认为案件事实，要根据证据规则的有关规定对其审核后作出判断，法官可以依法作出选择。其三，事故认定书是关键证据，但不是不可否定的证据。

3.医疗事故鉴定意见的证据证明力不是绝对的。《最高人民法院关于对医疗事故争议案件人民法院应否受理的复函》(2019年7月20日不再适用)指出：医疗事故技术鉴定委员会所作的医疗事故鉴定结论，系卫生行政部门认定和处理医疗事故的依据。不是人民法院处理医疗民事损害赔偿纠纷的唯一依据。其一，医疗事故鉴定仅涉及案件的事实问题而非法律问题，且医疗事故鉴定意见只是案件中一种证据，医疗事故鉴定意见包含着失真的可能性。它既不是"证据之王"，也不是"科学的判决"。其二，医疗事故鉴定意见，并不具有排除其他证据的效力，如果证据之间存在矛盾，法院应在对各个证据具体分析的基础上作出判断。其三，将医疗事故鉴定意见作为法院审理医疗损害赔偿纠纷案件的唯一证据，并且不加审查而直接采信的做法，并不科学（类法定证据）。其四，鉴定意见只是证据形式的一种，认定案件事实是法官的职责，不是鉴定人的职责，所以采信与否应该由法官根据证据规则作出合理的判断。在案件审理过程中，应当严格执行证据审查制度，用完善的证据规则来排除鉴定结论失真的可能性，医疗事故鉴定意见必须经过查证属实才能作为认定事实的依据。

4.鉴定报告上没有编制人、复核人签字的盖章，属于鉴定意见存在瑕疵。根据2019年《民事证据规定》第40条第1款规定："当事人申请重新鉴定，存在下列情形之一的，人民法院应当准许：（一）鉴定人不具备相应资格的；（二）鉴定程序严重违法的；（三）鉴定意见明显依据不足的；（四）鉴定意见不能作为证据使用的其他情形。"对于一方当事人自行委托或人民法院委托的鉴定，只有在鉴定结论存在严重缺陷或者鉴定程序严重违法、鉴定人员或机构不具备相关资格等情况，致使鉴定结论不能作为认定案件事实依据的情形，对当事人申请重新鉴定的，方应准许。仅因签字盖章瑕疵，不足以推翻鉴定意见，不能全面否定鉴定意见的结论。

5.未在法院指定期间内提出质证意见，视为放弃权利。关于鉴定意见书所依据鉴定资料的质证问题，在对鉴定意见书进行质证时，一审法院向当事人释明了鉴定及其法律后果，当事人未在法院指定期限内提交书面情况说明，应视为放弃对鉴定意见书质证的权利。

6.省级法院文件并非具有法律或司法效力的文件，不能否定鉴定意见。根据2019年《民事证据规定》第40条规定，当事人在案件二审上诉时，亦未就鉴定意见书提出异议。当事人依据的省高级人民法院相关文件及调研文章，并非具有法律或司法解释效力的文件，据此否定案涉鉴定意见书的证据效力，依据不足。

7.鉴定人员未出庭接受当事人的质询，并不当然否定鉴定意见作为认定事实的依据。根据《民事诉讼法》第78条规定："当事人对鉴定意见有异议或者人民法院认为鉴定人有必要出庭的，鉴定人应当出庭作证。经人民法院通知，鉴定人拒不出庭作证的，鉴定意见不得作为认定事实的根据；支付鉴定费用的当事人可以要求返还鉴定费用。"因此，法院未通知鉴定人员出庭，鉴定人员不出庭的，法律未规定鉴定意见不得作为认定事实的依据。因此，鉴定人未出庭接受当事人的质询，并不当然否定鉴定意见作为认定事实的依据。

【典型案解】

（一）定案根据

1.【裁判规则】司法鉴定意见书可以作为认定事实的依据

典型案例 ▶▶

武汉侨亚置业集团有限公司与余某某合作开发房地产合同纠纷案［最高人民法院（2017）最高法民申678号］

再审申请人（一审原告、反诉被告、二审上诉人）：武汉侨亚置业集团有限公司（以下简称侨亚公司）

被申请人（一审被告、反诉原告、二审被上诉人）：余某某

裁判观点 ▶▶

最高人民法院认为，一审法院根据当事人申请委托进行司法鉴定，鉴定机构系当事人双方共同选定，鉴定材料经过当事人质证，司法鉴定意见书作出后经双方质证，鉴定机构派出鉴定人员出庭接受当事人质询，对当事人提出的异议，鉴定机构亦出具了书面的补充鉴定意见。因此，一审法院委托司法鉴定程序合法，司法鉴定意见书可以作为本案认定事实的依据。

2.【裁判规则】鉴定意见书系人民法院依照法定程序委托有鉴定资质的鉴定机构就本案所涉专门性问题作出并质证后属于有证明力的合法证据

典型案例 ▶▶

广东省韶关市第二建筑工程公司与韶关市坪石发电厂有限公司（B厂）建设工程施工合同纠纷案［最高人民法院（2016）最高法民再135号］

再审申请人（一审原告、反诉被告、二审上诉人）：广东省韶关市第二建筑工程公司（以下简称韶关二建公司）

被申请人（一审被告、反诉原告、二审被上诉人）：韶关市坪石发电厂有限公司（B厂）

裁判观点

最高人民法院认为，一审法院就案涉工程有关价款问题依法委托鉴定部门进行鉴定并组织各方当事人对鉴定报告进行了质证，韶关二建公司发表了充分的意见并提供了相关依据，其诉讼权利已得到行使，并未受到限制或侵害。由于鉴定意见书系人民法院依照法定程序委托有鉴定资质的鉴定机构就本案所涉专门性问题依法独立、客观、公正地作出，并经各方当事人质证，属于有证明力的合法证据，这一权威性专业结论应当成为原判决认定事实的主要依据。韶关二建公司未能举出充分的事实根据和法律依据否定鉴定机构的资质、推翻鉴定意见书，其关于原判决依据鉴定报告认定工程总造价错误的主张亦不能成立。

3.【裁判规则】专业技术鉴定意见属于认定案件的主要证据

典型案例

万宁万利隆投资有限公司与深圳市三鑫科技发展有限公司装饰装修合同纠纷案［最高人民法院(2017)最高法民申3356号］

再审申请人（一审被告、反诉原告、二审上诉人）：万宁万利隆投资有限公司（以下简称万利隆公司）

再审申请人（一审原告、反诉被告、二审被上诉人）：深圳市三鑫科技发展有限公司（以下简称三鑫公司）

裁判观点

最高人民法院认为，《民事诉讼法》第200条第5项规定，对审理案件需要的主要证据，当事人因客观原因不能自行收集，书面申请人民法院调查收集，人民法院未调查收集的，人民法院应当再审。《民事指令再审和发回重审规定》第2条第1款第1项规定，依据民事诉讼法第200条第5项裁定再审的，最高人民法院、高级人民法院可以指令原审人民法院再审。

专业技术鉴定意见属于认定案件的主要证据。需要通过鉴定方式取得鉴定结果作为定案证据，人民法院未委托鉴定以致判决认定事实不清的，应当视为《民事诉讼法》第200条第5项规定的情形，可以参照前述法律规定指令原审法院再审。由此，法院决定指令原审法院再审本案。再审时应当依法委托专业机构就本案所涉相关专门性问题进行鉴定，并依据鉴定意见重新作出认定和裁判。对于因时过境迁证据灭失或当事人不配合造成无法进行鉴定的问题，可以根据举证责任判定相应一方承担不利后果。

4.【裁判规则】鉴定意见能否采信，一方面要看鉴定材料是否充分可靠，另一方面也要同其他证据联系起来进行审查判断

典型案例

唐某与肖某等借款合同纠纷案［最高人民法院（2017）最高法民申4276号］

再审申请人（一审被告、二审上诉人）：唐某

被申请人（一审原告、二审被上诉人）：肖某

裁判观点

最高人民法院认为，案涉两次鉴定程序均符合法律规定，相关鉴定机构和鉴定人员具有鉴定资质，鉴定结论亦具有明确的依据。虽然因两份鉴定意见所采集的样本不同，鉴定结论有所不同，但因个人笔迹受书写习惯、书写时间、场合、心理状态等主、客观因素的影响而发生变化，同一人的不同笔迹样本之间完全有可能具备不同的书写特征，如两份鉴定意见中均采集了唐某本人在法官面前书写的签名笔迹，鉴定结论却有所不同，故根据不同笔迹样本为对比参照作出的两份鉴定意见结论不同，并不能否认司法鉴定报告的合法性、科学性。鉴定结论作为证据的一种，能否采信，一方面要看鉴定材料是否充分可靠，另一方面也要同其他证据联系起来进行审查判断。湖北中真司法鉴定中心的鉴定样本中，中信银行武钢支行提取的样本与第一次鉴定时从四川省成都市工商行政管理局提取的样本都是经过合法程序提取，都是唐某过去经营事实的记录。按照工商行政登记相关规定，唐某在工商行政管理机关的签名，应系其本人签名；按银行担保、核保相关规定，在中信银行武钢支行担保的签名，也应系其本人签名。可见，从两份样本的来源及形式内容而言，检材样本应具有真实性。湖北中真司法鉴定中心出具的鉴定意见中个人担保声明书上唐某的签字不仅与唐某在中信银行武钢支行的核保书、最高额保证合同和担保函等材料上的“唐某”签名一致，而且与其本人2014年4月21日在法官面前的签名是一致的，唐某主张在中信银行武钢支行的签名非本人所签，不排除系佳仕

炜公司伪造核保书、最高额保证合同和个人担保声明书上"唐某"签字的可能性，但未提供任何证据予以证明，且亦无法就其在法官面前的签名与在中信银行武钢支行的签名一致的鉴定结论提出合理的反驳依据。因此，原审法院综合审查本案证据情况对湖北中真司法鉴定中心出具的鉴定意见予以采信并无不当。

（二）形式要件

1.【裁判规则】鉴定人应当提出书面鉴定意见，在鉴定书上签名或者盖章，都符合法律规定

典型案例

池州金牌盛典文化产业投资有限公司与合肥建工集团有限公司建设工程施工合同纠纷案［最高人民法院（2017）最高法民申4343号］

再审申请人（一审被告、二审上诉人）：池州金牌盛典文化产业投资有限公司（以下简称池州金牌盛典公司）

被申请人（一审原告、二审被上诉人）：合肥建工集团有限公司

裁判观点

最高人民法院认为，鉴定人员虽未在司法鉴定意见书上签名，但已加盖印章，且在一审审理过程中，亦出庭接受双方当事人的质询，并对当事人的提问给予答复。根据《民事诉讼法》第77条第2款"鉴定人应当提出书面鉴定意见，在鉴定书上签名或者盖章"的规定，池州金牌盛典公司称司法鉴定意见书程序违法的再审理由亦不能成立。

2.【裁判规则】鉴定意见是鉴定机构按照法定程序、规则、标准出具的意见

典型案例

长春三鼎变压器有限公司与中国人民财产保险股份有限公司连云港市分公司等保险人代位求偿权纠纷案［最高人民法院（2019）最高法民再101号］

再审申请人（一审被告、二审上诉人）：长春三鼎变压器有限公司

被申请人（一审原告、二审被上诉人）：中国人民财产保险股份有限公司连云港市分公司

裁判观点

最高人民法院认为,《民事诉讼法》第63条所指鉴定意见并非泛指鉴定机构出具的任何形式的意见,而是鉴定机构按照法定程序、规则、标准出具的意见。从形式上看,无论是《司法鉴定程序通则》(2007年)第34条、第35条,还是2016年5月1日施行的《司法鉴定程序通则》第36条、第37条,均规定鉴定意见应按照统一规定的文本格式制作,由司法鉴定人签名。多人参加的鉴定,对鉴定意见有不同意见的,应当注明。华碧公司出具的华碧公司函与事故现场分析说明均没有按照统一的文书格式载明鉴定的依据、过程、方法等内容,也没有鉴定人员签名,不符合法定形式。从内容上看,鉴定人刘某在二审中陈述,"主要证据很难去进行实物采取,很难出具鉴定结论,与连云港中院沟通后决定以专家意见书的形式出具""函是对法院的回函说明",表明鉴定人刘某也不认为华碧公司函、事故现场分析说明以及专家意见书是法律意义上的鉴定意见。而在法院审查程序中,刘某虽称根据现有证据其认为案涉变压器有质量问题,但亦称不排除北港公司违规操作是导致火灾的重要原因。可见,鉴定人员亦不能认定本案火灾发生的原因系案涉变压器存在质量缺陷。从程序上看,司法鉴定实行鉴定人负责制度,司法鉴定人对自己作出的鉴定意见负责。对同一鉴定事项,应由两名或者多名司法鉴定人共同鉴定。而华碧公司函和事故现场分析说明均无鉴定人员签字,且出庭接受询问的只有刘某一人,即使将其视为鉴定意见,也没有证据能够证明是由两名以上鉴定人按照法定程序出具的。

3.【裁判规则】当事人对鉴定书的内容有异议的,应当在人民法院指定期间内以书面方式提出

典型案例

白银有色红鹭资源综合利用科技有限公司与白银市白银区第二建筑工程公司等建设工程施工合同纠纷案[甘肃省高级人民法院(2020)甘民申401号]

再审申请人(一审被告、二审上诉人):白银有色红鹭资源综合利用科技有限公司(以下简称红鹭公司)

被申请人(一审原告、二审被上诉人):白银市白银区第二建筑工程公司(以下简称二建公司)

裁判观点

人民法院认为，一审中，二建公司申请对承建红鹭公司的铁钒渣铅银渣火法练锌渣空气侧吹还原造锍熔炼综合回收有价金属工程尾气处理、水泵房、烟气收尘、山体开挖土建工程进行造价鉴定。红鹭公司申请就双方对工程量签证单有争议的土质类别进行鉴定。一审法院委托甘肃德瀚工程造价咨询有限公司、甘肃土木工程科学研究院有限公司，分别对当事人申请事项依法进行了鉴定。根据2019年《民事证据规定》第37条规定，一审法院已经要求鉴定机构作出了说明。再审申请人未能提供充分证据证明鉴定结论错误，故其异议并不影响鉴定结论的效力。

4.【裁判规则】人民法院在确定鉴定人后应当出具委托书，委托书中应当载明鉴定事项、鉴定范围、鉴定目的和鉴定期限

典型案例

董甲与张某乙恢复原状纠纷案［新疆维吾尔自治区高级人民法院（2020）新民申342号］

再审申请人（一审原告、二审上诉人）：董甲

被申请人（一审被告、二审被上诉人）：张某乙

裁判观点

人民法院认为，根据2019年《民事证据规定》第32条规定，鉴定事项、鉴定范围等应当以人民法院向鉴定人出具的委托书所载明的为准，董甲主张未按照乌鲁木齐市中级人民法院向新疆维吾尔自治区司法鉴定科学技术研究所司法鉴定中心出具的（2018）新01法鉴评字第999号《司法鉴定确认书》进行鉴定的再审理由不能成立。本案中，第一审人民法院按照法定程序向新疆维吾尔自治区司法鉴定科学技术研究所司法鉴定中心出具的鉴定委托书载明："对涉案房屋（马市小区16号楼3单元601号房屋）渗水原因进行鉴定，如与被告修建房屋有关，则对因此受损的装修报价进行评估。"2018年11月13日，新疆光明证据科学研究司法鉴定所作出新司鉴所司鉴字（2018）147号《鉴定意见书》，鉴定意见为："根据现场勘查和数据计算，原被告陈述、综合分析：1.乌鲁木齐市马市小区16号楼3单元601室厨房渗水原因为：701室晒台排水地漏口与排水管交接处存在缝隙（未密封处理）造成，701室

晒台女儿墙泛水处渗水产生影响。2.601室厨房装修受损部位的修复费用为550元，明细为：粉刷层铲除100元；粉刷层恢复为400元；家具保护为50元”。新疆光明证据科学研究司法鉴定所于2018年12月10日向人民法院出具的函写明“我机构人员与本案原告方及被告方2018年12月7日再次进入现场进行勘查，现场情况及分析如下：1.依据我单位从事此项工作的技术经验综合分析，造成601室书房天棚、墙体发霉潮湿的原因为冷桥现象；2.601书房的内外墙交角、楼屋面与外墙搭接角（墙体与现浇板的交接部位）、窗户上部墙体均有水珠吸附于墙面的现象。现场勘查时室外天气较为寒冷，室内温度高于室外温度，故产生的水珠或水雾长时间吸附于墙面会造成墙面潮湿发霉”。原审人民法院根据庭审查明的事实并参考鉴定意见确定张某乙赔偿董甲厨房装修受损部位的修复费用550元，对其他各项诉讼请求未予支持并无不当。再审审查期间董甲提供的照片、视听资料等证据不足以证实房屋漏水与张某乙楼顶加盖生活设施有因果关系。第二审庭审期间，人民法院依法询问双方当事人是否有新证据出示及是否有需要说明的证据，董甲当庭并未出示新证据，其称原审人民法院法官阻止其提交证据的理由不能成立。综上所述，董甲的再审申请不符合《民事诉讼法》第200条规定的情形。

5.【裁判规则】人民法院对鉴定人出具的鉴定书进行形式审查，当事人未能提供确实、充分的相反的证据足以推翻鉴定意见的，可认定鉴定意见合法有效

典型案例

肇庆市砚都物业管理发展有限公司与吴某甲财产损害赔偿纠纷案［广东省肇庆市中级人民法院（2020）粤12民终813号］

上诉人（原审被告）：肇庆市砚都物业管理发展有限公司（以下简称砚都物业公司）

被上诉人（原审原告）：吴某甲

裁判观点

人民法院认为，关于一审法院对损失金额的认定是否有误的问题。一审法院根据吴某甲的申请，就其店铺内因火灾烧损的装修及货物进行损失鉴定，依法委托广东信德资产评估与房地产土地估价有限公司进行评估。该公司作出信评字第

Z1908605029号《资产评估报告书》，确定案涉商铺内物品评估价值为280,970元。广东信德资产评估与房地产土地估价有限公司据以评估的资产清点清单由吴某甲及砚都物业公司代表共同清点确定，砚都物业公司上诉抗辩称物品型号数量严重失实的理据不足，法院不予采纳。至于其认为评估价值是按市场价值评估，评估价格虚高的问题，因其未能提供充分、确实的证据证实广东信德资产评估与房地产土地估价有限公司的评估价格过高，故对其该主张，法院亦不采纳。根据2019年《民事证据规定》第36条规定，即人民法院对鉴定人出具的鉴定书仅就上述事项是否具备进行形式审查。本案中，广东信德资产评估与房地产土地估价有限公司由一审法院依法选定，具备相应的鉴定资质，评估程序合法，且该评估报告经过双方质证。在砚都物业公司未能提供确实、充分的相反的证据足以推翻该评估报告书的情况下，可认定其内容合法有效，故一审法院以上述资产评估报告书作为本案涉物品损失的依据并以此认定吴某甲因本次火灾事故遭受的损害金额正确，法院依法予以维持。

6.【裁判规则】对鉴定意见的瑕疵，可以通过补正、补充鉴定或者补充质证、重新质证等方法解决

典型案例

拉萨康桑商贸有限公司与新疆宏远建设集团有限公司建设工程施工合同纠纷案［最高人民法院(2016)最高法民再392号］

抗诉机关：中华人民共和国最高人民检察院

申诉人（一审被告、二审上诉人）：拉萨康桑商贸有限公司（以下简称康桑公司）

被申诉人（一审原告、二审上诉人）：新疆宏远建设集团有限公司（以下简称宏远公司）

裁判观点

最高人民法院认为，在本案一审中，宏远公司提出工程造价鉴定申请后，一审法院按照法定程序选取泽正鉴定所作为本案鉴定机构，符合法律规定。泽正鉴定所于2012年10月11日、11月2日和2013年6月18日先后作出了鉴定意见和补充鉴定报告，但双方当事人均不认同，分别提出了自己的意见，康桑公司还对鉴定人员资质提出了异议。为此，一审法院在经过双方当事人同意后，要求鉴定机构再次进行补充鉴定，并组织双方当事人及鉴定人对现场进行了查看和确认。同时，一审法院还向西藏自治区司法厅发函询问本案鉴定人资质是否符合法定条件，该厅确认本案鉴定人资质符合法定条件。对于泽正鉴定所最终于2013年12月9日出具的补充的鉴定意见书，双方当事人也进行了质证。根据以上事实，原审以泽正鉴定所的鉴定意见作为认定案涉工程造价的依据，并无不当。综上所述，康桑公司提出的本案应按照合同约定的固定价款结算，鉴定结论应属违法无效的主张，理由不能成立，法院不予支持。

（三）证明力

1.【裁判规则】未提出足以推翻鉴定意见的相应证据，鉴定意见可以采信

典型案例

北通建设集团有限公司与沈阳经济技术开发区市政建设工程有限公司等建设工程施工合同纠纷案［最高人民法院（2016）最高法民申826号］

再审申请人（一审被告、二审上诉人）：北通建设集团有限公司（以下简称北通公司）

被申请人（一审原告、二审被上诉人）：沈阳经济技术开发区市政建设工程有限公司

裁判观点

最高人民法院认为，根据《民事诉讼法》第78条之规定，北通公司虽对辽兴宏工鉴字（2013）078号《工程造价鉴定报告书》有多次异议，但兴宏造价公司已在一、二审审理中对北通公司提出的各项异议逐项进行了解答，出具了书面意见并出庭进行了质证。北通公司没有提出足以推翻鉴定意见的相应证据，故鉴定意见可以采信。

2.【裁判规则】鉴定意见证明力并不当然高于其他形式的证据，更非必须采信的证据

典型案例

谢某某与重庆圣伟电力安装有限公司建设工程分包合同纠纷案［最高人民法

院（2017）最高法民申4769号］

再审申请人（一审原告、反诉被告、二审上诉人）：谢某某

被申请人（一审被告、反诉原告、二审上诉人）：重庆圣伟电力安装有限公司（以下简称圣伟电力公司）

裁判观点

最高人民法院认为，根据《民诉法司法解释》第105条规定，鉴定意见作为《民事诉讼法》规定的民事证据种类之一，其证明力并不当然高于其他形式的证据，更非必须采信的证据。在证据审核认定过程中，人民法院仍需查证属实才能将其作为认定事实的依据。而对鉴定意见审核的一个重要方面即是鉴定所依据的材料是否充分，如果作为鉴定依据的基础材料不能查证属实，则鉴定意见即成了无源之水、无根之木，自无采信之理。本案中，一、二审判决并非对鉴定意见全部未予采信，而仅是对其中鉴定依据不充分的部分未予采纳，此属于人民法院职权范围，不违反证据的审核认定原则。

3.【裁判规则】鉴定意见作为法定证据类型之一，是具有资质的鉴定机构受人民法院委托就案件事实涉及的专门性问题进行的专业鉴别和判断，经查证属实作为认定事实的根据

典型案例

新余市暨阳房地产开发有限公司与江西省裕荣建筑工程有限公司建设工程施工合同纠纷案［最高人民法院（2020）最高法民申112号］

再审申请人（一审被告、反诉原告、二审上诉人）：新余市暨阳房地产开发有限公司（以下简称暨阳公司）

被申请人（一审原告、反诉被告、二审上诉人）：江西省裕荣建筑工程有限公司（以下简称裕荣公司）

裁判观点

最高人民法院认为，（一）关于华赣公司出具的鉴定意见是否合法，是否可以作为案涉工程款核算依据的问题。根据《民事诉讼法》第76条第1款规定："当事人可

以就查明事实的专门性问题向人民法院申请鉴定。当事人申请鉴定的，由双方当事人协商确定具备资格的鉴定人；协商不成的，由人民法院指定。”鉴定意见作为《民事诉讼法》第63条规定的证据类型之一，是具有资质的鉴定机构受人民法院委托就案件事实涉及的专门性问题进行的专业鉴别和判断，经查证属实作为认定事实的根据。就案涉鉴定意见而言，经裕荣公司申请，一审法院委托有鉴定资质的华赣公司进行工程造价鉴定，华赣公司指派三名有鉴定资质的人员依照法定程序出具造价鉴定报告，程序合法。关于暨阳公司申请再审中再次提出鉴定人员及鉴定机构资质问题，二审判决对此已经详细回应，明确华赣公司和华赣司法鉴定中心属双重管理导致的一个单位两块牌子，鉴定资质符合法律规定。若暨阳公司坚持案涉鉴定机构及鉴定人员资质存在问题，可循法定途径向相关主管部门反映解决。

4.【裁判规则】鉴定机构不具备鉴定资质，鉴定意见不予采信

典型案例

黑龙江恒泰建设集团有限公司与中建材佳星玻璃（黑龙江）有限公司建设工程施工合同纠纷案［最高人民法院（2019）最高法民申1548号］

再审申请人（一审被告、反诉原告、二审上诉人）：黑龙江恒泰建设集团有限公司（以下简称恒泰公司）

被申请人（一审原告、反诉被告、二审上诉人）：中建材佳星玻璃（黑龙江）有限公司（以下简称佳星公司）

裁判观点

最高人民法院认为，在土建工程合同项下，恒泰公司作为承包方主张发包方佳星公司给付工程款，应当举示充分证据证明工程款金额。一审中，恒泰公司提出工程价款鉴定申请，一审法院准许后，经双方随机抽取选定哈工大咨询公司为鉴定单位，该公司鉴定资质为乙级，将案涉项目分成27个单体工程，分别出具了27个单体的工程造价鉴定意见书，合计总造价107,213,781.90元。根据2006年《工程造价咨询企业管理办法》第19条第3款规定：“乙级工程造价咨询企业可以从事工程造价5000万元人民币以下的各类建设项目的工程造价咨询业务。”第38条中规定：未取得工程造价咨询企业资质从事工程造价咨询活动或者超越资质等级承接工程造价咨询业务的，出具的工程造价成果文件无效。案涉工程价款无论从实际已付款数额还是双方争议的价款数额来看，都已经超过5000万元。一审法院将案涉工程项目作为一个整体委托哈工大咨询公司鉴定时，哈工大咨询公司不具备鉴定案涉工程的资质。哈工大咨询公司在一份委托书项下作出27个单体工程鉴定意见书，不符合委托要求，存在规避前述规定要求的资质等级限制的情形。并且该27份鉴定意见书属于民事诉讼法上的证据类型。原审法院经审查认为作出鉴定意见的鉴定机构不具备鉴定资质，对该鉴定意见不予采信，符合证据认定规则。

5.【裁判规则】鉴定材料未经当事人质证，鉴定意见不能作为认定案件事实的依据

典型案例

合肥新城紫蓬建筑工程有限公司与淮南市协进工贸有限公司建设工程施工合同纠纷案［安徽省淮南市中级人民法院（2020）皖04民终1558号］

上诉人（原审原告、反诉被告）：合肥新城紫蓬建筑工程有限公司

上诉人（原审被告、反诉原告）：淮南市协进工贸有限公司

裁判观点

人民法院认为，根据2019年《民事证据规定》第41条和2019年《建设工程司法解释二》第14条第1款〔1〕规定，本案中，案涉工程造价系合肥新城紫蓬建筑工程有限公司单方委托第三方作出，相关鉴定材料未经当事人质证，淮南市协进工贸有限公司一审中明确表示不认可，该鉴定意见依法不能作为认定案件事实的依据。依照上述规定，一审法院应当向淮南市协进工贸有限公司释明是否申请对工程造价进行鉴定，但一审法院并未释明，而是直接采纳了合肥新城紫蓬建筑工程有限公司单方委托第三方作出的鉴定意见，导致认定基本事实不清，依据不足。

〔1〕 现为2020年《建设工程司法解释一》第32条："当事人对工程造价、质量、修复费用等专门性问题有争议，人民法院认为需要鉴定的，应当向负有举证责任的当事人释明。当事人经释明未申请鉴定，虽申请鉴定但未支付鉴定费用或者拒不提供相关材料的，应当承担举证不能的法律后果。一审诉讼中负有举证责任的当事人未申请鉴定，虽申请鉴定但未支付鉴定费用或者拒不提供相关材料，二审诉讼中申请鉴定，人民法院认为确有必要的，应当依照民事诉讼法第一百七十条第一款第三项的规定处理。"

6.【裁判规则】鉴定意见系公安机关出于刑事侦查目的而委托，基础材料未经过双方质证，不予采信

典型案例

北京中关村开发建设股份有限公司与湖南省高速公路管理局建设工程施工合同纠纷案［最高人民法院（2019）最高法民终1401号］

上诉人（原审原告）：北京中关村开发建设股份有限公司（以下简称中关村公司）

上诉人（原审被告）：湖南潭衡高速公路开发有限公司（以下简称潭衡公司）等

裁判观点

最高人民法院认为，是否应采用信永中和的鉴定意见的问题。信永中和鉴定意见系公安机关出于刑事侦查目的而委托，鉴定依据的基础材料未经过双方质证，鉴定过程中关村公司未参与，不符合《民事诉讼法》的规定，不能直接用于本案中。原审法院未采用信永中和的鉴定意见，并无不当，法院予以维持。潭衡公司的该项主张与法律规定不符，法院不予支持。

7.【裁判规则】公安机关在刑事案件中的阶段性鉴定意见，未经质证，不得直接作为定案依据

典型案例

陈某某与贵州鲁弟房地产有限公司合同纠纷案［最高人民法院（2019）最高法民终687号］

上诉人（原审原告）：陈某跃

被上诉人（原审被告）：贵州鲁弟房地产有限公司

裁判观点

最高人民法院认为，一审法院认定案件事实的依据《南京东南司法鉴定中心司法鉴定意见书》及《贵阳市公安局刑事科学技术研究所文件检验鉴定书》系公安机关在刑事犯罪侦查中委托作出的阶段性鉴定意见，未经生效判决认定，鉴定检材、样材提取均无陈某跃的参与，且在陈某跃明确对鉴定意见提出异议的情况下鉴定人未出庭接受双方当事人的质询。《民事诉讼法》第78条规定："当事人对鉴定意见有异议或者人民法院认为鉴定人有必要出庭的，鉴定人应当出庭作证。经人民法院通知，鉴定人拒不出庭作证的，鉴定意见不得作为认定事实的根据；支付鉴定费用的当事人可以要求返还鉴定费用。"一审判决直接以前述两份鉴定意见作为定案依据，剥夺了陈某跃的程序参与权。陈某跃关于一审程序违法的上诉主张，具有事实和法律依据，法院予以支持。

8.【裁判规则】鉴定机构未将必要证据纳入鉴定范围，明显存在鉴定依据不足，鉴定意见不予采信

典型案例

成都嘉诚天下公共设施有限公司与四川华南金旭建工集团有限公司建设工程施工合同纠纷案[最高人民法院(2019)最高法民申5742号]

再审申请人(一审原告、反诉被告、二审被上诉人)：成都嘉诚天下公共设施有限公司(以下简称嘉诚公司)

被申请人(一审被告、反诉原告、二审上诉人)：四川华南金旭建工集团有限公司(以下简称华南公司)

裁判观点

最高人民法院认为，根据2019年《建设工程司法解释二》第15条[1]、第16条[2]规定，人民法院组织双方选定鉴定机构后，该鉴定机构所依据的检材应由当事人质证方能进行鉴定，未进行质证，相关鉴定结论不应采信。华南公司主张西南交大鉴定中心所作鉴定结论所依据的鉴定材料并未经过质证，嘉诚公司主张经过了质证并向法院提交了一审法院卷宗正卷(复印件)，但经法院组织双方当事人核对，嘉诚公司并未举出一审法院组织双方当事人在鉴定结论作出前对鉴定材料进行质证的证据。此外，经法院向作出鉴定报告的原西南交大鉴定中心书面函询，鉴定机

---

〔1〕 现为2020年《建设工程司法解释一》第33条："人民法院准许当事人的鉴定申请后，应当根据当事人申请及查明案件事实的需要，确定委托鉴定的事项、范围、鉴定期限等，并组织当事人对争议的鉴定材料进行质证。"

〔2〕 现为2020年《建设工程司法解释一》第34条："人民法院应当组织当事人对鉴定意见进行质证。鉴定人将当事人有争议且未经质证的材料作为鉴定依据的，人民法院应当组织当事人就该部分材料进行质证。经质证认为不能作为鉴定依据的，根据该材料作出的鉴定意见不得作为认定案件事实的依据。"

构表示华南公司在一审中提交的编号为D-001、D-015、D-016、D-019、D-020、D-063的工程施工技术联系单等证据，未纳入西南交大鉴定中心的上述鉴定。上述工程施工技术联系单涉及的设计变更指令是工程质量是否符合设计要求的重要依据，西南交大鉴定中心未将其纳入鉴定范围，明显存在鉴定依据不足的情形。因此，二审法院据此不予采信西南交大鉴定中心的鉴定结论，并无不当。

9.【裁判规则】不存在“鉴定程序严重违法”等不能作为证据使用的情形，鉴定意见具有证明力

典型案例

高某某与王某某合伙协议纠纷案［最高人民法院（2016）最高法民申638号］

再审申请人（一审原告、一审反诉被告、二审上诉人）：高某某

被申请人（一审被告、一审反诉原告、二审被上诉人）：王某某

裁判观点

最高人民法院认为，根据《民事诉讼法》第78条规定：“当事人对鉴定意见有异议或者人民法院认为鉴定人有必要出庭的，鉴定人应当出庭作证。经人民法院通知，鉴定人拒不出庭作证的，鉴定意见不得作为认定事实的根据；支付鉴定费用的当事人可以要求返还鉴定费用。”一审法院对加油站增值部分的认定是基于再审申请人高某某的申请，依法委托具有鉴定资格的黑龙江育林资产评估有限责任公司作出的，虽然双方对该黑育林评报字（2014）54号《资产评估报告书》有异议，但鉴定人已依法出庭接受质询并对双方当事人提出的异议进行了答复，且不存在“鉴定程序严重违法”等不能作为证据使用的情形，双方当事人也没有申请重新鉴定，故该评估报告合法有效。

10.【裁判规则】经人民法院通知，鉴定人拒不出庭作证的，鉴定意见不得作为认定事实的根据

典型案例

山西多力多房地产开发有限公司与上海梵华信息技术有限公司建设工程施工

合同纠纷案[最高人民法院(2018)最高法民申50号]

再审申请人(一审被告、反诉原告、二审上诉人):山西多力多房地产开发有限公司

被申请人(一审原告、反诉被告、二审上诉人):上海梵华信息技术有限公司

裁判观点

最高人民法院认为,根据一审庭审笔录记载的内容可以认定,鉴定人只是在庭前的证据交换中回答了当事人提出的问题,但是未出庭作证。《民事诉讼法》第78条规定,当事人对鉴定意见有异议或者人民法院认为鉴定人有必要出庭的,鉴定人应当出庭作证。经人民法院通知,鉴定人拒不出庭作证的,鉴定意见不得作为认定事实的根据;支付鉴定费用的当事人可以要求返还鉴定费用。本案鉴定意见书已经庭前质证,在庭前质证中,鉴定人回答了当事人提出的异议。本案当事人对鉴定意见有异议,人民法院应当通知鉴定人出庭作证。但法院并未通知,鉴定人并未出庭作证。一审判决依据仅经过庭前质证的鉴定意见书认定工程造价,程序上即有瑕疵。本案虽不符合重新鉴定的条件,但在当事人上诉已经对鉴定人未出庭作证提出异议,认为不能将鉴定意见作为定案依据的情况下,二审亦未能弥补该问题,而是直接依据在庭前质证后作出、作为鉴定意见组成部分的补充说明认定了本案的工程造价。原判决属于认定基本事实缺乏证据证明。

11.【裁判规则】另案中的鉴定意见未涉及本案当事人,未评价本案待证事实,该鉴定意见不予采纳

典型案例

甘肃科技培训学院与甘肃省建筑科学研究院华兰岩土工程公司等建设工程合同纠纷案[最高人民法院(2019)最高法民申3078号]

再审申请人(一审原告、二审上诉人):甘肃科技培训学院(以下简称科技学院)

被申请人(一审被告、二审被上诉人):甘肃省建筑科学研究院华兰岩土工程公司

裁判观点

最高人民法院认为，根据《民诉法司法解释》第90条规定，科技学院的诉讼主张不仅涉及案涉工程质量是否合格的问题，还涉及建筑工程质量问题的责任分担问题，上述问题具有较强的技术性和专业性，需要借助司法鉴定予以确定。科技学院为支持其诉讼主张提供了中国有色金属工业建设工程质量检测中心（以下简称中国有色）的两份鉴定报告，并申请对上述问题进行司法鉴定。中国有色2010年4月17日鉴定报告，系科技学院与五建集团三公司另案诉讼中人民法院委托司法鉴定机构所作的鉴定意见，该鉴定意见是中国有色依据补充勘察报告而非原始勘察报告作出的，基于建设工程基本建设程序"先勘察、后设计、再施工"的原则，在案涉工程使用多年后所作的补充勘察报告不能客观反映工程设计时的地质状况，因而该鉴定意见中涉及设计单位建设工程质量问题的鉴定意见不足以证明科技学院的诉讼主张，虽然该鉴定意见中涉及施工单位五建集团三公司建设工程质量问题的鉴定意见已被生效的甘肃省兰州市城关区人民法院民事判决所采纳，该人民法院也据此判决五建集团三公司承担了相应的民事责任，但该案诉讼未涉及本案其他当事人，该判决也未评价该鉴定意见中设计单位建设工程质量问题的鉴定意见，据此二审判决不采纳该鉴定意见并无不当，科技学院该申请再审理由不能成立。

12.【裁判规则】当事人认可鉴定机构的资质等级，不能因此而否定案涉鉴定意见的合法性

典型案例

安徽同聚祥实业有限公司与安徽梅龙建设集团有限公司建设工程施工合同纠纷案［最高人民法院（2019）最高法民申1242号］

再审申请人（一审被告、二审上诉人）：安徽同聚祥实业有限公司（以下简称同聚祥公司）

被申请人（一审原告、二审被上诉人）：安徽梅龙建设集团有限公司

裁判观点

最高人民法院认为，同聚祥公司申请再审称，根据2006年《工程造价咨询企业管理办法》第19条的规定，辰宇公司作为具有乙级资质的工程造价咨询企业，只能

从事工程造价5000万元以下的工程造价咨询业务。而根据《工程造价咨询企业管理办法》第38条规定，超越资质等级承接工程造价咨询业务的，出具的工程造价成果文件无效。可见，同聚祥公司对于辰宇公司具有乙级资质、有能力对工程造价进行鉴定不持异议，只是对辰宇公司能否就5000万元以上的工程造价进行鉴定存在异议。鉴于在鉴定机构作出工程造价鉴定结论之前案涉工程造价的确切数额并不确定，同聚祥公司认可辰宇公司是具有乙级资质的工程造价咨询企业，《工程造价咨询企业管理办法》系部门规章，不能仅因《工程造价咨询企业管理办法》第38条规定而否定案涉鉴定意见的合法性。一审期间，鉴定机构辰宇公司依法举行了听证，进行了现场勘验，并出具鉴定意见初稿，在充分听取双方当事人对鉴定意见初稿提出的异议后，最终定稿并出庭接受质询，对当事人当庭提出的异议再次复核后给予合理答复。二审期间，辰宇公司针对同聚祥公司提出的异议对案涉工程进行了两次补充鉴定，辰宇公司会同双方当事人对现场进行勘验，并出具了补充鉴定意见。综合全案情况，二审判决将辰宇公司作出的工程造价鉴定意见作为认定本案事实的依据是适当的。

13.【裁判规则】人民法院委托鉴定部门作出的鉴定结论，当事人没有足以反驳的相反证据和理由的，可以认定其证明力

典型案例

宁夏华城实业开发有限公司与中国三冶集团有限公司建设工程施工合同纠纷案［最高人民法院（2017）最高法民终383号］

上诉人（原审被告）：宁夏华城实业开发有限公司（以下简称华城公司）

被上诉人（原审原告）：中国三冶集团有限公司（以下简称三冶公司）

裁判观点

最高人民法院认为，本案二审的争议焦点是：第一，华城公司拖欠三冶公司工程款的具体数额应如何认定；第二，华城公司是否应该支付拖欠工程款的利息、赔偿停工损失以及清偿三冶公司垫付的电费；第三，关于质保金和罚款是否应当扣除。

双方当事人在一审时对鉴定意见中关于主体工程造价91,153,051元并无争议，华城公司上诉请求扣减其中的劳保基金（2,654,943元）和水电费（2,450,876元）两项，否定该部分鉴定意见，但未提供充分的事实和法律依据。2001年《民事证据规定》第71条规定："人民法院委托鉴定部门作出的鉴定结论，当事人没有足以反驳的相反证据和理由的，可以认定其证明力。"第27条规定："当事人对人民法院委托的鉴定部门作出的鉴定结论有异议申请重新鉴定，提出证据证明存在下列情形之一的，人民法院应予准许：（一）鉴定机构或者鉴定人员不具备相关的鉴定资格的；（二）鉴定程序严重违法的；（三）鉴定结论明显依据不足的；（四）经过质证认定不能作为证据使用的其他情形。对有缺陷的鉴定结论，可以通过补充鉴定、重新质证或者补充质证等方法解决的，不予重新鉴定。"鉴定机构对涉案工程造价作出鉴定意见后，原审法院依法进行了质证，双方未提出重新鉴定和补充鉴定，一审法院对双方无争议部分予以认可，对双方有争议部分予以裁判。现华城公司在未提供足以反驳的相反证据和理由的情况下要求推翻原鉴定意见中双方无争议部分，法院不予支持。而且，根据中华人民共和国住房城乡建设部、财政部2013年3月发布的《建筑安装工程费用项目组成》相关规定，社会保险费（本案所称的劳保基金）属于建筑安装工程费用中的组成部分，属于发包方应当向施工方支付的工程费用项目，本案中华城公司并未提交证据证明其向有关部门缴纳了上述劳保基金；也未提交充分证据证明，涉案工程在施工过程中仅产生了514,729.66元水电费，故其提出的应从工程款中扣减劳保基金和水电费的主张缺乏事实和法律依据。虽然涉案工程的护坡桩和抗浮桩工程确实系采用长螺旋钻孔的方式灌注砼桩，但是根据三冶公司、华城公司和监理单位三方签字确认的006号工作联系单的约定，在涉案工程实际施工时长螺旋钻孔灌注砼桩的造价早已超过了定额制定时使用长螺旋钻孔灌注砼桩的数额，故经各方协商确定，涉案工程结算时按照潜水钻机钻孔灌注砼桩计算工程造价；华城公司上诉称其并未确认此事无事实依据，其请求按长螺旋钻机钻孔灌注砼桩计算的上诉理由不能成立，原判决依据三冶公司提交的建设单位、监理方、施工单位签字确认的006号工作联系单按照潜水钻机钻孔灌注砼桩认定护坡桩和抗浮桩的工程造价为8,518,667元，具有事实依据，是正确的。双方当事人签订的商品混凝土补充协议明确约定："由于赛马公司混凝土价格高于同行业价格，经双方协商结算时在当期《宁夏建材价格指南》结算价的基础上补充市场价与赛马公司的价差给予结算。"华城公司称此协议未经赛马公司确认而无效，商品砼补差价不应计算到工程总造价中，缺乏事实依据，亦违反双方在协议中的约定，原判决在此项费用经鉴定机构鉴定为1,201,642元的情况下支持三冶公司在一审中请求的954,115.6元商品砼补差价款，法院亦予以认可。华城公司和三冶公司在补充合同中明确约定："因承包人垫资施工本工程项目，发包人依据主合同第47条补充条款中第一款工程造价定额确定的依据而确定的工程造价额的基础上，按承包人实际完成的建筑面积增加每平方米300元人民币作为承包人垫资施工的财务补贴。主体结构封顶发包人支付工程进度款时，以货币方式支付给承包人。"一审法院依照双方上述约定将垫资补贴款17,201,700元纳入工程总造价款并无不当。因此，原判决认定华城公司拖欠工程款为95,795,015.44元，是正确的。

14.【裁判规则】鉴定人员未出具鉴定人员承诺书，并不影响鉴定意见书的证据效力

典型案例

尹某甲与邓某乙等机动车交通事故责任纠纷案［四川省宜宾市中级人民法院(2020)川15民终2594号］

上诉人（原审被告、反诉原告）：尹某甲

被上诉人（原审原告、反诉被告）：邓某乙

裁判观点

人民法院认为，鉴定人员未出具鉴定人员承诺书，该份鉴定意见书是否应予采信的问题。根据2019年《民事证据规定》第33条规定，该条确定了鉴定人在从事司法鉴定活动过程中必须保持客观、公正、诚实和勤勉，并且在当事人申请及委托鉴定的法院要求出庭作证时，确保参与鉴定的鉴定人员能够到庭作证。此外，为增强鉴定人知晓和切实履行上述义务，专门增设了具结的要求，即需要签署附带上述内容的承诺书，但该条并未规定未予签订承诺书则鉴定意见无效。本案鉴定程序系经尹某甲申请，双方当事人协商一致，由长宁县人民法院依法随机抽选宜宾新兴司法鉴定中心鉴定，保险人并未提供证据证明鉴定过程存在2019年《民事证据规定》第40条第1款的情形。故一审法院采信该份鉴定意见认定邓某乙的伤残等级和后续医疗费用并无不当。

15.【裁判规则】鉴定意见中没有对鉴定过程的说明，没有写明鉴定所依据的原理、方法，也没有附相关鉴定检材的，可不予采信

典型案例

黄某甲与揭阳市榕城区某电子商务经营部机动车交通事故责任纠纷案［广东省揭阳市中级人民法院（2020）粤52民终662号］

上诉人（原审被告）：黄某甲

被上诉人：揭阳市榕城区某电子商务经营部（以下简称商务经营部）

裁判观点

人民法院认为，本案的争议焦点是揭阳市创大价格事务所有限公司的鉴定结果是否可以作为认定粤V×××××号小型轿车的损失的依据。本案中，揭阳市创大价格事务所有限公司作出的揭市价事车损鉴字（2018）1237号《广东省道路交通事故车物损失价格鉴定结论书》，从形式上看，没有附价格鉴定人员的资质证书，无法确认鉴定人员是否有鉴定资质；从内容上看，结论书中没有对鉴定过程的说明，没有写明鉴定所依据的原理、方法，也没有附车损照片，无法确认鉴定表中记载的更换零部件和修理零部件与车辆实际损失部位是否相符。因此，该鉴定意见书应不予采信。一审判决根据该鉴定意见确定粤V×××××号小型轿车的损失为61,884元，可能影响本案的正确处理。本案的交通事故发生于2018年7月22日，而商务经营部提交的发票显示的开票日期为2020年4月28日，其提交的揭阳市榕城区某店出具资料仅有维修项目及金额，均无法证明粤V×××××号小型轿车是否有实际维修，维修项目及金额是否属实。综上所述，一审判决认定事实不清，证据不足，可能影响案件的正确处理，依照《民事诉讼法》第170条第1款第3项的规定，裁定撤销原判，发回重审。

16.【裁判规则】鉴定意见明显依据不足的判断，主要是指鉴定结论明显违反客观规律或者与当事人提供的证据明显不一致

典型案例

合肥市滨湖医院与刘某甲等医疗损害责任纠纷案［安徽省合肥市中级人民法

院（2021）皖01民终1197号］

上诉人（原审被告）：合肥市滨湖医院（以下简称滨湖医院）

被上诉人（原审原告）：刘某甲等

裁判观点

人民法院认为，关于一审法院认定的双方责任比例问题。关于此问题的双方实质争议系一审法院采信南京金陵司法鉴定所作出的鉴定意见是否正确问题。滨湖医院二审中提交一份重新鉴定申请书，以一审中南京金陵司法鉴定所鉴定意见书缺乏鉴定所依据的原理、方法为由申请重新鉴定。刘某甲等称，一审中的鉴定意见书是严格按照法律规定的程序，法院发出传票，双方共同在场做笔录选择的鉴定机构，而且鉴定机构有资质，所以不存在违反法定程序的情形，滨湖医院认为鉴定机构没有提供具体资料给他们，就认为违反程序，是误解了法律规定，开听证会的时候，双方也充分参与辩论。另外南京金陵司法鉴定所也是按照江苏省高级人民法院的规定，在江苏省医学会随机选择了三位专家，所以不存在违反法律程序的情形。经审查，2019年《民事证据规定》第40条第1款规定了人民法院应当准许当事人申请重新鉴定的四种情形：（一）鉴定人不具备相应资格的；（二）鉴定程序严重违法的；（三）鉴定意见明显依据不足的；（四）鉴定意见不能作为证据使用的其他情形。滨湖医院申请重新鉴定的主要理由是本案鉴定意见存在第三种情形，即鉴定意见书缺乏鉴定所依据的原理、方法，鉴定意见明显依据不足。根据2019年《民事证据规定》第36条规定，法院认为，司法鉴定是指在诉讼活动中鉴定人运用科学技术或者专门知识对诉讼涉及的专门性问题进行鉴别和判断并提供鉴定意见的活动。“科学技术”“专门知识”对应着上述规定第三项所指的鉴定意见所依据的原理、方法，并非指具体的规范性文件或权威书籍杂志所明确的具体内容。人民法院关于鉴定意见明显依据不足的判断，主要是指鉴定结论明显违反客观规律或者与当事人提供的证据明显不一致。但本案中，一审法院根据当事人的申请，依法委托有资质的南京金陵司法鉴定所作出鉴定意见，认为滨湖医院对刘某甲生产过程的诊疗行为存在过错，滨湖医院的诊疗过错行为与刘某甲之子死亡后果之间存在因果关系，原因力为同等因素。南京金陵司法鉴定所针对滨湖医院的书面异议进行了书面答复，详细对异议进行了解释、说明。滨湖医院收到鉴定人的书面答复后仍有异议，一审法院根据其申请依法通知鉴定人出庭，鉴定人的相关人员亦出庭进行了答复。虽然滨湖医院现仍有异议，但并未提供鉴定结论明显违反客观规律或者与在案证据明显不一致的事实证据，故一审法院对滨湖医院的重新鉴定申请未予准许并无不当，法院亦不予准许。一审法院根据南京金陵司法鉴定所作出的鉴定意见对双方的责任比例进行划分并无不当，法院予以确认。

17.【裁判规则】以“鉴定意见”不是“鉴定结论”为由，否定鉴定意见证明力的，不予支持

典型案例

临沂天龙吊车起重有限公司与利勃海尔爱茵根有限公司产品质量损害赔偿纠纷案［最高人民法院（2015）民申字第2704号］

再审申请人（一审原告、二审上诉人）：临沂天龙吊车起重有限公司（以下简称天龙公司）

被申请人（一审被告、二审被上诉人）：利勃海尔爱茵根有限公司（以下简称利勃海尔公司）

裁判观点

最高人民法院认为，本案是具有涉外因素的产品质量损害赔偿纠纷。根据天龙公司的再审申请，本案审查焦点问题是一审法院委托福建东南产品质量鉴定所进行司法鉴定并采信其鉴定意见，是否违反法律规定。天龙公司提起本案诉讼，主张利勃海尔公司向其交付的汽车起重机存在产品缺陷，请求判令利勃海尔公司赔偿其由此遭受的损失。涉案汽车起重机是否存在天龙公司主张的产品缺陷并导致事故发生，是厘清本案责任的关键。消防部门出具的火灾原因认定书是认定火灾原因的依据，但不能直接证明涉案汽车起重机是否存在质量缺陷。一审法院对利勃海尔公司的鉴定申请予以准许，并无不当。一审法院以摇号的方式，确定了鉴定机构。在鉴定机构对其名称作出说明的情况下，经双方当事人同意，将鉴定机构名称修改为“福建东南产品质量司法鉴定所”，福建东南产品质量司法鉴定所持有福建省司法厅颁发的产品质量司法鉴定许可证。天龙公司关于一审法院按照利勃海尔公司指令委托无资质的鉴定机构，且擅自更换鉴定机构的主张，没有事实依据。

《人民法院司法鉴定工作暂行规定》制定时施行的1991年《民事诉讼法》第63

条，将由鉴定得来的证据表述为“鉴定结论”。2012年修订的《民事诉讼法》已经将第63条中的“鉴定结论”修改为“鉴定意见”。福建东南产品质量司法鉴定所接受人民法院委托进行鉴定，出具了司法鉴定意见。天龙公司以鉴定“意见”不是鉴定“结论”为由，否定其证明力，没有事实及法律依据。

涉案汽车起重机的起动机是认定本案事实的关键证据，天龙公司作为车辆的所有人、使用人，未提供发生事故的起动机进行司法鉴定。在此情况下比照同型号机器，可以对产品是否存在设计缺陷作出判断。福建东南产品质量司法鉴定所接受法院委托，经现场勘查实物，结合公安消防部门的卷宗材料，比对同类型起重机，出具鉴定意见，并就天龙公司提供的起动机部分接线柱和电源线进行了补充鉴定，鉴定人员出庭接受当事人的询问，并与天龙公司申请的专业人员就技术问题进行了对质。对于产品质量专业问题，法院采纳有资质的产品质量鉴定机构作出的鉴定意见并无不当，天龙公司依据公安部消防局天津火灾物证鉴定中心回复函，主张案涉产品存在质量问题，二审法院不予支持并无不当。

第四节　单方鉴定

【法理辨析】

一、单方鉴定的内涵

单方鉴定，或称为当事人自行委托鉴定，并不是一个法律上的概念，是在民事诉讼实务中的一种约定俗成的说法，一般是指“相关当事人就专门性问题自行委托有相应鉴定或者检测、评估资质的机构或相关专家进行检验、评价与判断，并形成书面意见的行为”[1]。单方委托鉴定是民事诉讼当事人所享有的诉讼权利，并不需要向人民法院申请或审批。从证据类型上来讲，单方委托的鉴定形成的鉴定意见系私文书证，并不属于《民事诉讼法》第63条规定的鉴定意见证据类型。从证据证明力的角度来讲，对非法院委托的单方委托有关机构或人员形成的“意见”，其性质是书面的证据材料，可以作为私文书证发挥证明作用（见图6-3）。

---

〔1〕 最高人民法院民事审判第一庭编著：《最高人民法院新民事诉讼证据规定理解与适用（上）》，人民法院出版社2020年版，第398页。

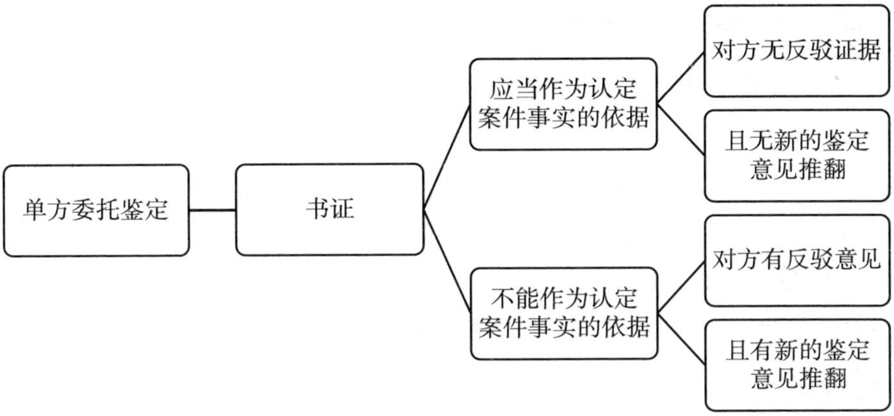

图6-3　单方委托鉴定的证明力

2019年《民事证据规定》第41条“对于一方当事人就专门性问题自行委托有关机构或者人员出具的意见，另一方当事人有证据或者理由足以反驳并申请鉴定的，人民法院应予准许”的规定，相较于2001年《民事证据规定》第28条“一方当事人自行委托有关部门作出的鉴定结论，另一方当事人有证据足以反驳并申请重新鉴定的，人民法院应予准许”的规定来说，除了增加了“就专门性问题”外，主要的变化有三点：

一是将“鉴定结论”调整为“意见”，从而凸显这种单方委托鉴定形成的意见，并非我国民事证据种类中的“鉴定意见”。

二是将“有关部门”调整为“有关机构或者人员”，从而扩大单方鉴定的鉴定主体范围，更好地适应涉及不同领域的事项，特别对有些专门性问题并没有专业性、专门性的鉴定机构、鉴定部门时而遇到无法鉴定的僵局时，“有关人员”可以解决这些专门性问题，这既是司法实践的总结，也便于及时解决纠纷。

三是将“当事人有证据足以反驳并申请鉴定”调整为“当事人有证据或者理由足以反驳并申请鉴定”，增加了“或者理由”，即当事人除了提出证据外，还可以提出理由，但限定性条件是“足以反驳”，至于什么情况属于“足以反驳”，法律没有明文规定。可以结合2019年《民事证据规定》第85条第2款规定，对于有证据“足以反驳”，一般可以认为，另一方当事人提供的证据在证明力方面应当是明显强于单方委托鉴定方出具的意见；或者，根据运用逻辑推理和日常生活经验，另一方当事人提出的理由比单方委托形成的意见更具有说服力，更能够对待证事实形成内心确信。

二、司法实务中的单方鉴定

1.诉讼前对建设工程单方委托鉴定，对方当事人在鉴定报告上签字并盖章的，诉讼中不得再申请鉴定。诉讼前，施工人单方委托有关鉴定机构对建设工程造价进行了造价鉴定，并出具审核报告，发包方及法定代表人均在审核报告中的审核汇总表上签字并盖章确认，说明双方已经就案涉工程价款达成一致意见。根据2020年《建设工程司法解释一》第29条规定，当事人在诉讼前已经对建设工程价款结算达成协议，诉讼中一方当事人申请对工程造价进行鉴定的，人民法院不予准许。

2.自行委托鉴定并非不具有证明力。根据《民事诉讼法》第76条规定可以看出，《民事诉讼法》第63条中有关证据种类中的鉴定意见，是以人民法院委托鉴定人为基础的。当事人单方自行委托有关鉴定机构、有关专家对案件中的专门性问题出具的意见，由于没有人民法院的委托鉴定程序，因此并不属于《民事诉讼法》第63条规定的“鉴定意见”。无论是将当事人单方自行委托鉴定的性质定义为当事人陈述，还是将其归为私鉴定，并非没有证据证明力。根据2019年《民事证据规定》第41条“对于一方当事人就专门性问题自行委托有关机构或者人员出具的意见，另一方当事人有证据或者理由足以反驳并申请鉴定的，人民法院应予准许”的规定可以看出，当事人自行委托鉴定部门作出的鉴定，另一方当事人没有提供证据反驳该鉴定确有错误，又不重新申请鉴定的，当事人提交的单方鉴定报告可以作为认定案件事实的依据。即一方当事人自行委托鉴定机构作出的鉴定意见，也并非不具有证明力，关键还要看对方能否提供足以反驳该证据的其他证据。实践中，也是由人民法院根据不同情形决定是否予以采纳。由于相对方未能提供足以反驳该鉴定的证据，在真实性、关联性和合法性能够得到证实的情况下，人民法院可以结合实际情况认定该份单方鉴定意见合法有效。

3.建设工程施工合同纠纷中，在需要通过鉴定确定工程造价时，若一方提出了具体的工程造价数额，另一方对此数额不予认可但又不申请鉴定，人民法院应该如何认定工程造价。〔1〕《民事诉讼法》第64条第1款规定：“当事人对自己提出的主张，有责任提供证据。”建设工程施工合同纠纷案件中，如果合同对于工程造价约定了

〔1〕 本段参见最高人民法院民事审判第一庭编：《民事审判指导与参考》（总第69辑），人民法院出版社2017年版，第250-251页。

固定价格，则按照合同约定确定工程造价既可；如果按照合同约定的不是固定价格，则可能需要通过鉴定确定工程造价。实践中会出现的情形：一方提出了具体的工程造价数额，另一方对此数额不予认可但又不申请鉴定。在此情形下，如果是承包人提出了具体的工程造价数额，发包人不予认可但不申请鉴定的，可以按照承包人提出的数额确定工程造价；如果是发包人提出了具体的工程造价数额，承包人不予认可但不申请鉴定的，可按照发包人认可的金额确定工程造价，要避免出现简单驳回承包人全部诉讼请求的情形。如果双方都提出了不同的具体的工程造价又都不申请鉴定的，则要根据“谁主张，谁举证”的原则，根据各自的诉讼地位、诉讼请求等因素确定由哪一方承担举证不力的后果。

【典型案解】

1.【裁判规则】对于一方当事人就专门性问题自行委托有关机构或者人员出具的意见，另一方当事人没有证据或者理由不足的，申请鉴定不予准许

典型案例

中国人民财产保险股份有限公司信阳市分公司与耿某某保险合同纠纷案［河南省高级人民法院（2020）豫民申5915号］

再审申请人（一审被告、二审上诉人）：中国人民财产保险股份有限公司信阳市分公司（以下简称人民财产保险公司）

被申请人（一审原告、二审被上诉人）：耿某某

裁判观点

人民法院认为，根据2019年《民事证据规定》第41条规定，案涉交通事故发生后，人民财产保险公司工作人员通知修理公司将耿某某一方的车辆拖至汽车修理厂修理，但未对该车辆损失数额进行认定。对于耿某某一方委托安徽天正国际保险公估有限公司出具的车损评估意见，人民财产保险公司未提交证据证明评估机构、人员不具备相关资格，或者评估意见明显依据不足。人民财产保险公司仅以上述车损评估意见系单方委托为由申请法院进行司法鉴定，证据不足，原审法院未予

准许，并无不当。

2.【裁判规则】单方委托作出的鉴定意见，未能保障当事人充分行使诉权的，不具有鉴定意见的证据效力

典型案例

白山市舜发硅藻土科技有限公司与吉林省新金山建筑工程有限公司等建设工程施工合同纠纷案［最高人民法院（2019）最高法民申835号］

再审申请人（一审原告、二审上诉人）：白山市舜发硅藻土科技有限公司

被申请人（一审被告、二审被上诉人）：吉林省新金山建筑工程有限公司（以下简称新金山公司）等

裁判观点

最高人民法院认为，佳翔公司作出的检测报告系诉前新金山公司单方委托鉴定。鉴定意见因欠缺民事诉讼程序保障，影响鉴定结论的证明力。根据《民事诉讼法》第68条、《民诉法司法解释》第103条、第104条、第105条等法律、司法解释规定，应当按照法定证据运用规则，对证据进行分析判断。未经当事人质证的证据，不得作为认定案件事实的依据。根据《民事诉讼法》第76条第1款及2001年《民事证据规定》有关委托鉴定的规定，当事人申请鉴定，由双方当事人协商确定具备资格的鉴定人；协商不成的，由人民法院指定。实务中，委托鉴定一般采取当事人协商确定一家有资质的鉴定机构或者法院从当事人协商确定的几家鉴定机构中择一选定，法院指定鉴定机构一般采取摇号等随机抽取方式确定。在法院主持下，经双方当事人当庭质证后确定哪些材料送鉴；鉴定机构及其鉴定人员有义务就鉴定使用的方法或标准向双方作出说明，有义务为当事人答疑，有义务出庭参与庭审质证；允许双方当事人申请法院通知具有专门知识的人出庭，就鉴定意见或者专业问题，形成技术抗辩。《民事诉讼法》第78条规定，鉴定人拒不出庭作证的，鉴定意见不得作为认定事实的根据。在本案中，佳翔公司受新金山公司单方委托作出的鉴定结论，因未纳入民事诉讼程序保障当事人充分行使诉权，不具有鉴定意见的证据效力。原审根据佳翔公司出具的检测报告，认定案涉工程已经检验为合格，证据不充分。

3.【裁判规则】单方委托的司法鉴定意见书证明力，低于在司法程序中经法院委托鉴定机构并经过当事人质证而形成的司法鉴定意见书

典型案例

湖南湘潭天易农村商业银行股份有限公司与谭某等金融借款合同纠纷案［最高人民法院（2020）最高法民申3281号］

再审申请人（一审原告、二审上诉人）：湖南湘潭天易农村商业银行股份有限公司（以下简称天易农商行）

被申请人（一审被告、二审被上诉人）：谭某等

裁判观点

最高人民法院认为，天易农商行提交的249号司法鉴定意见书系由湖南省湘潭县自然资源局单方委托鉴定的。鉴定过程中收集的鉴定材料、供比对材料均未经本案当事人质证，由此形成的司法鉴定意见书证明力低于在司法程序中经法院委托鉴定机构，鉴定过程中收集的鉴定材料、供比对材料均经过本案当事人质证而形成的司法鉴定意见书。（2014）潭中法民三初字第68号案（本案一审重审前案号）质证笔录、庭审笔录及质证记录均为一审案卷材料，不属于新证据，且谭某在质证笔录里仅认可为1050万元的借款提供抵押担保，但并未承认其在相关抵押材料上签名。天易农商行又未提供证据证明原判决采信的司法鉴定意见书存在鉴定程序违法、鉴定结论错误的情形，其提交的249号司法鉴定意见书不足以推翻原判决采信的两份司法鉴定意见书的鉴定结论。

4.【裁判规则】当事人自行委托有关部门作出的鉴定意见，并非一律不能采信

典型案例

胡某某等与厦门庆翔达商贸有限公司损害公司利益责任纠纷案［最高人民法院（2017）最高法民申4630号］

再审申请人（一审被告、二审上诉人）：胡某某等

被申请人（一审原告、二审上诉人）：厦门庆翔达商贸有限公司（以下简称庆翔达公司）

裁判观点

最高人民法院认为，根据2001年《民事证据规定》第28条规定，当事人自行委托有关部门作出的鉴定结论并非一律不能采信。本案中，庆翔达公司委托厦门中兴会计师事务所有限公司作出专项审计报告，并在一审期间将专项审计报告作为证据提交并不违反法定程序。胡某某等主张专项审计报告不具有客观性，向一审法院申请重新鉴定，一审法院依法委托了司法鉴定机构进行鉴定。胡某某等同意将庆翔达公司委托专项审计时的财务账册作为本案审计的初步检材，并移送鉴定机构进行审计。后，胡某某等没有在规定时间内缴纳鉴定费，且胡某某及其委托代理人吕某某向一审法院提交了撤回司法鉴定申请书，鉴定机构最终未作出鉴定结论。故胡某某等主张一、二审法院剥夺了其申请鉴定的权利，明显与事实不符，法院不予支持。

5.【裁判规则】单方委托的鉴定意见，在对方当事人没有反驳证据且无新的鉴定意见予以推翻的情况下，可作为认定案件事实的依据

典型案例

秦皇岛市山海关鑫圣供热有限责任公司与中铁山桥集团有限公司供用热力合同纠纷案［最高人民法院（2018）最高法民监3号］

申诉人（一审原告、二审上诉人）：秦皇岛市山海关鑫圣供热有限责任公司（以下简称鑫圣公司）

被申诉人（一审被告、二审被上诉人）：中铁山桥集团有限公司（以下简称中铁公司）

裁判观点

最高人民法院认为，就案涉供热损失，鑫圣公司作为供热方提起诉讼，应对中铁公司造成供热损失的基本事实承担举证责任。鑫圣公司在原审诉讼中单方委托具有司法鉴定资质的黑龙江建筑职业技术学院对桥梁厂职工住宅楼因楼梯间没有安装楼宇门和玻璃，增加供热负荷造成的经济损失出具了鉴定书，原审法院对该鉴定书组织双方当事人进行了质证。中铁公司虽不认可该鉴定结论，但没有申请鉴定。在此情况下，鑫圣公司向原审法院申请司法鉴定。根据2001年《民事证据规定》第28条规定，也就是说，当事人单方委托有关部门所作鉴定意见，在对方当事人没有反驳证据且无新的鉴定意见予以推翻的情况下，应当作为认定案件事实的依据。原审法院在中铁公司不认可鉴定结论的情况下，对鑫圣公司申请鉴定的请求置之不理，直接对鑫圣公司提供的鉴定结论不予采信是错误的。原审法院应对损失问题进行司法鉴定。

6.【裁判规则】对方当事人没有足够证据反驳或者不申请重新鉴定的，一方当事人自行委托的鉴定意见可以作为定案的依据

典型案例

中国人民财产保险股份有限公司无锡市分公司与陶某某、杨某某机动车交通事故责任纠纷案［江苏省高级人民法院（2020）苏民申2512号］

再审申请人（一审被告、二审上诉人）：中国人民财产保险股份有限公司无锡市分公司（以下简称人保无锡分公司）

被申请人（一审原告、二审被上诉人）：陶某某等

裁判观点

人民法院认为，根据2019年《民事证据规定》第41条的规定，人保无锡分公司虽对陶某某自行委托南通市第一人民医院司法鉴定所出具的鉴定意见提出异议，但未在一、二审审理中书面申请重新鉴定，亦未提交证据证明存在鉴定程序严重违法、鉴定人员不具备鉴定资格或不能作为证据使用的其他情形。其仅以先前两家鉴定机构不具备鉴定能力，而推定南通市第一人民医院司法鉴定所也不具备鉴定能力的理由，缺乏事实和法律依据，法院不予采纳。

7.【裁判规则】单方委托鉴定，对方表示认可的，属于双方已经对建设工程价款结算达成协议，诉讼中一方当事人申请对工程造价进行鉴定的，人民法院不予准许

典型案例

西藏岗地文化产业集团有限公司与新疆生产建设兵团建设工程（集团）有限责任公司建设工程施工合同纠纷案［最高人民法院（2020）最高法民终1号］

上诉人（一审被告）：西藏岗地文化产业集团有限公司（以下简称西藏岗地公司）

被上诉人（一审原告）：新疆生产建设兵团建设工程（集团）有限责任公司（以

下简称新疆兵团公司）

裁判观点

最高人民法院认为，一审法院是否存在认定基本事实不清的情形，即案涉工程是否应当进行司法鉴定的问题。根据2019年《建设工程司法解释二》第12条规定："当事人在诉讼前已经对建设工程价款结算达成协议，诉讼中一方当事人申请对工程造价进行鉴定的，人民法院不予准许。"本案中，西藏岗地公司委托有关机构作出工程进度控制价后，新疆兵团公司表示认可；同时，新疆兵团公司向西藏岗地公司提交确认函，要求西藏岗地公司对于工程进度控制价载明的已完工程价款进行确认，对此西藏岗地公司在确认函上盖章确认。可见，双方对于已完工程价款的结算已经达成协议，西藏岗地公司以其诉讼中不同意该工程进度控制价为由申请鉴定的主张不能成立，法院不予支持。

第五节　重新鉴定

【法理辨析】

一、重新鉴定的内涵

重新鉴定，是指"当事人对鉴定结论不服，要求人民法院再次委托鉴定部门，对案件的专门性问题再次进行鉴定，重新出具一个新的鉴定结论的活动"[1]。根据《八民会议纪要》第35条规定："当事人对鉴定人作出的鉴定意见的一部分提出异议并申请重新鉴定的，应当着重审查异议是否成立；如异议成立，原则上仅针对异议部分重新鉴定或者补充鉴定，并尽量缩减鉴定的范围和次数。"2019年《民事证据规定》第40条第1款规定："当事人申请重新鉴定，存在下列情形之一的，人民法院应当准许：(一)鉴定人不具备相应资格的；(二)鉴定程序严重违法的；(三)鉴定意见明显依据不足的；(四)鉴定意见不能作为证据使用的其他情形。"

在司法实践中，有几类申请重新鉴定的，不予支持，包括但不限于：其一，对于双方同意有关鉴定机构进行鉴定，并签字确认的。如果没有提供证据证明鉴定机

〔1〕 韩象乾主编：《民事证据理论新探》，中国人民公安大学出版社2006年版，第211页。

构在本次鉴定中存在不当行为，二审中要求通过随机摇号等方式重新确定鉴定机构的，不予支持。其二，一审依法作出鉴定结论后，经一方要求，鉴定机构未经法院委托和通知对方即作出补充鉴定意见，且意见书上仅有司法鉴定专用章而无鉴定人员签章的，依法不予采信，也不予重新鉴定。其三，对于鉴定报告没有实质性异议的，不予重新鉴定。

二、重新鉴定的情形

我国的《民事诉讼法》中没有明确规定重新鉴定制度，只是在民事证据的司法解释中予以明确规定（见图6–4）。

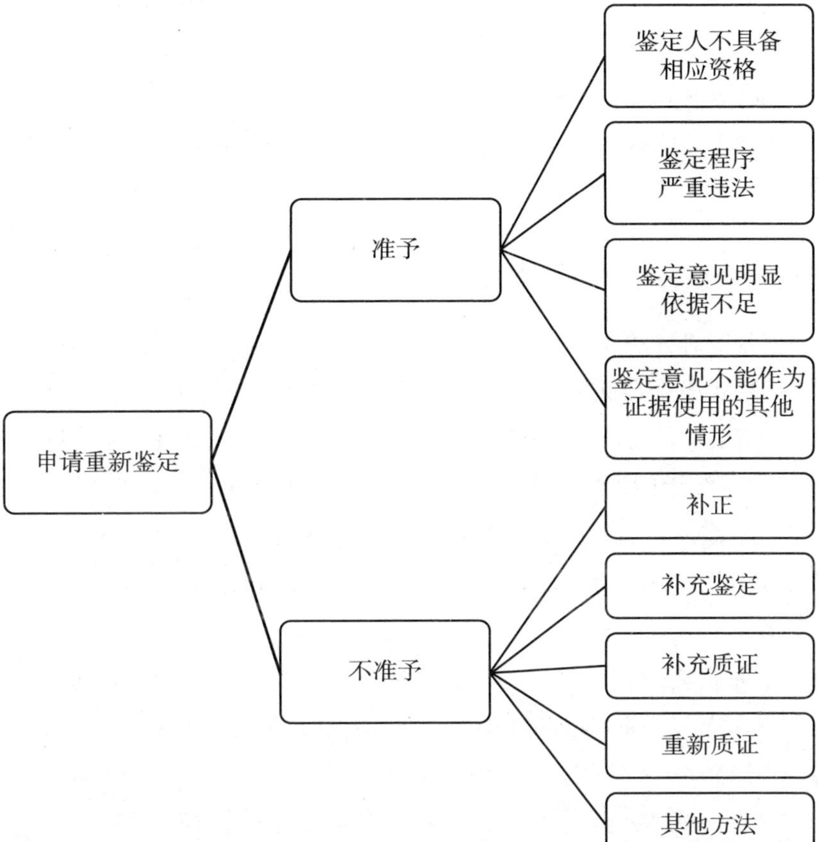

图6–4　申请重新鉴定的情形

2001年《民事证据规定》第27条规定："当事人对人民法院委托的鉴定部门作出的鉴定结论有异议申请重新鉴定，提出证据证明存在下列情形之一的，人民法院应予准许：（一）鉴定机构或者鉴定人员不具备相关的鉴定资格的；（二）鉴定程序严重违法的；（三）鉴定结论明显依据不足的；（四）经过质证认定不能作为证据使用的其他情形。对有缺陷的鉴定结论，可以通过补充鉴定、重新质证或者补充质证等方法解决的，不予重新鉴定。"第28条规定："一方当事人自行委托有关部门作出的鉴定结论，另一方当事人有证据足以反驳并申请重新鉴定的，人民法院应予准许。"2019年《民事证据规定》第40条规定："当事人申请重新鉴定，存在下列情形之一的，人民法院应当准许：（一）鉴定人不具备相应资格的；（二）鉴定程序严重违法的；（三）鉴定意见明显依据不足的；（四）鉴定意见不能作为证据使用的其他情形。存在前款第一项至第三项情形的，鉴定人已经收取的鉴定费用应当退还。拒不退还的，依照本规定第八十一条第二款的规定处理。对鉴定意见的瑕疵，可以通过补正、补充鉴定或者补充质证、重新质证等方法解决的，人民法院不予准许重新鉴定的申请。重新鉴定的，原鉴定意见不得作为认定案件事实的根据。"

三、司法实务中的重新鉴定

1.不能通过补充鉴定、补充质证或者重新质证等方法解决的，方可准许重新鉴定。2019年《民事证据规定》第40条第3款规定："对鉴定意见的瑕疵，可以通过补正、补充鉴定或者补充质证、重新质证等方法解决的，人民法院不予准许重新鉴定的申请。"鉴定结论的证据证明力较高，只有符合法定情形且不能通过补充鉴定、补充质证或者重新质证等方法解决的，才可以准许重新鉴定。司法实践中，当事人不同意鉴定意见的内容，但并未提交充分证据证明鉴定结论存在法定情形的，不予准许重新鉴定。

2.双方对于鉴定无异议的，不予重新鉴定。司法实践中，对于合同或协议上的公司的印章印文与工商登记部门公司变更登记申请书上的印章印文是否是同一枚印章盖印形成，在一审法院已经形成鉴定意见，双方当事人对此均无异议。一审鉴定机构和鉴定人员具有相应鉴定资质，鉴定人员出庭接受质询。因此，在不具备当事人申请重新鉴定的情况下，对重新鉴定申请，不予准许。

3.对无效的鉴定意见不申请重新鉴定的，由负举证责任的当事人承担相应的法律后果。在不具备专业和司法鉴定资质、检测报告对鉴定过程未作说明以及鉴定人员不具有鉴定资格的情况下，鉴定机构出具的检测报告从形式和程序上都不合法，法院不予采信该检测结论是正确的。负举证责任的当事人在明知检测结论是由不具有鉴定资质的机构和无鉴定资格的人员所作出的情况下仍不提出重新鉴定申请，应当对其主张承担举证不能的法律后果。

4.质证过程中未申请具有专门知识的人员代表其对案件事实所涉及的专业问题提出意见，不予重新鉴定。依照《民事诉讼法》第78条、第79条及2001年《民事证据规定》第61条第1款规定，当事人可以向人民法院申请由一至二名具有专门知识的人员出庭就案件的专门性问题进行说明，2020年《民诉法司法解释》第122条第1款亦规定“当事人可以依照民事诉讼法第七十九条的规定，在举证期限届满前申请一至二名具有专门知识的人出庭，代表当事人对鉴定意见进行质证，或者对案件事实所涉及的专业问题提出意见”。当事人在对鉴定意见的质证及之后的诉讼过程中均未申请具有专门知识的人员代表其对案件事实所涉及的专业问题提出意见，当事人申请重新鉴定的理由不符合上述法律规定，应当不予准许。

【典型案解】

1.【裁判规则】当事人未提交充足证据证明存在应予准许重新鉴定申请的法定情形，人民法院不予准许

典型案例 ▶▶

武汉安广厦建筑工程有限公司与咸宁嘉华置业有限公司建设工程施工合同纠纷案[最高人民法院(2018)最高法民申2602号]

再审申请人(一审原告、二审被上诉人)：武汉安广厦建筑工程有限公司(以下简称安广厦公司)

被申请人(一审被告、二审上诉人)：咸宁嘉华置业有限公司

裁判观点 ▶▶

最高人民法院认为，根据《民事诉讼法》第139条第3款及2001年《民事证据规

定》第27条的规定，当事人申请重新鉴定的，除应予准许重新鉴定的法定情形外，人民法院有权决定是否重新鉴定。本案鉴定机构和鉴定人员具有相应资质，法院委托程序合法，移送鉴定的检材、样材客观真实，鉴定的依据和技术手段经过质证、辩论，鉴定意见明确，形式合法。安广厦公司未提交充足证据证明本案存在应予准许重新鉴定申请的法定情形，因此二审判决不准许安广厦公司的重新鉴定申请，采信甘中科（2017）司鉴字第2018A和2018B号鉴定意见并无不当。

2.【裁判规则】申请重新鉴定，但其并未在规定的期限内预交鉴定费用，视为放弃重新鉴定申请

典型案例

临沭县临沭街道办事处曹村社区居民委员会与临沭县宏祥建筑工程有限公司建设工程合同纠纷案［山东省高级人民法院（2020）鲁民再351号］

再审申请人（一审被告、二审被上诉人）：临沭县临沭街道办事处曹村社区居民委员会（以下简称曹村居委）

被申请人（一审原告、二审上诉人）：临沭县宏祥建筑工程有限公司（以下简称宏祥公司）

裁判观点

人民法院认为，2019年《民事证据规定》第30条、第31条第1款和《民诉法司法解释》第96条规定，人民法院调查收集证据，应当依照当事人的申请进行。本案中曹村居委虽然在一审诉讼期间申请对涉案工程造价重新鉴定，但其并未在法院规定的期限内预交鉴定费用，依据上述规定，应视为曹村居委放弃重新鉴定申请。宏祥公司亦未申请法院就涉案工程造价重新鉴定，因此，在双方已经认可临沂天泽工程咨询有限公司确定的涉案工程造价，且在曹村居委实际放弃重新鉴定申请的情况下，一审法院又委托鉴定机构对涉案工程造价重新鉴定亦不符合上述规定中法院依职权鉴定的情形，故一审法院委托作出的鉴定报告有违上述法律规定，法院依法不予采信。二审判决采信一审法院委托作出的鉴定报告并作为确认本案工程造价的依据认定错误。

3.【裁判规则】对鉴定意见的瑕疵，可以通过补正、补充鉴定或者补充质证、重新质证等方法解决的，不予准许重新鉴定

典型案例 ▶▶

中际联发交通建设有限公司与中铁四局集团有限公司等建设工程施工合同纠纷案［最高人民法院（2020）最高法民终472号］

上诉人（原审原告）：中际联发交通建设有限公司（以下简称中际联发公司）

被上诉人（原审被告）：中铁四局集团有限公司（以下简称中铁四局公司）等

裁判观点 ▶▶

最高人民法院认为，2012年中铁四局公司起诉中际联发公司超付工程款案中，经法院委托鉴定机构对工程造价进行了鉴定，鉴定机构出具鉴定报告。该鉴定是在中际联发公司撤场后委托，之后中际联发公司并未施工，因此超付工程款案中的工程量与本案工程量相同。超付工程款案中，鉴定机构依据施工合同、会议纪要、总承包合同、变更单等进行鉴定，与本案鉴定依据相同，唯一不同的是鉴定报告作出后，国家审计署对工程进行了审计。根据2019年《民事证据规定》第40条第3款“对鉴定意见的瑕疵，可以通过补正、补充鉴定或者补充质证、重新质证等方法解决的，人民法院不予准许重新鉴定的申请”的规定，本案应在超付工程款案鉴定的基础上进行鉴定，不宜对案涉工程整体进行重新鉴定。超付工程款案的鉴定报告可作为本案证据使用。

4.【裁判规则】未提出证据证明该鉴定结论存在需要重新鉴定的情形，申请重新鉴定，不予准许

典型案例 ▶▶

固原天和置业有限公司与陕西庆豪实业发展有限公司等建设工程施工合同纠纷案［最高人民法院（2019）最高法民申596号］

再审申请人（一审原告、反诉被告、二审上诉人）：固原天和置业有限公司（以下简称天和公司）

被申请人（一审被告、反诉原告、二审被上诉人）：陕西庆豪实业发展有限公司

（以下简称庆豪公司）

裁判观点

最高人民法院认为，天和公司称宁正鉴字（2017）023号《司法鉴定意见书》符合2001年《民事证据规定》第27条之规定，一审法院不准许天和公司重新鉴定的申请错误。根据天和公司与庆豪公司的申请，一审法院委托了宁夏正业通司法鉴定咨询有限责任公司对案涉工程总造价进行了鉴定，并出具了宁正鉴字（2017）023号《司法鉴定意见书》，一审法院委托鉴定程序合法，鉴定中心及鉴定人具备鉴定所需的相应资质。一审法院依法组织双方当事人进行了质证，鉴定人员亦出庭针对双方就鉴定过程及鉴定结论提出的异议接受了质询。天和公司未提出证据证明该鉴定结论存在2001年《民事证据规定》第27条规定的需要重新鉴定的情形，因此一审法院对于天和公司提出重新鉴定的申请未予准许并无不当。

5.【裁判规则】主动放弃参加一审摇号抽取鉴定评估机构，无法定情形不予重新鉴定

典型案例

南昌新洪房地产综合开发有限公司与江西省南昌百货总公司等合资、合作开发房地产合同纠纷案［最高人民法院（2011）民申字第777号］

申请再审人（一审被告、二审上诉人）：南昌新洪房地产综合开发有限公司（以下简称新洪公司）

被申请人（一审原告、二审被上诉人）：江西省南昌百货总公司等

裁判观点

最高人民法院认为，本案一审法院已按规定通知了双方当事人参与摇号抽取鉴定评估机构，但新洪公司未到庭，主动放弃了诉讼权利。一审法院采用摇号方式确定了江西居易房地产估价有限公司作为鉴定机构，该公司属江西省高级人民法院司法委托专业机构名册中的评估机构之一，故新洪公司认为本案委托鉴定程序违法的诉讼主张不能成立。此外，根据2001年《民事证据规定》第27条，申请重新鉴定须符合以下条件之一：鉴定机构或者鉴定人员不具备相关的鉴定资格的；鉴定

程序严重违法的；鉴定结论明显依据不足的；经过质证认定不能作为证据使用的其他情形。本案鉴定过程中新洪公司不予配合，作出鉴定结论后，新洪公司除表示不同意鉴定结论之外，并未提出相应证据证明鉴定结论存在上述应重新鉴定的情形。因此，一、二审法院未采纳其重新鉴定的申请并无不当。

6.【裁判规则】当事人在原审中存在不积极配合鉴定，不及时提供鉴定材料情形，申请重新鉴定，不予支持

典型案例

中铁四局集团第四工程有限公司与武汉磊鑫建设集团有限公司等工程款结算纠纷案［最高人民法院（2013）民抗字第9号］

抗诉机关：中华人民共和国最高人民检察院

申诉人（一审被告、二审上诉人）：中铁四局集团第四工程有限公司（以下简称中铁公司）

被申诉人（一审原告、二审被上诉人）：武汉磊鑫建设集团有限公司

裁判观点

最高人民法院认为，益信公司作出的鉴定报告的主要计算依据是复印件，且其亦未经现场核查，因而该鉴定报告的鉴定依据不足。原审中，中铁公司已提出该鉴定报告存在多算、错算、未扣除税款等问题，但原审法院对中铁公司提出的该鉴定报告是否存在上述问题没有进行具体审核。不过，由于中铁公司在原审中存在不积极配合鉴定，不及时提供鉴定材料，亦未提供原件证明鉴定依据的复印件虚假，因此，中铁公司关于不应采用益信公司作出的鉴定报告而应按工程量清单价进行结算的主张以及在法院再审中提出重新鉴定的申请，法院不予支持。

7.【裁判规则】对有缺陷的鉴定结论，可以通过补充鉴定、重新质证或者补充质证等方法解决的，不予重新鉴定

典型案例

张某某与乌鲁木齐雅蓝妇幼医院医疗损害赔偿纠纷案［最高人民法院（2014）民抗字第25号］

抗诉机关：中华人民共和国最高人民检察院

申诉人（一审原告、二审上诉人）：张某某

被申诉人（一审被告、二审上诉人）：乌鲁木齐雅蓝妇幼医院（以下简称雅蓝医院）

裁判观点

最高人民法院认为，根据本案事实，张某某的法定代理人史某某认为雅蓝医院的行为构成医疗事故，遂先向乌鲁木齐市天山区卫生局投诉，经天山区卫生局委托，乌鲁木齐市医学会对雅蓝医院的医疗行为进行医疗事故技术鉴定。经专家组认真阅读医患提供的资料，听取医患双方的陈述、答辩，提问相关问题，并对患者进行了现场查体，通过分析，确定本病例不属于医疗事故。后张某某诉至法院，请求雅蓝医院进行赔偿。在诉讼过程中，根据张某某的申请，天山区人民法院委托祥云鉴定所对雅蓝医院的医疗行为是否存在过错及伤残等级进行鉴定。该鉴定部门具备相应的鉴定资质，鉴定程序符合法律规定，鉴定人员亦根据法院的要求，出庭对双方当事人的质询意见进行了答复。在张某某的法定代理人史某某提出雅蓝医院提供的病历不具有真实性，并提出申请要求对062236号住院病历的真实性、客观性进行鉴定的情况下，天山区人民法院另委托新疆新医司法鉴定所对上述内容进行鉴定。在新疆新医司法鉴定所经鉴定认为张某某的病历中部分不具有客观性的情况下，天山区人民法院再次委托祥云鉴定所对病历中违反《病历书写规范》的部分是否影响医疗过错的鉴定结论进行补充鉴定。应当说，天山区人民法院的上述做法，完全符合2001年《民事证据规定》第27条中“对有缺陷的鉴定结论，可以通过补充鉴定、重新质证或者补充质证等方法解决的，不予重新鉴定”的规定，并无不妥。

8.【裁判规则】虽对咨询机构及鉴定意见持有异议，但其经原审法院释明，未申请重新鉴定，亦未提交足以否定的证据，对鉴定意见予以认定

典型案例

甘肃赣商投资有限公司与张某某等房屋租赁合同纠纷案［最高人民法院(2018)最高法民申240号］

再审申请人（一审被告、二审上诉人）：甘肃赣商投资有限公司（以下简称赣商

投资公司）

被申请人（ ·审原告、二审上诉人）：张某某等

裁判观点 ▶▶

最高人民法院认为，根据2001年《民事证据规定》第28条规定，一方当事人自行委托有关部门作出的鉴定结论，另一方当事人有证据足以反驳并申请重新鉴定的，人民法院应予准许。本案中，赣商投资公司虽对咨询机构及鉴定意见持有异议，但其经原审法院释明，未申请重新鉴定，亦未提交足以否定该决算书的证据，故原审对该证据予以认定并无不当。

9.【裁判规则】是否申请重新鉴定系当事人自行决定的事项，未规定人民法院应对此予以释明

典型案例 ▶▶

北海左右商贸有限公司与北海艺术设计学院土地使用权转让合同纠纷案［最高人民法院（2019）最高法民申4697号］

再审申请人（一审原告、反诉被告、二审上诉人）：北海左右商贸有限公司（以下简称左右公司）

被申请人（一审被告、反诉原告、二审上诉人）：北海艺术设计学院（以下简称艺术学院）等

裁判观点 ▶▶

最高人民法院认为，当事人是否申请重新鉴定系当事人自行决定的事项，2001年《民事证据规定》第28条并未规定人民法院应对此予以释明。因此，左右公司关于原审法院未向艺术学院释明重新鉴定系程序违法的主张，于法无据，法院不予支持。

10.【裁判规则】对于未经质证的鉴定材料可以通过补充鉴定、重新质证或者补充质证等方法，进行补强之后采纳

典型案例 ▶▶

强某某等与宁夏昊业房地产开发有限公司等合资、合作开发房地产合同纠纷

案［最高人民法院（2019）最高法民终1377号］

上诉人（原审原告）：强某某

被上诉人（原审被告）：宁夏昊业房地产开发有限公司（以下简称昊业房地产公司）

裁判观点

最高人民法院认为，本案中强某某等为证明合作项目投资利益数额，经强某某等申请，一审法院委托鉴定机构作出鉴定意见。鉴定材料由昊业房地产公司持有，昊业房地产公司虽向鉴定机构提供鉴定材料，但拒绝向法院提供，导致鉴定材料未能质证。一审对于未经质证的鉴定材料可依据2001年《民事证据规定》第27条进行补强之后采纳。如昊业房地产公司在鉴定的过程中不配合法院对鉴定材料进行质证，导致鉴定意见因鉴定材料未经质证无法使用时，依据2001年《民事证据规定》第25条第2款的规定，可由昊业房地产公司承担不利后果。在法院委托作出的鉴定意见所依据的鉴定材料未经质证的情况下，强某某等通过单方委托作出的鉴定意见证明应分得的合作利益数额，其在积极举证证明其主张，已初步完成举证责任。昊业房地产公司对单方委托鉴定有异议，应承担举证责任。

11.【裁判规则】各方在鉴定时已经共同前往现场进行勘验，制作了现场勘验笔录，要求重新勘查现场没有事实与法律依据

典型案例

海南保亭盛玺投资管理有限公司与广西建工集团第三建筑工程有限责任公司建设工程施工合同纠纷案［最高人民法院（2019）最高法民申1531号］

再审申请人（一审原告、二审上诉人）：海南保亭盛玺投资管理有限公司（以下简称海南盛玺公司）

被申请人（一审被告、二审上诉人）：广西建工集团第三建筑工程有限责任公司（以下简称广西三建公司）

裁判观点

最高人民法院认为，根据2001年《民事证据规定》第27条规定，本案中海南盛玺公司未提供充分的证据证实存在人民法院应当准许重新鉴定的情形，二审法院未准许重新鉴定并无不当。鉴定人虽向法院出具了补充鉴定建议报告，但该报告中说明因海南盛玺公司不能集中与系统地提出异议，且反复要求重新勘查现场与采纳其新提供的鉴定材料，导致鉴定程序不能较为系统与完整地解决相关问题，故此向法院提出补充鉴定建议，同时说明补充鉴定工作量与原有鉴定工作量相差无几。从内容上看，鉴定人只是对海南盛玺公司意见以及相关工作量的客观描述，并未提出原鉴定意见存在错误应当重新鉴定。且关于现场勘验的问题，各方在鉴定时已经共同前往现场进行勘验，制作了现场勘验笔录，海南盛玺公司要求重新勘查现场没有事实与法律依据。

12.【裁判规则】当事人放弃申请重新鉴定，属于对其诉讼权利的处分，应承担相应的法律后果

典型案例

黑龙江恒泰建设集团有限公司与中建材佳星玻璃（黑龙江）有限公司建设工程施工合同纠纷案［最高人民法院（2019）最高法民申1548号］

再审申请人（一审被告、反诉原告、二审上诉人）：黑龙江恒泰建设集团有限公司（以下简称恒泰公司）

被申请人（一审原告、反诉被告、二审上诉人）：中建材佳星玻璃（黑龙江）有限公司

裁判观点

最高人民法院认为，根据2001年《民事证据规定》第27条规定，人民法院委托的鉴定机构不具备相关鉴定资格的，当事人申请重新鉴定，人民法院应予准许。本案中，一审法院不予采信鉴定意见时向恒泰公司释明，作为提出诉讼主张的一方，应当申请重新鉴定，举证责任分配正确。在一审法院指定的举证期限内，恒泰公司明确表示对工程总造价不申请司法鉴定，应承担举证不能的法律后果。恒泰公司上诉后，二审法院进一步释明举证责任分配，并给予恒泰公司申请鉴定的举证期限。恒泰公司仍放弃申请重新鉴定，属于对其诉讼权利的处分，应承担相应的法律后果。

13.【裁判规则】收到鉴定意见后，既未向一审法院申请重新鉴定，亦未出庭参加诉讼，构成对其诉讼权利的放弃

典型案例

林某甲与杨某乙民间借贷纠纷案［最高人民法院（2015）民申字第2248号］

再审申请人（一审被告、二审上诉人）：林某甲

被申请人（一审原告、二审被上诉人）：杨某乙

裁判观点

最高人民法院认为，林某甲已在一审程序中向一审法院福建省厦门市中级人民法院申请了笔迹鉴定，一审法院予以准许。一审法院委托福建历思司法鉴定所对借条的林某甲签字进行鉴定，鉴定所依据的样本是经林某甲确认的本人签字，鉴定结论为借条所涉的林某甲签名笔迹与样本中林某甲书写的笔迹为同一人书写。林某甲收到鉴定结论后，既未向一审法院申请重新鉴定，亦未出庭参加诉讼，构成对其诉讼权利的放弃。林某甲在二审期间提交的鉴定文书，系其自行委托鉴定形成，文书所依据的检材及鉴定样本未经质证，且鉴定结论仅为倾向性意见，并不足以推翻福建历思司法鉴定所的鉴定结论。

14.【裁判规则】不属于需要补充鉴定或重新鉴定的法定情形，对个人签字真实性的鉴定申请不予支持

典型案例

中瑞投资（大连）有限公司与大连利丰房地产开发有限公司企业借贷纠纷案［最高人民法院（2018）最高法民申2881号］

再审申请人（一审原告、二审上诉人）：中瑞投资（大连）有限公司（以下简称中瑞投资公司）

被申请人（一审被告、二审上诉人）：大连利丰房地产开发有限公司

裁判观点

最高人民法院认为，中瑞投资公司在一审期间两次向法院提交司法鉴定申请，

请求对本案讼争合同、付款指示函等文件上中瑞投资公司印章真实性、加盖时间以及打印文字与公章加盖先后顺序进行鉴定，均未申请对相关检材上“庞某”签字的真实性和签字时间申请司法鉴定。2016年9月1日，一审法院向中瑞投资公司发出通知书，要求其若对鉴定意见书有异议，则在收到鉴定意见书后10日内向法院提交书面意见，写明具体异议事项及理由，但中瑞投资公司在指定期限内并未提出书面异议。2016年9月26日中瑞投资公司才提出对庞某签字的真实性进行司法鉴定，超出了2001年《民事证据规定》第25条规定的申请鉴定的期限，也不属于该规定第27条所述需要补充鉴定或重新鉴定的法定情形，故原审对中瑞投资公司关于庞某签字真实性的鉴定申请不予支持，并无不当。

15.【裁判规则】申请重新鉴定应当提交证据证明鉴定意见存在的法定情形

典型案例

永州市零陵潇湘纸业有限公司与永州市城市住宅建筑有限责任公司建设工程施工合同纠纷案［最高人民法院（2018）最高法民申3435号］

再审申请人（一审被告、二审上诉人）：永州市零陵潇湘纸业有限公司（以下简称潇湘纸业公司）

被申请人（一审原告、二审上诉人）：永州市城市住宅建筑有限责任公司

裁判观点

最高人民法院认为，当事人申请重新鉴定，不仅应当正式向人民法院提出，而且应当依照法律规定提交证据证明鉴定结论存在法定情形。原审法院审理期间已就重新鉴定问题询问双方当事人意见，潇湘纸业公司其时未按经法定程序申请重新鉴定，现又对鉴定报告提出质疑，不符合法律规定，依法不予采信。

16.【裁判规则】当事人对鉴定报告有异议，可依法在诉讼过程中申请重新鉴定

典型案例

湖南中金盛唐新能源科技有限公司与中建五局第三建设有限公司建设工程施工合同纠纷案［最高人民法院（2015）民申字第3350号］

再审申请人（一审被告、二审上诉人）：湖南中金盛唐新能源科技有限公司

被申请人（一审原告、被上诉人）：中建五局第三建设有限公司

裁判观点

最高人民法院认为，申请人认为怀化市建设工程造价管理站作出怀建价（纠纷调解）（2015）1号《关于对省住房和城乡建设厅湘建访交字（2015）337号来访事项交办单的处理意见》（以下简称《处理意见》），该《处理意见》针对本案据以判决所依据的鉴定报告提出否定其鉴定报告效力的意见，根据该意见，本案据以判决所依据的鉴定报告在法院上是无效的，原审以此作为依据判决也是错误的，故该新证据足以推翻原审判决结果。针对申请人再审申请阶段所提新证据是否能够成立，法院去函湖南省住房和城乡建设厅征询意见，该厅湘建法函（2017）204号《关于怀化市建设工程造价管理站信访处理意见法律效力相关问题的复函》认为，工程造价咨询企业在法院诉讼过程中接受诉讼当事人委托所出具的鉴定报告，属于当事人提供的证据，是否采信由法院根据证据规则进行审查和认定，根据2001年《民事证据规定》第27条规定，当事人对鉴定报告有异议的可以向法院申请重新鉴定。也就是说，当事人对鉴定报告有异议，法律在诉讼程序中已经规定了相应的救济途径，可以依法在诉讼过程中予以解决。若法院在对鉴定报告进行审查过程中对一些专业问题把握不准，可以向相关专业管理部门去函进行咨询，相关专业管理部门可向法院出具专业意见供法院参考。若当事人对鉴定报告有异议另行向建设主管部门举报投诉，建设主管部门不应受理。就怀化市建设工程造价管理站《处理意见》，该厅的专业意见具体如下：只盖章没有签字的鉴定成果文件在形式上存在一定瑕疵，但不宜仅以没有签字就整体否认成果文件的效力。

17.【裁判规则】鉴定时已取得相应资格，以未在登记范围内否定该鉴定报告的效力，申请重新鉴定的理由不成立

典型案例

安徽省江北产业集中区管委会等与安徽东皖建设集团有限公司建设工程施工合同纠纷案［最高人民法院（2018）最高法民再189号］

再审申请人（一审被告、二审被上诉人）：安徽省江北产业集中区管委会（以下

简称江北管委会）

被申请人（一审原告、二审上诉人）：安徽东皖建设集团有限公司

裁判观点

最高人民法院认为，鉴定报告及补充鉴定报告的鉴定人为全国建设工程造价员李某某与陶某某，复核人为中华人民共和国注册造价工程师陶某。芜湖中级人民法院鉴定入围在册中介机构及专业技术人员名单中有李某某与陶某，没有陶某某，但陶某某在本案鉴定时已取得全国建设工程造价员资格，且李某某与陶某均属于登记在册的司法鉴定人员。江北管委会在再审阶段以陶某某未在登记范围内否定该鉴定报告的效力，申请重新鉴定，认为该鉴定报告不能作为认定工程价款的依据，其理由不成立。

18.【裁判规则】重新鉴定的，原鉴定意见不得作为认定案件事实的根据

典型案例

酒泉市肃州区联合小额贷款有限责任公司与崔某保证合同纠纷案［甘肃省高级人民法院（2020）甘民申874号］

再审申请人（一审原告、二审被上诉人）：酒泉市肃州区联合小额贷款有限责任公司（以下简称联合公司）

被申请人（一审被告、二审上诉人）：崔某

裁判观点

人民法院认为，法院经审查认为，鉴定意见作为法定证据形式之一，能否对其予以采信需要经过一个全面、客观的心证过程。本案中，2018年8月23日，由于不认可催收通知中的本人铅笔签名，崔某申请对此进行鉴定，一审法院委托甘肃政法学院司法鉴定中心进行鉴定，同年10月19日，该中心以委托事项超出其鉴定能力，无法鉴定为由终止鉴定并退回委托，根据《司法鉴定程序通则》（2016年）第15条第5项的有关规定，应视为鉴定机构并未受理第一次鉴定委托。2018年12月6日，经联合公司申请，一审法院委托甘肃中科司法物证技术鉴定中心对"崔某"签名进行鉴定，同年12月28日，该中心作出该签名倾向是崔某本人书写

的鉴定意见，鉴定人出庭接受质询时表示“样本质量不高”“不能完全确定是崔某本人签字”。由于此次鉴定意见并非完全确定性结论，而鉴定对象对于本案事实的认定具有实质影响，为进一步查明事实，二审法院根据崔某的申请，委托西南政法大学司法鉴定中心对“崔某”署名再次进行鉴定，2019年9月29日，该中心作出“无法判断‘崔某’署名字迹是否为崔某本人书写”的鉴定意见。根据2019年《民事证据规定》第40条第1款第4项和《民诉法司法解释》第108条第2款规定，当甘肃中科司法物证技术鉴定中心出具的鉴定意见不足以作为认定本案事实的依据，联合公司又无其他证据证明在保证期间向保证人崔某主张过权利的情形下，仅凭该公司提交的催收通知，难以形成待证事实成立的心证。二审法院认为联合公司应当承担举证不能的后果，崔某的保证责任因保证期间届满而免除并无不当。

19.【裁判规则】鉴定人无正当理由撤回其鉴定意见，不予准许

典型案例 ▶▶

太平财产保险有限公司湘潭中心支公司与张某等机动车交通事故责任纠纷案［湖南省湘潭市中级人民法院（2020）湘03民终813号］

上诉人（一审被告）：太平财产保险有限公司湘潭中心支公司（以下简称太平财保湘潭公司）

被上诉人（一审原告）：张某等

裁判观点 ▶▶

人民法院认为，湘潭市潭州司法鉴定所于2020年5月15日向上诉人太平财保湘潭公司出具工作函，载明“因该鉴定引用条款错误，本所无法进行补正”，对案涉鉴定意见予以撤回。2020年6月5日该所向法院出具工作说明，载明因“上诉人太平财产保险有限公司湘潭中心支公司对我所出具的（2019）临鉴字第520号鉴定意见书的内容及鉴定引用条款不服，向湘潭市司法局进行了投诉，市局责令我所自查自纠，即时解决鉴定中双方存在争议的焦点问题。因该争议事项无法补正”而撤回该鉴定意见。法院收到该工作说明后，责令其就撤回鉴定意见的具体原因进行说明，湘潭市潭州司法鉴定所于2020年6月22日向法院出具书面情况说明，认为双方当事人就鉴定事项存在两项争议焦点：（1）骶尾骨骨折是否属于骨盆骨折范围；（2）张某S3、S4椎体骨折（骶尾骨骨折）是否属于《人体损伤致残程度分级》5.10.6条第（4）款中规定的畸形愈合。由于上述两项争议焦点，法医临床上存在歧义，加上上诉人对鉴定人进行投诉，湘潭市司法局责令鉴定人进行自查自纠，故主动撤回案涉鉴定意见书。

法院经审查认为，上诉人在二审诉讼中提出的重新鉴定申请，不符合2019年《民事证据规定》第40条第1款规定的情形，依法不予准许；鉴定人湘潭市潭州司法鉴定所无正当理由撤回其鉴定意见，法院亦不予准许，具体理由均在本判决书说理部分阐述。

第六节　二审鉴定

【法理辨析】

一、二审程序中的鉴定

关于二审程序中的鉴定问题，《民事诉讼法》、2020年《民诉法司法解释》、2001年《民事证据规定》以及2019年《民事证据规定》都没有明确说明。根据2019年《民事证据规定》第30条规定，"人民法院在审理案件过程中认为待证事实需要通过鉴定意见证明的，应当向当事人释明，并指定提出鉴定申请的期间"，关于在二审阶段是否可以申请鉴定的问题，有如下不同的观点：

（1）有观点认为，在二审阶段当事人申请鉴定，只要符合申请鉴定的条件，根据2019年《民事证据规定》第30条的规定，在诉讼程序上是可以的。

（2）相反观点认为，二审是否可以申请鉴定，2019年《民事证据规定》中并没有明确，且从其第30条规定的"指定提出鉴定申请的期间"、第40条第3款规定的"对鉴定意见的瑕疵，可以通过补正、补充鉴定或者补充质证、重新质证等方法解决的，人民法院不予准许重新鉴定的申请"，以及审查是否可以进行二审鉴定的前提条件中的"原审是否就相关待查明事实需要鉴定的问题向当事人作过释明"〔1〕来看，一

〔1〕 最高人民法院民事审判第一庭编著：《最高人民法院新民事诉讼证据规定理解与适用（上）》，人民法院出版社2020年版，第394页。

般认为，该第30条中的“人民法院”应作狭义理解，是指第一审的人民法院，而不是指第二审的人民法院。

（3）还有观点认为，应当有条件的允许二审鉴定。在有关司法解释中有提及，如2020年《建设工程司法解释一》第32条第2款规定：“一审诉讼中负有举证责任的当事人未申请鉴定，虽申请鉴定但未支付鉴定费用或者拒不提供相关材料，二审诉讼中申请鉴定，人民法院认为确有必要的，应当依照民事诉讼法第一百七十条第一款第三项的规定处理。”

关于二审程序中的当事人申请鉴定问题，结合2019年《民事证据规定》第40条的规定，可作如下理解（见图6-5）：

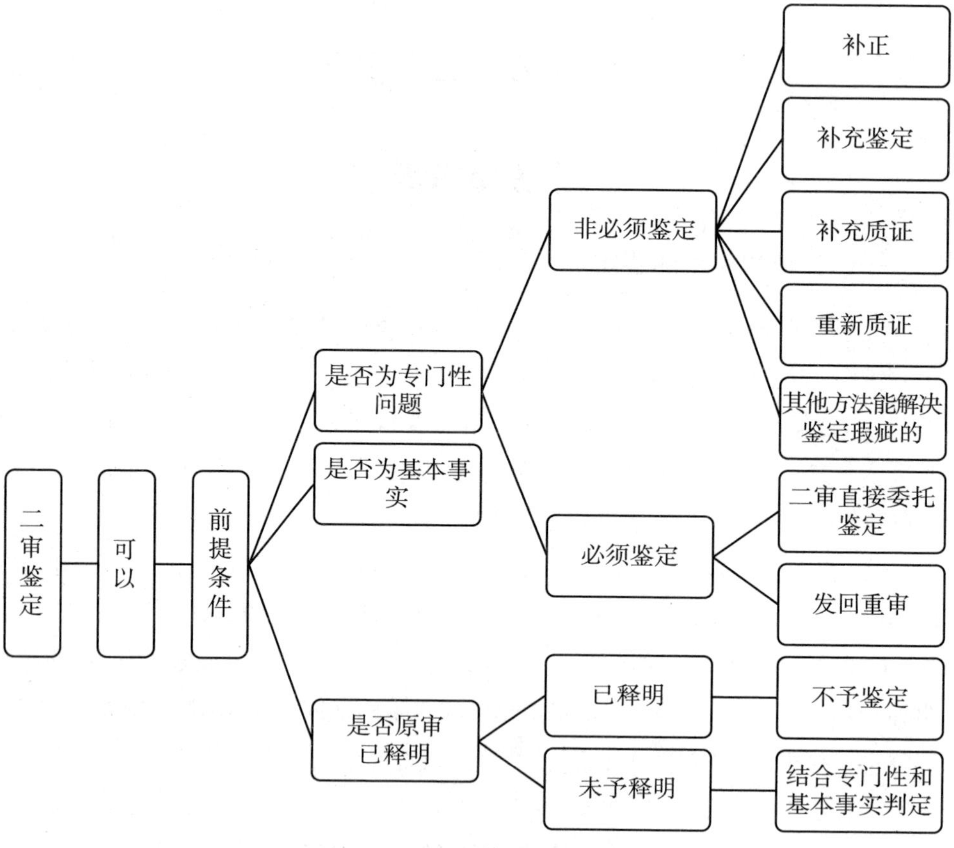

图6-5　二审鉴定及处理结果

（一）可以二审鉴定。由于《民事诉讼法》对举证时限坚持的原则是"以证据不失权为原则，以证据失权为例外"。因此，对于逾期提供的证据，原则上，不应当限制当事人申请鉴定。即不能以当事人在一审时，没有申请鉴定为由，驳回当事人的鉴定申请；或者以超过举证时限为由，或者以举证不力为由，判决当事人承担不利的法律后果。对于一审没有申请鉴定，或者没有缴纳鉴定费、拒不提供鉴定检材，致使无法在一审程序中通过鉴定的方式来查明案件事实的，二审程序中，如果发现对于一些专门性问题确实需要通过鉴定的方式来查明案件基本事实，应当通过鉴定来查明案件事实。例如，当事人在二审中申请建设工程质量鉴定，是否可以鉴定。司法实践中，发包人认为建设工程质量存在问题，而施工人只提交了部分建设工程的检测报告，如楼房的外墙保温工程检测报告，其他建筑设施没有检测报告。由于建设工程质量是否合格属于基本事实，确有必要予以查清。二审中，如果当事人申请对涉案工程质量问题进行鉴定，根据2020年《建设工程司法解释一》第32条第1款规定，"当事人对工程造价、质量、修复费用等专门性问题有争议，人民法院认为需要鉴定的，应当向负有举证责任的当事人释明。当事人经释明未申请鉴定，虽申请鉴定但未支付鉴定费用或者拒不提供相关材料的，应当承担举证不能的法律后果"，为查清事实，法院应当发回重审进行建设工程质量鉴定。

（二）二审鉴定是有条件的。尽管《民事诉讼法》、2020年《民诉法司法解释》及2019年《民事证据规定》均没有明确规定，但根据现有的规定，可作"有条件的允许"来理解：在我国四级两审的审级体系中，一审和二审并没有事实审和法律审的区分，即无论是一审，还是二审，既是事实审也是法律审。既然是事实审，应当允许当事人提供证据以证明自己的主张。当然，基于诉讼效率和诉讼诚信原则的考量，不应当允许所有的当事人放着一审不去鉴定，都将申请鉴定的注意力转移到二审阶段来，从而侵害到他人的审级利益。

（三）二审阶段的申请鉴定应当坚持"人民法院认为确有必要"为原则。"人民法院认为确有必要"，可以从三个角度理解。第一，专门性问题。即是否符合鉴定启动的条件，对于二审的待证事实是否属于专门性问题，必须通过鉴定的方式来予以查明。根据2019年《民事证据规定》第40条第3款的精神，"对鉴定意见的瑕疵，可以通过补正、补充鉴定或者补充质证、重新质证等方法解决的"，则不需要启动二审程序中的鉴定；如果经审查发现，"需要对该专门性问题客观上是否需要通过鉴定方式来重新审查认定应当专门作出评估，符合鉴定启动条件的，应当予以准许”。[1]只有在满足符合专门性问题的前提下，才可以启动二审中的鉴定。

第二，当事人的鉴定申请是否有关查清案件基本事实。即待证事实是否是二审审理程序中的基本事实，新的证据是否会对基本事实产生影响和作用，“足以引起与案件事实有关的相关专门性问题的认定发生变化”[2]。所谓基本事实，就是“对原判决、裁定的结果有实质影响、用于确定当事人主体资格、案件性质、具体权利义务和民事责任的主要内容所依据的事实”。[3]因为二审也是事实审，如果基本事实涉及专门性问题，确实需要查清的，当然有必要允许当事人申请鉴定。按照《民事诉讼法》第170条第3项的规定“原判决认定基本事实不清的，裁定撤销原判决，发回原审人民法院重审，或者查清事实后改判”，为了保障当事人的程序利益和审级利益，应当发回到一审法院重审。尽管有观点认为，二审亦可以直接委托鉴定，在当事人明确放弃审级利益的基础上，在鉴定基础上直接作改判处理，但由于二审鉴定直接涉及两审终审制度和当事人审级利益的程序保障权，因此不宜由二审直接鉴定进行改判处理。

第三，当事人的鉴定申请对于案件处理有无必要性。即要审查鉴定申请的不同情况，以下几种情况鉴定已无必要性，主要包括：(1)一审阶段，人民法院在审理案件过程中认为待证事实需要通过鉴定意见证明的，已就是否待证事实的鉴定向当事人释明，当事人明确拒绝，或者明确不缴纳、不充分缴纳鉴定费用，或者不提供、不充分提供自己所持有的鉴定检材的，“可以推定该当事人对相关待证事实的举证权利作了处分，一般可以不再对当事人在二审或者再审中提出的鉴定申请予以准许”[4]。但是，如果在此情况下，当事人申请鉴定的事项确实是基本事实，还是应当同意当事人的鉴定申请，且当事人已经提出书面的鉴定申请，并表示愿意缴纳鉴定费用，提供自己所持有的鉴定检材时，应当发回到一审法院，重新查清案件事实。(2)一审未申请鉴定，在二审阶段，发现当事人申请鉴定的事项，已非基本

---

〔1〕 最高人民法院民事审判第一庭编著:《最高人民法院新民事诉讼证据规定理解与适用(上)》，人民法院出版社2020年版，第394页。

〔2〕 最高人民法院民事审判第一庭编著:《最高人民法院新民事诉讼证据规定理解与适用(上)》，人民法院出版社2020年版，第394页。

〔3〕 最高人民法院民事诉讼法修改研究小组编著:《〈中华人民共和国民事诉讼法〉修改条文理解与适用(上)》，人民法院出版社2012年版，第442页。

〔4〕 最高人民法院民事审判第一庭编著:《最高人民法院新民事诉讼证据规定理解与适用(上)》，人民法院出版社2020年版，第394页。

事实，或者已不影响案件的处理结果的，或者通过其他间接证据或补强证据，也能够证明案件事实的。(3)二审中当事人经自认的。(4)二审认为应当裁定驳回起诉的、涉及一事不再理的、涉及非既判力范围项下需当事人另行起诉的。(5)当事人申请鉴定的待证事实，已在一审阶段被鉴定机关以无鉴定检材、鉴定技术无法处理、客观上已经无法进行鉴定等理由退回鉴定的。(6)二审提出鉴定申请后，在规定的期限内，当事人不缴纳鉴定费用，或者拒不提供自己持有的鉴定检材，应当视为放弃二审鉴定请求。

二、司法实务中的二审鉴定

1.当事人在二审期间再次申请鉴定的，须有法定条件。在二审期间再次申请司法鉴定，实质上属于重新鉴定，根据2019年《民事证据规定》第40条规定，当事人申请重新鉴定，必须提出证据证明存在法定的重新鉴定情形，否则人民法院不予准许。如果当事人并无充分证据显示存在法定的重新鉴定情形，人民法院不予准许。

2.人民法院认为需要鉴定的，应当向负有举证责任的当事人释明。根据2020年《建设工程司法解释一》第32条规定，对于需要证明的待证事实是否申请鉴定，属于当事人的诉讼权利，并非人民法院的义务。人民法院认为需要鉴定的，应当向负有举证责任的当事人释明。

3.再审不能申请鉴定。根据2020年《民诉法司法解释》第399条规定，“审查再审申请期间，再审申请人申请人民法院委托鉴定、勘验的，人民法院不予准许”，对于在再审阶段，显然是无申请鉴定的可能。

【典型案解】

1.【裁判规则】签字和捺印的真实性问题属于专门性问题，二审法院认为有必要通过鉴定予以查明，发回重审

典型案例

薛某等与广西桂林漓江农村合作银行等金融借款合同纠纷案［最高人民法院(2018)最高法民终608号］

上诉人(一审被告)：薛某

被上诉人（一审原告）：广西桂林漓江农村合作银行（以下简称漓江银行）等

裁判观点

最高人民法院认为，案涉保证担保合同中薛某、邵某娥、钱某华的签字和捺印是否属实是本案二审的争议焦点。一审庭审中，钱某华、薛某、邵某娥均主张从未签署过案涉保证担保合同，而作为主债务人的康华公司及其法定代表人李某亦确认，薛某、邵某娥、钱某华的签字不是其本人签署的。可见，保证担保合同中薛某、邵某娥、钱某华的签字和捺印的真实性是存疑的。虽然一审合议庭有询问过薛某、邵某娥、钱某华是否申请鉴定，但在未进一步释明不申请鉴定的法律后果的情况下，直接认定薛某、邵某娥、钱某华的签字和捺印属实，不妥。现薛某、邵某娥、钱某华在二审中向法院书面申请对保证担保合同和广西康华农业股份有限公司股东会决议中的签名和捺印进行司法鉴定。根据《民事诉讼法》第76条规定，本案保证担保合同和广西康华农业股份有限公司股东会决议中薛某、邵某娥、钱某华签字和捺印的真实性问题属于专门性问题，有必要通过鉴定予以查明。综上所述，一审对本案基本事实未予查清，导致处理结果有可能不当。裁定撤销原判，发回重审。

2.【裁判规则】二审诉讼中申请鉴定，人民法院认为确有必要的，撤销原判决，发回原审人民法院重审或者查清事实后改判

典型案例

中建二局第一建筑工程有限公司与菏泽市大元置业有限公司建设工程施工合同纠纷案［最高人民法院（2019）最高法民终1649号］

上诉人（一审原告）：中建二局第一建筑工程有限公司（以下简称中建二局一公司）

被上诉人（一审被告）：菏泽市大元置业有限公司（以下简称大元公司）

裁判观点

最高人民法院认为，对中建二局一公司的诉讼请求应否支持，应当建立在查明案涉工程的工程造价、大元公司已经支付的工程款数额、是否存在尚欠工程款等基本事实的基础上，作出相应判断并得出结论。首先，大元公司（发包方）与中建二局一公司（承包方）就菏泽市国贸中心的一期、二期、三期工程签订的三份建设工程施工合同，工程造价暂定值合计高达二十余亿元，中建二局一公司本次主张的工程款和利息共计四亿余元，案涉工程造价数额高，裁判结果对当事人利益影响重大。其次，双方签署了三份工程进度审核汇总，对截至2016年12月20日中建二局一公司在案涉工程中的自营完成值的数额进行确认。中建二局一公司认为大元公司经营状况恶化已经资不抵债、存在无法履行合同的可能，遂提起本案诉讼，对其主张，应当进行实体审理。最后，关于工程造价鉴定问题。本案一审卷宗正卷第一卷的第98页、第99页，收入了中建二局一公司递交的工程造价鉴定申请书，其中一份载明时间为2019年1月28日。说明中建二局一公司虽然未在一审法院指定期限内申请鉴定，但是在2019年3月20日一审判决作出之前，已经向法院提出了工程造价鉴定申请。而且，二审期间，中建二局一公司也正式提交了工程造价鉴定申请。由于双方当事人对最终的工程造价存在争议，结合本案实际，应当准许当事人的申请，对工程造价进行司法鉴定。综上所述，一审法院对上述相关事实均未进行深入细致的审查，简单地从举证责任分配角度让中建二局一公司承担不利后果的做法，造成本案基本事实不清。

3.【裁判规则】再审申请人申请人民法院委托鉴定、勘验的，人民法院不予准许

典型案例

长春同驰经贸股份合作公司与中国信达资产管理股份有限公司吉林省分公司借款合同纠纷案［最高人民法院（2019）最高法民申836号］

再审申请人（一审被告、二审上诉人）：长春同驰经贸股份合作公司（以下简称同驰公司）

被申请人（一审原告、二审被上诉人）：中国信达资产管理股份有限公司吉林省分公司（以下简称信达公司）等

裁判观点

最高人民法院认为，法院再审审查期间，同驰公司提交司法鉴定申请书，请求对曲淑某的笔迹进行司法鉴定。根据《民诉法司法解释》第399条规定，审查再审申请期间，再审申请人申请人民法院委托鉴定、勘验的，人民法院不予准许。对于同驰公司提出的该项申请，法院不予准许。

4.【裁判规则】在一审时未提出重新鉴定申请，二审过程中主张应由其他鉴定机构进行工程造价鉴定，不符合重新鉴定的情形

典型案例

山东昊安金科新材料股份有限公司与山东鲁建工程集团有限公司建设工程施工合同纠纷案［最高人民法院（2018）最高法民申3492号］

再审申请人（一审被告、反诉原告、二审上诉人）：山东昊安金科新材料股份有限公司（以下简称昊安新材料公司）

被申请人（一审原告、反诉被告、二审被上诉人）：山东鲁建工程集团有限公司（以下简称鲁建公司）

裁判观点

最高人民法院认为，为核算鲁建公司已完成的工程量，经鲁建公司申请，一审法院委托威海天勤工程咨询管理有限公司进行工程造价鉴定，并出具鉴定意见。一审法院委托的鉴定机构资质合格，鉴定程序合法。鉴定意见作出后，一审法院组织双方当事人进行质证，鉴定人沈某某、王某某出庭接受当事人质询，针对昊安新材料公司提出的22项异议内容，逐一作出了客观有据并符合工程结算常识、工程审价规则和举证规则的答复意见。据此，一审法院在昊安新材料公司没有提供充分的证据足以反驳上述鉴定结论的情况下，采信上述鉴定意见并作为本案的定案依据，符合法律规定。昊安新材料公司在一审时未提出重新鉴定申请，二审过程中主张应由其他鉴定机构进行工程造价鉴定，不符合2001年《民事证据规定》第27条规定的重新鉴定的情形，二审法院未予准许，并无不当。

5.【裁判规则】经法院释明当事人未提出鉴定申请，且双方当事人已在诉前就工程价款的结算达成协议的，二审鉴定申请不予准许

典型案例

黑龙江省建工集团有限责任公司与广东中胜置业有限公司等建设工程施工合同纠纷案［最高人民法院（2020）最高法民终949号］

上诉人（原审原告）：黑龙江省建工集团有限责任公司（以下简称黑龙江建工公司）

上诉人（原审被告）：广东中胜置业有限公司（以下简称中胜公司）等

裁判观点 ▶▶

最高人民法院认为，2019年《建设工程司法解释二》第12条规定，当事人在诉讼前已经对建设工程价款结算达成协议，诉讼中一方当事人申请对工程造价进行鉴定的，人民法院不予准许。根据本案2019年1月17日庭审笔录（第48~49页部分）的记载，广东省高级人民法院就"案涉工程的工程量及支付款项"的鉴定问题向双方明确释明，当事人均未提出鉴定申请；而中胜公司明确表示不主动申请鉴定。故中胜公司关于一审法院仅询问其是否对已支付的代垫款项进行鉴定，并未向其释明工程造价鉴定问题的主张，与本案实际审理情况不符。由于经一审法院释明，中胜公司没有提出鉴定申请，且双方当事人已在诉前就工程价款的结算达成协议，因此法院对中胜公司的鉴定申请不予准许。

6.【裁判规则】人民法院在审理案件过程中认为待证事实需要通过鉴定意见证明的，当事人在二审诉讼中申请鉴定，人民法院认为确有必要的，可发回重审

典型案例 ▶▶

新力建设集团有限公司与武汉汉口北信和农贸市场有限公司建设工程施工合同纠纷案［湖北省高级人民法院（2020）鄂民终50号］

上诉人（一审原告）：新力建设集团有限公司（以下简称新力建设公司）

被上诉人（一审被告）：武汉汉口北信和农贸市场有限公司

裁判观点 ▶▶

人民法院认为，依据2019年《民事证据规定》第30条关于"人民法院在审理案件过程中认为待证事实需要通过鉴定意见证明的，应当向当事人释明，并指定提出鉴定申请的期间"的规定，经法院向新力建设公司进行释明，新力建设公司当庭申请依双方签订的标的额为5228.1299万元的建设工程合同对已建工程进行鉴定。根据2019年《建设工程司法解释二》第14条第2款关于"一审诉讼中负有举证责任的当事人未申请鉴定，虽申请鉴定但未支付鉴定费用或者拒不提供相关材料，二审诉讼中申请鉴定，人民法院认为确有必要的，应当依照民事诉讼法第一百七十条第一款第三项的规定处理”的规定，考虑到如不允许新力建设公司的鉴定申请，其对已建工程的工程款请求无法获得救济，造成双方利益显著失衡，故对本案应依上述规定发回重审。

7.【裁判规则】当事人在一审阶段怠于申请笔迹鉴定，无故缺席庭审，视为其放弃相应的答辩、举证、质证的权利，二审法院据此不准许笔迹鉴定申请，符合法律的规定

典型案例

刘某甲与佛山市顺德区亿赛电器有限公司管理人请求撤销个别清偿行为纠纷案［最高人民法院（2020）最高法民申6379号］

再审申请人（一审被告、二审上诉人）：刘某甲

被申请人（一审原告、二审被上诉人）：佛山市顺德区亿赛电器有限公司管理人（以下简称亿赛公司管理人）

裁判观点

最高人民法院认为，关于二审法院对刘某甲的笔迹鉴定申请不予准许是否正确的问题。根据《民事诉讼法》第65条规定，刘某甲在一审阶段即可向法院申请笔迹鉴定，本案没有证据证明存在阻碍刘某甲向一审法院申请笔迹鉴定的事由，其怠于向一审法院提交申请，且无故缺席一审庭审，视为其放弃相应的答辩、举证、质证的权利，二审法院据此不准许刘某甲的笔迹鉴定申请，符合法律的规定。刘某甲提出二审法院不准许其笔迹鉴定申请，剥夺其辩论权利的主张，理据不足，法院不予支持。

第七节　鉴定程序

【法理辨析】

一、法官释明问题

法官的释明既是一种权利，也是一种义务。所谓的释明，就是指“人民法院应

当告知当事人鉴定的必要性以及不鉴定的法律后果，并询问其是否鉴定”。[1]对于人民法院进行了释明后，当事人仍未完成举证责任的，应当承担相应的不利后果。“如果当事人无正当理由未按照原审法院的在指定的期间内申请鉴定，或者申请后未按照要求预交鉴定费用，则可以推定该当事人对相关待证事实的举证权利作了处分，一般可以不再对当事人在二审或者再审提出的鉴定申请予以准许。”[2]

在司法实践中，对于诉讼前单方委托鉴定或者工程造价审计，形成鉴定意见，在诉讼后，对方当事人不认可这份单方委托鉴定的意见。法院向负举证责任的当事人释明申请鉴定的意义和法律后果后，当事人仍然表明不对工程造价申请鉴定，也未能提交证据证明该报告存在程序违法或结论缺乏依据等不应被采信的情形，应当承担举证不能的法律后果。

二、司法实务中的鉴定程序

1.人民法院依职权委托鉴定的，可以在询问当事人的意见后，指定具备相应资格的鉴定人。根据2019年《民事证据规定》第32条规定，在一审或二审诉讼中，根据当事人的申请，在法院的主持下，在双方自愿选定鉴定机构并认可所送鉴定材料的情况下，法院委托具有鉴定资格的机构进行司法鉴定，符合最高人民法院《人民法院对外委托司法鉴定管理规定》及相关的法律、法规。

2.双方协商不成，法院依法定程序摇号选定其他有鉴定资格的鉴定机构具有法律依据。根据当事人的鉴定申请，法院委托鉴定，双方当事人协商确定了鉴定机构。在鉴定过程中，双方当事人表示不同意原鉴定机构继续鉴定。根据《民事诉讼法》第76条第1款规定，鉴于当事人明确表示不同意原鉴定机构继续鉴定，双方关于鉴定机构的选择协商已失去基础，法院依法定程序摇号选定鉴定机构具有法律依据。

3.我国法律并未对鉴定人是否必须出庭作出强制性规定。根据2019年《民事证据规定》第37条的规定，由此可见，人民法院可以在充分查明事实的基础上，对鉴定意见结合案件的全部证据、各证据之间的联系等方面进行综合审查判断。

---

〔1〕 最高人民法院民事审判第一庭编著：《最高人民法院建设工程施工合同司法解释（二）理解与适用》，人民法院出版社2019年版，第319页。

〔2〕 最高人民法院民事审判第一庭编著：《最高人民法院新民事诉讼证据规定理解与适用（上）》，人民法院出版社2020年版，第394页。

4.一审法院依据当事人申请调取相关证据，并作出了相关鉴定意见，二审未依当事人申请再次调取证据，并无不当。一审法院根据当事人的申请调取了证据，根据当事人申请，委托专业技术人员进行了鉴定，当事人也参与了此次鉴定，在鉴定报告作出并经双方质证后，又将鉴定材料证等退回当事人进行保管，当事人亦签字表示认可。由于鉴定报告已经作出，二审法院申请再次调取相关证据，并无不当。

5.工程造价鉴定不属于必须登记的鉴定从业事项，只需通过行政审批获得资质证书，即可在资质范围内从事工程造价咨询活动。根据《全国人民代表大会常务委员会关于司法鉴定管理问题的决定》第2条、中华人民共和国住房和城乡建设部《工程造价咨询企业管理办法》第15条的规定，工程造价鉴定不属于必须登记的鉴定从业事项，只需通过行政审批获得资质证书，即可在资质范围内从事工程造价咨询活动。司法实践中，如果鉴定人员具备相关工程造价工程师资格，并以相关工程造价工程师名义执业，在鉴定报告上签章是合法有效的。

【典型案解】

（一）释明权

1.【裁判规则】人民法院在审理案件过程中认为待证事实需要通过鉴定意见证明的，应当向当事人释明

典型案例

禹城市汇通置业有限公司与福建海峡金岸建设工程有限公司建设工程施工合同纠纷案［最高人民法院（2019）最高法民申1666号］

再审申请人（一审被告、二审上诉人）：禹城市汇通置业有限公司（以下简称禹城汇通公司）

被申请人（一审被告）：福建海峡金岸建设工程有限公司等

裁判观点

最高人民法院认为，该鉴定报告系一审法院依照法定程序，由禹城汇通公司和林某强共同委托选定鉴定机构作出，鉴定人员亦已出庭接受质询，鉴定程序合法。

禹城汇通公司虽对鉴定机构和人员资格、鉴定依据提出异议，但并未提供证据予以证明，本案不符合2001年《民事证据规定》第27条规定的可以重新鉴定的情形。且一审法院在审理中已向禹城汇通公司进行释明，禹城汇通公司明确表示对工程造价不申请重新鉴定和补充鉴定。二审判决以该鉴定报告作为认定案涉工程造价的依据，并无不当。

2.【裁判规则】在法院释明后仍不申请鉴定的，应承担举证不能的后果

典型案例

黄某某与中国水利水电第八工程局有限公司等建设工程施工合同纠纷案［最高人民法院（2019）最高法民终843号］

上诉人（一审原告）：黄某某

被上诉人（一审被告）：中国水利水电第八工程局有限公司等

裁判观点

最高人民法院认为，一审法院根据2019年《建设工程司法解释二》第14条[1]之规定，向黄某某释明了其应申请鉴定及未申请鉴定的后果。在释明后黄某某仍不申请鉴定的情况下，认定黄某某承担举证不能的后果并无不当。

3.【裁判规则】法官应对补充鉴定的法律后果进行释明

典型案例

福建永鼎设计装饰工程有限公司与中国农业银行股份有限公司福建省分行营业部建设工程施工合同纠纷案［最高人民法院（2015）民申字第1417号］

再审申请人（一审原告、反诉被告、二审上诉人）：福建永鼎设计装饰工程有限公司（以下简称永鼎公司）

---

〔1〕 现为2020年《建设工程司法解释一》第32条："当事人对工程造价、质量、修复费用等专门性问题有争议，人民法院认为需要鉴定的，应当向负有举证责任的当事人释明。当事人经释明未申请鉴定，虽申请鉴定但未支付鉴定费用或者拒不提供相关材料的，应当承担举证不能的法律后果。一审诉讼中负有举证责任的当事人未申请鉴定，虽申请鉴定但未支付鉴定费用或者拒不提供相关材料，二审诉讼中申请鉴定，人民法院认为确有必要的，应当依照民事诉讼法第一百七十条第一款第三项的规定处理。"

被申请人（一审被告、反诉原告、二审被上诉人）：中国农业银行股份有限公司福建省分行营业部（以下简称福建农行营业部）

裁判观点 ▶▶

最高人民法院认为，永鼎公司不应承担未申请重新鉴定工程款的不利后果。案涉鉴定结论系福建农行营业部申请、法院委托鉴定机构所作，委托鉴定函载明“现需进行工程造价鉴定的项目系包干价工程之外的工程，具体见清单外新增项目和签证部分”，永鼎公司亦向法院提交了包括5.15现场确认单在内的其认为应按实结算工程款的证据，但原一审法院未将5.15现场确认单移交给鉴定机构，导致鉴定结论存在缺陷，永鼎公司对此并没有过错。2001年《民事证据规定》第27条第2款规定“对有缺陷的鉴定结论，可以通过补充鉴定、重新质证或者补充质证等方法解决的，不予重新鉴定”，在华益造价公司作出的鉴定结论存在缺陷的情况下，只需针对5.15现场确认单所涉工程予以补充鉴定、重新质证或补充质证即可，并不需要当事人重新申请鉴定。本案原二审法院曾发回重审，唯一的原因就是原一审法院委托鉴定时，遗漏了5.15现场确认单未提供给鉴定机构。但发回重审后，一、二审判决认为向永鼎公司释明应进行补充鉴定后，永鼎公司拒不同意，应对该事实承担举证不能的法律后果。所谓释明是指在当事人的主张不正确、有矛盾，或者不清楚、不充分，或者当事人误认为自己提出的证据已经足够时，法官依职权予以提示，让当事人把不正确和有矛盾的主张予以排除，不清楚的主张予以澄清，不充足的证据予以补充的行为。经查，一审法院仅在开庭时询问双方当事人是否继续委托鉴定机构进行补充鉴定，在双方当事人均表示不同意的情况下，未进一步向双方当事人解释不补充鉴定的法律后果，永鼎公司并不掌握原二审法院发回重审的原因，不同意补充鉴定的原因仍是主张依照其送审价结算，一审法院并未真正起到释明的作用。

4.【裁判规则】法院已向当事人释明鉴定程序及其法律后果，当事人未到场抽选鉴定机构，视为其放弃司法鉴定权利

典型案例 ▶▶

侯某某与周某某等土地承包经营权纠纷案［黑龙江省高级人民法院（2015）黑

高民申二字第93号]

再审申请人(一审原告、二审上诉人):侯某某

被申请人(一审被告、二审被上诉人):周某某等

裁判观点

人民法院认为,一审法院先后委托哈尔滨利民司法鉴定中心、黑龙江威龙司法鉴定中心进行鉴定,结论均为:签名是侯某某本人书写,捺印是侯某某本人捺印。由于侯某某对两家鉴定机构出具的鉴定意见均提出异议,并申请重新鉴定,一审法院未采信两份鉴定意见,并准许重新鉴定。2013年4月28日,一审法院向双方当事人释明,定于2013年5月9日到法院抽取鉴定机构重新鉴定,如到时不去则视为放弃权利,符合2001年《民事证据规定》第3条的规定。侯某某及其诉讼代理人以到北京信访等为由,在法院指定的时间未到场抽选鉴定机构,一审法院按照向其释明的法律后果,视为其放弃司法鉴定权利,无不当。

5.【裁判规则】人民法院在审理案件过程中认为待证事实需要通过鉴定意见证明的,应当向当事人释明并指定提出鉴定申请的期间,而未指定提出司法鉴定申请的主体及期限的,违反法定程序

典型案例

李某红与中国人民财产保险股份有限公司托克逊县支公司等机动车交通事故责任纠纷案[新疆维吾尔自治区高级人民法院(2020)新民申2218号]

再审申请人(一审原告、二审上诉人):李某红

被申请人(一审被告、二审被上诉人):中国人民财产保险股份有限公司托克逊县支公司(以下简称人保托克逊支公司)

裁判观点

人民法院认为,法院经审查认为,本案一、二审主要争议焦点为李某红于2019年2月19日至3月20日在新疆医科大学第六附属医院治疗的病情与案涉交通事故之间是否存在因果关系的问题,一审判决认定李某红上述病情与案涉交通事故没有因果关系,故对其该项诉讼请求不予支持,二审法院经审理后认为对该事实需要通

过司法鉴定证明，并向双方当事人释明，双方当事人均同意对因果关系进行司法鉴定，但二审法院并未指定提出司法鉴定申请的主体及期限，便作出判决维持原判。根据2019年《民事证据规定》第30条之规定，人民法院在审理案件过程中认为待证事实需要通过鉴定意见证明的，应当向当事人释明，并指定提出鉴定申请的期间。本案二审法院认为双方争议的事实需要通过鉴定意见证明，经释明双方当事人亦同意鉴定，但既没指定提出司法鉴定的期限，也未说明理由，即认定李某红上述病情与案涉交通事故没有因果关系，明显不当。

另外，本案再审审查期间，李某红向法院提交了新疆中信司法鉴定中心于2020年9月17日作出的新中信司鉴中信（2020）临鉴字第588号《司法鉴定意见书》，鉴定意见为李某红于2019年2月19日至3月20日在新疆医科大学第六附属医院治疗的病情与案涉交通事故之间存在因果关系，该证据属于新证据，证明内容与二审判决结果相悖。综上所述，李某红的再审申请符合《民事诉讼法》第200条第1项、第5项规定的再审情形。

6.【裁判规则】当事人提交单方鉴定意见，一审法院认为该鉴定意见不能采信的，应依法释明其申请鉴定，不应以证据不足而驳回其该项诉讼请求

典型案例

北京世纪竹邦能源技术股份有限公司与兰州中川国际机场有限公司合同纠纷案［甘肃省高级人民法院（2021）甘民终111号］

上诉人（原审原告）：北京世纪竹邦能源技术股份有限公司（以下简称世纪竹邦）

被上诉人（原审被告）：兰州中川国际机场有限公司（以下简称中川机场）

裁判观点

人民法院认为，本案系《民法典》施行前的法律事实所引起的民事纠纷，故应依据《民法典》施行前民事行为发生时的法律、司法解释对本案进行裁判。第一，双方当事人在履行合同过程中，尽管存在中川机场的项目建设规划发生变更的情形，也存在双方对案涉项目的建设主体设定为世纪竹邦而导致相关审批手续办理发生障碍的因素，但主要责任在于世纪竹邦在建设过程中投资不到位而导致合同履行严重迟延，致使中川机场不能实现合同目的。托管合同的履行具有建设、运营、维护、交付等复杂性，且履行合同时间跨度较长，综合审查全案证据及事实，双方已无继续履行合同的基础。一审判决依据《合同法》第94条〔1〕规定，依法解除双方签订的合同能源管理之供热托管合同，适用法律及驳回世纪竹邦的第一、二项诉讼请求正确。第二，世纪竹邦一审提出，在不支持继续履行合同的前提下，则请求中川机场赔偿损失。根据《合同法》第97条〔2〕规定，一审判决解除了双方之间的合同，但世纪竹邦为履行合同确有投资并形成建筑物，其有权要求赔偿损失，即以赔偿的方式补偿其已履行合同义务所造成的损失。第三，2019年《民事证据规定》第30条第1款规定："人民法院在审理案件过程中认为待证事实需要通过鉴定意见证明的，应当向当事人释明，并指定提出鉴定申请的期间。"世纪竹邦提交了其在诉讼前单方委托北京中勤永励资产评估有限责任公司作出的中勤永励字（2020）第850462号《兰州中川机场供热托管项目市场价值项目评估报告》，一审法院认为该鉴定意见不能采信，则应依法向世纪竹邦释明其申请鉴定，以确定损失的数额，并予以处理，但一审判决以其请求损失的证据不足而驳回其该项诉讼请求不当。

（二）鉴定人

1.【裁判规则】双方当事人可以协商确定具备相应资格的鉴定人

典型案例

史某与锡林浩特市万城恒业房地产开发有限责任公司建设工程施工合同纠纷案［最高人民法院（2014）民申字第1922号］

再审申请人（一审原告、二审上诉人）：史某

被申请人（一审被告、二审被上诉人）：锡林浩特市万城恒业房地产开发有限责任公司（以下简称万城恒业公司）等

〔1〕 现为《民法典》第563条："有下列情形之一的，当事人可以解除合同：（一）因不可抗力致使不能实现合同目的；（二）在履行期限届满前，当事人一方明确表示或者以自己的行为表明不履行主要债务；（三）当事人一方迟延履行主要债务，经催告后在合理期限内仍未履行；（四）当事人一方迟延履行债务或者有其他违约行为致使不能实现合同目的；（五）法律规定的其他情形。以持续履行的债务为内容的不定期合同，当事人可以随时解除合同，但是应当在合理期限之前通知对方。"

〔2〕 现为《民法典》第566条："合同解除后，尚未履行的，终止履行；已经履行的，根据履行情况和合同性质，当事人可以请求恢复原状或者采取其他补救措施，并有权请求赔偿损失。合同因违约解除的，解除权人可以请求违约方承担违约责任，但是当事人另有约定的除外。主合同解除后，担保人对债务人应当承担的民事责任仍应当承担担保责任，但是担保合同另有约定的除外。"

裁判观点 ▶▶

最高人民法院认为，双方当事人在诉讼中共同选定具有相应资质的鉴定机构融江造价公司，该鉴定机构及鉴定人员均有鉴定资格，双方当事人在一、二审庭审时对该机构出具的鉴定报告及补充鉴定报告进行了质证，融江造价公司书面答复了史某提出的问题，并派人出庭接受了数人的质询。现史某要求重新鉴定，但并未提供证据证明鉴定结论具有2001年《民事证据规定》第27条第1款规定的情形，故对该主张法院不予支持。

2.【裁判规则】鉴定人包括作为有鉴定资格的自然人和有鉴定资格的鉴定机构

典型案例 ▶▶

江苏龙海建工集团有限公司与天津华富兴邦投资发展有限公司建设工程施工合同纠纷案［最高人民法院（2018）最高法民申2030号］

再审申请人（一审被告、反诉原告、二审上诉人）：江苏龙海建工集团有限公司（以下简称龙海公司）

被申请人（一审原告、反诉被告、二审上诉人）：天津华富兴邦投资发展有限公司（以下简称兴邦公司）

裁判观点 ▶▶

最高人民法院认为，关于龙海公司的再审申请是否符合《民事诉讼法》第200条第6项情形的问题。龙海公司申请再审称，二审法院在选定修复工程造价的司法鉴定机构时，严重违法。主要表现为：1.选定司法鉴定机构时失职，程序违法，旺辉公司不具有司法鉴定资格；2.造价鉴定报告书没有鉴定人员签字，不符合法律规定；3.造价鉴定报告书没有附带相关人员资质和司法鉴定机构资质证明，不符合格式要求。对此，首先，龙海公司申请再审并未提供证据证明旺辉公司不具备案涉鉴定的鉴定资质。其次，《民事诉讼法》规定的鉴定人应出具书面鉴定意见，并在鉴定书上签名或盖章。这里的鉴定人既包括作为有鉴定资格的自然人，也包括有鉴定资格的鉴定机构。故旺辉公司在本案中作为鉴定人出具造价鉴定报告书并在其上加盖公章的做法，并不违反《民事诉讼法》的规定。再次，造价鉴定报告书没有附相关人员及鉴定机构资质证明不符合通知附件的格式要求，但该附件格式，只是文书写作形式的要求并非效力性强制性规范，并不影响鉴定意见的真实性和客观性。最后，虽然本案进行过多次鉴定，但导致多次鉴定的原因并不能完全归因于某一方，故原判决根据双方当事人实际情况及案件具体情况酌定双方对鉴定费用的负担比例，并无不当。

3.【裁判规则】人民法院应当依职权委托鉴定，在询问当事人的意见后，指定具备相应资格的鉴定人

典型案例

高某甲等与阜阳市颍星汽车运输有限公司等虚假登记损害赔偿责任纠纷案［安徽省高级人民法院（2019）皖民申3437号］

再审申请人（一审原告、二审被上诉人）：高某甲等

被申请人（一审被告、二审被上诉人）：阜阳市颍星汽车运输有限公司等

裁判观点

人民法院认为，案涉房产损失数额如何确定。根据《民事诉讼法》第76条第2款和《民诉法司法解释》第121条第3款规定，一审法院应当依照上述法律规定，委托具备资格的鉴定人对本案房产损失数额进行鉴定。但一审法院并未依法定程序委托鉴定，而是径行以安徽正诚房地产土地评估测绘有限公司的评估报告来确定高某甲、代某乙的损失，缺乏法律依据。二审对此未予纠正，亦属不当。综上所述，高某甲等的再审申请符合《民事诉讼法》第200条第2项、第6项规定的情形。

4.【裁判规则】对鉴定人当事人协商不成的，由人民法院指定

典型案例

兰陵县大汉石膏有限公司与王某甲财产损害赔偿纠纷案［最高人民法院（2018）最高法民申256号］

再审申请人（一审被告、二审上诉人）：兰陵县大汉石膏有限公司（以下简称大汉公司）

被申请人（一审原告、二审被上诉人）：王某甲

裁判观点

最高人民法院认为，关于原审判决的程序问题。首先，根据《民事诉讼法》第132条规定：“必须共同进行诉讼的当事人没有参加诉讼的，人民法院应当通知其参加诉讼。”顺达石膏矿非与大汉公司具有共同故意或者共同过失的共同侵权人，不属于必须参加诉讼的当事人。王某甲作为本案诉讼的原告，未将顺达石膏矿作为被告，故原审法院未予通知顺达石膏矿参加诉讼，并无不当。其次，关于原审法院未予准许大汉公司申请鉴定顺达石膏矿越界开采行为与案涉土地塌陷是否存在因果关系的问题。本案中，根据现有证据足以证明大汉公司与案涉土地塌陷存在因果关系，因此原审法院未予准许大汉公司的上述鉴定申请，并无不当。最后，关于原审法院对案涉建筑物损失的鉴定程序问题。根据《民诉法司法解释》第121条第2款规定：“人民法院准许当事人鉴定申请的，应当组织双方当事人协商确定具备相应资格的鉴定人。当事人协商不成的，由人民法院指定。”原审中，原审法院要求大汉公司到场选择鉴定人，大汉公司无正当理由拒绝参加。因此，原审法院采用电脑随机的方式选取确定了本案鉴定人，鉴定程序并无不当。综上所述，原审审理程序及认定事实均无不当，大汉公司的再审申请不符合《民事诉讼法》第200条第1项、第2项规定的情形。

5.【裁判规则】人民法院依职权委托鉴定的，可以在询问当事人的意见后，指定具备相应资格的鉴定人

典型案例

如皋市成圆氟塑防腐有限公司与临沂鸿泰化工有限公司买卖合同纠纷案［山东省临沂市中级人民法院（2020）鲁13民终8068号］

上诉人（原审被告）：如皋市成圆氟塑防腐有限公司（以下简称成圆公司）

被上诉人（原审原告）：临沂鸿泰化工有限公司

裁判观点

人民法院认为，人民法院依职权委托鉴定的，可以在询问当事人的意见后，指定具备相应资格的鉴定人。原审法院依据上诉人与被上诉人选定的鉴定机构进行鉴定，但因双方选定的鉴定机构不具备鉴定能力而退回，后原审法院在咨询相关鉴定机构后，将选定的鉴定机构通知了上诉人，上诉人并未明确对法院选定的鉴定机构提出异议，且在当事人协商选定的鉴定机构不具备鉴定能力的情况下，法院依职权选定有鉴定能力的鉴定机构进行鉴定符合2019年《民事证据规定》第32条的规定，故成圆公司关于原审鉴定机构选定程序错误的上诉请求，法院不予支持。根据2019年《民事证据规定》第40条规定，上诉人主张鉴定报告形式不合法，没有提交鉴定人员资质，但上诉人在原审中并未提出重新鉴定申请，且原审法院亦通知鉴定人员出庭作证，故上诉人的该上诉请求，法院不予支持。

6.【裁判规则】人民法院对专门性问题认为需要鉴定的，应当委托具备资格的鉴定人进行鉴定

典型案例

邓某某等与河源市和茂路桥建设工程有限公司等建设工程施工合同纠纷案［最高人民法院（2019）最高法民申1731号］

再审申请人（一审原告、二审上诉人）：邓某某

被申请人（一审被告、二审被上诉人）：河源市和茂路桥建设工程有限公司（原名龙裕公路桥梁工程有限公司，以下简称和茂公司）等

裁判观点

最高人民法院认为，工程造价系专业性很强的综合认定工作，人民法院一般应以当事人结算结果或专业机构意见作为裁判依据。根据原审法院查明，施工合同虽然约定工程竣工结算以河源市财政评审中心核定的结果为准，但涉案工程自2008年竣工验收合格至2015年3月18日，河源市政府仍在协调工程结算问题，河源代建局尚未收到工程竣工结算资料，按照合同约定进行财政评审的条件始终未成就。一审法院曾向邓某某释明进行司法鉴定，邓某某表示不反对，但不同意预交司法鉴定费用。2013年3月3日，邓某某向一审法院提交请求对“河源大道改造工程”进行财政审核的申请，请求一审法院指定有资质的审核机构对工程量及工程造价进行审核。虽然上述申请表述的是“审核”，但根据本案实际情况，应理解为邓某某不排除进行司法鉴定。一审法院据此委托鉴定，并无明显不当。退

一步讲，即便邓某某未申请鉴定，根据《民事诉讼法》第76条第2款规定，当事人未申请鉴定，人民法院对专门性问题认为需要鉴定的，应当委托具备资格的鉴定人进行鉴定。邓某某主张一审法院委托鉴定违反法律规定，理据不足，法院不予支持。

7.【裁判规则】鉴定人应当出庭作证中的“鉴定人”是指司法鉴定机构

典型案例

云南鑫源建设有限公司与四川省宁南县白鹤滩水泥有限责任公司建设工程施工合同纠纷案［最高人民法院（2017）最高法民申3893号］

再审申请人（一审原告、二审上诉人）：云南鑫源建设有限公司（以下简称鑫源建司）

被申请人（一审被告、二审被上诉人）：四川省宁南县白鹤滩水泥有限责任公司

裁判观点

最高人民法院认为，根据《民事诉讼法》第78条规定，该条文中的“鉴定人”是指司法鉴定机构。本案中，C299号鉴定报告作出后，天成公司派鉴定人员李某等人出庭接受质询，符合上述法律规定。蔡某作为在C299号鉴定报告签名的人员，未出庭接受质询并不影响鉴定意见作为证据的客观性和合法性，鑫源建司主张因此其辩论权利被剥夺没有事实和法律依据。

8.【裁判规则】当事人对鉴定意见有异议或者人民法院认为鉴定人有必要出庭的，鉴定人应当出庭作证

典型案例

赵某某与云南红华实业集团凯旋建筑工程有限公司等建设工程施工合同纠纷案［最高人民法院（2018）最高法民终43号］

上诉人（一审原告、反诉被告）：赵某某

上诉人（一审被告、反诉原告）：云南红华实业集团凯旋建筑工程有限公司等

裁判观点

最高人民法院认为，根据《民事诉讼法》第78条、2001年《民事证据规定》第59条和《全国人民代表大会常务委员会关于司法鉴定管理问题的决定》第11条“在诉讼中，当事人对鉴定意见有异议的，经人民法院依法通知，鉴定人应当出庭作证”的规定，本案一审中双方对司法鉴定意见书产生严重分歧和争议，鉴定人员应当出庭接受当事人的质询，而一审法院并未通知特斯泰所的鉴定人员出庭作证，违反法定程序，导致本案基本事实未予查清。

9.【裁判规则】鉴定机构和鉴定人员未出庭接受质询，并不违反关于鉴定人出庭接受质询的法律规定

典型案例

中国联合网络通信有限公司凉山州分公司与甘洛县阿果核桃产业发展有限责任公司等财产损害赔偿纠纷案［最高人民法院（2019）最高法民申1325号］

再审申请人（一审被告、二审上诉人）：中国联合网络通信有限公司凉山州分公司（以下简称联通凉山州分公司）

被申请人（一审原告、二审被上诉人）：甘洛县阿果核桃产业发展有限责任公司（以下简称甘洛阿果核桃公司）等

裁判观点

最高人民法院认为，根据《民事诉讼法》第76条、第79条的规定，出庭接受质询的对象为鉴定人，即鉴定（评估）机构，而未对具体出庭的人员作出强制性规定，本案二审出庭接受质询的人员系该火灾损失评估项目的负责人，其出庭接受双方当事人及法庭的询问，并不违反关于鉴定人出庭接受质询的法律规定。

10.【裁判规则】在双方当事人协商确定鉴定人不成的情况下，由人民法院指定具备资格的鉴定人进行鉴定

典型案例

河南金凤牧业设备股份有限公司与随州新欣农业有限公司买卖合同纠纷案

[最高人民法院（2018）最高法民申1239号]

再审申请人（一审被告、二审上诉人）：河南金凤牧业设备股份有限公司（以下简称金凤牧业公司）

被申请人（一审原告、二审上诉人）：随州新欣农业有限公司

裁判观点

最高人民法院认为，金凤牧业公司主张鉴定机构的选定程序不合法，鉴定意见所依据的证据未经质证且系伪造，鉴定评估模式和结果有误。根据《民事诉讼法》第76条的规定，在双方当事人协商确定鉴定人不成的情况下，由人民法院指定具备资格的鉴定人进行鉴定。湖北科技事务司法鉴定中心作为具有鉴定资质的鉴定机构，接受一审法院的委托，作出鄂科司鉴中心（2016）殖鉴字第1037号《司法鉴定意见书》，程序合法。

11.【裁判规则】在鉴定意见作出后组织当事人到庭质证，并非必需鉴定人员到庭

典型案例

交通银行股份有限公司贵州省分行与中国物流股份有限公司质押合同纠纷案[最高人民法院（2017）最高法民终938号]

上诉人（原审原告）：交通银行股份有限公司贵州省分行（以下简称交行贵州分行）

被上诉人（原审被告）：中国物流股份有限公司（以下简称中国物流公司）

裁判观点

最高人民法院认为，从一审法院审理情况看，在确认鉴定机构作出司法鉴定意见书后，一审法院将该司法鉴定意见书向各方当事人送达，并于送达后组织交行贵州分行、中国物流公司双方到庭就司法鉴定意见书进行质证。交行贵州分行就该意见书的真实性没有异议，但对其证明目的、关联性有异议，认为鉴定结论只是鉴定了书写形成时间，并没有鉴定出是谁涂改的，因此不认可该意见书。法院认为，一审法院在鉴定结论作出后依法向各方当事人送达并组织当事人到庭质证，从交

行贵州分行就鉴定结论发表的质证意见看，并非必需鉴定人员到庭的情形，交行贵州分行实则认可鉴定机构关于“是同一人用同一只笔同一时间书写”的鉴定结论，无论是谁涂改该手写处，均不能证明交行贵州分行与雅博公司、中国物流公司签订了2013年商品融资质押监管协议。因此该鉴定结论足以作为认定本案事实的主要证据。

12.【裁判规则】当事人申请通知鉴定人员出庭接受质询的，应当通知鉴定人员出庭作证

典型案例 ▶▶

吉林里程协合风力发电有限公司与江苏新誉重工科技有限公司买卖合同纠纷案［最高人民法院（2017）最高法民终845号］

上诉人（一审原告）：吉林里程协合风力发电有限公司

上诉人（一审被告）：江苏新誉重工科技有限公司（以下简称新誉公司）

裁判观点 ▶▶

最高人民法院认为，根据《民事诉讼法》第78条规定，当事人对鉴定意见有异议或者人民法院认为鉴定人有必要出庭的，鉴定人应当出庭作证。经人民法院通知，鉴定人拒不出庭作证的，鉴定意见不得作为认定事实的根据；支付鉴定费用的当事人可以要求返还鉴定费用。本案中，新誉公司于2016年7月17日向一审法院申请通知鉴定人员出庭接受质询，根据上述法律规定，一审法院应当通知鉴定人员出庭作证。一审法院在未通知鉴定人员出庭接受质询的情况下，即采信涉案司法鉴定意见书违反《民事诉讼法》的规定，相关质证程序存在重大瑕疵。

13.【裁判规则】鉴定机构可适用其自行制定的有关技术规范开展鉴定工作

典型案例 ▶▶

林某某与中国人民财产保险股份有限公司顺德分公司船舶保险合同纠纷案［最高人民法院（2016）最高法民申1452号］

再审申请人（一审原告、二审上诉人）：林某某

被申请人（一审被告、二审上诉人）：中国人民财产保险股份有限公司顺德分公司（以下简称人保顺德分公司）

裁判观点

最高人民法院认为，因本案双方当事人对船舶管理协议的形成时间存在争议，二审法院委托广东南天司法鉴定所对协议中印刷体文字及手写签名的形成时间进行鉴定。该所出具的粤南（2014）文鉴字第666号《司法鉴定意见书》载明：检材船舶管理协议上印刷体文字以及“林某某”“杨某”签名文字的形成时间不是其标称时间，而是形成于2007年12月前后。广东南天司法鉴定所系具有包括文书鉴定、痕迹鉴定等司法鉴定许可的鉴定机构，参与涉案文书鉴定的人员持有相应的司法鉴定执业证书，鉴定人员亦到庭接受了质询，该司法鉴定程序合法。本案各方当事人均确认，在文件制成时间鉴定方面，目前并无相关的国家标准、行业标准或该领域多数专家所认可的技术标准、技术规范。根据司法部《司法鉴定程序通则》（2016年）第23条的规定，在缺乏相应的国家标准和技术规范、行业标准和技术规范、专业领域内多数专家认可的技术标准和技术规范的情况下，鉴定机构可适用其自行制定的有关技术规范开展鉴定工作。广东南天司法鉴定所在此次鉴定中使用了自行制定的技术规范，该技术已经获得国家专利并经主管的司法行政机关确认及备案。林某某以“鉴定方法没有得到国家有关部门认可、行业内公认”为由对此次鉴定提出异议，理据不足。林某某并未提出充分证据证明此次鉴定采用的技术规范存在不当之处并影响结果的准确性。根据2001年《民事证据规定》第71条的规定，二审法院对该鉴定意见书的证明力予以确认，对其结论予以采信并无不当。

14.【裁判规则】工程造价咨询单位不属于实行司法鉴定登记管理制度的范围，可在资质范围内从事工程造价咨询活动

典型案例

北京中关村开发建设股份有限公司与湖南省高速公路管理局建设工程施工合同纠纷案［最高人民法院（2019）最高法民终1401号］

上诉人（原审原告）：北京中关村开发建设股份有限公司（以下简称中关村公司）

被上诉人（原审第三人）：湖南省高速公路管理局

裁判观点

最高人民法院认为,《全国人民代表大会常务委员会关于司法鉴定管理问题的决定》第2条规定,国家对从事下列司法鉴定业务的鉴定人和鉴定机构实行登记管理制度:(一)法医类鉴定;(二)物证类鉴定;(三)声像资料鉴定;(四)根据诉讼需要由国务院司法行政部门商最高人民法院、最高人民检察院确定的其他应当对鉴定人和鉴定机构实行登记管理的鉴定事项。中华人民共和国住房和城乡建设部《工程造价咨询企业管理办法》第4条规定,工程造价咨询企业应当依法取得工程造价咨询企业资质,并在其资质等级许可的范围内从事工程造价咨询活动。《建设工程造价鉴定规范》术语2.0.5条对鉴定机构定义为:接受委托从事工程造价鉴定的工程造价咨询企业。

《最高人民法院关于如何认定工程造价从业人员是否同时在两个单位执业问题的答复》中规定:根据全国人大常委会《关于司法鉴定管理问题的决定》第2条规定,工程造价咨询单位不属于实行司法鉴定登记管理制度的范围……对于从事工程造价咨询业务的单位和鉴定人员的执业资质认定以及对工程造价成果性文件的程序审查,应当以工程造价行政许可主管部门的审批、注册管理和相关法律规定为据。根据上述规定,工程造价鉴定不属于必须登记的鉴定从业事项,只需通过行政审批获得资质证书,即可在资质范围内从事工程造价咨询活动。湖南省司法厅编制《国家司法鉴定人和司法鉴定机构名册湖南分册(2017年度)》系当地行政主管部门对工程造价鉴定实行双重执业准入管理的行为,对于从事工程造价咨询业务的单位和鉴定人员的执业资质认定以及对工程造价成果性文件的程序审查,应当以工程造价行政许可主管部门的审批、注册管理和相关法律规定为据。建业公司具有工程造价咨询企业甲级资质证书,鉴定人亦有注册造价工程师证书,具备鉴定资质。中关村公司关于建业公司的司法鉴定资格存在瑕疵、原审法院司法鉴定人选定程序违法的主张,没有法律依据,法院不予采信。

15.【裁判规则】工程造价鉴定不属于实行司法鉴定登记管理制度的范围,以鉴定机构未经司法部门统一认证为由主张其不具备相应资质的,不予支持

典型案例

重庆国金建设集团有限公司与彰武县兴武建筑工程有限公司等建设工程施工

合同纠纷案[最高人民法院(2020)最高法民申4652号]

再审申请人(一审被告、二审上诉人):重庆国金建设集团有限公司(以下简称国金公司)

被申请人(一审原告、二审被上诉人):彰武县兴武建筑工程有限公司(以下简称兴武公司)等

裁判观点

最高人民法院认为,关于鉴定意见是否应予采信的问题。根据《全国人民代表大会常务委员会关于司法鉴定管理问题的决定》第2条的规定,工程造价鉴定不属于实行司法鉴定登记管理制度的范围。国金公司以本案鉴定机构未经司法部门统一认证为由主张其不具备相应资质,缺乏理据,法院不予支持。本案一审中,各方当事人均同意对兴武公司已完工程量进行工程造价鉴定。国金公司委托辽宁皇华公司的委托诉讼代理人代为参加摇号,该鉴定机构具备工程造价鉴定资质。鉴定机构组织各方对实际完工的工程量、施工图纸进行质证并到现场勘查。出具鉴定报告后,又对各方提出的复议内容逐一答复,并派员出庭作证。国金公司没有提供证据证明一审法院在选择鉴定机构时程序违法,也未提供足以推翻鉴定意见的证据,其关于鉴定意见不应采信的申请再审理由,不能成立。

(三)鉴定意见

1.【裁判规则】鉴定书应当由鉴定人签名或者盖章,并附鉴定人的相应资格证明。委托机构鉴定的,鉴定书应当由鉴定机构盖章,并由从事鉴定的人员签名

典型案例

陈某某与央某某等合同纠纷案[西藏自治区高级人民法院(2020)藏民申67号]

再审申请人(一审原告、二审上诉人):陈某某

被申请人(一审被告、二审被上诉人):央某某等

裁判观点

人民法院认为,根据2019年《民事证据规定》第36条规定,本案中,四川华西法医学鉴定中心依据西藏自治区拉萨市中级人民法院委托,就被申请人央某某是

否患有精神障碍及其有无民事行为能力进行鉴定，司法鉴定意见书上附有司法鉴定许可证号及鉴定人员身份信息及执业证号，虽未单独附鉴定人的相应资格证书，但执业证号能够证明鉴定人员具有相应鉴定资质，且鉴定人员签字确认并盖有鉴定机构印章，再审申请人亦未提出鉴定结论无效的其他相反证据，故二审法院对该鉴定结论予以采信的主张，法院予以支持。

2.【裁判规则】鉴定人无正当理由未按期提交鉴定书的，当事人可以申请人民法院另行委托鉴定人进行鉴定

典型案例

广汉市美亿家家居装饰城管理有限公司与四川升隆房地产评估咨询有限责任公司合同纠纷案［四川省成都市中级人民法院（2020）川01民终11529号］

上诉人（原审原告）：广汉市美亿家家居装饰城管理有限公司（以下简称美亿家公司）

被上诉人（原审被告）：四川升隆房地产评估咨询有限责任公司（以下简称升隆公司）

裁判观点

人民法院认为，法院认为，根据四川省宜宾市中级人民法院技术室委托函所载内容，对美亿家公司涉案房产进行评估的委托人系宜宾市中级人民法院，而非美亿家公司。如因鉴定人升隆公司未按期出具鉴定报告，应依据2019年《民事证据规定》第35条“鉴定人应当在人民法院确定的期限内完成鉴定，并提交鉴定书。鉴定人无正当理由未按期提交鉴定书的，当事人可以申请人民法院另行委托鉴定人进行鉴定。人民法院准许的，原鉴定人已经收取的鉴定费用应当退还；拒不退还的，依照本规定第八十一条第二款处理”、第81条第2款“当事人要求退还鉴定费用的，人民法院应当在三日内作出裁定，责令鉴定人退还；拒不退还的，由人民法院依法执行”之规定办理。一审法院关于美亿家公司非适格主体以及讼争内容不属于人民法院民事诉讼范围的认定正确，法院予以确认。

3.【裁判规则】未取得相应鉴定资格的，鉴定意见不予采信

典型案例 ▶▶

攀枝花中禾矿业有限公司与中国建筑西南勘察设计研究院有限公司等财产损害赔偿纠纷案［最高人民法院（2019）最高法民申782号］

再审申请人（一审原告、二审被上诉人）：攀枝花中禾矿业有限公司

被申请人（一审被告、二审上诉人）：中国建筑西南勘察设计研究院有限公司等

裁判观点 ▶▶

最高人民法院认为，根据《民事诉讼法》第76条第1款规定，此处的“具备资格的鉴定人”，应当是指鉴定机构及实施鉴定的人员都具备相应资格。本案中，四川省建筑工程质量检测中心虽已取得四川省建设行政主管部门核发的检测资格，但未取得四川省建设行政主管部门核发的事故鉴定资格，故二审法院以此为由对其作出的事故鉴定意见不予采信，并无不当。

4.【裁判规则】经人民法院通知，鉴定人拒不出庭作证的，鉴定意见不得作为认定事实的根据

典型案例 ▶▶

刘某某等与天长市人民医院医疗损害责任纠纷案［安徽省高级人民法院（2019）皖民再118号］

再审申请人（一审原告、二审上诉人）：刘某某

被申请人（一审被告、二审被上诉人）：天长市人民医院

裁判观点 ▶▶

人民法院认为，关于滁州市医学会鉴定意见能否作为定案依据问题。本案一审期间，滁州市医学会接受一审法院委托，就天长市人民医院对王某的诊疗行为是否存在过错以及过错与损害结果之间是否存在因果关系进行司法鉴定，作出医疗损害技术鉴定意见书。刘某某等人对该鉴定意见书有异议，申请鉴定人员出庭，但

经天长市人民法院两次通知，滁州市医学会的鉴定人员均未出庭。根据《民事诉讼法》第78条之规定，滁州市医学会鉴定意见不能作为定案依据。原审依据滁州市医学会的鉴定意见认定本案诉争事实，与现行法律规定相悖。

（四）操作程序

1.【裁判规则】鉴定开始之前，人民法院应当要求鉴定人签署承诺书

典型案例

李某甲等与刘某某等机动车交通事故责任纠纷案［吉林省四平市中级人民法院（2020）吉03民终1114号］

上诉人（原审被告）：李某甲等

被上诉人（原审被告）：刘某某等

裁判观点

人民法院认为，吉林公正司法鉴定中心出具的吉公正司鉴中心（2020）临鉴字第569号《法医临床司法鉴定意见书》委托人为四平市中级人民法院司法技术辅助工作办公室，且鉴定人已出庭。该鉴定意见书中并无承诺书。根据2019年《民事证据规定》第33条第1款、第36条第1款和《委托鉴定的规定》第11条“鉴定意见书有下列情形之一的，视为未完成委托鉴定事项，人民法院应当要求鉴定人补充鉴定或重新鉴定：（1）鉴定意见和鉴定意见书的其他部分相互矛盾的；（2）同一认定意见使用不确定性表述的；（3）鉴定意见书有其他明显瑕疵的。补充鉴定或重新鉴定仍不能完成委托鉴定事项的，人民法院应当责令鉴定人退回已经收取的鉴定费用”之规定，本案鉴定机构出具的鉴定意见虽存在瑕疵，但不符合该条规定的应当补充鉴定或重新鉴定的情形，并不能因鉴定意见的形式瑕疵而否定该证据的证据能力，当事人举证也不足以证明鉴定意见存在实质性错误。《司法鉴定程序通则》（2016年）第27条规定：“司法鉴定人应当对鉴定过程进行实时记录并签名。记录可以采取笔记、录音、录像、拍照等方式。记录应当载明主要的鉴定方法和过程，检查、检验、检测结果，以及仪器设备使用情况等。记录的内容应当真实、客观、准确、完整、清晰，记录的文本资料、音像资料等应当存入鉴定档案。”因此，鉴定过程中实时记录的方式并非仅能通过录像的方式，在鉴定意见书中亦明确载明了检验方法、检验过程、检验结果等，并存有带有测量工具的查体照片和相关影像。检验方法中写明参照《法医临床检验规范》，该规范中已写明了踝关节活动度及测量方法。在一审庭审中，鉴定人也明确回答了右踝关节功能丧失88.89%的计算方法，上诉人李某甲主张鉴定意见与回复函相矛盾并无依据。综上所述，一审法院采信该鉴定意见书并无不当。

2.【裁判规则】经人民法院准许，鉴定人可以调取证据、勘验物证和现场、询问当事人或者证人

典型案例

山东信德塑胶有限公司与山东博泰建设集团有限公司等分期付款买卖合同纠纷案［山东省淄博市中级人民法院（2020）鲁03民终2442号］

上诉人（原审被告）：山东信德塑胶有限公司

被上诉人（原审原告）：山东博泰建设集团有限公司

裁判观点

人民法院认为，2019年《民事证据规定》第34条第2款规定，经人民法院准许，鉴定人可以调取证据、勘验物证和现场、询问当事人或者证人。一审法院在委托鉴定过程中，鉴定机构作为受托方，其工作人员于2019年12月17日上午组织双方当事人进行了现场勘验和鉴材取样，提取检材时，上诉人、被上诉人及第三方鉴定机构和马莲台项目当地的水利站工作人员均在场，上诉人并无异议。2019年《民事证据规定》第36条规定了人民法院对鉴定报告审查的内容，该鉴定报告并未违反该规定，且上诉人亦未提出重新鉴定的申请，法院予以采信，对上诉人提出的一审法院对鉴材未进行审查，鉴定程序不合法的上诉理由，法院不予支持。

3.【裁判规则】在鉴定过程中，当事人经法院传唤未到场参与鉴定机构的选定，视为其自行放弃在鉴定中的权利

典型案例

中宁县余丁乡永兴村村民委员会与宁夏西部沃土农业开发有限公司等合同纠纷案［最高人民法院（2019）最高法民申3788号］

再审申请人（一审被告、二审上诉人）：中宁县余丁乡永兴村村民委员会（以下简称永兴村委会）

被申请人（一审原告、二审上诉人）：宁夏西部沃土农业开发有限公司（以下简称西部沃土公司）

裁判观点

最高人民法院认为，本案鉴定过程中，永兴村委会经宁夏中卫市中级人民法院传唤未到场参与鉴定机构的选定，视为其自行放弃在鉴定中的权利。宁夏中卫市中级人民法院从《国家司法鉴定人和司法鉴定机构名册》中选取符合条件的鉴定机构，通过摇号的方式确定鉴定机构，委托宁夏绿森源森林资源司法鉴定中心进行鉴定。双方并未向鉴定机构提供鉴定材料，永兴村委会以西部沃土公司提供的鉴定材料不真实为由申请再审，该理由不能成立。苦水玫瑰已被永兴村委会机耕深翻，无法通过实地勘验进行鉴定。鉴定中心依据当地劳务市场用工情况及种植苦水玫瑰的用工量，对用工量及种植成本逐项列明，测算苦水玫瑰当年的种植成本为1100元/亩；参照甘肃省种植苦水玫瑰的收益，测算出苦水玫瑰种植三年后预期收益为3000元/亩。上述鉴定程序合法，根据2001年《民事证据规定》第27条第1款的规定，永兴村委会对鉴定意见有异议，应当提供证据证明存在法定情形，在永兴村委会未提供证据证明的情况下，原判决依据上述鉴定意见认定种植成本损失以及预期利益损失，并无不当。

4.【裁判规则】在约定协商选定鉴定机构的情况下只有一方当事人签名，而无另一方当事人签名，鉴定程序违法

典型案例

重庆碧波房地产开发有限公司等与陈甲等合作开发房地产合同纠纷案［最高人民法院（2009）民申字第1760号］

申请再审人（一审被告、二审被上诉人）：重庆碧波房地产开发有限公司（以下简称碧波公司）等

被申请人（一审原告、二审上诉人）：陈甲等

裁判观点 ▶▶

最高人民法院认为，一审法院选定鉴定机构情况表载明，当事人选择机构情况为“协商”，选择结果为重庆法正司法鉴定所，当事人签名处为碧波公司代理人陈乙和夏某某代理人廖某某二人签名，确无陈甲、皮某某或其代理人签名。在约定协商选定鉴定机构的情况下只有一方当事人签名，而无另一方当事人签名，构成鉴定程序违法，所作鉴定结论不能作为认定案件事实的证据，二审法院决定重新鉴定并无不当。

5.【裁判规则】鉴定机构未按规定向双方当事人送达鉴定意见书征求意见稿和征求意见函，存在鉴定程序瑕疵

典型案例 ▶▶

高平市恒隆房地产开发有限公司与山西二建集团有限公司建设工程施工合同纠纷案［最高人民法院（2019）最高法民申1823号］

再审申请人（一审被告、反诉原告、二审上诉人）：高平市恒隆房地产开发有限公司（以下简称恒隆公司）

被申请人（一审原告、反诉被告、二审上诉人）：山西二建集团有限公司（以下简称山西二建）

裁判观点 ▶▶

最高人民法院认为，《建设工程造价鉴定规范》第5.2.5条规定：鉴定机构在出具正式鉴定意见书之前，应提请委托人向各方当事人发出鉴定意见书征求意见稿和征求意见函，征求意见函应明确当事人的答复期限及其不答复行为承担的法律后果，即视为对鉴定意见书无意见。鉴定机构未按《建设工程造价鉴定规范》规定向双方当事人送达鉴定意见书征求意见稿和征求意见函，存在鉴定程序瑕疵，但一审法院通过在一审开庭审理时，组织双方当事人对鉴定书进行质证，鉴定人员出庭接受质询并对有异议的方面进行当庭回复和庭审后书面回复，已对该瑕疵予以弥补。针对恒隆公司提出的六点意见，涌鑫公司出具书面的关于对高平市恒隆房地产开发有限公司所提意见书的回复，一一进行了回复，回复的内容有简有繁。恒隆公司以涌鑫公司仅回复“经复核，无误”为由主张鉴定机构未按规定回复的再审申请理由与事实不符，不能成立。

6.【裁判规则】申请鉴定人以其自有资产抵押给鉴定机构作为鉴定费用的担保，不为法律所禁止，不能证明鉴定程序违法

典型案例

湖南省马王堆疗养院与长沙盛德里置业发展有限公司等合资、合作开发房地产合同纠纷案［最高人民法院（2015）民申字第1040号］

再审申请人（一审被告、二审上诉人）：湖南省马王堆疗养院（以下简称马王堆疗养院）

被申请人（一审原告、二审被上诉人）：长沙盛德里置业发展有限公司（以下简称盛德里置业公司）等

裁判观点

最高人民法院认为，马王堆疗养院并未提交证据证明鉴定程序违法。鉴定结论亦经庭审质证。盛德里置业公司以其自有资产抵押给鉴定机构作为鉴定费用的担保并不为法律所禁止，亦不能证明鉴定程序违法。马王堆疗养院申请再审认为司法会计鉴定和工程造价鉴定程序违法，证据不足，不能成立。

7.【裁判规则】现场勘验人员并非鉴定人员并不违反法律规定

典型案例

张某与郭某某等建设工程施工合同纠纷案［最高人民法院（2016）最高法民申1745号］

再审申请人（一审被告、二审上诉人）：张某

被申请人（一审原告、二审被上诉人）：郭某某

裁判观点

最高人民法院认为，黑龙江建审司法鉴定所出具的鉴定报告可以作为认定涉案工程价款的依据，鉴定机构、鉴定程序合法。郭某某提起诉讼主张涉案工程款，经其申请并经双方当事人同意，一审法院委托黑龙江建审司法鉴定所进行涉案工程款鉴定，该鉴定机构及鉴定人员具备鉴定资质，鉴定机构在鉴定过程中依据双方

提供的施工图纸、施工方案等工程资料，进行现场勘查后，经审查复核出具了鉴定报告，该鉴定报告应当作为认定涉案工程价款的依据。张某申请再审称鉴定机构在出具鉴定报告时不具备鉴定资质。但经审查黑龙江建审司法鉴定所经营范围包括工程造价咨询、工程招标代理、工程项目管理等，具备工程造价鉴定资质。张某申请再审称涉案鉴定报告载明的现场勘验人员与鉴定人员不一致，鉴定程序违法，鉴定报告不应采信。但是，现场勘验是鉴定机构组织双方当事人对工程施工项目、内容的确认，属于鉴定过程中的事务性工作，并非一定要由鉴定人员实施。本案中现场勘验人员系鉴定机构指派，现场勘验笔录经双方签字确认，现场勘验人员并非鉴定人员并不违反法律规定。张某该项再审理由，不能成立。

8.【裁判规则】因举证需要自行委托有关部门进行的评估，未违反法律禁止性规定

典型案例 ▶▶

海南宝贝房地产开发有限公司与海南凯立中部开发建设股份有限公司申请承认与执行法院判决、仲裁裁决案件[最高人民法院（2015）执申字第112号]

申诉人（申请执行人）：海南宝贝房地产开发有限公司（以下简称宝贝公司）

被申诉人（被执行人）：海南凯立中部开发建设股份有限公司

裁判观点 ▶▶

最高人民法院认为，根据2001年《民事证据规定》第28条规定，宝贝公司有权自行委托评估。宝贝公司自行委托有关部门对担保财产评估并出具评估报告，是为证明其提供担保财产的价值而进行的举证。当事人为举证而对担保财产价值自行委托有关部门进行的评估，未违反法律禁止性规定。

9.【裁判规则】提出鉴定机构的确定未经过摇号程序的主张，不予采纳

典型案例 ▶▶

江苏宏大建设集团有限公司与甘肃宏亚建设工程有限公司等建设工程施工合同纠纷案[最高人民法院（2016）最高法民终188号]

上诉人（原审被告、反诉原告）：江苏宏大建设集团有限公司（以下简称宏大公司）

被上诉人（原审原告、反诉被告）：甘肃宏亚建筑工程有限公司等

裁判观点

最高人民法院认为，根据《建设工程质量管理条例》第16条、《风力发电场项目建设工程验收规程》第3.0.5条和第3.0.6条的有关规定，讼争工程已经具备了结算条件并完成竣工，且具备鉴定条件。关于鉴定机构的产生，双方当事人存在分歧，宏大公司提出鉴定机构的确定未经过摇号程序，且认为鉴定机构需要回避江苏省、青海省、甘肃省、陕西省的鉴定机构，但其没有提出属于《民事诉讼法》和《司法鉴定程序通则》（2016年）所规定的合法理由，故宏大公司该项主张法院不予采纳。保信公司属于青海省高级人民法院对外委托工程造价鉴定的备选机构，该公司经青海省司法厅审核取得了建设工程造价司法鉴定的资格。保信公司虽然在被委托为鉴定机构时未取得司法鉴定许可证，但是其在出具鉴定意见书时已经合法取得了该证书，只是由于为了保证委托书与鉴定意见书名称的一致性，故在鉴定意见书中加盖了"青海保信建设造价咨询有限公司"的公章，这也在其提供的资质相关问题说明得到了印证。且一审法院征求宏大公司是否申请重新鉴定，宏大公司表示不申请。故宏大公司关于一审法院委托鉴定机构程序违法的诉讼主张，理据不足，法院不予支持。

10.【裁判规则】人民法院在诉讼中是否委托鉴定或者委托重新鉴定，并不以《司法鉴定程序通则》为依据，而以《民事诉讼法》及相关司法解释为依据

典型案例

栾某某等与康菲石油中国有限公司等海上污染损害责任纠纷案［最高人民法院（2017）最高法民申14号］

再审申请人（一审原告、二审上诉人）：栾某某等

被申请人（一审被告、二审被上诉人）：康菲石油中国有限公司（Conoco Phillips ChinaInc.）（以下简称康菲公司）等

裁判观点

最高人民法院认为，司法部于2007年8月7日发布《司法鉴定程序通则》（自2007年10月1日起施行），于2016年5月1日发布经修订后的《司法鉴定程序通则》（自2016年5月1日起施行）。本案一审处在《司法鉴定程序通则》（2007年）施行期间，二审则横跨新旧《司法鉴定程序通则》施行期间。《司法鉴定程序通则》（2007年）第2条第2款、《司法鉴定程序通则》（2016年）第3条均规定：本通则适用于司法鉴定机构和司法鉴定人从事各类司法鉴定业务的活动。《司法鉴定程序通则》不涉及人民法院是否应当委托鉴定的情形。人民法院在诉讼中是否委托鉴定或者委托重新鉴定，并不以《司法鉴定程序通则》为依据，而以《民事诉讼法》及相关司法解释为依据。《民事诉讼法》第76条第2款规定："当事人未申请鉴定的，人民法院对专门性问题认为需要鉴定的，应当委托具有资格的鉴定人进行鉴定。"根据《民诉法司法解释》第121条第3款和第96条规定，栾某某等21人需要委托有资格的鉴定人鉴定涉案污染损失，并不属于上述法律和司法解释规定应当由人民法院依职权委托鉴定的情形。

11.【裁判规则】人民法院应当组织当事人对鉴定材料进行质证。未经质证的材料，不得作为鉴定的根据

典型案例

黄某与张某某房屋租赁合同纠纷案［新疆维吾尔自治区高级人民法院伊犁哈萨克自治州分院（2020）新40民终819号］

上诉人（原审被告）：黄某

被上诉人（原审原告）：张某某

裁判观点

人民法院认为，根据2019年《民事证据规定》第34条第1款规定，本案中，伊犁泽信价格评估有限责任公司所作伊泽价估字（2019）0723号《价格评估鉴定意见书》中，计算伊宁市合作区闲来休闲吧商品成本的依据系该休闲吧的原始账簿记录，而一审法院未组织双方当事人对该原始账簿记录进行质证，伊犁泽信价格评估有限责任公司将该原始账簿记录作为鉴定的依据使用，违反上述法律规定，程序违法。

12.【裁判规则】鉴定费属于为查明案件事实支出的必要费用，按照“谁主张，谁负担”的原则由主张人预付给鉴定机构，结案时应依据法律规定确定最终负担主体

典型案例 ▶▶

长治市福瑞农业科技发展有限公司与山西潞安环保能源开发股份有限公司王庄煤矿等财产损害赔偿责任纠纷案［最高人民法院（2019）最高法民终289号］

上诉人（一审原告）：长治市福瑞农业科技发展有限公司（以下简称福瑞公司）

上诉人（一审被告）：山西潞安环保能源开发股份有限公司王庄煤矿（以下简称王庄煤矿）等

裁判观点 ▶▶

最高人民法院认为，鉴定费属于为查明案件事实支出的必要费用，依据《诉讼费交纳办法》第12条的规定，该费用按照“谁主张，谁负担”的原则由主张人预付给鉴定机构，结案时应依据《诉讼费交纳办法》第29条的规定确定最终负担主体。本案中，一审法院根据案件胜败诉具体情况，合理划分鉴定费分担，符合《诉讼费交纳办法》的规定，并无不当。

13.【裁判规则】当事人提出反诉要求对方承担包括鉴定费在内的本案诉讼费用的情况下，确定本诉申请人负担鉴定费用符合法律规定

典型案例 ▶▶

湖北新南洋建设工程有限公司与青海海宏房地产开发有限责任公司建设工程施工合同纠纷案［最高人民法院（2019）最高法民终356号］

上诉人（反诉被告）：湖北新南洋建设工程有限公司（以下简称新南洋公司）

被上诉人（反诉原告）：青海海宏房地产有限责任公司（以下简称海宏公司）

裁判观点 ▶▶

最高人民法院认为，新南洋公司、新南洋青海分公司在鉴定工作完成并已作出鉴定结论后，撤回了本诉，致使本诉未经实体审理、工程价款数额及当事人在本诉中的责任无法认定，故新南洋公司、新南洋青海分公司关于本案责任在于海宏公司的主张不能成立。新南洋公司、新南洋青海分公司还主张一审违反“不告不理”原则，判决新南洋公司、新南洋青海分公司在本案中承担另一案件的鉴定费没有依据，属于越权行为。首先，海宏公司反诉请求已明确提出要求新南洋公司、新南洋青海分公司承担鉴定费，故一审并未违反“不告不理”原则。其次，反诉与本诉具有事实或法律上的牵连关系，本诉与反诉均属于本案审理范围，反诉对于本诉而言并非“另一案件”。最后，本案鉴定虽系因本诉产生，但鉴定费仍属于本案诉讼费用，不应割裂，在当事人提出反诉要求对方承担包括鉴定费在内的本案诉讼费用的情况下，一审判决新南洋公司、新南洋青海分公司负担鉴定费并无越权之处。新南洋公司、新南洋青海分公司该项上诉理由不能成立。

14.【裁判规则】《建设工程司法鉴定程序规范》是由司法部司法鉴定管理局发布的有关司法鉴定的技术规范，不能作为认定鉴定机构资格的法律依据

典型案例

四川省江油市新华建筑工程有限公司与被申请人四川华纵房地产开发有限公司等建设工程施工合同纠纷案［最高人民法院（2017）最高法民申2208号］

再审申请人（一审原告、反诉被告，二审上诉人）：四川省江油市新华建筑工程有限公司（以下简称新华建筑公司）

被申请人（一审被告、二审上诉人）：四川华纵房地产开发有限公司（以下简称华纵房产公司）

裁判观点

最高人民法院认为，根据《司法鉴定许可证和司法鉴定人执业证管理办法》的规定，有关司法鉴定机构和司法鉴定人的执业主要是受《全国人民代表大会常务委员会关于司法鉴定管理问题的决定》《司法鉴定机构登记管理办法》《司法鉴定人登记管理办法》等有关法律、法规、规章的规制。《司法鉴定机构登记管理办法》第3条规定，司法鉴定机构是指从事《全国人民代表大会常务委员会关于司法鉴定管理问题的决定》第2条规定的司法鉴定业务的法人或者其他组织。司法鉴定机构是司法鉴定人的执业机构，应当具备本办法规定的条件，经省级司法行政机关审核登记，取得司法鉴定许可证，在登记的司法鉴定业务范围内，开展司法鉴定活动。而根据《全国人民代表大会常务委员会关于司法鉴定管理问题的决定》第2条的规定，国家对从事法医类鉴定、物证类鉴定、声像资料司法鉴定业务的鉴定人和鉴定机构实行登记管理制度。根据以上规定，兴建公司是否有司法鉴定许可证并不影响其司法鉴定资格。新华建筑公司提出的《建设工程司法鉴定程序规范》是由司法部司法鉴定管理局发布的有关司法鉴定的技术规范，不能作为认定鉴定机构资格的法律依据。

15.【裁判规则】《建设工程司法鉴定程序规范》虽规定案情调查可以采用听证会、专项询问、现场勘验等形式，但并非案件调查的必经程序

典型案例

陕西新新海联置业发展有限公司与江苏江都建设集团有限公司建设工程施工合同纠纷案［最高人民法院（2018）最高法民终381号］

上诉人（原审被告）：陕西新新海联置业发展有限公司（以下简称新新海联公司）

被上诉人（原审原告）：江苏江都建设集团有限公司

裁判观点

最高人民法院认为，关于一审鉴定程序是否违法的问题。新新海联公司认为一审鉴定未组织双方当事人进行听证、专项询问，也未进行现场勘验，程序违法。经查，一审法院在组织鉴定中，有关鉴定人员和双方当事人均到现场进行过现场勘验，新新海联公司庭审中对此并无异议。至于因图纸不清晰，一审法院提出再行勘验意见，鉴定机构未再勘验的问题，因双方当事人已对鉴定所依据的资料进行了质证，且新新海联公司未提供证据证明未再次勘验违反鉴定基本程序、重大关键步骤且对鉴定结论公正性造成实质影响，故一审采信鉴定意见并不违反有关规定。同时，《建设工程司法鉴定程序规范》虽规定案情调查可以采用听证会、专项询问、现场勘验等形式，但并非案情调查的必经程序。据此，新新海联公司认为一审鉴定程序违法的事实和法律依据不足，法院不予支持。

16.【裁判规则】对专门性问题未准许鉴定影响当事人的实体权利和程序利益的，发回重审

典型案例 ▶▶

新疆昆仑工程建设有限责任公司与新疆联合利丰房地产开发有限责任公司建设工程施工合同纠纷案［最高人民法院（2019）最高法民终1863号］

上诉人（一审原告、反诉被告）：新疆昆仑工程建设有限责任公司（以下简称昆仑公司）

上诉人（一审被告、反诉原告）：新疆联合利丰房地产开发有限责任公司（以下简称联合利丰公司）

裁判观点 ▶▶

最高人民法院认为，联合利丰公司在一审时提起反诉，请求昆仑公司赔偿因施工质量不合格造成的损失800万元（最终以司法鉴定为准），为此联合利丰公司在一审时申请依据施工图纸对已完成工程进行工程质量鉴定并计算已完成工程不合格需返工及加固修复的费用，一审以联合利丰公司未提供工程质量存在缺陷的相关证据未完成基本举证义务为由未准许鉴定申请。工程质量是否合格，是否需要进行修复以及修复费用的确定均属于专业问题，根据《民事诉讼法》第76条第1款的规定，联合利丰公司对此有权向法院申请鉴定，一审未准许工程质量鉴定不仅影响当事人的实体权利，而且影响当事人的程序利益，剥夺当事人的举证权利。裁定撤销原判，发回重审。

鼎典法律应用百科

最高人民法院《关于民事诉讼证据的若干规定》适用与案解

（下册）

李明 著

法律出版社
LAW PRESS·CHINA
北京

目　录

下 册

【法理辨析】

【典型案解】

【法理辨析】

【典型案解】

【法理辨析】

第七章　质　　证

司法实践问题与法条适用导航

序号	司法实践问题	法条适用导航
1	证据应当在法庭上质证	《民事诉讼法》第68条[1]
2	证据未质证的法律后果	2020年《民诉法司法解释》第103条第1款[2]
3	视为质证的情形	2020年《民诉法司法解释》第103条第2款；2019年《民事证据规定》第60条第1款[3]
4	不得公开质证的情形	2020年《民诉法司法解释》第103条第3款[4]
5	质证的内容	2020年《民诉法司法解释》第104条[5]
6	对鉴定意见进行质证	2020年《民诉法司法解释》第122条[6]
7	对鉴定材料进行质证	2019年《民事证据规定》第34条[7]
8	对鉴定意见的瑕疵可以补充质证、重新质证	2019年《民事证据规定》第40条第3款[8]
9	控制书证中的不得公开质证的范围	2019年《民事证据规定》第47条[9]
10	书面方式发表质证意见	2019年《民事证据规定》第60条第2款[10]
11	对证据原件、原物及复制件、复制品的质证	2019年《民事证据规定》第61条[11]
12	质证的顺序	2019年《民事证据规定》第62条第1款[12]
13	申请调查收集的证据的质证	2019年《民事证据规定》第62条第2款[13]
14	依职权调查收集的证据听取当事人意见	2019年《民事证据规定》第62条第3款[14]
15	对鉴定人书面答复意见的再次质证	2019年《民事证据规定》第80条[15]

续表

序号	司法实践问题	法条适用导航
16	有专门知识的人不得参与对鉴定意见质证	2019年《民事证据规定》第84条[16]
17	当事人按照释明变更诉讼请求或者提出抗辩的，人民法院应当将其归纳为案件争议焦点，组织当事人充分举证、质证、辩论	《九民会议纪要》第36条[17]
18	知识产权民事审判，送检材料是否经过当事人质证	2020年《知识产权证据规定》第23条[18]
19	人民法院应当组织当事人对该证人证言进行质证	2020年《知识产权证据规定》第27条[19]
20	环境侵权案件中，环境污染、生态破坏事件调查报告、检验报告、检测报告、评估报告或者监测数据等，应当进行质证	2020年《环境侵权纠纷司法解释》第10条[20]
21	在铁路运输人身损害赔偿纠纷案件中，有权作出事故认定的组织依照《铁路交通事故应急救援和调查处理条例》等有关规定制作的事故认定书应当进行质证	2020年《铁路运输人身损害赔偿纠纷司法解释》第14条[21]

1　《民事诉讼法》第68条规定："证据应当在法庭上出示，并由当事人互相质证。对涉及国家秘密、商业秘密和个人隐私的证据应当保密，需要在法庭出示的，不得在公开开庭时出示。"

2　2020年《民诉法司法解释》第103条第1款规定："证据应当在法庭上出示，由当事人互相质证。未经当事人质证的证据，不得作为认定案件事实的根据。"

3　2020年《民诉法司法解释》第103条第2款规定："当事人在审理前的准备阶段认可的证据，经审判人员在庭审中说明后，视为质证过的证据。"2019年《民事证据规定》第60条第1款规定："当事人在审理前的准备阶段或者人民法院调查、询问过程中发表过质证意见的证据，视为质证过的证据。"

4　2020年《民诉法司法解释》第103条第3款规定："涉及国家秘密、商业秘密、个人隐私或者法律规定应当保密的证据，不得公开质证。"

5　2020年《民诉法司法解释》第104条第1款规定："人民法院应当组织当事人围绕证据的真实性、合法性以及与待证事实的关联性进行质证，并针对证据有无证明力和证明力大小进行说明和辩论。"

6　2020年《民诉法司法解释》第122条第1款规定："当事人可以依照民事诉讼法第七十九条的规定，在举证期限届满前申请一至二名具有专门知识的人出庭，代表当事人对鉴定意见进行质证，或者对案件事实所涉及的专业问题提出意见。"

7　2019年《民事证据规定》第34条第1款规定："人民法院应当组织当事人对鉴定材料进行质证。未经质证的材料，不得作为鉴定的根据。"

8　2019年《民事证据规定》第40条第3款规定："对鉴定意见的瑕疵，可以通过补正、补充鉴定或者补充质证、重新质证等方法解决的，人民法院不予准许重新鉴定的申请。"

9　2019年《民事证据规定》第47条规定："下列情形，控制书证的当事人应当提交书证：(一)控制书证的当事人在诉讼中曾经引用过的书证；(二)为对方当事人的利益制作的书证；(三)对方当事人依照法律规定有权查阅、获取的书证；(四)账簿、记账原始凭证；(五)人民法院认为应当提交书证的其他情形。前款所列书证，涉及国家秘密、商业秘密、当事人或第三人的隐私，或者存在法律规定应当保密的情形的，提交后不得公开质证。"

10　2019年《民事证据规定》第60条第2款规定："当事人要求以书面方式发表质证意见，人民法院在听取对方当事人意见后认为有必要的，可以准许。人民法院应当及时将书面质证意见送交对方当事人。"

11　2019年《民事证据规定》第61条规定："对书证、物证、视听资料进行质证时，当事人应当出示证据的原件或者原物。但有下列情形之一的除外：(一)出示原件或者原物确有困难并经人民法院准许出示复制件或者复制品的；(二)原件或者原物已不存在，但有证据证明复制件、复制品与原件或者原物一致的。"

12　2019年《民事证据规定》第62条第1款规定："质证一般按下列顺序进行：(一)原告出示证据，被告、第三人与原告进行质证；(二)被告出示证据，原告、第三人与被告进行质证；(三)第三人出示证据，原告、被告与第三人进行质证。"

13　2019年《民事证据规定》第62条第2款规定："人民法院根据当事人申请调查收集的证据，审判人员对调查收集证据的情况进行说明后，由提出申请的当事人与对方当事人、第三人进行质证。"

14　2019年《民事证据规定》第62条第3款规定："人民法院依职权调查收集的证据，由审判人员对调查收集证据的情况进行说明后，听取当事人的意见。"

15　2019年《民事证据规定》第80条规定："鉴定人应当就鉴定事项如实答复当事人的异议和审判人员的询问。当庭答复确有困难的，经人民法院准许，可以在庭审结束后书面答复。人民法院应当及时将书面答复送交当事人，并听取当事人的意见。必要时，可以再次组织质证。"

16　2019年《民事证据规定》第84条规定："审判人员可以对有专门知识的人进行询问。经法庭准许，当事人可以对有专门知识的人进行询问，当事人各自申请的有专门知识的人可以就案件中的有关问题进行对质。有专门知识的人不得参与对鉴定意见质证或者就专业问题发表意见之外的法庭审理活动。"

17　《九民会议纪要》第36条规定："【合同无效时的释明问题】在双务合同中，原告起诉请求确认合同有效并请求继续履行合同，被告主张合同无效的，或者原告起诉请求确认合同无效并返还财产，而被告主张合同有效的，都要防止机械适用'不告不理'原则，仅就当事人的诉讼请求进行审理，而应向原告释明变更或者增加诉讼请求，或者向被告释明提出同时履行抗辩，尽可能一次性解决纠纷。例如，基于合同有给付行为的原告请求确认合同无效，但并未提出返还原物或者折价补偿、赔偿损失等请求的，人民法院应当向其释明，告知其一并提出相应诉讼请求；原告请求确认合同无效并要求被告返还原物或者赔偿损失，被告基于合同也有给付行为的，人民法院同样应当向被告释明，告知其也可以提出返还请求；人民法院经审理认定合同无效的，除了要在判决书'法院认为'部分对同时返还作出认定外，还应当在判项中作出明确表述，避免因判令单方返还而出现不公平的结果。第一审人民法院未予释明，第二审人民法院认为应当对合同不成立、无效或者被撤销的法律后果作出判决的，可以直接释明并改判。当然，如果返还财产或者赔偿损失的范围确实难以确定或者双方争议较大的，也可以告知当事人通过另行起诉等方式解决，并在裁判文书中予以明确。当事人按照释明变更诉讼请求或者提出抗辩的，人民法院应当将其归纳为案件争议焦点，组织当事人充分举证、质证、辩论。"

18　2020年《知识产权证据规定》第23条规定："人民法院应当结合下列因素对鉴定意见进行审查：(一)鉴定人是否具备相应资格；(二)鉴定人是否具备解决相关专门性问题应有的知识、经验及技能；(三)鉴定方法和鉴定程序是否规范，技术手段是否可靠；(四)送检材料是否经过当事人质证且符合鉴定条件；(五)鉴定意见的依据是否充分；(六)鉴定人有无应当回避的法定事由；(七)鉴定人在鉴定过程中有无徇私舞弊或者其他影响公正鉴定的情形。"

19　2020年《知识产权证据规定》第27条规定："证人应当出庭作证，接受审判人员及当事人的询问。双方当事人同意并经人民法院准许，证人不出庭的，人民法院应当组织当事人对该证人证言进行质证。"

20　2020年《环境侵权纠纷司法解释》第10条规定："负有环境资源保护监督管理职责的部门或者其委托的机构出具的环境污染、生态破坏事件调查报告、检验报告、检测报告、评估报告或者监测数据等，经当事人质证，可以作为认定案件事实的根据。"

21　2020年《铁路运输人身损害赔偿纠纷司法解释》第14条规定："有权作出事故认定的组织依照《铁路交通事故应急救援和调查处理条例》等有关规定制作的事故认定书，经庭审质证，对于事故认定书所认定的事实，当事人没有相反证据和理由足以推翻的，人民法院应当作为认定事实的根据。"

第一节　质证的适用

【法理辨析】

一、质证的基本要素

质证，是指双方当事人通过询问、辨认、质疑、辩驳等方式对对方提出的证据进行质辨的过程。即“当事人通过听取、审阅、核对、辨认等方法，对提交法庭的证明材料的真实性、关联性及合法性作出的判断，无异议的予以卒业，有异议的当面提出质疑和询问的过程”。〔1〕质证的主要目的是保证证据的真实性和可靠性，避免认定事实的证据出现偏差或不真实等情况。

（一）质证的法律意义

1.质证是当事人的一项诉讼权利。《民事诉讼法》第68条规定，证据应当在法庭上出示，并由当事人互相质证；2020年《民诉法司法解释》第103条规定，证据应当在法庭上出示，由当事人互相质证。在民事诉讼中，对证据进行质证是当事人的基本诉讼权利，也是证据可以采纳的程序性要件。设立质证制度的目的，在于“意图改变过去职权主义的庭审模式，充分发挥当事人在庭审中的积极性，体现当事人的程序主体地位”〔2〕。因此，案件中的证据在作为定案根据前，是否经过质证程序是当事人实现诉讼主张并维护实体权利的重要手段，体现着公开审判原则、辩论主义原则和正当程序理念。当然，如果在案件审理过程中，当事人对于质证的证据拒绝发表任何意见、沉默、中途退庭不表态的，属于当事人参与了质证活动，不属于证据未经质证这种情况。

2.质证是认定案件事实的前提条件。“在未经质证前，其效力都处于未定状态”〔3〕，证据必须查证属实，才能作为人民法院认定案件事实的证据，而在法庭上出示证据，由当事人互相质证，是人民法院审查核实证据最基本的方式，可以说，

---

〔1〕 杨荣新、肖建华：《论民事审判方式改革与证据制度完善》，载陈光中、江伟主编：《诉讼法论丛》（第1卷），法律出版社1998年版，第335页。

〔2〕 江伟主编：《民事证据法学》，中国人民大学出版社2011年版，第229页。

〔3〕 韩象乾主编：《民事证据理论新探》，中国人民公安大学出版社2006年版，第463页。

当事人的质证是法院审查核实证据的必经程序，既是正当程序的必然要求，也是在裁判请求权下当事人行使程序参与权并对裁判结果的形成发挥程序主体作用的内在要求，通过当事人对证据的证据能力和证明力的相互质辩，对法官内心确信的形成产生积极作用，判断证据证明力是否达到证明标准，从而准确认定案件事实。

当然，质证并不仅限于法庭的辩论阶段，基于提高审判效率和协同促进诉讼的需要，在庭前阶段当事人对证据材料进行质证的，也属于当事人参与了质证过程。如2020年《民诉法司法解释》第103条第2款规定："当事人在审理前的准备阶段认可的证据，经审判人员在庭审中说明后，视为质证过的证据。"

3.质证有助于法院发现真实。诉讼双方当事人依"武器平等"原则和证明责任原理，提供对各自有利的证据来支持自己的诉讼主张，通过质疑、辩驳等诉讼攻防手段可以有效地去除虚假成分，有助于法官从不同的角度和视角来客观地发现案件事实，避免形成预断和偏见，将质证为真的定案根据确定下来，质证的结果也限制了法官的恣意认定。

（二）质证的客体

质证的客体，亦称质证的对象、质证的目标，是指"在质证程序中双方当事人出示的、互相进行质疑和辩驳的证据材料的范围"〔1〕。具体包括法庭上出示的当事人陈述、书证、物证、视听资料、电子数据、证人证言、鉴定意见、勘验笔录等证据材料。由于"证据分类与证据的种类是不同的概念"〔2〕，即与学理上的证据分类不同，证据的种类是依照法律规定作出的划分，如我国《民事诉讼法》规定了八种法定的独立的证据类型，这些证据类型具有法律效力，而不具备法定的表现形式则一般不能作为定案的根据。因此，对于质证的客体来说：

首先，这八种证据类型，无论哪一种都必须经过质证，才能作为定案的根据，"那种认为只有言词证据才能作为质证对象的观点是不正确的"〔3〕。有学者认为，在司法实践中当事人质证的对象是有限的，而除书证、物证、视听资料以外的证人证言、鉴定结论和勘验笔录，通常是以书面形式交由双方辨认，质疑和询问也只能是对上述书面材料进行，对于证人、鉴定人和勘验人本质的质询在实践中鲜有采用。

---

〔1〕 江伟主编：《民事证据法学》，中国人民大学出版社2011年版，第231页。
〔2〕 陈光中主编：《证据法学》（修订版），法律出版社2013年版，第212页。
〔3〕 江伟主编：《民事证据法学》，中国人民大学出版社2011年版，第231页。

事实上，不能将证据方法与证据材料相混淆，不能将证据种类的证据载体与证据本身相混淆，可作调查对象的有形物叫作证据方法。所谓人证是把人作为证据方法，经过询问所提供的陈述作为认定事实的材料，其中有证人、鉴定人及当事人本人三种。物证可分为文书和勘验物两种，通过调查证据方法而感知的资料叫作证据资料。询问证人所得到的证言、经过审查文书后得知的记载内容等就是证据资料。〔1〕例如，不能将证人证言与证人相混淆，我国民事诉讼法中的证人证言是指“证人以口头或书面方式向人民法院所作的对案件事实的陈述”〔2〕，证人证言既可采口头形式，亦可采书面形式，民事诉讼立法并未强制要求证人证言必须是在法庭上采取口头形式，〔3〕因此，无论口头形式的证人证言，还是书面形式的证人证言参与质证活动都是符合我国法律规定的。

其次，根据《民事诉讼法》第64条第2款规定，“当事人及其诉讼代理人因客观原因不能自行收集的证据，或者人民法院认为审理案件需要的证据，人民法院应当调查收集”，对于人民法院调取收集的证据，也属于质证的对象。对于当事人及其诉讼代理人因客观原因不能自行收集而申请人民法院调查收集的证据来说，其本质是依据证明责任的基本原理，属于当事人承担举证责任的一个重要组成部分，理应在法庭上公开质证才能被认定，即对于人民法院依职权调查收集的证据，“同样需要在庭审时出示，听取当事人的意见，接受当事人的查证”〔4〕。

（三）质证的内容

根据2020年《民诉法司法解释》第104条规定：“人民法院应当组织当事人围绕证据的真实性、合法性以及与待证事实的关联性进行质证，并针对证据有无证明力和证明力大小进行说明和辩论。”从证据能力和证据证明力的角度来说，质证的主要内容是证据的真实性、关联性和合法性。

1.证据的真实性。也称为证据的客观性，是指“证据是客观存在的事实”〔5〕，

---

〔1〕 参见［日］兼子一、竹下守夫：《民事诉讼法》（新版），白绿铉译，法律出版社1995年版，第100页。

〔2〕 全国人大常委会法制工作委员会民法室编著：《〈中华人民共和国民事诉讼法〉释解与适用》，人民法院出版社2012年版，第99页。

〔3〕《民事诉讼法》第73条规定：“经人民法院通知，证人应当出庭作证。有下列情形之一的，经人民法院许可，可以通过书面证言、视听传输技术或者视听资料等方式作证：（一）因健康原因不能出庭的；（二）因路途遥远，交通不便不能出庭的；（三）因自然灾害等不可抗力不能出庭的；（四）其他有正当理由不能出庭的。”

〔4〕 韩象乾主编：《民事证据理论新探》，中国人民公安大学出版社2006年版，第463页。

〔5〕 陈光中主编：《证据法学》（修订版），法律出版社2013年版，第148页。

主要包含：首先，证据的形式是客观的，其客观存在能够为人们所感知；其次，证据内容或者说证据载明的信息是对客观事实的一种真实反映；最后，证据与待证事实之间的联系也是客观存在的。基于此，对于证据的真实性的质证，可以考虑：其一，证据的来源是否真实可靠。即证据的形成、固定、取得及其收集过程等，“有的材料没有准确来源，例如匿名信、小道消息、马路新闻、道听途说等，由于无法进行查证，不具备客观真实性，当然不能作为证据使用”〔1〕。其二，证据的内容是否反映客观真实。需要法官根据证据裁判主义，运用逻辑推理和日常生活经验法则，审查证据的内容是否具备“法律上的真实，而非一般意义上的客观真实”〔2〕，结合证据之间的逻辑关系进行综合审查判断。

2.证据的关联性。即证据必须与待证事实存在内在的、必然的联系，否则不具备证据的关联性或证据关联性十分微弱则属于无证据能力，应予排除。审查或检验证据关联性的方法，主要是指以下三个方面的内容：(1)所提的证据是用来证明什么的(问题是什么)？(2)这是本案中的实质性的问题吗？(3)所提的证据对该问题有证明性(它能帮助确认该问题)吗？〔3〕

3.证据的合法性。证据的合法性包括证据应当符合法定的形式以及证据的形成和获得要合法，即“证据的形式以及证据的收集主体、方法和程序应当符合法律的规定，并且证据必须经过法定的审查程序，其中重点是强制证据收集手段、方法的合法性”〔4〕。可以从以下几方面理解：

其一，从主体来看，证据的主体必须符合法律的规定。不具备法律规定的资格、条件的主体所形成的证据材料属于主体不合法的材料。如《民事诉讼法》第76条规定：“当事人可以就查明事实的专门性问题向人民法院申请鉴定。当事人申请鉴定的，由双方当事人协商确定具备资格的鉴定人；协商不成的，由人民法院指定。当事人未申请鉴定，人民法院对专门性问题认为需要鉴定的，应当委托具备资格的鉴定人进行鉴定。”再如《民事诉讼法》第80条规定：“勘验物证或者现场，勘验人必须出示人民法院的证件，并邀请当地基层组织或者当事人所在单位派人参加。当事人或者当事人的成年家属应当到场，拒不到场的，不影响勘验的进行。有关单

〔1〕 陈光中主编：《证据法学》(修订版)，法律出版社2013年版，第150页。
〔2〕 韩象乾主编：《民事证据理论新探》，中国人民公安大学出版社2006年版，第464页。
〔3〕 参见［美］乔恩·R.华尔兹：《刑事证据大全》(第2版)，何家弘等译，中国人民公安大学出版社2004年版，第83页。
〔4〕 陈光中主编：《证据法学》(修订版)，法律出版社2013年版，第152页。

位和个人根据人民法院的通知，有义务保护现场，协助勘验工作。勘验人应当将勘验情况和结果制作笔录，由勘验人、当事人和被邀参加人签名或者盖章。”

其二，从形式来看，证据必须具备法律规定的形式。如2019年《民事证据规定》第44条规定：“摘录有关单位制作的与案件事实相关的文件、材料，应当注明出处，并加盖制作单位或者保管单位的印章，摘录人和其他调查人员应当在摘录件上签名或者盖章。摘录文件、材料应当保持内容相应的完整性。”再如《民事诉讼法》第69条规定：“经过法定程序公证证明的法律事实和文书，人民法院应当作为认定事实的根据，但有相反证据足以推翻公证证明的除外。”

其三，证据的收集、提取和固定方法必须符合法律的规定。如2020年《民诉法司法解释》第106条规定：“对以严重侵害他人合法权益、违反法律禁止性规定或者严重违背公序良俗的方法形成或者获取的证据，不得作为认定案件事实的根据。”不具备合法性的证据材料，属于非法证据的范围，不具备证据的可采性，不能作为定案的根据。

二、线上质证

根据《繁简分流办法》第21条、第22条和第23条[1]的有关精神，在我国的部分地区允许试点线上质证。即从传统庭审模式下的面对面，转换为线上模式，在“网审”中的摄像头和麦克风面前“屏对屏”，通过这种优化后的办案模式，大大降低了当事人的诉讼成本和法院的司法成本，提高了诉讼效率。根据《繁简分流办法》的规定，线上质证可以分为“全在线质证”和“半在线质证”。

所谓的“全在线质证”，根据《繁简分流办法》第23条规定的精神，在双方当事人均具备参与在线庭审技术条件和能力的情况下，即双方表示同意，或者一方表示

---

〔1〕《繁简分流办法》第21条规定：“人民法院、当事人及其他诉讼参与人可以通过信息化诉讼平台在线开展诉讼活动。诉讼主体的在线诉讼活动，与线下诉讼活动具有同等效力。人民法院根据技术条件、案件情况和当事人意愿等因素，决定是否采取在线方式完成相关诉讼环节。”第22条规定：“当事人及其他诉讼参与人以电子化方式提交的诉讼材料和证据材料，经人民法院审核通过后，可以直接在诉讼中使用，不再提交纸质原件。人民法院根据对方当事人申请或者案件审理需要，要求提供原件的，当事人应当提供。”第23条规定：“人民法院开庭审理案件，可以采取在线视频方式，但符合下列情形之一的，不适用在线庭审：(一)双方当事人明确表示不同意，或者一方当事人表示不同意且有正当理由的；(二)双方当事人均不具备参与在线庭审的技术条件和能力的；(三)需要现场查明身份、核对原件、查验实物的；(四)人民法院认为存在其他不宜适用在线庭审情形的。仅一方当事人选择在线庭审的，人民法院可以根据案件情况，采用一方当事人在线、另一方当事人线下的方式开庭。采用在线庭审方式审理的案件，审理过程中出现上述情形之一的，人民法院应当将案件转为线下开庭方式审理。已完成的在线庭审活动具有法律效力。”

不同意但“无正当理由的”，并不需要现场查明身份、核对原件、查验实物的，可以采取双方当事人“全在线质证”方式进行庭审；所谓的“半在线质证”，根据第23条第2款的规定，是指仅一方当事人选择在线庭审的，人民法院可以根据案件情况，采用一方当事人在线、另一方当事人线下的方式开庭。无论是“全在线质证”，还是“半在线质证”，采取“非直接”言辞的方式，突破时空限制，诉讼主体在不同的地点在“线上”法庭集中质证，可以说是对传统庭审模式下的“直接言辞原则”的一个挑战。

在传统的“直接言辞原则”下，当事人需要到庭，在法官面前，面对面公开同步进行质证，而在线上质证，则是以非面对面、非同时同步的方式对对方当事人提交的证据发表质证意见。优势是方便、快捷、高效；劣势是由于采取非面对面方式，在当事人提供的“线上证据”是真实性的情况下，无法在“法官面前”进行公开质证，法官无法实时“察言观色”，非纸质原件在真伪度审查（如合同签字是否本人所写、签字笔迹属于后补、倒签等）可能未必如线下质证时的准确度高，同时由于非同步性也减弱了当事人的质证时的对抗性，对于传统庭审的集中审理原则也是一个挑战。

三、司法实务中的质证

1.关于发表质证意见的认定。司法实践中，经常遇到当事人以自己不认可为由，提出未曾经质证的现象。事实上，如果人民法院已组织当事人对证据材料进行了质证，双方当事人提交了书面质证意见，表示同意属于进行了质证，表示不同意也属于进行了质证。质证是证据作为定案依据的一项法定程序活动，不以当事人是否对证据表达同意或不同意，来认定质证活动是否进行过。依据证据规则的规定，当事人在审理前的准备阶段或者人民法院调查、询问过程中发表过质证意见的证据，视为质证过的证据，而当事人对证据的真实性、合法性、关联性是否认可，并不等同于未发表过质证意见。因此，对于当事人以自己对质证的证据表达不同意的意见为由，来否认自己参加了质证的，不予采纳。

2.关于有关部门的咨询意见的质证。在诉讼过程中就有些专业性问题，例如，医学、生物、科技等领域的相关部门咨询意见。如果该类咨询意见将作为认定案件主要事实的依据，如咨询意见认为，医疗行为存在失误与未见失误，植物移栽存活率高或无，某类技术行为可以成立或不成立等，此类咨询意见属于当然质证的范畴，如果未经双方当事人质证，亦不能作为定案的依据。

3.关于超过举证时限的质证。根据“以证据不失权为原则，以证据失权为例外”的精神，庭审中当事人对自己的主张提供了相关证据，例如借款协议书、转账支票等，庭审后，当事人就自己原提供的证据增加了补强证据，并对另一方当事人提供的证据提出了反驳证据。根据2019年《民事证据规定》第51条第3款规定，“举证期限届满后，当事人提供反驳证据或者对已经提供的证据的来源、形式等方面的瑕疵进行补正的，人民法院可以酌情再次确定举证期限，该期限不受前款规定的期间限制”，法院可以再次组织双方进行质证，此举不属于违反法定程序的情形。

4.关于视为质证。根据2020年《民诉法司法解释》第103条第1款“证据应当在法庭上出示，由当事人互相质证。未经当事人质证的证据，不得作为认定案件事实的根据”和2019年《民事证据规定》第60条第1款“当事人在审理前的准备阶段或者人民法院调查、询问过程中发表过质证意见的证据，视为质证过的证据”的规定，在庭前会议中，法院组织双方当事人进行证据交换和质证，双方均对对方提交的证据发表质证意见，法院据此查明认定本案事实，并未违反法定程序。

5.关于管辖权异议审查期间的质证。对于管辖权异议来说，经常居住地是一个要件事实，经常居住地不同，管辖法院也会存在不同。如果当事人持有相关单位、公安机关、居民委员会等出具的关于其经常居住地的证据，应当组织当事人进行质证，如果这类证据未经双方当事人质证，就不能作为认定经常居住地的根据。

【典型案解】

（一）证据质证

1.【裁判规则】证据应当在法庭上出示，由当事人质证

典型案例

延吉市恒吉地产开发有限公司与延边国际贸易大厦有限责任公司房屋拆迁安置补偿合同纠纷案［最高人民法院（2018）最高法民申2485号］

再审申请人（一审原告、二审上诉人）：延吉市恒吉地产开发有限公司（以下简称恒吉公司）

被申请人（一审被告、二审被上诉人）：延边国际贸易大厦有限责任公司（以下简称国贸公司）

裁判观点 ▶▶

最高人民法院认为，法院对本案进行询问时，恒吉公司明确再审申请书中所称未经质证的证据是2004年12月30日拆迁安置协议结算书，并承认该结算书是恒吉公司向一审法院提交。经查一审开庭笔录，一审法院对包括拆迁安置协议结算书在内的恒吉公司提交的证据依法组织双方当事人进行了质证，国贸公司发表了相应的质证意见。恒吉公司主张拆迁安置协议结算书并非其提交，且未经质证，与事实不符，该公司此项再审申请事由不能成立。

2.【裁判规则】人民法院调取公安机关制作的询问笔录、照片等相关证据，应当组织双方当事人进行质证

典型案例 ▶▶

秦某某与贾某买卖合同纠纷案［宁夏回族自治区高级人民法院（2019）宁民再7号］

抗诉机关：宁夏回族自治区人民检察院

申诉人（一审被告、二审上诉人）：秦某某

被申诉人（一审原告、二审被上诉人）：贾某

裁判观点 ▶▶

人民法院认为，一审法院在审理本案期间，为了核实案件事实依职权向固原市公安局经济技术开发区分局调取了该局对苏某、贾某、任某某、秦某某制作的询问笔录、照片等相关证据，这些证据虽属公安机关依法取得，但在民事诉讼中采信仍应适用《民事诉讼法》的相关规定。根据《民事诉讼法》第68条、2020年《民诉法司法解释》第103条第1款的规定，一审法院依职权调取的证据，应当组织双方当事人进行质证，在充分听取双方当事人的质证及辩论意见后，对案件事实进行认定。经查阅一、二审卷宗，一、二审法院均未组织双方当事人对该组证据进行质证，未听取双方当事人对该组证据的质证和辩论意见，即以该组证据认定贾某拉走烤肠26

箱，面筋粉24袋，烤肠单价85元/箱，面筋粉单价260元/袋，共计8450元的案件事实，剥夺了当事人的质证、辩论的权利，违反了法定程序，检察机关的抗诉理由成立。

3.【裁判规则】人民法院应当组织当事人对鉴定材料进行质证

典型案例

长兴越烽建设工程有限公司与马甲建设工程施工合同纠纷案［最高人民法院(2018)最高法民申4579号］

再审申请人(一审被告、反诉原告、二审上诉人)：长兴越烽建设工程有限公司(以下简称越烽公司)

被申请人(一审原告、反诉被告、二审被上诉人)：马甲

裁判观点

最高人民法院认为，越烽公司一审主张马某赔偿损失，一审法院依越烽公司申请，对马甲给越烽公司造成的损失委托安徽新安会计师事务所进行鉴定，该事务所在越烽公司提交的证据材料的基础上，到工程现场实地勘查，召集双方对鉴定材料进行质证，并在收到双方征求意见稿的反馈意见后进行了复核。

鉴定意见包括：(一)越烽公司为马甲垫付外架用的预埋钢筋材料款16,646元。(二)对2012年5月11日到7月25日涡阳县河畔铭城小区1#、2#、3#楼实际施工比计划工期延长造成的损失，鉴定意见认为这部分延误损失不能确定是否由马甲原因造成，请法院核查。(三)对2012年5月11日至7月25日涡阳县河畔铭城小区1#、2#、3#楼工期延误合同约定处罚损失，鉴定意见认为该项处罚不能确定损失是否发生，是否由于马甲原因造成，请法院核查。(四)越烽公司为马甲垫付的金额98,987元，双方对事实争议较大不能确定，请法院核查。(五)对越烽公司主张的2014年3月6日至10月12日借款利息，鉴定意见认为该部分利息不能确定是否因架子工不拆架子造成开发商以此为由拒付工程款2000万元造成的借款利息损失，请法院核查。另水电、消防损失50万元，因鉴定资料不全无法确定金额。法院认为，鉴定意见第(1)项和第(4)项属于垫付款项，并非因施工造成的损失，其他三项，作为专业机构的鉴定机构亦不能确定是否因马甲导致，法院根据证据情况认为越烽公司尚未完成举证责任亦无不可。原审判决认定越烽公司主张马甲赔偿其400万元工期延误

损失依据不足，并无不当。该项再审理由不成立。

4.【裁判规则】对鉴定意见的质证包括对鉴定意见依据材料的质证

典型案例

安徽省江北产业集中区管委会等与安徽东皖建设集团有限公司建设工程施工合同纠纷案[最高人民法院(2018)最高法民再189号]

再审申请人(一审被告、二审被上诉人)：安徽省江北产业集中区管委会(以下简称江北管委会)

再审申请人(一审被告、二审上诉人)：安徽华纳包装科技有限公司(以下简称华纳公司)等

裁判观点

最高人民法院认为，一审判决载明，华纳公司向鉴定单位提交了安徽华纳包装科技有限公司1#、2#厂房等工程项目结算有关资料及现场工程量完成情况说明。建成公司出具了鉴定报告征求意见稿后，针对东皖公司与华纳公司提出的鉴定异议，鉴定人员又分别进行了复核、校对、调整鉴定报告、书面回复异议，并在此后出具了芜建咨字(2015)002号《鉴定报告》、芜建咨字(2015)005号《补充鉴定报告》，并出庭接受质询，当事人对鉴定意见发表了质证意见，华纳公司在一审中还申请专家出庭对鉴定意见进行质证。前述鉴定过程表明，原审中，华纳公司充分参与了鉴定过程，对鉴定意见进行了质证，对鉴定意见的质证包括对鉴定意见依据材料的质证。因建成公司系有鉴定资质的鉴定机构，鉴定意见上加盖有其印章，即使鉴定报告存在轻微形式上的瑕疵，亦不足影响其效力。

5.【裁判规则】人民法院调查收集的证据，应当在法庭上出示，并由当事人互相质证

典型案例

江苏华能工程科技有限公司与哈尔滨市第一建筑工程公司等建设工程施工合同纠纷案[黑龙江省高级人民法院(2019)黑民申643号]

再审申请人（一审原告、二审被上诉人）：江苏华能工程科技有限公司

被申请人（一审被告、二审上诉人）：哈尔滨市第一建筑工程公司（以下简称市一建公司）等

裁判观点 ▶▶

人民法院认为，法院通过调查核实形成的证据属人民法院调查收集的证据，根据《民事诉讼法》第68条的规定，二审法院未对该证据进行质证，即据此认定九州通公司不拖欠市一建公司工程款，属认定事实的主要证据未经质证，违反了《民诉法司法解释》第103条的规定。故本案应指令二审法院再审，对该证据进行质证，并根据查明事实，依法据实作出裁判。

6.【裁判规则】要求对商业秘密等专业技术性问题进行重新鉴定或准许具有专门知识的人员辅助诉讼后再行质证举证的，应予支持

典型案例 ▶▶

新疆梅花氨基酸有限责任公司等与山东阜丰发酵有限公司侵害商业秘密纠纷案［山东省高级人民法院（2017）鲁民终1009号］

上诉人（原审被告）：新疆梅花氨基酸有限责任公司（以下简称新疆梅花公司）

上诉人（原审被告）：梅花生物科技集团股份有限公司（以下简称梅花公司）等

裁判观点 ▶▶

人民法院认为，根据《民事诉讼法》第68条和《民诉法司法解释》第103条规定，在民事诉讼中，被告就原告提出的证据进行充分、有效的质证并提出反驳证据是保障各方诉讼权利，实现程序公正的基本要求。侵害商业秘密纠纷案件虽然具有与一般民事案件不同的特点，但在举证、质证方面也应遵循上述规则。本案一审中，阜丰公司就其主张的涉案商业秘密的内容进行了举证，新疆梅花公司、梅花公司以上述证据系专业技术问题当庭无法发表有效质证意见为由，要求进行重新鉴定或准许具有专门知识人员辅助诉讼后再行质证举证，但一审法院并未提供适当的方式和机会保障新疆梅花公司、梅花公司进行充分有效的质证，而是径行作出判决，属于程序违法。

（二）视为质证

1.【裁判规则】当事人在审理前的准备阶段或者人民法院调查、询问过程中发表过质证意见的证据，视为质证过的证据

典型案例

荆某与郑某合伙协议纠纷案［安徽省宿州市中级人民法院（2020）皖13民终1443号］

上诉人（原审被告）：荆某

被上诉人（原审原告）：郑某

裁判观点

人民法院认为，根据2019年《民事证据规定》第60条第1款规定，郑某在一审庭审后，提交了欠条、房产证及土地使用证等证据，一审法院在对荆某的问话笔录中向荆某出示了上述证据，且荆某发表了质证意见，依照上述规定，该证据视为荆某已经质证过的证据。荆某关于一审未经开庭质证，以单独问话的方式质证违反法律规定，程序违法的上诉理由不能成立，法院不予采纳。

2.【裁判规则】当事人在审理前的准备阶段认可的证据，经审判人员在庭审中说明后，视为质证过的证据

典型案例

勐海恒泰矿业冶炼有限公司与勐海振思铁合金矿业有限公司租赁合同纠纷案［最高人民法院（2017）最高法民申453号］

再审申请人（一审原告、反诉被告、二审上诉人）：勐海恒泰矿业冶炼有限公司（以下简称恒泰公司）

被申请人（一审被告、反诉原告、二审被上诉人）：勐海振思铁合金矿业有限公司

裁判观点

最高人民法院认为，针对一审程序，恒泰公司提出一审法院未依法组织“庭前证据交换”程序，其称2015年10月22日一审庭审笔录明确载明“因为已经进行庭前证据

交换，本庭不再组织举证质证”。对于这个问题，根据《民诉法司法解释》第103条第2款的规定，本案一审法院法庭审理笔录第7页第6行“因为已经进行庭前证据交换，本庭不再组织举证质证，双方是否还有证据提交？”的记载表明当事人在庭前已经进行过证据交换并记录在卷，且审判人员在庭审中也已作出说明，因此对于恒泰公司提出的一审法院未依法组织“庭前证据交换”程序的主张，法院不予支持。

3.【裁判规则】对外委托鉴定前组织当事人对鉴定材料进行了质证的，所依据的材料视为经过当事人质证

典型案例 ▶▶

三亚市海棠湾开发建设有限公司等与三亚海棠湾海新养殖场等财产损害赔偿纠纷案［海南省高级人民法院（2018）琼民终485号］

上诉人（原审被告）：三亚市海棠湾开发建设有限公司（以下简称开发公司）

被上诉人（原审原告）：三亚海棠湾海新养殖场等

裁判观点 ▶▶

人民法院认为，鉴定的材料在一审法院对外委托鉴定前，已经组织本案的当事人进行了质证，虽当时三亚中交投资建设有限公司（以下简称中交公司）尚未被追加参加诉讼，未能对鉴定材料进行质证，但鉴定意见作出后，一审法院已经组织包括中交公司在内的本案所有当事人进行了质证。故一审判决采信经当事人质证过的鉴定意见在程序上并无不当。中交公司关于一审鉴定违反法定程序的上诉理由不能成立，依法不予支持。一审法院一共对外委托鉴定了两次，第一次因故被退回，在一审法院第二次对外委托鉴定前已组织当事人对鉴定材料进行了质证，开发公司亦已参加了质证。一审法院采信的第二次委托鉴定的鉴定意见所依据的材料是经过当事人质证的，一审法院采信该鉴定意见并未违反法律规定。

4.【裁判规则】当事人在收到鉴定意见后，庭外已向法院提交了鉴定意见的书面质证意见，视为已质证

典型案例 ▶▶

垣曲县五龙镁业有限责任公司与山西通化建筑安装有限公司等建设工程施工

合同纠纷案[最高人民法院（2018）最高法民申1296号]

再审申请人（一审被告、反诉原告、二审上诉人）：垣曲县五龙镁业有限责任公司（以下简称五龙镁业）

被申请人（一审原告、反诉被告、二审被上诉人）：山西通化建筑安装有限公司等

裁判观点

最高人民法院认为，一审法院依法向当事人邮寄送达了开庭通知，五龙镁业的委托代理人拒收，依据《最高人民法院关于以专递方式邮寄送达民事诉讼文书的若干规定》第11条的规定，因受送达人本人拒绝签收，导致诉讼文书未能被受送达人实际接收的，文书退回之日视为送达之日。故五龙镁业系因自身原因未到庭参加诉讼。五龙镁业虽未到庭参加第二次庭审，但在收到鉴定意见后，通过对该证据审阅、核对、辨认后，向一审法院提交了对该鉴定意见的书面质证意见，五龙镁业辩论权利已经得到保障，而且原审实体结果并无不当。故五龙镁业以一审法院未通知其开庭，鉴定意见书未经质证，剥夺其诉讼权利为由申请再审，法院不予支持。

5.【裁判规则】未在规定的质证期间内发表书面质证意见，视为放弃质证

典型案例

美国美瑞华国际企业公司与常州长江客车集团有限公司等确认董事会决议、出资协议无效纠纷案[江苏省高级人民法院（2007）苏民三终字第0146号]

上诉人（原审原告）：美国美瑞华国际企业公司（以下简称美瑞华公司）

被上诉人（原审被告）：常州长江客车集团有限公司（以下简称长客集团）等

裁判观点

人民法院认为，2008年8月26日，南京师范大学司法鉴定中心作出司法鉴定书，鉴定结论为：署期2002年3月18日的美进泰克公司董事会关于对常州长江客车集团有限公司增加出资的决定中“陈某”的中文签名不是陈某本人书写。各方当事人在收到该鉴定书后均表示不需要开庭质证。美瑞华公司、武进图书公司、美进泰克公司均书面表示同意鉴定结论，长客集团在法院指定的质证期间内没有提交书面

质证意见。法院认为，由于长客集团并没有在法院规定的质证期间内发表书面质证意见，根据法院寄送给长客集团的通知书要求，视为长客集团放弃质证；而其他三方当事人均表示对该鉴定书的鉴定结论没有异议，因此法院认可该鉴定书的鉴定结论。

6.【裁判规则】第三人未出庭对相关证据进行质证，系自己放弃诉讼权利

典型案例

辽宁宜州房地产开发有限公司与邓某等借款合同纠纷案［最高人民法院(2017)最高法民申934号］

再审申请人（一审被告、二审上诉人）：辽宁宜州房地产开发有限公司（以下简称宜州房地产公司）

被申请人（一审原告、二审被上诉人）：邓某等

裁判观点

最高人民法院认为，《民诉法司法解释》第240条规定，无独立请求权的第三人经人民法院传票传唤，无正当理由拒不到庭，或者未经许可中途退庭的，不影响案件的审理。该司法解释第389条规定，当事人对原判决、裁定认定事实的主要证据在原审中拒绝发表质证意见或者质证中未对证据发表质证意见的，不属于《民事诉讼法》第200条规定的未经质证的情形。在原审法院已经将宜州大酒店追加为第三人并对其合法传唤的情况下，宜州大酒店未出庭对相关证据进行质证，是其自己放弃诉讼权利，不应因此影响一审法院对相关证据的采信和事实的认定。原审法院不存在对涉案事实所依据的证据未经质证的情形，宜州房地产公司主张证据未经质证与事实不符。

7.【裁判规则】当事人表示"拒绝质证，因已严重超过举证期限"，属于质证意见

典型案例

西乌珠穆沁旗意隆煤业有限责任公司与温州市华建设备安装工程有限公司承

包合同纠纷案[最高人民法院（2013）民一终字第16号]

上诉人（原审被告）：西乌珠穆沁旗意隆煤业有限责任公司（以下简称意隆煤业公司）

被上诉人（原审原告）：温州市华建设备安装工程有限公司（以下简称温州华建公司）

裁判观点

最高人民法院认为，民事诉讼程序中的质证，是指证据在法庭上出示、由对方当事人对此发表意见的一个法律程序。至于该证据最终能否作为认定案件事实的依据，应由人民法院作出审核认定。2012年4月18日开庭时，对意隆煤业公司提交的一组证人证言，一审法院已要求温州华建公司发表质证意见，温州华建公司表示“拒绝质证，因已严重超过举证期限”，这也是其质证意见之一，不等于该证据没有经过法律规定的质证程序。综上所述，本案一审审理程序不存在《民事诉讼法》第170条第1款第4项规定的发回重审的情形，意隆煤业公司要求将本案发回重审的上诉请求不能成立，不予支持。

（三）主要证据未经质证

1.【裁判规则】当事人对原判决、裁定认定事实的主要证据在原审中拒绝发表质证意见或者质证中未对证据发表质证意见的，不属于对主要证据未经质证

典型案例

重庆市供销合作总社与重庆英利房地产开发有限公司合资、合作开发房地产合同纠纷案[最高人民法院（2020）最高法民申1026号]

再审申请人（一审原告、反诉被告、二审上诉人）：重庆市供销合作总社（以下简称供销合作总社）

被申请人（一审被告、反诉原告、二审上诉人）：重庆英利房地产开发有限公司（以下简称英利公司）

裁判观点

最高人民法院认为，一审法院曾组织双方当事人对提交瑞华会计重庆分所进行鉴定的相关材料进行质证，但供销合作总社未发表意见。根据《民诉法司法解释》第389条规定，一审法院已组织双方当事人对司法鉴定意见书发表了质证意见。供销合作总社关于该鉴定意见未经质证的理由不能成立。英利公司在一审申请对双方在案涉项目中的实际投入比例及供销合作总社已分得房屋市场价值进行司法鉴定，并非申请工程造价鉴定，瑞华会计重庆分所具有相应鉴定资质，原审采信该鉴定意见符合法律规定。供销合作总社关于瑞华会计重庆分所不具有工程造价资质，原审采信其鉴定意见错误的再审申请理由不成立。

2.【裁判规则】主要证据未经质证的判断标准：一是证据未经质证，二是未经质证的证据是认定案件基本事实所需要的主要证据

典型案例

钱某某与曹某某等债权转让纠纷案［最高人民法院（2014）民申字第1401号］

再审申请人（一审被告、二审上诉人）：钱某某

被申请人（一审原告、二审被上诉人）：曹某某等

裁判观点

最高人民法院认为，钱某某认为本案符合《民事诉讼法》第200条第4项规定情形，该项规定为“原判决、裁定认定事实的主要证据未经质证的”，其判断标准有二：一是证据未经质证，二是未经质证的证据是认定案件基本事实所需要的主要证据。而钱某某提交的证据并不符合本项规定情形。

3.【裁判规则】并非据以认定事实的主要证据，也未作为定案依据，不符合主要证据未经质证的情形

典型案例

哈尔滨龙化房地产开发有限公司与黑龙江省金星龙贸建筑工程有限公司建设工程施工合同纠纷案［最高人民法院（2019）最高法民申2204号］

再审申请人（一审被告、二审上诉人）：哈尔滨龙化房地产开发有限公司（以下简称龙化公司）

被申请人（一审原告、二审被上诉人）：黑龙江省金星龙贸建筑工程有限公司

裁判观点

最高人民法院认为，2012年12月8日签订的建设工程施工合同不是原审法院据以认定事实的主要证据，亦未作为本案当事人之间工程价款结算的依据，故本案中不存在《民事诉讼法》第200条第4项规定的“原判决、裁定认定事实的主要证据未经质证的”情形，龙化公司关于原审法院未对该份合同进行质证构成程序违法的此项申请再审理由，法院不予采信。

4.【裁判规则】主张出示证据未被人民法院采信，并非符合主要证据未经质证的规定

典型案例

罗某某与四川德仁堂药业连锁有限公司劳动争议纠纷案［四川省高级人民法院（2018）川民申6314号］

再审申请人（一审原告、二审上诉人）：罗某某

被申请人（一审被告、二审被上诉人）：四川德仁堂药业连锁有限公司（以下简称德仁堂公司）

裁判观点

人民法院认为，《民事诉讼法》第200条第4项为“原判决、裁定认定事实的主要证据未经质证”，指人民法院采信了未经当事人质证的主要证据，而本案中罗某某系主张其出示证据未被法院采信，故不符合该项之规定，其所提原判决认定事实的主要证据未经质证的理由不成立。

5.【裁判规则】对证据的认证和采信采用综合认证的方式进行，未对当事人提交的证据进行具体分析认证，不属于对主要证据未进行质证

典型案例

翟某某与周某某等委托合同纠纷案［最高人民法院（2015）民申字第1900号］

再审申请人（一审原告、二审上诉人）：翟某某

被申请人（一审被告、二审被上诉人）：周某某等

裁判观点 ▶▶

最高人民法院认为，翟某某提交的第二份证据系一、二审诉讼中已经提交过的李某某于2002年7月12日向周某某出具的委托书。翟某某称因一、二审法院对该证据未进行认证，按照《审判监督司法解释》第10条第3项规定，翟某某主张的法律依据与司法解释规定并不相符。而与其诉讼主张相关的规定系该司法解释第10条第2款“当事人在原审中提供的主要证据，原审未予质证、认证，但足以推翻原判决、裁定的，应当视为新的证据”。经审查，翟某某提交的委托书在一审庭审过程中已由各方当事人进行过质证，而是否能够得到认证须由人民法院根据庭审查明的情况予以判定。本案中，一审法院对证据的认证和采信系采用综合认证的方式进行，并未一一进行分析认证；由于最终认定的事实与委托书内容并不必然关联，一审判决未对该委托书的认证作具体陈述，但该情况不能说明一审法院对该证据未进行质证认证。

6.【裁判规则】拒收开庭传票且不到庭参加质证，应视为放弃质证权利，符合当事人对原判决、裁定认定事实的主要证据在原审中拒绝发表质证意见

典型案例 ▶▶

西安市虹桥置业有限责任公司与陕西建工第三建设集团有限公司建设工程施工合同纠纷案［最高人民法院（2015）民申字第163号］

再审申请人（一审原告、反诉被告、二审上诉人）：西安虹桥置业有限责任公司（以下简称虹桥公司）

被申请人（一审被告、反诉原告、二审被上诉人）：陕西建工第三建设集团有限公司（以下简称省三建）

裁判观点 ▶▶

最高人民法院认为，虹桥公司主张的再审事由不符合《民事诉讼法》第200条第4项规定。虹桥公司再审申请主张原判决采纳的鉴定意见未经其质证，其理由是一审法院要求其7日内对鉴定意见发表质证意见。由于时间太短，其无法质证。该理由不能成立。首先，一审法院已认定虹桥公司放弃质证权利。经查，一审法院曾在2013年8月7日向双方当事人送达鉴定意见，但虹桥公司拒绝领取，后一审法院通过邮寄方式送达，虹桥公司拒收。2013年8月22日，一审法院开庭质证该鉴定意见，因虹桥公司拒收开庭传票且不到庭参加质证，应视为放弃质证权利。故虹桥公司申请再审符合《民诉法司法解释》第389条规定。其次，虹桥公司虽主张一审法院让其7日内发表质证意见违法，但没有说明违反的具体法律条文，对其该项再审申请理由亦不予支持。既然虹桥公司放弃了对鉴定意见发表质证意见，那么原判决采纳该鉴定意见并无不当。因此，虹桥公司再审申请中提出的鉴定程序违法、鉴定依据不足、鉴定方法错误以及停、窝工损失鉴定事项没有依据、申请重新鉴定等主张，因其在原审中放弃对鉴定意见的质证而不能得到支持。

7.【裁判规则】委托诉讼代理人因自身原因未在规定的时间到庭质证，亦未发表质证意见，属于当事人对原判决、裁定认定事实的主要证据在原审质证中未对证据发表质证意见

典型案例

庄某某与刘某某委托合同纠纷案［最高人民法院（2020）最高法民申1241号］

再审申请人（一审被告、二审上诉人）：庄某某

被申请人（一审原告、二审上诉人）：刘某某

裁判观点

最高人民法院认为，根据《民诉法司法解释》第389条规定，本案二审法院已经通知并组织双方当事人对王某某的谈话笔录进行质证，庄某某的委托诉讼代理人因自身原因未在规定的时间到庭质证，亦未在其承诺的一周时间内发表质证意见。庄某某根据《民事诉讼法》第200条第4项规定申请再审的理由，不能成立。

8.【裁判规则】当事人拒绝发表质证意见，不属于未经质证

典型案例

一汽大众汽车有限公司与高某某产品责任纠纷案［四川省高级人民法院（2019）川民申3263号］

再审申请人（一审被告、二审上诉人）：一汽大众汽车有限公司（以下简称一汽大众公司）

被申请人（一审原告、二审被上诉人）：高某某

裁判观点 ▶▶

最高人民法院认为，根据《民诉法司法解释》第389条的规定，一汽大众公司拒绝对关于川Q×××××轿车更换的左前车灯产品说明质证，不属于未经质证。

9.【裁判规则】未在指定期限内发表质证意见，系放弃质证权利

典型案例 ▶▶

曾某某与龚某某以等民间借贷纠纷案［最高人民法院（2019）最高法民申2194号］

再审申请人（一审被告、二审被上诉人）：曾某某

被申请人（一审原告、二审上诉人）：龚某某

裁判观点 ▶▶

最高人民法院认为，曾某某收到了原审法院邮寄送达的证据及应诉通知书，虽然该应诉通知书所载通知对象为杨某金，但原审法院以“福建省厦门市”为地址，分别向曾某某、杨某金寄送应诉通知书，曾某某对邮寄给其本人的邮政专递予以签收，并在相应送达回证上签字确认，表明曾某某知道上述问题是原审法院送达工作的瑕疵，并认可原审法院向其送达应诉通知书之事实。曾某某实际收到了原审法院送达的证据和应诉通知书，知悉自己享有的权利义务，原审法院送达程序中的瑕疵未对曾某某的权利产生实际影响，不足以构成启动再审程序的事由。应诉通知书告知曾某某“本案进行书面审理，如有其他事项另行通知”“请在两日内发表书面质证意见”，曾某某未在指定期限内发表质证意见，系其放弃权利，根据《民诉法司法解释》第389条规定，不属于主要证据未经质证的情形。

（四）质证程序

1.【裁判规则】人民法院有权对逾期提供的证据作出是否组织质证的决定

典型案例 ▶▶

段某某与云南德宏国际经济技术合作有限责任公司等合同纠纷案［最高人民

法院（2016）最高法民申333号］

再审申请人（一审被告、二审上诉人）：段某某

被申请人（一审原告、二审被上诉人）：云南德宏国际经济技术合作有限责任公司（以下简称德宏国际公司）

裁判观点 ▶▶

最高人民法院认为，根据《民诉法司法解释》第389条规定："当事人对原判决、裁定认定事实的主要证据在原审中拒绝发表质证意见或者质证中未对证据发表质证意见的，不属于民事诉讼法第二百条第四项规定的未经质证的情形"。另据《民事诉讼法》第65条第2款的规定，人民法院有权对逾期提供的证据作出是否组织质证的决定，人民法院决定组织质证的，对方当事人应当对这些证据进行质证，若其拒绝质证，应视为对质证权利的放弃。本案在一审中，再审申请人段某某对本案涉及的第九组、第十一组证据，即德宏国际公司提交的录音材料及情况说明的质证意见为不予质证。该情况不属于《民事诉讼法》第200条第4项规定的未经质证的情形。

2.【裁判规则】当事人要求以书面方式发表质证意见，人民法院在听取对方当事人意见后认为有必要的，可以准许

典型案例 ▶▶

杜某某等与朱某某名誉权纠纷案［江苏省徐州市中级人民法院（2020）苏03民终3662号］

上诉人（原审被告）：杜某某

被上诉人（原审原告）：朱某某

裁判观点 ▶▶

人民法院认为，首先，根据2019年《民事证据规定》第49条和《民事诉讼法》第68条规定，本案中，一审法院依法组织双方当事人当庭就证据进行举证、质证，符合前述法律规定。上诉人主张一审法院未在开庭前将被上诉人的证据清单及证据寄送上诉人，违反法定程序，无法律依据，法院不予支持。其次，2019年《民事证据

规定》第60条第2款规定，当事人要求以书面方式发表质证意见，人民法院在听取对方当事人意见后认为有必要的，可以准许。上诉人关于其在一审中提出以书面形式质证，一审法院未予准许违反法律程序的观点，与前述法律规定不符，法院亦不予支持。

3.【裁判规则】人民法院根据当事人申请调查收集的证据，审判人员对调查收集证据的情况进行说明后，由提出申请的当事人与对方当事人、第三人进行质证

典型案例 ▶▶

聊城高新技术产业开发区许营镇后许村民委员会与许某某土地租赁合同纠纷案［山东省聊城市中级人民法院（2020）鲁15民终2756号］

上诉人（原审被告）：聊城高新技术产业开发区许营镇后许村民委员会（以下简称后许村委会）

被上诉人（原审原告）：许某某

【裁判规观点】人民法院认为，根据2019年《民事证据规定》第62条规定，一审法院依法向经办案涉协议并对协议签订履行情况作出说明的原后许村委会部分成员进行了询问调查，并组织当事人对调查笔录进行了质证，并不存在违反法定程序情形，因此后许村委会关于一审程序违法的上诉理由不能成立。

4.【裁判规则】人民法院依职权调查收集的证据，由审判人员对调查收集证据的情况进行说明后，听取当事人的意见

典型案例 ▶▶

徐某甲与徐某乙分家析产纠纷案［江苏省高级人民法院（2019）苏民申7420号］

再审申请人（一审原告、二审上诉人）：徐某甲

被申请人（一审被告、二审被上诉人）：徐某乙

【裁判规观点】人民法院认为，徐某甲主张原审程序错误，该主张不能成立。理由如下：第一，关于杨某某调查笔录的问题。凡是知道案件情况的单位和个人，都有义务出庭作证。二审中，徐某甲提交了杨某某的调查笔录，拟证明1998年1月

25日契约是真实的，徐某丙享有案涉房屋的份额。该调查笔录是由徐某甲的委托诉讼代理人单方制作，笔录上显示有杨某某签名和捺印，但杨某某在二审中未出庭作证，即便结合被调查的照片和被调查人的身份资料，也不能直接认定被调查人就是杨某某本人，故该调查笔录不能作为认定案件事实的证据，二审法院未予采信并无不当。第二，关于一审法院对2018年10月30日徐某的调查笔录有无质证问题。人民法院依职权调查收集的证据，由审判人员对调查收集证据的情况进行说明后，听取当事人的意见。本案中，一审法官为进一步了解案件情况走访口岸街道朱营村六组8号向徐某进行调查，由此形成的调查笔录属于人民法院依职权调查收集的证据，充分听取双方当事人意见即可。

5.【裁判规则】非开庭审理程序，合议庭其他成员未参加质证并不违反法定程序

典型案例 ▶▶

山西怡丰大厦有限公司等与山西南娄集团股份有限公司等企业借贷纠纷案［最高人民法院（2020）最高法民申3045号］

再审申请人（一审被告、二审上诉人）：山西怡丰大厦有限公司（以下简称怡丰大厦公司）等

被申请人（一审原告、二审被上诉人）：山西南娄集团股份有限公司（以下简称南娄公司）等

裁判观点 ▶▶

最高人民法院认为，《民诉法司法解释》第102条是关于逾期举证法律后果的规定，该条规定的“依照民事诉讼法第六十五条、第一百一十五条第一款的规定予以训诫、罚款”并非法院采信逾期提交证据的前提条件，怡丰大厦公司、纺织大厦公司主张二审法院未对南娄公司依照上述规定进行处理即采信南娄公司逾期提交的相关证据，属于程序违法的申请理由，不能成立。二审法院于2019年12月17日组织各方当事人就南娄公司提交的证据进行举证、质证，并非开庭审理程序，合议庭其他成员未参加并不违反法定程序，海发公司在经二审法院依法传唤后未到庭参加诉讼，二审法院依法缺席审理，并无不当。怡丰大厦公司、纺织大厦公司关于二

审程序违法的申请理由不能成立。

6.【裁判规则】当事人在证据交换后提出反驳并提出新证据，再次进行交换质证，并不违反法律规定

典型案例

大连实德集团有限公司与中国农业银行股份有限公司沈阳和平支行等金融借款保证合同纠纷案［最高人民法院（2010）民二终字第62号］

上诉人（原审被告）：大连实德集团有限公司（以下简称实德集团）

被上诉人（原审原告）：中国农业银行股份有限公司沈阳和平支行（以下简称和平支行）

裁判观点

最高人民法院认为，和平支行在原审法院指定的举证期限内向法庭出具了一份加盖有实德集团印章的担保人履行责任通知书，以此证明其在保证期间内依法向担保人实德集团主张了权利，实德集团以上述担保人履行责任通知书上加盖的印章是其已通过公安机关销毁的印章为由，向法院提交了大连市公安局出具的印章销毁证明书等反驳证据，并提出对加盖印章进行鉴定的申请后，和平支行通过向法院提交辽宁省公证处（2007）辽证民字第1353号《公证书》予以反驳，在实德集团提出上述公证书送达地址不是其法定地址后，和平支行再次提交辽宁省公证处（2007）辽证民字第1354号《公证书》进行反驳等行为，均符合2001年《民事证据规定》第40条的规定。证据交换过程实际上包括了庭审中质证的部分功能，质证的主要内容是双方当事人对对方提出的证据进行质辩，即一方当事人对对方提出证据的有效性和真实性进行攻击，另一方则对对方的攻击进行防御，无论是在证据攻击还是证据防御中都涉及新的用以攻击或者防御的证据的提出，这种新证据的提出恰恰是当事人在举证、进行证据交换以及质证中所必需的。原审法院对于当事人在证据交换后提出反驳并提出的新证据再次进行交换质证，并不违反法律规定。实德集团以和平支行在双方上述反复攻击防御中提出的新的证据超过举证期限为由，主张辽宁省公证处出具的公证书系无效证据不能作为定案依据的上诉理由，法院不予支持。

7.【裁判规则】剥夺当事人进行质证的诉讼权利，构成程序违法

典型案例

李某某与郑州宇通重工有限公司返还财产纠纷案［最高人民法院（2013）民提字第108号］

再审申请人（一审原告、二审上诉人、原被申请人）：李某某

被申请人（一审被告、二审上诉人、原申请再审人）：郑州宇通重工有限公司（以下简称宇通公司）

裁判观点

最高人民法院认为，根据《民事诉讼法》的相关规定，被告经传票传唤，无正当理由拒不到庭的，或者未经法庭许可中途退庭的，可以缺席判决。第二审人民法院审理上诉案件除依照本法规定外，适用第一审普通程序。辽宁省高级人民法院审理李某某与宇通公司返还财产纠纷案是再审案件，适用二审程序，根据上述法律规定，李某某于该程序中属于被申请人，相当于二审中被上诉人的诉讼地位，人民法院只有在经传票传唤，李某某无正当理由拒不到庭的情况下，才能对其适用缺席判决。辽宁省高级人民法院在关系到李某某实体权利的案件中，采信宇通公司于一、二审中从未提交过的新证据，颠覆性地变更一、二审判决，却没有依照《民事诉讼法》的相关规定传唤李某某到庭参加诉讼，实际上等于剥夺其参加庭审活动、进行质证、辩论的诉讼权利，故该再审判决的程序违法，应依法予以撤销。

8.【裁判规则】单位出具的书面证明不能取代证人出庭作证并接受质证的义务

典型案例

张某某等与陈某某物权保护纠纷案［湖北省高级人民法院（2017）鄂民申2797号］

再审申请人（一审原告、二审上诉人）：张某某

被申请人（一审被告、二审被上诉人）：陈某某等

裁判观点

人民法院认为，根据《民事诉讼法》及《民诉法司法解释》的有关规定，证人应当出庭作证，接受当事人的质证。未经当事人质证的证据，不得作为认定案件事实的根据。蕲春县人民法院的书面证明不能取代证人操某某出庭作证并接受质证的义务，故对该新的证据，法院不予采信。

9.【裁判规则】诉讼过程中，当事人主张的法律关系性质或者民事行为效力与人民法院根据案件事实作出的认定不一致，有关问题已经当事人充分辩论的，人民法院可以不将法律关系性质或者民事行为效力作为焦点问题进行审理

典型案例

中国五冶集团有限公司等与神华新疆能源有限责任公司建设工程施工合同纠纷案［最高人民法院（2020）最高法民终848号］

上诉人（原审原告）：中国五冶集团有限公司（以下简称五冶公司）等

被上诉人（原审被告）：神华新疆能源有限责任公司（以下简称神华公司）

裁判观点

最高人民法院认为，精诚公司、龙润公司上诉称，一审法院认定合同无效却未释明可变更诉讼请求或提出抗辩，违反法定程序。法院认为，2019年《民事证据规定》第53条规定："诉讼过程中，当事人主张的法律关系性质或者民事行为效力与人民法院根据案件事实作出的认定不一致的，人民法院应当将法律关系性质或者民事行为效力作为焦点问题进行审理。但法律关系性质对裁判理由及结果没有影响，或者有关问题已经当事人充分辩论的除外。存在前款情形，当事人根据法庭审理情况变更诉讼请求的，人民法院应当准许并可以根据案件的具体情况重新指定举证期限。"本案中，五冶公司起诉请求解除合同，精诚公司、龙润公司反诉请求五冶公司继续履行合同，双方的请求均隐含合同有效的主张。一审法院根据案件事实认定合同无效，与双方主张确有不同。但是一审法院专就合同效力问题组织当事人发表了意见，该问题已经充分辩论。精诚公司、龙润公司此项上诉理由缺乏法律依据，不能成立。两公司上诉还提出，一审法院应当中止审理而未中止审理，违反法定程序。法院认为，两公司向一审法院申请中止审理的理由是龙润公司已向乌鲁木齐市中级人民法院诉请五冶公司对工程整体进行决算，但龙润公司撤回了起诉，该案与本案之间亦不存在《民事诉讼法》第150条第5项规定的情形，一审法院未中止审理，不违反法定程序。

10.【裁判规则】一方当事人拒不到庭，二审法院对当事人所举证据当庭出示并审核后依法认定，未违反法律规定

典型案例

李某某与侍某某民间借贷纠纷案［江苏省高级人民法院（2017）苏民申856号］

再审申请人（一审被告、二审被上诉人）：李某某

被申请人（一审原告、二审上诉人）：侍某某等

裁判观点

人民法院认为，根据《民诉法司法解释》第103条规定，证据应当在法庭上出示，由当事人互相质证。未经当事人质证的证据，不得作为认定案件事实的根据。但在一方当事人经法庭依法传唤拒不到庭的情况下，二审法院对当事人所举证据当庭出示并审核以后，依法认定证据是否具有证明效力，并不违反法律规定。故李某某、陈某有关二审证据未经质证的申请理由，法院不予采纳。

11.【裁判规则】对涉及国家秘密、商业秘密和个人隐私的证据应当保密，需要在法庭出示的，不得在公开开庭时出示

典型案例

（美国）伊莱利利公司与江苏豪森药业股份有限公司专利侵权纠纷一案［最高人民法院（2002）民三终字第8号］

上诉人（原审原告）：（美国）伊莱利利公司（EliLillandCompan）（以下简称伊莱利利公司）

被上诉人（原审被告）：江苏豪森药业股份有限公司（原连云港豪森制药有限公司，以下简称豪森公司）

裁判观点 ▶▶

最高人民法院认为，根据《专利法》第57条第2款的规定，被上诉人豪森公司应当提供其盐酸吉西他滨产品制造方法不同于专利方法的证明。1991年《民事诉讼法》第66条规定“证据应当在法庭上出示，并由当事人互相质证。对涉及国家秘密、商业秘密和个人隐私的证据应当保密，需要在法庭出示的，不得在公开开庭时出示”。上述法律规定，在程序上给予上诉人伊莱利利公司要求被控侵权方有效披露完整的涉及该新产品制造方法的证据材料并进行质证的权利，给予被上诉人要求上诉人对披露的证据中涉及商业秘密的内容进行保密的权利；在实体上对当事人在诉讼中披露商业秘密可能受到的损害也充分给予了考虑，在保障当事人合法诉讼权利的同时对当事人的实体民事权益提供有效保护。

对被上诉人豪森公司提交的要求保密的制备盐酸吉西他滨产品的工艺方法资料，也应当依照上述法律规定进行质证。只有在双方当事人对证据进行质证的基础上，才能够对被控侵权方法与专利方法是相同、等同还是不同作出正确的判断。因此，法院在审理本案过程中，根据被上诉人豪森公司的申请采取不公开审理的方式，并要求上诉人伊莱利利公司法定代表人、委托代理人以及其他参与诉讼的人员承担保密义务，不得将通过诉讼程序获得的属于豪森公司商业秘密的技术信息用于诉讼以外的商业用途，否则将追究其法律责任。上述庭审质证方式，既能保障上诉人伊莱利利公司依法获得涉及被控侵权方法的证据材料进行质证的诉讼权利，同时也能避免被上诉人豪森公司所称其商业秘密因诉讼程序而泄露，保护豪森公司的合法利益。

12.【裁判规则】在法庭辩论阶段未组织双方当事人进行质证，违反法定程序

典型案例 ▶▶

中国人民财产保险股份有限公司双辽支公司与任某某等机动车交通事故责任纠纷案[吉林省高级人民法院（2018）吉民再241号]

再审申请人（一审被告、二审上诉人）：中国人民财产保险股份有限公司双辽支公司（以下简称人保财险双辽支公司）

被申请人（一审原告、二审被上诉人）：任某某等

裁判观点

人民法院认为，一审法院第一次开庭，在开庭三日前未通知人保财险双辽支公司，致使人保财险双辽支公司未到庭参加诉讼；第二次开庭，只通知了人保财险双辽支公司到庭，未对双方当事人提供的证据进行互相质证，亦未在法庭辩论阶段组织双方当事人按照法定顺序进行辩论发言和互相辩论，违反了《民事诉讼法》第68条、第136条、第137条、第141条和《民诉法司法解释》第103条第1款、第2款、第104条第1款、第391条的规定。二审法院在人保财险双辽支公司提出一审法院存在上述程序违法情形的上诉请求的情况下，仍然书面审理本案，亦不符合《民事诉讼法》第169条第1款的规定。

13.【裁判规则】庭后的鉴定意见未组织当事人质证的，基本事实认定不清，发回重审

典型案例

江苏省苏中建设集团股份有限公司与伊犁金亚之门房地产开发有限公司建设工程施工合同纠纷案［最高人民法院（2019）最高法民终195号］

上诉人（一审原告）：江苏省苏中建设集团股份有限公司（以下简称苏中建设公司）

上诉人（一审被告）：伊犁金亚之门房地产开发有限公司（以下简称金亚之门公司）

裁判观点

最高人民法院认为，原审法院组织当事人就工程造价鉴定意见书庭审质证时，鉴定机构对当事人提出的部分异议未予准确说明。因此，根据法庭要求，鉴定机构庭后出具了工程造价鉴定意见书开庭异议的书面答复，但未向当事人送达，也未组织当事人质证。根据《民事诉讼法》第68条和《民诉法司法解释》第103条规定，原审质证程序不完整，导致基本事实认定不清。依照《民事诉讼法》第170条第1款第4项规定，裁定撤销原判，发回重审。

14.【裁判规则】仅以公安机关询问笔录上所作陈述即认定事实，未经质证属程序违法

典型案例 ▶▶

罗某与王某某等机动车交通事故责任纠纷案［新疆维吾尔自治区高级人民法院（2019）新民申1584号］

再审申请人（一审被告、二审上诉人）：罗某

被申请人（一审被告、二审上诉人）：王某某等

裁判观点 ▶▶

人民法院认为，根据前述公安机关的询问笔录记载，孙某某是在事故发生后第二天接受公安机关询问，而罗某、吴某某、张某某系在事故发生一周后接受公安机关询问。且根据吴某某在哈密市伊州区公安局交通管理大队的陈述反映其与张某某系夫妻，其与张某某在涉案事故发生当日是“到罗某的加工厂取自己的发电机”。由此表明吴某某、张某某夫妻与罗某认识。就本案来讲，吴某某、张某某系案外人，其二人在哈密市伊州区公安局交通管理大队询问中的陈述说明其二人知道案件的相关情况。根据《民事诉讼法》第72条和《民诉法司法解释》第103条第1款规定，一、二审法院在证人吴某某、张某某未出庭接受质证的情况下，仅以罗某、吴某某、张某某在哈密市伊州区公安局交通管理大队询问笔录上所作陈述即认定“根据2018年5月14日，哈密市伊州区公安局给被告罗某及案外人吴某某、张某某所做的询问笔录相互印证，王某斌、孙某德、孙某明系自愿跟随吴某某去捡矿石，并不是罗某指派去干活”的事实属程序违法，亦导致案件认定事实不清。

第二节　未经质证的法律后果

【法理辨析】

一、关于对方逾期提交证据不予质证的认定

根据2020年《民诉法司法解释》第102条“当事人因故意或者重大过失逾期提

供的证据，人民法院不予采纳。但该证据与案件基本事实有关的，人民法院应当采纳，并依照民事诉讼法第六十五条、第一百一十五条第一款的规定予以训诫、罚款。当事人非因故意或者重大过失逾期提供的证据，人民法院应当采纳，并对当事人予以训诫"规定可知，对于当事人故意或者重大过失逾期举证提供的证据，人民法院可以根据其同案件基本事实是否有关联，决定是否采纳；对于当事人非因故意或者重大过失逾期举证提供的证据，人民法院应当采纳。而对案件当事人而言，对于逾期提供的案件证据，也应根据该证据同案件的基本事实是否有关加以质证，否则其应承担不利的法律后果。如果人民法院已经对一方当事人逾期提交的证据，要求对方当事人质证，这说明人民法院已组织当事人对该证据进行质证。至于对方当事人以该证据超过举证期为由不予质证，亦系其对该证据的质证意见，而不能否定法院已经组织当事人对该逾期提交的证据予以质证的事实。〔1〕

二、主要证据未经质证的法律后果

根据《民事诉讼法》第200条第1款规定："当事人的申请符合下列情形之一的，人民法院应当再审：……（四）原判决、裁定认定事实的主要证据未经质证的"。认定主要证据未经质证的判断标准有两项，"一是证据未经质证，二是未经质证的证据是认定案件基本事实所需要主要证据"。〔2〕当事人以证据未经质证为理由请求再审的，必须同时具备上述两项标准，方可认定符合法定条件。在出现下列情形时，一般不认为构成主要证据未经质证：（1）提供的证据属于无关联性、关联性微弱的间接证据，其证据证明力无法否定或推翻本证证据证明力的；（2）提供的证据属于补强证据的；（3）提供的证据未被作为认定案件事实的证据材料的。在这些情况下，即使未经质证，也不构成《民事诉讼法》第200条所规定的主要证据未经质证，不符合应当再审的条件。

三、司法实务中的质证后果

1.关于仅提供复印件的质证后果。2019年《民事证据规定》第11条规定："当

〔1〕 参见最高人民法院民事审判第一庭编：《民事审判指导与参考》（总第64辑），人民法院出版社2016年版，第240页。

〔2〕 最高人民法院民事诉讼法修改研究小组编著：《〈中华人民共和国民事诉讼法〉修改条文理解与适用》，人民法院出版社2012年版，第444页。

事人向人民法院提供证据，应当提供原件或者原物。如需自己保存证据原件、原物或者提供原件、原物确有困难的，可以提供经人民法院核对无异的复制件或者复制品。”第87条规定：“审判人员对单一证据可以从下列方面进行审核认定：(一)证据是否为原件、原物，复制件、复制品与原件、原物是否相符……”当事人作为企业，应当有完整的财务制度和记账材料，其持有自己企业的收据或财务记账联，在未提供证据证明其提交原件确有困难，且该收据并无法定人员签字的情况下，仅凭收据或记账联复印件不予采信。

2.对复印件无异议的质证后果。关于采信复印件是否违反法定程序问题，当事人虽然提供的是证据复印件，但相对方在质证时并未提出异议，只是主张该协议(记载复印件内容)没有履行，在二审中，相对方提出异议却未提供相反证据，该证据能够与其他间接证据相互佐证的，应当予以采信。

3.关于录音资料的质证后果。根据2019年《民事证据规定》第93条规定，庭审过程中，举证人在举示录音光盘时已向一审法院说明该录音是其通过手机录制的，因手机损坏而无法当庭使用手机播放，相对方在一审质证阶段对通话录音内容的真实性也表示认可，故可以该证据作为定案依据。

【典型案解】

(一)可以作为证据

1.【裁判规则】对书证、物证、视听资料进行质证时，原件或者原物已不存在，但有证据证明复制件、复制品与原件或者原物一致的，可以采纳

典型案例

黄山合创服饰有限公司与商城县曦阳服装厂承揽合同纠纷案［河南省信阳市中级人民法院(2020)豫15民终540号］

上诉人(原审被告)：黄山合创服饰有限公司(以下简称创服公司)

被上诉人(原审原告)：商城县曦阳服装厂(以下简称曦阳服装厂)

裁判观点

人民法院认为，关于被上诉人曦阳服装厂一审提交的付款申请单能否作为本案判决的依据，根据2001年《民事证据规定》第49条规定，本案中，曦阳服装厂向一审法院提交的付款申请单为复印件，因原件丢失，曦阳服装厂未向一审法院提交原件。证人傅某二审出庭作证，证明了付款申请单复印件与原件一致，故被上诉人曦阳服装厂一审提交的付款申请单能够作为本案判决的依据。

2.【裁判规则】质证过程中一方对对方提供证据真实性、关联性、合法性没提出异议，并不意味着对待证事实的自认

典型案例

龚某某与湖南金鼎控股集团有限公司等民间借贷纠纷案［湖南省高级人民法院（2019）湘民终66号］

上诉人（原审原告）：龚某某

上诉人（原审被告）：湖南金鼎控股集团有限公司（以下简称金鼎公司）等

裁判观点

人民法院认为，依照《民诉法司法解释》第104条规定，结合质证意见、一审庭审笔录和答辩状的记载，质证过程中一方对对方提供证据真实性、关联性、合法性的认可，是围绕该证据的属性进行，目的是解决该证据是否能够作为证据使用的资格问题，并不意味着只要一方当事人对另一方当事人提出的证据真实性、关联性、合法性没有提出异议，就视为对待证事实的自认。本案中，金鼎公司、中茂公司、谢家冲煤矿、邱某某对根据账务记录制作的龚某某借款明细表真实性、合法性以及与待证事实的关联性予以认可，只意味着金鼎公司、中茂公司、谢家冲煤矿、邱某某向龚某某出具借条或作账行为的真实性，即承认曾承诺归还龚某某债务数额的真实性，并不意味着承认龚某某出借原始本金数额的真实性。在金鼎公司、中茂公司、谢家冲煤矿、邱某某庭审以及答辩状中明确不认可其中4070万元本金的情况下，不能认定金鼎公司对其所借原始本金已经自认。退一步而言，即便认定（2017）湘01民初773号案件庭审笔录记载的质证意见以及本案一审对龚某某借款明细表核对情况为对案涉原始本金的自认，根据《民诉法司法解释》第92条第1款和第3款规定，自认的事实与查明的事实不符的，人民法院不予确认。因此，案涉借贷原始本金应以审理查明的为准。

3.【裁判规则】应当出庭作证的证人并未出庭接受质证，相应证据无法采信

典型案例 ▶▶

周某某与陕西秦地建设有限公司合同纠纷案［青海省高级人民法院（2015）青民一终字第130号］

上诉人（原审原告）：周某某

被上诉人（原审被告）：陕西秦地建设有限公司（以下简称秦地公司）

裁判观点 ▶▶

人民法院认为，周某某提交的由成都闽力商贸有限公司西宁分公司加盖印章、黎某某签字的证明及杨某某出具的证明不属于法律规定的一审庭审结束后新发现的证据，不是新证据范畴，人民法院应依法不予采纳。但为查明本案事实，庭审中，法院已向周某某释明，该两份证明性质属证人证言，证人应当出庭作证，由当事人互相质证，未经当事人质证的证据，不得作为认定案件事实的根据，但相关证人并未出庭，相应证据无法采信。

4.【裁判规则】法院向案外人调查所作调查笔录，质证后可作为案件证据采信

典型案例 ▶▶

伊宁市边境合作区新联外贸有限公司与四川成都成工程机械股份有限公司买卖合同纠纷案［四川省高级人民法院（2016）川民终710号］

上诉人（原审被告）：伊宁市边境合作区新联外贸有限公司（以下简称新联公司）

被上诉人（原审原告）：四川成都成工程机械股份有限公司（以下简称成工公司）等

裁判观点 ▶▶

人民法院认为，首先，各方当事人或当事人的委托诉讼代理人均参与了一审法院的两次开庭和两次质证，一审法院的开庭和质证程序符合法律的规定；其次，一审法院向案外人余某调查所作调查笔录，系法院依职权向余某询问所形成，其内容与本案案件事实认定相关，且经各方当事人质证后，才作为案件证据采信，一审法院对证据的采信符合《民诉法司法解释》第103条第1款和第104条第2款的规定。

（二）可以作为定案的依据

1.【裁判规则】鉴定意见已经双方质证，可以作为定案的依据

典型案例 ▶▶

陕西新新海联置业发展有限公司与江苏江都建设集团有限公司建设工程施工合同纠纷案［最高人民法院（2018）最高法民终381号］

上诉人（原审被告）：陕西新新海联置业发展有限公司（以下简称新新海联公司）

被上诉人（原审原告）：江苏江都建设集团有限公司（以下简称江都公司）等

裁判观点 ▶▶

最高人民法院认为，双方所订建设工程施工合同对因工程量清单的工程数量有误或设计变更引起的工程量增减以及工程量清单有误或设计变更引起新的工程量清单项目的结算已经作出明确约定，并明确结算价为合同价、工程量清单有误或设计变更工程造价增减部分及现场签证增减部分之和。审理中，新新海联公司对原投标公司设计变更、工程量清单变更等事实并未提出异议。鉴定中，鉴定机构依据经双方当事人质证的建设工程施工合同、施工图纸、变更签证资料及其他造价依据等，经对工程造价增减项逐项核算，在确定工程总造价的同时，亦根据一审法院要求测算了清单项目增减相抵后的工程造价增加额，符合项目施工实际，事实清楚，证据充分。

2.【裁判规则】勘验笔录已经双方质证，可以作为定案的依据

典型案例 ▶▶

上海儋浮机电设备有限公司与厦门安麦信自动化科技有限公司定作合同纠纷案［福建省三明市中级人民法院（2020）闽04民终963号］

上诉人（原审被告）：上海儋浮机电设备有限公司（以下简称儋浮公司）

被上诉人（原审原告）：厦门安麦信自动化科技有限公司（以下简称安麦信公司）

裁判观点

最高人民法院认为，根据2019年《民事证据规定》第43条规定，一审法院在（2019）闽0403民初354号案件中组织双方于2019年6月24日、7月16日前往案涉产品所在地进行现场查勘，僧浮公司无正当理由未到场，视为放弃相应诉讼权利。一审法院在本案庭审调查中组织双方对两份现场查勘笔录进行质证，僧浮公司意见为“对该证据的真实性、合法性不持异议，球芯确实有破裂，但原告在笔录中的陈述不予认可，我方是按照客户要求定的产品，且经业主检验合格，产品没有质量问题。”现僧浮公司辩称一审法院将现场勘验用于认定案件事实的依据程序错误，法院不予采纳。安麦信公司一审时提交了证据项目进度表原件及复印件，经一审法院核对，该证据原件与复印件一致，僧浮公司质证意见为“第五组证据的真实性、合法性无异议，在进度点检表中业主也确认了产品验收合格”。现僧浮公司辩称一审法院未对项目进度表当庭核对原件，未对该证据的真实性进行审查存在程序错误，法院不予采纳。法院确认，一审法院两次现场查勘笔录、项目进度表、告知函、联系单与微信聊天记录等证据能够相互印证，应作为定案依据予以采信。

3.【裁判规则】当庭通过手机登录电商平台网站账户，并进行当庭勘验和质证，该勘验内容可以作为本案定案依据

典型案例

深圳市南洋达电子有限公司与钟某某侵害外观设计专利权纠纷案［广东省高级人民法院（2016）粤民终925号］

上诉人（一审被告）：深圳市南洋达电子有限公司（以下简称南洋达公司）

被上诉人（一审原告）：钟某某

裁判观点

人民法院认为，在一审庭审中，钟某某代理人当庭通过手机登录其在阿里巴巴网站账户，一审法院组织双方当事人对该账户信息进行当庭勘验，勘验内容记录于庭审笔录。南洋达公司已在一审庭审中对勘验内容发表质证意见。依据《民诉法司法解释》第103条的规定，该勘验内容可以作为本案定案依据。阿里巴巴网站用户账户中的交易信息，并不具有可供用户随意修改的功能，一般情况下，用户不能对账户中的交易信息进行修改。在未有相反证据的情况下，南洋达公司仅以口头主张账户交易信息有可能被修改进而反驳交易真实性，该主张不能成立。

4.【裁判规则】具有专门知识的人在法庭上提出的意见，经当事人质证，可以作为认定案件事实的根据

典型案例

葛塘种畜禽养殖场与江苏省高速公路经营管理中心环境污染责任纠纷案［江苏省南京市中级人民法院（2016）苏01民终2715号］

上诉人（原审原告）：南京葛塘种畜禽养殖场（以下简称葛塘养殖场）

上诉人（原审被告）：江苏省高速公路经营管理中心（以下简称高速公路管理中心）

裁判观点

人民法院认为，环境污染责任纠纷的受害者应对污染者有侵权的事实和因污染者的侵权行为造成己方损失的后果承担举证责任，污染者应当就法律规定的不承担责任或者减轻责任的情形及其行为与损害之间不存在因果关系负举证责任。根据《环境侵权案件司法解释》第1条、第9条第2款的规定，本案中，涉案调查报告及三位专家等证人在原审法院开庭时所作的证人证言，可以认定葛塘养殖场因高速公路的噪声污染造成了鸡的死亡率上升和产蛋量下降的后果。因《环境噪声污染防治法》第2条第2款并非《环境侵权案件司法解释》第1条第2款规定的污染者不承担责任或者减轻责任的情形，故上诉人高速公路管理中心辩称其噪声排放未超过国家标准，不应承担赔偿责任的意见不能成立，法院不予支持。因上诉人高速公路管理中心未能提供法律规定的不承担责任或者减轻责任的情形及其高速公路噪声污染行为与上诉人葛塘养殖场鸡的死亡率上升和产蛋量下降的损害后果之间不存在因果关系的证据，故原审法院判决上诉人高速公路管理中心应该赔偿上诉人葛塘养殖场的损失正确。

5.【裁判规则】拒绝质证的行为属于当事人自行放弃权利，不影响人民法院对证据的采纳和认定

典型案例 ▶▶

建平县波尔山羊绿色养殖有限公司与辽宁省高等级公路建设局等财产损害赔偿纠纷案［最高人民法院（2015）民申字第2305号］

再审申请人（一审原告、二审上诉人）：建平县波尔山羊绿色养殖有限公司（以下简称波尔山羊公司）

被申请人（一审被告、二审被上诉人）：辽宁省高等级公路建设局

裁判观点 ▶▶

最高人民法院认为，关于原判决是否存在程序违法的问题。对于波尔山羊公司主张一审法院重新指定举证期限违法，波尔山羊公司拒绝质证后仍然引用未经质证的证据，属于违反法律规定的问题，对此，法院认为，依据《举证时限通知》第1条的规定，人民法院对于超过举证期限后，可以根据案件的需要酌情再次指定举证期限。而波尔山羊公司拒绝质证的行为系其自行放弃权利，不影响人民法院对证据的采纳和认定，不属于原判决认定事实主要证据未经质证的情形，故波尔山羊公司的该项主张不能成立。对于波尔山羊公司主张一审判决遗漏其主张的银行借款利息损失591.6万元诉讼请求的问题，经审查，一审法院判决结果是将波尔山羊公司的全部诉讼请求予以驳回，应包括了此项诉讼请求不予支持在内，故不存在遗漏诉讼请求的问题。对于波尔山羊公司主张案件受理费的问题，因该项主张不属于申请再审的法定事由，不属于法院审查范围，故法院不予审查。

（三）不得作为定案的依据

1.【裁判规则】未经当事人质证，不得作为认定案件事实的根据

典型案例 ▶▶

郭某某等与李某某申请执行人执行异议之诉案［最高人民法院（2018）最高法民申4545号］

再审申请人（一审被告、二审被上诉人）：郭某某

被申请人（一审原告、二审上诉人）：李某某等

裁判观点

最高人民法院认为，根据《民诉法司法解释》第121条第1款规定，在二审过程中，郭某某、张某某、金某某并未提出鉴定申请。根据《民诉法司法解释》第121条第2款规定，本案中，苏万隆审计报告是由郭某某、张某某、金某某单方委托作出，不符合法定的鉴定要求。根据《民诉法司法解释》第103条规定，苏万隆审计报告是郭某某、张某某、金某某二审开庭后提交的证据，未经当事人质证，依据上述规定，不得作为认定案件事实的根据。苏万隆审计报告是对杰信公司2016年度净资产情况出具的审计报告，并不能证明郭某某、张某某、金某某履行了实际缴纳出资义务的相关事实。再审审查期间，法院要求郭某某、张某某、金某某提交三名股东出资、验资的相关证据，但郭某某、张某某、金某某未能提供。根据《民诉法司法解释》第90条第2款规定，郭某某、张某某、金某某应承担举证不能的不利后果。

2.【裁判规则】询问笔录未经当事人质证，不能作为认定本案事实的根据

典型案例

王某某与黄某某借款合同纠纷案［最高人民法院（2016）最高法民申2786号］

再审申请人（一审被告、二审上诉人）：王某某

被申请人（一审原告、二审被上诉人）：黄某某

裁判观点

最高人民法院认为，二审法院确系在庭审结束后传唤案外人潘某某到庭接受询问，并将该询问笔录作为佐证本案借款关系的证据。该证据未经王某某和黄某某质证，根据《民事诉讼法》第68条及《民诉法司法解释》第103条第1款之规定，不能作为认定本案事实的根据。

3.【裁判规则】现场勘验笔录未经质证，不得作为认定本案事实的根据

典型案例

上海大河泵业制造有限公司与鄂尔多斯市玄峰房地产开发有限责任公司买卖合同纠纷案［内蒙古自治区高级人民法院（2019）内民再188号］

再审申请人（一审原告、二审被上诉人）：上海大河泵业制造有限公司（以下简称大河公司）

被申请人（一审被告、二审上诉人）：鄂尔多斯市玄峰房地产开发有限责任公司（以下简称玄峰公司）

裁判观点

人民法院认为，根据《民诉法司法解释》第103条的规定，因该现场勘验笔录未在法庭上举证、质证，不得作为认定本案事实的根据，法院对其不予采信。二审法院依据现场勘验笔录认定的事实错误，法院予以纠正。

4.【裁判规则】将未经当事人质证的证据作为定案依据，属于认定错误

典型案例

阳光财产保险股份有限公司常州中心支公司与梅某某保险合同纠纷案［江苏省高级人民法院（2017）苏民申2022号］

再审申请人（一审被告、二审被上诉人）：阳光财产保险股份有限公司常州中心支公司（以下简称阳光保险公司）

被申请人（一审原告、二审上诉人）：梅某某

裁判观点

人民法院认为，二审法院对优贝徕公司负责人所作的调查笔录及该负责人提交的梅某某委托优贝徕公司工作人员毛某某全权处理涉案车辆理赔维修事宜委托书、维修费用结算清单、案涉车辆交易后临时号牌复印件、车辆交易发票、车辆登记证摘要信息等材料，未提交阳光保险公司质证。根据《民诉法司法解释》第103条第1款规定，二审法院将上述证据作为定案依据错误。

5.【裁判规则】对案外人在再审中提交的新证据，未经开庭质证而径行采用该证据作出裁判，违反法律规定

典型案例

钱某某等与林某某等民间借贷纠纷案［重庆市高级人民法院（2016）渝民再208号］

抗诉机关：重庆市人民检察院

申诉人（一审原告、原再审被申请人）：钱某某

被申诉人（一审被告、原再审申请人）：林某某等

裁判观点

人民法院认为，根据《民诉法司法解释》第103条规定，重庆市第五中级人民法院对江津区公安局在再审过程中提交的新证据，未经开庭审理组织双方当事人对该证据进行质证，径行采用该证据作出裁判违反了法律规定，损害了当事人的诉讼权利，诉讼程序违法，对检察机关该项抗诉理由予以采纳。在法院再审过程中，通过公开开庭对江津公安函〔2015〕168号公函等证据进行质证，让双方当事人充分发表了质证意见，依法保障维护了当事人各方的诉讼权利，对重庆市第五中级人民法院再审程序问题予以了纠正。

6.【裁判规则】鉴定意见以未经当事人质证和人民法院认定的鉴定材料为依据，鉴定程序违反法定程序

典型案例

重庆建工集团股份有限公司与保亭森田实业有限公司建设工程施工合同纠纷案［海南省高级人民法院（2016）琼民终209号］

上诉人：重庆建工集团股份有限公司（以下简称重庆建工公司）

上诉人：保亭森田实业有限公司（以下简称保亭实业公司）

裁判观点

人民法院认为，轩明达造价海南分公司的鉴定报告以未经当事人质证和人民法院认定的鉴定材料为依据；在鉴定过程中，对双方当事人有异议的鉴定材料也没有提交原审法院进行质证和认定，而是擅自对有关鉴定材料作出取舍。轩明达造价海南分公司的鉴定程序严重违反了《民事诉讼法》及司法解释的规定。轩明达造价海南分公司的鉴定报告对同一工程出具造价相差1300多万元的两种鉴定意见，没有实际解决争议。重庆建工公司和保亭实业公司分别提起上诉，且均对两种鉴定意见提出异议。保亭实业公司于2016年8月16日向法院申请重新鉴定，依据

2001年《民事证据规定》第27条第1款第2项的规定，因鉴定程序严重违法而申请重新鉴定的，应予准许。

7.【裁判规则】对被执行人提供的书面材料未经质证不得作为证据

典型案例

王某某与聊城聊韩房地产开发有限公司民间借贷纠纷、申请承认与执行法院判决、仲裁裁决案［山东省高级人民法院（2015）鲁执复字第73号］

申请复议人（异议人、申请执行人）：王某某

被执行人：聊城聊韩房地产开发有限公司（以下简称聊韩公司）

裁判观点

人民法院认为，根据《民诉法司法解释》第103条之规定，聊城市中级人民法院对存有争议的聊韩公司所出具的书面证明材料未进行质证，且在该证据缺乏证明力的情况下，即以该证据认定顺达公司在法定期限内主张了优先权，该优先权优于王某某的抵押权，并据此裁定驳回了王某某的异议。为此，聊城市中级人民法院认定事实不清且程序不当，应予纠正。

第三节　当事人陈述的质证

【法理辨析】

一、证据方法与证据资料

证据是证明案件事实是否客观存在的材料，从证据的形成途径和形成结果来看，证据可以包括证据方法和证据资料。证据方法，是指“当事人提出之人或物，以供证明或释明其陈述为真实之方法，亦即法院据以认定事实真伪之方法”[1]，即“审判官认识事务所利用之物体，可分为证人、鉴定人、受讯问之当事人、证书及勘验证物五种。证人、鉴定人、受讯问之当事人为人的证据方法；证书、证物为物

〔1〕 姚瑞光：《民事诉讼法论》，中国政法大学出版社2011年版，第284页。

的证据方法”[1]。而证据资料，是指“系依证人之证言、鉴定人之意见、文书记载之内容、勘验标的物之状况、释明或认定、判断之，此项调查证据方法结果所得之结论”[2]。从概念来看，当事人陈述就是证据资料之一。

当事人陈述，是指“案件的当事人向人民法院提出的关于案件事实和证明这些事实情况的陈述”[3]。从证据方法来看，询问当事人就是证据方法之一，“受讯问之当事人者，即法院调查当事人提出证据之结果，对于应证事实不足为心证时，而向其本人予以讯问；为此种讯问，当事人本人即为证据方法”[4]（见图7-1）。

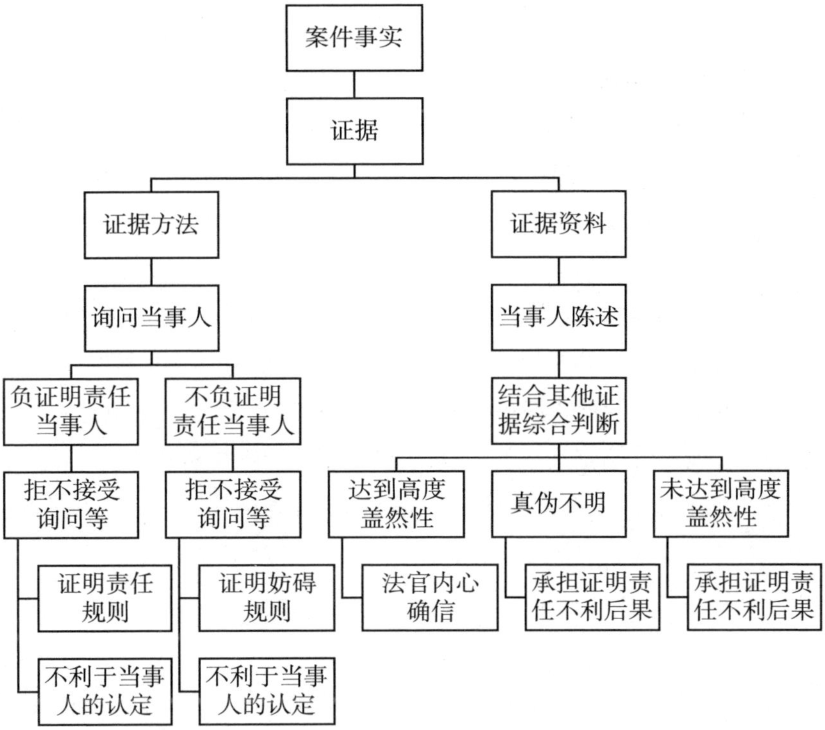

图7-1　证据方法与证据资料

〔1〕 蒋澧泉编著：《民刑诉讼证据法论》，吴宏耀、魏晓娜点校，中国政法大学出版社2012年版，第33页。

〔2〕 姚瑞光：《民事诉讼法论》，中国政法大学出版社2011年版，第284页。

〔3〕 王胜明主编：《中华人民共和国民事诉讼法释义》，法律出版社2013年版，第137页。

〔4〕 蒋澧泉编著：《民刑诉讼证据法论》，吴宏耀、魏晓娜点校，中国政法大学出版社2012年版，第33页。

二、询问当事人

（一）目的是查清待证事实。询问当事人是证据方法，是一种补充性的证据方法，“讯问当事人本人之证据方法，为有补充性质之证据方法”〔1〕。证据方法的目标对象是案件的待证事实，或者说案件的基本事实。《民事诉讼法》第169条规定：“第二审人民法院对上诉案件，应当组成合议庭，开庭审理。经过阅卷、调查和询问当事人，对没有提出新的事实、证据或者理由，合议庭认为不需要开庭审理的，可以不开庭审理。”

（二）行使审判职权的行为。询问当事人，是基于查清案件事实和寻求司法公平公正的需要，“由法院依职权命令为之”〔2〕。即可以不依当事人申请，主动就案件事实问题询问当事人。〔3〕2019年《民事证据规定》第64条规定：“人民法院认为有必要的，可以要求当事人本人到场，就案件的有关事实接受询问。人民法院要求当事人到场接受询问的，应当通知当事人询问的时间、地点、拒不到场的后果等内容。”

（三）前提条件是在有必要。2020年《民诉法司法解释》第110条中规定，“人民法院认为有必要的，可以要求当事人本人到庭，就案件有关事实接受询问”，2019年《民事证据规定》第64条也明确“人民法院认为有必要的”，即只有在具备人民法院认为是案件审理“有必要时”，才会启动询问当事人的程序。什么是“有必要时”，法律和司法解释并没有明确规定。会有以下几类情况：其一，出现了“证据已经穷尽而待证事实处于真伪不明的情况”〔4〕；其二，“对于应证事实之真否，不足得

---

〔1〕［日］松冈义正：《民事证据论》（上、下册），张知本译，中国政法大学出版社2004年版，第323页。

〔2〕［日］松冈义正：《民事证据论》（上、下册），张知本译，中国政法大学出版社2004年版，第328页。

〔3〕例如，《德国民事诉讼法》第448条规定：“如果言词辩论的结果和已经进行的调查证据的结果，对于应证事实的事实与否不能提供足够的心证时，法院也可以在当事人一方未提出申请时，不问举证责任的归属，而命令就该事实讯问当事人一方或双方。”张卫平、齐树洁主编：《德国民事诉讼法》，丁启明译，厦门大学出版社2016年版，第106页。《法国民事诉讼法》第160条规定，各方当事人均受传唤参与或列席审前准备程序。通常情况下，各当事人由负责执行审前准备措施的法官的书记员进行传唤；在指定一名技术人员执行审前准备措施的情况下，由该技术人员传唤各方当事人。参见［法］让·文森、塞尔日·金沙尔：《法国民事诉讼法要义》，罗结珍译，中国法制出版社2005年版，第954页。

〔4〕沈德咏主编：《最高人民法院民事诉讼法司法解释理解与适用（上）》，人民法院出版社2015年版，第364页。

以心证时”[1]。因此“有必要时”的核心要素是查明待证事实的必要，[2]如果并不具备查明待证事实的必要，只出于核实某些非基本事实因素，不能启动这一程序。否则，不但误用了这一职权调查行为，与当事人主义为主、职权主义为辅的诉讼模式不相符合，也不利于诉讼效率的提高。

（四）拒绝陈述者将遭不利的法律后果。当事人应当接受到庭陈述，否则，将遭到不利的法律后果。2020年《民诉法司法解释》第110条第3款规定：“负有举证证明责任的当事人拒绝到庭、拒绝接受询问或者拒绝签署保证书，待证事实又欠缺其他证据证明的，人民法院对其主张的事实不予认定。”2019年《民事证据规定》第66条规定：“当事人无正当理由拒不到场、拒不签署或宣读保证书或者拒不接受询问的，人民法院应当综合案件情况，判断待证事实的真伪。待证事实无其他证据证明的，人民法院应当作出不利于该当事人的认定。”

三、辩论主义与真实义务

根据辩论主义的基本原理，其一，直接决定法律效果产生或消灭的必要事实必须在当事人的辩论中出现，没有在当事人的辩论中出现的事实不能作为判决的基础和依据。其二，法院应将当事人之间无争议的事实作为判决的事实依据。其三，法院对证据的调查仅限于当事人双方在辩论中所出来的事实。[3]显然，如果按照辩论主义来理解的话，民事诉讼中的真实义务似乎就会与辩论主义存在一定层面上的“二律悖反”，两者存在一定的矛盾。

（1）真实义务是辩论主义的修正。真实陈述义务是建立在辩论主义上的。根

---

〔1〕［日］松冈义正：《民事证据论》（上、下册），张知本译，中国政法大学出版社2004年版，第323页。

〔2〕例如，《德国民事诉讼法》第446条规定：“对方当事人拒绝对他进行讯问，或者对于法院的要求不作表示，法院应考虑全部案情，特别考虑拒绝的理由，依自由心证，判断当事人所主张的事实可否视为已得到证明。”《德国民事诉讼法》第450条第2款规定：“已经进行了新的证据调查后，法院认为应证明的问题已经明白，应即停止讯问当事人。”《日本民事诉讼法》第208条规定：“寻问当事人本人时，该当事人无正当理由不出庭，或者拒绝宣誓或陈述时，裁判所可以认定相对方关于寻问事项的主张是真实的。”张卫平、齐树洁主编：《日本民事诉讼法典》，曹云吉译，厦门大学出版社2017年版，第67页。

〔3〕参见张卫平：《诉讼构架与程式——民事诉讼的法理分析》，清华大学出版社2002年版，第154-155页。

据辩论主义和不告不理原则，当事人未主张的事实，法院没有审理的空间。[1]

(2)未主张的事实不属于真实的、完整的陈述范畴。真实的、完整的陈述仅限于当事人主张的案件来说，符合主观真实的要求，在主张事实的视野里是“全面的”，非“选择性的事实”，设置真实的、完整的陈述的目的在于保证主张事实的真实性，符合案件事实，对于当事人未主张的事实，“不能要求当事人忽略各自的主张和诉讼资料的提出及举证责任分配等法则，而陈述全部案件事实”[2]。

(3)真实义务不是追求绝对客观真实。诉讼事实是法律事实，由于诉讼的本性和诉讼主体的主观性使然，而非绝对的客观事实，因此，不能将真实义务的设置作为追求绝对客观真实的方式。虽然当事人未主张的事实，确实是存在背离“事实”的可能性，但在诉讼系属的空间内，诉讼追求的是建立在证据基础之上的法律真实，真实义务体现的是辩论主义和处分权原则下的自我责任。

(4)真实义务是当事人协力促进诉讼的义务。(对于事实的说明义务)“其立法目的在于打击诉讼谎言。当事人的真实义务包括真实陈述的义务与完全陈述的义务，二者虽然独立且并列存在，但完全义务是为真实义务服务的。从真实义务规定的对象来看，真实义务只涉及当事人对事实情况的表示，不涉及当事人无须主张的法律引述。当事人的代理律师亦不可能歪曲法律状态，只能在正当的法律框架内为当事人主张利益。负担真实义务的人包括当事人及其代理人、辅佐人。”[3]

---

〔1〕 例如，《德国民事诉讼法》第138条规定“对事实的说明义务”：“(1)当事人应就事实状况作出完全而真实的陈述；(2)当事人对于对方当事人所主张的事实，应作出陈述；(3)没有明显争议的事实，如果从当事人的其他陈述中不能看出有争议时，即视为已经自认的事实；(4)对于某种事实，只有在它既非当事人自己的行为，又非当事人自己所感知的对象时，才准许说‘不知’。”因此，“真实的、完整的陈述”应当作“狭义”理解，而不能作“广义”上的陈述来理解，否则，就会产生“真实、完整的陈述”超越当事人主张的嫌疑。参见张卫平、齐树洁主编：《德国民事诉讼法》，丁启明译，厦门大学出版社2016年版，第36页。

〔2〕 最高人民法院民事审判第一庭编：《最高人民法院法院新民事诉讼证据规定理解与适用》(下)，人民法院出版社2020年版，第581页。

〔3〕 张卫平、齐树洁主编：《德国民事诉讼法》，丁启明译，厦门大学出版社2016年版，第36页。

【典型案解】

（一）陈述义务

1.【裁判规则】当事人应当就案件事实作真实、完整的陈述

典型案例 ▶▶

蔡某某与中国农业银行股份有限公司安宁市支行等案外人执行异议之诉案［最高人民法院（2020）最高法民终667号］

上诉人（一审原告、执行案外人）：蔡某某

被上诉人（一审被告、申请执行人）：中国农业银行股份有限公司安宁市支行（以下简称农行安宁支行）等

裁判观点 ▶▶

最高人民法院认为，根据2019年《民事证据规定》第3条规定，蔡某某于2018年3月23日向法院第一次提交起诉状时，自认“该小区到目前为止仍然不具备交付使用条件，预售商品房没有实际占有”。但提交第二份起诉状时，蔡某某改称“所购房屋已经支付了全部价款，并事实上实际占有了该房产”。根据2019年《民事证据规定》第63条第1款、第2款规定，对于蔡某某前后矛盾的陈述，法院结合相关证据审查认定如下：首先，蔡某某在案外人异议审查程序中提交的物品交付清单（业主联）显示领取钥匙的时间是2017年7月6日，第一次提交起诉状时表示查封时案涉房屋不具备交付条件，没有实际占有。作为完全民事行为能力人，蔡某某亲历了商品房购买全过程，理应清楚是否占有这一基本事实，其在司法程序初始阶段的陈述能够相互印证，更为可信。其次，虽然接房流程卡和接房返修登记表上载明的接房时间为2017年1月9日，但是蔡某某未提交证据证明上述材料上签字人的身份及真实性。即使如蔡某某所称签字人系昆都公司及其委派的物业公司职员，也因昆都公司作为被执行人的利害关系人身份，导致该组证据的证明力较弱。并且，接房流程卡和接房返修登记表作为可能证明蔡某某在查封前占有的主要证据，蔡某某既未在案外人异议审查阶段提交，亦未陈述曾接房又返修的情况，不合常理。再次，昆都公司于本案一审判决作出后出具的物业费确认书和情况说明，内容仅载明2017年与2018年的水电费与物业管理费由昆都公司承担，并不涉及蔡某某具体占有案

涉房屋的时间，该证据不影响关于占有时间的判断。综合上述情况，法院认为，一审判决认定蔡某某在人民法院查封前未占有案涉房屋，不符合足以排除执行的要件，对案涉房屋不具有物权期待权正确。蔡某某关于一审法院对占有事实认定错误的上诉理由，不能成立。

2.【裁判规则】人民法院认为有必要的，可以要求当事人本人到场，就案件的有关事实接受询问

典型案例

青岛鼎盛优诺高科新能源技术有限公司与王某劳动争议纠纷案［山东省青岛市中级人民法院（2020）鲁02民终3785号］

上诉人（原审原告）：青岛鼎盛优诺高科新能源技术有限公司（以下简称鼎盛技术公司）

被上诉人（原审被告）：王某

裁判观点

人民法院认为，李某认可已收到鼎盛技术公司法定代表人支付的11,800元，但李某未在法院指定的期间内到庭接受询问，应当按照2019年《民事证据规定》第64条的规定，承担对其不利的后果，法院对鼎盛技术公司提交的情况说明予以采信。根据李某出具的情况说明，鼎盛技术公司与李某、王某均已签订劳动合同，李某、王某的工资均已通过现金方式发放，10,000元的维护客户费用已经支付，李某、王某在一审中亦自认鼎盛技术公司法定代表人李某甲为其出具的30,000元欠条载明的款项已付清，李某甲于2019年12月18日向李某转账支付的11,800元李某认可已收到，鼎盛技术公司已不再拖欠李某、王某工资，亦无须支付王某未签订劳动合同的2倍工资。

3.【裁判规则】人民法院认为没有必要本人到庭接受询问的，有权不同意当事人的申请

典型案例

肖某与许某某民间借贷纠纷案［四川省高级人民法院（2015）川民申字第1285号］

再审申请人（一审被告、二审上诉人）：肖某

被申请人（一审原告、二审被上诉人）：许某某

裁判观点

人民法院认为，肖某向二审法院申请调取其在公安机关的报案材料，但报案材料并非当事人及代理律师因客观原因不能取得的证据，且肖某自述其在出具借条后并未立即报案，而是在近半年以后因为再次受到何某某的殴打和威胁才报案，故该报案材料不能证明借条系被胁迫出具的事实，不是审理本案需要的主要证据，二审法院未予调取，并无不当。此外，肖某申请二审法院传唤许某某和何某某到庭接受质证。根据《民诉法司法解释》第110条的规定，二审法院认为没有必要要求许某某本人到庭接受询问，因而没有同意肖某的申请，并不违反司法解释的规定。

4.【裁判规则】人民法院有权根据案情需要，决定是否要求当事人本人到庭接受询问

典型案例

方某某等与向某某民间借贷纠纷案［浙江省高级人民法院（2015）浙民申字第3088号］

再审申请人（一审被告、二审上诉人）：方某某

被申请人（一审原告、二审被上诉人）：向某某

裁判观点

人民法院认为，关于"对审理案件需要的主要证据，当事人因客观原因不能自行收集，书面申请人民法院调查收集，人民法院未调查收集的"这一再审申请事由。该再审申请事由只有在对审理案件需要的主要证据，当事人因客观原因无法收集的情况下，法院才应当调查收集。本案中，连某某、方某某向二审法院申请要求向某某本人出庭说明情况及证人李某乙出庭接受质询，并申请调取连某某与向某某的QQ聊天记录、银行账户往来，向检察机关调取连某某放火一案的卷宗。根据《民诉法司法解释》第110条的规定，人民法院认为有必要的，可以要求当事人本人到庭，就案件有关事实接受询问。二审法院根据本案案情未要求向某某本人到

庭接受询问，并未违反法律规定。证人证言、QQ聊天记录、银行账户往来凭证均非连某某因客观原因无法收集及审理本案需要的主要证据。据前所述，连某某被生效刑事判决认定为限制刑事责任能力人与本案中其是否应当承担民事责任没有必然联系。故二审法院以调查取证申请不属于法院调查收集证据的范围而未予准许，并无不当。

5.【裁判规则】人民法院对当事人本人询问并制作笔录，并经质证，可以作为认定案件事实的依据

典型案例

陈某甲等与陈某乙等民间借贷纠纷案［福建省高级人民法院（2018）闽民申1112号］

再审申请人（一审被告、二审上诉人）：陈某甲等

被申请人（一审原告、二审被上诉人）：陈某乙

裁判观点

人民法院认为，陈某甲等主张叶某甲在第一次庭审后第二次庭审前单独接受一审法院的询问并制作笔录，不符合《民事诉讼法》程序规范，不能作为定案依据。根据查明的事实，一审于2017年5月15日在长乐区人民法院速裁中心对叶某甲进行询问，由记录人进行记录并制作询问笔录，该笔录中载明叶某甲承诺如实陈述本案事实，上述程序符合《民诉法司法解释》第110条第1款的规定，一审在第二次庭审中出示该询问笔录，并要求当事人质证，陈某甲的委托诉讼代理人对该笔录发表质证意见，符合法律规定，故该询问笔录可以作为认定事实的依据之一。陈某甲主张上述司法解释规定的“当庭”指正式的庭审，即应通知各方当事人到庭的庭审，缺乏法律依据，不能成立。

6.【裁判规则】人民法院为查证事实对当事人进行询问，既可以询问一方当事人，也可以同时询问双方当事人

典型案例

湖北志裕房地产开发有限公司与龚某某等民间借贷纠纷案［湖北省高级人民

法院（2019）鄂民申992号］

再审申请人（一审被告、二审上诉人）：湖北志裕房地产开发有限公司（以下简称志裕公司）

被申请人（一审原告、二审被上诉人）：龚某某

裁判观点

人民法院认为，宗霖公司因资金周转需要，由王某甲之父王某乙以王某甲及宗霖公司的名义向龚某某借款人民币100万元，志裕公司在借条上签字盖章进行担保。所借款项宗霖公司用于其承接志裕公司的工程中。因王某乙与王某甲系父子关系，且王某甲系宗霖公司的股东（实际经营者和负责人），后来王某甲也向法院出具情况说明，认可其父王某乙的行为，因此原判决认定宗霖公司、王某甲向龚某某借款100万元有事实依据。志裕公司申请再审认为原判决认定事实的主要证据未经质证，即其认为一审法院不应单方与当事人龚某某、王某甲见面并制作笔录，而根据《民诉法司法解释》第110条的规定，人民法院为查证事实，可以对当事人进行询问，既可以询问一方当事人，也可以同时询问双方当事人。因此志裕公司认为一审法院不应单方与当事人龚某某、王某甲见面并制作笔录缺乏法律依据，至于所制作的笔录二审法院在庭审时也经过对方当事人质证发表意见，因此二审法院在此基础上认定该笔录的效力并认定相关案件事实并无不当。

（二）法律后果

1.【裁判规则】当事人无正当理由拒不到场、拒不签署或宣读保证书或者拒不接受询问的，待证事实无其他证据证明的，人民法院应当作出不利于该当事人的认定

典型案例

广西凭祥万通国际物流有限公司与四川圳成投资管理有限公司买卖合同纠纷案［广西壮族自治区高级人民法院（2020）桂民终1181号］

上诉人（原审原告）：广西凭祥万通国际物流有限公司（以下简称万通公司）

被上诉人（原审被告）：四川圳成投资管理有限公司（以下简称圳成公司）

裁判观点 ▶▶

人民法院认为，综合上述证据，万通公司对案涉买卖合同关系的基本事实以及双方履行合同的基本情况完成了举证责任。如果圳成公司否认双方之间存在买卖合同关系，应提交反驳证据予以证明。圳成公司经一审法院公告送达开庭传票无正当理由拒不到庭参加诉讼，二审时亦未到庭接受法院询问，根据2019年《民事证据规定》第66条的规定，本案应由圳成公司承担相应的不利后果。万通公司上诉对于货物运输和交付作出了合理陈述，而货物结算并非认定当事人存在买卖合同关系的必需条件，因此万通公司上诉主张其与圳成公司存在买卖合同关系以及其已按约定交付货物、圳成公司未按约定足额支付货款，法院予以支持。

2.【裁判规则】并非当事人本人必须到庭，未通知本人出庭的，不存在程序违法

典型案例 ▶▶

福建鑫隆古典工艺博览城建设有限公司与李某甲民间借贷纠纷案［福建省高级人民法院（2015）闽民终字第2155号］

上诉人（原审被告）：福建鑫隆古典工艺博览城建设有限公司（以下简称鑫隆公司）

被上诉人（原审原告）：李某甲

裁判观点 ▶▶

人民法院认为，原审法院已依法向李某甲送达开庭传票，李某甲亦已委托律师出庭参加诉讼。至于李某甲本人是否出庭应诉，根据《民诉法司法解释》第110条规定，该条款并非必须要求当事人本人到庭，故原审法院没有通知李某甲本人出庭，不存在程序违法之处。

3.【裁判规则】未依法要求当事人本人到庭接受询问，基本事实不清，发回重审

典型案例 ▶▶

姚某某与岳阳市立煜置业有限公司对外追收债权纠纷案［湖南省高级人民法院（2019）湘民终80号］

上诉人（原审被告）：姚某某

被上诉人（原审原告）：岳阳市立煜置业有限公司（以下简称立煜公司）

裁判观点

人民法院认为，本案除案涉2万元利息根据情况说明可推定出借款利率外，对于案涉51,400元和12万元利息是依据什么利率标准计算的，是否超过民间借贷法定利率上限，立煜公司未提交相关证据，一审法院也未依法审查。且姚某某向案外人李某某借款的12万元利息，无借款本金数额是多少的相关证据，无法说明该12万元利息是否在法定利率上限内。另案涉借款无现金交付或转账支付的凭证，姚某某与李某林就部分借款事实陈述不一，对借贷关系发生的真实性有争议，根据《民事诉讼法》第64条和《民诉法司法解释》第110条规定，在本案中，一审法院既未依法要求李某某及相关利害关系人到庭，就有关借款及利息的事实接受询问，也未依据举证责任分配规定作出案涉借款利息是否超过法定利率的认定，一审判决认定的基本事实不清，裁定发回重审。

4.【裁判规则】当事人故意作虚假陈述妨碍人民法院审理的，人民法院应当根据情节，依照法律规定进行处罚

典型案例

中华人民共和国最高人民法院复议决定书［最高人民法院（2020）最高法司惩复10号］

复议申请人：中山市培基电子有限公司（以下简称培基公司）

裁判观点

最高人民法院认为，根据《民事诉讼法》第13条第1款和2019年《民事证据规定》第63条规定，培基公司的虚假陈述行为有违民事诉讼的诚实信用原则，致使一、二审法院未能查清案件事实，并进一步导致一、二审法院作出错误判决，严重妨碍了人民法院审理案件。广东省高级人民法院据此依据《民事诉讼法》第111条、第115条第1款的规定，决定对培基公司罚款20万元，并无不当。

第四节　有专门知识的人

【法理辨析】

一、有专门知识的人

有专门知识的人，区别于鉴定中的专家证人，也被称为专家辅助人，是指“在科学、技术以及其他专业知识方面具有特殊的专门知识或者经验的人，根据当事人的申请并经人民法院通知，出庭就鉴定人作出的鉴定意见或者案件事实所涉及的专门问题进行说明或者发表专业意见的人”〔1〕。在英美法系中，证人分为专家证人（expert witness）和非专家证人（lay witness）。专家证人就案件中的专门性问题提供结论性意见。〔2〕从其定义也不难看出，专家证人的范围非常广泛，无须具备什么法律任命程序，只要符合泛指意义上的“专家”即可，专家的身份问题，也不影响其证言的效力。虽然英美法系的专家证人的选任是当事人自行委托，但为了保证专家证人的公正性，往往强调是专家证人的专业性和独立性。大陆法系国家，对于“专家”，往往采取鉴定权主义或鉴定人主义原则，一般有正式的资格条件或任命程序，强调专家是法院的专家，独立于当事人，意在发挥专家证人用专业性的知识来帮助法官认知案件事实。

有专门知识的人出庭的作用，主要有：一是对鉴定人作出的鉴定意见提出意见，二是对专业问题提出意见。〔3〕有专门知识的人，对鉴定意见所作出的意见，是一种理性的、客观的、专业的认识意见，不是客观事实，也不是像证人一样提供自己所感客观现象。这种意见是“对案件涉及的现象和事实材料所作出的分析和鉴定，是一种意见性证据，法官据此来对专门性问题形成最终的判断和认定。在这个

---

〔1〕 全国人大常委会法制工作委员会民法室编著：《〈中华人民共和国民事诉讼法〉释解与适用》，人民法院出版社2012年版，第120页。

〔2〕 在美国，专家证人是广义上的证人或充当一般证人。《美国联邦证据规则》第702条规定：“如果科学、技术或其他专业知识将有助于事实审判者理解证据或确定争议事实，凭其知识、技能、经验、训练或教育够格为专家的证人可以用意见或其他方式作证。”《美国联邦民事诉讼规则证据规则》，白绿铉、卞建林译，中国法制出版社2005年版，第226页。英国《民事诉讼规则》第35.3条规定了专家证人对法院的优先职责：“（1）专家证人的职责，在于以其专业知识帮助法院解决有关诉讼程序涉及的问题；（2）专家证人的职责，优先于专家证人对指示人或费用承担人之义务。”徐昕译：《英国民事诉讼规则》，中国法制出版社2001年版，第176－177页。

〔3〕 参见全国人大常委会法制工作委员会民法室编著：《〈中华人民共和国民事诉讼法〉释解与适用》，人民法院出版社2012年版，第120－121页。

意义上，可以说专家证人是法官认识专门性问题的助手，专家证据是法官会议室专门性案件事实的手段”[1]。

设立这一制度的目的，主要有两点：其一，鉴定意见为专门性问题，法官和当事人往往并不具备这样的知识储备条件，有必要通过第三方所拥有的专业知识，对鉴定意见形成过程、依据、结论提出中肯、客观意见，避免“以鉴代审”现象，“不能轻易地认为鉴定结论优越于其他证据，否则将陷入形而上学的泥潭。因此，在诉讼活动中要对鉴定结论进行必要的审查判断”[2]，为鉴定的准确性、真实性服务，从而服务于案件的事实真相。其二，有专门知识的人作为一个客观的第三方专业知识，“去伪存真”“去粗取精”，甄别真假，提高法官内心确信的准确度，从而能够尽最大可能地保证案件公正审理。

有专门知识的人作为专家辅助人是2001年《民事证据规定》创设的一种专家证据形式，2012年《民事诉讼法》第79条吸收了2001年《民事证据规定》第61条的内容，在立法上确立了鉴定人与有专门知识的人这种专家辅助人并存的“双层”专家证据制度。专家辅助人是协助当事人就有关专门性问题提出意见或者对鉴定意见进行质证，回答审判人员和当事人的询问，与对方当事人申请的专家辅助人对质等活动，也是围绕着对鉴定意见或者专业问题的意见展开的。功能和目的只是辅助当事人充分有效地完成诉讼活动，并不具有法官的“助理”的功能。

二、司法实务中的有专门知识的人

1.关于有专门知识的人是否出庭的决定权。根据《民事诉讼法》第79条和2020年《民诉法司法解释》第122条规定，有专门知识的人出庭主要是帮助法院了解案件中涉及的专业问题，是否准许，由法院决定。法院对当事人提出的专家证人出庭作证的申请不予准许并不违反法律规定。

2.关于对有专门知识的人的证言采信。根据2020年《民诉法司法解释》第122条第1、2款规定，专家证人即具有专门知识的人作证应属于法定证据形式，人民法院对“专家证人”的证言是否采信应结合案件其他证据，依照相关法律规定予以认定。依照2020年《民诉法司法解释》第122条的规定，一方当事人提交的具有专门

〔1〕 韩象乾主编：《民事证据理论新探》，中国人民公安大学出版社2006年版，第219页。

〔2〕 李国光主编：《最高人民法院〈关于民事诉讼证据的若干规定〉的理解与适用》，中国法制出版社2002年版，第401页。

知识的人提供的专家意见书，该专家意见书为专家辅助人对涉案的专业性问题发表的专业意见，属于当事人的陈述。

3.审判中询问专家辅助人的意见属于证据种类的哪一种。〔1〕《民事诉讼法》第63条规定了八种证据种类，审判实践中对于专家辅助人发表意见属于证据种类的哪一种存在争议，主要观点有两种：一是认为属于当事人陈述；二是认为属于专家证人或准用鉴定意见规定。笔者认为，专家辅助人意见应当属于证据种类中的当事人陈述。根据《民事诉讼法》第79条规定，当事人可以申请人民法院通知有专门知识的人出庭，就鉴定人作出鉴定意见或专业问题提出意见。2020年《民诉法司法解释》第122条规定，当事人可以在举证期限届满前申请一至二名具有专门知识的人出庭，代表当事人对鉴定意见进行质证，或者对案件事实所涉及的专业问题提出意见。具有专门知识的人在法庭上就专业问题提出的意见，视为当事人的陈述。结合《民事诉讼法》及其司法解释的规定，可以得出以下结论：第一，专家辅助人只能由当事人向人民法院提出申请，法院不能依职权主动通知有专门知识的人出庭。人民法院认为当事人申请专家辅助人出庭没有必要的，可以驳回当事人申请。第二，专家辅助人不同于专家证人，其在诉讼中的功能是单一地协助当事人就有关专门性问题提出意见或者对鉴定意见进行质证，回答审判人员和当事人的询问，其出席法庭审理时不能视为证人陈述意见，发表意见视为当事人陈述。第三，专家辅助人在法庭上的活动仅限于专门性问题相关范围，专门性问题之外其他问题，专家辅助人不能参与。在法庭涉及专门性问题事实调查结束后，应当责令专家辅助人退出审判区。

【典型案解】

（一）出庭程序

1.【裁判规则】具有专门知识的人应当由当事人自行邀请，并经人民法院准许

典型案例 ▶▶

王某某等与李某某合伙纠纷案［最高人民法院（2015）民申字第2566号］

---

〔1〕 本段参见最高人民法院民事审判第一庭编：《民事审判指导与参考》（总第69辑），人民法院出版社2017年版，第249页。

再审申请人（一审被告、反诉原告、二审上诉人）：王某某等

被申请人（一审原告、反诉被告、二审被上诉人）：李某某

裁判观点 ▶▶

最高人民法院认为，一审法院基于内永房评字（2014）第006号《房地产评估报告》及结论符合学校用地性质和市场交易惯例，依法予以采信。王某某、王某娟提出该评估报告不能作为证据使用，但未申请重新鉴定，仅要求"专家到法庭上来给予意见"，并要求进行行政复议。对此问题，根据《民诉法司法解释》第122条规定精神，当事人可以申请一至二名具有专门知识的人出庭，但一般情况下，"具有专门知识的人"应当由当事人自行邀请，并经人民法院准许。王某某、王某娟并未提出其在举证期限届满前已经邀请了具有专门知识的人出庭，即使其已经邀请，但是否准许由人民法院决定。

2.【裁判规则】当事人申请通知一至两名具有专门知识的人出庭，就鉴定意见或者专业性问题提出意见的，人民法院可以准许

典型案例 ▶▶

张某某与广东省广州市人民检察院水污染责任纠纷环境民事公益诉讼案［广东省高级人民法院（2018）粤民终2466号］

上诉人（原审被告）：张某某等

被上诉人（原审公益诉讼人）：广东省广州市人民检察院（以下简称广州市人民检察院）

裁判观点 ▶▶

人民法院认为，根据《环境侵权案件司法解释》第9条的规定，一审法院根据广州市人民检察院的申请，通知许某、孙某作为专家辅助人出庭，为涉案专业问题提出意见，符合法律规定。许某、孙某在法庭上提出的意见，经当事人质证，可以作为认定案件事实的根据。邝某某上诉称孙某的意见不具有可信度，理据不足，法院不予支持。

3.【裁判规则】法律赋予了当事人可以申请一至二名具有专门知识的人出庭，未行使该诉讼权利，视为放弃

典型案例 ▶▶

黑龙江富华建筑安装工程有限公司与鸡西市体育局等建设工程施工合同纠纷案［黑龙江省高级人民法院（2018）黑民终508号］

上诉人（一审原告）：黑龙江富华建筑安装工程有限公司（以下简称富华公司）

上诉人（一审被告）：鸡西市体育局等

裁判观点 ▶▶

人民法院认为，一审法院依法选定鉴定机构，鉴定意见中附有鉴定机构与鉴定人员相应的资质证书，根据《全国人大常委会关于司法鉴定管理问题的决定》第2条的规定，工程造价咨询不属于实行司法鉴定登记管理制度的范围，是否具有司法鉴定资质证书，不影响对工程价款进行鉴定的资格认定。鸡西市体育局在一审期间以不同意鉴定为由拒绝参加选择鉴定机构，是对自身权利的放弃，鉴定人员也不存在回避或不宜参加鉴定程序的法定事由，一审法院选定程序符合规定。一审法院于2017年11月7日向当事人送达鉴定意见，又于2017年11月21日再次限定鸡西市体育局10日内对鉴定意见提出异议，期限已达20余天，应视为期限合理。鸡西市体育局提出鉴定部门不与其核对等问题，并举示北京永拓同望工程造价咨询有限公司所作的咨询报告，仅进行相互对比，部分数额可见工程量与取费有增减，但未逐项说明增减的理由与依据。鉴定意见作为民事诉讼证据，法律赋予当事人质证的权利，《民诉法司法解释》第122条、第123条还赋予了当事人可以申请一至二名具有专门知识的人出庭，代表当事人对鉴定意见进行质证，或者对案件事实所涉及的专业问题提出意见的权利。而鸡西市体育局并未根据法律规定行使诉讼权利。依据2001年《民事证据规定》第71条规定，应认定鸡西市体育局没有足以反驳的相反证据和理由，案涉鉴定符合法定程序，可以认定案涉鉴定意见的证明力。

4.【裁判规则】人民法院可以对出庭的具有专门知识的人进行询问

典型案例 ▶▶

周某与张某某等环境污染责任纠纷案［新疆维吾尔自治区高级人民法院生产

建设兵团分院（2017）兵民申59号］

再审申请人（一审被告、二审被上诉人）：周某

被申请人（一审原告、二审上诉人）：张某某等

裁判观点

人民法院认为，根据《民诉法司法解释》第123条规定，二审法院于2015年11月12日对农一师农科所园林室负责人曹某某就有关专门性问题进行询问，周某在二审时明确认可曹某某的谈话笔录，二审法院认定该证据的效力并无不当。再审审查期间，周某否认该谈话笔录，因未提供充分的证据予以反驳，法院不予支持。二审法院结合曹某某的谈话笔录，采信了新疆农林牧司法鉴定中心作出的鉴定意见书中关于张某某种植苹果遭受的损失及骏枣、灰枣单价的内容亦无不当。

5.【裁判规则】具有专门知识的人可以参与对鉴定意见的质询

典型案例

唐某某与尹某某等委托理财合同纠纷案［黑龙江省高级人民法院（2018）黑民申2441号］

再审申请人（一审原告、二审上诉人）：唐某某

被申请人（一审被告、二审被上诉人）：尹某某等

裁判观点

人民法院认为，2017年12月4日的开庭审理中，牡丹江市中级人民法院组织双方对鉴定人进行质询。此次庭审中，黑龙江新讼司法鉴定中心高级工程李某某作为唐某某的专家辅助人出庭，并向鉴定人提问。［2016］技鉴字第1748号《鉴定意见书》的两位鉴定人员，司法鉴定科学技术研究所司法鉴定中心高级工程师凌某某、周某某到庭接受质询，对鉴定方法、鉴定过程、检材与样本的符合点与不符合点、为何出具倾向性结论等事项进行了回答。对于唐某某关于原审法院不批准专家辅助人出庭、鉴定人出庭未完整回答质疑的主张，法院不予支持。

6.【裁判规则】当事人申请的具有专门知识的人的相关费用，不属于鉴定费用

典型案例

山西远为房地产开发有限公司与山西八建集团有限公司建设工程施工合同纠纷案［山西省高级人民法院（2018）晋民申2103号］

再审申请人（一审被告、二审上诉人）：山西远为房地产开发有限公司（以下简称远为房地产公司）

被申请人（一审原告、二审上诉人）：山西八建集团有限公司（以下简称八建公司）

裁判观点

人民法院认为，《民诉法司法解释》第122条第3款“人民法院准许当事人申请的，相关费用由提出申请的当事人负担”的规定，是指当事人申请具有专门知识的人出庭，代表当事人对鉴定意见进行质证或者对案件事实所涉及的专业问题提出意见，人民法院准许当事人申请的，相关费用由提出的申请人负担。根据《诉讼费交纳办法》规定，诉讼费是指当事人为向人民法院提起诉讼程序应当缴纳的费用，包括案件受理费和其他诉讼费用。当事人应当向人民法院交纳的诉讼费用包括：案件受理费、申请费、证人、鉴定人、翻译人员、清算人员在法院指定日期出庭发生的交通费、住宿费、生活费和误工补贴。本案鉴定费属于诉讼费用。原审法院根据诉讼费用负担原则作出一审鉴定费分担的认定，并无不妥。

7.【裁判规则】在案件中担任过鉴定人的人员不宜作为任何一方当事人的专家辅助人出庭

典型案例

陶某某与庆云县第一烟花厂等产品责任纠纷案［山东省高级人民法院（2017）鲁民终32号］

上诉人（原审被告）：陶某某

被上诉人（原审原告）：庆云县第一烟花厂（以下简称庆云烟花厂）等

裁判观点

人民法院认为，根据《民诉法司法解释》第122条的规定，张某某作为庆云烟花厂一方的专家辅助人，其关于产品质量与产生爆炸概率的意见，应为庆云烟花厂一方的陈述。一审法院委托鉴定机构对案涉产品质量不合格与发生爆炸进行因果关系鉴定，但鉴定机构对此没有作出鉴定结论或说明。根据庆云县安监局对爆炸事故的调查报告，发生爆炸的直接原因是静电积聚引起爆炸或者装药工取药过程操作失误导致跌落撞击引起，间接原因为安全教育、安全管理不到位，并未认定产品与爆炸事故之间存在必然的因果关系，庆云烟花厂的陈述在没有其他证据佐证的情况下，不能作为认定本案事实的依据。由于法院委托的鉴定内容中包含产品与爆炸事故之间是否存在因果关系，张某某作为鉴定人之一，其意见已经全体鉴定人员集体研究讨论，而鉴定机构出具的鉴定意见中对此并未作出结论，因此，庆云烟花厂关于因果关系的陈述不具备客观真实性，法院不予采信。此外，专家辅助人作用是代表当事人对鉴定意见进行质证或者对案件事实所涉及的专业问题提出意见，目的是维护当事人的利益，张某某是本案鉴定机构的鉴定人员，参与了涉案鉴定，从维护司法鉴定的客观性、公正性的角度，在案件中担任过鉴定人的人员也不宜作为任何一方当事人的专家辅助人出庭。综上所述，庆云烟花厂主张陶某某、王某某及泰旺公司提供的产品与本案爆炸事故的发生存在因果关系证据不足，一审法院对于因果关系的认定有误，法院予以纠正。

8.【裁判规则】以法院未为其委托或指定具有专门知识的人出庭属于未依法调查取证的，不予支持

典型案例

史某某等与四川大学华西医院医疗损害责任纠纷案［四川省高级人民法院(2015)川民申字第1320号］

再审申请人（一审原告、二审上诉人）：史某某

被申请人（一审被告、二审被上诉人）：四川大学华西医院（以下简称华西医院）等

裁判观点

人民法院认为，根据《民事诉讼法》第79条和《民诉法司法解释》第122条的规

定,《民事诉讼法》第79条规定的有专门知识的人是作为当事人的诉讼辅助人参加诉讼的,应由当事人自行选择和委托,人民法院的职责是审查决定是否准许当事人的申请,以及通知当事人委托的具有专门知识的人出庭。因此,当事人委托具有专门知识的人出庭就专业问题提出意见,不属于《民事诉讼法》第64条第2款规定的"当事人及其诉讼代理人因客观原因不能自行收集的证据,或者人民法院认为审理案件需要的证据,人民法院应当调查收集"的范围。史某某等以二审法院未为其委托或指定具有专门知识的人出庭,属于未依法调查收集证据为由申请再审,法院不予支持。

(二)证据属性

1.【裁判规则】当事人有权选择具有特殊的专门知识和经验的专家就专门性问题向人民法院出具意见和说明

典型案例

唐某某与天津第一市政公路工程有限公司等噪声污染责任纠纷案[辽宁省高级人民法院(2014)辽审三民申字第106号]

再审申请人(一审原告、二审被上诉人):唐某某

被申请人(一审被告、二审上诉人):天津第一市政公路工程有限公司等

裁判观点

人民法院认为,根据2001年《民事证据规定》第61条规定,当事人有权选择具有特殊的专门知识和经验的专家就专门性问题向人民法院出具意见和说明。诉讼期间唐某某提供了张某某的高级兽医师资格证书和动物诊疗许可证,因此应重点审查张某某的现场调查记录和诊断书是否客观、科学、公正。而原判仅以张某某没有关于动物死亡原因的司法鉴定资质为由对其出具的现场调查记录和诊断书不予采信,法律依据不足。

2.【裁判规则】有专门知识的人出庭就鉴定意见及专业技术问题提出意见,应视为当事人的陈述

典型案例

山西医科大学第一医院与张某某等医疗损害责任纠纷案[最高人民法院

(2018) 最高法民申4593号]

再审申请人(一审被告、二审上诉人):山西医科大学第一医院(以下简称山大一院)

被申请人(一审原告、二审上诉人):张某某等

裁判观点

最高人民法院认为,依照《民事诉讼法》第79条以及《民诉法司法解释》第122条规定,当事人申请有专门知识的人出庭应当在举证期限届满前申请。首先,案涉鉴定结论系在原一审时经山大一院申请后由鉴定机构作出,在原审一、二审及重审一审中山大一院均未提出具有专门知识的人出庭的申请,其在重审二审庭审中提出该项申请,超过了法定的举证期限,亦未提出合理的理由。其次,该鉴定意见已经过双方的质证,山大一院已经就此行使过辩论权;山大一院申请有专门知识的人出庭系就本案的专业技术鉴定意见及专业技术问题提出意见。按照上述法律规定,该意见应视为当事人的陈述,山大一院未能获得该当事人陈述机会的原因在于其未按照法律规定在举证期限届满前申请,而非人民法院不让当事人行使辩论权利,山大一院应对其不按法律规定行使诉讼权利承担不利的法律后果。

3.【裁判规则】有专门知识的人出庭发表的专家意见,可以作为认定案件事实的佐证

典型案例

杨某甲与许乙等著作权权属、侵权纠纷案[江苏省高级人民法院 (2014) 苏知民终字第0122号]

上诉人(一审原告):杨某甲

被上诉人(一审被告):许乙等

裁判观点

人民法院认为,根据《民事诉讼法》第79条和2001年《民事证据规定》第61条规定,法院书面通知双方当事人均可以向法庭提供有一定影响力的中国山水画画家作为专家诉讼辅助人出庭,就中国山水画的创作特点及争议作品的笔性、气息

等特点，向法庭作出说明。根据《著作权法》第11条第4款规定，作品中的署名只是作品著作权权属的初步证据，法律允许他人提出反证以推翻作品的署名，并据此主张权利。根据2001年《民事证据规定》第2条规定，本案中，《雨后某某》等15幅争议作品均系中国山水画，双方当事人对作品著作权归属争议极大，尽管杨某甲根据一审要求当庭现场作画，但由于许乙本人拒绝出庭且拒绝当庭作画，导致案件事实较难判断。但历经一审和二审，特别是双方当事人申请专家诉讼辅助人出庭发表专家意见，法院认为，尽管争议作品署名为许乙，但杨某甲提供的现有证据已足以推翻许某为争议作品创作者的事实，且能够证实争议作品系杨某甲本人创作，而相反许乙提供的证据均不足以支持其为作者。因此，许乙在杨某甲的作品上署名，侵害了杨某甲的著作权，依法应当承担相应的民事责任。多数专家意见证实杨某甲的画作与争议作品具有相同的笔性和气息。法院认为，中国画尤其是写意画，非常重要的是笔性和气息。一个中国山水画画家长期作画，自然会形成其独特风格，且不同画家会产生不同的笔性和气息，这是画家作画习惯风格的自然流露，而有经验的鉴赏者甚至将画卷打开到一半即能看出此画的笔性和气息，此乃画界之共识。对于杨某甲背临完成的《雨后某某》，尽管一审中许乙申请的画家董某某出庭作证，认为杨某甲现场作画的水平不如保全的作品，且在帆船、树的画法上用笔不同，但一、二审中杨某甲申请出庭的画家宫某某、梁某某、王某某、胡某某均当庭发表了相同的专家意见，即杨某甲背临完成的《雨后某某》与保全作品《雨后某某》及其他争议作品具有完全相同的笔性和气息，均是杨某甲创作完成的作品。对此，法院认为，综合分析双方专家意见，画家宫某某、梁某某、王某某、胡某某的专家意见，说理充分，且有杨某甲提供的大量证据予以佐证，应当予以采信。

（三）证据证明力

1.【裁判规则】公文书证的证明效力一般优于专家意见书

典型案例

张某某与咸宁市汇美达工贸有限公司等合同纠纷案［湖北省高级人民法院(2017)鄂民终315号］

上诉人（原审原告、反诉被告）：张某某

被上诉人（原审被告、反诉原告）：咸宁市汇美达工贸有限公司等

裁判观点 ▶▶

人民法院认为，根据《民诉法司法解释》第122条第2款的规定，具有专门知识的人出庭作证和出具的专家意见书只能作为瑞仁公司的当事人陈述。根据2001年《民事证据规定》第77条第1项的规定，湖北省商品质量监督检验研究中心的检验报告和湖北省食品药品监督管理局颁发的食品添加剂DHA生产许可证作为公文书证，其证明效力优于专家意见书，应当认定张某某在瑞仁公司工作期间，生产出了合格的食品添加剂DHA产品。

2.【裁判规则】未能举证证明鉴定机构存在背离鉴定资料或者随意主观判断的情形，单方委托专家辅助人的意见不足以取代或者否定鉴定意见

典型案例 ▶▶

陕西女皇实业有限公司与福建宏盛建设集团有限公司建设工程施工合同纠纷案［最高人民法院（2020）最高法民申908号］

再审申请人（一审被告、反诉原告、二审上诉人）：陕西女皇实业有限公司（以下简称女皇公司）

被申请人（一审原告、反诉被告、二审上诉人）：福建宏盛建设集团有限公司（以下简称宏盛公司）

裁判观点 ▶▶

最高人民法院认为，一审法院根据宏盛公司的申请，依法委托具有鉴定资质的鉴定机构华春公司对宏盛公司已完工程的造价进行鉴定，双方当事人提交了鉴定所需的资料并进行了质证。鉴定意见作出后，鉴定人员出庭接受了双方当事人以及女皇公司申请的专家辅助人的质询并进行了答复与说明。对于女皇公司提出的工程造价鉴定意见书在征求意见稿基础上随意调高造价金额的质疑，鉴定人员在出庭接受质询时亦作出了合理说明。女皇公司对本案工程造价鉴定意见书提出异议，并另行委托专家辅助人对鉴定意见进行审查。但专家辅助人系由女皇公司单方委托，且专家辅助人的审查不同于鉴定，不足以取代或者否定鉴定机构的鉴定结论。女皇公司未能举证证明鉴定机构存在背离鉴定资料或者背离工程实际随意主观判断的情形，其仅以单方委托的专家辅助人出具的审查意见与工程造价鉴定意见书结论存在差异、原审法院未按照“最大误差核查法”进行审查为由，主张工程造价鉴定意见书不应作为裁判依据，理由不能成立。

3.【裁判规则】具有专门知识的人的专家陈述的意见不足以证明案件事实的，不予采信

典型案例

中国平安财产保险股份有限公司浙江分公司与浙江泰通船舶有限公司等海事海商纠纷案［浙江省高级人民法院（2019）浙民终1149号］

上诉人（原审原告）：中国平安财产保险股份有限公司浙江分公司（以下简称平安财险浙江分公司）

被上诉人（原审被告）：浙江泰通船舶有限公司（以下简称泰通公司）等

裁判观点

人民法院认为，平安财险浙江分公司二审中申请专家作为具有专门知识的人出庭陈述的相关意见，因该专家并未到达事故现场进行过查勘，也未亲眼见过受损主机及曲轴的实物，其仅依据华碧公司技术意见书中摘录的照片打印件展开分析判断。该专家在照片中看到的曲轴受损部位已经经过了机械修理师的打磨处理，该照片并不能够直接反映事故发生时的曲轴外观，故该专家陈述的意见并不足以证明涉案事故原因，不予采信。

4.【裁判规则】有专门知识的人出庭参与的诉讼活动仅是就鉴定意见或者专业问题提出意见，不能作为判断鉴定意见是否正确的依据

典型案例

卢某与魏某某所有权纠纷案［吉林省高级人民法院（2017）吉民申3626号］

再审申请人（一审被告、二审上诉人）：卢某

被申请人（一审原告、二审被上诉人）：魏某某

裁判观点 ▶▶

人民法院认为，笔迹鉴定属专业问题，应由鉴定解决，并非常人所能判断。一审法院委托对魏某笔迹进行鉴定，程序合法，鉴定人出庭接受质询时虽然表述有些特征在参考样本中出现，但同时明确鉴定的样本为双方认可并经法院提交鉴定机构的四个样本。根据《民事诉讼法》第79条和《民诉法司法解释》第123条规定，当事人申请的有专门知识的人出庭参与诉讼活动仅是就鉴定人作出的鉴定意见或者专业问题提出意见，故李某某的意见不能作为判断鉴定意见是否正确的依据。根据2001年《民事证据规定》第27条规定，卢某申请重新鉴定不符合上述规定条件，不应予以支持。

（四）司法认定

1.【裁判规则】具有专门知识的人的意见视为当事人的陈述，应结合全案证据综合认定相关案件事实，符合证据认定规则

典型案例 ▶▶

陈某某与李某某等机动车交通事故责任纠纷案［吉林省高级人民法院(2019)吉民申1824号］

再审申请人（一审被告、二审上诉人）：陈某某

被申请人（一审原告、二审被上诉人）：李某某等

裁判观点 ▶▶

人民法院认为，陈某某对原审法院作为定案依据的鉴定意见提出诸多质疑，但没有提供充分证据证明存在符合2001年《民事证据规定》第27条规定的启动重新鉴定的情形，故原审法院对陈某某申请重新鉴定未予准许并无不当。根据《民诉法司法解释》第122条第2款规定，陈某某虽然在原审审理期间申请专家辅助人出庭，但根据前述司法解释的规定该意见视为陈某某的陈述，原审法院结合全案证据综合认定相关案件事实，符合证据认定规则。吉林大众司法鉴定所是经人民法院委托的具备相关资质的鉴定机构，陈某某没有提供充分证据证明鉴定程序违法，且鉴定依据的病历是经过陈某某质证并且认可的，故原审法院以鉴定意见作为定案依据并无不妥。

2.【裁判规则】具有专门知识的人提供的意见，可以作为认定案件的参考依据

典型案例 ▶▶

张某甲等与周某乙健康权纠纷案［江苏省高级人民法院（2018）苏民申3111号］

再审申请人（一审被告、二审被上诉人）：张某甲

被申请人（一审原告、二审上诉人）：周某乙等

裁判观点 ▶▶

人民法院认为，根据监控视频所反映的事实，2016年11月4日16时29分至33分左右，张某甲在与周某乙游戏过程中导致周某乙摔倒在地。当天晚上周某乙送医救治，后接受开颅血肿清除术，构成10级伤残。本案主要争议在于周某乙受伤与张某甲行为是否有因果关系。二审中出庭的崔某某系医学博士、主任医师，其根据周某乙的申请，就案件事实所涉及的专业问题提出意见，身份属于《民诉法司法解释》第122条规定的专家辅助人。根据崔某某当庭陈述，小孩的受伤特别是脑外伤，其受伤程度完全超出常人的认识，张某甲把周某乙推倒在地可以造成颅内出血，不一定要碰到头部，有可能碰到肩膀就可能造成脑部受伤等。周某乙二审提交的相关医学资料亦记载由于儿童头颅发育的特点，使外力和损伤的程度常不成比例，有时很轻的外力可造成严重的脑损伤等。综合上述分析，周某乙在跌倒时头部是否撞到地面或滑梯，不是认定是否构成颅脑损伤的决定性因素。对于监控视频反映的事实以及崔某某的专业意见、医学资料的记载，张某甲等未能提供反驳证据，故周某乙举证能够形成证据优势，证明其受伤与张某甲行为之间存在因果关系。二审法院结合事情起因、双方当事人年龄对比、监护人责任等因素，对赔偿比例进行的酌定符合本案实际情况，并无不当。

3.【裁判规则】主张应当以出庭专家的意见作为定案依据，不应以鉴定意见作为定案依据，没有法律依据

典型案例 ▶▶

云南省第一人民医院与张某某医疗损害责任纠纷案［云南省高级人民法院

(2016) 云民申378号]

再审申请人(一审被告、二审上诉人):云南省第一人民医院(以下简称省第一人民医院)

被申请人(一审原告、二审上诉人):张某某

裁判观点

人民法院认为,云南鼎丰司法鉴定中心及作出本案云鼎(2012)医鉴定字第1912号和云鼎(2014)医鉴字第298号《法医学鉴定意见书》的鉴定人员丁某、周某、钟某均具有合法的鉴定资质,本案双方当事人在一审过程中,于2012年11月22日一致同意由一审人民法院指定云南鼎丰司法鉴定中心对省第一人民医院的诊疗行为是否存在过错、是否存在损害后果以及过错与损害后果之间是否存在因果关系进行司法鉴定。综上所述,本案司法鉴定机构及鉴定人员的资质、鉴定机构的选择程序均符合法律的规定。根据《民诉法司法解释》第122条第1款、第2款规定,再审申请人提出的,本案应当以出庭专家的意见作为定案依据,而不应以云南鼎丰司法鉴定中心的鉴定意见作为定案依据,因为司法鉴定人员仅具有医学学位而不具有临床经验的主张,依法不予支持。

4.【裁判规则】具有专门知识的人出具的意见与案件事实相矛盾的,不予采信

典型案例

陈某某与北京燃气集团山东有限公司乳山分公司健康权、身体权、财产损害赔偿纠纷案[山东省高级人民法院(2016)鲁民再39号]

再审申请人(一审原告、二审上诉人):陈某某

被申请人(一审被告、二审上诉人):北京燃气集团山东有限公司乳山分公司(以下简称北京燃气公司)

裁判观点

人民法院认为,根据《民诉法司法解释》第122条规定,规定系就专家辅助人在民事诉讼中参与诉讼活动作出的规定,苏某某在本案中的诉讼地位是诉讼辅助人,其就专业问题提出的意见,视为当事人陈某某的陈述。关于苏某某就专业问题提

出的意见，由于北京燃气公司对苏某某出具专业意见的资格不予认可，苏某某执业的山东永鼎司法鉴定所曾接受陈某某的委托为其出具鉴定意见，苏某某为鉴定人之一，且苏某某提出的意见与原审法院对乳山市建设局燃气办公室主任刘某某进行调查时其陈述的意见相矛盾，故法院对其出具的意见书不予采信。

第八章　免证事实

司法实践问题与法条适用导航

序号	司法实践问题	法条适用导航
1	免证事实的范围	2019年《民事证据规定》第10条第1款[1]
2	免证事实的反驳与推翻	2019年《民事证据规定》第10条第2款[2]
3	借款人能够举证证明在签订借款合同时出借人尚欠银行贷款未还的，一般可以推定为出借人套取信贷资金	《九民会议纪要》第52条[3]
4	患者依法向人民法院申请医疗机构提交由其保管的与纠纷有关的病历资料等，医疗机构未在人民法院指定期限内提交的，推定医疗机构有过错	2020年《医疗损害责任纠纷司法解释》第6条[4]
5	已为发生法律效力的刑事裁判所确认的事实，当事人在生态环境损害赔偿诉讼案件中无须举证证明	2020年《生态环境损害赔偿司法解释（试行）》第8条第1款[5]

1　2019年《民事证据规定》第10条第1款规定："下列事实，当事人无须举证证明：（一）自然规律以及定理、定律；（二）众所周知的事实；（三）根据法律规定推定的事实；（四）根据已知的事实和日常生活经验法则推定出的另一事实；（五）已为仲裁机构的生效裁决所确认的事实；（六）已为人民法院发生法律效力的裁判所确认的基本事实；（七）已为有效公证文书所证明的事实。"

2　2019年《民事证据规定》第10条第2款规定："前款第二项至第五项事实，当事人有相反证据足以反驳的除外；第六项、第七项事实，当事人有相反证据足以推翻的除外。"

3　《九民会议纪要》第52条规定："【高利转贷】民间借贷中，出借人的资金必须是自有资金。出借人套取金融机构信贷资金又高利转贷给借款人的民间借贷行为，既增加了融资成本，又扰乱了信贷秩序，根据民间借贷司法解释第14条第1项的规定，应当认定此类民间借贷行为无效。人民法院在适用该条规定时，应当注意把握以下几点：一是要审查出借人的资金来源。借款人能够举证证明在签订借款合同时出借人尚欠银行贷款未还的，一般可以推定为出借人套取信贷资金，但出借人能够举反证予以推翻的除外；二是从宽认定'高利'转贷行为的标准，只要出借人通过转贷行为牟利的，就可以认定为是'高利'转贷行为；三是对该条规定的'借款人事先知道或者应当知道的'要件，不宜把握过苛。实践中，只要出借人在签订借款合同时存在尚欠银行贷款未还事实的，一般可以认为满足了该条规定的'借款人事先知道或者应当知道'这一要件。"

4　2020年《医疗损害责任纠纷司法解释》第6条规定："民法典第一千二百二十二条规定的病历资料包括医疗机构保管的门诊病历、住院志、体温单、医嘱单、检验报告、医学影像检查资料、特殊检查（治疗）同意书、手术同意书、手术及麻醉记录、病理资料、护理记录、出院记录以及国务院卫生行政主管部门规定的其他病历资料。患者依法向人民法院申请医疗机构提交由其保管的与纠纷有关的病历资料等，医疗机构未在人民法院指定期限内提交的，人民法院可以依照民法典第一千二百二十二条第二项规定推定医疗机构有过错，但是因不可抗力等客观原因无法提交的除外。"

5　2020年《生态环境损害赔偿司法解释（试行）》第8条第1款规定："已为发生法律效力的刑事裁判所确认的事实，当事人在生态环境损害赔偿诉讼案件中无须举证证明，但有相反证据足以推翻的除外。"

第一节　司法认知

【法理辨析】

一、司法认知内涵

司法认知，是指"法庭对众所周知的且无争议的事实予以承认和接受，从而免除当事人对该事实的举证责任，可被司法认知的事实范围广泛，如国家法律、国际法、历史事件、地理特征等。法庭可以主动对某一事实予以司法认知，也可以应当事人的申请进行"〔1〕。关于司法认知的主要功能就是举证责任的免除，即"免除当事人举证的事实"〔2〕。免除证明的主要原因在于事实已清，"若法院已知悉，则此事实之真相已明，一造当事人纵有争执，主张之一造当事人亦无复再为举证之必要，故无庸举证也"〔3〕。正是基于此，"法官就某些特定的待证事实在审判上直接加以确认，从而免除当事人证明责任的一种诉讼程式"。〔4〕域外国家的民事诉讼法或民事证据法中都有关于司法认知的相关规定。〔5〕

〔1〕　薛波主编：《元照英美法词典》，法律出版社2003年版，第750页。

〔2〕　李国光主编：《最高人民法院〈关于民事诉讼证据的若干规定〉的理解与适用》，中国法制出版社2002年版，第131页。

〔3〕　周荣编著：《证据法要论》，中国政法大学出版社2012年版，第30页。

〔4〕　毕玉谦、郑旭、刘善春：《中国证据法草案建议稿及论证》，法律出版社2003年版，第706页。

〔5〕　例如，《美国联邦证据规则》第2章第201条（b）项规定："适用司法认知的事实必须下属于合理争议的范畴，即：（1）在审判法院管辖范围内众所周知的事实；或（2）能够被准确地确认和随时可借助某种手段加以确认，该手段的准确性不容被合理质疑。"《美国联邦民事诉讼规则证据规则》，白绿铉、卞建林译，中国法制出版社2005年版，第214页。

二、生效裁判的“足以推翻”

根据2019年《民事证据规定》第10条“下列事实，当事人无须举证证明：……（六）已为人民法院发生法律效力的裁判所确认的基本事实”的规定，已为人民法院发生法律效力的裁判所确认的事实，即预决的事实，当事人无须举证，可以直接作为证据证明自己的主张。生效裁判文书的效力具有不可否认的证据证明力，其“证明力是绝对的”[1]，依法律规定的程序撤销的除外。预决的事实之所以不需要证明，“一是因为该事实已为人民法院所查明，客观上无须再次证明之必要；二是因为该事实已为人民法院裁判所认定，该裁判具有法律约束力，这种约束力也包括对该事实认定上的不可更改性”[2]。如当事人对生效的裁判所确认的事实不服，意图推翻裁判文书的既判力，只能通过法律规定的审判监督程序予以纠正。生效裁判所确认的事实之所以能够成为当事人的免证事实，是因为生效裁判文书所确认的事实具有国家审判机关终局解决纠纷的既定效力，[3]或者说，生效裁判文书是国家审判机关依审判程序所确认的事实，这些事实预先确定了后续同一待证事实的认定。

2019年《民事证据规定》第10条中的免证事实的规定，是对2020年《民诉法司法解释》第93条所规定的“已为人民法院发生法律效力的裁判所确认的事实”进行的调整，将“事实”调整为“基本事实”，即当事人对于生效裁判所确定的基本事实属于免证事实，除非“有相反证据足以推翻”。根据民事诉讼既判力理论，当事人对于已经正式判决的案件，不得申请再次审理，目的是防止重复诉讼，维护判决的稳定性、终局性和权威性。

关于裁判文书中的“基本事实”问题，就不得不提到既判力理论，即裁判文书中哪些内容具有既判力。既判力，源于拉丁文“res judicata”，原指司法最终解决的事项。《布莱克法律辞典》（第9版）认为，“res judicata”是指已判决的事项或案件，其效力规则是有完全事物管辖权的法院作出的终局判决对当事人及其利害关系人的权利具有决定作用，同时该判决绝对地阻止他们就同一请求和诉因再行起诉。既判力是一种正当的辩护理由，其具有以下两种用途：一是既判力能够阻却已经实

---

〔1〕 最高人民法院民事审判第一庭编：《民事审判指导与参考》（总第36集），法律出版社2009年版，第219页。

〔2〕 最高人民法院民事审判第一庭编：《民事审判指导与参考》（总第36集），法律出版社2009年版，第206页。

〔3〕 参见最高人民法院民事审判第一庭编：《民事审判指导与参考》（总第30集），法律出版社2007年版，第220页。

际审理并裁决的诉讼请求，这种现象通常被称为争点阻却，或者“附随禁反言”；二是既判力被用来阻却那些从未提起，但本应在前一诉讼中提起的诉讼请求，通常被称为主张阻却，其所产生“合并或排除”的效力。〔1〕

在美国的民事诉讼法中，既判力主要含义为前诉的判决对任何未决的后诉的任何事项是否产生排除效力。主要包括请求排除规则和争点排除规则。请求排除规则即诉讼请求人仅有一次机会在法院提出自己的请求，其适用需要三个要件：第一，案件1和案件2必须都是同一诉讼请求人针对同一被告提起的；第二，案件1必须已经在案件实体事项上作出了有效的终局判决；第三，案件1和案件2必须基于同一诉讼请求。争点排除规则与间接禁止再诉同义，是指禁止当事人就案件1中确已诉讼且法院作出裁决的某一争点再次提起诉讼，争点排除本身并不会导致案件2被驳回，而是使案件2中的争点数量得以精简。适用争点排除规则需要五个要件：第一，案件1必须基于案件实体作出有效终局裁决；第二，案件2中出现的相同争点必须已在案件1得以诉讼并作出裁决；第三，该争点对于案件1的判决必须绝对必要；第四，由于正当程序的原因，争点排除仅能由案件1的一方当事人（或与案件1中一方当事人有利害关系的人）主张；第五，审理案件2的法院必须对相互性进行评估，因为这将牵涉到谁可主张争点排除的问题。〔2〕

在大陆法系，既判力，一般是指“终局判决一旦获得确定，该判决对请求之判断就成为规范今后当事人之间法律关系的基准，当同一事项再度成为问题时，当事人不能对该判断提出争议、不能提出与之相矛盾的主张，法院也不能做出与该判断相矛盾或抵触之判断。这种确定判决之判断被赋予的通用性或拘束力，就是所谓的既判力”〔3〕。而作为主要争点争议且法院也作出实际审理及判断而言，日本学者对于判决理由中判断所产生的效力称为“争点效”，即“在前诉中，被双方当事人作为主要争点予以争执，而且，法院也对该争点进行了审理并做出判断，当同一争点作为主要的先决问题出现在其他后诉请求的审理中时，前诉法院有关该争点所做的判断的通用力，既不允许后诉当事人提出违反该判断的主张及举证，也不允许后诉法院做出与之相矛盾的判断，争点判断的这种通用力，就是所谓的争点效”〔4〕。

---

〔1〕 See Bryan A.Garner, Black’s Law Dictionary (eighth edition), Thomson West, 2004,1337.

〔2〕 参见［美］理查德·D.弗里尔：《美国民事诉讼法》（下），张利民、孙国平、赵艳敏译，商务印书馆2013年版，第645-672页。

〔3〕［日］新堂幸司：《新民事诉讼法》，林剑锋译，法律出版社2008年版，第472页。

〔4〕［日］新堂幸司：《新民事诉讼法》，林剑锋译，法律出版社2008年版，第492页。

因此，从两大法系中对于既判力的界定来看，均有明确的既判力的客观范围和主观范围限制，尚没有“吃到过一次苹果”时，应当赋予当事人“吃到一次苹果”的诉权。

我国立法及相关司法解释中没有既判力的法律概念和法律条文。不过，通过《民事诉讼法》第155条“最高人民法院的判决、裁定，以及依法不准上诉或者超过上诉期没有上诉的判决、裁定，是发生法律效力的判决、裁定”和第175条“第二审人民法院的判决、裁定，是终审的判决、裁定”的规定，可以看到既判力的“影子”。虽然立法和司法解释中没有既判力的规定，但在司法解释中却有既判力预决效力的相关规定。2019年《民事证据规定》第10条规定：下列事实，当事人无须举证证明：……（6）已为人民法院发生法律效力的裁判所确认的基本事实……第（6）项、第（7）项事实，当事人有相反证据足以推翻的除外。所谓预决效力，即“当先前有关案件的事实为人民法院的裁判所确定时，便对与之相关系的尚未作出判决的另一案件的待证事实产生的预决的效力”〔1〕。基于我国民事诉讼证明标准的多元性和层次性，民事判决所确定的事实仅是一种法律意义的真实，并非客观真实，故2019年《民事证据规定》将2001年《民事证据规定》第9条中的“所确定的事实”，调整为“所确认的基本事实”，且保留了生效裁判的相对的预决效力立场“当事人有相反证据足以推翻的除外”（见图8-1）。

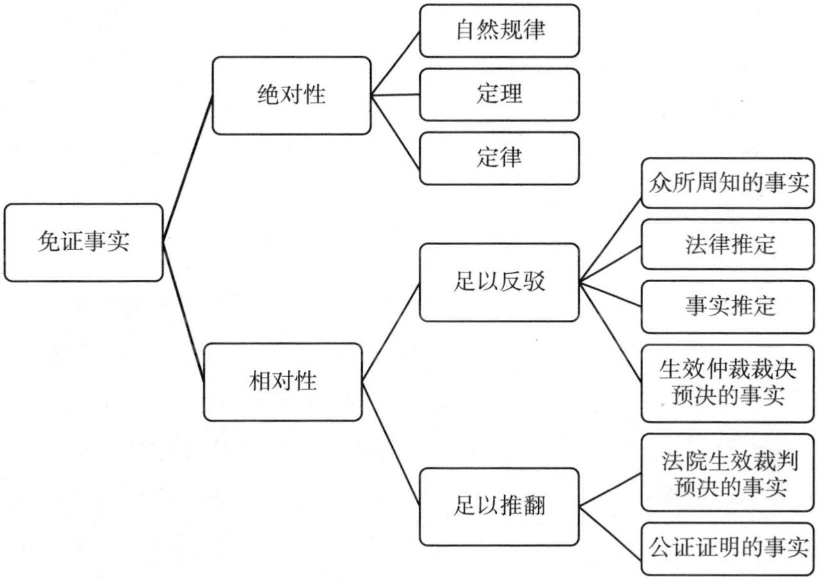

图8-1 “足以反驳”与“足以推翻”

〔1〕 最高人民法院民事审判第一庭编著：《最高人民法院新民事诉讼证据规定理解与适用（上）》，人民法院出版社2020年版，第154页。

也有学者提出不能将生效裁判的预决效力绝对化，或者变相绝对化：即推翻生效裁判过高的证明标准，等于实质上将生效裁判的预决效力绝对化，使前诉对于后诉具有无可争议的先决作用，后诉法院必须将前诉判决作为基础来进行裁决，因为生效裁判的事实属于一种法律意义上的事实，并非客观真实。如果前诉与后诉的当事人和诉讼标的均相同的情况下，从避免重复举证、重复审理和节省司法资源的角度来看，既判力的预决效力对双方当事人有效，并无争议。问题往往是对于双方当事人之外的案外人，特别是与双方当事人并无“利害关系”的人来说，这种生效裁判的预决效力是否同样有效，同样发挥免证事实的效果，值得研究。

因此，预决事实具有预决的效力，须具备一定的条件：“（1）先行案件的法院裁决须是生效的（即确定）；（2）先行裁决所确定的事实与后行案件存在着相关性，即先行案件裁判所确定的事实构成后行案件事实（的一部分或者全部）；（3）预决事实的证明须遵循正当程序保障原则”。〔1〕

三、司法实务中的司法认知

1.生效判决具有既判力。为维护生效裁判的既判力，避免消耗有限司法资源，“一事不再理”原则被确定为民事诉讼的基本原则，其基本要求是相同当事人不得在诉讼过程中或者裁判生效后对同一事项再行提起诉讼。2020年《民诉法司法解释》第247条规定了重复起诉的构成要件，包括当事人相同、诉讼标的相同、诉讼请求相同或者相反、前诉正在审理或者已经作出生效裁判四个方面。生效裁判具有既判力，在未经合法程序撤销前具有拘束力。根据《民事诉讼法》第164条第2款规定，这里的不服第一审裁定，是指不服裁定主文，而非对裁定认定的事实和理由不服。一般而言，裁判文书中有既判力的为裁判的主文部分，而不包括法院查明和法院认为部分。2019年《民事证据规定》第10条规定，“下列事实，当事人无须举证证明：……（六）已为人民法院发生法律效力的裁判所确认的基本事实；（七）已为有效公证文书所证明的事实。前款第二项至第五项事实，当事人有相反证据足以反驳的除外；第六项、第七项事实，当事人有相反证据足以推翻的除外”，由该条可知，生效裁判文书确认的基本事实，可以被当事人的相反证据推翻，当然，需要达到“足以推翻”的证明程度。

---

〔1〕 最高人民法院民事审判第一庭编著：《最高人民法院新民事诉讼证据规定理解与适用（上）》，人民法院出版社2020年版，第155页。

2.生效裁判文书所确认的基本事实无须举证。在诉讼过程中，如果当事人已举出合法出版物的证明，根据《著作权司法解释》第7条的规定，当事人提交的合法出版物，可以作为证明其所享有权利的证据，一般可以认为尽到了法律规定的举证责任。如果当事人为制作者并享有录音制作者权的事实，已为生效法律文书所确认，那么，依据2019年《民事证据规定》第10条的规定，由生效法律文书所确认的基本事实，当事人无须再举证证明，当事人在后续诉讼中免除再继续证明的举证责任。

3.单位出具的证明材料，需由单位负责人及制作证明材料的人员签名或者盖章，并加盖单位印章。根据2020年《民诉法司法解释》第115条的规定，当事人如果提供单位证明来证明自己观点的，其所提交的单位证明应当符合法律规定的形式要件，否则，会因单位证明不具备应有的形式要件而不为人民法院所认定。司法实践中，经常出现这样的情形：单位证明中仅有公司印章，无单位负责人及制作证明材料的人员签名，这样的证据形式由于不符合法律规定，所以以这样的证据材料作为论证依据，往往不会为人民法院所支持。

4.公文书，不属于“单位向人民法院提出的证明材料”。根据2020年《民诉法司法解释》第114条的规定，不属于该法第115条规定的“单位向人民法院提出的证明材料，应当由单位负责人及制作证明材料的人员签名或者盖章，并加盖单位印章。人民法院就单位出具的证明材料，可以向单位及制作证明材料的人员进行调查核实。必要时，可以要求制作证明材料的人员出庭作证。单位及制作证明材料的人员拒绝人民法院调查核实，或者制作证明材料的人员无正当理由拒绝出庭作证的，该证明材料不得作为认定案件事实的根据”的情形。司法实践中，对于当事人以公文书中无制作人员签名而否定其真实性，或要求公文书的出具单位法定代表人出庭作证的申请，不予支持。

【典型案解】

1.【裁判规则】已为人民法院发生法律效力的裁判所确认的基本事实，当事人无须举证证明

典型案例 ▶▶

宜昌博高建筑工程有限公司与新疆佳盛房地产开发有限公司建设工程施工合

同纠纷案［最高人民法院（2020）最高法民终482号］

上诉人（原审原告）：宜昌博高建筑工程有限公司（以下简称博高公司）

被上诉人（原审被告）：新疆佳盛房地产开发有限公司（以下简称佳盛公司）

裁判观点

最高人民法院认为，博高公司上诉认为，根据证据显示，2016年4月1日佳盛公司已将案涉工程交付九鼎公司进行物业管理，证明其在之前已将案涉工程交付佳盛公司，案涉欠付工程款的利息应从此时开始计算。法院认为，依据2019年《民事证据规定》第10条第1款规定，已为人民法院发生法律效力的裁判所确认的基本事实，当事人无须举证证明。已生效的（2017）新2301民初4611号民事判决确认，2016年4月1日佳盛公司已控制案涉工程，并交付物业公司进行管理，证明在此之前博高公司已交付了案涉工程，但博高公司无证据证明具体交付时间，故博高公司认为应从2016年4月1日起计算欠付工程款利息的上诉理由证据充分，法院予以支持。

2.【裁判规则】已为仲裁机构的生效裁决所确认的事实，当事人无须举证证明

典型案例

叶某与王某某申请执行人执行异议之诉案［最高人民法院（2017）最高法民再354号］

再审申请人（一审第三人、二审上诉人）：叶某

被申请人（一审原告、二审被上诉人）：王某某等

裁判观点

最高人民法院认为，二审法院对一审法院认定的事实予以确认，认为本案的争议焦点如下：一、本案是否属于执行异议之诉的受理范围；二、涉案债务是否真实。对于争议焦点一，申请执行人主张涉案债务属于夫妻共同债务而在执行过程中申请追加被执行人，执行法院就该申请作出追加或者不予追加的裁定。申请执行人或者被追加的被执行人对不予追加裁定或者追加裁定不服的，依照《民事诉讼法》第227条提起执行异议之诉，并无不当。故对叶某认为王某某提起执行异议之诉无

法律依据的主张，不予采信。对于争议焦点二，因本案的涉案债务已经上海仲裁委员会（2014）沪仲案字第0709号《裁决书》予以确认。根据《民诉法司法解释》第93条之规定，已为仲裁机构的生效裁决所确认的事实，当事人无须举证证明。当事人有相反证据足以推翻的除外。本案中，叶某虽认为涉案债务不真实，但其未能提供相反证据足以推翻仲裁裁决确认的事实，故二审法院对该主张，亦不予采信。

3.【裁判规则】已为有效公证文书所证明的事实，当事人无须举证证明

典型案例

广西石埠乳业有限责任公司与内蒙古蒙牛乳业（集团）股份有限公司等侵害商标权纠纷案［最高人民法院（2020）最高法民申1666号］

再审申请人（一审被告、二审上诉人）：广西石埠乳业有限责任公司（以下简称石埠公司）

被申请人（一审原告、二审被上诉人）：内蒙古蒙牛乳业（集团）股份有限公司（以下简称蒙牛公司）等

裁判观点

最高人民法院认为，本案各方当事人再审审查期间的争议焦点为，蒙牛公司提交的第1377号公证书能否证明石埠公司生产、销售了本案被诉侵权产品。根据《产品质量法》第27条第1款第2项、《民诉法司法解释》第90条、第93条第1款第7项和第108条第1款、第2款规定，本案中，蒙牛公司主张石埠公司侵害其第5057357号、第5057358号“酸酸乳”文字商标的注册商标专用权，提交了青岛天地人知识产权代理有限公司的法定代表人杨某某以普通消费者身份在双峰器材店公证购买被诉侵权产品的第1377号公证书，该公证书封存的被诉侵权产品上标注了石埠公司的企业名称、地址、商标等信息。在市场上正常流通的商品或者包装必须标注真实的生产厂厂名和厂址等有关信息。从上述公证书的内容看，石埠公司生产、销售被诉侵权产品具有高度可能性。石埠公司认可上述事实，却否认其生产了被诉侵权产品。为推翻第1377号公证书证明的事实，石埠公司于一审期间提交了其自行制作的生产计划表、利客隆超市管理系统截屏、利客隆超市现有商品及淘汰商品信息、人人乐超市商品明细以及超市销售数据等证据，上述证据仅能反映石埠公司在部分超

市的销售情况，与本案不具有关联性，不足以证明双峰器材店销售的被诉侵权产品非系石埠公司生产。石埠公司于再审审查期间向法院提交的该公司简介、宣传视频、南宁都市生活频道“爱上生活”栏目系列报道、商标注册证、荣誉牌匾等证据，上述证据系对石埠公司经营情况的介绍，亦不足以证明双峰器材店销售的被诉侵权产品非系石埠公司生产。鉴于蒙牛公司对杨某某委托公证机关公证购买被诉侵权产品无异议，亦认可第1377号公证书证明的事实，石埠公司关于杨某某无权委托公证的再审主张缺乏事实依据，法院不予支持。石埠公司仅凭公证收费单据联即推定杨某某系双峰器材店工作人员，证据不足。综上所述，在石埠公司未能提交相反证据足以推翻第1377号公证书证明事实的情况下，一、二审法院认定石埠公司生产、销售了被诉侵权产品并无不当。石埠公司关于其未生产、销售被诉侵权产品的再审理由不能成立，法院不予支持。

4.【裁判规则】国家规定的行业性规范属于司法认知

典型案例

攀枝花市仁和区前进锻轧厂与四川乾亨建设工程有限公司等建设工程施工合同纠纷案［最高人民法院（2016）最高法民申1481号］

再审申请人（一审原告、二审上诉人）：攀枝花市仁和区前进锻轧厂（以下简称前进锻轧厂）

被申请人（一审被告、二审上诉人）：四川乾亨建设工程有限公司（以下简称乾亨公司）等

裁判观点

最高人民法院认为，申请人认为其二审期间提交的国家强制性标准规范足以推翻二审判决的认定，由于二审法院未组织对这些证据进行质证，故应认定属于再审审查阶段的新证据。申请人提交的有关国家强制性标准是国家有关部门发布的行业性规范，是司法认知的范畴，根据证据规则，无须在当事人之间进行质证。事实上，质检中心作出的鉴定报告亦将当时的行业性规范作为依据，而本案当事人对此并无异议。因此，申请人关于新证据的申请再审理由缺乏事实和法律依据，法院不予支持。

5.【裁判规则】单位出具的证明材料没有单位负责人及制作证明材料的人员签名或者盖章的，不能作为认定案件事实的根据

典型案例

王某与鄂尔多斯市丰源达小额贷款有限责任公司等执行异议之诉案［最高人民法院（2019）最高法民申1979号］

再审申请人（一审被告、二审被上诉人）：王某

被申请人（一审原告、二审上诉人）：鄂尔多斯市丰源达小额贷款有限责任公司（以下简称丰源达公司）等

裁判观点

最高人民法院认为，王某提交的水电暖、污水处理和天然气等交费票据均载明付款人为郑某某，无法证明系由王某本人缴纳了相关费用。王某虽主张用户名称无法变更，但其并未提供银行转账凭证、刷卡单据或现金收据等证明缴纳人为王某的相关证据，无法证明王某在人民法院查封前已经合法占有案涉房屋。根据《民诉法司法解释》第115条的规定，物业公司和昭君社区虽出具了相关证明，但没有提供单位负责人及制作证明材料的人员签名或者盖章，且社区居委会出具的两次证明内容不同，该证明不能作为认定案件事实的根据。综上所述，王某主张其已实际占有案涉房屋，事实和法律依据不足。

6.【裁判规则】单位证明材料中没有制作证明材料人员的签字，人民法院在调查核实时，单位负责人对出具证明的事实予以认可的，可以采信

典型案例

安徽国贸联创投资有限公司与刘某等案外人执行异议之诉案［最高人民法院（2019）最高法民申4695号］

再审申请人（一审被告、二审上诉人）：安徽国贸联创投资有限公司（以下简称安徽国贸公司）

被申请人（一审原告、二审被上诉人）：刘某等

裁判观点

最高人民法院认为，安徽省宿州市泗县刘圩镇刘圩村村民委员会出具证明证实，刘某自2013年3月起实际入住案涉房屋。二审法院就该证明调查核实时，该村委会负责人对出具证明的事实予以认可。故一、二审法院依据《民诉法司法解释》第115条的规定采信该项证据，符合法律规定。一、二审法院据此认定刘某自2013年3月起实际占有房屋并无不当。

7.【裁判规则】不能仅凭合同直接作出与生效判决认定事实及判决主文内容相反的认定

典型案例

梁某某与湖南佳惠置业有限责任公司合资、合作开发房地产纠纷案［最高人民法院（2016）最高法民终815号］

上诉人（原审原告）：梁某某

被上诉人（原审被告）：湖南佳惠置业有限责任公司（以下简称佳惠公司）

裁判观点

最高人民法院认为，根据《合同法》第97条[1]规定，该条法律规定当事人在合同解除后仍然可以要求对方承担恢复原状、采取其他补救措施、赔偿损失等违约责任，但上述违约责任之适用，仍应符合该法第107条规定[2]的违约责任适用的基本条件，即对方当事人存在“不履行合同义务或者履行合同义务不符合约定”的情形。根据黔东南州中级人民法院2009年4月24日作出的（2009）黔东民终字第65号生效判决的认定，在案涉项目承包经营协议书的履行过程中，梁某某存在根本违约行为，但该判决未对萃圆公司存在违约行为予以认定。本案诉讼中，梁某某未提供证据证明萃圆公司在合同履行中存在违约行为。而萃圆公司单方通知解除合同的

---

〔1〕 现为《民法典》第566条：“合同解除后，尚未履行的，终止履行；已经履行的，根据履行情况和合同性质，当事人可以请求恢复原状或者采取其他补救措施，并有权请求赔偿损失。合同因违约解除的，解除权人可以请求违约方承担违约责任，但是当事人另有约定的除外。主合同解除后，担保人对债务人应当承担的民事责任仍应当承担担保责任，但是担保合同另有约定的除外。”

〔2〕 现为《民法典》第577条：“当事人一方不履行合同义务或者履行合同义务不符合约定的，应当承担继续履行、采取补救措施或者赔偿损失等违约责任。”

行为，经生效判决认定为依法行使合同法定解除权，故不能认定该解除行为本身构成违约。梁某某向法院提交调查取证申请，申请法院调取保存在佳惠公司的总承包施工合同以及补充合同，但没有提供佳惠公司保存有该合同的证据，佳惠公司亦向法院提交书面陈述称，该公司从未收到过上述合同。此外，由于生效判决已经认定了萃圆公司通知解除案涉项目承包经营协议书行为的合法有效性，即使佳惠公司存有上述合同，亦不能仅凭该合同直接于本案作出与生效判决认定事实及判决主文内容相反的认定，故该证据对认定本案双方当事人责任并不具有决定性影响，对梁某某的该项调查取证申请，法院不予准许。

8.【裁判规则】当事人有相反证据足以推翻的，判决书内容不属于免证事实的范围

典型案例

成都捌拾捌号广告有限公司与成都市诚瑞商业管理有限责任公司等生命权纠纷案［四川省高级人民法院（2017）川民申352号］

再审申请人（一审被告、二审被上诉人）：成都捌拾捌号广告有限责任公司（以下简称广告公司）

被申请人（一审被告、上诉人）：成都市诚瑞商业管理有限责任公司（以下简称诚瑞公司）等

裁判观点

人民法院认为，2001年《民事证据规定》第9条第2款、《民诉法司法解释》第93条第2款均规定，对于已为人民法院发生法律效力的裁判所确认的事实，当事人有相反证据足以推翻的，则不属于免证事实的范围。因此发生法律效力判决书的所有内容并非都具有绝对化的拘束力，故本案二审判决中对于有关事实的认定对于诚瑞公司另案起诉广告公司追偿权纠纷一案仅具有相对的预决效力，该案中对本案有关事实的认定是否采信、采信多少，应视在该案中负有举证证明责任的当事人的举证情况而定。二审判决亦明确了“诚瑞公司作为案涉工程发包方，在杨某死亡后实际支付了相应费用，如诚瑞公司认为其系代广告公司支付了相应赔偿款，其可依据与广告公司之间的协议另行主张”。

9.【裁判规则】另案生效民事裁判书中对当事人身份的证明，可以作为补强证据

典型案例

沈某与卢某某等民间借贷纠纷案［浙江省高级人民法院（2008）浙民再抗字第31号］

抗诉机关：浙江省人民检察院

申诉人（一审原告、二审被上诉人）：沈某

被申诉人（一审被告、二审上诉人）：卢某某等

裁判观点

人民法院认为，沈某以2004年4月15日由卢某某出具的有卢某某、施某某具名的欠条为据，主张卢某某、施某某欠其借款34万元。卢某某承认该欠条系其所写，欠条上载明了债权人、欠款数额、出具时间，亦有具欠人的签名，因此该欠条已具备民事债权凭证的基本要件。本案沈某起诉主张的债权债务关系是否成立，关键是能否认定沈某即系讼争欠条载明的债权人。该欠条上卢某某最初书写的债权人名字为“沈乙”，后涂改为“沈丁”。根据再审期间沈某提供的已经发生法律效力的（2007）金某某二终字第437号民事判决所确认的事实，沈某又名沈乙、沈丁。因此，关于讼争欠条上债权人名字的涂改，沈某解释这是卢某某根据其要求将其小名改写为正式名字所致，符合情理。而卢某某辩称“该欠条并不是出具给沈某的，因写错作废了而随手放在办公桌上，被沈某拿走进行了涂改”的解释，其一，由于卢某某不能说明出具欠条的原因，也不能说明并证明欠条上所载的债权人“沈乙”及“沈丁”的具体身份，因此该解释难以采信；其二，对一份错误出具、金额为34万元的欠条，一再涂改并慎重地盖章按手印，之后却又没有妥善处理而随手搁置一旁，这样处理欠条的方式有违常理，更不符合卢某某多年经商、常与他人发生借贷关系的身份和经历。综上所述，虽然讼争欠条上债权人的名字几经涂改，但全面、客观地审核该欠条，结合当事人的陈述及其他相关事实，根据日常生活经验法则，以高度盖然性的证明标准，可以认定讼争欠条上所载的债权人应系沈某。据此欠条，沈某主张的其与卢某某、施某某之间的债权债务关系成立。

10.【裁判规则】外国法院判决未经人民法院承认，在我国不发生法律效力，其认定的事实不属于免证事实

典型案例

大友新亚与李某财产损害赔偿纠纷案［最高人民法院（2015）民提字第150号］

再审申请人（一审原告、二审上诉人）：大友新亚

被申请人（一审被告、二审上诉人）：李某等

裁判观点

最高人民法院认为，大友新亚提供的日本国法院判决由日本外务省证明法院书记员印章属实，外务省官员的签章由我国驻日领事馆认证属实，李某、何某某未能提供相反证据予以推翻，应认定日本国法院判决是真实的。然而上述外国法院判决未经人民法院承认，在我国不发生法律效力，故其认定的事实不属于《民诉法司法解释》第93条规定的免证事实，但不影响人民法院将该判决作为证据之一，结合本案其他证据予以认定。

11.【裁判规则】经过法定程序公证证明的法律事实和文书，人民法院应当作为认定事实的根据，但有相反证据足以推翻公证证明的除外

典型案例

阳江市阳东区东城新景泰百货店与宁波市诺曼电子科技有限公司侵害实用新型专利权纠纷案［最高人民法院（2019）最高法知民终113号］

上诉人（原审被告）：阳江市阳东区东城新景泰百货店（以下简称新景泰百货店）

被上诉人（原审原告）：宁波市诺曼电子科技有限公司

裁判观点

最高人民法院认为，根据《公证法》第25条的规定，本案公证的事实不涉及不动产，从第1633号公证书的记载可知，委托人为山东京杭律师事务所的工作人员，其到山东省枣庄市运兴公证处委托公证事项，该公证处对该委托事项予以受理并

未违反相关规定。由于公证书无须记载公证事项的具体用途，其并非判断委托人是否为利害关系人的前提，因此，新景泰百货店称山东京杭律师事务所与本案无利害关系的理由不能否定第1633号公证书的真实性和合法性。新景泰百货店二审提交的视频和照片反映的情景并非公证时的情景，因此，不能以此推翻第1633号公证书的真实性、合法性。原审法院对公证书予以采信是正确的。

12.【裁判规则】公证程序中的一些瑕疵不足以否定整个电子证据保全过程的真实性和准确性时，公证书具有证明力

典型案例

上海全土豆网络科技有限公司因侵犯著作财产权纠纷案［上海市高级人民法院（2008）沪高民三（知）终字第62号］

上诉人（原审被告）：上海全土豆网络科技有限公司

被上诉人（原审原告）：新传在线（北京）信息技术有限公司

裁判观点

人民法院认为，在目前网络著作权侵权诉讼中，针对电子证据的易修改性和易逝性之特点，当事人可以采用公证保全的方式对网络电子证据进行收集、固定、储存、描述，作为证明侵权人实施侵权行为的证据。本案中，被上诉人为了证明上诉人经营的土豆网上出现了侵权视频即涉案作品，对土豆网相关网页进行了公证保全，并提交了上海市卢湾区（2006）沪卢证经字第3643号公证书。经审查，该公证书对在公证员现场监督下由当事人代理人上网输入“www.tudou.com”网址进入各级网页，包括对进入各网页的指示路径等均予以记载，对相关显示和播放页面实施截图和打印，同时对上述过程包括在线播放的情况予以摄像并翻录成光盘。根据《民事诉讼法》第67条、2001年《民事证据规定》第9条、第77条第2项的规定，公证证据具有法定的较高证明力。虽然上诉人以本案公证保全的场所系在被上诉人代理人的办公地点，并使用其电脑设备进行操作以及光盘反映的时间有误等为由，对公证过程的客观性、真实性提出质疑，认为公证申请人完全可以通过修改本机hosts文件，将特定域名与特定IP地址建立映射关系，从而使得输入该特定域名所打开的网页为申请人预先设定好的页面。但上诉人提出的上述质疑只是一种推测，在其没有提供足够充分的相反证据的情况下，公证程序中的一些瑕疵不足以否定整个电子证据保全过程的真实性和准确性，该公证书具有证明效力，可以用来证明土豆网相关网页当时的客观状态。上诉人提出的公证材料存在严重缺陷，不能作为上诉人涉嫌侵权的证据的上诉理由，法院不予支持。

13.【裁判规则】在当事人没有相反证据足以推翻公证证明的情况下，人民法院即将公证证明的事实作为认定案件事实的证据

典型案例

河北新凯汽车制造有限公司等与（日本）本田技研工业株式会社等侵犯外观设计专利权纠纷管辖权异议案［最高人民法院（2005）民三终字第2号］

上诉人（原审被告）：河北新凯汽车制造有限公司

被上诉人（原审原告）：（日本）本田技研工业株式会社等

裁判观点

最高人民法院认为，在二审期间，法院曾召集双方当事人就案涉事实进行调查，两上诉人一方面以公证人员未出庭为由，拒绝对两被上诉人提交的证明北京鑫升百利汽车贸易有限公司系本案被控侵权产品销售者的公证文书发表进一步质证意见；另一方面又明确表示对此没有任何证据可以提交。两上诉人对有关公证文书不予认可的理由并不充分，也缺乏法律依据，应当视为其放弃对该证据进行进一步质证的权利。依据《民事诉讼法》第67条、2001年《民事证据规定》第9条第1款第6项和第2款之规定，在当事人没有相反证据足以推翻公证证明的情况下，人民法院即将经过法定程序公证证明的事实作为认定案件事实的证据。

14.【裁判规则】否定已为有效公证文书所证明的事实，需要证据的证明力达到推翻该事实的程度

典型案例

南宁市顺誉糖烟酒店与苏酒集团贸易股份有限公司侵害商标权纠纷案［广西壮族自治区高级人民法院（2018）桂民终650号］

上诉人（一审被告）：南宁市顺誉糖烟酒店（以下简称顺誉糖烟酒店）

被上诉人（一审原告）：苏酒集团贸易股份有限公司（以下简称苏酒公司）

裁判观点 ▶▶

人民法院认为，上诉人顺誉糖烟酒店销售了本案被诉侵权白酒。上诉人顺誉糖烟酒店围绕此提出被上诉人苏酒公司提交的公证书仅能证明其代理人委托公证员到上诉人顺誉糖烟酒店经营场所进行买卖，不能证明上诉人顺誉糖烟酒店销售的产品就是本案的侵权产品。根据《公证法》第36条和《民诉法司法解释》第93条规定，要否定已为有效公证文书所证明的事实，需要证据的证明力达到推翻该事实的程度，但本案中上诉人顺誉糖烟酒店并没有提出足以推翻公证事实的相反证据，法院对公证书证明的事实依法予以认可。

15.【裁判规则】刑事判决未涉及本案当事人的，不构成先行刑事诉讼预决事实

典型案例 ▶▶

武汉大西洋连铸设备工程有限责任公司与宋某某公司盈余分配纠纷案［最高人民法院（2019）最高法民再135号］

再审申请人（一审原告、二审上诉人）：武汉大西洋连铸设备工程有限责任公司（以下简称大西洋公司）

被申请人（一审被告、二审被上诉人）：宋某某

裁判观点 ▶▶

最高人民法院认为，根据原审查明的事实，宋某某于2010年10月20日从大西洋公司离职，而恒瑞谷公司注册成立于2011年1月，经营范围包括与大西洋公司相同的连铸技术研究、开发和连铸工程总承包等业务，构成了大西洋公司的同行业竞争者。因此，判断宋某某是否违反竞业限制约定，主要是判断宋某某与恒瑞谷公司之间的关系。原审法院已经注意到，宋某某是否违反离职后义务协议中的竞业限制和保密义务问题，涉及刑民交叉案件中刑事诉讼证据与民事诉讼证据的差异性问题。刑事起诉书不涉及对宋某某的指控，刑事判决书亦未涉及宋某某是否侵犯商

业秘密的认定。宋某某据此主张其未违反协议约定。对此，法院认为，2001年《民事证据规定》第9条第1款第4项规定，已为人民法院发生法律效力的裁判所确认的基本事实当事人无须举证证明。该条第2款规定，当事人有相反证据足以推翻的除外。根据该规定，原则上，刑事诉讼中预决的事实对于后行的民事诉讼具有预决效力。这是因为裁判统一性要求民事判决与刑事判决对于同一事实的认定应当是一致的，而且刑事诉讼的证明标准比民事诉讼的证明标准要高，所以先行刑事判决认定的基本事实对于后行民事诉讼具有预决力。但是，先行刑事案件预决事实的预决力并不是没有条件的。除了先行判决已经生效，先行案件裁判所确定的事实与后行案件事实存在相关性外，预决事实的证明必须已遵循了法定程序。就先行刑事案件对后行民事案件而言，有罪的事实认定当然地构成预决力；而无罪的事实认定则需要区分是因为被告人确实未参与未实施犯罪行为，还是因为证据不足、事实不清。如果是前者则有预决力，如果是后者则因为民事诉讼和刑事诉讼的证明标准不同可能有不同的认定。然而，与本案相关的刑事案件特殊之处在于，刑事起诉并未指控宋某某，刑事判决自然不可能涉及宋某某是否参与实施犯罪行为，是否构成侵犯商业秘密罪，亦不会就宋某某的行为是否违反离职后义务协议作出明确认定。因此，宋某某与恒瑞谷公司是否有关、关系如何这部分事实在先行刑事诉讼中未涉及，更谈不上经过正当程序查证并认定，因而不构成先行刑事诉讼预决事实，更不能据此直接在后行民事诉讼中认定宋某某与恒瑞谷公司无关。

16.【裁判规则】生效仲裁裁决对事实所体现的法律关系性质的认定，不属于已为仲裁机构的生效裁决所确认的事实

典型案例

陆某甲与安徽中升投资发展有限公司劳动争议纠纷案［最高人民法院(2015)民申字3557号］

再审申请人（一审原告、二审上诉人）：陆某甲

被申请人（一审被告、二审被上诉人）：安徽中升投资发展有限公司

裁判观点

最高人民法院认为，当事人之间法律关系的内容是判断该法律关系性质的基

础和依据，人民法院对此应当依法审查认定，当事人在相关仲裁或诉讼中所作的陈述只具有参考意义。生效仲裁裁决对合同书性质的认定，并非对事实的确认，而系对该事实所体现的法律关系性质的认定，不属于2001年《民事证据规定》第9条规定的“已为仲裁机构的生效裁决所确认的事实”而无须举证证明的范畴，不能因此证明并确定合同书的性质。换言之，人民法院对当事人之间法律关系性质的认定所遵循的原则是以事实为依据，以法律为准绳，不受当事人在对法律关系的性质及内容已经产生争议的情况下在仲裁或诉讼程序中所作的陈述或表态的影响，也不因生效仲裁裁决的认定而无须证明。

第二节　经验法则

【法理辨析】

一、经验法则的内涵

经验法则，是指“人类在日常生活中以经验归纳所获得的有关事物因果关系或性质状态的法则或知识”〔1〕，我国的立法和司法解释中，没有明确规定经验法则。2019年《民事证据规定》第10条所规定的“根据已知的事实和日常生活经验法则推定出的另一事实”，尽管没有明确列明经验法则作为免证事实，但“经验法则与已知事实一样，可以作为推定的前提事实，据此可以推断，经验法则也属于免证事实之一”〔2〕。

从一般意义上来说，经验法则可以分为两类，一类是一般生活经验，如日出东方、2020年全球新冠病毒肺炎疫情蔓延等；另一类是特殊专业知识，如自然科学、技术工艺、航天技术等。从盖然性程度高低的意义上来说，经验法则“可以考虑将人类对生活经验之认知分为：成见、纯粹个人经历、单纯经验、经验定律、经验原则、法（必然）等”〔3〕。从证明力的角度来看，由于经验法则可以起到免除举证责任的作用，无须举证证明，法官即可对该事实作出判断，从而有助于减少诉讼成本，

〔1〕 张永泉：《民事诉讼证据原理研究》，厦门大学出版社2005年版，第248页。

〔2〕 李国光主编：《最高人民法院〈关于民事诉讼证据的若干规定〉的理解与适用》，中国法制出版社2002年版，第146页。

〔3〕 姜世明：《证据评价论》，厦门大学出版社2017年版，第75页。

提高审判效率。

关于经验法则的性质，是属于事实认定问题，还是属于适用法律问题，存在不同的看法，也有学者认为，经验法则兼具事实问题和法律问题的双重属性。[1]一般认为，经验法则，是"人们从日常社会生活或者法律生活中所体验、感知的一类事实，由于这类事实构成要素之间的因果关系经过长期的反复验证，代表着一种类型事物发展的通常趋势或规律，它是以事实的盖然性作为其内容，由此而形成的规则，其本身自无证明的必要"[2]，即在一般意义上，经验法则属于无须证明的案件事实。

关于经验法则的范围。经验法则本身范围非常广泛，可以说一切社会活动中的法则，均可以列为经验法则。从审判者的角度出发，经验法则可以分为一般性经验法则和特殊性经验法则（如专业性知识）。对于一般性经验法则，如日出东方、地球公转自转等，法官有知悉并适用的义务，对于这些一般经验，法官不得要求当事人按照举证责任规则进行举证。与此同时，人不是万能的，不可能知悉一切自然科学和社会科学中的所有知识点，基于法官所具备的个人知识储备、信息条件、社会环境、工作领域等均存在不同的差异，因此，除"自然规律以及定理、定律"和"众所周知的事实"以外，对于超出正常人理解和掌握的经验法则以外的法则，特别是一些专门性、专业性、行业性的法则，均属特殊性经验法则。

对于这些特殊性经验法则是否有必要进行证明的问题，存在争议。有学者认为，属于待证事实时，则需要进行证明，原因在于为了保证司法裁判的公正性，"在事实认定中所使用的经验法则必须能够被法官和双方当事人所了解，具有可视性。这样的话，如果属于一般常识性的经验法则，就没有必要在诉讼中加以证明（因为这有违诉讼效率的要求）；如果该经验法则属于非常识性，且能够左右事实认定的结果，则必须要在诉讼中加以证明；如果运用了与当事人一方或双方预期相违背的经验法则，就会造成事实认定突袭，难谓公正"[3]。而有学者认为，"人类生活实践和科学实验中所获得的特别知识经验，如物理学原理、化学原理、数学原理，尽管不为一般人所知悉，法官也需要通过诉讼外的特别方法（如学习研究、向专家请教）才能掌握这些特别的知识经验，对这些特别的知识经验仍要求'适用较为严格的

---

〔1〕 参见张永泉：《民事诉讼证据原理研究》，厦门大学出版社2005年版，第249页。
〔2〕 刘善春、毕玉谦、郑旭：《诉讼证据规则研究》，中国法制出版社2000年版，第614页。
〔3〕 [日]高桥宏志：《重点讲义民事诉讼法》，张卫平、许可译，法律出版社2007年版，第29页。

证明程序'，由当事人举证证明，实在是勉为其难，对一般当事人来说，根本无法完成该项举证"〔1〕。事实上，从2019年《民事证据规定》第10条设立的立法旨意来看，即"下列事实，当事人无须举证证明"，已为经验法则作了顶层设计，即无论是一般性的还是特殊性的经验法则，都属于免证事实的范畴，都属于法院职权范围内的事项，因此，无须进行严格的证明程序。

需要说明的是，此处的特殊性经验法则，也不同于法律规定中的"专门性问题"，如我国《民事诉讼法》第76条中规定"当事人可以就查明事实的专门性问题向人民法院申请鉴定"，专门性问题是针对案件审理中的待证事实而言的，而即使是特殊性经验法则，如专门性的知识、需要专业知识技能才能认识和作出判断的特殊事项，并不是案件事实，而是作为法官审查判断案件事实的"大前提"而存在的，由于这种专门性知识、特别知识经验的正确性都有充分的保证，属于无须证明的范畴，故也不存在需要对这些专门性知识和特别知识经验进行鉴定的问题。

二、根据日常生活经验法则推定

2019年《民事证据规定》第10条"下列事实，当事人无须举证证明：……（四）根据已知的事实和日常生活经验法则推定出的另一事实"中关于"根据日常生活经验法则推定"需要说明的主要是事实推定问题。推定，是指"根据法律规定或已知事实和生活常理能推断出另一事实存在的一种证明规则"。〔2〕推定因其性质和依据的不同，可以划分为法律推定和事实推定。事实推定，是指"法院根据已知的事实和日常生活经验法则，推断出另一事实存在"〔3〕。事实推定在不同的国家称谓有所区别，"英美法系称为'不证自明'或'事实本身说明过失'"〔4〕"德国命之为'表见证明'，日本命之为'表见证明和大致的推定'。"〔5〕

法律推定与事实推定的联系与区别主要表现在，"以法律规定为推论依据的，属法律规定；以经验法则为推论依据的，属事实推定。事实推定若为立法所接受，则成为法律推定。法律推定实质上是事实推定的法律化，即真实的盖然性较为典

---

〔1〕 张永泉：《民事诉讼证据原理研究》，厦门大学出版社2005年版，第252页。

〔2〕 最高人民法院民事审判第一庭：《民事诉讼证据司法解释的理解与适用》，中国法制出版社2002年版，第83页。

〔3〕 田平安主编：《民事诉讼法原理》（第5版），厦门大学出版社2012年版，第231页。

〔4〕 江伟主编：《民事证据法学》，中国人民大学出版社2011年版，第142页。

〔5〕 田平安主编：《民事诉讼法原理》（第5版），厦门大学出版社2012年版，第231页。

型的事实推定往往成为法律推定”[1]。

不同于法律推定，事实推定所依据的不是法律规定，而是经验法则。因作为大前提的经验法则属于一种概率上的盖然，因此允许抗辩者提供反证推翻，正是因为经验法则天然的盖然性，因此，法官在适用事实推定时，应当进行严格地限制，主要包括：其一，需要通过推论而知的事实是无法用直接证据证明的事实；其二，事实推定的前提事实必须真实，且已经得到法律上的确认；其三，前提事实与推定事实之间应当具有必然的逻辑联系；其四，允许反证。[2]其中，关于已经得到法律上的确认，主要包括以下的情形：(1)众所周知的事实；(2)司法认知的事实；(3)已为人民法院发生法律效力的裁判所确认的基本事实；(4)已为仲裁机构的生效裁决所确认的事实；(5)已为有效公证文书所证明的事实；(6)诉讼上自认的事实；(7)已由证据认定的事实。

三、司法实务中的经验法则

1.日常生活经验。由于日常生活经验在社会生活中的普遍性和广泛性，以下仅选几例说明：(1)工程设备在使用中会产生耗损，使用多年后便会折旧。如果当事人对折旧后的价值未提供证据予以证明，其要求相对方以购买时的原价支付款项无法律依据。(2)巨额现金交易，却无法提供转账凭证等收款证据，不符合经验法则；商事主体对外提供大额借款不完善借款手续于常理不具有合理性。(3)委托并授权他人与相结方进行“结算”，当然包含办理结算、领取货款等内容。事后，委托方却认为，其结算授权属于将来签署和履行合同，结算授权并不包含领取货款、领取承兑汇票需要单独授权等理由，与常理不符，也无相应的证据证实。退一步讲，即使该授权书属于对将来事务的授权，但因该授权期限不明、授权内容不清，委托方亦应承担相应的责任。被委托方的领款行为均应视为相对方的付款行为。

2.存在胁迫行为应当会有报案记录。多年后，当事人一方主张受到胁迫而违反真实意思表示签订协议和欠条，但未曾有过向公安机关报案记录，明显与日常生活经验不符。根据2020年《民诉法司法解释》第109条“当事人对欺诈、胁迫、恶

---

〔1〕 江伟主编：《民事证据法学》，中国人民大学出版社2011年版，第142页。

〔2〕 参见最高人民法院民事审判第一庭：《民事诉讼证据司法解释理解与适用》，中国法制出版社2002年版，第85页。

意串通事实的证明，以及对口头遗嘱或者赠与事实的证明，人民法院确信该待证事实存在的可能性能够排除合理怀疑的，应当认定该事实存在”的规定，对于主张受到他人的欺诈、胁迫、恶意串通事实的，提供的证据证明标准应当达到排除合理怀疑的程度，如果仅仅是提出对方存在欺诈、胁迫和恶意串通的主张而不提供任何证据，不予支持。且即使对方存在欺诈、胁迫、恶意串通行为，根据人们的日常生活经验应当有向公安机关报案的记录，如果没有相应的记录，又在事隔多年以后提出对方存在欺诈、胁迫和恶意串通，明显与常理不符。

3.甲方在工程验收单签字同意，意思是表示验收通过。根据2020年《民诉法司法解释》第108条第1款规定，作为甲方公司的项目代表在验收报告甲方验收人处签字，根据日常生活经验，如果不同意验收通过，通常不会在验收报告上签字，即使要在验收报告上签字，也应在验收结论处写明表示不同意验收通过的相关意见。所以，根据高度可能性的证明标准，可以据此认定甲方代表在验收报告上签字的意思是表示验收通过。

4.医患双方共同封存病历资料，事后医院擅自往已经封存的病历中加插病历的行为，却表示不确认其所加插病历资料内容，明显与常理不符。根据《侵权责任法》第54条〔1〕规定和司法实践，医疗过错鉴定结论（或医疗事故鉴定结论）是认定医疗过错、处理医疗纠纷的最关键证据。客观、全面、规范、完整的病历资料是进行医疗过错鉴定（或医疗事故鉴定）最基本、最重要的素材，医疗机构应当为鉴定机构、患者与患者亲属提供客观、全面、规范、完整的病历资料。根据《医疗事故处理条例》第8条、第16条、第28条以及《侵权责任法》第58条〔2〕规定，医院与患者亲属共同启封病历资料时，在未告知患者家属的情况下，医院工作人员往封存病历中加插材料，医院往已经封存的病历中加插病历的行为破坏了已封存病历的完整性、真实性和客观性，系篡改病历的行为，依法应当推定医院有过错，且医院在一审中不确认其所加插病历资料内容，明显与常理不符。

5.曾参与诉讼，主张其不知道民事权益受损，与常理不符。《民事诉讼法》第56条规定，第三人撤销之诉自知道或者应当知道其民事权益受到损害之日起6个

---

〔1〕 现为《民法典》第1218条：“患者在诊疗活动中受到损害，医疗机构或者其医务人员有过错的，由医疗机构承担赔偿责任。”

〔2〕 现为《民法典》第1222条：“患者在诊疗活动中受到损害，有下列情形之一的，推定医疗机构有过错：（一）违反法律、行政法规、规章以及其他有关诊疗规范的规定；（二）隐匿或者拒绝提供与纠纷有关的病历资料；（三）遗失、伪造、篡改或者违法销毁病历资料。”

月内提出。当事人一方曾作为诉讼参与人，参与原诉司法鉴定现场勘查工作时已经知道原诉的存在，原诉作出生效判决后，其接收到民事判决书，应当知道其民事权益受到了损害。一年后，当事人再审主张其不知道原诉判决情况，与常理不符。

6.一次性全款购买百余套商品房的行为不属于通常情形下自然人为使用进行商品房买卖的情形。司法实践中，当事人个人主张与地产公司之间系商品房买卖合同关系，地产公司主张与当事人个人签订商品房买卖合同系为担保的借贷关系。《合同法》第130条[1]规定：买卖合同是出卖人转移标的物的所有权于买受人，买受人支付价款的合同。买受人支付房屋对价的目的在于取得房屋所有权是房屋买卖合同关系的基本法律特征。由于双方对签订的商品房买卖合同外观形式表现的法律关系是否与双方真实意思表示一致存在争议，需基于能够证明双方签订相关合同情况、约定的权利义务内容及履行等双方交易的事实并结合各自主张的法律关系特征进行综合审查判断，认定双方签订商品房买卖合同的真实意思及双方之间的法律关系性质。当事人作为自然人，一次性购买百余套商品房的行为本身并不属于通常情形下自然人为使用或投资进行商品房买卖的情形。即使如当事人所主张其系以炒房为目的进行的大批量团购，但在案涉房屋尚没有开发完成的情形下一次性购买百余套商品房并一次性全额支付购房款，且地产公司在收到购房款后也没有为当事人等开具付清购房款的发票，从该交易本身的商业风险考虑亦具有一定不符合常理之处。

【典型案解】

（一）根据已知的事实

1.【裁判规则】众所周知的事实，无须举证证明

典型案例

杨某等与砀山精享裕房地产开发有限公司等房屋租赁合同纠纷案［安徽省宿州市中级人民法院（2018）皖13民终1994号］

---

〔1〕 现为《民法典》第595条："买卖合同是出卖人转移标的物的所有权于买受人，买受人支付价款的合同。"

上诉人（原审原告）：杨某等

被上诉人（原审被告）：砀山精享裕房地产开发有限公司（以下简称砀山精享裕公司）

裁判观点

人民法院认为，根据《民诉法司法解释》第93条第1款第2项的规定，当事人众所周知的事实无须举证证明。杨某等与砀山精享裕公司虽在案涉商品房买卖合同中约定案涉房产于2018年11月31日前交付，但众所周知11月只有30天，没有31日，故一审认定双方在合同中约定的11月31日系笔误并无不当。杨某等关于一审认定交房时间为2018年11月31日属于笔误系错误的上诉理由不能成立，法院不予采纳。

2.【裁判规则】根据行业部门的有关证明和当地习惯实践，运用经验法则，可以认定案件事实

典型案例

庄某某与熊某某买卖合同纠纷案［最高人民法院（2011）民监字第815号］

再审申请人（一审被告、二审上诉人）：庄某某

被申请人（一审原告、二审被上诉人）：熊某某

裁判观点

最高人民法院认为，根据已经查明的事实，熊某某等六人和庄某某均确认：本案所涉标的物即一审中已经被拍卖的干三七是熊某某等六人交付庄某某的，其总量为8435.5斤。在庄某某未提供相反证据的情况下，云南省高级人民法院再审时根据文山州三七特产局出具的证明和当地三七加工实践，认定鲜三七和干三七的晒出比例是3.5∶1，并据此计算出熊某某等六人交付的鲜三七总量为29,524.25斤。熊某某等六人一致认为其交付的鲜三七总量为29,410.73斤，该数量在依照上述方法计算出来的总量29,524.25斤的范围内，云南省高级人民法院据此确认交货总量为29,410.73斤鲜三七，符合2001年《民事证据规定》第64条的规定，因此并无不当。云南省高级人民法院进一步根据熊某某等六人一致认可的各自交货数量认定熊某

某的交货数量为9098.73斤鲜三七。该数量与上述熊某某的称重记录所载数量是一致的，两者可以相互印证，因此，云南省高级人民法院对熊某某交货数量为9098.73斤的认定是正确的。

3.【裁判规则】用人单位主张雇员持有劳动合同原件，与常理不符

典型案例 ▶▶

宿州宿光商贸有限公司与顾某某劳动争议案［安徽省宿州市中级人民法院（2020）皖13民终2747号］

上诉人（原审被告）：宿州宿光商贸有限公司（以下简称宿光商贸）

被上诉人（原审原告）：顾某某

裁判观点 ▶▶

人民法院认为，根据2019年《民事证据规定》第90条规定，本案中，宿光商贸提交的劳动合同系复印件，其主张原件由顾某某持有，但顾某某不予认可，且辩称不存在签订劳动合同的事实。虽然宿光商贸一审中申请证人出庭作证欲证明劳动合同复印件是真实的内容。但根据上述规定，其申请的证人现仍在宿光商贸就职，证人证言的证明效力较低，且依据宿光商贸主张的事实，其作为经营主体，仅要求顾某某签订一份合同原件，公司留存复印件，与常理不符。故，宿光商贸提供的该劳动合同复印件无法与原件核对，一审法院对其真实性不予认定，并无不当。因此，宿光商贸提供的证据无法证明其与顾某某之间签订了书面劳动合同，法院对宿光商贸的此节上诉主张不予采纳。

4.【裁判规则】长期从事商业活动，应知借条的意义，出具在前的借条款项未实际支付，又再次出具借条的行为有违常理

典型案例 ▶▶

李某某等与郭某某民间借贷纠纷案［最高人民法院（2017）最高法民申1737号］

再审申请人（一审被告、二审上诉人）：李某某

被申请人（一审原告、二审被上诉人）：郭某某等

裁判观点

最高人民法院认为,《民间借贷司法解释》第16条第1款[1]规定,当事人抗辩借贷行为尚未实际发生的,应当对该情况进行说明。李某某长期从事商业活动,应知借条的意义,出具在前的借条款项未实际支付,又再次出具借条的行为有违常理。原审判决认定涉案借据具有证明力并无不当。

5.【裁判规则】债权债务数额巨大,债权人长达数年没有主张过任何权利,债务人对本息没有任何偿还行为,不符合正常的交易习惯

典型案例

任某某与新郑市正好枣业有限公司等民间借贷纠纷案[最高人民法院(2018)最高法民申6008号]

再审申请人(一审原告、二审上诉人):任某某

被申请人(一审被告、二审被上诉人):新郑市正好枣业有限公司(以下简称正好公司)等

裁判观点

最高人民法院认为,根据《民诉法司法解释》第105条和第108条规定,本案债权债务数额巨大,在形成本案诉讼之前的数年内张某某等对本案借款本息没有任何偿还行为,任某某作为债权人亦没有向张某某等主张过任何权利,这些行为均不符合正常的借款交易习惯。综合本节事实分析认定,本案中,任某某提供的证据不足以证明其与张某某之间存在600万元的债权债务关系。

6.【裁判规则】公司授权日常事务,根据文字的通常含义以及普通人理解,公司的日常事务应该包括收取款项等事务

典型案例

王某某与香港中成集团有限公司等股权转让合同纠纷案[最高人民法院

[1] 现为2020年《民间借贷司法解释》第15条第1款:"原告仅依据借据、收据、欠条等债权凭证提起民间借贷诉讼,被告抗辩已经偿还借款的,被告应当对其主张提供证据证明。被告提供相应证据证明其主张后,原告仍应就借贷关系的存续承担举证责任。"

(2016)最高法民终136号]

上诉人(一审原告):王某某

被上诉人(一审被告):香港中成集团有限公司(以下简称香港中成公司)等

裁判观点

最高人民法院认为,陈某某向公证处领取提存款时出示了香港盈兆公司授权,该授权内容是:授权陈某某处理大陆地区的日常事务。根据文字的通常含义以及普通人理解,公司的日常事务应该包括收取款项等事务。公证处根据陈某某提供的授权证明允许其领取股权转让款,并无不当。陈某某手持香港盈兆公司的授权领取了明确为股权转让款的提存款项,该行为应属对本案股权转让协议的履行,亦可由此推定作为该公司股东之一的王某某对此知情。根据上述事实,法院认为,案涉股权转让协议及三份补充协议是双方的真实意思表示,没有违反法律、行政法规的规定,亦不存在其他导致合同无效的情形,是合法有效的,王某某的上诉理由均不能成立。

7.【裁判规则】上亿元款项从最初转账到借条记载时间长达多年,从未有过书面借款合同和未支付过利息,不符合民间借贷常理

典型案例

陆某与武陵县鼎盛置业有限公司等民间借贷纠纷案[最高人民法院(2019)最高法民申6894号]

再审申请人(一审原告、二审上诉人):陆某

被申请人(一审被告、二审被上诉人):武陵县鼎盛置业有限公司(以下简称鼎盛公司)等

裁判观点

最高人民法院认为,首先,案涉借条的真实性存疑。案涉转账凭证时间集中在2013年、2014年,所涉转账款项均没有相应的借据印证;案涉借条显示时间为2017年2月15日,在转账后3年。涉及6000余万元的借款转款,事先没有借据,事后3年才出具借条,不符合常理。赵某某、刘某某、丁某某自称系借款人,案涉借条又是经结

算出具的，但案涉借条形成时三人却并不在场，亦不合常理。其次，本案银行转款凭证亦不能证明案涉债权真实存在。本案银行转账凭证涉及金额上亿元，陆某称系借款往来，但从最初转账时间到案涉借条记载时间5年间，借款双方从未签订过书面借款合同，王某某和鼎盛公司作为借款人亦未支付过利息，不符合民间借贷常理。

8.【裁判规则】数千万元误工费、机械租赁费、材料租赁费等，应当有能够与签证相对应的工程资料等证据

典型案例

通州建总集团有限公司与烟台芝兴房地产开发有限公司建设工程施工合同纠纷案［最高人民法院（2019）最高法民终1082号］

上诉人（原审原告）：通州建总集团有限公司（以下简称通州建总公司）

被上诉人（原审被告）：烟台芝兴房地产开发有限公司（以下简称芝兴公司）

裁判观点

最高人民法院认为，从签证内容看，签证涉及数千万元误工费、机械租赁费、材料租赁费等，但是芝兴公司没有提交任何能够与签证相对应的工程资料等证据相佐证，而且签证体现的巨大的人材机数量、停窝工天数等确实与常理不符，不符合工程签证应遵循的实事求是原则。根据《民诉法司法解释》第108条规定，通过对上述证据的分析可知，通州建总公司仅凭所提交的签证无法达到令人确信签证所载事实"存在具有高度可能性"的证明程度。通州建总公司二审时主张签证所载事实至少有部分是真实的，但是其并未提交充足证据证明哪部分是真实的，在这种情形下，其有关经济签证、现场签证涉及的1.39亿元应当计入工程价款的主张不能成立，一审判决对此认定并无不当。

9.【裁判规则】依照日常经验法则，主张巨额款项中包含有他人投资款应当有书面协议

典型案例

江苏智晟房地产发展有限公司与孙某合资、合作开发房地产合同纠纷案［最

高人民法院（2017）最高法民申1787号］

再审申请人（一审被告、二审上诉人）：江苏智晟房地产发展有限公司（以下简称智晟公司）

被申请人（一审原告、二审上诉人）：孙某

裁判观点 ▶▶

最高人民法院认为，在智晟公司与孙某签订解除合同之前，双方均对孙某投资款为1225万元以及该1225万元包含曹某挂靠孙某名下投资的200万元的事实予以认可，但解除合作协议书载明孙某的投资款为1025万元，与此前双方无争议的1225万元相差200万元。孙某在原审时主张该1025万元不包含曹某的200万元投资款，智晟公司则主张应包含。由于200万元投资额在孙某投资总额中所占相当比重，如系孙某单方放弃，依照日常经验法则，应当在解除协议中予以专门说明，现解除协议中并未说明，因此本案智晟公司应承担曹某的200万元包含在1025万元之中的举证证明责任。由于智晟公司不能举证证明系孙某放弃了200万元投资款，或是其他原因双方协商一致扣减了孙某的200万元投资款，原审据此认定双方解除协议中孙某的1025万元投资款不包含曹某的200万元投资款项并无不当。

10.【裁判规则】当事人提交的作为比对检材的印章非备案印章，依经验法则，客观存在两枚以上印章

典型案例 ▶▶

河南兴隆建筑工程公司与张家口市景泰商贸有限公司买卖合同纠纷案［最高人民法院（2015）民申字第426号］

再审申请人（一审被告、二审上诉人）：河南兴隆建筑工程公司（以下简称兴隆公司）

被申请人（一审原告、二审被上诉人）：张家口市景泰商贸有限公司

裁判观点 ▶▶

最高人民法院认为，本案中兴隆公司虽然提供了案涉合同的印章与其持有的印章不符的鉴定意见，但因其提交的作为比对检材的印章亦非备案印章，考虑

到张某某与兴隆公司北京工程处存在挂靠的约定，故原审判决以现实中企业存在两枚以上印章的情况客观存在这一经验法则作为认定本案事实的基础，并无不当。

11.【裁判规则】出具购房发票并同购房人办理网签，依经验法则购房款为购房人所交纳

典型案例

肖某与中国东方资产管理股份有限公司重庆市分公司等申请执行人执行异议之诉纠纷案［最高人民法院（2018）最高法民终450号］

上诉人（原审被告、执行案外人）：肖某

被上诉人（原审原告、申请执行人）：中国东方资产管理股份有限公司重庆市分公司（以下简称东方资产重庆公司）

裁判观点

最高人民法院认为，根据查明的案件事实，足以认定中坤锦绣地产公司已经收取案涉房屋的全部购房款。至于该购房款能否被视为上诉人肖某所交纳，虽然缺乏直接的证据证明，但足以认定中坤锦绣地产公司向肖某开具房款6,301,372元的购房发票，并同肖某签订了房屋买卖合同、办理网签手续，且无其他利害关系人主张案涉房屋购房款为其所交纳。根据日常生活经验法则，法院认为上述证据达到了案涉房屋购房款为肖某所交纳这一待证事实具有高度可能性的证明标准。

12.【裁判规则】依日常生活经验，长期从事建筑领域事务的，应当对于投保的险种为建筑工程一切险以及该险种的内容、承保范围系为明知

典型案例

中国交通建设股份有限公司与中国人民财产保险股份有限公司丰都支公司财产保险合同纠纷案［最高人民法院（2020）最高法民申3210号］

再审申请人（一审原告、二审被上诉人）：中国交通建设股份有限公司（以下简称中交股份公司）

被申请人（一审被告、二审上诉人）：中国人民财产保险股份有限公司丰都支公司（以下简称人保丰都支公司）

裁判观点

最高人民法院认为，中交股份公司认为，保险责任范围应当以保险单载明的范围为准，即除地震、洪水类特殊风险外，人保丰都支公司应对一切风险导致的事故在保险单约定的"保险赔偿项目"内全部予以赔偿。人保丰都支公司认为，保险责任范围应当以保险条款（2009年版）载明的"在保险期间内，本保险合同分项列明的保险财产在列明的工地范围内，因本保险合同责任免除以外的任何自然灾害或意外事故造成的物质损坏或灭失，保险人按本保险合同的约定负责赔偿"为准，案涉事故不属于保险责任范围，人保丰都支公司不应该承担保险赔偿责任。法院认为，本案的保险责任范围应当以保险条款（2009年版）载明的为准。根据日常经验法则，建筑工程一切险承保在整个施工期间因自然灾害和意外事故造成的物质损失，以及被保险人依法应当承担的第三者人身伤亡或财产损失的民事损害赔偿责任，通常附加第三者责任险。根据在案证据显示，虽然投保单和保险单上均未明确载明保险责任范围，但是保险单和投保单载明了案涉险种类型为建筑工程一切险，并且保险单载明了合同条款的全称为保险条款（2009年版）。结合原路桥建设公司就案涉工程第一标段投保了同一险种及签收了相同保险合同条款的事实，故对于长期从事建筑领域事务的原路桥建设公司及中交股份公司而言，应当对于投保的险种为建筑工程一切险以及该险种的内容、承保范围系为明知。二审法院认定中交股份公司作为原路桥建设公司的权利义务承继人，应当视为收到该保险条款，并无不当。中交股份公司主张根据保险单"特别约定"处载明的赔偿限额内容，人保丰都支公司应对一切风险导致的事故予以赔偿，不符合保险原理和诚实信用原则，法院不予支持。

13.【裁判规则】按照一般的交易习惯或者常理，承担担保责任的保证人会持特别谨慎的态度

典型案例

李某某与罗某某等民间借贷纠纷案［最高人民法院（2016）最高法民申

3336号]

再审申请人(一审原告、二审上诉人):李某某

被申请人(一审被告、二审被上诉人):罗某某等

裁判观点

最高人民法院认为,本案的争议焦点是余某祥是否应对罗某某所欠李某某的债务承担担保责任。为此,申请人李某某向一、二审法院及法院举证欲证明其与余某祥之间的担保书真实有效,余某祥愿意为李某某与罗某某之间的借款承担担保责任,且罗某某知晓余某祥为其担保的事实。由于保证合同的成立,系债权人与保证人之间真实意思表示即可,并不以债务人是否知晓为成立条件,因此罗某某是否知晓该担保的存在,并不影响余某祥向李某某承担担保责任。担保责任系余某祥与李某某之间的重大事务,按照一般的交易习惯或者常理,承担担保责任的保证人会持特别谨慎的态度,因为如果债务人无法偿还借款,债权人将向保证人主张相关权利,该事项涉及保证人切身利益。但本案存在如下疑点:其一,李某某一审起诉时提交的案涉担保书出现借款日期与担保书落款日期有明显差异的情况,而双方对此明显且重要的瑕疵均未发现,不符合正常逻辑;其二,李某某称两份担保书都是在向罗某某借款后两天左右,由李某某单独找到余某祥要求其签订的,但是后来称担保书发生遗失,又找余某祥补签的上述担保书,对如此重要的证据,当事人庭审的陈述前后不一致;其三,余某祥在庭审后的书面说明中称两份担保书是在同一时间应李某某的要求所写,余某祥对自己承担责任的重要证据之描述,与李某某之前的陈述亦不一致;其四,一审庭审后,因其中的120万元的担保书已超过担保期间,李某某又向一审法院提交了余某祥的承诺书,余某祥承诺继续提供担保直到罗某某向李某某归还全部借款本金及利息为止。且该承诺书的内容中载明“……借款人120人民币……”对于关键的借款数额也存有瑕疵而未发现。从上述疑点可以看出,余某祥对李某某数次提供担保书的要求积极予以配合,且两人对双方之间最重要的证据中出现的明显瑕疵均未发现,保管和出具都随意性较大,不符合一般人的正常行为方式,难以让法院对其间担保关系成立形成内心确信。因此,基于本案所涉担保书存在上述诸多不合常理之处,一、二审法院对其真实性存疑并对其真实性不予认定的处理,并无不当,法院予以维持。

（二）日常生活经验法则

1.【裁判规则】个人臆断，不属于经验法则

典型案例

王某某与东方海盛鱼港管理有限公司等确认合同效力纠纷案［最高人民法院(2017)最高法民申4370号］

再审申请人（一审原告、二审上诉人）：王某某

被申请人（一审被告、二审被上诉人）：东方海盛鱼港管理有限公司（以下简称海盛公司）

裁判观点

最高人民法院认为，海盛公司与东方市海洋与渔业局签订的经营管理承包合同及海盛公司与中石化海南分公司签订的油品购销协议，系海盛公司与不同市场主体进行正常的市场交易行为，王某某主张可由经营管理承包合同第1条推论出该合同系亏损经营合同，进而推论出油品购销协议应与经营管理承包合同有效期一致，系其个人主观论断，不符合2001年《民事证据规定》第9条第1款第3项规定的情形。

2.【裁判规则】身体受伤后的后续治疗费是必然会产生的费用，属于根据日常生活经验法则即可认定的事实

典型案例

刘某某等与邱某某等健康权纠纷案［湖北省高级人民法院(2019)鄂民申152号］

再审申请人（一审原告、反诉被告、二审上诉人）：刘某某

被申请人（一审被告、反诉原告、二审被上诉人）：邱某某等

裁判观点

人民法院认为，邱某某因此次纠纷受伤，进行了左锁骨、右尺骨骨折切开复位及内固定术。现邱某某的左锁骨、右尺骨内还有固定物未取出，后期还需行左锁

骨、右尺骨骨折内固定物取出术，需要一定的治疗费用，该笔后续治疗费是邱某某必然会产生的费用。该事实属于根据日常生活经验法则即可认定的事实，根据《民诉法司法解释》第93条第1款第4项之规定，邱某某是否对此申请鉴定不影响本案事实的认定。

3.【裁判规则】传真件页脚显示的发出传真时间早于正文落款对账时间，有违常理

典型案例

久益环球（佳木斯）采矿设备有限公司与大同市龙煤煤矿机械销售有限公司买卖合同纠纷案［最高人民法院（2018）最高法民终937号］

上诉人（原审原告）：久益环球（佳木斯）采矿设备有限公司（以下简称久益公司）

被上诉人（原审被告）：大同市龙煤煤矿机械销售有限公司（以下简称龙煤公司）

裁判观点

最高人民法院认为，久益公司提供的主要证据2013年12月31日询证函，真实性存疑，其内容亦不足以证明龙煤公司欠付货款93,183,305.18元的事实。首先，依据肉眼无法判断案涉询证函是否为传真件原件，传真件页脚显示的发出传真时间早于正文落款对账时间，有违常理。久益公司对此解释为传真机故障所致，但其未提供证据证明，难以令人信服。其次，询证函上加盖的龙煤公司合同专用章，真实性不能确定，且加盖合同专用章不符合双方交易惯例。久益公司不能具体陈述对账细节。因此，2013年12月31日询证函的真实性存疑，尚须有更为充分的证据佐证其真实性。为佐证2013年12月31日询证函的真实性，久益公司提交了另外五份询证函，但该五份询证函同样存在真实性不能确定的问题，且其内容与2013年12月31日询证函所载明的欠款数额不具有印证关系，亦不能证明询证函是双方买卖合同关系项下惯用结算凭证的事实。

4.【裁判规则】常年从事商业交易的企业自称将加盖其公章的空白页提供给对方明显不符合正常商业交易惯例

典型案例

中融新大集团有限公司与天津市海德星商贸有限公司等企业借贷纠纷案［最高人民法院（2019）最高法民终1777号］

上诉人（原审被告）：中融新大集团有限公司（以下简称中融公司）

被上诉人（原审原告）：天津市海德星商贸有限公司（以下简称海德星公司）等

裁判观点

最高人民法院认为，关于双方实际履行的借款合同。一审法院认定双方已签订并实际履行借款合同一。而中融公司则上诉主张案涉借款合同一仅有中融公司单方盖章，并未成立，双方实际履行的是中融公司一审提交的借款合同一原件，而该原件的手写部分中利率、用途为空白，至于利率则是双方口头约定按年利率7%计算。对中融公司该上诉主张，不予采信。第一，中融公司关于其将加盖该公司印章的空白页与借款合同一都放入密封袋中密封的陈述，与商业交易惯例不符。中融公司称其提供加盖该公司印章空白页是应海德星公司比对印章真实性的要求。但从一般商业惯例可知，该比对应在双方同时参与下进行，比对的对象也多为银行留印或公安机关留印。即便要给海德星公司留印比对，也只需在印章大小的纸张上加盖印章即可。而根据其上诉所称，债务确认书即为海德星公司利用空白页加盖印章伪造，也即该空白页留下的空白部分足以写下债务确认书的所有文字内容。故中融公司作为常年从事商业交易的大企业自称将加盖其公章的空白页提供给海德星公司明显不符合正常商业交易惯例。第二，中融公司关于债务确认书为海德星公司利用空白页加盖印章伪造的陈述与中融公司工作人员王某乙二审到庭提供的关于借款合同签订情况的证人证言存在矛盾。王某已的证言称，将加盖该公司印章的空白页与借款合同一都放入快递袋中密封。而根据中融公司提交的增加、变更上诉请求申请书和发回重审上诉请求的补充理由，案涉顺丰快递袋是密封交出，原封退回。如果原封退回，则海德星公司就不能取出其中的所谓的加盖公章空白页用以伪造债务确认书。第三，中融公司关于双方达成口头借款协议的主张既缺乏证据证明也违反海德星公司缔约习惯，也与日常生活经验不符。按照中融公司陈述，海德星公司在缔约过程中要求视频拍摄密封、拆封顺丰快递袋过程，要求王某甲提供连带担保等行为以及案涉借款高达5亿元等事实足以证明海德星公司对签订案涉借款协议应当持非常慎重态度并很注意保留相应证据。在2月27日经过复杂签订手续后，只差海德星公司单方盖章确认的情形下，中融公司主张双方又立刻重新达成了一份口头协议并约定7%的年利率。对此，二审庭审中，中融公司不能向法庭说明该口头协议的签约主体、签约地点等签约过程任何细节事项。这与双方之前的审慎签约、留有书面证据、视频证据的做法大相径庭，也与随后双方又签订书面借款合同二对借款事宜作出详细约定的做法不一致，更与一般人日常生活经验明显相悖。而且，在中融公司员工王某乙已明确借款用途为短期周转的情形下，口头约定仅7%年利率明显不符合民间借贷市场中对该类借款利率约定的交易惯例。第四，海德星公司于2018年2月28日即出借案涉5亿元的事实，可以印证其履行的是案涉借款合同一复印件。如果中融公司主张案涉借款合同一复印件所述合同并未成立，那么就无法合理解释海德星公司在未签订书面协议明确借款金额、还款日期和利息计算标准等事项的情形下，就将案涉巨额借款出借给了中融公司这一事实。第五，中融公司在签订借款合同二之前的还本付息行为，也印证了双方此时履行的是案涉借款合同一复印件。如果案涉借款合同一复印件所涉借款合同当时尚未成立，那么中融公司也就没有必要还本付息。综上所述，一审法院结合双方提交借款合同一各自版本、债务确认书和借款合同二等证据认定案涉借款合同一复印件真实可信，双方于2018年2月28日签订借款合同一的事实，并无不当。

5.【裁判规则】还款日期与出具借款借据的日期为同一日，且与还款计划书的出具日期亦为同一日，不符合常理

典型案例

徐某某与杨某某民间借贷纠纷案［最高人民法院（2015）民申字第1385号］

再审申请人（一审原告、二审上诉人）：徐某某

被申请人（一审被告、二审被上诉人）：杨某某

裁判观点

最高人民法院认为，徐某某主张与杨某某之间存在350万元借贷关系的证据为

借款借据及还款计划书各一份，杨某某抗辩该350万元不属借款，而是已被生效判决确认双方间存在的另外三笔借款的利息，并提供了其计息依据和方法。根据《民间借贷司法解释》第16条第1款[1]规定，原审法院基于徐某某提交证据的状况以及杨某某抗辩该款为利息的说明，要求徐某某就350万元的款项来源、借款方式等进一步提供证据证明，符合法律规定。而根据徐某某提交的证据，首先，从借款借据的表面形式看，借款借据上借款期限起始日期处为空白，但还款日期与出具借款借据的日期为同一日，即均为2013年3月21日，且与还款计划书的出具日期亦为同一日，不符合常理；其次，从徐某某几次关于交付借款过程的陈述看，其所述案涉350万元款项来源、交付地点和方式均不一致，且有矛盾之处。据此，原审判决未予认定徐某某与杨某某之间存在该350万元的借贷关系，认定事实亦无不当。

6.【裁判规则】依生活常理，对屋顶进行了改造装修客观上会对屋顶的防水结构产生影响，可能会引发漏水

典型案例

黄某某与彭某某等相邻关系纠纷案［四川省成都市中级人民法院（2018）川01民终6548号］

上诉人（原审原告）：黄某某

被上诉人（原审被告）：彭某某

裁判观点

人民法院认为，根据《民诉法司法解释》第108条第1款的规定，人民法院确认待证事实的存在达到高度可能性的，可以认定该事实存在。本案中，根据二审查明的事实，被上诉人对案涉房屋的屋顶进行了装修，并修建了花台、种植花草，客观上对屋顶的防水结构产生了一定的影响。结合该事实以及生活常理，由于其改造装修行为造成长期漏水事实的存在具有高度可能性，法院依法认定该事实的存在。上诉人黄某某据此要求被上诉人协助到楼顶做防水的上诉请求合理，法院予以支持。

---

〔1〕 现为2020年《民间借贷司法解释》第15条第1款："原告仅依据借据、收据、欠条等债权凭证提起民间借贷诉讼，被告抗辩已经偿还借款的，被告应当对其主张提供证据证明。被告提供相应证据证明其主张后，原告仍应就借贷关系的存续承担举证责任。"

7.【裁判规则】根据一般的生活经验法则，各类建筑物为了保证其正常的使用功能，客观上都会存在内部装修工程

典型案例

贵州财经大学与贵阳嘉瑞达房地产开发有限公司合同纠纷案［最高人民法院(2018)最高法民申109号］

再审申请人（一审被告、二审上诉人）：贵州财经大学

被申请人（一审原告、二审被上诉人）：贵阳嘉瑞达房地产开发有限公司（以下简称嘉瑞达公司）

裁判观点

最高人民法院认为，本案为建设工程回购纠纷，案件的争议焦点在于2009年6月24日双方签订的付款协议中所约定的一、三食堂的主体建筑建安成本是否包括室内工程部分。双方协议约定，一、三食堂的主体建筑建安成本按照同期修建的第一教学楼经审计的建安造价以及核定的建筑面积确定回购款。根据一般的生活经验法则，各类建筑物为了保证其正常的使用功能，都客观上存在内部装修工程，因使用功能的不同，内部装修的造价不尽一致。有些情况下为了满足某一方面的使用功能，内部装修工程的造价还会高于普通的装修标准。就本案而言，一、三食堂的主体建筑建安成本按照同期修建的第一教学楼经审计的建安造价确定，但食堂的内部工程为了满足正常的使用功能，显然不同于教学楼的内部工程。从一、二审查明的事实看，一、三食堂的室内工程部分包括“包房及大厅装修、浴室、送排风系统、室内超出一教标准及内容”的部分。因此，原审判决认定申请人贵州财经大学应当承担主体建筑建安成本之外并经鉴定确定的内部工程造价部分并无不当。

8.【裁判规则】依日常经验法则，双方约定的相关经营必要证件应为经营实际需要的证件

典型案例

夏河县拉卜楞宾馆与夏河县拉卜楞扎西德勒旅游服务有限责任公司租赁合同

纠纷案［最高人民法院（2017）最高法民申1019号］

再审申请人（一审被告、反诉原告、二审上诉人）：夏河县拉卜楞宾馆（以下简称拉卜楞宾馆）

被申请人（一审原告、反诉被告、二审上诉人）：夏河县拉卜楞扎西德勒旅游服务有限责任公司（以下简称扎西公司）

裁判观点

最高人民法院认为，双方所签合同中明确约定“甲方在乙方经营期间，不得干涉乙方经营活动。并为乙方提供相关经营必要证件。同时协助在乙方租赁期间的每年各类证件年检、换证等事宜，在租赁期间的费用由乙方承担”。在本案合同履行过程中，拉卜楞宾馆未按照约定提供经营宾馆的相关证件，另于2013年7月4日向夏河县工商局申请将拉卜楞宾馆的经营范围由住宿、餐饮变更为房屋租赁，导致扎西公司租赁宾馆后经营活动无法正常进行，致使合同目的无法实现，属于根本违约。拉卜楞宾馆主张合同中没有约定需要交付何种证件，“相关经营必要证件”不是营业执照而系扎西公司变更其营业执照时需要的房屋所有权证书、土地使用权证书等。法院认为，从拉卜楞宾馆租赁合同书的整体内容来看，未见“相关经营必要证件”系变更其营业执照时需要的房屋所有权证书、土地使用权证书等相关的约定，且无论从合同性质、日常经验法则及合同整体内容判断，相关经营必要证件应为经营宾馆实际需要的证件。故拉卜楞宾馆之主张，法院难以认同。

9.【裁判规则】依日常经验法则，大型机械和特殊超载工程车辆碾压公路，可能会导致道路毁损

典型案例

浩吉铁路股份有限公司等与宜川县交通运输局等财产损害赔偿纠纷案［陕西省高级人民法院（2020）陕民申1941号］

再审申请人（一审被告、二审上诉人）：浩吉铁路股份有限公司等

被申请人（一审原告、二审被上诉人）：宜川县交通运输局（以下简称宜川交通局）等

裁判观点

人民法院认为，根据《民诉法司法解释》第93条和第108条规定，判断本案是否构成侵权，需审查宜川交通局提交的证据能否证明施工过程中大型施工车辆碾压案涉公路致使公路受损具有高度可能性及申请人是否提供反证推翻这种高度可能性。首先，宜川交通局提交的政府函件等文件，可以证明蒙华铁路施工中确实存在大型机械和特殊超载工程车辆通行案涉道路，并致案涉道路毁损的事实。上述事实亦与日常生活经验相符。其次，申请人在认可使用案涉道路的情况下，并未提交充分有效的证据推翻上述事实。综上所述，本案已符合高度盖然性的证明标准，应认定申请人在蒙华铁路施工期间使用案涉公路，并存在大型施工车辆碾压案涉公路致使公路受损的事实，申请人应承担侵权责任。

10.【裁判规则】依日常生活经验，成年人具有民事行为能力

典型案例

杨某甲等与李乙等财产损害赔偿纠纷案［广东省高级人民法院(2018)粤民申6262号］

再审申请人（一审原告、二审上诉人）：杨某甲等

被申请人（一审被告、二审被上诉人）：李乙等

裁判观点

人民法院认为，本案中，杨某甲虽然主张自2012年起李某丙因患病导致其民事行为能力存在障碍，但是李某丙的病情是否影响其民事行为能力以及在何种程度上影响其民事行为能力，需要专业的鉴定机构结合被鉴定人当时的精神、躯体以及辅助检查后得出相应的结论。李某丙家属未曾申请认定李某丙为无民事行为能力或者限制民事行为能力人，且双方当事人对李某丙的民事行为能力问题存在争议，仅根据现有病历资料不足以判断李某丙由于疾病已经失去了完全民事行为能力，故一、二审法院认定李某丙在作出赠与公证时，存在完全民事行为能力，符合《最高人民法院关于贯彻执行〈中华人民共和国民法通则〉若干问题的意见（试行）》〔1〕

〔1〕 以下简称《民法通则意见》。2021年1月1日《民法典》正式施行。2020年12月29日，最高人民法院印发《关于废止部分司法解释及相关规范性文件的决定》(法释〔2020〕16号)。其中第7条规定，自2021年1月1日起，废止1988年4月2日印发的《最高人民法院关于贯彻执行〈中华人民共和国民法通则〉若干问题的意见（试行）》。

第7条“当事人是否患有精神病，人民法院应当根据司法精神病学鉴定或者参照医院的诊断、鉴定确认。在不具备诊断、鉴定条件的情况下，也可以参照群众公认的当事人的精神状态认定，但应以利害关系人没有异议为限”的规定。另外，根据《民诉法司法解释》第93条之规定，一、二审法院认定李某丙将其财产交给其子女以及亲生弟弟等亲属予以支配，属于其对自己财产的处分，驳回杨某甲等要求李乙等返还财产分割款的诉讼请求，于法有据，并无不当，法院予以确认。

11.【裁判规则】通常情况下，大额的款项不会通过现金支付

典型案例

杨某甲与刘某乙民间借贷纠纷案［最高人民法院（2016）最高法民申1804号］

再审申请人（一审原告、二审被上诉人）：杨某甲

被申请人（一审被告、二审上诉人）：刘某乙

裁判观点

最高人民法院认为，根据2001年《民事证据规定》第5条规定，本案杨某甲作为出借人，应对存在借贷关系及已履行金钱交付义务承担举证责任。杨某甲以借款协议、借条、收条作为证据，证明其向刘某乙等出借现金616万元。其收条注明，银行转账方式收到382万元，以现金方式收到现金234万元。刘某乙等称，其借款本金为382万元，234万元实为双方约定的高息。杨某甲称该234万元为刘某乙等先前向其借款下欠的金额，该234万元借款是分三、四次以现金支付。通常情况下，大额的款项不会通过现金支付。杨某甲主张通过现金支付，其提供借款协议、借条、收条尚不足以证明，其相应的举证责任尚未完成。杨某甲对该234万元的出借经过，在资金来源、支付过程、利息的约定与偿还等方面的陈述难以令法官形成内心确认，又未能提供其他证据证明。在此情形下，二审判决未支持杨某甲关于该节事实的主张，不属于分配举证责任错误，认定事实错误。二审判决对借条中“现金”的解读，符合通常的认识，杨某甲该申请再审理由亦不成立。杨某甲提交的订购申请书、银行个人活期账户明细等材料也不足以推翻二审判决的相应认定。

12.【裁判规则】水表更换前后，在用水方生产量基本不变且无管道跑水故障的情况下，水表显示用于生产的用水量却大幅增加，有悖常理

典型案例

盐城市天孜食品有限公司与盐城市自来水有限公司发生供用水合同纠纷案［江苏省盐城市中级人民法院（2019）苏09民终904号］

被上诉人（原审原告）：盐城市天孜食品有限公司（以下简称天孜食品公司）

上诉人（原审被告）：盐城市自来水有限公司（以下简称自来水公司）

裁判观点

人民法院认为：供水合同约定，如果供水人或用水人一方提出计量器具有误差须送检，由提出方送检并预交送检费用及相关费用，检测结果在允许误差范围内，由提出方承担有关费用，不在允许误差范围内则由另一方承担相关费用。送检的全过程，须供水人和用水人共同参加。本案中，被上诉人天孜食品公司发现争议水表运行偏快，发函要求上诉人自来水公司予以处理，上诉人提供了水流量检测中心的检测报告，认为争议水表是合格的，但是该检测报告系其单方委托检测，一审法院未予认定并无明显不当。且在自来水公司2017年9月更换争议水表时，被上诉人再次发函要求上诉人对争议水表封样共同送检，上诉人收函后单方将争议水表退回厂家处理，违反合同约定，应当承担相应的法律后果。争议水表使用期间的用水量明显超出该水表使用前、后两个时期的用水量，上诉人认为可能有多种原因导致用水量的变化，亦未能提供充分的证据证实。故综合现有证据不能证明上诉人提供的争议水表计量合格。另据供水合同约定，如因计量器具的原因造成双方不能就用水量形成一致意见时，用水人同意供水人根据实际并结合用水人上3个月平均用水量来确定本期水量水费。由于争议水表使用时间较长，一审法院将争议水表使用前后时间段用水量进行对比，确定争议期间多计算水量的比例，酌情认定应当返还多收取的水费金额并无不当。

13.【裁判规则】日常生活经验法则说明，对所购房屋显而易见的瑕疵，业主收房时一般不会轻易忽视

典型案例

黄甲与北京美晟房地产开发有限公司发生商品房预售合同纠纷案［最高人民

法院公报案例]

上诉人（原审原告）：黄甲

被上诉人（原审被告）：北京美晟房地产开发有限公司（以下简称美晟房产公司）

裁判观点

人民法院认为，房屋是价值昂贵的不动产，日常生活经验法则说明，对所购房屋显而易见的瑕疵，业主收房时一般不会轻易忽视。上诉人黄甲在一审中一再陈述，收房时对窗外有装饰钢梁一事，其已在业主入住验收单上明确提出书面异议。业主入住验收单是被上诉人美晟房产公司单方保存的证据，经法院要求，美晟房产公司拒不提交。根据2001年《民事证据规定》第75条规定，可以推定黄甲关于收房时已对窗外有钢梁一事提出书面异议的主张成立。一审认定黄甲在交接房屋时未提出异议，不符合事实，应当纠正。本案是商品房预售合同纠纷，双方当事人签订的商品房买卖合同合法有效。根据《合同法》第107条[1]规定，因装饰钢梁影响窗内人的视觉感受，黄甲诉请判令美晟房产公司承担将装饰横梁上移55厘米的责任；美晟房产公司坚称，是从整个小区的美观与协调考虑，且在经过政府有关部门批准与符合建筑规范的情况下才安装这个钢梁，黄甲应顾及整个小区的利益。在美晟房产公司与黄甲签订的合同中，没有约定预售的房屋外有装饰钢梁；在美晟房产公司给黄甲展示的沙盘上，房屋模型外也没有装饰钢梁；而美晟房产公司交付给黄甲的房屋，窗外却有装饰钢梁遮挡。美晟房产公司履行合同义务不符合约定，依法应承担违约责任。至于安装钢梁是否经过行政审批与是否符合建筑规范，属另一法律关系，不能成为美晟房产公司不构成违约或者免除违约责任的理由。业主花费巨额资金购买房屋，注重的不是房屋外墙立面美观，而是房屋内各项设施是否有利于居住使用。只有在这一前提下，黄甲才可能与美晟房产公司签订商品房买卖合同。衡法酌理，不能为保全钢梁的装饰功能，而牺牲业主签订商品房买卖合同要达到的合同目的。黄甲主张将装饰横梁上移55厘米，既有北京首都工程建筑设计有限公司证明在技术上可行，又可以用较低的成本补救装饰钢梁带来的不当影响，此意见应予采纳。综上所述，一审判决认定事实不清，导致判决结果失当，应当纠正。

---

〔1〕 现为《民法典》第577条："当事人一方不履行合同义务或者履行合同义务不符合约定的，应当承担继续履行、采取补救措施或者赔偿损失等违约责任。"

14.【裁判规则】自然人之间较大标的额的往来交易，仅通过欠条的方式形成买卖合同关系，不符合一般交易习惯，不予采信

典型案例 ▶▶

张某与杜某等被继承人债务清偿纠纷案［最高人民法院（2020）最高法民申4634号］

再审申请人（一审原告、二审上诉人）：张某

被申请人（一审被告、二审被上诉人）：杜某等

裁判观点 ▶▶

最高人民法院认为，法院经审查认为，张某以两张欠条向程某冬的继承人杜某主张894万元的货款，其应当就买卖合同关系的具体情况举证证明。案涉欠条虽载明“货款”字样，但张某与程某冬之间并未签订书面买卖合同，也没有送货单、收货单、结算单、发票等可以证明买卖合同关系成立的相关证据，张某主张程某冬有部分向其还款记录，因所还款项仅是双方之间的金钱往来，无法直接证明双方买卖合同关系的存在，在张某举证不充分的情况下，原审法院认定张某没有完成证明责任并驳回其诉讼请求，并无不当。张某认为其与程某冬之间的交易习惯是通过欠条的形式结算，因程某冬已经死亡，没有证据证明其间的交易方式，且自然人之间较大标的额的往来交易，仅通过欠条的方式形成买卖合同关系，不符合一般交易习惯，法院依法不予采信。另外，张某主张其再审申请符合《民事诉讼法》第200条第4项的情形，但其并未提交相关证据，故法院对其主张不予审查。

15.【裁判规则】根据日常生活经验法则，消费者对其所购买产品的认识，通常是基于产品的说明书及合格证书形成的

典型案例 ▶▶

曹某甲等与民生人寿保险股份有限公司江苏分公司保险合同纠纷案［最高人民法院公报案例］

原告：曹某甲等

被告：民生人寿保险股份有限公司江苏分公司（以下简称民生保险）

裁判观点

人民法院认为，投保人曹某乙与被告民生保险之间所签订的保险合同合法有效，被保险人曹某乙在保险责任期间意外死亡，已构成保险事故。关于案涉被保险人驾驶的车辆是否能解释为保险人免责条款中所规定的机动车的问题。法院认为，根据《保险法》的有关规定，采用保险人提供的格式条款订立的保险合同，保险人与投保人、被保险人或者受益人对合同条款有争议的，应当按照通常理解予以解释。对合同条款有两种以上解释的，人民法院或者仲裁机构应当作出有利于被保险人和受益人的解释。本案中，保险人免责条款以及保险条款的释义中，均未对机动车的认定标准作出规定。事故发生当日交管部门出具的道路交通事故现场图显示，曹某乙驾驶的为48cc助力车。而之后交管部门出具的物证检验意见书、车辆技术检验报告及交通事故认定书，又将该车定性为轻便摩托车。可见，即使是交管部门在处理本案交通事故过程中，对案涉车辆属性的认知也存在差异。审理中，原告、被告双方对被保险人发生交通事故时所驾驶的案涉车辆是否属于免责条款中所指的机动车存在不同解释。虽然被告根据上述交通事故认定书、物证检验意见书，以及交通事故车辆技术检验报告，认为案涉车辆属于机动车的解释，符合相关国家标准对机动车的规定。但是，原告对案涉车辆不符合免责条款中规定机动车的解释，符合一个没有专业知识的普通人的认知标准，理由如下：首先，一个普通的投保人、被保险人或受益人对机动车的概念，只能是根据其日常生活经验法则来作出解释。消费者对其所购买产品的认识，通常是基于产品的说明书及合格证书形成的。由于案涉事故车辆的产品说明书及产品检验合格证均显示，该车为“先锋”牌助力车，生产厂商这种对产品性质的误导行为，使被保险人曹某乙作为一个普通的购买者无法知晓其所购买的车辆就是机动车，不可能产生该车系保险人责任免除条款中所指的机动车的认识，亦无从根据机动车的管理需要去办理相关的驾驶证和机动车辆行驶证。案涉车辆虽然未领取相关的机动车证照，但该车并未经改装，事故发生后的检验结果表明其制动合格。因此，被保险人主观上没有违反保险人免责条款中相关规定的故意与过失。其次，被保险人客观上无法对案涉车辆进行登记并取得机动车号牌。《道路交通安全法》第8条规定：国家对机动车实行登记制度。机动车经公安机关交通管理部门登记后，方可上道路行驶。但是，因为该型号车辆的数据未进入车管部门颁发证照所依据的全国机动车辆产品公告查询服务系统，根据对机动车辆管理的规定，该车无法进行登记并取得机动车号牌及证照。因此，原告在保险人免责条款以及保险条款的释义中，没有对机动车的认定标准作出规定的情况下，基于存在生产厂家误导的产品说明书、产品检验合格证，以及被保险人客观上无法取得机动车号牌的事实，作出案涉车辆不属于保险人免责条款中所规定的机动车之解释，符合一个普通车辆购买人及使用人的认知标准，应作出有利于被保险人的解释，案涉车辆应认定为不属于本案保险人免责条款中所规定的机动车。此时，被保险人在不领取驾驶证的情况下驾驶案涉车辆，亦不属于免责条款规定的无证驾驶情形。综上所述，对被告主张被保险人曹某乙无驾驶证驾驶无有效行驶证的轻便摩托车导致身故的，属于保险人免责事由而不承担赔偿责任的抗辩意见，法院不予以采纳。

第三节　推　　定

【法理辨析】

一、推定的内涵

推定，源于“拉丁文praesumere：未风先雨（take before）或者视为当然（take for granted）”〔1〕，是指“由法律规定或由法院按照经验法则，从已知的前提事实推断未知的结果事实存在，并允许当事人提出反证推翻的一种证据法则”〔2〕。从经验法则和逻辑法则的角度来看，推定，实际上是人们长期社会生活经验的一种总结和提炼，是“法律预先设定两种事实之间常态因果关系的证明规则”〔3〕。作为一种证据法则，一旦基础事实A得到了证实，则可以直接认定、推定事实B，塞耶和威格摩尔认为，“诉讼一方当事人对所主张‘乙事实’存在提不出证据，但他却能提出证据证明‘甲事实’存在，然后根据‘甲事实’存在推定‘乙事实’存在；诉讼另一方当事人对‘甲事实’反证存在提出反证，因此‘乙事实’存在也受到反证的攻击，原先无证据证明的‘乙事实’当然消失”〔4〕。由于“出现A，则出现B”这一现象的概率常态化和重复出现，为节省复杂的证明过程，提高诉讼效率，并可以通过这一机制凸显

〔1〕［美］尼古拉·雷舍尔：《推定和临时性认知实践》，王进喜译，中国法制出版社2013年版，第1页。
〔2〕最高人民法院民事审判第一庭编著：《最高人民法院新民事诉讼证据规定理解与适用（上）》，人民法院出版社2020年版，第150页。
〔3〕高家伟、邵明、王万华：《证据法原理》，中国人民大学出版社2004年版，第154页。
〔4〕何家弘主编：《外国证据法》，法律出版社2003年版，第202页。

所要保护的国家利益和弱势群体等利益。

推定，不是证据，而是一种证明法则。原因在于“证据系指证明程序中之证料而言，而推定为证明程序中之一法则也”[1]。《法国民法典》将推定界定为：“法律或审判员依已知的事实推论未知的事实所得的结果。”[2]美国民事诉讼法中的推定，根据《美国联邦证据规则》第3章第301条规定：“在所有民事诉讼中，除国会制定法或本证据规则另有规定外，一项推定赋予其针对的当事人举证反驳或满足该推定的责任，但未向该当事人转移未履行说服责任即需承担风险意义上的证明责任。该证明责任仍由在审判过程中原先承担的当事人承担。”[3]虽然，对于推定的分类存在争议，在英国证据法中为多数人所接受的分类是“可辩驳的法律推定（Rebuttable Presumptions）、不可辩驳的法律规定（Irrebuttable Presumptions）和事实推定（Presumptions of Facts）三种”[4]。推定，可以从不同的角度来审视：

（1）从设定法律规定的目的来看，推定不是事实，而是基于民事系属后解决纠纷的需要，根据特定的事实所进行的一种推论，是一种临时性的“真”，在被推翻前，该“真”始终成立；

（2）从证据证明力的角度来看，推定的事实，视为当然存在，但推定的效力不是绝对性的、终局性的，允许反证事实推翻。“推定不是事实而是对事实的临时估计。它是可辩驳的（defeasible），但是在被实际驳倒之前是稳固的。”[5]

（3）从推定与证明责任的关系来看，两者“实际上是同一硬币的两面，要么将推定之利益赋予一方，要么将证明负担施加另一方”[6]。证明存在于肯定者，而非否定者。当事人的诉讼主张往往暗含着对其不利的推定，因此，需要其提供证据来进一步证实这些推定的不成立，当达到证明标准时，则由对方当事人承担提出针对主张成立的反证。

（4）推定的适用条件是前提事实存在。根据证明责任的基本原理，前提事实是否存在，需要由负担证明责任的当事人承担证明义务。只有在完成前提事实存在的基础上，方有适用推定规则的可能性；如果没有证据，或者没有充分的证据证明前提事

〔1〕 周荣编著：《证据法要论》，中国政法大学出版社2012年版，第30页。
〔2〕 [美]尼古拉·雷舍尔：《推定和临时性认知实践》，王进喜译，中国法制出版社2013年版，第1页。
〔3〕 《美国联邦民事诉讼规则证据规则》，白绿铉、卞建林译，中国法制出版社2005年版，第215页。
〔4〕 何家弘主编：《外国证据法》，法律出版社2003年版，第118页。
〔5〕 [美]尼古拉·雷舍尔：《推定和临时性认知实践》，王进喜译，中国法制出版社2013年版，第2页。
〔6〕 [美]尼古拉·雷舍尔：《推定和临时性认知实践》，王进喜译，中国法制出版社2013年版，第13页。

实是存在的，则不能适用推定，将依证明责任原理承担相应的法律后果。选择证明前提事实A，来取代本来需要证明的待证事实B，原因在于证明前提事实A，相较于证明待证事实B来说，目的是“通过对前提事实的证明较容易完成本来相当困难的推定事实的证明，从而大大减轻了主张推定事实存在一方当事人的举证责任”〔1〕(见图8-2)。

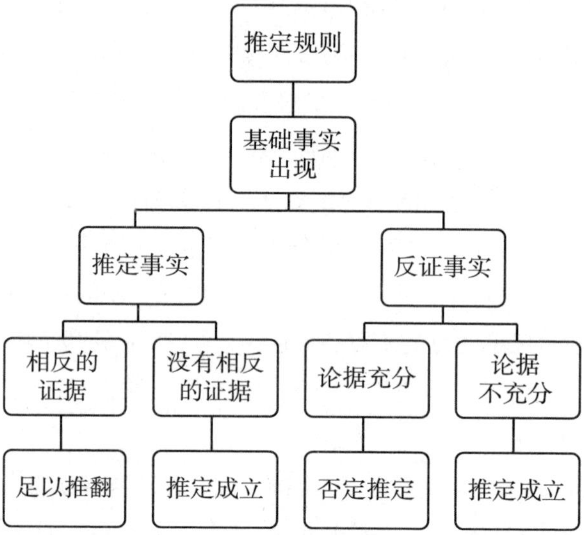

图8-2　推定的适用条件

二、推定的分类

(一)法律推定

法律推定，是指“某法律规定(A)之要件事实(甲)(推定事实)，有待证明时，通常就在较该事实易于证明之个别事实(乙)(前提事实)获得证明时，如无相反之证明(甲事实仍为不存在之证明)，则认为(甲)事实已获证明之事，为其他法律规定(B)(推定事实)所规定者而言”〔2〕。例如，美国《马萨诸塞州证据规则指南》第301条(d)条规定：“因推定受到不利影响的当事人一方负有提出证据以反驳该推定的责任。责任的范围由法规、规则或普通法所确定。如果该当事人未能提交证据来反驳这一推定，那么该争议事实将被陪审团视为成立。如果该当事人提出的证

〔1〕　李国光主编：《最高人民法院〈关于民事诉讼证据的若干规定〉的理解与适用》，中国法制出版社2002年版，第135页。

〔2〕　骆永家：《民事举证责任论》，台北，商务印书馆2009年版，第121页。

据能反驳这一推定，那么该推定就不再有任何效力或作用。推定并转移说服责任，该说服责任的最初承担者自始至终不发生改变。”〔1〕

法律推定虽然将对要件事实的证明，调整为前提事实，“本于他种已定事实，径认定该事实为真实，而承认其效力”〔2〕，从而降低了证明的难度，但并不是不再负担证明责任。负证明责任的当事人，要提供充分的证据证明存在前提事实，如果不能证明前提事实，或者证明前提事实的证据并不充分，则仍然要承担不利的法律后果。如人身损害赔偿纠纷中，“责任范围难以确定的，推定各共同侵权人承担同等责任”，赔偿权利人首先必须提供充分的证据证明共同侵权人的侵害事实，否则，“皮之不存，毛将焉附”，不能适用法律推定。

法律推定中的分类存在不同的看法。一般认为，根据是否需要存在前提事实为标准，可以将法律推定分为直接推定和推论推定。直接推定，是指不需要存在任何的前提事实，可以推定事实存在，即有的学者所认为的“完全推定”：“某项事实得法律上确认，不容当事人有提出反证之余地”〔3〕。推论推定，也指“真正的法律上推定”，是“依据法律从已知事实推论未知事实，从前提事实推论推定事实的结果”〔4〕。即“不完全推定”，某项事实，在未有反证前，推定其为真实。〔5〕例如，英国的可辩驳的法律规定，是指“一旦基础事实被证明，在没有相反证据的情况下，必须推定另一事实即推定事实的存在”〔6〕。我国法律、司法解释中此种类型的法律推定，包括但不限于：

（1）《民法典》第1252条规定：“建筑物、构筑物或者其他设施倒塌、塌陷造成他人损害的，由建设单位与施工单位承担连带责任，但是建设单位与施工单位能够证明不存在质量缺陷的除外。建设单位、施工单位赔偿后，有其他责任人的，有权向其他责任人追偿。因所有人、管理人、使用人或者第三人的原因，建筑物、构筑物或者其他设施倒塌、塌陷造成他人损害的，由所有人、管理人、使用人或者第三人承担侵权责任。”

（2）《民法典》第1199条规定：“无民事行为能力人在幼儿园、学校或者其他教

〔1〕《马萨诸塞州证据规则指南》，廖永安等译，湘潭大学出版社2012年版，第16页。

〔2〕蒋澧泉编著：《民刑诉讼证据法论》，吴宏耀、魏晓娜点校，中国政法大学出版社2012年版，第96页。

〔3〕周荣编著：《证据法要论》，中国政法大学出版社2012年版，第32页。

〔4〕李国光主编：《最高人民法院〈关于民事诉讼证据的若干规定〉的理解与适用》，中国法制出版社2002年版，第134页。

〔5〕参见周荣编著：《证据法要论》，中国政法大学出版社2012年版，第32-33页。

〔6〕何家弘主编：《外国证据法》，法律出版社2003年版，第118页。

育机构学习、生活期间受到人身损害的，幼儿园、学校或者其他教育机构应当承担侵权责任；但是，能够证明尽到教育、管理职责的，不承担侵权责任。”

（3）《民法典》第1222条规定：“患者在诊疗活动中受到损害，有下列情形之一的，推定医疗机构有过错：（一）违反法律、行政法规、规章以及其他有关诊疗规范的规定；（二）隐匿或者拒绝提供与纠纷有关的病历资料；（三）遗失、伪造、篡改或者违法销毁病历资料。”

（4）《公司法》第63条规定：“一人有限责任公司的股东不能证明公司财产独立于股东自己的财产的，应当对公司债务承担连带责任。”

（5）《电子签名法》第28条规定：“电子签名人或者电子签名依赖方因依据电子认证服务提供者提供的电子签名认证服务从事民事活动遭受损失，电子认证服务提供者不能证明自己无过错的，承担赔偿责任。”

（6）《职业病防治法》第50条第2款规定：“当事人在仲裁过程中对自己提出的主张，有责任提供证据。劳动者无法提供由用人单位掌握管理的与仲裁主张有关的证据的，仲裁庭应当要求用人单位在指定期限内提供；用人单位在指定期限内不提供的，应当承担不利后果。”

（7）《反垄断法》第19条规定：“有下列情形之一的，可以推定经营者具有市场支配地位：（一）一个经营者在相关市场的市场份额达到二分之一的；（二）两个经营者在相关市场的市场份额合计达到三分之二的；（三）三个经营者在相关市场的市场份额合计达到四分之三的。有前款第二项、第三项规定的情形，其中有的经营者市场份额不足十分之一的，不应当推定该经营者具有市场支配地位。被推定具有市场支配地位的经营者，有证据证明不具有市场支配地位的，不应当认定其具有市场支配地位。”

（8）《海商法》第114条规定：“在本法第一百一十一条规定的旅客及其行李的运送期间，因承运人或者承运人的受雇人、代理人在受雇或者受委托的范围内的过失引起事故，造成旅客人身伤亡或者行李灭失、损坏的，承运人应当负赔偿责任。请求人对承运人或者承运人的受雇人、代理人的过失，应当负举证责任；但是，本条第三款和第四款规定的情形除外。旅客的人身伤亡或者自带行李的灭失、损坏，是由于船舶的沉没、碰撞、搁浅、爆炸、火灾所引起或者是由于船舶的缺陷所引起的，承运人或者承运人的受雇人、代理人除非提出反证，应当视为其有过失。旅客自带行李以外的其他行李的灭失或者损坏，不论由于何种事故所 引起，承运人或者承运人的受雇人、代理人除非提出反证，应当视为其有过失。”

(9)《民用航空法》第114条第3款规定：“承运人根据托运人的请求填写航空货运单的，在没有相反证据的情况下，应当视为代托运人填写。”

(10)《民法典》第1121条规定：“继承从被继承人死亡时开始。相互有继承关系的数人在同一事件中死亡，难以确定死亡时间的，推定没有其他继承人的人先死亡。都有其他继承人，辈份不同的，推定长辈先死亡；辈份相同的，推定同时死亡，相互不发生继承。”

(11)《民法典》第466条规定：“当事人对合同条款的理解有争议的，应当依据本法第一百四十二条第一款的规定，确定争议条款的含义。合同文本采用两种以上文字订立并约定具有同等效力的，对各文本使用的词句推定具有相同含义。各文本使用的词句不一致的，应当根据合同的相关条款、性质、目的以及诚信原则等予以解释。”

(12)《著作权法》第11条第3款规定：“由法人或者非法人组织主持，代表法人或者非法人组织意志创作，并由法人或者非法人组织承担责任的作品，法人或者非法人组织视为作者。”

(13)《证券法》第85条规定：“信息披露义务人未按照规定披露信息，或者公告的证券发行文件、定期报告、临时报告及其他信息披露资料存在虚假记载、误导性陈述或者重大遗漏，致使投资者在证券交易中遭受损失的，信息披露义务人应当承担赔偿责任；发行人的控股股东、实际控制人、董事、监事、高级管理人员和其他直接责任人员以及保荐人、承销的证券公司及其直接责任人员，应当与发行人承担连带赔偿责任，但是能够证明自己没有过错的除外。”

(14)《民法典》第352条规定：“建设用地使用权人建造的建筑物、构筑物及其附属设施的所有权属于建设用地使用权人，但是有相反证据证明的除外。”

(15)《期货纠纷司法解释》第59条第2款规定：“有证据证明该保证金账户中有超出期货公司、客户权益资金的部分，期货交易所、期货公司在人民法院指定的合理期限内不能提出相反证据的，人民法院可以依法冻结、划拨该账户中属于期货交易所、期货公司的自有资金。”

(16)《民法典》第1073条规定：“对亲子关系有异议且有正当理由的，父或者母可以向人民法院提起诉讼，请求确认或者否认亲子关系。对亲子关系有异议且有正当理由的，成年子女可以向人民法院提起诉讼，请求确认亲子关系。”

（17）《著作权司法解释》第8条第2款规定："公证人员在未向涉嫌侵权的一方当事人表明身份的情况下，如实对另一方当事人按照前款规定的方式取得的证据和取证过程出具的公证书，应当作为证据使用，但有相反证据的除外。"

（18）《房屋登记办法》（原建设部令第168号）第26条规定："房屋权属证书、登记证明与房屋登记簿记载不一致的，除有证据证明房屋登记簿确有错误外，以房屋登记簿为准。"

（19）《人身损害赔偿司法解释》第5条规定："赔偿权利人起诉部分共同侵权人的，人民法院应当追加其他共同侵权人作为共同被告。赔偿权利人在诉讼中放弃对部分共同侵权人的诉讼请求的，其他共同侵权人对被放弃诉讼请求的被告应当承担的赔偿份额不承担连带责任。责任范围难以确定的，推定各共同侵权人承担同等责任。"

（20）2020年《民诉法司法解释》第114条规定："国家机关或者其他依法具有社会管理职能的组织，在其职权范围内制作的文书所记载的事项推定为真实，但有相反证据足以推翻的除外。必要时，人民法院可以要求制作文书的机关或者组织对文书的真实性予以说明。"

（二）事实推定

事实推定，是指"法院依据某一已知事实，根据经验法则，推论与之相关的诉讼中需要证明的另一事实是否存在"〔1〕。英国证据法中的事实推定，是指"如果证明了基础事实，则可以推定另一事实存在。整个推定也称为'临时性推定'（Provisional Presumptions），用来表明反对事实推定的一方对推定事实负有临时的或者策略上的证明责任"〔2〕。《布莱克法律词典》（第9版）对presumption of fact（事实推定）的解释是：从另外一个事实或一组事实中得出的一种可反驳的、并非法律规定的推定。（A type of rebuttable presumption that may be, but as a matter of law need not be, drawn from another established fact or group of facts）。英美法系学者一般认为，事实推定属于推定的一种类型。也有学者不同意这种看法，认为"事实推定只是执法人员的一种稳定的推理经验，性质上属于经验法则，而不是推定"〔3〕。

事实推定与法律推定的区别，主要有以下几个方面：

---

〔1〕 李国光主编：《最高人民法院〈关于民事诉讼证据的若干规定〉的理解与适用》，中国法制出版社2002年版，第136页。

〔2〕 何家弘主编：《外国证据法》，法律出版社2003年版，第119页。

〔3〕 高家伟、邵明、王万华：《证据法原理》，中国人民大学出版社2004年版，第156页。

（1）法律逻辑上的“大前提”不同。法律推定的依据源于法律的明文规定，而事实推定的依据源于人们的经验法则和逻辑法则。例如，关闭上一层楼房的房屋地暖阀门后，下一层的房屋屋顶便不再漏水，而再次打开上一层的房屋地暖阀门后便开始继续漏水，根据这一客观事实，结合日常生活经验法则，可以推定屋顶漏水来源的事实。

（2）举证责任的转移及证明标准不同。“法律上的推定乃实体法规范，直接导致举证责任之转移，因此对方当事人欲反驳推定事实必须提供本证，让法官对该推定事实不存在达到内心确信的程度始为成功。而事实上的推定并不使举证责任发生转移，故对方当事人为反驳该推定事实，只需提供反证，让法官对该推定事实形成不了内心确信，使该事实处于真伪不明状态即可。”〔1〕

（3）适用的强制性不同。“法律推定的结论由法庭作出，在没有相反证据的情况下，只能作出对提出推定一方有利的结论；事实推定由事实裁判庭得出结论，而且无论事实推定多么有说服力，事实裁判庭既可以考虑，也可以不予考虑。”〔2〕

三、司法实务中的推定

1.邮政部门提供的邮件全程跟踪查询单，推定为真实。根据2020年《民诉法司法解释》第114条规定，我国邮政部门提供的邮件全程跟踪查询单据中立、客观，应当作为认定案件事实的证据。公安部门依照职权出具的并案告知书和说明函，纪委、监察委员会作出的行政处罚决定书，海事局出具的内河交通事故调查结论书，海洋与渔业局依法出具的事故调查报告，房产登记机关出具的房屋产籍档案等，当事人未提供证据予以推翻的，应当推定为真实。

2.根据法律规定推定行为人有过错，行为人不能证明自己没有过错的，应当承担侵权责任。《民法典》第1165条规定：“行为人因过错侵害他人民事权益造成损害的，应当承担侵权责任。依照法律规定推定行为人有过错，其不能证明自己没有过错的，应当承担侵权责任。”第1172条规定：“二人以上分别实施侵权行为造成同一损害，能够确定责任大小的，各自承担相应的责任；难以确定责任大小的，平均承担责任。”《人身损害赔偿司法解释》第3条第2款规定：“二人以上没有共同故意或

〔1〕 最高人民法院民事审判第一庭编著：《最高人民法院新民事诉讼证据规定理解与适用（上）》，人民法院出版社2020年版，第153页。

〔2〕 何家弘主编：《外国证据法》，法律出版社2003年版，第120页。

者共同过失，但其分别实施的数个行为间接结合发生同一损害后果的，应当根据过失大小或者原因力比例各自承担相应的赔偿责任。”共同致害人对受侵害人的损害结果的发生均具有过错，致害人没有证据证明其行为与损害结果的发生没有因果关系，应当承担侵权责任。

3.对工作人员没有作出合理解释的，推定其为工作人员。司法实践中，经常能够遇到相对方提出合同、协议、文件清单等上的签字人，并非自己的工作人员的抗辩，而主张方持有的多份合同、协议、文件清单中，乃至其他案件中均出现过该相对方签字人的签字，尽管有的材料盖有相对方的公章，有的没有，一般可以推定该签字人为相对方的工作人员。

4.主张“后补”签字，应作出合理解释。一方主张工程进度表上的有关签字是对方后添加的，鉴定意见表明不是同一人书写时，对方应当就签字人的身份作出合理解释，没有合理解释的，推定一方的主张成立。

5.从双方从事的民事行为能够推定双方有订立合同意愿的，合同成立。《合同法司法解释二》第2条规定：“当事人未以书面形式或者口头形式订立合同，但从双方从事的民事行为能够推定双方有订立合同意愿的，人民法院可以认定是以合同法第十条第一款中的‘其他形式’订立的合同。但法律另有规定的除外。”合同条款是指合同当事人经过协商一致，约定各方之间权利义务的具体条文，是合同内容的具体表现形式，是明确当事人之间的权利义务关系的依据，其内容由当事人在法律允许的范围内自主约定，一般应包括前述法律规定的内容。居间合同的当事人为居间人和委托人，其中接受委托并报告订立合同机会或者提供交易媒介的一方为居间人，支付报酬的一方为委托人。居间人不是委托人的代理人，而是一种在交易双方当事人之间起着介绍、协助作用的中间人。居间合同作为一种诺成、双务和不要式的合同，只要委托人与居间人意思表示一致即可成立。当事人之间可以采取口头或者书面形式订立，当事人虽未以书面形式或者口头形式订立居间合同，但从双方从事的民事行为能够推定双方有订立居间合同意愿的，或者双方没有书面合同，但一方实际履行主要义务，对方接受的，居间合同法律关系成立。

6.独立开发项目的，推定持有财务报表。一方当事人享有项目的独立开发权和费用开支权，或者案涉项目是以一方当事人的项目部进行开发、销售，作为实际的开发建设方，应妥善保管开发建设中形成的财务账目表，故在其未能提供证据证明已经将案涉项目账目移交对方当事人的情况下，推定其持有该财务账目表。

7.无额外收入，可推定购置房产对外负债存在较高可能性。根据夫妻双方除工资及津贴外无其他收入来源，扣除家庭承担日常生活、子女抚养、安家置业、医药费用等支出，家庭收入结余基本不可能足额承担购买房产及装修等支出，故可以推定购置房产及装修等相关事宜曾对外负债存在较高可能性。

8.垃圾堆放的场地是开放的，根据已知事实和生活经验并不能必然推断出倾倒主体。对于开放式的场地，根据已知事实和生活经验并不能必然推断出是邻居土地所有人倾倒垃圾。根据《民事诉讼法》第64条第1款，2020年《民诉法司法解释》第90条、第93条第1款第4项的规定，根据已知的事实和日常生活经验法则推定出的另一事实，当事人无须举证。例如，乙主张与甲的土地相邻，周围一定范围内没有其他公司开发土地，根据日常生活经验可以合理推断是甲倾倒垃圾。由于垃圾堆放的场地是开放的，并非只有甲可以通行或者到达，根据已知事实和生活经验并不能必然推断出是甲倾倒垃圾。况且，甲还提供了证据证明土石方垃圾已经由第三方外运至他处的证据，基于对所属土地享有管理的权利与义务，乙主张是甲倾倒垃圾的证据不足，应承担举证不利的后果。

【典型案解】

1.【裁判规则】根据已知的事实和日常生活经验法则推定出的另一事实，当事人无须举证证明，当事人有相反证据足以反驳的除外

典型案例

王某某与贺某某等案外人执行异议之诉案［最高人民法院（2017）最高法民申3404号］

再审申请人（一审原告、二审上诉人）：王某某

原审第三人：王某甲等

裁判观点

最高人民法院认为，原判决认定事实有证据证明。1.原判决认定王某某没有独

立经济来源不属于缺乏证据证明。《民诉法司法解释》第93条规定："下列事实，当事人无须举证证明：(一)自然规律以及定理、定律；(二)众所周知的事实；(三)根据法律规定推定的事实；(四)根据已知的事实和日常生活经验法则推定出的另一事实；(五)已为人民法院发生法律效力的裁判所确认的事实；(六)已为仲裁机构生效裁决所确认的事实；(七)已为有效公证文书所证明的事实。前款第二项至第四项规定的事实，当事人有相反证据足以反驳的除外；第五项至第七项规定的事实，当事人有相反证据足以推翻的除外。"王某甲、姚某某以王某某名义签订案涉房屋购房合同时，王某某仅13岁，属无劳动能力的限制民事行为能力人，王某某亦未举证证明其通过继承、奖励、父母之外第三人的赠与、报酬、收益等有合法经济来源。《合同法》第187条[1]规定："赠与的财产依法需要办理登记等手续的，应当办理有关手续。"房屋则是需要办理登记等手续的财产，在案涉房屋登记在王某某名下之前，王某某尚未取得赠与财产，更谈不上对赠与财产即案涉房产进行合理使用取得收益。因此，原判决认定王某甲、姚某某以王某某的名义签订案涉房屋购房合同时，王某某没有独立经济来源不属于缺乏证据证明。2.原判决认定案涉房屋系家庭共同财产有证据证明。王某甲、姚某某以王某某名义签订案涉房屋购买合同时间是2010年11月2日，王某甲与贺某某签订借款合同时间是2012年8月24日，王某甲、姚某某将案涉房屋登记在王某某名下是2013年6月4日。王某甲、姚某某将涉案18套房屋登记在未成年子女王某某名下时，王某甲、姚某某尚未归还贺某某借款，因此王某某认为其取得案涉房屋未损害贺某某利益的理由不成立。另外，案涉房屋一直由王某甲、姚某某夫妻用于经营，明显超出王某某的基本生活需要。因此，原判决综合分析房屋购买时间、产权登记时间、王某甲对贺某某负债情况及购房款的支付，认定案涉18套房屋应为王某甲、姚某某、王某某的家庭共有财产有证据证明。

2.【裁判规则】国家机关或者其他依法具有社会管理职能的组织，在其职权范围内制作的文书所记载的事项推定为真实

典型案例 ▶▶

焦某某与中国平安人寿保险股份有限公司庆阳中心支公司人身保险合同纠纷

〔1〕 现为《民法典》第659条："赠与的财产依法需要办理登记或者其他手续的，应当办理相关手续。"

案［最高人民法院（2020）最高法民申614号］

再审申请人（一审原告、二审上诉人）：焦某某

被申请人（一审被告、二审被上诉人）：中国平安人寿保险股份有限公司庆阳中心支公司（以下简称平安人寿庆阳支公司）

裁判观点

最高人民法院认为，根据《民诉法司法解释》第114条规定，本案中，案涉0315事故调查分析报告书和不予处理决定书系文县公安机关依职权作出，并未超出权限范围，原审判决依据上述司法解释对0315事故调查分析报告书和不予处理决定书的证据效力以及所载相关事实予以认定并无不当。

3.【裁判规则】不动产登记簿所具有的推定效力是指法律上的权利推定，并非事实推定

典型案例

刘某甲与刘某乙等返还原物纠纷案［最高人民法院（2018）最高法民申2559号］

再审申请人（一审原告、二审上诉人）：刘某甲

被申请人（一审被告、二审被上诉人）：刘某乙

裁判观点

最高人民法院认为，根据《物权法》第17条[1]规定，由此可见，虽然不动产登记簿的证据力优于不动产权属证书的证据力，但并不等于不动产登记簿记载的事项就绝对真实，即不动产登记簿所具有的推定效力是指法律上的权利推定而非事实推定。本案中，案涉房屋所有权证书记载刘某乙为共有人，而房管局存根记载所有权人只有刘某甲一人，但该证书系刘某甲办理，在房屋所有权登记申请书中可以看出共有人一栏中刘某乙的内容被刮除且有刘某甲印鉴。在此情况下，仅凭房屋

〔1〕 现为《民法典》第217条："不动产权属证书是权利人享有该不动产物权的证明。不动产权属证书记载的事项，应当与不动产登记簿一致；记载不一致的，除有证据证明不动产登记簿确有错误外，以不动产登记簿为准。"

登记所记载的内容已不能判断案涉房产物权归属情况，应当根据双方提供的证据查明案涉房产的真实权利人。即刘某甲负有进一步证明其为案涉房产的唯一所有权人的举证义务，刘某乙则负有反驳该项事实的举证义务。故一、二审法院未采信房管局存根记载的内容，而是根据双方举证情况来认定事实，符合法律规定。

4.【裁判规则】私文书证由制作者或者其代理人签名、盖章或捺印的，推定为真实

典型案例

何某与吉林省润兴房地产开发有限公司等执行异议之诉案［吉林省高级人民法院（2020）吉民申1318号］

再审申请人（一审原告、二审上诉人）：何某

被申请人（一审被告、二审被上诉人）：吉林省润兴房地产开发有限公司（以下简称润兴公司）

裁判观点

人民法院认为，案件的基本事实是用以确定案件性质、法律关系及当事人具体权利义务的要件事实。就本案中张某某主张的权益而言，基础的债权债务关系及“以房抵债”相关事实即为本案基本事实。根据附卷在案证据，案涉防水工程施工合同由张某某作为北京建中防水保温工程有限公司的代理人签字捺印，润兴公司向张某某出具的交款单载明时间为2018年9月30日。在无其他反驳证据的情况下，商品房预售合同签约证明和预售登记申请书中的预购人为张某某，根据2019年《民事证据规定》第91条及第92条关于公文书证和私文书证的认证规则，应认定前述证据的证明力。

5.【裁判规则】医疗机构违反法律、行政法规、规章以及其他有关诊疗规范的规定的，推定有过错

典型案例

桦甸市中医医院与李某甲医疗损害责任纠纷案［吉林省高级人民法院

(2020) 吉民申1101号]

再审申请人(一审被告、二审上诉人):桦甸市中医医院(以下简称桦甸中医院)

被申请人(一审原告、二审被上诉人):李某甲

裁判观点

人民法院认为,再审审查期间,桦甸中医院提交新证据:长春市司法局《关于桦甸市中医医院对吉林津科司法鉴定中心、吉林一诺司法鉴定中心投诉的处理意见》及吉林省司法厅吉司罚公决字(2020)第2、3、4、5、6、7号《司法行政机关行政处罚决定书》,拟证明吉林津科司法鉴定中心出具的吉津司鉴中心(2018)法临鉴字第397-1号、第397-2号2份《司法鉴定意见书》以及吉林一诺司法鉴定中心出具的吉一诺司鉴中心(2019)医鉴字第10号、第11号2份《司法鉴定意见书》不能作为一、二审法院认定事实及作出裁判的依据。法院认为上述两组证据是长春市司法局及吉林省司法厅依据司法部的部门规章《司法鉴定程序通则》(2016年)第15条规定作出,该条规范规定的是司法鉴定机构和司法鉴定人的司法鉴定活动,且长春市司法局及吉林省司法厅亦认为依据该规定,上述两个鉴定中心不得受理案涉的委托鉴定事项并对相关鉴定中心及鉴定人员给予警告的行政处罚,并未涉及案涉的鉴定意见,即长春市司法局及吉林省司法厅并没有推翻或者撤销两家鉴定中心的鉴定意见。故桦甸中医院提交的上述两组新证据,不足以证明桦甸中医院拟证明的问题,与本案事实不存在关联性,法院不予采信。一、二审法院采信上述鉴定意见认定案件事实及作出判决,符合法律规定。根据《侵权责任法》第58条[1]规定,吉林津科司法鉴定中心出具的吉津司鉴中心(2018)法临鉴字第397-1号《司法鉴定意见书》认为桦甸中医院违反相关医疗规范,李某甲在桦甸中医院住院病案材料存在不完整、不充分等情况,导致缺乏进行医疗过错鉴定的核心材料,依据《司法鉴定程序通则》(2016年)第15条规定,司法鉴定机构不得受理。故一、二审法院推定桦甸中医院存在过错,并无不当。

---

〔1〕 现为《民法典》第1222条:"患者在诊疗活动中受到损害,有下列情形之一的,推定医疗机构有过错:(一)违反法律、行政法规、规章以及其他有关诊疗规范的规定;(二)隐匿或者拒绝提供与纠纷有关的病历资料;(三)遗失、伪造、篡改或者违法销毁病历资料。"

6.【裁判规则】长期未对借款数额提出过异议，也未向司法机关寻求救济和抗辩，可以推定借款数额

典型案例

王某某与刘某某民间借贷纠纷案［新疆维吾尔自治区高级人民法院（2019）新民申1579号］

再审申请人（一审被告、二审上诉人）：王某某

被申请人（一审原告、二审上诉人）：刘某某

裁判观点

人民法院认为，根据《民诉法司法解释》第92条的规定，在原一审庭审中，王某某对刘某某主张借款本金45万元的构成系银行转账37万元和侯某转款的8万元组成是认可的，仅对借款期间利息计算方式提出异议。且王某某自2014年1月3日首次向刘某某出具借条之日起，至2016年11月3日王某某最后一次出具借条之日止，王某某在两年多的时间内，都未对借款本金数额提出过异议，并向司法机关寻求救济。在法庭辩论中，王某某亦未抗辩该8万元系双方约定的借款利息预先在本金中扣除。王某某对收到侯某转账8万元的事实不予认可，有违常理。依据《民诉法司法解释》第93条第1款第4项的规定，刘某某无须对王某某已经收到8万元借款的事实承担举证责任。原二审法院依据王某某对借款本金45万元的自认，结合刘某某通过库尔勒农村信用社向侯某转账的记录，认定双方借贷本金为45万元，并无不当。

7.【裁判规则】作为涉案借条保管方，在借条发生部分毁损而其不能作出令人信服的解释时，应当作不利于其的推定

典型案例

闻甲与宣某乙等民间借贷纠纷案［浙江省杭州市中级人民法院（2016）浙01民终3865号］

上诉人（原审原告）：闻甲

被上诉人（原审被告）：宣某乙等

裁判观点

人民法院认为，涉案借条上虽有水渍，但其缺角处明显不符合"被水浸泡后拿起来即脱落"的特征，结合闻甲所作解释中关于其在桌面无其他障碍物品时将纸杯放置在借条原件之上、因觉无用便将所脱落部分丢弃等诸多有悖常理之处，法院对闻甲所作借条缺角原因的解释不予采信。借条缺角边缘有笔墨痕迹，但其他位置均无类似痕迹，闻甲称该笔墨痕迹系保管不善造成亦与常理不符，可以初步认定借条左下角处原有字迹。闻甲作为涉案借条保管方，在借条发生部分毁损而其不能作出令人信服的解释时，应当作不利于其的推定。最后，宣某乙提交证据证明其具备返还150,000元本金的能力，对还款时间、地点均能描述。综上所述，法院认为，借条原左下角载有宣某乙还款150,000元的事实具有高度可能性，根据民事诉讼"高度可能性"的证明标准，可以认定该事实存在。

8.【裁判规则】当事人一方能提供案外人的银行交易记录，足以推定出案外人同意当事人一方使用其个人银行账号进行交易

典型案例

鄢某某与胡某某等民间借贷纠纷案［重庆市高级人民法院（2018）渝民申969号］

再审申请人（一审被告、二审上诉人）：鄢某某

被申请人（一审原告、二审被上诉人）：胡某某等

裁判观点

人民法院认为，根据2001年《民事证据规定》第49条规定，胡某某称因到期时将未偿还利息作为借款本金，重新出具了借条，且鄢某某没有否认2016年4月7日借条的真实性，故胡某某的主张符合社会经验，在借条原件已不存在的情形下，结合胡某某提供的交付借款凭据，可以认定复印件与原件一致，二审判决据此采信借条复印件并无不当。关于冉某某、吴某的银行交易记录的采信。虽然冉某某、吴某不是本案当事人，但是众所周知，银行交易记录属于个人私密，未经本人允许，他人很难取得，而胡某某能提供冉某某和吴某的银行交易记录，足以推定出冉某某和吴某同意胡某某使用其个人银行账号进行交易，故二审判决认定冉某某和吴某的银

行交易记录与本案有关联性并无不当。

9.【裁判规则】根据送达回证载明的日期可推定出提交起诉状的时间

典型案例 ▶▶

新沂市时集粮库等与江苏新沂农村商业银行股份有限公司等金融借款合同纠纷案［最高人民法院（2019）最高法民申5632号］

再审申请人（一审被告、二审被上诉人）：新沂市时集粮库（以下简称时集粮库）

被申请人（一审原告、二审上诉人）：江苏新沂农村商业银行股份有限公司（以下简称新沂农商行）

裁判观点 ▶▶

最高人民法院认为，人民法院立案时间并不等同于当事人递交起诉状时间，根据一审卷宗中送达回证显示，新沂农商行于2014年10月20日向一审法院递交起诉状，要求大地粮油公司等承担保证责任。虽然人民法院立案时间在后，但不能以此否定新沂农商行已在保证期间内主张权利的事实。送达回证是人民法院基于当事人的诉讼行为所形成的书面材料，根据2001年《民事证据规定》第9条之规定，二审法院根据送达回证载明的日期便可推定出新沂农商行提交起诉状的时间，无须组织当事人进行举证质证。时集粮库等对此未能提供相反证据予以推翻，原审认定新沂农商行主张权利的时间为2014年10月20日，并无不当。

10.【裁判规则】根据日常经验法则，推定在民间融资领域18‰应为月利率而非年利率

典型案例 ▶▶

北京龙创伟业科技发展有限公司与李某某等民间借贷纠纷案［河北省高级人民法院（2015）冀民一终字第525号］

上诉人（原审被告）：北京龙创伟业科技发展有限公司（以下简称北京龙创伟业公司）

被上诉人（原审原告）：李某某等

裁判观点

人民法院认为，关于借款利息。首先，虽然借款合同中仅写明借款利率为18‰，未标明年利率或月利率，但根据《民诉法司法解释》第93条第1款第4项之规定，根据日常经验法则，可以推定在民间融资领域，除预先扣除高息外，18‰应为月利率而非年利率（如为年利率明显过低）；其次，被上诉人李某某、北京华成盛公司和案外人张某某签订的融资居间服务协议明确写明18‰为月利率，且该合同金额与两份借款合同累加金额一致，也能佐证18‰为月利率而非年利率。

11.【裁判规则】虽向被推销者推销过产品，不能推定被推销者知道其推销的产品为专利产品

典型案例

李某与林某某侵犯专利权纠纷案［山东省高级人民法院（2008）鲁民三终字第111号］

上诉人（原审原告）：李某

被上诉人（原审被告）：林某某

裁判观点

人民法院认为，焦点问题在于李某之行为是否符合我国《专利法》关于免除侵权赔偿责任规定之要件。而该问题的关键在于判断李某是否知道或应当知道其所销售的被控侵权产品为未经许可而制造并售出的专利产品。对于李某主观是否为“知道”或“应当知道”，首先应当由林某某举证。林某某主张，其曾于2003年持专利产品和宣传册到李某处推销，此事实仅有林某某自我陈述而未就此提供其他证据。对于无其他佐证仅为当事人一方陈述的待证事实，应根据对方当事人的认可程度加以判断。本案中李某仅认可林某某曾到他处推销产品，但否认见到专利产品或知道该产品为专利产品。据此，法院仅能认定林某某曾到李某处推销过产品，但不能认定李某是否知道该产品的全部技术特征，也不能证明李某是否知道其推销的产品为专利产品。判断李某作为销售者的主观状态，应以其知道或应当知道到其销售的产品技术特征完全覆盖涉案专利技术特征为基础判断标准，之后再辅之以考虑其是否知道林某某涉案技术受《专利法》保护，而从本案情况看，林某某到李某处推销产品这一事实，并不必然推理出李某已知或应当知道其销售的产品技术特征覆盖涉案专利技术特征这事实，也就不能得出李某知道或应知其推销的产品为未经许可而生产的专利产品的唯一结论。故对于上述问题的认定，如采用推理方法则在逻辑判断上不能成立。鉴于本案中无证据证明李某知道或应当知道其销售的为未经许可生产的专利产品，而且能提供合法来源，应依据《专利法》第63条第2款之规定，李某不承担侵权赔偿责任。

12.【裁判规则】单位对借款合同中法定代表人的签名不予确认，但未申请鉴定，亦未提供证据证明该签名非法定代表人本人所签，推定签名为真实

典型案例 ▶▶

安徽省滁州市建业劳务发展有限公司与刘某某民间借贷纠纷案［最高人民法院（2016）最高法民申1756号］

再审申请人（一审被告、二审上诉人）：安徽省滁州市建业劳务发展有限公司（以下简称建业公司）

被申请人（一审原告、二审被上诉人）：刘某某

裁判观点 ▶▶

最高人民法院认为，案涉借款合同列明借款人为建业公司，且落款处加盖有建业公司印章及其法定代表人石某某签名。建业公司虽对该处石某某签名不予确认，但未申请鉴定，亦未提供证据证明该签名非石某某本人所签，因此应当认定该签名为真实。

13.【裁判规则】工商登记制度记载的事项系被法律推定为真实而非客观真实

典型案例 ▶▶

陕西省府谷县前石畔农工商企业集团有限责任公司与陕西省地方电力（集团）有限公司等设立纠纷案［最高人民法院（2019）最高法民再186号］

再审申请人（一审被告、二审上诉人）：陕西省府谷县前石畔农工商企业集团有限责任公司（以下简称前石畔公司）

被申请人（一审原告、二审被上诉人）：陕西省地方电力（集团）有限公司（以下简称地电公司）

裁判观点

最高人民法院认为，工商登记制度旨在通过公示赋予登记事项公信力来保护与公司发生交易的善意第三人，其记载的事项系被法律推定为真实而非客观真实。本案系公司内部股东之间的纠纷，不涉及善意第三人，当工商登记信息与营业执照或工商档案内容不一致，并且有证据证明该登记信息可能存在错误时，应当进一步审查工商档案材料、相关证照等证据，综合认定公司成立情况。原审仅以网上登记信息与当事人约定不符，就认定该公司非当事人约定设立的公司，进而认定案涉公司未成立，依据不足。

14.【裁判规则】当事人未以书面形式或者口头形式订立合同，但从双方的民事行为能够推定双方有订立合同意愿的，人民法院可以认定是“其他形式”订立的合同

典型案例

中国农业发展银行吉林省分行营业部与农安盛祥玉米有限公司等合同纠纷案［最高人民法院（2016）最高法民再137号］

再审申请人（一审被告、二审上诉人）：中国农业发展银行吉林省分行营业部（以下简称农发行吉林营业部）

再审申请人（一审原告、二审上诉人）：农安盛祥玉米有限公司（以下简称盛祥公司）

裁判观点

最高人民法院认为，合同的订立可以采取书面、口头以及其他方式，本案中尽管农发行吉林营业部与盛祥公司、康润公司之间没有最终形成书面协议，但从各方当事人在本案中的陈述以及专题会议纪要等证据看，三方当事人均认可农发行吉林营业部与盛祥公司、康润公司之间已然建立了所谓“重组还贷”协议，形成了事实上的合同关系。从盛祥公司的行为看，其已经全部清偿了不良贷款并重组了康润公司，即履行了约定的义务；再从农发行吉林营业部的行为看，在专题会议纪要作出后，其已经按照会议纪要的内容扣收了来自盛祥公司的还款，并开始办理许诺的三年2亿元的贷款，仅是由于其内部原因而没能最终发放。正因如此，农发行吉林营业部在此后通过召开会议的方式与盛祥公司、康润公司商谈有关合同解除及合同责任的事宜，继而以所谓“冲账还原”的方式退回了“重组还贷”中的款项。综合上述事实，农发行吉林营业部与盛祥公司、康润公司之间的“重组还贷”行为符合《合同法司法解释二》第2条“当事人未以书面形式或者口头形式订立合同，但从双方从事的民事行为能够推定双方有订立合同意愿的，人民法院可以认定是以合同法第十条第一款中的‘其他形式’订立的合同。但法律另有规定的除外”规定的情形，应当认定农发行吉林营业部与盛祥公司、康润公司之间订立了以“重组还贷”为内容的合同。

15.【裁判规则】购买的房产以自己的名义进行了不动产登记，推定意思表示为该房产属于其（或与配偶）所有

典型案例

戴某某与林某某等委托合同纠纷案［福建省莆田市中级人民法院（2018）闽03民终1384号］

上诉人（原审原告）：戴某某

被上诉人（原审被告）：林某某等

裁判观点

人民法院认为，从卷宗材料考察，戴某某等所提供的大量证据材料，系围绕其资产情况及汇款情况展开。其欲证明其与林某某之间存在保管及委托关系的有效证据，仅为林某兰、林某娥、林某香的证人证言，该证据因为人身的亲情属性及财产上的密切程度，确实具备应有的证明效力。但因林某某已经去世，法院探究其生前意思表示的最佳途径，为考察其生前的行为。法院注意到，林某某对其购买的房产，以自己的名义进行了不动产登记，法院只能从该行为进行推定，认为林某某当时的意思表示为该房产属于其（或与配偶）所有。虽然戴某某主张如此巨额的资金，认定为保管关系更符合常理。但本案存在个案具体因素的识别与判定，基于各方均认可的情况，包括戴某某拥有巨额资产及戴某某对父母极尽孝道等，法院无法排除戴某某等基于赡养、赠与等法律关系，支付林某某讼争款项的可能，无法形成本案法律关系应认定为保管、委托合同的内心确信。在双方主张均有存在合理可能，戴某某提供的证据无法形成优势证据效力，其作为权利主张人，应承担相应的法律后果。

16.【裁判规则】法律上对有关事实的拟制，即便有相反证据，该事实亦不可反驳或推翻

典型案例

中信澳大利亚资源贸易有限公司与山煤煤炭进出口有限公司等涉外合同纠纷管辖权异议案［最高人民法院（2016）最高法民终66号］

上诉人（一审原告）：中信澳大利亚资源贸易有限公司（以下简称中信贸易公司）

被上诉人（一审被告）：山煤煤炭进出口有限公司（以下简称山煤公司）

裁判观点

最高人民法院认为，经查阅一审案卷，山西省高级人民法院通过外交途径向中信贸易公司送达法律文书，因其拒绝收受未能送达，故采取公告送达的方式。公告送达是在其他方式不能送达的情况下，法律规定的一种拟制送达方式。倘公告期间届满，无论当事人是否实际知悉，即“视为”送达。所谓“视为”，乃法律上对有关事实的拟制，即便有相反证据，该事实亦不可反驳或推翻。因此即便当事人在公告期届满前已知悉公告内容，并不发生实际送达的法律后果。案涉公告发布于2015年7月22日，并载明“自公告之日起，经过90日即视为送达”。尽管中信贸易公司于2015年8月23日下载并实际知悉了该公告，如前所述，此时不发生送达的法律后果。中信贸易公司在10月8日向山西省高级人民法院提出管辖权异议，未超过法定期限。原裁定对此认定错误，应予纠正。

17.【裁判规则】遗失、伪造、篡改或者违法销毁病历资料的，推定医疗机构有过错

典型案例

丁甲等与湖南省人民医院医疗过错损害赔偿纠纷案［最高人民法院（2016）最高法民再285号］

抗诉机关：中华人民共和国最高人民检察院

申诉人（一审原告、二审上诉人）：丁甲等

被申诉人（一审被告、二审上诉人）：湖南省人民医院（以下简称人民医院）

裁判观点

最高人民法院认为，根据《侵权责任法》第54条〔1〕的规定，《侵权责任法》对医疗损害责任实行的是过错责任原则，也就是医疗机构承担民事责任以医务人员存在过错为前提。但是在实践中患者证明医务人员存在过错比较困难，由于医疗机构具备专业知识和技术手段，掌握相关的证据材料，具有较强的证据能力，患者则处于相对的弱势地位。为了平衡医患双方的利益，根据《侵权责任法》第58条〔2〕规定，本案中，患者丁某在人民医院住院治疗期间死亡，医方判断其死亡原因为：1.脊椎水肿或喉头水肿致呼吸循环衰竭；2.多器官功能衰竭（心、脑、肺、肝、肾）。但湖南省湘雅司法鉴定中心的鉴定结论为：丁某死亡原因符合颈椎前路减压植骨内固定术后脑出血及多器官功能衰竭。两者之间存在一定差异。在医患双方对医方的诊疗行为是否存在过错，死亡后果是否与诊疗行为存在因果关系意见不一的情况下，只能通过医疗过错鉴定或者医疗事故鉴定来进行确定。而客观、全面、规范、完整的病历资料是进行医疗鉴定最基本、最重要的素材，医疗机构应当为鉴定机构、患者亲属提供客观、全面、规范、完整的病历资料。

从本案已查明的事实来看，患者丁某2011年7月11日死亡后，患者亲属与人民医院共同封存病历资料。7月22日，人民医院与患者亲属共同启封病历资料时，在

〔1〕 现为《民法典》第1218条："患者在诊疗活动中受到损害，医疗机构或者其医务人员有过错的，由医疗机构承担赔偿责任。"

〔2〕 现为《民法典》第1222条："患者在诊疗活动中受到损害，有下列情形之一的，推定医疗机构有过错：（一）违反法律、行政法规、规章以及其他有关诊疗规范的规定；（二）隐匿或者拒绝提供与纠纷有关的病历资料；（三）遗失、伪造、篡改或者违法销毁病历资料。"

未告知丁某亲属的情况下，人民医院工作人员往封存病历中加插材料。人民医院在一审中称不能确认加插材料的内容，二审中称所加插材料为死亡记录、死亡讨论记录等法律规定可以在患者死亡后补记的相关病历资料，但丁甲等对此不予认可，人民医院亦未举证证明其加插材料的内容。法院认为，人民医院往已经封存的病历中加插材料的行为破坏了已封存病历的完整性、真实性和客观性，明显系故意篡改病历的行为，推定人民医院有过错，有事实和法律依据。

18.【裁判规则】已经确认部分已保全电脑安装了侵权软件，拒不接受法院证据保全的，推定未能保全的电脑安装侵权软件

典型案例

西门子工业软件有限公司与广州沃福模具有限公司侵害计算机软件著作权纠纷案[最高人民法院（2020）最高法知民终155号]

上诉人（原审原告）：西门子工业软件有限公司（以下简称西门子软件公司）

上诉人（原审被告）：广州沃福模具有限公司（以下简称沃福公司）

裁判观点

最高人民法院认为，关于未保全的9台电脑是否安装了被诉侵权软件。西门子软件公司在原审及二审中主张，因沃福公司拒不配合法院保全行为，应推定9台未保全的电脑均安装有涉案软件，构成侵权。根据2019年《民事证据规定》第95条规定，经查，证据保全过程中，在原审法院已经向沃福公司释明若阻碍证据保全将推定其安装了涉案软件并承担相应不利后果的情况下，沃福公司仍然采取对抗措施，通过拒不打开部分电脑、断电、扣留法院相机、阻止法院人员离开等方式阻碍原审法院证据保全工作，致使原审法院对其他9台电脑未完成保全。在法院已经确认部分已保全电脑安装了涉案软件的情况下，根据前述司法解释的规定，法院推定原审法院未能保全的9台电脑亦安装了涉案软件。

第九章　自　　认

司法实践问题与法条适用导航

序号	司法实践问题	法条适用导航
1	自认，另一方无须举证	2019年《民事证据规定》第3条第1款[1]
2	自认的适用空间	2019年《民事证据规定》第3条第2款[2]
3	对于己不利的事实既不承认也不否认的法律后果	2019年《民事证据规定》第4条[3]
4	代理人的自认	2019年《民事证据规定》第5条第1款[4]
5	当事人在场对代理人的自认否认的法律效果	2019年《民事证据规定》第5条第2款[5]
6	普通共同诉讼中的自认	2019年《民事证据规定》第6条第1款[6]
7	必要共同诉讼中的自认	2019年《民事证据规定》第6条第2款[7]
8	附条件的自认	2019年《民事证据规定》第7条[8]
9	不适用自认的情形	2019年《民事证据规定》第8条[9]
10	撤销自认的情形	2019年《民事证据规定》第9条[10]
11	对证据的认可	2019年《民事证据规定》第89条第1款[11]
12	对认可的证据反悔的程序处理	2019年《民事证据规定》第89条第2款[12]
13	当事人在庭审中对其在审理前的准备阶段认可的事实和证据提出不同意见的程序处理	2020年《民诉法司法解释》第229条[13]

1　2019年《民事证据规定》第3条第1款规定："在诉讼过程中，一方当事人陈述的于己不利的事实，或者对于己不利的事实明确表示承认的，另一方当事人无需举证证明。"

2　2019年《民事证据规定》第3条第2款规定："在证据交换、询问、调查过程中，或者在起诉状、答辩状、代理词等书面材料中，当事人明确承认于己不利的事实的，适用前款规定。"

3　2019年《民事证据规定》第4条规定："一方当事人对于另一方当事人主张的于己不利的事实既不承认也不否认，经审判人员说明并询问后，其仍然不明确表示肯定或者否定的，视为对该事实的承认。”

4　2019年《民事证据规定》第5条第1款规定：“当事人委托诉讼代理人参加诉讼的，除授权委托书明确排除的事项外，诉讼代理人的自认视为当事人的自认。”

5　2019年《民事证据规定》第5条第2款规定：“当事人在场对诉讼代理人的自认明确否认的，不视为自认。”

6　2019年《民事证据规定》第6条第1款规定：“普通共同诉讼中，共同诉讼人中一人或者数人作出的自认，对作出自认的当事人发生效力。”

7　2019年《民事证据规定》第6条第2款规定：“必要共同诉讼中，共同诉讼人中一人或者数人作出自认而其他共同诉讼人予以否认的，不发生自认的效力。其他共同诉讼人既不承认也不否认，经审判人员说明并询问后仍然不明确表示意见的，视为全体共同诉讼人的自认。”

8　2019年《民事证据规定》第7条规定：“一方当事人对于另一方当事人主张的于己不利的事实有所限制或者附加条件予以承认的，由人民法院综合案件情况决定是否构成自认。”

9　2019年《民事证据规定》第8条规定：“《最高人民法院关于适用〈中华人民共和国民事诉讼法〉的解释》第九十六条第一款规定的事实，不适用有关自认的规定。自认的事实与已经查明的事实不符的，人民法院不予确认。”

10　2019年《民事证据规定》第9条规定：“有下列情形之一，当事人在法庭辩论终结前撤销自认的，人民法院应当准许：(一)经对方当事人同意的；(二)自认是在受胁迫或者重大误解情况下作出的。人民法院准许当事人撤销自认的，应当作出口头或者书面裁定。”

11　2019年《民事证据规定》第89条第1款规定：“当事人在诉讼过程中认可的证据，人民法院应当予以确认。但法律、司法解释另有规定的除外。”

12　2019年《民事证据规定》第89条第2款规定：“当事人对认可的证据反悔的，参照《最高人民法院关于适用〈中华人民共和国民事诉讼法〉的解释》第二百二十九条的规定处理。”

13　2020年《民诉法司法解释》第229条规定：“当事人在庭审中对其在审理前的准备阶段认可的事实和证据提出不同意见的，人民法院应当责令其说明理由。必要时，可以责令其提供相应证据。人民法院应当结合当事人的诉讼能力、证据和案件的具体情况进行审查。理由成立的，可以列入争议焦点进行审理。”

第一节　构成自认

【法理辨析】

一、自认的构成

自认，是指在诉讼中，一方当事人对对方当事人所主张的对其不利的事实作出明确的承认或者默示表示，从而产生相应法律后果的诉讼行为。即“一方当事人认为‘对方当事人主张是真实的’表示(仅仅不争辩本身不是自认)。”[1]从证明责任的角度来看，自认，属于举证责任的例外情形，其本身并非证据方法，而是当事人行使诉权和处分权的结果。由于对于待证事实已经得到了“证明”，已无争议，故

〔1〕［德］奥特马·尧厄尼希：《民事诉讼法》(第27版)，周翠译，法律出版社2003年版，第235页。

无适用举证责任规则的必要性。也就是说，“事实虽为证据之客体，若该事实已显然可以认定，则无再由当事人举证之必要；又当事人承认或不争执之事实，依辩论主义之原则，亦不必审究其真伪，故均在毋庸举证之列”〔1〕。域外国家民事诉讼法大多都有自认的规定。〔2〕我国《民事诉讼法》没有规定自认，2001年《民事证据规定》首次规定了“自认”制度。根据2019年《民事证据规定》第3条至第9条的规定可以看出，我国民事诉讼中自认的构成要件是：

1.须在诉讼系属期间内。不在案件的诉讼系属期间的当事人的承认，不构成自认。在诉讼阶段上，从立案之日起至法庭辩论终结之前，包括在起诉状、答辩状、代理词等各种书面材料，庭前的证据交换、询问、调查过程中，法庭审判期间，法庭辩论终结前。关于法庭辩论终结后至法院作出判决前，应当认为，都允许作出自认。理由是“因为当事人可以处分自己的诉权是民事诉讼法赋予当事人的一项基本权利。承认对方主张的部分或全部事实，正是一种处分诉权而处分实体权利的行为，人民法院在整个诉讼过程中，对当事人的这一权利，不应加以限制。”〔3〕但是，诉讼外的自认，如在其他刑事、行政、民事案件中的自认，不能产生本案诉讼中的自认效果，“自认限于本事件中所为者始生其效力，若在他事件中，甚或于刑事案件中承认之事实，虽得以该项承认之笔录为书证，但非此所谓自认”〔4〕。“法院外的自认，例如在诉讼前的当事人辩论中、在书信中，以及在其他诉讼中的法院内的自认，同样不具有拘束力。”〔5〕因此，双方当事人在另案中的陈述，尽管另案的判决可以作为本案司法认知的范围，但不构成本案中的自认。

关于先行自认。在待证事实出现争议之前，当事人先行作出了不利于己的陈述，例如，在起诉状中明确了某种法律关系下产生的不利于自己的事实，当事人是否能够变更、撤回、撤销的问题。有学者认为，“一方当事人先做出于己不利之陈述（这就是所谓的先行自认），而后由对方当事人援用该陈述，这种情况也构成自认。

---

〔1〕 杨建华：《民事诉讼法要论》，郑杰夫增订，北京大学出版社2013年版，第248页。

〔2〕 例如，《德国民事诉讼法》第288条规定：“（1）当事人一方所主张的事实，在诉讼进行中经对方当事人于言词辩论中自认，或者在受命法官或受托法官面前自认而作成记录时，无须再以证据证明；（2）审判上的自认的效力，不以（对方当事人）许诺为必要。”即对当事人来说，免除了对方的证明责任；对于法院来说，则必须以自认的事实作为裁判的依据。张卫平、齐树洁主编：《德国民事诉讼法》，丁启明译，厦门大学出版社2016年版，第69页。

〔3〕 最高人民法院民事审判第一庭：《民事诉讼证据司法解释的理解与适用》，中国法制出版社2002年版，第359页。

〔4〕 杨建华：《民事诉讼法要论》，郑杰夫增订，北京大学出版社2013年版，第249页。

〔5〕 ［德］奥特马·尧厄尼希：《民事诉讼法》（第27版），周翠译，法律出版社2003年版，第237页。

若当事人在对方援用之前撤销陈述，则不构成自认”[1]。对于先行自认，是否必须以对方当事人“援用”作为构成自认的条件，根据《民事诉讼法》第13条规定的“民事诉讼应当遵循诚实信用原则”，并不能以对方当事人是否援引与否，作为区分先行自认的标准和指引，笔者认为，以对方当事人是否援引这一行为认定标准，存在较大的不确定性和缺乏可操作性。

2.在承认方式上，可以采取积极的表示或者默示形式。自认不以对方当事人承认为前提条件，“无需对方当事人接受”[2]，在自认的承认方式上，可以多样化和多层次化。第一，从表面形式上来说，既可以是口头表示，“自认在言词辩论中不拘形式，或由受托法官或受命法官作成笔录”[3]，也可以是书面方式。第二，从自认的程度来说，范围可以分为完全自认和附条件自认。关于“有附加条件的自认”[4]，就是一方当事人对于另一方当事人主张的于己不利的事实有所限制或者附加条件予以承认，由人民法院综合案件情况决定是否构成自认。第三，从表示的方式来看，可以分为明示自认，主动“陈述的于己不利的事实”或者“对于己不利的事实明确表示承认的”；默示自认，“不像在自认中明确用语言表示或默示表示‘所自认的事实主张是真实的’一样，这种行为首先具有如同自认一样的效力”[5]。第四，从当事人的意思表示来看，可以包括主动自认，如在证据交换、询问、调查过程中，经过法官询问，表示明确承认的；“拟制自认”或“视为自认”[6]，就是一方当事人对于另一方当事人主张的于己不利的事实既不承认也不否认，经审判人员说明并询问后，其仍然不明确表示肯定或者否定的，视为对该事实的承认。

3.自认的标的只是事实[7]。自认应限于案件事实涉及与财产关系相关的内容，有关身份关系的陈述不构成自认。例如，英国1998年《民事程序规则》第

---

〔1〕［日］新堂幸司：《新民事诉讼法》，林剑锋译，法律出版社2008年版，第378页。

〔2〕［德］奥特马·尧厄尼希：《民事诉讼法》（第27版），周翠译，法律出版社2003年版，第235页。

〔3〕［德］奥特马·尧厄尼希：《民事诉讼法》（第27版），周翠译，法律出版社2003年版，第236页。

〔4〕参见《德国民事诉讼法》第289条规定：“（1）对于审判上的自认，附加有包含独立的攻击和防御方法的陈述者，不影响自认的效力；（2）在法院所作的让步的陈述，即使有其他附加的或限制的主张，应当在何种程度上视为自认，由法院按照具体情况决定。”张卫平、齐树洁主编：《德国民事诉讼法》，丁启明译，厦门大学出版社2016年版，第69页。

〔5〕［德］奥特马·尧厄尼希：《民事诉讼法》（第27版），周翠译，法律出版社2003年版，第237页。

〔6〕参见《德国民事诉讼法》第138条第3项规定：“没有明显争执的事实，如果从当事人的陈述中不能看出有争议时，即视为已经自认的事实。”张卫平、齐树洁主编：《德国民事诉讼法》，丁启明译，厦门大学出版社2016年版，第36页。

〔7〕参见［德］奥特马·尧厄尼希：《民事诉讼法》（第27版），周翠译，法律出版社2003年版，第235页。

14章第1条规定："一方当事人可对他方当事人主张的案件事实之全部或部分进行自认。当事人可通过书面通知形式（如在案情声明中自认或通过信函）进行自认。"〔1〕

4.能够撤销，但受到严格的限制。2019年《民事证据规定》第9条规定："有下列情形之一，当事人在法庭辩论终结前撤销自认的，人民法院应当准许：（一）经对方当事人同意的；（二）自认是在受胁迫或者重大误解情况下作出的。人民法院准许当事人撤销自认的，应当作出口头或者书面裁定。"民事诉讼中，当事人认可于己不利事实，构成自认，具有免除对方当事人举证责任的效力。自认不是证据，而是举证责任的例外情形，是当事人行使处分权的结果，也是人民法院认定案件事实的方法，对于保障当事人的诉讼权利，节约诉讼成本具有重要意义。我国《民事诉讼法》将诚实信用原则作为一项基本原则，其原因在于规范当事人行使诉讼权利必须合理且善意，不得滥用诉讼权利，而诚实信用原则是自认规则存在的原则基础，自认的效力约束当事人和对方当事人，也约束法院，体现了对当事人意思自治和自由处分私权利的尊重，也大大节约了司法资源，当事人在自认后又推翻其自认的事实，有违诉讼诚信原则。

需要说明的是，相比2001年《民事证据规定》第8条第4款"当事人在法庭辩论终结前撤回承认并经对方当事人同意，或者有充分证据证明其承认行为是在受胁迫或者重大误解情况下作出且与事实不符的，不能免除对方当事人的举证责任"规定，2019年《民事证据规定》有几处调整：

第一，取消了"有充分证据证明"和"与事实不符"的限制，事实上，自认人也很难证明到"与事实不符"的程度。

第二，取消了"有充分证据证明"，但这并不代表撤销自认人就没有证明标准，而是对"受胁迫""重大误解"这两个要件待证事实的证明程度达到高度盖然性。即从"有充分证据证明"调整到"高度盖然性"，有人主张这是降低了证明标准，从而有利于当事人撤销自认。事实上，从2001年《民事证据规定》第73条第1款"双方当事人对同一事实分别举出相反的证据，但都没有足够的依据否定对方证据的，人民法院应当结合案件情况，判断一方提供证据的证明力是否明显大于另一方提供证据的证明力，并对证明力较大的证据予以确认"，到2020年《民诉法司法解释》

〔1〕 熊志海等编译：《英国成文证据法》，中国法制出版社2007年版，第455页。

第108条“对负有举证证明责任的当事人提供的证据，人民法院经审查并结合相关事实，确信待证事实的存在具有高度可能性的，应当认定该事实存在”的规定来看：其一，“充分证据证明”是必须高于或者低于“高度盖然性”尚没有法律明文规定。其二，从源于英美法系的高度盖然性的本意来讲，“相对于优势证据的一般含义——‘存在比不存在更有可能’而言，为了达到‘明确而令人信服’的说服责任之标准，主张事实的人必须证明该事实的发生是有‘高度盖然性’的”〔1〕。其三，由于我国《民事诉讼法》没有规定证明标准，“在民事诉讼证据无法达到确实充分，所证明的事实不能达到完全排除其他可能性的情况下，只有按照‘高度盖然性’的证明标准作出判断”〔2〕。一般认为，2001年《民事证据规定》第73条确立的就是高度盖然性的证明标准，与2020年《民诉法司法解释》一脉相承。因此，很难说，从“有充分证据证明”调整到“高度盖然性”就是降低了证明标准。

第三，关于“受胁迫”的证明标准。2020年《民诉法司法解释》第109条规定：“当事人对欺诈、胁迫、恶意串通事实的证明，以及对口头遗嘱或者赠与事实的证明，人民法院确信该待证事实存在的可能性能够排除合理怀疑的，应当认定该事实存在。”因此，对于“受胁迫”的证明标准是排除合理怀疑。而在当事人“自认是在受胁迫或者重大误解情况下”中的“受胁迫”，作了不同于2020年《民诉法司法解释》第109条的例外处理，即认为撤销自认的事实属于一般民事案件的待证事实，并不属于《民诉法司法解释》第109条规定的情形。〔3〕

第四，关于拟制自认。经法官询问，既不承认也不否认的，视为对该事实的承认。2019年《民事证据规定》规定了拟制自认，适用该条的前提条件是，必须要先由审判人员进行了说明并询问，这是一个法定的程序要求，要求法官必须告诉当事人如果继续保持既不正面回答，也不反面回答将会产生什么法律后果，必须要告知自认的法律后果。

二、代理人自认

代理人自认，属于当事人自认的一种例外情形。其法律效果，与当事人自认的

〔1〕 齐树洁主编：《美国证据法专论》，厦门大学出版社2011年版，第123页。

〔2〕《最高人民法院民一庭负责人就〈关于民事诉讼证据的若干规定〉答记者问》，载沈德咏主编：《最高人民法院民商事司法解释及审判适用指导》，中国法制出版社2006年版，第2093-2094页。

〔3〕 参见最高人民法院民事审判第一庭编著：《最高人民法院新民事诉讼证据规定理解与适用（上）》，人民法院出版社2020年版，第142页。

效果相同。在英美法系，“在审理中，高等法院律师或律师得对事实作自认，如果律师作了这些自认，原告得在审理中的任何阶段申请法院作出判决”[1]。

一般来说，根据当事人授权委托的范围（特别委托和一般委托）不同，代理人在代理的权限范围内所为的诉讼行为，应当视为当事人的诉讼行为，在当事人授权委托书中载明的委托事项和权限范围内，代理人作出的代理行为在法律上会对当事人产生相应的法律后果。2019年《民事证据规定》较2001年《民事证据规定》在代理人自认方面，有一定的调整（见图9-1）：

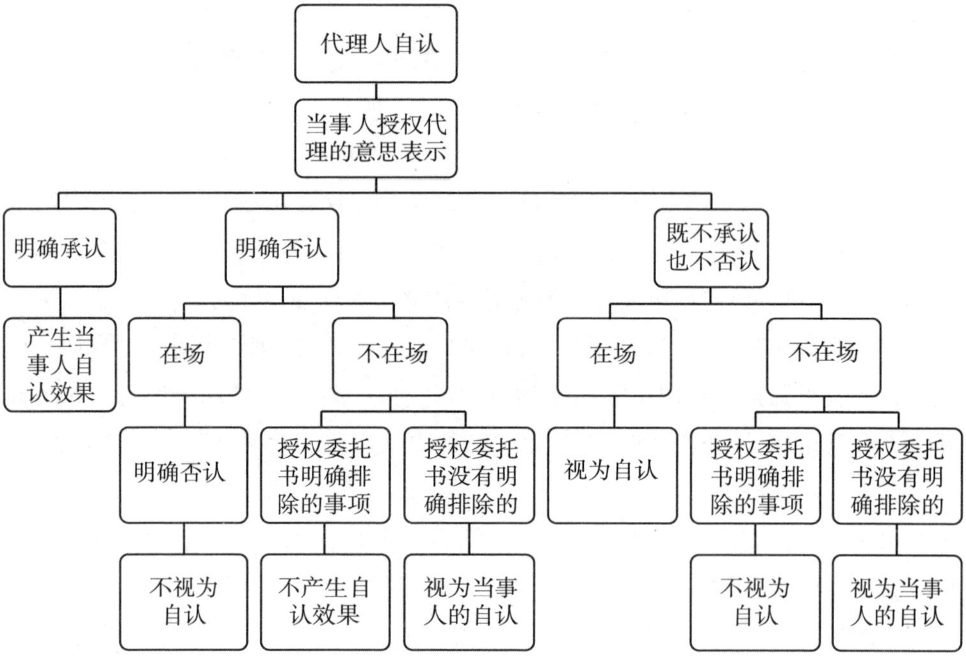

图9-1　代理人自认与自认的关系

1.从“限权”到“赋权”。2001年《民事证据规定》第8条第3款规定：“当事人委托代理人参加诉讼的，代理人的承认视为当事人的承认。但未经特别授权的代理人对事实的承认直接导致承认对方诉讼请求的除外；当事人在场但对其代理人的承认不作否认表示的，视为当事人的承认。”而2019年《民事证据规定》第5条规定：“当事人委托诉讼代理人参加诉讼的，除授权委托书明确排除的事项外，诉讼代理人的自认视为当事人的自认。当事人在场对诉讼代理人的自认明确否认的，不视

〔1〕沈达明编著：《英美证据法》，中信出版社1996年版，第59-60页。

为自认。”

由于当事人对案件主要事实的承认，能够产生对方诉讼请求也同时被承认的效果，因此，2001年《民事证据规定》在一定程度上是限制了代理人自认的范围，即经过特别授权的代理人对事实的承认，直接导致承认对方诉讼请求，是可以的；而对于一般情况来说，一般代理人则不可以，即如果对事实的承认直接导致承认对方诉讼请求的，不产生相应的法律效力。但该解释也留下了一定的“口子”，即赋予一般代理人对事实的承认直接导致承认对方诉讼请求有一个“特殊前提”：即当事人在场，未做明确否认表示，明确否认一般代理人有这个权利且此时一般代理人对事实的承认亦产生相应的法律效力。

2019年《民事证据规定》中的当事人委托代理人的授权意思表示则不再正面突出强调有“特别授权”，而是将其委托代理人进行自认的意思表示进行了扩大适用：(1)从代理人的主体角度来看，从“特别授权”代理人的主体，降为一般代理人；(2)从对事实的承认的意思表示来看，从反向角度的无特别授权，不产生自认效力，调整为正向角度的无“明确排除的事项”均产生自认效力。

2.扩大了自认适用空间，也更便于法官识别当事人的意思表示。相对于经“特别授权”这一识别点外，无“明确排除的事项”，显然更容易识别，更加符合诉讼规律，增加可操作性。例如，关于债权转让的事实：(1)如果按照2001年《民事证据规定》第8条第3款的规定，委托代理人需要有当事人的“特别授权”，持有了“特别授权”的委托代理人当庭认可债权转让事实的，特别授权委托代理人的承认，构成当事人自认，对当事人具有法律拘束力；(2)如果是一般代理，当事人没有在场，没有当事人的授权其对债权转让承认的“特别授权”，一般代理人无权做出债权转让的承认，即使承认，也不具有法律效力；(3)如果是一般代理，当事人在场，明确否认的，不产生自认的法律效果；(4)如果是一般代理，当事人在场，既不承认，也不作否认表示的，视为当事人自认；(5)如果具有“特别授权”的代理人与当事人同时在场，“特别授权”代理人表示对债权转让事实的承认或认可，而当事人当庭明确否认债权转让的，虽然相关司法解释并没有明确说明两者矛盾时是否构成自认，但根据“当事人在场但对其代理人的承认不作否认表示的，视为当事人的承认”，应当认为不构成当事人自认。

而同样的事实，如果按照2019年《民事证据规定》第5条来执行，就可能会存在一定的差异：(1)一般委托代理人，即使没有“特别授权”自认，一般诉讼代理人的对当事人之间债权转让的自认，可以视为当事人的自认；除非当事人对一般代理人的授权委托书中明确了一般代理人不得对债权转让的事项进行自认。（2）如果是一般代理，当事人没有在场，如果当事人对一般代理授权委托书中没有明确说自认不行（没有明确授权而构成了自认的范围远大于经“特别授权”后自认的范围）或含糊其词，一般诉讼代理人自认的债权转让有效；即使没有当事人授权其对债权转让承认的“特别授权”，但“法无禁止”——当事人没有明确反对或排除自认的事项的，一般代理人作出债权转让的承认，即使当事人不承认，也将产生法律效力。（3）一般代理人与当事人同时在场，只有当事人当庭明确否认债权转让的，不视为自认；对于既不承认，也不否认的，构成自认。

2001年《民事证据规定》第8条第3款规定的目的，是防止诉讼代理人的自认超越代理权限损害当事人的利益。因此，司法解释中规定的“事实的承认直接导致承认对方诉讼请求”应当作扩张解释，既包括原告诉讼代理人的自认直接导致放弃己方诉讼请求的情形，也包括被告诉讼代理人的自认直接导致承认对方诉讼请求的情形。〔1〕

三、共同诉讼中的自认

2019年《民事证据规定》第6条规定：“普通共同诉讼中，共同诉讼人中一人或者数人作出的自认，对作出自认的当事人发生效力。必要共同诉讼中，共同诉讼人中一人或者数人作出自认而其他共同诉讼人予以否认的，不发生自认的效力。其他共同诉讼人既不承认也不否认，经审判人员说明并询问后仍然不明确表示意见的，视为全体共同诉讼人的自认。”（见图9-2）

（一）普通共同诉讼

《民事诉讼法》第52条第1款规定：“当事人一方或者双方为二人以上，其诉讼标的是共同的，或者诉讼标的是同一种类、人民法院认为可以合并审理并经当事人同意的，为共同诉讼。”该条规定的是诉讼主体合并，诉讼标的同一种类是指共同诉讼人与对方当事人所争议的法律关系为同一种类，即法律关系性质相同，人民法院可以将其分割为不同的诉讼，也可以在法定条件下合并审理，是为普通共同诉讼。因此，其一，一人或者数人，作出自认的，并不波及其他人的利益，故“作茧自

〔1〕 参见最高人民法院民事审判第一庭编：《民事审判指导与参考》（2014年卷），人民法院出版社2018年版，第372页。

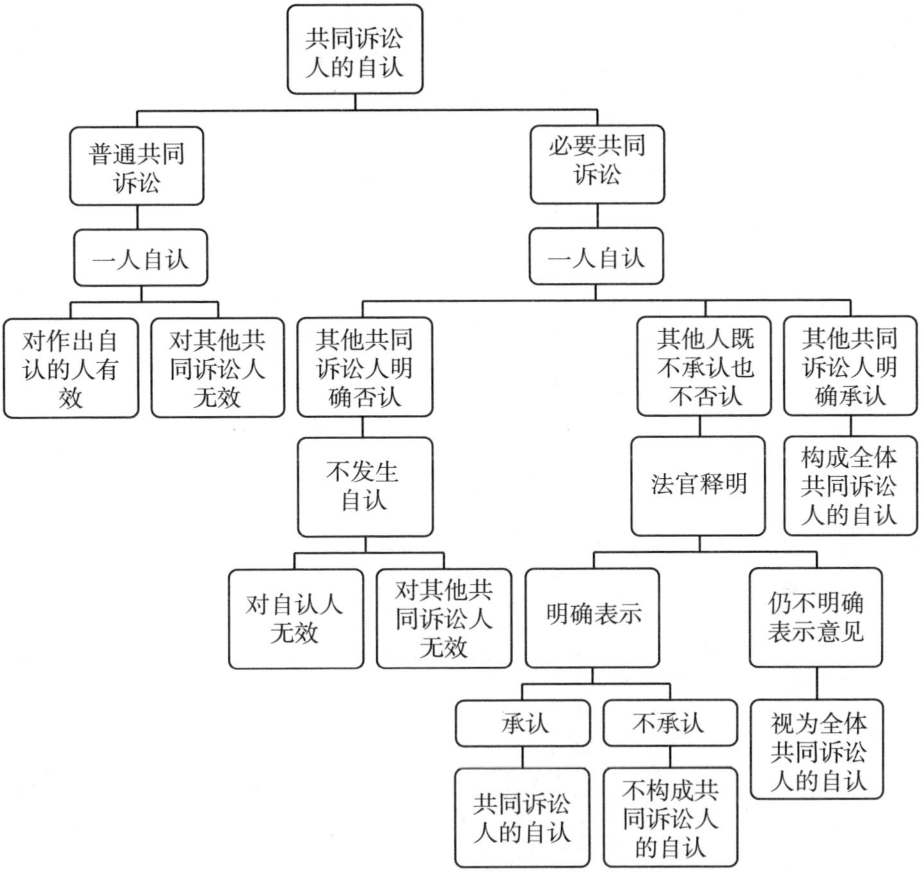

图9-2　共同诉讼人的自认

缚”，仅对作出者产生自认的效力。其二，由于诉讼标的是同一种类型，法律关系是相同的，因此，一人或数人的自认，虽然不构成证据，但会产生证明效果，这种证明效果会“波及”法院对其他共同诉讼人的事实认定效果。

(二)必要共同诉讼

关于必要共同诉讼，一般是指诉讼标的为共同诉讼人对诉争的实体法律关系，或者说诉讼标的具有共同的权利和义务，具有不可分性，决定了所有权利人、义务人必须一同应诉或起诉。其中，一人或数人的自认，可以分成几个层次来理解：其一，一人或数人的自认，其他共同诉讼人明确予以否认的，集体不发生自认效果(包括对作出自认的一人或数人来说，亦不发生自认效果)。其二，一人或数人的自认，其他共同诉讼人明确予以承认的，产生自认的效力。其三，一人或数人的自认，其他共同诉讼人既不承认，也不否认的，经审判人员说明并询问后，明确表示承认的，产生自认的效力；明确表示不承认的，不产生自认效力。其四，一人或数人的自认，其他共同诉讼人既不承认，也不否认的，经审判人员说明并询问后，仍不明确表示意见的，视为全体共同诉讼人的自认。

关于必要共同诉讼的类型，根据《民事诉讼法》第52条的规定，可以分为程序法类型和实体法类型，包括并不限于以下类型：

1.程序法规定的必要共同诉讼。例如，2020年《民诉法司法解释》第54条规定"以挂靠形式从事民事活动，当事人请求由挂靠人和被挂靠人依法承担民事责任的，该挂靠人和被挂靠人为共同诉讼人"，等等〔1〕。

2.实体法规定的必要共同诉讼。例如，《民法典》第1195条"网络用户利用网络服务实施侵权行为的，权利人有权通知网络服务提供者采取删除、屏蔽、断开链接等必要措施。通知应当包括构成侵权的初步证据及权利人的真实身份信息。网络

---

〔1〕（1）2020年《民诉法司法解释》第55条规定："在诉讼中，一方当事人死亡，需要等待继承人表明是否参加诉讼的，裁定中止诉讼。人民法院应当及时通知继承人作为当事人承担诉讼，被继承人已经进行的诉讼行为对承担诉讼的继承人有效。"

（2）2020年《民诉法司法解释》第58条规定："在劳务派遣期间，被派遣的工作人员因执行工作任务造成他人损害的，以接受劳务派遣的用工单位为当事人。当事人主张劳务派遣单位承担责任的，该劳务派遣单位为共同被告。"

（3）2020年《民诉法司法解释》第59条规定："在诉讼中，个体工商户以营业执照上登记的经营者为当事人。有字号的，以营业执照上登记的字号为当事人，但应同时注明该字号经营者的基本信息。营业执照上登记的经营者与实际经营者不一致的，以登记的经营者和实际经营者为共同诉讼人。"

（4）2020年《民诉法司法解释》第60条规定："在诉讼中，未依法登记领取营业执照的个人合伙的全体合伙人为共同诉讼人。个人合伙有依法核准登记的字号的，应在法律文书中注明登记的字号。全体合伙人可以推选代表人；被推选的代表人，应由全体合伙人出具推选书。"

（5）2020年《民诉法司法解释》第63条规定："企业法人合并的，因合并前的民事活动发生的纠纷，以合并后的企业为当事人；企业法人分立的，因分立前的民事活动发生的纠纷，以分立后的企业为共同诉讼人。"

（6）2020年《民诉法司法解释》第65条规定："借用业务介绍信、合同专用章、盖章的空白合同书或者银行账户的，出借单位和借用人为共同诉讼人。"

（7）2020年《民诉法司法解释》第66条规定："因保证合同纠纷提起的诉讼，债权人向保证人和被保证人一并主张权利的，人民法院应当将保证人和被保证人列为共同被告。保证合同约定为一般保证，债权人仅起诉保证人的，人民法院应当通知被保证人作为共同被告参加诉讼；债权人仅起诉被保证人的，可以只列被保证人为被告。"

（8）2020年《民诉法司法解释》第67条规定："无民事行为能力人、限制民事行为能力人造成他人损害的，无民事行为能力人、限制民事行为能力人和其监护人为共同被告。"

（9）2020年《民诉法司法解释》第69条规定："对侵害死者遗体、遗骨以及姓名、肖像、名誉、荣誉、隐私等行为提起诉讼的，死者的近亲属为当事人。"

（10）2020年《民诉法司法解释》第70条规定："在继承遗产的诉讼中，部分继承人起诉的，人民法院应通知其他继承人作为共同原告参加诉讼；被通知的继承人不愿意参加诉讼又未明确表示放弃实体权利的，人民法院仍应将其列为共同原告。"

（11）2020年《民诉法司法解释》第71条规定："原告起诉被代理人和代理人，要求承担连带责任的，被代理人和代理人为共同被告。"

（12）2020年《民诉法司法解释》第72条规定："共有财产权受到他人侵害，部分共有权人起诉的，其他共有权人为共同诉讼人。"

服务提供者接到通知后，应当及时将该通知转送相关网络用户，并根据构成侵权的初步证据和服务类型采取必要措施；未及时采取必要措施的，对损害的扩大部分与该网络用户承担连带责任。权利人因错误通知造成网络用户或者网络服务提供者损害的，应当承担侵权责任。法律另有规定的，依照其规定”的规定，等等〔1〕。

四、司法实务中的构成自认

1.不因自认的签订时间不一致，而推翻当事人存在合同关系待证事实的承认。在合同纠纷中，当事人自认与对方当事人具有（承包等）合同关系，并签订了合同，但一直未有合同文本证明，在其后的法庭调查中，当事人虽然承认与对方当事人有（承包等）合同关系，但合同签订时间与前面的自述不一致，经与其他间接证据核实，自认人对合同签订期间未作出合理解释，但对于双方是否签订有（承包等）合同这一待证事实，当事人一直表示承认。尽管对于合同签订时间双方认识不统一，但不影响对双方签订合同这一待证事实的自认；也不因合同签订时间的不一致，而推翻当事人自认双方存在合同事实的承认。

2.执行异议之诉中，被执行人对案外人的权利主张表示承认的，是否可以免除案外人的举证责任。〔2〕当事人对自己提出的诉讼请求所依据的事实有责任提供证据加以证明，这是民事诉讼的基本举证原则。执行异议之诉案件同样遵守上述原则。案外人作为原告方应举证其存在可以阻止执行的实体权利，申请执行人则应举证证明执行标的可以强制执行。作为上述举证原则的例外情形，我国民事诉讼法律规定了自认制度。自认制度暗含的适用前提应是诉讼程序本身具有对抗性，利益一致的双方当事人对事实的主张和自认，不能免除提出具体诉请或事实主张

---

〔1〕（1）《民法典》第1242条规定：“非法占有高度危险物造成他人损害的，由非法占有人承担侵权责任。所有人、管理人不能证明对防止非法占有尽到高度注意义务的，与非法占有人承担连带责任。”

（2）《民法典》第1252条第1款规定：“建筑物、构筑物或者其他设施倒塌、塌陷造成他人损害的，由建设单位与施工单位承担连带责任，但是建设单位与施工单位能够证明不存在质量缺陷的除外。建设单位、施工单位赔偿后，有其他责任人的，有权向其他责任人追偿。”

（3）2020年《民法典担保制度司法解释》第45条第2款规定：“当事人依照民事诉讼法有关‘实现担保物权案件’的规定，申请拍卖、变卖担保财产，被申请人以担保合同约定仲裁条款为由主张驳回申请的，人民法院经审查后，应当按照以下情形分别处理：（一）当事人对担保物权无实质性争议且实现担保物权条件已经成就的，应当裁定准许拍卖、变卖担保财产；（二）当事人对实现担保物权有部分实质性争议的，可以就无争议的部分裁定准许拍卖、变卖担保财产，并告知可以就有争议的部分申请仲裁；（三）当事人对实现担保物权有实质性争议的，裁定驳回申请，并告知可以向仲裁机构申请仲裁。”

〔2〕本段参见最高人民法院民事审判第一庭编：《民事审判指导与参考》（总第67辑），人民法院出版社2017年版，第272-273页。

一方的举证责任。在执行异议之诉案件中，案外人和被执行人合谋通过共同确认案外人的实体权利，对抗申请执行人对执行标的强制执行的情形，在实践中并不少见。因此，有意见认为，应加强法院在案件事实调查中的作用，同时引入禁止反言规则。笔者认为，在执行异议之诉中，为了真正避免当事人恶意利用自认制度，应当对被执行人的处分权利予以限制。而对被执行人的处分权予以限制需要正当性理由，有观点认为限制当事人处分权系因其有处分他人（申请执行人）可能的财产的担忧，但是申请执行人对该财产是否享有权利依赖于本案诉讼的结果，如果案外人诉请成立，申请执行人可能的权利将被否定，可见，以上述观点作为限制被执行人处分权的正当性理由似有不妥。被执行人处分权之所以被限制，应该因其处分行为本质上是在对抗形式上具有合法性的强制执行行为，而强制执行行为仅能由法院的裁判予以变动或否定，因为法院的裁判才可以否定强制执行行为的合法性。因此，在执行异议之诉中，对被执行人自认效力予以限制应当是正当的，亦是必要的。

【典型案解】

（一）构成自认

1.【裁判规则】诉讼中的自认具有程序性，是当事人行使处分权的结果，须以明确的方式作出

典型案例

中山市荣光置业有限公司与林某甲等合同纠纷案［最高人民法院（2020）最高法民终550号］

上诉人（原审被告、反诉原告）：中山市荣光置业有限公司（以下简称荣光公司）

被上诉人（原审原告、反诉被告）：林某甲等

裁判观点

最高人民法院认为，荣光公司称林某甲、林某乙在一审期间已自认结转购房款为20,662万元的问题。根据2001年《民事证据规定》第3条规定，诉讼中的自认具有程序性，是当事人行使处分权的结果，须以明确的方式作出。本案中，林某甲、林某

乙为明确立案标的额以及交纳诉讼费的需要作出相应陈述，并非对案涉房产价值的确认，更谈不上与荣光公司达成合意。因此，荣光公司关于双方对结算数额已达成合意，林某甲、林某乙撤销自认违反禁反言原则的主张，于法无据，法院不予支持

2.【裁判规则】自认必须发生在诉讼过程中

典型案例

徐某某与绥芬河市百川进出口有限公司等买卖合同纠纷案［黑龙江省高级人民法院（2018）黑民申2820号］

再审申请人（一审原告、二审上诉人）：徐某某

被申请人（一审被告、二审被上诉人）：绥芬河市百川进出口有限公司

裁判观点

人民法院认为，2001年《民事证据规定》第8条规定的“自认”必须发生在诉讼过程中，是一方当事人对另一方当事人陈述的案件事实的承认，自认必须是明确表示的。徐某某举示的庭审笔录只能证明被申请人在另案诉讼中的主张，既不是发生在本案诉讼中，亦未明确承认合伙体购买了徐某某的货物，故法院对该证据不予采信。

3.【裁判规则】在起诉状中对已支付款的陈述，构成自认

典型案例

湖南省永州市建设开发有限公司与湖南潇湘综合开发有限公司等建设工程施工合同纠纷案［最高人民法院（2019）最高法民终43号］

上诉人（一审原告）：湖南省永州市建设开发有限公司（以下简称永州建设公司）

上诉人（一审被告）：湖南潇湘综合开发有限公司（以下简称潇湘综合公司）等

裁判观点

最高人民法院认为，自认是对于己不利的事实的承认，在诉讼过程中成立自

认，则可免除对方就自认事实的举证责任。根据《民诉法司法解释》第92条第1款规定，永州建设公司在原审一审起诉状和向潇湘综合公司发放的永建字[2003]006号文件中均明确潇湘综合公司已支付工程款22,322万元，已经构成自认。至于起诉状载明"潇湘综合公司已支付工程款22,322万元（包括支付给永州市水利水电建设公司潇湘工程项目部部分资金）"的内容，实际系已付工程款的构成问题，其中是否包含第三方资金以及具体数额是多少均不属于本案审理范围，也不能推翻永州建设公司收到潇湘综合公司所支付22,322万元工程款的自认。故一审法院认定已付工程款为22,322.33万元并无不当，法院予以维持。

4.【裁判规则】答辩状中对工程量事实的确认，构成自认

典型案例

江西际洲建设工程集团有限公司与代某建设工程施工合同纠纷案[最高人民法院（2015）民申字第2229号]

再审申请人（一审被告、二审上诉人）：江西际洲建设工程集团有限公司（以下简称江西际洲公司）

被申请人（一审原告、二审上诉人）：代某

裁判观点

最高人民法院认为，江西际洲公司在一审答辩状以及其提交的代某施工队完成情况确认单回复等多份证据中均确认剩余工程量为9946.16立方米。其虽主张即使构成自认，也属于重大误解，但并无证据支持，因此，一、二审法院根据其认可未完成工程量的情况认定剩余工程量为9946.16立方米并无不当。

5.【裁判规则】在证据交换的书面材料中，当事人明确承认于己不利的事实的，构成自认

典型案例

同江兴和国际置业有限公司与大连东辰建设有限公司建设工程施工合同纠纷案[最高人民法院（2014）民申字第1694号]

再审申请人（一审原告、反诉被告、二审上诉人）：同江兴和国际置业有限公司（以下简称兴和公司）

被申请人（一审被告、反诉原告、二审上诉人）：大连东辰建设有限公司（以下简称东辰公司）

裁判观点

最高人民法院认为，根据王某某在一审庭审中出庭证明兴和公司存在供应材料的事实以及东辰公司提交的通知载明的内容，可以看出：东辰公司认可甲供材料1,158,950元。虽然该通知在庭审后被东辰公司撤回，但东辰公司的陈述已构成自认。原审法院据此确认兴和公司除通过案外人尚某供应材料外，另供材1,158,950元，符合证据规则，亦最大化地保护了兴和公司的利益。

6.【裁判规则】一方当事人确认收到对方当事人发送的结算明细电子邮件，构成当事人自认

典型案例

江苏宏圣达花边有限公司与浙江美欣达纺织印染科技有限公司买卖合同纠纷案［浙江省湖州市中级人民法院（2019）浙05民终1408号］

上诉人（原审被告、反诉原告）：江苏宏圣达花边有限公司（以下简称宏圣达公司）

被上诉人（原审原告、反诉被告）：浙江美欣达纺织印染科技有限公司（以下简称美欣达公司）

裁判观点

人民法院认为，宏圣达公司确认曾于2018年6月15日向美欣达公司发送美欣达结算明细电子邮件，结合双方微信聊天记录显示，该邮件系经美欣达公司要求宏圣达公司进行对账而发送。邮件确认美欣达公司供货总金额及宏圣达公司已付款金额，为宏圣达公司自认，根据《民诉法司法解释》第92条的规定，一审以此作为双方结算依据并核算宏圣达公司尚结欠货款307,983.48元，系属正确，法院予以确认。

7.【裁判规则】一方当事人对于另一方当事人主张的于己不利的事实有所限制或者附加条件予以承认的，由人民法院综合案件情况决定是否构成自认

典型案例

杨某某与罗某某买卖合同纠纷案［青海省高级人民法院（2020）青民申187号］

再审申请人（一审被告、二审上诉人）：杨某某

被申请人（一审原告、二审被上诉人）：罗某某

裁判观点

人民法院认为，2014年8月，罗某某、杨某某口头约定杨某某从罗某某处购买32.5型号水泥，罗某某负责将水泥拉运至共和县光伏园工地后由杨某某签收，运费由罗某某承担。2014年8月30日至9月26日，罗某某将4824吨水泥拉运至共和县光伏园工地，杨某某收到水泥后出具收据。根据2019年《民事证据规定》第7条规定："一方当事人对另一方当事人主张的于己不利的事实有所限制或者附加条件予以承认的，由人民法院综合案件情况决定是否构成自认。"本案一审时，再审申请人在庭审中已认可双方之间的供货量为4824吨，二审庭审中再审申请人申请出庭的证人樊某证实合同价款（单价）为365元，上述事实能够认定为对货物数量及单价的自认。关于杨某某认为罗某某陈述的收款时间与证人樊某主张的时间不一致，陈述混乱，其主张欠付货款的事实无证据予以证实的问题。本案中，双方虽未签订书面合同，但对合同单价及数量在庭审中均予以认可。被申请人罗某某已证实双方之间存在买卖合同关系。杨某某应当对已付款承担举证责任。根据付款凭证能够证实已付款数额为1,340,000元。结合供货数量及单价能够证实杨某某应支付剩余未付款项。再审申请人杨某某依据《民事诉讼法》第200条第2项申请再审的理由不成立。

（二）不构成自认

1.【裁判规则】当事人在场对诉讼代理人的自认明确否认的，不视为自认

典型案例

四川味魔坊食品有限责任公司与成都天君健装饰工程有限公司等建设工程合同纠纷案［四川省高级人民法院（2020）川民申4960号］

再审申请人（一审被告、反诉原告、二审被上诉人）：四川味魔坊食品有限责任公司（以下简称味魔坊公司）

被申请人（一审原告、反诉被告、二审上诉人）：成都天君健装饰工程有限公司（以下简称天君健公司）

裁判观点 ▶▶

人民法院认为，关于“自认”的认定问题。根据《民诉法司法解释》第92条第1款，2019年《民事证据规定》第3条、第5条规定，本案天君健公司在一审中由委托诉讼代理人参加诉讼，委托诉讼代理人授权委托书上委托范围为立案、起诉、代为出庭，为一般授权；二审中天君健公司法定代表人、委托诉讼代理人参加诉讼，二审委托诉讼代理人授权委托书委托范围为起诉，收集、提供证据，举证、质证、辩论，承认、放弃、变更诉讼请求，进行和解、调解，提起反诉或者上诉，代为签收法律文书，系特别授权。对于已支付款项，虽在一审第一次庭审中，天君健公司委托诉讼代理人有收到170余万元的陈述，但在一审第二、第三次庭审以及二审庭审中天君健公司抗辩认为，收到款项并非均为工程款，实际收到案涉工程款仅为149万元；且味魔坊公司对天君健公司抗辩意见没有提交支付款项系工程款的相关证据。据此，味魔坊公司认为天君健公司对该部分款项在一、二审中均予以自认的主张，不符合关于“自认”的上述法律规定。

2.【裁判规则】在公安机关的报案陈述，不构成自认

典型案例 ▶▶

唐某某与南京星际园温泉休闲有限责任公司等民间借贷纠纷案［最高人民法院（2016）最高法民申100号］

再审申请人（一审原告、二审被上诉人）：唐某某

被申请人（一审被告、二审上诉人）：南京星际园温泉休闲有限责任公司（以下简称星际园公司）等

裁判观点 ▶▶

最高人民法院认为，2009年11月至2010年1月19日，恒鹏公司以及宁某甲亲友

宁某等共向东亚公司支付1650万元。关于付款的用途，唐某某在公安机关的报案陈述虽然不构成自认，但不能否定该陈述作为书证所具备的证明力，而唐某某在报案陈述中说明其安排东亚公司财务总监杜某通过银行本票向恒鹏公司打出2000万元及另一笔200万元，后来恒鹏公司等陆续还了1650万元，还欠500余万元。且唐某某的报案陈述与双方款项往来凭证以及杜某在公安机关的陈述能相互印证，亦与证人宁某在公安机关的陈述相吻合，因此本案并不存在涉案借款、还款与其他资金往来相混淆的情形。

3.【裁判规则】另案庭审笔录中的陈述，不构成自认

典型案例

中铁十七局集团有限公司与冷某某等建设工程施工合同纠纷案［最高人民法院（2016）最高法民再284号］

抗诉机关：中华人民共和国最高人民检察院

申诉人（一审第三人、二审上诉人）：中铁十七局集团有限公司（以下简称中铁十七局）

被申诉人（一审原告、二审被上诉人）：冷某某等

裁判观点

最高人民法院认为，根据2001年《民事证据规定》第9条以及第74条之规定，关于作为中铁十七局申诉理由的工程结算书和工程量计算汇总表的陈述，系湖南建工集团在另案诉讼中庭审笔录中的陈述。基于另案诉讼已经撤诉，该庭审笔录不构成自认，该案最终亦未形成有法律拘束力的裁判，不应当对本案诉讼产生法律影响。且在本案诉讼中，湖南建工集团明确表示对上述工程结算书和工程量计算汇总表不予认可。故原审未采信上述事实，适用法律并无不当。

4.【裁判规则】第三人对货物权属的陈述，不能构成自认

典型案例

庆丰集团松原嘉丰粮食经贸有限公司与营口港务股份有限公司等港口货物保

管合同纠纷案[最高人民法院(2013)民申字第1065号]

再审申请人(一审原告、二审上诉人):庆丰集团松原嘉丰粮食经贸有限公司(以下简称庆丰集团)

被申请人(一审被告、二审被上诉人):营口港务股份有限公司(以下简称营口港务公司)等

裁判观点

最高人民法院认为,庆丰集团没有充分证据证明吉安新能源系涉案货物真正的所有人,可基于所有权请求营口港务公司第四分公司返还涉案货物,故吉安新能源并不享有《物权法》第26条〔1〕规定的返还原物请求权,不能通过指示交付的方式将涉案乙醇的所有权转移至庆丰集团名下。虽然营口港务公司第四分公司曾认为吉安新能源有权处理涉案货物,此系第三人对货物权属的认识错误,不能构成自认,并不影响案外人对涉案货物依法享有的权利,亦不能作为吉安新能源有权处理涉案货物的依据。此外,因吉安新能源擅自处分案外人财产,构成无权处分,庆丰集团签订乙醇货权转移证明时虽属善意,但因其尚未取得涉案乙醇的占有,动产交付的条件未成就,庆丰集团亦不能依据《物权法》第106条〔2〕的规定主张善意取得涉案乙醇的所有权。

5.【裁判规则】并非诉讼中对抗的相对方,不构成自认

典型案例

都江堰市大发实业有限责任公司与中国农业银行股份有限公司成都成华支行等金融借款合同纠纷案[最高人民法院(2018)最高法民申5795号]

再审申请人(一审被告、二审上诉人):都江堰市大发实业有限责任公司(以下简称大发公司)

---

〔1〕 现为《民法典》第227条:"动产物权设立和转让前,第三人占有该动产的,负有交付义务的人可以通过转让请求第三人返还原物的权利代替交付。"

〔2〕 现为《民法典》第311条:"无处分权人将不动产或者动产转让给受让人的,所有权人有权追回;除法律另有规定外,符合下列情形的,受让人取得该不动产或者动产的所有权:(一)受让人受让该不动产或者动产时是善意;(二)以合理的价格转让;(三)转让的不动产或者动产依照法律规定应当登记的已经登记,不需要登记的已经交付给受让人。受让人依据前款规定取得不动产或者动产的所有权的,原所有权人有权向无处分权人请求损害赔偿。当事人善意取得其他物权的,参照适用前两款规定。"

被申请人（一审原告、二审被上诉人）：中国农业银行股份有限公司成都成华支行（以下简称农行成华支行）等

裁判观点 ▶▶

最高人民法院认为，本案一审中，成飞公司和大发公司同为被告，并非诉讼中对抗的相对方，无2001年《民事证据规定》第8条第1款之适用余地，不构成自认，二审判决对相应举证责任的分配并无不当。

6.【裁判规则】相关部门在债务锁定资料上签章仅用于上报债务锁定资料之目的，不能认为已构成自认

典型案例 ▶▶

内江市源洲物资贸易有限公司与内江市交通运输局合同纠纷案［最高人民法院（2017）最高法民终424号］

上诉人（一审原告）：内江市源洲物资贸易有限公司（以下简称源洲公司）

上诉人（一审被告）：内江市交通运输局（以下简称内江市交通局）

裁判观点 ▶▶

最高人民法院认为，本案建设施工合同中曾约定“项目投资数为4421万元”，同时又多次约定“投资总额最终以内江市审计局审计为准”，但案涉工程的投资总额最终并未经由内江市审计局审计，双方事实上未对工程投资款进行结算。内江市相关部门在债务锁定资料上签章仅用于上报债务锁定资料之目的，不能认为已构成自认和实质上的工程投资款结算。在工程投资款未能审计结算的情况下，一审法院同意当事人的鉴定申请，并根据鉴定结论认定案涉工程造价，并无不妥。

（三）不适用自认

1.【裁判规则】自认的客体必须只能与自认的当事人有关，超出了自认范围，不能适用自认规则

典型案例 ▶▶

郑州市繁盛苗木种植有限公司与河南裕富投资管理有限公司股权转让纠纷案

[最高人民法院（2019）最高法民申5736号]

再审申请人（一审原告、二审上诉人）：郑州市繁盛苗木种植有限公司（以下简称繁盛苗木公司）

被申请人（一审被告、二审被上诉人）：河南裕富投资管理有限公司（以下简称裕富投资公司）

裁判观点

最高人民法院认为，根据《民诉法司法解释》第92条第1款规定，自认的客体必须只能与自认的当事人有关。本案中繁盛苗木公司关于“胡某某系案涉五公司实际控制人”的陈述涉及胡某某、金秋公司、悦圃公司及阳春公司的利益，在胡某某、金秋公司等未参加诉讼、未作出认可的情况下，繁盛苗木公司陈述的内容超出了自认的范围，不能适用上述条款的规定。根据《民事诉讼法》第75条第1款的规定，当事人的陈述不能单独作为认定案件事实的根据。本案中，原审法院仅根据当事人的陈述即认定案涉五公司系案外人胡某某控制的关联公司，证据不充分。原审法院对案涉各公司之间的关系、裕富投资公司购买案涉股权的资金来源以及案涉股权转让款具体支付流转情况等与案涉股权转让款真实归属相关的事实认定不清。

2.【裁判规则】当事人往来函件等文件中记载的内容，不属于诉讼中自认的事实的范围

典型案例

湖南昱成投资有限公司与兰州黄河新盛投资有限公司等公司解散纠纷案[甘肃省高级人民法院（2020）甘民终202号]

上诉人（原审原告）：湖南昱成投资有限公司（以下简称昱成公司）

被上诉人（原审被告）：兰州黄河新盛投资有限公司（以下简称黄河新盛公司）

裁判观点

人民法院认为，关于昱成公司提出一审对于黄河新盛公司承认的事实未予认定的问题。2019年《民事证据规定》第3条规定："在诉讼过程中，一方当事人陈述的于己不利的事实，或者对于己不利的事实明确表示承认的，另一方当事人无需举证证明。在证据交换、询问、调查过程中，或者在起诉状、答辩状、代理词等书面材料中，当事人明确承认于己不利的事实的，适用前款规定。"新盛工贸公司与昱成公司的往来函件以及黄河新盛公司相关报告等文件中记载的内容显然不属于诉讼中自认的事实的范围，故昱成公司的该上诉理由不能成立。

3.【裁判规则】企业间往来询证函不属于当事人双方就欠付货款达到的对账单，不属于自认

典型案例

日照港集团物流有限公司与启东新世界进出口贸易有限公司等买卖抵押合同纠纷案［最高人民法院（2016）最高法民终114号］

上诉人（一审原告）：日照港集团物流有限公司（以下简称日照港物流公司）

被上诉人（一审被告）：启东新世界进出口贸易有限公司（以下简称启东新世界公司）

裁判观点

最高人民法院认为，为证明已付款的事实，日照港物流公司提供了网上银行客户交易电子回单、启东新世界公司出具的收款收据等证据，且启东新世界公司对日照港物流公司已经支付6500万元预付款的事实不持异议，已经完成举证证明责任。启东新世界公司对其所主张的已供货事实，提供了其于2011年11月21日开具的金额共计33,214,879.20元的增值税发票、日照港物流公司于2013年1月出具的企业间往来询证函予以证明。但根据《买卖合同司法解释》第8条第1款"出卖人仅以增值税专用发票及税款抵扣资料证明其已履行交付标的物义务，买受人不认可的，出卖人应当提供其他证据证明交付标的物的事实"的规定，增值税发票不能单独作为出卖人已履行交付标的物义务的证据。企业间往来询证函系根据《中国注册会计师审计准则》的规定，由审计机构向被询证者发出，用以获取关于被审计单位审计证据的函证。案涉企业间往来询证函中载明的应收账款数额亦系依据日照港物流公司账簿记录，由6500万元预付款数额扣减33,214,879.20元增值税发票计算而来，不属于日照港物流公司作为被审计单位与启东新世界公司作为被询证者之间就欠付货款达成的对账单，亦不属于日照港物流公司对启东新世界公司已交付部分货物的自认。

4.【裁判规则】当事人自认享有债权，并非对自己不利的案件事实的承认，不属于法律意义上的自认

典型案例

盛某某与武威天盛农业科技发展有限公司等案外人执行异议之诉案［最高人民法院（2019）最高法民申2102号］

再审申请人（一审被告、二审被上诉人）：盛某某

被申请人（一审原告、二审上诉人）：武威天盛农业科技发展有限公司（以下简称天盛公司）等

裁判观点

最高人民法院认为，根据2001年《民事证据规定》第8条第1款规定，诉讼过程中，一方当事人对另一方当事人陈述的案件事实明确表示承认的，另一方当事人无须举证。由于诉讼中双方当事人的对抗地位，当事人自认的事实是对自己不利的事实。正是基于此后果，法院在当事人自认时免除对方当事人的举证责任。而盛某某主张的赵甲的自认则意在主张自己享有600万元债权，并非对自己不利的案件事实的承认。因此，赵甲的行为并不属于法律意义上的自认，且赵甲对自己为债权人的主张不能成为否认天盛公司为实际债权人的依据。

5.【裁判规则】并非对不利事实的自认，不适用自认规则

典型案例

铭丽实业有限公司与深圳华侨服务中心承包合同纠纷案［最高人民法院（2013）民抗字第58号］

抗诉机关：中华人民共和国最高人民检察院

申诉人（一审原告、反诉被告、二审上诉人）：铭丽实业有限公司（以下简称铭

丽公司）

被申诉人（一审被告、反诉原告、二审被上诉人）：深圳华侨服务中心（以下简称华侨中心）

裁判观点 ▶▶

最高人民法院认为，华侨中心主张承包金为各股东实际收到的股利，与董事会决议内容不符。承包费包括但不限于股东实际获得的股利。可分配利润是扣减所得税、三项基金、归还江某某垫支工程款后形成的。在审计报告未就华侨中心账面利润是否真实、铭丽公司是否有挪用利润的行为进行全面审计的情况下，华侨中心认可铭丽公司已交纳1100余万元承包金，并非对不利事实的自认，不适用自认规则。

（四）拟制自认

1.【裁判规则】经法院释明后，当事人并未在指定的期间内对印章的真实性提出异议，视为自认

典型案例 ▶▶

重庆玉屏建筑工程有限公司与李某某等民间借贷纠纷案［新疆维吾尔自治区高级人民法院（2017）新民申1394号］

再审申请人（一审被告、二审上诉人）：重庆玉屏建筑工程有限公司（以下简称玉屏公司）

被申请人（一审原告、二审被上诉人）：李某某

裁判观点 ▶▶

人民法院认为，2001年《民事证据规定》第8条第2款规定："对一方当事人陈述的事实，另一方当事人既未表示承认也未否认，经审判人员充分说明并询问后，其仍不明确表示肯定或者否定的，视为对该项事实的承认。"玉屏公司经第一审人民法院释明后，并未在第一审人民法院指定的期间内对涉案担保函上其印章的真实性提出异议，故原审人民法院采纳该担保函并无不当。李某某为证明涉案借款已实际提供的事实提供了相关的银行卡取款凭条，原判决认定涉案借款合同民事法律关系真实并无不当。玉屏公司也并不能提供证据证明李某某与李某栋恶意串通

损害其利益的事实。综上所述，玉屏公司申请再审的理由不能成立。

2.【裁判规则】经释明后，当事人未按要求就法定代表人签名的真伪问题提交书面鉴定申请和必要的对比样本，应视为对签名真实性的认可

典型案例

四川升元光正实业集团有限责任公司与中国工商银行股份有限公司峨眉山支行金融借款合同纠纷案［四川省高级人民法院（2015）川民终字第49号］

上诉人（原审被告）：四川升元光正实业集团有限责任公司（以下简称四川升元公司）

被上诉人（原审原告）：中国工商银行股份有限公司峨眉山支行

裁判观点

人民法院认为，在原审法院庭审中，四川升元公司对其法定代表人的签名是否真实既不承认也不否认，经审判人员释明后，其仍对此模棱两可，且未按要求就签名的真伪问题提交书面鉴定申请和必要的对比样本，根据2001年《民事证据规定》第8条第2款关于“对一方当事人陈述的事实，另一方当事人既未表示承认也未否认，经审判人员充分说明并询问后，其仍不明确表示肯定或者否定的，视为对该项事实的承认”，第25条第2款关于“对需要鉴定的事项负有举证责任的当事人，在人民法院指定的期限内无正当理由不提出鉴定申请或者不预交鉴定费用或者拒不提供相关材料，致使对案件争议的事实无法通过鉴定结论予以认定的，应当对该事实承担举证不能的法律后果”的规定，应视为四川升元公司对其法定代表人张某某签名真实性的认可，并由其自行承担举证不能的责任。虽然经本案各方确认，案涉合同、函件上加盖的四川升元公司的公章，与该公司现提供的公章不是同一枚，但实务中，单位或个人先后或同时使用多枚印章的现象并不鲜见，不足以就此判定案涉合同、函件上加盖的印章，并非四川升元公司使用的印章，且四川升元公司在保证合同上盖章的事实，已经公证机关公证证明。据此，应认定保证合同上张某某的签名属实，印章系由四川升元公司加盖。

3.【裁判规则】一方当事人对于另一方当事人主张的于己不利的事实既不承认也不否认，经审判人员说明并询问后，其仍然不明确表示肯定或者否定的，视为对该事实的承认

典型案例 ▶▶

温州赛超鞋业有限公司等与黄某某等买卖合同纠纷案［福建省莆田市中级人民法院（2020）闽03民终925号］

上诉人（原审原告）：温州赛超鞋业有限公司（以下简称温州赛超公司）等

被上诉人（原审被告）：黄某某等

裁判观点 ▶▶

人民法院认为，根据2019年《民事证据规定》第4条规定，温州赛超公司提供的协议及吴某某提供的购销合同上均盖有莆田天荔公司的印章及温州赛超公司的印章，莆田天荔公司对于其印章的真实性既未表示承认也未表示否认，经法院充分说明并询问后，仍不明确表示肯定或否定，则应视为对上述事实的认可，且温州赛超公司提供的协议上甲方代表也有吴某某的签字确认，作为温州赛超公司有理由相信吴某某签订合同及结算货款的行为系履行莆田天荔公司职务的行为，故吴某某签字确认的法律行为应由莆田天荔公司承担。

4.【裁判规则】对于己不利的事实，经审判人员说明并询问后，答复"不清楚、不知道"的，视为对该事实的承认

典型案例 ▶▶

雷某某与唐某某等农村房屋买卖合同纠纷案［重庆市高级人民法院（2016）渝民申2208号］

再审申请人（一审被告、二审上诉人）：雷某某

被申请人（一审原告、二审被上诉人）：唐某某

裁判观点 ▶▶

人民法院认为，根据2001年《民事证据规定》第8条第2款的规定，对一方当事

人陈述的事实，另一方当事人既未表示承认也未否认，经审判人员充分说明并询问后，其仍不明确表示肯定或者否定的，视为对该项事实的承认。本案二审中，雷某某就是否出卖过案涉房屋向审判人员回答“不清楚、不知道”，雷某某的回答符合上述司法解释规定的情形，应视为其承认案涉房屋经其卖给唐某某。

5.【裁判规则】当事人对录音形成时间多次述称“不知道”“不清楚”，可以认定对方当事人对录音形成时间没有异议

典型案例

陈某某与林某某等民间借贷纠纷案［福建省高级人民法院（2019）闽民申20号］

再审申请人（一审被告、二审被上诉人）：陈某某

被申请人（一审原告、二审上诉人）：林某某

裁判观点

人民法院认为，林某某向一审法院提供其与陈某某间的电话录音，并主张该电话的录音时间为2017年5月10日。陈某某对该录音的真实性无异议，对林某某主张的录音形成时间未予反驳。在法官多次就录音形成时间对陈某某进行询问时，其多次述称“不知道”“不清楚”。根据2001年《民事证据规定》第8条第2款的规定，“对一方当事人陈述的事实，另一方当事人既未表示承认也未否认，经审判人员充分说明并询问后，其仍不明确表示肯定或者否定的，视为对该项事实的承认”。因陈某某对林某某主张的录音形成时间未表示承认，亦未否认，经法官询问后，陈某某仍未作出明确的主张，故可以认定陈某某对林某某主张的录音形成时间没有异议，即陈某某承认涉讼电话录音的通话时间为2017年5月10日。

（五）代理人自认

1.【裁判规则】诉讼代理人的自认视为当事人的自认

典型案例

大连隆丰房地产开发有限公司与大连金世纪房屋开发有限公司合资、合作开发房地产合同纠纷案［最高人民法院（2013）民申字第1997号］

再审申请人（一审被告、反诉原告、二审上诉人）：大连隆丰房地产开发有限公

司(以下简称隆丰公司)

被申请人(一审原告、反诉被告、二审上诉人):大连金世纪房屋开发有限公司(以下简称金世纪公司)

裁判观点

最高人民法院认为,隆丰公司、宝玉集团主张金世纪公司仅将讼争项目中的5套房屋抵顶给案外人大连永嘉建设发展有限公司,二审判决却认定抵顶房屋为10套,属于事实认定错误。该申请理由不能成立。因为除了金世纪公司在一、二审中向法院提交的隆丰公司、宝玉集团向其出具的确认函以及两份发票外,隆丰公司、宝玉集团的代理人还在本案一审第二次庭审时对于上述证据确认的以房抵顶的数额明确予以承认,该代理人的代理权限属于特别授权,已经构成自认。

2.【裁判规则】当事人委托诉讼代理人参加诉讼的,除授权委托书明确排除的事项外,诉讼代理人的自认视为当事人的自认

典型案例

云南济海源房地产集团有限公司等与卜某某建设工程施工合同纠纷案[云南省高级人民法院(2008)云高民一终字第65号]

上诉人(原审被告):云南济海源房地产集团有限公司(以下简称济海源公司)

被上诉人(原审原告):卜某某等

裁判观点

人民法院认为,卜某某在提起本案诉讼时即主张并已举证证实自己是争议工程7幢、12幢的实际施工人。虽然卜某某在与济海源公司签订协议书时是借云南林业工程总公司东陆苑项目部经理名义,但该协议书只有卜某某个人签名而无公司印章。云南林业工程总公司证明其东陆苑项目经理部原经理卜某某借项目部承包的工程及债权、债务与公司无关,属卜某某个人行为。因此,济海源公司主张该协议书的主体不是卜某某的理由不成立。济海源公司在向原审法院出具的情况说明中也称,"金域蓝湾小区由二建公司通过招投标取得总承包资格,其中7幢、12幢由卜某某施工完成",其二审中主张协议书只是合同草案的观点不成立,法院不予采信。二建公司既然主张卜某某是其下属工程部的工作人员，不是实际施工人，就应提供卜某某系其工作人员及二建公司向卜某某发放工资的证据，但二建公司在二审中提交的证据并不能证明该事实的存在。虽然二建公司提供了7幢、12幢工程的建设档案，但并不能以此证明该两幢工程的施工是由二建公司完成。因为二建公司是整个项目的承包人，其施工资料只能以二建公司的名义出具，在协议书中已明确由济海源公司负责处理好中标单位的工作。在原审庭审中，济海源公司代理人在发表辩论意见时，明确认可卜某某是实际施工人；二建公司代理人当庭发表辩论意见表明其只是在工程施工中作为管理者的身份。所以，卜某某在承建7幢、12幢工程建设过程中有关工程资料由二建公司作为管理者报审报验符合本案事实。由于济海源公司、二建公司在二审中所举证据不能证明卜某某不是争议工程的实际施工人，根据2001年《民事证据规定》第8条第3款“当事人委托代理人参加诉讼的，代理人的承认视为当事人的承认”，故法院认定卜某某系“天泉银苑”金域蓝湾一期工程中7幢、12幢的实际施工人。

3.【裁判规则】当事人在场对诉讼代理人的自认未明确否认，其诉讼代理人的认可应视为当事人本人的认可

典型案例

纪某某与大庆建筑安装集团有限责任公司等建设工程施工合同纠纷案［最高人民法院（2017）最高法民申118号］

再审申请人（一审原告、二审上诉人）：纪某某

被申请人（一审被告、二审被上诉人）：大庆建筑安装集团有限责任公司（以下简称大庆建安集团）

裁判观点

最高人民法院认为，2001年《民事证据规定》第8条规定，诉讼过程中，一方当事人对另一方当事人陈述的案件事实明确表示承认的，另一方当事人无须举证。但涉及身份关系的案件除外。当事人委托代理人参加诉讼的，代理人的承认视为当事人的承认。但未经特别授权的代理人对事实的承认直接导致承认对方诉讼请求的除外；当事人在场但对其代理人的承认不作否认表示的，视为当事人的承认。

当事人在法庭辩论终结前撤回承认并经对方当事人同意，或者有充分证据证明其承认行为是在受胁迫或者重大误解情况下作出且与事实不符的，不能免除对方当事人的举证责任。本案一审审理中，纪某某及其委托诉讼代理人均到庭参加诉讼，其代理人对于已收工程款的数额的认可应视为纪某某本人的认可，且大庆建安集团对付款事实亦提交付款明细及票据予以证明。原审判决据此认定纪某某已收到工程款24,029,968元合法有据。纪某某未提交证据证明该自认与事实不符，其主张不能成立。

4.【裁判规则】普通共同诉讼中，共同诉讼人中一人或者数人作出的自认，对作出自认的当事人发生效力

典型案例

易某某等与苏州金秾九鼎创业投资中心（有限合伙）等股权转让纠纷案［北京市第三中级人民法院（2020）京03民终4405号］

上诉人（原审被告）：易某某等

被上诉人（原审原告）：苏州金秾九鼎创业投资中心（有限合伙）（以下简称苏州九鼎）等

裁判观点

人民法院认为，根据《民诉法司法解释》第90条规定，案涉股权转让协议系各方当事人真实意思表示，不违反法律、行政法规的强制性规定，合法有效，各方均应全面履行。易某某等主张苏州九鼎等违约在先，股权回购条件不成就，但一审时各当事人均未主张该事实，且丁某才、邓某军二审提交的证据也不足以证明违约事实存在，即便存在违约事实，该事实也发生于本案案涉股权转让协议签订之前，本案审理中，各自然人股东和希望种业公司均未提交证据证明主张过相关权益。

本案中，各自然人股东在一审庭审中，均表示同意苏州九鼎、嘉兴九鼎的诉讼请求，也同意希望种业公司作为支付主体。请求法院对罚息计算标准予以调整。现各自然人股东否认一审的自认。根据2019年《民事证据规定》第5条、第6条和第9条规定，经查，一审中，各自然人股东委托的诉讼代理人许某律师，受委托权限为特别授权，授权含有“代为承认、放弃、变更诉讼请求”，且一审庭审中，丁某才本人亦出庭应诉，亦未提出自认存在错误或撤销，因此，一审法院根据在案证据及当事人自认，判决支付相关款项，并无不当。

5.【裁判规则】必要共同诉讼中，共同诉讼人中一人或者数人作出自认而其他共同诉讼人予以否认的，不发生自认的效力

典型案例

罗某甲与李某乙民间借贷纠纷案［贵州省黔东南苗族侗族自治州中级人民法院（2020）黔26民终2143号］

上诉人（原审原告）：罗某甲

被上诉人（原审被告）：李某乙等

裁判观点

人民法院认为，本案争议焦点：是否存在10,400元现金交付的事实。法院经审理认为，一审庭审中王某丙陈述"第一次确实得4400元现金，第二次是6000元，微信转了多少他也不给我看……"王某丙作为借款协议中约定的连带责任担保人，这是对罗某甲陈述的存在10,400元现金交付的不利于王某丙自己的案件事实的承认，这是当事人陈述，也是当事人的自认。但一审中，李某乙辩称借款时约定有砍头息，实际只借到罗某甲通过微信转账的35,600元，并未收到46,000元的借款，这是对存在10,400元交付款的否认。根据2019年《民事证据规定》第6条第2款规定，李某乙和王某丙是必要共同诉讼人，李某乙的否认，王某丙在一审庭审中的陈述不发生自认的效力，罗某甲的10,400元主张需举证予以证明。借款合同是实践性合同，借款合同只是双方当事人达成的合意，不代表实际交付了借款资金，借款金额要以实际交付资金为准。根据《合同法》第210条[1]的规定，一审中，罗某甲以两份借款协议主张李某乙、王某丙返还46,000元的借款，但仅向一审法院提交15,600元和20,000元的微信转账手机截图予以证明，对4400元和6000元现金交付款，除了王某丙的陈述外未能提供其他证据足以证明，根据《民诉法司法解释》第90条第2款的规定，结合双方在履行借、还款合同时均是通过微信支付方式的交易习惯推断，一审法院对10,400元现金支付借款不予认定并无不当。

---

〔1〕 现为《民法典》第679条："自然人之间的借款合同，自贷款人提供借款时成立。"

第二节　自认的效力

【法理辨析】

一、自认的效力

对于于己不利的事实，免除了对方当事人的举证责任。“经他造自认之事实，主张该事实之当事人即毋庸举证”〔1〕“正式自认一件事实是单为审理之用而作出的，并不构成证据，而是免除证明的需要”。〔2〕

1.对本人的拘束力。自认的事实，具有法律效力。除法律有特别规定外，作出自认的一方当事人不得任意撤销自认。如果需要撤回，也必须满足相关法律规定对撤回自认的条件才能有效，否则，撤回无效。英国1998年《民事程序规则》第14章第1条第5款规定：“法院可准许当事人修正或撤回自认。”〔3〕《德国民事诉讼法》第290条规定：“当事人撤回其在审判上的自认，只限于他证明其自认与真实不符，而且其自认是由于错误而发生时，其撤回才影响自认的效力。在此种情况下，自认失其效力。”〔4〕

2.对法院具有拘束力。由于自认的事实，无须证据证明，可以直接成为法院认定案件事实的根据，因此，“法院必须直接以自认的内容作为判决的基础，而不能做出与之不同的判断”〔5〕。法院对当事人自认的事实予以认定，不需要进行调查取证即可将其作为裁判的依据。除了人民法院认为审理案件需要的证据，人民法院应当调查收集，自认对本案审理法院具有拘束力外，对二审法院及再审法院同样具有拘束力。“自认的这种效力对上级审也产生拘束力。不过，对于奉行职权探知主义的案件或事项，自认则不具有这种效力。对于这些案件或事项，法院不受自认的拘束，而依据自由心证来认定事实。”〔6〕英国1998年《民事程序规则》第14章第3条规定：“1.如果一方当事人依本规则第14章第1条第2款（通过书面通知形式自认）进行自认的，则他方当事人皆可申请法院基于自认做出判决。2.如果法院认为申请人有

---

〔1〕 杨建华：《民事诉讼法要论》，郑杰夫增订，北京大学出版社2013年版，第249页。
〔2〕 沈达明编著：《英美证据法》，中信出版社1996年版，第59页。
〔3〕 熊志海等编译：《英国成文证据法》，中国法制出版社2007年版，第455页。
〔4〕 张卫平、齐树洁主编：《德国民事诉讼法》，丁启明译，厦门大学出版社2016年版，第69页。
〔5〕 ［日］新堂幸司：《新民事诉讼法》，林剑锋译，法律出版社2008年版，第379页。
〔6〕 ［日］新堂幸司：《新民事诉讼法》，林剑锋译，法律出版社2008年版，第379页。

权基于该自认请求做出判决的，则可做出判决。”[1]

3.关于有附加条件的自认。对未自认的部分，如果当事人自认所附加的条件与承认事实不属于同一法律关系的，自认有效；如果当事人自认的条件与承认的事实属于同一法律关系的，对于未自认的部分，仍然属于待证事实，应当依照举证责任分配处理。例如，“原告主张与被告订有房屋租赁契约，被告承认其事实，但主张因租赁期限届满后，被告仍为租赁物之使用收益，而原告不即表示反对这意思，已视为以不定期继续契约，其附加视为不定期契约部分，仍应依举证责任分配之原则举证证明”[2]。

二、司法实务中的自认的效力

1.一方当事人在一审庭审中对相对方的陈述表示承认，构成自认。根据2001年《民事证据规定》第8条第1款“诉讼过程中，一方当事人对另一方当事人陈述的案件事实明确表示承认的，另一方当事人无需举证”的规定，一方当事人在一审庭审中对相对方的陈述表示承认，已经构成了自认，产生相应的法律后果。

2.当事人在原一审答辩状等书面材料中，对己不利的事实亦明确表示承认应予认定。根据2019年《民事证据规定》第10条第1款“下列事实，当事人无须举证证明：……（四）根据已知的事实和日常生活经验法则推定出的另一事实”的规定，容许人民法院在存在典型事实时依照普遍经验法则推定案件事实，除非当事人有相反证据足以反驳该事实或者反驳该事实的证据属于《民事诉讼法》第64条第2款规定的当事人及其诉讼代理人因客观原因不能自行收集的证据。如果当事人在原一审答辩状等书面材料中，对此于己不利的事实亦明确表示承认，在二审阶段，又否认其自认的事实，则应提供证据证明其事实主张存在重大可能，如无反证，不能动摇自认的事实。

3.自认侵权事实，应予采信。如果在一审诉讼中，当事人已经明确承认自己是涉案软件的“作者”，而所涉软件也已查明事实上为他人所创作，根据自认规则，对当事人的自认应予采信。

4.部分认可，亦构成自认。2020年《民诉法司法解释》第92条第1款规定，“一方当事人在法庭审理中，或者在起诉状、答辩状、代理词等书面材料中，对于己不

---

〔1〕 熊志海等编译：《英国成文证据法》，中国法制出版社2007年版，第456页。
〔2〕 杨建华：《民事诉讼法要论》，郑杰夫增订，北京大学出版社2013年版，第249页。

利的事实明确表示承认的，另一方当事人无需举证证明”。当事人仅认可部分借款金额的，该行为构成自认，对已自认的金额，举证人无须再对此举证证明。

5.自认与查明事实相矛盾的，不予确认。根据2019年《民事证据规定》第8条第2款关于“自认的事实与已经查明的事实不符的，人民法院不予确认”之规定，如果在一审诉讼请求中承认收到对方货物，但经法院查明，当事人事实上对第三方是否发货及发货数量均不清楚，后续才得知第三方涉嫌合同诈骗，合同相对方并没有向收货人发货，故对当事人自认收到货物，与法院已查明的案件事实相矛盾，不予确认。

6.欠条中的签字虽非本人所书写，但当事人自认的予以支持。债务人对欠据无异议，虽然鉴定意见认为欠条中的欠款人处的签名，不是同一人书写，但是该份欠据当事人已经自认无异议的，依照2019年《民事证据规定》第3条第1款“在诉讼过程中，一方当事人陈述的于己不利的事实，或者对于己不利的事实明确表示承认的，另一方当事人无需举证证明”的规定，对该欠条应予采信。

【典型案解】

（一）采信

1.【裁判规则】诉讼上的自认的事实，法院予以采信

典型案例 ▶▶

哈尔滨凯利置业有限公司与捷能热力电站有限公司供用热力合同纠纷案［最高人民法院（2018）最高法民申1216号］

再审申请人（一审被告、反诉原告、二审上诉人）：哈尔滨凯利置业有限公司（以下简称凯利公司）

被申请人（一审原告、反诉被告、二审上诉人）：捷能热力电站有限公司（以下简称捷能公司）

裁判观点 ▶▶

最高人民法院认为，根据《民诉法司法解释》第92条规定，凯利公司主张返还供热工程费，故捷能公司向原审法院所做捷能公司关于集中供热工程费差额的说明认可多收取供热工程费196,000元，构成诉讼上的自认，而非当事人为证明案件事实所提供的证据材料，原审法院予以采信并无不当，且凯利公司并无证据证明捷能公司自认的多收取工程费数额与事实不符，故其关于原审法院未对该说明进行质证的申请再审理由于法无据，不能成立。

2.【裁判规则】自认对方当事人提供的证据复印件的，人民法院应予采信

典型案例

中国云南路建集团股份公司与余某某建设工程施工合同纠纷案［最高人民法院（2020）最高法民申1603号］

再审申请人（一审被告、二审上诉人）：中国云南路建集团股份公司（以下简称云南路建公司）

被申请人（一审原告、二审被上诉人）：余某某

裁判观点

最高人民法院认为，云南路建公司自认余某某所提交证据复印件来自该公司和香德公路指挥部提交的证据，则云南路建公司事实上认可该部分证据的真实性，余某某提交的部分证据即使为复印件，也不影响人民法院的采信。余某某反复多次提交证据和违反举证期限，不影响判决结果的认定，也不符合《民事诉讼法》第200条关于案件应当进入再审情形的规定。

3.【裁判规则】委托代理人的承认免除了相对方的举证责任，可成为法院对该事实认定的依据

典型案例

邓某与叶某某等借款担保合同纠纷案［广西壮族自治区高级人民法院（2006）桂民四终字第9号］

上诉人（一审被告）：邓某

被上诉人（一审原告）：叶某某等

裁判观点

法院认为，一审判决认定上诉人邓某在第68号担保借款协议书中假冒叶某某的签名之前提事实为：叶某某将其所有的防建基字第000676号《宅基地使用证》交给邓某保管。邓某未经其同意，提供该宅基地使用证作为防城振兴榨油坊（业主韦某某为邓某的岳母）向防城区信用联社营业部申请贷款的抵押担保。对一审判决认定的该事实，上诉人在二审庭审中提出异议，认为其并未保管过被上诉人的宅基地使用权证。对此，法院认为，因该事实是被上诉人作为一审原告在一审中提出的事实主张，上诉人的一审委托代理人符某某在一审庭审中对此已作了明确的认可，而符某某为上诉人邓某的特别授权代理人（其代理权限为：代为承认、放弃或变更诉讼请求，进行和解、提起上诉或反诉、代收法律文书）。根据2001年《民事证据规定》第8条"诉讼过程中，一方当事人对另一方当事人陈述的案件事实明确表示承认的，另一方当事人无需举证。……当事人委托代理人参加诉讼的，代理人的承认视为当事人的承认。但未经特别授权的代理人对事实的承认直接导致承认对方诉讼请求的除外……"和第74条"诉讼过程中，当事人在起诉状、答辩状、陈述及其委托代理人的代理词中承认的对己方不利的事实和认可的证据，人民法院应当予以确认，但当事人反悔并有相反证据足以推翻的除外"的规定，上诉人委托代理人的承认免除了被上诉人的举证责任，且成为一审法院对该事实认定的依据。二审中上诉人的委托代理人否认被上诉人叶某某将宅基地使用证交由上诉人保管，但并未提交相关的证据推翻上诉人一审委托代理人的自认，故上诉人认为其未收到被上诉人的宅基地使用证的主张不成立，一审判决对该事实的认定正确，法院予以确认。

4.【裁判规则】协议虽然在国外签订，但双方在一、二审过程均予认可的，予以采信

典型案例

北海南国国际旅行社有限责任公司与越南下龙旅游公司拖欠旅游款纠纷案［广西壮族自治区高级人民法院（2004）桂民四终字第20号］

上诉人（一审被告）：北海南国国际旅行社有限责任公司

被上诉人（一审原告）：越南下龙旅游公司（以下简称下龙公司）

裁判观点

人民法院认为，洽谈记录书虽在越南签订，但诉辩双方对洽谈记录书中的内容在一、二审过程中均予以认可，根据《民事诉讼法》第63条第1款“证据包括：……（一）当事人的陈述……”及2001年《民事证据规定》第8条第1款“诉讼过程中，一方当事人对另一方当事人陈述的案件事实明确表示承认的，另一方当事人无需举证”之规定，被上诉人下龙公司提供的洽谈记录书虽未按照2001年《民事证据规定》第11条的规定办理公证认证手续，在本案中不作为独立的证据使用，但对洽谈记录书中的内容，有双方当事人的一致陈述为证，法院予以采信。

5.【裁判规则】对相对方提供的还款协议是否为原件持有异议，但承认欠款属实，可以认定还款协议的真实性

典型案例

陈某某与上海天碧水产有限公司定期租船合同纠纷案［浙江省高级人民法院(2008)浙民三终字第174号］

上诉人（原审被告）：陈某某

被上诉人（原审原告）：上海市天碧水产有限公司（以下简称天碧公司）

裁判观点

人民法院认为，2006年9月陈某某与天碧公司的还款协议上记载“兹有陈某某欠上海市天碧水产有限公司人民币贰拾贰万元”，同时，陈某某在临海市人民法院的庭审中陈述“我向天碧公司转租船只、购买网具均属实；双方经结算，我欠天碧公司22万元也属实”。综上所述，尽管陈某某对天碧公司提供的还款协议是否为原件持有异议，但是，根据2001年《民事证据规定》第8条关于“诉讼过程中，一方当事人对另一方当事人陈述的案件事实明确表示承认的，另一方当事人无需举证。但涉及身分关系的案件除外”的规定，可以认定还款协议的真实性，即2006年9月12日，天碧公司与陈某某之间有22万元的债务债权关系存在。天碧公司是债权人，陈某某是债务人。因此，陈某某应当根据还款协议的约定按期将22万元债务偿还本案的债权人天碧公司。

6.【裁判规则】当事人认可录音内容的真实性，未提供相应证据证明视听资料、电子数据存有疑点的，应予认定

典型案例

广西嘉殷禧贸易有限责任公司与邵某甲等民间借贷纠纷案［最高人民法院(2020)最高法民申5856号］

再审申请人（一审原告、二审上诉人）：广西嘉殷禧贸易有限责任公司（以下简称嘉殷禧公司）

被申请人（一审被告、二审被上诉人）：邵某甲等

裁判观点

最高人民法院认为，本案的审查重点为嘉殷禧公司主张原审判决认定的基本事实缺乏证据证明、认定事实的主要证据系伪造，能否成立。本案一、二审诉讼时施行的2001年《民事证据规定》第69条第3项规定，存有疑点的视听资料不能单独作为认定案件事实的依据。第70条第3项规定，一方当事人提出的有其他证据佐证并以合法手段取得的，无疑点的视听资料，对方当事人提出异议但没有足以反驳的相关证据的，人民法院应当确认其证明力。本案中，嘉殷禧公司对邵某甲提交的录音刻录光盘的合法性和录音内容的完整性、真实性提出异议，并认为录音刻录光盘不应被采信。二审法院已查明，该院审理（2015）桂民二终字第26号民事案件（本案第一次二审诉讼）时，嘉殷禧公司并未对录音内容为潘某民本人陈述提出异议，亦没有否认录音中涉及潘某民谈话内容的真实性。在本案中，嘉殷禧公司尽管对录音刻录光盘提出异议，但未指出录音内容哪些地方存在疑点。同时从录音内容中可以明确听到在回答“为何要将赌博输给潘某民的钱变成向公司借款”时，潘某民的陈述是“为了将赌博债务合法化，否则无法追讨”；在回答二审法官提问“是否有过这些谈话内容”时，嘉殷禧公司委托诉讼代理人回答“有过，但不是在2013年12月7日”。由此表明嘉殷禧公司认可该录音内容的真实性，同时因嘉殷禧公司未提出录音刻录光盘中存在的具体疑点，且未提供相应证据予以佐证，故原审法院对该录音刻录光盘予以采信，并无不当，法院对嘉殷禧公司有关录音刻录光盘不应被采信的再审理由，不予支持。

（二）拘束力

1.【裁判规则】自认不仅对法院有拘束力，对作出自认的当事人也有拘束力

典型案例 ▶▶

四川川交路桥有限责任公司与新疆维吾尔自治区公路管理局公共道路妨碍通行损害责任纠纷案［最高人民法院（2017）最高法民再264号］

抗诉机关：中华人民共和国最高人民检察院

申诉人（一审被告、二审上诉人）：四川川交路桥有限责任公司（以下简称川交路桥公司）

被申诉人（一审原告、二审上诉人）：曾某等

裁判观点 ▶▶

最高人民法院认为，自认对当事人的约束源于禁反言原则和诚实信用原则，一旦当事人作出自认，该自认不仅对法院有拘束力，对作出自认的当事人也有拘束力。经审查，在一、二审法院审理期间，川交路桥公司虽然答辩承认案涉事故发生地在其施工路段，属于川交路桥公司对案涉事实的自认。但川交路桥公司在新疆维吾尔自治区高级人民法院再审审理程序中，对已经在原审法院确认的事实又提出再审请求，这属于当事人撤回自认的情形，涉及禁反言原则的适用问题。根据川交路桥公司提交的其与公路局签订的公路工程施工合同和公路局出具的关于新疆境内G30道路里程碑数字标识内容调整情况的说明以及连霍高速公路哈密至吐鲁番项目建设指挥部于2013年4月16日向新疆维吾尔自治区哈密市人民法院出具了《关于〈新疆维吾尔自治区哈密市人民法院调查函〉的回复》等证据，可以证明曾某发生交通事故的地点与川交路桥公司负责施工的第九标段起点之间距离长达5860米，并不在川交路桥公司施工路段内。根据2001年《民事证据规定》第74条的规定，案涉当事人川交路桥公司在申诉过程中提交的证据，属于当事人反悔并有相反证据足以推翻曾经承认的于己不利的事实和认可的证据的情形。原判决认定川交路桥公司违反了禁反言原则，显属不当，法院应予纠正。

2.【裁判规则】自认的法律效力不仅约束一审法院，对二审法院也具有约束力

典型案例 ▶▶

重庆市华申喜商贸有限公司与重庆拓新控股集团新贵置业有限公司等房屋租赁合同纠纷案［重庆市第一中级人民法院（2019）渝01民终4455号］

上诉人（原审原告）：重庆市华申喜商贸有限公司（原重庆福珈百货有限责任公司）

上诉人（原审被告）：重庆拓新控股集团新贵置业有限公司（以下简称拓新公司）等

裁判观点 ▶▶

人民法院认为，根据查明的事实，在一审庭审中，天创公司、拓新公司对于案涉租赁合同于2017年1月5日解除无异议，一审法院据此认定租赁合同解除。拓新公司现上诉主张其在一审所作出的错误表达并非真实意思表示，其在一审中认可合同已解除不符合事实，案涉租赁合同尚未解除。法院认为，2001年《民事证据规定》第8条"诉讼过程中，一方当事人对另一方当事人陈述的案件事实明确表示承认的，另一方当事人无需举证。但涉及身分关系的案件除外"，第74条"诉讼过程中，当事人在起诉状、答辩状、陈述及其委托代理人的代理词中承认的对己方不利的事实和认可的证据，人民法院应当予以确认"的规定，拓新公司的一审委托代理人在一审中对合同解除时间的认可，符合自认的成立要件，应认定为拓新公司在一审中的自认，发生相应的法律效力。自认的法律效力不仅约束一审法院，对二审法院也具有约束力。其在二审中并未举示新的证据证明所作出的自认不符合上述情形，根据民事诉讼的禁止反言原则，天创公司、拓新公司不得随意反悔或撤回承认和认可，不能产生撤销自认的效力，故仍应以其在一审中承认的事实为依据作出裁判，一审法院认定案涉租赁合同于2017年2月15日解除，并不不当，法院对该项上诉理由，不予采信。

3.【裁判规则】撤诉后又在双方当事人相同的情形下基于同一法律关系重新向法院提起诉讼，前案中的自认对本案同样具有拘束力

典型案例 ▶▶

李某某与陈某某民间借贷纠纷案［山东省泰安市中级人民法院（2019）鲁09民

终1867号]

上诉人(原审原告):李某某

上诉人(原审被告):陈某某

裁判观点

法院认为,在(2018)鲁0902民初1549号案件中,虽然在一审法院判决前李某某撤回了起诉,但李某某起诉主张要求陈某某偿还借款本金9万元,且在法庭辩论终结前未撤回其主张,符合关于自认的法律规定,在该案中李某某构成对陈某某已偿还本金41万元事实的自认。(2018)鲁0902民初1549号案件与本案同为民间借贷法律关系,基于同一借款事实,双方当事人同为李某某和陈某某,本案实际为李某某在(2018)鲁0902民初1549号案件撤诉后,又基于同一法律关系重新向法院提起诉讼,其在前案中的自认对本案同样具有拘束力。李某某没有相反证据推翻其自认,陈某某对李某某撤销自认的主张不予认可,一审法院对李某某自认陈某某偿还款项先抵充本金予以确认,并无不当。在(2018)鲁0902民初1549号案件起诉之前,陈某某分十次共向李某某还款50万元,非李某某主张的41万元。一审法院据此认定陈某某已将50万元本金还清,并无不当。

(三)证明力

1.【裁判规则】自认的证明力高于证人证言

典型案例

湖北同济堂投资控股有限公司等与成都市武侯区桂溪房地产开发公司等股权转让纠纷案[最高人民法院(2020)最高法民申4817号]

再审申请人(一审被告、反诉原告、二审上诉人):湖北同济堂投资控股有限公司(以下简称同济堂公司)等

被申请人(一审原告、反诉被告、二审被上诉人):成都市武侯区桂溪房地产开发公司(以下简称桂溪公司)等

裁判观点

最高人民法院认为,关于同济堂合作协议与灵康合作协议签订顺序的问题。根据原审查明,同济堂合作协议虽未记载签署时间,但是桂溪公司、同济堂公司在

一审庭审时均认可该协议是在2015年11月17日签署。灵康合作协议中显示签署日期是2015年9月17日。同济堂公司、华信惠康公司为证明灵康合作协议为倒签而举示的合同文本相识度高及李某某通话录音、佟某证言等证据，不足以推翻原判决对于案涉两个合作协议签订时间的认定。

2.【裁判规则】有另案诉讼中当事人的自认，可以作为补强证据证明案件事实

典型案例

杨甲与陈乙等定作合同纠纷案［浙江省高级人民法院（2008）浙民再抗字第10号］

抗诉机关：浙江省人民检察院

申诉人（一审原告、二审被上诉人）：杨甲

被申诉人（一审被告、二审上诉人）：陈乙等

裁判观点

人民法院认为，《民事诉讼法》第73条规定，证人确有困难不能出庭的，经人民法院许可，可以提交书面证言。2001年《民事证据规定》第8条规定，诉讼过程中，一方当事人对另一方当事人陈述的案件事实明确表示承认的，另一方当事人无须举证；第9条规定，已为有效公证文书所证明的事实，当事人无须举证证明。据此，本案再审中诸暨市某丁有限公司法定代表人赵某丙虽未出庭作证，但由于其对不能出庭作证的原因作了说明并为此特经公证作了证据保全，故其证言不属无正当理由未出庭作证的证人证言；另鉴于有另案诉讼中当事人的自认及有效公证文书的补强证明，2005年2月5日诸暨市某丁有限公司出具的证明所证实的陈乙、被申诉人（一审被告、二审上诉人）邱某某系代杨甲将价值148,661元的原材料送至诸暨市某丁有限公司的事实，法院认为可予认定。

3.【裁判规则】诉讼外的当事人自认，作为当事人一方所作不利于自己的事实陈述，其依然具有相应证明效力

典型案例

江苏海洋航务打捞有限公司与永安财产保险股份有限公司镇江中心支公司港

口作业合同纠纷案［最高人民法院（2014）民申字第947号］

再审申请人（一审被告、二审上诉人）：江苏海洋航务打捞有限公司（以下简称打捞公司）

被申请人（一审原告、二审上诉人）：永安财产保险股份有限公司镇江中心支公司

裁判观点

最高人民法院认为，事故发生后打捞公司出具情况说明确认吊装过程中齿轮箱与连接轴发生碰撞，该份证据属于诉讼外的当事人自认。虽然其效力不能等同于2001年《民事证据规定》第8条规定的诉讼中自认可免除对方当事人的举证责任，但是作为当事人一方所作不利于自己的事实陈述，其依然具有相当证明效力。一审法院在对该证据质证、认证后，综合公估报告、证人证言等其他证据认定齿轮箱吊装过程中碰撞事故及损失的发生并无不当。此外，在法院组织的询问期间，打捞公司的代理人明确承认吊装过程中发生碰擦事故。依据2001年《民事证据规定》第8条第3款规定，当事人委托代理人参加诉讼的，代理人的承认视为当事人的承认。由此可进一步确认吊装过程中齿轮箱与连接轴发生碰撞的事实，证明情况说明的真实性。据此，打捞公司关于一、二审判决认定事实不清的再审申请理由不能成立。

（四）无须举证

1.【裁判规则】一方当事人陈述的于己不利的事实，或者对于己不利的事实明确表示承认的，另一方当事人无须举证证明

典型案例

蔡某某与中国农业银行股份有限公司安宁市支行等案外人执行异议之诉案［最高人民法院（2020）最高法民终666号］

上诉人（一审原告、执行案外人）：蔡某某

被上诉人（一审被告、申请执行人）：中国农业银行股份有限公司安宁市支行等

裁判观点

最高人民法院认为，2019年《民事证据规定》第3条规定，“在诉讼过程中，一

方当事人陈述的于己不利的事实，或者对于己不利的事实明确表示承认的，另一方当事人无需举证证明。在证据交换、询问、调查过程中，或者在起诉状、答辩状、代理词等书面材料中，当事人明确承认于己不利的事实的，适用前款规定”。本案中，蔡某某于2018年1月30日在案外人异议阶段接受执行法官调查时称“因为我们还没有搬过去住，所以也就没有去接车位”。2018年3月23日向法院第一次提交起诉状时，再次自认“该小区到目前为止仍然不具备交付使用条件，预售车位没有实际占有”。但提交第二份起诉状时，蔡某某改称“所购车位已经于2016年12月后一直在占有、使用”。2019年《民事证据规定》第63条第1款、第2款规定，“当事人应当就案件事实作真实、完整的陈述。当事人的陈述与此前陈述不一致的，人民法院应当责令其说明理由，并结合当事人的诉讼能力、证据和案件具体情况进行审查认定”。对于蔡某某前后矛盾的陈述，法院结合相关证据审查认定如下：首先，作为完全民事行为能力人，蔡某某亲历了商品房购买全过程，理应清楚是否占有这一基本事实，其在司法程序初始阶段的陈述能够相互印证，更为可信。其次，蔡某某一审诉讼中提交了摘要为“负一层B65车位2017年1–12月水电、卫生费”的收据，虽然该收据加盖了昆都公司财务专用章，但因昆都公司作为被执行人的利害关系人身份，导致该组证据的证明力较弱，且该收据作为可能证明蔡某某在查封前占有的主要证据，蔡某某既未在案外人异议审查阶段提交，亦未陈述交费情况，不合常理。综合上述情况，法院认为，一审判决认定蔡某某在人民法院查封前未占有案涉车位，不符合足以排除执行的要件，对案涉房屋不具有物权期待权正确。

2.【裁判规则】一方当事人自认的事实，另一方当事人无须举证证明

典型案例

东莞市康湖房地产开发有限公司与蔡某甲民间借贷纠纷案［最高人民法院(2020)最高法民申279号］

再审申请人（一审被告、二审上诉人）：东莞市康湖房地产开发有限公司（以下简称康湖公司）等

被申请人（一审原告、二审上诉人）：蔡某甲

裁判观点 ▶▶

最高人民法院认为，本案是民间借贷纠纷申请再审案件。根据康湖公司等再审申请以及蔡某甲提交的意见，本案应重点审查二审判决对案涉借款金额的认定是否错误。2011年12月15日，康湖公司作为借款人，蔡某甲作为出借人，谭某国、谭某雄、谭某华3人作为保证人，签订了编号为20111215A的借款协议，约定蔡某甲向康湖公司出借2000万元。本案一审庭审中，蔡某甲与康湖公司均确认，该协议系双方对前期借款本息结算后重新出具的债权凭证，借款协议中约定的借款金额2000万元中，1884万元系实际出借的本金、116万元系尚未支付的利息。根据《民诉法司法解释》第92条的规定，一方当事人在法庭审理中对于己不利的事实明确表示承认的，另一方当事人无须举证证明。康湖公司、谭某雄、谭某国申请再审时主张的还款事实，均发生在2011年12月15日蔡某甲与康湖公司对账结算之前，不能推翻双方在庭审中确认的事实。二审判决认定截至2011年12月15日康湖公司尚欠本金1884万元，并无不当。

3.【裁判规则】实际施工人在起诉状中，对于收到支付的工程款明确表示承认的，另一方当事人无须举证证明

典型案例 ▶▶

张某甲与宁夏视通建设集团有限公司等建设工程施工合同纠纷案［最高人民法院（2019）最高法民申2157号］

再审申请人（一审原告、二审上诉人）：张某甲

被申请人（一审被告、二审被上诉人）：宁夏视通建设集团有限公司（以下简称视通公司）等

裁判观点 ▶▶

最高人民法院认为，根据《民事诉讼法》第13条第1款和《民诉法司法解释》第92条第1款规定，本案一审中，张某甲的民事起诉状明确写明"视通公司已支付工程款17,431,965元"，且张某甲还提交一份预付工程款统计表用以证明"截至2018年2月，视通公司向张某甲支付工程款共计17,431,965元"，而视通公司提交一套付款凭证用以证明其已付工程款17,436,445元，一审法院结合双

方当事人提供的证据，以张某甲主张的已付工程款金额认定本案已付工程款为17,431,965元。张某甲就一审判决提起上诉后，未对一审判决认定已付工程款金额表示异议。原审法院认定本案已付工程款为17,431,965元，依据充分，并无不当。

4.【裁判规则】在起诉状、答辩状、代理词等书面材料中，当事人明确承认于己不利的事实的，另一方当事人无须举证证明

典型案例

郑某某等与王某某等健康权纠纷案［贵州省高级人民法院（2020）黔民申825号］

再审申请人（一审原告、二审上诉人）：郑某某等

被申请人（一审被告、二审上诉人）：王某某等

裁判观点

人民法院认为，郑某某等称打架现场距离王某某种植高粱的地方有100多米，与原判决认定申请人到王某某责任地发生抓扯、扭打的事实不符。经查阅一审卷宗，郑某某等在其一审起诉状中诉称“原告母女二人在自家地里种苞谷，被告王某某也在相邻的地里种高粱”，随即双方便发生口角并相互抓扯、打架。根据2019年《民事证据规定》第3条“在诉讼过程中，一方当事人陈述的于己不利的事实，或者对于己不利的事实明确表示承认的，另一方当事人无需举证证明。在证据交换、询问、调查过程中，或者在起诉状、答辩状、代理词等书面材料中，当事人明确承认于己不利的事实的，适用前款规定”之规定，郑某某等现在申请书中的主张，与其在起诉状中自认双方承包地相邻的陈述存在矛盾。

5.【裁判规则】在证据交换、询问、调查过程中，当事人明确承认于己不利的事实的，另一方当事人无须举证证明

典型案例

白山市启嘉建筑有限公司与李某某等不当得利纠纷案［吉林省高级人民法院

(2019) 吉民申2230号]

再审申请人(一审原告、二审被上诉人):白山市启嘉建筑有限公司(以下简称启嘉公司)

被申请人(一审被告、二审上诉人):李某某等

裁判观点

人民法院认为,根据《民诉法司法解释》第92条规定,2019年《民事证据规定》第3条规定:“在诉讼过程中,一方当事人陈述的于己不利的事实,或者对于己不利的事实明确表示承认的,另一方当事人无需举证证明。在证据交换、询问、调查过程中,或者在起诉状、答辩状、代理词等书面材料中,当事人明确承认于己不利的事实的,适用前款规定。”本案中,启嘉公司在法院第一次听证时陈述,其3次向李某某付款均是依贺某某指示进行。启嘉公司在法院2020年6月11日听证时陈述,有争议的是金额为49万元的第三笔付款,李某某到启嘉公司索款时接通贺某某电话,启嘉公司法定代表人单某某与贺某某通电话并确认该笔款项应归属李某某而非贺某某的事实后,启嘉公司于翌日扣除管理费后将余款拨付李某某。据此,启嘉公司在法院听证确认其向李某某的付款均需经贺某某指示进行的事实,已构成上述司法解释规定的自认。

6.【裁判规则】一方当事人对另一方当事人陈述的案件事实明确表示承认的,另一方当事人无须举证证明

典型案例

万通实业集团有限公司与兰州市商业银行等借款合同纠纷案[最高人民法院(2004)民二终字第209号]

上诉人(原审被告):万通实业集团有限公司(以下简称万通公司)

被上诉人(原审原告):兰州市商业银行(以下简称商业银行)等

裁判观点

最高人民法院认为,商业银行与万通公司于1999年8月12日签订的证券回购债务清偿合同,系对此前双方发生的债权债务关系以及如何清偿等问题的确认和约

定，系双方真实意思表示。该合同中除关于月息11.49‰的利率约定违反了中国人民银行关于金融机构法定贷款利率相关规定应确认无效外，合同其他内容不违反国家法律和行政法规的禁止性规定，应认定为有效。原审关于该合同利息约定条款部分无效，不影响合同其他条款效力的认定正确，法院予以维持。万通公司二审上诉中虽提出原审原告商业银行起诉依据并非证券回购债务清偿合同，而是经原审法院委托鉴定，不能作为证据使用的甲字99第003号《流动资金借款合同》。但二审庭审质证中，万通公司承认该证券回购债务清偿合同系其提供，并认可合同约定的内容属实，商业银行对此也予以认可。根据2001年《民事证据规定》第8条关于“诉讼过程中，一方当事人对另一方当事人陈述的案件事实明确表示承认的，另一方当事人无需举证”的规定，万通公司关于请求法院据此驳回商业银行诉讼请求因与事实不符，法院不予支持。

7.【裁判规则】在二审庭审中的陈述认可的事实，无须举证证明

典型案例

甘肃源祥房地产开发有限公司与甘肃古典建设集团有限公司建设工程施工合同纠纷案［最高人民法院（2019）最高法民申3879号］

再审申请人（一审被告、二审上诉人）：甘肃源祥房地产开发有限公司（以下简称甘肃源祥公司）

被申请人（一审原告、二审被上诉人）：甘肃古典建设集团有限公司

裁判观点

最高人民法院认为，根据2004年《建设工程司法解释一》第14条第3项[1]规定，根据甘肃源祥公司在二审庭审中的陈述，其认可于2016年9月11日对案涉工程举行封顶仪式。根据《民诉法司法解释》第92条第1款之规定，二审法院根据甘肃源祥公司的庭审陈述认定封顶事实，继而认定封顶之日即2016年9月11日为竣工日期并无不当。

---

〔1〕 现为2020年《建设工程司法解释一》第9条：“当事人对建设工程实际竣工日期有争议的，人民法院应当分别按照以下情形予以认定：(一)建设工程经竣工验收合格的，以竣工验收合格之日为竣工日期；(二)承包人已经提交竣工验收报告，发包人拖延验收的，以承包人提交验收报告之日为竣工日期；(三)建设工程未经竣工验收，发包人擅自使用的，以转移占有建设工程之日为竣工日期。”

8.【裁判规则】当事人自认了工程材料的事实，对其自认部分免除了对方的举证责任

典型案例

重庆华中船舶有限公司与重庆市万州区国发运输有限公司船舶建造合同纠纷案［最高人民法院（2013）民申字第1652号］

再审申请人（一审原告、反诉被告、二审上诉人）：重庆华中船舶有限公司（以下简称华中公司）

被申请人（一审被告、反诉原告、二审被上诉人）：重庆市万州区国发运输有限公司（以下简称国发公司）

裁判观点

最高人民法院认为，双方当事人在合同中约定，合同价款以设计为依据，按实际使用材料的重量计算。华中公司作为主张增重费用和增加工时费的原告，应就相关费用的存在和具体数额承担举证责任。因双方对实际使用的材料重量没有交接确认，依照现有证据无法查明实际使用材料的重量，华中公司应承担举证不能的法律后果。国发公司在其自行制作的重庆市万州区国发运输有限公司建造航万一号工程决算中自认了工程材料超重部分的重量，对其自认部分免除了华中公司的举证责任。二审法院根据国发公司自认的事实认定涉案船舶建造实际使用材料的重量，并无不当。

（五）不予确认

【裁判规则】自认的法律关系，与查明的事实不符的，不予确认

典型案例

江西蓝海国际贸易有限公司与中新联进出口有限公司等借款合同纠纷案［最高人民法院（2019）最高法民终880号］

上诉人（原审原告）：江西蓝海国际贸易有限公司（以下简称蓝海公司）

被上诉人（原审被告）：中新联进出口有限公司（以下简称中新联公司）等

裁判观点

最高人民法院认为，至于蓝海公司上诉主张原审中各方当事人自认案涉法律关系为货物买卖关系的问题，则依照《民诉法司法解释》第92条第3款规定[1]，不予采信。

（六）承担举证责任

1.【裁判规则】否认自认的，应当承担相应的举证责任

典型案例 ▶▶

江西昌泰建筑工程公司与被申请人江西省钢城工业有限公司建设工程合同纠纷案［最高人民法院（2018）最高法民再426号］

再审申请人（一审原告、二审上诉人）：江西昌泰建筑工程公司（以下简称昌泰公司）

被申请人（一审被告、二审被上诉人）：江西省钢城工业有限公司（以下简称钢城公司）

裁判观点 ▶▶

最高人民法院认为，2001年《民事证据规定》第74条规定："诉讼过程中，当事人在起诉状、答辩状、陈述及其委托代理人的代理词中承认的对己方不利的事实和认可的证据，人民法院应当予以确认，但当事人反悔并有相反证据足以推翻的除外。"昌泰公司向一审法院提交的起诉状中载明，钢城公司已支付250万元工程款，用五辆汽车抵扣工程款22万元，以及应扣除钢城公司供应的钢材款4,578,317元。昌泰公司关于钢城公司已付款及应抵扣款项的陈述已构成自认，之后其又予以否认，根据前述司法解释的规定，应由昌泰公司承担相应的举证责任。加之，由于钢城公司对外负有巨额债务，该7,300,539元款项是否在案涉工程款中扣减，将会影响钢城公司其他债权人合法债权的实现。由于昌泰公司提交的证据尚不足以推翻其自认，故法院对于此项再审请求不予支持。

[1] 现为2020年《民诉法司法解释》第93条："下列事实，当事人无须举证证明：（一）自然规律以及定理、定律；（二）众所周知的事实；（三）根据法律规定推定的事实；（四）根据已知的事实和日常生活经验法则推定出的另一事实；（五）已为人民法院发生法律效力的裁判所确认的事实；（六）已为仲裁机构生效裁决所确认的事实；（七）已为有效公证文书所证明的事实。前款第二项至第四项规定的事实，当事人有相反证据足以反驳的除外；第五项至第七项规定的事实，当事人有相反证据足以推翻的除外。"

2.【裁判规则】相对方不构成自认，不能免除举证人的举证责任

典型案例 ▶▶

扬州五洋造船有限公司与永安财产保险股份有限公司扬州中心支公司海上保险合同纠纷案［最高人民法院（2016）最高法民申38号］

再审申请人（一审原告、二审上诉人）：扬州五洋造船有限公司（以下简称五洋公司）

被申请人（一审被告、二审被上诉人）：永安财产保险股份有限公司扬州中心支公司（以下简称永安公司）

裁判观点 ▶▶

最高人民法院认为，《民事诉讼法》第64条第1款规定："当事人对自己提出的主张，有责任提供证据。"五洋公司主张2007年3月28日保险标的在新加坡靠码头时遭遇碰撞而受损。但其提交的证据中，并无有关事故发生的直接证据。船级证书等船舶证书只能表明有关船舶检验、认证机构认为涉案船舶符合有关技术规范，不能证明发生了五洋公司主张的碰撞事故。在五洋公司提交的新加坡仲裁裁决书中，独任仲裁员依据船长调查报告认定"月神·穆丽雅"轮的损坏包括凹痕、擦痕、油漆损伤和锈迹，并未认定"月神·穆丽雅"轮触碰了新加坡码头。永安公司接到报案后，没有就是否发生保险事故发表意见，尚不构成自认，不能免除五洋公司对此项主张的举证责任。一、二审法院不支持五洋公司关于发生碰撞码头事故的主张，并无不当。

（七）不适用自认

1.【裁判规则】对执行异议之诉，不适用当事人自认原则

典型案例 ▶▶

马某某与李某某等案外人执行异议之诉案［安徽省宿州市中级人民法院（2017）皖13民终2408号］

上诉人（申请执行人、一审被告）：马某某

被上诉人（案外人、一审原告）：李某某等

裁判观点

人民法院认为，《物权法》第23条[1]规定："动产物权的设立和转让，自交付时发生效力，但法律另有规定的除外。"本案中，案涉车辆属于动产，依照法律规定该车辆的物权转移应当自交付时发生效力。现已查明，因案涉车辆登记在被执行人周某名下，案外人李某某主张案涉车辆已"交付"的基础事实系"与周某之间存在借款及车辆抵付协议"。李某某审理中举证了证明借款关系存在的相应书证及抵付协议，马某某对此证据的真实性提出异议，认为真实的形成时间与落款时间不一致，申请对笔迹形成时间进行鉴定。而李某某认为已经得到被执行人周某的认可不需要鉴定，不同意法院进行鉴定程序。法院审理认为：根据《民诉法司法解释》第311条规定，案外人执行异议之诉案件，案外人应当就其对执行标的物享有所有权所依据的事实承担举证责任。被执行人对案外人的权利主张表示承认的，不能免除案外人的举证责任。为防止被执行人与案外人恶意串通阻止执行，对执行异议之诉，不适用当事人自认原则。因此，李某某所提供上述书证的真实性不能确定，故李某某认为案涉车辆是抵付其欠款的事实主张依据不足，对李某某主张对车辆具有所有权的意见，法院不予采信。

2.【裁判规则】自认的效果仅适用于诉讼的相互对立的双方当事人之间，不能适用于第三人

典型案例

孙某某与吉林市轩宇房地产开发有限责任公司申请执行人执行异议之诉纠纷案[最高人民法院(2013)民申字第675号]

再审申请人：(一审被告、二审上诉人)：孙某某

被申请人(一审被告)：吉林市轩宇房地产开发有限责任公司(以下简称轩宇公司)等

裁判观点

最高人民法院认为，鉴于轩宇公司承认收到来款的收据本身漏洞百出，该证据

〔1〕 现为《民法典》第224条："动产物权的设立和转让，自交付时发生效力，但法律另有规定的除外。"

系孤证，没有任何入账记录佐证，且轩宇公司与华某某具有利害关系，法院不能确信轩宇公司确实收到该款。根据2001年《民事证据规定》第8条关于“诉讼过程中，一方当事人对另一方当事人陈述的案件事实明确表示承认的，另一方当事人无需举证。但涉及身分关系的案件除外”的规定，自认的效果仅适用于诉讼的相互对立的双方当事人之间，而不能适用于第三人。换言之，第三人不受该自认的约束。本案中，一审原告是华某某，被告是孙某某和轩宇公司。孙某某和轩宇公司在本案中不仅不是相互对立的一方，而且其诉讼目的一致，就是阻止华某某对讼争网点的强制执行，故轩宇公司对于孙某某交付其网点价款的自认，对华某某没有约束力。因此，仅有轩宇公司的自认，而没有轩宇公司其他证据如入账记录佐证，加之自认的孤证不是正式发票，而是收据，收据本身也漏洞百出，法院不能确信轩宇公司收到该款。

第三节　自认的限制

【法理辨析】

一、自认的限制

2019年《民事证据规定》第8条规定：“《最高人民法院关于适用〈中华人民共和国民事诉讼法〉的解释》第九十六条第一款规定的事实，不适用有关自认的规定。自认的事实与已经查明的事实不符的，人民法院不予确认。”该条系对第3条“在诉讼过程中，一方当事人陈述的于己不利的事实，或者对于己不利的事实明确表示承认的，另一方当事人无需举证证明。在证据交换、询问、调查过程中，或者在起诉状、答辩状、代理词等书面材料中，当事人明确承认于己不利的事实的，适用前款规定”的有力补充，即自认必须具备合法性，当事人的自认不能与法律相冲突，不合法的自认不能产生法律效力。

如果当事人承认的事实与人民法院已经查明的事实不符的，自认的事实将不会被采信。“荒唐的自认不具有任何拘束力，例如违反普遍承认的经验法则或违反明显的事实”[1]，这里的“已查明的事实”，应当是法官依照法定程序，全面、客观地审核证据，依据法律的规定，遵循法官职业道德，运用逻辑推理和日常生活经验，

〔1〕［德］奥特马·尧厄尼希：《民事诉讼法》（第27版），周翠译，法律出版社2003年版，第237页。

对证据有无证明力和证明力大小独立进行判断后，已经形成内心确信的事实，即自认的事实不能与“形成内心确信的事实不相符”[1]。由于自认的事实与案件事实不符合，或者说自认的事实显然不可能是事实，不产生自认的效力。

一般而言，事件亲历者的记忆随着时间流逝而衰减，“自认制度与追求真实之间的确存在冲突和紧张”[2]，基于当事人意思自治、辩论主义、不告不理处分原则，审判权的审理范围受到诉权的限制，“裁判者既要承担作出判决的责任，又要受制于别人提供的信息”[3]，故自认的效力不是绝对的，其范围要受到一定的制约，《民事诉讼法》第2条中也明确了《民事诉讼法》的任务之一就是“保证人民法院查明事实，分清是非”，第63条第2款规定“证据必须查证属实，才能作为认定事实的根据”。因此，有下列自认将会受到限制（见图9-3）：

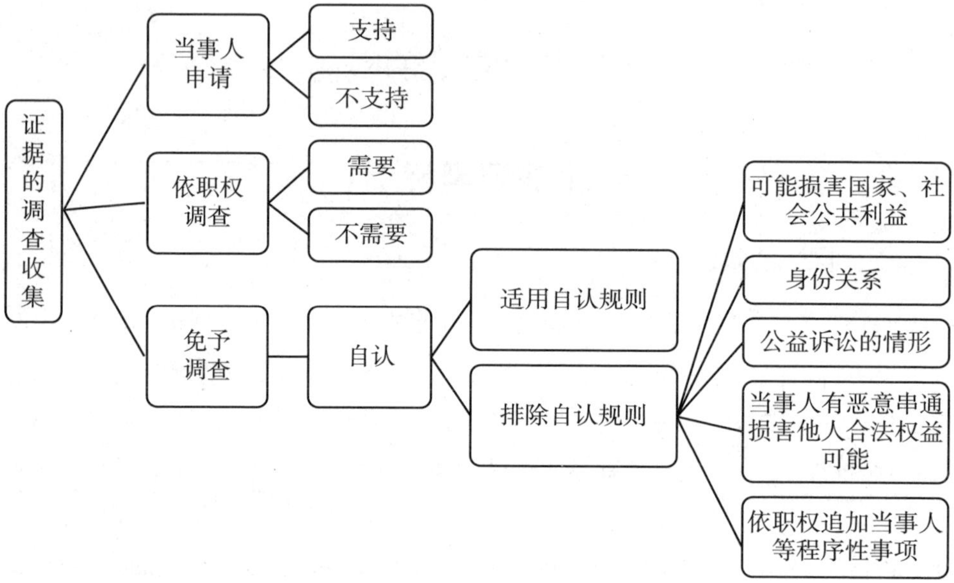

图9-3　自认的限制

1.涉及可能损害国家利益、社会公共利益的事实。根据图9-3中证据的调查收集与自认的关系来看，2020年《民诉法司法解释》第96条第1款规定的事实，不适用

[1] 最高人民法院民事审判第一庭编著：《最高人民法院新民事诉讼证据规定理解与适用（上）》，人民法院出版社2020年版，第98页。

[2] 张卫平：《诉讼构架与程式——民事诉讼的法理分析》，清华大学出版社2002年版，第133页。

[3] [美]米尔建·R.达马斯卡：《漂移的证据法》，李学军、刘晓丹、姚永吉、刘为军译，中国政法大学出版社2003年版，第126页。

于有关自认的规定。民事权利不是绝对的、毫无边际的，即使民事诉讼以贯彻当事人处分原则和辩论原则，也不能将这种当事人的诉讼权利推到没有任何限制的极端，自认作为当事人的一种诉讼权利，亦是如此。“尽管说在辩论主义之下，当事人可以依据其意思来限定事实审理的范围及内容，但也应当受到公正、公平裁判要求之限制，而不能认可‘仅仅就主张者有利的请求内认可事实’这种极端的当事人主义”〔1〕。我国《宪法》第51条规定：“中华人民共和国公民在行使自由和权利的时候，不得损害国家的、社会的、集体的利益和其他公民的合法的自由和权利。”《民法典》第3条规定：“民事主体的人身权利、财产权利以及其他合法权益受法律保护，任何组织或者个人不得侵犯。”故人民法院对涉及国家利益和社会公共利益的事实保留了依职权调查的权力，这也是大陆法系国家普遍做法，正是基于保护国家利益和社会公共利益所需要的职权所在，故不适用自认规则。

2.涉及身份关系的事实。“身份关系涉及社会基本伦理价值，本身即具有社会公共利益的属性。”〔2〕基于这种属性，“目的在维护人类基本伦理价值和保护基本人权，不能因当事人双方的自认而任意改变”〔3〕，在性质上需要由人民法院依职权调查收集，故而不适用自认规则。但与身份关系无关的事实，如身份关系外的财产关系的自认，应当予以认定。

3.公益诉讼的情形。我国《民事诉讼法》第55条规定了公益诉讼的内容，〔4〕由于涉及公益诉讼的案件，特别是“损害社会公共利益的行为的事实”需要由人民法院发挥职权调查收集证据，故而不适用自认规则。

4.当事人串通损害他人合法权益可能的事实。恶意串通的民事诉讼，是指“参加诉讼的双方当事人之间非法勾结，为谋取私利而发动诉讼，骗取人民法院的裁判文书，侵害他人合法权益的诉讼行为。一般具有以下特征：(1)双方当事人出于故

---

〔1〕［日］新堂幸司：《新民事诉讼法》，林剑锋译，法律出版社2008年版，第379页。

〔2〕沈德咏主编：《最高人民法院民事诉讼法司法解释理解与适用(上)》，人民法院出版社2015年版，第328页。

〔3〕最高人民法院民事审判第一庭编著：《最高人民法院新民事诉讼证据规定理解与适用(上)》，人民法院出版社2020年版，第131页。

〔4〕《民事诉讼法》第55条规定：“对污染环境、侵害众多消费者合法权益等损害社会公共利益的行为，法律规定的机关和有关组织可以向人民法院提起诉讼。人民检察院在履行职责中发现破坏生态环境和资源保护、食品药品安全领域侵害众多消费者合法权益等损害社会公共利益的行为，在没有前款规定的机关和组织或者前款规定的机关和组织不提起诉讼的情况下，可以向人民法院提起诉讼。前款规定的机关或者组织提起诉讼的，人民检察院可以支持起诉。”

意；（2）当事之间相互串通；（3）牟取非法利益，损害他人利益。”〔1〕在司法实践中，恶意串通的诉讼行为主要表现为：其一，串通提出虚假诉讼；其二，串通捏造案件事实，骗取民事调解书，损害第三方的合法权益；其三，审前准备阶段，串通妨碍对方当事人的取证行为；其四，以提供证据为名，串通拖延诉讼；其五，串通进行重复诉讼，以达到拖延对对方当事人的司法保护措施的实施；其六，串通实施诉讼欺诈行为；其七，庭审中串通进行虚假陈述、隐瞒事实真相、虚构事实真相、拖延诉讼和执行；其八，串通出具虚假或错误的鉴定意见；其九，串通采取威胁、欺诈、利诱等手段大幅降低判决数额，达成符合自己条件的和解协议；其十，串通滥用执行异议权和申诉权，等等。为了打击当事人的恶意串通行为的诉讼行为，《民事诉讼法》中增加了恶意诉讼制度的规定，第112条规定："当事人之间恶意串通，企图通过诉讼、调解等方式侵害他人合法权益的，人民法院应当驳回其请求，并根据情节轻重予以罚款、拘留；构成犯罪的，依法追究刑事责任。"由于当事人的恶意串通行为，往往以损害他人的合法权益为代价，故不允许当事人以"合法"的自认方式达到其非法利益的目的，故不适用自认规则。

5.涉及依职权追加当事人、中止诉讼、终结诉讼、回避等程序性事项的事实。根据《民事诉讼法》第64条第2款和2001年《民事证据规定》第15条规定，这些与实体争议无关的程序事项的证据，主要包括：

（1）依职权追加当事人的事实。《民事诉讼法》第132条规定："必须共同进行诉讼的当事人没有参加诉讼的，人民法院应当通知其参加诉讼。"2020年《民诉法司法解释》第73条规定："必须共同进行诉讼的当事人没有参加诉讼的，人民法院应当依照民事诉讼法第一百三十二条的规定，通知其参加；当事人也可以向人民法院申请追加。人民法院对当事人提出的申请，应当进行审查，申请理由不成立的，裁定驳回；申请理由成立的，书面通知被追加的当事人参加诉讼。"必须共同进行诉讼的当事人，是指"应当参加进行必要的共同诉讼的人，即其与已经参加诉讼的当事人一方的诉讼标的是共同的，具有共同的诉讼义务，诉讼标的必须合一确定，必须合并审理"〔2〕。在必须共同进行诉讼中，法院可以依职权追加必须参加诉讼的当事人加入本诉中来，从而在程序上保证当事人合法诉权的行使，以及当事人对诉

〔1〕 最高人民法院民事诉讼法修改研究小组编著：《〈中华人民共和国民事诉讼法〉修改条文理解与适用》，人民法院出版社2014年版，第244页。

〔2〕 沈德咏主编：《最高人民法院民事诉讼法司法解释理解与适用（上）》，人民法院出版社2015年版，第27页。

讼标的的实体权利义务的固定，这些追加当事人的证据，就属于人民法院认为审理案件需要的证据。

（2）中止诉讼的事实。中止诉讼，是指“在诉讼过程中，由于出现了法定事由，人民法院裁定暂时停止诉讼的进行，待法定原因消失后，再恢复诉讼程序的制度”〔1〕。中止诉讼在民事程序法中有相应的规定，如《民事诉讼法》第150条规定：“有下列情形之一的，中止诉讼：（一）一方当事人死亡，需要等待继承人表明是否参加诉讼的；（二）一方当事人丧失诉讼行为能力，尚未确定法定代理人的；（三）作为一方当事人的法人或者其他组织终止，尚未确定权利义务承受人的；（四）一方当事人因不可抗拒的事由，不能参加诉讼的；（五）本案必须以另一案的审理结果为依据，而另一案尚未审结的；（六）其他应当中止诉讼的情形。中止诉讼的原因消除后，恢复诉讼。”中止诉讼在民事实体法中亦有相关规定，如《合同法司法解释一》第15条规定：“债权人向人民法院起诉债务人以后，又向同一人民法院对次债务人提起代位权诉讼，符合本解释第十四条的规定和《中华人民共和国民事诉讼法》第一百零八条规定的起诉条件的，应当立案受理；不符合本解释第十四条规定的，告知债权人向次债务人住所地人民法院另行起诉。受理代位权诉讼的人民法院在债权人起诉债务人的诉讼裁决发生法律效力以前，应当依照《中华人民共和国民事诉讼法》第一百三十六条第（五）项的规定中止代位权诉讼。”由于中止诉讼属于人民法院审判职权的重要职能，因此不适用自认规则。

（3）终结诉讼的事实。终结诉讼是指“在诉讼进行中如果发生了法律规定的某种特殊情况，使案件的审理不可能进行下去或者进行下去没有意义时，就要以裁定终结诉讼的方式结束诉讼程序。”〔2〕《民事诉讼法》第151条规定：“有下列情形之一的，终结诉讼：（一）原告死亡，没有继承人，或者继承人放弃诉讼权利的；（二）被告死亡，没有遗产，也没有应当承担义务的人的；（三）离婚案件一方当事人死亡的；（四）追索赡养费、扶养费、抚育费以及解除收养关系案件的一方当事人死亡的。”终结诉讼，民事诉讼就不必再进行下去，当事人不得就同一诉讼标的再行诉讼，由于诉讼终结由人民法院决定，一经作出即发生法律效力，当事人对此裁定，不得提出上诉，故不适用自认规则。

（4）回避的事实。我国《民事诉讼法》把回避制度作为人民法院审理民事案件

〔1〕 田平安主编：《民事诉讼法原理》，厦门大学出版社2014年版，第283页。
〔2〕 王胜明主编：《中华人民共和国民事诉讼法释义》，法律出版社2013年版，第359页。

的基本制度，实行回避制度，可以在程序上保证审判人员公正审理，避免以权谋私或徇私枉法，人民法院有权决定是否采取回避，因此属于人民法院的审判职权范围，不适用自认规则。

二、调解、和解中的排除自认

2020年《民诉法司法解释》第107条规定："在诉讼中，当事人为达成调解协议或者和解协议作出妥协而认可的事实，不得在后续的诉讼中作为对其不利的根据，但法律另有规定或者当事人均同意的除外。"该条是关于诉讼调解或者和解过程中对事实的认可不适用自认规则的规定，旨在保护一方当事人因调解或和解而对某种案件事实的认可不能对后续的诉讼产生不良影响，鼓励当事人以和解方式解决纠纷。该条规定适用于同一案件诉讼过程中，当事人希望达成调解协议或和解协议而未达成的情形，此时，在后续的诉讼中，不得将当事人为达成调解协议或者和解协议作出妥协而认可的事实作为对其不利的根据。该条规定未将当事人为达成调解协议或和解协议而认可的全部事实，均排除在后续诉讼或另案诉讼中作为认定事实依据使用的可能；亦未排除将当事人之间已经达成的调解协议或和解协议，在另一诉讼案件中作为书证使用。

关于当事人为达成调解协议或者和解协议而认可的事实的证据能力排除以及是否可以作为书证使用[1]。2020年《民诉法司法解释》第107条是关于诉讼调解或者和解过程中对事实的认可不适用自认的规定，是对此情形下当事人自认的证据能力的排除，旨在保护一方当事人因调解或和解而对某些案件事实的认可不能对后续的诉讼产生不良影响，鼓励当事人以和解方式解决纠纷。对于该条规定的适用范围，应全面准确加以理解。一方面，该条规定的适用情形是在同一案件诉讼过程中，希望达成调解协议或和解协议而未达成，在后续的诉讼中不得将当事人妥协而认可的事实作为对其不利的根据。因此，除该条但书规定的情形外，法律禁止将该种情形下认可的事实作为同一案件后续诉讼中认定对当事人不利事实的根据。但另一方面，该规定并未排除将当事人之间已经达成的调解协议或和解协议在另一案件中作为书证使用。当事人在已经达成的诉讼调解或者和解中对有关事实所作自认，在类型上应作进一步区分。该自认的事实可能是当事人对客观事实的认

---

〔1〕 本段参见最高人民法院民事审判第一庭编：《民事审判指导与参考》（总第67辑），人民法院出版社2017年版，第190-191页。

可，如当事人之间基础法律关系的认可；也可能是对某种事实在一定程度上的妥协和让步，如承包人对发包人欠付工程金额的让步。对这些不同类型的事实，在另案诉讼中一概排除而使其不产生任何法律效果，不具有合理性。相反，当案件事实真伪不明时，当事人对于前一种类型事实的自认，不仅可以作为证明案件事实的证据使用，而且对于促成法官形成内心确信具有非常重要的作用。法院对该种自认应当根据证据规则，结合当事人提交的其他证据以及案件的有关事实，作为认定案件事实的证据之一综合加以考量。

2020年《民诉法司法解释》第107条之规定并未将当事人为达成调解协议或和解协议而认可的全部事实，均排除于另案诉讼中作为认定案件事实依据使用的可能。当事人之间已经达成的调解协议或和解协议，在另一诉讼案件中可以作为书证使用。对于其证明力，人民法院应依照法定程序，全面、客观地审核，并根据当事人提交的其他证据，结合相关事实，综合认定待证事实存在的可能性。一方当事人欲推翻调解协议或和解协议所证明事实的，应承担提供相应证据加以证明的举证责任；对于此类证据的证明力，人民法院审查判断所遵循的原则与其他证据并无不同，均应按照法定程序，全面、客观地审核，并根据当事人提交的其他证据，结合相关事实，综合认定待证事实存在的可能性。

三、司法实务中的自认的限制

2019年《民事证据规定》第8条第1款规定，《民诉法司法解释》第96条第1款规定的事实，不适用有关自认的规定。自认的事实与已经查明的事实不符的，人民法院不予确认。第2款规定的前提条件是“已经查明的事实不符的”，根据意思自治原则和辩论主义原则，一方当事人主张的事实，如果对方当事人予以认可，法院原则上应以此为准而无须另作判断；且法院原则上不得自行依职权收集当事人双方均没有主张和提出的证据。如果允许法院在自认后对该主张的事实进行调查和心证，那么实际上这种拘束力就不存在了，自认制度对诉讼的效率性和经济性价值也就随之丧失。因此，当事人作出自认后，除2020年《民诉法司法解释》第96条第1款规定的特别事实之外，法院无须再进行调查。如果当事人一方在答辩时自认，当然无须人民法院进行调查取证。

【典型案解】

1.【裁判规则】涉及可能损害国家利益、社会公共利益的，不适用自认

典型案例 ▶▶

南充现代物流园投资建设开发有限公司与南充市青莲统筹城乡发展实验区建设指挥部等民间借贷纠纷案［南充市高坪区人民法院（2020）川1303民初151号］

原告：南充现代物流园投资建设开发有限公司（以下简称物投公司）

被告：南充市青莲统筹城乡发展实验区建设指挥部（以下简称青莲指挥部）

裁判观点 ▶▶

人民法院认为，对于被告青莲指挥部是否承担连带偿还的问题，青莲指挥部系南充市高坪区人民政府设立的临时机构，不是独立的民事主体，不具备承担民事责任的能力，因此青莲指挥部不是本案适格的被告。青莲指挥部与原告物投公司、被告王某某签订的债权转让合同中对债权转让时间约定为"以丙方实际支付甲方的日期为准"，青莲指挥部与王某某尚未进行结算，无法按合同约定向原告支付王某某在青莲指挥部应收账款，故转让条件尚未成就，物投公司可在青莲指挥部与王某某结算后，要求青莲指挥部协助执行。三方签订的债权转让合同，不属于青莲指挥部对王某某借款进行的担保，不符合担保构成要件。虽然被告代理人在庭审中自认这是青莲指挥部的担保行为，根据《担保法》第8条"国家机关不得为保证人，但经国务院批准为使用外国政府或国际经济组织贷款进行转贷的除外"及2019年《民事证据规定》第8条之规定，青莲指挥部代理人的自认涉及损害国家利益，不适用相关自认的规定。青莲指挥部不是本案适格的被告，且也未对该笔债务进行担保，不应承担连带偿还责任，故对原告的诉请不予支持。

2.【裁判规则】涉及身份关系的，不适用自认

典型案例 ▶▶

唐某与重庆尚品思源商贸有限公司股东知情权纠纷案［重庆市第一中级人民法院（2020）渝01民终4073号］

上诉人(原审原告):唐某

被上诉人(原审被告):重庆尚品思源商贸有限公司(以下简称尚品思源公司)

裁判观点 ▶▶

人民法院认为,根据2019年《民事证据规定》第8条规定,虽然尚品思源公司一审中认可唐某系其股东,但股东身份亦属身份关系的一种,依照前述司法解释的规定,对于唐某是否系尚品思源公司股东的该事实不适用自认的规定。综上所述,唐某关于其系尚品思源公司股东、一审法院应对本案予以实体审理的上诉请求,缺乏事实和法律依据,不能成立,不予支持。

3.【裁判规则】当事人有恶意串通损害他人合法权益可能的,不适用自认

典型案例 ▶▶

陈某甲与张某某等房屋买卖合同纠纷案[苍南县人民法院(2020)浙0327民初4588号]

原告:陈某甲

被告:张某某等

裁判观点 ▶▶

人民法院认为,我国《合同法》第58条〔1〕规定,合同被撤销后,因该合同取得的财产,应当予以返还。现在原、被告间的房屋买卖合同已被法院生效判决撤销,故原告主张被告返还购房款,符合法律规定,应予支持。本案主要争议在于原告实际给付被告购房款的数额。根据2019年《民事证据规定》第8条和《民诉法司法解释》第96条规定,当事人有恶意串通损害他人合法权益可能的,不适用有关自认的规定。被告陈某乙与原告是姐妹关系,户籍住址一致,关系十分亲密,而且原、被告之间的买卖房屋合同已被法院先前的生效判决认定为低价转让而撤销。因此,难以排除原、被告有恶意串通的可能,故被告陈某乙承认收到了91.8万元购房款,

〔1〕 现为《民法典》第157条:"民事法律行为无效、被撤销或者确定不发生效力后,行为人因该行为取得的财产,应当予以返还;不能返还或者没有必要返还的,应当折价补偿。有过错的一方应当赔偿对方由此所受到的损失;各方都有过错的,应当各自承担相应的责任。法律另有规定的,依照其规定。"

法院不予确认。我国《民事诉讼法》第64条规定，当事人对自己提出的主张，有责任提供证据。原告应就已经给付购房款的数额承担举证责任。原告主张的部分在双方签订房屋买卖合同之后发生的银行转账为支付购房款，不符合一般房屋交易习惯，也未能在双方的合同中予以体现，法院不予确认；原告主张除银行转账外的其余购房款为现金方式交付，没有充分证据证明，法院不予确认。因此，法院确定原告实际给付的购房款为2012年6月10日和11日转账合计的21万元，被告应予以返还。关于原告主张的契税，原告未提供发票原件或与原件核对无异的清晰复印件或其他证据证明，而且缴纳契税是纳税人应尽法定义务，原告主张被告承担没有充分的事实和法律依据，法院不予支持。

4.【裁判规则】在当事人自认的事实与法院查明事实不符的情况下，人民法院仍有权对当事人自认的事实不予确认

典型案例

刘某甲与华东师范大学出版社有限公司等侵害著作权纠纷案［最高人民法院(2015)民申字第24号］

再审申请人（一审原告、二审上诉人）：刘某甲

被申请人（一审被告、二审被上诉人）：华东师范大学出版社有限公司（以下简称华东师大出版社）等

裁判观点

最高人民法院认为，关于一审法院是否存在违反法定程序及认定事实不清的问题。首先，关于一审法院是否违反法定程序。刘某甲认为，一审法院于庭审之后向其送达相关证据材料的做法违反法定程序，且该证据本身亦欠缺真实性。对此法院认为，就程序上而言，对于当事人在诉讼过程中提交的证据材料，无论最终是否予以采信，原则上都应当通过证据交换的方式给予对方当事人陈述意见的机会。因此，在华东师大出版社于庭审之后补充提交证据的情况下，一审法院通过邮寄送达的方式将该证据向刘某甲进行交换并要求其发表书面意见的行为，符合法律的相关规定。此外，根据一、二审法院查明的事实，华东师大出版社补充提交的上述证据内容最终并未被一审法院所采信，并非确定本案事实的依据，且由于上述证据

未经一、二审法院审查核实，故其是否具备真实性、合法性和关联性，法院亦不再予以评述。其次，关于一审法院是否存在认定事实不清的问题。刘某甲认为，一审法院所作“去除标点符号后，相同部分约为420字”的事实认定违反了《著作权法》的相关规定及双方当事人已经就该事实形成的一致意见。法院认为，根据《民事诉讼法》第64条的规定，当事人对自己提出的主张，负有提供证据的责任。刘某甲认为一审法院对字数的计算方式违反法律规定，但并未向一、二审法院及法院就其认为符合法律规定的字数计算方法提供证据并明确相应的法律依据。此外，就刘某甲所称各方当事人已经就侵权内容的字数形成一致意见的主张，法院注意到，在华东师大出版社及李乙向法院提交的再审答辩状中，均明确认可一、二审法院对字数问题作出的认定，并无证据显示各方当事人曾就该问题形成与一审法院认定的不同意见。最后，即使当事人曾经就该事实进行陈述，在当事人自认的事实与法院查明事实不符的情况下，人民法院仍有权对当事人自认的事实不予确认。因此，一审法院根据现有证据，对本案事实所作认定并无不当，在刘某甲未能提供足以推翻上述认定的相反证据的情况下，其所提异议不能成立。据此，刘某甲所提一审法院违反法定程序及认定事实不清之主张缺乏事实与法律依据，法院对此不予支持。

第四节　自认的撤销

【法理辨析】

一、自认的撤销

撤销自认是当事人的权利，当事人认为自认是在特定情形下形成时，应当允许当事人撤销自认，但撤销自认需符合法定情形，关于先行自认的撤销，应当符合2019年《民事证据规定》第9条的相关规定，即“有下列情形之一，当事人在法庭辩论终结前撤销自认的，人民法院应当准许：(一)经对方当事人同意的；(二)自认是在受胁迫或者重大误解情况下作出的。人民法院准许当事人撤销自认的，应当作出口头或者书面裁定”。

关于撤销自认的证明标准。撤销自认的事实属于一般民事案件的待证事实，并不属于2020年《民诉法司法解释》第109条规定的情形，证明标准是高度盖然性标准，并非其他更高的证明标准。当事人若要证明自认是在受胁迫或者重大误解情况下作出的，理应举出充分证据证明该事实的存在具有高度盖然性。[1]

二、司法实务中的自认的撤销

1.自认对当事人的约束源于禁止反言原则和诚实信用原则，一旦当事人作出自认，如果没有正当理由当事人不得撤回。当事人撤回自认的三种情形：一是经对方当事人同意，自认人可撤回自认；二是自认人作出自认是因对方当事人或第三人实施违法行为所致，且对方当事人或第三人实施的违法行为属于在刑法上应当受到惩罚的行为时，自认人可撤销自认；三是能够证明自认不真实且自认人错误所致时，可以撤销自认。如果在案件审理过程中，当事人所作的自认不存在上述三种的任一情形，该自认不得撤回。

2.原告在起诉状中明确自认，在之后的诉讼行为中对该行为又予以否认反复，对方当事人对其撤销自认又不予认可，对撤销自认不予采信。如原告提交的起诉状中明确认可的股东事实，在之后的诉讼行为中对该行为又予以否认反复，其对自己前后陈述不一致又不能作出合理的解释，且对方当事人对其撤销自认不予认可，原告也无其他有效且充分的证据予以证明。因此，原告否认自认的事实，不予采信。

3.一方当事人撤回承认未经对方当事人同意，应当适用自认规则进行处理。被告撤回承认未经原告同意，未有证据证明其之前的承认行为是在受到胁迫或者重大误解情况下作出的且与事实不符，根据禁止反言原则，被告的否认行为不能产生撤销自认的法律后果，应当适用自认规则进行处理。

4.对涉案工程已全部交付使用这一事实认可之后又予以否认，如未提供相应证据证明其否认理由成立，不予采信。根据《民法典》第793条规定："建设工程施工合同无效，但是建设工程经验收合格的，可以参照合同关于工程价款的约定折价补偿承包人。"根据2020年《建设工程司法解释一》第14条规定，建设工程未经竣工验收，发包人擅自使用后，又以使用部分质量不符合约定为由主张权利的，人民法院不予支持；但是承包人应当在建设工程的合理使用寿命内对地基基础工程和主体结构质量承担民事责任。

5.当庭确认交通事故成因、经过及对责任划分无异议，二审中推翻已经承认的

---

〔1〕 参见最高人民法院民事审判第一庭编著：《最高人民法院新民事诉讼证据规定理解与适用（上）》，人民法院出版社2020年版，第142页。

事实不符合撤销自认的法定条件的，不予支持。在庭审过程中，当事人当庭确认交通事故成因、经过及责任划分，各方同意按照比例赔付，当事人的认可属于对自己权利的处分，应当依法予以确认。二审中，当事人要求重新确认责任承担比例的，属于在二审中推翻已经承认的事实，不符合撤销自认的法定条件，不予支持。

6.已自认了借款超过诉讼时效的事实，可免除事实超过诉讼时效的举证责任。根据《民事诉讼法》中自认的规则，被上诉人已经承认对其所主张的不利于自己的事实，其自认的行为应具有约束力，且不容随意撤销自认。被上诉人既已自认了该案的借款超过诉讼时效的事实，即可免除事实上诉人认为超过诉讼时效的举证责任。

【典型案解】

1.【裁判规则】自认是在重大误解情况下作出的，当事人在法庭辩论终结前撤销自认的，人民法院应当准许

典型案例

贵州省松桃民族中学与贵州鑫前（集团）建设工程有限公司等建设工程施工合同纠纷案［贵州省铜仁市中级人民法院（2020）黔06民终496号］

上诉人（原审被告、反诉原告）：贵州省松桃民族中学（以下简称民族中学）

被上诉人（原审被告、反诉原告）：贵州鑫前（集团）建设工程有限公司（以下简称鑫前公司）

裁判观点

人民法院认为，一审中鑫前公司在起诉书中认可收到民族中学已付工程款为420万元，其中包含2013年1月24日支付200万元、1月25日支付10万元、2月1日支付20万元，2014年1月28日支付40万元+40万元，2015年2月17日支付50万元，2016年2月5日支付50万元，2017年1月23日支付50万元。民族中学在一审中举证证明2013年8月21日代鑫前公司向第三人陈某某支付工程款30万元、2014年1月28日另支付50万元，鑫前公司认可2014年1月28日另支付50万元，辩称支付给陈某某的30万元包含在420万元中，是陈某某2013年8月21日领取的30万元，鑫前公司在代理词中提出“起诉状中陈述的民族中学于2013年1月25日支付10万元、2013年2月1日支付20

万元，因时间久远陈述错误”。在二审中，鑫前公司提供证据证实李某某的银行账户于2013年1月25日经支票汇入10万元、同年2月1日经支票汇入20万元，并非民族中学支付，原自认系重大误解。根据2019年《民事证据规定》第3条、第9条的规定，鑫前公司存在重大误解，且于一审庭审辩论终结前撤回自认相应证据证明确属重大误解，法院依法对鑫前公司撤回自认予以确认。民族中学没有证据证实2013年1月25日支付鑫前公司10万元、2月1日支付鑫前公司20万元。即民族中学已付鑫前公司工程款为460万元，尚欠工程款为977,865.85元。

2.【裁判规则】撤回自认的行为既未得到对方当事人同意，又不符合当事人的自认是在受胁迫或者重大误解情况下作出的情形，撤销自认行为不予准许

典型案例

马某某与刘某某等机动车交通事故责任纠纷案［天津市第一中级人民法院(2020)津01民终2327号］

上诉人（原审被告）：马某某

被上诉人（原审原告）：刘某某等

裁判观点

人民法院认为，关于马某某主张其与丁某某系租赁关系，非雇佣关系问题。根据2019年《民事证据规定》第3条和第9条第1款规定，本案中，马某某在一审庭审中自认丁某某系其雇用的司机，二审中，马某某又主张其与丁某某系租赁关系，并提交了两组租赁协议予以佐证。但马某某仅提交租赁协议，未提交双方租金支付的相关证据，且签订租赁协议的另一方亦即本案被上诉人丁某某经法院依法传唤未出庭参加诉讼，无法对所签协议真实性进行核实，故马某某主张其与丁某某系租赁关系的证据不足。二审庭审中马某某陈述其是为帮助丁某某解决事情才自认其与丁某某系雇佣关系的，二审中推翻原来自认系因为丁某某不支付赔偿，另提交病历证明其在一审开庭期间意识不清醒。法院认为，马某某的病例显示其因肝部疾病入院，入院记录中记载“神志清楚”，二审中刘某某与大地南开支公司均认为马某某应当根据其自认承担赔偿责任，故马某某撤回自认的行为既未得到对方当事人同意，又不符合当事人的自认是在受胁迫或者重大误解情况下作出的情形，故对马某某撤销自认行为不予准许。一审法院认定马某某与丁某某之间系雇佣关系并无不当。《道路交通事故认定书》认定丁某某承担交通事故的主要责任，马某某作为丁某某的雇主，应当承担相应的赔偿责任。

3.【裁判规则】对方当事人既未同意，也未举证证明受到胁迫作出自认，认可撤销自认有违法律规定

典型案例

江苏中润氟化学科技有限公司与常熟市虞东建筑有限公司建设工程施工合同纠纷案［江苏省南通市中级人民法院（2020）苏06民终2346号］

上诉人（原审被告）：江苏中润氟化学科技有限公司（以下简称中润公司）

被上诉人（原审原告）：常熟市虞东建筑有限公司（以下简称虞东公司）

裁判观点

人民法院认为，中润公司与虞东公司签订的建设工程施工合同合法有效。双方均应按照合同约定履行义务。虞东公司施工完毕后，经审计并由双方确认，确定虞东公司施工的工程款总额为16,266,395.98元。双方对已付工程款总额也无异议。其后，中润公司又通过询证函的方式对欠付工程款再次确认。本案事实清楚，证据确凿充分。一审法院判决中润公司支付欠付的工程款及相应的利息，合法有据，法院予以支持。中润公司无视双方已经对全部工程审计结算的基本事实，要求按照虞东公司提供的四份合同的合同价计算工程价款，缺乏事实和法律依据，法院不予采纳。在一审法院听证时，中润公司承认了对方主张的事实及诉讼请求。在后续庭审中，又否认自认的事实。依照2019年《民事证据规定》第3条和第9条规定，虞东公司既未同意中润公司撤销自认，中润公司也未举证证明受到胁迫作出自认，而一审法院认可中润公司撤销自认，有违法律规定，法院予以纠正。

4.【裁判规则】无法定理由，当事人在法庭辩论终结前撤销自认的，不予支持

典型案例

凤城市钢铁有限公司与亚泰东北亚能源有限公司买卖合同纠纷案［最高人民

法院（2016）最高法民终148号］

上诉人（原审被告）：凤城市钢铁有限公司（以下简称凤城钢铁公司）

被上诉人（原审原告）：亚泰东北亚能源有限公司（以下简称亚泰能源公司）

裁判观点 ▶▶

最高人民法院认为，依据亚泰能源公司在一审提交的“焦炭出库审批单3张、黑龙江增值税专用发票10张、运杂费代付结算单2张”已经证实，自2015年1月至4月，亚泰能源公司向凤城钢铁公司供应焦炭三次，共发生货款9,891,115.27元，铁路运费2,120,896.10元，共计12,012,011.37元。又，已查明凤城钢铁公司仅支付了其中2,950,000万元的货款，因此，凤城钢铁公司尚欠的2015年1月至4月的货款数额为6,941,115.27元。结合一审法院第一次庭审笔录内容可以确认，凤城钢铁公司已经自认其余货款（6,941,115.27元）及业泰能源公司代付的运费（2,120,896.10元）合计9,062,011.37元尚未支付。从其对亚泰能源公司提供的第二组证据及证明的事实予以认可的表述看，可以认定凤城钢铁公司对于拖欠2,120,896.10元运费的事实已予以认可，构成自认。依据《民诉法司法解释》第92条第1款的规定，亚泰能源公司无须再另行提供证据证明该事实。尽管在一审第二次开庭中凤城钢铁公司对其前述自认内容予以反悔，但并没有提供相反证据足以推翻其自认的事实，法院对于凤城钢铁公司反言之行为不予确认。据此，一审判决其承担2,120,896.10元运费符合法律规定。

5.【裁判规则】已撤销案件中的自认的事实，不能直接作为本案认定事实的根据

典型案例 ▶▶

马某某与曹某某等不当得利纠纷案［最高人民法院（2016）最高法民申452号］

再审申请人（一审被告、二审上诉人）：马某某

被申请人（一审原告、二审被上诉人）：曹某某等

裁判观点 ▶▶

最高人民法院认为，原审法院认定苏某某向马某某支付200万元的事实是依据

另案重审后作出的（2015）嘉民二初字第11号民事判决，但该判决并未对曹某某主张马某某应返还200万元的问题进行实质审理。虽然马某某在上述案件原一审庭审中自认收到了苏某某支付的200万元并用于偿还了嘉峪关农村信用社贷款，但在该案之后的二审和重审过程中均对此说法予以了否认。且该案的原一审民事判决（2014）嘉民二初字第3号已被裁定撤销，故该判决中所认定的有关马某某自认的事实不能直接作为本案认定事实的根据，原判决认定的基本事实缺乏证据证明。

6.【裁判规则】人民法院准许当事人撤销自认的，应当作出口头或者书面裁定

典型案例

张某某与褚某某民间借贷纠纷案［湖北省武汉市中级人民法院（2020）鄂01民终7906号］

上诉人（原审原告）：张某某

被上诉人（原审被告）：褚某某

裁判观点

人民法院认为，根据2019年《民事证据规定》第3条规定，关于案涉100万元的债务情况，褚某某在2020年5月6日的庭前调查和2020年5月19日的庭审中，均作出了清晰、完整的自认，自认内容包括：张某某所诉借款属实，始于2011年，2018年的借条是重新打的，其已累计支付过利息约170万元，本金没有偿还，利率最早时1分，后来涨到1分8厘，再后来降到1分3厘，双方关系为老乡且上一辈人交好，利息一直支付到2019年5月，之后没有付过。庭后褚某某向一审法院提交了个人2014年至2019年间的银行流水。2010年6月12日一审法院组织双方质证，所形成的笔录中记载，法庭再次询问褚某某对张某某本案中诉请的100万元本金及利息是否认可，褚某某表示："不认可，我认为我实际上已经还了。"法庭追问："那你为什么要出具2018年12月31日的借条？"褚某某答："当时在账目不清的情况下，张某某及其家人到我家去要求我打条子，我打条子时并没有收到钱，所以我现在对原告的诉讼请求都不认可。"2019年《民事证据规定》第9条规定："有下列情形之一，当事人在法庭辩论终结前撤销自认的，人民法院应当准许：（一）经对方当事人同意的；（二）自认是在受胁迫或者重大误解情况下作出的。人民法院准许当事人撤销自认的，应当作出口

头或者书面裁定。”2010年6月12日笔录中所记载的褚某某对于张某某诉讼请求的表态，并不符合前述法律规定的准予撤销自认的情形。一审法院适用法律不当，对当事人自认的情形未做查证，对褚某某在2018年12月31日借条形成之后向张某某还款的细节未作查证，导致案件基本事实不清。

第十章　书证提出命令

司法实践问题与法条适用导航

序号	司法实践问题	法条适用导航
1	承担证明责任的当事人可以申请控制书证的对方当事人提交控制书证	2020年《民诉法司法解释》第112条第1款[1]
2	无正当理由拒不提交控制书证，推定书证内容为真	2020年《民诉法司法解释》第112条第2款[2]
3	毁灭有关书证或者实施其他致使书证不能使用行为的程序处理	2020年《民诉法司法解释》第113条[3]
4	申请适用书证提出命令，应当提交书面申请	2019年《民事证据规定》第45条第1款[4]
5	对方当事人否认控制书证的司法认定	2019年《民事证据规定》第45条第2款[5]
6	对提交书证的申请进行审查的程序处理	2019年《民事证据规定》第46条第1款[6]
7	对书证提出命令申请不予准许的几种情形	2019年《民事证据规定》第46条第2款[7]
8	提出书证申请成立的程序处理	2019年《民事证据规定》第46条第3款[8]
9	应当提交书证的情形	2019年《民事证据规定》第47条第1款[9]
10	书证不得公开质证的情形	2019年《民事证据规定》第47条第2款[10]
11	拒不提交控制书证的法律后果	2019年《民事证据规定》第48条第1款[11]
12	持有书证的当事人以妨碍对方当事人使用为目的，毁灭有关书证或者实施其他致使书证不能使用行为的法律后果	2019年《民事证据规定》第48条第2款[12]

续表

序号	司法实践问题	法条适用导航
13	证明妨碍规则	2019年《民事证据规定》第95条[13]
14	侵权行为相关的账簿、资料主要由侵权人掌握的情况下，可以责令侵权人提供与侵权行为相关的账簿、资料	《商标法》第63条第2款[14]

1 2020年《民诉法司法解释》第112条第1款规定："书证在对方当事人控制之下的，承担举证证明责任的当事人可以在举证期限届满前书面申请人民法院责令对方当事人提交。"

2 2020年《民诉法司法解释》第112条第2款规定："申请理由成立的，人民法院应当责令对方当事人提交，因提交书证所产生的费用，由申请人负担。对方当事人无正当理由拒不提交的，人民法院可以认定申请人所主张的书证内容为真实。"

3 2020年《民诉法司法解释》第113条规定："持有书证的当事人以妨碍对方当事人使用为目的，毁灭有关书证或者实施其他致使书证不能使用行为的，人民法院可以依照民事诉讼法第一百一十一条规定，对其处以罚款、拘留。"

4 2019年《民事证据规定》第45条第1款规定："当事人根据《最高人民法院关于适用〈中华人民共和国民事诉讼法〉的解释》第一百一十二条的规定申请人民法院责令对方当事人提交书证的，申请书应当载明所申请提交的书证名称或者内容、需要以该书证证明的事实及事实的重要性、对方当事人控制该书证的根据以及应当提交该书证的理由。"

5 2019年《民事证据规定》第45条第2款规定："对方当事人否认控制书证的，人民法院应当根据法律规定、习惯等因素，结合案件的事实、证据，对于书证是否在对方当事人控制之下的事实作出综合判断。"

6 2019年《民事证据规定》第46条第1款规定："人民法院对当事人提交书证的申请进行审查时，应当听取对方当事人的意见，必要时可以要求双方当事人提供证据、进行辩论。"

7 2019年《民事证据规定》第46条第2款规定："当事人申请提交的书证不明确、书证对于待证事实的证明无必要、待证事实对于裁判结果无实质性影响、书证未在对方当事人控制之下或者不符合本规定第四十七条情形的，人民法院不予准许。"

8 2019年《民事证据规定》第46条第3款规定："当事人申请理由成立的，人民法院应当作出裁定，责令对方当事人提交书证；理由不成立的，通知申请人。"

9 2019年《民事证据规定》第47条第1款规定："下列情形，控制书证的当事人应当提交书证：(一)控制书证的当事人在诉讼中曾经引用过的书证；(二)为对方当事人的利益制作的书证；(三)对方当事人依照法律规定有权查阅、获取的书证；(四)账簿、记账原始凭证；(五)人民法院认为应当提交书证的其他情形。"

10 2019年《民事证据规定》第47条第2款规定："前款所列书证，涉及国家秘密、商业秘密、当事人或第三人的隐私，或者存在法律规定应当保密的情形的，提交后不得公开质证。"

11 2019年《民事证据规定》第48条第1款规定："控制书证的当事人无正当理由拒不提交书证的，人民法院可以认定对方当事人所主张的书证内容为真实。"

12 2019年《民事证据规定》第48条第2款规定："控制书证的当事人存在《最高人民法院关于适用〈中华人民共和国民事诉讼法〉的解释》第一百一十三条规定情形的，人民法院可以认定对方当事人主张以该书证证明的事实为真实。"

13 2019年《民事证据规定》第95条规定："一方当事人控制证据无正当理由拒不提交，对待证事实负有举证责任的当事人主张该证据的内容不利于控制人的，人民法院可以认定该主张成立。"

14 《商标法》第63条规定："人民法院为确定赔偿数额，在权利人已经尽力举证，而与侵权行为相关的账簿、资料主要由侵权人掌握的情况下，可以责令侵权人提供与侵权行为相关的账簿、资料；侵权人不提供或者提供虚假的账簿、资料的，人民法院可以参考权利人的主张和提供的证据判定赔偿数额。"

第一节　证明妨碍规则

【法理辨析】

一、证明妨碍规则的内涵

证明妨碍，亦称为举证妨碍，源于“Contra spoliatorem omnia praesumuntur（所有的事情应被推定不利于破坏者）”[1]，是指“因不负有举证责任的当事人一方的行为致使其持有的对证明待证事实具有相当证明意义的证据未能在诉讼中提供、损毁灭失或者丧失证明价值，使待证事实无证据可资证明，导致待证事实处于真伪不明状态时，在事实认定上，法律就负有证明责任当事人的事实主张，作出对其有利的调整”[2]。如果从控制书证的一方当事人的视角来理解证明妨碍，一般是指：不负举证责任之当事人，在具备一定的主观归责要件（如故意、过失）下，以作为或不作为，将证明方法毁灭、隐匿或者妨碍举证人利用，从而使负有举证责任之当事人之证据提出陷于不可能时，在事实认定上，就举证人之事实主张，作对该举证人有利之调整。[3]

在英美法系，证明妨碍，称为Spoliation of evidence[4]，即故意破坏、毁损、篡改或者隐藏证据，该证据通常是指一份文件。如果证明属实，毁弃行为可以用于证明对责任方不利的证据。大陆法系的法国《新民事诉讼法典》第11条第2款规定：“如果一方当事人持有某些证据材料，法官应他方当事人的请求，有权令其提交，不予提交者，必要时得科处逾期罚款。”[5]

由于证明责任的法律规范说所确定的分配规则并不必然导致控制证据的一方当事人承担证明责任，而后果意义的证明责任直接决定了行为意义上的举证责任的分配及不利后果。因此，从技术上来说，当控制证据的一方当事人，特别是证据

---

〔1〕 黄国昌：《民事诉讼理论之新开展》，台北，元照出版有限公司2005年版，第236页。

〔2〕 沈德咏主编：《最高人民法院民事诉讼法司法解释理解与适用（上）》，人民法院出版社2015年版，第370页。

〔3〕 参见骆永家：《证明妨碍》，载《月旦法学杂志》2001 年第2 期。

〔4〕 《布莱克法律词典》（第9版）对Spoliation的定义是：The intentional destruction, mutilation, alteration, or concealment of evidence, usu.a document.If proved, spoliation may be used to establish that the evidence was unfavorable to the party responsible。

〔5〕 ［法］让·文森、塞尔日·金沙尔：《法国民事诉讼法要义（下）》，罗结珍译，中国法制出版社2001年版，第918页。

偏见和证据距离比较强势的一方当事人控制证据时，未控制证据的一方当事人在不具备证明手段且承担后果意义上的证明责任时，难免就会陷入“无证可举”的境地。更何况在社会生活和司法实践中，证据材料由对方当事人或其他人控制，属于一种比较常见的社会现象。在民事诉讼中，基于证据裁判主义和证明责任，需要由主张者提供证据来证明自己的主张，面对证据并不在主张者手中的困境时，如果直接、简单地一律套用证明责任规则，会使举证者处于“证明僵局”状态，不得不面临法律风险，也破坏了诉讼当事人的武器平等原则和实质平等，“惟经由武器平等原则，乃得强化正确判决获得之可能性”〔1〕。一方面，因现实中存在证据偏在现象，允许控制证据的一方当事人有权利在控制证据上“睡大觉”，不提供客观存在的证据不利于案件真实的发现，不利于诉讼公正的实现；另一方面，由于案件事实会出现真伪不明状态，如果一律机械地对所有案件中的情况适用证明责任规则不但不符合实体正义，也不利于公正的程序外观。

对于“证明妨碍”的提法，我国民事诉讼立法和司法解释中并没有明文规定。学界对于证明妨碍概念的界定，也存在不同的认识，主要包括：(1)事实主张证明说。证明妨碍包含广义和狭义两方面的内涵，就广义而言，是指他人对证明人的证明活动进行阻碍的行为；就狭义而言，具体指不负证明责任的一方当事人通过作为或不作为阻碍负有证明责任的一方当事人对其事实主张的证明。〔2〕(2)举证责任调整说。证明妨碍，是指“不负举证责任的当事人，故意或过失以作为或者不作为的方式，使负有举证责任的当事人不可能提出证据，使待证事实无证据可资证明，形成待证事实存否不明的状态，故而在事实认定上，就负有举证责任的当事人的事实主张，作出对该人有利的调整”〔3〕。(3)不利益说。证明妨碍，是指“不负证明责任的一方当事人，基于故意或过失，以作为或不作为，妨害负证明责任的当事人之证明使其对要证事实之证明陷于不能，该妨害证明之人将被课以一定的不利益之法理”〔4〕。(4)双重性质说。证明妨碍，是指“一方当事人在诉讼前或者诉讼过程中通过其特定行为故意或过失地使另一方当事人不能公平地利用证据，而导致对该另

〔1〕 姜世明：《民事程序法之发展与宪法原则》，台北，元照出版有限公司2003 年版，第162-163 页。

〔2〕 参见张卫平：《证明妨害及对策探讨》，载《证据学论坛》(第七卷)，中国检察出版社2004 年版，第157 页。

〔3〕 汤维建等：《建立举证妨碍制度，完善证据立法》，载《证据学论坛》(第八卷)，中国检察出版社2004 年版，第103页。

〔4〕 占善刚：《证明妨害论——以德国法为中心的考察》，载《中国法学》2010 年第3 期。

一方当事人产生不利裁判后果的情形。因此，在法理上，证明妨碍既是一种特定的行为，又是一种因该行为所产生的法律后果”〔1〕。

结合上述不同的学者从适用主体、主观心态、法律性质、法律后果等不同的视角对证明妨碍的内涵的探究，从2019年《民事证据规定》第95条中的证明妨碍规则来看，主要有这样几个方面：

1.适用主体。即谁主张适用证明妨碍规则、对象是谁以及是否包含持有人及其他人。从2019年《民事证据规定》第95条的定位来看，妨害主体“并不限于证据持有主体或者直接实施证明妨害行为的主体。实践中，当事人虽未直接持有相关证据，但基于其与证据持有主体之间存在特定的关系，对证据持有主体一方具有一定的掌控力，影响着证据持有主体的相关行为的实施”〔2〕，即对“控制”并非狭义和概念意义上的，而是采广义的“控制”，或者说实质上的掌控力。

需要说明的是，2019年《民事证据规定》的证明妨碍规则对2001年《民事证据规定》证明妨碍规则的内容和表述进行了调整：(1)适用难度降低。2019年《民事证据规定》第95条取消了“有证据证明”的适用前提条件(2001年《民事证据规定》第75条中规定“有证据证明一方当事人持有证据无正当理由拒不提供”)。(2)适用范围扩大。从“持有”扩大到“控制”，包括：其一，控制的主体内涵，既可能是“己方”(负举证责任的当事人控制证据不提供)，也可能是对方。其二，控制主体的外延，既可能是本人，也可能是负举证责任的当事人或不负举证责任的当事人对其有掌控力的人。(3)法律后果的承担。从控制证据的法律后果的视角来看，既有可能是不利于(对方)不负举证责任、又控制证据的当事人，也有可能是不利(己方)负举证责任、又控制证据的当事人。

2.前提条件。即控制证据的人对于要求其提交证据的状态是故意、过失还是在所不问。2019年《民事证据规定》第95条没有明文明确是哪种心态，前置性条件是“无正当理由”，对于控制人的故意或重大过失一般没有异议，对于一般过失如果构成“无正当理由的”，应当属于构成证明妨碍规则。

3.法律性质。证明妨碍的法律性质是证明责任的有机组成部分，还是推定规则或实体性规定，2019年《民事证据规定》第95条明确“为一般证明责任的补充，

〔1〕 毕玉谦：《民事诉讼证明妨碍研究》，北京大学出版社2010年版，第1页。

〔2〕 最高人民法院民事审判第一庭编著：《最高人民法院新民事诉讼证据规定理解与适用(下)》，人民法院出版社2020年版，第834页。

是在特殊的情形下，基本公平的原则，对负有证明责任的当事人之举证责任的减轻，从而避免机械适用证明责任规则作出裁判带来的不公正”〔1〕。

4.法律后果。在证明妨碍的法律后果上，存在不同的认识：第一种观点认为，一旦发生证明妨碍就将证明责任转移至对方当事人，即证明责任转移说；第二种观点认为，应当适用一旦实施证明妨碍，就将于实施者不利的事实视为存在的经验法则，并在自由心证的框架内予以处理；第三种观点认为，法官可以依据自由裁量来对事实作出认定，即可以降低证明度。〔2〕证明妨碍的法律后果是一种证据的证明、法官的认定还是法定的不利益。2019年《民事证据规定》第95条所规定的法律后果是“人民法院可以认定该主张成立”，采取的方式是赋予法官直接认定作为“定案的根据”，延续了2001年《民事证据规定》第75条所规定的“可以推定该主张成立”的推定方法，“（1）一方当事人持有证据无正当理由拒不提供的事实已经被证据证明；（2）只有在对方当事人提供该证据的内容不利于证据持有人的条件下，法官才能作出这样的推定；（3）法官推定的内容是确定的，即对方当事人主张的该证据上载有的不利于对方当事人的内容”〔3〕，即证明妨碍的法律后果为推定当事人的主张成立。

二、证明妨碍的法律性质

关于证明妨碍的法律性质，也有不同的学术观点：有的主张属于举证责任转移，有的主张属于自由心证评价，有的认为属于降低证明标准，有的认为属于推定。在民事诉讼中，并不是所有的案件必须适用证明责任，也并不是所有的举证都必须由主张者来承担。证明妨碍作为解决民事纠纷的一种适用方法，是证明责任外的一种查明案件事实真相的有力补充，即在社会发展的过程中，当确实存在对方或他人控制着证据这种事实状态时，为了解决主张者的“证明困境”，是否应当适用证明责任的一种积极反思：明知道证据在对方或他人手里控制，却还依旧“刚性适用”证明责任，显属违背经验法则、诉讼规律和正常人对司法公正的评价，使事实

---

〔1〕 最高人民法院民事审判第一庭编著：《最高人民法院新民事诉讼证据规定理解与适用（下）》，人民法院出版社2020年版，第829页。

〔2〕 参见［日］高桥宏志：《民事诉讼法——制度与理论的深层分析》，林剑锋译，法律出版社2003年版，第466页。

〔3〕 最高人民法院民事审判第一庭：《民事诉讼证据司法解释的理解与适用》，中国法制出版社2002年版，第362页。

裁判者似乎有证据存在但“不作为”的嫌疑；而如果不设立某种例外或补充方法，又似乎有否定对证明责任机制的统一化适用的声音。

事实上，证明妨碍规则，与证明责任一样，作为一种事实查明的方法，是一种“以法律形式固定下来的推断”〔1〕，并不属于一般意义上的证明责任，如果从法律“分配”的角度来说，似乎像是把举证责任“分配”给了证据控制人，但这只不过“在客观效果上构成了举证责任的倒置”〔2〕的表象。这种制度安排的法理基础，并不是证明责任机制下的法定风险分配，而是公平原则。即“基于公平原则，对负有证明责任的当事人之举证责任的减轻，从而避免机械适用证明责任规则作出裁判带来的不公平”〔3〕，因此，这种“分配”属于法律明文规定的一种实体性制度安排，它并不属于证明责任意义上的“举证责任分配”。

证明妨碍规则，是证明责任机制外的一种“动态”的法定化的举证责任“安排”〔4〕。所谓“动态”，即负有举证责任的当事人必须有证据证明或存在某种经验法则，表明对方当事人控制着证据，才能适用证明妨碍规则；而如果没有证据证明或显示对方当事人控制着证据，则不能适用证明妨碍规则，正常适用证明责任机制。所谓的“法定化”是一种法律明文规定的举证责任的减轻安排，或者说法律化的实体性举证责任的制度安排，负证明责任的当事人提出证据达到某一节点后，举证责任“转移”或者“倒置”到对方当事人，但两者的性质是不同的，虽然在程序外观上都有由对方控制证据的当事人提供证据的要求，但事实上，“推定方法与举证责任倒置不同：只要当事人提出相反的证据就可以加以驳倒推定；而举证责任倒置系一种程序法上的技巧，它大大改变了实体法上的举证责任分配，并且使诉讼程序的价值取向发生逆转”〔5〕（见图10-1）。

〔1〕 何家弘：《司法证明方法与推定规则》，法律出版社2018年版，第264页。

〔2〕 李国光主编：《最高人民法院〈关于民事诉讼证据的若干规定〉的理解与适用》，中国法制出版社2002年版，第471页。

〔3〕 最高人民法院民事审判第一庭编著：《最高人民法院新民事诉讼证据规定理解与适用（下）》，人民法院出版社2020年版，第829页。

〔4〕 本书选用“安排”一词：为避免与民事举证责任分配中的“分配”相混淆，此处使用“安排”，以区别于一般意义上证明责任机制下的举证责任“分配”。

〔5〕 李国光主编：《最高人民法院〈关于民事诉讼证据的若干规定〉的理解与适用》，中国法制出版社2002年版，第471页。

图10-1　看待证明妨碍的不同视角

三、证明妨碍的法理基础

关于证明妨碍的法理基础，学界存在认识上的分歧，主要观点有：经验法则说、违反诉讼协议义务说、违反诚实信用说、违反证据保存义务说等[1]。

证明妨碍是一种法律杠杆技术。通过法律推定这一技术设置来缓解证明责任的过度刚性，因为根据经验法则或相关证据证明，总有一些当事人会通过“隐瞒重要证人的居所或让其逃往国外、更改文书的内容、过失地疏于保管收条等重要文书等种种故意或过失行为来毁损证据方法”[2]，或者出于诉讼对抗下的对立心理，或者担心提交证据原件后会必然导致败诉，为了让负举证责任的当事人处在一种“有主张，而无证据”的尴尬境地，直接或间接地使负举证责任的一方当事人无法获得证据。而证明妨碍规则，就是通过改变查清案件事实手段的方式，在证据控制人控制证据不提供时，将举证责任分配直接改用证明妨碍这种法律调控技术。其在法理上的制度优势在于：

1.符合案件事实的真实。根据经验法则，这种法律技术的配置——不提供即推定事实成立，也符合经验法则上的盖然性的证明标准。由于基础事实与推定事实之间的盖然性程度较高，控制证据人不愿意提交其控制的证据，一般来说，表明

〔1〕 参见沈德咏主编：《最高人民法院民事诉讼法司法解释理解与适用（上）》，人民法院出版社2015年版，第370-371页。

〔2〕 ［日］高桥宏志：《民事诉讼法——制度与理论的深层分析》，林剑锋译，法律出版社2003年版，第465页。

该证据对其具有不利益。

2.保证司法裁判的公正。通过法律明文规定来规范事实裁判者适用法律规定，通过正确认定案件事实保障当事人的正当权利，符合普通民众的公正正义观，从概率论的角度来说，推定主张成立也能够做到实质公平。

3.符合当事人协助法院促进诉讼进行的义务。控制证据的一方当事人作为民事诉讼平等主体的一员，负有促进诉讼顺利进行的义务。“如果法官认为提出的请求有依据，并且所提请求不违反任何更高的原则，即可视情况，命令提交或提出所请求的文书、字据的原本、副本或节录”[1]，通过促进诉讼进行，能够缩短案件的审理期限，提高诉讼效率，达到迅速解决纠纷的民事诉讼目的。

4.符合证据裁判主义的诉讼理念。证明妨碍规则并没有阻碍证据控制人向法庭提供证据的可能性，恰恰相反，证明妨碍规则的存在，潜在暗示是，如果不提供则会导致事实裁判者直接认定负举证责任当事人的主张成立，从而鼓励控制证据者主动提供证据。事实上，控制者主动提供了证据，通过结合其他证据，负举证责任的当事人未必能够胜诉。另外，证据控制者亦可以提供证据予以反驳，反驳的目标既可以是诉讼主张者适用证明妨碍规则的基础事实不能成立——控制者控制证据这一事实不成立，也可以是该基础事实并不适合适用证明妨碍规则的条件。

四、我国的证明妨碍规则

（一）发展历程

我国民事诉讼中的证明妨碍规则，有一个从“推定该主张成立”到“认定该主张成立”的发展过程：

1.1998年《民事经济审判方式改革规定》第30条规定：“有证据证明持有证据的一方当事人无正当理由拒不提供，如果对方当事人主张该证据的内容不利于证据持有人，可以推定该主张成立。”此时，用的法律概念和技术是“推定”，在面对持有证据一方当事人拒不提供其持有的证据时，不是适用证明责任，而是直接通过适用“推定”这一查明案件事实的技术，将负有证明责任当事人的“负担”直接用法律手段更换为推定，直达法律效果——负有证明责任当事人的主张直接成立。

2.2001年《民事证据规定》第75条“有证据证明一方当事人持有证据无正当理由

〔1〕［法］让·文森、塞尔日·金沙尔：《法国民事诉讼法要义（下）》，罗结珍译，中国法制出版社2005年版，第919页。

由拒不提供，如果对方当事人主张该证据的内容不利于证据持有人，可以推定该主张成立”的规定沿袭了1998年《民事经济审判方式改革规定》的做法，适用推定技术，主张直接成立。这一规则包含三层含义：一是当事人持有证据无正当理由拒不提供的事实已经被证据证明；二是只有在对方当事人提出该证据的内容不利于证据持有人的条件下，法官才能作出这样的推定；三是法官推定的内容是确定的，即对方当事人主张的该证据上载有的不利于对方当事人的内容。[1]其中，第一层含义是进行事实推定的必要条件和前提条件；第二层含义中，即使具备了持有证据的当事人无正当理由拒不提供的事实，在当事人未主张的情况下，不告不理，法官亦无义务主动去猜测持有人隐瞒证据的内容，亦无义务据此作出不利于一方当事人的推定；第三层含义中，如果证据载明的内容不确定、模糊不清或者存在其他超越这一范围的，这个推定亦不能成立。且法官在适用证明妨碍规则时，应当发挥释明权，赋予当事人适用推定的知情权。

3.2019年《民事证据规定》第95条规定："一方当事人控制证据无正当理由拒不提交，对待证事实负有举证责任的当事人主张该证据的内容不利于控制人的，人民法院可以认定该主张成立。”从而在法律制度的层面，完善了我国的民事诉讼中的证明妨碍规则。

（二）“推定该主张成立”与“认定该主张成立”的区别

第一种观点认为，两者存在本质的区别。其一，“认定”该主张成立，即不再需要进行证据证明，直接可以作为定案的根据。即当存在“一方当事人控制证据无正当理由拒不提交”获得了证实，便卸下对待证事实负举证责任的当事人的举证责任包袱，直接赋予其主张已获得证明的法律效果。其二，“认定”该主张成立，不可以用证据推翻；而“推定”该主张成立，允许当事人提供反证予以推翻。其三，在“推定”该主张成立的情况下，负举证责任的当事人的证明标准有所降低，在对方当事人提供反证的情况下，仍负担着证明责任；而“认定”该主张成立的情况下，负举证责任的当事人不再负担证明责任。

第二种观点认为，“认定”的表述是形式，“推定”的效果是本质。其一，“认定”该主张成立的本质含义是指：推定是法律性质，认定仅是其表现形式。或者说法律推定是法院认定的依据和核心，二者是内容和形式，原因和结果的关系。正

---

〔1〕 参见最高人民法院民事审判第一庭：《民事诉讼证据司法解释的理解与适用》，中国法制出版社2002年版，第362页。

因如此，应当允许当事人提出反证推翻。其二，2019年《民事证据规定》第95条之所以采用了“认定”而没有采用“推定”，主要是因为2001年《民事证据规定》第75条虽然强调的是法律推定，而法律推定是由法院来适用的，但在实践中，会存在推定的主体理解不统一的问题，包括当事人如何主张、法院如何处理等，并不是十分明确，而且单纯从词汇表述来看，“推定”也似乎有“凭主观办案”的程序外观。而2019年《民事证据规定》第95条则很好地解决了这个问题，回避了上述缺陷，同时也与2020年《民诉法司法解释》第112条第2款的“人民法院可以认定申请人所主张的书证内容为真实”的表述保持一致。其三，认定的方法还是通过法律推定。此处明确法院的“认定”，并不同于《民事诉讼法》第63条第2款规定的“证据必须查证属实，才能作为认定事实的根据”中的“认定”，可以理解为通过法律推定方法而得出的认定事实，就像法院对其他证据的审查判断和认定一样，具有可操作性。其四，两者本质一样。“证明妨害的法律后果为推定当事人的主张成立。由此，在适用推定时，审判人员应向当事人进行释明，告知持有证据一方当事人无正当理由拒不提供证据的法律后果，以便证据持有一方当事人及时行使相关权利，对此问题进行说明，从而赋予当事人对适用推定的程序保障权，防止事实认定和裁判的突袭。”〔1〕因此，无论是“推定该主张成立”，还是“认定该主张成立”本质都需要“证据必须查证属实”和“审判人员对案件的全部证据，应当从各证据与案件事实的关联程度、各证据之间的联系等方面进行综合审查判断”，是可以认定，而非绝对、必然地认定。

五、证明妨碍与书证提出命令的区别

司法实践中，往往对于举证人到底是适用证明妨碍规则，还是适用书证提出命令制度容易混淆，由于基本的法律特征和法律效果是相同的，唯有客体存在证据（证明妨碍）与书证（书证提出命令）的不同。一般可以作以下理解：

1.一般与特殊。由于证明妨碍规则的客体为证据，而证据这一范围，根据《民事诉讼法》第63条的规定，显然是包括书证在内，根据“特殊法优于普通法”的规则，在出现书证由对方当事人控制时，在具备书证提出命令申请条件的情况下，可采用书证提出命令。

〔1〕 最高人民法院民事审判第一庭编著：《最高人民法院新民事诉讼证据规定理解与适用（下）》，人民法院出版社2020年版，第834页。

2.形式与内容。案涉情形是主张人是以实质证据证明力，即“文书所记载事项得据为判断材料时所存之证据力，亦即文书之内容，足为某事项之证明，是为其实质上之证据力”〔1〕。当书证的内容为待证事实时采用书证提出命令。当主张人是以形式证据证明力——书证本身或外在表现，作为“物证”存在时，由于待证事实并不是书证的“内容”，而是书证的“形式”，应当适用证明妨碍规则，而不是书证提出命令。

3.“不利于”与“无正当理由”。虽然2019年《民事证据规定》第48条中规定的书证提出命令的前提条件仅为“无正当理由”，即书证提出命令中的书证内容，并没有对对方当事人不利还是有利的区别，但对“无正当理由”可作如下理解：

（1）须有正当理由。如果有正当理由，证据的控制人或持有人有权利不提交书证，其中，有正当理由既包括证据在控制人或持有人手里而有权利不提交或无提出义务，也包括证据已经实际“灭失”“不存在”等理由。根据2019年《民事证据规定》第47条第1款规定：“下列情形，控制书证的当事人应当提交书证：（一）控制书证的当事人在诉讼中曾经引用过的书证；（二）为对方当事人的利益制作的书证；（三）对方当事人依照法律规定有权查阅、获取的书证；（四）账簿、记账原始凭证；（五）人民法院认为应当提交书证的其他情形。”显然，该条所规定的均不属于证据控制人或持有人的“正当理由”。

如果证据控制人或持有人有正当理由，包括证据并不在、也不可能在其手里；或者原先虽然曾在，现在“客观上”已经不存在了；或其并没有提出证据的法定义务等时，“举证人仍应先证明他造当事人执有该文书之事由及有提出之义务。否则，法院仍得不为裁定”〔2〕，即第一，举证人对对方当事人控制或持有证据，负有举证责任；如果不能证明或者没有法定理由，无适用书证提出义务的必要和可能，法院亦不予准许；第二，证据控制人或持有人有正当理由其不控制证据，举证人仍要承担举证责任予以证明（或者说对证据控制人或持有人的抗辩主张进行反驳），能够证明则予以适用，否则法院亦不予准许。

（2）无正当理由。如果没有正当理由，而事实上书证确实在证据控制人或持有人手里，按照经验法则，假设书证的内容有利于书证的控制人或持有人，其不太可能或没有必要故意不提交，且即使不提交的后果也是“书证内容为真”。根据证据

〔1〕 杨建华：《民事诉讼法要论》，郑杰夫增订，北京大学出版社2013年版，第284页。
〔2〕 杨建华：《民事诉讼法要论》，郑杰夫增订，北京大学出版社2013年版，第280页。

法原理，当事人的主观心态无法用直接证据证明，只能通过反推或间接证据予以证明，对于证据控制人或持有人无正当理由拒不提交时，人们只能是推定是书证的“内容”对其“不利益”。而民事诉讼的目的是权利保护，因此，法律推定书证的内容为真（尽管可能会存在“真”对控制人或持有人有利的概率上的可能性，但在高度盖然性的角度上来说，“真”应对控制人或持有人“不利益”，而对主张者“有利益”）。

（3）“不利于”的认定阶段。2019年《民事证据规定》第95条所规定的“一方当事人控制证据无正当理由拒不提交，对待证事实负有举证责任的当事人主张该证据的内容不利于控制人的，人民法院可以认定该主张成立”处于法官认证的“五、证据的审核认定”部分，属于法官自由心证的审查判断。因此，该条的“不利于”显然属于一种事后判断，即并不能完全等同于举证阶段的举证人所主张的“不利于”：第一，举证人举证阶段所提出的“不利于”证据控制人或持有人，在审理结束后，从逻辑的可能性上来说，该“不利于”未必真是的就是“不利于”证据控制人或持有人。第二，适用的前提是“有证据证明”一方持有证据而不提供，而不仅仅只有主观猜测。如果不能提供证据证明相对方当事人持有或控制有关证据，对其所主张的由相对方当事人承担拒不提供证据的法律后果的申请理由不成立。第三，根据2019年《民事证据规定》第53条规定，即出现当事人主张的法律关系性质或者民事行为效力与人民法院根据案件事实作出的认定不一致的时候，存在诉讼请求变更的可能性，未必是起诉时的诉讼请求。第四，有且只有“不利于”控制人的时候，才有适用证明妨碍规则的必要。假设该控制证据是“有利于”证据控制人，则需要按照证明责任予以处理。

六、司法实务中的证明妨碍规则

关于劳动争议案件中的证明妨碍规则适用问题〔1〕。

《劳动争议调解仲裁法》第6条规定，发生劳动争议，当事人对自己提出的主张，有责任提供证据。与争议事项有关的证据属于用人单位掌握管理的，用人单位应当提供；用人单位不提供的，应当承担不利后果。同时《工资支付暂行条例》第6条也规定，用人单位必须用书面记录支付劳动者工资的数额、时间、领取者的姓名

〔1〕 本段参见最高人民法院民事审判第一庭编：《民事审判指导与参考》（总第43集），法律出版社2011年版，第41–43页。

以及签字，并保存两年以上备查。而劳动者工资数额的确定需要以工作时间为判断标准，在解释上，也可以得出用人单位有保存证明劳动者工作时间证据的义务。这是将证明妨碍制度适用于加班事实的法理基础。其构成要件为：(1)劳动者主张加班事实的存在。(2)劳动者已经有证据证明用人单位掌握加班事实存在的证据。而该证据可以表现为双方劳动合同中约定的加班所需履行的审批手续，而该手续最终由用人单位保管；也可以表现为劳动者之前领取工资的工资单，该工资单显示的内容能够证明用人单位有记录加班时间的内部系统；有时也会表现为在同一用人单位的其他劳动者提出的能够证明该用人单位掌握加班事实的证据。但是，无论何种证据，本要件的满足是以法官对劳动者提出的证据进行证据评价之后形成确信（用人单位掌握加班事实存在的证据）为条件的。(3)用人单位不提供加班事实存在的证据。但是，不能认为在任何情况下，用人单位只要不提供此类证据，即面临不利后果。例如，在用人单位发生火灾导致所存资料全部毁损的情况下，再适用《劳动争议调解仲裁法》第6条第2款的规定显然不妥。此时，应当根据其他证据来认定加班事实是否存在。因此，妥当的结论是，用人单位不提供此类证据的例外情况应当尽量限制。

【典型案解】

1.【裁判规则】一方当事人控制证据无正当理由拒不提交，对待证事实负有举证责任的当事人主张该证据的内容不利于控制人的，人民法院可以认定该主张成立

典型案例

北京昊宇腾旭装饰材料有限公司与赵某某买卖合同纠纷案［北京市高级人民法院（2020）京民再88号］

再审申请人（一审被告、二审上诉人）：北京昊宇腾旭装饰材料有限公司（以下简称昊宇腾旭公司）

被申请人（一审原告、二审被上诉人）：赵某某

裁判观点 ▶▶

人民法院认为，案外人施某某以昊宇腾旭公司的名义与赵某某签订的居室家具销售条款，系双方当事人真实意思表示，并未违反法律及行政法规的强制性规定，应为合法有效的合同。昊宇腾旭公司对施某某的签约行为予以追认，故合同权利义务应由昊宇腾旭公司享有和承担。本案争议焦点为，昊宇腾旭公司是否按照合同约定向赵某某履行了交货义务。根据昊宇腾旭公司原审中以及再审期间提交的书面证据，结合证人陈某的证言，可以形成完整的证据链，证实昊宇腾旭公司已经向赵某某交付了居室家具销售条款约定的部分家具。根据2019年《民事证据规定》第95条规定，本案中赵某某与涉案房屋现业主及实际居住人曾经有亲属关系，但其有意隐瞒且拒绝配合法院调查取证，构成控制证据且无正当理由拒不提交。而且法院在现场勘验时发现合同约定的电梯厅储物柜已送货安装到位，故法院依法认定昊宇腾旭公司关于已将相应家具交付并安装到涉案房屋的主张成立。赵某某否认昊宇腾旭公司实际交付家具，但未能提供证据予以反驳，应承担举证不能的法律后果。

2.【裁判规则】负举证责任的当事人未提出适用证据妨碍书面申请，视为放弃自己的权利

典型案例 ▶▶

唐某某与福州融成物业管理有限公司劳动争议纠纷案［福建省高级人民法院（2018）闽民申2486号］

再审申请人（一审原告、二审上诉人）：唐某某

被申请人（一审被告、二审被上诉人）：福州融成物业管理有限公司（以下简称融成公司）

裁判观点 ▶▶

人民法院认为，根据《劳动争议司法解释三》第9条[1]之规定，唐某某应当就

〔1〕 现为2020年《劳动争议司法解释一》第42条："劳动者主张加班费的，应当就加班事实的存在承担举证责任。但劳动者有证据证明用人单位掌握加班事实存在的证据，用人单位不提供的，由用人单位承担不利后果。"

加班事实的存在承担举证责任，一、二审法院举证分配并无不当。唐某某认为其加班证据在融成公司控制之下，其应依据《民诉法司法解释》第112条之规定，在举证期限届满前书面申请人民法院责令融成公司提交，但其一、二审审理期间并未提出书面申请，应视为其放弃自己的权利。

3.【裁判规则】没有证据证明对方当事人控制对己不利的证据而拒不提供，不适用证明妨碍规则

典型案例

朱某某与通化市二道江粮库等侵害企业出资人权益纠纷案［最高人民法院(2016)最高法民申1517号］

再审申请人（一审原告、二审上诉人）：朱某某

被申请人（一审被告、二审被上诉人）：通化市二道江粮库（以下简称二道江粮库）等

裁判观点

最高人民法院认为，根据《民事诉讼法》第64条规定，朱某某主张大安镇政府、汇源洗煤厂给付其1996年至今的股份利润分成500万元，应当对此提供证据加以证明，在其没有提供充分证据的情况下，应当承担举证不利的法律后果。而且朱某某没有证据证明大安镇政府持有对己不利的证据而拒不提供，因此本案不适用2001年《民事证据规定》第75条的规定，原审法院按照"谁主张，谁举证"的举证规则分配举证责任，适用法律并无不当。

4.【裁判规则】用人单位拒绝提供工资发放有关证据的，人民法院可以认定负举证责任的当事人的主张成立

典型案例

湖南亿恩科技有限公司与解某等劳动争议案［湖南省长沙市中级人民法院(2020)湘01民终9189号］

上诉人（原审被告）：湖南亿恩科技有限公司（以下简称亿恩公司）

被上诉人（原审原告）：解某

裁判观点

人民法院认为，根据2019年《民事证据规定》第95条之规定，亿恩公司作为用人单位，未向法院提交解某工资发放的相关证据，一审法院按照解某提交的工资银行流水核算出月平均工资为5726.81元并无不当，法院予以确认。亿恩公司的上诉主张没有事实与法律依据，法院不予支持。

5.【裁判规则】一方当事人控制有关货款的全部会计账目无正当理由拒不提交，人民法院可以认定对货款负有举证责任的当事人对货款的主张成立

典型案例

江西省路桥工程集团有限公司与廖某某等买卖合同纠纷案［福建省泉州市中级人民法院（2020）闽05民终2563号］

上诉人（原审被告）：江西省路桥工程集团有限公司（以下简称江西路桥集团公司）

被上诉人（原审原告）：廖某某等

裁判观点

人民法院认为，对一审查明“江西省路桥工程集团有限公司西墩至土坂工程A标”单位多次向廖某某个体经营的德化县丰溪沙场购买人工砂，并支付货款合计1,628,550元的事实，江西路桥集团公司不持异议。由于德化县丰溪沙场已注销，廖某某作为沙场经营者，以截至2015年9月30日应付款（入账未付）和林某某出具证明为主要依据主张尚欠货款62万元。江西路桥集团公司虽否认林某某为其会计，但廖某某提供了通讯录以及申请一审法院调取了该院（2016）闽0526民初2186号一案的卷宗中结算桥梁工资等材料，载明林某某为江西路桥集团公司派驻省级干线德化县西墩至土坂工程A标的会计，江西路桥集团公司对此未能提供相反证据反驳，故对林某某的会计身份予以认定。林某某参加本案诉讼，承认廖某某将未付的送货单送给其本人，且其已在会计账目内做账等，并对廖某某主张尚欠货款62万元予以承认。因江西路桥集团公司持有其承建的省级干线德化县西墩至土坂工程A标的全部会计账目，但至今拒不向法院提供。根据2019年《民事证据规定》第95条规定："一方当事人控制证据无正当理由拒不提交，对待证事实负有举证责任的当事人主张该证据的内容不利于控制人的，人民法院可以认定该主张成立。"法院认定廖某某的主张成立。因对尚欠货款62万元，江西路桥集团公司与廖某某并未约定付款期限，一审法院适用《诉讼时效司法解释》第6条〔1〕规定，认定廖某某起诉不超过诉讼时效，适用法律正确。

6.【裁判规则】一方当事人控制证据无正当理由拒不提交，致使争议的事实无法通过司法鉴定予以认定，根据证明妨害规则推定，依法应由证据控制人承担不利的法律后果

典型案例

相某某与王某某合伙协议纠纷案［山西省运城市中级人民法院（2020）晋08民终1296号］

上诉人（原审被告）：相某某

被上诉人（原审原告）：王某某等

裁判观点

人民法院认为，一审对于合伙账目未予审计鉴定是否存在程序错误。根据2019年《民事证据规定》第31条第1款规定：对需要鉴定的待证事实负有举证责任的当事人，在人民法院指定期间内无正当理由拒不提供相关材料，致使待证事实无法查明的，应当承担举证不能的法律后果。同时第95条规定：一方当事人控制证据无正当理由拒不提交，对待证事实负有举证责任的当事人主张该证据的内容不利于控制人的，人民法院可以认定该主张成立。本案中，上诉人相某某与被上诉人柴某某作为合伙人，以现任会计找不到为由，将存放账目的房间锁上，拒不提供财务资料，致使双方争议的事实无法通过司法审计鉴定结论予以认定，根据证明妨害规

---

〔1〕 现为2020年《诉讼时效司法解释》第4条："未约定履行期限的合同，依照民法典第五百一十条、第五百一十一条的规定，可以确定履行期限的，诉讼时效期间从履行期限届满之日起计算；不能确定履行期限的，诉讼时效期间从债权人要求债务人履行义务的宽限期届满之日起计算，但债务人在债权人第一次向其主张权利之时明确表示不履行义务的，诉讼时效期间从债务人明确表示不履行义务之日起计算。"

则，依法应由上诉人相某某与被上诉人柴某某承担不利的法律后果，原审法院推定被上诉人王某某的主张成立正确。上诉人相某某以原审不予鉴定为由主张原审程序错误理据不足，法院不予支持。

7.【裁判规则】一方当事人控制证据无正当理由拒不提交，又以有新的证据为由申请再审，系属滥用诉讼权利的行为

典型案例

唐某某与陈某某等合伙协议纠纷案［四川省高级人民法院（2020）川民申5552号］

再审申请人（一审被告、二审被上诉人）：唐某某

被申请人（一审原告、二审上诉人）：陈某某等

裁判观点

人民法院认为，经审查，案涉“盛唐国际·二期”项目的开发建议、资金支配、房产的销售等全部工作由唐某某、刘某实施和管理，故相关财务资料应由唐某某、刘某持有。一审法院于2017年9月25日作出（2017）川0922民初1878之一号民事裁定，“限唐某某、刘某、第三人射洪建设集团公司于2017年10月12日前提供，逾期不提供认定陈某某提供的证据”，但唐某某、刘某、射洪建设集团公司拒不提供。二审法院审理中，又发出书面限期举证、释明通知书，但唐某某、刘某、射洪建设集团公司仍未提供相关财务资料。致使一、二审法院均无法通过司法鉴定确定“盛唐国际·二期”项目的利润和未销售的资产。根据2019年《民事证据规定》第95条“一方当事人控制证据无正当理由拒不提交，对待证事实负有举证责任的当事人主张该证据的内容不利于控制人的，人民法院可以认定该主张成立”的规定，二审法院采信陈某某提交的2018年2月28日四川宏建工程造价咨询服务有限公司作出的盛唐国际（二期）开发项目投资、收入结算报告、“盛唐国际”商品房开发工程竣工决算书作为本案认定事实的依据，对陈某某的诉讼请求予以支持，符合本案审理中的实际情况和法律规定，并无不当。再审申请人唐某某在本案一、二审法院要求其限期提供“盛唐国际·二期”项目相关财务资料和房产销售记录后拒不提供，现又以有新的证据足以推翻原判决、原审认

定的基本事实缺乏证据证明及原判决适用法律错误为由申请再审，系属滥用诉讼权利的行为，对此法院不予支持。综上所述，唐某某的再审申请不符合《民事诉讼法》第200条第1项、第2项、第6项规定应当再审的情形，其再审申请事由不成立。

第二节　书证提出命令的适用

【法理辨析】

一、书证提出命令的内涵与法律后果

（一）书证提出命令的内涵

书证，又称为文件证据，[1]documentary evidence，在英美法系国家书证提出命令是基于查清案件事实作为证据开示的一种方法，也称“文件和物件的发现，指的是当事人能够用来获得不在他们控制之下的书证和其他物证的发现方法”[2]，各国的民事诉讼立法中均有这一制度规定。[3]查明案件事实，是各国民事诉讼法的基本目标，而查明事实真相的方法有许多，并不仅仅只有证明责任这一种方式，特别是

---

〔1〕 参见杨良宜、杨大明：《国际商务游戏规则：英美证据法》，法律出版社2002 年版，第8 页。

〔2〕 汤维建主编：《美国民事诉讼规则》，中国检察出版社2004年版，第199－200页。

〔3〕 例如，《美国联邦民事诉讼规则》第34条第1款规定：“提供文件和物件以及为调查或其他目的而进入房地产　第1款　范围。任何当事人可向其他任何当事人送达如下要求书：（1）提出并且允许要求方当事人或者要求者的代表去调查并且复制任何指定的文件（包括文字、图画、表格、图表、照片、照片记录以及其他数据的汇编，从上述物件中获得或译制信息，如果必要，可由被要求方通过使用检测手段将信息转换为适合于使用形态的包括在内），或者去调查并且复制、检验或抽查任何组成或包含本规则第26条第2款规定范围内的任何物件，并且该物件为被送达要求书的当事人所占有、保管或控制；（2）允许为调查、测定、测量、拍照、试验或抽查财产或任何指定物体或经营等目的，在本规则第26条第2款规定范围内，进行被送达要求书的当事人所占有或控制的指定土地或其他财产。”《德国民事诉讼法》第421条规定：“举证人断定证书在对方当事人手中时，应在申请证据的同时，申请命对方当事人提出证书。”第427条规定：“如果对方当事人不服从提出证书的命令，或者在第四百二十六条的情形中法院相信对方当事人并未细致追查证书的所在时，可以将举证人提供的证书副本视为正确的证书。如举证人未提供证书副本时，举证人关于证书的性质和内容的主张，视为已经到证明”。《日本民事诉讼法》第233条第 1 项规定：“裁判所认为文书的申请有理由时，以决定的方式命令文书持有人提出该文书。”第224条规定：“（一）当事人不遵从文书提出命令时，裁判所亦可认定相对方关于该文书的记载内容的主张为真实；（二）当事人为了妨碍相对方使用而作出将其有提出义务的文书灭失以及其他使该文书无法被使用的行为时，裁判所亦可认定相对方关于该文书的记载的主张为真实；（三）在前两项规定的情形中同，若相对方对于文书的记载内容提出具体的主张存在显著困难，同时利用该文书应证明的事实利用其他证据予以证明同样存在显著困难时，裁判所可认定相对方主张的事实真实。”

当证据材料事实上或法律上处在他人或第三方手里时，为了实体正义和程序正义以及彻底解决纠纷的需要，就不应当让事实真相处于明知证据在，但却拿不到的状态而无能为力。任何权利都不是绝对的，根据权利义务相一致的基本原则，控制书证的当事人所拥有的控制和持有证据的权利，在不比案件真实的价值更高之前，应当负有提供证据的义务，更何况案件真实与控制书证者提供所控制的书证并非绝对的对立关系，相比于案件真实和实体正义，发现真实的分量显然要重一些，因而对控制书证者的控制行为进行制度干预就具有正当性。即使是在带有强烈对抗主义和严格辩论主义色彩的英美法系国家，发现真实也是第一位的，因此，当事人必须承担阐明义务。

(二)域外书证提出命令的法律后果

关于书证提出命令的法律后果，即当事人或第三人持有文书而拒不履行提出义务的，所承担的法律后果，两大法系稍有不同。

英美法系中的美国，对于发现程序(Discovery)中，当事人拒绝法官的申请命令的，既可能构成刑事制裁，也可能会构成民事制裁；既可能是经济制裁，也可能是证据失权或不利益的法律推定。根据《美国联邦民事诉讼规则》第36条、第37条规定，除了可能会构成藐视法庭罪(Contempt of court)外，其他的法律后果包括:(1)禁止该当事人对被指定的事物作为证据提出；不允许将未出示的证人或信息在开放审理、听审或申请中当作证据使用；(2)应按照获得命令的当事人所宣称的诉讼目的而视为予以证实；(3)申请强制出示；(4)对不服从命令的当事人作出败诉的制度判决；(5)要求对方当事人支付因作出该证明而产生的合理费用。[1]

在大陆法系中，书证提出命令的法律后果，主要包括:(1)视为得到证明。《德国民事诉讼法》第444条规定："一方当事人意图妨害对方当事人使用证书而毁损证书或致使证书不堪使用时，对方当事人关于证书的性质和内容的主张，视为已得到证明。"[2](2)文书记载的主张为真实。《日本民事诉讼法》第224条第1项规定："当事人不遵从文书提出命令时，裁判所可认定相对方关于该文书记载的内容的主张为真实。"[3](3)通过诉讼途径强制提出文书。如《德国民事诉讼法》第429条规

〔1〕 参见《美国联邦民事诉讼规则证据规则》，白绿铉、卞建林译，中国法制出版社2005年版，第71-77页。

〔2〕 张卫平、齐树洁主编:《德国民事诉讼法》，丁启明译，厦门大学出版社2016年版，第105页。

〔3〕 张卫平、齐树洁主编:《日本民事诉讼法典》，曹云吉译，厦门大学出版社2017年版，第72页。

定："第三人在有与举证人的对方当事人相同的原因时，负有提出证书的义务；但强制第三人提出证书，必须通过诉讼的途径实行。"[1](4)对第三人违背文书义务的强制处分。第三人无正当理由，不从提出文书之命者，得径以裁定科以3万元以下罚锾，于必要时，并得以裁定为强制处分(第360条第2项、第349条第1项)。有无正当理由，应否以此项裁定，由法院依职权斟酌情形定之，无待于当事人之申请。此项裁定，得为抗告，处罚锾之裁定，抗告中应停止执行(第360条第2项、第349条第3项)。法院对于第三人为提出文书之强制处分，准用"强制执行法"关于物之交付请求权执行程序之规定办理(第349条第2项、第360条第2项)。[2](5)罚款。法国《新民事诉讼法典》第139条第2款规定，无论是命令提出文书还是命令归还文书，法官均可以附带规定逾期罚款。[3]

综上所述，其一，两大法系都包括证据持有人或控制人不提供书证的制裁后果——主张方的主张成立或书证内容为真的司法认定；其二，对于法律后果有形式上的证明力(主张为真)和实质上的证明力(内容为真)的区别。选择形式上证明力的做法，并不等于承认书证的内容为真，需要由法官根据案件审理的旨趣和全部证据的综合证据证明力进行判断。"真实质上的证据力必须依据自由心证来进行判断，可谓强调发现案件真实。"[4]而选择实质上的证明力，首先，是用不利的法律后果来督促证据控制人提供证据查明事实；其次，在出现拒不提供时，通过民事程序设立程序性制裁后果；最后，从经验法则的角度看，控制人拒不提供的书证内容往往是有利于主张者，认定书证内容为真通常达到较高的盖然性。

(三)我国书证提出命令的法律后果

我国2019年《民事证据规定》第48条规定："控制书证的当事人无正当理由拒不提交书证的，人民法院可以认定对方当事人所主张的书证内容为真实。"我国对于书证提出命令的法律后果为"书证内容为真实"(见图10-2)。

---

[1] 张卫平、齐树洁主编：《德国民事诉讼法》，丁启明译，厦门大学出版社2016年版，第103页。

[2] 参见杨建华：《民事诉讼法要论》，郑杰夫增订，台北，三民书局1999年版，第283页。

[3] 参见[法]让·文森、塞尔日·金沙尔：《法国民事诉讼法要义(下)》，罗结珍译，中国法制出版社2001年版，第922页。

[4] 张永泉：《民事诉讼证据原理研究》，厦门大学出版社2005年版，第75页。

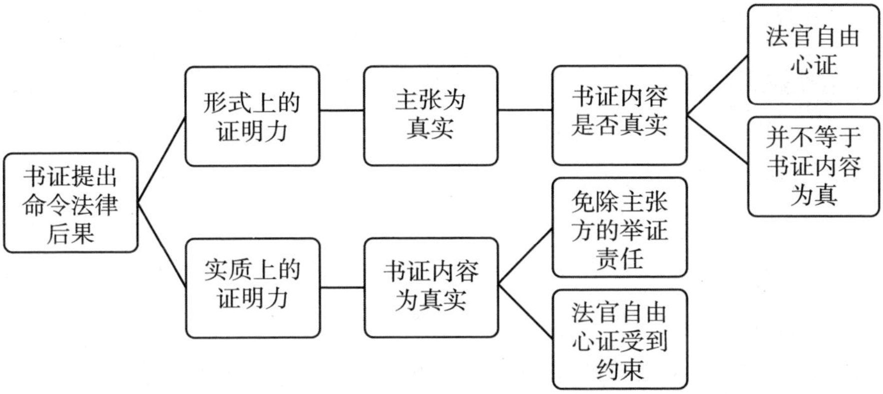

图10-2　书证提出命令的法律后果

1.申请条件：主张者需要提供当事人控制书证的证据。“对待证事实负有举证责任的当事人向人民法院申请控制书证的对方当事人提出书证的，应当提供证据证明书证存在且对方当事人控制对象书证的事实。”〔1〕即负有举证责任的当事人能够提供证据与证明对方控制书证是法院适用书证提出命令的充分条件，如果负有举证责任的当事人没有证据证明、证据证明并不充分或者只是猜测、臆断对方当事人控制书证，则不能适用书证提出命令，即使提出，法院也会因为负举证责任的当事人未能达到适用该制度的前提条件而不予支持。

2.申请客体：书证，而且是狭义上的书证。一般来说，书证提出命令中的书证，指的是书证的内容——这是由书证的本身的特点所决定的。因为书证“是指用文字、符号或图画所记载的内容来证明案件事实的证据”。〔2〕

3.法律后果：法律后果为实质证明力——可以认定“书证内容为真实”，而不是形式上的证明力——仅认为主张成立。根据当事人提供的初步证据线索：对方当事人控制书证，这一书证又是证明待证事实所必需的、无法或缺的，为减少因为证据距离所存在的证据获得不平等、不均衡的情形而形成的事实真伪不明，推动查清案件事实的诉讼目的，故在法律制度上设立这一符合一般人认知上的程序机制，在实施书证提出命令后，控制书证一方不予提交的，那么，推定负有举证责任的一方当事人主张成立，法院可以认定该份书证的存在，认定对方当事人所主张的书证内容为真实。

---

〔1〕 最高人民法院民事审判第一庭编著：《最高人民法院新民事诉讼证据规定理解与适用（上）》，人民法院出版社2020年版，第438页。

〔2〕 韩象乾主编：《民事证据理论新探》，中国人民公安大学出版社2006年版，第154页。

二、书证提出命令的法理基础

1.查明案件事实的需要。发现案件真实是诉讼的第一要务，设置证据手段的主要目标就在于查明案件事实真实，证明责任制度更为如此。而事实，其作为“第三人可感官感知的所有的外部和内部的事件过程”〔1〕，其先于权利和义务而存在，并且是权利和义务之决定性因素。没有准确的事实认定，权利和义务就会失去意义。作为证明责任制度的一个重要补充方式，书证提出命令是当事人面临“因客观原因不能自行收集证据”的一个补充性的分支，只不过这个补充性分支，不是要求法院调查取证，而是向法院申请由对方当事人提供文书证据而已。通过这一制度的建立，除了丰富当事人举证责任制度内容、增强了当事人对抗的武器外，还“有利于民事诉讼中查明真实的案件事实”〔2〕。

2.双方当事人存在证据偏在情形。证据偏在，是指“双方当事人与证据之间的距离不对等，距离证据较近的一方当事人更容易控制证据，从而获得较大的证据利益”〔3〕。根据证明责任制度的基本原理，提供证据本应是负有举证责任当事人应当履行的义务。但在司法实践，经常会遇到相关证据材料在对方当事人（如建设工程施工合同中的招标人或发包人手中的招标文件或结算文件）或者案外第三人（如国家有关机关存档文件等）的情况，超出了负举证责任当事人的举证能力的范围，如果僵化地、机械地执行证明责任机制，在没有能够查清事实的前提下，让负举证责任当事人再承担败诉后果，有违司法公正。设立文书提出命令的推定后果，就是“通过‘以对易于证明事实的证明来替代对难以证明事实之证明’的方式，使法院能够作出一定裁判的法律技术，如此一来就可以尽可能地避免出现，因难以证明之事实真伪不明，而使法院不得不适用证明责任作出判决的情形”〔4〕。

3.保障公平和平等原则的实施。我国《民事诉讼法》第8条规定：“民事诉讼当事人有平等的诉讼权利。人民法院审理民事案件，应当保障和便利当事人行使诉讼权利，对当事人在适用法律上一律平等。”基于民事诉讼中的辩论主义和

---

〔1〕［德］奥特马·尧厄民希：《民事诉讼法》（第27版），周翠译，法律出版社2003年版，第264页。

〔2〕最高人民法院民事审判第一庭编著：《最高人民法院新民事诉讼证据规定理解与适用（上）》，人民法院出版社2020年版，第435页。

〔3〕周洪江、胡树新：《证据偏在下的医疗侵权证明责任分配——以司法与立法的冲突为视角》，载《山西高等学校社会科学学报》2015年第3期。

〔4〕［日］高桥宏志：《民事诉讼法——制度与理论的深层分析》，林剑锋译，法律出版社2003年版，第458页。

处分原则，应当保障双方当事人都有平等的机会使用证据。“向法院提起诉讼的各方当事人提出的书证与文件是他们诉讼请求之证据的重要组成部分。因此，重要的是，要让每一个诉讼当事人都能够了解对方当事人所援用并纳入其‘诉讼案卷’的书证与文件。”〔1〕例如，在医疗损害赔偿纠纷中，由患者提供证据证明其与医疗机构之间存在医疗关系及受损害的事实，而由医疗单位对改变或者遗失病历资料承担不利后果。《八民会议纪要》第11条规定：“患者一方请求医疗机构承担侵权责任，应证明与医疗机构之间存在医疗关系及受损害的事实。对于是否存在医疗关系，应综合挂号单、交费单、病历、出院证明以及其他能够证明存在医疗行为的证据加以认定。”第12条规定：“对当事人所举证据材料，应根据法律、法规及司法解释的相关规定进行综合审查。因当事人采取伪造、篡改、涂改等方式改变病历资料内容，或者遗失、销毁、抢夺病历，致使医疗行为与损害后果之间的因果关系或医疗机构及其医务人员的过错无法认定的，改变或者遗失、销毁、抢夺病历资料一方当事人应承担相应的不利后果；制作方对病历资料内容存在的明显矛盾或错误不能作出合理解释的，应承担相应的不利后果；病历仅存在错误字、未按病历规范格式书写等形式瑕疵的，不影响对病历资料真实性的认定。”由于病历资料只能存在于医疗机构之中，患者并不对病历资料存在管理的义务，患者提出了书证提出命令，作为民事诉讼中的平等主体，医疗机构有义务将其保管的病历资料予以提供，以用于查清医疗损害的事实及责任分担。

4.当事人承担的促进诉讼义务。证据法具有促进事实真相的发现即“求真”和维护社会普遍价值即“求善”的双重功能。〔2〕正是这种证据法中的证据规则为人们的诉讼行为和日常行为创造了激励性作用，或者是潜在威慑性作用。如品格证据规则，可以鼓励人们放下过往，面向未来，为法庭提供适用的证据。“没有人会认为，成文法上的协助义务或者说阐明义务（证书提交、当事人讯问和当事人阐释）会转移举证责任；只是减轻了举证人的困难。如果人们认为，在对抗主义程序中任何都不必推动对方当事人的案件，并且因此也不会成为对方当事人的证据手段，那

〔1〕［法］让·文森、塞尔日·金沙尔：《法国民事诉讼法要义（下）》，罗结珍译，中国法制出版社2001年版，第914页。

〔2〕参见［美］罗纳德·J.艾伦：《艾伦教授论证据法（上）》，张保生、王进喜、汪诸豪等译，中国人民大学出版社2014年版，第5页。

么，人们其实只能将其视为弊端。”[1]通过激励管理书证的组织或个人及时提供法庭所需证据，创设如不提供证据并不影响事实认定的书证提出命令，在面对法庭的书证提出命令时，可以帮助当事人“放下包袱、轻装前进”，从而迅速查清案件事实，提高诉讼效率，及时解决纠争。（1）当事申请法院责令对方提交其控制下的书证的理由成立，人民法院责令对方当事人提交；（2）对方无正当理由拒不提交的，认定其妨碍举证，适用妨碍举证的规则。

三、我国的书证提出命令

（一）相关制度规定

查明案件事实是民事诉讼法的主要任务之一，但在特殊类型的案件中，仅仅采用证明责任这一种事实查明机制，无法解决当事人收集证据能力不强、不足、不充分和条件有限的情况下不得不承受败诉的风险，严重影响当事人的实体权利和实现公正。正是基于诚信诉讼原则和实体公正考虑，设置书证提出命令制度。书证提出命令的主要目标是“保障双方当事人诉讼权利平等、查明案件事实，实现公平正义”[2]。《民诉法司法解释》首次设立了书证提出命令，第112条规定：“书证在对方当事人控制之下的，承担举证证明责任的当事人可以在举证期限届满前书面申请人民法院责令对方当事人提交。申请理由成立的，人民法院应当责令对方当事人提交，因提交书证所产生的费用，由申请人负担。对方当事人无正当理由拒不提交的，人民法院可以认定申请人所主张的书证内容为真实。”该条对于促进案件事实查明和实现裁判结果客观公正，具有积极推动作用。

2019年《民事证据规定》第48条规定：“控制书证的当事人无正当理由拒不提交书证的，人民法院可以认定对方当事人所主张的书证内容为真实。控制书证的当事人存在《最高人民法院关于适用〈中华人民共和国民事诉讼法〉的解释》第一百一十三条规定情形的，人民法院可以认定对方当事人主张以该书证证明的事实为真实。”该条与1998年《民事经济审判方式改革规定》第30条和2001年《民事证据规定》第75条最大的两处不同就在于：其一，范围调整，即从“持有证据”调整

---

〔1〕［德］罗尔夫·施蒂尔纳、康斯坦茨：《民事诉讼中案件事实阐明时的当事人义务——兼论证明妨碍理论》，载［德］米夏埃尔·施蒂尔纳主编：《德国民事诉讼法学文萃》，越秀举译，中国政法大学出版社2005年版，第358页。

〔2〕最高人民法院民事审判第一庭编著：《最高人民法院新民事诉讼证据规定理解与适用（上）》，人民法院出版社2020年版，第442页。

为“控制书证”；其二，法律效果调整，将“推定”更为“认定”。该条在《民诉法司法解释》的基础上进行了微调：

（1）将当事人的申请要件，调至2019年《民事证据规定》中的第46条〔1〕；

（2）未再规定“当事人可以书面申请”，而是尊重当事人的处分权和程序选择权，对于当事人不申请书证提出命令的，予以尊重；对于申请书证提出命令的，才予以适用，当事人申请书证提出命令是产生证明妨碍后果的充分条件。

（3）诉讼主体角度的调整。《民诉法司法解释》第112条，是从负举证责任当事人的立法视角，规定了对方当事人法律后果，即“对方当事人无正当理由拒不提交的，人民法院可以认定申请人所主张的书证内容为真实”。而2019年《民事证据规定》则是从控制书证当事人的立法视角出发，规定了负举证责任当事人的法律后果，即“控制书证的当事人无正当理由拒不提交书证的，人民法院可以认定对方当事人所主张的书证内容为真实”。核心内容相同，均为人民法院直接认定书证内容为真实。

（二）构成要件

书证提出命令的构成要件，主要包括以下内容（见图10-3）：

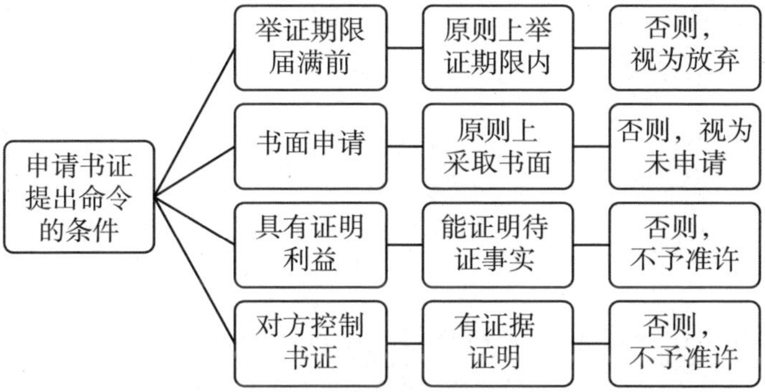

图10-3　申请书证提出命令的条件

〔1〕 2019年《民事证据规定》第46条规定：“人民法院对当事人提交书证的申请进行审查时，应当听取对方当事人的意见，必要时可以要求双方当事人提供证据、进行辩论。当事人申请提交的书证不明确、书证对于待证事实的证明无必要、待证事实对于裁判结果无实质性影响、书证未在对方当事人控制之下或者不符合本规定第四十七条情形的，人民法院不予准许。当事人申请理由成立的，人民法院应当作出裁定，责令对方当事人提交书证；理由不成立的，通知申请人。”

(1)举证期限届满前。《民诉法司法解释》第112条规定:“书证在对方当事人控制之下的,承担举证证明责任的当事人可以在举证期限届满前书面申请人民法院责令对方当事人提交。”

(2)提出书面申请。当事人主张适用书证提出命令的,应当要提交责令对方当事人提交书证的书面申请书。2019年《民事证据规定》第45条规定,申请书应当载明所申请提交的书证名称或者内容、需要以该书证证明的事实及事实的重要性、对方当事人控制该书证的根据以及应当提交该书证的理由。没有书面申请书,只是口头表达、辩论,或者是在有关诉讼材料中“捎带”“意会”有要求法院责令对方提出书证的意思表示的,法院不适用书证提出命令。

(3)书证提出命令的主体范围。根据《民诉法司法解释》第112条和2019年《民事证据规定》第45条的规定,我国的控制书证人的范围仅于本案的当事人,包括:第一,书证提出命令的申请人只能是对待证事实负有举证责任的一方当事人。“举证人为诉讼当事人,不是诉讼当事人没有申请的利益。‘举证人’之所以成为申请主体,是因为该当事人对书证要证明的事实负有证明责任。如果不负有证明责任,该当事人就没有必要向法院请求命令持有文书的人提出该文书。”〔1〕第二,书证提出命令的被申请人为控制书证的对方当事人。具体包括“诉讼中的原告、被告、也包括有独立请求权第三人以及无独立请求权第三人中的被告型第三人”〔2〕。

不包括无独立请求权第三人中的非被告型第三人以及与诉讼无关的个人、社会团体、其他组织,等等,即不是本案诉讼的任何第三方,都不能成为书证提出命令的被申请人。

(4)书证提出命令的客体。既包括《民事诉讼法》第63条中的“书证”,也包括视听资料、电子数据这两种证据类型,即不仅仅限于传统意义上的书证。其一,客体包括书证这一种传统证据类型。综观2019年《民事证据规定》第45条、第46条、第47条前4项、第48条均明确了“书证”作为书证提出命令制度的客体。与此同时,2019年《民事证据规定》第47条第5项规定“书证”还包括“其他情形”,但在外延范围上“其他情形”包括哪些具体类型、具象的书证形式,需要留待今后司法实践

〔1〕 张卫平:《当事人文书提出义务的制度建构》,载《法学家》2017年第3期。

〔2〕 最高人民法院民事审判第一庭编著:《最高人民法院新民事诉讼证据规定理解与适用(上)》,人民法院出版社2020年版,第435页。

的检验。可以明确的是，“书证的其他情形”即前四项之外的情形，也应当坚持同样的识别标准，即原则上需要在控制人利益保护与发现真实之间保持平衡，应当保持书证范围的谦抑性原则，严格限制适用，不能因为有“其他”二字，在司法实践中盲目扩大适用范围，从而突破“书证”的客体范围，造成将证明责任的负担事实上转移给另一方当事人的后果，不但没有查明事实，反而出现另一种诉讼上的不公正现象。

其二，客体也包括视听资料、电子数据。根据2019年《民事证据规定》第99条规定：“本规定对证据保全没有规定的，参照适用法律、司法解释关于财产保全的规定。除法律、司法解释另有规定外，对当事人、鉴定人、有专门知识的人的询问参照适用本规定中关于询问证人的规定；关于书证的规定适用于视听资料、电子数据；存储在电子计算机等电子介质中的视听资料，适用电子数据的规定。”通过将视听资料和电子数据纳入书证提出命令的适用范围，扩展了当事人收集证据的途径。

（三）审查程序

根据2019年《民事证据规定》第46条的规定，有关书证提出命令的审查内容包括：第一，当事人申请提交的书证是否明确，证据类型是否匹配，客体是否为书证、电子数据、视听资料还是其他证据类型。第二，书证对于待证事实的证明有无必要。第三，待证事实对于裁判结果有无实质性影响。第四，书证是否在对方当事人控制之下，是否有故意灭失和其他导致证据不能使用的情况。第五，是否存在应当提交书证的情形，主要包括：其一，控制书证的当事人在诉讼中曾经引用过的书证；其二，为对方当事人的利益制作的书证；其三，对方当事人依照法律规定有权查阅、获取的书证；其四，账簿、记账原始凭证；其五，人民法院认为应当提交书证的其他情形（见图10-4）。

人民法院对当事人提交书证的申请进行审查时，应当听取对方当事人的意见，必要时可以要求双方当事人提供证据、进行辩论。涉及国家秘密、商业秘密、当事人或第三人的隐私，或者存在法律规定应当保密的情形的，提交后不得公开质证。当事人申请理由成立的，人民法院应当作出裁定，责令对方当事人提交书证；当事人申请提交的书证不明确、书证对于待证事实的证明无必要、待证事实对于裁判结果无实质性影响、书证未在对方当事人控制之下或者不符合2019年《民事证据规定》第47条情形的，人民法院不予准许。理由不成立的，通知申请人。

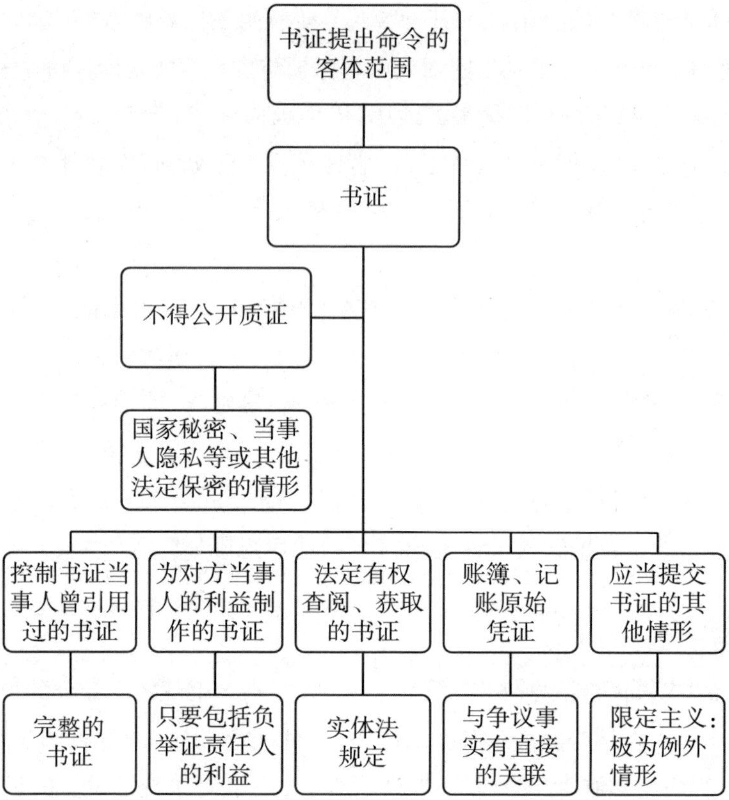

图10-4　书证提出命令中的书证审查内容

（四）法律后果

根据2019年《民事证据规定》第48条规定，控制书证的当事人无正当理由拒不提交书证的，人民法院可以认定对方当事人所主张的书证内容为真实。控制书证的当事人存在2020年《民诉法司法解释》第113条规定情形的，人民法院可以认定对方当事人主张以该书证证明的事实为真实。

四、证明利益

证明利益，是指“该文书于待证事实具有证据之重要性，且适用充当证据方法，并且待证事实于裁判具有重要性”[1]。也就是说，证据证明具有必要性，“证明标的不是所有被主张的事实，而只是裁判显著的以及有证明必要的事实。”[2]有些

〔1〕 姜世明：《新民事证据法论》，厦门大学出版社2017年版，第9页。
〔2〕 ［德］奥特马·尧厄民希：《民事诉讼法》（第27版），周翠译，法律出版社2003年版，第265页。

域外国家把证明利益列入明文的法律中，例如，《德国民事诉讼法》第424条规定："申请提出证书时，应当：1.表明证书；2.表明以该证书所证明的事实；3.对该证书的内容，尽量完全说明；4.主张证书在对方当事人占有所根据的事由；5.对方当事人有提出证书的义务的原因。对原因应作出说明。"〔1〕

我国2019年《民事证据规定》第46条第2款规定："当事人申请提交的书证不明确、书证对于待证事实的证明无必要、待证事实对于裁判结果无实质性影响、书证未在对方当事人控制之下或者不符合本规定第四十七条情形的，人民法院不予准许。"因此，证明的必要性，除书证未在当事人控制之下外，不但排除了自认、司法认知、经验法则和逻辑法则等非证明必要的事实，而且排除了对待证事实没有证明力、证明力太过微小、无实质影响力的证据。故考虑证明利益需要具备的条件包括：

1.需要与待证事实存在相关性。当事人提出的书证提出命令，必须与本案的案件事实存在关联性。2020年《民诉法司法解释》第95条规定："当事人申请调查收集的证据，与待证事实无关联、对证明待证事实无意义或者其他无调查收集必要的，人民法院不予准许。"例如，案件的证据已经证明，相对人一方与申请人的借贷行为并非职务行为，属于相对人的个人行为。那么，申请人一方申请书证提出命令，要求相对人一方提供其所在单位的有关证明时，该相对人所在单位的社保信息证明、工资卡证明、水电气暖费用等文书证据，对于原被告双方个人存在借贷行为这一待证事实来说没有关联性，因为这一待证事实已经得到证明，法院可以不予准许其申请。

2.对待证事实的查明有意义。当事人提出的书证提出命令，必须是对本案的案件事实有证明价值的，能够证明待证事实的存在或者不存在。司法实践中，经常容易混淆的就是当事人提供证据的义务与所要求适用证明妨碍的书证提出义务之间的关系问题，两者之间不能画等号。负有举证责任当事人所提出的各种主张中，只有那些对待证事实证明有意义的，才会涉及是否适用证明妨碍规则的问题。这就需要甄别当事人举证责任中的提出证据义务与书证提出命令中的对方控制书证的关联性。例如，负举证责任的当事人与相对人没有任何书面合同，根据证明责任的基本原则，其应当对要求相对人支付合作款项的主张提供证据支持，否则，将会

〔1〕 张卫平、齐树洁主编：《德国民事诉讼法》，丁启明译，厦门大学出版社2016年版，第102-103页。

遭受败诉风险。其如果要求相对人提供发票，而作为书证提出命令客体的发票，对双方之间合作款项这一待证事实没有意义，或者说，即使提供了发票，也不能证明双方之间就存在合作关系。因此，没有适用证明妨碍规则的前提条件。

3.有证据证明对方控制证据。负举证责任的当事人必须有证据的证明，对方当事人控制着书证。

（1）当事人控制的书证，必须属于法律规定的负举证责任的当事人无法提供、而在对方当事人手里的书证。对于证据的控制人故意或重大过失不提供证据，让其承担不利的法律后果，基本无异议。但对于书证控制人没有重大过失的情形下，是否也应承担不利的法律后果，学界有不同的观点〔1〕：观点一认为，一旦发生证明妨碍就将证明责任转移至对方当事人；观点二认为，一旦实施证明妨碍，就将于实施者不利的事实视为存在；观点三认为，法官可以依据自由裁量来对事实（用被毁损证据进行证明的待证事实本身）作出认定（换言之，可以降低证明度）。由于观点一用证明责任转移的方式，无疑有"废除"证明妨碍规则的"嫌疑"，观点二过于绝对化，应当说，根据司法实际情况，由法官根据在案的证据能力，自由裁量对事实作出认定，更能适应与时俱进的需要。

（2）如果负举证责任的当事人，没有证据证明需要责令提供的书证在对方当事人控制下，"所谓'持有'，应当理解为当事人对文书的控制支配，即使该文书并不在当事人的实际占有之中，但该当事人可以支配转移就属于持有的状态。对于应当提出的文书的存在以及为当事人所持有，申请提出文书的当事人应对其提出证据加以证明"〔2〕。由于其不能证明基础性事实——对方控制证据这一事实状态，则不能适用书证提出命令制度；应当按照证明责任的基本原理，由负举证责任的当事人承担不利的法律后果。

关于负举证责任的当事人对证据控制人控制着证据这一事实，提供证据证明要达到什么标准或程度，法律没有明确确定。从理论上来说，应当达到高度盖然性的证明标准。但事实上，控制书证往往都是具有保管对象书证的法定义务单位，例如，发包人控制着招标、投标文件；公司控制着单位的财务账簿、股东会议记录；政府部门控制着有关会议纪要等，负举证责任的当事人提供的证据需要结合这些"公

〔1〕 参见［日］高桥宏志：《民事诉讼法——制度与理论的深层分析》，林剑锋译，法律出版社2003年版，第466页。

〔2〕 张卫平：《当事人文书提出义务的制度建构》，载《法学家》2017年第3期。

知事实”来认定。

关于控制书证的当事人否定其控制书证时，是否要承担举证责任的问题，法律没有提及。但对于证据控制人抗辩称该文书已经灭失和消灭的，应当根据2020年《民诉法司法解释》第91条规定的“主张法律关系变更、消灭或者权利受到妨害的当事人，应当对该法律关系变更、消灭或者权利受到妨害的基本事实承担举证证明责任”，由提出抗辩的证据控制人承担举证责任。“被申请的当事人主张该文书已经废弃、灭失、毁损、转移的，应当对此承担证明责任。如果不能证明，导致废弃、灭失、毁损、转移的事实真伪不明时，就要承担相应的不利后果，即发生不履行提出义务的法律后果。”〔1〕2019年《民事证据规定》第45条第2款规定：“对方当事人否认控制书证的，人民法院应当根据法律规定、习惯等因素，结合案件的事实、证据，对于书证是否在对方当事人控制之下的事实作出综合判断。”之所以未明确规定控制书证一方否定其控制书证的举证责任问题，主要是控制书证的社会样态非常复杂多样，制定一条“一刀切”的规范性规则，很难匹配所有的控制书证的样态，难说不会“顾此失彼”，所以需要考虑控制书证的实际情况而分别处理。

五、应当提交书证

关于在哪些情形下，控制书证的当事人必须提交书证。有学者认为，控制文书义务不应当泛化，而应当个别化或例外化。“在我国，文书提出义务制度的建构不应坚持一般化，而应为义务限定化或义务特殊化。首先，要将现行的绝对一般化予以解构并转为义务特殊化或个别化，明确规定只有在某些特殊情形下当事人才负有文书提出义务。也就是说，强制当事人提出对自己不利的文书只是例外。”〔2〕

如果简单地从“同一书证”的角度来看书证的控制状态，可以分为如下四类情况：A.诉讼主张者控制同一书证，书证控制者也控制同一书证；B.诉讼主张者控制同一书证，书证控制者没有控制同一书证；C.诉讼主张者没有控制同一书证，书证控制者控制着同一书证；D.诉讼主张者和书证控制者均没有控制书证。在上述四种情形下，只有出现“C”的书证控制状态时，才符合适用书证提出命令制度，其他“A”“B”“D”三种情形下，均应适用证明责任机制解决查实事实问题（见表10-1）。

〔1〕 张卫平：《当事人文书提出义务的制度建构》，载《法学家》2017年第3期。
〔2〕 张卫平：《当事人文书提出义务的制度建构》，载《法学家》2017年第3期。

表10-1　控制书证的不同样态

书证状态	诉讼主张者	书证控制者	适用规则	举证责任转移	结果	制度性质	制度目的
A	控制同一书证	控制同一书证	证明责任	会	达到证明标准：支持达不到：否定	均为查明案件事实的手段	案件事实
B	控制同一书证	没有控制同一书证	证明责任	会	达到证明标准：支持达不到：否定		
C	没有控制同一书证	控制同一书证	书证提出命令	不会	提交：法官综合审查判断 不提交：书证的内容为真		
D	没有控制同一书证	没有控制同一书证	证明责任	会	达到证明标准：支持达不到：否定		

根据2019年《民事证据规定》第47条第1款的规定："下列情形，控制书证的当事人应当提交书证：(一)控制书证的当事人在诉讼中曾经引用过的书证；(二)为对方当事人的利益制作的书证；(三)对方当事人依照法律规定有权查阅、获取的书证；(四)账簿、记账原始凭证；(五)人民法院认为应当提交书证的其他情形。"从前4项可以看出，属于"最低限度"的控制书证范围，对于其他应当提交的控制书证上的识别标准为第5项中规定的"应当提交"，但哪些范围内的其他控制书证属于"应当"，未再提及。

笔者认为，2019年《民事证据规定》第47条中所指的"应当提交书证"的诉讼空间，应当是在证据控制人控制证据的"最低限度"(经验法则下的必要性原则)外，坚持"有理、有据、有节"原则：(1)坚持"有理"原则。负举证责任当事人应当申请"提交的书证名称或者内容、需要以该书证证明的事实及事实的重要性"。负举证责任的当事人提交书面的书证提交申请，是一个法定的必备的程序要件，当事人如果没有提交，或者说提交的申请书中没有列明必要性及必要性不充分的，法院应当予以驳回该书证提交申请。"申请书应写明文书持有人(持有人的身份、住所地等可以保证送达文书提出命令的信息)、文书名称、文书内容概要、文书证明的事实、提出该文书的理由等。如果申请书没有记载相关事项，除了文书持有人、文书的内容概要可以在以后补充、完善之外，法院将驳回举证人关于文书提出义务的申请。”[1](2)坚持“有据”原则。申明申请提出书证的正当理由为“对方当事人控制该书证的根据以及应当提交该书证的理由”。在人民法院对当事人提交书证的申请进行审查时，应当听取对方当事人的意见，必要时可以要求双方当事人提供证据，进行辩论。(3)坚持“节制”原则。即要求书证控制人提供的书证的范围不能“遍地开花”，应当有所节制。“应当根据法律规定、习惯等因素，结合案件的事实、证据，对于书证是否在对方当事人控制之下的事实作出综合判断。”对于“综合判断”，法律没有明文规定。但可以从不同的维度来考量，如关联性原则。需要提供的控制书证与本案的待证事实的关联程度如何，如果该证据的证明力程度高，则有提供的必要；如果该证据仅仅是其他证据的一个“线索”，或者该证据不能证明基本事实。例如，合同中的倒签与欺诈、胁迫、恶意串通事实并不具有直接关联性或者说关联性过于弱小，以致可以忽略不计；或者要求提供该证据本身的目的，并不在于查清案件事实，而在于证明其他待证事实（如证据控制人有许多枚公章的事实，并不能否定合同效力）等。

六、司法实务中的书证提出命令

1.主张对方控制书证，应当提供证据证明。根据2019年《民事证据规定》第48条规定，主张适用书证提出命令的当事人，必须按照2019年《民事证据规定》第45条的要求，提交书面申请，且申请书“应当载明所申请提交的书证名称或者内容、需要以该书证证明的事实及事实的重要性、对方当事人控制该书证的根据以及应当提交该书证的理由”。如果主张人能够满足书证提出命令的形式和实质性要求的，才能适用这一规则；如果没有证据证明对方控制或持有能够证明待证事实的证据的，则不能适用这一规则。即使主张，也会因为不符合适用条件，法院不予支持。

2.主张与相对方存在合同关系，应当持有合同，否则承担举证不能的法律后果。在司法实践中，经常会遇到这样的情形：原告主张承包经营了案涉争议的土地，其应当持有案涉争议地块的承包经营合同（或者其他民事合同），其不能提交争议地块的承包经营合同（或者其他民事合同），应当承担举证不能的法律后果，法院不应责令相对人提供土地承包经营合同（或者其他民事合同）。由于存在证据偏在

〔1〕 张卫平：《当事人文书提出义务的制度建构》，载《法学家》2017年第3期。

或法律规定的证据持有人控制证据，而主张者不控制证据的情形，如2019年《民事证据规定》第47条所规定的“（一）控制书证的当事人在诉讼中曾经引用过的书证；（二）为对方当事人的利益制作的书证；（三）对方当事人依照法律规定有权查阅、获取的书证；（四）账簿、记账原始凭证；（五）人民法院认为应当提交书证的其他情形”。仅且必须是出现上述五类情况，才可能适用书证提出命令，除此之外，不能适用该制度。特别是在日常生活中大量存在的合同法律关系中，当原、被告双方都存在合同原件的情况下，一方当事人因种种原因没有提供合同原件，则应当按照2020年《民诉法司法解释》第90条、第91条规定的证明责任机制，当事人未能提供证据或者证据不足以证明其事实主张的，由负有举证证明责任的当事人承担不利的后果。

3.没有证据证明对方当事人持有欠条，不适用证明妨碍规则。负担证明责任的当事人提供欠条，欲证明与对方当事人存在债权债务关系，而欠款数额的多少，需要依赖于双方在字据中载明的欠条来确定。而依一般人的日常生活经验，债权人往往持有债权依据，负证明责任的当事人没有证据证明对方当事人持有字据中载明的欠条，故不能适用证明妨碍规则。

4.书证提出命令的适用对象为书证，证人证言不适用证明妨碍规则。根据2019年《民事证据规定》第48条和第99条规定，其适用的证据种类为书证、视听资料和电子数据，如果当事人申请对方当事人提交的证据类型为证人证言，与书证、视听资料和电子数据显然系属不同的证据种类，不能适用书证提出命令。

5.欠条的持有人将欠条原件主动还给对方当事人，是否适用证据妨碍规则。根据2020年《民间借贷司法解释》第15条规定，主张方提交了一张欠条复印件，据此主张双方存在民间借贷法律关系。相对方抗辩该份欠条是在受胁迫的情形下书写，主张方已将欠条原件交还给相对方由其进行撕毁，双方并不存在真实的民间借贷关系。根据双方的陈述，双方对于欠条原件系双方冲突升级报警，在离开公安机关后，由主张方交付给相对方，由相对方当场撕毁并无异议，但双方对于主张方将欠条交给相对方撕毁的原因各执一词。且双方对于其各自主张均未提交相关的证据予以证实。而适用书证提出命令的前提条件是必须有证据证明或法律规定证据持有人控制或持有该证据，现双方均承认该证据原件已经“灭失”，因此，不具备适用书证提出命令的前提条件。

【典型案解】

（一）可予适用

1.【裁判规则】有证据证明对方当事人控制书证的，适用书证提出命令

典型案例 ▶▶

王某某与西安悦欣感光复印纸有限责任公司等合资、合作开发房地产纠纷案［最高人民法院（2016）最高法民再250号］

再审申请人（一审原告、二审上诉人）：王某某

被申请人（一审被告、二审被上诉人）：西安悦欣感光复印纸有限责任公司（以下简称西安悦欣公司）等

裁判观点 ▶▶

最高人民法院认为，根据2001年《民事证据规定》第75条规定和《民诉法司法解释》第112条规定，案涉项目的建设费用账目系由西安悦欣公司、陕西永安公司掌握，且王某某主张曾经通过向黄某某等人借款710余万元的方式用于项目建设并提交了部分借款凭证和证人证言佐证。因此，王某某要求西安悦欣公司提供相关证据原件以及建设项目的全部账目以便查清案件事实，一、二审法院未予支持不当。依据联合建设房地产合同书约定和王某某的诉请，一、二审法院应当对案涉项目如何进行结算以及是否有利润、利润多少等相关事实进行审理而未审理，导致认定事实不清。

2.【裁判规则】持有人拒不提供证据原件，根据已有证据审查的结果对事实作出认定，符合举证规则的要求

典型案例 ▶▶

中国建筑技术集团有限公司与聂某等财产损害赔偿纠纷案［最高人民法院（2018）最高法民申1316号］

再审申请人（一审被告、反诉原告、二审上诉人）：中国建筑技术集团有限公司（以下简称中技公司）

被申请人（一审原告、反诉被告、二审上诉人）：聂某等

裁判观点

最高人民法院认为，根据《民诉法司法解释》第112条规定，原判决认为，聂某应当对其向中国建筑技术集团有限公司河南分公司投入财产及其承接项目的收益情况举证，中技公司应当对其收取管理费的合理性举证，中技公司作为对河南分公司遗留事务处理并持有河南分公司原始会计凭证的一方，应对河南分公司日常支出及相关项目支出承担举证责任。聂某的诉请应否得到支持，取决于其经营期间的收益情况，而认定该事实需要对聂某经营期间的经营状况进行审计。聂某在一审期间申请进行鉴定，但鉴定所需财务资料为中技公司控制，在中技公司拒不提供财务资料的情况下，原判决根据对已有证据审查的结果对事实进行认定，符合举证规则的要求，并不存在举证责任分配的错误，也没有对双方当事人的举证责任适用不同的标准。

3.【裁判规则】证据持有人拒不提交证据，人民法院可以认定一方当事人所主张的书证内容为真实

典型案例

朱某某与杨某某合伙协议纠纷案［最高人民法院（2016）最高法民申1789号］

再审申请人（一审被告、二审上诉人）：朱某某

被申请人（一审原告、二审上诉人）：杨某某

裁判观点

最高人民法院认为，本案一审中杨某某提出对合伙资产进行评估，但朱某某不同意评估，二审中朱某某仍然坚持不同意评估。根据《民诉法司法解释》第112条规定，朱某某拒不提交评估资料，人民法院可以认定杨某某所主张的书证内容为真实。据此，第二审判决判令返还杨某某的投资款并不缺乏证据证明。同时，原审法院在朱某某不提供评估资料，无法评估股权价值的情形下，综合考虑合伙体的盈利和分配情况，结合朱某某擅自以合伙财产对外抵押借款，朱某某认可的合伙资产价值约3000万元等事实，以同期同类人民银行贷款利率的四倍利息计算杨某某退伙

损失，并不缺乏事实依据。朱某某提出的该项再审理由不成立。

4.【裁判规则】所有权人无正当理由拒不提交权属证明的，可以认定负举证责任的当事人主张成立

典型案例

重庆兴农融资担保集团有限公司与重庆佳彭林业开发有限公司等追偿权纠纷案［重庆市高级人民法院（2019）渝民终441号］

上诉人（原审原告）：重庆兴农融资担保集团有限公司（以下简称兴农担保公司）

被上诉人（原审被告）：重庆佳彭林业开发有限公司（以下简称佳彭公司）

裁判观点

人民法院认为，首先，根据彭水苗族土家族自治县林业局出具的情况说明及森林资源资产抵押登记申请书记载，林权抵押合同项下的86,630亩森林林权于2011年12月8日办理了抵押登记。同时，结合佳彭公司为案涉林权所有权人的事实，案涉95本林权证应当由佳彭公司持有。佳彭公司经法院责令提交案涉林权证后，无正当理由未提交，根据《民诉法司法解释》第112条第2款的规定，可以认定兴农担保公司所主张的案涉86630亩林权均已办理了抵押登记系真实。

5.【裁判规则】一方当事人控制证据无正当理由拒不提交，对待证事实负有举证责任的当事人主张该证据的内容不利于控制人的，人民法院可以认定该主张成立

典型案例

中铁中城工程有限公司与鹿邑真源医院建设工程合同纠纷案［河南省周口市中级人民法院（2020）豫16民终2027号］

上诉人（原审原告）：中铁中城工程有限公司（以下简称中城公司）

上诉人（原审被告）：鹿邑真源医院

裁判观点 ▶▶

人民法院认为，一审法院要求鹿邑真源医院提供相关证据符合法律规定。根据一审法院向时任鹿邑真源医院法定代表人王某某、时任副院长皇某某、涉案工程审计单位中博信公司进行调查询问，可以证明涉案用以结算的证据原件在鹿邑真源医院处保存，而鹿邑真源医院一直拒绝提供。根据2001年《民事证据规定》第75条及2019年《民事证据规定》第95条规定，在鹿邑真源医院拒绝提供相关证据的情况下，根据法律规定，已经足以认定答辩人一审主张的诉请成立。一审法院在已经确认鹿邑真源医院持有相关证据原件的情况下，给予鹿邑真源医院提供证据反驳答辩人的机会，依法责令其提供相关证据原件，而其仍然拒绝提供。法院据此认定答辩人相关证据成立符合法律规定。综上所述，依法驳回鹿邑真源医院上诉请求。

（二）不予适用

1.【裁判规则】无证据证明对方持有证据，不适用证明妨碍规则

典型案例 ▶▶

鸡西龙煤采煤机械销售有限公司与鸡西煤矿机械有限公司委托合同、买卖合同纠纷案［最高人民法院（2018）最高法民申246号］

再审申请人（一审原告、反诉被告、二审被上诉人）：鸡西龙煤采煤机械销售有限公司（以下简称采煤机销售公司）

被申请人（一审被告、反诉原告、二审上诉人）：鸡西煤矿机械有限公司（以下简称机械公司）

裁判观点 ▶▶

最高人民法院认为，采煤机销售公司在一审中提交的鸡西龙煤与公司账目往来情况上记载截至2014年4月8日未执行完配件奖励金额2,217,042.52元，但因鸡西龙煤与公司账目往来情况上并无双方当事人的签字或盖章确认，一审法院调取的机械公司单位账目亦无奖励金的记载，且采煤机销售公司并无证据证明机械公司实际持有该份证据，故二审法院未依据《民诉法司法解释》第112条关于书证中证明妨害规则的规定认定采煤机销售公司所主张的鸡西龙煤与公司账目往来情况的真实性并无不当。

2.【裁判规则】未能证明对方是否持有证据，不能适用书证提出命令

典型案例

本溪钢铁（集团）房地产开发有限责任公司等与本溪乾易房地产开发有限公司合作开发房地产纠纷案［最高人民法院（2019）最高法民终1447号］

上诉人（一审被告）：本溪钢铁（集团）房地产开发有限责任公司（以下简称本钢房地产公司）

被上诉人（一审原告）：本溪乾易房地产开发有限公司（以下简称乾易公司）等

裁判观点

最高人民法院认为，一审判决依据2001年《民事证据规定》第75条的规定认定，本钢房地产公司与乾易公司已经委托第三方审计而本钢房地产公司不能提供审计结论，故乾易公司主张案涉合作项目存在亏损具有一定的事实依据。一审判决的该节认定存在认定事实不清、适用法律错误问题，主要体现在：本案中是否可以适用上述司法解释规定，应当先审理认定审计结论是否已经作出、本钢房地产公司一方是否持有该份证据、本钢房地产公司是否无正当理由拒不提交等事实。但一审判决未对上述事实进行认定，直接适用上述司法解释规定缺乏必要的事实依据；一审法院在没有查明上述基本事实的情况下，直接以本钢房地产公司无正当理由拒不提交审计结论为由，作出对其不利的认定，适用法律错误。

3.【裁判规则】控制书证对于待证事实的证明不具有重要意义的，不适用书证提出命令

典型案例

四川省蜀牛房地产开发有限责任公司与平安银行股份有限公司成都分行等借款合同纠纷案［最高人民法院（2017）最高法民申1400号］

再审申请人（一审被告、二审上诉人）：四川省蜀牛房地产开发有限责任公司（以下简称蜀牛公司）

被申请人（一审原告、二审被上诉人）：平安银行股份有限公司成都分行（以下简称平安银行）等

裁判观点

最高人民法院认为，蜀牛公司在再审审查阶段以《民诉法司法解释》第112条为依据，申请法院责令平安银行提交其制作和保存的关于2013年7月的8500万元授信及7200万元贷款的全套申贷资料。首先，《民诉法司法解释》第112条是关于书证中的证明妨害规则的规定，适用于诉讼中的妨害行为。而本案尚处再审审查阶段，蜀牛公司无权在本案中提出程序性的申请。其次，书证提出命令的适用条件首先要求待证事实对于判决结果具有重要影响，而该书证对于待证事实的证明有重要意义。本案中，蜀牛公司申请责令平安银行提交相关书证的目的，是要证明平安银行在审贷过程中与天银公司恶意串通，但是，蜀牛公司申请的书证并不能达到其目的，即书证对于待证事实的证明不具有重要意义。因此，蜀牛公司的该申请不符合上述规定，法院不予准许。

4.【裁判规则】当事人未按合同约定提交结算资料造成相对方无法审计的，不能适用证明妨碍规则

典型案例

江苏泓建集团有限公司与枣庄市盛苑房地产开发有限公司建设工程施工合同纠纷案［山东省高级人民法院（2017）鲁民终11号］

上诉人（原审原告）：江苏泓建集团有限公司（以下简称泓建公司）

被上诉人（原审被告）：枣庄市盛苑房地产开发有限公司（以下简称盛苑公司）

裁判观点

人民法院认为，泓建公司作为承包人主张工程价款，应当对工程造价这一基本事实承担举证证明责任，其主张通过两种方式确定工程造价：一是按照合同价款10,530万元的45%估算；二是依据晨旭公司的审计报告确定。第一，按合同价款的45%估算不符合双方合同约定的结算方式；第二，即使双方在诉前同意由晨旭公司作为涉案工程的结算审计单位，但本案没有证据显示晨旭公司已经作出了审计报告或者审计报告在盛苑公司的控制之下。根据2012年12月20日晨旭公司出具的工作联系单内容，泓建公司未按合同约定提交结算资料是造成晨旭公司无法审计的原因。在此情形下，本案无法适用《民诉法司法解释》第112条规定责令盛苑公司提交审计报告或者推定泓建公司主张的书证内容为真实。泓建公司申请法院到晨旭公司调取审计报告，亦不符合《民诉法司法解释》第94条规定的申请人民法院调查收集证据的情形。因此，泓建公司主张根据晨旭公司的审计报告确定工程造价，缺少事实基础。双方无法就工程造价问题达成一致意见，泓建公司理应申请司法鉴定，但其一审不申请，法院二审对其释明后仍不申请，法院依据现有证据无法认定工程造价这一基本事实。

5.【裁判规则】有证据证明与案件事实相关的证据并非由相对人控制，不能适用证明妨碍规则

典型案例

比登堡（北京）服饰有限公司与咸阳世纪金花商贸有限公司侵害商标权纠纷案［最高人民法院（2016）最高法民申2627号］

再审申请人（一审原告、二审上诉人）：比登堡（北京）服饰有限公司（以下简称比登堡公司）

被申请人（一审被告、二审被上诉人）：咸阳世纪金花商贸有限公司（以下简称世纪金花公司）

裁判观点

最高人民法院认为，世纪金花公司是从事百货等综合销售业务的商事主体，侵权商品的实际经营人为西安福凯商贸有限公司。世纪金花公司在本案的侵权商品的销售行为中，并非实际的经营人，与侵权商品相关的账簿、资料也并非由其掌握，其未能提供月销售记录尚属有合理理由。并没有证据证明比登堡公司已经尽力举证，与侵权行为相关的账簿、资料主要由世纪金花公司掌握的情况。比登堡公司主张在世纪金花公司未提交相关证据的情况下，依据其主张认定赔偿数额，法院不予支持。

6.【裁判规则】书证对于合同效力这一待证事实的证明无必要的，申请对方当事人提交证据，不予准许

典型案例

海南建丰旅业开发有限公司与上海龙域投资有限公司等借款合同纠纷案［最

高人民法院（2016）最高法民终541号］

上诉人（原审被告）：海南建丰旅业开发有限公司（以下简称建丰公司）

被上诉人（原审原告）：上海龙域投资有限公司（以下简称龙域公司）

裁判观点 ▶▶

最高人民法院认为，建丰公司笼统主张案涉5亿元借款并非龙域公司自有资金，以及其在一、二审中申请法院调取龙域公司资金流水明细和责令龙域公司提交年度报告（包括资产负债表、现金流量表、损益表）和会计账目等事实，恰恰证明建丰公司事先并不知道或不应当知道龙域公司出借的资金系《民间借贷司法解释》第13条第1项、第2项规定的"金融机构信贷资金"或者是"向其他企业借贷或者向本单位职工集资取得的资金"〔1〕。在建丰公司不能证明本案具备《民间借贷司法解释》第14条第1项、第2项认定借款合同无效的其中一个构成要件，即"借款人事先知道或者应当知道"这一要件的前提下，无论最终能否证明案涉借款资金是否属于"金融机构信贷资金"或者"向其他企业借贷或者向本单位职工集资取得的资金"，均不能得出案涉借款合同无效的认定。故，建丰公司和达义公司依据《民事诉讼法》第64条及《民诉法司法解释》第112条的规定，向法院提出的调取龙域公司资金流水明细和责令龙域公司提交年度报告（包括资产负债表、现金流量表、损益表）和会计账目等的申请，法院不予准许。建丰公司依据《民间借贷司法解释》以龙域公司出借款项非自有资金为由主张案涉合同无效，没有事实和法律依据，法院不予支持。

（三）举证责任

1.【裁判规则】要求控制证据一方当事人提交证据是举证责任分配，并非举证责任倒置

典型案例 ▶▶

西南交通建设集团股份有限公司与王某某建设工程施工合同纠纷案［最高人

〔1〕 现为2020年《民间借贷司法解释》第14条："具有下列情形之一的，人民法院应当认定民间借贷合同无效：（一）套取金融机构贷款转贷的；（二）以向其他营利法人借贷、向本单位职工集资，或者以向公众非法吸收存款等方式取得的资金转贷的；（三）未依法取得放贷资格的出借人，以营利为目的向社会不特定对象提供借款的；（四）出借人事先知道或者应当知道借款人借款用于违法犯罪活动仍然提供借款的；（五）违反法律、行政法规强制性规定的；（六）违背公序良俗的。"

民法院（2019）最高法民申750号］

再审申请人（一审被告、二审上诉人）：西南交通建设集团股份有限公司（以下简称西南交建）

被申请人（一审原告、二审被上诉人）：王某某

裁判观点

最高人民法院认为，本案证据表明，案涉工程路基工程量变更后总价为122,596,599元。西南交建对于该总价应有相应的工程计量清单。该清单应是西南交建与昌都市交通局之间结算的重要依据，且昌都市交通局公路建设管理中心出具的情况说明亦证实案涉工程计量资料由西南交建保存，故足以认定该证据应由西南交建持有。如西南交建认为王某某所主张的工程款存在不当，应当依照《民诉法司法解释》第90条之规定，提交相应的工程计量清单予以反驳，但西南交建在一、二审中均拒绝提交。同时，根据上述司法解释的规定，诉讼中不仅提出诉讼请求方应承担举证责任，相应的反驳方亦应对其反驳主张承担举证责任。而一、二审中，西南交建均拒绝举证，在此情况下应当由其承担相应的不利后果。同时，依照《民诉法司法解释》第112条之规定，应当认定王某某所主张的工程款成立。综上所述，一、二审法院要求西南交建提交计量资料是对西南交建所作抗辩分配举证责任，并非西南交建所述系举证责任倒置，而是正确适用《民诉法司法解释》和2001年《民事证据规定》关于举证责任之规定合理分配举证责任。

2.【裁判规则】负举证责任的当事人应当对合同存在并处于相对人的控制之下的初步证据承担举证证明责任

典型案例

谭甲与陈某乙合伙协议纠纷案［四川省高级人民法院（2018）川民申5208号］

再审申请人（一审原告、二审上诉人）：谭甲

被申请人（一审被告、二审被上诉人）：陈某乙

裁判观点

人民法院认为，关于一、二审法院是否存在适用法律错误的问题。一审法院业

已查明，谭甲、陈某乙于2013年5月4日签订的建设工程合作承包协议约定：谭甲负责与通江诺江文化商业发展有限公司签订承建项目合同后，七日内向挂靠公司交保证金500万元。谭甲与陈某乙共同签订挂靠公司的内部协议，共同签订通江诺江文化商业发展有限公司所有工程的承建合同。陈某乙负责协助谭甲签订挂靠公司及通江诺江文化商业发展有限公司的承建协议。陈某乙与谭甲共同商议承建施工队伍的上下问题。陈某乙负责协调处理业主及地方周边关系。同时约定利润分配为各占总额的50%。陈某乙负责通江诺江文化商业发展有限公司收到保证金后一月内，办完工程所有手续，使谭甲顺利进场，否则属违约，负责向通江诺江文化商业发展有限公司收取双倍赔偿。

从以上约定内容来看，首先，该合作协议系谭甲、陈某乙二人之间的合伙协议。而对于双方约定挂靠案外的建筑企业与第三人签订建设工程施工合同从而承揽建设工程施工行为的法律评价不属于本案的审查范围，且该行为并未实施，谭甲在其再审申请书中亦认为“本案合伙关系已经终止”。因此一、二审法院确认建设工程合作承包协议有效并无不当。其次，根据一、二审法院查明的事实，谭甲基于建设工程合作承包协议向陈某乙支付的保证金等共计235万元，陈某乙已经退还了155万元，谭甲于2013年9月18日向陈某乙出具了收条予以确认。经双方于2013年9月15日对账确认，陈某乙亦支出了60万元。因此即使建设工程合作承包协议属于无效合同，谭甲一审诉讼请求第2项“被告立即偿还原告200万元已付保证金”亦不能成立。最后，二审中，法庭询问谭甲关于要求陈某乙偿还200万元已付保证金的基础时，谭甲的委托诉讼代理人也明确该请求系依据上述协议，因此本案中不存在因建设工程合作承包协议的效力问题需对谭甲进行释明的情形。而且谭甲在一、二审中均未提交证明该协议第4条约定的合同生效的证据，即“本协议拿到曲丙于2013年11月29日谈判的合同正式生效，如曲丙反悔，共同要求公司赔偿”。而谭甲主张：“原判决要求谭甲提供协议的生效条件已经成就的事实依据，实属强人所难。”法院认为，根据《民诉法司法解释》第112条的规定，谭甲还是应当对上述协议第4条所涉“合同”的存在并处于陈某乙的控制之下的初步证据承担举证证明责任，并向人民法院提出书面理由。因此，根据《民诉法司法解释》第90条第2款规定，应当由谭甲承担不利后果，一、二审判决对此处理亦无不当。

3.【裁判规则】抗辩未保存证据有合法依据的，负举证责任的当事人应当就主张存在法律关系承担举证责任

典型案例

胡某某与四川省眉山市金庄新材料科技有限公司劳动争议纠纷案［四川省高级人民法院（2018）川民再696号］

再审申请人（一审原告及被告、二审上诉人）：胡某某

被申请人（一审原告及被告、二审上诉人）：四川省眉山市金庄新材料科技有限公司（以下简称金庄新材料公司）

裁判观点

人民法院认为，根据《民诉法司法解释》第90条和第112条规定，胡某某主张双方建立劳动关系时间为2007年5月25日提交了其工作牌以及工作服装照片、车辆通行证、录音证据等，并申请法院责令金庄新材料公司提交相应职工名册等证据证明。前述所举示的工作牌等证据不足以证明胡某某在2007年5月25日即入职金庄新材料公司，而金庄新材料公司应法院要求提交了2014年及之后的职工工资表，根据《劳动合同法》第7条以及《工资支付暂行规定》第6条规定，该工资支付凭证保存期限是两年以上，2007年工资支付凭证的保存期限已经在两年外，所以金庄新材料公司没有提供2007工资支付凭证不违反相关禁止性规定，其辩称已完成举证责任的理由成立。

（四）应当提交书证

1.【裁判规则】控制书证的当事人在诉讼中曾经引用过的书证，应当提交书证

典型案例

苏某某与江某某等房屋买卖合同纠纷案［山东省烟台市中级人民法院（2020）鲁06民终4148号］

上诉人（原审被告）：苏某某

被上诉人（原审原告）：江某某等

裁判观点

人民法院认为，江某某的诉讼请求是否已过诉讼时效。根据2019年《民事证

据规定》第47条第1款第1项、第48条第1款和第95条规定，本案中，江某某虽主张涉案欠条并未约定余款80,000元的还款时间，但其作为控制书证的当事人，应当提交其在诉讼中曾经引用过的涉案欠条，江某某对此负有举证责任。因苏某某等对江某某关于涉案欠条未约定还款时间的主张不予认可，而江某某称其因病丢失涉案欠条原件，应当承担举证不能的法律后果，故法院认定苏某某关于涉案欠条中约定2个月内还款的主张成立，本案诉讼时效应从2013年7月起计算。依据《民法通则》第135条[1]"向人民法院请求保护民事权利的诉讼时效期间为二年，法律另有规定的除外"之规定，江某某未提交证据证明其于2015年7月前向苏某某主张过返还余款80,000元的权利，故其于2019年8月主张权利已过诉讼时效，法院不予支持。

2.【裁判规则】为对方当事人的利益制作的书证，应当提交书证

典型案例

马某与滕州市亿和丰达置业有限公司确认劳动关系纠纷案［山东省枣庄市中级人民法院（2020）鲁04民终1084号］

上诉人（原审原告）：马某

被上诉人（原审被告）：滕州市亿和丰达置业有限公司（以下简称亿和丰达公司）

裁判观点

人民法院认为，根据2019年《民事证据规定》第47条规定，本案中，马某于2020年6月9日向法院提交申请，请求亿和丰达公司提交申请人主张权利时间段内被申请人为其员工发放工资的账户名称及号码。2020年6月10日，法院通过公务外呼系统通知亿和丰达公司的委托诉讼代理人于2020年6月16日前提交亿和丰达公司向其员工发放工资的账户，但截至2020年7月20日亿和丰达公司未提供。根据2019年《民事证据规定》第48条规定，结合法院在本案二审法庭调

〔1〕 现为《民法典》第188条："向人民法院请求保护民事权利的诉讼时效期间为三年。法律另有规定的，依照其规定。诉讼时效期间自权利人知道或者应当知道权利受到损害以及义务人之日起计算。法律另有规定的，依照其规定。但是，自权利受到损害之日起超过二十年的，人民法院不予保护，有特殊情况的，人民法院可以根据权利人的申请决定延长。"

查时询问亿和丰达公司该公司除马某之外的其他职工发放工资是用的哪个账户，亿和丰达公司回复“亿和公司工资是网银发放”，法院依法推定亿和丰达公司向其员工发放工资的账户名称、号码与向马某发放工资的账户名称、号码一致。

3.【裁判规则】控制账簿、记账原始凭证的当事人，应当提交书证

典型案例

乌鲁木齐金承诚信工贸有限公司与新疆佳信食品有限公司买卖合同纠纷案［新疆维吾尔自治区巴音郭楞蒙古自治州中级人民法院（2020）新28民终17号］

上诉人（原审原告）：乌鲁木齐金承诚信工贸有限公司（以下简称金承公司）

被上诉人（原审被告）：新疆佳信食品有限公司（以下简称佳信公司）

裁判观点

人民法院认为，本案的争议焦点为：佳信公司是否应向金承公司给付所欠货款及逾期付款利息损失。会计的职能是会计核算和会计监督。其中，会计核算是会计的首要职能。会计通过确认、计量、记录和报告等环节，反映特定主体的经济活动，向有关各方提供会计信息。韦某在二审期间向二审法院提交的账单、现金日记账客观真实、有效，并能直接证明上诉人与被上诉人之间的欠款事实及欠款金额。根据2019年《民事证据规定》第47条和第48条规定，本案中，经过法院要求，佳信公司未能在规定时限内提交其2014—2017年的公司记账原始凭证，经法院多次要求，其法定代表人也未到庭配合查清案情，佳信公司应当承担由此带来的不利后果。

4.【裁判规则】侵权行为相关的账簿、资料主要由侵权人掌握的情况下，可以责令侵权人提供与侵权行为相关的账簿、资料

典型案例

济南光先数控机械有限公司与禚某某职务发明创造发明人报酬纠纷案［最高人民法院（2018）最高法民申2480号］

再审申请人（一审被告、二审上诉人）：济南光先数控机械有限公司（以下简称光先公司）

被申请人（一审原告、二审上诉人）：禚某某

裁判观点

最高人民法院认为，根据《民诉法司法解释》第90条第1款、第112条及《商标法》第63条第2款规定，本案中，二审法院要求光先公司提供2012年上半年的增值税发票明细及相关合同等证据，光先公司无正当理由拒不提交应由其保存的增值税发票、明细及账簿等证据，此时二审法院参照《商标法》第63条第2款之规定，依据禚某某的主张和提供的证据判定报酬数额判决并无不当。光先公司关于其没有对早期发票的保管义务、证据涉及商业秘密、提交证据侵害商业秘密和利益以及法院应当现场勘验等理由均不能成为其拒不提交相关证据的正当理由。

5.【裁判规则】原始视频资料由对方当事人持有，应依据证明妨碍规则书面申请人民法院责令对方当事人提交

典型案例

王某某与辽宁广播电视台名誉权纠纷案［辽宁省高级人民法院（2018）辽民申2221号］

再审申请人（一审原告、二审上诉人）：王某某

被申请人（一审被告、二审被上诉人）：辽宁广播电视台

裁判观点

人民法院认为，关于新证据问题，王某某提供的视频资料，是由对方当事人在原审中提供，不符合法律规定的“新的证据”的条件。该证据是否经过剪辑，应当经过当事人提供相关证据证明或司法鉴定程序确定，仅依单方陈述，不足以证明构成“伪造证据”。关于申请人民法院调取证据问题，原始视频资料由对方当事人持有，不属申请人民法院调查收集证据的范围，应依据《民诉法司法解释》第112条规定书面申请人民法院责令对方当事人提交。

第三节　书证提出命令的法律后果

【法理辨析】

一、控制书证的证明标准

书证提出命令的立法目的，“乃为防免举证人相对人恶意妨碍举证人就其所主张事实之证明，自其效果规定可知，相对人不遵守法院之文书提出裁定者，其效果非生强制处置请求，而系发生证据法上效果，其方法固为法院依自由心证于判决理由评价之，对象则为将文书誊本视为真正或将举证人关于文书性质（例如公文书或私文书）及其内容之主张视为已获证明”〔1〕。因此，应当说，书证提出命令其实并不是证明责任分配机制，而是由法律明确规定的一种事实查明方法，通过这种事实查明方法，从表象上来看，似乎是一种举证责任的“转移”，但从法律制度规定上来说，它是一种由书证控制人提供证据的制度安排，但并不是证明责任意义上的举证责任转移或倒置。从性质来说，是一种法律推定，“推定往往与盖然性居优势的标准相符，因此，只是表示凭常识能独立得出结论的简单说明。结论真实的可能如此之大，因此除非另一方当事人能提出反证，就应该作出对一方有利的裁决”〔2〕。这种法律推定的效果，在实际上起到减轻举证人的举证责任和降低了举证人证明标准的效果。

1.降低了举证人所应当达到的高度盖然性的证明标准。即在缺乏诉讼主张中的书证事实的情况下，通过书证提出命令这种技术性的举证责任的“转移”，来缓解申请一方确实无法获取该证据的困境。推定主张方的证明内容成立，法官内心获得确信。

2.未达证明标准时仍要承担证明责任。根据书证提出命令制度，被申请人提供了书证，存在三种结果：第一，该书证能够反映出申请一方的诉讼主张，能够证明申请一方的主张为“真”；第二，该书证无法反映或证明申请一方的诉讼主张，或者与诉讼争点并没有关联性；第三，被申请一方当事人虽然提供了书证，但该书证与申请一方当事人提供的其他证据相结合，仍然使法官无法获得心证，案件事实仍

---

〔1〕 姜世明：《新民事证据法论》，厦门大学出版社2017年版，第15页。
〔2〕 沈达明编著：《英美证据法》，中信出版社1996年版，第70页。

然真伪不明。对于第一种情况，通过书证提出命令，使申请一方得到了文书证据的加持和支撑，诉讼主张可以成立；对于第二种、第三种情况而言，申请一方的证明责任并没有减轻，仍然需要提供其他证据来证明自己的诉讼主张，并要达到相应的证明标准。对于被申请一方提供了书证后，案件事实仍然真实不明或法院无法获得内心确信的，举证人要承担相应不利的法律后果。

3.允许反证推翻。根据2019年《民事证据规定》第46条第1款规定："人民法院对当事人提交书证的申请进行审查时，应当听取对方当事人的意见，必要时可以要求双方当事人提供证据、进行辩论。"允许书证控制人在否定其控制书证的主张时，提供证据进行证明。事实上，妨碍举证的推定是一种可以反驳的法律推定。〔1〕因此，允许书证控制人提出反证予以推翻。

关于控制书证的证明标准，即负举证责任的当事人主张书证提出命令时，提出妨碍人控制着书证的证据要达到什么证明标准的问题。我国现有的法律规定没有明确。结合2019年《民事证据规定》第47条所规定的书证提出命令的范围"下列情形，控制书证的当事人应当提交书证：（一）控制书证的当事人在诉讼中曾经引用过的书证；（二）为对方当事人的利益制作的书证；（三）对方当事人依照法律规定有权查阅、获取的书证；（四）账簿、记账原始凭证；（五）人民法院认为应当提交书证的其他情形"的规定，第1项一般为另案中已经生效的裁判文书，第2项是证据控制人曾经为对方当事人制作的书证，第3项是法律明文规定的内容，第4项是保管对象书证的法定义务。因此，负举证责任的当事人需要证明文书控制人控制着书证的证明标准，应当是较低程度的表面证据即可，不必是高度盖然性的证明标准：一则是有其他间接证据的加持，二则过高的证明标准无疑是等于架空了证明妨碍制度，偏离了贯彻平等原则设置该制度的初衷。

二、与调查收集证据关系

（一）对方控制证据的一般情况

司法实践中，经常会遇到当事人以下列三种情形需要取得对方证据的情况（见图10-5）。

〔1〕 参见最高人民法院民事审判第一庭：《民事诉讼证据司法解释的理解与适用》，中国法制出版社2002年版，第361页。

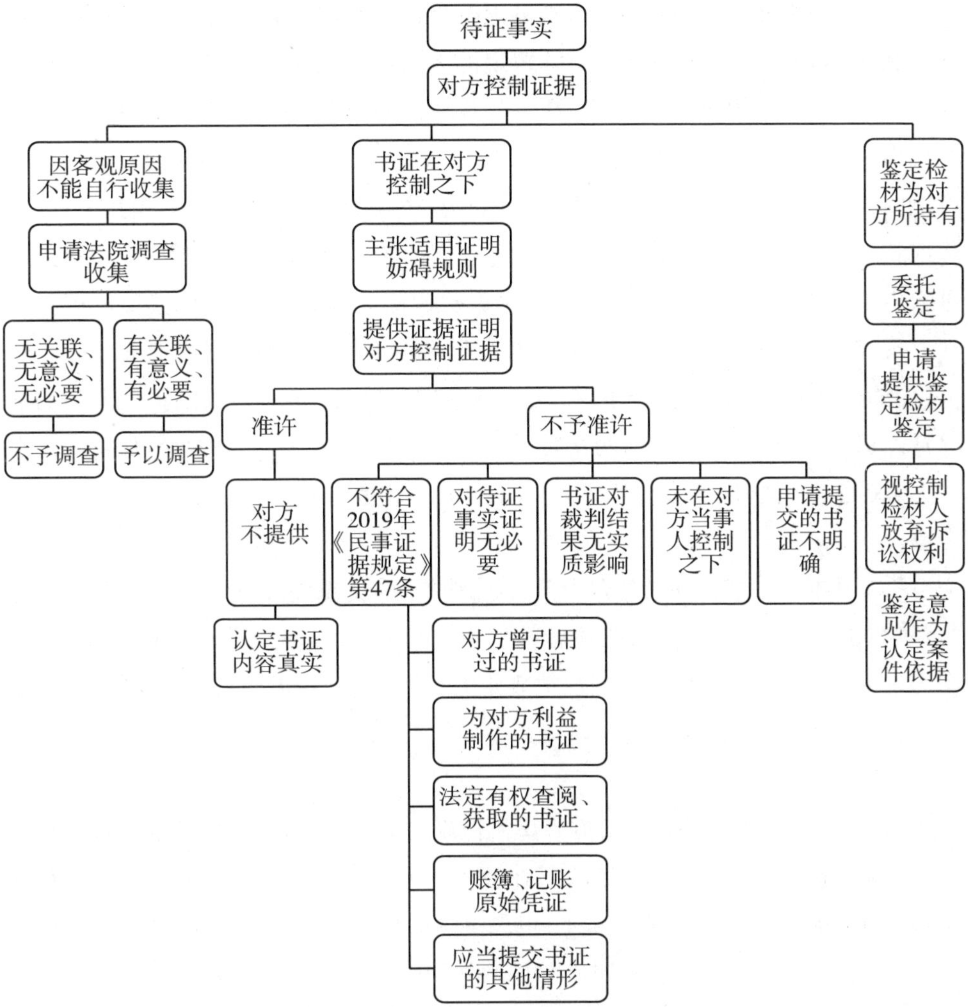

图10-5　需要取得对方证据的不同情况

第一种情形:"因客观原因不能自行收集的证据"。对于依当事人申请的证据调查收集,应当按照2020年《民诉法司法解释》第94条"民事诉讼法第六十四条第二款规定的当事人及其诉讼代理人因客观原因不能自行收集的证据包括:(一)证据由国家有关部门保存,当事人及其诉讼代理人无权查阅调取的;(二)涉及国家秘密、商业秘密或者个人隐私的;(三)当事人及其诉讼代理人因客观原因不能自行收集的其他证据。当事人及其诉讼代理人因客观原因不能自行收集的证据,可以在举证期限届满前书面申请人民法院调查收集"的规定,且不存在"与待证事实无关联、对证明待证事实无意义或者其他无调查收集必要的"的情形。对于依职权的调查收集证据，则必须符合2020年《民诉法司法解释》第96条规定，“民事诉讼法第六十四条第二款规定的人民法院认为审理案件需要的证据包括：(一)涉及可能损害国家利益、社会公共利益的；(二)涉及身份关系的；(三)涉及民事诉讼法第五十五条规定诉讼的；(四)当事人有恶意串通损害他人合法权益可能的；(五)涉及依职权追加当事人、中止诉讼、终结诉讼、回避等程序性事项的。除前款规定外，人民法院调查收集证据，应当依照当事人的申请进行”。因此，当事人申请调查取证必须符合2020年《民诉法司法解释》第94条的规定，才可能实现。现实中，往往是对于兜底条款“因客观原因不能自行收集的其他证据”中的“其他证据”存在一定的适用争议，由于该条的意旨是“由人民法院根据个案的情况具体掌握”〔1〕，但基于与前两款属于并列关系，应当与前两款的意旨保持同一水平，不应当扩大适用，否则，就突破了第94条本身是当事人举证责任“补充说”的定位。

第二种情形：书证在“对方当事人控制之下”。需要控制证据的当事人属于“(一)控制书证的当事人在诉讼中曾经引用过的书证；(二)为对方当事人的利益制作的书证；(三)对方当事人依照法律规定有权查阅、获取的书证；(四)账簿、记账原始凭证；(五)人民法院认为应当提交书证的其他情形”这五类情形，且不能扩大适用。

第三种情形：鉴定检材在对方当事人控制之下。司法实践中，经常会遇到鉴定人申请鉴定，而部分或全部鉴定检材在被申请人处的情况。对于鉴定检材在对方当事人处是否可以申请调查取证的问题，根据《民事诉讼法》第64条第2款和2020年《民诉法司法解释》第94条的规定可知，民事诉讼立法对于当事人“因客观原因”限制的范围很窄，人民法院对于当事人“因客观原因”不能收集的基本定位是“补充说”，即“当事人是举证责任主体，人民法院不负举证责任，而只进行补充性收集”〔2〕。

由此可见，三种不同的“因客观原因”未取得对方证据的制度定位、目标、功能和法律后果是不同的。

(1)从制度定位来看。书证提出命令制度，它不属于证明责任和举证责任分配

〔1〕 沈德咏主编：《最高人民法院民事诉讼法司法解释理解与适用(上)》，人民法院出版社2015年版，第323页。

〔2〕 沈德咏主编：《最高人民法院民事诉讼法司法解释理解与适用(上)》，人民法院出版社2015年版，第322页。

的范畴，它属于法律明文规定的查明事实真相的方式之一，对证据控制人提出书证的举证的“安排”是法定的，是不能转移的，虽然“本身就是请求法院实施证据调查的手段”〔1〕。而申请法院调查取证，属于证明责任的范畴，在功能上主要是解决非当事人自身能力所能收集的各类证据（不限于书证），体现的是证明责任机制下证据调查收集制度中“以当事人提供证据为主，法院调查收集为补充”的功能，即“明确当事人举证责任承担者的责任主体地位，人民法院仅在特定条件下、依照一定的程序承担有限的补充作用”〔2〕。而在对专门性问题进行司法鉴定的活动中，持有鉴定检材的一方不提供证据，则是在辩论主义条件下，当事人对自己诉讼权利行使处分权的表现。

（2）从适用前提来看。书证提出命令，必须有证据证明对方控制着证据，才能适用；对于申请不明确、对待证事实证明无必要、书证对于裁判结果无实质性影响等情况下，法院不予准许适用书证提出命令。法院调查收集证据，由于查明事实坚持“以当事人提供证据为主，法院调查收集为补充”的原则，“在特殊情况下当事人无法收集证据或人民法院认为有必要依职权收集证据时，人民法院有在一定范围内调查收集证据的权力”。〔3〕因此，属于法院调查取证的范围比较窄，以避免打破攻防双方的武器平等规则，其属于查明事实的一种调查手段，从性质上看，体现的是国家干预原则。

（3）从法律后果来看。书证提出命令制度的法律后果，采用的是法律推定，即证据控制人在拒不提供法院要求提出的书证时，推定主张者所主张的书证内容为真，直接作为定案的根据；而当事人申请调查收集证据，则属于当事人的证据，需要进行举证、质证和认证，是否能够作为定案的根据，则不一定。

（4）从具体操作层面来看，书证提出命令与申请调查取证不能混用。例如，当事人申请人民法院调取证据，但监控视频资料由对方当事人持有，则不属申请人民法院调查收集证据的范围，应依据2020年《民诉法司法解释》第112条和2019年《民事证据规定》第45条的规定，书面申请人民法院责令对方当事人提交。

（二）控制其他证据类型是否可调查收集

对于对方当事人直接或间接持有，或者间接证据有书证之外的其他证据种类

---

〔1〕［日］新堂幸司：《新民事诉讼法》，林剑锋译，法律出版社2008年版，第417页。

〔2〕沈德咏主编：《最高人民法院民事诉讼法司法解释理解与适用（上）》，人民法院出版社2015年版，第322–323页。

〔3〕田平安主编：《民事诉讼法学研究》，高等教育出版社2008年版，第199页。

时，是否可以申请人民法院调查收集证据的问题。

1.申请人民法院调查收集证据，需要看这种证据类型中的待证事实是否符合当事人申请调查收集证据的条件要求：

（1）可以申请调查收集。如果符合2020年《民诉法司法解释》第94条规定的“民事诉讼法第六十四条第二款规定的当事人及其诉讼代理人因客观原因不能自行收集的证据包括：（一）证据由国家有关部门保存，当事人及其诉讼代理人无权查阅调取的；（二）涉及国家秘密、商业秘密或者个人隐私的；（三）当事人及其诉讼代理人因客观原因不能自行收集的其他证据。当事人及其诉讼代理人因客观原因不能自行收集的证据，可以在举证期限届满前书面申请人民法院调查收集”情形，则属于人民法院调查收集证据的范畴；如果并不具备该条适用的条件，则适用证明责任机制或者是证明妨碍规则。

（2）应当是基本事实。根据2020年《审判监督司法解释》第9条规定：“民事诉讼法第二百条第（五）项规定的‘对审理案件需要的主要证据’，是指人民法院认定案件基本事实所必须的证据。”基本事实，“又称为主要事实，或者要件事实，是指对于权利发生、变更或消灭法律效果有直接作用的事实。因为其能够直接导致一定法律效果的产生，故意又称为‘直接事实’”。[1]即不是当事人所主张的所有的待证事实，都属于基本事实。不具备基本事实这一实质性要素的，则不属于调查收集范围。只有属于基本事实，对案件的事实认定有直接影响的，才能符合应当调查收集的条件。

2.可以适用证明妨碍规则。2019年《民事证据规定》第95条规定：“一方当事人控制证据无正当理由拒不提交，对待证事实负有举证责任的当事人主张该证据的内容不利于控制人的，人民法院可以认定该主张成立。”该条中的“证据”没有作限定，由于对方当事人拒不提供书证的，已有书证提出命令制度，其对于证明妨碍规则“普通法”来说属于“特殊法”，因此一般可以理解为书证以外的其他证据种类均可适用。而对于某种证据同时存在两种状态：属于当事人“因客观原因不能自行收集的其他证据”和这种证据的状态是“一方当事人控制证据无正当理由拒不提交”时，会存在“交叉适用”现象。

---

〔1〕 江必新主编：《最高人民法院关于适用民事诉讼法审判监督程序司法解释理解与适用》，人民法院出版社2008年版，第90页。

三、司法实务中的书证提出命令的后果

1.发包人持有施工任务书原件无正当理由拒不提供的，可以推定承包人提供的复印件内容为真实。建设工程施工合同纠纷案件中，承包人与发包人的结算是比较突出的问题。承包人或实际施工人提交施工任务书复印件以证实双方结算情况。发包人对复印件提出异议。从司法实践的常态来看，承包人或实际施工人提交的是复印件，但是有间接证据、证人证言或依建设工程领域的经验法则，可以证实施工任务书的原件及付款凭证、账本均由发包人保存，法院责令发包人提交，发包人无正当理由拒不提供证据，法院据此可以确认施工任务书复印件内容的真实性。

2.证据控制人无正当理由拒不提交合同，可以认定申请人所主张的书证内容为真实。司法实践中，当事人一方在一审审理过程中递交鉴定申请书，申请以在银行承兑汇票加盖的公章为样本，以银行在银行承兑协议、最高额质押合同加盖的公章为检材进行鉴定，拟证明银行承兑协议、最高额质押合同是银行承兑汇票开具后补签。法院责令作为相对方的银行在限定的时间内提交案涉证据原件以供鉴定，而银行未提交。因鉴定事项足以影响银行承兑协议签定时间的认定。根据2020年《民诉法司法解释》第112条的规定，书证在对方当事人控制之下的，当事人可申请人民法院责令对方当事人提交，无正当理由拒不提交的，人民法院可以认定申请人所主张的书证内容为真实。

【典型案解】

(一)适用前提

1.【裁判规则】推定书证内容真实并成立的前提条件：一是该书证是负有举证责任一方当事人无法通过其他渠道取得；二是有证据证明该书证为对方当事人持有

典型案例

马某某与新疆超强工程爆破拆除有限公司建设工程施工合同纠纷案［新疆维吾尔自治区高级人民法院（2016）新民再150号］

抗诉机关：新疆维吾尔自治区人民检察院

申诉人（一审原告、二审上诉人）：马某某

被申诉人（一审被告、二审上诉人）：新疆超强工程爆破拆除有限公司（以下简称超强公司）

裁判观点

人民法院认为，首先，超强公司自认的2010年5月4日工程施工合同中的方量是由涉案工程发包方（水电十五局）确认的工程量，而马某某并未提供相反证据证实涉案工程涉及自己承包的该部分工程量与涉案工程发包方（水电十五局）提供的数据不一致。在作为原告的马某某未能提供证据证实其工程量的情况下，一、二审依据涉案工程发包方（水电十五局）出具的证明中载明的涉案工程方量，作为双方争议的工程量的认定符合证据规则，并无不当。其次，依据2001年《民事证据规定》第75条及《民诉法司法解释》第112条等法律规定可以看出，推定书证内容真实并成立的前提条件：一是该书证是负有举证责任一方当事人无法通过其他渠道取得；二是该书证有证据证明对方当事人持有。本案中，马某某并未提供证据证实该证据无法通过其他合法渠道取得，以及提供充足证据证实了该证据被超强公司持有并拒不提交。相反，超强公司提供发包方出具的涉案工程的结算方量，足以说明超强公司已经提供了结算资料。

2.【裁判规则】对方当事人否认控制书证的，人民法院应当根据法律规定、习惯等因素，结合案件的事实、证据，对于书证是否在对方当事人控制之下的事实作出综合判断

典型案例

马某某与芜湖市中医医院买卖合同纠纷案［安徽省芜湖市中级人民法院（2020）皖02民终2083号］

上诉人（原审原告）：马某某

上诉人（原审被告）：芜湖市中医医院（以下简称芜湖中医院）

裁判观点

人民法院认为，根据2019年《民事证据规定》第45条规定，具体到本案，马某某作为原臣健公司法定代表人、股东，理应持有有关本案欠款的初步证据，但其在本案一、二审中均未予提供，其提出申请调取芜湖中医院电子财务系统中有关数据材料，但亦未提交任何芜湖中医院就案涉买卖合同欠款数额持有纸质或电子记录的依据，芜湖中医院对此亦不予认可。考虑案涉买卖合同已过去十年有余，且芜湖中医院存在搬迁等客观事由，法院对马某某提出芜湖中医院持有相应证据的主张不予采信。马某某应承担本案举证不能的法律后果。一审对此认定准确，法院予以确认。

（二）予以支持

1.【裁判规则】控制书证的当事人无正当理由拒不提交书证的，人民法院可以认定对方当事人所主张的书证内容为真实

典型案例

重庆隆天建设（集团）有限公司等与程某某建设工程施工合同纠纷案[最高人民法院（2020）最高法民申5649号]

再审申请人（一审被告、反诉原告、二审上诉人）：重庆隆天建设（集团）有限公司（以下简称隆天公司）

被申请人（一审原告、反诉被告、二审上诉人）：程某某

裁判观点

最高人民法院认为，根据2019年《民事证据规定》第48条第1款规定，本案中，为证明增加、变更工程量，程某某提交2012002号银川市住房保障局工程现场签证单2份、2012003号银川市住房保障局工程现场签证单、2012005号银川市住房保障局工程现场签证单、20140920号银川市住房保障局工程现场签证单及工作联系单。上述签证单及工作联系单均有建设单位、施工单位及监理单位盖章签字，均有李某某签署“原件存我处李某某2016.6.22”。经质证，隆天公司及隆天宁夏分公司对李某某的签名无异议。程某某依据上述签证单向一审法院提交增加诉讼请求申请书，载明“请求增加被告向原告支付工程款1,524,501.56元，利息损失2,541,183元，合计：4,065,684.56元”。因隆天公司及隆天宁夏分公司对上述证据中李某某的签名无异议，并认可李某某为隆天公司的副总经理，足以认定上述证据原件由隆天公司及隆天宁夏分公司持有，在其应当出示而未出示的情况下，二审判决依照2019年《民事证据规定》第48条规定支持程某某该诉讼主张，具有事实和法律依据，并无

不当。隆天公司及隆天宁夏分公司申请再审理由不能成立，法院不予支持。

2.【裁判规则】经法院释明，证据复印件的持有人未予提交证据，可以认定复印件内容为真实

典型案例 ▶▶

吉美投资有限公司与河南鹰城集团有限公司等股权转让纠纷案［最高人民法院（2017）最高法民终651号］

上诉人（一审原告）：吉美投资有限公司（GeMei Investment Limited）（以下简称吉美公司）

上诉人（一审被告）：河南鹰城集团有限公司（以下简称鹰城集团）等

裁判观点 ▶▶

最高人民法院认为，张某作为华丰集团的法定代表人在鹰城房地产公司合同、章程修改协议以及同意吉美公司向鹰城集团转让股权的董事会决议上签字，其行为系法定代表人的职务行为，法律后果应由华丰集团承担。故股权转让合同不存在侵害其他股东同意权及优先购买权的应予撤销情形。鹰城房地产公司董事会决议及合同、章程修改协议虽系复印件，但上述原件曾提交过平顶山商务局，现为鹰城房地产公司持有，经河南省高级人民法院释明，鹰城房地产公司未予提交，一审判决依据《民诉法司法解释》第112条的规定认定复印件书证内容真实，符合法律规定。

3.【裁判规则】发包人拒绝提供付款凭证，可以认定发包人欠付工程款的事实成立

典型案例 ▶▶

河南省合立建筑工程有限公司等与李某甲等建设工程分包合同纠纷案［最高人民法院（2017）最高法民申892号］

再审申请人（一审被告、二审上诉人）：河南省合立建筑工程有限公司（以下简称合立建筑公司）等

被申请人（一审原告、二审被上诉人）：李某甲等

裁判观点

最高人民法院认为，李某甲以实际施工人身份向承包人合立建筑公司主张要求工程款，同时要求发包人鑫鑫置业公司承担连带责任，一、二审均判决合立建筑公司支付李某甲劳务费，鑫鑫置业公司在欠付合立建筑公司工程款的范围内对上述欠款承担连带清偿责任。上述判决有事实和法律依据，并无不当。而就鑫鑫置业公司支付合立建筑公司工程款的问题，一审法院要求鑫鑫置业公司提供相应付款凭证，但其拒不提供，一审法院即根据《民诉法司法解释》第112条和2001年《民事证据规定》第75条的规定，认定持有付款凭证的鑫鑫置业公司拒不提交证据，应该承担认定其欠付合立建筑公司工程款数额大于李某甲诉求的不利法律后果。但是，即便鑫鑫置业公司拒不提供付款凭证，也无法推定其欠付数额与李某甲诉请标的之间的关系，原判决认定上述事实确有不当，法院在此指出，但考虑该认定并不影响鑫鑫置业公司在欠付合立建筑公司工程款范围内承担连带清偿责任的认定，可不予再审。现鑫鑫置业公司申请再审提交的承诺书、申请书等证据材料，均系其与合立建筑公司就工程款支付问题进行的沟通，其中虽有合立建筑公司承诺不再申请任何款项、鑫鑫置业公司不曾拖欠工程款等内容，但是不足以证明双方工程款的支付情况，相关问题可在另案诉讼中予以解决。

4.【裁判规则】发包人拒绝提供相关工程量的证据作为鉴定依据的，对实际施工人提供的初步证据作为鉴定材料的鉴定意见，予以采信

典型案例

中铁十七局集团有限公司与冷某某等建设工程施工合同纠纷案［最高人民法院（2016）最高法民再284号］

抗诉机关：中华人民共和国最高人民检察院

申诉人（一审第三人、二审上诉人）：中铁十七局集团有限公司（以下简称中铁十七局）

被申诉人（一审原告、二审被上诉人）：冷某某等

裁判观点 ▶▶

最高人民法院认为，在冷某某已经举证初步证明工程量的情况下，作为掌握工程量证据的中铁十七局拒绝提供相关工程量的证据作为鉴定依据的，法院采信以冷某某提供的初步证据作为鉴定材料的鉴定意见并无不妥。根据2001年《民事证据规定》第75条之规定，作为总包人的中铁十七局，是实际掌握具体支付报告及其他工程施工工程量计量法律文件的主体。对于工程量和工程价款，发包人（业主）仅会与工程总包人中铁十七局进行工程量和工程价款的确认，湖南建工集团和冷某某作为分包人和实际施工人，不可能得到发包人与总承包人中铁十七局最终确认的工程量和工程价款的证据。因此，如果中铁十七局认为法院所调取的关于申请第十七合同段第1~11期支付的报告及其附件所计量的K17+850-K19+850段工程量与业主方最终确认的工程量不符，应当提供其与业主确认的工程量和工程价款。在冷某某已经举证初步证明工程量的情况下，作为掌握工程量证据的中铁十七局在本案诉讼过程中经法院释明之后仍然拒绝提供相关工程量的证据作为鉴定依据，在这种情况下，原审法院采信以冷某某提供的初步证据，并且以此作为鉴定材料提供给鉴定机构并且最终采信该鉴定意见，并无不妥。

5.【裁判规则】一方当事人对无法提供合同原件作出了合理解释，而相对方拒不提交其持有的合同原件，对合同复印件的真实性予以确认

典型案例 ▶▶

大连羽田钢管有限公司与大连保税区弘丰钢铁工贸有限公司等物权确认纠纷案［最高人民法院（2011）民提字第29号］

再审申请人（一审原告、二审被上诉人）：大连羽田钢管有限公司（以下简称大连羽田公司）

再审被申请人（一审被告、二审上诉人）：大连保税区弘丰钢铁工贸有限公司（以下简称弘丰公司）等

裁判观点 ▶▶

最高人民法院认为，转让合同A复印件的真实性。在本案一、二审以及提审过程中，除弘丰公司以外的其他三方当事人大连羽田公司、羽田制造所、龙王塘办事

处始终陈述的事实是：2002年5月8日，本案四方当事人同时签订了转让合同A、转让合同B以及租赁合同三份合同。现大连羽田公司提交了转让合同A复印件，并对其无法提交原件作出了解释。弘丰公司虽然认为大连羽田公司提交的转让合同A复印件系伪造的，但是其始终认可自己出具的致函的真实性，该致函中明确提到其与羽田制造所、龙王塘办事处签订了两份转让合同，该两份转让合同与租赁合同系属关联合同。本案庭审期间，法院明确要求弘丰公司提交其在致函中提到的其与羽田制造所签订的转让合同，但其始终未能提交。法院认为，综合弘丰公司的致函、签约录像等证据以及各方当事人对案件事实的陈述，能够证明转让合同A是真实存在的，而且转让合同A、转让合同B以及租赁合同系关联合同。至于转让合同A的具体形式和内容问题，因该合同的签约方是弘丰公司和羽田制造所，因此，弘丰公司和羽田制造所均应持有转让合同A的原件。现大连羽田公司提交了羽田制造所保存的转让合同A复印件并对其无法提供原件作出了解释，而弘丰公司却始终不提交其持有的转让合同A原件。根据2001年《民事证据规定》第75条的规定，法院对大连羽田公司提交的转让合同A复印件的真实性予以确认。

6.【裁判规则】有证据证明持有证据原件，证据持有人无正当理由拒不提交，可以认定复印件的书证内容为真实

典型案例

刘某某与马某某买卖合同纠纷案［山西省高级人民法院（2019）晋民申636号］

再审申请人（一审被告、二审上诉人）：刘某某

被申请人（一审被告、二审被上诉人）：马某某

裁判观点

人民法院认为，原二审中马某某提供了其与刘某某对账时刘某某的记账凭证复印件，可以证明该书证存在且原件应在刘某某的控制之下，原一、二审法院审理中均通知刘某某提交该证据并对其释明举证不能的风险，刘某某无正当理由拒不提交，原二审判决依据书证复印件认定马某某主张的书证内容为真实并无不当，适用法律正确。刘某某申请再审认为马某某未完成举证责任的理由，与《民诉法司法解释》第111条第1款第2项和第112条规定的精神不相符，且有悖于诚实信用原则，

法院依法不予采信。

7.【裁判规则】一方当事人派驻在工程现场的负责人认可签证单复印件上个人签名为真实，未在指定期间内提交证据原件的，应认定复印件内容为真实

裁判观点

范某某与济南市历下区燕山工业小区开发建设总公司等建设工程施工合同纠纷案［山东省济南市中级人民法院（2019）鲁01民再36号］

上诉人（原审原告）：范某某

被上诉人（原审被告）：济南市历下区燕山工业小区开发建设总公司（以下简称燕山公司）

裁判观点

法院认为，根据《民诉法司法解释》第112条规定，范某某持四份工程量签证单复印件主张工程款，虽然该四份工程量签证单为复印件，且金润和公司对其真实性不予认可，但作为燕山公司派驻在工程现场的负责人张某某认可签证单上"张某某"为其所签，且陈述其签字确认的是总承包单位金润和公司完成的工程量，故该四份工程量签证单所提及的工程是客观存在的。法院要求金润和公司在指定期间内提交上述工程施工主体的资料和相应工程款的支付情况的材料，金润和公司未能提交，故应依法认定上述复印件为真实。

8.【裁判规则】证据控制人以记账本已经销毁为由，拒绝向法院提交，可以认定申请人所主张的书证内容为真实

裁判观点

李某甲等与陕西昊鑫工贸有限公司等运输合同纠纷案［陕西省高级人民法院（2018）陕民申1590号］

申请人（一审被告、二审被上诉人）：李某甲等

被申请人（一审被告、二审被上诉人）：陕西昊鑫工贸有限公司（以下简称昊鑫公司）等

裁判观点

人民法院认为，李某丙与李某甲口头约定钢材运输合同，系双方真实的意思表示，属有效合同，后双方因运费结算发生争议，李某丙诉至法院，要求李某甲支付剩余的运费，并提交运费清单、记账本的照片、微信截图及通话记录等证据，李某某认为记账本的内容不属实，但以记账本已经销毁为由，拒绝向法院提交。依照《民诉法司法解释》第112条的规定，原审判决判令李某甲、何某乙按照李某丙的主张承担欠付运费并无不当。

9.【裁判规则】各方均有单方记录，但拒不提交自己持有的证据原件，对已提交的单方记录予以确认

典型案例

庄某某与熊某某买卖合同纠纷案［最高人民法院（2011）民监字第815号］

再审申请人（一审被告、二审上诉人）：庄某某

被申请人（一审原告、二审被上诉人）：熊某某

裁判观点

最高人民法院认为，熊某某和庄某某均认可在交货时进行称重，熊某某和庄某某都各自作出了称重记录，但都没有在对方的记录上签字。本案诉讼中，熊某某提交了自己的称重记录，并据此认为其交货数量是9098.73斤。庄某某对此不予认可，但是在云南省高级人民法院要求庄某某提交自己的称重记录进行核对时，庄某某以记录丢失为由不提交。因此，云南省高级人民法院参照2001年《民事证据规定》第75条的相关规定采信熊某某的称重记录并认定熊某某交货数量为9098.73斤并无不当。

（三）不予支持

1.【裁判规则】举证通知书中要求证据控制人提交的证据，无正当理由拒不提交的，应当依法承担相应的不利法律后果

典型案例

宁波奥克斯空调有限公司与广东美的制冷设备有限公司等侵害实用新型专利权纠纷案［广东省高级人民法院（2016）粤民终1389号］

上诉人（原审被告）：宁波奥克斯空调有限公司（以下简称奥克斯公司）

被上诉人（原审原告）：广东美的制冷设备有限公司（以下简称美的公司）

裁判观点

人民法院认为，根据《民诉法司法解释》第112条规定，本案中，美的公司主张奥克斯公司实施被诉侵权行为的获利巨大，请求依据侵权获利确定赔偿数额，本应承担相应的举证责任。但能够证明奥克斯公司实施被诉侵权行为的实际获利的财务账册等证据被奥克斯公司实际控制，造成美的公司举证困难，美的公司因而申请一审法院采取证据保全或责令奥克斯公司提交相关证据材料，合乎情理。一审法院根据美的公司的申请，在送达奥克斯公司的举证通知书中要求奥克斯公司在举证期限内提交被诉侵权产品的生产记录、出库单、财务账册、销售记录等文件，奥克斯公司未提交；一审开庭时再次责令奥克斯公司在庭审后十五日内提交上述证据，奥克斯公司仍然未提交，且未说明任何理由。奥克斯公司无正当理由拒不提交上述证据，应当依法承担相应的不利法律后果。

2.【裁判规则】应当适用书证提出命令未适用，导致事实不清的，发回重审

典型案例

范某某与济南东部新城中央商务区管理委员会等返还原物纠纷案［山东省高级人民法院（2019）鲁民再318号］

再审申请人（一审原告、二审上诉人）：范某某

被申请人（一审被告、二审被上诉人）：济南东部新城中央商务区管理委员会（以下简称济南新城商务区管委会）等

裁判观点

人民法院认为，范某某申请法院到对方当事人处调取证据，应适用下列规定：《民诉法司法解释》第112条及2001年《民事证据规定》第75条规定，在本案中，一审法院对范某某调取证据的申请未进行审查，二审法院未依照上述规定对范某某调取证据的申请进行审查，致使本案认定事实不清，适用法律错误。依照《民事诉讼法》第207条第1款和第170条第1款第3项规定，裁定撤销原判，发回重审。

第十一章　证明标准

司法实践问题与法条适用导航

序号	司法实践问题	法条适用导航
1	民事诉讼高度盖然性证明标准	2020年《民诉法司法解释》第108条第1款[1]
2	反驳主张所要达到的证明标准	2020年《民诉法司法解释》第108条第2款[2]
3	民事实体法和程序法中的特殊证明标准	2020年《民诉法司法解释》第108条第3款[3]
4	民事诉讼排除合理怀疑的证明标准	2019年《民事证据规定》第86条第1款[4]
5	与程序事项有关的事实的证明标准	2019年《民事证据规定》第86条第2款[5]
6	独立保函纠纷中，止付申请人提交的证据材料证明构成独立保函欺诈要达到的证明标准	2020年《独立保函司法解释》第14条[6]
7	生态环境损害赔偿纠纷案件中，对刑事裁判未予确认的事实，当事人提供的证据达到民事诉讼证明标准的司法处理	2020年《生态环境损害赔偿司法解释（试行）》第8条[7]

1　2020年《民诉法司法解释》第108条第1款规定："对负有举证证明责任的当事人提供的证据，人民法院经审查并结合相关事实，确信待证事实的存在具有高度可能性的，应当认定该事实存在。"

2　2020年《民诉法司法解释》第108条第2款规定："对一方当事人为反驳负有举证证明责任的当事人所主张事实而提供的证据，人民法院经审查并结合相关事实，认为待证事实真伪不明的，应当认定该事实不存在。"

3　2020年《民诉法司法解释》第108条第3款规定："法律对于待证事实所应达到的证明标准另有规定的，从其规定。"

4　2019年《民事证据规定》第86条第1款规定："当事人对于欺诈、胁迫、恶意串通事实的证明，以及对于口头遗嘱或赠与事实的证明，人民法院确信该待证事实存在的可能性能够排除合理怀疑的，应当认定该事实存在。"

5　2019年《民事证据规定》第86条第2款规定："与诉讼保全、回避等程序事项有关的事实，人民法院结合当事人的说明及相关证据，认为有关事实存在的可能性较大的，可以认定该事实存在。"

6　2020年《独立保函司法解释》第14条规定："人民法院裁定中止支付独立保函项下的款项，必须同时具备下列条件：(一)止付申请人提交的证据材料证明本规定第十二条情形的存在具有高度可能性；(二)情况紧急，不立即采取止付措施，将给止付申请人的合法权益造成难以弥补的损害；(三)止付申请人提供了足以弥补被申请人因止付可能遭受损失的担保。止付申请人以受益人在基础交易中违约为由请求止付的，人民法院不予支持。开立人在依指示开立的独立保函项下已经善意付款的，对保障该开立人追偿权的独立保函，人民法院不得裁定止付。"

7　2020年《生态环境损害赔偿司法解释(试行)》第8条规定："已为发生法律效力的刑事裁判所确认的事实，当事人在生态环境损害赔偿诉讼案件中无须举证证明，但有相反证据足以推翻的除外。对刑事裁判未予确认的事实，当事人提供的证据达到民事诉讼证明标准的，人民法院应当予以认定。"

第一节　证明标准的适用

【法理辨析】

一、证明标准的概念

证明标准，也称证明要求、证明度，是指在诉讼证明活动中，对于当事人之间争议的事实，法官根据证明的情况对该事实作出肯定或者否定性评价的最低要求。[1]证明标准是法定的，是法律规定的评价尺度。对当事人而言，是其完成证明责任的一种现实、可预测的尺度；对法官而言，是裁判者对待证事实是否存在的内心确信程度。证明标准可以从几个层面来审视：

(1)从客观事实的角度来看，证据标准反映的是一种法律真实，而非哲学意义上或者终极意义上的客观真实。对于"过去"时空的"证据碎片"而言，根据辩证唯物主义认识论，"证据碎片"的各种组合、拼接都无法完全复原客观事实，"我们不可能拿客观存在的事实作为评判的标准；即使将客观真实作为证明的标准，在实际判断中，其实质仍然不过是裁判者认为达到'客观真实'的主观判断罢了"[2]。因此，任何证据的证明，也就无法做到完全证实客观事实的作用力，即使"完全恢复"客观事实，也还要受到民事诉讼中的处分原则、辩论主义等程序性制约，更何况"为了胜诉，当事人往往将歪曲的、甚至是完全虚构的事实陈述于法庭，提供虚假的书证或指使他人作伪证，为法庭查明事实设置重重障碍"[3]。因此，证据的证明只

〔1〕 参见沈德咏主编：《最高人民法院民事诉讼法司法解释理解与适用(上)》，人民法院出版社2015年版，第357页。

〔2〕 李浩主编：《证据法学》，高等教育出版社2009年版，第243页。

〔3〕 李浩：《证明标准新探》，载《中国法学》2002年第4期。

需要在高度盖然性的证明标准下，能够使法官的心证达到确信的程度即可。

（2）从适用主体来看，证明标准，“决定着法官必须凭什么才算得到了心证”〔1〕，即证明标准是法官获得心证的一个必要要件。由于认定案件事实并不在于一方提供证据的数量达到多少，而在于具有证据能力的证据证明力能够达到何种程度。

（3）从衡量的标准来看，证明标准具有强烈的主观性和模糊性。证明的原则与具体标准抽象存在于审判者的内心中，需要依靠审判者的良知和理性进行判断，无法用语言精确界定。“证明标准就是要指示事实认定者，就特定类型的裁判，就事实结论的正确性而言，我们的社会认为他已经具有的信心的程度。‘概率权衡的证明’和‘排除合理怀疑的证明’，这些表述在量上都是不精确的。但是，它们确实就期待事实认定者其结论的正确性所具有的信心程度，向事实认定者达到了不同的理念。”〔2〕尽管根据证据裁判主义下的法律真实是客观的，但对于具体衡量达到哪种程度，却无法像自然科学中的数学公式一样准确无误。即使人们可以说达到了75%就认为是证据占优势，但是，其一，各类证据的组合与认定，怎么样才算是75%这种证明标准的“标准”，是否有一个外在的“标准”，是没有一个精确的、精准的“游标卡尺”作为衡量依据的。其二，即使告知了哪种证据组合的情况下，可以算是达到了75%及以上，每个人，包括当事人和法官，其感觉、认知、社会阅历、主观能动性都是不同的，内心确信度也是不一样的。其三，试图解读、说明、告知什么样算是75%标准的说法，本身也是一种主观上的认识和总结，更何况要解释清楚这个标准本身也无法做到清晰和准确。

（4）从证明对象来看，证明标准具有层次化、多元化特点。即针对不同的证明对象和待证事实，需要满足不同程度的证明要求。“针对证明对象社会价值的不同，立法者可能会选择证明尺度不同的证明标准。”〔3〕例如，本证与反证的证明标准就存在差异，本证的证明标准要高于反证的证明标准，原因在于“由于本证是由已负担证明责任，所以必须要让法官对该事实形成确信，其证明活动的要求较高；与之相反，如果能够使该事实进入一个真伪不明的状态，就不能对该事实进行认

---

〔1〕［德］汉斯·普维庭：《现代证明责任问题》，吴越译，法律出版社2006年版，第88页。

〔2〕［英］克里斯托弗·艾伦：《英国证据法实务指南》（第4版），王进喜译，中国法制出版社2012年版，第149页。

〔3〕李浩主编：《证据法学》，高等教育出版社2009年版，第243页。

定，反证的目的也就达到了”。[1]

（5）从适用范围来看，不是所有的要件事实均必须采取高度盖然性的证明标准，即高度盖然性的证明标准有一定的适用范围，不能将高度盖然性适用于实体法和程序法中的所有要件事实，既不可能，也不必要。高度盖然性的证明标准在民事诉讼中作为一般证明标准，有原则，必有例外，“作为例外，对于可得利益等的损害状况以及损害额的证明尺度也不要求达到高度的概念性；对于过失或因果关系的表见证明尺度也不要求达到高度的真实概然性，而只要求达到优越的真实概然性”[2]。

二、域外证明标准

在英美法系中，对于证明标准中的“标准”问题，英国证据法学家摩菲认为，这个标准是限定了一个范围，实质上是在判定事实者的大脑中带来确定为真信念的尺度。同时也表明了，诉讼一方如果想让审判主体确信其主张为真，须通过提交的证据使其产生信赖程度的标尺。[3]在美国证据法则和证据理论中，将证明的程度分为九等：第一等是绝对确定，由于认识论的限制，认为这一标准无法达到，因此无论出于任何法律目的均无这样的要求；第二等即排除合理怀疑，为刑事案件作出定罪裁决所要求，也是诉讼证明方面的最高标准；第三等是清楚和有说服力的证据，在某些司法区在死刑案件中当拒绝保释时，以及作出某些民事判决有这样的要求；第四等是优势证据，为作出民事判决以及肯定刑事辩护时的要求；第五等是合理根据，适用于签发令状，无证逮捕、搜查和扣押，提起大陪审团起诉书和检察官起诉书，撤销缓刑和假释，以及公民扭送等情况；第六等是有理由的相信，适用于“拦截和搜身”；第七等是有理由的怀疑，足以将被告人宣布无罪；第八等是怀疑，可以开始侦查；第九等是无线索，不足以采取任何法律行为。[4]

民事诉讼的证明标准，坚持优势证据的实际标准，即“证据必须具有合理程度的可能性，但是没有刑事案件要求的那么高。如果证据已经到了使裁判庭可以这

---

〔1〕［日］高桥宏志：《重点讲义民事诉讼法》，张卫平、许可译，法律出版社2007年版，第28页。

〔2〕陈刚：《证明责任法研究》，中国人民大学出版社2000年版，第83页。

〔3〕参见牟军：《民事证明标准论纲——以刑事证明标准为对应的一种解析》，载《法商研究》2002年第4期。

〔4〕参见《美国联邦民事诉讼规则证据规则》，白绿铉、卞建林译，中国法制出版社2005年版，第202-203页。

么说的程度：‘我们认为比不可能更可能’，则该负担已经卸下，但是，如果可能性是同等的，则该负担没有卸下”[1]，“说服责任界定为优势证据。原告必须证明每一项必要的事实诉求达到了优势证据，被告也必须按照同样的标准进行积极抗辩。因此，法院在民事案件中指示陪审团，要分析证据并提供有利于当事人的裁决，证据就必须达到‘优势’的程度。就像上面提到的，优势通常被界定为‘其真实性超过50%’的几率”。[2]在美国，“尽管法官一再指明‘优势证据’意味着比0.5稍微多一些，而陪审团成员可能经常将其理解为0.7到0.8之间”[3]。

在大陆法系，有德国学者把法官的证明标准分为了不同的级别：(1)0%=绝对不可能；(2)1%～25%=非常不可能；(3)26%～49%=不太可能；(4)50%；(5)51%～74%=大致可能；(6)75%～99%=非常可能；(7)100%=绝对肯定。普维庭教授认为，对50%以上的盖然性粗略地分成三大类：(1)按照这种分类，一项事实主张可以是相对可能性很大(亦即赞成比反对的多)；(2)一项事实主张也可以具备非常可能的盖然性(一个理性的人不再怀疑或者看起来其他的可能性都被排除了)；(3)一项事实主张也可能具备显然的可能性(主张的事实是如此明显，按照人们的一般常识是不会有疑问的)。[4]日本法学家中岛弘道将自由心证强度界定为四个等级：第一等级为极弱的心证强度，据此无法做出相信待证事实为真的判断；第二等级为盖然的心证强度，是一种大概的相信，即如果不存在反证，则可相信待证事实一定为真；第三等级为盖然的确切心证，据此就能推定待证事实为真；第四等级是必然的确切心证，据此就能做出待证事实必然为真的认定。这四个等级中，前两个为弱心证，后两个为强心证。值得指出的是，心证处于第二等级即盖然心证时，民事审判会不同于刑事审判，对证据所指向的事实判定为真。[5]

---

〔1〕［英］克里斯托弗·艾伦：《英国证据法实务指南》(第4版)，王进喜译，中国法制出版社2012年版，第150页。

〔2〕［美］罗纳德·J.艾伦、理查德·B.库恩斯、埃莉诺·斯威夫特：《证据法——文本、问题和案例》(第3版)，张保生、王进喜、赵滢译，满运龙校，高等教育出版社2006年版，第806-807页。

〔3〕［美］罗纳德·J.艾伦、理查德·B.库恩斯、埃莉诺·斯威夫特：《证据法——文本、问题和案例》(第3版)，张保生、王进喜、赵滢译，满运龙校，高等教育出版社2006年版，第809页。

〔4〕参见［德］汉斯·普维庭：《现代证明责任问题》，吴越译，法律出版社2006年版，第106-107页。

〔5〕参见毕玉谦：《证明标准研究》，载陈光中、江伟主编：《诉讼法论丛》(第3卷)，法律出版社1999年版，第241页。

三、我国的证明标准

根据我国《民事诉讼法》的相关规定,《民事诉讼法》的任务之一,就是要“保证人民法院查明事实,分清是非”,人民法院审理民事案件,要坚持证据裁判主义,但对于证据的证明要达到什么程度,我国《民事诉讼法》并没有规定,仅在相关的司法解释中进行了规定:

1.关于高度盖然性的证明标准。2001年《民事证据规定》第73条第1款规定:“双方当事人对同一事实分别举出相反的证据,但都没有足够的依据否定对方证据的,人民法院应当结合案件情况,判断一方提供证据的证明力是否明显大于另一方提供证据的证明力,并对证明力较大的证据予以确认。”2020年《民诉法司法解释》第108条规定:“对负有举证证明责任的当事人提供的证据,人民法院经审查并结合相关事实,确信待证事实的存在具有高度可能性的,应当认定该事实存在。对一方当事人为反驳负有举证证明责任的当事人所主张事实而提供的证据,人民法院经审查并结合相关事实,认为待证事实真伪不明的,应当认定该事实不存在。法律对于待证事实所应达到的证明标准另有规定的,从其规定。”这里需要说明的是:(1)从承担主体来说,高度盖然性的证明标准的承担主体不是人民法院,也不是法官,而是负有举证责任的当事人,也不是固定化的“原告”或“被告”,即承担主体与诉讼地位(原告、被告、第三人)无关。那种认为“原先承担举证责任”的说法,是片面的、不周延的,也是不全面的。(2)从证据证明力来说,高度盖然性的证明标准,不是当事人证据种类、数量这种“物理性”的多少,而是指综合证据的说服力更强、更令人信服,让法官确信的程度更高。(3)从证明程度来说,高度盖然性的证明标准不是数学公式,不是数字相加,不是数学概率结论,虽然都是对“可能性”的判断,学理上基于研究需要提出数学公式、概率公式,仅仅是起到一个形象的说明作用,但不是决定性作用,否则就变成了现代版的法定证据主义。

2.关于排除合理怀疑的证明标准。2020年《民诉法司法解释》第109条规定:“当事人对欺诈、胁迫、恶意串通事实的证明,以及对口头遗嘱或者赠与事实的证明,人民法院确信该待证事实存在的可能性能够排除合理怀疑的,应当认定该事实存在。”2019年《民事证据规定》第86条第1款规定:“当事人对于欺诈、胁迫、恶意串通事实的证明,以及对于口头遗嘱或赠与事实的证明,人民法院确信该待证事实存在的可能性能够排除合理怀疑的，应当认定该事实存在。”

3.关于程序性事项的证明标准。2019年《民事证据规定》第86条第2款规定：“与诉讼保全、回避等程序事项有关的事实，人民法院结合当事人的说明及相关证据，认为有关事实存在的可能性较大的，可以认定该事实存在。”但是，对于达到什么状态属于“可能性较大”这一证明标准，法律和司法解释都没有明确说明。从世界各国对于证据标准的层次化和多元化的趋势来看，显然是较高程度盖然性这一证明标准要降低一些，或者说，达到“大概能证明”“比不可能更可能”这种程度即可，“该事实的证据标准不是陷入真伪不明状态，即其标准高于真伪不明，但又未到达高度可能性的标准时，可认定当事人的主张成立，反之，则不成立”〔1〕。

【典型案解】

1.【裁判规则】证明标准是负担证明责任的人提供证据证明其所主张法律事实所要达到的证明程度

典型案例

天津福特斯有限公司与天津市蓟州区供热服务中心占有物返还纠纷案［最高人民法院（2015）民一终字第105号］

上诉人（原审原告）：天津福特斯有限公司（以下简称福特斯公司）

被上诉人（原审被告）：天津市蓟州区供热服务中心（以下简称供热中心）

裁判观点

最高人民法院认为，证明标准是负担证明责任的人提供证据证明其所主张法律事实所要达到的证明程度。按照《民诉法司法解释》第108条规定，福特斯公司之举证应当在证明力上足以使人民法院确信其所主张的待证事实之存在具有高度可能性。而在本案中，福特斯公司的举证，远未达到高度可能性证明标准的要求。

〔1〕 最高人民法院民事审判第一庭编著：《最高人民法院新民事诉讼证据规定理解与适用（下）》，人民法院出版社2020年版，第756页。

2.【裁判规则】本证未到达高度盖然性证明标准的，不予支持

典型案例

陈甲与王某某民间借贷纠纷案［浙江省高级人民法院（2012）浙民再字第31号］

抗诉机关：浙江省人民检察院

申诉人（一审被告、二审被上诉人）：陈甲

被申诉人（一审原告、二审上诉人）：王某某

裁判观点

人民法院认为，王某某依据陈甲出具的借条，诉请陈甲偿付15万元借款及利息，陈甲对此予以否认，并辩称案涉15万元是以本案借条的形式向新天一公某领取的预付工程款，且已计入其已领取新天一公某工程款内，本案15万元借款与该15万元预付工程款为同一笔款项，陈甲应对其该抗辩举证证明。一审中，陈甲就其抗辩提供的反证主要有：陈甲与新天一公某签订的江某某家木工施工合同；陈甲已领取木工工程款汇总表以及台州市椒江区人民法院（2006）椒民一初字第13号民事判决书；陈甲向吕甲出具的借条；陈甲与王某某于2008年11月24日电话通话记录。对于陈甲提供的上述反证，除电话通话记录外，王某某对其他证据的真实性没有提出明确异议，而经一审法官释明后，王某某对电话通话记录既没有指明具体异议内容，也没有申请鉴定，故一审判决对上述证据真实性予以确认，并据此认定本案事实，证据充分。根据2001年《民事证据规定》第73条第1款规定，本案中，王某某代新天一公某支付陈甲15万元工程款，且已计入陈甲已领取新天一公某工程款内。双方于2008年11月24日特别针对本案诉讼而进行的电话通话记录显示，对于陈甲所称本案15万元借款就是以案涉借条形式，由王某某代新天一公某支付的15万元工程款的事实，王某某没有明确否认，亦没有提及双方之间除王某某代付的15万元工程款外，还有另外15万元借款的事实。结合案涉借条出具时间、金额等案件情况，陈甲提供的上述反证能够相互印证。在此情况下，王某某应对其主张继续提供补强证据予以证明。但是，王某某在本案诉讼过程中，仅提供案涉借条，并未就本案借款实际发生提供补强证据，也未对该问题作出合理说明。陈甲提供反证的证明力明显大于王某某提供本证的证明力，法院对陈甲

提供的反证予以确认。据此，陈甲有关本案借条所涉15万元借款并未实际发生，该借款与王某某代付的15万元工程款系同一笔款项的申诉理由成立，法院予以支持。

3.【裁判规则】不负有举证证明责任的当事人提供证据对本证进行反驳的，只需要使待证事实处于真伪不明的状态

典型案例

王某某与周某等第三人撤销之诉案［最高人民法院（2020）最高法民申1116号］

再审申请人（一审原告、二审上诉人）：王某某

被申请人（一审被告、二审被上诉人）：周某等

裁判观点

最高人民法院认为，根据《民诉法司法解释》第108条第2款规定，该款从反证的角度规定，不负有举证证明责任的当事人提供证据对本证进行反驳的，只需要使待证事实处于真伪不明的状态，即达到目的。根据上述规定，王某某主张其是污染期间案涉海域的实际养殖人，09协议是虚假且未实际履行，其应当对此承担举证证明责任，证明的程度须符合高度可能性的标准。而周某对此进行反驳所提供的证据，则仅需使王某某所主张的事实处于真伪不明，即达到证明目的。比较王某某与周某分别在原审中提交的证据，第一，因王某某在09协议中的签字被鉴定为本人签字，其未能提交有效证据支持09协议内容虚假的主张。故原判决对09协议的真实性予以确认，于法有据。第二，因一审法院调取的绥中县人民政府《关于报送康菲案相关18名养殖从业者核实情况的函》与《绥中县人民政府关于唐某某等4人海上污染损害责任纠纷案件回复函》，属于有权机关在其职权范围内制作的文书，在王某某未能提供足以推翻的相反证据的情形下，上述文书所记载的事项应推定为真实。故原判决确认周某为案涉海域受污染权利主体，并无不当。综上所述，周某所提供的证据，已经使王某某所主张的事实处于真伪不明，王某某未能就待证事实完成举证证明责任，不能证明384号判决全部或者部分内容错误。

4.【裁判规则】反证不足以实质性削弱本证的证据证明力，不影响认定待证事实存在

典型案例

郑州恒昊玻璃技术有限公司与李某某侵犯实用新型专利权纠纷案［最高人民法院（2015）民申字第2349号］

再审申请人（一审原告、二审上诉人）：郑州恒昊玻璃技术有限公司（以下简称恒昊公司）

被申请人（一审被告、二审被上诉人）：李某某

裁判观点

最高人民法院认为，案件事实的认定，需要结合具体证据，运用逻辑推理和日常生活经验法则，对证据有无证明力和证明力大小进行判断。如果经过审查，确信待证事实的存在具有高度可能性，应当认定待证事实存在。当事人对相应证据的质疑或者提供的反证不足以实质性削弱相应证据的证明力进而使待证事实达不到证明标准的，不影响认定待证事实存在。本案中，为证明其销售的被诉侵权产品来源于名杭公司，李某某提供了名杭公司出具的销货清单、沙河市祥通物流货物运输协议书、河北省沙河市公证处（2014）沙证字第171号公证书等三份证据。上述三份证据相互印证，前后衔接，组成了一条完整的证据链，共同指向李某某从名杭公司处购买了涉案被诉侵权产品这一待证事实。恒昊公司的质疑并不足以实质性削弱上述证据的证明力，使其达不到高度盖然性的证明标准。理由在于：第一，公司登记注册地与实际经营地有时会出现不一致的情形，且在实践中并不少见。第二，一、二审法院并非仅仅依据名杭公司法定代表人赵某某出具的证明来认定李某某从名杭公司处购买涉案被诉侵权产品的事实，而是综合全案证据进行审查判断。第三，赵某某出具的证明中出现“多层次酸蚀工艺图案玻璃（凹蒙）”字样并不违背常理。第四，交易的真实存在并不以付款凭证为必要条件，李某某没有提供付款凭证，并不足以否定李某某与名杭公司之间交易的存在。第五，关于李某某记不清名杭公司经营场所，不能提供具体联络人员和联系方式等，均不足以实质性削弱销货清单、货物运输协议书以及河北省沙河市公证处（2014）沙证字第171号公证书的证明力。综上所述，一、二审法院根据本案现有证据，在销货清单、运输协议书、河北

省沙河市公证处(2014)沙证字第171号公证书等三份证据形成完整证据链的情况下,认定李某某从名杭公司处购买了涉案被诉侵权产品,并无不当。恒昊公司虽然对此提出质疑,但是并未提供足以推翻上述事实的反证,其质疑不足以使上述事实的存在与否处于真伪不明的状态。

5.【裁判规则】反证能够证明待证事实,致使本证未达高度盖然性证明标准的,本证不予支持

典型案例

胡某某与徐某某等买卖合同纠纷案[山东省高级人民法院(2019)鲁民再158号]

上诉人(一审被告):胡某某

被上诉人(一审原告):徐某某

裁判观点

人民法院认为,争议焦点是:胡某某是否履行了与徐某某的口头煤炭买卖协议。双方对胡某某于2004年10月21日收到徐某某汇款140,000元无争议,对胡某某是否履行了发货义务存在争议。根据《民诉法司法解释》第90条、第91条的规定,胡某某应对是否履行了发货义务承担举证责任。胡某某主张2004年10月27日所发的444吨煤炭即是履行口头煤炭买卖协议的发货义务。为证明以上主张,胡某某提供了于2004年10月27日所发的444吨煤炭7张铁路货票。对于胡某某的主张,徐某某提出反驳,主张444吨煤炭是履行的另外书面煤炭销售协议的内容,并提供了书面煤炭销售协议、570,000元收款条、19张铁路货票(其中包括胡某某主张的7张444吨煤炭的铁路货票)等反证。对于本证、反证的证明力问题,枣庄市中级人民法院认为,双方的口头煤炭买卖协议约定,每吨470元,140,000元货款对应的煤炭吨数约为298吨。胡某某所发444吨煤炭价款与徐某某支付的140,000元煤炭款项相差甚大,胡某某主张是在收到140,000元后才发的煤炭,通常情况胡某某应按照140,000元货款对应的煤炭吨数发货,其多发了约146吨煤炭不符合商业经营活动的交易习惯。徐某某提供的反证能够反映案件事实,各证据之间能够形成完整的证据链,而胡某某提供的证据无法证明其主张。根据《民诉法司法解释》第108条的规定,对于待证事实，胡某某所举证据达不到证明标准，应当认定胡某某已经履行了发货义务的事实不存在。二审判决胡某某返还徐某某140,000元煤炭款及利息是正确的。

6.【裁判规则】债务人提供反驳证据致使债权人主张真伪不明的，应当认定债权人对所主张的事实不存在

典型案例 ▶▶

宁夏三友环保设备制造有限公司与宁夏三友顺达化工有限公司承揽合同纠纷案［最高人民法院（2015）民申字第885号］

再审申请人（一审原告、二审上诉人）：宁夏三友环保设备制造有限公司（以下简称三友环保公司）

被申请人（一审被告、二审被上诉人）：宁夏三友顺达化工有限公司（以下简称顺达公司）

裁判观点 ▶▶

最高人民法院认为，本案款项实际支付情况与两份合同约定的付款时间及数额均不相符，故款项支付情况，不能单独作为认定双方实际履行合同事实的依据。在顺达公司2008年1月17日向三友环保公司支付最后一笔工程款的付款单上，双方法定代表人及顺达公司财务人员均签字确认，双方关于本案案涉设备款项已全部结清。三友环保公司虽然对该付款单内容的真实性提出异议，但经一审法院委托鉴定，鉴定机构对付款单上时任三友环保公司法定代表人王某某的签字真实性，以及付款单上字迹是否一次书写形成等进行了笔迹鉴定，鉴定结论认为王某某的签字是其本人书写，款项已经结清事项书写内容与付款单上其余书写内容系一次书写形成。三友环保公司对上述内容为一次书写形成的鉴定结论不予认可，但未举出相反证据证明。鉴定机构在上述鉴定结论作出后出具的回复函的内容，并未改变鉴定结论，不能证明三友环保公司提出的款项已经结清事项系顺达公司事后单方添加的主张。根据一、二审过程中法院查明的款项实际支付情况，顺达公司就案涉设备的定制，共向三友环保公司支付1,280,670.25元，该数额与价款为128万元的合同约定基本一致。法院认为，根据《民诉法司法解释》第

108条第1款、第2款规定，三友环保公司主张顺达公司欠付合同工程款，应当就其主张的事实负举证责任，在顺达公司提供相反证据反驳三友环保公司主张的情况下，二审判决综合本案证据情况，对三友环保公司所主张的事实未予认定，符合司法解释对证明标准的规定，并无不妥。三友环保公司上述申请再审理由不能成立。

7.【裁判规则】付款凭证并不能证明对方当事人与第三方存在其他经济来往，未达到法定的证明标准

典型案例

肖某某与李某某等房屋买卖合同纠纷案［最高人民法院（2017）最高法民申3490号］

再审申请人（一审被告、二审上诉人）：肖某某

被申请人（一审原告、二审被上诉人）：李某某等

裁判观点

最高人民法院认为，根据《民诉法司法解释》第108条规定，本案中，李某某为了主张其已支付了购房款，向法院提交了商铺买卖合同及商铺买卖合同签订当日其向肖某甲任法定代表人的坤鹏公司财会人员赵某转账2800万元的银行转账凭证，并陈述是按照肖某某及肖某甲的要求向该账户转款。二审法院结合肖某某与肖某甲是姑侄关系以及肖某某庭审时关于“我就签字的时候见过一次李某某。肖某甲告诉我来签字，她说签完这个字李某某就能给我钱”的陈述，认定该2800万元款项为购房款，该认定并无不当，法院予以维持。虽然肖某某主张李某某与肖某甲有其他经济往来，李某某转账给赵某的2800万元不是购房款，但肖某某提供的肖某甲时任法定代表人的坤鹏公司财会人员向李某某转款的凭证不足以证明本案的2800万元是肖某甲与李某某之间的其他经济往来。同时，李某某也于二审中提供相关证据证明肖某某提供的上述转款凭证是肖某甲向李某某偿还双方之间以前的借款，与本案购房无关。二审法院据此认定肖某某在本案中所提供的证据并未达到法定的证明标准，不足以证明其主张真实存在，该认定并无不当，法院予以维持。

8.【裁判规则】抗辩方并未提交足以推翻涉案公证书的反证，抗辩主张不予支持

典型案例

济南槐荫华益兴超市与上海家化联合股份有限公司侵害商标权纠纷案［最高人民法院（2018）最高法民申938号］

再审申请人（一审被告、二审上诉人）：济南槐荫华益兴超市（以下简称华益兴超市）

被申请人（一审原告、二审被上诉人）：上海家化联合股份有限公司（以下简称上海家化公司）

裁判观点

最高人民法院认为，根据《民诉法司法解释》第108条之规定，本案中，上海家化公司所提交的公证书详细记载了在公证员的现场监督下公证购买被诉侵权商品的过程，华益兴超市对涉案公证书所附照片中标有“济南槐荫华益兴超市”的店面是其经营无异议，且公证书还记载了在店内挂有“济南槐荫华益兴超市”字样的营业执照，公证员亦对所购被诉侵权商品“六神花露水”进行了封存。华益兴超市销售了被诉侵权商品这一待证事实的存在，具有高度盖然性。华益兴超市虽然对此不予认可，但并未提交足以推翻涉案公证书的反证。在此情形下，一、二审法院认定华益兴超市销售了被诉侵权商品并无不当。华益兴超市关于其并未销售被诉侵权商品的主张，不能成立。

9.【裁判规则】不构成不当得利的可能性大于构成不当得利的可能性，对不当得利主张不予支持

典型案例

重庆建工第十一建筑工程有限责任公司六盘水分公司与贵州鼎丰贸易有限公司等不当得利纠纷案［最高人民法院（2017）最高法民终958号］

上诉人（原审被告）：重庆建工第十一建筑工程有限责任公司六盘水分公司［以下简称重庆建工六盘水分公司］

被上诉人（原审被告）：贵州鼎丰贸易有限公司（以下简称鼎丰公司）等

裁判观点

最高人民法院认为，首先，重庆建工六盘水分公司一审起诉时称，因其工作人员失察而误从其账户向鼎丰公司汇款，在一审审理过程中，其称"经进一步核实"，系鼎丰公司伪造其印章，在重庆建工六盘水分公司负责人不在场的情况下前往办理，相关印章均系伪造。重庆建工六盘水分公司的陈述前后不尽一致。其次，针对重庆建工六盘水分公司关于案涉汇付构成不当得利的起诉，鼎丰公司、亿杰公司提交的相关证据证明，2014年11月6日，亿杰公司与凤凰信用社签订固定资产借款合同，约定亿杰公司向凤凰信用社借款5000万元，借款用途为"修路"，借款期限自2014年11月6日至2016年11月5日，亿杰公司分别于2014年11月11日、11月20日、12月3日获得1180万元、1870万元、1950万元共计5000万元贷款，并于2014年11月11日、11月20日、12月3日，以工程款的名义向重庆建工六盘水分公司支付1180万元、1870万元、1950万元共计5000万元。重庆建工六盘水分公司分别于2014年11月13日、11月21日、12月4日以材料款的名义分三次向鼎丰公司账户汇入1180万元、1870万元、1950万元共计5000万元。亿杰公司从凤凰信用社获得借款、亿杰公司向重庆建工六盘水分公司汇款、重庆建工六盘水分公司向鼎丰公司汇款，三者在汇付时间、汇付金额上基本一致，获得款项和汇出款项的名义均与工程建设有关。对于鼎丰公司、亿杰公司主张案涉款项不构成不当得利而提供的证据，重庆建工六盘水分公司未能提供进一步支持其主张的反证，且重庆建工六盘水分公司的相关解释不足以推翻鼎丰公司、亿杰公司所提供证据证明的事实。从民事证据证明标准的角度来看，案涉5000万元不构成不当得利的可能性大于该款构成不当得利的可能性。一审法院对重庆建工六盘水分公司的诉讼请求不予支持，并无不当。

10.【裁判规则】证据未达到法定证明标准不足以使法官形成内心确信，应当承担举证不能的后果

典型案例

刘某某与青海华翔实业有限公司等买卖合同纠纷案［最高人民法院（2019）最

高法民申721号］

再审申请人（一审原告、二审上诉人）：刘某某

被申请人（一审被告、二审被上诉人）：青海华翔实业有限公司（以下简称华翔公司）等

裁判观点

最高人民法院认为，需要指出的是，一、二审判决均已认定刘某某与华翔公司存在事实上的供油关系，双方对已支付的油款金额也无异议，本案关键在于刘某某向华翔公司、李某某供应油料的总金额，但刘某某所提供的证据均不足以证明这一金额，故刘某某主张华翔公司仍欠付3,560,962.8元油款证据并不充分，虽然存在一定盖然性，但仍未达到优势证据的标准。并且，一审法院经过向中石油海西分公司、中石化海西分公司、华辰公司调查核实后，仍无法证实刘某某所主张的事实，也不足以使法官形成内心确信，在此情况下，刘某某应当承担举证不能的后果，一、二审判决驳回其诉讼请求并无不当。

11.【裁判规则】提供的证据不能达到高度盖然性标准，主张不能成立

典型案例

光力科技股份有限公司与开元创杰（北京）科技有限公司侵害发明专利权纠纷案［最高人民法院（2020）最高法民申365号］

再审申请人（一审原告、二审上诉人）：光力科技股份有限公司（以下简称光力公司）

再审被申请人（一审被告、二审被上诉人）：开元创杰（北京）科技有限公司（以下简称开元创杰公司）

裁判观点

最高人民法院认为，本案的争议焦点是：被控侵权产品购买后的状态及是否可以作为侵权比对的依据。根据《民事诉讼法》第64条第1款规定，当事人对自己提出的主张，有责任提供证据。《民诉法司法解释》第90条第2款进一步指出，当事人未能提供证据或者证据不足以证明其事实主张的，由负有举证证明责任的当事人

承担不利的后果。本案中，光力公司提交了案外人购买被控侵权产品的凭证、公证书，以及公证处和案外人就被控侵权产品公证过程及保存状态出具的证明或说明等证据，拟证明被控侵权产品自购买至公证未被更换或拆卸。对此，法院认为，第一，被控侵权产品系案外人向开元创杰公司购得，后存放于案外人处直至光力公司取走，现有证据均不能直接证明此段时间内被控侵权产品的状态；第二，公证处和案外人出具的证明或说明均系诉讼过程中取得，证明力度有限；第三，虽然公证处和案外人曾出具说明，“该包装物完好，没有损毁”“外包装没有被拆封”，但光力公司亦未否认该产品存在易拆卸、附带材料缺失等问题，故二审法院在此基础上认定光力公司提供的现有证据不能形成高度盖然性，进而其相关主张不能成立的结论并无不当。据此，二审法院鉴于被控侵权产品购买后的事实状态，未进一步将其与涉案专利技术方案进行比对的做法，亦无不妥之处。光力公司与此有关的再审申请理由不能成立，法院不予支持。

第二节　高度盖然性的证明标准

【法理辨析】

一、高度盖然性的证明标准

（一）高度盖然性证明标准的概念

盖然性，是一种可能的状态，非必然的状态。两大法系中均以盖然性作为民事诉讼的证明标准，只不过两者的判断程度不同而已。英美法系的盖然性，也称盖然性占优、盖然性权衡、优势证据标准，指负有证明责任的当事人必须证明他所主张的事实存在的可能性大于不存在，法官审查完全部证据后，必须能够表明当事人所主张的事实存在的概率大于不存在。如果盖然性是对等的，裁判者无法作出判断，则负证明责任的当事人败诉。即51%标准，诉讼中一方当事人所提供的证据比另一方所提供的证据更具有说服力或更令人相信。民事审判中，证明原则和具体衡量尺度就是需要“或然性衡量”或者“盖然性优胜”的规则，就能够体现承担证明责任的一方所提出的事实真实大于虚假。〔1〕在美

〔1〕 See Peter Murphy: A Practical Approach To Evidence, Blackstone Press Limited 1992, p.105.

国，民事诉讼中的证明标准，“既是证明主体对案件事实的证明应达到的标准，又是事实认定者作出裁决时被这些证明说服的程度。在民事诉讼中，说服责任是相对的。如果原告有超过50%的说服责任，并使陪审团能够确信原告对事实的陈述是真实的，那么，被告将会败诉。反之，如果被告没能履行说服责任，那么，陪审团就会相信原告对事实的陈述有超过50%的可能是真实的”。〔1〕美国通常表述为优势证据标准。从司法规律来看，英美法系将盖然性作为其证明标准的核心有一定的科学依据，“因为事实认定者由于受到证据信息不完全等种种局限，他们只能对过去发生的事实形成一种盖然性认识，而不可能形成完全的确信”。〔2〕

大陆法系的高度盖然性，即一方当事人提出的证据已经证明事实的发生具有高度盖然性，法官即可予以确认。面对当事人主张的观点和提供的证据材料，法官如何决定胜诉与败诉的结论，裁判者依照全部的证据材料进行判断，达到确信特定事实或者主张之时，才可以认可该项事实或主张。而“确信”通常指理性人不包含疑虑的认可。若是无法确信即不可以判定该特定事实或主张，贯彻证明责任分配原则，而把消极不利的后果判给一方来承担。〔3〕

我国关于“高度盖然性”的说法，1998年《民事经济审判方式改革规定》第11条“案件的同一事实，除举证责任倒置外，由提出主张的一方当事人首行举证，然后由另一方当事人举证。另一方当事人不能提出足以推翻前一事实的证据的，对这一事实可以认定；提出足以推翻前一事实的证据的，再转由提出主张的当事人继续举证”及2001年《民事证据规定》第73条第1款“双方当事人对同一事实分别举出相反的证据，但都没有足够的依据否定对方证据的，人民法院应当结合案件情况，判断一方提供证据的证明力是否明显大于另一方提供证据的证明力，并对证明力较大的证据予以确认”的规定中并未使用“高度盖然性”的概念，使用的是“明显大于”，对什么情况下属于“明显大于”和要“大于”到什么程度存在一定的争议。2020年《民诉法司法解释》第108条第1款“对负有举证证明责任的当事人提供的证据，人民法院经审查并结合相关事实，确信待证事实的存在具有高度可能性的，应当认定该事实存在”的规定中用“高度可能性”一词。因此，司法实

---

〔1〕［美］罗纳德·J.艾伦：《艾伦教授论证据法（上）》，张保生、王进喜、汪诸豪等译，中国人民大学出版社2014年版，第10页。

〔2〕江伟主编：《民事证据法学》，中国人民大学出版社2011年版，第211页。

〔3〕参见［日］中村英郎：《新民事诉讼法讲义》，陈刚等译，法律出版社2001年版，第199页。

践中的各类民事判决中，有的使用的是“高度盖然性”，有的使用的是“高度可能性”，有的使用“优势证据”。事实上，在判决理由的各种不同的表述中，应当都是在对案件的综合证据分析后，达到了立法所追求的法律真实的客观标准用意，而不仅仅是以这种称谓上的“可能”“强于”“大于”等表述，矮化“高度盖然性”的标准。

（二）本证与反证的证明标准

根据高度盖然性证明标准的机理，对于负举证责任的当事人和不负举证责任的当事人来说，所提供证据达到的证明标准是不需要一样的。“对待证事实负有举证责任的当事人所进行的本证，需要使法官的内心确信达到高度可能性即高度盖然性的程度才能被视为完成证明责任”“对于反证而言，其证明的程度要求相比本证要低，只需要使待证事实陷于真伪不明即可”。〔1〕即本证的目的是让事实裁判者对待证事实产生内心确信，而反证的目的在于削弱或者否定这种确信，让负举证责任的当事人主张的待证事实陷于真伪不明。

当然，也有观点认为，本证与反证的证明标准应当同一化，理由是不应有高低不同的两个证明标准。事实上，这种观点是将证明标准孤立化、片面化和绝对化，证明标准的确定离不开证明责任，由于负担举证责任的一方和不负担举证责任的另一方，在证明责任的法律后果方面存在不同，因此，对于不负担举证责任的另一方只需让待证事实达到真伪不明，不需要证据必须达到高度盖然性，即可完成举证责任。

在司法实践中，关于本证与反证的证明标准比较好理解，比较难掌握的是对于待证事实哪些属于本证、哪些属于反证的判断。经常出现的情况是：有的要求提出主张的当事人一方，对于任何的“主张”都必须提供证据证明；有的则对抗辩一方不承认的事实，一律要求提出诉讼请求的一方当事人再次提供证据证明这些“抗辩事实”；有的对抗辩一方提出的反驳，要求其证明标准达到高度盖然性的程度，等等。一般认为，需要看抗辩中的实质内容而定，如仅仅是不同意本证的，应当认定为反驳；而如提出的抗辩构成一项诉讼主张的，则应提供反证证据，以达到吞并、抵销和否定本证的目的。

---

〔1〕 沈德咏主编：《最高人民法院民事诉讼法司法解释理解与适用（上）》，人民法院出版社2015年版，第359页。

二、法律真实与高度盖然性的证明标准

1.高度盖然性的证明标准是在法律真实要求下的证明标准。“法律真实是我国民事证据制度的证明要求，依法自由判断证据是证明方式或判断证据的原则。高度盖然性是证明标准。三者的关系可以这样界定：证明要求是目的，证明方式和证明标准是手段。证明过程是：法官运用自由心证对证据材料进行判断，认为它达到了高度盖然性标准，即认定该证据符合法律真实的要求，对该证据予以采信。”〔1〕高度盖然性是对民事诉讼证明标准的最低限度要求，举证责任人在穷尽了可以获得的所有证据之后，所举证据的证明效果必须至少达到足以令法官信服的高度概率。即在证据对某一事实的证明无法达到事实清楚、证据确凿的情形下，只对盖然性较高的事实予以确认。由于认识论的相对性和民事诉讼的规律，“追求绝对的客观真实将使诉讼制度承受难以承受的成本”〔2〕，决定了民事诉讼中的证明标准只能是法律真实，而在待证事实真伪不明，且法官不得拒绝裁判的前提下，高度盖然性的事实发生概率，比盖然性较低的事实发生概率，更能够接近案件真实。高度盖然性标准是在法律真实的证明要求下，以处分原则和辩论原则为基础，当事人应当对自己的主张举证。如果原告举证证明了自己主张的事实，举证责任就转移给对方当事人〔3〕。

2.关于内心确信高度盖然性是达到证明责任要求内心确信的最低标准，在民事诉讼中，如果证明标准达不到高度盖然性证明标准的，可能会导致整个案件事实不清、失真、错误，可能会引发案件再审。我国民事诉讼中法律真实的证明要求虽然不以达到客观真实为标准，但应尽可能接近客观真实。因此，法官依法独立审查判断证据以形成内心确信的过程应遵循并合理运用一定的规则。根据2020年《民诉法司法解释》第105条的要求，除了法律规定以外，主要包括：其一，法官职业道德，即司法良知；其二，逻辑推理，即以逻辑推理规则作为认证的思维工具；其三，日常生活经验，即依据日常生活中所形成的反映事物之间必然联系的事理；其四，判决理由公开，等等。

---

〔1〕 李国光主编：《最高人民法院〈关于民事诉讼证据的若干规定〉的理解与适用》，中国法制出版社2002年版，第466-467页。

〔2〕 李浩：《民事证据立法前沿问题研究》，法律出版社2007年版，第42页。

〔3〕 参见李国光主编：《最高人民法院〈关于民事诉讼证据的若干规定〉的理解与适用》，中国法制出版社2002年版，第462-463页。

三、司法实务中的高度盖然性的证明标准

1.主张民间借贷这一待证事实需要达到高度盖然性的证明标准。根据2020年《民诉法司法解释》第108条规定，在民间借贷纠纷案件中，债权人以借条及金融机构的转账凭证提起案涉民间借贷诉讼，其应对自己提出的诉讼请求所依据的事实，提供证据加以证明，如提供的证据不足以证明其主张，应承担不利的法律后果。特别是对大额现金交付问题，出借人应就现金来源、流向、交付款项凭据、支付细节等进行举证，只有在出借人提供的证据能够证明现金交付具有高度可能性、足以使法官对现金交付形成内心确信时，才能被视为完成证明责任。对于债务人完全否认与债权人形成借贷合意时，债权人的证明范围显然不能限于支付转款本身，其还应对与债务人是如何形成借贷关系、交易具体内容等提供证据予以证明。如果债权人提供的证据无法令案涉纠纷属于民间借贷这一待证事实具有高度盖然性，故应由债权人承担举证不能的法律后果。

2.银行格式合同未注明担保人的，不能达到高度盖然性的证明标准。司法实践中，存在这样的担保合同情形：担保合同从形式上无落款时间，未加盖骑缝章；从内容上，合同首页及正文首部“保证人”未列明保证人；合同尾部仅列了“甲方（公章）”“乙方（公章）”签字栏，“保证人”个人虽然签字，但该处没有出现“保证人”一词。作为从事金融借款业务的金融机构，应当对合同文本负有更高的审核和注意义务，其在合同首部未列明保证人，在尾部签字处亦未对其系保证人作出特别注明，亦未作出合理解释和提供其他充分证据证明“保证人”承诺承担连带责任保证，故依据现有证据，不足以证明“保证人”已经明确承诺承担保证责任。

3.在无其他车辆通过时，可认定驾驶员的行为与受害人死亡后果之间存在因果关系具有高度盖然性。有证据显示事发时院内除驾驶员所驾驶的车辆外，无其他车辆通过，受害人的死亡原因为车辆挤压致重型颅脑损伤，该证据可以认定导致受害人死亡的原因具有唯一性，驾驶员未对导致受害人死亡存在其他原因介入进行举证，可以认定驾驶员的行为与受害人死亡后果之间存在因果关系具有高度盖然性。

【典型案解】

(一)达到高度盖然性

1.【裁判规则】高度盖然性是对民事诉讼证明标准的最低限度要求,证明效果必须至少达到足以令法官信服的高度概率

典型案例

滕州市洪绪镇西赵沟村村民委员会与滕州市大力建筑安装工程有限公司建设工程施工合同纠纷案[最高人民法院(2016)最高法民申465号]

再审申请人(一审被告、二审上诉人):滕州市洪绪镇西赵沟村村民委员会(以下简称赵沟村委会)

被申请人(一审原告、二审被上诉人):滕州市大力建筑安装工程有限公司(以下简称大力建筑公司)

裁判观点

最高人民法院认为,《民诉法司法解释》第108条对本证和反证的举证证明标准作出了区分规定。依据上述规定,对待证事实负有举证证明责任的当事人所进行的本证,需要使法官的内心确信达到高度可能性的程度;反证则只需要使本证对待证事实的证明陷于真伪不明的状态。高度可能性是对民事诉讼证明标准的最低限度要求,举证责任人在穷尽了可以获得的所有证据之后,所举证据的证明效果必须至少达到足以令法官信服的高度概率。就本案赵沟村委会依据两份收据主张已经支付了68万元和190万元抵顶款项,一方面大力建筑公司已经登报声明该两份收据作废,且已经将该作废声明通知赵沟村委会,另一方面赵沟村委会并未提供其支付过与该两笔款项相关的凭据,赵沟村委会仅仅凭借该两份已经由大力建筑公司登报声明作废的收据,不能让法院形成其已经支付上述两笔款项的内心确信。就此而言,一、二审法院未将该两份收据载明的款项认定为赵沟村委会已经支付给大力建筑公司,并无不当。

2.【裁判规则】提出主张的一方当事人所举证据应达到使人民法院确信待证事实存在的高度盖然性标准

典型案例 ▶▶

久益环球（佳木斯）采矿设备有限公司与大同市龙煤煤矿机械销售有限公司买卖合同纠纷案［最高人民法院（2018）最高法民终937号］

上诉人（原审原告）：久益环球（佳木斯）采矿设备有限公司（以下简称久益公司）

被上诉人（原审被告）：大同市龙煤煤矿机械销售有限公司（以下简称龙煤公司）

裁判观点 ▶▶

最高人民法院认为，根据《民事诉讼法》第64条第1款和《民诉法司法解释》第108条第1款规定，上述条文是关于民事诉讼"谁主张，谁举证"的举证责任分配原则以及高度盖然性举证证明标准的规定。依据上述规定，本案应由提出欠款主张的久益公司举证证明其与龙煤公司之间存在买卖合同关系、龙煤公司欠付货款的事实，所举证据应达到使人民法院确信待证事实存在的高度盖然性标准。

3.【裁判规则】确信待证事实的存在具有高度可能性的，应当认定该事实存在

典型案例 ▶▶

牟某与天津市宝地建筑工程有限公司等建设工程施工合同纠纷案［最高人民法院（2019）最高法民申2650号］

再审申请人（一审原告、二审上诉人）：牟某

被申请人（一审被告、二审被上诉人）：天津市宝地建筑工程有限公司（以下简称宝地公司）

裁判观点 ▶▶

最高人民法院认为，根据2001年《民事证据规定》第27条规定，本案中，牟某并未提供证据证明鉴定部门作出的鉴定结论存在上述需要重新鉴定的情形。二审

判决采信该鉴定意见并无不当。该鉴定结论为，倾向认为检材2收条上的需检“牟某”签名是牟某所写。除了上述收条外，宝地公司还提交了牟某签订收条时的录音作为证据，对该证据的真实性，牟某并不否认。可见，二审判决并非单纯依据收条认定双方的工程款已经结算完毕。根据《民诉法司法解释》第108条规定，二审判决综合全部在案证据，综合认定牟某与宝地公司、天钢公司已就案涉工程剩余款项一次性解决这一事实的存在具有高度可能性，进而认定牟某施工的工程款项已经解决完毕，并无不当。

4.【裁判规则】待证事实的存在具有高度可能性并不意味着该事实系确定的客观存在

典型案例 ▶▶

朱某某与肖某某民间借贷纠纷案[最高人民法院（2019）最高法民申602号]

再审申请人（一审被告、二审上诉人）：朱某某

被申请人（一审原告、二审上诉人）：肖某某

裁判观点 ▶▶

最高人民法院认为，朱某某出资组成明细系朱某某自己制作的其在2010年11月12日至2012年11月2日向肖某某、龙湾公司账户转款情况的汇总列表，不属于再审新证据。朱某某出资组成明细及各项凭证所载明的事项，在二审中朱某某提交的转款汇总表及朱某某向肖某某、龙湾公司转款的银行明细记录中均有记载，证明事项也是一致的。二审判决根据上述证据，对朱某某的出资予以认可，但对于肖某某主张先后两次又向朱某某转款1100万元是否系退还朱某某的投资款以及朱某某实际投资数额，未作出明确认定（实质认定朱某某的出资不足5520.75万元）。由于朱某某提供的证据尚不足以证明其向何某某支付980万元与肖某某向其的退款有直接关联，朱某某对龙湾公司的投资是否已经足额出资5520.75万元就难以确认。一、二审判决基于肖某某提供的借条等证据材料，作出案涉借款存在的事实判断符合《民诉法司法解释》第108条第1款的规定，但“待证事实的存在具有高度可能性”并不意味着该事实系确定的客观存在。对此，二审判决也明确释明朱某某其他的救济渠道，“如朱某某另有证据认为除了借条载明的肖某某代其向

龙湾公司缴纳的500万元投资款外，其自身另向龙湾公司缴纳了55,207,500元投资款，可以就超额的投资款向龙湾公司另行主张”。实际上，若朱某某有足够的证据证明其向龙湾公司的投资款超过了各股东确认的55,207,500元外，还可以就此请求龙湾公司及各股东重新确定股东出资数额，必要时也可请求进行公司或者项目清算。

5.【裁判规则】本证应达到高度盖然性的程度，才能被视为完成举证证明责任

典型案例

日照港集团物流有限公司与启东新世界进出口贸易有限公司等买卖抵押合同纠纷案［最高人民法院（2016）最高法民终114号］

上诉人（一审原告）：日照港集团物流有限公司（以下简称日照港物流公司）

被上诉人（一审被告）：启东新世界进出口贸易有限公司（以下简称启东新世界公司）

裁判观点

最高人民法院认为，诉讼过程中，对待证事实负有举证证明责任的当事人所进行的证明活动为本证，不负有举证证明责任的当事人提供证据对本证进行反驳的证明活动为反证。《民诉法司法解释》第108条分别针对本证和反证应达到的证明标准作出了规定。本案中，对是否已经交付价值33,214,879.20元的货物这一待证事实，由启东新世界公司负有举证证明责任，启东新世界公司为证明供货事实所进行的证明活动，即为本证，应达到前述规定所要求的“高度可能性”的程度，才能被视为完成举证证明责任。但其提交的增值税发票和企业间往来询证函均非交付货物的直接证据，其二审庭审中虽主张供货系由江苏中煤煤电化工有限公司通过铁路部门运输发货至华能公司曹妃甸货场和秦皇岛货场，但针对上述环节亦未能提供任何单据，与常理不符。加之日照港物流公司为反驳启东新世界公司已经供货的事实，提供了关于企业间往来询证函出具过程的陈述，日照港物流公司原法定代表人王某某因受贿罪被追究刑事责任时在讯问笔录、调查笔录中作出的启东新世界公司欠款数额为6000多万元的陈述等证据，且调查笔录、讯问笔录的作出时间分别为2014年和2015年，均晚于企业间往来询证函的出具时间，亦与询证函中记载的应

收账款数额不同。由此可知，启东新世界公司仅凭增值税发票和企业间往来询证函主张已经供货，并未达到《民诉法司法的解释》第108条第1款规定的高度可能性的证明标准。

6.【裁判规则】出借人举证证明标准应达到高度盖然性标准，才能视为完成证明责任

典型案例

大同市中扶建设有限责任公司与北京市第二建筑工程有限责任公司等民间借贷纠纷案［最高人民法院(2020)最高法民申4523号］

再审申请人(一审原告、二审被上诉人)：大同市中扶建设有限责任公司(以下简称中扶公司)

被申请人(一审被告、二审上诉人)：北京市第二建筑工程有限责任公司(以下简称北京二建工程公司)

裁判观点

最高人民法院认为，关于案涉欠款的数额如何认定。中扶公司主张其除基于向班某某、裴某某、齐某三人代偿所取得的债权2076万元外，还以现金方式直接向吴某代表的北京二建工程公司大同同煤项目经理部出借541,931元。就大额现金交付问题，出借人应就现金来源、流向、交付款项凭据、支付细节等进行举证，只有在出借人提供的证据能够证明现金交付具有高度可能性、足以使法官对现金交付形成内心确信时，才能被视为完成证明责任。本案中，中扶公司主张的代偿行为发生后，吴某于2009年2月到4月向中扶公司出具18张借款单，金额从3000元、5000元、1万元至200万元、400万元、945.6万元不等，总计2100.1931万元。中扶公司称后续借款单是对账形成，但未能对两者在时间、金额上的差异进行合理解释；中扶公司又称该541,931元包含于前述借款单中，未能说明具体对应哪一笔，且18张借款单中并无与差额相一致的单据。此后中扶公司、吴某于2009年6月26日签订的清偿债务协议书确认乙方(北京二建工程公司大同同煤项目经理部)欠款总额为21,301,931元，金额上又与前述借款单不一致，且上述证据均不能直接对应中扶公司所主张现金出借的541,931元的交付凭证。鉴于中扶公司提供的证据不足以证明现金交付的高度可能性，故中扶公司应承担举证不能的不利后果。

7.【裁判规则】在无证据的情况下，借款人向出借人以外的案外人还款的行为，有违通常交易习惯，且不能作出合理解释的，未还款具有高度可能性

典型案例 ▶▶

郑某某与陇南市西和县金汇小额贷款有限责任公司借款担保合同纠纷案［最高人民法院（2019）最高法民申5079号］

再审申请人（一审被告、二审被上诉人）：郑某某等

被申请人（一审原告、二审上诉人）：陇南市西和县金汇小额贷款有限责任公司（以下简称金汇公司）

裁判观点 ▶▶

最高人民法院认为，结合二审法院庭审调查询问时，金汇公司述称其职工徐某收取并出具收据的60万元本金系郑某某、吴某某代偿案外的两笔借款，郑某某、吴某某对此并未当庭抗辩的事实，原审判决认定金汇公司职工徐某出具还款收条与本案无关并无不当。依据《民诉法司法解释》第108条的规定，原审判决结合相关证据综合判断，认定郑某某等向案外人还款的行为有违通常交易习惯且不能作出合理解释，有事实及法律依据，并无不当。

8.【裁判规则】抗辩此款非借贷关系，抗辩证据需达到其他债权债务关系的存在具有高度盖然性的证明标准

典型案例 ▶▶

重庆祥奥商贸有限公司与陈某某等民间借贷纠纷案［最高人民法院（2019）最高法民再220号］

再审申请人（一审原告、二审上诉人）：重庆祥奥商贸有限公司（以下简称祥奥公司）

被申请人（一审被告、二审被上诉人）：陈某某

裁判观点

最高人民法院认为，根据《民间借贷司法解释》第17条[1]规定，本案中，和博公司于2012年7月6日向陈某某打款2000万元，并备注为“借款”。和博公司认为其已经对陈某某享有2000万元债权，而后将该债权转让给祥奥公司。祥奥公司受让债权之后，其依据和博公司向陈某某打款的银行转账凭证，提起本案的民间借贷诉讼。陈某某对此予以否认，并抗辩主张该款项系案外人胡某某向陈某某购买位于西藏铬铁矿的矿石货款，且和博公司对自己的打款是替胡某某付款。根据上述司法解释的规定，陈某某应当对自己的抗辩主张提供相应证据予以证明，如果陈某某不能证明自己的抗辩主张，则其抗辩不应采信，并且应当承担举证不能的不利后果。

9.【裁判规则】一方持有债权凭证，在对方无有效证据反驳的情况下，可以认定借款事实的存在具有高度可能性

典型案例

黑龙江银电鑫信息技术服务有限公司与黑龙江中嘉投资管理有限公司等借款合同纠纷案［最高人民法院（2019）最高法民申4798号］

再审申请人（一审被告、二审被上诉人）：黑龙江银电鑫信息技术服务有限公司（以下简称银电鑫公司）

被申请人（一审原告、二审上诉人）：黑龙江中嘉投资管理有限公司（以下简称中嘉公司）等

裁判观点

最高人民法院认为，根据《民间借贷司法解释》第2条第2款和《民诉法司法解释》第108条第1款和第2款规定，根据原审查明事实，银电鑫公司董事长苏某于2015年7月8日代表银电鑫公司出具借据，该借据上记载借款金额2000万元，未载明出借人、还款期限及利息；中嘉公司持有该借据原件；2015年7月27日，银电鑫公

〔1〕 现为2020年《民间借贷司法解释》第16条：“原告仅依据金融机构的转账凭证提起民间借贷诉讼，被告抗辩转账系偿还双方之前借款或者其他债务的，被告应当对其主张提供证据证明。被告提供相应证据证明其主张后，原告仍应就借贷关系的成立承担举证责任。”

司收到从中嘉公司账户所汇的2000万元。对于上述基本事实，银电鑫公司与中嘉公司均无异议。上述无争议事实，涵盖了认定民间借贷法律关系中“债权凭证”和“出借事实”这两个关键性要素。结合上述相关事实，可以确信中嘉公司主张的银电鑫公司曾向其借款2000万元这一待证事实的存在具有高度可能性，在银电鑫公司不能提供有效证据予以反驳的情况下，应当认定该事实存在。

10.【裁判规则】案外人提起执行异议之诉的，应当就其对执行标的享有足以排除强制执行的待证事实存在的证明达到具有高度盖然性的标准

典型案例

李某某与浙江中仑建设有限公司等申请执行人执行异议之诉案［最高人民法院（2020）最高法民终309号］

上诉人（原审被告）：李某某

被上诉人（原审原告）：浙江中仑建设有限公司（以下简称中仑公司）

裁判观点

最高人民法院认为，根据《民诉法司法解释》第311条和第108条第1款规定，案外人提起执行异议之诉的，应当就其对执行标的享有足以排除强制执行的民事权益承担举证证明责任，且对待证事实存在的证明应当达到具有高度可能性的标准。李某某主张其在人民法院查封之前已与银陇公司签订合法有效的书面买卖合同，但并未提交其曾就案涉商品房买卖合同办理登记备案申请的证据。银陇公司、管某某虽主张因案外人抢走电脑导致无法办理案涉商品房买卖合同登记备案，但未提交确实充分的证据，且庭审中认可同期有其他购房者办理了登记备案。李某某主张在人民法院查封之前其已合法占有案涉不动产，但其提交的证据即收款收据、维修基金、契税、物业费等费用专用收据，均系银陇公司单方出具，无其他证据佐证，未办理房屋所有权变更登记。李某某对其提出的主张，未能提交充分的证据予以证明，故李某某不符合《执行异议和复议案件规定》第28条、第29条规定的情形。李某某主张享有足以排除中仑公司强制执行的民事权益，依据不足。

11.【裁判规则】对案外人支付购车款的待证事实的举证，需要达到高度盖然性的证明程度

典型案例 ▶▶

招商银行股份有限公司长春东盛支行与郭某某等案外人执行异议之诉案［最高人民法院（2019）最高法民申2215号］

再审申请人（一审被告、二审被上诉人）：招商银行股份有限公司长春东盛支行（以下简称招商银行长春东盛支行）

被申请人（一审原告、二审上诉人）：郭某某

裁判观点 ▶▶

最高人民法院认为，本案系案外人执行异议之诉，应当判断郭某某提供的证据是否足以证明其对案涉车辆享有足以排除强制执行的民事权益。《执行异议和复议案件规定》第25条第2项规定：已登记的机动车、船舶、航空器等特定动产，按照相关管理部门的登记判断。诉争标的物系机动车，依法属于需要变更登记的特殊动产，故应首先依据登记部门的登记情况确定权利归属。进一步而言，本案中，因案外人郭某某未登记为权利人，故对其主张权利的合法性与真实性以及未予及时办理变更登记应当承担更严格的举证责任。郭某某主张购买诉争车辆支付价款，其提交的证据是赵某某作为存款人，注明车款79万元的中国农业银行银行卡交易明细清单，并主张该79万元中包括郭某某交付的50万元现金。但两笔款项金额不一致，无直接证据证明赵某某存入的79万元包括了郭某某主张的50万元现金，且郭某某对于现金来源说明不清，郭某某对于其支付购车款的待证事实的举证尚未达到高度盖然性的证明程度，二审判决认定郭某某已经支付购车款，不符合《民诉法司法解释》第108条第1款对于待证事实所应达到的证明标准的规定。

12.【裁判规则】将信用卡及密码借给银行工作人员长期使用等事实，表明当事人本人实际领取了二代U盾具有高度可能性，远高于银行工作人员冒领的可能性

典型案例 ▶▶

尹某某与中国工商银行股份有限公司临夏大什字支行银行卡纠纷案［最高人

民法院（2015）民申字第3228号］

再审申请人（一审原告、二审上诉人）：尹某某

被申请人（一审被告、二审被上诉人）：中国工商银行股份有限公司临夏大什字支行（以下简称大什字支行）

裁判观点

最高人民法院认为，首先，尹某某是向临夏分行申请领用二代U盾，大什字支行并没有向其交付二代U盾的义务。其次，虽然尹某某一审期间申请对大什字支行提供的尹某某领取二代U盾时在二代U盾领条和电子银行物品登记簿上的签名进行笔迹鉴定，甘肃政法学院司法鉴定中心出具的鉴定意见认为上述两处签名不是尹某某本人所写。但是，尹某某认可其本人2013年10月21日到临夏分行营业部办理过网银变更业务，填写了《中国工商银行电子银行个人客户变更申请书》，申请变更事项为：申领二代U盾和重置网银登录密码。如果临夏分行当时未实际向尹某某交付二代U盾，尹某某必然会提出质疑，但直至本案诉讼发生，尹某某在一审庭审中声称没见过二代U盾，银行未将二代U盾交给其本人，显然不合常理。另外，尹某某早在2007年2月即已注册网上电子银行、领用U盾，其辩称不清楚网上电子银行的操作规程以及未见过U盾、不了解U盾的作用和使用方法，缺乏可信度。根据大什字支行提交的证据，结合尹某某曾将其名下尾号为16的白金信用卡及密码借给任某某长期使用等相关事实，很难作出任某某冒名领取U盾的判断，而尹某某本人实际领取了二代U盾具有高度可能性，且该可能性远高于尹某某主张的“任某某利用其职务之便，仿冒尹某某签名领取”的可能性，故二审法院认定尹某某本人领取了二代U盾并无不当。本案没有必要调取尹某某在临夏分行营业部办理网银变更业务时的全方位、多角度录像资料，二审法院对尹某某调取证据的申请未予准许并无不当。

13.【裁判规则】反驳一方所举证据只需达到使待证事实真伪不明

典型案例

谢某某与重庆圣伟电力安装有限公司建设工程分包合同纠纷案［最高人民法院（2017）最高法民申4769号］

再审申请人（一审原告、反诉被告、二审上诉人）：谢某某

被申请人（一审被告、反诉原告、二审上诉人）：重庆圣伟电力安装有限公司（以下简称圣伟电力公司）

裁判观点

最高人民法院认为，根据《民诉法司法解释》第90条规定，本案中除合同范围内部分工程款外，谢某某还诉请圣伟电力公司支付新增工程量确认书涉及的误工费、人力运费、增加工程量堡坎造价、砍伐树木费用、人工开挖费用以及谢某某所支付的垫付工程税金、措施费、材料款、管理费、施工机械设备租赁费、征地及青苗补偿费等费用，对其上述请求所依据的事实，谢某某应当承担举证证明责任。根据《民诉法司法解释》第108条规定，该条规定对负有举证证明责任的当事人和对方当事人确定了不同的举证证明标准，对于负有举证证明责任的当事人，其所举的证据须达到高度可能性标准，而对于反驳一方来讲，其所举证据只要达到使待证事实真伪不明的状态即可。本案中，根据已经查明的事实，圣伟电力公司与谢某某2014年3月13日签订的补充协议是在谢某某将案涉工程移交给圣伟电力公司时签订，此时谢某某施工的工程已经结束，对于施工过程中形成的资料情况，谢某某应当是清楚的，在此情况下，补充协议第6条仍约定新增工程量需要"业主、监理、设计、圣伟电力公司确认的量"来确定，可见，谢某某是认可以该种形式来确认新增工程量的。诉讼中，谢某某提交的新增工程量确认书不符合上述形式要求，一、二审法院不予采信进而对新增工程量确认书所涉及相关费用不予支持，并无不当。对于谢某某主张的垫付工程税金、措施费、材料款、管理费、施工机械设备租赁费、征地及青苗补偿费等费用，因谢某某提供的证据形式上存在明显瑕疵，且证据之间相互矛盾，不能形成完整的证据链，一、二审法院认为其未达到高度可能性的举证证明标准进而驳回其相应的诉请，亦无明显不当。

（二）未达到高度盖然性

1.【裁判规则】仅根据双方约定以及协议中确定价款等推定已经支付，不能达到高度盖然性的证明标准

典型案例

黄某某等与周大福代理人有限公司等合同纠纷案［最高人民法院（2015）民四

终字第9号]

上诉人(一审原告):黄某某等

上诉人(一审被告):周大福代理人有限公司(以下简称周大福公司)

裁判观点

最高人民法院认为,黄某某、苏某某认为黄某芳已经依据备忘录支付了2000万元诚意金,周大福公司、亨满公司不予认可,在此情形下,黄某某、苏某某并未举出充分的证据证明黄某芳实际向周大福公司、亨满公司支付了该笔款项,其仅仅是根据备忘录关于诚意金的约定以及买卖股权协议确定价款等情节,推定黄某芳已经支付2000万元诚意金,不能达到高度盖然性的证明标准,无法使法官形成内心确信。因此,一审法院未予认定黄某芳支付2000万元诚意金这一事实并无不妥。黄某某、苏某某关于周大福公司、亨满公司应该返还2000万元诚意金的上诉理由,因缺乏事实依据,不能成立。

2.【裁判规则】当事人提供证据的印章非同一枚,并与鉴定意见相矛盾的,未达到高度盖然性证明标准

典型案例

李某某与鸿翔房地产有限公司等商品房买卖合同纠纷案[最高人民法院(2014)民申字第1906号]

再审申请人(一审被告、反诉原告、二审上诉人):李某某

被申请人(一审原告、反诉被告、二审上诉人):鸿翔房地产有限公司(以下简称鸿翔公司)等

裁判观点

最高人民法院认为,李某某提供的证据有:无落款日期的补充协议、录音资料、收据、收据照片、绥芬河法院的开庭笔录、证人萧某的证言等,其中无落款日期的补充协议、收据、收据照片及绥芬河法院开庭笔录等证据是为了印证录音资料的真实性,录音资料和证人证言拟证明降价补充协议的真实性,从而证明房屋降价事实。但一方面鸿翔绥芬河分公司及鸿翔公司在质证中对该录音资料的来源、真实

性及完整性存在异议，对降价补充协议不予认可；另一方面法大法庭科学技术鉴定研究所作出的司法鉴定意见书确认，降价补充协议上鸿翔绥芬河分公司的印章与样本印章不是同一枚印章，祝某云的两次签名非其本人书写，从而否定降价补充协议的真实性。李某某举示的证据与鉴定结论存在矛盾之处，未达到高度盖然性的证明标准，一、二审法院对其所主张的房屋降价事实不予认定，并无不当。

3.【裁判规则】主张通过现金还款方式归还了借款但未提供证据证明，不能确信已还款事实存在具有高度可能性

典型案例

李某某等与郑州威尔特材有限公司民间借贷纠纷案［最高人民法院（2015）民申字第1022号］

再审申请人（一审被告、二审上诉人）：李某某等

被申请人（一审原告、二审被上诉人）：郑州威尔特材有限公司（以下简称威尔公司）

裁判观点

最高人民法院认为，李某某、闫某某主张在案涉日期于银行转账和承兑之外，还通过现金还款方式归还了借款，但就该大额现金还款事实，二人未提供收据之外的其他证据予以证明，亦未就现金交付细节、经过等予以陈述。在威尔公司经手人出具的收据与同日银行转账凭证记载的转账金额均完全一致的情况下，不能确信李某某、闫某某主张的上述事实存在具有高度可能性，二审判决对该事实未予认定，并无不当。

4.【裁判规则】仅提供物业费缴费证明、租赁协议等证据，尚不能达到证明其对案涉房屋实际占有和使用的事实存在所应达到的高度盖然性标准

典型案例

孙某与邢某某案外人执行异议之诉案［最高人民法院（2017）最高法民申2344号］

再审申请人（一审原告、二审上诉人）：孙某

被申请人（一审被告、二审被上诉人）：邢某某等

裁判观点

最高人民法院认为，本案为执行异议之诉，即使能够认定孙某系案涉房屋的真实买受人，也只有在特定的情形下，才可能构成对另案金钱债权执行的阻却，对此，应参照法律、司法解释关于执行程序的有关规定加以判断。根据《执行异议和复议案件规定》第28条规定，孙某提交的鲁商置业公司出具的物业费缴费证明、房屋租赁协议等证据的证明力，未能达到《民诉法司法解释》第108条第1款规定的证明事实存在所应达到的"高度可能性"标准，故二审判决对孙某主张的其对案涉房屋存在实际占有和使用的事实未予认定，并无不当。此外，如前所述，根据当事人提供的证据，也无法认定孙某已经支付全部价款的事实。而且，对于案涉房屋并未转移登记到孙某名下，孙某亦无证据证明系非因其自身原因所致。因此，孙某对于案涉房屋的权利不符合阻却执行的条件。

（三）不利法律后果

1.【裁判规则】提交的证据不足以证明付款行为这一事实的发生具有高度盖然性，应当承担举证不能的不利后果

典型案例

何某某与广州兴盛房地产发展有限公司等商品房预售合同纠纷案［最高人民法院（2016）最高法民申3443号］

再审申请人（一审原告）：何某某

被申请人（一审被告）：广州兴盛房地产发展有限公司（以下简称兴盛公司）等

裁判观点

最高人民法院认为，根据《民事诉讼法》第64条第1款、2001年《民事证据规定》第2条第1款和《民诉法司法解释》第90条第1款规定，前述规定均确定了举证责任分配的一般原则，即"举证义务存在于主张之人，不存在于否定之人"。同时，对于负有举证责任的当事人，达到何种证明标准即完成举证责任，《民诉法司法解释》第108条第1款对此进行了规定。本案中，何某某、正威公司主张正威公司已

经支付了案涉305个车位的购买款港币7991万元，对于该事实，何某某、正威公司负有证明“该付款事实的存在具有高度可能性”的举证证明责任。对此，何某某提交了八张由兴盛公司开具的收据，正威公司提交了2001年6月8日兴盛公司向正威公司出具的表示需要延迟交付车位的函件及2005年8月3日兴盛公司和中南公司就案涉车位第一次拍卖签订的关于车位的产权交接会议纪要。首先，因该笔交易标的涉及数额巨大，八张收据存在编号连号、编号在前的收据出具时间在后、部分收据无落款日期等瑕疵，不符合通常的公司财务会计工作规范，因此，在无其他证据印证的情况下，该证据不足以单独证明正威公司已经支付了案涉车位购买款项。其次，对于正威公司提供的兴盛公司于2001年6月8日发给其的函件及2005年8月3日兴盛公司和中南公司签订的关于车位的产权交接会议纪要，用以佐证其已经付款，但该函件只是告知正威公司暂不能办理产权登记手续，并未涉及款项的支付问题，因此不能成为直接证明案涉车位购买款项已经支付的证据。而会议纪要系复印件，其真实性兴盛公司不予认可，正威公司未能提供原件核对，故会议纪要不能作为定案证据。最后，正威公司作为付款方，对于案涉车位购买款港币7991万元的巨额支出，未能提供任何支付凭证，正威公司称其是在香港将该车位购买款项支付给兴盛公司的股东香港昌盛集团有限公司（以下简称昌盛集团），但也未能对其在何时、何地以何种方式将款项支付给昌盛集团作出具体、明确、合理的说明。且无论该笔款项支付给兴盛公司还是昌盛集团，对于如此巨额的款项开支，正威公司均应有相应的付款凭证，但其至今未能提交付款凭证这一直接证据，明显与商业交易惯例不符。根据《民诉法司法解释》第105条规定，通过前述分析，法院认为何某某、正威公司提交的证据不足以证明“正威公司已支付兴盛公司车位购买款港币7991万元”这一事实的发生具有高度盖然性，应当承担举证不能的不利后果。

2.【裁判规则】证据达不到高度盖然性的证明标准，主张事实处于真伪不明状态，其应承担举证不能的不利后果

典型案例

沈阳化工建设工程总公司与沈阳金旺地房地产开发有限公司等建设工程施工合同纠纷案［最高人民法院（2018）最高法民申2214号］

再审申请人（一审原告、二审上诉人）：沈阳化工建设工程总公司（以下简称化建公司）

被申请人（一审被告、二审被上诉人）：沈阳金旺地房地产开发有限公司（以下简称金旺地公司）等

裁判观点

最高人民法院认为，根据2001年《民事证据规定》第5条和《民诉法司法解释》第108条规定，本案中，化建公司所提交的证据未达到高度盖然性，不足以证明其主张，具体分析如下：（1）双方提交的合同及税务机关备案的合同中均有“工程款全部结清，与甲方再无任何债权、债务纠纷”字样，该记载明确消灭了化建公司合同项下债权，属于对化建公司不利事实，而化建公司不能对此作出合理解释。（2）化建公司所提交的施工图纸无公章，真实性无法确认，而王某某提交的施工日记属单方制作，金旺地公司不予认可，证明力不足。（3）化建公司提交的工程竣工验收表中，审查意见一栏为空白，不能证明工程竣工验收合格。该“工程专用章”是否是金旺地公司加盖，均不能直接证明涉案工程由王某某施工。（4）化建公司提交的工程款抵房协议中，载明“未签订抵房协议的房屋，在乙方在建工程的工程款中扣除，另行签订抵房协议”。化建公司主张该“在建工程”系指本案涉案工程，以此证明其为涉案工程实际施工人。金旺地公司主张“在建工程”是指双方已经完成的其他工程，与本案无关。因双方关于“在建工程”的理解存在争议且均未提交证据加以证明，不能据此认定涉案工程是由化建公司及王某某施工。根据上述分析，化建公司提交的上述证据证明力不足，不能证明涉案工程由其施工。因化建公司提交的证据达不到高度盖然性的证明标准，所主张事实处于真伪不明状态，其应承担举证不能的不利后果。原审判决驳回其诉讼请求，适用法律并无不当，化建公司的该项申请再审理由不能成立。

3.【裁判规则】对待证的借款事实没有达到高度盖然性的证明标准，应当承担举证不能的法律风险

典型案例

黄某某与星岛（延边）绿色产业有限公司民间借贷纠纷案［最高人民法院

(2015)民申字第1265号]

再审申请人(一审原告、二审被上诉人):黄某某

被申请人(一审被告、二审上诉人):星岛(延边)绿色产业有限公司(以下简称星岛公司)

裁判观点 ▶▶

最高人民法院认为,根据《民诉法司法解释》第90条和第108条规定,黄某某主张星岛公司欠其借款476万元,并提供了落款日期为2001年1月11日借款金额为259万元的借款合同、借条,2008年1月11日借款金额为259万元的延期还款合同书,2010年3月3日借款金额为301万元借款合同、借条等证据。鉴于黄某某自2000年10月9日至2011年3月21日先后任星岛公司的副总经理、总经理,表明其对星岛公司有一定的控制能力,尤其是其有使用星岛公司印章的便利条件,因此,人民法院对黄某某与星岛公司之间是否存在真实的借款关系,应当严格审查。经审查,黄某某关于借款事实及细节的诸多陈述前后不一,存在矛盾之处,无法作出合理解释,主要表现在以下几个方面:第一,借款合同及借条等主要证据存在重大瑕疵;第二,资金来源陈述存在矛盾;第三,款项支付形式违背常理;第四,借款用途与合同约定不符;第五,还款事实陈述违背常理。由此可见,黄某某关于案涉借款合同和款项交付的细节所作陈述之间和在案其他证据之间,存在诸多矛盾及违背常理之处,黄某某对此无法作出合理解释,其提供的证据对待证的借款事实而言,没有达到《民事诉讼法》所要求的高度盖然性的证明标准,应当承担举证不能的法律风险。

4.【裁判规则】抗辩主张货物系其购买的,未能达到足以使人民法院确信该待证事实的存在具有高度可能性的,不予支持

典型案例 ▶▶

吴某与王某某债务纠纷案[最高人民法院(2015)民抗字第43号]

抗诉机关:中华人民共和国最高人民检察院

申诉人(一审原告、二审被上诉人):吴某

被申诉人(一审被告、二审上诉人):王某某

裁判观点

最高人民法院认为，根据《民诉法司法解释》第90条第1款和第91条规定，吴某作为向王某某供应玻璃的一方，主张案涉27件玻璃系其从广州锦明玻璃厂购买，则应提供证据加以证明。对此，吴某提供了广州锦明玻璃厂出具的证明和收据、广州大朗集装箱储运公司出具的收款收据以及提货铁路大票、法院调取的证据以及抗诉申请书等证据。上述证据确实充分，形成了有效的证据链，可以初步证明吴某从广州锦明玻璃厂购买玻璃27件并支付货款及运费共计77,485.84元，广州锦明玻璃厂委托广州大朗集装箱储运公司运输27件玻璃给王某某，后王某某从乌鲁木齐站提取了玻璃。至于王某某抗辩主张，2002年5月8日由广州大朗集装箱储运公司发送至乌鲁木齐收货人为王某某的27件玻璃系王某某自行从广州大明玻璃厂购买，同样根据《民诉法司法解释》第90条、第91条的规定，王某某应提供相应的证据加以证明。对此，王某某提供了铁路货票、汇款单和收条等证据。但是，王某某提交的收条和汇款单等证据仅能证明其与广州大明玻璃厂之间的部分资金往来情况，无法充分证明与案涉27件玻璃有关。

证明标准是负担证明责任的人提供证据证明其所主张法律事实所要达到的证明程度。本案中，吴某已经完成案涉27件玻璃系其从广州锦明玻璃厂购买的举证证明责任，王某某主张案涉27件玻璃系自行从广州大明玻璃厂购买。按照《民诉法司法解释》第108条规定，王某某之举证应当在证明力上足以使人民法院确信该待证事实的存在具有高度可能性。而基于前述，王某某为反驳吴某所主张事实所作举证，没有达到高度可能性之证明标准。而且，一审庭审中，王某某并未谈及27件玻璃是自己购买的问题，只是说根据吴某提供的发货单及入库单（复印件）不能证明王某某已经收到这27件玻璃。二审期间王某某却提供了铁路货票用于说明27件玻璃已提货，但提的是自己购买的玻璃。王某某上述陈述前后不一。原审判决以广州锦明玻璃厂出具的货款凭证和广州大朗集装箱储运公司出具的运费凭证系收据而非发票为由，对相关证据的真实性不予采信，没有充分的事实及法律依据，也不符合前述司法解释的规定精神，法院予以纠正。

5.【裁判规则】结算单是否存在重复计算的待证事实不足以达到高度盖然性标准的，不予支持

典型案例

安庆京鹏交通工程有限公司与中铁二十四局集团有限公司建设工程分包合同纠纷案［最高人民法院（2020）最高法民申2918号］

再审申请人（一审原告、二审被上诉人）：安庆京鹏交通工程有限公司（以下简称京鹏公司）

被申请人（一审被告、二审上诉人）：中铁二十四局集团有限公司（以下简称中铁二十四局）

裁判观点

最高人民法院认为，根据《民事诉讼法》第64条第1款和《民诉法司法解释》第108第1款规定，本案中，京鹏公司作为水泥出卖方，负有提供证据证明其已向中铁二十四局供应了3476.85吨水泥的证明责任。京鹏公司为证明其主张，除双方认可已结算的799,788元水泥款相关证据外，另提交了469,262.25元的物资设备收料单，中铁二十四局认为物资设备收料单时间为2013年12月20日，而双方在2014年1月22日达成的799,788元水泥款的结算已经包含了前述物资设备收料单载明的水泥价款。因799,788元结算时间是在物资设备收料单之后，且金额大于469,262.25元，此种情形下，京鹏公司现有证据不足以达到高度盖然性标准，应当进一步进行举证，二审判决要求京鹏公司进一步举证证明该469,262.25元水泥款与已结算的799,788元水泥款不存在重复结算，并不违反“谁主张，谁举证”原则。因京鹏公司未进一步提交证据证明，二审判决京鹏公司承担举证不能的不利后果，并无不当，京鹏公司相关申请理由不能成立。

6.【裁判规则】房产登记在他人名下，当事人主张其为该不动产物权的真实权利人但举证未达高度盖然性，确认享有物权的主张，不予支持

典型案例

高某某与烟台华硕投资有限公司等案外人执行异议之诉案［最高人民法院

(2018) 最高法民申4800号]

再审申请人(一审原告、二审上诉人):高某某

被申请人(一审被告、二审被上诉人):烟台华硕投资有限公司(以下简称华硕公司)等

裁判观点

最高人民法院认为,从案涉房产物权登记状况看,案涉房产登记在中大房地产公司名下,根据《物权法》第9条[1]规定,高某某并不享有该房屋的所有权。高某某提交的证据并不足以证明其对案涉房屋享有所有权,物权登记与实际权利不符,其主张适用《物权法司法解释一》第2条[2]的规定,依据不足。关于举证责任分配问题,高某某举证尚未达到高度可能性的程度,其主张应由华硕公司举出反证,依据不足。二审法院对举证责任分配并无不当。

7.【裁判规则】施工方对其参加施工的行为、发生的施工量、结算的价格等提供充分的证据证明未达到高度盖然性的,不予支持

典型案例

平凉市宏宇机械设备有限公司与甘肃圆盛路桥工程有限公司等建设工程施工合同纠纷案[最高人民法院 (2017) 最高法民终385号]

上诉人(原审原告):平凉市宏宇机械设备有限公司(以下简称平凉宏宇公司)

上诉人(原审被告):甘肃圆盛路桥工程有限公司(以下简称圆盛路桥公司)

裁判观点

最高人民法院认为,根据《民事诉讼法》第64条和《民诉法司法解释》第108条规定,平凉宏宇公司作为原告和工程款主张方,应依法就其参加施工的行为、发生的施工量、结算的价格等提供充分的证据证明,但从一、二审查明的事实看,其举证明显不足。对此,法院评析如下:第一,平凉宏宇公司虽能证明其参加了施工,

---

〔1〕 现为《民法典》第208条:"不动产物权的设立、变更、转让和消灭,应当依照法律规定登记。动产物权的设立和转让,应当依照法律规定交付。"

〔2〕 现为2020年《民法典物权编司法解释一》第2条:"当事人有证据证明不动产登记簿的记载与真实权利状态不符、其为该不动产物权的真实权利人,请求确认其享有物权的,应予支持。"

但并未就其参加施工的范围予以证明，也无证据证明其施工与圆盛路桥公司的施工能够明确区分。第二，平凉宏宇公司虽参与了具体施工，但其施工量并无证据证明得到圆盛路桥公司或监理公司的确认。第三，平凉宏宇公司庭审后提供的有关支出凭证难以作为其施工支出事实的证据。第四，平凉宏宇公司提供的证据难以推翻已结算事实。

第三节　排除合理怀疑的证明标准

【法理辨析】

一、民事诉讼的目的与违法取证

2020年《民诉法司法解释》第109条规定："当事人对欺诈、胁迫、恶意串通事实的证明，以及对口头遗嘱或者赠与事实的证明，人民法院确信该待证事实存在的可能性能够排除合理怀疑的，应当认定该事实存在。"排除合理怀疑是指对于事实的认定，已经没有符合常理、有根据的怀疑，实际上能够达到确信该事实存在的程度。"它不仅仅是一个可能的怀疑，而是指该案的状态，在经过对所有证据的总的比较和考虑之后，陪审员的心理处于这种状况，他们不能说他们感到对指控罪行的真实性得出永久的裁决已达到内心确信的程度。"〔1〕

民事诉讼到底是为了什么而设立的，历来有不同的观点和学说。无论是国外学者，例如以历史法学派代表人物萨维尼提出的"权利保护说"，德根科宝倡导的"抽象诉权说"，赫尔维格等人主张的"具体诉权说"，奥斯加·标罗所主张的"维护法律秩序说"，兼子一所倡导的"纠纷解决说"，高桥宏志主张的"诉权否定说"，井上治典主张的"程序保障说"，竹下守夫提出的"权利保障说"；还是国内学者所提出的"维护社会秩序说""诉讼目的多元说""纠纷解决说""利益保障说"等〔2〕，都从法的本质、诉权来源、法官定位、社会秩序等不同的角度和方位提出自己的见解。当然，也有学者也提出，是否一定要用一种观点来涵盖所有的民事诉讼"目的"，"是否得将民事诉讼法或其他法律所规定之不同民事纷争程序，统一观察，而以某

---

〔1〕《美国联邦民事诉讼规则证据规则》，白绿铉、卞建林译，中国法制出版社2005年版，第202页。

〔2〕参见常怡主编：《比较民事诉讼法》，中国政法大学出版社2002年版，第39-71页。

一常说为一贯性解释与定性民事诉讼目的”[1]。但不管是哪种民事诉讼目的说，还是有无必要进行民事诉讼目的的归纳，都面临着民事诉讼中的案件真实问题。但在此时，又出现了一个问题，即民事诉讼中的案件真实是“目的”，还是“手段”。即如果追求将案件真实作为民事诉讼的一个独立价值目的，是否可以“无所不用其极”地收集和调查证据，还是说，查明案件事实就是解决纠纷的一个手段和路径，对于这一问题的回答，将会影响整个民事诉讼结构的程序设置和匹配。因此，对于发现真实与“违法取证”的关系问题，基于民事诉讼的性质，查清案件事实受到当事人辩论主义、处分权主义、正当程序、举证责任分配、证据失权等制度性的限制，那么，当事人发现案件真实的方法，是否可以不受限制，存在两种基本的态度和观点：第一种观点认为，为了最大限度地发现真实，能够取得证据目的，可以不用顾及是否具备证据能力，只要是具备证据证明力的价值就予以认可。第二种观点认为，要考虑证据资料的取得，要平衡宪法上的人身权、隐私权等基本人权和取证方法的限度，以及民事程序法中正当程序的应有价值，发挥程序法排除规则作用，排除违反法律规定非法取得的证据。

二、我国民事诉讼中的排除合理怀疑

（一）发展历程

关于排除合理怀疑的证明标准。我国民事诉讼中对于取证手段的限制问题，有一个发展的过程：

（1）1995年3月6日，《最高人民法院关于未经对方当事人同意私自录制其谈话取得的资料不能作为证据使用的批复》（法复〔1995〕2号）中指出：证据的取得必须合法，只有经过合法途径取得的证据才能作为定案的根据。未经过对方当事人同意私自录制其谈话，系不合法行为，以这种手段取得的录音资料，不能作为证据使用。该批复的积极意义在于确立了民事诉讼中证据应当具有合法性的原则。消极意义是，未经对方当事人同意的录音资料未必不合法。对于录音资料是否合法问题的规定，过于严厉。

（2）2001年《民事证据规定》第68条规定：“以侵害他人合法权益或者违反法律禁止性规定的方法取得的证据，不能作为认定案件事实的依据。”对法复〔1995〕2

〔1〕 姜世明：《新民事证据法论》，厦门大学出版社2017年版，第99-100页。

号批复作了修正。

(3)2003年全国民事审判工作座谈会提出,“在判断非法证据时应当进行利益衡量,即对取得证据方法的违法性所损害的利益与诉讼所保护的利益(忽略取证方法的违法性所能够保护的利益)进行衡量,以衡量的结果作为判断非法证据的重要考量因素。如果取证方法的违法性对他人权益的损害明显弱于忽略违法性所能保护的利益,则不应判断该证据为非法证据”〔1〕。

(4)2020年《民诉法司法解释》第106条规定:“对以严重侵害他人合法权益、违反法律禁止性规定或者严重违背公序良俗的方法形成或者获取的证据,不得作为认定案件事实的根据。”可以看出,取证手段从“侵害他人合法权益或者违反法律禁止性规定的方法取得”调整为“严重侵害他人合法权益、违反法律禁止性规定或者严重违背公序良俗的方法形成或者获取”。从“侵害”调整为“严重侵害”,这也反映出“在实体真实与保障人权、实现程序正当性发生冲突时的价值选择”。〔2〕修改的主要原因在于:以重大违法作为排除非法证据的实质性标准,引入利益考量的方法确定是否构成重大违法。法律制度中各种不同目标、价值和利益之间竞争与冲突,如果违法证据所获得利益弱于违法证据所保护的利益,则不应判断该证据为非法证据。但是“鱼和熊掌不可兼得”,这样的判断标准,需要法官的智慧和能力,需要在实体公正与程序正义、目的合法与手段违法、保护自己利益与侵害他人合法权益、保护合法利益与维护法律秩序之间进行平衡和判断。

(二)主张欺诈的证明标准

对于何为欺诈,《民法通则意见》第68条规定:“一方当事人故意告知对方虚假情况,或者故意隐瞒真实情况,诱使对方当事人作出错误意思表示的,可以认定为欺诈行为。”《民法典》第148条规定:“一方以欺诈手段,使对方在违背真实意思的情况下实施的民事法律行为,受欺诈方有权请求人民法院或者仲裁机构予以撤销。”根据法律规定,构成欺诈必须符合四个构成要件的要求,而是否存在欺诈行为是认定构成欺诈的最主要因素。在涉及是否存在欺诈行为的民事诉讼中,根据2020年《民诉法司法解释》第109条的规定,必须要达到法定的证明标准,才能予以认定。这不仅仅是提出一个主观臆测(如双方具有经济来往)、推断(如双方有打

〔1〕 沈德咏主编:《最高人民法院民事诉讼法司法解释理解与适用(上)》,人民法院出版社2015年版,第353页。

〔2〕 李国光主编:《最高人民法院〈关于民事诉讼证据的若干规定〉的理解与适用》,中国法制出版社2002年版,第444页。

款的证明)、传闻(证人证言说双方可能存在共同故意的表示)、未提供证据或者提供的证据不充分(如合同存在倒签行为)、达到高度盖然性但达不到排除合理怀疑的程度(如有录音证据,但录音证据对欺诈、胁迫、恶意串通的待证事实证明力不够)。对于这类的待证事实的证明,往往需要分两步走:

第一步,根据2020年《民诉法司法解释》第91条规定:"人民法院应当依照下列原则确定举证证明责任的承担,但法律另有规定的除外:(一)主张法律关系存在的当事人,应当对产生该法律关系的基本事实承担举证证明责任;(二)主张法律关系变更、消灭或者权利受到妨害的当事人,应当对该法律关系变更、消灭或者权利受到妨害的基本事实承担举证证明责任。"我国的民事诉讼采当事人主义,即"谁主张,谁举证"的基本原则,人民法院依职权的证据收集仅限于法律规定的特殊情形,当事人对发现诉争案件的法律真实承担最大举证责任,否则在待证事实真伪不明的情形下,负有举证责任的当事人承担举证不利的责任。

第二步,根据2020年《民诉法司法解释》第109条规定:"当事人对欺诈、胁迫、恶意串通事实的证明,以及对口头遗嘱或者赠与事实的证明,人民法院确信该待证事实存在的可能性能够排除合理怀疑的,应当认定该事实存在。"其一,本条的欺诈是指应当有故意隐瞒的行为,与日常生活中人们口头上所说的"欺诈"范围不同,并非同一概念。其二,对于欺诈事实的举证责任,应由主张欺诈一方当事人承担,不属于举证责任倒置的证明事项。其三,对当事人主张的案涉待证事实存在欺诈、胁迫的理由进行审查,不能以其他案件的审理结果为依据。其四,被欺诈人要提供相应的证据支持。当事人仅主张存在"被欺诈""受胁迫""与他方恶意串通"签订合同等行为的单方主张,没有相应证据的,该主张将不会得到支持。审查判断该主张时,假如被欺诈人主张存在"被欺诈"签订合同的情形,而被欺诈人、受胁迫人被恶意串通没有任何的报警、报案记录,除了与日常生活中人们遇到此情形的正常反应不符外,根据2019年《民事证据规定》第85条第1款"人民法院应当以证据能够证明的案件事实为根据依法作出裁判"的规定,由于没有证据来证明"被欺诈""受胁迫""被恶意串通",其主张不会被支持。其五,证明标准要高于高度盖然性的证明标准。不但被欺诈人要对其所称的"被欺诈"的主张举证,而且举证还必须达到法定的排除合理怀疑的程度才能获得司法认定,而如果其提供的证据不充分,综合证据证明力达不到排除合理怀疑的,人民法院不予认定。当事人主张曾经报过案的,如果公安机关对于提出控告作出不予立案的决定,则该"被欺诈"的主张，亦未达到排除合理怀疑的证据标准。

需要注意的是，对民事法律行为的当事人、代理人、法定代表人以外的第三人实施欺诈，赋予了受欺诈人享有撤销权。根据《民法典》第149条规定："第三人实施欺诈行为，使一方在违背真实意思的情况下实施的民事法律行为，对方知道或者应当知道该欺诈行为的，受欺诈方有权请求人民法院或者仲裁机构予以撤销。"对于因第三人欺诈实施的民事法律行为可撤销的条件，主要包括三项：一是必须是当事人之外的第三人实施的欺诈行为；二是受欺诈方因第三人实施的欺诈行为而实施了民事法律行为；三是对方知道或者应当知道一方实施的民事法律行为是第三人实施的欺诈行为的结果。〔1〕可以看出，民法意义上的欺诈需要满足相应的法律要件，符合上述条件的，受欺诈人可以依法行使撤销权。当然行使撤销权的方式限于采取起诉或者申请仲裁，仅仅是口头传达或通知对方当事人的方式，不符合行使撤销权的要求。

（三）关于胁迫的证明标准

胁迫，是指"行为人通过威胁、恐吓等不法手段对他人思想上施加强制，由此使他人产生恐惧心理并基于恐惧心理作出意思表示的行为"。〔2〕因受胁迫实施的民事法律行为，是指"一方或者第三方以胁迫手段，使对方在违背真实意思的情况下实施的民事法律行为"。〔3〕关于受胁迫的认定，一般认为，可以有几个要件：其一，一方或者第三方实施了胁迫行为；其二，一方或者第三方有胁迫的故意；其三，胁迫行为本身是违法的；其四，受胁迫人基于胁迫所产生的恐惧作出了意思表示。至于哪一种或者一类行为属于"胁迫"，立法没有明确列明，原因在于"胁迫行为"种类林林总总，"考虑到民事活动的复杂性以及民事法律行为实践的不断发展，本条不宜对胁迫作限定性的规定，而应为实践的发展留出空间"〔4〕。根据《民法典》第150条规定："一方或者第三人以胁迫手段，使对方在违背真实意思的情况下实施的民事法律行为，受胁迫方有权请求人民法院或者仲裁机构予以撤销。"即无论受胁迫而实施的民事法律行为是否有损国家利益，受胁迫人都可以申请撤销。

---

〔1〕 参见最高人民法院民法典贯彻实施工作领导小组主编：《中华人民共和国民法典总则编理解与适用（下）》，人民法院出版社2020年版，第740页。

〔2〕 黄薇主编：《中华人民共和国民法典释义（上）》，法律出版社2020年版，第296页。

〔3〕 最高人民法院民法典贯彻实施工作领导小组主编：《中华人民共和国民法典总则编理解与适用（下）》，人民法院出版社2020年版，第742-743页。

〔4〕 黄薇主编：《中华人民共和国民法典释义（上）》，法律出版社2020年版，第298页。

司法实践中，经常遇到一方当事人主张相对方采取各种各样的非法限制人身自由的方式，胁迫自己签订了合同、补充协议、授权委托书等书面材料，并认为应当无效。而依照2020年《民诉法司法解释》第109条“当事人对欺诈、胁迫、恶意串通事实的证明，以及对口头遗嘱或者赠与事实的证明，人民法院确信该待证事实存在的可能性能够排除合理怀疑的，应当认定该事实存在”的规定，即对于当事人主张胁迫的事实，应适用高于高度盖然性的排除合理怀疑的证明标准。如果当事人认为其受到相对人胁迫，主张其在限制人身自由期间受胁迫签订补充协议等材料的事实无法排除合理怀疑，并以此为由主张撤销合同、补充协议的，该主张不予支持。

需要注意的是，根据《民法典》第150条的规定，受胁迫人可以采取提起诉讼或者申请仲裁的方式对受胁迫行为申请撤销；受胁迫人既可以行使，也可以不行使，需要根据当事人的意思表示自由而定。而对于受胁迫行为是否行使撤销权的权利，其本身就可以作为审查判断当事人主张“受胁迫”的因素之一，即当事人在当时的情况下既然受到“胁迫”，按照人们日常生活经验和常理，受胁迫人都会在撤销期间行使撤销权，从而使“受胁迫”行为归于无效，维护交易安全，否则，“自胁迫行为终止之日起1年内”不行使将会产生撤销权消灭的的法律后果。

（四）关于恶意串通的证明标准

恶意串通，是指“行为人与相对人互相勾结，为谋取私利而实施的损害他人合法权益的民事法律行为”。〔1〕恶意串通的民事法律行为，“在主观上要求双方有互相串通、为满足私利而损害他人合法权益的目的，客观上表现为实施了一定形式的行为来达到这一目的”。〔2〕2020年《民诉法司法解释》第109条对恶意串通的证明标准作了特别规定，较之于该司法解释第108条第1款规定的“具有高度可能性”证明标准，该条规定更为严苛。根据该条规定可知，人民法院认定民事案件构成恶意串通事实的证明标准为排除合理怀疑，即要求当事人对其提出的存在恶意串通的事实主张，应提供充分的证据以达到足以排除合理怀疑。

司法实践中，遇到较多的是有关恶意串通的合同的证明问题。恶意串通订立的合同，是指当事人双方在主观上具有恶意，即明知其行为会造成国家、集体或者第三人利益的损害而故意为之，并且当事人之间具有串通性，在实现非法目的的意

---

〔1〕 最高人民法院民法典贯彻实施工作领导小组主编：《中华人民共和国民法典总则编理解与适用（下）》，人民法院出版社2020年版，第775页。

〔2〕 黄薇主编：《中华人民共和国民法典释义（上）》，法律出版社2020年版，第305页。

思表示达成一致后，当事人约定互相配合或者共同实施该行为。根据《民法典》第154条“行为人与相对人恶意串通，损害他人合法权益的民事法律行为无效”的规定，合同无效应同时具备两个要件，即当事人主观上有损害国家、集体或者第三人利益的恶意，客观上实施了相互串通的行为。对此，主张合同因此而无效的当事人有义务提供证据加以证实。根据2020年《民诉法司法解释》第90条规定，如果没有提供证据证明相对人与案外人之间存在损害主张方利益的共同目的，不能证明两者之间存在事前通谋，无法予以支持。如果合同当事人在知道后果的情况下，仍然选择在该合同上签章，应为其真实意思表示。事后，当事人对合同中的签章并非其真实意思表示的主张，缺乏事实依据，不予支持。与此同时，合同相对方通过行使撤销权的方式主张相关权利，并不能据此认定双方构成恶意串通，根据2020年《民诉法司法解释》第109条规定，在提供的证据未达到认定合同双方之间存在恶意串通事实的证明标准的，对恶意串通的主张，不予支持。

三、关于非法证据的认定

根据2020年《民诉法司法解释》第106条规定：“对以严重侵害他人合法权益、违反法律禁止性规定或者严重违背公序良俗的方法形成或者获取的证据，不得作为认定案件事实的根据。”证据只有在以下三种情形下取得，才不得作为认定案件事实的依据。

1.严重侵害他人合法权益的。如果当事人制作证据或收集证据的行为严重侵害了他人的合法权益，那么该证据就不得被采纳作为认定案件事实的依据。这里要注意的是，其一，必须是造成了实际的侵害；其二，造成损害的程度是严重的；其三，侵害的必须是他人的合法权益，其他非法的利益是不受保护的，因而如果制作或收集证据的行为仅仅是侵害了他人的非法利益的话，不影响证据的采纳。

例如，对司法实践中私自录音取证的采信应当区分不同情况。只有以严重侵害他人合法权益、违反法律禁止性规定或者严重违背公序良俗的方法形成或者获取的证据，才不得作为认定案件事实的根据。在司法实践中，如果录音并非在隐私场所进行的偷录，该证据的获取也并未侵犯他人的合法权益，亦未违反法律禁止性规定，可以作为证据使用。再如，在合同纠纷中经常会遇到，当事人由于事前没有书面合同，或者合同丢失、灭失，或者合同履行过程口头约定增加了新的内容，或者对方拒绝承认之前双方合同约定等情形时，当事人一方为了维护自身合法权益，“不得不”采取私自录音取证方式，对于这种私自录音证据，根据2020年《民诉法司法解释》第106条规定，不影响他人或社会公众的正常生产、生活，不属于严重侵犯相对方合法利益，未有违反法律禁止性规定或严重违背公序良俗的情形，仅就双方合同履行过程中已经达成的共识、履行合同的情况，或者是产生争议后双方沟通协商的真实记录录音，录音谈话的内容可反映合同履行的真实情况，能够证明待证事实，如建设工程设计变更的调整、工程实际工程量存在大幅减少、工程结算款的确定数额等的情形，双方当事人均是予以认可的，对于确定当事人的民事权利义务有实质性的影响，属于本案的基本事实，该录音可以作为认定本案相关事实的依据。

2.违反法律禁止性规定的。所谓法律禁止性规定是指禁止某类行为的规范，其表述一般是“不得”“不可以”“禁止”等，是相对于法律强制性规定而言的。具体到2020年《民诉法司法解释》第106条而言，如果当事人形成或调查收集证据的行为是被法律所禁止的，违背“此不可为”的义务，此时对该证据是不能够采纳的，人民法院不得将其作为认定事实的依据。

3.严重违背公序良俗的。违背公序良俗的具体情形有如下几个方面：（1）违反人伦的行为；（2）违反正义观念的行为；（3）乘他人窘迫、无经验获取不当利益的行为；（4）极度限制个人自由的行为；（5）限制营业自由的行为；（6）处分生存基础财产的行为；（7）显著的射幸行为。具体到偷录偷拍的证据是否能定位为非法证据予以排除，有以下几点需要考虑：（1）案件性质、偷拍偷录的损害后果及其社会危害程度。如在公共场合的偷拍偷录行为的社会危害性一般来说就小于在个人领域诸如住宅中进行偷拍偷录的社会危害性。（2）偷拍偷录的目的、动机以及主观过错程度。比如说当事人故意将偷拍偷录的照片、视频发到网上，然后将网上的评论也作为支持其事实主张的证据，那么该照片或视频及其评论都不能作为定案依据。（3）偷拍偷录手段和方式。比如用窃听器、望远镜全天候监控某人的住宅等。〔1〕

四、司法实务中的排除合理怀疑

1.主张因虚假合同曾报案，实为主观推测的，不予采纳。司法实践中，在庭审过程中，当事人辩称就相对人的虚假合同骗取公司钱财问题曾向公安机关报案，经

---

〔1〕 参见最高人民法院民事审判第一庭编著：《最高人民法院民间借贷司法解释理解与适用》，人民法院出版社2016年版，第72－73页。

查，当事人的报案并未因此进入刑事侦查程序。而根据2020年《民诉法司法解释》第109条的规定，主张存在欺诈、恶意串通，需要达到排除合理怀疑的证明程度，才能为法院采信。由于未能提交充分有效的直接证据，因此，该主张仍停留在主观推测的阶段，不予采纳。

2.主张欠条等系被他人胁迫、乘人之危的，应当提供排除合理怀疑的证据证明。根据2020年《民诉法司法解释》第109条的规定，司法解释对胁迫事实提高了证明的标准。因此，当事人仅仅提供录音，在该录音证据的证明力未达到上述证明标准的情况下，往往不能认定可以推翻原判决。作为完全民事行为能力的成年人，当事人应对自己的签字行为承担相应的后果，故当事人主张被他人胁迫、乘人之危的情况下被迫书写，亦不予采纳。

3.以合同约定的承包价过低为由推论存在恶意串通不予认定。根据2020年《民诉法司法解释》第90条、第91条和第109条规定，对于恶意串通的事实的证明标准需达到能够排除合理怀疑的程度。在司法实践中，对于当事人主张案涉合同约定的承包价过低为由推论存在恶意串通的事实，显然未达到法定的证明标准。在申请人未完成举证责任的条件下，不确认其主张的事实。

【典型案解】

（一）适用条件

1.【裁判规则】排除合理怀疑属于特殊证明标准，适用范围有明确规定

典型案例

洪某某与昆明安钡佳房地产开发有限公司房屋买卖合同纠纷案[最高人民法院（2015）民一终字第78号]

上诉人（原审原告）：洪某某

被上诉人（原审被告）：昆明安钡佳房地产开发有限公司（以下简称安钡佳公司）

裁判观点

最高人民法院认为，证明标准是负担证明责任的人提供证据证明其所主张法律事实所要达到的证明程度。本案中，洪某某已经完成双方当事人之间存在房屋买卖法律关系的举证证明责任，安钡佳公司主张其与洪某某之间存在民间借贷法律关系。按照《民诉法司法解释》第108条规定，安钡佳公司之举证应当在证明力上足以使人民法院确信该待证事实的存在具有高度可能性。而基于前述，安钡佳公司为反驳洪某某所主张事实所作举证没有达到高度可能性之证明标准。较之高度可能性这一一般证明标准而言，排除合理怀疑属于特殊证明标准。《民诉法司法解释》第109条排除合理怀疑原则适用的特殊类型民事案件范围有明确规定。一审法院认定双方当事人一系列行为明显不符合房屋买卖的"交易习惯"，进而基于合理怀疑得出其间系名为房屋买卖实为借贷民事法律关系的认定结论，没有充分的事实及法律依据，也不符合前述司法解释的规定精神，法院予以纠正。

2.【裁判规则】当事人对于欺诈、胁迫、恶意串通事实的证明，以及对于口头遗嘱或者赠与事实的证明，人民法院确信该待证事实存在的可能性能够排除合理怀疑的，应当认定该事实存在

典型案例

王某甲等与大连广信国际贸易有限公司等民间借贷纠纷案[最高人民法院(2020)最高法民申2290号]

再审申请人(一审原告、二审上诉人)：王某甲，等

被申请人(一审被告、二审被上诉人)：大连广信国际贸易有限公司(以下简称大连广信公司)

裁判观点

最高人民法院认为，本案系民间借贷纠纷。《民诉法司法解释》第109条规定，当事人对于欺诈、胁迫、恶意串通事实的证明，以及对于口头遗嘱或者赠与事实的证明，人民法院确信该待证事实存在的可能性能够排除合理怀疑的，应当认定该事实存在。根据该规定，当事人主张欺诈、胁迫、恶意串通等事实的，其提供的证据应当达到排除合理怀疑的程度，方可予以认定。本案中，王某甲等在原审中提供的保兑仓业务合作协议、承兑汇票复印件、借款合同等证据，不能达到可以证明大

连广信公司、阜新银行大连分行、中谷储备库签订协议时存在恶意串通的证明标准。王某甲等亦无充分证据证明大连广信公司、阜新银行大连分行、中谷储备库之间的协议系针对王某甲等与大连广信公司之间借款所签订。王某甲等仅依据转款时间的先后顺序臆测推定大连广信公司、阜新银行大连分行、中谷储备库存在欺诈或恶意串通行为，并无依据，故其关于案涉保兑仓业务合作协议无效的主张理据不足，不能成立。王某甲等与大连广信公司签订借款合同，并按照约定支付借款，其虽对大连广信公司履约能力等存在误信，但根据现有证据不能认定系因阜新银行大连分行、中谷储备库的行为导致。在本案再审审查过程中，王某甲等补充提供以下证据材料：1.尹某某诉大连广信公司、阜新银行大连分行、中谷储备库确认合同无效纠纷案相关裁判文书；2.交易明细复印件；3.辽宁省大连市中山区人民法院（2015）中民初字1447号民事判决书；4.辽宁省大连市中级人民法院（2015）大民三初字第135号民事判决书；5.大连广信公司与吕明某签订的借款合同、户名为吕某某及某经销处的对账单复印件。经审查，上述证据材料亦不能证明大连广信公司、阜新银行大连分行、中谷储备库签订协议时存在恶意串通行为，不足以推翻原审判决的有关认定。中谷储备库在另案中否认与大连广信公司、阜新银行大连分行签订过保兑仓业务合作协议，系因其对该协议中加盖的公章的真实性不予认可，对此亦已有鉴定结论，但由此并不能得出阜新银行大连分行、中谷储备库曾参与案涉借款合同，或者保兑仓业务合作协议应被认定为无效的结论。王某甲等的再审理由均不能成立，法院不予支持。

3.【裁判规则】人民法院确信恶意串通事实存在的可能性的证明标准为能够排除合理怀疑

典型案例

广东省阳江市国土资源局与阳江市练达房地产开发有限公司等建设用地使用权出让合同纠纷案［最高人民法院（2016）最高法民申1236号］

申请再审人（一审原告、二审被上诉人）：广东省阳江市国土资源局（以下简称阳江市国土局）

被申请人（一审被告、二审上诉人）：阳江市练达房地产开发有限公司（以下简称练达公司）

裁判观点

最高人民法院认为，根据《民诉法司法解释》第109条规定，人民法院确信本案恶意串通事实存在的可能性的证明标准为“能够排除合理怀疑”，而不是该司法解释第108条第1款规定的“具有高度可能性”。法院原审判决关于阳江市国土局所主张的本案挂牌出让竞买人之间存在恶意串通行为这一节事实的认定，于法有据，并无不当。经审查，原审判决依法运用逻辑推理和日常生活经验法则，针对阳江市国土局所举证据证明力进行审核、判断，对该待证事实存在的可能性提出了合理怀疑，逐项阐明了理据，形成了不足以确信该待证事实存在的结论并公开了判断的理由和结果。原审判决对阳江市国土局所举证据的认定亦无违反前引司法解释第105条关于认证问题的规定。

4.【裁判规则】对欺诈事实的民事证据证明标准为排除合理怀疑

典型案例

徐州丰利科技发展投资有限公司等与长江证券（上海）资产管理有限公司证券回购合同纠纷案［最高人民法院（2019）最高法民终709号］

上诉人（原审被告）：徐州丰利科技发展投资有限公司（以下简称徐州丰利公司）

被上诉人（原审原告）：长江证券（上海）资产管理有限公司（以下简称长证资管公司）

裁判观点

最高人民法院认为，根据《民诉法司法解释》第109条的规定，对欺诈事实的民事证据证明标准为最严格的排除合理怀疑标准。徐州丰利公司欲证明受到长证资管公司欺诈的证据并不能达到这一证明标准，故对其关于长证资管公司存在欺诈行为的主张，法院不予采信。

5.【裁判规则】认定胁迫的事实应达到排除合理怀疑的证明标准

典型案例

王某某与抚松县抚松镇山里红参茸特产行买卖合同纠纷案［吉林省高级人民

法院（2020）吉民申15号］

再审申请人（一审被告、反诉原告、二审上诉人）：王某某

被申请人（一审原告、反诉被告、二审被上诉人）：抚松县抚松镇山里红参茸特产行（以下简称参茸特产行）

裁判观点

人民法院认为，王某某提出其因受胁迫于2018年2月12日向被申请人支付一万元的事实问题，根据2019年《民事证据规定》第86条之规定，认定胁迫的事实应达到排除合理怀疑的证明标准，本案中，再审申请人虽称其受到胁迫，但事后并未向公安机关报案，亦未提供证据证明其受到了胁迫，故不能排除合理怀疑，因此，原审对于该事实不予认可并无不妥。王某某于2018年2月12日向被申请人支付一万元的行为应属于履行还款义务的行为。

6.【裁判规则】主张协议存在乘人之危和显失公平等可撤销情形的，应当达到排除合理怀疑的证明标准

典型案例

青海昆玉实业投资集团有限公司与青海福果典当有限公司合同纠纷案［最高人民法院（2017）最高法民申1145号］

再审申请人（一审原告、二审被上诉人）：青海昆玉实业投资集团有限公司（以下简称昆玉公司）

被申请人（一审被告、二审上诉人）：青海福果典当有限公司（以下简称福果公司）

裁判观点

最高人民法院认为，本案昆玉公司一审诉讼请求为请求撤销2015年1月20日其与福果公司签订的冲抵协议，并主张上述冲抵协议存在胁迫、乘人之危和显失公平等可撤销的情形。根据《民诉法司法解释》第109条的规定，人民法院认定民事案件构成欺诈、胁迫等事实的证明标准为排除合理怀疑。由于昆玉公司提交的证据未能充分证明福果公司在签订冲抵协议中使用了胁迫、乘人之危行为，故法院不予

支持其关于胁迫、乘人之危的主张。

7.【裁判规则】对赠与事实的证明需达到能够排除合理怀疑的程度

典型案例

曾某甲与曾某乙法定继承纠纷案［四川省高级人民法院（2017）川民申4470号］

再审申请人（一审原告、二审上诉人）：曾某甲

被申请人（一审被告、二审被上诉人）：曾某乙

裁判观点

人民法院认为，根据《民诉法司法解释》第109条规定，对赠与事实的证明需达到能够排除合理怀疑的程度。曾某甲主张赠与事实存在的证据仅有证人证言，显然不能达到上述证明标准，应承担《民诉法司法解释》第90条规定的举证不能的不利后果。

8.【裁判规则】认定虚假诉讼需要达到排除合理怀疑的证明标准

典型案例

印江自治县刀坝乡三层岩煤矿等与幸某等民间借贷纠纷案［最高人民法院（2018）最高法民申5748号］

再审申请人（一审被告、二审上诉人）：印江自治县刀坝乡三层岩煤矿（以下简称三层岩煤矿）

被申请人（一审原告、二审被上诉人）：幸某等

裁判观点

最高人民法院认为，本案再审审查的焦点问题是：能否认定案涉借款合同、借条、对账单系幸某伪造。虽然上述证据的形成期间与幸某掌握三层岩煤矿证照、印章的期间重合，但是，根据已经查明的事实，三层岩煤矿的实际出资人全部作为保证人在借款合同上签字确认；在借条上，除加盖三层岩煤矿的印章外，亦有三层

岩煤矿其他相关出资人的签名。从合同履行情况看，幸某已经通过案外人向三层岩煤矿实际转款。至于其后三层岩煤矿如何使用上述款项，应属三层岩煤矿自身经营范畴。而且，经查实，上述款项并非全部通过幸某转账支取，尚有其他投资人张某学、宁某辉等人经手参与。可见，上述证据并非幸某一人全权控制所能形成，不能直接推定该证据即系幸某伪造。因三层岩煤矿投资人多次转手，在案涉借款发生时，李某佩并非实际投资人，相应的借款合同和借条上无李某佩签字，符合实际情况。二审判决综合全部案件事实，采信上述证据，并无不当。本案中，李某佩承担出资人责任系因其解除转让合同而恢复投资人身份。对于李某佩与三层岩煤矿之前其他合伙人之间的债务承担问题，二审判决已经指明由各方当事人另行解决，不损害李某佩的利益。二审判决仅认定幸某为三层岩煤矿投资人，并未认定案涉款项为投资款，不存在同一笔款项既认定借款又认定投资款的情况。认定虚假诉讼需要达到排除合理怀疑的证明标准，本案中，现有证据尚无法作此认定。

9.【裁判规则】第三人就当事人恶意串通的举证达到排除合理怀疑证明标准的，予以支持

典型案例 ▶▶

重庆拓洋投资有限公司与深圳五岳乾坤投资有限公司确认合同无效纠纷案［最高人民法院(2018)最高法民终487号］

上诉人（一审原告）：重庆拓洋投资有限公司（以下简称重庆拓洋）

被上诉人（一审被告）：深圳五岳乾坤投资有限公司

裁判观点 ▶▶

最高人民法院认为，根据《合同法》第52条第2项[1]的规定，存在恶意串通，损害国家、集体或者第三人利益情形的，合同无效。所谓恶意串通，通常是指当事人为了谋取私利，相互勾结，采取不正当方式，共同实施损害他人利益的行为。第三人请求确认当事人订立的合同无效，应由提出请求的第三人就恶意串通和利益受

〔1〕 现为《民法典》第154条："行为人与相对人恶意串通，损害他人合法权益的民事法律行为无效。"

损这两方面的事实承担举证证明责任。由于恶意串通反映出当事人的一种主观心态，而第三人以此为由请求确认合同无效，对合同当事人的利益影响较大，故法律上科以第三人较一般民事诉讼高度盖然性的证明标准更高的举证证明义务。根据《民诉法司法解释》第109条规定，就本案而言，重庆拓洋请求确认质押合同因当事人恶意串通而无效，法院认为其已完成了相应的举证证明义务，可以确信合同当事人恶意串通和第三人损害事实的存在。

10.【裁判规则】主张增资扩股行为存在恶意串通达到排除合理怀疑证明标准的，予以支持

典型案例

深圳市盛康达投资有限公司等与深圳市利明泰股权投资基金有限公司等侵权纠纷案［最高人民法院（2018）最高法民终281号］

上诉人（原审第三人）：深圳市盛康达投资有限公司（以下简称盛康达公司）等

被上诉人（原审原告）：深圳市利明泰股权投资基金有限公司（以下简称利明泰公司）

裁判观点

最高人民法院认为，利明泰公司虽非隆侨公司的股东或债权人，不能依据《公司法》相关规定对案涉增资扩股行为提起诉讼，但在该增资扩股行为损害利明泰公司利益的情况下，利明泰公司作为增资扩股法律关系之外的第三人，有权依据《民法通则》第58条第1款第4项[1]关于恶意串通，损害国家、集体或者第三人利益的民事行为无效的规定，维护自身利益。

在公司注册资本认缴登记制之下，公司经过增资扩股，如果新股东加入导致原股东持股比例发生变化，则新股东认缴的出资是否到位，直接影响到原股东所持股份对应的公司资产价值是否发生改变。如果新股东认缴出资实际到位，因有新的出资注入公司，虽然原股东持股比例发生变化，但其对应的公司资产价值并未变化，进而，以增资扩股前所持股份设定的质押权通过优先受偿所能获得的实

〔1〕 现为《民法典》第154条："行为人与相对人恶意串通，损害他人合法权益的民事法律行为无效。"

际利益亦未发生变化。如果新股东认缴的出资未实际交付，公司的实际资产价值并未改变，则原股东持股比例的减少，必然导致所对应资产价值的减少，以增资扩股前所持原比例股份设定的质押权，在股份比例减少后通过优先受偿所能获得的实际利益亦会减少。本案中，隆侨公司增资扩股后，新股东盛康达公司、惠泽津龙公司未将认缴的出资实际注入隆侨公司，隆侨公司的实际资产价值并未增加，原股东九策公司持股比例从100%降为29.98%，其所持股权对应的实际资产价值亦实际降低。根据天津市第一中级人民法院（2017）津01破申3号民事裁定书认定，本案一审期间，截至2017年11月30日，隆侨公司资产总计为479,361,239.45元，到期债务达到1,090,141,165.4元，另有尚未计算的利息、罚息、复利等债务。利明泰公司就九策公司所持隆侨公司29.98%股权通过优先受偿能够获得的实际利益，相比增资扩股前就九策公司所持隆侨公司100%股权通过优先受偿能够获得的实际利益，明显减少。盛康达公司和惠泽津龙公司亦未提供证据证明上述两公司具有将认缴出资实际交付的能力，利明泰公司债权可以得到清偿。同时，九策公司因持股比例降低而失去对隆侨公司的经营决策和控制权，存在致使九策公司所持股份原有的控制权溢价利益受损、实际市场价值降低的可能，进而影响利明泰公司质权的实现。因此，案涉增资扩股行为损害了利明泰公司的利益。

从案涉增资扩股的增资时点来看，相关另案判令九策公司向利明泰公司支付股权转让款1.52亿元及利息的生效判决于2015年1月28日作出后，在不足半个月时间内九策公司即于2015年2月10日作为唯一股东通过隆侨公司作出增资扩股的决议；从增资主体来看，新增资本由持有九策公司95%股份的惠泽津龙公司和与惠泽津龙公司法定代表人一致的盛康达公司认缴，三方存在紧密关联关系；从增资能力来看，盛康达公司、惠泽津龙公司共同认缴70.02%的股份，但二者的注册资本分别为100万元和300万元，与认缴出资额2.4亿元和10.68亿元差距明显；从增资期限来看，增资扩股各方将认缴出资的期限设定为隆侨公司营业期限截止的前两日。可见，隆侨公司的实际价值并未因增资扩股而增加，增资扩股并无合理的商业目的和经营目的，新增资本的认缴期限对于增强隆侨公司的资信度、竞争力和经营能力并无实际意义，而与九策公司关联的盛康达公司、惠泽津龙公司在没有实际投入的情况下取得了隆侨公司的控制权。综合以上因素和整体案情，依据《民诉法司法解释》第109条“当事人对欺诈、胁迫、恶意串通事实的证明，以及对口头遗嘱或者赠与事实的证明，人民法院确信该待证事实存在的可能性能够排除合理怀疑的，应当认定该事实存在”的规定，九策公司、盛康达公司、惠泽津龙公司对隆侨公司的增资扩股行为存在恶意串通。

九策公司主张其持有的隆侨公司29.98%股权的价值高于5.6亿元，能够覆盖被担保的利明泰公司主债权1.52亿元及利息，与本案查明事实不符，其主张隆侨公司固定资产中的房地产市值超过17亿元，盛康达公司已经完成了注册资本的实缴，并无相应证据足以证明。隆侨公司主张九策公司已支付原股东利明泰公司持股期间的对外债务超过8亿元及利明泰公司恶意诉讼，亦无证据证明。综上所述，案涉增资扩股行为符合《民法通则》第58条第1款第4项[1]规定的情形，应当认定为无效。盛康达公司、隆侨公司、九策公司主张一审判决认定增资扩股行为无效属于适用法律错误，法院不予支持。

11.【裁判规则】主张对于与原股东串通签订虚假购房合同，举证应当达到能够排除合理怀疑程度

典型案例

内蒙古金汇房地产开发有限责任公司与某某商品房销售合同纠纷案［最高人民法院（2017）最高法民申1997号］

再审申请人（一审被告、二审上诉人）：内蒙古金汇房地产开发有限责任公司（以下简称金汇公司）

被申请人（一审原告、二审上诉人）：王某某

裁判观点

最高人民法院认为，根据《民诉法司法解释》第109条规定，金汇公司主张王某某与金汇公司原股东串通签订虚假购房合同，举证应达到能够排除合理怀疑程度。金汇公司原股东在转让股权时未披露案涉商品房买卖合同，并不足以证明王某某与金汇公司原股东存在恶意串通。实践中存在开发商为融资先与购房者签订商品房买卖合同，随后取得商品房预售许可证的情况。金汇公司对案涉商

［1］ 现为《民法典》第154条：“行为人与相对人恶意串通，损害他人合法权益的民事法律行为无效。”

品房买卖合同签订时间、内容等提出的质疑均不足以否定其真实性。公安机关对王某某涉嫌合同诈骗作出过受理决定，但终以证据不能证明涉嫌犯罪不予立案。金汇公司未能举证证明商品房买卖合同系虚假的，应承担举证不能的法律后果。

12.【裁判规则】人民法院确信待证事实存在的可能性能够排除合理怀疑的，应当认定该事实存在

典型案例

黔西新城房地产开发有限公司与王某某不当得利纠纷案［最高人民法院(2017)最高法民申3302号］

再审申请人（一审被告、二审被上诉人）：黔西新城房地产开发有限公司（以下简称新城公司）

被申请人（一审原告、二审上诉人）：王某某

裁判观点

最高人民法院认为，王某某具有地永公司负责人张某某的亲戚和项目部财务人员双重身份并不意味着王某某对房屋大修基金有法律上的支付义务，也不能据此当然认定其与地永公司恶意串通，损害新城公司利益。故根据《民诉法司法解释》第109条关于当事人对恶意串通事实的证明，人民法院确信该待证事实存在的可能性能够排除合理怀疑的，应当认定该事实存在之规定，新城公司关于王某某与地永公司存在恶意串通，以获取其财产的申请再审事由不能成立。

（二）应予采纳

1.【裁判规则】只有以严重侵害他人合法权益等方法获取的证据，才不得作为认定案件事实的依据

典型案例

刘某某与胡某某买卖合同纠纷案［浙江省高级人民法院(2017)浙民申3211号］

再审申请人（一审被告、二审上诉人）：刘某某

被申请人（一审原告）：胡某某

裁判观点

人民法院认为，根据《民诉法司法解释》第106条的规定，只有以严重侵害他人合法权益等方法获取的证据，才不得作为认定案件事实的依据，刘某某并未举证证明案涉录音存有上述法律规定的情形，故原审对相关录音证据予以采纳，并无不当。另外，在刘某某未提供证据证明案涉录音存有删除或篡改以及刘某某提供的其他证据难以推翻案涉录音内容的情况下，原审将案涉录音作为认定本案事实的依据，并无不当。

2.【裁判规则】录音证据系双方沟通谈话的真实记录，系在宾馆大厅的公共场所进行，对该录音证据应予采纳

典型案例

张某某与陈某某合同纠纷案［最高人民法院（2015）民提字第213号］

申诉人（一审原告、二审上诉人、再审申请人）：张某某

被申诉人（一审被告、二审上诉人、被申请人）：陈某某

裁判观点

最高人民法院认为，该份录音证据是张某某与陈某某就合作协议相关款项的支付产生争议后双方沟通谈话的真实记录，其取得并未侵害陈某某或其他人的合法权益，也未有违反法律禁止性规定或违背公序良俗的情形。根据2001年《民事证据规定》第68条的规定，张某某提交的录音证据并非以侵害他人合法权益或者违反法律禁止性规定的方法取得，故该录音证据可以作为认定本案相关事实的依据。该录音证据系张某某与陈某某就合作协议产生争议后双方协商的谈话过程，能够客观反映双方合作的相关事宜，与本案的基本事实密切相关，应当采纳。广东省高级人民法院在另案4500万元标的案再审审查时认为，该录音证据是在未取得陈某某同意的情况下单方录制，该院根据《最高人民法院关于未经对方当事人同意私自录音取得的资料能否作为证据使用问题的批复》（法复〔1995〕2号）关于“证据的取得首先要合法，只有经过合法途径取得的证据才能作为定案的根据。未

经对方当事人同意私自录制其谈话，系不合法行为，以这种手段取得的录音资料，不能作为证据使用”的规定，认定该录音证据不具有证明力。法院认为，根据2001年《民事证据规定》第68条的规定，法复〔1995〕2号批复所指的“未经对方当事人同意私自录制其谈话，系不合法行为”应当理解为系对涉及对方当事人的隐私场所进行的偷录并侵犯对方当事人或其他人合法权益的行为。《民诉法司法解释》第106条的规定明确了该精神。本案中，张某某与陈某某的谈话系在宾馆大厅的公共场所进行，录音系在该公共场所录制，除张某某的女儿外也未有其他人在场，并未侵犯任何人的合法权益，故对该录音证据应予采纳，并作为认定本案相关事实的依据。

3.【裁判规则】未经对方同意进行录音，但录音的内容客观真实，不是在一方引诱之下的虚假表示，不属于以严重侵害他人合法权益、违反法律禁止性规定或者严重违背公序良俗的方法形成或者获取的证据，可以作为本案认定案件事实的证据

典型案例

曲某某与赵某某民间借贷纠纷案［新疆维吾尔自治区高级人民法院生产建设兵团分院（2017）兵民申378号］

再审申请人（一审原告、二审被上诉人）：曲某某

被申请人（一审被告、二审上诉人）：赵某某

裁判观点

人民法院认为，根据《民诉法司法解释》第106条规定，赵某某提供的录音光盘，虽未经曲某某的许可进行录制，但是录音的内容客观真实，是对双方当事人对话的如实记录，也是曲某某对事实发生的真实意思表示，而不是在赵某某引诱之下的虚假表示，能反映事实的本来面目，不属于以严重侵害他人合法权益、违反法律禁止性规定或者严重违背公序良俗的方法形成或者获取的证据，可以作为本案认定案件事实的证据。接处警情况登记表是一审法院依职权调取的证据，询问笔录是二审法院依据赵某某的申请依法调取的证据，均属于合法取得的证据，有利于查明案件的事实，二审法院予以采信，并无不当。

（三）不能排除

1.【裁判规则】当事人所举录音证据，不能排除合理怀疑的，对其有关胁迫的主张，不予支持

典型案例

张某某与常某某等不当得利纠纷案［最高人民法院（2015）民申字第3509号］

再审申请人（一审被告、反诉原告、二审上诉人）：张某某

被申请人（一审原告、反诉被告、二审被上诉人）：常某某等

裁判观点

最高人民法院认为，张某某系以常某某对其存在胁迫为由，提起本案反诉要求常某某返还100万元劳务费之不当得利。根据《民诉法司法解释》第108条第1款、第109条规定，张某某对其所受胁迫所举证据（包括承诺书、接处警登记表），不能使人民法院确信待证事实的存在具有高度可能性；其所举录音证据亦不能排除合理怀疑。在此情况下，二审判决未认定张某某所主张相关事实，符合法律、司法解释规定。

2.【裁判规则】没有提供直接证据证明存在恶意串通的事实，无法达到主张恶意串通所要求的排除合理怀疑的证明标准

典型案例

张某某与温某某等房屋买卖合同纠纷案［最高人民法院（2019）最高法民终1014号］

上诉人（一审被告）：张某某

被上诉人（一审原告）：温某某等

裁判观点

最高人民法院认为，根据案涉商品房销售代理协议的约定，中凯公司不能以自己的名义与购房者订立商品房买卖合同；相比上诉人张某某，温某某购房交易过程较为规范；不仅已支付全部购房款并实际居住，且办理了购房合同的网签备案手续。特别是出卖人认可温某某是案涉商品房的实际购买人、居住人。根据《民诉法

司法解释》第109条的规定，人民法院认定民事案件中存在恶意串通事实的证明标准为排除合理怀疑，即当事人对其提出的存在恶意串通事实的主张，应提供充分的证据以达到足以排除合理怀疑的程度。上诉人张某某不仅没有提供直接证据证明本案中存在恶意串通的事实，而且其有关购房价格偏低、交易过程异常、售房工作人员知悉在先购房合同、案涉房款支付凭证记载不全等间接证据，无法形成完整证据链。因此，法院不能支持其关于温某某与电力公司间"恶意串通，损害国家、集体或者第三人利益"的合同属无效的主张。

3.【裁判规则】未提交能够排除合理怀疑证明标准的证据证明存在恶意串通行为的，尚不足以认定构成恶意串通的事实存在

典型案例

郑州银行股份有限公司等与河南志鹏置业有限公司等拍卖合同纠纷案［最高人民法院（2020）最高法民申3124号］

再审申请人（一审被告、二审上诉人）：郑州银行股份有限公司（以下简称郑州银行）

被申请人（一审原告、二审上诉人）：河南志鹏置业有限公司（以下简称志鹏公司）

裁判观点

最高人民法院认为，《拍卖法》第37条规定："竞买人之间、竞买人与拍卖人之间不得恶意串通，损害他人利益。"第65条规定："违反本法第三十七条的规定，竞买人之间、竞买人与拍卖人之间恶意串通，给他人造成损害的，拍卖无效，应当依法承担赔偿责任。……"根据上述法律规定，认定拍卖无效，应当符合竞买人之间、竞买人与拍卖人之间恶意串通且损害他人利益的前提条件。

国家工商行政管理总局[1]《拍卖监督管理办法》第8条规定："竞买人与拍卖人之间不得有下列恶意串通行为：（一）私下约定成交价；（二）拍卖人违背委托人的保密要求向竞买人泄露拍卖标的保留价；（三）其他恶意串通行为。"法律法规或部门规章并未明确规定竞买人在拍卖公告发布前即向拍卖公司提前支付保证金、与拍卖

〔1〕 现为中华人民共和国国家市场监督管理总局。

公司提前接触的行为属于与拍卖公司恶意串通。根据《民诉法司法解释》第109条规定，本案中，志鹏公司并未提交符合上述法律规定的能够排除合理怀疑证明标准的证据证明郜某与国源拍卖公司之间存在恶意串通行为，从志鹏公司提交的证据及本案查明的事实来看，尚不足以认定郜某与国源拍卖公司构成恶意串通的事实存在。在此情形下，二审判决仅以国源拍卖公司与郜某在拍卖公告发布前即互相接触，国源拍卖公司又将该500万元作为该公司自有保证金向郑州银行缴纳为由即认定二者之间构成恶意串通，存在认定基本事实缺乏证据证明、适用法律不当的情形。

4.【裁判规则】主张对方当事人恶意串通盗盖其印章，未达排除合理怀疑证明标准的，不予支持

典型案例 ▶▶

山东荣盛木业有限公司与张某某等民间借贷纠纷案［最高人民法院（2019）最高法民申269号］

再审申请人（一审被告、二审上诉人）：山东荣盛木业有限公司（以下简称荣盛公司）

被申请人（一审原告、二审被上诉人）：张某某

裁判观点 ▶▶

最高人民法院认为，荣盛公司对案涉借条等证据上加盖的公章不予认可，并向一审法院申请鉴定，但其未能提供鉴定检材，应承担相应的不利后果。荣盛公司称原审程序违法，理据不足。根据《民诉法司法解释》第109条规定，荣盛公司主张张某某与四通公司恶意串通盗盖其印章，但未能提供充分证据证明其主张成立，法院不予支持。

5.【裁判规则】仅有虚报或者伪造财务状况事实的单方证据，无法证明对方当事人存在恶意或者和第三方串通的事实

典型案例 ▶▶

蜀牛房地产开发有限责任公司与平安银行股份有限公司成都分行等借款合同

纠纷案[最高人民法院(2017)最高法民申1400号]

再审申请人(一审被告、二审上诉人):四川省蜀牛房地产开发有限责任公司(以下简称蜀牛公司)

被申请人(一审原告、二审被上诉人):平安银行股份有限公司成都分行(以下简称平安银行)等

裁判观点

最高人民法院认为,蜀牛公司申请再审主张其不承担担保责任,理由是认为平安银行与天银公司恶意串通或者利用合法形式掩盖非法目的,导致担保合同无效。根据《合同法》第52条[1]和《民诉法司法解释》第109条规定,对欺诈、胁迫和恶意串通事实提高证明标准,即对这类事实的证明标准应达到排除合理怀疑的程度。本案中,现有的证据仅能反映天银公司的行为,即便确有天银公司虚报或者伪造财务状况的事实,也最多只能证明平安银行在贷款、授信的审查中存在重大过失,无法证明平安银行存在恶意或者和天银公司串通的事实。故本案证据尚不能达到《民诉法司法解释》第109条规定的证明标准。同时,既然本案现有证据不能证明平安银行存在"恶意串通",也不能证明平安银行存在"故意",蜀牛公司主张的"以合法形式掩盖非法目的"自然缺乏证据。因此,蜀牛公司主张担保合同无效的理由不成立,其据此主张不应承担担保责任,缺乏事实和法律依据。

6.【裁判规则】主张施工人与监理单位存在恶意串通行为,未提交充分证据达到排除合理怀疑标准的,不予支持

典型案例

山东兴润建设有限公司淄博分公司与日照市住房和城乡建设局建设工程施工合同纠纷案[最高人民法院(2017)最高法民终475号]

上诉人(原审原告):山东兴润建设有限公司淄博分公司(以下简称兴润淄博分公司)

上诉人(原审被告):日照市住房和城乡建设局(以下简称日照市住建局)

---

〔1〕 现为《民法典》第154条:"行为人与相对人恶意串通,损害他人合法权益的民事法律行为无效。"

裁判观点

最高人民法院认为，BT协议当事人未约定工程签证必须加盖建设单位印章才能作为计算工程量的依据。监理单位具有确认工程中发生的停窝工损失、增加的施工项目等职能，其在兴润淄博分公司提交的工程签证加盖印章并签字，即认可工程签证记载事项。根据《民诉法司法解释》第109条规定，日照市住建局并未提交充分证据证明兴润淄博分公司与监理单位存在恶意串通行为，其主张监理确认的签证不应采信，依据不足。

7.【裁判规则】仅就借贷金额超过担保金额、未收取利息等提出质疑，主张对方与第三人恶意串通不能达到排除合理怀疑

典型案例

成都阜外心血管病医院有限公司与大邑融泰小额贷款有限公司等借款合同纠纷案［最高人民法院（2018）最高法民申1927号］

再审申请人（一审原告、二审上诉人）：成都阜外心血管病医院有限公司（以下简称阜外医院）

被申请人（一审被告、二审被上诉人）：大邑融泰小额贷款有限公司（以下简称融泰公司）

裁判观点

最高人民法院认为，根据《民诉法司法解释》第109条规定，阜外医院应当对融泰公司和鸿业公司存在恶意串通的事实承担举证证明责任。本案中，阜外医院仅就借贷金额超过担保金额、未收取利息等提出质疑，但并未达到排除合理怀疑的证明标准，其关于融泰公司与鸿业公司是否存在恶意串通的主张，依据不足。阜外医院再审审查期间提交的大邑融泰小额贷款有限公司交易明细单，只能证明融泰公司与鸿业公司之间存在经济往来，不能据此认定双方存在恶意串通行为。是否对主合同进行审查不影响最高额抵押合同的效力，阜外医院的该项再审主张，无法律依据。

8.【裁判规则】仅主张企业之间存在关联关系，不足以认定二者之间构成恶意串通

典型案例 ▶▶

安岳县欣通建设投资有限公司与重庆进出口信用担保有限公司等追偿权纠纷案［最高人民法院（2016）最高法民终268号］

上诉人（一审被告）：安岳县欣通建设投资有限公司（以下简称欣通投资公司）

被上诉人（一审原告）：重庆进出口信用担保有限公司（以下简称进出口担保公司）等

裁判观点 ▶▶

最高人民法院认为，根据案涉借款合同、融资担保委托合同、保证合同及房地产抵押合同的约定，华通柠檬公司存在未能按期偿还贷款等违约情形，进出口担保公司向进出口银行履行了代偿义务，其有权向欣通投资公司行使追偿权。欣通投资公司主张进出口银行、进出口担保公司与华通柠檬公司之间存在恶意串通行为，但未提供证据予以证明。虽然进出口银行与进出口担保公司之间存在关联关系，但不足以认定二者之间构成恶意串通，而进出口银行对华通柠檬公司的贷款用途是否监管，并非担保人可以免除还款责任的条件，故欣通投资公司主张华通柠檬公司、进出口担保公司、进出口银行三方恶意串通，损害其合法权益，缺乏依据，法院不予支持。

9.【裁判规则】无证据表明被控制人身自由和已报案，主张系受胁迫签订不能达到排除合理怀疑

典型案例 ▶▶

周某某与吕某某买卖合同纠纷案［最高人民法院（2018）最高法民申1682号］

再审申请人（一审被告、二审上诉人）：周某某

被申请人（一审原告、二审被上诉人）：吕某某

裁判观点 ▶▶

最高人民法院认为，周某某主张还款计划系受胁迫签订，其应承担举证责任。

根据《民诉法司法解释》第109条规定，周某某与吕某某有长期的蔬菜贸易往来，周某某所称的电话录音并未表明周某某于签署还款计划时被控制人身自由，周某某事后亦没有报案，周某某主张其受胁迫签订还款计划，提交证据不能达到《民诉法司法解释》第109条规定的证明高度，原判决对其该项主张不予认定，并无不当。

10.【裁判规则】报案记录仅能证明公安机关对其进行了登记或询问，不能认定协议受胁迫签订

典型案例

贵州铜仁黔东房地产开发有限公司等与巫某某民间借贷纠纷案［最高人民法院（2017）最高法民申2569号］

再审申请人（一审被告、二审上诉人）：贵州铜仁黔东房地产开发有限公司（以下简称黔东公司）等

被申请人（一审原告、二审被上诉人）：巫某某等

裁判观点

最高人民法院认为，黔东公司等再审称，周某支付给恒丰小贷公司的300万元不是巫某某出借的资金，也没有收到15万元现金，因此借款本金为685万元。首先，根据《民诉法司法解释》第109条之规定，黔东公司原审提交的公安局接处警登记表仅能证明其有过报案记录，公安机关对其进行了登记或询问，不能排除合理怀疑，则不能认定还款协议系受胁迫签订。且还款协议与黔东公司认可的纪要的内容基本一致。故黔东公司等有关还款协议系受胁迫签订，非其真实意思表示的申请再审理由不能成立。

11.【裁判规则】报案记录、案情说明书、现场照片等证据，仅能证明双方发生过分歧和冲突的事实，但胁迫事实尚不足以排除合理怀疑

典型案例

江苏省建工集团有限公司等与云南吉庆劳务分包有限公司建设工程合同纠纷案［最高人民法院（2017）最高法民申844号］

再审申请人（一审原告、二审被上诉人）：江苏省建工集团有限公司（以下简称江苏建工公司）

被申请人（一审被告、二审上诉人）：云南吉庆劳务分包有限公司（以下简称吉庆公司）

裁判观点

最高人民法院认为，根据《合同法》第54条第2款[1]和《民诉法司法解释》第109条规定，举示的报案记录、案情说明书、现场照片等证据，仅能证明在签订结算表及承诺书、委托付款函等材料的过程中，双方发生过分歧和冲突的事实，但是对于发生了胁迫事实的证明，尚不足以排除合理怀疑。对此，江苏建工公司、江苏省建工集团有限公司昆明分公司应当承担举证不能的法律后果。

12.【裁判规则】未提交证据证明相对人故意制造虚假事实、隐匿事实真相，主张其陷入错误而签订合同的，不予支持

典型案例

李某某等与中国建设银行股份有限公司大庆分行合同纠纷案［最高人民法院(2019)最高法民申1426号］

再审申请人（一审被告、二审被上诉人）：李某某

被申请人（一审原告、二审上诉人）：中国建设银行股份有限公司大庆分行（以下简称建行大庆分行）

裁判观点

最高人民法院认为，根据《民诉法司法解释》第109条的规定，对于当事人提出的受欺诈等主张，在证明标准上应达到排除合理怀疑的程度。李某某虽提出其受建行大庆分行的欺诈而签订保证合同，但并未提交证据证明建行大庆分行具有故意制造虚假事实、隐匿事实真相，使李某某陷入错误而签订保证合同的情形。李某某在本案一、二审时，均未对案涉保证合同的效力提出异议，未以保证合同系受建

〔1〕 现为《民法典》第151条："一方利用对方处于危困状态、缺乏判断能力等情形，致使民事法律行为成立时显失公平的，受损害方有权请求人民法院或者仲裁机构予以撤销。"

行大庆分行的欺诈而签订作为其抗辩理由。一、二审法院据此认定保证合同是各方当事人的真实意思表示，该合同依法有效，具有事实和法律依据。李某某提出其因受欺诈而签订保证合同，没有事实和法律依据，法院不予支持。

13.【裁判规则】违反法律禁止性规定或者严重违背公序良俗的方法形成或者获取的证据，不得作为认定案件事实的根据

典型案例

罗某与蒙某某等民间借贷纠纷案［西藏自治区拉萨市中级人民法院（2017）藏01民申9号］

再审申请人（原审原告）：罗某

被申请人（原审被告）：蒙某某等

裁判观点

人民法院认为，再审申请人虽然提交了借条、算账清单、合作协议、收条、收据、供货清单、银行凭证、询问笔录、通话记录等证据材料，欲证明其与二被申请人之间存在真实、合法的债权债务关系。因其诉讼中自认的事实为：1,251,000元债权债务关系形成于二被申请人聘请其管理、经营、合作“聚富圣会水疗”和“红豆游泳休闲广场”期间，该债权债务内容也是为了“聚富圣会水疗”和“红豆游泳休闲广场”的经营、管理。根据西藏自治区日喀则市桑珠孜区人民法院（2016）藏0201刑初4号刑事判决，再审申请人与二被申请人于2013年7月28日至2015年3月8日，合伙经营“聚富圣会水疗”和“红豆游泳休闲广场”，并在两个场所内组织多名妇女从事卖淫活动，三人均因犯组织卖淫罪被判处刑罚，而“聚富圣会水疗”和“红豆游泳休闲广场”则是三人实施违法犯罪行为的犯罪场所。再审申请人诉讼中所自称的1,251,000元债权债务的形成，皆包含在其实施的违法犯罪行为中，属于非法利益。根据《合同法》第7条“当事人订立、履行合同，应当遵守法律、行政法规，尊重社会公德，不得扰乱社会经济秩序，损害社会公共利益”和《民诉法司法解释》第106条的规定，非法利益不受法律保护。再审申请人的再审申请事由不能成立，法院不予支持。

14.【裁判规则】取证方法的违法性对他人权益的损害明显弱于忽略违法性所能够保护的利益，不应判断该证据为非法证据

典型案例

赵某某与陈某某等民间借贷纠纷案［湖南省湘潭市中级人民法院（2019）湘03民申62号］

再审申请人（一审原告、二审上诉人）：赵某某

被申请人（一审被告、二审被上诉人）：陈某某

裁判观点

人民法院认为，赵某某与陈某某的通话录音在一审法院的两次开庭审理中均进行了举证和质证，且第一次开庭当庭播放了录音光盘。再审审查中，法院根据赵某某委托诉讼代理人马某某播放录音的请求，并再次组织了当事人的委托诉讼代理人播放录音，三方当事人均认可通话录音与文字记录一致。根据《民诉法司法解释》第106条规定，在判断非法证据时应当进行利益衡量，即对取得证据方法的违法性所损害的利益与诉讼所保护的利益（忽略取证方法的违法性所能够保护的利益）进行衡量，以衡量的结果作为判断非法证据的重要考量因素。如果取证方法的违法性对他人权益的损害明显弱于忽略违法性所能够保护的利益，则不应判断该证据为非法证据。本案中，根据上述方法进行利益衡量，赵某某与陈某某通话录音不属于非法证据，可以作为认定案件事实的根据。

15.【裁判规则】仅在公安机关询问笔录中有"逼迫"的陈述，尚不足以达到排除合理怀疑的证明标准

典型案例

李某某与熊某某民间借贷纠纷案［湖南省高级人民法院（2020）湘民终1261号］

上诉人（原审被告）：熊某某

被上诉人（原审原告）：李某某

裁判观点

人民法院认为，案涉欠条合法有效。熊某某主张欠条是在李某某胁迫下出具，其证据是李某某在公安机关询问笔录中“只是在我逼迫下反复立下还款承诺”的一句陈述。法院认为，从李某某在公安机关的陈述来看，其陈述是“逼迫”而非“胁迫”，该“逼迫”是否达到了民法上违背当事人意志的胁迫程度，除李某某的该句陈述外，再无其他证据证明。根据《民诉法司法解释》第109条规定，现仅有李某某在公安机关询问笔录中的陈述，而再无其他任何证据证明，显然达不到上述规定所要求的“能够排除合理怀疑的”证明标准。因此，对熊某某所主张的“胁迫”事实，法院不予认定。再者，即使如熊某某主张欠条系其受胁迫所出具，根据《合同法》第54条[1]规定，一方以欺诈、胁迫的手段或者乘人之危，使对方在违背真实意思的情况下订立的合同，属于可变更或者可撤销的合同，享有撤销权的受损害方应当在法定的一年期限内请求人民法院或者仲裁机构变更或者撤销。案涉欠条自2015年8月24日出具，直至本案诉讼前，熊某某一直未通过诉讼或仲裁程序请求撤销，撤销权已归于消灭。因此，原审认定案涉欠条合法有效并无不当。

16.【裁判规则】通过对方个人车辆内的录音设备监听对方在车辆中与他人的谈话，严重侵犯了被申请人及他人的隐私等合法权益，制作的光盘等证据属非法获取的证据

典型案例

鹿某与陈某离婚后财产纠纷案［江苏省徐州市中级人民法院（2018）苏03民申1号］

再审申请人（一审原告、二审上诉人）：鹿某

被申请人（一审被告、二审被上诉人）：陈某

裁判观点

人民法院认为，证据的合法性是证据的基本属性，包括证据的形成和获得要合法。2001年《民事证据规定》和《民事诉讼法》都对证据的合法性作出了明确规定。本案中，申请人在与被申请人离婚后且被申请人不知情的情况下，通过被申请人个

---

〔1〕 现为《民法典》第151条：“一方利用对方处于危困状态、缺乏判断能力等情形，致使民事法律行为成立时显失公平的，受损害方有权请求人民法院或者仲裁机构予以撤销。”

人车辆内的录音设备，监听被申请人在车辆中与他人的谈话，通过手机接收并保存录音，严重侵犯了被申请人及他人的隐私等合法权益，其制作的光盘等证据应属非法获取的证据，一、二审判决认为该证据系非法证据应予排除的观点是正确的。

17.【裁判规则】未经法院准许私自对法院的听证活动进行录音，提交的录音音频证据不具有合法性

典型案例

杜某与长春安特涂装技术工程有限公司劳动争议案［吉林省高级人民法院(2017)吉民申2658号］

再审申请人（一审原告、二审被上诉人）：杜某

被申请人（一审被告、二审上诉人）：长春安特涂装技术工程有限公司（以下简称安特公司）

裁判观点

人民法院认为，根据《民事诉讼法》第147条、《人民法院法庭规则》第17条和《最高人民法院关于人民法院庭审录音录像的若干规定》第18条规定，法庭笔录是庭审活动的书面记载凭证，当事人仅可对自己的陈述有权申请补正。庭审、听证等活动由人民法院录音录像。未经人民法院准许，任何人不得对庭审、听证活动进行录音录像。依照《民诉法司法解释》第104条和第106条的规定，证据的合法性是人民法院审查判断证据的基本要求，包括证据应当符合法定的形式以及证据的形成和获得要合法。本案中，杜某未经二审法院准许私自对二审法院的听证活动进行录音，违反了《人民法院法庭规则》和《最高人民法院关于人民法院庭审录音录像的若干规定》的规定，其提交的录音音频证据不具有合法性，法院不予采信。

18.【裁判规则】在一审法院主持调解时私自录音，系非法获取，依法不能作为认定案件事实的依据

典型案例

刘某某与王某某租赁合同纠纷案［福建省漳州市中级人民法院(2018)闽06民

申82号]

再审申请人(一审原告、反诉被告、二审上诉人):刘某某

被申请人(一审被告、反诉原告、二审上诉人):王某某

裁判观点

人民法院认为,对其在二审提供的录音资料,经查,系在一审法院主持调解时私自录音。根据《民诉法司法解释》第106条及第107条规定,上述录音资料系非法获取,且系在调解过程所录制,依法不能作为认定案件事实的依据。

第十二章　证据证明力

司法实践问题与法条适用导航

序号	司法实践问题	法条适用导航
1	公证文书的证据证明力	《民事诉讼法》第69条[1]
2	书证物证需要提交原件的最佳证据规则	《民事诉讼法》第70条[2]； 2019年《民事证据规定》第11条[3]
3	无关联性的证据，不能作为定案根据	2020年《民诉法司法解释》第104条[4]
4	对证据有无证明力和证明力大小进行判断的基本原则	2020年《民诉法司法解释》第105条[5]
5	“非法证据”无证据证明力	2020年《民诉法司法解释》第106条[6]
6	最佳证据规则的例外情形	2020年《民诉法司法解释》第111条[7]
7	公文书的证据证明力	2020年《民诉法司法解释》第114条[8]
8	私文书证上有删除、涂改、增添或者其他形式瑕疵的证据证明力	2019年《民事证据规定》第92条第3款[9]
9	动产应当提交原物	2019年《民事证据规定》第12条第1款[10]
10	不动产证据的“复印件主义”规则	2019年《民事证据规定》第13条第1款[11]
11	电子数据的最佳证据规则	2019年《民事证据规定》第15条[12]
12	人民法院调查收集证据的原件与复制件、副本	2019年《民事证据规定》第21条、第22条[13]
13	视听资料和电子数据的最佳证据规则	2019年《民事证据规定》第23条第1款[14]
14	单一证据的证明力判断规则	2019年《民事证据规定》第87条[15]
15	全部证据需要综合判断	2019年《民事证据规定》第88条[16]
16	不能单独作为认定事实根据的证据	2019年《民事证据规定》第90条[17]
17	公文书副本的证据证明力	2019年《民事证据规定》第91条[18]

续表

序号	司法实践问题	法条适用导航
18	电子数据真实性的判断因素	2019年《民事证据规定》第93条[19]
19	电子数据真实性证明力的判断标准	2019年《民事证据规定》第94条[20]
20	证人证言的证明力判断因素	2019年《民事证据规定》第96条[21]
21	证据证明力需要进行说理	2019年《民事证据规定》第97条[22]
22	交通事故认定书的证据证明力	2020年《道路交通事故损害赔偿司法解释》第24条[23]

1 《民事诉讼法》第69条规定："经过法定程序公证证明的法律事实和文书，人民法院应当作为认定事实的根据，但有相反证据足以推翻公证证明的除外。"

2 《民事诉讼法》第70条规定："书证应当提交原件。物证应当提交原物。提交原件或者原物确有困难的，可以提交复制品、照片、副本、节录本。提交外文书证，必须附有中文译本。"

3 2019年《民事证据规定》第11条规定："当事人向人民法院提供证据，应当提供原件或者原物。如需自己保存证据原件、原物或者提供原件、原物确有困难的，可以提供经人民法院核对无异的复制件或者复制品。"

4 2020年《民诉法司法解释》第104条规定："人民法院应当组织当事人围绕证据的真实性、合法性以及与待证事实的关联性进行质证，并针对证据有无证明力和证明力大小进行说明和辩论。能够反映案件真实情况、与待证事实相关联、来源和形式符合法律规定的证据，应当作为认定案件事实的根据。"

5 2020年《民诉法司法解释》第105条规定："人民法院应当按照法定程序，全面、客观地审核证据，依照法律规定，运用逻辑推理和日常生活经验法则，对证据有无证明力和证明力大小进行判断，并公开判断的理由和结果。"

6 2020年《民诉法司法解释》第106条规定："对以严重侵害他人合法权益、违反法律禁止性规定或者严重违背公序良俗的方法形成或者获取的证据，不得作为认定案件事实的根据。"

7 2020年《民诉法司法解释》第111条规定："民事诉讼法第七十条规定的提交书证原件确有困难，包括下列情形：(一)书证原件遗失、灭失或者毁损的；(二)原件在对方当事人控制之下，经合法通知提交而拒不提交的；(三)原件在他人控制之下，而其有权不提交的；(四)原件因篇幅或者体积过大而不便提交的；(五)承担举证证明责任的当事人通过申请人民法院调查收集或者其他方式无法获得书证原件的。前款规定情形，人民法院应当结合其他证据和案件具体情况，审查判断书证复制品等能否作为认定案件事实的根据。"

8 2020年《民诉法司法解释》第114条规定："国家机关或者其他依法具有社会管理职能的组织，在其职权范围内制作的文书所记载的事项推定为真实，但有相反证据足以推翻的除外。必要时，人民法院可以要求制作文书的机关或者组织对文书的真实性予以说明。"

9 2019年《民事证据规定》第92条第3款规定："私文书证上有删除、涂改、增添或者其他形式瑕疵的，人民法院应当综合案件的具体情况判断其证明力。"

10 2019年《民事证据规定》第12条第1款规定："以动产作为证据的，应当将原物提交人民法院。原物不宜搬移或者不宜保存的，当事人可以提供复制品、影像资料或者其他替代品。"

11 2019年《民事证据规定》第13条第1款规定："当事人以不动产作为证据的，应当向人民法院提供该不动产的影像资料。"

12 2019年《民事证据规定》第15条规定："当事人以视听资料作为证据的，应当提供存储该视听资料的原始载体。当事人以电子数据作为证据的，应当提供原件。电子数据的制作者制作的与原件一致的副本，或者直接来源于电子数据的打印件或其他可以显示、识别的输出介质，视为电子数据的原件。"

13 2019年《民事证据规定》第21条规定："人民法院调查收集的书证，可以是原件，也可以是经核对无误的副本或者复制件。是副本或者复制件的，应当在调查笔录中说明来源和取证情况。" 2019年《民事证据规定》第22条规定："人民法院调查收集的物证应当是原物。被调查人提供原物确有困难的，可以提供复制品或者影像资料。提供复制品或者影像资料的，应当在调查笔录中说明取证情况。"

14　2019年《民事证据规定》第23条第1款规定："人民法院调查收集视听资料、电子数据，应当要求被调查人提供原始载体。"

15　2019年《民事证据规定》第87条规定："审判人员对单一证据可以从下列方面进行审核认定：(一)证据是否为原件、原物，复制件、复制品与原件、原物是否相符；(二)证据与本案事实是否相关；(三)证据的形式、来源是否符合法律规定；(四)证据的内容是否真实；(五)证人或者提供证据的人与当事人有无利害关系。"

16　2019年《民事证据规定》第88条规定："审判人员对案件的全部证据，应当从各证据与案件事实的关联程度、各证据之间的联系等方面进行综合审查判断。"

17　2019年《民事证据规定》第90条规定："下列证据不能单独作为认定案件事实的根据：(一)当事人的陈述；(二)无民事行为能力人或者限制民事行为能力人所作的与其年龄、智力状况或者精神健康状况不相当的证言；(三)与一方当事人或者其代理人有利害关系的证人陈述的证言；(四)存有疑点的视听资料、电子数据；(五)无法与原件、原物核对的复制件、复制品。"

18　2019年《民事证据规定》第91条规定："公文书证的制作者根据文书原件制作的载有部分或者全部内容的副本，与正本具有相同的证明力。在国家机关存档的文件，其复制件、副本、节录本经档案部门或者制作原本的机关证明其内容与原本一致的，该复制件、副本、节录本具有与原本相同的证明力。"

19　2019年《民事证据规定》第93条规定："人民法院对于电子数据的真实性，应当结合下列因素综合判断：(一)电子数据的生成、存储、传输所依赖的计算机系统的硬件、软件环境是否完整、可靠；(二)电子数据的生成、存储、传输所依赖的计算机系统的硬件、软件环境是否处于正常运行状态，或者不处于正常运行状态时对电子数据的生成、存储、传输是否有影响；(三)电子数据的生成、存储、传输所依赖的计算机系统的硬件、软件环境是否具备有效的防止出错的监测、核查手段；(四)电子数据是否被完整地保存、传输、提取，保存、传输、提取的方法是否可靠；(五)电子数据是否在正常的往来活动中形成和存储；(六)保存、传输、提取电子数据的主体是否适当；(七)影响电子数据完整性和可靠性的其他因素。人民法院认为有必要的，可以通过鉴定或者勘验等方法，审查判断电子数据的真实性。"

20　2019年《民事证据规定》第94条规定："电子数据存在下列情形的，人民法院可以确认其真实性，但有足以反驳的相反证据的除外：(一)由当事人提交或者保管的于己不利的电子数据；(二)由记录和保存电子数据的中立第三方平台提供或者确认的；(三)在正常业务活动中形成的；(四)以档案管理方式保管的；(五)以当事人约定的方式保存、传输、提取的。电子数据的内容经公证机关公证的，人民法院应当确认其真实性，但有相反证据足以推翻的除外。"

21　2019年《民事证据规定》第96条规定："人民法院认定证人证言，可以通过对证人的智力状况、品德、知识、经验、法律意识和专业技能等的综合分析作出判断。"

22　2019年《民事证据规定》第97条规定："人民法院应当在裁判文书中阐明证据是否采纳的理由。对当事人无争议的证据，是否采纳的理由可以不在裁判文书中表述。"

23　2020年《道路交通事故损害赔偿司法解释》第24条规定："公安机关交通管理部门制作的交通事故认定书，人民法院应依法审查并确认其相应的证明力，但有相反证据推翻的除外。"

第一节　单一证据的证明力

【法理辨析】

一、证据证明力的内涵

证据证明力，又称"证据力""证明效力""证明价值"，源于大陆法系证据理论，一般是指证据事实对案件中的待证事实有无证明作用和证明程度，即能否证明待证事实以及在多大程度上证明待证事实。

在英美法系国家，证明力是与“相关性”紧密联系的一个概念。一般是指，“提供用以证明的证据可能将对陪审团思考要素性事实产生的说服力”〔1〕。即具有可采性的证据对于证明待证事实有多大的证明程度。《美国联邦证据规则》第401条规定：“‘相关证据’指证据具有某种倾向，使决定某项在诉讼中待确认的争议事实的存在比没有该项证据时更有可能或更无可能。”〔2〕如果按照与英文词义相对应的角度看，它的英文常见的词汇一般表达为：The weight and credibility of evidence; The weight of evidence; Probative force; Degree of evidence 等，一般译为“证据可信性”“证明价值”“证明说服力”“证明力度”等。如《布莱克法律辞典》（第9版）中的weight 词条意指：A measure of heaviness; A measure of the quantity of matter，即“量度”“分量”。

证据证明力的发展历史大体可以分为三个阶段：神示证据阶段、法定证据阶段和自由心证阶段。其中，法定证据（legal evidence），即形式的证据主义或“形式证据”，就是以法律规定的形式，规定证据的价值，对各类证据的证明力及其取舍和运用作出严格的限定。根据证据的外部特征，按照数学的方法对各类证据方法的证明力进行机械与形式性地规定，并且对各类犯罪的认定都规定了必须具备的证据方法及每种证据数量的要求，把证据分为完全的、不完全的、不太完全的、多一半完全的、半证据的等，法官无权依照自己的认识和思维自由地判断证据。每一种具备一定特征的证据在一切案件中都具有恒定的、恒量的证明力，排除法官对证明力的自由判断，把法官塑造成司法判断的“自动售货机”。法官根据法律的预先规定，机械地计算出各个证据的证明力大小、强弱，并作出判决。只要具备了完全的证据就可以认定整个案件事实。例如，被告人的自白被认为是完全的证据，是“证据之王”；两个证人相一致的证言可构成一个完全的证据。对于法定证据的审查判断，其主要的规则是：（1）某证据材料是否可以作证据使用由法律明确规定；（2）证据的种类或证据方法的法定化，认定犯罪事实的证据必须属于法定的证据种类的范畴，否则，不得认定事实；（3）如果具备法定证据时，则必须作出判决；（4）证据的

---

〔1〕［美］罗纳德·J.艾伦、理查德·B.库恩斯、埃莉诺·斯威夫特：《证据法——文本、问题和案例》（第3版），张保生、王进喜、赵滢译，高等教育出版社2006年版，第166页。

〔2〕《美国联邦民事诉讼规则证据规则》，白绿铉、卞建林译，中国法制出版社2000年版，第215页。

证明力由法律明确规定，即对于认定被告人犯罪的证据价值大小，法律上设有限制，不得自由裁量；(5)法官判案只能依据法律规定的证明力的形式规定作出判断，不必要求符合案件事实。

现代意义上法定证据主义包括两层意思：一是证据能力的法定化；二是证明力的法定化，一般主要是指后者。法定证据制度，是指法律事先规定出各种证据的证明力和评断标准，法官在审判中必须严格遵守这些规则，没有自由裁量权。但是，人类认识的非至上性决定了要想把所有种类的证据规定到法律条文中只能是一种梦想。它容易导致僵化与机械化，阻碍发现真实的可能性，僵化的法律公式显然也不能完全适用变化万千的人类社会纠纷。不过，形式上的司法公正要求法官必须服从法律，法官执法有一定的规范和尺度。

自由心证，同样可以分为传统意义上的自由心证和现代意义上自由心证两个阶段。从历史发展的视角来看，“在迈向法官职权主义的探求客观真实趋势的同时，也涌现了废除先验的证据评价与排除法则、引入自由心证(free judicial admission and evaluation of evidence)制度的大潮流。众所周知，这些深远的发展对于绝大多数民法法系和普通法系国家极为平常，甚至对于社会主义阵营的大部分国家也非常普遍，这表明了法官(和陪审团)进行证据评价的信任，即无须规定严格的、形式主义的证据评价或评价法则，法官(和陪审团)有能力明智而理性地进行证据评价”〔1〕。“自由心证既是一种诉讼证据制度，也是一项法官判断证据的原则，同时，它又是在此原则下法官审查判断证据的行为。从制度和观念的意义上来理解，自由心证的含义是，法律对于证据的证明力及其取舍不作具体的规定，一种证据是否有证明力，是否值得采信，完全凭借法官的自由评判。法官根据法律的规定，依据自己的良心和职业道德，独立地自由对证据作出判断，在此基础上，形成心证，当这种心证达到深信不疑或者排除任何合理怀疑的程度，便成为确信。”〔2〕也就是说，从判断证据证明力的视角来看，自由心证是法官对诉讼系属后的证据独立自主的、不由外人决定的审判判断证据；从判断证据的自由程度来看，这种“自由判断”不是绝对的、毫无限制的“自由”，限制这种“自由”的手段包括并不限于不告不理、举证责任、证明标准、庭审公开、心证公开、合议制、上诉制度、法官遴选制度等。

---

〔1〕［意］莫诺·卡佩莱蒂等：《当事人基本程序保障权与未来的民事诉讼》，徐昕译，法律出版社2000年版，第56–57页。

〔2〕最高人民法院民事审判第一庭：《民事诉讼证据司法解释的理解与适用》，中国法制出版社2002年版，第314页。

二、证据证明力的制约性因素

(一)证据能力

证据能力，是指“某一有形物能够作为证据方法来使用的资质”，“对没有证据能力的证据方法不能进行合法的证据调查，即使错误地进行了证据调查，也不能作为认定事实的材料”。[1]证据能力，是证明力审判判断的前提和“钥匙”，有“钥匙”才可以进门审查证据证明力；无证据能力的证据，对于证据证明力来说为“零”，应当排除在法官的心证之外，防止对法官的心证产生“污染”。特别是如果证据具有一定的证据证明力，但采纳该证据的危险大于采信该证据所产生的利益，比如以严重侵害他人合法权益、违反法律禁止性规定或者严重违背公序良俗的方法形成或者获取的证据，该证据虽然具有证据证明力，也不应当采纳采信。“当事实认定者知悉了不具可采性的证据的内容时——要知道这种情况时有发生的——法律制度的典型反应是要求事实认定者忽略该证据内容。但是如果该证据内容碰巧是具有说服力的，法律则要求事实认定者对其所知悉的证据内容不给予任何证明力。”[2]在民事诉讼领域，为了查清案件事实，达到认清案件真实的目标，尽量是希望更多的证据证明力能够纳入法官的视野中来。但是，基于比审查证据证明力更高、更大、更需要保护的其他价值(如公民的自由、隐私，社会公共利益等)，不得不借助证据能力这个“阀门”，将虽然具备证据证明力、但不具备证据能力的证据材料，排除在法官审查判断视野之外，以达到保护更大价值，并对当事人取证手段起到警示的作用。

(二)证据裁判主义

《民事诉讼法》第64条第1款规定：“当事人对自己提出的主张，有责任提供证据。”2001年《民事证据规定》第2条第1款规定：“当事人对自己提出的诉讼请求所依据的事实或者反驳对方诉讼请求所依据的事实有责任提供证据加以证明。”2020年《民诉法司法解释》第90条第1款规定：“当事人对自己提出的诉讼请求所依据的事实或者反驳对方诉讼请求所依据的事实，应当提供证据加以证明，但法律另有规定的除外。”前述规定均确定了举证责任分配的一般原则，即“举证义务存在于主张之人，不存在于否定之人”。同时，对于负有举证责任的当事人，达到何种证

---

〔1〕［日］高桥宏志：《重点讲义民事诉讼法》，张卫平、许可译，法律出版社2007年版，第27页。

〔2〕［美］米尔建·R.达马斯卡：《漂移的证据法》，李学军、刘晓丹、姚永吉、刘为军译，中国政法大学出版社2003年版，第25页。

明标准即完成其举证责任，2020年《民诉法司法解释》第108条第1款对此进行了规定，“对负有举证证明责任的当事人提供的证据，人民法院经审查并结合相关事实，确信待证事实的存在具有高度可能性的，应当认定该事实存在”。

（三）裁判理由

裁判理由是法官判断一个案件后形成的最终的心证结论，应当在判决的主文中详细列明：证据种类与形式；是直接证据或间接证据，原始证据或传来证据，单一证据或综合证据；所要证明的主张是什么，充分或不充分的程度；综合证明责任与证明标准后，哪一方的证据更具有证明力；综合全案的证据是否可达高度盖然性的证明标准；哪些属于自认、推定、经验法则或司法认知；三段论的逻辑演绎过程是什么样的；某些证据为何可采信或者不可采信；对于采信的证据如何能够证明待证事实等。当然法官必须具备一定的知识储备和判断能力。无论是心证过程，还是心证结果的公开，程序上无非是增强诉讼公开、诉讼民主的因素，在法律意义上可以增强判决的既判力效果；从社会意义上也增强了法律的稳定性与严肃性。

三、司法实务中的证据证明力

1.关于复印件的证据证明力。根据《民事诉讼法》第70条第1款和2020年《民诉法司法解释》第111条规定，在司法实践中，如果当事人提交的证据材料或收款收据系复印件，但根据经验法则和逻辑法则，当事人提出已将证据原件留存给对方当事人或单位公司的，对方当事人对复印件的举证及陈述并未提出相反的证据予以反驳的，可以结合案件其他证据，采信复印件证据。

2.关于交通事故认定书的证据证明力。《道路交通安全法》第73条规定：“公安机关交通管理部门应当根据交通事故现场勘验、检查、调查情况和有关的检验、鉴定结论，及时制作交通事故认定书，作为处理交通事故的证据。交通事故认定书应当载明交通事故的基本事实、成因和当事人的责任，并送达当事人。”根据该规定，交通事故认定书本身并非行政决定，而是公安机关处理交通事故，作出行政决定所依据的主要证据。交通事故认定书中交通事故责任的认定，主要是依据《道路交通安全法》《道路交通安全法实施条例》等法律、行政法规，在分析判断交通事故责任认定时，与民事审判中分析判断侵权案件适用全部民事法规进行分析有所区别，而且，认定交通事故责任的归责原则与民事诉讼中侵权案件的归责原则不完全相同。

例如，《道路交通安全法实施条例》第91条规定："公安机关交通管理部门应当根据交通事故当事人的行为对发生交通事故所起的作用以及过错的严重程度，确定当事人的责任。" 从交通事故认定书划分责任的依据看，公安机关交通管理部门认定交通事故的责任有两个因素，即行为人对交通事故所起的作用和过错的严重程度。前述条款中的"作用"与"过错"并列，与民法中的"过错"不是同一概念，在交通事故中，行为人有同等的过错不一定承担同等的责任，过错大的不一定是交通事故的主要责任人。《道路交通安全法实施条例》第92条规定："发生交通事故后当事人逃逸的，逃逸的当事人承担全部责任。但是，有证据证明对方当事人也有过错的，可以减轻责任。当事人故意破坏、伪造现场、毁灭证据的，承担全部责任。" 该规定中，此类交通事故归责的依据不是发生侵权行为时的过错大小，而是侵权行为发生后其他违法行为。因此，公安机关交通管理部门进行交通事故责任认定时归责原则与民法上的归责原则存在区别。此外，在举证责任负担、责任人的范围等方面，交通事故责任认定也与民事诉讼存在不同之处。综上所述，交通事故认定书是公安机关处理交通事故，作出行政决定所依据的主要证据，虽然可以在民事诉讼中作为证据使用，但由于交通事故认定与民事诉讼中关于侵权行为认定的法律依据、归责原则有所区别，同时，交通事故责任也不等同于民事法律赔偿责任。因此，交通事故认定书不能作为民事侵权损害赔偿责任分配的唯一依据，行为人在侵权行为中的过错程度，应当结合案情，全面分析全部证据，根据民事诉讼的归责原则进行综合认定。

【典型案解】

（一）证据形式的证据证明力

1.【裁判规则】单位出具的证明材料在证据形式上应当有单位负责人及制作证明材料的人员签名或者盖章，并加盖单位印章

典型案例

扎某与青海省宏星建设工程有限公司等案外人执行异议之诉案［最高人民法院（2016）最高法民申1543号］

再审申请人（一审被告、二审被上诉人）：扎某

被申请人（一审原告、二审上诉人）：青海省宏星建设工程有限公司

裁判观点 ▶▶

最高人民法院认为，再审申请人扎某提交的2016年4月13日兴海县劳动监察大队出具的内容为“兴海县藏医院医技综合楼项目在施工过程中，我劳动监察大队没有直接支付过农民工工资”的证明，仅有单位公章，在形式上不符合《民诉法司法解释》第115条的规定。且再审申请人提交的证据不足以推翻二审对本案事实的认定。

2.【裁判规则】单位出具的证明仅加盖了单位印章，不符合关于单位证明材料形式要件的规定

典型案例 ▶▶

孙某与邢某某案外人执行异议之诉案［最高人民法院（2017）最高法民申2344号］

再审申请人（一审原告、二审上诉人）：孙某

被申请人（一审被告、二审被上诉人）：邢某某等

裁判观点 ▶▶

最高人民法院认为，根据《民诉法司法解释》第115条规定，孙某提交的山东鲁商物业服务有限公司、鲁商广场服务中心2017年4月7日出具的证明，仅加盖了单位印章，不符合该条关于单位证明材料形式要件的规定，故法院不予采信。

3.【裁判规则】证明材料不符合单位证明文书的形式要件，不具有证明效力

典型案例 ▶▶

陆某某等与周某某等民间借贷纠纷案［最高人民法院（2016）最高法民申526号］

再审申请人（一审被告、二审上诉人）：陆某某

被申请人（一审原告、二审被上诉人）：周某某等

裁判观点

最高人民法院认为，温岭市公安局大溪派出所的询问笔录显示的询问时间是2015年10月14日，虽然是在二审后才出现的证据，但该证明材料不符合单位证明文书的形式要件，不具有证明效力。根据《民诉法司法解释》第115条之规定，单位出具的证明材料必须同时有单位盖章、单位负责人签字或者盖章、经办人员签字或者盖章。本案再审申请人提交的询问笔录只有经办人员的签名，没有单位盖章。且从该询问笔录的内容来看，只能认定张某与周某某系朋友关系，平常有资金和业务往来，而张某对陆某某、陆某芳并不熟悉。且张某本人明确表示记不清陆某某是以何种名义汇钱给他。该询问笔录无法证明再审申请人主张的陆某某、陆某芳付至张某账号的款项是受周某某的指示归还的借款。

4.【裁判规则】并未加盖任何清晰明确印章的证据材料，其真实性、关联性无法确定

典型案例

哈尔滨广利商品混凝土有限公司与中国工商银行股份有限公司哈尔滨开发区支行等合同纠纷案［最高人民法院（2017）最高法民申2398号］

再审申请人（一审被告、二审上诉人）：哈尔滨广利商品混凝土有限公司（以下简称广利公司）

被申请人（一审原告、二审上诉人）：中国工商银行股份有限公司哈尔滨开发区支行（以下简称开发区工行）等

裁判观点

最高人民法院认为，广利公司为证明兴华公司和开发区工行相互串通进行倒贷，兴华公司有挪用贷款的行为，在申请再审阶段提交了双宏公司在中国农业银行分户账单、双宏公司于2014年1月30日给案外人刘某某、哈尔滨市合泰小额贷款股份有限公司的汇款凭证及兴华公司法定代表人出具的情况说明、企业征信报告等材料。经审查，双宏公司的分户账单并未加盖任何清晰明确的印章，其真实性、关联性无法确定，两张汇款凭证仅能表明存在资金流动的情况，而兴华公司法定代表人的情况说明系证人证言，上述证据证明力较弱，不属于《民事诉讼法》第200条第

1项规定的情形。因涉案贷款真实发生，借款展期及保证是各方当事人的真实意思表示，且不违反法律、行政法规的禁止性规定，上述保证合同合法有效。

5.【裁判规则】政府主管部门依职权作出的技术鉴定报告虽不等于司法过程中形成的司法鉴定意见，但属于书证

典型案例

白银有色金属公司破产清算组与张某某等采矿权纠纷案［最高人民法院(2017)最高法民终80号］

上诉人（原审原告）：白银有色金属公司破产清算组

被上诉人（原审被告）：张某某

裁判观点

最高人民法院认为，联合调查组虽是临时组建，但属履行国家的行政管理职权，其形成或制作的有关文书及记载的事项具有公信力，没有相反事实不能予以推翻。从本案看，该调查组履行的是甘肃省国土资源主管部门的行政管理职责，是根据省国土资源主管部门的职责要求成立并作出的有关职权行为，其作出的技术鉴定报告、调查报告等，也属依据职权制作的文书，依法具有公信力。调查组的调查中，既有管理部门的行政管理人员参加，也有专门的技术人员参加，而且参加的人员范围包括省、市、县三级，其进行的是第一时间的调查和勘察。因此，调查活动具有中立性、及时性和权威性。调查组在现场踏勘的基础上，虽由白银有色金属公司提供和绘制了盗采区图纸，但调查组的技术人员根据实地勘察对之予以了核对，认为白银公司使用的图件基本准确和可信，实测数据基本真实；同时，对采空区总体积、矿石体重、品位等不合理的数据予以了重新计算。因此，鉴定结论具有客观性。调查结论，尤其是非法盗采矿石量经过专业审查机构，即价值鉴定委员会的审查认定，具有权威性。该鉴定机构是依法成立、针对非法采矿、破坏性采矿进行价值鉴定的省内唯一专门性机构，其可接受公安、司法机关的请求进行有关鉴定，其鉴定结论可以作为涉嫌犯罪的证据材料，故调查结论中有关矿石量的认定具有权威性、可信性，可以作为司法机关认定事实的根据。根据中华人民共和国自然资源部有关文件规定，所辖区域内的省级以下国土资源主管部门对非法和破坏性采矿的价值不得自行作出认定，也无权否定省级国土资源主管部门已依法定程序得出的有关结论。甘肃省国土资源主管部门依职权作出的技术鉴定报告虽不等于司法过程中形成的司法鉴定意见，但属于书证，在审查后可以作为证据使用。据此，法院对联合调查组调查和经价值鉴定委员会审查认定的非法采掘矿石量，依法采信。

6.【裁判规则】审计部门单方审计后的内部审计报告，证据性质为书证

典型案例

宁夏君信创业投资有限公司与上海绿谷伟业生态工程有限公司等出资合同纠纷案[最高人民法院(2004)民二终字第260号]

上诉人（原审原告）：宁夏君信创业投资有限公司（以下简称君信公司）

被上诉人（原审被告）：上海绿谷伟业生态工程有限公司（以下简称绿谷伟业公司）

裁判观点

最高人民法院认为，上诉人君信公司的主要证据——《宁夏审计厅关于宁夏博尔泰力药业股份有限公司股权投资等有关问题的审计调查报告》经原审法院核实并经质证，系宁夏回族自治区审计厅（以下简称宁夏审计厅）就博尔泰力药业股份公司中国有资产存在的问题，进驻博尔泰力药业股份公司进行审计调查后向宁夏回族自治区政府领导提交的内部审计调查报告，其中涉及被上诉人绿谷伟业公司出资情况，其证据属性为书证而非司法机关委托审计部门出具的鉴定结论。且该审计报告亦未能直接、充分地证明被上诉人虚假出资的事实，不能作为定案依据：（1）宁夏审计厅的该次审计行为并非法定审计。根据《审计法》以及《审计法实施条例》的相关规定，审计机关的审计对象是国务院各部门和地方各级人民政府及其各部门的财政收支，国有的金融机构和企业事业组织的财务收支，以及其他依照审计法有关规定应当接受审计的国有企业、国有资产占控股地位或主导地位的企业的财政收支、财务收支。而发起成立第三人博尔泰力药业股份公司的七家发起人的总共3800万股份中没有一家是国有企业或国有资产占控股地位或主导地位的企业，因此，不属于宁夏审计厅的审计范围。（2）该次审计非争议各方共同委托的审计，系宁夏审计厅就博尔泰力药业股份公司中国有资产存在的问题，进驻博尔泰力药业股份公司进行审计调查后向宁夏回族自治区政府领导提交的内部审计调查报告，其中涉及被上诉人绿谷伟业公司出资情况，属传来证据、间接证据，不具有针对性。(3)该审计报告既未提供审计行为所依据的法律规定和审计过程中使用的证据材料，也未提供审计结论所依据的法律规定和事实依据，故不予认定。

7.【裁判规则】在国家机关存档的文件，其复制件、副本、节录本经档案部门或者制作原本的机关证明其内容与原本一致的，该复制件、副本、节录本具有与原本相同的证明力

典型案例

金昌和兴水电开发有限公司与永昌县水电开发有限责任公司买卖合同纠纷案［甘肃省高级人民法院(2020)甘民申92号］

再审申请人(一审原告)：金昌和兴水电开发有限公司(以下简称和兴公司)

被申请人(一审被告)：永昌县水电开发有限责任公司(以下简称永昌水电公司)

裁判观点

人民法院认为，本案系买卖合同纠纷案件。本案审查的焦点问题为和兴公司提交的证据是否符合再审新证据的法定条件；和兴公司提供的新的证据是否能够证明原审判决认定基本事实或者裁判结果错误。根据《民诉法司法解释》第387条规定，关于和兴公司提交的证据是否符合再审新证据的法定条件问题。经对和兴公司所提交的证据进行审查，其中除证据一甘肃省水利厅、甘肃省发展和改革委员会2006年12月29日联合印发的甘水发(2006)515号《关于对金昌市永昌县小水电代燃料工程实施方案的批复》、证据二甘肃省水利厅、甘肃省发展和改革委员会2010年5月24日联合印发的甘水发(2010)297号《关于对永昌县丁家峡小水电代燃料项目请予备案的报告》、证据三金昌市发展和改革委员会2019年10月22日金发改函(2019)269号《关于永昌县丁家峡水电站通过竣工验收的函》及附件《永昌县丁家峡水电站工程竣工验收鉴定书》三份证据之外，其他证据均为在原审法院开庭时已向法庭提供且经过质证的证据，不符合《民诉法司法解释》关于新证据的规定，应当不予认可。

和兴公司所提交的证据一、证据二，在原审法院庭审结束前已经存在，证据三为原审庭审结束后形成。证据一、证据二来源为永昌县水务局于2019年5月20日对丁家峡水电站以“未通过竣工验收”下达停水通知，和兴公司遂向永昌县人民政府进行行政复议，复议中得知有该两份文件，申请人向档案部门调取了证据一、证据二。和兴公司提供了永昌县水务局永水发（2019）129号《永昌县水务局关于对丁家峡等5座水电站停水的紧急通知》和永昌县人民政府永政复决字（2019）4号行政复议决定书，以证明其逾期提供证据的理由成立。证据三为金昌市发展和改革委员会关于永昌县丁家峡水电站通过竣工验收的函及验收鉴定书。以上三份证据均为政府管理审批性文件，根据2019年《民事证据规定》第91条第2款“在国家机关存档的文件，其复制件、副本、节录本经档案部门或制作原本的机关证明其内容与原本一致的，该复制件、副本、节录本具有与原本相同的证明力”的规定，经法院公开听证、质证，以上证据一、证据二、证据三来源合法、有效，符合再审新证据的法定条件。

8.【裁判规则】国家机关或者其他依法具有社会管理职能的组织，在其职权范围内制作的文书所记载的事项推定为真实

典型案例

青岛新城创置房地产有限公司与济南银丰鸿福置业有限公司等合同纠纷案
［最高人民法院（2020）最高法民申4431号］

再审申请人（一审原告、反诉被告、二审上诉人）：青岛新城创置房地产有限公司（以下简称新城地产公司）

被申请人（一审被告、反诉原告、二审被上诉人）：济南银丰鸿福置业有限公司（以下简称鸿福置业公司）等

裁判观点

最高人民法院认为，关于一、二审法院是否存在适用法律错误的问题。根据《民诉法司法解释》第114条的规定，鸿福置业公司一审时提交的济南市政府形成的济南市国有建设用地使用权招标拍卖挂牌出让工作领导小组会议纪要，济南市国

土资源局、济南公共资源交易中心发布的《国有建设用地使用权网上挂牌出让文件2017—G169—G177》及竞买须知，二审时提交济南市自然资源和规划局出具的《关于多宗土地一并出让竞买相关事宜的复函》，上述证据均为国家机关在职权范围内制作的文书，一、二审法院系结合其他事实对上述证据进行综合认定，新城地产公司在未提交相反证据足以推翻上述证据的情形下，主张一、二审法院采信上述证据有误，无法律依据，法院不予支持。新城地产公司主张二审未予准许调取鸿福置业公司与案外人的合作协议，明显有误。经查，鸿福置业公司在庭审中认可其就案涉两个地块与第三方进行合作的事实，故二审法院认定调取该份证据已无必要，不予准许，并无不当。

9.【裁判规则】已为人民法院发生法律效力的裁判所确认的基本事实，当事人无须举证证明

典型案例

吉利百矿集团有限公司等与广西壮族自治区百色电力有限责任公司等新增资本认购纠纷案［最高人民法院（2020）最高法民申4472号］

再审申请人（一审被告）：吉利百矿集团有限公司（原百色百矿集团有限公司，以下简称百矿公司）等

被申请人（一审原告、二审上诉人）：广西壮族自治区百色电力有限责任公司（以下简称百色电力公司）等

裁判观点

最高人民法院认为，关于原判决认定基本事实是否缺乏证据证明的问题。案涉增资扩股协议第6条第1款约定，目标公司原股东已投入资金（不含目标公司原股东注册资金），乙方（成都亚王公司、百矿公司）同意按照年利率6.55%计利息，从实际投入时间起计算至本协议生效日止。该条第4款约定，目标公司完成工商登记变更之日起15日内，乙方（成都亚王公司、百矿公司）将目标公司原股东已投入资金（不含目标公司原股东注册资金）及本条第1款的利息和本条第2款的溢价款之和的50%，支付至甲方（右江水利公司、百色电力公司、珠江水利公司）指定账户，上述款项余款于2014年4月30日前支付至甲方指定账户。2014年12月15日签署的会

议纪要载明，双方初步约定已投入资金利息（不含注册资金2000万元）按照6.55%的年利率计至2013年7月31日；新股东承诺：尚未支付的瓦村公司原股东已投入资金在那比公司将国家开发银行贷款主体变更完成后45个工作日内支付给原股东单位。增资扩股协议第17条第6款并约定，乙方（成都亚王公司、百矿公司）对本协议的履行违约，互负连带经济责任和法律责任。根据以上约定，原判决认定百矿公司、成都亚王公司应向右江水利公司、百色电力公司、珠江水利公司支付原股东已投入资金利息及延迟支付该款项的利息，并不缺乏证据证明。同时，2019年《民事证据规定》第10条规定：下列事实，当事人无须举证证明：自然规律以及定理、定律；众所周知的事实；根据法律规定推定的事实；根据已知的事实和日常生活经验法则推定出的另一事实；已为仲裁机构的生效裁决所确认的事实；已为人民法院发生法律效力的裁判所确认的基本事实；已为有效公证文书所证明的事实。前款第2项至第5项事实，当事人有相反证据足以反驳的除外；第6项、第7项事实，当事人有相反证据足以推翻的除外。广西壮族自治区百色市中级人民法院已生效的（2017）桂10民终827号民事判决中查明，会议纪要所附的瓦村水电站投入资金利息计算表载明，截至2013年7月31日，已投入建设瓦村水电站、收购福达水电站的资金利息共计6,354,076.99元（对利息的计算已扣除股东投入注册资本2000万元），且分立后的瓦村公司保留福达水电站、瓦村水电站的资产和开发权。成都亚王公司和百矿公司均未提出足以推翻以上事实的相反证据。结合（2017）桂10民终827号民事判决认定的事实以及会议纪要的内容和增资扩股协议的约定，原判决认定成都亚王公司和右江水利公司已对原股东已投入资金利息进行了确认并判令成都亚王公司和百矿公司向三原股东支付已投入资金利息6,354,076.99元并不缺乏证据证明。至于百矿公司申请再审主张的应按其与成都亚王公司的持股比例承担责任的问题，百矿公司在一、二审中均未提出该项抗辩，原审法院未予处理，并无不当。百矿公司可另循法律途径解决。

（二）证明效力

1.【裁判规则】可信时间戳具有证据证明力

典型案例

无锡市圣宝车辆制造有限公司与华盖创意（北京）图像技术有限公司侵害著作权纠纷案［江苏省无锡市中级人民法院（2016）苏02民终02208号］

上诉人（原审被告）：无锡市圣宝车辆制造有限公司（以下简称圣宝公司）

被上诉人（原审原告）：华盖创意（北京）图像技术有限公司（以下简称华盖公司）

裁判观点

人民法院认为，可信时间戳是由权威可信时间戳服务中心签发的一个能够证明数据电文（电子文件）在一个时间点是已经存在的、完整的、可验证的、具备法律效力的电子凭证，主要用于确定电子文件产生的准确时间，防止电子文件的篡改和事后抵赖，因此其作为证据使用具有权威性和可信赖性，具有证明效力。本案中，根据可信时间戳认证，圣宝公司在其新浪微博中使用了涉案作品，圣宝公司亦未提供相反证据，故可以认定圣宝公司通过信息网络向公众传播涉案作品，该行为侵犯了华盖公司的著作权。关于圣宝公司认为可信时间戳认证证书不具有证明力的抗辩意见，法院不予采信。二审维持原判。

2.【裁判规则】公文书所记载的事项推定为真实，但有相反证据足以推翻的除外

典型案例

刘某某与李某某生命权、健康权、身体权纠纷案［山东省济南市中级人民法院(2018)鲁01民终225号］

上诉人（原审原告、反诉被告）：刘某某

上诉人（原审被告、反诉原告）：李某某

裁判观点

人民法院认为，根据《民诉法司法解释》第114条规定，平阴县公安局行政处罚决定书载明“2017年3月14日19时19分，李某某与刘某某两人因琐事互不投机产生争议，李某某用手撕扯对方头发。以上事实有违反治安管理行为人的陈述和申辩、受害人陈述、证人证言等证据证实。综上所述，李某某殴打他人的违法行为成立。遂根据《治安管理处罚法》第43条第1款之规定，决定给予李某某罚款300元的行政处罚”。李某某上诉称，上述处罚决定书不能作为证据采信，但其未提供相反的证据推翻该处罚决定书，该处罚决定书法院予以采信，可以认定2017年3月14日19时

19分，李某某与刘某某两人因琐事产生争议，李某某将刘某某致伤。

3.【裁判规则】是否提供债权文书公证书的基础资料，不影响人民法院依法基于已公证的文书证明的事实来认定案件基本事实

典型案例

司某某与中国长城资产管理股份有限公司吉林省分公司等案外人执行异议之诉案［最高人民法院（2018）最高法民申403号］

再审申请人（一审原告、二审上诉人）：司某某

被申请人（一审被告、二审被上诉人）：中国长城资产管理股份有限公司吉林省分公司（以下简称长城资产公司）等

裁判观点

最高人民法院认为，一审庭审期间，长城资产公司举示了（2014）吉长国安证经字第885号《债权文书公证书》等证据，并经司某某当庭质证。根据《民事诉讼法》第69条和2001年《民事证据规定》第9条规定，长城资产公司举示的（2014）吉长国安证经字第885号《债权文书公证书》为已经法定程序公证证明的文书，能够证明长城资产公司对嘉利成公司享有合法有效的债权以及对案涉二期在建工程享有合法有效的抵押权。长城资产公司是否举示案涉债权文书公证书的基础资料，不影响人民法院依法基于已经公证文书证明的事实认定本案基本事实。且司某某在原审及向法院申请再审期间均未提供相反的证据能够推翻案涉债权文书公证书所公证证明的事实，亦未提供证据证明案涉债权文书公证书存在无效或不应作为证据采纳的情形。

4.【裁判规则】公安机关交通管理部门制作的交通事故认定书，人民法院应依法审查并确认其相应的证明力，但有相反证据推翻的除外

典型案例

李某某与覃某某等机动车交通事故责任纠纷案［广西壮族自治区高级人民法院（2015）桂民申字第571号］

再审申请人（一审被告、二审上诉人）：李某某

被申请人（一审原告、二审上诉人）：覃某某

裁判观点

人民法院认为，本案事故发生后，交警部门作出武公交认字（2014）第39号《道路交通事故认定书》，认定李某某对本次事故承担主要责任，覃某某承担次要责任。根据《道路交通事故损害赔偿司法解释》第27条[1]的规定，李某某没有提出相反证据，故一、二审判决据上述事故认定书认定本案基本事实，证据充分。

5.【裁判规则】人民法院委托鉴定部门作出的鉴定结论，当事人没有足以反驳的相反证据和理由的，可以认定其证明力

典型案例

杨某与咸阳华商房地产开发有限公司等建设工程施工合同纠纷案［最高人民法院（2020）最高法民申4412号］

再审申请人（一审第三人、二审上诉人）：杨某，等（以下简称杨某等三人）

被申请人（一审被告、反诉原告、二审上诉人）：咸阳华商房地产开发有限公司（以下简称华商公司）等

裁判观点

最高人民法院认为，华商公司的苏某某虽在决算报告上签署个人意见，但同时注明"报领导"，表明该意见尚须其公司内部签批，并非华商公司最终决算意见。在无证据表明各方已就案涉工程价款达成最终结算协议的情况下，原审法院委托鉴定机构进行鉴定以确定工程价款，并无不妥。鉴定报告作出后，杨某三人提出异议。法庭安排鉴定机构出庭接受质询。鉴定机构对异议当庭进行了答复。依据2001年《民事证据规定》第71条规定，本案鉴定机构具有相应鉴定资质，鉴定程序合法。杨某三人虽不认可该鉴定结论，但其并未提供证据证明该鉴定存在程序违法或结论缺乏依据等不应采信或应重新鉴定情形，原审判决采纳该鉴定结论，并根

〔1〕 现为2020年《道路交通事故赔偿司法解释》第24条："公安机关交通管理部门制作的交通事故认定书，人民法院应依法审查并确认其相应的证明力，但有相反证据推翻的除外。"

据鉴定意见确定工程价款，并无不当。

6.【裁判规则】不能以鉴定制作人签字为由否定鉴定意见证明力

典型案例

攀枝花市仁和区前进锻轧厂与四川乾亨建设工程有限公司等建设工程施工合同纠纷案［最高人民法院（2016）最高法民申1481号］

再审申请人（一审原告、二审上诉人）：攀枝花市仁和区前进锻轧厂（以下简称前进锻轧厂）

被申请人（一审被告、二审上诉人）：四川乾亨建设工程有限公司（以下简称乾亨公司）等

裁判观点

最高人民法院认为，申请人主张质检中心回复函仅有单位印章而没有制作人签字，不具备证据效力，故向二审法院申请制作人员出庭接受质询，但二审法院未予回复，故认为构成法院未根据申请收集申请人不能自行收集的证据的情形。质检中心的回复函并非鉴定书，而是针对法院的咨询出具的说明鉴定报告内容的证据材料，质检中心以单位名义加盖单位印章，已满足证据真实性的要求，并无必要要求制作人出庭作证，也不能以没有制作人签字为由否定其证明力。二审法院未准许相关申请并无不当，本案并不存在《民事诉讼法》第200条第5项规定的情形。

7.【裁判规则】对于鉴定意见，当事人没有足以反驳的相反证据和理由的，可以认定其证明力

典型案例

二建建设集团有限公司齐齐哈尔分公司与鸡西市龙熙房地产开发有限公司建设工程施工合同纠纷案［最高人民法院（2015）民申字第2913号］

再审申请人（一审被告、二审上诉人）：二建建设集团有限公司齐齐哈尔分公司（以下简称二建公司）

被申请人（一审原告、二审被上诉人）：鸡西市龙熙房地产开发有限公司

裁判观点

最高人民法院认为，二审法院并没有将建华测绘工程处出具的测绘报告作为证据使用，建华测绘工程处是否具有相应的鉴定资质，并不影响本案事实的认定。对于黑龙江中和力得尔工程咨询有限责任公司出具的质量鉴定意见，二建公司在原审中并未申请重新鉴定，2001年《民事证据规定》第71条规定，二建公司主张黑龙江中和力得尔工程咨询有限责任公司不具备相应的鉴定资质，未提供相应的证据予以证明，亦未提供相反的证据推翻该鉴定结论，原判决在综合分析判断基础上对鉴定结论部分予以采信，适用法律并无不当。

8.【裁判规则】行政主管机关做出的调查报告及其结论意见，可以作为诉讼证据，除非有充分事实证据和理由足以推翻

典型案例

重庆长江轮船公司与宜昌三通航运有限公司等定期租船合同纠纷案［最高人民法院（2013）民提字第84号］

再审申请人（一审原告、二审被上诉人）：重庆长江轮船公司（以下简称轮船公司）

被申请人（一审被告、二审上诉人）：宜昌三通航运有限公司（以下简称三通公司）等

裁判观点

最高人民法院认为，2001年《民事证据规定》第77条第1项规定："国家机关、社会团体依职权制作的公文书证的证明力一般大于其他书证。"海事行政主管机关做出的调查报告及其结论意见，可以作为海事法院在案件审理中的诉讼证据，除非有充分事实证据和理由足以推翻海事调查报告及其结论意见。

9.【裁判规则】不具备社会公共管理职能、非国家法定事故调查和处理的法定机构出具的鉴定意见无证据证明力

典型案例

中远航运股份有限公司与中国太平洋财产保险股份有限公司海南分公司等水

路货物运输合同货损赔偿纠纷案［最高人民法院（2011）民提字第12号］

再审申请人（一审被告、二审上诉人）：中远航运股份有限公司（以下简称中远公司）

再审被申请人（一审原告、二审上诉人）：中国太平洋财产保险股份有限公司海南分公司（以下简称太保海南公司）

裁判观点

最高人民法院认为，为证明案涉火灾事故的原因，太保海南公司提交了中国检验认证集团上海有限公司出具的鉴定报告，中远公司提交了浙江出入境检验检疫鉴定所出具的司法鉴定报告书、上海悦之保险公估有限公司出具的公估报告和广州海正保险公估有限公司出具的检验报告。法院认为，公安部关于《火灾事故调查规定》（已失效）第6条规定："火灾事故的调查由公安消防机构负责实施。"第10条规定："各级公安消防机构应当配备专职或者兼职火灾事故调查人员。火灾事故调查人员应当按照公安消防监督人员资格管理的有关规定，取得岗位资格。"因此，火灾事故调查和处理机构应当为公安消防机构，调查人员应当具备相应的岗位资格。中远公司和太保海南公司委托的机构并非公安消防机构，检验师和鉴定人均不具备火灾事故鉴定的岗位资质。二审判决对中远公司和太保海南公司提交的鉴定、检验和公估报告中作出的火灾原因认定均不予采信并无不当。火灾事故发生后，因中远公司并未向公安消防机构以及港务监督部门报告，造成火灾原因无法查明。中远公司不能提交充分证据证明其对火灾事故具有法定免责事由，二审判决由中远公司承担举证不能的不利后果，对火灾事故造成的损失承担赔偿责任并无不当。

10.【裁判规则】船舶碰撞事故发生后，主管机关依法进行调查取得并经过事故当事人和有关人员确认的碰撞事实调查材料，可以作为人民法院认定案件事实的证据

典型案例

宁波航通疏浚工程有限公司与东莞市泓海船务有限公司等船舶碰撞损害责任纠纷案［最高人民法院（2020）最高法民申2577号］

再审申请人（一审原告、反诉被告、二审上诉人）：宁波航通疏浚工程有限公司（以下简称航通公司）

被申请人（一审被告、反诉原告、二审上诉人）：东莞市泓海船务有限公司（以下简称泓海公司）

裁判观点 ▶▶

最高人民法院认为，关于事故责任的划分。《船舶碰撞纠纷司法解释》第11条规定，船舶碰撞事故发生后，主管机关依法进行调查取得并经过事故当事人和有关人员确认的碰撞事实调查材料，可以作为人民法院认定案件事实的证据，但有相反证据足以推翻的除外。原审法院根据海事局交通事故认定书及本案查明事实，认定“浙甬工浚905”轮存在违反《船舶最低安全配员规则》《1972年国际海上避碰规则》《海船船员值班规则》的情形，对事故发生负次要责任，酌定该轮承担30%的责任并无明显不当。《海船船员值班规则》第46条规定船舶在锚泊时，值班驾驶员“保持正规的了望”以避免船舶碰撞，航通公司以《1972年国际海上避碰规则》并未要求锚泊船采取避让措施为由主张锚泊船舶无瞭望义务不能成立。航通公司主张泓海公司应承担全责，但未能提交充分证据证明其主张。航通公司的该项申请再审理由不能成立。

（三）证明力强弱

1.【裁判规则】工程造价鉴定意见书能够反映施工的真实情况，其证据效力明显大于结算单的证明力

典型案例 ▶▶

王某某等与赵某中建设工程施工合同纠纷案［最高人民法院（2017）最高法民再329号］

再审申请人（一审被告、反诉原告、二审被上诉人）：果洛煜胜驾考服务有限公司（以下简称果洛煜胜公司）

再审申请人（一审被告、二审被上诉人）：王某庆等

裁判观点 ▶▶

最高人民法院认为，根据《民诉法司法解释》第90条规定，赵某中在一审时以

欠付工程款为由向人民法院起诉，为支持其诉讼主张，其提交结算单一份，刘某强、王甲、张某忠、赵某业、王某庆对该份结算单不予认可，认为结算单上的签名系复印形成。王甲、张某忠、赵某业称，其虽然曾经给赵某中签过名，但从未在该结算单上签字。法院认为，工程结算系双方当事人在涉案工程完工后，对实际施工人所施工的总工程量进行结算汇总，其应体现双方当事人的合意，是双方当事人在对账汇总的基础上形成的结果。赵某中自述涉案结算单签订时间分为三次，其中王甲、张某忠系2013年3月15日签字，赵某业是在另一时间段签字，王某庆于2014年2月28日签字，赵某中称在让王某庆签字时拿的是复印件，主要是怕被撕毁或丢失。但对于为何可能被撕毁或者丢失没有作出合理解释，也与该份结算单是各方当事人达成合意的主张矛盾，且王某庆等人的签字经鉴定系复印形成，一审判决对该份结算单未予认定，并无不当。赵某中虽称误提交复印件，但一审法院在庭审时曾询问赵某中是否申请对其所称的原件进行鉴定，赵某中明确表示不申请进行鉴定，故应由赵某中承担举证不利的法律后果。同时，根据一审法院查明的事实，结算单上列明的施工内容与实际施工项目存在差异，厕所在修建后被拆除，电缆线在现场并不存在。赵某中在再审时对利息375,000元的陈述前后矛盾，其在法庭进一步询问后，明确系在施工过程中垫资并借高利贷所产生，但依据一审判决查明的工程款支付进度情况，赵某中主张的垫付工程款利息依据不足。另外结算单载明已付工程款2,863,000元，但根据一审庭审查明的事实，本案已付工程款为2,432,000元，对于上述结算单所载明的内容与实际情况不符的情形，赵某中没有作出合理解释。根据《民诉法司法解释》第92条规定，赵某中为支持其诉讼主张，同时申请对其施工的工程总造价进行鉴定。涉案青百工（2015）工鉴字第7号《工程造价鉴定意见书》系赵某中为支持其诉讼请求向人民法院申请鉴定，鉴定机构所作出的证据，赵某中在庭审中对该份鉴定意见书并无异议，其对鉴定结果除了第6项后院砌墙的工程造价有异议外，其余12项的工程造价均无异议，对于其在庭审时自认的与其实际施工量相符的事实，人民法院可以确认。根据《民诉法司法解释》第104条规定，从比较证据证明力大小的情况看，青百工（2015）工鉴字第7号《工程造价鉴定意见书》能够反映赵某中施工的真实情况，其证据效力明显大于结算单的证明力。故一审法院对结算单不予认可，以鉴定意见书所汇总的工程造价作为涉案工程总造价，并无不当。

2.【裁判规则】工作人员陈述单位财务不规范及记账凭证存疑，证明力不足推翻审计报告结论

典型案例

凤城市鑫森房屋开发有限责任公司与北京中稷鑫鹏装饰工程有限公司等建设工程施工合同纠纷案［最高人民法院（2016）最高法民申2924号］

再审申请人（一审被告、二审上诉人）：凤城市鑫森房屋开发有限责任公司（以下简称鑫森公司）

被申请人（一审原告、二审上诉人）：北京中稷鑫鹏装饰工程有限公司（以下简称中稷公司）等

裁判观点

最高人民法院认为，鑫森公司提交的中稷公司部分会计凭证复印件，在二审中其已经作为证据提交，二审判决亦已对该证据证明力作出认定。本案一审过程中，鉴定人出庭接受质询，并就财务审计过程中发现的疑点和特别问题进行了说明，一审判决已经根据鉴定人员的说明和当事人质证情况，对审计结论进行了相应调整和认定。鑫森公司提供的辽宁省丹东市公安机关对中稷公司工作人员的询问笔录、辽宁省丹东市振兴区人民法院（2010）振兴民三初字第00021号民事判决所反映的内容，仅显示中稷公司几名工作人员陈述该公司财务管理存在不规范问题，以及个别财务记账凭证存疑，该证据从内容和证明力上，尚不足以推翻据以认定案件事实的审计报告结论。鑫森公司提交的证据显示，公安机关自2013年3月对中稷公司财务人员涉嫌妨害作证立案侦查至今，未就该违法犯罪事实作出认定，鑫森公司仅以存在该立案侦查之事实，主张中稷公司提供的财务账册系恶意伪造，证据不足。

3.【裁判规则】一方提供的证据不具有高度盖然性，不能得出明显大于另一方提供证据证明力的判断，对其主张不予支持

典型案例

莒县东莞水泥有限公司与日照昊宇新型建材有限公司所有权确认纠纷案［最高人民法院（2014）民申字第879号］

再审申请人（一审被告、二审上诉人）：莒县东莞水泥有限公司（以下简称东莞水泥公司）

被申请人（一审原告、二审被上诉人）：日照昊宇新型建材有限公司（以下简称昊宇建材公司）

裁判观点 ▶▶

最高人民法院认为，考虑到涉案的5条立窑水泥生产线建设初期没有取得政府有关部门的用地、立项、规划、环评、建设的合法手续，人民法院无法通过查证政府备案资料方式予以判断，只能对双方当事人针对自己的主张所举示的证据作出判断。应当说，当事人均提供了部分购买设备的合同或发票，但均无法全面无瑕疵地证明己方主张，亦无法彻底无疑义地否定对方的证据，山东省高级人民法院依据2001年《民事证据规定》第73条第1款的规定，判定位于莒县东莞水泥南厂的涉案5条立窑水泥生产线的所有权及875万元的补偿款属于昊宇建材公司所有并无明显不当。东莞水泥公司再审申请中并无新的证据足以奠定其证据优势地位，其提供的证据亦不具有高度的盖然性，故无法推翻山东省高级人民法院关于昊宇建材公司提供的证据的证明力明显大于东莞水泥公司提供证据证明力的判断，对其再审请求，法院不予支持。

4.【裁判规则】刑事文检鉴定目的是证明犯罪嫌疑人有无罪或罪轻重，但并非当然对民事纠纷待证事实就具有证明力

典型案例 ▶▶

盘锦市城建房地产开发有限责任公司与徐某某房屋买卖合同纠纷案［最高人民法院（2018）最高法民申390号］

再审申请人（一审被告、二审上诉人）：盘锦市城建房地产开发有限责任公司（以下简称城建开发公司）

被申请人（一审原告、二审被上诉人）：徐某某

裁判观点 ▶▶

最高人民法院认为，城建开发公司提交的部分新证据，因欠缺民事诉讼程序保障，影响新证据的证明力。民事诉讼为当事人间因财产关系、人身关系提起的民事

诉讼，当事人享有同等的诉讼权利义务，诉讼地位平等是核心。《民事诉讼法》第68条、《民诉法司法解释》第103条、第104条、第105条等法律、司法解释规定，应当按照法定证据运用规则，对证据进行分析判断。未经当事人质证的证据，不得作为认定案件事实的根据。《民事诉讼法》第76条第1款规定，2001年《民事证据规定》有关委托鉴定的规定，实务中，委托鉴定一般采取当事人协商确定一家有资质的鉴定机构或者法院从当事人协商确定的几家鉴定机构中择一选定，法院指定鉴定机构一般采取摇号等随机抽取方式确定；在法院主持下，经双方当事人当庭质证后确定哪些材料送鉴；鉴定机构及其鉴定人员有义务就鉴定使用的方法或标准向双方作出说明，有义务为当事人答疑，有义务出庭参与庭审质证；允许双方当事人申请法院通知具有专门知识的人出庭，就鉴定意见或者专业问题，形成技术抗辩。根据《民事诉讼法》第78条规定，刑事诉讼中，侦查机关为侦破刑事案件而采取的侦查措施，文检鉴定目的是证明犯罪嫌疑人有罪或无罪，罪轻或罪重，有可能对民事纠纷待证事实具有证明力，但并不是当然就具有证明力。城建开发公司提交的侦查机关为侦破刑事案件作出的文检鉴定结论，在本案民事诉讼中，具有一定的证明力；但并非在民事诉讼程序中就民事争议事实进行的司法鉴定，未纳入民事诉讼程序，保障当事人充分行使诉权，其证明力受到影响。

5.【裁判规则】审计报告在客观上存在证明力有无或大小情形，人民法院应当按照法定程序，全面地、客观地审查核实

典型案例 ▶▶

天津劝业华联集团有限公司与烟台市振华百货集团股份有限公司等股权转让纠纷案［最高人民法院（2013）民申字第534号］

再审申请人（一审原告、反诉被告、二审上诉人）：天津劝业华联集团有限公司（以下简称劝华集团）

被申请人（一审被告、反诉原告、二审被上诉人）：烟台市振华百货集团股份有限公司（以下简称振华公司）

裁判观点 ▶▶

最高人民法院认为，与其他证据一样，案涉审计报告客观上亦存在证明力有无或大小情形，是全部还是部分采纳作为认定案件事实的依据，依照《民事诉讼法》第64条第3款以及2001年《民事证据规定》第63条之规定，二审法院进行了审理和认定，并无不当。劝华集团申请再审提出不属于人民法院审理范围的理由，缺乏法律依据，不能成立。

（四）予以认定

1.【裁判规则】经过法定程序公证证明的法律事实和文书，人民法院应当作为认定事实的根据，但有相反证据足以推翻公证证明的除外

典型案例

山东豪门国际珠宝有限公司与广东原创动力文化传播有限公司等侵害著作权纠纷案［最高人民法院（2018）最高法民申2815号］

再审申请人（一审被告、二审上诉人）：山东豪门国际珠宝有限公司（以下简称豪门公司）

被申请人（一审原告、二审被上诉人）：广东原创动力文化传播有限公司（以下简称原创动力公司）

裁判观点

最高人民法院认为，根据《民事诉讼法》第69条和《公证法》第36条规定，（2015）济长清证民字第979号公证书记载了公证员见证下原创动力公司委托代理人购买被诉侵权产品以及拍照、封存的过程，其公证程序未见违法及不当，在没有相反证据予以推翻的情况下，一、二审法院采信公证文书所证明的事实并无不当。豪门公司关于公证过程有误的主张没有依据。公证书记载事项系对购买及封存侵权产品过程的客观记录，至于产品本身不是公证证明事实，豪门公司关于公证实物与标签不符的主张，不影响公证书的证明力。

2.【裁判规则】一方当事人明确表示对产品质量问题无异议，相对方无须再举证证明其提供的产品质量符合要求

典型案例

李某某与广州市兴田种子有限公司产品责任纠纷案［最高人民法院（2015）民

申字第2239号]

再审申请人(一审原告、二审上诉人):李某某

被申请人(一审被告、二审被上诉人):广州市兴田种子有限公司(以下简称兴田公司)

裁判观点

最高人民法院认为,当事人对自己提出的主张,有责任提供证据证明。李某某主张兴田公司提供的种子存在质量问题,但未能提供证据证明,应当承担举证不能的不利后果。根据《民诉法司法解释》第92条第1款规定,李某某在原审中明确表示对本案所涉种子质量问题无异议,兴田公司无须再举证证明其提供的种子质量符合要求。

3.【裁判规则】鉴定意见上签字盖章方面的瑕疵,不存在严重缺陷和程序严重违法的,不能否定其证据证明力

典型案例

普定县鑫臻房地产开发有限责任公司与黑龙江省建工集团有限责任公司等建设工程合同纠纷案[最高人民法院(2016)最高法民终106号]

上诉人(原审被告、反诉原告):普定县鑫臻房地产开发有限责任公司(以下简称鑫臻房开公司)

被上诉人(原审原告、反诉被告):黑龙江省建工集团有限责任公司(以下简称黑龙江建工集团)

裁判观点

最高人民法院认为,根据《工程造价咨询企业管理办法》第22条的规定,工程造价咨询企业从事工程造价咨询业务,应当按照有关规定的要求出具工程造价成果文件。工程造价成果文件应当由工程造价咨询企业加盖有企业名称、资质等级及证书编号的执业印章,并由执行咨询业务的注册造价工程师签字、加盖执业印章。就此问题,三力公司在向普定县住建局作出的情况说明中称,由于本案并非司法鉴定,其系按照中国建设工程造价管理协会制定的《建设项目工程结算编审

规程》的规定要求用章。法院认为，修正结算报告在签章上确实存在一定瑕疵，但并不能因此直接得出否定其作为证据证明力的结论。按照2001年《民事证据规定》第27条、第28条的规定，对于一方当事人自行委托或人民法院委托的鉴定，只有在鉴定结论存在严重缺陷或者鉴定程序严重违法、鉴定人员或机构不具备相关资格等情况，致使鉴定结论不能作为认定案件事实依据的情形，对当事人申请重新鉴定的，方应准许。仅因上述签字盖章瑕疵，不足以推翻修正结算报告结论，不能因此全面否定该报告的内容。

4.【裁判规则】当事人对公证文书提出异议，并提供相反证据不足以推翻的，人民法院对该公证文书予以采纳

典型案例

杨某甲与源德盛塑胶电子（深圳）有限公司侵害实用新型专利权纠纷案［最高人民法院（2021）最高法知民终76号］

上诉人（原审被告）：杨某甲

被上诉人（原审原告）：源德盛塑胶电子（深圳）有限公司（以下简称源德盛公司）

裁判观点

最高人民法院认为，关于源德盛公司提交的314号公证书能否采信。杨某甲上诉主张，314号公证书所载“乘坐电梯到达三楼”与事实不符，不能证明公证人员现场参与了购物和封存，且无法认定从杨某甲处购得的自拍杆与封存的自拍杆具有同一性，故原审法院依据314号公证书认定杨某甲销售被诉侵权产品是错误的。对此，法院认为：根据《最高人民法院关于知识产权民事诉讼证据的若干规定》（以下简称知识产权民事诉讼证据规定）第7条第1款和第30条规定，经审查，314号公证书关于源德盛公司通过公证保全方式购买、封存、保管被诉侵权产品的一系列事实经过的记载是清晰、完整的。而且，314号公证书的附件照片清楚地显示了被诉侵权产品的取证地点及实物外观。特别是公证取证现场当场取得的宣传卡片、银行付款小票、销售清单均清晰显示被诉侵权产品的销售者为杨某甲经营的前卫经营部。因此，314号公证书记载的事实足以证明杨某甲实施了销售被诉侵权产品的行为。

虽然，杨某甲二审期间提交了五份证据，用以证明314号公证书记载的相关事实与实际情况不符，该公证书不足采信。但是，即便杨某甲关于公证取证现场的电梯早已停用的上诉主张属实，其提交的二审证据仍未达到“足以推翻”314号公证书证明的“被诉侵权产品系由杨某甲销售”该事实的证明高度。根据2019年《民事证据规定》第88条的规定，源德盛公司在公证取证现场取得的被诉侵权产品实物、银行付款小票、销售清单等物证和书证，均可与314号公证书记载的由杨某甲经营的前卫经营部销售被诉侵权产品这一事实相互印证，足以认定314号公证书所证明的前述事实的客观真实性。至于杨某甲上诉认为源德盛公司的购物票据只能证明源德盛公司在前卫经营部购买了自拍杆，不能据此认定源德盛公司所购买的自拍杆与其作为证物封存的自拍杆为同一产品，该主张属于杨某甲本人没有事实根据的主观臆测。而且，杨某甲亲自参加了原审庭审并见证了原审法院对公证封存的被诉侵权产品的拆封和查验的全过程，故在其没有提出相反证据证明源德盛公司将公证购买的产品与当庭提交的被诉侵权产品事先予以调换的情况下，其关于“不能认定源德盛公司所购自拍杆与封存作为证物的自拍杆为同一产品”的上诉主张不能成立，法院不予采纳。综上所述，314号公证书作为认定案件事实的根据，应予采信。原审法院在对该份公证书组织各方当事人予以质证，并充分听取当事人意见的基础上，综合相关事实予以采信，并无不当。杨某甲上诉主张理据不足，法院不予支持。

（五）不予认定

1.【裁判规则】证据形式和来源不符合法律规定，不具有证明力

典型案例

湖南建工集团有限公司与淮北恒基鸿运置业有限公司等合同纠纷案［湖南省高级人民法院（2020）湘民终70号］

上诉人（原审原告）：湖南建工集团有限公司（以下简称湖南建工）

被上诉人（原审被告）：淮北恒基鸿运置业有限公司

裁判观点

人民法院认为，根据2019年《民事证据规定》第85条和第87条规定，人民法院在审理案件过程中应当对证据的真实性、合法性及关联性进行审查，对于来源和形式不合法的证据，不能作为认定案件事实的依据。在具体案件中，审判人员还应遵循法官职业道德，运用逻辑推理和日常生活经验，对证据有无证明力和证明力大小独立进行判断。故人民法院对于证据的审查，并不完全以合同的效力作为必要前提，有效的合同，法院仍应对其来源和形式是否合法，其证明力大小予以判断，若形式和来源不符合法律规定，不具有证明力，法院应不以其作为认定案件事实的依据。相反，无效的、效力待定的合同，若形式和来源符合法律规定，能够证明相关案件事实，法院可将其作为认定案件事实的依据。本案中，生效的刑事裁定书已经对湖南建工提交的承诺书、担保书认定为伪造的证据，并将谈某某促成以上证据形成的行为定性为“帮助他人伪造证据，并将伪造的相关材料供给他人作为证据对沈某某、李某等人及公司提起诉讼，且相关证据被人民法院作为判决依据采信，情节严重，其行为已构成帮助伪造证据罪”，故即便恒基集团公司未对承诺书、担保书申请撤销，生效的刑事判决书亦已对承诺书、担保书的来源的合法性作出了否定性评价，故该证据在本案中不具有证明力。

2.【裁判规则】真实性存疑的孤证不能作为认定案件事实的依据

典型案例

吴某某与泉州佳禾轻工有限公司特许经营合同纠纷案［最高人民法院(2019)最高法民申6363号］

再审申请人（一审原告、反诉被告、二审上诉人）：吴某某

被申请人（一审被告、反诉原告、二审被上诉人）：泉州佳禾轻工有限公司（以下简称佳禾公司）

裁判观点

最高人民法院认为，二审法院认定在案的发货单真实性不能确认，也未标注佳贝爽品牌，吴某某未提供证据证明佳禾公司向何某某供货。吴某某再审称可以通过发货单的供货价格印证该货物系佳贝爽纸尿裤。法院认为，根据2001年《民事证据规定》第69条第4项规定，吴某某仅提供了一张发货单的复印件，在佳禾公司否认供货单真实性的情况下，该发货单作为真实性存疑的孤证不能作为认定案件事实的依据，无论发货单显示的产品价格是否与佳贝爽纸尿裤相同均不足以推翻二

审判决的相关认定。吴某某的相关再审申请理由不能成立。

3.【裁判规则】曾作为一方当事人的委托代理人提交证据，又在二审中作为相对方的证人主张证据伪造的，证人证言的可信度存疑

典型案例

内蒙古良元装饰工程有限公司等与内蒙古熙华房地产开发有限责任公司等合资合作开发房地产合同纠纷案[最高人民法院（2013）民一终字第187号]

上诉人（一审原告）：内蒙古良元装饰工程有限公司（以下简称良元公司）

上诉人（一审被告）：内蒙古熙华房地产开发有限责任公司（以下简称熙华公司）等

裁判观点

最高人民法院认为，按照《民事诉讼法》第72条规定，凡是知道案件情况的单位和个人，都有义务出庭作证。图某某曾作为本案一审代理律师，知道有关事实情况，故熙华公司主张图某某应作为证人出庭作证，法院予以准许。图某某在二审作证时，推测其伪造的协议可能由董某某律师提交给了本案一审法院法官，但却无法确认良元公司、王某良提交的合作开发协议与其自称伪造的那份协议内容一致。董某某在二审期间并不否认检材中的文字系其本人所写，只是否认了该文字的形成时间与图某某所主张的时间的一致性，北京京安拓普文书司法鉴定中心（以下简称京安拓普中心）亦未就该检材的形成时间出具鉴定意见。此外，图某某主张，王某良提供给了他几张盖有熙华公司公章的空白纸，目的是伪造合作开发协议。然而，王某良对此否认。并且，京安拓普中心出具的鉴定意见中，也没有就上述盖有熙华公司公章空白纸的复印件的形成时间作出说明。

《民事诉讼法》第13条第1款规定："民事诉讼应当遵循诚实信用原则。"诚实信用原则要求参与诉讼的各方主体本着诚实、善意的道德准则行使诉讼权利、履行诉讼义务。图某某曾在一审中接受良元公司和王某良的委托，以委托代理人的身份参加诉讼。如果图某某明知合作开发协议系伪造，则应当直接在一审中提出，但图某某并未提出，反而以代理人身份将合作开发协议作为证据向一审法院提交。由此可以推断，一审中图某某理应认定合作开发协议是真实的。图某某曾作为良元公司和王某良的一审代理人，在二审中又接受熙华公司的申请同意以证人身份出庭作证，主张合作开发协议是在一审开庭前伪造的，其证言与其诉讼代理行为之间存在矛盾，证言可信度存疑。因此，熙华公司虽对合作开发协议的真实性提出异议，但其未提出充分证据予以证明，故法院认定合作开发协议的真实性。

4.【裁判规则】书证虽然留有相对方的签名或指印，但其对上述书证的形成过程，无法准确陈述，多有疑点和矛盾，不能作为定案依据

典型案例

许某某与严某某买卖合同纠纷案［最高人民法院（2015）民申字第1988号］

再审申请人（一审原告、二审上诉人）：许某某

被申请人（一审被告、二审被上诉人）：严某某

裁判观点

最高人民法院认为，根据《民诉法司法解释》第105条规定，本案中，原审法院依当事人申请，对案涉欠条和还款计划保证书予以鉴定，司法鉴定结论表明欠条和还款计划保证书落款处留有的两枚指印是一次性捺印形成。原审法院通过比对许某某的询问笔录，发现其关于还款计划保证书形成时间的三次陈述，前后矛盾。综上所述，原审法院在司法鉴定意见和当事人陈述、举证及其他证据的基础上，参照司法心理生理测试报告，对本案争议事实作出认定，符合法律、司法解释的规定。许某某提供的书面证据，虽然留有严某某的签名或指印，但其对上述书证的形成过程，无法准确陈述，多有疑点和矛盾；有关欠付货款的主张亦缺乏存在基础交易的其他证据予以佐证。综合判断，许某某有关严某某拖欠其760万元货款及利息的主张，缺乏事实和法律依据，不予支持。

5.【裁判规则】未经发包人同意，承包人单方委托质监站办理竣工验收手续，不符合法定程序，竣工验收报告不具有证据证明力

典型案例

威海市鲸园建筑有限公司与威海市福利企业服务公司等拖欠建筑工程款纠纷

案[最高人民法院（2010）民提字第210号]

申请再审人（一审原告、反诉被告、二审被上诉人）：威海市鲸园建筑有限公司（以下简称鲸园公司）

被申请人（一审被告、反诉原告、二审上诉人）：威海市福利企业服务公司（以下简称福利公司）

裁判观点

最高人民法院认为，根据《合同法》第269条[1]、第279条[2]和《建设工程质量管理条例》第16条第1款“建设单位收到建设工程竣工报告后，应当组织设计、施工、工程监理等有关单位进行竣工验收”，上述法律、法规规定表明，竣工验收既是发包人的权利，也是发包人的义务。发包人对建设工程组织验收，是建设工程通过竣工验收的必经程序。本案查明事实表明，旅游基地因不具有相关的开发建设资格，故将涉案工程的建设单位登记为鲸园公司。鲸园公司应本着诚实信用原则，维护旅游基地作为发包人权利义务的行使。双方签订的建设工程施工合同约定了鲸园公司提供竣工资料和验收报告的时间，表明旅游基地并未将其对工程组织验收的权利委托鲸园公司。鲸园公司在未经旅游基地同意情形下，单方向质监站办理竣工验收手续，申报质量评定等级，侵害了福利公司作为工程发包人的权利，导致质监站对该工程验收出具的工程竣工验收报告及工程优良评定证书，不符合法定程序，不能产生相应的法律效力。

6.【裁判规则】知晓案件事实的证人有义务出庭作证，应出庭作证而未出庭，其出具的证明材料不具有证明力

典型案例

福建三木集团股份有限公司与福建省泉州市煌星房地产发展有限公司商品房预售合同纠纷案[最高人民法院（2004）民一终字第104号]

---

〔1〕 现为《民法典》第788条：“建设工程合同是承包人进行工程建设，发包人支付价款的合同。建设工程合同包括工程勘察、设计、施工合同。”

〔2〕 现为《民法典》第799条：“建设工程竣工后，发包人应当根据施工图纸及说明书、国家颁发的施工验收规范和质量检验标准及时进行验收。验收合格的，发包人应当按照约定支付价款，并接收该建设工程。建设工程竣工经验收合格后，方可交付使用；未经验收或者验收不合格的，不得交付使用。”

上诉人（原审原告）：福建三木集团股份有限公司（以下简称三木公司）

被上诉人（原审被告）：福建省泉州市煌星房地产发展有限公司（以下简称煌星公司）

裁判观点 ▶▶

最高人民法院认为，依据《民事诉讼法》第70条的规定，申达公司作为知晓案件事实的证人，有义务出庭作证，作为协议书签约一方亦应当出具协议书原件，以证实三木公司持有的协议书复印件与原件无异，但申达公司没有就三木公司与煌星公司争议的待证事实出庭或提供协议书原件，因此，申达公司出具的证明不具有证明力，不予采纳。

7.【裁判规则】当事人有相反证据足以推翻既判事实时，人民法院可对既判事实不予采信

典型案例 ▶▶

刘某甲等与卫辉市电力建筑安装工程有限公司股东出资纠纷案［最高人民法院（2020）最高法民申5230号］

再审申请人（一审被告、二审上诉人）：刘某甲等

再审被申请人（一审原告、二审被上诉人）：卫辉市电力建筑安装工程有限公司（以下简称电力安装公司）

裁判观点 ▶▶

最高人民法院认为，电力安装公司提交书面意见称，刘某甲等仅主张撤销二审判决中“法院认为”的论述部分，不符合申请再审的情形。其所提交的函件、文件等证据形成于庭审前，且在关联案件中已由国网河南省电力公司卫辉市供电公司提交，并非新证据。而其所提交的（2018）豫0781民初3074、3075号恢复审理通知书等证据与本案事实认定无关，且已审结。电力安装公司于再审审查期间提交的《关于对〈卫辉市电力建筑安装工程公司改制实施方案〉的批复》《卫辉市电业局关于劳动服务公司收购卫辉市电力建筑安装工程有限公司股权的请示》《国网卫辉市供电公司关于集体企业改革改制实施方案的请示》，不仅可证明电力安装公司历次

股权转让均经国有资产管理部门进行批准，具有国有资产的属性，而且可证明刘某甲等未按照公司章程履行出资义务。此外，电力安装公司于再审审查期间提交的关于刘某甲等的社会保险金统计册及收入情况，可证明其国有公司职工身份未变。同时，电力安装公司认为二审判决主文未超上诉请求范围。

法院经审查认为，首先，根据《民诉法司法解释》第335条“基本事实，是指用以确定当事人主体资格、案件性质、民事权利义务等对原判决、裁定的结果有实质性影响的事实”的规定，基本事实是构成预判事实的前提，但根据2019年《民事证据规定》第10条的规定，当事人有相反证据足以推翻既判事实时，人民法院亦可对既判事实不予采信。故刘某甲等在其他案件中若有相反证据足以推翻生效裁决所确认的事实时，其民事合法权益亦能得到维护。其次，虽然刘某甲等存在抽逃出资的情形，但原审法院认为新乡华源电力集团有限公司是在对公司账目了解的前提下受让的股权。同时，原审法院结合电力安装公司历次股权转让的政策背景和目的，以及刘某甲等作为公司登记股东的历史原因等因素判决驳回电力安装公司的诉讼请求，适用法律并无不当，刘某甲等提交的新证据不仅形成于原审庭审前，而且经审查，其内容亦不足以推翻原审判决。最后，结合刘某甲等社会保险金统计册及工资表、《关于对〈卫辉市电力建筑安装工程公司改制实施方案〉的批复》《卫辉市电业局关于劳动服务公司收购卫辉市电力建筑安装工程有限公司股权的请示》《国网卫辉市供电公司关于集体企业改革改制实施方案的请示》和河南省卫辉市人民法院作出的（2018）豫0781民初3074号已生效的民事裁定书中审理查明的内容，原审法院对电力安装公司的性质和资产属性的论述不仅依据国有企业改制过程中的相关文件所得，而且该论述并未对再审申请人的实体权利产生实质影响，且判决主文并未超过诉讼请求范围，故原审法院认定的基本事实并不缺乏证据证明。

8.【裁判规则】当事人未提供相反证据推翻判决确认的事实，主张事实与判决认定不符的，不予支持

典型案例

上海世茂股份有限公司与苏州金螳螂建筑装饰股份有限公司执行异议之诉案［最高人民法院（2020）最高法民申54号］

再审申请人（一审原告、二审上诉人）：上海世茂股份有限公司（以下简称上海世茂）

被申请人（一审被告、二审上诉人）：苏州金螳螂建筑装饰股份有限公司（以下简称金螳螂公司）

裁判观点 ▶▶

最高人民法院认为，根据《民诉法司法解释》第93条规定，上海世茂申请再审中尽管对案涉事实有异议，但并没有提供相反的证据足以推翻案涉生效裁判确认的事实，一、二审判决据此认定上海世茂存在抽逃对杭州世茂的1.8亿元出资的事实，并无不当。宿迁市中级人民法院在执行杭州世茂过程中，在杭州世茂财产不足以清偿债务的情况下，作出（2018）苏13执异92号执行裁定，追加上海世茂为该案被执行人，在1.8亿元抽逃出资的资金及利息范围内（利息按照中国人民银行同期贷款利率自2010年5月14日起计算，扣除苏州市中级人民法院已经执行的1.1237亿元）对金螳螂公司承担清偿责任，有相应的事实与法律依据。

第二节　最佳证据规则

【法理辨析】

一、我国的最佳证据规则

为了查明案件事实，证据原则上都应当提供原件。最佳证据规则的主要目的，“不是确保在任何不利情况或每个案件中取得文件作为事实证据，而为了确保可获得的最佳证据的内容。因此，当原件丢失、毁损或者因其他原因无法获得时，原件才不用被提供，其他的证据才会被采纳来证明某些事实”[1]。我国的立法和司法解释中，虽然没有规定最佳证据规则，但最佳证据规则的核心要义已在立法和司法解释中予以明确。如《民事诉讼法》第70条规定：“书证应当提交原件。物证应当提交原物。提交原件或者原物确有困难的，可以提交复制品、照片、副本、节录本。提交外文书证，必须附有中文译本。”2001年《民事证据规定》中规定了详细的包括

〔1〕 廖永案等译：《马萨诸塞州证据规则指南》，湘潭大学出版社2012年版，第207页。

原始证据规则在内的证据证明审查判断的内容[1]。2019年《民事证据规定》第11条规定："当事人向人民法院提供证据，应当提供原件或者原物。如需自己保存证据原件、原物或者提供原件、原物确有困难的，可以提供经人民法院核对无异的复制件或者复制品。"第15条规定："当事人以视听资料作为证据的，应当提供存储该视听资料的原始载体。当事人以电子数据作为证据的，应当提供原件。电子数据的制作者制作的与原件一致的副本，或者直接来源于电子数据的打印件或其他可以显示、识别的输出介质，视为电子数据的原件。"

《民事诉讼法》第70条第1款规定，书证应当提交原件；物证应当提交原物；提交原件或者原物确有困难的，可以提交复制品、照片、副本、节录本。对于出示原物"确有困难"的情形，法律和司法解释没有明确规定，可以参照2020年《民诉法司法解释》第111条规定，从立法本意以及举证责任的内涵来说，这种困难应当是一种客观存在的困难，而不应当是一种主观的障碍，不能仅凭当事人的口头陈述认定。

二、复印件的证明力

我国的立法和司法解释中，一方面规定了最佳证据规则，另一方面又同步肯定了"复印件主义"，即原件或者原物已不存在，但有证据证明复制件、复制品与原件或原物一致的，可以证明案件事实，两者看似矛盾，实际上是一个统一的整体（见图12-1）。原因很简单：最佳证据规则不是绝对的，也不可能是绝对的，没有哪个国家把最佳证据规则绝对化、法定化和刚性性，都会根据时代的发展变化，在划定最佳证据规则的判断标准时，赋予法官判断是否需要最佳证据规则，还是采纳"复

---

〔1〕 2001年《民事证据规定》第65条规定："审判人员对单一证据可以从下列方面进行审核认定：（一）证据是否原件、原物，复印件、复制品与原件、原物是否相符；（二）证据与本案事实是否相关；（三）证据的形式、来源是否符合法律规定；（四）证据的内容是否真实；（五）证人或者提供证据的人，与当事人有无利害关系。"第69条规定："下列证据不能单独作为认定案件事实的依据：（一）未成年人所作的与其年龄和智力状况不相当的证言；（二）与一方当事人或者其代理人有利害关系的证人出具的证言；（三）存有疑点的视听资料；（四）无法与原件、原物核对的复印件、复制品；（五）无正当理由未出庭作证的证人证言。"第70条规定："一方当事人提出的下列证据，对方当事人提出异议但没有足以反驳的相反证据的，人民法院应当确认其证明力：（一）书证原件或者与书证原件核对无误的复印件、照片、副本、节录本；（二）物证原物或者与物证原物核对无误的复制件、照片、录像资料等；（三）有其他证据佐证并以合法手段取得的、无疑点的视听资料或者与视听资料核对无误的复制件；（四）一方当事人申请人民法院依照法定程序制作的对物证或者现场的勘验笔录。"第77条规定："人民法院就数个证据对同一事实的证明力，可以依照下列原则认定：（一）国家机关、社会团体依职权制作的公文书证的证明力一般大于其他书证；（二）物证、档案、鉴定结论、勘验笔录或者经过公证、登记的书证，其证明力一般大于其他书证、视听资料和证人证言；（三）原始证据的证明力一般大于传来证据；（四）直接证据的证明力一般大于间接证据；（五）证人提供的对与其有亲属或者其他密切关系的当事人有利的证言，其证明力一般小于其他证人证言。"

印件主义”。我国的最佳证据规则与“复印件主义”，应当坚持如下的原则：

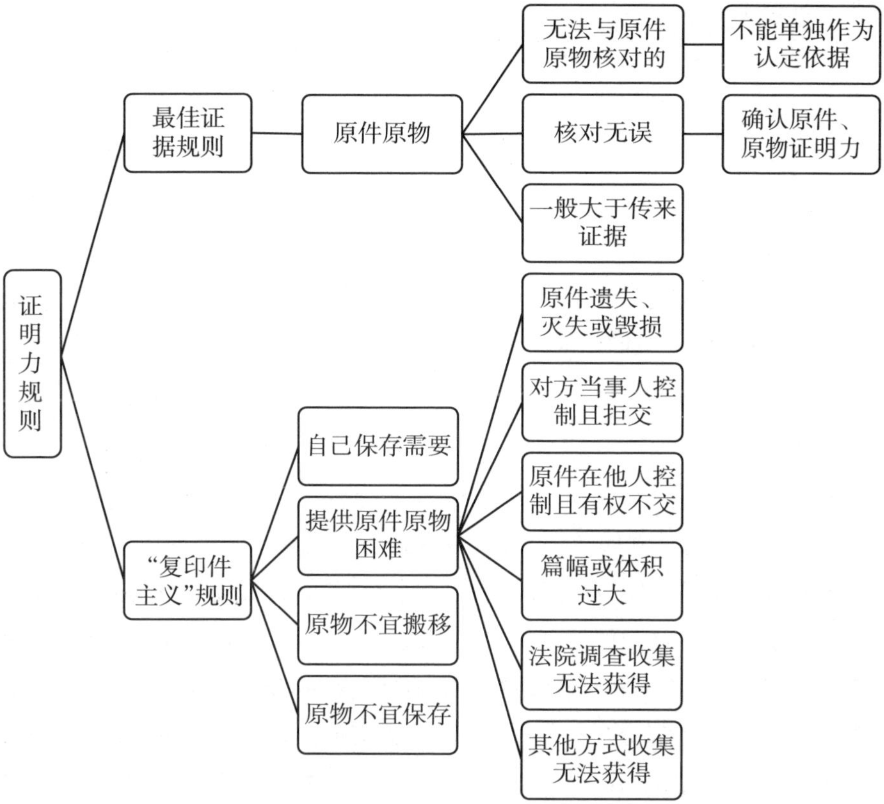

图12-1　最佳证据规则的内容

（一）最佳证据规则与“复印件主义”并用。在能够提供原件的时候，坚持最佳证据规则；在“法定情况下”，无法获得原件的，应当允许复印件来证实案件事实。[1]2019年《民事证据规定》第90条规定：“下列证据不能单独作为认定案件事实

---

〔1〕 这一情形，域外国家也有类似的规定，例如，《美国联邦证据规则》第10章“文字、录音和照相的内容”中的第1001条第4项规定：“‘复制品’，是指通过与原件同样印刷，或者以同一字模或通过照相手段制作的副本，包括放大或缩小制品，或者通过机械或电子的再录，或通过化学的重制，或通过其他相应的手段准确复制原件的副本。”第1003条规定：“复制品可与原件在同等程度上采纳，但下列情况除外：(1)对复制品是否忠实于原件产生疑问；(2)以复制品替代原件采纳将导致不公正。”第1004条规定：“在下列情况下，不要求原件，关于文字、录音或照相内容的其他证据可以采纳：(1)原件遗失或毁坏　所有原件均已遗失或毁坏，但提供者出于不良动机遗失或毁坏的除外；或(2)原件无法获得　不能通过适当的司法程序或行为获得原件；或(3)原件在对方掌握中　原件处于该材料的出示对其不利的一方当事人的控制中，已通过送达原告起诉状或其他方式告知该当事人在听证时该材料的内容属于证明对象，但该当事人在听证时不提供有关原件；或(4)附属事项　有关文字、录音或照相与主要争议无紧密联系”。参见《美国联邦民事诉讼规则证据规则》，白绿铉、卞建林译，中国法制出版社2005年版，第240页。

的根据：……（五）无法与原件、原物核对的复制件、复制品。”但该规定并未否定有其他相关证据予以佐证的复印件的证明效力。

（二）适用“复印件主义”的限制。在同意采用复印件的时候，充分考虑当事人“恶意”或“过失”利用这一“漏洞”——可以提供复印件来“证实”事实，而这就隐藏着伪造、拼接原始证据的可能性，进而影响、左右法官对于案件事实的正确认定。

（三）证明力审查判断的自由裁量。应当赋予法官自由裁量权，由法官对于什么是“产生疑问”“导致不公平”的原因，根据案件的实际情况，自由得出自己的心证，而不是拘泥于刚性的最佳证据规则。

三、司法实务中的最佳证据规则

控制或持有证据原件的单位，应提供证据原件。对其主张的已将原件给予相对人的，应举证证明。例如，通过邮政或快递公司进行了邮寄，作为交寄人，客观上应存有一联详情单原件，如果没有提供原件核对，控制或持有证据原件的单位应提供其他证据证明该复印件的真实性。邮政或快递公司有接受交寄人查询邮件寄出情况的业务范围，亦可向邮政或快递公司申请查询该详情单的交寄情况，将邮政或快递公司的书面答复提交法庭，以证明该详情单的真实性。而如果虽提供了有关特快专递或邮件收据为原件（该原件只是证明了邮寄人进行了邮寄行为），但由于该证据没有记载寄何物、寄给谁，不能直接证明其主张的待证事实——原件已发送相对人，那么该证据原件，缺乏与待证事实之间的关联性，属间接证据，还需依靠其他可采信的证据证实其与待证事实之间的关联性，从而与其他证据形成证据锁链，以证明证据原件是否已发送相对人。如果没有再提供其他可采信的证据，已发送证据原件给相对人的事实主张举证不足，无法予以支持。

【典型案解】

（一）原件原物

1.【裁判规则】借条在性质上属于原始证据、直接证据

典型案例 ▶▶

山东金信价格事务所有限公司等与新泰市阳光小额贷款有限公司等民间借贷

纠纷案［最高人民法院（2015）民申字第3442号］

再审申请人（一审被告、二审上诉人）：山东金信价格事务所有限公司（以下简称金信公司）

被申请人（一审原告、二审被上诉人）：新泰市阳光小额贷款有限公司（以下简称小贷公司）

裁判观点

最高人民法院认为，首先，原判决认定小贷公司与张某之间存在借款关系的证据主要是张某向小贷公司出具的两张借条。该借条在性质上属于原始证据、直接证据。根据2001年《民事证据规定》第77条有关证据证明力认定原则的规定，其应作为确定当事人之间法律关系的逻辑起点和基本依据。作为贷款人的小贷公司，其主要合同义务是提供借款，但法律并不禁止由第三人代债务人履行债务。本案中，虽然案涉800万元借款不是从小贷公司账户而是从刘某和安某某的账户中分别转至张某及其指定人的账户，但是小贷公司和刘某、安某某均认可该800万元即小贷公司对张某的借款，在张某已经接受该借款的情况下，应视为是刘某和安某某的代为履行行为，原判决认定小贷公司为800万元借款的实际债权人并无不当。

2.【裁判规则】向人民法院提供证据，应当提供原件或者原物

典型案例

中国东方资产管理公司重庆办事处与重庆西南技术进出口公司信用证垫款纠纷案［重庆市高级人民法院（2005）渝高法民终字第31号］

上诉人（原审原告）：中国东方资产管理公司重庆办事处（以下简称东方办事处）

被上诉人（原审被告）：重庆西南技术进出口公司

裁判观点

人民法院认为，重庆分行转让债权是否包括597XB0484号信用证垫款债权。根据2001年《民事证据规定》第10条、第69条第4项的规定，东方办事处既未在举证期限内提交相关证据原件，也没有因为不能在举证期限内提交证据原件而申请延长举证期限或者申请人民法院调查取证，或者根据2001年《民事证据规定》第15条第1项以及第13条，就有关证据情况进行说明，请求人民法院依职权调查取证。因此，法院不能将东方办事处所提交的证据复印件作为认定本案事实的依据。

3.【裁判规则】原始证据相对于传来证据、间接证据所具有的证明力较高

典型案例

洪某某与昆明安钡佳房地产开发有限公司房屋买卖合同纠纷案［最高人民法院（2015）民一终字第78号］

上诉人（原审原告）：洪某某

被上诉人（原审被告）：昆明安钡佳房地产开发有限公司（以下简称安钡佳公司）

裁判观点

最高人民法院认为，合同在性质上属于原始证据、直接证据。根据2001年《民事证据规定》第77条有关证据证明力认定原则的规定，其应作为确定当事人法律关系性质的逻辑起点和基本依据，应当重视其相对于传来证据、间接证据所具有的较高证明力。仅可在确有充分证据证明当事人实际履行行为与书面合同文件表现的效果意思出现显著差异时，才可依前者确定其间法律关系的性质。亦即，除在基于特定法政策考量，有必要在书面证据之外对相关事实予以进一步查证等情形，推翻书面证据之证明力应仅属例外。民事诉讼中的案件事实，应为能够被有效证据证明的案件事实。此外，透过解释确定争议法律关系的性质，应当秉持使争议法律关系项下之权利义务更加清楚，而不是更加模糊的基本价值取向。在没有充分证据佐证当事人之间存在隐藏法律关系且该隐藏法律关系真实并终局地对当事人产生约束力的场合，不宜简单否定既存外化法律关系对当事人真实意思的体现和反映，避免当事人一方不当摆脱既定权利义务约束的结果出现。此外，即便在两种解读结果具有同等合理性的场合，也应朝着有利于书面证据所代表法律关系成立的方向作出判定，借此传达和树立重诺守信的价值导向。综上所述，若要否定书面证据所体现的法律关系，并确定当事人之间存在缺乏以书面证据为载体的其他民事法律关系，必须在证据审核方面给予更为审慎的分析研判。

4.【裁判规则】根据民事证据高度盖然性判断规则，合同原件证明力高于合同复印件

典型案例

甘肃蓝码电子科技有限公司与甘肃诚诚网络技术有限公司计算机软件著作权权属纠纷案［最高人民法院（2019）最高法知民终65号］

上诉人（原审被告）：甘肃蓝码电子科技有限公司（以下简称蓝码公司）

被上诉人（原审原告）：甘肃诚诚网络技术有限公司（以下简称诚诚公司）

裁判观点

最高人民法院认为，根据《民事诉讼法》第64条第1款以及《民诉法司法解释》第108条的规定，原审法院根据民事证据高度盖然性判断规则，认定诚诚公司提交的合同原件证明力高于蓝码公司提交的合同复印件，进而认定双方在软件开发合同中约定了著作权归属于诚诚公司所有，符合民事证据的认证规则。蓝码公司关于双方在软件开发合同中未对涉案软件著作权归属进行约定的上诉理由不能成立。

5.【裁判规则】产生于原件同一过程的复写件应属于原始证据

典型案例

宁波龙某某机械厂与邬某某欠款纠纷案［浙江省高级人民法院（2008）浙民再字第50号］

再审申请人（一审被告、二审上诉人）：宁波龙某某机械厂（以下简称龙某某机械厂）

再审被申请人（一审原告、二审被上诉人）：邬某某

裁判观点

人民法院认为，本案的关键是对复印件与复写件的认识。复印件是在已有原件的基础上产生的，可再次或多次复制，是绝对的复制。而复写件不具备该特点，

复写件产生于与所谓的原件同一过程，其制作是一个行为，即原始制作行为。因此，复写件与复印件有本质的不同。从制作主体看，复印件可由持件人再次复制，而复写件只能由原书写人出具，持件人难以模仿和变造，复写件上如果没有后来添加，应属于原始证据，在没有相反证据的情况下，应当对复写件予以认定。本案中，讼争双方当事人对于沈某某执笔起草解除聘请合同书的事实没有异议，现龙某某机械厂辩称汽车只是借给邬某某使用，只同意补偿5万元而非35万元，但其没有提供相关协议等证据证明其主张并据此推翻解除聘请合同书约定的内容，因此该复写件可以作为证据认定。另外，从本案的鉴定情况看，浙江汉博司法鉴定所根据书写水平、笔画搭配、运笔形态及整体风貌，作出“签名尚不能否定邵某某所书写”的鉴定意见，虽然鉴定结论不是肯定性的结论，但没有否定邵某某的签名为其本人所签。因此，龙某某机械厂认为解除聘请合同书是复写件，根据证据规则的规定不应支持的理由不能成立。

6.【裁判规则】应提交证据原件而未提交的，应承担举证不能的法律后果

典型案例

武汉置乐物业发展有限公司与中国人民解放军海军工程大学合资、合作开发房地产合同纠纷案［最高人民法院（2017）最高法民终977号］

上诉人（原审被告）：武汉置乐物业发展有限公司（以下简称置乐公司）

被上诉人（原审原告）：中国人民解放军海军工程大学（以下简称海工大）

裁判观点

最高人民法院认为，本案中，海工大对核账单复印件的真实性不予认可，置乐公司未提供原件进行核对，不具备鉴定核账单印章真伪的条件。且置乐公司主张于2003年10月31日与海工大签订核账单作为双方结算依据。2010年置乐公司按照核账单支付款项时，遭到了海工大明确的退款，最终通过转款即销户这种非正常的方式将款项支付给海工大，置乐公司应该意识到双方对核账单的重大争议，理应保存好核账单以备纠纷。且置乐公司曾于2011年8月3日、2012年7月23日向武汉市国土资源和规划局硚口分局、湖北省政府法制办公室提交过核账单原件，但在诉讼中却未能提交原件，对未能提供原件的解释也不尽合理。置乐公司在明知双方对核账单存在重大争议的情形下，未对核账单这一重要证据进行妥善保存，不符合常理。按照《民事诉讼法》第70条和《民诉法司法解释》第111条规定，置乐公司应当提交核账单原件却未能提交，且其他证据不足以证明核账单的真实性，该复印件的真实性无法确认，置乐公司应承担举证不能的法律后果。法院对核账单不予采信。

7.【裁判规则】未能提交证据证明U盘中存储的文件与原件一致，对方当事人亦不认可的，该组证据不符合证据形式要件

典型案例

宋某某与王某某通海水域财产损害责任纠纷案［湖北省高级人民法院(2018)鄂民终657号］

上诉人（一审被告）：宋某某

被上诉人（一审原告）：王某某等

裁判观点

人民法院认为，存储在电子介质中的录音资料和影像资料，按照《民事诉讼法》应适用电子数据的规定。根据2001年《民事证据规定》第49条规定，本案中，上诉人未能提交证据原件，未能提交证据证明U盘中存储的文件与原件一致，被上诉人王某某亦不认可案涉证据的真实性与合法性。考虑到录音录像和照片等电子数据的特殊性，且该组证据不符合《民事诉讼法》规定的形式要件，法院对该组证据不予采信。

（二）出示原件、原物困难

1.【裁判规则】出示原件或者原物确有困难，应当是提交的原物庞大、无法移动或属鲜活生物无法保存等情况

典型案例

某甲有限公司与某乙公司重庆分公司运输合同纠纷案［重庆市第五中级人民法院(2012)渝五中法民终字第1350号］

上诉人（原审原告）：某甲有限公司（以下简称某甲公司）

被上诉人（原审被告）：某乙公司重庆分公司

裁判观点 ▶▶

人民法院认为，根据《民事诉讼法》第68条和2001年《民事证据规定》第49条规定，法条所说的困难一般是某些文书由政府机关或其他机关保存，不能由当事人随意提取、支配，或这一证据材料不能久存法院，应提交的原物庞大，无法移动或属鲜活生物无法保存等情况。某甲公司所举示的货运单系复印件，且不符合如前所述出示原件有困难的规定，该货运单复印件属瑕疵证据，不能单独作为认定案件事实的依据。某甲公司举示的编号9088919货运单并不能证实编号9088840货运单复印件的真实性。

2.【裁判规则】证据原件持有人不予配合导致无法出示原件，可以认定为出示原件确有困难

典型案例 ▶▶

刘某某与亚太财产保险有限公司北京分公司财产保险合同纠纷案［北京市第四中级人民法院（2017）京04民终67号］

上诉人（原审原告）：刘某某

上诉人（原审被告）：亚太财产保险有限公司北京分公司

裁判观点 ▶▶

人民法院认为，根据2001年《民事证据规定》第49条规定，本案中，医疗费发票原件保存于受害人家属手中，刘某某称受害人家属不予配合导致其无法出示原件，该理由具有合理性，可以认定为出示原件确有困难。而且，即使为复印件，因已加盖案涉医院的公章，也具有与原件相同的证明力。

3.【裁判规则】出示原件或者原物确有困难，经人民法院准许出示复制件或者复制品的，复制件可以作为定案的依据

典型案例 ▶▶

中华联合财产保险股份有限公司保定中心支公司与吕某某等机动车交通事故责任纠纷案［广西壮族自治区南宁市中级人民法院（2017）桂01民终7486号］

上诉人（原审被告）：中华联合财产保险股份有限公司保定中心支公司（以下简称中华财保保定支公司）

被上诉人（原审原告）：吕某某

裁判观点

人民法院认为，根据2001年《民事证据规定》第49条规定，本案中，在被上诉人难以提交道路交通事故认定书原件的情况下，经法院准许出示了道路交通事故认定书复印件，该复印件有交警部门的盖章确认及2017年8月24日出具的情况说明予以佐证。上诉人虽不认可该份证据，但其未主动向交警部门核实，亦未提交相反证据，法院认定道路交通事故认定书真实合法有效，确认其证明力，并作为本案定案依据予以采信。

4.【裁判规则】提供或出示原物确有困难应是一种客观存在的困难，而不应当是一种主观的障碍

典型案例

黄某某与杨某某侵害外观设计专利权纠纷案［广州知识产权法院（2015）粤知法专民初字第446号］

原告：黄某某

被告：杨某某

裁判观点

人民法院认为，根据《民事诉讼法》第65条第1款和第68条的规定，从公证书的内容来看，公证购买的实物是公证的对象之一和该公证书的重要内容，是该公证书的不可分割的重要组成部分。原告拒绝提供公证购买的实物，在举证形式上就没有完成完整地出示公证书。根据2001年《民事证据规定》第49条和《民事诉讼法》第70条第1款规定，书证应当提交原件，物证应当提交原物；提交原件或者原物确有困难的，可以提交复制品、照片、副本、节录本。2001年《民事证据规定》第49条同时规定，可以不出示证据原件或者原物的情况是出示原件或者原物确有困难并经人民法院准许出示复制件或者复制品。对于出示原物确有困难的情形，法律和司法解释没有明确规定，可以参照《民诉法司法解释》第111条规定，从中可以看出，《民事诉讼法》及《民诉法司法解释》、2001年《民事证据规定》相关规定的一个前提条件是提供或出示原物确有困难。从立法本意以及举证责任的内涵来说，这种困难应当是一种客观存在的困难，而不应当是一种主观的障碍。根据本案公证书，原告在公证购买后，公证处拍照后将有关物品交付申请方自行保管。原告向法院称“案涉侵权产品在昆明的公证处保管”“向公证处提出申请调取物证，但公证处未予批准”，显然是不实陈述。被告也明确表示同意将案涉被控侵权产品拆除封条后重新包装运输到法院进行比对，原告所称的“运输需要将家具拆开，但这些家具之前已有封条，拆开的同时会拆毁封条”的障碍已经不存在。至于原告提出的“运输费用高昂”的问题，原告并无向法院提出证据材料反映如将被控侵权产品运至法院可能产生的运输费用可能是多少，不能证实其所称的“运费高昂”的可能性存在。判断该运费是否高昂，应将该运输费用与原告主张的赔偿数额相比较，是否明显地超过合理的范围，不能仅凭当事人的口头陈述认定。另外，虽然将案涉被控侵权产品运输到法院进行技术比对和查验存在一定的运输费用，但该费用显然是可以作为维权的合理费用支出在诉讼请求中一并提出并请求法院处理。故原告认为将案涉被控侵权产品运输到法院进行技术比对和查验费用高昂和公证处拒绝提供原物为由而拒不提交，显然属于原告主观的原因不提交物证的原物。虽然公证书所附有公证购买实物的照片，但是在原告能够提供实物的情况下，提供照片并不能免除原告提供原物的法定义务，被告也依法有权要求原告出示原物。以被控侵权产品与案涉专利图片进行比对，显然比图片之间的比对更能反映被控侵权设计与专利设计之间的异同，实物也能够充分反映照片所不能反映的被控侵权设计的细节。根据《民事诉讼法》第64条第1款的规定，当事人对自己提出的主张，有责任提供证据。由于原告拒绝提供案涉公证书的重要组成部分即公证购买取得的实物，没有完成其举证的义务，致使对于案涉产品是否被告生产、销售存疑，且导致无法将被控侵权产品实物与专利图片进行比对，以准确确定案涉被控侵权产品是否落入了原告专利权的保护范围。据此，原告起诉被告侵权并要求赔偿损失，证据不充分，法院不予支持。

5.【裁判规则】原件或原物已不存在，但有现场拍摄照片、宣传资料等证据证明复制件、复制品与原件原物一致的，予以认定

典型案例

许昌帝景置业有限公司与艾影（上海）商贸有限公司著作权侵权纠纷案［河南省高级人民法院（2018）豫民终104号］

上诉人（一审被告）：许昌帝景置业有限公司（以下简称帝景置业公司）

被上诉人（一审原告）：艾影（上海）商贸有限公司（以下简称艾影商贸公司）

裁判观点

人民法院认为，根据《著作权法》第10条第8项规定，著作权包括展览权，即公开陈列美术作品、摄影作品的原件或者复制件的权利。帝景置业公司未经著作权人的许可，在其开发的楼盘许昌恒大绿洲项目部内公开展示“哆啦A梦”形象模型，侵犯了艾影商贸公司享有的涉案作品展览权。艾影商贸公司为证明帝景置业公司侵权事实，一审提供帝景置业公司“恒大绿洲哆啦A梦展”大量现场拍摄照片，可与帝景置业公司“恒大绿洲哆啦A梦展”网络宣传材料相互印证。2001年《民事证据规定》第49条规定，帝景置业公司“恒大绿洲哆啦A梦展”活动已经结束，艾影商贸公司证明帝景置业公司侵权的“原件或原物”已不存在，按照《民诉法司法解释》第90条规定，帝景置业公司反驳艾影商贸公司主张事实应当提供证据加以证明。帝景置业公司未能提供证据或者证据不足以证明其事实主张应承担不利法律后果。故帝景置业公司上诉称“艾影商贸公司提供的系列证据系复印件不能作为定案依据”法院不予采信。

（三）复印件

1.【裁判规则】该协议原件已不存在，当事人自认该复印件与原件一致的，可作为定案依据

典型案例

雷某某与章某某等相邻关系纠纷案［江西省吉安市中级人民法院（2015）吉中民三终字第77号］

上诉人（原审被告）：雷某某

被上诉人（原审原告）：章某某等

裁判观点 ▶▶

人民法院认为，根据《民法通则》第83条[1]规定，上诉人雷某某在建新房时，因通道问题与被上诉人章某某等发生争议，经马市镇人民政府司法所、土地管理、规划部门联合街道居委会、办洲村委会组织双方调解，达成一致协议。该协议约定："甲方（雷某某）建房外墙面与老温家墙面前后净空2.5米，属公共通道，不得堵塞。二楼挑檐1.8米以内（离老温家）。双方不得反悔，如违反协议，必须负相应的法律责任。"该协议系双方当事人的真实意思表示，不违反法律和行政法规的强制性规定，合法有效。上诉人雷某某认为被上诉人章某某在一审仅提交了该协议的复印件，并未提交原始凭据，不能作为定案的依据。根据2001年《民事证据规定》第49条规定，上诉人雷某某在一审庭审中陈述该协议是他自己撕掉了，但确实是有这个协议的事实。该协议原件已不存在，上诉人雷某某自认该复印件与原件一致。因此，一审法院将该协议复印件作为定案依据正确。

2.【裁判规则】无法与原件核对的复印件仅是不能单独作为认定案件事实的依据，如有其他证据佐证，仍应对该复印件的证明力进行综合认定

典型案例 ▶▶

磐石乃鑫甲有限公司与姬某某公司债券权利确认纠纷案［最高人民法院(2019)最高法民终950号］

上诉人（一审原告）：磐石乃鑫甲有限公司（以下简称磐石公司）

被上诉人（一审被告）：姬某某

裁判观点 ▶▶

最高人民法院认为，根据《民事诉讼法》第70条第1款和《民诉法司法解释》第111条规定，当事人提供书证时，原则上应当提交书证原件。但提供复印件并不当然不具有证据资格，人民法院仍然可以根据当事人提供复印件的具体情况来评判其证据证明力的大小。本案中，虽然磐石公司一审中未能提供认股权证协议的原件，但根据民事诉讼认证规则，无法与原件核对的复印件仅是不能单独作为认定案

[1] 现为《民法典》第288条："不动产的相邻权利人应当按照有利生产、方便生活、团结互助、公平合理的原则，正确处理相邻关系。"

件事实的依据，如有其他证据佐证，仍应对该复印件的证明力进行综合认定。因此，在磐石公司一审已经提交相关证据的情况下，一审法院仅以磐石公司未提供认股权证协议的原件、姬某某对其真实性提出异议为由，认定磐石公司无法证明其是与本案有直接利害关系的公民、法人和其他组织，本案磐石公司主体不适格，进而裁定驳回磐石公司的起诉，对案件不进行实体审理，法律适用错误。

3.【裁判规则】复印件与本案的其他证据具有高度的关联性，且证据之间相互印证，具有证明力

典型案例

无锡市可舒食品有限公司与无锡悦家商业有限公司等合同纠纷管辖权异议案［江苏省无锡市中级人民法院（2016）苏02民辖终1197号］

上诉人（原审原告）：无锡市可舒食品有限公司（以下简称可舒食品公司）

被上诉人（原审被告）：无锡悦家商业有限公司

裁判观点

人民法院认为，2001年《民事证据规定》第49条规定：对书证、物证、视听资料进行质证时，当事人有权要求出示证据的原件或者原物。但有下列情形之一的除外：（一）出示原件或者原物确有困难并经人民法院准许出示复印件或者复制品的；（二）原件或者原物已不存在，但有证据证明复制件、复制品与原件或原物一致的。可舒食品公司提供的2014年度的商品合同虽系复印件，但是该复印件与本案的其他证据具有高度的关联性，且证据之间相互印证，具有证明力，应当认定可舒食品公司所提供的2014年度商品合同复印件合法有效。

4.【裁判规则】原件或者原物已不存在，但有证据证明复制件、复制品与原件或原物一致的，可以认定其效力

典型案例

周某与株洲沐阳实业有限公司合同纠纷案［最高人民法院（2013）民提字第75号］

抗诉机关：中华人民共和国最高人民检察院

申诉人（一审被告、二审上诉人、原再审被申请人）：周某

被申诉人（一审原告、二审被上诉人、原再审申请人）：株洲沐阳实业有限公司（以下简称沐阳公司）

裁判观点

最高人民法院认为，株洲市中级人民法院再审认为本案系商标使用权纠纷，焦点是沐阳公司与周某是否签订承包经营合同和补充协议以及是否履行。沐阳公司在一审中提供了承包经营合同和补充协议的传真件，并没有提供原件。但是，本案中一系列间接证据已形成了完整的证据链，可以认定沐阳公司与周某双方签订了承包经营合同和补充协议，且已开始履行。（1）再审开庭时证人龚某的证言证实沐阳公司与周某签订承包经营合同过程中的前期磋商情况；（2）株洲市公安局石峰分局对高某、周某的询问笔录均证实辛某军和周某签订承包经营合同的草稿和补充协议由见证人高某保管，周某将承包经营合同和补充协议的原件传真给辛某某；（3）证人晏某和徐某的证人证言均证实了2008年12月底周某要二人一同去湘潭八八旺公司拆除豆奶生产线搬到沐阳公司来生产"全成"豆奶；（4）2008年11月辛某军亲笔收条复印件收到从高某账户转来周某承包款10万元，证实周某已经开始履行合同义务；（5）株洲市公安局石峰分局对高某、郝某的询问笔录均证实辛某军于2009年1月15日转到高某账上的20万元是由高某代为收取的向周某支付首期"全成"商标使用费，与合同内容相符；（6）高某于2009年2月20日退还沐阳公司商标使用费10万元；（7）以上周某通过高某汇的10万元承包款、辛某军汇的20万元商标使用费、高某退回的商标使用费，均有银行汇款凭证予以证实。综上所述，沐阳公司和周某双方磋商、订立、履行承包经营合同和补充协议都有充足的证据证明。根据2001年《民事证据规定》第49条的规定，原件或者原物已不存在，但有证据证明复制件、复制品与原件或原物一致的，人民法院可以认定其效力。对沐阳公司提供的承包经营合同和补充协议传真件的真实性、合法性、有效性予以确认。

5.【裁判规则】书证原件或者与书证原件核对无误的复印件，对方当事人提出异议但没有足以反驳的相反证据的，人民法院应当确认其证明力

典型案例

深圳市爱迪星电子科技有限公司与鹤山银雨灯饰有限公司著作权侵权纠纷案

［广东省高级人民法院（2005）粤高法民三终字第122号］

上诉人（原审被告）：深圳市爱迪星电子科技有限公司（以下简称爱迪星公司）

被上诉人（原审原告）：鹤山银雨灯饰有限公司（以下简称银雨公司）

裁判观点

人民法院认为，银雨公司为证明其享有涉案摄影作品的著作权，向原审法院提交了摄影作品的底片、印有上述摄影作品的广告宣传画册。在原审开庭审理时，因另案当事人深圳市川田电子有限公司对银雨公司所提交作品的制作过程和来源的合法性提出异议，银雨公司在庭审后又补充提交了该公司参与拍摄涉案摄影作品的工作人员出具的有关拍摄过程的说明，以及证明该工作人员与公司存在工作关系的证据。在原审法院组织质证时，爱迪星公司以该证据超过举证期限为由拒绝质证。爱迪星公司没有提交被控侵权网页中涉案摄影作品来源的有关证据。根据2001年《民事证据规定》第70条的规定，爱迪星公司对银雨公司提交的证据提出异议，但没有提交足以反驳的相反证据，依据现有证据，应当认定银雨公司享有本案涉案摄影作品著作权。爱迪星公司对此提出的上诉缺乏充分的证据证明，法院不予支持。

6.【裁判规则】当事人提交的合同复制件与存档单位的合同原件相一致，在形式上与原件具有同等的法律效力

典型案例

苗某与姚某某买卖合同纠纷［山东省临沂市中级人民法院（2014）临商终字第28号］

上诉人（原审被告）：姚某某

被上诉人（原审原告）：苗某

裁判观点

人民法院认为，根据《民事诉讼法》第70条和2001年《民事证据规定》第49条规定，被上诉人苗某据以主张权利的买卖合同证明虽系复制件，但该原件存放于沂南县供电公司，原件中有双方当事人的签名和捺印，系其真实意思表示，且沂南县供电公司根据该买卖合同证明已将两台变压器更名为上诉人姚某某，被上诉人所提交的买卖合同证明复制件与存档于沂南县供电公司的买卖合同证明原件相一致，在形式上与原件具有同等的法律效力。

7.【裁判规则】合同复印件可以结合其他证据作为认定案件事实的根据

典型案例

青海德臻置业有限公司等与邵某某合资、合作开发房地产合同纠纷案［最高人民法院（2015）民一终字第155号］

上诉人（一审原告）：青海德臻置业有限公司（以下简称德臻公司）

上诉人（一审被告）：青海越州房地产开发有限公司（以下简称越州公司）等

裁判观点

最高人民法院认为，德臻公司是否是案涉9.23协议合同当事人。一审法院基于案涉各方当事人越州公司、德臻公司和邵某某均不能拿出9.23协议原件，根据2001年《民事证据规定》第10条、第69条规定，认为无法与原件核对的9.23协议复印件不能单独作为认定案件事实的依据。法院认为，本案各方当事人虽未提供9.23协议原件，但结合本案其他证据和案件具体情况，且各方当事人对9.23协议证据形式并无异议，9.23协议复印件能够反映案件真实情况、与待证事实相关联，应作为认定本案案件事实的根据，法院对于一审法院该项认定予以纠正。

8.【裁判规则】复印件并非不能作为定案依据，仅是不能单独作为定案依据，且必须符合无法与原件核对的情形

典型案例

广东音像出版社等与被上诉人德国唱片公司侵犯商标专用权纠纷案［广东省高级人民法院（2007）粤高法民三终字第377号］

上诉人（原审被告）：广东音像出版社等

被上诉人（原审原告）：德国唱片有限公司（以下简称德国唱片公司）

裁判观点

人民法院认为，2001年《民事证据规定》第69条规定，无法与原件核对的复印件不能单独作为认定案件事实的依据。据此，复印件并非不能作为定案依据，仅是不能单独作为定案依据，且必须符合无法与原件核对的情形。德国唱片公司在本案中提供了在中国注册并从美国环球集团总部寄交并经公证认证的第166651号注册商标复印件和经北京亚龙华顺知识产权代理有限公司查询到的G599028号国际注册商标及档案。公共的官方网站资料是当事人举证和人民法院核实证据的途径之一。原审法院为查明案件事实，通过中国商标局的网站，查询到第166651号注册商标及G599028号国际注册商标属于德国唱片公司所有，与德国唱片公司的相应举证一致。根据“谁主张，谁举证”的原则，广东音像出版社、孔雀廊公司、星文公司、润生公司、博恩凯公司未能举证证明德国唱片公司该两个注册商标另有商标注册人，应承担举证不能的法律后果。

9.【裁判规则】不能仅以无法与原件核对为由即否定复印件的证明力

典型案例

马某某与香港民基发展有限公司、甘肃基隆房地产开发有限公司股东资格确认纠纷案［最高人民法院（2015）民四终字第38号］

上诉人（一审原告）：马某某

被上诉人（一审被告）：香港民基发展有限公司（以下简称民基公司）等

裁判观点

最高人民法院认为，根据《民诉法司法解释》第111条的规定，对提交书证原件确有困难的复印件之证明力，应当结合其他证据和案件具体情况加以认定，一审判决仅以无法与原件核对为由即否定复印件的证明力不当。且马某某补充提交的民基公司清盘方面的证据对本案事实的认定可能有重大影响，一审未予组织质证不妥。本案应在比较双方当事人举示证据证明力的基础上，查清基隆公司注册资金来源、股权转让协议形成背景及真实性、民基公司取得振兴公司股权是否支付对价、民基公司股东权利行使情况、马某某长期经营管理基隆公司的原因、蔡某隆是否已出让民基公司股权及对价收取情况、民基公司清盘及资产清算情况等事实，并在此基础上依法作出判决。

10.【裁判规则】一方质疑盖有其公章的证据复印件，不申请鉴定又不能举证其具有其他合理事由的，证据复印件具有证明力

典型案例

河南省融城房地产有限公司与宜春市万龙房地产有限责任公司合作开发房地产合同纠纷案［最高人民法院（2016）最高法民终168号］

上诉人（原审被告）：河南省融城房地产有限公司（以下简称河南融城公司）

被上诉人（原审原告）：宜春市万龙房地产有限责任公司（以下简称宜春万龙公司）

裁判观点

最高人民法院认为，二审庭审中，河南融城公司虽主张已抵押案涉土地使用权并不是合同约定标的物，但其无法提供充分证据证明合同约定土地的具体位置。虽然合作开发协议书上未指明土地的具体位置，但该协议第1条约定地块位置详见协议地块定界图附件，宜春万龙公司也提交了加盖有河南融城公司公章及合同专用章的地号为汴房地权证字第240523号国有土地使用权证复印件。一审中，河南融城公司虽曾对该复印件上河南融城公司印章的真伪申请鉴定，但之后又撤回了鉴定申请。在河南融城公司不申请鉴定又不能举证证明该加盖河南融城公司公章的复印件在宜春万龙公司具有其他合理事由的情形下，一审法院认定抵押土地使用权即为双方约定土地使用权并无不妥。

11.【裁判规则】抗辩方未能否定主张方所提交证据复印件中签名的真实性，复印件依据不足的抗辩不能成立

典型案例

武汉四海宏瑞置业有限公司与罗某某返还原物纠纷案［湖北省武汉市中级人民法院（2015）鄂武汉中民终字第01165号］

上诉人（原审原告）：武汉四海宏瑞置业有限公司（以下简称四海公司）

被上诉人（原审被告）：罗某某

裁判观点

人民法院认为，一审中，罗某某提交租赁承诺以及情况说明的复印件，上面均有刘某平本人签名，四海公司向法院提交的2011年12月1日说明中亦有刘某平本人签名的笔迹，四海公司并未以此对罗某某所举证据的复印件中有关刘某平签名真实性提出异议，对情况说明上“港都大酒店”的印章亦未举证证明印章虚假。根据2001年《民事证据规定》第49条的规定，不是所有复印件均不得作证据采信，四海公司与罗某某均提交有刘某平本人签名的证据，四海公司未能否定罗某某所提交证据复印件中刘某平签名的真实性，其认为一审判决不应采信罗某某提交的复印件依据不足，该上诉理由不能成立。

12.【裁判规则】相对方将传真件作为证据提交，视为对传真件内容的认可

典型案例

焦作市诚德经贸有限公司与国电民权发电有限公司买卖合同纠纷案［最高人民法院(2014)民申字第1267号］

再审申请人（一审原告、二审上诉人）：焦作市诚德经贸有限公司（以下简称诚德公司）

被申请人（一审被告、二审上诉人）：国电民权发电有限公司（以下简称国电民权公司）

裁判观点

最高人民法院认为，国电民权公司提供的传真件内容系2010年5月1日之前诚德公司供应的沫煤数量和价款统计。国电民权公司一审中提交该份证据的证明目的，是证明计价标准应为不含税，且该传真件与诚德公司提供的其他证据相互矛盾，说明诚德公司统计的数据不准确。该传真件载明2010年5月1日前诚德公司入武陟煤场沫煤数量为33,816.13吨，总计19,418,945元。国电民权公司提交的统计表中该时间段沫煤数量为28,168.34吨。诚德公司一审中提供的2009年12月至2010年10月诚德公司入库煤量汇总中统计的该时间段沫煤数量为32,147.24吨。本案中双方当事人主要对2010年5月1日之前进入武陟煤场的煤炭数量有争议，对2010年5月1日之后的煤炭数量不再有争议。由于诚德公司提供的证据不能

充分证明其主张的煤炭数量，本案一、二审法院在综合全案证据的基础上，认为国电民权公司将该传真件作为证据提交，视为对传真件内容的认可，因此对2010年5月1日之前入场的混煤数量采纳了国电民权公司统计的数据，对5月1日之前入场的沫煤数量采纳了传真件中的数据。二审宣判后，国电民权公司并未提起再审申请。法院认为，国电民权公司对一、二审法院的认定并未提出异议，对国电民权公司自认的事实，原判决予以直接认定并无违法之处，且认定的事实有利于诚德公司。

（四）综合认定

1.【裁判规则】证据遗失已不存在，有关单位出具证据证明内容的，可予采信

典型案例

中国人民财产保险股份有限公司肇庆市分公司与释某某等机动车交通事故责任纠纷案［广东省肇庆市中级人民法院（2017）粤12民终55号］

上诉人（原审被告）：中国人民财产保险股份有限公司肇庆市分公司

被上诉人（原审原告）：释某某

裁判观点

人民法院认为，根据2001年《民事证据规定》第49条规定，释某某在一审起诉时陈述其医疗费发票在公交车上遗失。梧州市中医院向一审法院出具了证明，证实释某某在梧州市中医院住院期间的医疗费总额，且释某某也提供了其在梧州市中医院住院的疾病诊断证明书、出入院记录、住院费用汇总清单。故一审判决采信上述证据，认定释某某支付的在梧州市中医院住院期间的医疗费49,226.72元为其在本次交通事故的实际损失，并判决侵权人按责任分担并无不当，法院予以确认。

2.【裁判规则】欠条原件立案时存在，后有证据证明丢失的，可结合间接证据认定案件事实

典型案例

宋某某与刘某某民间借贷纠纷案［吉林省白山市中级人民法院（2014）白山民

二终字第359号］

上诉人（原审被告）：武某某等

被上诉人（原审原告）：宋某某

裁判观点

人民法院认为，根据2001年《民事证据规定》第49条和第66条的规定，本案立案时宋某某向原审法院提交欠条原件、复印件，经法院工作人员对欠条原件与复印件核对无误后，将欠条原件退还给宋某某，宋某某提供证据证明欠条原件已丢失。原审法院依照欠条复印件，结合宋某某向武某某因索要借款时发生争执，抚松县公安局"110"民警现场情况制作的录像带、宋某某向武某某催要借款的电话录音以及武某某通过银行向宋某某还款的汇款凭证等证据对双方存在借款事实予以认定并无不当，故武某某、刘某某主张宋某某未能提供欠条原件无法证明借款事实没有依据，法院不予支持。综上所述，原审法院认定事实清楚，适用法律正确。

3.【裁判规则】当事人自认内容与证据复印件载明内容相互印证，可以确认复印件的真实性

典型案例

陈某某与赵某某等房屋租赁合同纠纷案［安徽省滁州市中级人民法院(2018)皖11民终778号］

上诉人（原审被告）：陈某某

被上诉人（原审原告）：赵某某

裁判观点

人民法院认为，根据2001年《民事证据规定》第49条的规定，陈某某在一审中认可其于2016年1月6日与天安公司签订有天安都市花园东区商铺租赁协议，其在上诉状中所陈述的部分合同条款亦能够与赵某某举证的天安都市花园东区商铺租赁协议复印件中的内容相互印证，故法院可以确认赵某某举证的天安都市花园东区商铺租赁协议的真实性。

第三节　证明力认定规则

【法理辨析】

一、非法证据证明力

关于“非法证据”的态度，英美法系国家，对于民事诉讼领域的非法证据，一般不排除采信。大陆法系国家法官对事实的认定依据自由心证，对证据能力一般不作特别限制，但对于违反实体法的规定获取的证据是否具备证据能力，存在争议。

最高人民法院于1995年3月以法复〔1995〕2号文批复河北省高级人民法院，认为：“证据的取得首先要合法，只有经过合法途径取得的证据才能作为定案的根据。未经对方当事人同意私自录制其谈话，系不合法行为，以这种手段取得的录音资料，不能作为证据使用。”该批复确立了民事诉讼中证据应当具有合法性的原则，但对于录音资料是否合法问题的规定过于严厉。2001年《民事证据规定》第68条规定：“以侵害他人合法权益或者违反法律禁止性规定的方法取得的证据，不能作为认定案件事实的依据。”对该批复进行了修正。“以侵害他人合法权益或者违反法律禁止性规定的方法”作为判断非法证据的判断标准。2001年《民事证据规定》第68条有积极一面，也有消极一面。消极一面就是，在特殊的民事案件中，如果严格坚持这一标准，会遭遇与合法权益的冲突。典型的如离婚案件中第三者的问题。这时，会产生不公平的结果，也不利于保护受害人的合法权益。2020年《民诉法司法解释》第106条规定：“对以严重侵害他人合法权益、违反法律禁止性规定或者严重违背公序良俗的方法形成或者获取的证据，不得作为认定案件事实的根据。”实际上，已经突破了过去未经对方同意的录音、录像资料不能作为证据的限制，规定除“以侵害他人合法权益或者违反法律禁止性规定的方法取得的证据”外，都可以作为认定案件事实的依据。其适用的条件有：（1）应当坚持非法证据排除原则。（2）违反法律的禁止性规定，即违反一切实体性法律作为判断标准。（3）严重侵害他人合法权益。要求达到严重的程度。即一般性侵害不会导致该证据被排除。（4）增加了严重违背公序良俗。是指在证据形成或获取过程中并没有侵害他人合法权益，但其形成或者取得本身，构成违背公序良俗的情形。

司法实践中，对于非法证据的采集与否存在争议。一方观点是：为了最大限度地发现真实，一切证据方法和证据资料都应允许。其证明价值由法官依据自由心证进行评价。另一方观点是：民事诉讼应当坚持公平原则和诚实信用原则。违反实体法收集的证据，在诉讼中应当予以排除。否则，无异于承认和鼓励可以违法取得证据。再者，法院对于违法证据的采用这一行为本身，就构成对实体法的违反。尽管存在争议，一般认为，对于以严重侵犯人权的方法取得的证据，会否定其证据能力。为了保证案件的真实与保障人权的需要，对于这类证据要作以下审查：(1)审查视听资料的来源是否可靠。一是应对视听资料的制作主体进行审查。二是对视听资料来源方式进行审查，原始证据还是传来证据。主要审查视听资料的形成时间、方式。是否具有证据能力与它的取得方式是否合法密切相关。若该证据是以犯罪手段或方法获得的、以法律明令禁止的方法或手段取得的，或是以违背善良风俗的手段或方法取得的，均不能作为证据使用。(2)审查视听资料的内容是否真实可靠。(3)审查其关联性。如果它与案件事实之间没有关联性，失去证据意义。

对于非法证据的司法认定的立法调整，反映了判断非法证据时应当进行利益衡量，即对取得证据方法的违法性所损害的利益与诉讼所保护的利益进行衡量。具体而言，需要在实体公正与程序正义、目的合法与手段违法、保护自己利益与侵害他人合法权益、保护合法利益与维护法律秩序之间进行平衡，进行利益判断，以衡量的结果作为判断非法证据的重要考虑因素。如果违反证据所获得利益弱于违法证据所保护的利益，则不应判断该证据为非法证据。这样的判断标准，需要法官的智慧和能力。

二、证据证明力的审查判断的内容

对证据证明力的审查判断，主要是指，事实裁判者在诉讼过程中对证据进行分析、鉴别和认定，确定其有无证明力及证明力强弱的一种诉讼活动。一般来说，评价和衡量案件事实的证据证明力必须考虑以下三个方面的内容：

1.证据的可采性，即该证据是否具备证据能力，是否可以进入法官审判的视野。

2.证据的真实性和可靠性，该证据是否是真实可靠的，有无虚伪的成分，主要考察证据的来源和证据内容的可信度。2019年《民事证据规定》就证据的真实性体现在第92~94条相关的规定。

3.证据的关联性，由于证据与证明对象之间的关联程度是多种多样的，有因果关系、时空关系、必然性与偶然性关系、直接与间接关系、内部与外部的关系等。因此，证据的关联性主要反映证据与案件待证事实之间的关联性的强弱或者大小。

由于证据的可采性是证据的“入门关”，证据入不了“门”，根本就谈不上证据证明力的审查判断问题。因此，一般来说，证据证明力的审查判断主要是指证据的真实性问题和关联性问题。而证据的关联性问题则是证据证明力审判判断的主要方面，认定全案的证据证明力，必须从证据与证据之间、证据与待证事实的关联程度、各类证据的相互关系等方面进行评价与认定，其内在联系能够共同指向同一待证事实，能够排除合理的怀疑或矛盾的。对于证明力的检验主要是基于人们日常的经验，人们可以凭借经验法则，从证据与待证事实的相关性程度和因果关系的角度，来作出符合常理和常识的判断。

三、证据证明力审查判断的一般规则

证据证明力审查判断规则包括以下方面（见图12-2）。

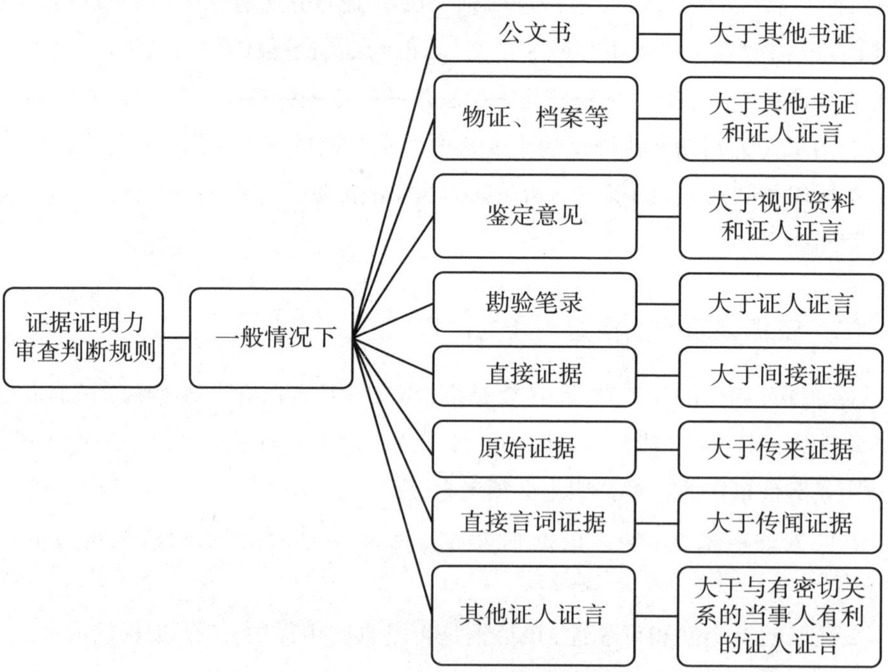

图12-2　证据证明力审查判断规则

（一）直接证据证明力强于间接证据。当证据同时具备证据的真实性、可靠性，又具备较强的关联性时，该证据就会具有较强的证明力。证据价值的高低和其与证明对象的关联性程度成正比例关系。

（二）书证具有较高的证据证明力。一般来说，书证具有较高的证据证明力，或者说，当事人提供的证人证言的证明力小于书证。

（三）公证文书的效力一般大于其他书面协议效力。根据2019年《民事证据规定》第10条规定：下列事实，当事人无须举证证明：（1）自然规律以及定理、定律；（2）众所周知的事实；（3）根据法律规定推定的事实；（4）根据已知的事实和日常生活经验法则推定出的另一事实；（5）已为仲裁机构的生效裁决所确认的事实；（6）已为人民法院发生法律效力的裁判所确认的基本事实；（7）已为有效公证文书所证明的事实。前款第2项至第5项事实，当事人有相反证据足以反驳的除外；第6项、第7项事实，当事人有相反证据足以推翻的除外。可见，（1）公证文书属于免证事实；（2）公证文书的证明效力很高，公证文书载明的内容一般会被认定为真实；（3）公证文书的效力，不是绝对的，是相对的，如果有相反的证据可以推翻，但提供的推翻证据的证明力需要达到“足以推翻”的程度。法律没有明文规定什么程度属于“足以”，但一般理解来看，这种推翻的证据的证明标准至少需要达到高度盖然性程度。

四、司法实务中的证明力认定

1.关于证据证明力与逻辑法则和经验法则的认定。2020年《民诉法司法解释》第93条规定：“下列事实，当事人无须举证证明：……（四）根据已知的事实和日常生活经验法则推定出的另一事实……”第105条规定：“人民法院应当按照法定程序，全面、客观地审核证据，依照法律规定，运用逻辑推理和日常生活经验法则，对证据有无证明力和证明力大小进行判断，并公开判断的理由和结果。”在建设工程施工合同案件中，施工人主张存在巨大的外运土石方量，根据经验法则，既然要外运土石，肯定会有确定的地点来倾倒外运土石，肯定需要运载土石的车辆和机械设备，肯定会发生支付由此产生的各种费用等。如果当事人不能提供支付人工费用、机械设备费用以及外运土石产生的渣场费用等证据材料，也不能按照法院的要求指明弃土地点，不能提供其他确凿证据证明存在外运土石的情形下，当事人主张的存在巨大外运土石方量的事实，既没有证据来支持，又违反了一般常人的经验法则。因此，依照法律规定，可运用逻辑推理和日常生活经验法则，对证据有无证明力和证明力大小进行判断。

2.关于发票的证据证明力。根据2019年《民事证据规定》第88条规定："审判人员对案件的全部证据，应当从各证据与案件事实的关联程度、各证据之间的联系等方面进行综合审查判断。"发票持有人应该提供支付款项的支票存根、转账记录、银行对账单等证据，用以对付款事实加以证明。

3.关于刑事判决的证据证明力。根据2019年《民事证据规定》第10条规定："下列事实，当事人无须举证证明：……（六）已为人民法院发生法律效力的裁判所确认的基本事实……"其中，该条还明确定"第六项、第七项事实，当事人有相反证据足以推翻的除外"。根据该条文的基本含义来看，其一，一般情况下，生效裁判文书具有证据证明力，无须当事人举证证明；其二，生效判决的预决效力是相对的，不是绝对的，当事人如果有相反证据"足以推翻"的，生效裁判文书则不具有证据证明力。这一认定规则对于生效的刑事裁判文书来说，具有同样的效果。"刑事判决预决事实在后行的民事诉讼中一般情况下有预决效力。但是，这种预决效力也存在一定例外，应局限在一定范围内。比如对于无罪判决中预决事实的效力问题，应当具体分析：（1）以被指控的违法行为不存在或者被告人并未参与违法行为等为由而作出的该被告人无罪判决，对以该被告人违法行为为由提起的侵权之诉应当具有预决效力。（2）无罪判决的作出是因为证据不足、案件事实不清，即未达到刑事案件的证明标准，但是可能符合民事、行政诉讼的证明标准。在刑事附带民事、行政诉讼的证明标准和实体要件事实作出判决，而不受无罪判决所否定的事实的拘束。"〔1〕

民事诉讼与刑事诉讼不尽相同，相较而言，民事诉讼的关注点主要在当事人的过错和民事责任，因其一般只涉及当事人的财产等民事权益，故在民事诉讼事实认定中并不采用过高的证明标准。我国民事司法实践中的"高度盖然性"的证明标准，亦即优势证明标准。该条规则表明，在案件当事人对同一事实举出的相反证据都无法否定对方证据的情况下，由法院对当事人证据的证明力进行衡量。如果一方提供的证据的证明力明显大于另一方，则可以认为证明力较大的证据支持的事实具有高度盖然性，法院应当依据举证责任的分配规则作出裁判，由提供证据的证

---

〔1〕 最高人民法院民事审判第一庭编著：《最高人民法院新民事诉讼证据规定理解与适用（上）》，人民法院出版社2020年版，第159页。

明力较小的一方当事人承担举证不能的不利后果。

【典型案解】

(一)适用前提

1.【裁判规则】法官有权运用逻辑推理和日常生活经验，对证据有无证明力和证明力大小独立进行判断，可以认定某方的证据更占优势，可根据现有证据对案件事实作出合理的推断

典型案例

张某与郝某同居关系财产纠纷案［最高人民法院（2016）最高法民申95号］

再审申请人（一审被告、二审上诉人）：张某

被申请人（一审原告、二审上诉人）：郝某

裁判观点

最高人民法院认为，根据2001年《民事证据规定》第64条、第66条和第73条规定，审判法官有权运用逻辑推理和日常生活经验，对证据有无证明力和证明力大小独立进行判断，可以认定某方的证据更占优势，可以根据现有证据对案件事实作出合理的推断。

2.【裁判规则】根据优势证据规则，运用逻辑推理和日常生活经验，对证据证明力进行综合判断

典型案例

黄冈亿和化工有限公司与胡某某等股权确认纠纷案［最高人民法院（2014）民二终字第145号］

上诉人（一审原告）：黄冈亿和化工有限公司（以下简称亿和化工公司）

被上诉人（一审被告）：胡某某等

裁判观点

最高人民法院认为，中国建设银行武穴支行提供的亿和化工公司贷款情况

的说明、宋某亮的证人证言以及胡某某偿还贷款的客观事实相互佐证，结合其他证据，形成证据链。而亿和化工公司所提供的关键性证据合作协议书无论从形式上还是内容上均存在明显瑕疵，又未能提供其他充分证据予以佐证，也未能证明其有实际出资的行为。根据优势证据规则，无法认定亿和化工公司与胡某某之间存在合作购股的合同关系。一审法院运用逻辑推理和日常生活经验，对证据证明力进行综合判断，并无不当。亿和化工公司关于一审法院在采信证据、举证责任分配等方面违反民事诉讼法相关规定的上诉理由，缺乏法律依据，法院不予支持。

3.【裁判规则】一方当事人用以主张事实确实发生可能性的证据证明力远大于另一方当事人主张事实未发生可能性的证据证明力时，足以促使裁判者形成对事实确已发生的内心确认

典型案例

王某某与新疆益恒食品股份有限公司特许经营合同纠纷案［新疆维吾尔自治区高级人民法院（2020）新民终286号］

上诉人（原审被告、反诉原告）：王某某

被上诉人（原审原告、反诉被告）：新疆益恒食品股份有限公司（以下简称益恒公司）

裁判观点

人民法院认为，根据2019年《民事证据规定》第87条和第88条规定，根据上述规定所确立的证据审查规则对益恒公司所提证据进行审查，其所提证据从形式上讲符合法律规定，从证据内容上看，通过法院二审中对被上诉人提交的热敏纸发货小票的核对，其在特定时间段内所记载的发货种类、数量与上诉人王某某认可的在该时间段内的微信订货种类、数量基本可以形成一一对应的关系，证据内容之间可以相互印证。依据一审法院查明的双方之间的业务流程，王某某通过微信进行订货，益恒公司在向上诉人王某某供货时向其提供发货明细表，即以热敏纸打印的发货小票，该小票由双方各自留存一份，由益恒公司将发货小票的内容录入电脑后，在月底双方通过钉钉App进行核对结算。由于双方在合同中并未约定具体的收货确认方式，仅在合同履行过程中形成了各自保留发货小票用以结算的习惯做法。因此，益恒公司的举证符合双方合同履行过程中形成的交易习惯，且证据内容相互印证，故法院依法对益恒公司所举上述证据的证明力予以确认。民事诉讼证据规则以“谁主张，谁举证”为基础，同时亦遵从优势证据规则，即当一方当事人用以主张事实确实发生可能性的证据证明力远大于另一方当事人主张事实未发生可能性的证据证明力时，足以促使裁判者形成对事实确已发生的内心确认。此时，人民法院应依据优势证据规则认定主张事实发生的一方已完成其举证责任，并同时依据公平原则和诚实信用原则，在综合各方当事人的举证能力等因素的基础上，对举证责任进行分配。本案中，益恒公司作为合同一方已对双方的整个交易流程进行了举证，就相关待证事实而言益恒公司已经穷尽举证方式，但由于双方业务流程及交易习惯所限，当事人之间的账目核对仅以月底通过钉钉App完成，在收货方无需对履行过程中的供货种类、数量单独进行确认的情况下，一旦收货方以未保留热敏纸发货小票为由对双方账目不予认可，发货方将陷入无以自证的境地，此时如仍然要求发货方对其主张进行举证显然有违公平原则。王某某作为合同一方当事人，其应当根据双方的交易习惯保留发货票据，即便由于时间原因未能保留相关票据，其作为经营者亦应当负责清点所收货物并进行基本的账目记录以便于经营，该事实对于王某某来讲均为积极的、存在的事实，其理应有能力进行举证。但是在本案两次审理过程中，王某某均主张由于发货小票丢失，对益恒公司的证据不予认可，对其提出的益恒公司未履行全部供货义务的主张亦未举证证明，故王某某因未能尽到举证责任而应承担相应不利后果。一审法院根据双方当事人的举证情况确认王某某存在欠付货款的事实并无不妥，在对益恒公司所举证据予以确认的基础上，益恒公司主张王某某欠付货款59,406.4元的诉讼请求成立。

（二）证据证明力大小

1.【裁判规则】物证的证明力一般大于证人证言

典型案例

邯郸市恒隆房地产开发有限公司与万峰建工集团有限公司建设工程施工合同纠纷案［最高人民法院（2019）最高法民申3123号］

再审申请人（一审被告、反诉原告、二审上诉人）：邯郸市恒隆房地产开发有限公司（以下简称恒隆公司）

被申请人（一审原告、反诉被告、二审被上诉人）：万峰建工集团有限公司（以下简称万峰公司）

裁判观点 ▶▶

最高人民法院认为，一审审理中，万峰公司提供了现场拍摄的照片证明通风系统尚未正常运行，证明未完成“地下室内墙、天棚乳胶漆喷涂”两项工程的原因在于恒隆公司。恒隆公司提交了情况说明证明2016年1月8日通风系统已正常运行。相较而言，万峰公司提供的照片为物证，恒隆公司提供的情况说明为证人证言。根据2001年《民事证据规定》第77条第2款的规定，物证的证明力一般大于证人证言，故一、二审法院认定万峰公司已按约履行协议二，具有合理性。

2.【裁判规则】书证的证据证明力足以优先于当事人的推断

典型案例 ▶▶

闫某某等22人与襄樊浩森机电有限公司等房地产买卖合同纠纷案［最高人民法院（2018）最高法民申6104号］

再审申请人（一审第三人、二审上诉人）：闫某某等

被申请人（一审原告、二审被上诉人）：襄樊浩森机电有限公司（以下简称浩森公司）

裁判观点 ▶▶

最高人民法院认为，因案涉合同系书证，而书证是直接证据，是以文字、符号、图形等形式所记载的内容或表达的思想来证明案件事实的证据，从证据效力的比较来看，比间接证据证明力更高。即使如闫某某等人所称，合同的签订是开发公司个别人的行为，但合同上加盖有开发公司的印章及当时法定代表人丁某武的签字，应视为开发公司作出了意思表示，相关法律后果则应由开发公司承担。上述书证的存在也足以在证明力上优先于闫某某的推断。

3.【裁判规则】公文书证的证明力一般大于其他书证

典型案例 ▶▶

王某某与高某某作品署名权、发表权纠纷案[重庆市高级人民法院(2004)渝高法民终字第160号]

上诉人(原审原告):王某某

被上诉人(原审被告):高某某

裁判观点 ▶▶

人民法院认为,根据《著作权法》第11条的规定,著作权属于作者,本法另有规定的除外;创作作品的公民是作者;如无相反证明,在作品上署名的公民、法人或者其他组织为作者。虽然从高某某提供的素描创作稿看不出依次渐进的创作轨迹,其素描完成稿的时间也无法通过鉴定予以确定,但有关委托书、合同等证明了高某某有创作争议作品的动因,重庆红岩革命纪念馆的证明更确认其对有争议作品的创作;同时,不能排除高某某遗弃部分素描创作草稿的可能,因为高某某要完成的合同作品是油画,而本案中的油画素描稿是油画作品的基础,油画创作人存在只保留油画素描创作完成稿和部分草稿的可能性,如果仅仅基于缺失部分创作草稿而认定不合创作规律,并进而否定高某某的创作行为以及作者身份,在证据层面上是不充分的。合议庭特别强调的是,根据2001年《民事诉讼证据规定》第77条第1项的规定,国家机关、社会团体依职权制作的公文书证的证明力一般大于其他书证。重庆红岩革命纪念馆所出具的证明即属公文书证之列,因此,本案被上诉人高某某提供的重庆红岩革命纪念馆的证明与有关委托书、委托创作合同、创作素描稿以及发表素描稿的署名互为印证,可以认定高某某是争议作品的作者。

4.【裁判规则】户籍证明书原件的证明力大于户籍登记卡复印件

典型案例 ▶▶

青岛新时代房地产开发有限公司与张某合资、合作开发房地产合同纠纷案[最高人民法院(2016)最高法民辖终191号]

上诉人(原审被告):青岛新时代房地产开发有限公司(以下简称新时代公司)

被上诉人（原审原告）：张某

裁判观点

最高人民法院认为，首先，双方签订的合作开发合同约定“若协商不成，双方均可向当地法律机关起诉”。该合同中没有关于“申请青岛市仲裁委员会仲裁”的表述，新时代公司也未提交其他证据证明双方就争议事项达成仲裁协议。故新时代公司提出的应当由青岛市仲裁委仲裁的主张不能成立。其次，就张某住所地是否与新时代公司在同一辖区问题。张某提交了户籍登记卡页复印件、新疆油田公司矿区服务事业部社会保险管理中心第四保险事务所出具的交纳养老金证明，以及克拉玛依市人民广播电台关于居住生活的证明，证明其户籍所在地在新疆。而新时代公司提交了薛家岛派出所出具的户籍证明书，证明张某户籍所在地在山东省青岛市。在双方当事人就同一事实分别举出相反的证据的情况下，依据2001年《民事证据规定》第73条的规定，人民法院应当判断一方提供证据的证明力是否明显大于另一方提供证据的证明力，并对证明力较大的证据予以确认。本案中，新时代公司提交的证据系公安机关出具且为原件，其证明力要大于张某提交的户籍登记卡复印件，故对新时代公司主张的张某户籍地在山东省青岛市予以采纳。就张某提供的养老金证明以及退休前就职单位出具的居住生活证明，因养老金证明仅能表明其退休后由原单位克拉玛依市人民广播电台继续为其交纳养老金，而居住证明虽写有“长期在克拉玛依市××、生活”，但考虑到张某户籍在山东省青岛市，上述证明不足以证明克拉玛依市为其经常居住地。综上所述，可以认定张某住所地在山东省青岛市。

5.【裁判规则】一方有佐证的证据证明力大于另一方仅有的汇款凭证的证据证明力

典型案例

惠州博昌工业实业有限公司与湖北益昌房地产开发有限公司等不当得利纠纷案［最高人民法院（2019）最高法民申1002号］

再审申请人（一审被告、二审上诉人）：惠州博昌工业实业有限公司（以下简称博昌公司）

被申请人（一审原告、二审被上诉人）：湖北益昌房地产开发有限公司（以下简称益昌公司）等

裁判观点 ▶▶

最高人民法院认为，本案当事人对博昌公司实际收取了大亚湾工贸公司以“付地皮款”的名义支付的2000万元的事实并无争议，主要争议在于该2000万元是大亚湾工贸公司购买涉案土地支付1.15亿元土地款的一部分还是博昌公司与大亚湾工贸公司合作炒地的收益。根据益昌公司、卓鹏公司提交的证据，从汇款用途上看，博昌公司收取的2000万元“付地皮款”与惠良公司收取4500万元时支付凭证上显示的汇款用途相同；从汇款时间上看，该2000万元的付款时间在转让土地使用权合同书签订后大亚湾工贸公司应付款的合理时间内；从杨某青和曾某泉的陈述来看，杨某青在多次诉讼中均陈述涉案土地转让是通过博昌公司原法定代表人韩某联系，该陈述与大亚湾工贸公司法定代表人曾某泉称其是依韩某指令向博昌公司支付购地款的陈述相互印证。博昌公司提交的汇款凭证仅能证明博昌公司曾分别向惠州市（工贸）工程开发公司（总公司）汇款500万元和2,496,060元，博昌公司未提交证据证明上述两笔汇款与涉案2000万元存在关联。博昌公司主张该2000万元是其与大亚湾工贸公司合作炒地的收益，但未提交合作合同等证据证明。本案益昌公司、卓鹏公司提交的证据的证明力明显大于博昌公司提交的证据的证明力。原判决据此认定涉案2000万元是大亚湾工贸公司购买涉案土地支付1.15亿元土地款的一部分，有充分的事实依据。

6.【裁判规则】经过公证、登记的书证的证明力，并不绝对大于其他书证、视听资料和证人证言

典型案例 ▶▶

盛某某与武威天盛农业科技发展有限公司等案外人执行异议之诉案［最高人民法院（2019）最高法民申2102号］

再审申请人（一审被告、二审被上诉人）：盛某某

被申请人（一审原告、二审上诉人）：武威天盛农业科技发展有限公司（以下简称天盛公司）等

裁判观点

最高人民法院认为，首先，根据2001年《民事证据规定》第77条规定，“物证、档案、鉴定结论、勘验笔录或者经过公证、登记的书证，其证明力一般大于其他书证、视听资料和证人证言”，案涉借款合同虽然经过了公证，但并不能据此否定三方协议书的真实性及效力。其次，关于合同相对性问题，借款合同的当事人均参与了三方协议书的订立，天盛公司以三方协议书主张其为实际债权人，并未违背合同相对性原则。

7.【裁判规则】人民法院送达回证的备考栏所载事项与法定机关登记不一致的，应以法定机构出具的证明文件为准

典型案例

何某某与周某某等申请执行人执行异议之诉纠纷案［最高人民法院（2018）最高法民申2075号］

再审申请人（一审被告、二审上诉人）：何某某

被申请人（一审原告、二审被上诉人）：周某某等

裁判观点

最高人民法院认为，重庆市第五中级人民法院（2015）渝五中法民保字第97号案件的送达回证证实，该院于2015年3月24日向九龙坡区土地房屋权属登记中心送达民事裁定书、协助执行通知书，依法履行了查封案涉房屋的法定职责。虽然在该送达回证备考栏记载“被查封房屋部分涉及网签或抵押、查封”，但据此不足以证明本案所涉房屋在2015年3月24日前已办理了网签。根据《重庆市商品房联机备案登记表》（业务编号201207××××××××47），本案诉争房屋于2015年3月31日办理了网签。根据《民法典》的相关规定以及土地房屋权属登记机构的工作规则，在有关房屋或土地被人民法院查封后，该土地或房屋的权属登记机构不得再行办理有关该土地或房屋的转让、抵押登记等手续，但九龙坡区土地房屋权属登记中心作为有权办理土地房屋权属登记的法定机构，其作出的该项登记表仍具有公示效力，据此可以认定案涉房屋网签时间为2015年3月31日。在人民法院送达回证的备考栏所载事项与土地房屋权属登记的法定机构出具的证明文件所载明的内容出现

不一致的情况下，有关土地房屋权属登记事项的认定，因土地房屋权属登记的法定机构出具的证明文件属于直接证据，人民法院送达回证所载内容属于间接证据，根据证据证明力大小的比较、认定规则，应以土地房屋权属登记的法定机构出具的证明文件为准。

8.【裁判规则】收据既是书证，也是物证，在比较证据证明力大小时，证明力大于当事人陈述

典型案例

大秦建设集团有限公司与宁夏台建房地产开发有限公司建设工程施工合同纠纷案[最高人民法院（2019）最高法民申3811号]

再审申请人（一审原告、反诉被告、二审上诉人）：大秦建设集团有限公司（以下简称大秦公司）

被申请人（一审被告、反诉原告、二审上诉人）：宁夏台建房地产开发有限公司（以下简称台建公司）

裁判观点

最高人民法院认为，收据系债权人向债务人返还债的凭据或提供债已消灭的证明。大秦公司主张其向台建公司出具收据金额与大秦公司实际收取款项存在不一致的情形，但并未提交充分证据予以证实。涉案收据既是书证也是物证，在比较证据证明力大小时，证明力大于当事人陈述。且大秦公司作为出具收据的一方，多次陈述前后矛盾，未能提供确实充分证据推翻二审判决的认定。大秦公司主张收据记载不真实、举证责任分配不当的理由，依据不足。

9.【裁判规则】当事人的陈述反复无常并自相矛盾，证明力相对较低

典型案例

廖某与袁某某民间借贷纠纷案[湖南省长沙市中级人民法院（2013）长中民再终字第00402号]

上诉人（原审被告）：廖某

被上诉人（原审原告）：袁某某

裁判观点

人民法院认为，根据2001年《民事证据规定》第8条和第13条规定，对于当事人在诉讼中的自认可能侵害他人合法权益的，人民法院应当依法审查该自认的真实性，必要时人民法院可以责令当事人提供有关证据。廖某的陈述作为证据种类之一，属于当事人陈述，对于此类证据效力的认定，依据2001年《民事证据规定》第64条的规定，廖某在芙蓉区法院与袁某某签订的执行和解协议和其提交给法院的撤回上诉申请书中，先后两次自认该150万元借款属实。但在签订该执行和解协议后，廖某又到派出所报案称签订该执行和解协议受到胁迫，并对该协议的内容不予认可。该协议签订后廖某未撤诉，而是进一步地积极向检察院等部门申诉，并积极诉讼，故廖某自认借款属实的陈述与其此前此后的一系列行为相矛盾，不符合常理。2014年4月黄某某轮候冻结了廖某的150万元存款后，廖某又于2014年10月15日向法院申请撤诉，并再次承认借款属实。经审查，结合黄某某申请轮候冻结和廖某申请撤诉的时间节点，该撤诉申请可直接导致第三人黄某某获得执行的合法利益遭受损害。同时，廖某在向检察院申诉、在芙蓉区法院和法院二审两次庭审以及在本案承办人主持的多次谈话中，均否认实际向袁某某借款150万元，并对该借条的由来作了说明。综合全案事实来看，廖某对借款是否属实的陈述反复无常，前后自相矛盾，其陈述的证明力相对较低，需要结合其他证据予以判断。

10.【裁判规则】与当事人无利害关系的证人提供的待证事实有亲身感知，证人证言的证明力一般高于当事人的证言

典型案例

舟山港明食品有限公司等与泰宝美客株式会社承揽合同及保管合同纠纷案［最高人民法院（2010）民四终字第29号］

上诉人（原审被告、反诉原告）：舟山港明食品有限公司（以下简称港明公司）

被上诉人（原审原告、反诉被告）：泰宝美客株式会社（以下简称泰宝美客）

裁判观点 ▶▶

最高人民法院认为，关于可返还货物的数量。2009年11月19日，原审法院委托宁波海事法院舟山法庭核实剩余货物数量，由于港明公司不允许泰宝美客代理人进入冷藏库，而港明公司冷藏库内的货物同时涉及多起其他诉讼，无法确定货物的数量和归属。港明公司冷藏库保管员和现场负责人的证言不相一致。分析两份证言，港明公司现场负责人提供有利于港明公司的证言，且证言内容非亲身感知的事实，根据2001年《民事证据规定》第77条第5项的规定，港明公司冷藏库保管员与泰宝美客无利害关系，其负责货物的保管、出库入库、库存盘点等工作，对货物库存事实有亲身感知，保管员证言的证明力高于现场负责人的证言，法院对保管员证言的证明力予以确认。

11.【裁判规则】当事人的利害关系人单方提供的证据不足以推翻当事人在一、二审中的自认

典型案例 ▶▶

泰宏建设发展有限责任公司与莫某某民间借贷纠纷案［最高人民法院(2014)民申字第1632号］

再审申请人（一审被告、二审上诉人）：泰宏建设发展有限责任公司（以下简称泰宏公司）

被申请人（一审原告、二审被上诉人）：莫某某

裁判观点 ▶▶

最高人民法院认为，第一，泰宏公司在一、二审庭审中，已多次自认刘某是该公司员工。首先，根据一审庭审笔录可知，泰宏公司已在一审庭审中自认"刘某为一般工作人员"。其次，二审庭审中，泰宏公司又再次认可刘某是该公司项目部工作人员，负责协调工作。这说明泰宏公司已在诉讼中多次自认了刘某是该公司员工这一事实。第二，依据陈某安提供的证人证言、承诺书以及陈某模提供的证人证言，不能得出"二审判决认定刘某是公司员工缺乏证据"的结论。根据2001年《民事证据规定》第74条之规定可知，泰宏公司要推翻其在一、二审中对刘某是该公司员工的自认，则需要充分证据证明。陈某安作为泰宏公司四川分公司负责人，属于

与泰宏公司有利害关系的证人，而陈某模作为泰宏公司的项目部安全员，亦与该公司具有利害关系。根据2001年《民事证据规定》第69条之规定，陈某安、陈某模提供的证据都不能单独作为认定“刘某不是泰宏公司员工，而是与泰宏公司之间为转包关系”的证据。因此，陈某安、陈某模作为泰宏公司利害关系人单方提供的证据不足以推翻泰宏公司在一、二审中的自认。

12.【裁判规则】证人证言的证明力小于书证，不能推翻合同中的有关记载

典型案例

江西省鹤群房地产开发有限责任公司与庐山市水电建筑安装工程有限公司等建设工程施工合同纠纷案［最高人民法院（2014）民申字第356号］

再审申请人（一审原告、反诉被告、二审上诉人）：江西省鹤群房地产开发有限责任公司（以下简称鹤群公司）

被申请人（一审被告、二审被上诉人）：庐山市水电建筑安装工程有限公司（以下简称庐山市水电公司）

裁判观点

最高人民法院认为，根据2001年《民事证据规定》第44条规定，鹤群公司提交的证据属于证人证言，虽然落款日期在二审庭审结束后，但陈述的事实是本案形成诉讼之前发生的，鹤群公司没有合理的理由说明其为何未在一审期间提交该证据，故前述证明不能认定为新的证据。从比较证明力大小的角度分析，鹤群公司提交的证据属于证人证言，而涉案建设工程施工合同属于书证，证人证言的证明力小于书证，鹤群公司提交的证明不能推翻建设施工合同中关于时间的记载。

（三）应予认定

1.【裁判规则】鉴定意见，当事人没有足以反驳的相反证据和理由的，可以认定其证明力

典型案例

黑龙江瑞成房屋建设开发有限公司与黑龙江省八建建筑工程有限责任公司建设工程施工合同纠纷案［最高人民法院（2019）最高法民申2214号］

再审申请人（一审本诉被告、反诉原告、二审上诉人）：黑龙江瑞成房屋建设开发有限公司（以下简称瑞成公司）

被申请人（一审本诉原告、反诉被告、二审被上诉人）：黑龙江省八建建筑工程有限责任公司（以下简称八建公司）

裁判观点

最高人民法院认为，一审法院根据八建公司及瑞成公司的申请，依法委托中和力得尔公司对案涉工程造价进行鉴定，组织鉴定机构及双方当事人进行了现场听证及勘验。中和力得尔公司出具了司法鉴定意见书，对当事人提出的异议三次作出书面答复，并出庭接受了当事人的质询。瑞成公司虽对中和力得尔公司的答复不予认可，但未提供足以反驳的证据及理由。根据2001年《民事证据规定》第71条的规定，人民法院委托鉴定部门作出的鉴定结论，当事人没有足以反驳的相反证据和理由的，可以认定其证明力。原审法院据此采信该鉴定意见并无不当。

2.【裁判规则】录音证据未能直接证明待证事实且对方否认的，该录音证据的证明力不足以推翻对方提供的书面证据的证明力

典型案例

王某某与安阳市广宇房地产开发有限公司等民间借贷纠纷案［最高人民法院(2014)民申字第641号］

再审申请人（一审原告、二审被上诉人）：王某某

被申请人（一审被告、二审上诉人）：安阳市广宇房地产开发有限公司（以下简称广宇公司）等

裁判观点

最高人民法院认为，根据《民事诉讼法》的相关规定，当事人对自己提出的主张，有责任提供证据。王某某应对自己的主张提供证据支持。再审申请中，王某某再次以其在一、二审中提供的录音证据作为支持其再审主张的证据。根据《民事诉讼法》第71条的规定，人民法院对视听资料，应当辨别真伪，并结合本案的其他证据，审查确定能否作为认定事实的根据。因此，在王某某仅提供录音证据，不能提

供其他证据予以相互印证，且该录音证据也未能直接证明王某某欲证明的事实、广宇公司又予以否认的情况下，该证据的证明力不足以推翻广宇公司提供的书面证据的证明力。

3.【裁判规则】已为人民法院发生法律效力的裁判所确认的基本事实具有当然的证明力，当事人有相反证据足以推翻的除外

典型案例

中色物流（天津）有限公司与河北银行股份有限公司青岛分行等借款合同纠纷案［最高人民法院（2016）最高法民终322号］

上诉人（一审被告）：中色物流（天津）有限公司（以下简称中色物流公司）

被上诉人（一审原告）：河北银行股份有限公司青岛分行（以下简称河北银行青岛分行）等

裁判观点

最高人民法院认为，本案二审的争议焦点在于：一、一审判决认定德诚公司已向中色物流公司供货是否错误；二、一审程序是否违法；三、一审判决结果是否会导致河北银行青岛分行重复获利。关于一审判决认定德诚公司已向中色物流公司供货是否错误的问题。首先，德诚公司、河北银行青岛分行共同向中色物流公司出具了应收账款债权转让通知书载明：因德诚公司与河北银行青岛分行签订编号FC2014003F的国内保理业务合同/国内保理表外融资业务合同，于2014年1月9日起，至河北银行青岛分行以书面通知解除应收账款转让为止，将其与中色物流公司发生的所有应收账款以及就该应收账款所享有的权利转让给河北银行青岛分行。请中色物流公司向河北银行青岛分行履行其与德诚公司发生的所有应收账款项下的付款义务，并将应收账款直接付至德诚公司账户，账号：08×××01。中色物流公司在回执上加盖公司印章及法定代表人名章。该回执载明：我方已经收到上述合同所列货物对应发票，且货物质量达到合同规定标准，合同交易金额和付款日属实。我方将按时将应收账款直接付至下述账户。在中色物流公司无足够相反证据予以反驳的情况下，一审法院据此认定中色物流公司已确认收取了铝锭销售协议项下的货物并无不妥。并且本案涉及的保理业务中，作为债务人的中色物流公司向河北银行青岛分行承诺将承担保理合同项下的债务，据此应当认定河北银行青岛分行已尽审慎审核义务，难以认定本案涉及对未来应收账款进行保理融资等违规行为。中色物流公司关于其并未确认收到货物，河北银行青岛分行未尽审慎审核义务等主张均不能成立，法院不予支持。其次，根据《民诉法司法解释》第93条及2019年《民事证据规定》第9条的规定，已为人民法院发生法律效力的裁判所确认的事实具有当然的证明力，当事人有相反证据足以推翻的除外。青岛中院（2015）青民二商初字第96号民事判决在德诚公司缺席、河北银行青岛分行作为铝锭销售协议项下应收账款债权人未能以有独立请求权的第三人身份参与诉讼的情形下，依据证据规则认定事实，并于本案一审判决作出后判决解除了本案所涉铝锭销售协议。而本案当事人提供的相反证据足以推翻上述民事判决确认的事实，故该判决确认的事实不具有当然的证明力。再次，中色物流公司主张其被河北银行青岛分行误导才在回执上盖章，但没有提供证据予以证明，法院不予支持。最后，中色物流公司所称应当归纳的争议焦点内容可被一审判决概括的争议焦点所涵盖，其所称一审判决所述争议焦点错误的主张，法院不予支持。

4.【裁判规则】已为有效公证文书所证明的事实，当事人无须举证证明，有相反证据足以推翻的除外

典型案例 ▶▶

上海家化联合股份有限公司与周至县太康医药有限责任公司侵害商标权纠纷案［最高人民法院（2020）最高法民再185号］

再审申请人（一审原告、二审被上诉人）：上海家化联合股份有限公司（以下简称上海家化公司）

被申请人（一审被告、二审上诉人）：周至县太康医药有限责任公司（以下简称太康公司）

裁判观点 ▶▶

最高人民法院认为，本案争议焦点是涉案公证书能否证明太康公司存在侵权行为，原二审判决未予确认公证书是否存在认定事实及适用法律错误。《民事诉讼法》第69条规定，经过法定程序公证证明的法律事实和文书，人民法院应当作为认定事实的根据，但有相反证据足以推翻公证证明的除外。2019年《民事证据规定》第10条第7项规定，已为有效公证文书所证明的事实，当事人无须举证证明，有相反证据足以推翻的除外。本案中，上海家化公司提交的公证书证明“在周至县云塔南路与秦岭路交叉口东南、一家门头为周至县太康医药有限责任公司的店内购买被诉侵权产品‘六神’花露水一瓶”的事实。该公证书证明的购买场所系“周至县太康医药有限责任公司”，所附照片显示该场所门头悬挂的店招也是“周至县太康医药有限责任公司”，与太康公司提交的营业执照上载明的企业名称一致。且太康公司提交的营业执照显示的住所为“西安市周至县工业路中段东方年华小区1号楼20104-20107号”，经百度地图查询“西安市周至县工业路中段东方年华小区”，显示的地理位置为“周至县云塔南路与秦岭路交叉口东南”。因此，应当认定该场所系太康公司的经营场所。虽然公证书将购买的商品表述为“‘六神’花露水一瓶”，与所附照片上显示的产品名称“怡宝牌六神丸草本止痒花露水”不完全一致，但因现场购买所得物品系经上海家化公司鉴定后封存在编号“652”的纸箱内，并且根据一审法院庭审笔录的记载，上海家化公司当庭出示编号“652”的纸箱，并经太康公司认可封存完好后予以拆封，公证书提到的“‘六神’花露水一瓶”就是指编号“652”的纸箱内的“怡宝牌六神丸草本止痒花露水”。故应当认定太康公司销售了被诉侵权“六神花露水”的事实存在。二审法院在没有相反证据推翻上述公证证明的情况下，仅以缺少购物小票以及公证书记载的产品名称不完全一致为由，认定上海家化公司提供的证据不足以证明其从太康公司购买被诉侵权产品的事实，系认定事实错误，从而未判定太康公司承担民事侵权责任系适用法律不当，应予纠正。一审判决采纳公证书确认太康公司存在侵权行为，并判令其停止侵权及承担赔偿损失责任正确，应予维持。

（四）不予认定

1.【裁判规则】鉴定意见的结论为“倾向认为是同一印章盖印形成”，系不明确的鉴定意见，证明力不足，尚不足以认定证据的真实性

典型案例

刘某某与青海华翔实业有限公司等买卖合同纠纷案［最高人民法院（2019）最高法民申721号］

再审申请人（一审原告、二审上诉人）：刘某某

被申请人（一审被告、二审被上诉人）：青海华翔实业有限公司（以下简称华翔公司）等

裁判观点

最高人民法院认为，刘某某提交509号鉴定意见作为新证据，拟证明华翔公司存在同时使用多枚印章的情形，以此证明油品供需合同及证明的真实性。首先，509号鉴定意见系刘某某在二审判决后单方委托鉴定机构作出的鉴定意见，不具有作为定案依据的法律效力。其次，509号鉴定意见的结论为"倾向认为是同一印章盖印形成"，系不明确的鉴定意见，证明力不足，尚不足以认定案涉油品供需合同及证明的真实性。最后，即便依据该鉴定结论认定前述两份证据系真实，但从该两份证据的文字表述内容来看，仍无法证明刘某某所主张的其向华翔公司的供油具体数量及金额。刘某某还提交了一组视频证据，拟证明刘某某经营的加油站系案涉地区唯一的加油站，但该视频内容无法证明刘某某所主张的事实。因此，刘某某申请再审提交的新证据不足以推翻原判决已认定的事实，其该项再审理由不能成立。

2.【裁判规则】有证据否定或怀疑合意形成行为真实性的情况下，不能根据印章的真实性直接推定协议的真实性

典型案例

内蒙古昌宇石业有限公司与陈某某合同纠纷案［最高人民法院（2014）民提字第178号］

再审申请人（一审被告、二审上诉人）：内蒙古昌宇石业有限公司（以下简称昌宇公司）

被申请人（一审原告、二审被上诉人）：陈某某

裁判观点

最高人民法院认为，2011年9月，陈某某以与昌宇公司存在5.3补充协议为据，向一审法院提起诉讼。2011年，昌宇公司在本案管辖异议二审期间向福建省高级人民法院对5.3补充协议上昌宇公司的真实性提出司法鉴定申请，经福建鼎立司法鉴定中心鉴定，鉴定意见为印章真实。本案一审期间，昌宇公司又于2013年5月25

日，向一审法院提出司法鉴定申请书，除再次对5.3补充协议上加盖公章的真实性提出鉴定申请外，另提出对公章与文字形成的前后顺序、文字形成日期、纸张日期进行鉴定的申请，一审法院经审查对昌宇公司再行提出印章真实性的鉴定申请不予支持，并无不当；但因公章与文字的前后顺序、文字形成日期等对认定协议的真实性亦有重要影响，原审法院以公章与文字形成先后不影响协议真实性的判断为由，不予支持，确有不当。在5.3补充协议真实性的认定上，该协议加盖的印章虽为真实，但因协议形成行为与印章加盖行为具有相对独立性，协议形成行为是双方合意行为的反映形式，而印章加盖行为是双方确认双方合意即协议的行为，二者相互关联又相互独立，在证据意义上，印章真实一般即可推定合意形成行为真实，但在有证据否定或怀疑合意形成行为真实性的情况下，即不能根据印章的真实性直接推定协议的真实性，也就是说，印章在证明协议真实性上尚属初步证据，人民法院认定协议的真实性需综合考虑其他证据及事实。

3.【裁判规则】证人证言系听他人转述及属其个人观点，不是证人亲身感受的不足以证明案件事实

典型案例

江某某与江某华等返还原物纠纷案［福建省高级人民法院（2016）闽民申89号］

再审申请人（一审原告、二审上诉人）：江某某

被申请人（一审被告、二审被上诉人）：江某华

裁判观点

人民法院认为，根据证人陈某提供的购买木材的单据，陈某出资购买木材的时间为1962年，江某某无法证明陈某所购该批木材余下的部分1965年用于涉讼房屋的建造。且证人陈甲出庭作证时称，其未到过建房现场，其证言内容是听陈甲说的，涉讼房屋系江某某独资投资建造的陈述是其个人主观看法。根据2001年《民事证据规定》第57条的规定，因陈某关于涉讼房屋系江某某独资建造的陈述，系听他人转述及属其个人观点，不是陈某亲身感受的，故陈某的证言不足以证明涉讼房屋系江某某独资建造。

4.【裁判规则】证人作证前不得旁听庭审，否则丧失证人作证资格

典型案例

增城区江龙外商活动中心与深圳市旭莱科技开发有限公司等债权转让合同纠纷案[最高人民法院(2017)最高法民申3065号]

再审申请人(一审原告、二审上诉人)：增城区江龙外商活动中心(以下简称江龙中心)

被申请人(一审被告、二审被上诉人)：深圳市旭莱科技开发有限公司(以下简称旭莱公司)

裁判观点

最高人民法院认为，至于江龙中心认为其已经提供涉案证据否认案涉债权的真实性的问题，法院仍然认为江龙中心的主张不成立，具体分析如下：许某曾应江龙中心原委托诉讼代理人要求旁听了一审庭审，有违《民事诉讼法》有关证人不得旁听庭审的规定，且其证言内容本身缺乏相应证据支持，二审判决不予采信并无不当。

(五)综合认定

1.【裁判规则】私文书证上有删除、涂改、增添或者其他形式瑕疵的，人民法院应当综合案件的具体情况判断其证明力

典型案例

中冶建工集团有限公司与兰州新区嘉伯文化发展责任有限责任公司等建设工程施工合同纠纷案[甘肃省高级人民法院(2019)甘民初4号]

原告：中冶建工集团有限公司(以下简称中冶建工公司)

被告：兰州新区嘉伯文化发展责任有限责任公司(以下简称嘉伯文化公司)等

裁判观点

人民法院认为，法院经审查认为，首先，中冶建工公司这两次报送的工程计量材料之间能够互相印证施工事实及工程量数额，全部经监理工程师审核，建设单位加注同意意见，并由相关负责人员签字确认，应当能够作为认定同期工程计量价款数额的依据。对于有些工程计量材料中有文字涂改的情形，根据2019年《民事证据规定》第92条的规定，虽然上述工程计量材料有一些涂改，但并不影响其证明力。其次，中冶建工公司在提交上述工程计量材料以证明后两次工程量审核价款数额时，嘉伯文化公司对此两次工程计量不予认可。根据《民诉法司法解释》第90条之规定，嘉伯文化公司反驳中冶建工公司诉讼请求所依据的事实，应当提供证据加以证明。为此，嘉伯文化公司申请对案涉工程造价进行鉴定，但在鉴定过程中，因其不交纳鉴定费用而退回鉴定。根据2001年《民事证据规定》第31条的规定，嘉伯文化公司应当承担举证不能的责任，嘉伯文化公司抗辩不认可2018年7月及2018年11月的工程计量数额的理由不能成立，法院不予支持。

2.【裁判规则】人民法院以录音资料作为认定事实的依据的前提条件有两个：一是该录音资料内容真实，二是需有其他证据佐证

典型案例

陈某某与陈某禄生命权、健康权、身体权纠纷案［湖南省高级人民法院(2019)湘民申4391号］

再审申请人（一审被告、二审上诉人）：陈某某

被申请人（一审原告、二审被上诉人）：陈某禄

裁判观点

人民法院认为，陈某某申请再审称，其在二审期间提交的录音资料清楚记录了被申请人陈某禄的丈夫曹某玉讲述陈某禄的左手小指在结婚前受过两次重伤，分别为：一次是陈某禄在娘家扯竹笋时跌伤，另一次是陈某禄出车祸时受过伤。该份证据已经能够确定陈某禄的左手小指的伤是陈旧伤，并不是因申请人所致，二审法院却对该份证据未予认定，显然错误。经查，该录音资料系陈某某在本案二审期间提交，其未能合理说明逾期提交的理由，该证据不属于二审阶段的新证据。且录音资料属《民事诉讼法》上证据分类中的视听资料，根据《民事诉讼法》第71条的规定，人民法院对视听资料，应当辨别真伪，并结合本案的其他证据，审查确定能否作为认定事实的根据。从上述规定可知，人民法院以录音资料作为认定事实的依据的前提条件有两个：一是该录音资料内容真实；二是需有其他证据佐证。在本案

中，仅从申请人提交的所谓录音资料，不能确认通话双方的身份，申请人也未提交他证据进行佐证，故二审法院对该份证据未予认定是正确的。

3.【裁判规则】工程量的认定依据并非仅局限于鉴定意见，未能进行鉴定并不妨碍法院根据当事人提交的证据对争议事项作出最终认定

典型案例

苏辰建设集团有限公司与广东兴业路桥工程有限公司等建设工程施工合同纠纷案［最高人民法院（2016）最高法民申1054号］

再审申请人（一审被告、二审被上诉人）：苏辰建设集团有限公司（原江苏苏辰公路工程有限公司，以下简称苏辰公司）

被申请人（一审原告、二审上诉人）：广东兴业路桥工程有限公司（以下简称兴业公司）等

裁判观点

最高人民法院认为，根据2001年《民事证据规定》第5条第2款的规定，兴业公司作为主张工程款的实际施工人应当负有举证证明其所完成工程量及应收工程款的诉讼义务。由于该公司在未能与苏辰公司共同最终结算的情况下已经提交了路面工程确认单一和路面工程确认单二等直接证据，同时提交莞长十一标（第一阶段）沥青工程量汇总表、莞长十一标（第二阶段）沥青工程量汇总表和莞长十一标（第三期）沥青工程量汇总表予以佐证，已经履行举证义务，也符合前述司法解释第2条关于"当事人对自己提出的诉讼请求所依据的事实或者反驳对方诉讼请求所依据的事实有责任提供证据加以证明"的规定，故二审法院关于兴业公司已完成关于工程量计算的举证责任的认定有法律依据。兴业公司于一审诉讼中申请鉴定却未缴纳鉴定费，导致本案不能根据专业鉴定结论准确厘定工程量和工程价款，但由于建筑工程施工合同纠纷中工程量和工程量的认定依据并非仅仅局限于鉴定结论，因此本案未能进行鉴定并不妨碍二审法院根据兴业公司提交的前述证据对争议事项作出最终认定，而苏辰公司也未能举出更优势证据否定前述证据的证明效力，更未能提出关于工程量具体应为多少的明确主张并予以证明，故其关于应由兴业公司承担举证不能法律后果的主张因无事实根据和法律依据而不能成立。

4.【裁判规则】对光盘所记录谈话事实的真实性没有疑义，无证据证明在取得上述证据时采用了强制等非法手段，亦无足以反驳的证据，录音录像的真实性及证明力予以确认

典型案例

嘉兴市大江南丝绸有限公司与中国茧丝绸交易市场等赔偿损失及返还期货保证金纠纷案[最高人民法院（2012）民提字第104号]

申请再审人（一审原告、二审上诉人）：嘉兴市大江南丝绸有限公司（以下简称大江南公司）

被申请人（一审被告、二审被上诉人）：中国茧丝绸交易市场（以下简称交易市场）等

裁判观点

最高人民法院认为，经法院再审庭审质证，交易市场、结算公司对大江南公司提交的光盘所记录谈话事实的真实性没有疑义，亦没有证据证明大江南公司在取得上述证据时采用了强制等非法手段。其虽对大江南公司整理的谈话录音录像记录文稿内容有异议，但没有提交足以反驳的证据。依据《民事诉讼法》第63条、第71条及2001年《民事证据规定》第70条相关规定，法院对该光盘记录的谈话事实及谈话录音录像记录内容的真实性及证明力予以确认。

5.【裁判规则】未经生效裁判文书所确认，侦查阶段的书证的证明力尚不足以推翻具有高度可能性的相关证据

典型案例

盘锦市城建房地产开发有限责任公司与徐某甲房屋买卖合同纠纷案[最高人民法院（2018）最高法民申390号]

再审申请人（一审被告、二审上诉人）：盘锦市城建房地产开发有限责任公司（以下简称城建开发公司）

被申请人（一审原告、二审被上诉人）：徐某甲

裁判观点 ▶▶

最高人民法院认为，城建开发公司申请再审提交的新证据具有证明力，但不足以推翻原判。新证据主要为盘锦市公安局兴隆台分局（以下简称公安分局）就徐某甲涉嫌虚假诉讼犯罪的审查立案、侦查取证、函复报案人、初查报告等刑侦方面的书证。能够看出，公安分局已就徐某甲涉嫌虚假诉讼犯罪立案，尚未侦结。公安分局对已立案的徐某甲涉嫌虚假诉讼犯罪的刑事案件，进行侦查、收集、调取犯罪嫌疑人构成犯罪的证据材料。刑侦中采集的书面证据，主要包括：证明徐某甲向原审提供虚假的房屋买卖合同，包括：伪造专用收款收据、情况说明及承诺书、多份商品房买卖合同等；与律师王某乙及城建开发公司离职员工王某丙、王丁等人勾结造假的证据；书面答复报案人的函件和案情初审分析报告等。法院认为，可将上述证据分类汇总，归纳为证明徐某甲有罪和侦查机关履职中的程序性公文两类书证。两类证据中，有关徐某甲向原审提交虚假书证以证明房屋买卖合同成立的证据，可能对认定商品房买卖合同成立及合同效力等产生影响，在民事诉讼中具有证明力，但未经公诉、审判等刑事诉讼环节后最终被法院生效刑事裁判文书所确认，依照2020年《民诉法司法解释》第93条和2001年《民事证据规定》第9条规定，上述书证的证明力尚不足以推翻支持原判的具有高度可能性的相关证据。

6.【裁判规则】当事人有相反证据足以推翻生效裁判确认的事实，当事人无须举证

典型案例 ▶▶

岳阳县农村信用合作联社与谭某某等储蓄存款合同纠纷案［最高人民法院(2014)民申字第2200号］

再审申请人（一审被告、二审上诉人）：岳阳县农村信用合作联社（以下简称岳阳县信用社）

被申请人（一审原告、二审上诉人）：谭某某

裁判观点 ▶▶

最高人民法院认为，根据谭某某记载的存单情况以及彭某花、邓某向公安机关的供述，可以认定彭某花、邓某以揽储的方式收取谭某某的存款，并向谭某某出具

了加盖岳阳县信用社公章的存单。虽然在彭某花、邓某向公安机关的历次供述中曾使用过“欠条”的表述，但她们确认向谭某某出具了加盖岳阳县信用社印章的存单。彭某花于2007年8月12日在公安机关供述，存单已过期作废，存单上的印章系利用职务之便偷盖，出具存单是为了让谭某某相信款项存在岳阳县信用社。邓某于2007年8月30日在公安机关供述，存单真实，印章系偷盖，存单存根已经销毁，本息共计1100万元，其中本金330万元。岳阳市中级人民法院（2008）岳中刑二终字第60号判决确认彭某花、邓某以非法占有为目的，利用职务之便，将单位财物据为己有，数额巨大，构成职务侵占罪，其中彭某花职务侵占的本金为552万元，邓某职务侵占的本金为685万元。根据2001年《民事证据规定》第9条第4项规定，对生效裁判确认的事实，当事人无须举证，当事人有相反证据足以推翻的除外。岳阳县信用社主张刑事判决书不应予以采信，但未提供证据支持。一、二审判决采信生效刑事判决确认的事实，并无不当。

7.【裁判规则】主张公证书记载的内容不实，却未提交相反证据推翻，应当承担不利的诉讼后果

典型案例 ▶▶

佛山市顺德区北滘镇余建业百货店与云南白药集团健康产品有限公司侵害商标权纠纷案［广东省高级人民法院（2019）粤民申6137号］

再审申请人（一审被告、二审上诉人）：佛山市顺德区北滘镇余建业百货店（以下简称余建业百货店）

被申请人（一审原告、二审上诉人）：云南白药集团健康产品有限公司（以下简称云南白药公司）

裁判观点 ▶▶

人民法院认为，本案中，云南白药公司为证明余建业百货店销售了侵害云南白药公司商标权的云南白药牙膏，于一审提交了（2018）沪长证经字第2321号公证书作为证据，该公证书记载云南白药公司代理人和公证人员来到挂有“佛山市顺德区北滘镇余建业百货店”营业执照的“家之乐百货”店铺，购买了本案被诉侵权产品两支云南白药牙膏，公证书附有现场及所取得实物的照片。余建业百货店在一审中亦确认公证购物地点与其经营地点一致，“家之乐百货”系其经营。余某某现主张该公证书记载的内容不实，却未提交相反证据推翻，应当承担不利的诉讼后果，法院对主张不予采纳。

8.【裁判规则】公证书的内容已被相反证据推翻的，以公证书作为证明的主张不能成立

典型案例

于某与杨某等股权转让纠纷案［广东省深圳市中级人民法院（2017）粤03民申149号］

再审申请人（一审被告、二审被上诉人）：于某

被申请人（一审原告、二审上诉人）：杨某

裁判观点

人民法院认为，《公证法》第36条规定：“经公证的民事法律行为、有法律意义的事实和文书，应当作为认定事实的根据，但有相反证据足以推翻该项公证的除外。”2009年10月21日，广东省深圳市公证处对双方在先签订的股权转让协议书出具了公证书，但股权转让协议书约定“甲乙双方将另行签订《股权转让补充协议书》来确定股权转让款的币种、金额及付款方式”。而股权转让补充协议书约定的股权转让款为332,000元。股权转让协议书没有约定具体的股权转让款，公证书关于4.8万股权转让款的内容与股权转让协议书不符；更与股权转让补充协议书约定的332,000元股权转让款相冲突。结合王某柱系针对股权转让补充协议书而非股权转让协议书提供担保，公证书关于4.8万元股权转让款的内容已被相反证据推翻。申请人关于原判决认定事实缺乏证据证明的主张不能成立。原审判决对违约金的认定亦并无不当之处。

9.【裁判规则】鉴定意见书能证明保证合同上公司的印章与公安机关鉴定中作为样本比对的印章不一致，并不足以证明合同上的印章系伪造

典型案例

安徽强正中药饮片有限公司与抚州市临川区东方中信小额贷款有限责任公司

借款合同纠纷案［最高人民法院（2019）最高法民申2199号］

再审申请人（一审被告、二审被上诉人）：安徽强正中药饮片有限公司（以下简称强正公司）

被申请人（一审原告、二审上诉人）：抚州市临川区东方中信小额贷款有限责任公司

裁判观点

最高人民法院认为，在法院审查过程中，强正公司提交了安徽省亳州市公安局谯城分局出具的受案回执、立案告知书以及谯公（治）鉴通字［2019］8、9、12号《鉴定意见书》，用以证明涉案保证合同上强正公司的印章属伪造。上述鉴定意见书中均载明："检材上的强正公司印文与样本上相同内容的印文不是同一枚印章盖印形成的。"可见，强正公司提交的鉴定意见书仅能证明涉案保证合同上强正公司的印章与公安机关鉴定中作为样本比对的印章并不一致，不足以证明涉案保证合同上的印章是伪造的。并且，在日常商务往来中，公司存在多枚印章交叉使用的情形并不罕见。根据强正公司提供的受案回执及立案告知书，公安机关对于强正公司公章被伪造一案已立案受理，刑事案件暂无结论，如伪造印章罪成立，强正公司可另行主张权利。

10.【裁判规则】负有环境保护监督管理职责的部门或者其委托的机构出具的环境污染事件调查报告、检验报告、检测报告、评估报告或者监测数据等，经当事人质证，可以作为认定案件事实的根据

典型案例

兰坪汇集矿业有限公司与兰坪三江铜业有限责任公司财产损害赔偿纠纷案［云南省高级人民法院（2020）云民申363号］

再审申请人（一审被告、二审上诉人）：兰坪汇集矿业有限公司（以下简称汇集公司）

被申请人（一审原告、二审被上诉人）：兰坪三江铜业有限责任公司

裁判观点

最高人民法院认为，兰坪县国土资源局会同云南地质工程勘察设计研究院技术人员，在泥石流灾害发生的第一时间到达受灾现场及时收集资料、查勘，其作出的《兰坪县国土资源局关于上报兰坪县营盘镇清水河“6·7”泥石流灾害调查的报告》具有及时性、客观性、技术性，且汇集公司未提供其他证据推翻该调查报告。根据《环境侵权纠纷司法解释》第10条规定：“负有环境保护监督管理职责的部门或者其委托的机构出具的环境污染事件调查报告、检验报告、检测报告、评估报告或者检测数据等，经当事人质证，可以作为认定案件事实的根据。”故人民法院采信该调查报告证明案件事实合法有据。

第十三章　证据的审核认定

司法实践问题与法条适用导航

序号	司法实践问题	法条适用导航
1	证据必须经过查证属实	《民事诉讼法》第63条第2款[1]
2	公证证据的证明力	《民事诉讼法》第69条[2]
3	视听资料的审查判断	《民事诉讼法》第71条[3]
4	当事人陈述的审查判断	《民事诉讼法》第75条[4]
5	免证事实	2019年《民事证据规定》第10条[5]
6	未经质证的证据，不得作为定案的根据	2020年《民诉法司法解释》第103条[6]
7	证据裁判主义	2019年《民事证据规定》第85条第1款[7]
8	足以推翻户籍登记等记载时间的证据效力	《民法典》第15条[8]
9	民事法律行为可以采取书面形式及特定形式	《民法典》第135条[9]
10	不动产登记簿的证据效力	《民法典》第217条[10]
11	合同的书面形式及其他形式	《民法典》第469条[11]
12	送货单、确认单等证据效力	《民法典》第623条[12]
13	经营者应当向消费者出具凭证或单据	《消费者权益保护法》第22条[13]
14	承运人签发的提单可以作为证据	《海商法》第80条[14]
15	对民事证据的综合审查判断	2019年《民事证据规定》第85条第2款[15]
16	对单一证据的审查判断	2019年《民事证据规定》第87条[16]
17	对全部证据的审查判断	2019年《民事证据规定》第88条[17]
18	对已认可的证据的审查判断	2019年《民事证据规定》第89条[18]

续表

序号	司法实践问题	法条适用导航
19	不能单独作为认定案件事实的证据	2019年《民事证据规定》第90条[19]
20	公文书证的证据证明力的审查判断	2019年《民事证据规定》第91条[20]
21	私文书证的证据证明力的审查判断	2019年《民事证据规定》第92条[21]
22	对电子数据真实性的审查判断	2019年《民事证据规定》第93条[22]
23	对电子数据证据证明力的审查判断	2019年《民事证据规定》第94条[23]
24	书证提出命令的法律后果	2019年《民事证据规定》第95条[24]
25	对证人证言的审查判断	2019年《民事证据规定》第96条[25]
26	裁判说明理由	2019年《民事证据规定》第97条[26]
27	其他债权人提起公司人格否认诉讼，已生效判决认定的事实可以作为证据使用	《九民会议纪要》第（四）部分[27]
28	为公司股东或者实际控制人提供关联担保，债权人主张担保合同有效，应当提供证据证明其在订立合同时对股东（大）会决议进行了审查	《九民会议纪要》第18条[28]
29	实际出资人能够提供证据证明有限责任公司过半数的其他股东知道其实际出资的事实	《九民会议纪要》第28条[29]

1 《民事诉讼法》第63条第2款规定："证据必须查证属实，才能作为认定事实的根据。"

2 《民事诉讼法》第69条规定："经过法定程序公证证明的法律事实和文书，人民法院应当作为认定事实的根据，但有相反证据足以推翻公证证明的除外。"

3 《民事诉讼法》第71条规定："人民法院对视听资料，应当辨别真伪，并结合本案的其他证据，审查确定能否作为认定事实的根据。"

4 《民事诉讼法》第75条规定："人民法院对当事人的陈述，应当结合本案的其他证据，审查确定能否作为认定事实的根据。当事人拒绝陈述的，不影响人民法院根据证据认定案件事实。"

5 2019年《民事证据规定》第10条规定："下列事实，当事人无须举证证明：（一）自然规律以及定理、定律；（二）众所周知的事实；（三）根据法律规定推定的事实；（四）根据已知的事实和日常生活经验法则推定出的另一事实；（五）已为仲裁机构的生效裁决所确认的事实；（六）已为人民法院发生法律效力的裁判所确认的基本事实；（七）已为有效公证文书所证明的事实。前款第二项至第五项事实，当事人有相反证据足以反驳的除外；第六项、第七项事实，当事人有相反证据足以推翻的除外。"

6 2020年《民诉法司法解释》第103条规定："证据应当在法庭上出示，由当事人互相质证。未经当事人质证的证据，不得作为认定案件事实的根据。"

7 2019年《民事证据规定》第85条第1款规定："人民法院应当以证据能够证明的案件事实为根据依法作出裁判。"

8 《民法典》第15条规定："自然人的出生时间和死亡时间，以出生证明、死亡证明记载的时间为准；没有出生证明、死亡证明的，以户籍登记或者其他有效身份登记记载的时间为准。有其他证据足以推翻以上记载时间的，以该证据证明的时间为准。"

9 《民法典》第135条规定："民事法律行为可以采用书面形式、口头形式或者其他形式；法律、行政法规规定或者当事人约定采用特定形式的，应当采用特定形式。”

10 《民法典》第217条规定：“不动产权属证书是权利人享有该不动产物权的证明。不动产权属证书记载的事项，应当与不动产登记簿一致；记载不一致的，除有证据证明不动产登记簿确有错误外，以不动产登记簿为准。”

11 《民法典》第469条规定：“当事人订立合同，可以采用书面形式、口头形式或者其他形式。书面形式是合同书、信件、电报、电传、传真等可以有形地表现所载内容的形式。以电子数据交换、电子邮件等方式能够有形地表现所载内容，并可以随时调取查用的数据电文，视为书面形式。”

12 《民法典》第623条规定：“当事人对检验期限未作约定，买受人签收的送货单、确认单等载明标的物数量、型号、规格的，推定买受人已经对数量和外观瑕疵进行检验，但是有相关证据足以推翻的除外。”

13 《消费者权益保护法》第22条规定：“经营者提供商品或者服务，应当按照国家有关规定或者商业惯例向消费者出具发票等购货凭证或者服务单据；消费者索要发票等购货凭证或者服务单据的，经营者必须出具。”

14 《海商法》第80条规定：“承运人签发提单以外的单证用以证明收到待运货物的，此项单证即为订立海上货物运输合同和承运人接收该单证中所列货物的初步证据。承运人签发的此类单证不得转让。”

15 2019年《民事证据规定》第85条第2款规定：“审判人员应当依照法定程序，全面、客观地审核证据，依据法律的规定，遵循法官职业道德，运用逻辑推理和日常生活经验，对证据有无证明力和证明力大小独立进行判断，并公开判断的理由和结果。”

16 2019年《民事证据规定》第87条规定：“审判人员对单一证据可以从下列方面进行审核认定：（一）证据是否为原件、原物，复制件、复制品与原件、原物是否相符；（二）证据与本案事实是否相关；（三）证据的形式、来源是否符合法律规定；（四）证据的内容是否真实；（五）证人或者提供证据的人与当事人有无利害关系。”

17 2019年《民事证据规定》第88条规定：“审判人员对案件的全部证据，应当从各证据与案件事实的关联程度、各证据之间的联系等方面进行综合审查判断。”

18 2019年《民事证据规定》第89条规定：“当事人在诉讼过程中认可的证据，人民法院应当予以确认。但法律、司法解释另有规定的除外。当事人对认可的证据反悔的，参照《最高人民法院关于适用〈中华人民共和国民事诉讼法〉的解释》第二百二十九条的规定处理。”

19 2019年《民事证据规定》第90条规定：“下列证据不能单独作为认定案件事实的根据：（一）当事人的陈述；（二）无民事行为能力人或者限制民事行为能力人所作的与其年龄、智力状况或者精神健康状况不相当的证言；（三）与一方当事人或者其代理人有利害关系的证人陈述的证言；（四）存有疑点的视听资料、电子数据；（五）无法与原件、原物核对的复制件、复制品。”

20 2019年《民事证据规定》第91条规定：“公文书证的制作者根据文书原件制作的载有部分或者全部内容的副本，与正本具有相同的证明力。在国家机关存档的文件，其复制件、副本、节录本经档案部门或者制作原本的机关证明其内容与原本一致的，该复制件、副本、节录本具有与原本相同的证明力。”

21 2019年《民事证据规定》第92条规定：“私文书证的真实性，由主张以私文书证证明案件事实的当事人承担举证责任。私文书证由制作者或者其代理人签名、盖章或捺印的，推定为真实。私文书证上有删除、涂改、增添或者其他形式瑕疵的，人民法院应当综合案件的具体情况判断其证明力。”

22 2019年《民事证据规定》第93条规定：“人民法院对于电子数据的真实性，应当结合下列因素综合判断：（一）电子数据的生成、存储、传输所依赖的计算机系统的硬件、软件环境是否完整、可靠；（二）电子数据的生成、存储、传输所依赖的计算机系统的硬件、软件环境是否处于正常运行状态，或者不处于正常运行状态时对电子数据的生成、存储、传输是否有影响；（三）电子数据的生成、存储、传输所依赖的计算机系统的硬件、软件环境是否具备有效的防止出错的监测、核查手段；（四）电子数据是否被完整地保存、传输、提取，保存、传输、提取的方法是否可靠；（五）电子数据是否在正常的往来活动中形成和存储；（六）保存、传输、提取电子数据的主体是否适当；（七）影响电子数据完整性和可靠性的其他因素。人民法院认为有必要的，可以通过鉴定或者勘验等方法，审查判断电子数据的真实性。”

23　2019年《民事证据规定》第94条规定："电子数据存在下列情形的，人民法院可以确认其真实性，但有足以反驳的相反证据的除外：(一)由当事人提交或者保管的于己不利的电子数据；(二)由记录和保存电子数据的中立第三方平台提供或者确认的；(三)在正常业务活动中形成的；(四)以档案管理方式保管的；(五)以当事人约定的方式保存、传输、提取的。电子数据的内容经公证机关公证的，人民法院应当确认其真实性，但有相反证据足以推翻的除外。"

24　2019年《民事证据规定》第95条规定："一方当事人控制证据无正当理由拒不提交，对待证事实负有举证责任的当事人主张该证据的内容不利于控制人的，人民法院可以认定该主张成立。"

25　2019年《民事证据规定》第96条规定："人民法院认定证人证言，可以通过对证人的智力状况、品德、知识、经验、法律意识和专业技能等的综合分析作出判断。"

26　2019年《民事证据规定》第97条规定："人民法院应当在裁判文书中阐明证据是否采纳的理由。对当事人无争议的证据，是否采纳的理由可以不在裁判文书中表述。"

27　《九民会议纪要》第(四)部分，关于公司人格否认。公司人格独立和股东有限责任是公司法的基本原则。否认公司独立人格，由滥用公司法人独立地位和股东有限责任的股东对公司债务承担连带责任，是股东有限责任的例外情形，旨在矫正有限责任制度在特定法律事实发生时对债权人保护的失衡现象。在审判实践中，要准确把握《公司法》第20条第3款规定的精神。一是只有在股东实施了滥用公司法人独立地位及股东有限责任的行为，且该行为严重损害了公司债权人利益的情况下，才能适用。损害债权人利益，主要是指股东滥用权利使公司财产不足以清偿公司债权人的债权。二是只有实施了滥用法人独立地位和股东有限责任行为的股东才对公司债务承担连带清偿责任，而其他股东不应承担此责任。三是公司人格否认不是全面、彻底、永久地否定公司的法人资格，而只是在具体案件中依据特定的法律事实、法律关系，突破股东对公司债务不承担责任的一般规则，例外地判令其承担连带责任。人民法院在个案中否认公司人格的判决的既判力仅仅约束该诉讼的各方当事人，不当然适用于涉及该公司的其他诉讼，不影响公司独立法人资格的存续。如果其他债权人提起公司人格否认诉讼，已生效判决认定的事实可以作为证据使用。四是《公司法》第20条第3款规定的滥用行为，实践中常见的情形有人格混同、过度支配与控制、资本显著不足等。在审理案件时，需要根据查明的案件事实进行综合判断，既审慎适用，又当用则用。实践中存在标准把握不严而滥用这一例外制度的现象，同时也存在因法律规定较为原则、抽象，适用难度大，而不善于适用、不敢于适用的现象，均应当引起高度重视。

28　《九民会议纪要》第18条规定："【善意的认定】前条所称的善意，是指债权人不知道或者不应当知道法定代表人超越权限订立担保合同。《公司法》第16条对关联担保和非关联担保的决议机关作出了区别规定，相应地，在善意的判断标准上也应当有所区别。一种情形是，为公司股东或者实际控制人提供关联担保，《公司法》第16条明确规定必须由股东(大)会决议，未经股东(大)会决议，构成越权代表。在此情况下，债权人主张担保合同有效，应当提供证据证明其在订立合同时对股东(大)会决议进行了审查，决议的表决程序符合《公司法》第16条的规定，即在排除被担保股东表决权的情况下，该项表决由出席会议的其他股东所持表决权的过半数通过，签字人员也符合公司章程的规定。另一种情形是，公司为公司股东或者实际控制人以外的人提供非关联担保，根据《公司法》第16条的规定，此时由公司章程规定是由董事会决议还是股东(大)会决议。无论章程是否对决议机关作出规定，也无论章程规定决议机关为董事会还是股东(大)会，根据《民法总则》第61条第3款关于法人章程或者法人权力机构对法定代表人代表权的限制，不得对抗善意相对人的规定，只要债权人能够证明其在订立担保合同时对董事会决议或者股东(大)会决议进行了审查，同意决议的人数及签字人员符合公司章程的规定，就应当认定其构成善意，但公司能够证明债权人明知公司章程对决议机关有明确规定的除外。债权人对公司机关决议内容的审查一般限于形式审查，只要求尽到必要的注意义务即可，标准不宜太过严苛。公司以机关决议系法定代表人伪造或者变造、决议程序违法、签章(名)不实、担保金额超过法定限额等事由抗辩债权人非善意的，人民法院一般不予支持。但是，公司有证据证明债权人明知决议系伪造或者变造的除外。"

29　《九民会议纪要》第28条规定："【实际出资人显名的条件】实际出资人能够提供证据证明有限责任公司过半数的其他股东知道其实际出资的事实，且对其实际行使股东权利未曾提出异议的，对实际出资人提出的登记为公司股东的请求，人民法院依法予以支持。公司以实际出资人的请求不符合公司法司法解释(三)第24条的规定为由抗辩的，人民法院不予支持。"

第一节　证据裁判主义

【法理辨析】

证据裁判主义的内涵

证据裁判主义，是指依靠证据认定案件事实的原则。证据裁判主义是一个实体法与程序法共同作用的“场域”，具有实体法和程序法的因子。从实体法的角度来看，通过证据才能查清事实，并作出理性认定。“事实，不问为法院应依职权调查之事实及当事人主张之事实，除为法院职务已知之事实、显著之事实、法律上（或）事实上推定之事实，无待证据外，均须证据方法以为证明。亦不问为实体法上之事实（如刑事上，刑罚权之存在及范围；民事上，权利之存在、变更或消灭，责任之有无等）或程序法上事实（管辖权之有无、起诉是否合法及民事上之当事人之能力、诉讼能力、有无合法代理、诉讼程序中断、休止、中止、承受等项），有疑义时，皆须证据方法。”〔1〕从程序含义来看，证据的认定需要经过正当程序。因此，证据裁判的基本含义包括以下三个方面的内容：“第一，认定案件事实必须依据证据，除此之外别无其他根据，这是理性认识的要求；第二，裁判必须根据具有证据能力的证据作出，这是对证据资格的法律要求；第三，证据必须在中立的法庭上出示，并经合法的质证、认证程序后方可作为裁判的依据。”〔2〕

（一）事实

诉讼意义上的事实，应当是法律事实。其一，从诉讼论的角度来看，事实不是纯粹的，不是自在之物，“‘事实’不可能是自在的。孤立于人的认识、经验之外的，亦即没有进入人的认识领域的客观事物，只是一种纯粹的‘自在之物’，不可能成为认识主体所把握的事实。试问：把一种尚不为人所了解、所知晓的‘自在之物’看作是一种事实有什么意义呢？人们之所以要观察事实，理解和把握事实，为的是要以之作为人们进行科学研究或从事实际工作（制订计划、作出决策……）的依据，而‘自在之物’，即处于人的认识和视野之外的纯客观事物，又如何能起着这种‘依

〔1〕　蒋澧泉编著：《民刑诉讼证据法论》，吴宏耀、魏晓娜点校，中国政法大学出版社2012年版，第41页。

〔2〕　李静：《证据裁判原则初论——以刑事诉讼为视角》，中国人民公安大学出版社2008年版，第26页。

据’的作用呢？”[1]只有人认识、观察和把握的事实，才能为人所用。其二，由于受到时空限制和人类掌控世界的能力限制，从技术上人类尚不可能完全恢复过去的事实，在各类诉讼中，还做不到将过去发生过的事实，像播放实时录像一样展现在人们面前，即完全复原的“客观事实”在诉讼中是不存在的。基于认识案件事实的需要，案件事实是由经历时间后产生的“证据碎片”拼接组合而成，这些“证据碎片”是民事纠纷发生时“遗留在客观世界的物质痕迹，当事人依赖它来说服对方或促进他人的了解是最直接的证明方式”[2]。

（二）证据与待证事实

无证据，无事实。除了需要考虑人权保障等特殊价值，设置排除一定具有证据证明力的证据能力规则外，一切可以证实案件事实的证据均可采纳。如2020年《民诉法司法解释》第104条第2款规定：“能够反映案件真实情况、与待证事实相关联、来源和形式符合法律规定的证据，应当作为认定案件事实的根据。”证据的证明力反映的是证据与待证事实的关联程度，而证据与待证事实关联程度的高低，在一定程度上决定了案件事实能够达到什么样的证明标准。而正是由于证据与案件事实的关联程度的不同，证据才会有直接证据与间接证据的分类。因此，基于本案待证事实的不同，可能本案的直接证据会成为另案的间接证据，而本案的间接证据很有可能成为另案的直接证据。

（三）证据裁判主义的要求

1.证据必须具备证据能力。证据的审查判断包含着价值判断和权衡选择，为了保障人权、个人隐私等其他社会价值，在一定程度上要“牺牲”发现案件事实真相的目的，即当事人提供的证据不具有证据能力的，人民法院不予采信。

2.证据必须经过质证。[3]

3.证据必须达到法定的证明标准。第一，根据补强证据规则，有一些证据不能单独定案，需要进行证据补强，才能发挥证据证明力的效用。2019年《民事证据规定》第90条规定：“下列证据不能单独作为认定案件事实的根据：（一）当事人的陈述；（二）无民事行为能力人或者限制民事行为能力人所作的与其年龄、智力状况或者精神健康状况不相当的证言；（三）与一方当事人或者其代理人有利害关

---

〔1〕 彭漪涟：《事实论》，广西师范大学出版社2015年版，第62页。

〔2〕 李静：《证据裁判原则初论——以刑事诉讼为视角》，中国人民公安大学出版社2008年版，第29页。

〔3〕 本书第七章已详细论述。

系的证人陈述的证言；（四）存有疑点的视听资料、电子数据；（五）无法与原件、原物核对的复制件、复制品。”第二，一般的民事案件的证明标准，要达到高度盖然性的程度，才能获得法院的支持。2020年《民诉法司法解释》第108条第1款规定：“对负有举证证明责任的当事人提供的证据，人民法院经审查并结合相关事实，确信待证事实的存在具有高度可能性的，应当认定该事实存在。”第三，特殊的民事案件需要达到相应的证明标准，才能获得法院的支持。2019年《民事证据规定》第86条规定：“当事人对于欺诈、胁迫、恶意串通事实的证明，以及对于口头遗嘱或赠与事实的证明，人民法院确信该待证事实存在的可能性能够排除合理怀疑的，应当认定该事实存在。与诉讼保全、回避等程序事项有关的事实，人民法院结合当事人的说明及相关证据，认为有关事实存在的可能性较大的，可以认定该事实存在。”

【典型案解】

1.【裁判规则】原告向人民法院起诉或者被告提出反诉，应当提供符合起诉条件的相应的证据

典型案例

管道桩材供应有限公司与太平洋航运灵便散货（香港）有限公司海上货物运输合同纠纷案［辽宁省高级人民法院（2020）辽民终282号］

上诉人（原审原告）：管道桩材供应有限公司（以下简称管道公司）

被上诉人（原审被告）：太平洋航运灵便散货（香港）有限公司（以下简称灵便公司）

裁判观点

人民法院认为，根据2019年《民事证据规定》第1条规定，管道公司作为本案提起诉讼的原告应当提供证据证明自身的身份。因管道公司系外国法人，故管道公司有义务提供符合法律规定的信息材料供人民法院审查。而管道公司并未在合理期限内提供经过公证认证的信息材料证明自身身份，原审法院在无法查明管道公司身份的情况下，裁定驳回管道公司的起诉并无不妥。虽然管道公司在一审裁定作出后对管道公司的身份信息及委托手续进行了公证认证，但该公证认证材料仅能证明管道公司的身份真实有效，并不能证明原审裁定不当，管道公司可使用该公证认证材料另行提起诉讼主张权利。

2.【裁判规则】当事人对自己反驳对方诉讼请求所依据的事实，应当提供证据加以证明

典型案例

郑州诺华企业管理咨询有限公司与绿地融资租赁有限公司等融资租赁合同纠纷案［最高人民法院（2020）最高法民申3427号］

再审申请人（一审被告、反诉原告、二审上诉人）：郑州诺华企业管理咨询有限公司（以下简称诺华公司）

被申请人（一审原告、反诉被告、二审上诉人）：绿地融资租赁有限公司（以下简称绿地公司）

裁判观点

最高人民法院认为，本案再审审查主要涉及绿地公司与港务公司是否存在融资租赁关系及诺华公司提供的抵押担保是否有效的问题。诺华公司认为本案融资租赁物并不实际存在，绿地公司和港务公司并不构成真实的融资租赁关系，两者互相串通骗取诺华公司提供抵押担保，该担保行为应属无效。根据原审查明的事实，绿地公司向法院提交了购买合同、租赁合同、补充协议以及付款凭证、银行账单、租赁物发票、贴有铭牌的租赁物照片等证据，购买合同附件中明确记载了租赁物名称、规格型号、数量、制造商、发票号及金额，上述证据可以相互得到印证。同时，绿地公司和港务公司就案涉租赁物到中国人民银行征信中心办理了动产权属统一登记，港务公司对租赁物的存在及其与绿地公司之间存在融资租赁合同关系不予否认，原审法院认定绿地公司与港务公司之间存在融资租赁关系有相应事实依据。依照《民事诉讼法》第64条第1款和《民诉法司法解释》第90条规定，本案中诺华公司提交的相应证据不足以推翻原审依据购买合同、权属登记等案涉证据所作出的基本事实认定，诺华公司主张案涉融资租赁关系为虚构依据不足。诺华公司与绿地公司签订的抵押合同明确载明诺华公司自愿以其所有的坐落于郑东新区祥盛街3号1号楼的房产为港务公司在租赁合同项下形成的债务提供抵押，担保的主合同被认定为借款合同或其他类型合同仍愿意承担担保责任，表明诺华公司对于其无论在何种情形下均应承担担保责任有所预期且已作出明确的意思表示，且双方之间亦已依法办理抵押登记手续，现诺华公司认为本案系绿地公司与港务公司相互串通骗取诺华公司提供担保的主张事实依据不足，其应承担举证不能的不利后果。诺华公司主张原审判决认定基本事实缺乏证据证明的再审申请事由不能成立。

3.【裁判规则】“因不能归责于本人的事由未参加诉讼”是第三人享有诉讼实施权的前提，需对该要件事实提供证据证明

典型案例

么某甲等70人与田某乙等第三人撤销之诉案［吉林省高级人民法院（2020）吉民申1602号］

再审申请人（一审原告、二审被上诉人）：么某甲等70人

被申请人（一审被告、二审上诉人）：田某乙等

裁判观点

人民法院认为，根据2019年《民事证据规定》第1条和《民事诉讼法》第56条规定，“因不能归责于本人的事由未参加诉讼”是第三人享有诉讼实施权的前提，对该要件事实应提供证据证明。本案么某甲等70人，未提供证据证实其符合前述起诉条件，二审法院综合考虑本案诉辩双方具有亲属关系或邻居关系的事实，在没有相反证据的情况下，认定么某甲等70人不符合“因不能归责于本人的事由未参加诉讼”的起诉条件，并无不当。从么某甲等70人提起本案撤销之诉的事由看，本案是因么某甲等人不服其村组集体对土地征收补偿款的分配方案不服而提起的，而该分配方案属于村民自治范畴，不属于人民法院民事诉讼受案范围。故么某甲等70人如果作为前诉的第三人以该事由参与诉讼，不符合起诉条件，在本案么某甲等70人提起撤销之诉，诉讼实施权亦不能得到支持，二审法院驳回70名再审申请人的起诉，结果并无不当。二审裁定以本案不符合起诉条件为由驳回么某甲等70人的起诉，并未对本案进行实体审理。故么某甲等70人在再审申请中提出的其他针对（2017）吉0402民初1007号民事判决的异议主张不构成对二审裁定的否定性事由，不具备申请再审的针对性，对此主张法院不予评判。

4.【裁判规则】主张因他人侵权行为造成财产损失的，应当提供证据加以证明

典型案例 ▶▶

宜春市利达房地产开发有限公司与袁某甲侵权责任纠纷案［最高人民法院(2020)最高法民申3249号］

再审申请人（一审原告、二审上诉人）：宜春市利达房地产开发有限公司（以下简称利达公司）

被申请人（一审被告、二审被上诉人）：袁某甲

裁判观点 ▶▶

最高人民法院认为，本案再审审查主要涉及原审法院对利达公司要求袁某甲赔偿经济损失320万元的诉讼请求未予支持是否妥当的问题。利达公司主张其提供的证据足以证明袁某甲雇佣范某乙、邹丙等人非法要债行为恶意妨害其正常生产经营，导致利达公司房屋销售量明显下降，相关资金无法及时回笼，从而造成利达公司资金成本增加。虽然房屋销售受多种因素影响，但袁某甲雇佣范某乙、邹丙等人非法要债的不当行为是利达公司房屋销售业绩下降的原因之一，袁某甲应赔偿相应损失。根据《民事诉讼法》第64条第1款和《民诉法司法解释》第90条规定，根据原审查明的事实，利达公司与袁某甲之间另有纠纷，(2018)赣民终243号生效判决认定利达公司应支付袁某甲转让款9,142,199元及利息，继而袁某甲委托范某乙等人就此追偿债务。在此过程中，公安机关对范某乙等人的不当追偿债务行为进行了相应处理，但利达公司并未提供充足证据证明袁某甲系恶意唆使范某乙等人以妨害利达公司日常经营的违法行为追偿债务，亦未提供证据证明袁某甲因指使范某乙等人实施非法行为而受到公安机关的追责，故根据现有证据尚难以证明利达公司房产销售业绩下降的现象与袁某甲委托他人追偿债务的行为有直接因果关系，利达公司应对自己主张的事实负有相应的举证义务。根据利达公司的诉讼请求，利达公司主张的损失系因袁某甲唆使范某乙等人违法追偿债务导致利达公司房屋销售业绩下降，从而造成流动资金短缺的损失，并非范某乙等人的侵权行为造成的直接财产损失，利达公司主张的损失与范某乙不当追偿债务造成的后果缺乏直接关联性。房产公司销售业绩既受国家层面的政策影响，亦受社会层面的经济影响，另受个人层面的需求消费因素以及公司自身的经营销售模式因素等影响，

袁某甲委托范某乙等人的不当要债行为或在固定时期对利达公司的正常经营秩序造成干扰，但并不必然导致利达公司长此以往均受此消极因素的影响导致整体销售业绩始终处于下降趋势。在利达公司提交的证据不足以证明袁某甲委托范某乙不当追偿债务行为与利达公司房产销售业绩下降具有必然性的情形下，利达公司所主张的损失与袁某甲的行为之间缺乏充足的关联度，现有证据尚不足以证实系因袁某甲的行为导致利达公司产生320万元经济损失，故原审法院认为其要求袁某甲承担320万元经济损失赔偿责任的诉请依据不足，未予支持，并无不当。

5.【裁判规则】人民法院以证据能够证明的案件事实为根据

典型案例

邓某与湖南弘丰房地产开发有限公司商品房买卖合同纠纷案［最高人民法院(2014)民提字第71号］

再审申请人（一审被告、二审被上诉人）：邓某

被申请人（一审原告、二审上诉人）：湖南弘丰房地产开发有限公司（以下简称弘丰公司）

裁判观点

最高人民法院认为，从本案查明的事实看，弘丰公司并未提供充分证据支持其主张。根据2001年《民事证据规定》第63条规定，二审判决在缺乏证据依据情形下，认定弘丰公司与邓某签订的四份商品房买卖合同系双方恶意串通，目的是套取银行贷款，并认定合同无效，认定事实及适用法律错误，法院依法予以纠正。

6.【裁判规则】人民法院审理案件的基本原则之一就是证据裁判原则

典型案例

中华联合财产保险股份有限公司乐山中心支公司与胡某某等机动车交通事故责任纠纷案［四川省高级人民法院(2017)川民申4581号］

申请人（一审被告、二审上诉人）：中华联合财产保险股份有限公司乐山中心支公司（以下简称财险乐山公司）

被申请人（一审原告、二审被上诉人）：胡某某

裁判观点

人民法院认为，人民法院审理案件的基本原则之一就是证据裁判原则，在交通损害赔偿案件中，交通事故责任认定书是人民法院认定事故责任、划分赔偿责任的主要依据。本案交通事故发生后，被申请人王某某驾车离开现场，致使事故基本事实无法查清，交警出具事故认定书认定王某某承担此事故的全部责任。诉讼中，二审法院收集到交警对王某某的询问笔录，王某某陈述是摩托车倒地后撞上自己的车辆，自己认为没有责任而离开，同时因为手机没电，委托了乘客报警，不是逃逸。二审法院收集到的公安人员对乘客罗某某的询问笔录基本印证了王某某的陈述。二审法院以乐山市公安局交通警察支队直属一大队制作的交通事故认定书系公文书证，其并未认定王某某属交通肇事逃逸的行为为据，认定王某某在发生交通事故后驾车离开现场并非基于逃避法律追究的主观心态，不属于交通肇事逃逸并无不当，申请人关于王某某构成交通肇事逃逸的理由，不能成立。

7.【裁判规则】当事人提出的证据应当具备关联性

典型案例

叶某与徐某某等合资、合作开发房地产合同纠纷案［最高人民法院（2018）最高法民申1362号］

再审申请人（一审原告、二审上诉人）：叶某

被申请人（一审被告、二审被上诉人）：徐某某等

裁判观点

最高人民法院认为，双方当事人对于叶某于2009年10月11日、2009年11月13日、2011年6月7日分别向徐某某转款300万元、50万元、100万元的事实无异议。原审中，对上述转款的用途，叶某主张为其对江西省广昌县景秀家园房地产项目的投资款。而徐某某对此予以否认，并主张该款为叶某受案外人陈某某委托向其支付的借款，且已清偿完毕。正元公司亦否认叶某与其洽谈过合作事宜。叶某主张江西省广昌县景秀家园房地产项目的实际投资人有徐某某、叶某、韩某、黄某，合资、

合作协议及投资权益比例均为口头约定。但黄某当庭表示，其从未参与过该房地产项目的合资、合作开发。根据《民诉法司法解释》第91条第1项规定，首先，本案诉讼中，叶某认可其与徐某某及正元公司之间未订立书面合作开发案涉房地产项目的开发合同，而是主张双方之间存在口头合同，但是对于该口头合同的存在，叶某提供的主要证据是韩某、徐某两位证人的证言。然而，原审中叶某所述案涉项目的实际投资人之一的黄某明确表示其并未参与过该项目的合作开发。因此，仅凭上述证人证言并不能证明叶某与徐某某达成了合作开发案涉房地产项目的口头协议。其次，叶某也未提供证据证明其实际参与了案涉项目的具体开发活动。最后，叶某提供的向徐某某转款的银行转账凭证，亦未显示该转款与案涉项目的开发具有关联。

8.【裁判规则】主张依约履行了交货义务，应当提供证据证明

典型案例

山东云鹏进出口有限公司与延承服装株式会社买卖合同纠纷案［山东省高级人民法院(2006)鲁民四终字第30号］

上诉人（原审被告）：山东云鹏进出口有限公司（以下简称云鹏公司）

被上诉人（原审原告）：延承服装株式会社

裁判观点

人民法院认为，云鹏公司采购原料和加工服装的证据只能说明云鹏公司的备货过程，货物发票、提单、报关单等单据不能直接证明云鹏公司履行了交货义务。云鹏公司货运代理人的证明只能说明其接受云鹏公司委托代理出运了一个约6米的集装箱的货物，而不可能知悉集装箱内的货物状况。议付行深圳发展银行青岛分行国际业务部出具的客户交单联系单，也不能证明单据上记载的货物状况，因银行只负责单据审核。涉案提单记载，云鹏公司负责计数、集装箱的装载和施封，故应认定装船前的货物一直处在云鹏公司的控制之下。根据云鹏公司的陈述，服装在加工厂枣庄公司加工完毕，延承服装株式会社的业务人员金某某检验货物合格，提交了KIMYONGSIK签发的客检证，云鹏公司又委托枣庄公司将货物运至青岛明港，但关于陆上运输、集装箱的计数、装载和施封情况，云鹏公司均不能作出明确的陈述。关于客检证的证明效力问题，延承服装株式会社对客检证的真实性有异议，即使认定金某某代表延承服装株式会社对货物进行了检验并签署了客检证，客检证是客观真实的，因客检证是在枣庄公司纸箱包装前的检验，而不是货物装船前的检验，云鹏公司未提供证据证明货物从生产厂家到装船时的相关情况。因此，云鹏公司提交的证据不能证明货物装船时的实际状况，不能充分证明其按照合同约定履行交货义务。目的港的海关货物确认明细是依据韩国关税法作出的，韩国DASCA公司出具的检验报告中文译本记载“收货人自集装箱卸货时发现……”，但法院经比对检验报告英文原件，在英文检验报告中并没有表明卸货主体。云鹏公司关于延承服装株式会社擅自提货、卸货的主张不成立。相反，目的港海关对货物的确认是对进口申告前物品的确认，DASCA公司对货物的检验是在海关保税仓库进行的，法院对上述两份证据的证明效力予以确认。根据《国际贸易术语解释通则》的规定，FOB青岛价格术语界定了货物风险在装运港越过船舷时转移，并非货物所有权在装运港越过船舷时一并转移，因此，云鹏公司关于本案货物越过船舷，云鹏公司就履行完毕合同交货义务的主张不成立，法院不予支持。综上所述，云鹏公司依约履行交货义务的证据不充分，云鹏公司交付的货物与合同约定严重不符，导致无法实现合同目的，延承服装株式会社关于解除合同的诉讼请求，应予支持。

9.【裁判规则】主张公章加盖于协议签订的时间，当事人应当提供充分的证据证明

典型案例

刘某某与郑州泰基地产有限公司合同纠纷案［最高人民法院（2015）民申字第228号］

再审申请人（一审原告、二审被上诉人）：刘某某

被申请人（一审被告、二审上诉人）：郑州泰基地产有限公司（以下简称泰基公司）

裁判观点

最高人民法院认为，2006年8月30日刘某某与泰基公司签订的合作协议书第3条约定工程项目决算时，泰基公司保证分配给刘某某13%的项目净盈利。刘某某

提交的承诺书中有关支付报酬的内容，是对合作协议书第3条的重大变更，刘某某应充分举证证明该份证据的真实性。本案一审法院依据泰基公司的申请委托西南政法大学司法鉴定中心对承诺书所作的鉴定意见，虽确认承诺书上泰基公司公章的真实性，但也说明公章印文不是2007年3月至4月所盖，不能确定公章印文与同部位打印字迹形成的先后顺序和承诺书上字迹的形成时间。郑州市公安局在对刘某某涉嫌伪造公章罪一案进行立案侦查中，依法委托广东明鉴文书司法鉴定所对承诺书的真实性进行鉴定，该鉴定意见有关泰基公司印章的真实盖印时间为2005年6月3日至2006年4月25日的结论，与西南政法大学司法鉴定中心鉴定意见中关于公章印文不是2007年3月至4月所盖的结论并不矛盾。因此，依据现有证据尚不能确定承诺书上的公章是加盖于2006年8月30日合作协议书签订之前还是之后，不足以认定承诺书是泰基公司在合作协议书签订之后作出的变更意思表示。对于泰基公司提交的成本与效益分析，经二审法院查明该证据系刘某某在接受泰基公司委托期间负责制作并提供给郑州警备区的材料，刘某某申请再审主张自己管理期间制作的证据是伪造的，缺乏合理性与证据支持，二审法院采信成本与效益分析并无不当。依据成本与效益分析，涉案经济适用房开发项目的预期利润为466.6万元，而刘某某依据承诺书所主张的合作报酬780万元超过了整个项目的预期利润，故二审法院认为承诺书的内容需要更加充分的证据证明其是双方当事人的真实意思表示，并无不当。鉴于刘某某对其诉讼主张的举证未达到高度盖然性的证明标准，再加之双方当事人均认可合作协议书的真实性和效力，刘某某可依据合作协议书的有关约定向泰基公司主张支付报酬，另有救济途径，故本案二审判决驳回刘某某的诉讼请求，并无不当。

10.【裁判规则】主张持有公司证照是有权占有的，应当提供证据证明

典型案例 ▶▶

苏某某与龙岩市红邦水电有限公司公司证照返还纠纷案［最高人民法院(2019)最高法民申2444号］

再审申请人（一审被告、二审上诉人）：苏某某

被申请人（一审原告、二审被上诉人）：龙岩市红邦水电有限公司（以下简称红邦公司）

裁判观点 ▶▶

最高人民法院认为,《民法总则》第61条第1款[1]规定:“依照法律或者法人章程的规定,代表法人从事民事活动的负责人,为法人的法定代表人。”公司法定代表人作为代表公司从事民事活动的负责人,在不与公司章程、授权冲突的前提下,有权行使对内管理公司运营、对外代表公司履行职务等行为。本案中,陈某某作为法定代表人有权代表红邦公司就公司证照返还提起诉讼。一、二审法院认定陈某某作为法定代表人有权代表红邦公司就公司证照返还提起诉讼,有法律依据。苏某某申请再审主张本案系陈某某假借公司名义、损害苏某某及公司利益而引发的纠纷。首先,陈某某在工商登记信息上确系红邦公司的法定代表人,依法享有公司法定代表人的权利,苏某某没有举证证明陈某某系假借公司名义诉讼;其次,苏某某主张陈某某损害苏某某和公司利益,并没有提交证据予以证明,故苏某某的该项申请再审理由缺乏事实和法律依据。根据《民事诉讼法》第64条和2001年《民事证据规定》第2条规定,苏某某申请再审主张其持有公司证照是有权占有,是基于股东会决议的结果,股东会决议属于公司文件,受到陈某某控制。但是,在一、二审阶段以及申请再审期间,苏某某均没有提供证据证明其该项主张。二审法院以苏某某没有证据证明其为有权占有为由,认定苏某某继续占有、管理公司证照依据不足,该认定并无不当。

11.【裁判规则】没有单位负责人签名,不符合单位证言的形式要求

典型案例 ▶▶

四川蜀牛房地产开发有限责任公司与平安银行股份有限公司成都分行等借款合同纠纷案[最高人民法院(2017)最高法民申1400号]

再审申请人(一审被告、二审上诉人):四川省蜀牛房地产开发有限责任公司(以下简称蜀牛公司)

被申请人(一审原告、二审被上诉人):平安银行股份有限公司成都分行(以下简称平安银行)等

---

〔1〕 现为《民法典》第61条第1款:“依照法律或者法人章程的规定,代表法人从事民事活动的负责人,为法人的法定代表人。”

裁判观点

最高人民法院认为，蜀牛公司举示的证据4,蜀牛公司欲以该证据上四川檀诚会计师事务所的批注“p.315－335不是我公司出的资料。2017年1月3日”来否认该报告的真实性，故该证据在证据种类上属于单位证言。根据《民诉法司法解释》第115条规定，证据4虽然加盖有单位印章，但没有单位负责人或者报告上落款的注册会计师签名，不符合单位证言的形式要求。

12.【裁判规则】收据上是否加盖印章与本案待证事实之间无关联性，当事人申请对印章进行鉴定，不予支持

典型案例

四川省仁寿县新意建筑劳务有限公司等与伊厦成都国际商贸城股份有限公司等建设工程施工合同纠纷案［最高人民法院（2019）最高法民申2411号］

再审申请人（一审原告、二审上诉人）：四川省仁寿县新意建筑劳务有限公司（以下简称新意公司）

再审申请人（一审被告、二审上诉人）：四川中州建设工程有限公司（以下简称中州公司）等

裁判观点

最高人民法院认为，关于中州公司主张追加第三人和对印章申请鉴定的问题。曾某辉的行为系代表中州公司履行职务的行为，其不是本案必须参加诉讼的当事人，原审法院未追加曾某辉参加诉讼并无不当。原审法院未将新意公司提交的两份收据作为定案依据，中州公司是否在两份收据上加盖印章与本案待证事实之间无关联性，故原审法院未支持中州公司印章鉴定申请并无不当。

13.【裁判规则】能够与有关证据相互印证的司法鉴定书，可作为认定案件事实的根据

典型案例

李某与新疆大融房地产开发投资有限公司股权转让纠纷案［最高人民法院

(2018) 最高法民申2945号]

再审申请人(一审原告、二审上诉人):李某

被申请人(一审被告、二审被上诉人):新疆大融房地产开发投资有限公司(以下简称大融房产公司)

裁判观点

最高人民法院认为,关于司法鉴定书。根据《民诉法司法解释》第104条第2款规定,人民法院对能够反映案件真实性、与待证事实相关联、来源和形式符合法律规定的证据,可作为认定案件事实的根据。本案(2012)008号司法鉴定书,为公安机关依法作出,作为书证,其与本案有关证据相互印证,人民法院将其认定作为证据,并不违反相关法律规定。

14.【裁判规则】录音资料系视听资料,录音资料的内容是其主要组成部分

典型案例

刘某某与维信锡林郭勒牧场有限公司等民间借贷纠纷案[最高人民法院(2018) 最高法民申4563号]

再审申请人(一审原告、二审被上诉人):刘某某

被申请人(一审被告、二审上诉人):维信锡林郭勒牧场有限公司(以下简称维信公司)等

裁判观点

最高人民法院认为,刘某某已提供相关录音资料证明在涉案借款诉讼时效存续期间(2012年1月1日至2013年12月31日)向维信公司主张过权利。刘某某提供的最早录音资料虽形成于2014年3月2日,但该录音资料内容表明刘某某曾在2012年、2013年均向维信公司催要过欠款。录音资料系视听资料,其作为证据使用时,录音资料的内容是其主要组成部分。二审法院仅依据录音资料的形成时间认定涉案借款已超过诉讼时效期间,认定基本事实不清,适用法律错误。

15.【裁判规则】与认定当事人与劳务单位劳务合同关系没有直接关联性的证据，非认定基本事实所必须的证据

典型案例

付某某与菏泽康乐普外专科医院劳务合同纠纷案［山东省高级人民法院（2016）鲁民申80号］

再审申请人（一审原告、二审上诉人）：付某某

被申请人（一审被告、二审被上诉人）：菏泽康乐普外专科医院

裁判观点

人民法院认为，根据《审判监督司法解释》第12条[1]的规定，"对审理案件需要的证据"，是指人民法院认定案件基本事实所必需的证据。本案系劳务合同纠纷，菏泽康乐普外专科医院是否取得药品生产许可证、医疗机构制剂许可证以及其工作人员是否具有医师资格与认定付某某与菏泽康乐普外专科医院是否有劳务合同关系没有直接关联性，并非认定本案基本事实所必须的证据，因此，原一、二审法院对付某某调取证据的申请未予支持并无不当。

16.【裁判规则】当事人提供的涉及著作权的底稿、原件、合法出版物、著作权登记证书、认证机构出具的证明、取得权利的合同等，可以作为证据

典型案例

深圳市声影网络科技有限公司与无锡欢唱娱乐有限公司广益路分公司侵害著作权纠纷案［最高人民法院（2019）最高法民再347号］

抗诉机关：中华人民共和国最高人民检察院

申诉人（一审原告、二审被上诉人）：深圳市声影网络科技有限公司（以下简称声影公司）

被申诉人（一审被告、二审上诉人）：无锡欢唱娱乐有限公司广益路分公司（以下简称欢唱公司）

---

［1］ 现为2020年《审判监督司法解释》第9条："民事诉讼法第二百条第（五）项规定的'对审理案件需要的主要证据'，是指人民法院认定案件基本事实所必须的证据。"

裁判观点

最高人民法院认为，声影公司是否享有涉案音乐电视作品著作权。根据《著作权司法解释》第7条和《民诉法司法解释》第93条规定，声影公司提供了转让协议、《经典流行歌曲专辑》、第42号判决等证据用以证明其对涉案音乐电视作品享有著作权。第42号判决认定转让协议真实、合法、有效。欢唱公司在再审阶段向法院提交的刑事报案申请书及所附证据仅为新时代公司的报案材料，欢唱公司并未提供司法机关针对上述报案材料作出的具有法律效力的处理决定，仅凭上述报案材料不足以推翻已生效的第42号判决的认定。根据转让协议约定，新时代公司将其拥有的所有合法版权的影音版权资源转让给声影公司。声影公司提供的《经典流行歌曲专辑》系声影公司于2014年通过南京出版传媒集团、南京音像出版社出版发行，收录了《一片艳阳天》《你看蓝蓝的天》等83首歌曲，《你看蓝蓝的天》等52部涉案音乐电视作品包含在其中。该专辑外包装盒上标有著作权登记号、版权人、国家标准书号和每首歌曲的ISRC编码等信息。根据《〈中国标准录音制品编码〉(GB/T13396-2009)国家标准实施办法》第2条的规定，ISRC标准适用制品的范围包括录音制品和音乐录像制品。根据上述信息，足以认定《经典流行歌曲专辑》是合法出版物。根据上述证据，足以认定声影公司对《你看蓝蓝的天》等52部涉案音乐电视作品享有著作权，有权行使涉案音乐电视作品的放映权、复制权、获得报酬权，并有权以自己名义对侵权行为提起诉讼。

17.【裁判规则】人民法院勘验物证或者现场，应当制作笔录，记录勘验的时间、地点、勘验人、在场人、勘验的经过、结果，由勘验人、在场人签名或者盖章

典型案例

刘某与新疆环宇建设工程（集团）有限责任公司等财产损害赔偿纠纷案［新疆维吾尔自治区高级人民法院生产建设兵团分院（2017）兵民申206号］

再审申请人（一审原告、二审上诉人）：刘某

被申请人（一审被告、二审被上诉人）：新疆环宇建设工程（集团）有限责任公司（简称环宇公司）等

裁判观点 ▶▶

人民法院认为，首先，民事诉讼的基本证据规则是“谁主张，谁举证”。根据2001年《民事证据规定》第2条规定，本案中，对于涉案房屋与涉案工程的地理位置问题，一审法院已经组织当事人现场勘验，经现场勘验，涉案房屋并不在涉案工程施工范围内。根据2001年《民事证据规定》第30条规定，现一审法院所作的现场勘验，程序合法、笔录完整、要件齐备，应当作为有效证据予以采信。因此，一、二审法院认定刘某关于涉案房屋在涉案工程施工范围内的主张不能成立，符合法律规定。

18.【裁判规则】人民法院勘验物证但现场未制作笔录记录，不符合法律规定

典型案例 ▶▶

林某某与刘某某房屋买卖合同纠纷案［广东省高级人民法院（2019）粤民申7777号］

再审申请人（一审被告、二审上诉人）：林某某

被申请人（一审原告、二审被上诉人）：刘某某

裁判观点 ▶▶

人民法院认为，根据原审判决查明的事实显示，原审法院曾对涉案房屋进行现场勘验及到房产管理部门进行调查，但在佐证查明事实的证据中却没有反映现场勘验笔录及调查笔录，申请人对此亦提出异议。法院认为，原审法院在证据的调取和认定方面违反了2019年《民事证据规定》第43条及第85条的规定，剥夺了当事人质证及辩论等诉讼权利。

19.【裁判规则】测谎的形式及内容并不属于法定的证据形式

典型案例 ▶▶

徐州清华蒜业有限公司与李某等民间借贷纠纷案［最高人民法院（2016）最高法民申3600号］

再审申请人（一审被告、上诉人）：徐州清华蒜业有限公司（以下简称清华

公司)

被申请人(一审原告、被上诉人):李某

裁判观点

最高人民法院认为,关于原审审理程序是否违反法律规定的问题。(一)关于录音证据是否应采信的问题。经查,清华公司整理的录音材料内容中并无李某就本案500万元借款的性质、形成过程、形成时间的陈述或认可,该录音证据中亦无其他与本案争议事实相关的内容,故原审法院未采纳该录音证据并无不当。(二)关于是否应以测谎方式查明案件事实的问题。因测谎的形式及内容并不属于《民事诉讼法》第63条规定的民事诉讼中合法的证据形式,故原审法院未采取该形式调查案件事实并无不当。(三)关于原审法院是否应就清华公司的申请进行调查取证的问题。本案中,清华公司申请二审法院对银行承兑汇票进行调查,但其在二审及再审中主张本案争议借款500万元系通过青山公司银行转款的方式偿还,与该承兑汇票并无关联,故原审法院未依清华公司的申请进行调查取证并无不当。清华公司第四项再审申请事由不能成立,法院不予支持。

第二节 单一证据审核认定

【法理辨析】

单一证据的审核认定

2019年《民事证据规定》第87条规定:“审判人员对单一证据可以从下列方面进行审核认定:(一)证据是否为原件、原物,复制件、复制品与原件、原物是否相符;(二)证据与本案事实是否相关;(三)证据的形式、来源是否符合法律规定;(四)证据的内容是否真实;(五)证人或者提供证据的人与当事人有无利害关系。”这条规定对单一证据的审查判断的基本原则作出了规定。对于民事诉讼中的单一证据而言,对其审查判断主要包括三个方面的内容:证据的关联性、真实性和合法性,以确定证据是否具有证据证明力及其大小、是否真实、证据材料是否具备证据能力。

证据的关联性是指“证据与待证事实之间有逻辑上联系，能够证明案件中的某个事实存在或不存在。”[1]只有证据具备关联性，才可以采纳，没有关联性的证据，不可以采纳，不能作为定案根据。审查单一证据的关联性，一般可以从以下几个方面考察。

（一）证据材料与待证事实之间是否有客观联系

对于单一证据的关联性审核，司法实践中，主要涉及的并不是直接证据，即能够单独地、直接地来认定案件事实的证据，更多地反映在间接证据的认定方面。对于单一的间接证据，需要审查的方面主要包括：(1)间接证据本身是否真实。如利用录音或微信来间接证明借款是否发生，就需要审查该录音或微信的证据材料本身有无伪造、截取部分的可能性。(2)间接证据与待证事实的关联性程度。虽然凡是与待证事实有关联的证据，均应当进行审理，但如果联系的程度不够或者关联的程度微乎其微，则无采纳的必要。(3)间接证据与其他间接证据的关联性，是否能够彼此相互关照、相互佐证、不存在矛盾。“间接证据的关联性体现在每一单个间接证据必须与主要待证事实的有关片断或部分，存在内在或实质性的联系。如不具备这一前提条件，表明该证据材料不具有证明力，应当予以排除。”[2](4)利用间接证据来认定案件事实，需要达到证明标准。对于民商事案件来说，如果间接证据的证据链达不到高度盖然性的标准，则不能认定案件事实。需要说明的是，间接证据的数量多、规格高、花样多，不等于其形成的证据链的综合证明力就一定高，就一定会等于直接证据的证明力，因为证明力的高低并不与间接证据的数量画等号。(5)只有当事人的陈述，不能单独作为认定案件事实的根据。2020年《民诉法司法解释》第91条规定：“人民法院应当依照下列原则确定举证证明责任的承担，但法律另有规定的除外：(一)主张法律关系存在的当事人，应当对产生该法律关系的基本事实承担举证证明责任；(二)主张法律关系变更、消灭或者权利受到妨害的当事人，应当对该法律关系变更、消灭或者权利受到妨害的基本事实承担举证证明责任。”例如，司法实践中涉及民间借贷的案件，对于债权人向债务人主张债权请求权的，应当根据上述规定，提供其与债务人之间借贷关系存在且还款期限已届满的法律事实成立的证据。为此，债权人应该为下述两个要件事实的成立负举证责任，

---

〔1〕 最高人民法院民事审判第一庭：《民事诉讼证据司法解释的理解与适用》，中国法制出版社2002年版，第331页。

〔2〕 最高人民法院民事审判第一庭：《民事诉讼证据司法解释的理解与适用》，中国法制出版社2002年版，第332-333页。

其一是借款合同的成立和生效，其二是已经履行了借款合同的义务。如果没有书面的借款合同或借据，债务人对债权人所主张双方达成的是口头借款协议不予认可，也否认收到过款项，其与债权人之间不存在借款关系。在没有证据证明借款款项由债权人出借给债务人，债权人也就未能对其与债务人之间存在借款关系完成举证责任，债权人对债务人的借款主张只有债权人本人陈述而不能提出其他相关证据的，对债权人的主张不予支持。

再如，对公文书的证明力的审查与判断来说，公文书是指具有公共信用的公共管理机关在行使公权力的过程中基于权限所制作的文书。处分性文书是记载公共管理机关意思的公文书，如记载裁决或者处罚决定的公文书等；报告性文书是记载公共管理机关观念表示或者认识的公文书，如登记簿、户籍等。公文书作为证据使用时具有两个特点：一是必须由具有社会公信力或者公共信用的公共管理机关在其职权范围内制作，二是公文书的制作和发出应当符合法定条件，按照法定程序和方式进行。〔1〕关于公文书的证明力，我国相关立法和司法解释进行了明确。《公证法》第36条规定："经公证的民事法律行为、有法律意义的事实和文书，应当作为认定事实的根据，但有相反证据足以推翻该项公证的除外。"2020年《民诉法司法解释》第114条规定："国家机关或者其他依法具有社会管理职能的组织，在其职权范围内制作的文书所记载的事项推定为真实，但有相反证据足以推翻的除外。必要时，人民法院可以要求制作文书的机关或者组织对文书的真实性予以说明。"需要注意的是，"这里的相反的证据足以推翻的是该公文书证所记载内容的真实性。人民法院对公文书证的采信，不仅要看其所记载内容的真实性问题，还要把握这一记载内容与案件事实的关联性问题。与案件事实毫无关联的公文书证，当然也不能作为认定案件事实的根据"〔2〕。

（二）单一证据的真实性

《民事诉讼法》第63条第2款规定："证据必须查证属实，才能作为认定事实的根据。"2019年《民事证据规定》第87条所规定的"证据的内容是否真实"；第92条第1、2款规定："私文书证的真实性，由主张以私文书证证明案件事实的当事人承担举证责任。私文书证由制作者或者其代理人签名、盖章或捺印的，推定为真实。"

---

〔1〕 参见沈德咏主编：《最高人民法院民事诉讼法司法解释理解与适用（上）》，人民法院出版社2015年版，第375页。

〔2〕 沈德咏主编：《最高人民法院环境侵权责任纠纷司法解释理解与适用》，人民法院出版社2016年版，第126页。

证据不具有真实性，事实裁判者不会采纳该证据，也不会将其作为认定案件事实的依据。对证据真实性的审查，可以包括：(1)审查证据来源的可靠性。对于证据的来源，一般可以从以下几方面入手，“其一，证据是否为原件、原物，复印件、复制品与原件、原物是否相符；其二，证据提供人的身份与动机；其三，证据提供人的能力与知识；其四，证据形成的原因和发现证据时的客观环境；其五，调查收集证据的方式、方法是否正确等”[1]。如双方最后签订的合同是否为当事人现在提供的合同；证人是否具备作证的能力，是否有利害关系；鉴定对象是否来源于现场取样，是否存在混样、调包的可能性；视听资料是否存在删改或PS的可能性；电子数据有无拼接；勘验的工地是否是实际施工人所施工的工地等。(2)审查证据内容的真实性。即证据所记载的内容是否真实存在或不存在。例如，2019年《民事证据规定》第92条第3款所规定的“私文书证上有删除、涂改、增添或者其他形式瑕疵的，人民法院应当综合案件的具体情况判断其证明力”，以及从经验法则和逻辑法则角度来看，是否有可能为真实、与其他证据内容是否具备同一性等。

(三)单一证据的合法性

诉讼证据必须具备合法性，必须满足法律规定的形式要求和程序要求。不具备合法性的证据材料，不能被采纳为诉讼证据。审核认定主要包括以下几个方面：

(1)审查判断证据是否具备法定的证据形式。《民事诉讼法》第63条第1款规定：“证据包括：(一)当事人的陈述；(二)书证；(三)物证；(四)视听资料；(五)电子数据；(六)证人证言；(七)鉴定意见；(八)勘验笔录。”即单一证据必须属于这八种证据形式，才可能具有相应的证据能力。此外，相关立法和司法解释对证据的形式有特殊、特定要求的，必须符合相应的要求，才具备证据可采性。如2020年《民诉法司法解释》第115条“单位向人民法院提出的证明材料，应当由单位负责人及制作证明材料的人员签名或者盖章，并加盖单位印章”的规定，此处的单位证明材料，就要求必须具备签名(或盖章)与单位印章并存，方可满足单位出具的证明材料要求。再如，2019年《民事证据规定》第16条“当事人提供的公文书证系在中华人民共和国领域外形成的，该证据应当经所在国公证机关证明，或者履行中华人民共和国与该所在国订立的有关条约中规定的证明手续。中华人民共和国领域外形成的涉及身份关系的证据，应当经所在国公证机关证明并经中华人民共和国驻该

[1] 江伟主编：《民事证据法学》，中国人民大学出版社2011年版，第242页。

国使领馆认证，或者履行中华人民共和国与该所在国订立的有关条约中规定的证明手续”的规定，即域外形成的证据须经所在国公证机关证明，或我国驻该国的使领馆认证，方能在人民法院作为证据使用。

（2）审查判断证据的来源是否合法。主要包括两个方面的内容："其一是证据的形成过程以及证据的提供有无影响其真实性的因素；其二是指对证据的收集其方式和手段是否符合法律程序。"[1]如证人是否会基于利害关系出具虚假的证言；鉴定过程是否受到了法外因素的影响；录音录像的取得是否违反公序良俗等。特别是2020年《民诉法司法解释》第106条中所提到的“严重侵害他人合法权益、违反法律禁止性规定或者严重违背公序良俗的方法”，往往就要看证据的收集方式和手段是否符合法律规定（详述见第十一章证明标准）。

（3）审查判断证据的运用是否合法。依现代民事诉讼自由心证的基本原则，确立了法官对证据依法独立判断的要求。尽管如此，这种自由心证不是绝对的，并不实行法定证据主义，而应当依照法定程序，全面、客观地审核证据。法官依据法律的规定，遵循职业道德，运用逻辑推理和日常生活经验，对证据有无证明力和证明力大小独立进行判断，并公开判断的理由和结果。这需要法官对各个证据自身的关联性、证据之间的关联性、证据与待证事实之间的关联性及其一致性的程度来判断证据整体的综合证明力，这种综合证明力不是依据证据的数量进行地简单相加，也不依据出具证据的单位级别的高低，而对于证明待证事实来说，各个证据的内容能够形成一个无矛盾存在的证据链，并且达到法定的证明标准，从而能够完成对案件事实的确定。

【典型案解】

1.【裁判规则】对当事人的陈述，应当结合本案的其他证据，审查确定能否作为认定事实的依据

典型案例

周某某等与平安普惠融资担保有限公司南通分公司等追偿权纠纷案［最高人

〔1〕 最高人民法院民事审判第一庭：《民事诉讼证据司法解释的理解与适用》，中国法制出版社2002年版，第334页。

民法院（2019）最高法民申3516号］

再审申请人（一审被告、二审上诉人）：周某某

被申请人（一审原告、二审被上诉人）：平安普惠融资担保有限公司南通分公司等

裁判观点 ▶▶

最高人民法院认为，根据《民事诉讼法》第75条第1款规定，张某系本案当事人，其所作陈述属于当事人的陈述。因证人李某的证言不具有证明李某某与张某串通诱骗保某某签字的证明力，而张某所作的其与李某某之间存在商业贿赂、恶意串通的陈述并无其他证据予以佐证，故二审法院对张某的该陈述不予采信，亦无不当。

2.【裁判规则】与一方当事人或者其代理人有利害关系的证人陈述的证言，不能作为认定事实的依据

典型案例 ▶▶

解某某与长春市双阳区平湖街道宋家村民委员会建设工程施工合同纠纷案［吉林省高级人民法院（2020）吉民申1817号］

再审申请人（一审原告、二审上诉人）：解某某

被申请人（一审被告、二审被上诉人）：长春市双阳区平湖街道宋家村民委员会（以下简称宋家村委会）

裁判观点 ▶▶

人民法院认为，经审查，1.证人王某甲在原审审理期间，对解某某是否不间断地到宋家村委会主张权利问题，先后出具多份证明材料，并在二审庭审中出庭作证。2018年8月16日，王某甲出具的关于宋家村拖欠解某某工程款的证明材料载明：今有双阳区平湖街宋家村拖欠施工方工程款10万元人民币，双方于2006年签订还款协议约定用“一小时经济圈”土地补偿款偿还，后解某某多次找其索要该款。2019年4月1日，宋家村委会会议记录载明，解某某这些年未向宋家村委会主张过权利，王某甲在该会议记录上签字。2019年8月1日，王某甲出具的情况说明载明，

2019年7月解某某和宋家村委会的案子判决解某某败诉后，解某某找到王某甲、王某乙和朴某，说他妻子总因为这件事跟他吵闹说他和村上的工程款这事都是假的，为了安抚妻子，请求三人给他出份村上欠他钱的证明材料，为了化解解某某夫妻矛盾，王某甲出具了2018年8月16日关于宋家村拖欠解某某工程款的证明材料。二审庭审中，王某甲出庭作证称其被逼无奈才出具的2019年8月1日情况说明，宋家村委会总体欠解某某40多万元，其曾承诺用省里修建“一小时经济圈”公路的征地拆迁款项支付给解某某10万元。综上所述，王某甲的多次证明材料及其庭审出庭作证的证言之间，前后反复、相互矛盾，其证言缺乏可信度，故原审判决对其证言不予采信并无不当。2.根据2020年《审判监督司法解释》第10条和2019年《民事证据规定》第90条规定，解某某在法院再审审查期间提供的证人张某、赵某，系解某某聘用的工人，在本案中与解某某存在利害关系，其证言无其他证据予以佐证，且上述证人证言于原审审理期间已客观存在，解某某关于“以为王某甲的证言足以证明自己主张”的理由，并非不能提交上述证人证言的客观原因，故上述证人证言不符合上述法律规定的“新的证据”情形，解某某据此申请再审，法院不予支持。综上所述，解某某的再审申请不符合《民事诉讼法》第200条规定的应当再审的情形。

3.【裁判规则】存有疑点的视听资料、电子数据，不能单独作为认定案件事实的根据

典型案例 ▶▶

李某某与广东宝宝仔饲料有限公司产品责任纠纷案［广东省高级人民法院(2020)粤民申7713号］

再审申请人(一审原告、二审上诉人)：李某某

被申请人(一审被告、二审被上诉人)：广东宝宝仔饲料有限公司(以下简称宝宝仔公司)

裁判观点 ▶▶

人民法院认为，李某某以宝宝仔公司提供的饲料导致其鸡只死亡为由，主张宝宝仔公司构成欺诈，并承担已付货款3倍的赔偿责任。为此，李某某提供了所称的其与谢某某谈话的录音等证据予以证明。一审法院经审理查明：宝宝仔公司持

有广东省农业厅颁发的饲料生产许可证，可以生产配合饲料（畜禽、水产、幼畜禽、种畜禽）、浓缩饲料（畜禽、水产、幼畜禽、种畜禽），其生产和销售涉案饲料符合法律规定；李某某提供的录音材料存在疑点，无法确认其真实性，其提供的其他证据无法证明其所饲养的鸡只确已死亡以及死亡的数量、时间等具体情况，亦无法证明鸡只死亡与宝宝仔公司提供饲料之间存在因果关系，更无法证明宝宝仔公司提供饲料的行为存在《民法通则意见》第68条规定的"一方当事人故意告知对方虚假情况，或者故意隐瞒真实情况，诱使对方当事人作出错误意思表示的"，可以认定为欺诈行为的情形。因此，一、二审法院对李某某的事实主张不予采纳，对其诉讼请求未予支持，均无不当。李某某申请再审主张宝宝仔公司擅自更改饲料配方、以不合格产品冒充合格产品对外销售，并未提供充分证据予以证明。李某某还主张人民法院应直接确认其提供录音证据的证据效力，该主张与2019年《民事证据规定》第90条的规定不相符合。法院均不予采纳。

4.【裁判规则】无法与原件、原物核对的复印件、复制品，不能单独作为认定案件事实的依据

典型案例

安徽蓝德集团股份有限公司与中国进出口银行等信用证融资纠纷案［北京市高级人民法院（2019）京民终862号］

上诉人（原审被告）：安徽蓝德集团股份有限公司（以下简称安徽蓝德公司）

被上诉人（原审原告）：中国进出口银行（以下简称进出口银行）

裁判观点

人民法院认为，本案的争议焦点为进口信用证开证申请人承诺书中是否就进出口银行垫款利息的利率计算标准约定为"利息以垫款日人民银行公布商业贷款1年期利率加收30%"。本案中，安徽蓝德公司上诉主张进出口银行在一审时提交的该进口信用证开证申请人承诺书原件中有"加收30%"的字样，而其提供的相关复印件中没有"加收30%"字样，故安徽蓝德公司认为该证据原件中"加收30%"的字样为进出口银行临时添加的，双方没有约定"利息以垫款日人民银行公布商业贷款1年期利率加收30%"。对此，法院认为，根据2019年《民事证据规定》第87条和《民诉法司法解释》第90条规定，在证据复印件与原件不一致时，对复印件应当不予采信，除非负有举证证明责任的当事人能够提供证据足以证明其事实主张成立。本案中，安徽蓝德公司应当对其主张的“原件中‘加收30%’为进出口银行临时添加的”事实负有举证责任。一审法院审理期间，安徽蓝德公司曾申请对该“加收30%”的字样的形成时间进行鉴定，但随后又撤回了鉴定申请。法院二审审理期间，安徽蓝德公司亦未提交证据证明该承诺书原件中“加收30%”是进出口银行临时添加的这一事实，故安徽蓝德公司作为负有举证证明责任的当事人应当承担举证不利的法律后果。一审法院采信进出口银行提交的进口信用证开证申请人承诺书原件内容，并据此认定其中关于“利息以垫款日人民银行公布商业贷款1年期利率加收30%”的约定，进而判决安徽蓝德公司应当按此约定向进出口银行支付利息，有事实依据和法律依据，是正确的，应予维持。安徽蓝德公司的上诉请求和上诉理由均无事实依据和法律依据，法院不予支持。

5.【裁判规则】证人证言使用推测性的语言，不能作为认定事实的依据

典型案例

罗某甲与罗乙委托合同纠纷案［最高人民法院（2015）民申字第2656号］

再审申请人（一审被告、二审上诉人）：罗某甲

被申请人（一审原告、二审被上诉人）：罗乙

裁判观点

最高人民法院认为，罗某甲提供的四份证人证言表示“曾听罗乙说过其全部收入包括1250万元安家费都有罗某甲的一半”，但四位证人均表示“听罗乙说过”，并没有亲身感知罗乙与罗某甲约定或向罗某甲承诺过安家费有罗某甲的一半，且在原二审中出庭作证的顾某、龚某两人中，顾某与罗某甲有利害关系，龚某对安家费一人一半的说法认为“应该有”，使用的是推测性的语言，证人江某、刘某并未出庭作证，上述证人证言没有其他证据相印证，二审法院认为不能作为认定案件事实的依据并无不当。罗某甲提供的手机短信内容对分一半安家费的表述用疑问句式提出，不能证明双方曾明确约定安家费一人一半。二审法院对罗某甲提交的上述证据均组织了质证，并在判决书中公开了对证据证明力进行判断的理由和结果，罗

某甲该项再审申请理由不能成立。

6.【裁判规则】与一方当事人或者其代理人有利害关系的证人出具的证言，不能单独作为认定案件事实的依据

典型案例 ▶▶

济南商景信息技术有限公司等与山东鲁民生态农业集团有限公司计算机软件开发合同纠纷案［最高人民法院（2020）最高法民申387号］

再审申请人（一审被告、反诉原告、二审上诉人）：济南商景信息技术有限公司（以下简称商景公司）

被申请人（一审原告、反诉被告、二审被上诉人）：山东鲁民生态农业集团有限公司（以下简称鲁民公司）

裁判观点 ▶▶

最高人民法院认为，关于商景公司是否违反涉案合同约定的问题。根据《合同法》第60条第1款〔1〕、2001年《民事证据规定》第5条第2项和第69条第2项的规定，鲁民公司与商景公司自愿签订的涉案合同，内容未违反法律规定的效力性、强制性规定，合法有效，双方均应按照涉案合同的约定全面履行其义务。判断商景公司在履行涉案合同过程中是否存在违约行为，应当首先确定商景公司在涉案合同中应履行的义务，然后判定其是否按照合同的约定全面履行其义务。根据涉案合同的约定，商景公司负有交付涉案业务平台的义务，并确保在2016年11月30日之前向鲁民公司提交该业务平台的完整版，每超1天按照合同价款的1%向鲁民公司支付违约金。从合同约定内容看，双方对交付时间进行了严格的约定，否则应支付高额违约金，故商景公司在2016年11月30日前提交业务平台完整版应视为涉案合同的主要条款。商景公司主张其已交付涉案业务平台，应提供证据予以证明。商景公司提交了2018年制作的公证书，该公证书不能证明涉案业务平台的形成时间，且鲁民公司对此不予认可，故2018年的公证书不足以证明商景公司在合同约定期限

---

〔1〕 现为《民法典》第528条："当事人依据前条规定中止履行的，应当及时通知对方。对方提供适当担保的，应当恢复履行。中止履行后，对方在合理期限内未恢复履行能力且未提供适当担保的，视为以自己的行为表明不履行主要债务，中止履行的一方可以解除合同并可以请求对方承担违约责任。"

内交付了涉案业务平台。根据鲁民公司提交的商景公司法定代表人许某与鲁民公司法定代表人丁某某的微信聊天记录可知，直至2017年10月许某还在与丁某某就涉案业务平台的交付等相关事宜进行沟通，故商景公司关于其已于2016年11月完成开发与交付涉案业务平台的主张缺乏事实依据。商景公司还提交了李某某的证人证言，因李某某与鲁民公司存在劳动争议纠纷，在缺乏其他证据佐证的情况下，其证人证言不能作为认定案件事实的依据。在商景公司尚未提供其他对软件调试、验收并交付的证据的情况下，商景公司未按涉案合同约定的期限完成涉案业务平台的开发与交付，致使鲁民公司的合同目的无法实现，一、二审法院认定商景公司构成根本违约并解除涉案合同，并无不当。

第三节　证据关联性的审查与判断

【法理辨析】

一、关联性的内涵

证据的关联性，也称为相关性（relevancy），是指“证据与待证事实、案件事实之间有逻辑上联系，能够证明案件中的某个事实存在或不存在。”[1]一般来说，具有证据关联性的证据应当为事实裁判者所知悉，除非存在事实裁判者应当拒绝审理该证据的法定理由，如果该证据缺乏关联性，则该证据无审理的必要。最早界定证据关联性定义的英国证据法学家斯蒂芬认为，有关联性是指两个事实之间的联系达到这样的程度，即按照事件的正常趋势，其中的一个，自身或将来的存在或不存在或者使另一个事实在过去、现在或将来的存在或不存在成为很有可能。[2]世界各国的诉讼法和证据法都对证据的关联性有相关规定，如《美国联邦证据规则》第401条规定：“‘相关证据’指证据具有某种倾向，使决定某项在诉讼中待确认的争议事实的存在比没有该项证据时更有可能或更无可能。”第402条规定：“所有具有相关性的证据均可采纳，但美国宪法、国会立法、本证据规则以及联邦最高法院根据立法授权确立的其他规则另有规定的除外，没有相关性的证据不能采纳。”我

〔1〕 最高人民法院民事审判第一庭：《民事诉讼证据司法解释的理解与适用》，中国法制出版社2002年版，第331页。

〔2〕 参见沈达明编著：《英美证据法》，中信出版社1996年版，第20页。

国2020年《民诉法司法解释》第104条规定："人民法院应当组织当事人围绕证据的真实性、合法性以及与待证事实的关联性进行质证，并针对证据有无证明力和证明力大小进行说明和辩论。能够反映案件真实情况、与待证事实相关联、来源和形式符合法律规定的证据，应当作为认定案件事实的根据。"各国均将证据的关联性作为证据的基本属性，并都强调证据必须与案件的待证事实有逻辑上的证明关系。但对证据关联性与待证事实的联系程度，存在不同的学说，主要包括"内在联系说""客观联系说""紧密联系说""证明需要说""综合说"等〔1〕。美国著名证据法学家华尔兹认为，检验关联性应当判断三个关键性问题：(1)所提的证据是用来证明什么的(问题是什么)？(2)这是本案中的实质性问题吗？(3)所提的证据对该问题有证明性(它能帮助确认该问题)吗？构成相关性证据必须满足两个条件：(1)这项证据对于它所要证明的假定具有证明价值；(2)所要证明的假定对于案件的审理必须具有意义。〔2〕

从比较法视野来看，英美法系国家将证据的关联性称为相关性规则，不具有相关性的证据材料将会予以排除；而大陆法系国家的民事诉讼法没有规定这种具有排除功能的相关性规则，一般认为除法律有明确规定的以外，具有关联性的证据应当为法官所审查判断。

关于证据的关联性与证据证明力的关系。对于英美法系而言，既存相同处，又存差异。相同处在于：双方都源于证据与待证事实的联系，都需要通过逻辑和经验来解决实际问题，如果不相关的证据也谈不上什么证据证明力。差异处在于：一是适用的阶段和主体不同。相关性是由法官有证据被提交给陪审团之前来审查的，而证据证明力则在证据被采纳后才出现。二是证据效果不同。证据的关联性只是表明证据对待证的主张在逻辑上具有证明作用，而证据证明力不但说明证据对案件事实具有证明作用，而且似乎还意味着这种证明作用是正面的或者是积极的。三是影响评价的因素不同。证据关联性包含实质性和证明性两个方面的要求，而证据证明力的评价因素大致分为两类：一是案件当中其他证据的情况，二是影响证据本身真实性的情况。对于大陆法系而言，证据的相关性和其证明力的大小都是

---

〔1〕 参见宋英辉、汤维建主编：《证据法学研究述评》，中国人民公安大学出版社2006年版，第166-167页。

〔2〕 参见[美]乔恩·R.华尔兹：《刑事证据大全》(第2版)，何家弘等译，中国人民公安大学出版社2004年版，第83页。

由证据与待证事实间的关联程度所决定的，没有本质上的不同。[1]这是由于大陆法系国家一般不对证据资格作严格限制，一般认为，具有关联性的证据均应具有可采性，而具备关联性的证据在多大程度上证明案件事实，取决于证据证明力的大小和强弱；如果证据并不相关，则无审查判断证据证明力的前提。因此，大陆法系国家对证据证明力的审查判断，实质上是对某一证据本身是否具有真实性，以及与待证事实是否具有关联性的确认过程。

二、关联性的审查判断

根据2020年《民诉法司法解释》第104条和2019年《民事证据规定》第88条的规定，关于证据关联性的审查判断，主要包括：

（一）判断主体：法官。证据的关联性的审查判断主体是法官；而且，“除法律规定要排除一些有关联性的证据外，证明力的联系性应当属于法官自由心证领域，法律不应当擅自干涉”。[2]

（二）判断内容：证据证明力。对证据关联性的审查内容主要体现在对证据证明力的审查判断。有证据关联性就有证明力，没有证据关联性就没有证明力。“证据与待证事实之间的实质关系，主要围绕当事人提供证据的证明目的、该目的是否有助于证明争议事实来展开。”[3]《民事诉讼法》第67条第2款“人民法院对有关单位和个人提出的证明文书，应当辨别真伪，审查确定其效力”、第71条“人民法院对视听资料，应当辨别真伪，并结合本案的其他证据，审查确定能否作为认定事实的根据”、2019年《民事证据规定》第87条第1款“审判人员对单一证据可以从下列方面进行审核认定：……（二）证据与本案事实是否相关”的规定，均涉及证据与待证事实的关联性的证明问题。如当事人对自己提出的主张，有责任提供证据。能够反映案件真实情况、与待证事实相关联、来源和形式符合法律规定的证据，人民法院才会采纳。司法实践中，当事人一方在庭前会议提交的证据的基础上，庭审中提交一些补充证据，如果均与案件基本事实有关，人民法院审查后予以采纳，符合法律规定。

---

〔1〕 参见俞亮：《证据相关性研究》，北京大学出版社2008年版，第25-26页。

〔2〕 韩象乾主编：《民事证据理论新探》，中国人民公安大学出版社2006年版，第45页。

〔3〕 沈德咏主编：《最高人民法院民事诉讼法司法解释理解与适用（上）》，人民法院出版社2015年版，第349页。

（三）判断标准：综合审查判断。人民法院除审查当事人自认和当事人陈述外，还应当全面、客观地审核案件其他证据，依法认定案件事实。根据2019年《民事证据规定》第88条的规定，对证据综合审查判断，应当注意把握几个方面：

第一，对各个证据与案件事实之间的比较关联程度的审查判断。尤其是在根据高度盖然性的证明标准，确定诉辩双方的证据优势时，这种比较关联程度的分析判断具有重要作用。如在建设工程施工合同案件中，人民法院认定本案工程款是否真实发生以及具体数额等，应以客观的工程施工资料诸如施工图纸、施工日志、监理日志、会议纪要、现场签证单、材料票据、支付凭证、验收记录等为基础，在此等证据基础上认定案件基本事实，并适用法律予以裁判。如果当事人在多年的诉讼过程中，始终不向人民法院提交相应的证据材料，坚持要求径行按照当事人自认来直接确定工程款数额，除该自认本身可疑外，该当事人的陈述与案件中的证据存有诸多疑点时，不能按照当事人的陈述来作出判断并认定案件事实。

第二，应当注意对各个单一证据相互之间的联系审查判断。如果证据相互之间矛盾，则可以通过分析判断矛盾形成的原因，来判断证据事实的真伪，从而最大限度地接近客观真实。如在另案中，抗辩人曾与他人签订合同关系，在合同上加盖私章，无手写签名，是否可以推知、推定或者认定在本案中抗辩人加盖私章的效力。虽然抗辩人在另案中是在合同上加盖私章，但在本案中，抗辩人否认与主张人签订过房屋买卖合同，而主张人没有举证证明合同上抗辩人的私章和另案中抗辩人的私章为同一枚私章。也就是说，抗辩人在另案中盖有私章的行为并不必然推导出本案中合同上私章就是抗辩人的私章，也不能证明加盖抗辩人私章的行为就是抗辩人所为。

第三，对全部证据的综合审查判断。间接证据与待证事实之间关联性的审查，应当满足：其一，单个的间接证据必须在数量上形成足够的优势；其二，在一定数量基础上的单个间接证据必须通过逻辑推理的方式，形成有效的证据链；其三，各个间接证据之间，以及它们与主要待证事实之间不能产生合理因素以外的矛盾性；其四，由各种间接证据所形成的证明体系，在证明优势所具有的高度盖然性上，必须足以排除现有条件下的任何其他可能，并且得出的结论应具有唯一性。[1]但这种综合判断，不是说将这种形成总的证据链与多项间接证据的证明力因子如数学公

〔1〕 参见最高人民法院民事审判第一庭：《民事诉讼证据司法解释的理解与适用》，中国法制出版社2002年版，第337-338页。

式般简章“相加”画等号，而是说这些间接证据之间需要协调一致，不存在矛盾，共同指向同一个待证事实，从而使待证事实发生的概率不断提高，达到高度盖然性的标准，使证据的关联性真正发挥证明案件事实的作用。

【典型案解】

1.【裁判规则】能够反映案件真实情况、与待证事实相关联、来源和形式符合法律规定的证据，应当作为认定案件事实的根据

典型案例

邵某某与闫某某等民间借贷纠纷案［最高人民法院（2019）最高法民申3824号］

再审申请人（一审被告、二审上诉人）：邵某某

被申请人（一审原告、二审被上诉人）：闫某某

裁判观点

最高人民法院认为，根据《民诉法司法解释》第104条第2款规定，本案中，闫某某在二审阶段提交的机票订单、证人证言与案件基本事实有关。邵某某的证言经法庭质证，其来源和形式均符合法律规定，且能够与闫某某提交的机票订单相互印证。原审判决据此认定闫某某从2014年至2016年曾多次要求邵某某承担保证责任，具有事实依据。邵某某申请再审称上述证据系伪造，但并未提交证据证明，其此项申请再审理由不能成立。

2.【裁判规则】对新证据的审查围绕证据的真实性、合法性以及与待证事实的关联性进行

典型案例

中国国旅贸易有限责任公司等与浙江福士达集团有限公司进出口代理合同纠纷案［最高人民法院（2016）最高法民申399号］

再审申请人（一审被告、二审上诉人）：中国国旅贸易有限责任公司（以下简称国旅公司）等

被申请人（一审原告、二审被上诉人）：浙江福士达集团有限公司（以下简称福士达公司）等

裁判观点 ▶▶

最高人民法院认为，诉讼请求是指原告通过人民法院对于被告提出的实体权利请求。根据《民诉法司法解释》第392条和《民事诉讼法》第200条第11项规定的诉讼请求，包括一审诉讼请求、二审上诉请求，但当事人未对一审判决、裁定遗漏或者超出诉讼请求提起上诉的除外。本案二审阶段，国旅公司等五上诉人上诉请求为：撤销一审判决，改判驳回福士达公司的全部诉讼请求或者将本案发回重审；本案诉讼费用由福士达公司负担。其事实与理由部分认为一审法院对国旅公司提交的补充证据未组织各方进行质证，程序严重违法，导致案件事实未查清。本案二审法院组织各方当事人对提交的新的证据材料，围绕证据的真实性、合法性以及与待证事实的关联性进行了质证，二审判决亦在审核证据的基础上，对于证据有无证明力及证明力大小进行判断，并公开判断的理由和结果。国旅公司等的再审申请不符合《民事诉讼法》第200条规定的情形，予以驳回再审申请。

3.【裁判规则】申请鉴定的事项与待证事实无关联，或者对证明待证事实无意义的，人民法院不予准许

典型案例 ▶▶

乐山鑫达置业有限公司与国网四川省电力公司财产损害赔偿纠纷案［最高人民法院（2017）最高法民申2944号］

再审申请人（一审原告、二审上诉人）：乐山鑫达置业有限公司（以下简称鑫达公司）

被申请人（一审被告、二审被上诉人）：国网四川省电力公司（以下简称省电力公司）

裁判观点 ▶▶

最高人民法院认为，鑫达公司在一审和二审中申请鉴定的具体内容是请求对输电线路水平500米范围内和地下200米范围内不能勘查造成的探矿权经济价值的

损失进行鉴定。鑫达公司并未证明上述范围内无法进行矿产勘探，其鉴定申请的事项与是否对其探矿权进行赔偿并无关联。根据《民诉法司法解释》第121条第1款之规定，原审法院不予准许鑫达公司鉴定申请并无不当。鑫达公司关于原审法院不予准许其有关探矿权利损失的鉴定申请违反法律规定的申请再审事由不能成立。

4.【裁判规则】申请调取的证据与本案无关联性的，不予调取

典型案例

刘某某与新乡服装城借资合作改建合同返还借款纠纷案［最高人民法院(2019)最高法民申5646号］

再审申请人（一审原告、二审上诉人）：刘某某

被申请人（一审被告、二审被上诉人）：新乡服装城（新乡副食品大厦）

裁判观点

最高人民法院认为，《民事诉讼法》第64条第1款规定了当事人对自己提出的主张有责任提供证据，第2款规定了当事人有申请法院调取证据的权利。但根据《民诉法司法解释》第95条规定，本案中刘某某申请法院调取新乡服装城产权转让合同与新乡服装城国有资产评估报告，欲证明其债权的合法性及新乡市政府应承担清偿责任。但新乡服装城产权是否转让与刘某某对新乡服装城的债权是否存在无关联性，根据本案查明事实，可以证明刘某某对新乡服装城的债权并不存在，故调取新乡服装城产权转让合同与新乡服装城固有资产评估报告并无必要。因此，一、二审法院以申请调取的证据与本案无关联性为由不予调取，并无不当。

5.【裁判规则】人民法院对视听资料，应当辨别真伪，并结合本案的其他证据，审查确定能否作为认定事实的根据

典型案例

韦某甲等与朱某某所有权确认纠纷案［最高人民法院(2020)最高法民申1442号］

再审申请人（一审被告、二审上诉人）：韦某甲等

被申请人（一审原告、二审上诉人）：朱某某

裁判观点 ▶▶

最高人民法院认为，根据原审查明的事实，首先，韦某丙（韦某乙的弟弟）、韦某丁（韦某乙的侄子）已出庭作证证实1998年韦某乙从我国台湾地区回广西壮族自治区田阳县探亲时曾表示要委托韦某甲在田阳县买地建房，韦某甲一方对证人证言的真实性并无异议；其次，韦某甲于1998年4月10日与6月12日向田阳县土地管理局分别支付5000元和16000元购买建设案涉房屋所使用的土地使用权；最后，韦某甲在与朱某某的多次电话沟通中称案涉房屋是韦某乙的，因韦某乙系我国台湾地区居民身份，不便办理买地报建手续，由其代为办理，其共收到韦某乙支付的购地建房款16万元。根据《民事诉讼法》第71条规定，韦某甲对该录音真实性并未否定，原审法院结合案件的其他事实和证据，采信该证据并无不当。二审法院综合以上事实，认定案涉房屋是由韦某乙出资委托韦某甲建造，且韦某乙享有全部产权份额，并无不当。韦某甲等提交的公证书不足以推翻案涉房屋系韦某乙委托韦某甲建造这一事实。

6.【裁判规则】人民法院应当组织当事人围绕证据与待证事实的关联性进行质证

典型案例 ▶▶

广州市鑫雨机电科技有限公司与谢某某等侵害发明专利权纠纷案［最高人民法院（2020）最高法知民终50号］

上诉人（原审被告）：广州市鑫雨机电科技有限公司（以下简称鑫雨公司）

被上诉人（原审原告）：谢某某等

裁判观点 ▶▶

最高人民法院认为，根据《民诉法司法解释》第103条第1款、第104条、第105条的规定，本案中，首先，原审法院将双方提交的证据、证据的内容及证明的对象，在原审庭审及庭后均组织各方当事人进行了证据的展示和质证并详细记录在案，在原审判决中亦对各方所提交的证据进行了全面的展示，不存在将未经质证的证据作为认定案件事实的根据或有对当事人提交的证据在原审判决中有选择性罗列

等情形。其次，原审法院针对谢某某的起诉证据和鑫雨公司的抗辩证据，均依照法定程序，全面、客观地对各方证据有无证明力和证明力大小进行了审核，并在原审判决中对各方所提交证据采信与否的理由和结果进行了专门的回应。一方面，原审法院对鑫雨公司的抗辩主张不予采纳，是因为龚某的专利的申请日均在涉案专利申请日之后，在已经认定被诉侵权产品实施的技术方案落入涉案专利权保护范围的情况下，依照相关司法解释的规定，鑫雨公司提交的证据不能支持其关于实施他人授权专利不构成侵权的抗辩主张。另一方面，谢某某为支持其在本案主张的经济损失和合理维权费用，亦向原审法院提交了相关证据，但原审法院并未对谢某某主张的赔偿证据予以全面采纳。故鑫雨公司关于原审法院有意偏袒谢某某一方所提交的证据的上诉主张，缺乏事实依据。鑫雨公司以原审法院的判决结果来评价原审法院的证据审核认定行为，无事实和法律依据。

7.【裁判规则】无法与原件、原物核对的复印件、复制品，不能单独作为认定案件事实的依据

典型案例

唐某某与佛山市顺德区威灵房产有限公司等房屋转让合同纠纷案［广东省佛山市中级人民法院(2005)佛中法民五再字第97号］

申请再审人(一审被告、二审被上诉人)：佛山市顺德区威灵房产有限公司(以下简称威灵公司)

被申请再审人(一审原告、二审上诉人)：唐某某等

裁判观点

人民法院再审认为，申请再审人称其与江门公司签订了债权债务确认函，重新确认威灵公司欠江门公司147,640元，并将债权转移给江门市江海区礼乐趣苑园艺场。经审查，该函上所盖江门公司印章及该公司法定代表人赖某某签名与房产抵扣工程款协议书、债权债务转让书上的江门公司印章和赖某某签名不一致，存在明显差异，法院不予采信。威灵公司又提供了一份江门公司致威灵公司信函复印件，称江门公司已将威灵公司欠款转至江门市江海区礼乐趣苑园艺场负责结算。由于该函系复印件，法院要求申请再审人在庭后两天提供该信函原件，但申请再审人在

限定的期限内，未提供，应承担举证不能的后果。依照2001年《民事证据规定》第69条第4项的规定，该函无法与原件核对，不能作为本案的定案依据。在庭审中，威灵公司对房产抵扣工程款协议书提出异议，要求撤销该协议，但提供的证据不足以反驳江门公司的主张，根据2001年《民事证据规定》第70条、第73条、第77条第3项的规定，依法应当确认房产抵扣工程款协议书的证明力，债权债务确认函的真实性无证据证明。

8.【裁判规则】人民法院对当事人的陈述，应当结合本案的其他证据，审查确定能否作为认定事实的根据

典型案例

锦州华顺企业（集团）公司等与凌海中信联合小额贷款有限责任公司等借款合同纠纷案［最高人民法院（2020）最高法民申784号］

再审申请人（一审被告、二审被上诉人）：锦州华顺企业（集团）公司（以下简称华顺公司）

被申请人（一审原告、二审上诉人）：凌海中信联合小额贷款有限责任公司（以下简称凌海公司）

裁判观点

最高人民法院认为，华顺公司在申请再审中提交的情况说明是本案当事人唐某、刘某在二审判决作出之后出具的，属于当事人陈述。依据《民事诉讼法》第75条的规定，该份情况说明不能单独作为认定事实的根据。本案中并无其他证据佐证唐某、刘某在情况说明中陈述的内容。且该份情况说明的内容亦不能证明二审判决认定的基本事实或者裁判结果错误，不符合《民诉法司法解释》第387条第1款的规定。

9.【裁判规则】无正当理由未出庭作证的证人证言，不能单独作为认定案件事实的依据

典型案例

昆明市先科航空货运代理有限公司与昆明占先货物冷藏运输有限公司案［云

南省高级人民法院（2008）云高民申字第30号］

再审申请人（一审原告、上诉人）：昆明市先科航空货运代理有限公司（以下简称先科代理公司）

再审被申请人（一审被告、上诉人）：昆明占先货物冷藏运输有限公司（以下简称占先运输公司）

裁判观点

人民法院认为，在货物交付运输前，双方通过中介人郭某华签订0000031号运输协议发货单，未注明运输货物到达卸货地点的具体时间，属于履行期限约定不明。在货物运输途中，先科代理公司又与中介人签订0000032号运输协议发货单，虽注明48小时到达，但该发货单对计算48小时的起止时间仍不明确，按照《合同法》第78条〔1〕规定，推定为运输协议对履行期限未变更。占先运输公司承运货物的云A39502号车辆驾驶员赵某洪和李某文的情况说明各一份，因二证人无正当理由未出庭作证，无法核实情况说明的来源和内容真实性，加之两份情况说明在运输货物装车、出发、到达时间以及运输过程的具体情况等方面叙述均不一致。杨某系再审申请人先科代理公司指定的收货人，且其出具的情况说明，无其他事实和证据印证。根据2001年《民事证据规定》第69条第5项的规定，上述两名驾驶员以及杨某的情况说明均不能单独作为认定案件事实的依据。

10.【裁判规则】人民法院对有关单位和个人提出的证明文书，应当辨别真伪，审查确定其效力

典型案例

广州中爆安全网科技有限公司因与黑龙江省安全生产监督管理局合作协议纠纷案［最高人民法院（2019）最高法民申2208号］

再审申请人（一审原告、二审上诉人）：广州中爆安全网科技有限公司（以下简称中爆公司）

被申请人（一审被告、二审被上诉人）：黑龙江省安全生产监督管理局

〔1〕 现为《民法典》第544条："当事人对合同变更的内容约定不明确的，推定为未变更。"

裁判观点

最高人民法院认为，根据《民事诉讼法》第67条第2款规定，原审法院就国家安监总局[1]通信信息中心及中软公司出具的证明文件向两单位核实证据内容及公章的真实性，并根据核查结果对证据效力予以确定，符合法律规定。因两单位已就本案相关情况作出了证明材料，没有必要再次核查相关工作人员。中爆公司主张原审法院对前述证据的采信违反法律规定的申请再审理由没有法律依据，亦不属于原审判决认定的基本事实缺乏证据证明的情形，法院不予支持。

第四节　民事证据的审查与判断

【法理辨析】

一、民事诉讼的目的与民事证据的审查判断

审判不是万能的。民事审判不可能解决所有的社会问题，民事审判也不可能"包打天下"。现代民事诉讼价值的多元性和相对性，决定了民事诉讼目的的多重性和多层次性，必然会客观要求提供多元的纠纷解决机制（集团诉讼、调解、仲裁、ADR）。对于任何一个国家来说，国家治理的方式有许多种，处理纠纷也有许多途径，由于各个国家民事诉讼中都具备多元化诉讼日的，因此，想完全通过民事诉讼来解决一切社会矛盾、社会纠纷，既不可能，也没必要。依据司法最终解决原则，民事审判只能解决那些各种纠纷解决机制用尽后仍没有办法解决的问题，即法律只能解决立法规制下的部分纠纷。

学界对于民事诉讼目的存在争议。包括"权利保护说""私法秩序维持说""程序保障说""纠纷解决说"等。事实上，任何一个国家的民事诉讼目的学说，都是在其本国所处的历史环境、经济发展、社会需要等现实条件下提出来的，法律作为上层建筑是服从、服务于经济基础的，如《晏子春秋·内篇杂下》所说"橘生淮南则为橘，生于淮北则为枳，叶徒相似，其实味不同。所以然者何？水土异也"。必须根据一国的国情和司法实践的需要，来认知本国的民事诉讼目的，才是正解。我国民事诉讼立法中没有明确规定诉讼目的，但规定了民事诉讼的任务。《民事诉讼法》

---

〔1〕 现为中华人民共和国应急管理部。

第2条规定，“中华人民共和国民事诉讼法的任务，是保护当事人行使诉讼权利，保证人民法院查明事实，分清是非，正确适用法律，及时审理民事案件，确认民事权利义务关系，制裁民事违法行为，保护当事人的合法权益，教育公民自觉遵守法律，维护社会秩序、经济秩序，保障社会主义建设事业顺利进行。”从我国民事诉讼的任务中不难看出，我国的民事诉讼目的属于“多元说”，既有民事实体上的权利保障，也有民事程序上的解决民事纠纷和维护社会秩序。

审判本身是一个认识的过程，诉讼认识的目的在于查明案件事实、及时解决纠纷。而证据是追溯性认识的主要手段，是理性认识的要求。对当事人提供的各类民事证据进行审查判断的过程是法官的主观评价过程，是一个主观见之于客观的过程，也是诉讼主体与证明客体相统一的过程，本质上是人（法官）的主观认识活动，是从证据事实中推论出关于过去未知事实的结论。事实裁判者在认定证据时涉及对各种社会价值的选择，这一评价过程属于法官自由心证，从制度规范的角度来说，这一自由心证是当事人主义诉讼模式下，众多民事证据规则约束下的“自由”，例如法官受到证据裁判主义、最佳证据规则、传闻证据规则、补强证据规则、自认规则、推定规则、司法认知规则、经验法则和逻辑法则等约束。因此，由于受到时空和人类自身认识能力的限制，在一定诉讼内的认识，并不是哲学意义上的客观真实，虽然这种客观真实是人们追求的终极目标，但系属诉讼时空里，根据“证据碎片”的认识只能是达到一定高度盖然性的法律真实。

民事证据法是民事实体法律关系与民事程序法律关系共同作用的一个场域，民事证据的审查判断离不开民事实体法律关系与民事程序法的共同作用。案件事实必须建立在证据之上，根据证据裁判主义，民事诉讼中的案件事实，应为被有效证据证明的案件事实。法官的内心确信须建立在证据裁判主义的基石之上，被查证属实的证据作为认定事实的根据。以合同法律关系以例，合同法律关系主要是指合同法调整社会关系过程中形成的民事主体之间的民事权利义务关系，合同法律关系的产生、变更、消灭，需要通过法律关系参与主体的意思表示一致才能形成。判断民事主体根据合同法建立一定法律关系时所形成的一致意思表示，目的在于明晰当事人在合同中的权利义务的边界、内容。一项民事交易特别是重大交易的达成，往往存在复杂的背景，并非一蹴而就且一成不变。当事人的意思表示于此间历经某种变化并最终明确的情况并不鲜见。有些已经通过合同确立的交易行为，恰恰也经历过当事人对法律关系性质的转换过程。而基于各自诉讼利益考量，当事人交易形成过程中的细节并不都能获得有效诉讼证据的支撑。因此，在没有充分证据佐证当事人之间存在隐藏法律关系且该隐藏法律关系真实并终局地对当事人产生约束力的场合，不宜简单否定既存外化法律关系对当事人真实意思的体现和反映，避免当事人一方不当摆脱既定权利义务约束的结果出现。例如，在证据与当事人陈述相矛盾时，对于证据的审查判断应朝着有利于书面证据所代表法律关系成立的方向作出判定。

根据最佳证据规则和单一证据证明力中有关证据证明力审查判断原则的规定，合同的原始证据作为确定当事人法律关系性质的逻辑起点和基本依据，应当重视其相对于传来证据、间接证据所具有的较高证明力。一般情况下，原始证据的证明力大于传来证据的证明力，书面证据的证明力大于口头证据的证明力，仅可在确有充分证据证明当事人实际履行行为与书面合同文件表现的效果意思出现显著差异或者相反情况时，可依照法定程序，全面、客观地审核证据，法官依据法律的规定，遵循法官职业道德，运用逻辑推理和日常生活经验，对证据有无证明力和证明力大小独立进行判断。除在基于特定法律政策考量外，有必要在书面证据之外对相关事实予以进一步查证等情形。因此，根据最佳证据规则，推翻书面证据之证明力应仅属例外。

二、审查判断证据的历史发展

从民事证据审查判断的发展来看，存在三个历史阶段：

1.神示证据制度阶段。古代诉讼求助于神来实现，是神明裁判，人与自然界的沟通是通过“神示”来实现的。神明裁判方法多种多样，代表性的有对神宣誓、水审、火审、决斗、抽签和卜卦等，通过水审、火审等神示方式，使当事人或证人接受水或火的考验，通过“神灵”意志的外在“表示”来判定某人的陈述是否是真实的。《说文解字》中“廌”字下说：“廌，解廌兽也，似牛，古者决讼，令触不直者。”认为通过神兽便能够识别人类社会中的是非曲直。

在这个阶段，由于人类认识事物的手段有限，通过神示而不是人示，确定证据证明力的大小程度，以提高法官评价与认定证据的证明力的心证。通过神明显示的“裁判结果”，来显示符合实体与程序正义的权威性，但显然它是一种非理性的认识方法和证明手段。在认识论上属于唯心主义，是一种违背认识规律的做法。对过去发生的案件事实依赖于“神灵”的旨意，可能完全背离事实真相。

2.法定证据制度阶段。法定证据（legal evidence），即形式的证据主义或形式证据，就是以法律规定的形式规定证据的价值，对各类证据的证明力及其取舍和运用作出了严格的限定。根据证据的外部特征，按照数学的方法对各类证据方法的证明力进行机械与形式性地规定，并且对各类犯罪的认定都规定了必须具备的证据方法及每种证据数量的要求，把证据分为完全的、不完全的、不太完全的、多一半完全的、半证据的等等。法定化的认定案件事实的规则主要有：其一，某些证据材料是否可以作证据使用由法律明确规定；其二，证据的种类或证据方法的法定化；其三，具备了法定证据时，必须作出有罪的判决；其四，证据的证明力由法律明确规定；法律上设有限制，法官不得自由裁量；其五，法官判案不必要求符合案件事实。

为杜绝在神示证据制度阶段容易出现的法官擅断现象，法定证据立法者在制度上严格规定法官的每一步认定，明确规定每一种具备一定特征的证据在一切案件中都具有恒定的、恒量的证明力，从而排除法官依照自己的认识和思维自由地判断证据证明力，实际上法官就像一部司法裁判的“自动售货机”，输入一定量的案件事实和证据材料，得出相同的裁判结果。在这种证据制度下，立法者已经在法律上预先规定结果，法官只需要机械地计算出各个证据的证明力大小、强弱，进行机械地加减乘除，并根据得出的结果作出判决。只要具备了完全的证据，就可以认定整个案件事实。例如，两个证人相一致的证言可构成一个完全的证据，可以直接认定案件事实，无须法官自己判断某主张真实或不真实，只要所依赖的前提条件在法定形式上已满足，法官就可以按规定直接予以认定。

可以看出，法定证据制度在形式上完全排除了法官在认定事实方面的自由裁量权。司法裁判的基础是形式真实，其思想理论基础是客观唯心主义，但却陷入了认识的形式主义与机械主义，因为它要求法官过于注重证据的外在形式要件，忽略了证据的实质内容要件，剥夺了法官的自由裁量权和事实认定权。由于从理论上来说，立法所设定的规则不可能涵盖所有经验，人类认识的非至上性决定了要想把所有种类的“证据”规定到法律条文中只能是一种梦想。它容易导致僵化与机械化，阻碍发现真实的可能性，僵化的法律公式显然不能够完全适用变化万千的人类社会纠纷。

3.自由心证阶段。“自由心证”一词原是日文译名，内在的确信中的conviction在日本明治时期被翻译为“心证”。日本1890年制定的《民法·证据篇》中最早使用“心证”一词。法官通过对证据的审查在思想中形成的信念，就叫作“心证”，心证达到无任何合理怀疑的程序，叫作“确信”，法官通过自由判断证据所形成的“内心确信”，这样一种理性状态就是作出判决的依据。法官凭借自己内心的思考判断证据的真伪及其证明力大小，对案件事实作出认定和裁判。

心证，其实从生理上来说，是“脑”证，人类的“心”作为一种身体上动力器官，本身为肉体不具备思维反应能力。称“脑”证为“心证”实为一种约定俗成的称谓而已。在立法上，最早对自由心证原则作出详尽规定并对其他大陆法系国家产生重要影响的是1808年法国颁布的《刑事诉讼法典》，该法第342条规定：“法律不要求陪审官报告他们建立确信的方法；法律不给他们预定一些规则，使他们必须按照这些规则来决定证据是不是完全和充分；法律所规定的是要他们集中精神，在自己良心的深处探求对于所提出的反对被告人的证据和被告人的辩护手段在自己的理性里发生了什么印象。法律不向他们说：‘你们应当把多少证人所证明的每一个事实认为是真实的。’它也不向他们说：‘你们不要把没有由某种笔录、某种文件、多少证人或多个罪证……所决定的证据，看做是未充分证实的。’法律只是向他们提出一个能够概括他们职务上全部尺度的问题：‘你们是真诚地确信吗？’”〔1〕证据的审查判断进入近代以后，摒弃了法定证据时代对证据证明力采用机械主义方法来认定案件事实的做法——既不能抓住事实的真相，也无法保证法官的正确判断。为了适应千变万化的司法实践，近现代的民事诉讼法废除了法定证据主义，取而代之将证据的审查判断完全交由法官自由心证，对各种证据的证明力并不作预先规定，由事实裁判者（陪审团或法官）根据良心、理性、经验法则、逻辑法则及法庭审理中获得的心证达到认定事实的程度，即为确信。

当然，从评价的主体来看，法官评价事实与证据的自由裁量永远是有限度的，并不是毫无约束性的绝对自由。在“旧自由心证主义”时期，刚刚摆脱法定证据主义束缚，平民法官对事实与证据及证据证明力的“任意判断”，造成了法律认定的不统一。到了“新自由心证主义”时期，为了避免法官心证的严重不统一，首先，规定法官在判决中详尽叙述自己的心证理由，对事实与证据的认定作出具体而合理的论证，使社会公众和上级裁判机关有足够的理由相信法官对被告人作出的有罪判决是符合理性的。其次，除事实裁判者必须具备判断能力外，对重大案件实行单数的复合主体审判群体，力求判断的合理性与稳定性。最后，建立必要的审级复查

---

〔1〕 邓和军：《自由心证原则探究——以民事诉讼为考察中心》，吉林大学出版社2009年版，第15页。

机制，当出现法定的错误理由时，便于当事人寻求救济。这样的上诉审机制的建立，其一，有利于发现案件真实；其二，便于将各类证据的证明力进行综合平衡比较；其三，便于发挥法官个人的主观能动性。

三、内心确信的审查判断内容

在任何一个现代化的法治国家里，绝对的自由心证是不存在，由于受到证据裁判原则、法定证据、直接言词原则、严格证明、判决理由、上诉制度等规则的约束，法官的自由心证是有限度的，当然，也包括法官的职业选拔和遴选制度，要求法官需要具备良知、有良好的职业操守、正确的价值观等。审查判断证据还是要坚持自由心证用尽原则，即在民事程序上必须穷尽所有的证明手段，如当事人举证、法官释明权、法院调查取证、自认、推定、司法认知、经验法则、逻辑法则、倒置规则等后，法官仍无心证状态，才能依证明责任这种分配机制作出判断。在司法实践中，民事证据的审查判断内容包括：

1.法律是大前提。我国属于大陆法系国家，属于“规范出发型”的司法裁判模式。裁判的作出必须以（抽象）法律规范为大前提，以具体的案件事实（以证据为基础）为小前提，进而得出结论的三段论过程。而当事实不能认定时，由谁承担不利的诉讼后果。我国的民事裁判的大前提为法律规范，而不是英美法系的判例，因此，任何案例在我国不具有直接适用意义。法院的作用是实现诉讼前已经存在的法而没有发现法（判例）的功能。

2.内容是法律真实。《民事诉讼法》第2条中规定“保证人民法院查明事实，分清是非”。第7条中规定“人民法院审理民事案件，必须以事实为根据，以法律为准绳”。由于受到主观和客观方面的影响，民事诉讼所追求的是法律真实的证明标准，并非哲学意义上的客观真实。对于民事诉讼中的高度盖然性证明标准来说，当双方当事人都举出了一定证据时，就需要对哪一方所举证据更充分、更具体、更有证明力作出判断，并以此为依据来认定所证事实的可信程度，最终作出裁决。因此，只可能是法律上的真实，达到使人合理相信的程度，而不一定是客观事实。

3.证明的是要件事实。我国的法律和司法解释中没有“要件事实”的表述，但根据司法解释的理解来看，要件事实，与基本事实、主要事实可以作同一概念来理解。2020年《审判监督司法解释》第9条“民事诉讼法第二百条第（五）项规定的‘对审理案件需要的主要证据’，是指人民法院认定案件基本事实所必须的证据”规定中所说的“基本事实”，就是指要件事实或主要事实。2020年《民诉法司法解释》第91条在对要件事实分类的基础上，对举证责任分配的一般规则作出明确规定，将要件事实的内容表述为“法律关系的基本事实”。主要因为在民事诉讼立法中，一般均是使用“主要事实”或“基本事实”的用语而并无“要件事实”的表述，故使用“基本事实”的概念以与立法保持一致，但一般理论认为，其含义与要件事实相同，均指权利及法律关系的构成要件所依赖的事实。例如，在合同纠纷案件中的要件事实包括：(1)当事人订立合同的权利能力和行为能力的事实；(2)合同权利发生的事实和合同生效的事实；(3)合同权利和义务发生变更和消灭的事实(解除、终止、撤销)；(4)合同的履行发生不可抗力的事实等。在以要件事实为基础的举证责任的分配中，主要解决诉讼过程中对哪些要件事实应由哪一方来承担举证责任的问题。

关于要件事实，罗森贝克提出的规范说把所有与权利相关的法律规范分为彼此对立的两大类：一类是能够产生权利规范，称为权利发生规范；另一类是与产生权利规范相对立的对立规范。在整个民事实体法中，构成民法基本规范的核心部分是大量权利发生规范，规范说根据权利发生、权利妨碍、权利限制和权利消灭规范的分类来确定举证责任的承担标准。规范说符合人们的日常经验和思维方式，故法官在司法实践中大多能够根据常理作出合理的判断。如权利发生规范，规范说将举证责任分配给主张于己有利的法律要件事实的当事人：主张权利事实存在的人，应对权利发生的法律要件存在的事实负举证责任。例如：《合同法》第13条[1]规定，“当事人订立合同，采取要约、承诺方式”。合同案件中，存在(1)合同当事人具有权利能力和行为能力的要件事实；(2)合同法律关系及合同有效成立的要件事实；(3)违约行为的要件事实；(4)因对方违约造成损害的要件事实；等等。如对立规范又可分为：反对权利事实存在的人，就权利障碍法律要件、权利限制法律要件或权利消灭法律要件存在的事实负举证责任。但对一些经过多次攻击、防御转换的要件事实就容易失去判断，主要表现在对抗辩、否认的不同理解上(抗辩、否认，承担证明责任问题)。权利妨碍规范，指权利发生之初，对权利发生效果进行妨碍，使权利不能发生的规范，如无行为能力人。《民法典》第153条规定：“违反法律、行政法规的强制性规定的民事法律行为无效。但是，该强制性规定不导致该民事法律行为无效的除外。违背公序良俗的民事法律行为无效。”第

〔1〕 现为《民法典》第471条：“当事人订立合同，可以采取要约、承诺方式或者其他方式。”

154条规定："行为人与相对人恶意串通，损害他人合法权益的民事法律行为无效。"权利消灭规范，指权利发生之后，能使已存在权利归于消灭的规范，如债务的履行。如《民法典》第557条规定："有下列情形之一的，债权债务终止：(一)债务已经履行；(二)债务相互抵销；(三)债务人依法将标的物提存；(四)债权人免除债务；(五)债权债务同归于一人；(六)法律规定或者当事人约定终止的其他情形。合同解除的，该合同的权利义务关系终止。"权利限制规范，指权利发生之后准备行使之际，能对抗权利进行遏制、排除的规范，大多涉及民法上的抗辩权。如消灭时效的失效抗辩，同时履行抗辩，等等。

4.不是所有的主张都需要证明。《民事诉讼法》第64条第1款规定："当事人对自己提出的主张，有责任提供证据。"第65条第1款规定："当事人对自己提出的主张应当及时提供证据。"2020年《民诉法司法解释》第90条第1款规定："当事人对自己提出的诉讼请求所依据的事实或者反驳对方诉讼请求所依据的事实，应当提供证据加以证明，但法律另有规定的除外。"这里的"主张"是实体性的主张，并非程序法意义上的诉讼请求。如果用"诉讼请求"替换"主张"，第一，违背了证明责任本身的制度设计要求。"罗森贝克主张从法律规范要件分类出发，在对实体法律规范结构分析的基础上，根据法律规范的语义和构造分析法律规范的原则、例外，以及基本规范与反对规范之间的关系，以此为分配举证责任的方法。"[1]第二，"主张"，核心是实体法(行为意义的证明责任只与当事人的实体权利主张有关，而与当事人在诉讼中的诉讼地位及其诉讼请求无关)。第三，源于实体法上的事实主体与源于程序法上的诉讼请求内涵外延不一，例如，消极确认之诉。第四，有诉讼请求，无实体主张。在确认之诉中，有请求不成立之诉，有诉讼请求，但无实体主张；被告无诉讼请求，但有实体主张，应由被告举证。

值得注意的是，在消极确认之诉中，请求确认法律关系不成立的举证责任，应当由主张法律关系成立的对方举证。例如，前诉：乙公司起诉甲公司要求其承担担保责任；本诉：甲公司起诉，请求法院判决确认甲公司不承担对乙公司的担保责任。正常情况下，如果原告甲公司请求法院确认其与乙公司的法律关系不成立(诉讼请求)，应当由乙公司来提供证据证明甲乙之间存在民事法律关系，而不能认为因甲公司"消极事实不举证"(完成了行为意义上的举证责任)，仍应承担结果意义上的

---

〔1〕 沈德咏主编：《最高人民法院民事诉讼法司法解释理解与适用(上)》，人民法院出版社2015年版，第315页。

证明责任（误认为“诉讼请求”，就应当举证）。这属于典型的举证责任分配错误，表现在：其一，对于主张消极事实的诉讼，要求作为原告应当举证证明与乙不存在民事法律关系的义务，属于证明“无”，而“无”是无法证明的，即其行为意义上的举证责任客观上无法提供证据证明。其二，甲公司起诉要求的是消极事实，并属于完成了行为意义上的举证责任，而且是通过乙公司的抗辩（成立民事法律关系）和提供证据证明双方之间存在法律关系来判断事实是否成立。如果乙公司没有提供任何双方之间存在民事法律关系可能性的证据，则甲公司所主张的关于双方不存在民事法律关系的事实即可确认。其三，根据规范说的基本原理，当双方是否存在民事法律关系的事实真伪不明时，主张法律关系存在的当事人，应当对产生该法律关系的基本事实承担举证证明责任，如果证明不了，则在作出判决前，当事人未能提供证据或证据不足以证明其事实主张的，由负有证明责任的当事人承担不利的后果。其四，如果乙公司提供了足以让人信服的证据，即证实双方之间的确存在民事法律关系的相关证据，即使并不当然能够充分证明民事法律关系存在，因原告无法进一步举证推翻被告的有关证据并充分证明双方之间不存在民事法律关系的事实，则根据举证责任分配原则，甲公司应当承担败诉的法律后果。

因此，不是所有的案件事实，都必须依据证据来认定；也不是所有的举证，都必须适用证明责任分配机制。证明责任仅是查明案件事实的方式之一，只有直接影响要件事实的认定和案件事实的查明，才会发生适用结果意义上的证明责任的问题。

5.真伪不明下的事实。在民事诉讼中，有些案件之所以超审限，甚至多年结不了案，往往是由于缺乏充分的证据证明有关的事实，或者是双方当事人都提出了一定证据，但是证明力的有效程度有所不同，案件事实真伪不明。在这种“公说公有理，婆说婆有理”的情况下，法官不敢或不愿适用推定证据规则，根据已有的证据推导出应证的事实。解决待证事实真伪不明时法官如何裁判的问题，实质上是对事实真伪不明的一种法定的风险分配形式。事实上，证明责任的适用，需要具备一个前提条件，即“应当考虑言词辩论的全部内容以及已有的调查证据的结果”〔1〕。在此基础之上，如果出现真伪不明，承担法律后果。2020年《民诉法司法解释》第90条第2款规定，“在作出判决前，当事人未能提供证据或者证据不足以证明其事实

〔1〕 参见《德国民事诉讼法》第286条规定。

主张的，由负有举证证明责任的当事人承担不利的后果”。与其他国家或地区的证明责任的界定稍有不同，我国没有设置适用前的语境，即“应当考虑言词辩论的全部内容以及已有的调查证据的结果”，基于约定俗成的说法，没有使用“真伪不明”的提法，而是替换为“未提供证据或者证据不足以证明”，原因在于是否承担证明责任，只与当事人提供证据或能否证明有关，与法官的心证没有关系，法官承担的是事实认定之职责。

6.释明权的行使限度。释明权的立法宗旨在于一次性解决当事人之间纠纷，强调人民法院应当注重对诉讼活动的指挥和指导当事人正确行使权利，体现的是人民法院与诉讼当事人之间协同主义的诉讼价值。具体到某一案件的审理中，即使出现了当事人主张的法律关系的性质或者民事行为的效力与人民法院根据案件事实作出的认定不一致，人民法院在行使释明权后当事人仍然坚持原来诉讼请求的，也不宜简单地予以驳回。人民法院应当从请求权规范基础的裁判思维出发，在依法认定案件基本事实的基础上，对当事人提出的诉讼请求作出必要的扩张解释以确定是否存在能够适用的实体法规范基础。但对当事人诉讼请求的扩张解释，应以不违背当事人的本意为限，不能限制或损害当事人在实体法及诉讼法上的权利。〔1〕

7.审级制度的制约。约翰·罗尔斯在《正义论》书中提到，程序正义有三种形态，纯粹的程序正义、完善的程序正义和不完善的程序正义。其中，完善的程序正义如果不是不可能，也是很罕见的；不完善的程序正义的基本标志是，当有一种判断正确的结果的独立标准，却没有可以保证达到它的程序；纯粹程序正义的特征是：不存在对正当结果的独立标准，而是存在一种正确的或公平的程序，这种程序若被人们恰当地遵守，其结果也会是正确的或公平的，无论他们可能会是一些什么样的结果。〔2〕民事诉讼中的审级制度就是这样一种纯粹的程序正义，初审法院负责一审案件的事实审与法律审；上诉审法院既要对上诉案件的事实进行审理，又要保证法律的统一适用；再审确保法律的统一适用，纠正错误的裁判。审级制度应当坚持“金字塔”结构，从而保证诉讼的终局性和稳定性。应当严格避免再审程序的一审化，严格避免极少数当事人恶意利用再审程序，使司法裁判失去终局性，不利于

---

〔1〕 本段内容参见北京城建集团有限责任公司与重庆尚信置业有限公司及重庆市德感建筑安装工程有限公司建设工程施工合同纠纷案，最高人民法院（2019）最高法民终876号。

〔2〕 参见［美］约翰·罗尔斯：《正义论》，何怀宏、何包钢、廖申白译，中国社会科学出版社2006年版，第87页。

社会整体秩序的稳定。

【典型案解】

(一)证据形式

1.【裁判规则】单位向人民法院提出的证明材料，应当由单位负责人及制作证明材料的人员签名或者盖章，并加盖单位印章

典型案例

刘某某与孙某某等申请诉前财产保全错误损害赔偿纠纷案［最高人民法院(2017)最高法民申1723号］

再审申请人(一审原告、二审上诉人)：刘某某

被申请人(一审被告、二审被上诉人)：孙某某等

裁判观点

最高人民法院认为，根据《民事诉讼法》第64条第1款规定，刘某某主张因孙某某错误申请扣押船舶导致其遭受319.2万元的船期损失，应举证证明该损失。为此，刘某某提交了荣成市鑫发渔业有限公司和荣成市港湾街道王家湾渔业协会出具的证明各一份。但该两份证明没有单位负责人和材料制作人的签字或者盖章，不符合《民诉法司法解释》第115条的规定。

2.【裁判规则】仅加盖单位印章，单位负责人及制作证明材料的人员未在证明上签名或者盖章，证据不符合法律规定的形式

典型案例

梁某某与翁某某民间借贷纠纷案［最高人民法院(2020)最高法民申138号］

再审申请人(一审被告、二审上诉人)：梁某某

被申请人(一审原告、二审被上诉人)：翁某某

裁判观点

最高人民法院认为，根据《民间借贷司法解释》第2条第1款规定，翁某某提交

借款合同、划款委托书、收据等证据能够证明双方借贷法律关系存在，原判决据此认定梁某某向翁某某归还人民币2505万元借款本金并无不当。梁某某虽然提交叮咚公司的证明及叮咚公司兴业银行深圳分行账户的交易明细，用以证明案涉人民币705万元已回流至和正通公司，但《民诉法司法解释》第115条第1款规定，叮咚公司的证明仅加盖单位印章，单位负责人及制作证明材料的人员未在证明上签名或者盖章，叮咚公司的证据不符合法律规定的形式，原判决未采信该证明并无不当。叮咚公司兴业银行深圳分行账户的交易明细仅能证明转款时间及金额，不能证明所涉人民币705万元是用于支付利息。根据《民事诉讼法》第64条第1款规定，再审审查期间，梁某某也未能提交其他证据证明人民币705万元是用于支付利息，梁某某依法应承担举证不能的法律后果。因此，原判决认定人民币705万元为借款本金并无不当。

（二）作为定案根据

1.【裁判规则】证据必须查证属实，才能作为认定事实的根据

典型案例

沃航（武汉）科技股份有限公司与武汉威利达喷码技术有限公司计算机软件开发合同纠纷案［最高人民法院（2019）最高法知民终603号］

上诉人（原审原告、反诉被告）：沃航（武汉）科技股份有限公司（以下简称沃航公司）

被上诉人（原审被告、反诉原告）：武汉威利达喷码技术有限公司（以下简称威利达公司）

裁判观点

最高人民法院认为，根据《民事诉讼法》第63条规定，沃航公司主张原审法院认定其未全部完成整体功能开发依据的是威利达公司庭后补充提交的喷码设备产品说明，该证据未经质证，不能作为认定本案事实的依据，程序违法。法院认为，威利达公司于原审提交的喷码设备产品说明，是其依据原审法院要求，于庭后提交的针对涉案项目所作的说明，属于当事人的陈述。对于该证据，必须按照法定程序，进行全面地客观地审查，只有查证属实，才能作为认定事实的根据。经过法院二审查明，威利达公司提交的喷码设备产品说明未经沃航公司质证，且与事实不符，不能作为认定事实的根据，原审法院程序违法，法院予以纠正。

2.【裁判规则】未严重侵害他人合法权益、违反法律禁止性规定或者严重违背公序良俗的方法形成或者获取的证据，不属于非法证据

典型案例

许某某与巫某民间借贷纠纷案［四川省高级人民法院（2015）川民终字第236号］

上诉人（原审原告）：许某某

上诉人（原审被告）：巫某

裁判观点

人民法院认为，巫某上诉主张本案一审中许某某提交的录音证据违反《最高人民法院关于未经对方当事人同意私自录制其谈话取得的资料不能作为证据使用的批复》［法复（1995）2号］中关于私自录音不得作为证据使用的规定。法院认为，根据2001年《民事证据规定》第68条和《民诉法司法解释》第106条规定，以上规定是2001年《民事证据规定》出台后以及新《民事诉讼法》实施后，人民法院对非法证据进行排除的规定。本案一审中许某某提交的录音资料不属于以上情形，该录音证据不属于非法证据，且一审中巫某本人当庭质证的意见是"不是我给她（指许某某女儿许甲）打的电话，是她喊我请她吃饭到家里面录的音，只是话家常"，即对录音的真实性没有异议。巫某及其代理人一审时对许某某宣称的该录音录制于2014年5月1日也没有提出异议，故也不属于有疑点的视听资料，不违反2001年《民事证据规定》第69条、第70条的规定。

3.【裁判规则】视听资料的取得并未侵害他人的合法权益，未有违反法律禁止性规定或违背公序良俗的情形，可以作为认定事实的依据

典型案例

四川君羊建设集团有限公司与张某某建设工程施工合同纠纷案［四川省高级人民法院（2020）川民再179号］

再审申请人（一审被告、二审上诉人）：四川君羊建设集团有限公司（以下简称君羊公司）

被申请人（一审原告、二审被上诉人）：张某某等

裁判观点 ▶▶

人民法院认为，该份录音证据是张某某与君羊公司就540万元履约保证金一事进行沟通谈话的视听资料，其取得并未侵害张某某或其他人的合法权益，也未有违反法律禁止性规定或违背公序良俗的情形，该录音证据可以作为认定本案相关事实的依据。《民诉法司法解释》第106条的规定亦明确了该精神。该录音证据系张某某与君羊公司就540万元履约保证金进行协商的谈话过程，与本案的基本事实密切相关，应当采信作为本案证据使用。

4.【裁判规则】域外证据应当经所在国公证机关予以证明，并经中华人民共和国驻该国使领馆予以认证，可以作为定案根据

典型案例 ▶▶

台州绿沃川农业有限公司与EUROSEMILLAS种业技术（北京）有限责任公司等侵害植物新品种权纠纷案［最高人民法院（2019）最高法知民终774号］

上诉人（原审被告）：台州绿沃川农业有限公司（以下简称绿沃川公司）

被上诉人（原审原告）：EUROSEMILLAS种业技术（北京）有限责任公司（以下简称EUROSEMILLAS公司）等

裁判观点 ▶▶

最高人民法院认为，根据2001年《民事证据规定》第11条和第12条规定，本案中，案外人庆尚北道农业技术院与EUROSEMILLAS公司签订的授权委托书经韩国相关公证机关予以证明，并由我国驻韩国大使馆领事部予以认证，亦包含中文译本，程序上符合我国法律关于域外证据公证认证等相关规定，绿沃川公司并未提交充分有效的证据否定其证明效力，原审法院予以采信并无不当。

（三）不得作为定案根据

1.【裁判规则】严重侵害他人合法权益、违反法律禁止性规定或者严重违背公序良俗的方法形成或者获取的证据，不得作为认定案件事实的根据

典型案例 ▶▶

曲某与张某某等船舶买卖代理合同纠纷案［山东省高级人民法院（2016）鲁民

终19号]

上诉人(原审原告):曲某

被上诉人(原审被告):张某某等

裁判观点

人民法院认为,文登区公安局天福派出所(以下简称天福派出所)接到张某某关于被曲某限制人身自由的报案后,对王某、林某、曲某的询问笔录及二审中曲某提交的证据,天福派出所对张某某的询问笔录,证明了张某某在曲某打印好的保证书上签字的过程,张某某受到曲某所召集多人的胁迫,一审法院依据《民诉法司法解释》第106条规定确认保证书不得作为认定事实的根据,认定事实清楚。法院认为,保证书的取得存在严重侵害他人合法权益的情形,保证书不能作为有效证据。所以上诉人曲某主张被上诉人张某某支付2010年船舶燃油补贴40万元,法律根据不足。法院对上诉人曲某的主张不予支持。

2.【裁判规则】伪造的证据不符合证据的合法性要素

典型案例

徐某某与上海大众公共交通有限公司道路交通事故人身损害赔偿纠纷案[上海市第一中级人民法院(2009)沪一中民一(民)终字第3426号]

上诉人(原审原告):徐某某

被上诉人(原审被告):上海大众公共交通有限公司(以下简称大众公司)

裁判观点

人民法院认为,上诉人所提供的误工证明及收入情况证明,系其伪造的,该行为已经违反了法律规定,其伪造的证据也不符合证据的合法性要素。由于上诉人不能提供有效证据证明其收入来源于城镇,故原审法院根据在案的证据资料,以农村标准确定上诉人的相关赔偿标准并无不当。虽然被上诉人大众公司对上诉人从事家政工作的事实予以认可,但是,根据2019年《民事证据规定》第13条规定,即双方当事人对案件事实的自认是以不涉及其他人的合法权益为前提的。而被上诉人大众公司对上诉人从事家政工作这一事实的承认,必然涉及第二被上诉人保险公司的合法权益，也就是说大众公司的认可行为导致的法律后果与保险公司的理赔义务有关。故该承认法院不予认可，因而也不能因大众公司的认可而免除上诉人就适用城镇标准的举证责任。

3.【裁判规则】负有举证证明责任的当事人拒绝到庭、拒绝接受询问或者拒绝签署保证书，待证事实又欠缺其他证据证明的，人民法院对其主张的事实不予认定

典型案例

秦某某与黄某某侵权责任纠纷案［湖南省郴州市中级人民法院(2015)郴民一终字第859号］

上诉人(原审被告)：秦某某

被上诉人(原审原告)：黄某某

裁判观点

人民法院认为，黄某某为证实秦某某的侵权事实，提交了公安机关的问话笔录，案外人何某与秦某某的通话录音。从该通话记录内容可以看出，秦某某与案外人何某有经济纠纷而占有诉争车辆，秦某某亦未对占有诉争车辆一事否认。为进一步查明案件事实，确认通话人的身份和录音内容的真实性，法院责令当事人秦某某本人到庭接受询问，但秦某某一直未出庭接受询问。根据《民诉法司法解释》第110条和第108条第1款规定，本案中，综合黄某某提交的公安机关问话笔录、通话录音以及报警事实、双方庭审陈述，考虑到秦某某拒绝到庭接受询问的情况，结合前述法律规定，法院确信黄某某陈述秦某某占有诉争车辆的事实具有高度可能性，可以认定该事实存在。

4.【裁判规则】在未提供相反证据足以推翻其自认的情况下，仅有当事人的单方质疑理由，不予采信

典型案例

黄某某与陈某某民间借贷纠纷案［最高人民法院(2017)最高法民申2211号］

再审申请人（一审被告、二审被上诉人）：黄某某

被申请人（一审原告、二审上诉人）：陈某某

裁判观点

最高人民法院认为，《民事诉讼法》第13条规定，民事诉讼应当遵循诚实信用原则。当事人诉讼权利的行使，应当符合法律的规定并秉承基本道德规范，不歪曲案件基本事实。2001年《民事证据规定》第8条虽规定："……当事人在法庭辩论终结前撤回承认并经对方当事人同意，或者有充分证据证明其承认行为是在受胁迫或者重大误解情况下作出且与事实不符的，不能免除对方当事人的举证责任。"但从本案查明情况看，并无证据显示黄某某对560万元借贷事实的承认是在受胁迫或重大误解情况下作出且与事实不符。黄某某对其先后反言的陈述既未作出合理的解释，也未提供证据证明在再审审查过程中仍不能免除陈某某对借贷事实的举证责任。在未提供相反证据足以推翻其自认的情况下，黄某某所持的单方质疑理由，缺乏证据支持，亦有违诚实信用原则。法院对其"根本没有向陈某某借款"的陈述不予采信。

5.【裁判规则】摘录有关单位制作的与案件事实相关的文件、材料，应当注明出处，并加盖制作单位或者保管单位的印章，摘录人和其他调查人员应当在摘录件上签名或者盖章，否则不能作为定案依据

典型案例

镇江兴隆港务有限公司与哈尔滨宏和盛经贸有限公司港口经营合同纠纷案［湖北省高级人民法院（2019）鄂民终685号］

上诉人（原审被告）：镇江兴隆港务有限公司（以下简称兴隆港务公司）

被上诉人（原审原告）：哈尔滨宏和盛经贸有限公司（以下简称宏和盛公司）

裁判观点

人民法院认为，2001年《民事证据规定》第31条规定："摘录有关单位制作的与案件事实相关的文件、材料，应当注明出处，并加盖制作单位或者保管单位的印章，摘录人和其他调查人员应当在摘录件上签名或者盖章。摘录文件、材料应当保持

内容相应的完整性，不得断章取义。”案涉证明仅写明“开发区管委会明确提出要求辖区重污染企业必须转型升级”，没有注明出处，也没有摘录人或其他调查人员在证明上签名或签章，不能作为定案依据。

6.【裁判规则】摘录文件、材料应当保持内容相应的完整性，否则无法证明待证事实

典型案例

成都讯捷通讯连锁有限公司与四川蜀都实业有限责任公司等房屋买卖合同纠纷案［最高人民法院（2013）民提字第90号］

申请再审人（一审原告、反诉被告、二审被上诉人）：成都讯捷通讯连锁有限公司（以下简称讯捷公司）

申请再审人（一审被告、反诉原告、二审上诉人）：四川蜀都实业有限责任公司（以下简称蜀都实业公司）

裁判观点

最高人民法院认为，关于蜀都实业公司向讯捷公司交付案涉房屋行为的性质。案涉购房协议书签订于2006年9月20日，蜀都实业公司于2007年1月4日将案涉房屋交付讯捷公司使用。在法院庭审中，蜀都实业公司提交了双方在2008年5月6日的往来函件材料中的一页作为证据，从该证据的内容及序号可看出，完整的该函件至少应有两页纸。根据2001年《民事证据规定》第31条第2款规定，摘录文件、材料应当保持内容相应的完整性，不得断章取义。因此，仅根据蜀都实业公司提交的这一页纸的内容，难以判断双方的真实意思表示是在案涉房屋交付给讯捷公司时就已确定为在双方之间成立租赁关系，还是在已确定房屋买卖关系的基础上希望变更为租赁关系，因此，无法据此证明蜀都实业公司系基于租赁关系而向讯捷公司交付案涉房屋。除此之外，蜀都实业公司在本案的一、二审及再审中未提供其他证据证明该交付行为系基于租赁关系或者购房协议书之外的其他有偿法律关系而为的交付。因此，对于该交付，蜀都实业公司没有充分证据证明其向讯捷公司交付案涉房屋的行为并非基于房屋买卖关系，而是基于租赁等有偿使用关系，故其该主张不能成立，蜀都实业公司向讯捷公司交付案涉房屋的行为应认定为基于当事人之间的房屋买卖法律关系而为的交付。

7.【裁判规则】当事人向人民法院提供的证据系在中华人民共和国领域外形成的证据，应当经所在国公证机关予以证明，并经中华人民共和国驻该国使领馆予以认证，未完成认证的，不能作为定案依据

典型案例

敦化市洪源木业有限公司与环球都市有限责任公司买卖合同纠纷案［辽宁省高级人民法院（2017）辽民终1329号］

上诉人（一审原告）：敦化市洪源木业有限公司（以下简称洪源木业）

上诉人（一审被告）：环球都市有限责任公司（以下简称环球都市）

裁判观点

人民法院认为，关于对公证认证的证据采信问题。洪源木业认为，双方之间买卖合同关系合法有效，洪源木业依约履行了交货义务，但洪源木业从未使用过yuguOchen43@hotmail.com的邮箱地址与环球都市联系过任何业务。环球都市认为，认可收到了案涉货物，但通过洪源木业yuguochen43@hotmail.com和yuguOchen43@hotmail.com的邮箱地址进行联系，已经支付货款。法院认为，双方之间买卖合同关系合法有效，洪源木业依据约定的时间和方式向环球都市履行了交货义务，环球都市亦认可收到了案涉货物，即应当支付货款。其辩称通过洪源木业yuguochen43@hotmail.com和yuguOchen43@hotmail.com的邮箱地址进行联系，按照洪源木业的指示履行了交付货款的义务。根据2001年《民事证据规定》第11条规定，对于环球都市提供的通过邮箱与洪源木业联系业务的证据，环球都市称已经过公证认证，但其提供的是关于翻译人员对于中英文的翻译已尽力进行的公证，公证员在该公证书中明确“仅证实签字出自签字人本人，不证明文件真实性、准确性或有效性”的声明，证实该公证未就证据的来源、真实性、完整性、收集过程等进行公证及认证。对本案中，环球都市提供的公证认证的证据，系在中华人民共和国领域外形成，且不属于已经办理了公证认证的证据材料，因此，不能作为定案依据。

（四）综合审核认定

1.【裁判规则】审判人员对案件的全部证据，应当从各证据与案件事实的关联程度、各证据之间的联系等方面进行综合审查判断

典型案例

郭某某与邢某某案外人执行异议之诉案［最高人民法院（2020）最高法民申2204号］

再审申请人（一审被告、二审上诉人）：郭某某

被申请人（一审原告、二审被上诉人）：邢某某

裁判观点

最高人民法院认为，关于二审判决实体处理结果是否不当的问题。郭某某未提交证据证明案涉土地使用权目前存在法律禁止转让的情形，其关于2000年10月26日邢某某与巩义市孝北村委会签订的协议书无效的再审申请理由不能成立。郭某某亦未提交证据证明巩义市孝北村委会否认2006年8月30日签订的协议书系其真实意思表示，其关于该协议书并非邢某某与巩义市孝北村委会达成的合意的再审申请理由亦不能成立。郭某某申请再审称，原判决认定部分主要事实的证据系伪造，但未提交充分的证据证明其主张。就本案实体处理结果而言，虽然案涉争议房屋项下的国有土地使用证、建设工程规划许可证、建筑工程施工许可证、商品房预售许可证均登记办理在聚信公司名下，但邢某某在一审中已提供相关凭证证明其为案涉项目下的4.71亩土地向巩义市孝北村委会共支付170万元土地款。邢某某提供的其与柴某某、聚信公司在2010年6月19日签订的协议书以及在2013年12月1日签订的关于洛阳聚信房地产开发有限公司柴某某和邢某某共同开发新风花苑的调解协议，对邢某某、柴某某、聚信公司如何开发案涉项目以及建成后如何分配房屋等作了约定。邢某某原审中提交了其与郑州银河建筑工程有限公司就对案涉项目进行施工签订的协议书、郑州银河建筑工程有限公司出具的证明以及相关凭证等证据证明其对案涉项目进行了投资开发。柴某某、聚信公司均未对邢某某的上述行为提出任何异议。聚信公司在一、二审中亦明确表示其非案涉土地的投资人，也非新风花苑项目出资人，该项目是柴某某、邢某某以聚信公司名义投资开发，聚信公司不是本案争议土地使用权人及房产的实际

权利人。人民法院对案件的全部证据，应当从各证据与案件事实的关联程度、各证据之间的联系等方面进行综合审查判断。原判决综合全案证据认定邢某某是案涉土地使用权的出资人、案涉项目的实际投资开发人、已经出售案涉房产，并无不当。综合本案全案情况，原审法院判决不得执行案涉房屋，处理结果亦较为妥当。

2.【裁判规则】审判人员应当依照法定程序，全面、客观地审核证据，依据法律的规定，遵循法官职业道德，运用逻辑推理和日常生活经验，对证据有无证明力和证明力大小独立进行判断，并公开判断的理由和结果

典型案例

陈某某等与深圳南山宝生村镇银行股份有限公司等第三人撤销之诉案［最高人民法院（2020）最高法民申2172号］

再审申请人（一审原告、二审上诉人）：陈某某等

被申请人（一审被告、二审被上诉人）：深圳南山宝生村镇银行股份有限公司（以下简称宝生银行）等

裁判观点

最高人民法院认为，根据2001年《民事证据规定》第64条规定，根据原审法院查明的事实，陈某某等自2005年起即居住在案涉房屋中，但陈某某等与肖某某之间并未就案涉房产签订书面的房屋买卖合同，肖某某未到庭确认双方就案涉房产形成了买卖关系，因此，原审法院认为陈某某等提交的证据并不足以认定双方存在真实的房屋买卖关系，符合民事诉讼的证据采信规则。依法申请办理案涉房屋变更登记的责任与义务首先应由陈某某等与肖某某承担，无论肖某某是否曾作出所谓公证案涉房屋转让行为的承诺，均无法免除陈某某等在十余年间未办理产权转移登记，怠于行使其合同权利的责任。而陈某某等在其再审申请书中称肖某某曾以存在亲属关系为由，明确表示不办理案涉房屋的变更登记；此后，陈某某等亦始终没有办理变更登记，显然，由此引发的风险应由其二人承担。因此，原审法院认为陈某某等对案涉房屋未能及时转移登记明显存在过错，符合本案实际情况，并无不当。

3.【裁判规则】认定真实性不等同于作为认定案件的根据

典型案例

张某某与中国二十冶集团有限公司等建设工程施工合同纠纷案［最高人民法院（2015）民一终字第197号］

上诉人（原审第三人）：张某某

被上诉人（原审原告、反诉被告）：中国二十冶集团有限公司（以下简称二十冶公司）等

裁判观点

最高人民法院认为，依据《民诉法司法解释》第104条第2款规定，因此，认定“真实性”不等同于“作为认定案件的根据”。张某某主张一审法院对上册（材料票据）和下册（工伤票据、施工日记和材料票据）这两本证据漏审，经查阅一审卷宗发现，该两册证据已被包含在结算清单（下册）中，并且华赣（2014）建鉴字第020号《建筑工程造价司法鉴定意见书》明确记载送检材料中包括这两本证据，也据此作出了相关鉴定内容，故一审法院不存在漏审证据的情形。

4.【裁判规则】当事人拒绝陈述的，不影响人民法院根据证据认定案件事实

典型案例

龙某某与贵州海宇投资有限公司等借款合同纠纷案［贵州省高级人民法院（2019）黔民申1077号］

再审申请人（一审被告、二审上诉人）：龙某某

被申请人（一审原告、二审被上诉人）：贵州海宇投资有限公司

裁判观点

人民法院认为，从内容上看，班某某为本案一审被告，其所出具的关于付给黄某某的利息说明为当事人陈述。班某某作为本案当事人，经一审法院合法传唤拒不到庭参加诉讼，也未在二审中向二审法院提供相应证据并亲自到庭进行陈述，根据《民事诉讼法》第75条之规定，班某某未到庭参加本案诉讼，在未有其他证据予

以佐证的情况下，班某某所作陈述真实性存疑。

5.【裁判规则】可能存在利益冲突，与案件处理结果有直接利害关系的证明材料，证据证明力较弱

典型案例 ▶▶

李某与贵州现代物流产业（集团）有限责任公司等案外人执行异议之诉案［最高人民法院（2020）最高法民申2154号］

再审申请人（一审原告、二审被上诉人）：李某

被申请人（一审被告、二审上诉人）：贵州现代物流产业（集团）有限责任公司（以下简称现代物流公司）等

裁判观点 ▶▶

最高人民法院认为，李某在原审诉讼中提交的拟证明合法占有的证据均为美成公司及其下属物业公司出具，美成公司与李某、现代物流公司均可能存在利益冲突，与案件处理结果有直接利害关系，故相关证据证明力较弱。在无维修基金费刷卡或转账凭据、水电费支付凭据等其他证据补强、形成可靠证据链条的情况下，无法依据现有证据认定李某在人民法院查封前已合法占有案涉房屋。二审判决认为李某就案涉房屋不具有排除现代物流公司强制执行的民事权益，驳回其诉讼请求，审理结果并无不当。

6.【裁判规则】单位出具的证明在性质上属于证人证言，应派员出庭接受质询

典型案例 ▶▶

陈某某与佛山市顺德区华顺电机实业有限公司损害商业信誉、商品声誉纠纷案［广东省高级人民法院（2005）粤高法民三终字第141号］

上诉人（原审被告）：陈某某

被上诉人（原审原告）：佛山市顺德区华顺电机实业有限公司（以下简称华顺公司）

裁判观点

人民法院认为，就《电机电器技术》编辑部出具的证明而言，在性质上属于证人证言，《电机电器技术》编辑部作为证人应派员出庭接受质询，但其却未有正当理由未出庭作证。而且，《电机电器技术》编辑部作为被控侵权广告刊物的出版商与本案有利害关系，华顺公司明确表示对该证明内容的真实性和合法性不予认可，根据2001年《民事证据规定》第55条、第69条的规定，法院对该证据不予采纳。

7.【裁判规则】人民法院认定证人证言，可以通过对证人的智力状况、品德、知识、经验、法律意识和专业技能等综合分析作出判断

典型案例

杨甲与韩乙等民间借贷纠纷案［最高人民法院（2016）最高法民申371号］

再审申请人（一审原告、二审被上诉人）：杨甲

被申请人（一审被告、二审上诉人）：韩乙等

裁判观点

最高人民法院认为，关于新证据的问题。杨甲提供的两位证人称其曾陪同杨甲向韩乙主张担保权利，但杨甲并未在一、二审中申请两位证人出庭作证。杨甲的委托代理人称杨甲逾期提交证据的理由是当时过于自信，后未能找到证人。从法院查明情况看，卢某、任某未变更住所，任某虽曾外出打工，但家中有人。杨甲作为两位证人的朋友，并不存在难以联系上证人的客观障碍，其逾期提供证据的理由不能成立。从证明力的角度看，根据2001年《民事证据规定》第69条和第78条规定："人民法院认定证人证言，可以通过对证人的智力状况、品德、知识、经验、法律意识和专业技能等的综合分析作出判断"。本案中，两位证人与杨甲系朋友关系，杨甲没有其他证据佐证两位证人的证言；杨甲在二审后找到证人作证，没有提出合理的逾期理由。综合本案情况，两位证人的证言不足以证明杨甲曾及时向韩乙主张权利。

8.【裁判规则】发现存在虚假诉讼可能时，应当依职权调取相关证据

典型案例

上海欧宝生物科技有限公司与辽宁特莱维置业发展有限公司企业借贷纠纷案［最高人民法院（2015）民二终字第324号］(最高人民法院指导案例第68号)

上诉人（一审原告）：上海欧宝生物科技有限公司（以下简称欧宝公司）

被上诉人（一审被告）：辽宁特莱维置业发展有限公司（以下简称特莱维公司）

裁判观点

最高人民法院认为，根据《民诉法司法解释》第90条和第108条规定，在当事人之间存在关联关系的情况下，为防止恶意串通提起虚假诉讼，损害他人合法权益，人民法院对其是否存在真实的借款法律关系，必须严格审查。欧宝公司提起诉讼，要求特莱维公司偿还借款8650万元及利息，虽然提供了借款合同及转款凭证，但其自述及提交的证据和其他在案证据之间存在无法消除的矛盾，当事人在诉讼前后的诸多言行违背常理，主要表现为以下七个方面：第一，从借款合意形成过程来看，借款合同存在虚假的可能。第二，从借款的时间上看，当事人提交的证据前后矛盾。第三，从借款的数额上看，当事人的主张前后矛盾。第四，从资金往来情况看，欧宝公司存在单向统计账户流出资金而不统计流入资金的问题。第五，从所有关联公司之间的转款情况看，存在双方或多方账户循环转款问题。第六，从借款的用途看，与合同约定相悖。第七，从欧宝公司和特莱维公司及其关联公司在诉讼和执行中的行为来看，与日常经验相悖。

对上述矛盾和违反常理之处，欧宝公司与特莱维公司均未作出合理解释。由此可见，欧宝公司没有提供足够的证据证明其就案涉争议款项与特莱维公司之间存在真实的借贷关系。且从调取的欧宝公司、特莱维公司及其关联公司账户的交易明细发现，欧宝公司、特莱维公司以及其他关联公司之间、同一公司的不同账户之间随意转款，款项用途随意填写。结合在案其他证据，法院确信，欧宝公司诉请之债权系截取其与特莱维公司之间的往来款项虚构而成，其以虚构债权为基础请求特莱维公司返还8650万元借款及利息的请求不应支持。据此，辽宁省高级人民法院再审判决驳回其诉讼请求并无不当。

9.【裁判规则】根据日常生活经验，在正常市场交易过程中，销售人员开具相关票据时手写的日期一般具有可信性

典型案例 ▶▶

大连致泰种业有限公司与衣某某侵害植物新品种权纠纷案［最高人民法院(2017) 最高法民申2362号］

再审申请人(一审被告、二审上诉人)：大连致泰种业有限公司(以下简称致泰公司)

被申请人(一审原告、二审被上诉人)：衣某某

裁判观点 ▶▶

最高人民法院认为，关于信誉卡的真实性与证明力问题。首先，该信誉卡上手写购买日期为2014年5月9日。根据日常生活经验，在正常市场交易过程中，销售人员开具相关票据时手写的日期一般具有可信性。其次，该信誉卡上的另一日期“2013年7月19日”并非机打日期，而是该信誉卡上加盖的现金收讫章所显示的日期。该现金收讫章的日期具有可调性，二审法院在对该信誉卡出具单位庄河销售中心工作人员进行询问时，该工作人员表示该现金收讫章日期可能存在未及时调整的情况。同时，该工作人员始终未否认该信誉卡及现金收讫章的真实性。因此，该信誉卡上的书写购买日期具有更高可信度，能够证明衣某某于2014年5月9日购买本案被诉侵权品种“致泰1号”玉米种子的事实具有高度可能性。二审法院对该证据的审查认定并无不当，致泰公司的相应申请再审理由不能成立，不予支持。

10.【裁判规则】当事人向人民法院提供的证据是在香港、澳门、台湾地区形成的，应当履行相关的证明手续

典型案例 ▶▶

林某某与卢某某民间借贷合同纠纷案［最高人民法院 (2020) 最高法民申5435号］

再审申请人(一审被告、二审被上诉人)：林某某

被申请人(一审原告、二审上诉人)：卢某某

裁判观点

最高人民法院认为，首先，林某某提供的转账记录形成于2015年2月5日，产生于本案一审、二审之前，一、二审期间林某某均未提交且未能说明逾期提交证据的理由，不符合新证据的认定条件。其次，根据2019年《民事证据规定》第16条第3款之规定，林某某提交的上述证据在香港特别行政区形成但未履行相关证明手续，程序上不符合法定条件。最后，该证据显示汇款人并非林某某，不足以证明该笔款项是林某某向卢某某清偿案涉借款的款项。综上所述，对林某某提交的该份证据材料，法院不予采信。

11.【裁判规则】人民法院应当在裁判文书中阐明证据是否采纳的理由

典型案例

中建新疆建工集团第四建筑工程有限公司与中电建湖北电力建设有限公司建设工程施工合同纠纷案［最高人民法院（2019）最高法民申1458号］

再审申请人（一审原告、反诉被告、二审上诉人）：中建新疆建工集团第四建筑工程有限公司（以下简称新疆四建）

被申请人（一审被告、反诉原告、二审上诉人）：中电建湖北电力建设有限公司（以下简称湖北电建）

裁判观点

最高人民法院认为，根据一、二审查明的事实，新疆四建与湖北电建之间未签订建设工程施工合同，施工过程中双方发生纠纷，新疆四建撤场。对于工程款是否已经支付完毕，因双方之间存在争议，故对已完工程的价款需要进行鉴定。审理期间，一审法院根据新疆四建的申请委托新疆有色冶金设计研究院有限公司按照定额计价的方式作出了“鉴定一”，该鉴定意见作出后湖北电建提出异议，认为应当按照工程量清单计价的方式进行鉴定。后一审法院针对湖北电建的异议，重新委托该鉴定机构以工程量清单计价的方式作出了“鉴定二”。法院认为，根据双方在施工过程中的往来函件、工程量签证单等证据可以证实，双方在施工中实际执行诉争工程主合同的计价规则，并且实际施工中新疆四建、湖北电建也是根据该合同附件六的工程量清单申报和支付的工程款。因此，根据政府指导价作出的“鉴定一”，系定额鉴定结论，并不符合本案实际，而根据诉争工程施工中实际执行的计价原则和双方核定的工程量来认定本案工程造价的“鉴定二”，更符合本案客观事实。

关于新疆四建提出二审法院没有作出对证据进行分析及适用的理由，违反法律规定的问题。根据2001年《民事证据规定》第79条“人民法院应当在裁判文书中阐明证据是否采纳的理由”的规定，两份鉴定结论均系一审法院委托新疆有色冶金设计研究院有限公司作出的，一审法院对其真实性均已经予以确认，而二审法院对于按照“鉴定二”计算双方工程价款的理由也进行了相应的阐述，作出的判决并无不当，亦未违反该司法解释的规定。

12.【裁判规则】对当事人无争议的证据，是否采纳的理由可以不在裁判文书中表述

典型案例

陈某某与重庆市万州汽车运输（集团）有限责任公司城市客运分公司合同纠纷案［重庆市高级人民法院（2013）渝高法民终字第00312号］

上诉人（原审原告）：陈某某

被上诉人（原审被告）：重庆市万州汽车运输（集团）有限责任公司城市客运分公司（以下简称万州汽车运输公司城客分公司）

裁判观点

人民法院认为，关于陈某某上诉提出的一审法院在判决文书中没有详细罗列双方当事人举示的证据，未对证据进行分析和判断的问题。法院认为，根据《民事诉讼法》第152条和2001年《民事证据规定》第79条规定，以上规定均未要求法院在裁判文书中详细罗列当事人举示的证据。法院在制作判决文书时，应当保证结果公开和理由公开。法院根据当事人提供的证据依据逻辑法则和经验法则进行事实认定，在法院认为有争议和有需要时，可以对证据的采信进行论证和说理。如果对于证据本身的真实性、合法性、关联性没有异议，且证据认定并无争议的情形下，法院可以直接根据证据认定案件事实。

13.【裁判规则】双方当事人无争议的事实但涉及可能损害国家利益、社会公共利益的，人民法院可以责令当事人提供有关证据

典型案例

邓某甲与乐山市建筑工程公司综合施工公司民间借贷纠纷案［四川省高级人民法院（2014）川民再终字第23号］

上诉人（原审原告）：邓某甲

被上诉人（原审被告）：乐山市建筑工程公司综合施工公司（以下简称乐山建筑综合施工公司）

裁判观点

人民法院认为，邓某甲和乐山建筑综合施工公司法定代表人曾某乙在民间借贷纠纷一案中隐瞒了两人的真实身份关系（婆媳关系），且双方在一审时提供的两份证据均不是借款形成的原始依据，又无其他证据相互印证，对于借款的构成、借款如何形成等与借款有关的重要事实无法说清，亦不能提供证据予以证明，该借款真实性存在诸多疑点，不足以证明借款的真实性。人民法院在审理民间借贷纠纷案件过程中，要依法全面、客观地审核双方当事人提交的全部证据，从各证据与案件事实的关联程度、各证据之间的联系等方面进行综合审查判断。对形成有瑕疵的“欠条”或者“收条”，要结合其他证据认定是否存在借贷关系；对现金交付的借贷，可根据交付凭证、支付能力、交易习惯、借贷金额的大小、当事人之间关系以及当事人陈述的交易细节经过等因素综合判断。根据2001年《民事证据规定》第13条“对双方当事人无争议但涉及国家利益、社会公共利益或者其他人合法权益的事实，人民法院可以责令当事人提供有关证据”的规定，曾某乙对借款事实的认可并不能免除邓某甲的举证责任，仍应根据交付凭证、支付能力、交易习惯、借贷金额的大小、当事人之间关系以及当事人陈述的交易细节经过等因素综合审查认定是否存在借贷关系。关于邓某甲主张的934.29万元借款（本息合计），虽然邓某甲提供了借条，但对该笔巨额借款的来源、交付等情况以记不清楚为由，不能说明，也未提供任何交付凭证，且邓某甲在前款项尚未偿还（利息也未支付）的情况下，仍陆续出借大额资金给乐山建筑综合施工公司，不符合日常生活常理。根据2001年《民事证据规定》第2条“当事人对自己提出的诉讼请求所依据的事实或者反驳对方诉讼请求所依据的事实有责任提供证据加以证明。没有证据或者证据不足以证明当事人的事实主张的，由负有举证责任的当事人承担不利后果”的规定，邓某甲应承担举证不能的后果。一审法院对于真实性无充分证据证明的借款通过民事调解书予以确认，确有错误，应予纠正。

第十四章　民事再审新的证据

司法实践问题与法条适用导航

序号	司法实践问题	法条适用导航
1	民事再审"新的证据"	《民事诉讼法》第200条第1项[1]
2	民事再审中新的证据的前提条件	2020年《民诉法司法解释》第387条[2]
3	民事再审中的逾期提供的新的证据的理由	2020年《民诉法司法解释》第388条[3]
4	对审理案件需要的主要证据，是指人民法院认定案件基本事实所必须的证据	2020年《审判监督司法解释》第9条[4]

1　《民事诉讼法》第200条第1条第1项规定："当事人的申请符合下列情形之一的，人民法院应当再审：(一)有新的证据，足以推翻原判决、裁定的……"

2　2020年《民诉法司法解释》第387条规定："再审申请人提供的新的证据，能够证明原判决、裁定认定基本事实或者裁判结果错误的，应当认定为民事诉讼法第二百条第一项规定的情形。对于符合前款规定的证据，人民法院应当责令再审申请人说明其逾期提供该证据的理由；拒不说明理由或者理由不成立的，依照民事诉讼法第六十五条第二款和本解释第一百零二条的规定处理。"

3　2020年《民诉法司法解释》第388条规定："再审申请人证明其提交的新的证据符合下列情形之一的，可以认定逾期提供证据的理由成立：(一)在原审庭审结束前已经存在，因客观原因于庭审结束后才发现的；(二)在原审庭审结束前已经发现，但因客观原因无法取得或者在规定的期限内不能提供的；(三)在原审庭审结束后形成，无法据此另行提起诉讼的。再审申请人提交的证据在原审中已经提供，原审人民法院未组织质证且未作为裁判根据的，视为逾期提供证据的理由成立，但原审人民法院依照民事诉讼法第六十五条规定不予采纳的除外。"

4　2020年《审判监督司法解释》第9条规定："民事诉讼法第二百条第(五)项规定的'对审理案件需要的主要证据'，是指人民法院认定案件基本事实所必须的证据。"

第一节　民事再审新的证据的条件

【法理辨析】

一、构成民事再审新的证据的条件

根据《民事诉讼法》第200条“当事人的申请符合下列情形之一的，人民法院应当再审：（一）有新的证据，足以推翻原判决、裁定的……”和2020年《民诉法司法解释》第387条“再审申请人提供的新的证据，能够证明原判决、裁定认定基本事实或者裁判结果错误的，应当认定为民事诉讼法第二百条第一项规定的情形。对于符合前款规定的证据，人民法院应当责令再审申请人说明其逾期提供该证据的理由；拒不说明理由或者理由不成立的，依照民事诉讼法第六十五条第二款和本解释第一百零二条的规定处理”的规定，一般来说，关于新的证据的认定程序的内容和条件，主要包括：

（一）新的证据的启动主体只有当事人。从再审程序中的新的证据的启动主体来看，具有唯一性，即只有当事人申请再审这一种情况。法院依职权启动再审和检察机关抗诉启动的再审，不存在新的证据的问题。

（二）新的证据应当具有实质性。即需要达到“足以推翻”的实质程度。根据2020年《民诉法司法解释》第387条的规定，司法实践中，经常会出现当事人在一、二审中，经一、二审法院合法传唤拒不到庭的情况，应当视为当事人已经放弃其诉讼权利。在一审判决作出后，当事人并未在法定期限内提起上诉，应视为其对一审判决结果认可，亦为其对自身诉讼权利的正常处分，理应得到尊重。二审维持原判后，当事人申请再审，应当不予审查。与此同时，“对于当事人在申请再审阶段才提供的证据，也应以未在原审提供的理由是否正当作为是否采纳的重要标准，而不应轻易以其未在原审提供为由否定其证据资格。但由于再审新证据事由的实质要件为足以推翻原判决、裁定，只有符合这一实质要件，才有进一步判断当事人未在原审提供理由正当性的必要，因此，对于当事人申请再审阶段提交的证据，应当先判断其是否足以推翻原判决、裁定，然后对于足以推翻原判决、裁定的证据，再判断再审申请人未在原审提供证据的理由是否成立”。〔1〕

---

〔1〕 沈德咏主编：《最高人民法院民事诉讼法司法解释理解与适用（下）》，人民法院出版社2015年版，第1024页。

（三）从时限性的要件来说，庭审结束前已客观存在的证据，不存在无法取得的客观原因，不属于新的证据。如再审申请人提供的转账凭证及借条均属原审庭审结束前客观存在的证据，但申请人不能说明上述证据属于新发现的证据或存在因客观原因无法取得、在规定的期限内不能提供的原因，且该证据不属于鉴定结论、勘验笔录等证据，因而上述证据虽在原审中未曾提交，但亦不构成新的证据，不作为新证据采纳。如当事人提交的证据在一、二审判决之前就已存在，且多数证据已在原审中提交并质证，不属于新的证据。

（四）从证明对象的角度来说，一、二审后单方鉴定意见不能证明待证事实的，不属于新的证据。在司法实践中，经常遇到的就是当事人在一、二审结束后，自行单方进行鉴定的问题，再以该鉴定意见作为新的证据，来试图推翻原审的判决的问题。例如，在建设工程施工合同案件中，当事人一审中没有就建筑质量的鉴定问题提出异议，且没有要求法院进行鉴定，一、二审审结后，单方进行委托鉴定的，不能作为新证据使用。另外，提交的鉴定文书，从形式上看不属于原作出鉴定结论者重新作出的鉴定，从内容上看没有推翻原结论，故该鉴定文书不属于新的证据。

二、司法实践中的新的证据

1.对于不是在原审庭审结束后发现，而是在二审期间发现证据，始终由一方当事人保管留存，并直至二审才向法庭提供，完全是其自身原因所致，不属于因客观原因无法取得的证据和新的证据。例如，再审申请人提交的证据属于证人证言，虽然落款日期在二审庭审结束后，但陈述的事实是本案形成诉讼之前发生的，再审申请人没有合理的理由说明其为何未在一审期间提交该证据，故该项证据不能认定为新的证据。

2.在二审判决生效后，地方主管部门作出行政命令，要求限期拆除违法建筑，因此，一方当事人向相对方发出解除合同通知书，要求解除合同，拆除违法建筑。由于这种行政命令的形成时间为终审判决生效后形成，再审审查不应基于该证据材料对二审判决是否确有错误作出评判，法院对此类证据，不予采纳。

3.在司法实践中，经常能够遇到当事人在终审判决后，通过录制电话录音形成文字和录音光盘的形式，来试图证明自己存在被他人胁迫的事实。其一，这类证据的真实性无法确定；其二，单单凭借内容不全的录音，或者说只有录音光盘形式尚不足达到排除合理怀疑的证明标准；其三，由于是终审后新形成的证据，不具备新的证据的实质性要件。

【典型案解】

（一）实质性条件

1.【裁判规则】再审新证据需要具备能够证明原判决认定基本事实或者裁判结果错误的实质要件

典型案例

贵州泰利物业有限公司与贵州广厦房地产开发有限公司财产权属纠纷案［最高人民法院（2017）最高法民申3619号］

再审申请人（一审原告、二审上诉人）：贵州泰利物业有限公司（以下简称泰利公司）

被申请人（一审被告、二审被上诉人）：贵州广厦房地产开发有限公司（以下简称广厦公司）

裁判观点

最高人民法院认为，泰利公司申请再审时提交了南京东南司法鉴定中心（2016）文鉴字212号《司法鉴定意见书》、广东南天司法鉴定所粤南（2016）文鉴字第878号《文书司法鉴定意见书》以及贵州省贵阳市公安局筑公刑诉字第（2017）23号《起诉意见书》，试图证明广厦公司黔广房开字（1995）第14号文系曾某国于2005年后伪造。根据《民诉法司法解释》第387条规定，据此，再审新证据不仅需要新形成的证据在形式上是新的，而且需要能够证明原判决认定基本事实或者裁判结果错误的实质要件。原判决认定泰利公司并非案涉项目合法投资人的主要依据是案涉内部项目承包协议以及未经涂改的收款收据、进账单等证据，而不是案涉第14号文件。且泰利公司仅提交了贵州省贵阳市公安局筑公刑诉字第（2017）23号《起诉意见书》，并无生效法律文书对曾某国伪造证据行为予以确认。

2.【裁判规则】新的证据必须符合足以推翻原审判决、裁定的这一条件

典型案例 ▶▶

云南华森实业公司与云南荣成兴业房地产有限公司等合同纠纷案［最高人民法院（2014）民申字第1930号］

再审申请人（一审原告、二审上诉人）：云南华森实业公司（原云南同旺实业公司，以下简称华森公司）

被申请人（一审被告、二审上诉人）：云南荣成兴业房地产有限公司（以下简称荣成兴业公司）等

裁判观点 ▶▶

最高人民法院认为，本案终审判决是2012年10月10日作出的，华森公司系于2012年10月25日签收终审判决书。经查，华森公司曾于2013年1月31日向法院申请再审，法院立案审查后，华森公司申请撤诉，法院于2013年9月30日裁定准予其撤诉。后华森公司于2014年10月20日再次向法院申请再审。根据《民事诉讼法》第205条规定：当事人申请再审，应当在判决、裁定发生法律效力后6个月内提出；有本法第200条第1项、第3项、第12项、第13项规定情形的，自知道或者应当知道之日起六个月内提出。对此，华森公司以其有新的证据为由，主张其申请未超过申请再审期限。据此，应对华森公司申请再审中所称证据清单中第12组至第15组是否为新的证据进行审查。经审查，证据12系昆明市西山区人民政府与华森公司于2009年9月29日签订的土地收购补偿协议，证据13系华森公司与昆明市国土资源局西山分局于2009年9月29日签订的土地移交书，证据14系昆明市西山区人民法院于2014年向昆明市中级人民法院提交的（2014）昆民一初字第84号承包地征收补偿费用分配纠纷一案的证据封面及目录，证据15系云南省昆明市中级人民法院审理的（2014）昆民一初字第84号承包地征收补偿分配纠纷一案给华森公司的民事传票。根据《审判监督司法解释》第10条的规定，华森公司提交的上述证据不属于再审中的新的证据。理由是：第一，华森公司提供的证据12和证据13，均形成于本案诉讼之前，且为华森公司所持有，不存在庭审后新发现的证据；第二，证据14和证据15虽形成于本案终审判决之后，但构成新的证据的条件还必须符合《民事诉讼法》第200条第1项规定的“有新的证据，足以推翻原审判决、裁定的”这一条件，而从这

两份证据的内容看，显然证据本身内容与本案事实并无关联，更不能推翻本案原审判决。

3.【裁判规则】当事人提供的证人证言不能证明案件待证事实的，不符合新的证据的条件

典型案例

陈某某与杨某某等股权转让合同纠纷案［最高人民法院（2014）民申字第1141号］

再审申请人（一审被告、二审上诉人）：陈某某

被申请人（一审原告、二审被上诉人）：杨某某等

裁判观点

最高人民法院认为，陈某某提交的证据属于证言，从内容看是证明杨某某参加了2011年9月27日的全体股东会议，而且对股东转让股权认可、同意。法院认为，陈某某提交的证言所要证明的事实已经2011年9月27日的股东会议决议予以证实，杨某某予以认可，但该证言并不能证明陈某某已将案涉债务转移给了朱某。根据《审判监督司法解释》第10条关于"新的证据"的规定，陈某某提交的证据不属于新的证据。

（二）程序性条件

1.【裁判规则】在二审判决生效后政府有关部门作出的新决定，不符合新的证据的条件

典型案例

达州广播电视大学与四川省聚丰房地产开发有限责任公司合资、合作开发房地产合同纠纷案［最高人民法院（2014）民申字第56号］

再审申请人（一审被告、二审被上诉人）：达州广播电视大学（以下简称达州电大）

被申请人（一审原告、二审上诉人）：四川省聚丰房地产开发有限责任公司（以下简称聚丰公司）

裁判观点 ▶▶

最高人民法院认为，达州电大作为新证据提交的两份材料，其一为达州市政府2013年12月15日作出的《达州市人民政府关于依法收回达州市广播电视大学土地使用权的批复》，其二为达州市国土资源局2013年12月20日作出的《收回国有建设用地使用权决定书》。内容是解除与达州电大关于涉案土地使用权的出让合同，收回土地使用权，注销土地使用权登记和土地权利证书，以进一步证明其与聚丰公司签订的合作开发协议书在客观上不可能继续履行。这两份材料的内容所反映的只是政府有关部门在二审判决生效后对涉案土地使用权作出的新的决定，并不符合证实原审时案件真实情况的新证据的条件。不过却能够进一步证明，涉案土地使用权在二审时仍然属于达州电大，当时判决继续履行有法律依据，并非适用法律错误。

2.【裁判规则】在原审庭审结束前已客观存在或可以取得的证据，不符合有关新的证据的条件

典型案例 ▶▶

许某某与华某某等民间借贷纠纷案［最高人民法院（2019）最高法民申1515号］

再审申请人（一审被告）：许某某

被申请人（一审原告、二审被上诉人）：华某某等

裁判观点 ▶▶

最高人民法院认为，许某某在再审审查中向法院提交了司法鉴定意见书、许某某学生证、银行流水单、德金公司的公司章程及验资报告、手机微信界面打印件以及邓某某、许某标、许某某出具的情况说明等文件材料。首先，从形成时间上，除北京华夏物证鉴定中心出具的司法鉴定意见书形成日期为2018年6月19日，其他证据均为原审庭审结束前已客观存在或可以取得的证据，不符合《审判监督司法解释》第10条及《民诉法司法解释》第388条中有关“新的证据”的规定。

3.【裁判规则】调查笔录记载的时间为二审判决作出后形成，不符合新的证据的条件

典型案例 ▶▶

四川省德阳市仙光实业有限公司与四川省第四建筑工程公司建设工程施工合同纠纷案［最高人民法院（2013）民申字第1124号］

再审申请人（一审原告、二审上诉人）：四川省德阳市仙光实业有限公司（以下简称仙光实业公司）

被申请人（一审被告、二审上诉人）：四川省第四建筑工程公司（以下简称四川四建公司）

裁判观点 ▶▶

最高人民法院认为，仙光实业公司申请再审提供了调查笔录和关于任免王某峰等三同志职务令（川四建［1999］任字12号）等证据。调查笔录记载的时间为2013年4月17日，为二审判决作出后形成。从证据的形式要件分析，调查笔录不符合《审判监督司法解释》第10条规定的“新的证据”的条件。从关于任免王某峰等三同志职务令记载的相关内容看，该证据仅能证明四川四建公司对王某峰等进行了职务任免，不足以证明李某某能够代表四川四建公司对涉案协议进行添加或变更部分内容，该证据不能推翻二审判决。故仙光实业公司申请再审提供的调查笔录和关于任免王某峰等三同志职务令等证据并不构成新的证据。

第二节　新的证据的认定标准

【法理辨析】

一、再审程序的功能与定位

《民事诉讼法》第10条规定了两审终审制度，这是我国《民事诉讼法》的基本原则和基本制度，对于保障当事人诉讼权利的行使和人民法院诉讼活动的进行具有重要意义。如当事人对一审判决不服，应当在法定期限内提起上诉，通过二审程序寻求权利救济。由此，法律已对当事人的权利赋予充分的程序保障，二审程序亦应成为当事人寻求权利救济的常规途径。再审审查程序是民事诉讼法在特定情形下赋予当事人的在穷尽常规救济途径后的特殊救济程序。鉴于该特殊性，不能使特殊程序异化为普通程序，对当事人通过申请再审启动再审程序的条件亦应严格把握，否则可能导致申请再审权力的滥用，有违民事诉讼两审终审制和诚实信用原则。

根据《民事诉讼法》第200条规定，人民法院对于当事人的再审申请，经审查，认为符合该条规定情形之一的，应当再审。也就是说，人民法院审查申请再审案件主要是围绕申请人是否符合申请再审条件、提出的再审事由是否成立来进行的。人民法院审查申请再审案件，一般不开庭审理，也不必然采取当事人对抗主义，被申请人不提交书面意见的，不影响案件的审查。二审程序与再审审查程序因功能定位不同，导致审查方式和审查标准不同。我国现行法律和司法解释对当事人申请再审提交的新的证据认定较为严苛，其目的在于督促、鼓励当事人尽量在一、二审期间积极充分地行使举证等诉讼权利。且审判监督程序设置的目的，在于救济权利义务严重失衡、严重背离社会公平正义的错误裁判，在保障当事人合法权益的同时，也要考虑生效裁判的既判力和司法成本。

2019年《民事证据规定》取消了一审和二审中有关新的证据的规定，取而代之的是在一审和二审阶段新的证据不再具有特别的含义，未在以前的诉讼过程中出现过的证据，原则上都属于新的证据。故对于一、二审阶段的新的证据未在第三部分“举证时限与证据交换”中予以重申。关于2001年《民事证据规定》第44条中关于民事再审中的新的证据的规定，之所以删除，是因为2020年《民诉法司法解释》第388条已有了详细的规定，没有必要在2019年《民事证据规定》中予以保留或者重复规定。保留再审程序中的新的证据的原因，主要是因为再审程序的功能定位，不同于四级两审终审制度下的一审和二审的功能定位（见图14-1）。再审作为特殊救济程序，应当予以严格掌握，以避免对四级两审终审制度形成冲击，架空一审和二审程序，对民事判决的稳定性和既判力构成威胁。

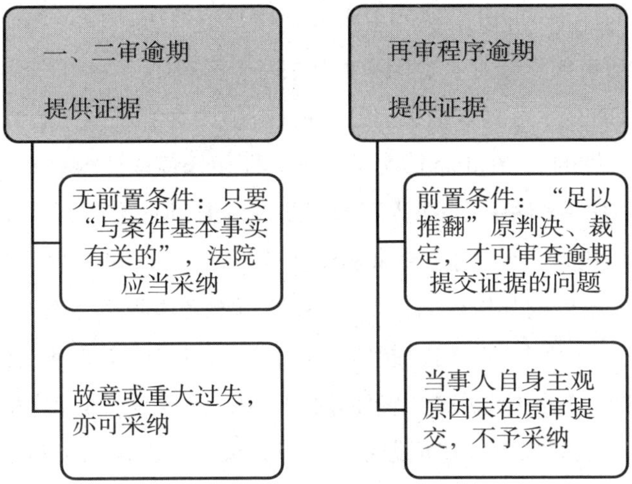

图14-1　一、二审逾期提供证据与再审逾期提供证据的对比

二、再审程序中的新的证据的司法认定

对于再审程序中的新的证据的认定，可以有如下的理解：

1.实质性的入门关。即在再审程序中，对于再审申请人提供的新的证据，必须过实质性的入门关——“足以推翻原判决、裁定的”。“由于再审新证据事由的实质要件为足以推翻原判决、裁定，只有符合这一实质要件，才有进一步判断当事人未在原审提供理由正当性的必要。”[1]只有通过和满足了这个入门关的要求，才会涉及逾期提供证据的问题。毕竟，再审程序不同于一审和二审的程序定位，再审是两审终审制度的一个补充，而不是常态性程序，如果对再审申请人逾期提供的新的证据，如同一审和二审程序中对当事人客观性因素的审查，等于是混淆了再审程序的基本功能和定位，会涉及法律事实与客观事实的关系，即是否必须穷尽方式追求客观事实，以期还原事实真相的问题。

2.说明逾期的理由与采纳。再审程序中的逾期提供证据与原审中的逾期提供证据保持一致，即责令说明逾期提供证据的理由；拒不说明理由或理由不成立的，可以不予采纳或者采纳该证据但予以训诫、罚款。

3.非主观原因造成的逾期提供证据。对再审程序中提交的非主观原因造成的

〔1〕 沈德咏主编：《最高人民法院民事诉讼法司法解释理解与适用（下）》，人民法院出版社2015年版，第1024页。

逾期提供的新的证据，可以采纳的主要有这样几类情形：其一，“新发现的证据”。即在原审庭审结束前已经存在，但因客观原因于庭审结束后才发现的。其二，“新取得的证据”。即在原审庭审结束前已经发现，但因客观原因无法取得或者在规定的期限内不能提供的。“在正常情况下当事人即使知道该证据存在，也无法获得该证据，比如人身损害案件中，当事人明知有路人目击，但一时无法找到该证人，而在原审审理完毕后找到，证人对重要事实作证的。又比如，在一般民事案件中，因持有重要书证的人出国或其他原因，当事人在原审中无法联系上该人致使无法举证，但原审审理完毕后，该人出现找到重要证据的。”[1]其三，“新形成的证据”。在原审庭审结束后形成，无法据此另行提起诉讼的。第一，外延方面，这里“新形成的证据”，即扩大了外延的范围，“将证据系原庭审结束后形成且无法据此另行提起诉讼的情形规定为未在原审提供证据的正当理由”[2]；第二，在内涵方面，强调需要原判的正确性能够产生实质的影响，不具备实质性影响的，不符合本项的要求。需要与原判具有不可分性，如果具有可分性，当事人可另行诉讼解决；具有不可分性，如果予一并解决，可能会导致当事人的实体权利得不到有效的保障。其四，“未质证的证据”。再审申请人提交的证据在原审中已经提供，原审人民法院未组织质证且未作为裁判根据的，视为逾期提供证据的理由成立。“未质证的证据”，是狭义上的未质证，即指应当作为裁判的依据，但未予质证这种情形，不包括虽未质证但法院并没有作为裁判依据的未质证。第一，《民事诉讼法》第63条第2款规定“证据必须查证属实，才能作为认定事实的根据”，即查证属实是认定案件事实的前提条件，而对当事人提供的证据未予质证，则欠缺了查证这一环节，不利于法官心证的形成和确信。第二，根据2020年《民诉法司法解释》第387条“再审申请人提供的新的证据，能够证明原判决、裁定认定基本事实或者裁判结果错误的，应当认定为民事诉讼法第二百条第一项规定的情形”这一再审新证据实质性要件的要求，对于原审中虽然未予质证，但原审决定不予采纳的，未作为裁判的依据，即该未予质证的证据实际上已经由原审法官内心确信，属于不予采纳的，即使存在未质证的程序性瑕疵，但不具备再审程序的实质性要件。因此，应当将原审中已经提供、原审法院未组织质证，但已经原审法院不予采纳的“新证据”，排除在范围之外。

〔1〕 江必新主编：《最高人民法院关于适用民事诉讼法审判监督程序司法解释理解与适用》，人民法院出版社2008年版，第78页。

〔2〕 江必新主编：《最高人民法院关于适用民事诉讼法审判监督程序司法解释理解与适用》，人民法院出版社2008年版，第78页。

4.主观原因造成的逾期提供证据。根据《民事诉讼法》第65条第2款的规定，必须是存在举证期限内提供证据“确有困难的”，才可以延长。所谓客观原因，“仅限于客观障碍，当事人主观上的原因不属于确有困难的情形，一般过失或轻微过失也不属于确有困难的情形”〔1〕。

再审程序中，主观上的原因如何认定是否属于“确有困难”的范畴，或者说，由于当事人自身主观原因（包括故意或重大过失）未能提供的证据，申请再审时才提出来，人民法院是否应当认定为新的证据从而裁判予以再审的问题。“对再审新证据主观要件的把握，主要还是一个倡导或引导的过程。现阶段并不适宜掌握太严，或者说应当是一个从相对宽到相对严格的过程。”〔2〕关于主观原因造成的逾期提供证据，应当根据2020年《民诉法司法解释》第102条“当事人因故意或者重大过失逾期提供的证据，人民法院不予采纳。但该证据与案件基本事实有关的，人民法院应当采纳，并依照民事诉讼法第六十五条、第一百一十五条第一款的规定予以训诫、罚款”的精神，需要考虑是否与案件基本事实有关。根据2020年《民诉法司法解释》第388条的规定，在再审程序中，“在保障当事人合法权益的同时，也要考虑裁判既判力和司法成本，在逾期举证正当理由设定上，既要与民事证据制度的基本原则保持一致，也要体现督促当事人在一、二审程序中及时举证、将诉讼权利用尽的原则”〔3〕。

【典型案解】

（一）属于新的证据

【裁判规则】原审庭审结束前已客观存在，庭审结束后新发现的证据，可以认定为新的证据

典型案例 ▶▶

钱某与陈某等侵犯实用新型专利权纠纷案［最高人民法院（2009）民申字第

〔1〕 最高人民法院民事审判第一庭编著：《最高人民法院新民事诉讼证据规定理解与适用（下）》，人民法院出版社2020年版，第506页。

〔2〕 江必新主编：《最高人民法院关于适用民事诉讼法审判监督程序司法解释理解与适用》，人民法院出版社2008年版，第81页。

〔3〕 沈德咏主编：《最高人民法院民事诉讼法司法解释理解与适用（下）》，人民法院出版社2015年版，第1027页。

1198号］

申请再审人（一审被告、二审上诉人）：钱某

被申请人（一审原告、二审被上诉人）：陈某某

裁判观点

最高人民法院认为，根据1991年《民事诉讼法》第179条第1款第1项[1]和《审判监督司法解释》第10条规定，申请再审人提供的第1120号公证书及其公证保全的空调支架实物、编号为1326063的奥克斯空调安装保修卡原件、宁波奥克斯空调公司售后服务中心保存的用户资料和陈某某、俞某华两名证人，系申请再审人在原审庭审结束后新发现的证据，因此可以作为1991年《民事诉讼法》第179条第1款第1项规定的“新的证据”提交。对于被申请人对上述证据提出的辩称意见，法院认为，法律没有规定距离近者不能作为证人，从现实情况来看，往往是因为距离近才经常发生交易；被申请人对其关于证人等与当事人有利害关系的主张没有提供证据证明，且并不是有利害关系者一律不能作证；申请再审人提供的新的证据既包括出庭证人，还包括若干年前的档案资料，相互印证，相对具有客观性；陈某某关于门牌号调整的解释，符合常理，可予采信。

（二）不属于新的证据

1.【裁判规则】再审提交的证据材料与案件事实不具有关联性，不能证明案件事实，不属于新的证据

典型案例

新疆九华房地产开发有限公司与巴州商源供销有限责任公司房屋拆迁安置补偿合同纠纷案［最高人民法院（2017）最高法民申3680号］

再审申请人（一审被告、反诉原告、二审上诉人）：新疆九华房地产开发有限公司（以下简称九华房产公司）

被申请人（一审原告、反诉被告、二审被上诉人）：巴州商源供销有限责任公司（以下简称商源供销公司）

---

〔1〕 现为《民事诉讼法》第200条第1款第1项：“当事人的申请符合下列情形之一的，人民法院应当再审：（一）有新的证据，足以推翻原判决、裁定的。”

裁判观点 ▶▶

最高人民法院认为，九华房产公司申请再审时向法院提交了商源供销公司房屋信息查询情况表、《新疆库尔勒市人民法院调查令》及索良房屋信息查询情况表，拟证明商源供销公司在新疆库尔勒市从未有房屋产权登记信息；提交了新疆巴音郭楞蒙古自治州供销合作社联合社用地勘测定界图、巴州供销社房产证及巴州恒立供销有限责任公司房产证，拟证明案涉房屋在新疆巴音郭楞蒙古自治州供销合作社联合社用地勘测定界图内，该宗土地内的巴州供销社及其他公司均有产权登记手续。综上所述，九华房产公司拟证明商源供销公司无诉争房屋的产权证。法院认为，根据2001年《民事证据规定》第44条规定，再审程序中的新证据应为二审庭审结束后新发现的证据。九华房产公司提交的上述材料或与案件事实不具有关联性，不能证明为何在不查明房产权属的情况下其就与商源供销公司签订协议，或在二审庭审结束后形成，均不符合相关法律及司法解释关于再审新证据的规定，故法院均不予采信。

2.【裁判规则】原审中已经提交并质证的证据，不属于新的证据

典型案例 ▶▶

广西建工集团第五建筑工程有限责任公司与贵港市华景房地产开发有限公司等建设工程施工合同纠纷案［最高人民法院（2019）最高法民申618号］

再审申请人（二审上诉人、一审原告）：广西建工集团第五建筑工程有限责任公司（以下简称建工五公司）

被申请人（二审被上诉人、一审被告）：贵港市华景房地产开发有限公司（以下称华景公司）

裁判观点 ▶▶

最高人民法院认为，对于建工五公司再审中提交的证据，不符合法律关于“新的证据”的规定。依照《审判监督司法解释》第10条的规定，建工五公司提供的（2016）湘0424民初1268号民事调解书、欧景蓝湾二期工程应收实收款比对表、工程造价鉴定报告等证据均系原审中已经提交的证据，且经过质证，不属于《民事诉讼法》第200条第1项规定的新的证据。建工五公司提供的混凝土送货单、磅码单、

（2016）贵仲字第246号裁决书等证据均形成于原审庭审结束前，并非因客观原因导致不能取得的证据，且不足以推翻原判决，不属于《民事诉讼法》第200条第1项规定的新的证据。

3.【裁判规则】部门规章，不属于新的证据

典型案例

河南豪门投资管理咨询有限公司与张某某合资、合作开发房地产合同纠纷案［最高人民法院（2015）民申字第1873号］

再审申请人（一审原告、反诉被告、二审上诉人）：河南豪门投资管理咨询有限公司（以下简称豪门公司）

被申请人（一审被告、反诉原告、二审被上诉人）：张某某

裁判观点

最高人民法院认为，豪门公司提交的2012年10月26日其银行清单和中国3D图像网站下载的照片，原审庭审结束前已客观存在，并非庭审结束后才能发现，故不属于新证据；豪门公司提交的建设部、财政部《住宅共用部分共用设施设备维修基金管理办法》，系部门规章，不属于新证据。因此，豪门公司提交的上述证据不属于《审判监督司法解释》第10条规定的“新的证据”。

4.【裁判规则】本应提交的证人证言无正当理由未予提交，且未申请证人出庭作证，不足以推翻判决认定的基本事实，不属于新的证据

典型案例

鹤岗市鹤宇房地产开发集团有限公司与王某某股权转让纠纷案［最高人民法院（2014）民申字第1054号］

再审申请人（一审被告、二审上诉人）：鹤岗市鹤宇房地产开发集团有限公司（以下简称鹤宇公司）

被申请人（一审原告、二审被上诉人）：王某某

裁判观点 ▶▶

最高人民法院认为，虽然鹤宇公司提交的证明是由金城公司当时的负责人杨某在二审判决作出后出具的，但鹤宇公司本应当在本案一、二审中取得杨某的证人证言，并申请其出庭作证，但鹤宇公司无正当理由未予提交，亦未在一、二审时申请证人出庭作证。且该份证明的内容与双方于2009年1月18日签订的转让协议书及还款计划的内容存在一定矛盾，不足以推翻二审判决认定的基本事实。故该份证明不符合《审判监督司法解释》第10条关于“新的证据”的规定，不属于新的证据。

5.【裁判规则】在原审庭审结束后形成的询问笔录，并非原审庭审结束前已客观存在的证据，不属于新的证据

典型案例 ▶▶

大连北良企业集团有限公司与大连泰华投资有限公司等居间合同纠纷案［最高人民法院（2014）民申字第910号］

再审申请人（一审被告、二审上诉人）：大连北良企业集团有限公司（以下简称北良集团）

被申请人（一审原告、二审被上诉人）：大连泰华投资有限公司（以下简称泰华公司）

裁判观点 ▶▶

最高人民法院认为，根据《审判监督司法解释》第10条的规定，“新的证据”是指原审庭审结束前已客观存在庭审结束后新发现的证据。北良集团向法院提交的二审闭庭后承办法官单独询问泰华公司代理人时制作的询问笔录，并非原审庭审结束前已客观存在的证据，而是在原审庭审结束后形成的询问笔录，因此，该询问笔录不属于新的证据。北良集团关于该笔录属于新的证据的再审申请理由，法院不予支持。

6.【裁判规则】另案判决在二审生效判决之后的，不属于新的证据

典型案例 ▶▶

承德市奥峰贸易有限公司与应某某委托持股合同纠纷案［最高人民法院

(2013) 民申字第2327号］

再审申请人（一审被告、二审上诉人）：承德市奥峰贸易有限公司（以下简称奥峰公司）等

被申请人（一审原告、二审上诉人）：应某某

裁判观点 ▶▶

最高人民法院认为，温州市中级人民法院（2012）浙温商外初字第345号民事判决于2013年6月9日生效，本案二审判决于2013年5月9日生效，根据《审判监督司法解释》第10条规定，温州市中级人民法院上述民事判决不属于《民事诉讼法》第200条第1项规定的"新的证据"。河北省高级人民法院依据当时已经发生的事实对案件作出判决并无不当。奥峰公司、胡某某关于有新的证据足以推翻原判决的申请再审理由不能成立。

7.【裁判规则】撤销原鉴定结论后未作出新鉴定结论，不属于新的证据

典型案例 ▶▶

黑河市森卓木业有限责任公司与李某某财产损害赔偿纠纷案［最高人民法院(2013) 民申字第2130号］

再审申请人（一审被告、二审上诉人）：黑河市森卓木业有限责任公司（以下简称森卓公司）

被申请人（一审原告、二审被上诉人）：李某某

裁判观点 ▶▶

最高人民法院认为，2007年7月18日，森卓公司库区发生火灾，火势蔓延至李某某经营的春泉加工部，造成李某某的财产损失，此次火灾共涉及八家商户。后经消防部门委托，2007年9月14日黑河市价格认证中心作出鉴定结论，一、二审判决以该鉴定结论为依据之一，认定李某某的损失为886,967元。2013年2月21日，黑河市价格认证中心认为，其原鉴定结论在程序上不符合办理民事案件的要求，作出撤销决定。由于黑河市价格认证中心撤销原鉴定结论后未作出新鉴定结论，不符合《民事诉讼法》第200条第1项和《审判监督司法解释》第10条关于"新的证据"规定，森

卓公司以此作为足以推翻原判的新证据申请再审，法院依法不予支持。

8.【裁判规则】在二审判决作出后单方委托的鉴定机构作出的鉴定意见，不属于新的证据

典型案例

剑阁县仙泉水生动物繁殖有限公司与四川公路桥梁建设集团有限公司等环境污染责任纠纷案［最高人民法院（2017）最高法民申2038号］

再审申请人（一审原告、二审上诉人）：剑阁县仙泉水生动物繁殖有限公司（以下简称仙泉水生动物公司）

被申请人（一审被告、二审被上诉人）：四川公路桥梁建设集团有限公司（以下简称四川路桥公司）等

裁判观点

最高人民法院认为，依据《审判监督司法解释》第10条规定，本案中，首先，仙泉水生动物公司在一审中提交了司法鉴定申请，后又不主张鉴定，二审判决作出后，其单方委托陕西省动物研究所作出鉴定意见书，不属于上述司法解释的规定情形。鉴定意见书内容亦涉及非本案施工地点黄家梁隧道，该份鉴定意见未对鉴定结论中认定具体影响大鲵的工程进行有效区分，也无任何数据分析能够推翻一、二审庭审中双方均无异议，对四川路桥公司施工振动及噪声进行了质证并由相关专家作出的解释说明，故该份鉴定无法推翻原审认定的事实。其次，由原剑阁县水产渔政管理站经办人员王某出具的情况说明，亦不符合前述司法解释规定“新的证据”情形，该说明中也认可了仙泉水生动物公司未申请该站前往查验、审核关于大鲵养殖繁殖、死亡等详细情况进行现场查验、核实，同该站给予一审法院情况说明一致；虽提及该站对水质取样现场拍照时相关情况，但该部分说明是王某作为个人的说明，且根据该份情况说明中陈述，剑阁县水产渔政管理站已于2015年5月划归剑阁县农业局，依据相关法律规定应由剑阁县农业局承担起权利义务，而该局并未对此作出说明，王某作为原剑阁县水产渔政管理站工作人员个人无法代表该站，亦无承担该站对之前所作说明进行解释、变更的权利，故仙泉水生动物公司再审申请提交的两份证据，均不符合《民事诉讼法》及《审判监督司法解释》规定的再审申

请“新的证据”之情形。

9.【裁判规则】证据为复印件，且无形成时间，不属于新的证据

典型案例

连云港开发区东方轮船公司与连云港祥源房地产开发有限公司财产损害赔偿纠纷案［最高人民法院（2015）民申字第3090号］

再审申请人（一审原告、二审上诉人）：连云港开发区东方轮船公司（以下简称轮船公司）

被申请人（一审被告、二审被上诉人）：连云港祥源房地产开发有限公司（以下简称祥源公司）

裁判观点

最高人民法院认为，轮船公司申请再审提供了朝阳路综合楼南侧二栋住宅楼部分居民同意合走一个通道的申请书，以证实“向西接建”已经取得该二栋住宅楼居民的同意，但申请书仅有部分居民签字，均为复印件，且无形成时间，证据形式上存在瑕疵，不属于2001年《民事证据规定》第44条、《民诉法司法解释》第388条规定的“新的证据”，不能推翻原审判决。

10.【裁判规则】并非客观原因不能提供该证据，不构成新的证据

典型案例

汉中泽顺房地产开发有限公司与重庆建工住宅建设有限公司等建设工程施工合同纠纷案［最高人民法院（2018）最高法民申4658号］

再审申请人（一审被告、反诉原告、二审被上诉人）：汉中泽顺房地产开发有限公司（以下简称汉中泽顺公司）

被申请人（一审原告、反诉被告、二审上诉人）：重庆建工住宅建设有限公司

裁判观点

最高人民法院认为，对于汉中泽顺公司在申请再审期间提交的证据委托书，经

询问，汉中泽顺公司称该委托书曾在一审法院第一次审理时向法庭提交过，但是在二审法院对本案发回重审后，再未将该委托书向一审法院进行举证。因此，该委托书并不属于新发现的证据，而且汉中泽顺公司并非客观原因不能提供该证据，其对于逾期提供该委托书存在主观过错。根据2001年《民事证据规定》第44条及《民诉法司法解释》第388条的相关规定，该委托书并不构成“再审新证据”。故汉中泽顺公司的该项再审事由不能成立，不予支持。

11.【裁判规则】一审法院已充分听取的证人证言，再次提交的，不属于新的证据

典型案例

张某某与缪某某等房屋买卖合同纠纷案［最高人民法院（2018）最高法民申4258号］

再审申请人（一审被告、反诉原告、二审上诉人）：张某某

被申请人（一审原告、反诉被告、二审被上诉人）：缪某某等

裁判观点

最高人民法院认为，一审法院已准许张某某提出的证人陈某出庭作证的申请，已充分听取了陈某的证人证言。张某某再次提出以此作为新证据，不符合2001年《民事证据规定》第44条、《民诉法司法解释》第388条规定的“新的证据”，且不足以推翻原审根据已查明的案件事实所作出的相应认定。张某某的此项再审申请事由不能成立。

12.【裁判规则】以往来账目频繁未能发现该证据的理由，不属于“在原审庭审结束前已经存在，因客观原因于庭审结束后才发现的”情形

典型案例

重庆同登商贸有限公司与肖某某等民间借贷纠纷案［最高人民法院（2017）最高法民申4347号］

再审申请人（一审被告）：重庆同登商贸有限公司（以下简称同登商贸公司）

被申请人（一审原告、二审被上诉人）：肖某某等

裁判观点 ▶▶

最高人民法院认为，本案审查的焦点在于同登商贸公司再审申请提交的“存款金融交易明细查询（含对手信息）”与“华夏银行电子银行转账凭证”是否属于《民事诉讼法》及相关司法解释所规定的“新的证据”，是否能够证明原判决认定基本事实或者裁判结果错误。根据2001年《民事证据规定》第44条第1款的规定，再审程序中的“新的证据”应为二审庭审结束后新发现的证据。同登商贸公司提交的“存款金融交易明细查询（含对手信息）”记载的过账日期为2014年12月11日，“华夏银行电子银行转账凭证”记载的交易日期为2015年1月20日，均形成于本案诉讼之前，其在一、二审中并未提交，其关于“由于双方往来账目频繁，申请人在原审中未能发现该证据，现申请人工作人员清查账目过程中才发现该笔款项的流水账目”的解释，不属于《民诉法司法解释》第388条第1款第1项规定的情形。故同登商贸公司提交的上述两份转账凭据不属于再审程序中新的证据。

13.【裁判规则】证据形成于一审诉讼前，既未书面申请调查取证，也未直接到相关部门直接调取，应当承担举证不能的后果，不能认定为新的证据

典型案例 ▶▶

广汉市中环嘉业房地产开发有限公司与北京易成市政工程有限责任公司建设工程合同纠纷案［最高人民法院（2019）最高法民申1725号］

再审申请人（一审被告、反诉原告、二审上诉人）：广汉市中环嘉业房地产开发有限公司（以下简称中环公司）

被申请人（一审原告、反诉被告、二审被上诉人）：北京易成市政工程有限公司（以下简称易成公司）

裁判观点 ▶▶

最高人民法院认为，中环公司再审期间提交的证据已在原审法院中主张，并经过庭审质证和双方对账，一审法院根据双方质证和对账的情况未予认定，二审期

间中环公司对此亦未提出上诉。根据《民诉法司法解释》第323条之规定，二审法院根据中环公司的上诉请求审理本案符合法律规定；中环公司虽然在再审申请中补充提交了部分银行流水，但该银行流水均形成于一审诉讼前，即便广汉市经侦大队保存了该部分流水，中环公司既可书面申请原审人民法院调查取证也可直接到相关银行直接调取，然而中环公司并没有采取前述措施应当承担举证不能的后果。故中环公司再审提交的证据不能认定为新的证据。

14.【裁判规则】庭审笔录和已生效司法文书不属于新的证据

典型案例

中国中丝集团有限公司与董某某执行异议之诉案［最高人民法院（2020）最高法民申1288号］

再审申请人（一审原告、二审上诉人、执行案外人）：中国中丝集团有限公司（以下简称中丝集团）

被申请人（一审被告、二审被上诉人、申请执行人）：董某某等

裁判观点

最高人民法院认为，《民事诉讼法》第200条第1项规定，有新的证据，足以推翻原判决、裁定的，人民法院应当再审。中丝集团向法院提交了本案二审庭审笔录及河南省高级人民法院（2019）豫民申4561号民事裁定书，作为其申请再审的新证据。经审查，庭审笔录是各方当事人参与本案庭审活动的记录，中丝集团在二审中已提交了（2019）豫民申4561号民事裁定书，二审法院亦对该裁定书组织质证并作出了认定。故中丝集团提交的上述两份证据并不属于新的证据。另（2019）豫民申4561号民事裁定书虽载明河南省高级人民法院已提审河南省商丘市中级人民法院（2018）豫14民终4483号民事案件，但在法院审查过程中，河南省高级人民法院已经作出（2019）豫民再856号民事判决，维持了河南省商丘市中级人民法院（2018）豫14民终4483号民事判决。因此，一审判决将（2018）豫14民终4483号生效民事判决作为认定事实的依据之一，二审法院维持一审判决结果，并无不当。中丝集团主张有新的证据足以推翻二审判决，理由不能成立。

15.【裁判规则】再审审查期间当事人申请具有专门医学知识的人参加听证并提出意见，不属于新的证据，不予采信

典型案例

贵州利美康外科医院股份有限公司与王某甲医疗损害责任纠纷案［贵州省高级人民法院（2019）黔民申2898号］

再审申请人（一审被告、二审被上诉人）：贵州利美康外科医院股份有限公司（以下简称利美康医院）

被申请人（一审原告、二审上诉人）：王某甲

裁判观点

最高人民法院认为，关于再审审查期间的利美康医院申请具有专门医学知识的人参加听证并提出意见是否应予采信的问题。法院再审审查认为，利美康医院在法院审查期间提交的专门知识人员的陈述等证据，不符合《民诉法司法解释》第388条的规定，不可以认定为属于逾期提供证据理由成立的情形，不属于新的证据。因此，法院对利美康医院申请的具有专门医学知识的人参加听证并提出的意见不予采信。

第三节　基本事实

【法理辨析】

基本事实的内涵

基本事实，是指对判决、裁定的结果有实质影响、用于确定整个主体资格、案件性质、具体权利义务和民事责任的主要内容的事实。基本事实的主要类别有：

第一，认定主体资格的事实。主要有当事人是否具备诉讼权利能力；如果是没有法人资格的其他组织，是否符合其他组织作为当事人的条件；当事人是否适格，是否为本案民事争议的一方主体，特别是在企业法人合并、分立、改制、整体出售等情况下，或者债权债务发生转让的情况下，应认真审查权利义务承继的事实；当

事人的范围确定是否合法，是否遗漏了应当参加诉讼的当事人。

第二，影响案件性质的事实。正确认定案件性质直接关系到法律适用责任的承担。

第三，关于具体权利义务和民事责任所涉及的基本事实。如判断哪一方根本违约的事实，直接涉及违约责任的承担；合同约定的合同解除条件是否发生的事实；违约造成损失所依据的事实等。[1]

基本事实的设计理由有以下几项：

1.程序安定的目的。根据《民事诉讼法》第10条“人民法院审理民事案件，依照法律规定实行合议、回避、公开审判和两审终审制度”的规定，正常情况下，一件普通的民商事案件经过上下两个审级的审判就宣告案件结束，而民事再审制度是两审终审制度的一个补充、补救程序，为了两审终审制度的权威性、稳定性和安定性，启动再审程序的“钥匙”必须要有一定的要求，如对“基本事实”的设置，而不能将再审的启动变成一种无“钥匙”随便进入的状态。

2.民事法律关系的内容。“民事法律关系涉及民事责任的承担，如果民事权利和民事义务不确定，则民事法律关系的内容就不确定。因此，确定民事法律关系内容的事实缺乏证据证明，则作出裁判时就可能无法分清民事责任”[2]。

3.对“足以推翻”的细化标准。由于我国立法对于《民事诉讼法》第200条第1款第1项“有新的证据，足以推翻原判决、裁定的”中的“足以推翻”没有明确的定义，为了方便统一裁判适用的标准，2020年《民诉法司法解释》第387条规定了“再审申请人提供的新的证据，能够证明原判决、裁定认定基本事实或者裁判结果错误的，应当认定为民事诉讼法第二百条第一项规定的情形”，也即，其中之一的重要标准是就是“基本事实”错误的，因此，对属于“非基本事实”的，“存在一般瑕疵，就不应认定为足以推翻判决、裁定”[3]。例如，人民法院调查取证过程中存在取证程序上的瑕疵，但该取得的证据并未作定案根据的；又如并未构成认定民事权利义务关系的补强证据、间接证据等。

---

〔1〕 参见最高人民法院民事诉讼法修改研究小组编著：《〈中华人民共和国民事诉讼法〉修改条文理解与适用》，人民法院出版社2012年版，第442页。

〔2〕 何东宁等编著：《民事再审程序新问题裁判标准》，人民法院出版社2010年版，第48页。

〔3〕 沈德咏主编：《最高人民法院民事诉讼法司法解释理解与适用（下）》，人民法院出版社2015年版，第1023页。

【典型案解】

1.【裁判规则】当事人因故意或者重大过失逾期提供的证据，人民法院不予采纳，但该证据与案件基本事实有关的，人民法院应当采纳

典型案例

昆朋青海资产管理股份有限公司与青海红起来货运有限公司等案外人执行异议之诉案［最高人民法院（2020）最高法民申3878号］

再审申请人（一审被告、二审被上诉人）：昆朋青海资产管理股份有限公司（以下简称昆朋青海公司）

被申请人（一审原告、二审上诉人）：青海红起来货运有限公司（以下简称红起来公司）等

裁判观点

最高人民法院认为，昆朋青海公司认为红起来公司二审提交的证据均形成于一审之前，不属于“新的证据”，不能作为定案依据。对此，法院认为红起来公司在二审期间提交的证据均与本案基本事实有关，系红起来公司为补强其对案涉房屋占有的事实而提交。根据《民诉法司法解释》第102条的规定，原判决对红起来公司提交的证据予以采信，并无不当。原判决依据本案的具体事实，适用2020年《执行异议和复议案件规定》第28条，认定红起来公司对案涉房屋的权益足以排除昆朋青海公司对案涉房屋的执行，并无不当。

2.【裁判规则】非对判决结果有实质影响的基本事实，再审理由不成立

典型案例

张某某等与山西瑾文房地产开发有限公司房屋买卖合同纠纷案［山西省高级人民法院（2019）晋民申1439号］

再审申请人（一审原告、二审上诉人）：张某某等

被申请人（一审被告、二审被上诉人）：山西瑾文房地产开发有限公司（以下简称瑾文公司）等

裁判观点

人民法院认为，依据《审判监督司法解释》第11条的规定，再审申请人张某某等再审请求中所谓"经济损失539700元改成房屋差价损失539700元""再审申请人于2016年9月20日分别用卡交纳526061元和现金交纳30元，原审认定张某某于2016年9月20日交纳首付款30元，于2016年9月21日交纳首付款526061元"，再审申请人提交的是"短信往来截屏"但原审认定为"短信聊天记录"、再审申请人曾找太原市消费者协会要求调解交款但原审认定"2016年12月多次分别与被申请人各部门负责人沟通交款事宜的事实，不全面"。一审判决载明被申请人瑾文公司不认可实际接收人是该公司人员的质证意见等，均非对判决结果有实质影响的"基本事实"。因此，再审申请人张某某等的该项再审理由不成立，法院不予支持。

3.【裁判规则】地址不准确对本案判决结果没有实质影响，不构成基本事实

典型案例

冯某与沈阳市沈河区京城商务宾馆房屋租赁合同纠纷案［辽宁省高级人民法院（2018）辽民申1638号］

再审申请人（一审原告、反诉被告、二审被上诉人）：冯某

被申请人（一审被告、反诉原告、二审上诉人）：沈阳市沈河区京城商务宾馆

裁判观点

人民法院认为，关于沈阳市新影美食康乐宫地址问题。按照《民事诉讼法》第200条第2项的规定，原判决认定的基本事实缺乏证据证明的，应当再审。《审判监督司法解释》第11条对上述法律条文中的"基本事实"解释为"对原判决、裁定的结果有实质影响、用以确定当事人主体资格、案件性质、具体权利义务和民事责任等主要内容所依据的事实"。本案中，二审判决认定的沈阳市新影美食康乐宫地址即使不准确，因对本案判决结果没有实质影响，因而不符合上述法律规定应当再审的情形。

4.【裁判规则】出生日期书写错误应属笔误范畴，不影响当事人的实体权利义务及裁判结果，不属于基本事实

典型案例

杨某某与李某某等受害责任纠纷案［湖北省高级人民法院（2018）鄂民申311号］

再审申请人（一审被告、二审上诉人）：杨某某

被申请人（一审原告、二审被上诉人）：李某某等

裁判观点

人民法院认为，根据《审判监督司法解释》第11条规定，本案当事人出生日期等信息不属于上述司法解释规定的案件"基本事实"，出生日期书写错误应属笔误范畴，且该错误不影响当事人的实体权利义务及裁判结果，故杨某某的此项再审事由不成立。

5.【裁判规则】无正当理由拒不到庭参加诉讼属于程序性事项，而非案件的基本事实

典型案例

卢某某等与兴宁市土地房屋征收安置中心等确认合同无效纠纷案［广东省高级人民法院（2016）粤民申7272号］

再审申请人（一审原告、二审上诉人）：卢某某等

被申请人（一审被告、二审被上诉人）：兴宁市土地房屋征收安置中心（以下简称兴宁土地征收中心）等

裁判观点

人民法院认为，根据《审判监督司法解释》第11条的规定，被申请人卢某某等无正当理由拒不到庭参加诉讼属于程序性事项，而非案件的基本事实。再审申请人以此为由申请再审，于法无据。此外，经核查二审判决书，该判决并未认定被申请人卢某某等在签约前已获得特别授权，对被申请人兴宁土地征收中心所提交的

授权委托书亦未予采信。二审判决系以17户人领取补偿款构成追认为由，认定本案中的兴宁市南部新城福兴向阳村、墨池村、黄畿村房屋征收货币补偿安置协议书合法有效。

6.【裁判规则】是否已取得土地使用权，对合同效力没有实质影响，不属于基本事实

典型案例

济南市历下区燕山工业小区开发建设总公司与山东万城佳业房地产开发有限公司建设用地使用权转让合同纠纷案［最高人民法院（2018）最高法民申125号］

再审申请人（一审被告、二审上诉人）：济南市历下区燕山工业小区开发建设总公司（以下简称燕山公司）

被申请人（一审原告、二审上诉人）：山东万城佳业房地产开发有限公司（以下简称万城公司）

裁判观点

最高人民法院认为，关于原判决是否符合《民事诉讼法》第200条第2项情形的问题。首先，燕山公司申请再审主张，原判决关于燕山公司已取得涉案土地使用权的认定缺乏证据证明。涉案土地仅有政府批复和出让合同，并未实际交付土地，燕山公司并未实际取得涉案土地使用权。承办人经审查认为，原判决认定燕山公司以出让方式取得案涉土地使用权这一事实，不属于《民事诉讼法》规定的“基本事实”。根据《审判监督司法解释》第11条规定，可见，《民事诉讼法》第200条第2项中的“基本事实”应是对原判决结果有实质影响的事实。具体到本案中，原判决是以“燕山公司是否实际取得了土地使用权，土地使用权能否进行实际转让，均属于《转让合同》的履行问题，并不影响《转让合同》的效力”为由，认定转让合同有效，进而判令燕山公司承担违约责任，故燕山公司是否已取得土地使用权，对判决结果没有实质影响，不属于《民事诉讼法》第200条第2项中的“基本事实”。燕山公司以此为由申请再审，不予支持。

7.【裁判规则】对审理案件需要的证据，是指人民法院认定案件基本事实所必需的证据

典型案例

李某某与内蒙古互泰建材有限公司等申请诉前财产保全损害责任纠纷案［最高人民法院（2015）民申字第614号］

再审申请人（一审原告、二审上诉人）：李某某

被申请人（一审被告、二审被上诉人）：内蒙古互泰建材有限公司（以下简称互泰公司）等

裁判观点

最高人民法院认为，根据《审判监督司法解释》第12条[1]规定，《民事诉讼法》第179条第1款第5项规定的"对审理案件需要的证据"，是指人民法院认定案件基本事实所必需的证据。本案中，李某某虽向原审法院提出申请要求对查封煤场的照片进行影像鉴定，如上所述，在新城区人民法院的保全裁定、查封笔录、财产查封清单已能认定涉案查封煤炭数量、确认本案基本事实的情形下，原审法院对李某某的影像鉴定申请不予准许，程序并无不当。

8.【裁判规则】对审理案件需要的证据是指人民法院认定案件基本事实所必需的证据，不以当事人的认识为必要

典型案例

黄某某与广安市杉垣煤业有限公司劳动合同纠纷案［四川省高级人民法院（2013）川民申字第2225号］

再审申请人（一审原告、二审上诉人）：黄某某

被申请人（一审被告、二审被上诉人）：广安市杉垣煤业有限公司（以下简称杉垣公司）

〔1〕 现为2020年《审判监督司法解释》第9条："民事诉讼法第二百条第（五）项规定的'对审理案件需要的主要证据'，是指人民法院认定案件基本事实所必须的证据。"

裁判观点 ▶▶

人民法院认为，劳动法律关系中除了用人单位和劳动者之间存在付出劳动与支付劳动报酬的债的关系以外，还必须具有管理与被管理、支配与被支配等身份上的隶属关系。根据《审判监督司法解释》第12条〔1〕的规定，本案中，根据黄某某在一审法庭调查中对于涉案工程施工人员的来源、组成、各方结算方式的自认及其提供的涉案工程的账目（包含工作天数、人员、工价）等证据，足以印证黄某某所领取的报酬系杉垣公司支付的工程款而非劳动法意义上的工资，亦足以印证双方未形成身份上的从属关系。故，一审查明的事实已足以证明黄某某与杉垣公司之间不是劳动关系，无须再调取证据。

9.【裁判规则】伪造主要证据是指提供虚假证言、篡改书面证据、提供虚假书证、伪造公司印章、伪造或变造勘验笔录、鉴定结论等行为

典型案例 ▶▶

夏某某与吴某相邻关系纠纷案［湖南省湘潭市中级人民法院（2019）湘03民申11号］

再审申请人（一审原告、二审上诉人）：夏某某

被申请人（一审被告、二审被上诉人）：吴某

裁判观点 ▶▶

人民法院认为，根据《民诉法司法解释》第90条规定，伪造主要证据是指提供虚假证言、篡改书面证据、提供虚假书证、伪造公司印章、伪造或变造勘验笔录、鉴定结论等行为。本案中，夏某某并未提交证据证实原判决认定事实的主要证据是伪造的，因此，该项申请理由不能成立。

---

〔1〕 现为2020年《审判监督司法解释》第9条："民事诉讼法第二百条第（五）项规定的'对审理案件需要的主要证据'，是指人民法院认定案件基本事实所必须的证据。"

10.【裁判规则】主张认定事实的主要证据是伪造的，但并未提交相关证据予以证明，亦无其他证据印证的，不予支持

典型案例

西双版纳恒鼎新能源发展有限公司与中国能源建设集团云南省电力设计院有限公司建设工程施工合同纠纷案［最高人民法院（2018）最高法民申4646号］

再审申请人（一审被告、反诉原告）：西双版纳恒鼎新能源发展有限公司（以下简称恒鼎新公司）

被申请人（一审原告、反诉被告）：中国能源建设集团云南省电力设计院有限公司

裁判观点

最高人民法院认为，恒鼎新公司提出，2016年9月15日的工程竣工验收签证书系明显伪造，其并未提交相关证据予以证明，亦无其他证据印证。仅根据该公司员工常某某陈述，不足以推翻经多方签字确认的签证书的证明力。关于恒鼎新公司认为一审认定事实有误而适用法律必然有误的再审理由，因其提出的一审判决认定事实有误的理由不能成立，故其自然推理得出的一审判决适用法律错误的结论同样不能成立。

11.【裁判规则】新的事实应当为既判力基准时之后发生，未为生效判决所确认，不在诉讼系属中，亦不应受既判力拘束之事实

典型案例

中惠（中国）置业集团有限公司等与北京安能信达能源投资有限公司等股权转让纠纷案［最高人民法院（2017）最高法民终361号之二］

上诉人（一审被告）：中惠（中国）置业集团有限公司

被上诉人（一审原告）：北京安能信达能源投资有限公司（以下简称安能信达公司）

裁判观点 ▶▶

最高人民法院认为,《民诉法司法解释》第248条规定了不适用“一事不再理”原则的例外情形,故评判本案是否构成重复起诉应当对安能信达公司、李某某据以提起本案诉讼的事实是否属于“新的事实”予以审查。所谓“新的事实”,应当为既判力基准时之后发生,未为生效判决所确认,不在诉讼系属中,亦不应受既判力拘束之事实。但并不能当然认定生效裁判后发生的所有事实均系可排除“一事不再理”原则适用的“新的事实”,人民法院对此仍应区分甄别。最高人民法院(2013)民四终字第1号案与本案诉讼当事人、诉讼标的相同,诉讼请求存在重叠,安能信达公司、李某某起诉本案所依据的事实理由不属于新事实,故本案诉讼有违“一事不再理”之原则,构成重复起诉,应当驳回起诉。

12.【裁判规则】新的事实应为生效裁判发生法律效力后发生的事实,而不是原生效裁判未查明或未涉及的事实,亦不是当事人在原审中未提出的事实

裁判观点 ▶▶

伍某甲与伍某乙船舶共有纠纷案[最高人民法院(2018)最高法民申5058号]

再审申请人(一审被告、反诉原告、二审上诉人):伍某甲

被申请人(一审原告、反诉被告、二审被上诉人):伍某乙等

裁判观点 ▶▶

最高人民法院认为,根据《民诉法司法解释》第248条的规定,能否再次提起诉讼的关键在于是否出现了“新的事实”。“新的事实”应为生效裁判发生法律效力后发生的事实,而不是原生效裁判未查明或未涉及的事实,亦不是当事人在原审中未提出的事实。伍某甲在(2013)厦海法商初字第598号和(2013)厦海法商初字第599号案件的生效裁判文书发生法律效力之后,未能举证证明其据以提起本案反诉的基础事实及诉讼请求较前诉发生了实质变更,亦未能举证证明本案法律关系或案件事实产生新的变化。其通过另案反诉方式提请对船舶合伙经营费用进行清算的行为,不属于生效裁判发生法律效力后发生的“新的事实”,不属于《民诉法司法解释》第248条规定的“新的事实”的情形。伍某甲该项再审申请理由不能成立。

13.【裁判规则】主要证据，是指对认定案件基本事实必不可少、具有足够证明力的证据，没有该主要证据，案件基本事实就不能认定，或者有和该证据证明内容相反的证据，案件事实就会相反，裁判结果也会不同

典型案例

唐某与四川大和鞋材物流有限公司等建设工程施工合同纠纷案［最高人民法院（2018）最高法民申816号］

再审申请人（一审原告、二审被上诉人）：唐某

被申请人（一审被告、二审上诉人）：四川大和鞋材物流有限公司（以下简称大和公司）

裁判观点

最高人民法院认为，根据《民事诉讼法》第200条规定，判断该事由是否成立，必须同时满足两个要件：一是有充分证据证明原审证据系伪造；二是该被伪造的证据是认定案件基本事实所必不可少的主要证据。所谓主要证据，是指对认定案件基本事实必不可少、具有足够证明力的证据，没有该主要证据，案件基本事实就不能认定，或者有和该证据证明内容相反的证据，案件事实就会相反，裁判结果也会不同。本案中，唐某申请再审认为被伪造的证据是邹某某与宇川公司之间的借款合同，但该证据并非原判认定事实的主要证据。本案审理的是唐某与宇川公司之间的建设工程施工合同关系，同时，大和公司在欠付宇川公司工程款范围内对唐某承担责任，故本案的基本事实是唐某与宇川公司之间的合同关系及履行情况，以及大和公司欠付宇川公司工程款的相关事实。借款合同涉及的是邹某某与宇川公司之间的借款事实，不属于本案的基本事实。同时，原判认定关于争议的抵付工程款的1000万元，在性质上是大和公司按照宇川公司的指示向邹某某付款，因此，大和公司并无权利或者义务审查宇川公司向邹某某付款的原因。也就是说，即便没有借款协议，只要有宇川公司的付款委托以及大和公司实际付款的事实，即可认定大和公司已经按照宇川公司的要求履行相应的付款义务。所以借款协议并非认定案件基本事实所必不可少的主要证据。

附录一 2019年《民事证据规定》与2001年《民事证据规定》条文对照表

一、保留条文

（共计11条）

序号	主题	2001年《民事证据规定》	2019年《民事证据规定》
1	当事人举证	**第三条** 人民法院应当向当事人说明举证的要求及法律后果，促使当事人在合理期限内积极、全面、正确、诚实地完成举证。 当事人因客观原因不能自行收集的证据，可申请人民法院调查收集。	**第二条** 人民法院应当向当事人说明举证的要求及法律后果，促使当事人在合理期限内积极、全面、正确、诚实地完成举证。 当事人因客观原因不能自行收集的证据，可申请人民法院调查收集。
2		**第十条** 当事人向人民法院提供证据，应当提供原件或者原物。如需自己保存证据原件、原物或者提供原件、原物确有困难的，可以提供经人民法院核对无异的复制件或者复制品。	**第十一条** 当事人向人民法院提供证据，应当提供原件或者原物。如需自己保存证据原件、原物或者提供原件、原物确有困难的，可以提供经人民法院核对无异的复制件或者复制品。
3		**第十二条** 当事人向人民法院提供外文书证或者外文说明资料，应当附有中文译本。	**第十七条** 当事人向人民法院提供外文书证或者外文说明资料，应当附有中文译本。
4		**第十四条** 当事人应当对其提交的证据材料逐一分类编号，对证据材料的来源、证明对象和内容作简要说明，签名盖章，注明提交日期，并依照对方当事人人数提出副本。 人民法院收到当事人提交的证据材料，应当出具收据，注明证据的名称、份数和页数以及收到的时间，由经办人员签名或者盖章。	**第十九条** 当事人应当对其提交的证据材料逐一分类编号，对证据材料的来源、证明对象和内容作简要说明，签名盖章，注明提交日期，并依照对方当事人人数提出副本。 人民法院收到当事人提交的证据材料，应当出具收据，注明证据的名称、份数和页数以及收到的时间，由经办人员签名或者盖章。

续表

序号	主题	2001年《民事证据规定》	2019年《民事证据规定》
5	举证时限与证据交换	**第三十二条** 被告应当在答辩期届满前提出书面答辩，阐明其对原告诉讼请求及所依据的事实和理由的意见。	**第四十九条** 被告应当在答辩期届满前提出书面答辩，阐明其对原告诉讼请求及所依据的事实和理由的意见。
6		**第三十九条** 证据交换应当在审判人员的主持下进行。 在证据交换的过程中，审判人员对当事人无异议的事实、证据应当记录在卷；对有异议的证据，按照需要证明的事实分类记录在卷，并记载异议的理由。通过证据交换，确定双方当事人争议的主要问题。	**第五十七条** 证据交换应当在审判人员的主持下进行。 在证据交换的过程中，审判人员对当事人无异议的事实、证据应当记录在卷；对有异议的证据，按照需要证明的事实分类记录在卷，并记载异议的理由。通过证据交换，确定双方当事人争议的主要问题。
7	证据的审核认定	**第六十三条** 人民法院应当以证据能够证明的案件事实为依据依法作出裁判。	**第八十五条第一款** 人民法院应当以证据能够证明的案件事实为根据依法作出裁判。
8		**第六十四条** 审判人员应当依照法定程序，全面、客观地审核证据，依据法律的规定，遵循法官职业道德，运用逻辑推理和日常生活经验，对证据有无证明力和证明力大小独立进行判断，并公开判断的理由和结果。	**第八十五条第二款** 审判人员应当依照法定程序，全面、客观地审核证据，依据法律的规定，遵循法官职业道德，运用逻辑推理和日常生活经验，对证据有无证明力和证明力大小独立进行判断，并公开判断的理由和结果。
9		**第六十六条** 审判人员对案件的全部证据，应当从各证据与案件事实的关联程度、各证据之间的联系等方面进行综合审查判断。	**第八十八条** 审判人员对案件的全部证据，应当从各证据与案件事实的关联程度、各证据之间的联系等方面进行综合审查判断。
10		**第七十八条** 人民法院认定证人证言，可以通过对证人的智力状况、品德、知识、经验、法律意识和专业技能等的综合分析作出判断。	**第九十六条** 人民法院认定证人证言，可以通过对证人的智力状况、品德、知识、经验、法律意识和专业技能等的综合分析作出判断。
11	证据的审核认定	**第七十九条** 人民法院应当在裁判文书中阐明证据是否采纳的理由。 对当事人无争议的证据，是否采纳的理由可以不在裁判文书中表述。	**第九十七条** 人民法院应当在裁判文书中阐明证据是否采纳的理由。 对当事人无争议的证据，是否采纳的理由可以不在裁判文书中表述。

二、删除条文[1]

（共计32条）

<table>
<tr><th>序号</th><th>主题</th><th>2001年《民事证据规定》</th><th>2019年《民事证据规定》</th></tr>
<tr><td>1</td><td rowspan="2">当事人举证</td><td>**第二条**　当事人对自己提出的诉讼请求所依据的事实或者反驳对方诉讼请求所依据的事实有责任提供证据加以证明。
没有证据或者证据不足以证明当事人的事实主张的，由负有举证责任的当事人承担不利后果。</td><td rowspan="2">（删除）</td></tr>
<tr><td>2</td><td>**第四条**　下列侵权诉讼，按照以下规定承担举证责任：
（一）因新产品制造方法发明专利引起的专利侵权诉讼，由制造同样产品的单位或者个人对其产品制造方法不同于专利方法承担举证责任；
（二）高度危险作业致人损害的侵权诉讼，由加害人就受害人故意造成损害的事实承担举证责任；
（三）因环境污染引起的损害赔偿诉讼，由加害人就法律规定的免责事由及其行为与损害结果之间不存在因果关系承担举证责任；
（四）建筑物或者其他设施以及建筑物上的搁置物、悬挂物发生倒塌、脱落、坠落致人损害的侵权诉讼，由所有人或者管理人对其无过错承担举证责任；
（五）饲养动物致人损害的侵权诉讼，由动物饲养人或者管理人就受害人有过错或者第三人有过错承担举证责任；
（六）因缺陷产品致人损害的侵权诉讼，由产品的生产者就法律规定的免责事由承担举证责任；
（七）因共同危险行为致人损害的侵权诉讼，由实施危险行为的人就其行为与损害结果之间不存在因果关系承担举证责任；
（八）因医疗行为引起的侵权诉讼，由医疗机构就医疗行为与损害结果之间不存在因果关系及不存在医疗过错承担举证责任。
有关法律对侵权诉讼的举证责任有特殊规定的，从其规定。</td></tr>
</table>

〔1〕 删除条文不包含修改条文。例如，删去2001年《民事证据规定》第19条第2款，将第18条、第19条第1款改为2019年《民事证据规定》第20条；删去2001年《民事证据规定》第74条，与第8条第1款一并修改为2019年《民事证据规定》第3条。

续表

序号	主题	2001年《民事证据规定》	2019年《民事证据规定》
3	当事人举证	**第五条**　在合同纠纷案件中，主张合同关系成立并生效的一方当事人对合同订立和生效的事实承担举证责任；主张合同关系变更、解除、终止、撤销的一方当事人对引起合同关系变动的事实承担举证责任。 对合同是否履行发生争议的，由负有履行义务的当事人承担举证责任。 对代理权发生争议的，由主张有代理权一方当事人承担举证责任。	（删除）
4		**第六条**　在劳动争议纠纷案件中，因用人单位作出开除、除名、辞退、解除劳动合同、减少劳动报酬、计算劳动者工作年限等决定而发生劳动争议的，由用人单位负举证责任。	
5		**第七条**　在法律没有具体规定，依本规定及其他司法解释无法确定举证责任承担时，人民法院可以根据公平原则和诚实信用原则，综合当事人举证能力等因素确定举证责任的承担。	
6	证据的调查收集	**第十五条**《民事诉讼法》第六十四条规定的“人民法院认为审理案件需要的证据”，是指以下情形： （一）涉及可能有损国家利益、社会公共利益或者他人合法权益的事实； （二）涉及依职权追加当事人、中止诉讼、终结诉讼、回避等与实体争议无关的程序事项。	
7		**第十六条**　除本规定第十五条规定的情形外，人民法院调查收集证据，应当依当事人的申请进行。	
8		**第十七条**　符合下列条件之一的，当事人及其诉讼代理人可以申请人民法院调查收集证据： （一）申请调查收集的证据属于国家有关部门保存并须人民法院依职权调取的档案材料； （二）涉及国家秘密、商业秘密、个人隐私的材料； （三）当事人及其诉讼代理人确因客观原因不能自行收集的其他材料。	

续表

序号	主题	2001年《民事证据规定》	2019年《民事证据规定》
9	举证时限与证据交换	**第三十四条** 当事人应当在举证期限内向人民法院提交证据材料，当事人在举证期限内不提交的，视为放弃举证权利。 对于当事人逾期提交的证据材料，人民法院审理时不组织质证。但对方当事人同意质证的除外。 当事人增加、变更诉讼请求或者提起反诉的，应当在举证期限届满前提出。	（删除）
10		**第三十七条** 经当事人申请，人民法院可以组织当事人在开庭审理前交换证据。 人民法院对于证据较多或者复杂疑难的案件，应当组织当事人在答辩期届满后、开庭审理前交换证据。	
11		**第四十一条** 《民事诉讼法》第一百二十五条第一款规定的"新的证据"，是指以下情形： （一）一审程序中的新的证据包括：当事人在一审举证期限届满后新发现的证据；当事人确因客观原因无法在举证期限内提供，经人民法院准许，在延长的期限内仍无法提供的证据； （二）二审程序中的新的证据包括：一审庭审结束后新发现的证据；当事人在一审举证期限届满前申请人民法院调查取证未获准许，二审法院经审查认为应当准许并依当事人申请调取的证据。	
12		**第四十二条** 当事人在一审程序中提供新的证据的，应当在一审开庭前或者开庭审理时提出。 当事人在二审程序中提供新的证据的，应当在二审开庭前或者开庭审理时提出；二审不需要开庭审理的，应当在人民法院指定的期限内提出。	
13		**第四十三条** 当事人举证期限届满后提供的证据不是新的证据的，人民法院不予采纳。 当事人经人民法院准许延期举证，但因客观原因未能在准许的期限内提供，且不审理该证据可能导致裁判明显不公的，其提供的证据可视为新的证据。	
14		**第四十四条** 《民事诉讼法》第一百七十九条第一款第（一）项规定的"新的证据"，是指原审庭审结束后新发现的证据。 当事人在再审程序中提供新的证据的，应当在申请再审时提出。	

续表

序号	主题	2001年《民事证据规定》	2019年《民事证据规定》
15	举证时限与证据交换	**第四十五条** 一方当事人提出新的证据的，人民法院应当通知对方当事人在合理期限内提出意见或者举证。	（删除）
16		**第四十六条** 由于当事人的原因未能在指定期限内举证，致使案件在二审或者再审期间因提出新的证据被人民法院发回重审或者改判的，原审裁判不属于错误裁判案件。一方当事人请求提出新的证据的另一方当事人负担由此增加的差旅、误工、证人出庭作证、诉讼等合理费用以及由此扩大的直接损失，人民法院应予支持。	
17	质证	**第四十八条** 涉及国家秘密、商业秘密和个人隐私或者法律规定的其他应当保密的证据，不得在开庭时公开质证。	
18		**第五十条** 质证时，当事人应当围绕证据的真实性、关联性、合法性，针对证据证明力有无以及证明力大小，进行质疑、说明与辩驳。	
19		**第五十二条** 案件有两个以上独立的诉讼请求的，当事人可以逐个出示证据进行质证。	
20	证人出庭作证	**第五十六条** 《民事诉讼法》第七十条规定的“证人确有困难不能出庭”，是指有下列情形： （一）年迈体弱或者行动不便无法出庭的； （二）特殊岗位确实无法离开的； （三）路途特别遥远，交通不便难以出庭的； （四）因自然灾害等不可抗力的原因无法出庭的； （五）其他无法出庭的特殊情况。 前款情形，经人民法院许可，证人可以提交书面证言或者视听资料或者通过双向视听传输技术手段作证。	
21	具有专门知识的人	**第六十一条** 当事人可以向人民法院申请由一至二名具有专门知识的人员出庭就案件的专门性问题进行说明。人民法院准许其申请的，有关费用由提出申请的当事人负担。 审判人员和当事人可以对出庭的具有专门知识的人员进行询问。 经人民法院准许，可以由当事人各自申请的具有专门知识的人员就有案件中的问题进行对质。 具有专门知识的人员可以对鉴定人进行询问。	
22	质证	**第六十二条** 法庭应当将当事人的质证情况记入笔录，并由当事人核对后签名或者盖章。	

续表

<table>
<tr><th>序号</th><th>主题</th><th>2001年《民事证据规定》</th><th>2019年《民事证据规定》</th></tr>
<tr><td>23</td><td>自认</td><td>第六十七条　在诉讼中，当事人为达成调解协议或者和解的目的作出妥协所涉及的对案件事实的认可，不得在其后的诉讼中作为对其不利的证据。</td><td rowspan="7">（删除）</td></tr>
<tr><td>24</td><td rowspan="6">证据的审核认定</td><td>第六十八条　以侵害他人合法权益或者违反法律禁止性规定的方法取得的证据，不能作为认定案件事实的依据。</td></tr>
<tr><td>25</td><td>第七十条　一方当事人提出的下列证据，对方当事人提出异议但没有足以反驳的相反证据的，人民法院应当确认其证明力：
（一）书证原件或者与书证原件核对无误的复印件、照片、副本、节录本；
（二）物证原物或者与物证原物核对无误的复制件、照片、录像资料等；
（三）有其他证据佐证并以合法手段取得的、无疑点的视听资料或者与视听资料核对无误的复制件；
（四）一方当事人申请人民法院依照法定程序制作的对物证或者现场的勘验笔录。</td></tr>
<tr><td>26</td><td>第七十一条　人民法院委托鉴定部门作出的鉴定结论，当事人没有足以反驳的相反证据和理由的，可以认定其证明力。</td></tr>
<tr><td>27</td><td>第七十二条　一方当事人提出的证据，另一方当事人认可或者提出的相反证据不足以反驳的，人民法院可以确认其证明力。
一方当事人提出的证据，另一方当事人有异议并提出反驳证据，对方当事人对反驳证据认可的，可以确认反驳证据的证明力。</td></tr>
<tr><td>28</td><td>第七十三条　双方当事人对同一事实分别举出相反的证据，但都没有足够的依据否定对方证据的，人民法院应当结合案件情况，判断一方提供证据的证明力是否明显大于另一方提供证据的证明力，并对证明力较大的证据予以确认。
因证据的证明力无法判断导致争议事实难以认定的，人民法院应当依据举证责任分配的规则作出裁判。</td></tr>
<tr><td>29</td><td>第七十六条　当事人对自己的主张，只有本人陈述而不能提出其他相关证据的，其主张不予支持。但对方当事人认可的除外。</td></tr>
</table>

续表

序号	主题	2001年《民事证据规定》	2019年《民事证据规定》
30	证据审核认定	**第七十七条**　人民法院就数个证据对同一事实的证明力，可以依照下列原则认定： （一）国家机关、社会团体依职权制作的公文书证的证明力一般大于其他书证； （二）物证、档案、鉴定结论、勘验笔录或者经过公证、登记的书证，其证明力一般大于其他书证、视听资料和证人证言； （三）原始证据的证明力一般大于传来证据； （四）直接证据的证明力一般大于间接证据； （五）证人提供的对与其有亲属或者其他密切关系的当事人有利的证言，其证明力一般小于其他证人证言。	（删除）
31	其他	**第八十一条**　人民法院适用简易程序审理案件，不受本解释中第三十二条、第三十三条第三款和第七十九条规定的限制。	
32		**第八十二条**　本院过去的司法解释，与本规定不一致的，以本规定为准。	

三、修改条文[1]

（共计40条）

序号	2001年《民事证据规定》	2019年《民事证据规定》
	一、当事人举证	
1	**第一条**　原告向人民法院起诉或者被告提出反诉，应当**附有**符合起诉条件的相应的证据材料。	**第一条**　原告向人民法院起诉或者被告提出反诉，应当**提供**符合起诉条件的相应的证据。
2[1]	**第八条第一款**　诉讼过程中，一方当事人对另一方当事人陈述的案件事实明确表示承认的，另一方当事人无需举证。但涉及身份关系的案件除外。	**第三条**　在诉讼过程中，一方当事人**陈述的于己不利的事实，或者对于己不利的事实**明确表示承认的，另一方当事人无需举证证明。

〔1〕 指修改了2001年《民事证据规定》中的条文。

序号	2001年《民事证据规定》	2019年《民事证据规定》
2	**第八条第二款** 对一方当事人陈述的事实，另一方当事人既未表示承认也未否认，经审判人员充分说明并询问后，其仍不明确表示肯定或者否定的，视为对该项事实的承认。	**第四条** 一方当事人对于另一方当事人**主张的于己不利的事实**既不承认也不否认，经审判人员说明并询问后，其仍然不明确表示肯定或者否定的，视为对该事实的承认。
	第八条第三款 当事人委托代理人参加诉讼的，代理人的承认视为当事人的承认。但未经特别授权的代理人对事实的承认直接导致承认对方诉讼请求的除外；当事人在场但对其代理人的承认不作否认表示的，视为当事人的承认。	**第五条** 当事人委托**诉讼**代理人参加诉讼的，**除授权委托书明确排除的事项外，诉讼**代理人的**自认**视为当事人的**自认**。 当事人在场对**诉讼**代理人的**自认明确否认的，不视为自认**。
	第八条第四款 当事人在法庭辩论终结前撤回承认并经对方当事人同意，或者有充分证据证明其承认行为是在受胁迫或者重大误解情况下作出且与事实不符的，不能免除对方当事人的举证责任。	**第九条** **有下列情形之一**，当事人在法庭辩论终结前**撤销自认的，人民法院应当准许**： （一）经对方当事人同意的； （二）**自认**是在受胁迫或者重大误解情况下作出的。 **人民法院准许当事人撤销自认的，应当作出口头或者书面裁定。**
3	**第九条** 下列事实，当事人无需举证证明： （一）众所周知的事实； （二）自然规律及定理； （三）根据法律规定或者已知事实和日常生活经验法则，能推定出的另一事实； （四）已为人民法院发生法律效力的裁判所确认的事实； （五）已为仲裁机构的生效裁决所确认的事实； （六）已为有效公证文书所证明的事实。 前款（一）、（三）、（四）、（五）、（六）项，当事人有相反证据足以推翻的除外。	**第十条** 下列事实，当事人无**须**举证证明： （一）自然规律**以**及定理、**定律**； （二）众所周知的事实； （三）根据法律规定**推定的事实**； （四）根据**已知的事实和日常生活经验法则推定出的另一事实**； （五）已为仲裁机构的生效裁决所确认的事实； （六）已为人民法院发生法律效力的裁判所确认的**基本**事实； （七）已为有效公证文书所证明的事实。 前款第二项至第五项事实，当事人有相反证据足以**反驳**的除外；第六项、第七项事实，当事人有相反证据足以推翻的除外。

续表

序号	2001年《民事证据规定》	2019年《民事证据规定》
4	**第十一条** 当事人向人民法院提供的证据系在中华人民共和国领域外形成的，该证据应当经所在国公证机关予以证明，并经中华人民共和国驻该国使领馆予以认证，或者履行中华人民共和国与该所在国订立的有关条约中规定的证明手续。 当事人向人民法院提供的证据是在香港、澳门、台湾地区形成的，应当履行相关的证明手续。	**第十六条** 当事人提供的公文书证系在中华人民共和国领域外形成的，该证据应当经所在国公证机关证明，或者履行中华人民共和国与该所在国订立的有关条约中规定的证明手续。 中华人民共和国领域外形成的**涉及身份关系的证据**，应当经所在国公证机关证明并经中华人民共和国驻该国使领馆认证，或者履行中华人民共和国与该所在国订立的有关条约中规定的证明手续。 当事人向人民法院提供的证据是在香港、澳门、台湾地区形成的，应当履行相关的证明手续。
5	**第十三条** 对双方当事人无争议但涉及国家利益、社会公共利益或者他人合法权益的事实，人民法院可以责令当事人提供有关证据。	**第十八条** 双方当事人无争议的事实**符合《最高人民法院关于适用〈中华人民共和国民事诉讼法〉的解释》第九十六条第一款规定情形的**，人民法院可以责令当事人提供有关证据。
	二、证据的调查收集和保全	
6	**第十八条** 当事人及其诉讼代理人申请人民法院调查收集证据，应当提交书面申请。申请书应当载明被调查人的姓名或者单位名称、住所地等基本情况、所要调查收集的证据的内容、需要由人民法院调查收集证据的原因及其要证明的事实。	**第二十条** 当事人及其诉讼代理人申请人民法院调查收集证据，**应当在举证期限届满前**提交书面申请。 申请书应当载明被调查人的姓名或者单位名称、住所地等基本情况、所要调查收集的**证据名称或者**内容、需要由人民法院调查收集证据的原因及其要证明的事实**以及明确的线索**。
7	**第十九条第一款** 当事人及其诉讼代理人申请人民法院调查收集证据，不得迟于举证期限届满前七日。	
8	**第二十条** 调查人员调查收集的书证，可以是原件，也可以是经核对无误的副本或者复制件。是副本或者复制件的，应当在调查笔录中说明来源和取证情况。	**第二十一条** **人民法院**调查收集的书证，可以是原件，也可以是经核对无误的副本或者复制件。是副本或者复制件的，应当在调查笔录中说明来源和取证情况。

续表

序号	2001年《民事证据规定》	2019年《民事证据规定》
9	**第二十一条** 调查人员调查收集的物证应当是原物。被调查人提供原物确有困难的，可以提供复制品或者照片。提供复制品或者照片的，应当在调查笔录中说明取证情况。	**第二十二条** **人民法院**调查收集的物证应当是原物。被调查人提供原物确有困难的，可以提供复制品或者**影像资料**。提供复制品或者**影像资料**的，应当在调查笔录中说明取证情况。
10	**第二十二条** 调查人员调查收集计算机数据或者录音、录像等视听资料的，应当要求被调查人提供有关资料的原始载体。提供原始载体确有困难的，可以提供复制件。提供复制件的，调查人员应当在调查笔录中说明其来源和制作经过。	**第二十三条** **人民法院**调查收集视听资料、电子数据，应当要求被调查人提供原始载体。 提供原始载体确有困难的，可以提供复制件。提供复制件的，**人民法院**应当在调查笔录中说明其来源和制作经过。 **人民法院对视听资料、电子数据采取证据保全措施的，适用前款规定。**
11	**第二十三条** 当事人依据《民事诉讼法》第七十四条的规定向人民法院申请保全证据，不得迟于举证期限届满前七日。 当事人申请保全证据的，人民法院可以要求其提供相应的担保。 法律、司法解释规定诉前保全证据的，依照其规定办理。	**第二十五条** 当事人**或者利害关系人根据**民事诉讼法第**八十一**条的规定申请证据保全的，**申请书应当载明需要保全的证据的基本情况、申请保全的理由以及采取何种保全措施等内容。** 当事人**根据**民事诉讼法**第八十一条第一款**的规定申请证据保全的，**应当在举证期限届满前向人民法院提出。** 法律、司法解释**对**诉前证据保全**有规定**的，依照其规定办理。
12	**第二十四条** 人民法院进行证据保全，可以根据具体情况，采取查封、扣押、拍照、录音、录像、复制、鉴定、勘验、制作笔录等方法。 人民法院进行证据保全，可以要求当事人或者诉讼代理人到场。	**第二十七条** 人民法院进行证据保全，可以要求当事人或者诉讼代理人到场。 根据**当事人的申请**和具体情况，人民法院可以采取查封、扣押、录音、录像、复制、鉴定、勘验等方法进行证据保全，并制作笔录。 **在符合证据保全目的的情况下，人民法院应当选择对证据持有人利益影响最小的保全措施。**

续表

序号	2001年《民事证据规定》	2019年《民事证据规定》
13	**第二十五条**　当事人申请鉴定，应当在举证期限内提出。符合本规定第二十七条规定的情形，当事人申请重新鉴定的除外。 对需要鉴定的事项负有举证责任的当事人，在人民法院指定的期限内无正当理由不提出鉴定申请或者不预交鉴定费用或者拒不提供相关材料，致使对案件争议的事实无法通过鉴定结论予以认定的，应当对该事实承担举证不能的法律后果。	**第三十一条**　当事人申请鉴定，应当在**人民法院指定期间**内提出，**并预交鉴定费用。逾期不提出申请或者不预交鉴定费用的，视为放弃申请。** 对需要鉴定的**待证事实**负有举证责任的当事人，在人民法院指定期**间**内无正当理由不提出鉴定申请或者不预交鉴定费用，或者拒不提供相关材料，致使**待证**事实无法**查明**的，应当承担举证不能的法律后果。
14	**第二十六条**　当事人申请鉴定经人民法院同意后，由双方当事人协商确定有鉴定资格的鉴定机构、鉴定人员，协商不成的，由人民法院指定。	**第三十二条　人民法院准许鉴定申请的，应当组织**双方当事人协商确定具备相应资格的鉴定人。**当事人**协商不成的，由人民法院指定。 **人民法院依职权委托鉴定的，可以在询问当事人的意见后，指定具备相应资格的鉴定人。** **人民法院在确定鉴定人后应当出具委托书，委托书中应当载明鉴定事项、鉴定范围、鉴定目的和鉴定期限。**
15	**第二十七条**　当事人对人民法院委托的鉴定部门作出的鉴定结论有异议申请重新鉴定，提出证据证明存在下列情形之一的，人民法院应予准许： （一）鉴定机构或者鉴定人员不具备相关的鉴定资格的； （二）鉴定程序严重违法的； （三）鉴定结论明显依据不足的； （四）经过质证认定不能作为证据使用的其他情形。 对有缺陷的鉴定结论，可以通过补充鉴定、重新质证或者补充质证等方法解决的，不予重新鉴定。	**第四十条**　当事人申请重新鉴定，存在下列情形之一的，人民法院应当准许： （一）鉴定人不具备相应资格的； （二）鉴定程序严重违法的； （三）鉴定**意见**明显依据不足的； （四）**鉴定意见**不能作为证据使用的其他情形。 **存在前款第一项至第三项情形的，鉴定人已经收取的鉴定费用应当退还。拒不退还的，依照本规定第八十一条第二款的规定处理。** 对**鉴定意见的瑕疵**，可以通过**补正**、补充鉴定或者补充质证、重新质证等方法解决的，**人民法院**不予**准许**重新鉴定的申请。 **重新鉴定的，原鉴定意见不得作为认定案件事实的根据。**

续表

序号	2001年《民事证据规定》	2019年《民事证据规定》
16	**第二十八条** 一方当事人自行委托有关部门作出的鉴定结论，另一方当事人有证据足以反驳并申请重新鉴定的，人民法院应予准许。	**第四十一条** **对于**一方当事人**就专门性问题**自行委托有关**机构或者人员出具的意见**，另一方当事人有证据**或者理由**足以反驳并申请鉴定的，人民法院应予准许。
17	**第二十九条** 审判人员对鉴定人出具的鉴定书，应当审查是否具有下列内容： （一）委托人姓名或者名称、委托鉴定的内容； （二）委托鉴定的材料； （三）鉴定的依据及使用的科学技术手段； （四）对鉴定过程的说明； （五）明确的鉴定结论； （六）对鉴定人鉴定资格的说明； （七）鉴定人员及鉴定机构签名盖章。	**第三十六条** **人民法院**对鉴定人出具的鉴定书，应当审查是否具有下列内容： **（一）委托法院的名称；** （二）委托鉴定的内容、**要求**； （三）鉴定材料； **（四）鉴定所依据的原理、方法；** （五）对鉴定过程的说明； **（六）鉴定意见；** **（七）承诺书。** **鉴定书应当由鉴定人签名或者盖章，并附鉴定人的相应资格证明。委托机构鉴定的，鉴定书应当由鉴定机构盖章，并由从事鉴定的人员签名。**
18	**第三十条** 人民法院勘验物证或者现场，应当制作笔录，记录勘验的时间、地点、勘验人、在场人、勘验的经过、结果，由勘验人、在场人签名或者盖章。对于绘制的现场图应当注明绘制的时间、方位、测绘人姓名、身份等内容。	**第四十三条** **人民法院应当在勘验前将勘验的时间和地点通知当事人。当事人不参加的，不影响勘验进行。** **当事人可以就勘验事项向人民法院进行解释和说明，可以请求人民法院注意勘验中的重要事项。** 人民法院勘验物证或者现场，应当制作笔录，记录勘验的时间、地点、勘验人、在场人、勘验的经过、结果，由勘验人、在场人签名或者盖章。对于绘制的现场图应当注明绘制的时间、方位、测绘人姓名、身份等内容。
19	**第三十一条** 摘录有关单位制作的与案件事实相关的文件、材料，应当注明出处，并加盖制作单位或者保管单位的印章，摘录人和其他调查人员应当在摘录件上签名或者盖章。 摘录文件、材料应当保持内容相应的完整性，不得断章取义。	**第四十四条** 摘录有关单位制作的与案件事实相关的文件、材料，应当注明出处，并加盖制作单位或者保管单位的印章，摘录人和其他调查人员应当在摘录件上签名或者盖章。 摘录文件、材料应当保持内容相应的完整性。

续表

序号	2001年《民事证据规定》	2019年《民事证据规定》
三、举证时限与证据交换		
20[2]	**第三十三条第一款** 人民法院应当在送达案件受理通知书和应诉通知书的同时向当事人送达举证通知书。举证通知书应当载明举证责任的分配原则与要求、可以向人民法院申请调查取证的情形、人民法院根据案件情况指定的举证期限以及逾期提供证据的法律后果。	**第五十条** 人民法院应当在**审理前的准备阶段**向当事人送达举证通知书。 举证通知书应当载明举证责任的分配原则和要求、可以向人民法院申请调查**收集证据**的情形、人民法院根据案件情况指定的举证期限以及逾期提供证据的法律后果**等内容**。
	第三十三条第二、三款 举证期限可以由当事人协商一致，并经人民法院认可。 由人民法院指定举证期限的，指定的期限不得少于三十日，自当事人收到案件受理通知书和应诉通知书的次日起计算。	**第五十一条** 举证期限可以由当事人协商，并经人民法院**准许**。 人民法院指定举证期限的，**适用第一审普通程序审理的案件不得少于十五日，当事人提供新的证据的第二审案件不得少于十日。适用简易程序审理的案件不得超过十五日，小额诉讼案件的举证期限一般不得超过七日。** **举证期限届满后，当事人提供反驳证据或者对已经提供的证据的来源、形式等方面的瑕疵进行补正的，人民法院可以酌情再次确定举证期限，该期限不受前款规定的期间限制。**
21	**第三十五条** 诉讼过程中，当事人主张的法律关系的性质或者民事行为的效力与人民法院根据案件事实作出的认定不一致的，不受本规定第三十四条规定的限制，人民法院应当告知当事人可以变更诉讼请求。 当事人变更诉讼请求的，人民法院应当重新指定举证期限。	**第五十三条** 诉讼过程中，当事人主张的法律关系性质或者民事行为效力与人民法院根据案件事实作出的认定不一致的，**人民法院应当将法律关系性质或者民事行为效力作为焦点问题进行审理。但法律关系性质对裁判理由及结果没有影响，或者有关问题已经当事人充分辩论的除外。** **存在前款情形**，当事人**根据法庭审理情况**变更诉讼请求的，人民法院应当**准许并可以根据案件的具体情况**重新指定举证期限。

续表

序号	2001年《民事证据规定》	2019年《民事证据规定》
22	**第三十六条**　当事人在举证期限内提交证据材料确有困难的，应当在举证期限内向人民法院申请延期举证，经人民法院准许，可以适当延长举证期限。当事人在延长的举证期限内提交证据材料仍有困难的，可以再次提出延期申请，是否准许由人民法院决定。	**第五十四条**　当事人**申请延长举证期限的**，应当在举证期限**届满前**向人民法院提出**书面申请**。 **申请理由成立的**，人民法院应当准许，适当延长举证期限，**并通知其他当事人。延长的举证期限适用于其他当事人。** **申请理由不成立的，人民法院不予准许，并通知申请人。**
23	**第三十八条**　交换证据的时间可以由当事人协商一致并经人民法院认可，也可以由人民法院指定。 人民法院组织当事人交换证据的，交换证据之日举证期限届满。当事人申请延期举证经人民法院准许的，证据交换日相应顺延。	**第五十六条**　人民法院**依照民事诉讼法第一百三十三条第四项的规定，通过组织证据交换进行审理前准备的，证据交换之日**举证期限届满。 证据交换的时间可以由当事人协商一致并经人民法院认可，也可以由人民法院指定。当事人申请延期举证经人民法院准许的，证据交换日相应顺延。
24	**第四十条**　当事人收到对方交换的证据后提出反驳并提出新证据的，人民法院应当通知当事人在指定的时间进行交换。 证据交换一般不超过两次。但重大、疑难和案情特别复杂的案件，人民法院认为确有必要再次进行证据交换的除外。	**第五十八条**　当事人收到对方的证据后**有反驳证据需要提交的**，人民法院应当**再次组织证据交换**。
四、质证		
25	**第四十七条**　证据应当在法庭上出示，由当事人质证。未经质证的证据，不能作为认定案件事实的依据。 当事人在证据交换过程中认可并记录在卷的证据，经审判人员在庭审中说明后，可以作为认定案件事实的依据。	**第六十条**　**当事人在审理前的准备阶段或者人民法院调查、询问过程中发表过质证意见的证据，视为质证过的证据。** **当事人要求以书面方式发表质证意见，人民法院在听取对方当事人意见后认为有必要的，可以准许。人民法院应当及时将书面质证意见送交对方当事人。**

续表

序号	2001年《民事证据规定》	2019年《民事证据规定》
26	**第四十九条**　对书证、物证、视听资料进行质证时，当事人有权要求出示证据的原件或者原物。但有下列情况之一的除外： （一）出示原件或者原物确有困难并经人民法院准许出示复制件或者复制品的； （二）原件或者原物已不存在，但有证据证明复制件、复制品与原件或原物一致的。	**第六十一条**　对书证、物证、视听资料进行质证时，当事人应当出示证据的原件或者原物。但有下列情形之一的除外： （一）出示原件或者原物确有困难并经人民法院准许出示复制件或者复制品的； （二）原件或者原物已不存在，但有证据证明复制件、复制品与原件或者原物一致的。
27	**第五十一条**　质证按下列顺序进行： （一）原告出示证据，被告、第三人与原告进行质证； （二）被告出示证据，原告、第三人与被告进行质证； （三）第三人出示证据，原告、被告与第三人进行质证。 人民法院依照当事人申请调查收集的证据，作为提出申请的一方当事人提供的证据。 人民法院依照职权调查收集的证据应当在庭审时出示，听取当事人意见，并可就调查收集该证据的情况予以说明。	**第六十二条**　质证**一般**按下列顺序进行： （一）原告出示证据，被告、第三人与原告进行质证； （二）被告出示证据，原告、第三人与被告进行质证； （三）第三人出示证据，原告、被告与第三人进行质证。 人民法院**根据**当事人申请调查收集的证据，**审判人员对调查收集证据的情况进行说明后，由提出申请的当事人与对方当事人、第三人进行质证。** 人民法院依职权调查收集的证据，**由审判人员对调查收集证据的情况进行说明后，**听取当事人的意见。
28	**第五十三条**　不能正确表达意志的人，不能作为证人。 待证事实与其年龄、智力状况或者精神健康状况相适应的无民事行为能力人和限制民事行为能力人，可以作为证人。	**第六十七条**　不能正确表达**意思**的人，不能作为证人。 待证事实与其年龄、智力状况或者精神健康状况相适应的无民事行为能力人和限制民事行为能力人，可以作为证人。
29	**第五十四条**　当事人申请证人出庭作证，应当在举证期限届满十日前提出，并经人民法院许可。 人民法院对当事人的申请予以准许的，应当在开庭审理前通知证人出庭作证，并告知其应当如实作证及作伪证的法律后果。 证人因出庭作证而支出的合理费用，由提供证人的一方当事人先行支付，由败诉一方当事人承担。	**第七十条**　人民法院**准许证人出庭作证申请的，应当向证人送达通知书并告知双方当事人。通知书中应当载明证人作证的时间、地点，作证的事项、要求以及**作伪证的法律后果等内容。 **当事人申请证人出庭作证的事项与待证事实无关，或者没有通知证人出庭作证必要的，人民法院不予准许当事人的申请。**

续表

序号	2001年《民事证据规定》	2019年《民事证据规定》
30	**第五十五条** 证人应当出庭作证，接受当事人的质询。 证人在人民法院组织双方当事人交换证据时出席陈述证言的，可视为出庭作证。	**第六十八条** **人民法院应当要求**证人出庭作证，接受**审判人员**和当事人的**询问**。 证人在**审理前的准备阶段或者**人民法院**调查、询问**等双方当事人在场时陈述证言的，视为出庭作证。 **双方当事人同意证人以其他方式作证并经人民法院准许的，证人可以不出庭作证。** **无正当理由未出庭的证人以书面等方式提供的证言，不得作为认定案件事实的根据。**
31	**第五十七条** 出庭作证的证人应当客观陈述其亲身感知的事实。证人为聋哑人的，可以其他表达方式作证。 证人作证时，不得使用猜测、推断或者评论性的语言。	**第七十二条** 证人应当客观陈述其亲身感知的事实，作证时不得使用猜测、推断或者评论性语言。 证人**作证前**不得旁听法庭审理，**作证时不得以宣读事先准备的书面材料的方式陈述证言。** 证人**言辞表达有障碍**的，可以**通过**其他表达方式作证。
32	**第五十八条** 审判人员和当事人可以对证人进行询问。证人不得旁听法庭审理；询问证人时，其他证人不得在场。人民法院认为有必要的，可以让证人进行对质。	**第七十四条** 审判人员可以对证人进行询问。**当事人及其诉讼代理人经审判人员许可后可以询问证人。** 询问证人时其他证人不得在场。 人民法院认为有必要的，可以要求证人之间进行对质。
33	**第五十九条** 鉴定人应当出庭接受当事人质询。 鉴定人确因特殊原因无法出庭的，经人民法院准许，可以书面答复当事人的质询。	**第八十条** 鉴定人**应当就鉴定事项如实答复**当事人的**异议和审判人员的询问。当庭答复确有困难的，**经人民法院准许，可以**在庭审结束后**书面答复。 **人民法院应当及时将书面答复送交当事人，并听取当事人的意见。必要时，可以再次组织质证。**
34	**第六十条** 经法庭许可，当事人可以向证人、鉴定人、勘验人发问。 询问证人、鉴定人、勘验人不得使用威胁、侮辱及不适当引导证人的言语和方式。	**第八十二条** 经法庭许可，当事人可以**询问**鉴定人、勘验人。 询问鉴定人、勘验人不得使用威胁、侮辱**等不适当**的言语和方式。

续表

序号	2001年《民事证据规定》	2019年《民事证据规定》
五、证据的审核认定		
35	**第六十五条** 审判人员对单一证据可以从下列方面进行审核认定： （一）证据是否原件、原物，复印件、复制品与原件、原物是否相符； （二）证据与本案事实是否相关； （三）证据的形式、来源是否符合法律规定； （四）证据的内容是否真实； （五）证人或者提供证据的人，与当事人有无利害关系。	**第八十七条** 审判人员对单一证据可以从下列方面进行审核认定： （一）证据是否**为**原件、原物，复制件、复制品与原件、原物是否相符； （二）证据与本案事实是否相关； （三）证据的形式、来源是否符合法律规定； （四）证据的内容是否真实； （五）证人或者提供证据的**人与**当事人有无利害关系。
36	**第六十九条** 下列证据不能单独作为认定案件事实的依据： （一）未成年人所作的与其年龄和智力状况不相当的证言； （二）与一方当事人或者其代理人有利害关系的证人出具的证言； （三）存有疑点的视听资料； （四）无法与原件、原物核对的复印件、复制品； （五）无正当理由未出庭作证的证人证言。	**第九十条** 下列证据不能单独作为认定案件事实的**根据**： **（一）当事人的陈述；** （二）**无民事行为能力人或者限制民事行为能力人**所作的与其年龄、智力状况**或者精神健康状况**不相当的证言； （三）与一方当事人或者其代理人有利害关系的证人**陈述**的证言； （四）存有疑点的视听资料、**电子数据**； （五）无法与原件、原物核对的复制件、复制品。
37	**第七十四条** 诉讼过程中，当事人在起诉状、答辩状、陈述及其委托代理人的代理词中承认的对己方不利的事实和认可的证据，人民法院应当予以确认，但当事人反悔并有相反证据足以推翻的除外。	**第三条** 在诉讼过程中，一方当事人**陈述的于己不利的事实，或者对于己不利的事实**明确表示承认的，另一方当事人无需举证证明。 **在证据交换、询问、调查**过程中，**或者**在起诉状、答辩状、代理词**等书面材料中**，当事人**明确**承认于己不利的事实的，**适用前款规定。**
38	**第七十五条** 有证据证明一方当事人持有证据无正当理由拒不提供，如果对方当事人主张该证据的内容不利于证据持有人，可以推定该主张成立。	**第九十五条** 一方当事人**控制**证据无正当理由拒不**提交，对待证事实负有举证责任的**当事人主张该证据的内容不利于**控制**人的，**人民法院**可以**认定**该主张成立。

续表

序号	2001年《民事证据规定》	2019年《民事证据规定》
六、其他		
39	**第八十条** 对证人、鉴定人、勘验人的合法权益依法予以保护。 当事人或者其他诉讼参与人伪造、毁灭证据，提供假证据，阻止证人作证，指使、贿买、胁迫他人作伪证，或者对证人、鉴定人、勘验人打击报复的，依照《民事诉讼法》第一百零二条的规定处理。	**第九十八条** 对证人、鉴定人、勘验人的合法权益依法予以保护。 当事人或者其他诉讼参与人伪造、毁灭证据，提供**虚假**证据，阻止证人作证，指使、贿买、胁迫他人作伪证，或者对证人、鉴定人、勘验人打击报复的，依照民事诉讼法第一百一十条、第一百一十一条的规定**进行处罚**。
40	**第八十三条** 本规定自2002年4月1日起施行。2002年4月1日尚未审结的一审、二审和再审民事案件不适用本规定。 本规定施行前已经审理终结的民事案件，当事人以违反本规定为由申请再审的，人民法院不予支持。 本规定施行后受理的再审民事案件，人民法院依据《民事诉讼法》第一百八十四条的规定进行审理的，适用本规定。	**第一百条** 本规定自**2020年5月1日**起施行。 **本规定公布施行后，最高人民法院以前发布的司法解释与本规定不一致的，不再适用。**

1 因2001年《民事证据规定》第8条的内容（第1款、第2款、第3款、第4款），在2019年《民事证据规定》中"拆分"成第3条、第4条、第5条和第9条，属于"修改"了2001年《民事证据规定》第8条这一个法条，故本表中将其作为修改1条处理和计算。

2 因2001年《民事证据规定》第33条，在2019年《民事证据规定》中被"拆分"为第50条、第51条，故此处将2001年《民事证据规定》第33条的修改作为1条修改处理。

四、新增条文[1]

（共计48条）

序号	主题	2019年《民事证据规定》
一、当事人举证		
1	当事人举证	**第六条** 普通共同诉讼中，共同诉讼人中一人或者数人作出的自认，对作出自认的当事人发生效力。 必要共同诉讼中，共同诉讼人中一人或者数人作出自认而其他共同诉讼人予以否认的，不发生自认的效力。其他共同诉讼人既不承认也不否认，经审判人员说明并询问后仍然不明确表示意见的，视为全体共同诉讼人的自认。

〔1〕 指在2001年《民事证据规定》中没有规定，在2019年《民事证据规定》中新增加的条文。

序号	主题	2019年《民事证据规定》
2	当事人举证	**第七条** 一方当事人对于另一方当事人主张的于己不利的事实有所限制或者附加条件予以承认的，由人民法院综合案件情况决定是否构成自认。
3		**第八条** 《最高人民法院关于适用〈中华人民共和国民事诉讼法〉的解释》第九十六条第一款规定的事实，不适用有关自认的规定。 自认的事实与已经查明的事实不符的，人民法院不予确认。
4		**第十二条** 以动产作为证据的，应当将原物提交人民法院。原物不宜搬移或者不宜保存的，当事人可以提供复制品、影像资料或者其他替代品。 人民法院在收到当事人提交的动产或者替代品后，应当及时通知双方当事人到人民法院或者保存现场查验。
5		**第十三条** 当事人以不动产作为证据的，应当向人民法院提供该不动产的影像资料。 人民法院认为有必要的，应当通知双方当事人到场进行查验。
6		**第十四条** 电子数据包括下列信息、电子文件： （一）网页、博客、微博客等网络平台发布的信息； （二）手机短信、电子邮件、即时通信、通讯群组等网络应用服务的通信信息； （三）用户注册信息、身份认证信息、电子交易记录、通信记录、登录日志等信息； （四）文档、图片、音频、视频、数字证书、计算机程序等电子文件； （五）其他以数字化形式存储、处理、传输的能够证明案件事实的信息。
7		**第十五条** 当事人以视听资料作为证据的，应当提供存储该视听资料的原始载体。 当事人以电子数据作为证据的，应当提供原件。电子数据的制作者制作的与原件一致的副本，或者直接来源于电子数据的打印件或其他可以显示、识别的输出介质，视为电子数据的原件。
二、证据的调查收集和保全		
8	证据的调查收集	**第二十四条** 人民法院调查收集可能需要鉴定的证据，应当遵守相关技术规范，确保证据不被污染。
9	证据保全	**第二十六条** 当事人或者利害关系人申请采取查封、扣押等限制保全标的物使用、流通等保全措施，或者保全可能对证据持有人造成损失的，人民法院应当责令申请人提供相应的担保。 担保方式或者数额由人民法院根据保全措施对证据持有人的影响、保全标的物的价值、当事人或者利害关系人争议的诉讼标的金额等因素综合确定。

续表

序号	主题	2019年《民事证据规定》
10	证据保全	**第二十八条** 申请证据保全错误造成财产损失，当事人请求申请人承担赔偿责任的，人民法院应予支持。
11		**第二十九条** 人民法院采取诉前证据保全措施后，当事人向其他有管辖权的人民法院提起诉讼的，采取保全措施的人民法院应当根据当事人的申请，将保全的证据及时移交受理案件的人民法院。
12	鉴定	**第三十条** 人民法院在审理案件过程中认为待证事实需要通过鉴定意见证明的，应当向当事人释明，并指定提出鉴定申请的期间。 符合《最高人民法院关于适用〈中华人民共和国民事诉讼法〉的解释》第九十六条第一款规定情形的，人民法院应当依职权委托鉴定。
13		**第三十三条** 鉴定开始之前，人民法院应当要求鉴定人签署承诺书。承诺书中应当载明鉴定人保证客观、公正、诚实地进行鉴定，保证出庭作证，如作虚假鉴定应当承担法律责任等内容。 鉴定人故意作虚假鉴定的，人民法院应当责令其退还鉴定费用，并根据情节，依照民事诉讼法第一百一十一条的规定进行处罚。
14		**第三十四条** 人民法院应当组织当事人对鉴定材料进行质证。未经质证的材料，不得作为鉴定的根据。 经人民法院准许，鉴定人可以调取证据、勘验物证和现场、询问当事人或者证人。
15		**第三十五条** 鉴定人应当在人民法院确定的期限内完成鉴定，并提交鉴定书。 鉴定人无正当理由未按期提交鉴定书的，当事人可以申请人民法院另行委托鉴定人进行鉴定。人民法院准许的，原鉴定人已经收取的鉴定费用应当退还；拒不退还的，依照本规定第八十一条第二款的规定处理。
16		**第三十七条** 人民法院收到鉴定书后，应当及时将副本送交当事人。 当事人对鉴定书的内容有异议的，应当在人民法院指定期间内以书面方式提出。 对于当事人的异议，人民法院应当要求鉴定人作出解释、说明或者补充。人民法院认为有必要的，可以要求鉴定人对当事人未提出异议的内容进行解释、说明或者补充。
17		**第三十八条** 当事人在收到鉴定人的书面答复后仍有异议的，人民法院应当根据《诉讼费用交纳办法》第十一条的规定，通知有异议的当事人预交鉴定人出庭费用，并通知鉴定人出庭。有异议的当事人不预交鉴定人出庭费用的，视为放弃异议。 双方当事人对鉴定意见均有异议的，分摊预交鉴定人出庭费用。

续表

序号	主题	2019年《民事证据规定》
18	鉴定	**第三十九条** 鉴定人出庭费用按照证人出庭作证费用的标准计算，由败诉的当事人负担。因鉴定意见不明确或者有瑕疵需要鉴定人出庭的，出庭费用由其自行负担。 人民法院委托鉴定时已经确定鉴定人出庭费用包含在鉴定费用中的，不再通知当事人预交。
19	鉴定	**第四十二条** 鉴定意见被采信后，鉴定人无正当理由撤销鉴定意见的，人民法院应当责令其退还鉴定费用，并可以根据情节，依照民事诉讼法第一百一十一条的规定对鉴定人进行处罚。当事人主张鉴定人负担由此增加的合理费用的，人民法院应予支持。 人民法院采信鉴定意见后准许鉴定人撤销的，应当责令其退还鉴定费用。
20	鉴定	**第四十五条** 当事人根据《最高人民法院关于适用〈中华人民共和国民事诉讼法〉的解释》第一百一十二条的规定申请人民法院责令对方当事人提交书证的，申请书应当载明所申请提交的书证名称或者内容、需要以该书证证明的事实及事实的重要性、对方当事人控制该书证的根据以及应当提交该书证的理由。 对方当事人否认控制书证的，人民法院应当根据法律规定、习惯等因素，结合案件的事实、证据，对于书证是否在对方当事人控制之下的事实作出综合判断。
21	书证提出命令	**第四十六条** 人民法院对当事人提交书证的申请进行审查时，应当听取对方当事人的意见，必要时可以要求双方当事人提供证据、进行辩论。 当事人申请提交的书证不明确、书证对于待证事实的证明无必要、待证事实对于裁判结果无实质性影响、书证未在对方当事人控制之下或者不符合本规定第四十七条情形的，人民法院不予准许。 当事人申请理由成立的，人民法院应当作出裁定，责令对方当事人提交书证；理由不成立的，通知申请人。
22	书证提出命令	**第四十七条** 下列情形，控制书证的当事人应当提交书证： （一）控制书证的当事人在诉讼中曾经引用过的书证； （二）为对方当事人的利益制作的书证； （三）对方当事人依照法律规定有权查阅、获取的书证； （四）账簿、记账原始凭证； （五）人民法院认为应当提交书证的其他情形。 前款所列书证，涉及国家秘密、商业秘密、当事人或第三人的隐私，或者存在法律规定应当保密的情形的，提交后不得公开质证。
23	书证提出命令	**第四十八条** 控制书证的当事人无正当理由拒不提交书证的，人民法院可以认定对方当事人所主张的书证内容为真实。 控制书证的当事人存在《最高人民法院关于适用〈中华人民共和国民事诉讼法〉的解释》第一百一十三条规定情形的，人民法院可以认定对方当事人主张以该书证证明的事实为真实。

序号	主题	2019年《民事证据规定》
三、举证时限与证据交换		
24	举证时限	**第五十二条** 当事人在举证期限内提供证据存在客观障碍，属于民事诉讼法第六十五条第二款规定的“当事人在该期限内提供证据确有困难”的情形。 前款情形，人民法院应当根据当事人的举证能力、不能在举证期限内提供证据的原因等因素综合判断。必要时，可以听取对方当事人的意见。
25		**第五十五条** 存在下列情形的，举证期限按照如下方式确定： （一）当事人依照民事诉讼法第一百二十七条规定提出管辖权异议的，举证期限中止，自驳回管辖权异议的裁定生效之日起恢复计算； （二）追加当事人、有独立请求权的第三人参加诉讼或者无独立请求权的第三人经人民法院通知参加诉讼的，人民法院应当依照本规定第五十一条的规定为新参加诉讼的当事人确定举证期限，该举证期限适用于其他当事人； （三）发回重审的案件，第一审人民法院可以结合案件具体情况和发回重审的原因，酌情确定举证期限； （四）当事人增加、变更诉讼请求或者提出反诉的，人民法院应当根据案件具体情况重新确定举证期限； （五）公告送达的，举证期限自公告期届满之次日起计算。
26		**第五十九条** 人民法院对逾期提供证据的当事人处以罚款的，可以结合当事人逾期提供证据的主观过错程度、导致诉讼迟延的情况、诉讼标的金额等因素，确定罚款数额。
四、质证		
27	质证	**第六十三条** 当事人应当就案件事实作真实、完整的陈述。 当事人的陈述与此前陈述不一致的，人民法院应当责令其说明理由，并结合当事人的诉讼能力、证据和案件具体情况进行审查认定。 当事人故意作虚假陈述妨碍人民法院审理的，人民法院应当根据情节，依照民事诉讼法第一百一十一条的规定进行处罚。
28		**第六十四条** 人民法院认为有必要的，可以要求当事人本人到场，就案件的有关事实接受询问。 人民法院要求当事人到场接受询问的，应当通知当事人询问的时间、地点、拒不到场的后果等内容。
29		**第六十五条** 人民法院应当在询问前责令当事人签署保证书并宣读保证书的内容。 保证书应当载明保证据实陈述，绝无隐瞒、歪曲、增减，如有虚假陈述应当接受处罚等内容。当事人应当在保证书上签名、捺印。 当事人有正当理由不能宣读保证书的，由书记员宣读并进行说明。

续表

序号	主题	2019年《民事证据规定》
30	质证	**第六十六条** 当事人无正当理由拒不到场、拒不签署或宣读保证书或者拒不接受询问的，人民法院应当综合案件情况，判断待证事实的真伪。待证事实无其他证据证明的，人民法院应当作出不利于该当事人的认定。
31	证人出庭作证	**第六十九条** 当事人申请证人出庭作证的，应当在举证期限届满前向人民法院提交申请书。 申请书应当载明证人的姓名、职业、住所、联系方式，作证的主要内容，作证内容与待证事实的关联性，以及证人出庭作证的必要性。 符合《最高人民法院关于适用〈中华人民共和国民事诉讼法〉的解释》第九十六条第一款规定情形的，人民法院应当依职权通知证人出庭作证。
32		**第七十一条** 人民法院应当要求证人在作证之前签署保证书，并在法庭上宣读保证书的内容。但无民事行为能力人和限制民事行为能力人作为证人的除外。 证人确有正当理由不能宣读保证书的，由书记员代为宣读并进行说明。 证人拒绝签署或者宣读保证书的，不得作证，并自行承担相关费用。 证人保证书的内容适用当事人保证书的规定。
33		**第七十三条** 证人应当就其作证的事项进行连续陈述。 当事人及其法定代理人、诉讼代理人或者旁听人员干扰证人陈述的，人民法院应当及时制止，必要时可以依照民事诉讼法第一百一十条的规定进行处罚。
34		**第七十五条** 证人出庭作证后，可以向人民法院申请支付证人出庭作证费用。证人有困难需要预先支取出庭作证费用的，人民法院可以根据证人的申请在出庭作证前支付。
35		**第七十六条** 证人确有困难不能出庭作证，申请以书面证言、视听传输技术或者视听资料等方式作证的，应当向人民法院提交申请书。申请书中应当载明不能出庭的具体原因。 符合民事诉讼法第七十三条规定情形的，人民法院应当准许。
36		**第七十七条** 证人经人民法院准许，以书面证言方式作证的，应当签署保证书；以视听传输技术或者视听资料方式作证的，应当签署保证书并宣读保证书的内容。
37		**第七十八条** 当事人及其诉讼代理人对证人的询问与待证事实无关，或者存在威胁、侮辱证人或不适当引导等情形的，审判人员应当及时制止。必要时可以依照民事诉讼法第一百一十条、第一百一十一条的规定进行处罚。 证人故意作虚假陈述，诉讼参与人或者其他人以暴力、威胁、贿买等方法妨碍证人作证，或者在证人作证后以侮辱、诽谤、诬陷、恐吓、殴打等方式对证人打击报复的，人民法院应当根据情节，依照民事诉讼法第一百一十一条的规定，对行为人进行处罚。

续表

序号	主题	2019年《民事证据规定》
38	鉴定	**第七十九条** 鉴定人依照民事诉讼法第七十八条的规定出庭作证的，人民法院应当在开庭审理三日前将出庭的时间、地点及要求通知鉴定人。 委托机构鉴定的，应当由从事鉴定的人员代表机构出庭。
39		**第八十一条** 鉴定人拒不出庭作证的，鉴定意见不得作为认定案件事实的根据。人民法院应当建议有关主管部门或者组织对拒不出庭作证的鉴定人予以处罚。 当事人要求退还鉴定费用的，人民法院应当在三日内作出裁定，责令鉴定人退还；拒不退还的，由人民法院依法执行。 当事人因鉴定人拒不出庭作证申请重新鉴定的，人民法院应当准许。
40	具有专门知识的人	**第八十三条** 当事人依照民事诉讼法第七十九条和《最高人民法院关于适用〈中华人民共和国民事诉讼法〉的解释》第一百二十二条的规定，申请有专门知识的人出庭的，申请书中应当载明有专门知识的人的基本情况和申请的目的。 人民法院准许当事人申请的，应当通知双方当事人。
41		**第八十四条** 审判人员可以对有专门知识的人进行询问。经法庭准许，当事人可以对有专门知识的人进行询问，当事人各自申请的有专门知识的人可以就案件中的有关问题进行对质。 有专门知识的人不得参与对鉴定意见质证或者就专业问题发表意见之外的法庭审理活动。
五、证据的审核认定		
42	证明标准	**第八十六条** 当事人对于欺诈、胁迫、恶意串通事实的证明，以及对于口头遗嘱或赠与事实的证明，人民法院确信该待证事实存在的可能性能够排除合理怀疑的，应当认定该事实存在。 与诉讼保全、回避等程序事项有关的事实，人民法院结合当事人的说明及相关证据，认为有关事实存在的可能性较大的，可以认定该事实存在。
43	自认	**第八十九条** 当事人在诉讼过程中认可的证据，人民法院应当予以确认。但法律、司法解释另有规定的除外。 当事人对认可的证据反悔的，参照《最高人民法院关于适用〈中华人民共和国民事诉讼法〉的解释》第二百二十九条的规定处理。
44	证据的审核认定	**第九十一条** 公文书证的制作者根据文书原件制作的载有部分或者全部内容的副本，与正本具有相同的证明力。 在国家机关存档的文件，其复制件、副本、节录本经档案部门或者制作原本的机关证明其内容与原本一致的，该复制件、副本、节录本具有与原本相同的证明力。

续表

序号	主题	2019年《民事证据规定》
45		**第九十二条** 私文书证的真实性，由主张以私文书证证明案件事实的当事人承担举证责任。 私文书证由制作者或者其代理人签名、盖章或捺印的，推定为真实。 私文书证上有删除、涂改、增添或者其他形式瑕疵的，人民法院应当综合案件的具体情况判断其证明力。
46	证据的审核认定	**第九十三条** 人民法院对于电子数据的真实性，应当结合下列因素综合判断： （一）电子数据的生成、存储、传输所依赖的计算机系统的硬件、软件环境是否完整、可靠； （二）电子数据的生成、存储、传输所依赖的计算机系统的硬件、软件环境是否处于正常运行状态，或者不处于正常运行状态时对电子数据的生成、存储、传输是否有影响； （三）电子数据的生成、存储、传输所依赖的计算机系统的硬件、软件环境是否具备有效的防止出错的监测、核查手段； （四）电子数据是否被完整地保存、传输、提取，保存、传输、提取的方法是否可靠； （五）电子数据是否在正常的往来活动中形成和存储； （六）保存、传输、提取电子数据的主体是否适当； （七）影响电子数据完整性和可靠性的其他因素。 人民法院认为有必要的，可以通过鉴定或者勘验等方法，审查判断电子数据的真实性。
47		**第九十四条** 电子数据存在下列情形的，人民法院可以确认其真实性，但有足以反驳的相反证据的除外： （一）由当事人提交或者保管的于己不利的电子数据； （二）由记录和保存电子数据的中立第三方平台提供或者确认的； （三）在正常业务活动中形成的； （四）以档案管理方式保管的； （五）以当事人约定的方式保存、传输、提取的。 电子数据的内容经公证机关公证的，人民法院应当确认其真实性，但有相反证据足以推翻的除外。
		六、其他
48	其他	**第九十九条** 本规定对证据保全没有规定的，参照适用法律、司法解释关于财产保全的规定。 除法律、司法解释另有规定外，对当事人、鉴定人、有专门知识的人的询问参照适用本规定中关于询问证人的规定；关于书证的规定适用于视听资料、电子数据；存储在电子计算机等电子介质中的视听资料，适用电子数据的规定。

附录二　民事诉讼证据规定条文汇总

《民事诉讼法》(证据部分)
2020年《民诉法司法解释》(证据部分)
2019年《民事证据规定》

一、当事人举证

序号	规定	来源	定位
1	证据包括: (一)当事人的陈述; (二)书证; (三)物证; (四)视听资料; (五)电子数据; (六)证人证言; (七)鉴定意见; (八)勘验笔录。 证据必须查证属实,才能作为认定事实的根据。	《民事诉讼法》第63条	证据种类;证据的性质
2	原告向人民法院起诉或者被告提出反诉,应当提供符合起诉条件的相应的证据。	2019年《民事证据规定》第1条	诉讼要件;证据裁判主义
3	当事人对自己提出的主张,有责任提供证据。 当事人及其诉讼代理人因客观原因不能自行收集的证据,或者人民法院认为审理案件需要的证据,人民法院应当调查收集。 人民法院应当按照法定程序,全面地、客观地审查核实证据。	《民事诉讼法》第64条	依申请、依职权调查收集证据;认证

续表

序号	规定	来源	定位
4	当事人对自己提出的诉讼请求所依据的事实或者反驳对方诉讼请求所依据的事实，应当提供证据加以证明，但法律另有规定的除外。 在作出判决前，当事人未能提供证据或者证据不足以证明其事实主张的，由负有举证证明责任的当事人承担不利的后果。	2020年《民诉法司法解释》第90条	证明责任
5	人民法院应当依照下列原则确定举证证明责任的承担，但法律另有规定的除外： （一）主张法律关系存在的当事人，应当对产生该法律关系的基本事实承担举证证明责任； （二）主张法律关系变更、消灭或者权利受到妨害的当事人，应当对该法律关系变更、消灭或者权利受到妨害的基本事实承担举证证明责任。	2020年《民诉法司法解释》第91条	举证责任及其分配
6	私文书证的真实性，由主张以私文书证证明案件事实的当事人承担举证责任。 私文书证由制作者或者其代理人签名、盖章或捺印的，推定为真实。 私文书证上有删除、涂改、增添或者其他形式瑕疵的，人民法院应当综合案件的具体情况判断其证明力。	2019年《民事证据规定》第92条	私文书证的举证责任；私文书证的证据证明力
7	人民法院应当向当事人说明举证的要求及法律后果，促使当事人在合理期限内积极、全面、正确、诚实地完成举证。 当事人因客观原因不能自行收集的证据，可申请人民法院调查收集。	2019年《民事证据规定》第2条	法官释明权；依申请调查取证
8	在诉讼过程中，一方当事人陈述的于己不利的事实，或者对于己不利的事实明确表示承认的，另一方当事人无需举证证明。 在证据交换、询问、调查过程中，或者在起诉状、答辩状、代理词等书面材料中，当事人明确承认于己不利的事实的，适用前款规定。	2019年《民事证据规定》第3条；2020年《民诉法司法解释》第92条[1]	自认规则
9	一方当事人对于另一方当事人主张的于己不利的事实既不承认也不否认，经审判人员说明并询问后，其仍然不明确表示肯定或者否定的，视为对该事实的承认。	2019年《民事证据规定》第4条	视为自认

续表

序号	规定	来源	定位
10	当事人委托诉讼代理人参加诉讼的，除授权委托书明确排除的事项外，诉讼代理人的自认视为当事人的自认。 当事人在场对诉讼代理人的自认明确否认的，不视为自认。	2019年《民事证据规定》第5条	代理人自认
11	普通共同诉讼中，共同诉讼人中一人或者数人作出的自认，对作出自认的当事人发生效力。 必要共同诉讼中，共同诉讼人中一人或者数人作出自认而其他共同诉讼人予以否认的，不发生自认的效力。其他共同诉讼人既不承认也不否认，经审判人员说明并询问后仍然不明确表示意见的，视为全体共同诉讼人的自认。	2019年《民事证据规定》第6条	共同诉讼人自认
12	一方当事人对于另一方当事人主张的于己不利的事实有所限制或者附加条件予以承认的，由人民法院综合案件情况决定是否构成自认。	2019年《民事证据规定》第7条	附条件自认
13	《最高人民法院关于适用〈中华人民共和国民事诉讼法〉的解释》第九十六条第一款规定的事实，不适用有关自认的规定。 自认的事实与已经查明的事实不符的，人民法院不予确认。	2019年《民事证据规定》第8条	不适用自认情形；自认的限制
14	在诉讼中，当事人为达成调解协议或者和解协议作出妥协而认可的事实，不得在后续的诉讼中作为对其不利的根据，但法律另有规定或者当事人均同意的除外。	2020年《民诉法司法解释》第107条	自认的限制
15	有下列情形之一，当事人在法庭辩论终结前撤销自认的，人民法院应当准许： （一）经对方当事人同意的； （二）自认是在受胁迫或者重大误解情况下作出的。 人民法院准许当事人撤销自认的，应当作出口头或者书面裁定。	2019年《民事证据规定》第9条	撤销自认
16	下列事实，当事人无须举证证明： （一）自然规律以及定理、定律； （二）众所周知的事实； （三）根据法律规定推定的事实； （四）根据已知的事实和日常生活经验法则推定出的另一事实； （五）已为仲裁机构的生效裁决所确认的事实；	2019年《民事证据规定》第10条；2020年《民诉法司法解释》第93条[2]	免证事实

续表

序号	规定	来源	定位
16	(六)已为人民法院发生法律效力的裁判所确认的基本事实; (七)已为有效公证文书所证明的事实。 前款第二项至第五项事实,当事人有相反证据足以反驳的除外;第六项、第七项事实,当事人有相反证据足以推翻的除外。		
17	当事人向人民法院提供证据,应当提供原件或者原物。如需自己保存证据原件、原物或者提供原件、原物确有困难的,可以提供经人民法院核对无异的复制件或者复制品。	2019年《民事证据规定》第11条	最佳证据规则
18	民事诉讼法第七十条规定的提交书证原件确有困难,包括下列情形: (一)书证原件遗失、灭失或者毁损的; (二)原件在对方当事人控制之下,经合法通知提交而拒不提交的; (三)原件在他人控制之下,而其有权不提交的; (四)原件因篇幅或者体积过大而不便提交的; (五)承担举证证明责任的当事人通过申请人民法院调查收集或者其他方式无法获得书证原件的。 前款规定情形,人民法院应当结合其他证据和案件具体情况,审查判断书证复制品等能否作为认定案件事实的根据。	2020年《民诉法司法解释》第111条	最佳证据的例外
19	以动产作为证据的,应当将原物提交人民法院。原物不宜搬移或者不宜保存的,当事人可以提供复制品、影像资料或者其他替代品。 人民法院在收到当事人提交的动产或者替代品后,应当及时通知双方当事人到人民法院或者保存现场查验。	2019年《民事证据规定》第12条	动产的最佳证据规则
20	当事人以不动产作为证据的,应当向人民法院提供该不动产的影像资料。 人民法院认为有必要的,应当通知双方当事人到场进行查验。	2019年《民事证据规定》第13条	不动产最佳证据规则
21	视听资料包括录音资料和影像资料。 电子数据是指通过电子邮件、电子数据交换、网上聊天记录、博客、微博客、手机短信、电子签名、域名等形成或者存储在电子介质中的信息。 存储在电子介质中的录音资料和影像资料,适用电子数据的规定。	2020年《民诉法司法解释》第116条	视听资料;电子数据的证据种类

续表

序号	规定	来源	定位
22	电子数据包括下列信息、电子文件： （一）网页、博客、微博客等网络平台发布的信息； （二）手机短信、电子邮件、即时通信、通讯群组等网络应用服务的通信信息； （三）用户注册信息、身份认证信息、电子交易记录、通信记录、登录日志等信息； （四）文档、图片、音频、视频、数字证书、计算机程序等电子文件； （五）其他以数字化形式存储、处理、传输的能够证明案件事实的信息。	2019年《民事证据规定》第14条	电子数据证据
23	当事人以视听资料作为证据的，应当提供存储该视听资料的原始载体。 当事人以电子数据作为证据的，应当提供原件。电子数据的制作者制作的与原件一致的副本，或者直接来源于电子数据的打印件或其他可以显示、识别的输出介质，视为电子数据的原件。	2019年《民事证据规定》第15条	视听资料、电子数据的最佳证据规则
24	当事人提供的公文书证系在中华人民共和国领域外形成的，该证据应当经所在国公证机关证明，或者履行中华人民共和国与该所在国订立的有关条约中规定的证明手续。 中华人民共和国领域外形成的涉及身份关系的证据，应当经所在国公证机关证明并经中华人民共和国驻该国使领馆认证，或者履行中华人民共和国与该所在国订立的有关条约中规定的证明手续。 当事人向人民法院提供的证据是在香港、澳门、台湾地区形成的，应当履行相关的证明手续。	2019年《民事证据规定》第16条	域外证据的证据能力；涉港澳台证据的证据能力
25	当事人向人民法院提供外文书证或者外文说明资料，应当附有中文译本。	2019年《民事证据规定》第17条	域外证据的证据能力
26	双方当事人无争议的事实符合《最高人民法院关于适用〈中华人民共和国民事诉讼法〉的解释》第九十六条第一款规定情形的，人民法院可以责令当事人提供有关证据。	2019年《民事证据规定》第18条	责令当事人提供证据制度
27	人民法院收到当事人提交的证据材料，应当出具收据，写明证据名称、页数、份数、原件或者复印件以及收到时间等，并由经办人员签名或者盖章。	《民事诉讼法》第66条	提交证据材料的程序要求

续表

序号	规定	来源	定位
28	当事人应当对其提交的证据材料逐一分类编号，对证据材料的来源、证明对象和内容作简要说明，签名盖章，注明提交日期，并依照对方当事人人数提出副本。 人民法院收到当事人提交的证据材料，应当出具收据，注明证据的名称、份数和页数以及收到的时间，由经办人员签名或者盖章。	2019年《民事证据规定》第19条	法院对证据材料的管理职责

1　2020年《民诉法司法解释》第92条："一方当事人在法庭审理中，或者在起诉状、答辩状、代理词等书面材料中，对于己不利的事实明确表示承认的，另一方当事人无需举证证明。对于涉及身份关系、国家利益、社会公共利益等应当由人民法院依职权调查的事实，不适用前款自认的规定。自认的事实与查明的事实不符的，人民法院不予确认。"

2　2020年《民诉法司法解释》第93条："下列事实，当事人无须举证证明：(一)自然规律以及定理、定律；(二)众所周知的事实；(三)根据法律规定推定的事实；(四)根据已知的事实和日常生活经验法则推定出的另一事实；(五)已为人民法院发生法律效力的裁判所确认的事实；(六)已为仲裁机构生效裁决所确认的事实；(七)已为有效公证文书所证明的事实。前款第二项至第四项规定的事实，当事人有相反证据足以反驳的除外；第五项至第七项规定的事实，当事人有相反证据足以推翻的除外。"

二、证据的调查收集和保全

序号	规定	来源	定位
1	当事人及其诉讼代理人申请人民法院调查收集证据，应当在举证期限届满前提交书面申请。 申请书应当载明被调查人的姓名或者单位名称、住所地等基本情况、所要调查收集的证据名称或者内容、需要由人民法院调查收集证据的原因及其要证明的事实以及明确的线索。	2019年《民事证据规定》第20条	当事人申请调查收集证据
2	民事诉讼法第六十四条第二款规定的当事人及其诉讼代理人因客观原因不能自行收集的证据包括： (一)证据由国家有关部门保存，当事人及其诉讼代理人无权查阅调取的； (二)涉及国家秘密、商业秘密或者个人隐私的； (三)当事人及其诉讼代理人因客观原因不能自行收集的其他证据。 当事人及其诉讼代理人因客观原因不能自行收集的证据，可以在举证期限届满前书面申请人民法院调查收集。	2020年《民诉法司法解释》第94条	当事人申请调查收集证据的前提条件
3	当事人申请调查收集的证据，与待证事实无关联、对证明待证事实无意义或者其他无调查收集必要的，人民法院不予准许。	2020年《民诉法司法解释》第95条	不予调查收集证据的情形

续表

序号	规定	来源	定位
4	民事诉讼法第六十四条第二款规定的人民法院认为审理案件需要的证据包括： （一）涉及可能损害国家利益、社会公共利益的； （二）涉及身份关系的； （三）涉及民事诉讼法第五十五条规定诉讼的； （四）当事人有恶意串通损害他人合法权益可能的； （五）涉及依职权追加当事人、中止诉讼、终结诉讼、回避等程序性事项的。 除前款规定外，人民法院调查收集证据，应当依照当事人的申请进行。	2020年《民诉法司法解释》第96条	人民法院依职权调查收集证据的情形
5	人民法院有权向有关单位和个人调查取证，有关单位和个人不得拒绝。 人民法院对有关单位和个人提出的证明文书，应当辨别真伪，审查确定其效力。	《民事诉讼法》第67条	人民法院调查取证权
6	人民法院调查收集的物证应当是原物。被调查人提供原物确有困难的，可以提供复制品或者影像资料。提供复制品或者影像资料的，应当在调查笔录中说明取证情况。	2019年《民事证据规定》第22条	最佳证据规则
7	人民法院调查收集视听资料、电子数据，应当要求被调查人提供原始载体。 提供原始载体确有困难的，可以提供复制件。提供复制件的，人民法院应当在调查笔录中说明其来源和制作经过。 人民法院对视听资料、电子数据采取证据保全措施的，适用前款规定。	2019年《民事证据规定》第23条	最佳证据规则
8	人民法院调查收集可能需要鉴定的证据，应当遵守相关技术规范，确保证据不被污染。	2019年《民事证据规定》第24条	证据的客观性
9	人民法院调查收集证据，应当由两人以上共同进行。调查材料要由调查人、被调查人、记录人签名、捺印或者盖章。	2020年《民诉法司法解释》第97条	调查收集证据的程序要求
10	在证据可能灭失或者以后难以取得的情况下，当事人可以在诉讼过程中向人民法院申请保全证据，人民法院也可以主动采取保全措施。 因情况紧急，在证据可能灭失或者以后难以取得的情况下，利害关系人可以在提起诉讼或者申请仲裁前向证据所在地、被申请人住所地或者对案件有管辖权的人民法院申请保全证据。 证据保全的其他程序，参照适用本法第九章保全的有关规定。	《民事诉讼法》第81条；2020年《民诉法司法解释》第98条[1]	诉讼证据保全制度

续表

序号	规定	来源	定位
11	当事人或者利害关系人根据民事诉讼法第八十一条的规定申请证据保全的，申请书应当载明需要保全的证据的基本情况、申请保全的理由以及采取何种保全措施等内容。 当事人根据民事诉讼法第八十一条第一款的规定申请证据保全的，应当在举证期限届满前向人民法院提出。 法律、司法解释对诉前证据保全有规定的，依照其规定办理。	2019年《民事证据规定》第25条	证据保全申请书的要求；证据保全的申请期限
12	当事人或者利害关系人申请采取查封、扣押等限制保全标的物使用、流通等保全措施，或者保全可能对证据持有人造成损失的，人民法院应当责令申请人提供相应的担保。 担保方式或者数额由人民法院根据保全措施对证据持有人的影响、保全标的物的价值、当事人或者利害关系人争议的诉讼标的金额等因素综合确定。	2019年《民事证据规定》第26条	证据保全担保制度
13	人民法院进行证据保全，可以要求当事人或者诉讼代理人到场。 根据当事人的申请和具体情况，人民法院可以采取查封、扣押、录音、录像、复制、鉴定、勘验等方法进行证据保全，并制作笔录。 在符合证据保全目的的情况下，人民法院应当选择对证据持有人利益影响最小的保全措施。	2019年《民事证据规定》第27条	证据保全措施与程序性要求
14	申请证据保全错误造成财产损失，当事人请求申请人承担赔偿责任的，人民法院应予支持。	2019年《民事证据规定》第28条	证据保全的救济机制
15	人民法院采取诉前证据保全措施后，当事人向其他有管辖权的人民法院提起诉讼的，采取保全措施的人民法院应当根据当事人的申请，将保全的证据及时移交受理案件的人民法院。	2019年《民事证据规定》第29条	诉前证据保全案件的管辖
16	当事人可以就查明事实的专门性问题向人民法院申请鉴定。当事人申请鉴定的，由双方当事人协商确定具备资格的鉴定人；协商不成的，由人民法院指定。 当事人未申请鉴定，人民法院对专门性问题认为需要鉴定的，应当委托具备资格的鉴定人进行鉴定。	《民事诉讼法》第76条	鉴定对象；鉴定人要件

续表

序号	规定	来源	定位
17	人民法院在审理案件过程中认为待证事实需要通过鉴定意见证明的，应当向当事人释明，并指定提出鉴定申请的期间。 符合《最高人民法院关于适用〈中华人民共和国民事诉讼法〉的解释》第九十六条第一款规定情形的，人民法院应当依职权委托鉴定。	2019年《民事证据规定》第30条	释明权；依职权委托鉴定
18	当事人申请鉴定，应当在人民法院指定期间内提出，并预交鉴定费用。逾期不提出申请或者不预交鉴定费用的，视为放弃申请。 对需要鉴定的待证事实负有举证责任的当事人，在人民法院指定期间内无正当理由不提出鉴定申请或者不预交鉴定费用，或者拒不提供相关材料，致使待证事实无法查明的，应当承担举证不能的法律后果。	2019年《民事证据规定》第31条；2020年《民诉法司法解释》第121条[2]	申请鉴定的要件及法律后果
19	人民法院准许鉴定申请的，应当组织双方当事人协商确定具备相应资格的鉴定人。当事人协商不成的，由人民法院指定。 人民法院依职权委托鉴定的，可以在询问当事人的意见后，指定具备相应资格的鉴定人。 人民法院在确定鉴定人后应当出具委托书，委托书中应当载明鉴定事项、鉴定范围、鉴定目的和鉴定期限。	2019年《民事证据规定》第32条	鉴定人的确定方式；鉴定委托书的内容
20	鉴定开始之前，人民法院应当要求鉴定人签署承诺书。承诺书中应当载明鉴定人保证客观、公正、诚实地进行鉴定，保证出庭作证，如作虚假鉴定应当承担法律责任等内容。 鉴定人故意作虚假鉴定的，人民法院应当责令其退还鉴定费用，并根据情节，依照民事诉讼法第一百一十一条的规定进行处罚。	2019年《民事证据规定》第33条	鉴定人具结
21	人民法院应当组织当事人对鉴定材料进行质证。未经质证的材料，不得作为鉴定的根据。 经人民法院准许，鉴定人可以调取证据、勘验物证和现场、询问当事人或者证人。	2019年《民事证据规定》第34条	鉴定材料的质证
22	鉴定人有权了解进行鉴定所需要的案件材料，必要时可以询问当事人、证人。 鉴定人应当提出书面鉴定意见，在鉴定书上签名或者盖章。	《民事诉讼法》第77条	鉴定人的权利义务

续表

序号	规定	来源	定位
23	鉴定人应当在人民法院确定的期限内完成鉴定，并提交鉴定书。 鉴定人无正当理由未按期提交鉴定书的，当事人可以申请人民法院另行委托鉴定人进行鉴定。人民法院准许的，原鉴定人已经收取的鉴定费用应当退还；拒不退还的，依照本规定第八十一条第二款的规定处理。	2019年《民事证据规定》第35条	鉴定人的义务
24	人民法院对鉴定人出具的鉴定书，应当审查是否具有下列内容： （一）委托法院的名称； （二）委托鉴定的内容、要求； （三）鉴定材料； （四）鉴定所依据的原理、方法； （五）对鉴定过程的说明； （六）鉴定意见； （七）承诺书。 鉴定书应当由鉴定人签名或者盖章，并附鉴定人的相应资格证明。委托机构鉴定的，鉴定书应当由鉴定机构盖章，并由从事鉴定的人员签名。	2019年《民事证据规定》第36条	鉴定书的内容要求
25	人民法院收到鉴定书后，应当及时将副本送交当事人。 当事人对鉴定书的内容有异议的，应当在人民法院指定期间内以书面方式提出。 对于当事人的异议，人民法院应当要求鉴定人作出解释、说明或者补充。人民法院认为有必要的，可以要求鉴定人对当事人未提出异议的内容进行解释、说明或者补充。	2019年《民事证据规定》第37条	对鉴定意见的异议及程序处理
26	当事人对鉴定意见有异议或者人民法院认为鉴定人有必要出庭的，鉴定人应当出庭作证。经人民法院通知，鉴定人拒不出庭作证的，鉴定意见不得作为认定事实的根据；支付鉴定费用的当事人可以要求返还鉴定费用。	《民事诉讼法》第78条	鉴定人出庭作证程序
27	当事人在收到鉴定人的书面答复后仍有异议的，人民法院应当根据《诉讼费用交纳办法》第十一条的规定，通知有异议的当事人预交鉴定人出庭费用，并通知鉴定人出庭。有异议的当事人不预交鉴定人出庭费用的，视为放弃异议。 双方当事人对鉴定意见均有异议的，分摊预交鉴定人出庭费用。	2019年《民事证据规定》第38条	鉴定人出庭费用
28	鉴定人出庭费用按照证人出庭作证费用的标准计算，由败诉的当事人负担。因鉴定意见不明确或者有瑕疵需要鉴定人出庭的，出庭费用由其自行负担。 人民法院委托鉴定时已经确定鉴定人出庭费用包含在鉴定费用中的，不再通知当事人预交。	2019年《民事证据规定》第39条	鉴定人出庭费用

续表

序号	规定	来源	定位
29	当事人申请重新鉴定，存在下列情形之一的，人民法院应当准许： （一）鉴定人不具备相应资格的； （二）鉴定程序严重违法的； （三）鉴定意见明显依据不足的； （四）鉴定意见不能作为证据使用的其他情形。 存在前款第一项至第三项情形的，鉴定人已经收取的鉴定费用应当退还。拒不退还的，依照本规定第八十一条第二款的规定处理。 对鉴定意见的瑕疵，可以通过补正、补充鉴定或者补充质证、重新质证等方法解决的，人民法院不予准许重新鉴定的申请。 重新鉴定的，原鉴定意见不得作为认定案件事实的根据。	2019年《民事证据规定》第40条	重新鉴定
30	对于一方当事人就专门性问题自行委托有关机构或者人员出具的意见，另一方当事人有证据或者理由足以反驳并申请鉴定的，人民法院应予准许。	2019年《民事证据规定》第41条	自行委托鉴定
31	鉴定意见被采信后，鉴定人无正当理由撤销鉴定意见的，人民法院应当责令其退还鉴定费用，并可以根据情节，依照民事诉讼法第一百一十一条的规定对鉴定人进行处罚。当事人主张鉴定人负担由此增加的合理费用的，人民法院应予支持。 人民法院采信鉴定意见后准许鉴定人撤销的，应当责令其退还鉴定费用。	2019年《民事证据规定》第42条	鉴定人撤销鉴定意见的程序处理
32	人民法院认为有必要的，可以根据当事人的申请或者依职权对物证或者现场进行勘验。勘验时应当保护他人的隐私和尊严。 人民法院可以要求鉴定人参与勘验。必要时，可以要求鉴定人在勘验中进行鉴定。	2020年《民诉法司法解释》第124条	勘验的启动
33	勘验物证或者现场，勘验人必须出示人民法院的证件，并邀请当地基层组织或者当事人所在单位派人参加。当事人或者当事人的成年家属应当到场，拒不到场的，不影响勘验的进行。 有关单位和个人根据人民法院的通知，有义务保护现场，协助勘验工作。 勘验人应当将勘验情况和结果制作笔录，由勘验人、当事人和被邀参加人签名或者盖章。	《民事诉讼法》第80条	现场勘验

续表

序号	规定	来源	定位
34	人民法院应当在勘验前将勘验的时间和地点通知当事人。当事人不参加的，不影响勘验进行。 当事人可以就勘验事项向人民法院进行解释和说明，可以请求人民法院注意勘验中的重要事项。 人民法院勘验物证或者现场，应当制作笔录，记录勘验的时间、地点、勘验人、在场人、勘验的经过、结果，由勘验人、在场人签名或者盖章。对于绘制的现场图应当注明绘制的时间、方位、测绘人姓名、身份等内容。	2019年《民事证据规定》第43条	勘验的程序性要求
35	摘录有关单位制作的与案件事实相关的文件、材料，应当注明出处，并加盖制作单位或者保管单位的印章，摘录人和其他调查人员应当在摘录件上签名或者盖章。 摘录文件、材料应当保持内容相应的完整性。	2019年《民事证据规定》第44条	文件摘录
36	书证在对方当事人控制之下的，承担举证证明责任的当事人可以在举证期限届满前书面申请人民法院责令对方当事人提交。 申请理由成立的，人民法院应当责令对方当事人提交，因提交书证所产生的费用，由申请人负担。对方当事人无正当理由拒不提交的，人民法院可以认定申请人所主张的书证内容为真实。	2020年《民诉法司法解释》112条	书证提出命令规则
37	当事人根据《最高人民法院关于适用〈中华人民共和国民事诉讼法〉的解释》第一百一十二条的规定申请人民法院责令对方当事人提交书证的，申请书应当载明所申请提交的书证名称或者内容、需要以该书证证明的事实及事实的重要性、对方当事人控制该书证的根据以及应当提交该书证的理由。 对方当事人否认控制书证的，人民法院应当根据法律规定、习惯等因素，结合案件的事实、证据，对于书证是否在对方当事人控制之下的事实作出综合判断。	2019年《民事证据规定》第45条	书证提出命令的启动条件；否认控制书证的举证责任
38	人民法院对当事人提交书证的申请进行审查时，应当听取对方当事人的意见，必要时可以要求双方当事人提供证据、进行辩论。 当事人申请提交的书证不明确、书证对于待证事实的证明无必要、待证事实对于裁判结果无实质性影响、书证未在对方当事人控制之下或者不符合本规定第四十七条情形的，人民法院不予准许。 当事人申请理由成立的，人民法院应当作出裁定，责令对方当事人提交书证；理由不成立的，通知申请人。	2019年《民事证据规定》第46条	书证提出命令的审查

续表

序号	规定	来源	定位
39	下列情形，控制书证的当事人应当提交书证： （一）控制书证的当事人在诉讼中曾经引用过的书证； （二）为对方当事人的利益制作的书证； （三）对方当事人依照法律规定有权查阅、获取的书证； （四）账簿、记账原始凭证； （五）人民法院认为应当提交书证的其他情形。 前款所列书证，涉及国家秘密、商业秘密、当事人或第三人的隐私，或者存在法律规定应当保密的情形的，提交后不得公开质证。	2019年《民事证据规定》第47条	应当提供书证的法定情形
40	持有书证的当事人以妨碍对方当事人使用为目的，毁灭有关书证或者实施其他致使书证不能使用行为的，人民法院可以依照民事诉讼法第一百一十一条规定，对其处以罚款、拘留。	2020年《民诉法司法解释》第113条	妨碍书证提出的法律后果
41	控制书证的当事人无正当理由拒不提交书证的，人民法院可以认定对方当事人所主张的书证内容为真实。 控制书证的当事人存在《最高人民法院关于适用〈中华人民共和国民事诉讼法〉的解释》第一百一十三条规定情形的，人民法院可以认定对方当事人主张以该书证证明的事实为真实。	2019年《民事证据规定》第48条	书证提出命令的法律后果

1 2020年《民诉法司法解释》第98条："当事人根据民事诉讼法第八十一条第一款规定申请证据保全的，可以在举证期限届满前书面提出。证据保全可能对他人造成损失的，人民法院应当责令申请人提供相应的担保。"

2 2020年《民诉法司法解释》第121条："当事人申请鉴定，可以在举证期限届满前提出。申请鉴定的事项与待证事实无关联，或者对证明待证事实无意义的，人民法院不予准许。人民法院准许当事人鉴定申请的，应当组织双方当事人协商确定具备相应资格的鉴定人。当事人协商不成的，由人民法院指定。符合依职权调查收集证据条件的，人民法院应当依职权委托鉴定，在询问当事人的意见后，指定具备相应资格的鉴定人。"

三、举证时限与证据交换

序号	规定	来源	定位
1	当事人对自己提出的主张应当及时提供证据。 人民法院根据当事人的主张和案件审理情况，确定当事人应当提供的证据及其期限。当事人在该期限内提供证据确有困难的，可以向人民法院申请延长期限，人民法院根据当事人的申请适当延长。当事人逾期提供证据的，人民法院应当责令其说明理由；拒不说明理由或者理由不成立的，人民法院根据不同情形可以不予采纳该证据，或者采纳该证据但予以训诫、罚款。	《民事诉讼法》第65条	举证时限

续表

序号	规定	来源	定位
2	被告应当在答辩期届满前提出书面答辩，阐明其对原告诉讼请求及所依据的事实和理由的意见。	2019年《民事证据规定》第49条	被告的答辩义务
3	人民法院应当在审理前的准备阶段向当事人送达举证通知书。 举证通知书应当载明举证责任的分配原则和要求、可以向人民法院申请调查收集证据的情形、人民法院根据案件情况指定的举证期限以及逾期提供证据的法律后果等内容。	2019年《民事证据规定》第50条	举证通知书
4	举证期限可以由当事人协商，并经人民法院准许。 人民法院指定举证期限的，适用第一审普通程序审理的案件不得少于十五日，当事人提供新的证据的第二审案件不得少于十日。适用简易程序审理的案件不得超过十五日，小额诉讼案件的举证期限一般不得超过七日。 举证期限届满后，当事人提供反驳证据或者对已经提供的证据的来源、形式等方面的瑕疵进行补正的，人民法院可以酌情再次确定举证期限，该期限不受前款规定的期间限制。	2019年《民事证据规定》第51条；2020年《民诉法司法解释》第99条[1]	举证期限制度
5	当事人申请延长举证期限的，应当在举证期限届满前向人民法院提出书面申请。 申请理由成立的，人民法院应当准许，适当延长举证期限，并通知其他当事人。延长的举证期限适用于其他当事人。 申请理由不成立的，人民法院不予准许，并通知申请人。	2020年《民诉法司法解释》第100条	举证期限的延长
6	当事人逾期提供证据的，人民法院应当责令其说明理由，必要时可以要求其提供相应的证据。 当事人因客观原因逾期提供证据，或者对方当事人对逾期提供证据未提出异议的，视为未逾期。	2020年《民诉法司法解释》第101条	逾期举证认定
7	当事人因故意或者重大过失逾期提供的证据，人民法院不予采纳。但该证据与案件基本事实有关的，人民法院应当采纳，并依照民事诉讼法第六十五条、第一百一十五条第一款的规定予以训诫、罚款。 当事人非因故意或者重大过失逾期提供的证据，人民法院应当采纳，并对当事人予以训诫。 当事人一方要求另一方赔偿因逾期提供证据致使其增加的交通、住宿、就餐、误工、证人出庭作证等必要费用的，人民法院可予支持。	2020年《民诉法司法解释》第102条	逾期举证的例外

续表

序号	规定	来源	定位
8	当事人在举证期限内提供证据存在客观障碍，属于民事诉讼法第六十五条第二款规定的“当事人在该期限内提供证据确有困难”的情形。 前款情形，人民法院应当根据当事人的举证能力、不能在举证期限内提供证据的原因等因素综合判断。必要时，可以听取对方当事人的意见。	2019年《民事证据规定》第52条	举证期限的客观障碍情形
9	诉讼过程中，当事人主张的法律关系性质或者民事行为效力与人民法院根据案件事实作出的认定不一致的，人民法院应当将法律关系性质或者民事行为效力作为焦点问题进行审理。但法律关系性质对裁判理由及结果没有影响，或者有关问题已经当事人充分辩论的除外。 存在前款情形，当事人根据法庭审理情况变更诉讼请求的，人民法院应当准许并可以根据案件的具体情况重新指定举证期限。	2019年《民事证据规定》第53条	法律关系性质或者民事行为效力认定不一的程序处理
10	当事人申请延长举证期限的，应当在举证期限届满前向人民法院提出书面申请。 申请理由成立的，人民法院应当准许，适当延长举证期限，并通知其他当事人。延长的举证期限适用于其他当事人。 申请理由不成立的，人民法院不予准许，并通知申请人。	2019年《民事证据规定》第54条	举证期限的延长
11	存在下列情形的，举证期限按照如下方式确定： （一）当事人依照民事诉讼法第一百二十七条规定提出管辖权异议的，举证期限中止，自驳回管辖权异议的裁定生效之日起恢复计算； （二）追加当事人、有独立请求权的第三人参加诉讼或者无独立请求权的第三人经人民法院通知参加诉讼的，人民法院应当依照本规定第五十一条的规定为新参加诉讼的当事人确定举证期限，该举证期限适用于其他当事人； （三）发回重审的案件，第一审人民法院可以结合案件具体情况和发回重审的原因，酌情确定举证期限； （四）当事人增加、变更诉讼请求或者提出反诉的，人民法院应当根据案件具体情况重新确定举证期限； （五）公告送达的，举证期限自公告期届满之次日起计算。	2019年《民事证据规定》第55条	举证期限的确定

续表

序号	规定	来源	定位
12	人民法院依照民事诉讼法第一百三十三条第四项的规定，通过组织证据交换进行审理前准备的，证据交换之日举证期限届满。 证据交换的时间可以由当事人协商一致并经人民法院认可，也可以由人民法院指定。当事人申请延期举证经人民法院准许的，证据交换日相应顺延。	2019年《民事证据规定》第56条	证据交换制度
13	证据交换应当在审判人员的主持下进行。 在证据交换的过程中，审判人员对当事人无异议的事实、证据应当记录在卷；对有异议的证据，按照需要证明的事实分类记录在卷，并记载异议的理由。通过证据交换，确定双方当事人争议的主要问题。	2019年《民事证据规定》第57条	证据交换的程序处理
14	当事人收到对方的证据后有反驳证据需要提交的，人民法院应当再次组织证据交换。	2019年《民事证据规定》第58条	再次证据交换
15	人民法院对逾期提供证据的当事人处以罚款的，可以结合当事人逾期提供证据的主观过错程度、导致诉讼迟延的情况、诉讼标的金额等因素，确定罚款数额。	2019年《民事证据规定》第59条	逾期举证的罚款制度

1 2020年《民诉法司法解释》第99条："人民法院应当在审理前的准备阶段确定当事人的举证期限。举证期限可以由当事人协商，并经人民法院准许。人民法院确定举证期限，第一审普通程序案件不得少于十五日，当事人提供新的证据的第二审案件不得少于十日。举证期限届满后，当事人对已经提供的证据，申请提供反驳证据或者对证据来源、形式等方面的瑕疵进行补正的，人民法院可以酌情再次确定举证期限，该期限不受前款规定的限制。"

四、质证

序号	规定	来源	定位
1	证据应当在法庭上出示，并由当事人互相质证。对涉及国家秘密、商业秘密和个人隐私的证据应当保密，需要在法庭出示的，不得在公开开庭时出示。	《民事诉讼法》第68条	质证规则
2	证据应当在法庭上出示，由当事人互相质证。未经当事人质证的证据，不得作为认定案件事实的根据。 当事人在审理前的准备阶段认可的证据，经审判人员在庭审中说明后，视为质证过的证据。 涉及国家秘密、商业秘密、个人隐私或者法律规定应当保密的证据，不得公开质证。	2020年《民诉法司法解释》第103条	未质证的法律后果

续表

序号	规定	来源	定位
3	当事人在审理前的准备阶段或者人民法院调查、询问过程中发表过质证意见的证据，视为质证过的证据。 当事人要求以书面方式发表质证意见，人民法院在听取对方当事人意见后认为有必要的，可以准许。人民法院应当及时将书面质证意见送交对方当事人。	2019年《民事证据规定》第60条	视为质证；书面质证
4	人民法院应当组织当事人围绕证据的真实性、合法性以及与待证事实的关联性进行质证，并针对证据有无证明力和证明力大小进行说明和辩论。 能够反映案件真实情况、与待证事实相关联、来源和形式符合法律规定的证据，应当作为认定案件事实的根据。	2020年《民诉法司法解释》第104条	质证的内容
5	对书证、物证、视听资料进行质证时，当事人应当出示证据的原件或者原物。但有下列情形之一的除外： （一）出示原件或者原物确有困难并经人民法院准许出示复制件或者复制品的； （二）原件或者原物已不存在，但有证据证明复制件、复制品与原件或者原物一致的。	2019年《民事证据规定》第61条	最佳证据规则的例外
6	质证一般按下列顺序进行： （一）原告出示证据，被告、第三人与原告进行质证； （二）被告出示证据，原告、第三人与被告进行质证； （三）第三人出示证据，原告、被告与第三人进行质证。 人民法院根据当事人申请调查收集的证据，审判人员对调查收集证据的情况进行说明后，由提出申请的当事人与对方当事人、第三人进行质证。 人民法院依职权调查收集的证据，由审判人员对调查收集证据的情况进行说明后，听取当事人的意见。	2019年《民事证据规定》第62条	质证顺序
7	当事人应当就案件事实作真实、完整的陈述。 当事人的陈述与此前陈述不一致的，人民法院应当责令其说明理由，并结合当事人的诉讼能力、证据和案件具体情况进行审查认定。 当事人故意作虚假陈述妨碍人民法院审理的，人民法院应当根据情节，依照民事诉讼法第一百一十一条的规定进行处罚。	2019年《民事证据规定》第63条	当事人真实义务
8	人民法院认为有必要的，可以要求当事人本人到场，就案件的有关事实接受询问。 人民法院要求当事人到场接受询问的，应当通知当事人询问的时间、地点、拒不到场的后果等内容。	2019年《民事证据规定》第64条；2020年《民诉法司法解释》第110条[1]	当事人本人接受询问制度

续表

序号	规定	来源	定位
9	人民法院应当在询问前责令当事人签署保证书并宣读保证书的内容。 保证书应当载明保证据实陈述，绝无隐瞒、歪曲、增减，如有虚假陈述应当接受处罚等内容。当事人应当在保证书上签名、捺印。 当事人有正当理由不能宣读保证书的，由书记员宣读并进行说明。	2019年《民事证据规定》第65条；2020年《民诉法司法解释》第119条[2]	当事人具结制度
10	当事人无正当理由拒不到场、拒不签署或宣读保证书或者拒不接受询问的，人民法院应当综合案件情况，判断待证事实的真伪。待证事实无其他证据证明的，人民法院应当作出不利于该当事人的认定。	2019年《民事证据规定》第66条	当事人拒不接受询问的法律后果
11	凡是知道案件情况的单位和个人，都有义务出庭作证。有关单位的负责人应当支持证人作证。 不能正确表达意思的人，不能作证。	《民事诉讼法》第72条	证人作证义务
12	不能正确表达意思的人，不能作为证人。 待证事实与其年龄、智力状况或者精神健康状况相适应的无民事行为能力人和限制民事行为能力人，可以作为证人	2019年《民事证据规定》第67条	证人的证据能力
13	人民法院应当要求证人出庭作证，接受审判人员和当事人的询问。证人在审理前的准备阶段或者人民法院调查、询问等双方当事人在场时陈述证言的，视为出庭作证。 双方当事人同意证人以其他方式作证并经人民法院准许的，证人可以不出庭作证。 无正当理由未出庭的证人以书面等方式提供的证言，不得作为认定案件事实的根据。	2019年《民事证据规定》第68条	证人不出庭作证的情形；书面证人证言的法律后果
14	当事人申请证人出庭作证的，应当在举证期限届满前向人民法院提交申请书。 申请书应当载明证人的姓名、职业、住所、联系方式，作证的主要内容，作证内容与待证事实的关联性，以及证人出庭作证的必要性。 符合《最高人民法院关于适用〈中华人民共和国民事诉讼法〉的解释》第九十六条第一款规定情形的，人民法院应当依职权通知证人出庭作证。	2019年《民事证据规定》第69条	申请证人出庭作证的程序性要求

续表

序号	规定	来源	定位
15	人民法院准许证人出庭作证申请的，应当向证人送达通知书并告知双方当事人。通知书中应当载明证人作证的时间、地点，作证的事项、要求以及作伪证的法律后果等内容。 当事人申请证人出庭作证的事项与待证事实无关，或者没有通知证人出庭作证必要的，人民法院不予准许当事人的申请。	2019年《民事证据规定》第70条；2020年《民诉法司法解释》第117条[3]	证人出庭作证通知书；不予准许证人出庭作证的情形
16	人民法院应当要求证人在作证之前签署保证书，并在法庭上宣读保证书的内容。但无民事行为能力人和限制民事行为能力人作为证人的除外。 证人确有正当理由不能宣读保证书的，由书记员代为宣读并进行说明。 证人拒绝签署或者宣读保证书的，不得作证，并自行承担相关费用。 证人保证书的内容适用当事人保证书的规定。	2019年《民事证据规定》第71条规定；2020年《民诉法司法解释》第120条[4]	证人具结制度
17	证人应当客观陈述其亲身感知的事实，作证时不得使用猜测、推断或者评论性语言。 证人作证前不得旁听法庭审理，作证时不得以宣读事先准备的书面材料的方式陈述证言。 证人言辞表达有障碍的，可以通过其他表达方式作证。	2019年《民事证据规定》第72条	意见证据规则
18	证人应当就其作证的事项进行连续陈述。 当事人及其法定代理人、诉讼代理人或者旁听人员干扰证人陈述的，人民法院应当及时制止，必要时可以依照民事诉讼法第一百一十条的规定进行处罚。	2019年《民事证据规定》第73条	证人作证的要求；干扰作证的法律后果
19	审判人员可以对证人进行询问。当事人及其诉讼代理人经审判人员许可后可以询问证人。 询问证人时其他证人不得在场。 人民法院认为有必要的，可以要求证人之间进行对质。	2019年《民事证据规定》第74条	询问证人制度
20	证人出庭作证后，可以向人民法院申请支付证人出庭作证费用。证人有困难需要预先支取出庭作证费用的，人民法院可以根据证人的申请在出庭作证前支付。	2019年《民事证据规定》第75条	证人出庭作证费用
21	证人确有困难不能出庭作证，申请以书面证言、视听传输技术或者视听资料等方式作证的，应当向人民法院提交申请书。申请书中应当载明不能出庭的具体原因。 符合民事诉讼法第七十三条规定情形的，人民法院应当准许。	2019年《民事证据规定》第76条	非出庭作证的程序要求

续表

序号	规定	来源	定位
22	经人民法院通知，证人应当出庭作证。有下列情形之一的，经人民法院许可，可以通过书面证言、视听传输技术或者视听资料等方式作证： （一）因健康原因不能出庭的； （二）因路途遥远，交通不便不能出庭的； （三）因自然灾害等不可抗力不能出庭的； （四）其他有正当理由不能出庭的。	《民事诉讼法》第73条	证人出庭作证的例外
23	证人经人民法院准许，以书面证言方式作证的，应当签署保证书；以视听传输技术或者视听资料方式作证的，应当签署保证书并宣读保证书的内容。	2019年《民事证据规定》第77条	证人具结
24	当事人及其诉讼代理人对证人的询问与待证事实无关，或者存在威胁、侮辱证人或不适当引导等情形的，审判人员应当及时制止。必要时可以依照民事诉讼法第一百一十条、第一百一十一条的规定进行处罚。 证人故意作虚假陈述，诉讼参与人或者其他人以暴力、威胁、贿买等方法妨碍证人作证，或者在证人作证后以侮辱、诽谤、诬陷、恐吓、殴打等方式对证人打击报复的，人民法院应当根据情节，依照民事诉讼法第一百一十一条的规定，对行为人进行处罚。	2019年《民事证据规定》第78条	干扰证人作证；妨碍证人作证的法律后果
25	证人因履行出庭作证义务而支出的交通、住宿、就餐等必要费用以及误工损失，由败诉一方当事人负担。当事人申请证人作证的，由该当事人先行垫付；当事人没有申请，人民法院通知证人作证的，由人民法院先行垫付。	《民事诉讼法》第74条	证人出庭作证的费用负担
26	单位向人民法院提出的证明材料，应当由单位负责人及制作证明材料的人员签名或者盖章，并加盖单位印章。人民法院就单位出具的证明材料，可以向单位及制作证明材料的人员进行调查核实。必要时，可以要求制作证明材料的人员出庭作证。 单位及制作证明材料的人员拒绝人民法院调查核实，或者制作证明材料的人员无正当理由拒绝出庭作证的，该证明材料不得作为认定案件事实的根据。	2020年《民诉法司法解释》第115条	制作证明材料的人员出庭作证
27	民事诉讼法第七十四条规定的证人因履行出庭作证义务而支出的交通、住宿、就餐等必要费用，按照机关事业单位工作人员差旅费用和补贴标准计算；误工损失按照国家上年度职工日平均工资标准计算。 人民法院准许证人出庭作证申请的，应当通知申请人预缴证人出庭作证费用。	2020年《民诉法司法解释》第118条	证人出庭作证的费用负担

续表

序号	规定	来源	定位
28	鉴定人依照民事诉讼法第七十八条的规定出庭作证的，人民法院应当在开庭审理三日前将出庭的时间、地点及要求通知鉴定人。 委托机构鉴定的，应当由从事鉴定的人员代表机构出庭。	2019年《民事证据规定》第79条	鉴定人作证
29	鉴定人应当就鉴定事项如实答复当事人的异议和审判人员的询问。当庭答复确有困难的，经人民法院准许，可以在庭审结束后书面答复。 人民法院应当及时将书面答复送交当事人，并听取当事人的意见。必要时，可以再次组织质证。	2019年《民事证据规定》第80条	鉴定人真实义务
30	鉴定人拒不出庭作证的，鉴定意见不得作为认定案件事实的根据。人民法院应当建议有关主管部门或者组织对拒不出庭作证的鉴定人予以处罚。 当事人要求退还鉴定费用的，人民法院应当在三日内作出裁定，责令鉴定人退还；拒不退还的，由人民法院依法执行。 当事人因鉴定人拒不出庭作证申请重新鉴定的，人民法院应当准许。	2019年《民事证据规定》第81条	鉴定人拒不出庭的法律后果
31	经法庭许可，当事人可以询问鉴定人、勘验人。 询问鉴定人、勘验人不得使用威胁、侮辱等不适当的言语和方式。	2019年《民事证据规定》第82条	询问鉴定人、勘验人制度
32	当事人可以申请人民法院通知有专门知识的人出庭，就鉴定人作出的鉴定意见或者专业问题提出意见。	《民事诉讼法》第79条	具有专门知识的人
33	当事人可以依照民事诉讼法第七十九条的规定，在举证期限届满前申请一至二名具有专门知识的人出庭，代表当事人对鉴定意见进行质证，或者对案件事实所涉及的专业问题提出意见。 具有专门知识的人在法庭上就专业问题提出的意见，视为当事人的陈述。 人民法院准许当事人申请的，相关费用由提出申请的当事人负担。	2020年《民诉法司法解释》第122条	具有专门知识的人的功能与定位
34	当事人依照民事诉讼法第七十九条和《最高人民法院关于适用〈中华人民共和国民事诉讼法〉的解释》第一百二十二条的规定，申请有专门知识的人出庭的，申请书中应当载明有专门知识的人的基本情况和申请的目的。 人民法院准许当事人申请的，应当通知双方当事人。	2019年《民事证据规定》第83条	申请专门知识的人出庭制度

续表

序号	规定	来源	定位
35	审判人员可以对有专门知识的人进行询问。经法庭准许，当事人可以对有专门知识的人进行询问，当事人各自申请的有专门知识的人可以就案件中的有关问题进行对质。 有专门知识的人不得参与对鉴定意见质证或者就专业问题发表意见之外的法庭审理活动。	2019年《民事证据规定》第84条；2020年《民诉法司法解释》第123条[5]	对具有专门知识的人询问与质证

1　2020年《民诉法司法解释》第110条："人民法院认为有必要的，可以要求当事人本人到庭，就案件有关事实接受询问。在询问当事人之前，可以要求其签署保证书。保证书应当载明据实陈述、如有虚假陈述愿意接受处罚等内容。当事人应当在保证书上签名或者捺印。负有举证证明责任的当事人拒绝到庭、拒绝接受询问或者拒绝签署保证书，待证事实又欠缺其他证据证明的，人民法院对其主张的事实不予认定。"

2　2020年《民诉法司法解释》第119条："人民法院在证人出庭作证前应当告知其如实作证的义务以及作伪证的法律后果，并责令其签署保证书，但无民事行为能力人和限制民事行为能力人除外。证人签署保证书适用本解释关于当事人签署保证书的规定。"

3　2020年《民诉法司法解释》第117条："当事人申请证人出庭作证的，应当在举证期限届满前提出。符合本解释第九十六条第一款规定情形的，人民法院可以依职权通知证人出庭作证。未经人民法院通知，证人不得出庭作证，但双方当事人同意并经人民法院准许的除外。"

4　2020年《民诉法司法解释》第120条："证人拒绝签署保证书的，不得作证，并自行承担相关费用。"

5　2020年《民诉法司法解释》第123条："人民法院可以对出庭的具有专门知识的人进行询问。经法庭准许，当事人可以对出庭的具有专门知识的人进行询问，当事人各自申请的具有专门知识的人可以就案件中的有关问题进行对质。具有专门知识的人不得参与专业问题之外的法庭审理活动。"

五、证据的审核认定

序号	规定	来源	定位
1	人民法院应当以证据能够证明的案件事实为根据依法作出裁判。 审判人员应当依照法定程序，全面、客观地审核证据，依据法律的规定，遵循法官职业道德，运用逻辑推理和日常生活经验，对证据有无证明力和证明力大小独立进行判断，并公开判断的理由和结果。	2019年《民事证据规定》第85条；2020年《民诉法司法解释》第105条[1]	证据裁判主义；对证据证明力综合审查判断
2	一方当事人控制证据无正当理由拒不提交，对待证事实负有举证责任的当事人主张该证据的内容不利于控制人的，人民法院可以认定该主张成立。	2019年《民事证据规定》第95条	证明妨碍规则

续表

序号	规定	来源	定位
3	对以严重侵害他人合法权益、违反法律禁止性规定或者严重违背公序良俗的方法形成或者获取的证据，不得作为认定案件事实的根据。	2020年《民诉法司法解释》第106条	非法取证证据能力与证明力
4	对负有举证证明责任的当事人提供的证据，人民法院经审查并结合相关事实，确信待证事实的存在具有高度可能性的，应当认定该事实存在。 对一方当事人为反驳负有举证证明责任的当事人所主张事实而提供的证据，人民法院经审查并结合相关事实，认为待证事实真伪不明的，应当认定该事实不存在。 法律对于待证事实所应达到的证明标准另有规定的，从其规定。	2020年《民诉法司法解释》第108条规定	高度盖然性证明标准
5	当事人对于欺诈、胁迫、恶意串通事实的证明，以及对于口头遗嘱或赠与事实的证明，人民法院确信该待证事实存在的可能性能够排除合理怀疑的，应当认定该事实存在。 与诉讼保全、回避等程序事项有关的事实，人民法院结合当事人的说明及相关证据，认为有关事实存在的可能性较大的，可以认定该事实存在。	2019年《民事证据规定》第86条；2020年《民诉法司法解释》第109条[2]	排除合理怀疑的证明标准
6	审判人员对单一证据可以从下列方面进行审核认定： （一）证据是否为原件、原物，复制件、复制品与原件、原物是否相符； （二）证据与本案事实是否相关； （三）证据的形式、来源是否符合法律规定； （四）证据的内容是否真实； （五）证人或者提供证据的人与当事人有无利害关系。	2019年《民事证据规定》第87条	单一证据的证明力
7	书证应当提交原件。物证应当提交原物。提交原件或者原物确有困难的，可以提交复制品、照片、副本、节录本。提交外文书证，必须附有中文译本。	《民事诉讼法》第70条	书证的最佳证据规则
8	人民法院对当事人的陈述，应当结合本案的其他证据，审查确定能否作为认定事实的根据。 当事人拒绝陈述的，不影响人民法院根据证据认定案件事实。	《民事诉讼法》第75条	当事人的陈述的审查与判断

续表

序号	规定	来源	定位
9	国家机关或者其他依法具有社会管理职能的组织，在其职权范围内制作的文书所记载的事项推定为真实，但有相反证据足以推翻的除外。必要时，人民法院可以要求制作文书的机关或者组织对文书的真实性予以说明。	2020年《民诉法司法解释》第114条	公文书的证据证明力
10	经过法定程序公证证明的法律事实和文书，人民法院应当作为认定事实的根据，但有相反证据足以推翻公证证明的除外。	《民事诉讼法》第69条	公证的法律事实和文书的证明力
11	人民法院对视听资料，应当辨别真伪，并结合本案的其他证据，审查确定能否作为认定事实的根据。	《民事诉讼法》第71条	视听资料的审查与判断
12	审判人员对案件的全部证据，应当从各证据与案件事实的关联程度、各证据之间的联系等方面进行综合审查判断。	2019年《民事证据规定》第88条	证据的综合审查判断
13	当事人在诉讼过程中认可的证据，人民法院应当予以确认。但法律、司法解释另有规定的除外。 当事人对认可的证据反悔的，参照《最高人民法院关于适用〈中华人民共和国民事诉讼法〉的解释》第二百二十九条的规定处理。	2019年《民事证据规定》第89条	自认的效力；自认的反悔
14	下列证据不能单独作为认定案件事实的根据： （一）当事人的陈述； （二）无民事行为能力人或者限制民事行为能力人所作的与其年龄、智力状况或者精神健康状况不相当的证言； （三）与一方当事人或者其代理人有利害关系的证人陈述的证言； （四）存有疑点的视听资料、电子数据； （五）无法与原件、原物核对的复制件、复制品。	2019年《民事证据规定》第90条	证据证明力审核判断
15	公文书证的制作者根据文书原件制作的载有部分或者全部内容的副本，与正本具有相同的证明力。 在国家机关存档的文件，其复制件、副本、节录本经档案部门或者制作原本的机关证明其内容与原本一致的，该复制件、副本、节录本具有与原本相同的证明力。	2019年《民事证据规定》第91条	公文书的证明力

续表

序号	规定	来源	定位
16	人民法院对于电子数据的真实性，应当结合下列因素综合判断： （一）电子数据的生成、存储、传输所依赖的计算机系统的硬件、软件环境是否完整、可靠； （二）电子数据的生成、存储、传输所依赖的计算机系统的硬件、软件环境是否处于正常运行状态，或者不处于正常运行状态时对电子数据的生成、存储、传输是否有影响； （三）电子数据的生成、存储、传输所依赖的计算机系统的硬件、软件环境是否具备有效的防止出错的监测、核查手段； （四）电子数据是否被完整地保存、传输、提取，保存、传输、提取的方法是否可靠； （五）电子数据是否在正常的往来活动中形成和存储； （六）保存、传输、提取电子数据的主体是否适当； （七）影响电子数据完整性和可靠性的其他因素。 人民法院认为有必要的，可以通过鉴定或者勘验等方法，审查判断电子数据的真实性。	2019年《民事证据规定》第93条	电子证据的真实性判断标准
17	电子数据存在下列情形的，人民法院可以确认其真实性，但有足以反驳的相反证据的除外： （一）由当事人提交或者保管的于己不利的电子数据； （二）由记录和保存电子数据的中立第三方平台提供或者确认的； （三）在正常业务活动中形成的； （四）以档案管理方式保管的； （五）以当事人约定的方式保存、传输、提取的。 电子数据的内容经公证机关公证的，人民法院应当确认其真实性，但有相反证据足以推翻的除外。	2019年《民事证据规定》第94条	电子证据的真实性审查判断标准
18	人民法院认定证人证言，可以通过对证人的智力状况、品德、知识、经验、法律意识和专业技能等的综合分析作出判断。	2019年《民事证据规定》第96条	对证人证言的判断
19	人民法院应当在裁判文书中阐明证据是否采纳的理由。 对当事人无争议的证据，是否采纳的理由可以不在裁判文书中表述。	2019年《民事证据规定》第97条	判决说理制度

1　2020年《民诉法司法解释》第105条："人民法院应当按照法定程序，全面、客观地审核证据，依照法律规定，运用逻辑推理和日常生活经验法则，对证据有无证明力和证明力大小进行判断，并公开判断的理由和结果。"

2　2020年《民诉法司法解释》第109条："当事人对欺诈、胁迫、恶意串通事实的证明，以及对口头遗嘱或者赠与事实的证明，人民法院确信该待证事实存在的可能性能够排除合理怀疑的，应当认定该事实存在。"

六、其他

序号	规定	来源	定位
1	对证人、鉴定人、勘验人的合法权益依法予以保护。 当事人或者其他诉讼参与人伪造、毁灭证据，提供虚假证据，阻止证人作证，指使、贿买、胁迫他人作伪证，或者对证人、鉴定人、勘验人打击报复的，依照民事诉讼法第一百一十条、第一百一十一条的规定进行处罚。	2019年《民事证据规定》第98条	证人、鉴定人、勘验人的司法保护
2	本规定对证据保全没有规定的，参照适用法律、司法解释关于财产保全的规定。 除法律、司法解释另有规定外，对当事人、鉴定人、有专门知识的人的询问参照适用本规定中关于询问证人的规定；关于书证的规定适用于视听资料、电子数据；存储在电子计算机等电子介质中的视听资料，适用电子数据的规定。	2019年《民事证据规定》第99条	参照性规定
3	本规定自2020年5月1日起施行。 本规定公布施行后，最高人民法院以前发布的司法解释与本规定不一致的，不再适用。	2019年《民事证据规定》第100条	施行规定